U0025045

FREE CHINA

合訂本 第六集

(第七卷)

中華民國四十二年一月一日出版

社　址：臺北市金山街一巷二號

自由中國合訂本第六集要目

第七卷　第一期

第七卷　第二期

第七卷　第三期

第七卷　第四期

第七卷　第五期

第七卷　第六期

第七卷 第七期

第七卷 第八期

第七卷 第九期

第七卷 第十期

第七卷 第十一期

第七卷 第十二期

定價:精裝每冊六十元 平裝每冊五十元

FREE CHINA

第七卷 第一期

春節特大號

要目

中華民國四十一年七月一日出版

社址：臺北市金山街一巷二號

半月大事記

六月九日（星期一）

美第七艦隊司令柯拉克結束其爲時五天的訪臺日程，離臺返防。

俄正積極組織東歐軍事聯盟機構，由布加寧指揮。

韓政潮漸露解決跡象，雙方考慮美大使的折衷建議，即（一）李承晚當應允國會選舉下屆總統；（二）國會則當接受李氏的修憲案。

六月十日（星期二）

巨濟島分隔第七十六號共俘營時，與共俘發生衝突。

美參院通過七十四億援外法案，並送杜魯門簽署。

英國防大臣亞歷山大一行抵東京。

美鋼業談判宣告破裂，杜魯門要求授權暫接管鋼業。

六月十一日（星期三）

扶植自耕農辦法草案審查會商定收購私有耕地地價償付辦法。

巨濟島共俘營內發現被擊斃之共俘屍首，死者皆爲反共共俘。

俄拒絕西方抗議，禁止美巡邏車通過由西德區通往西柏林的國際公路。

美參院拒絕授權總統接管鋼業。

在聯合國壓力下，李承晚取消解散國會原意，韓國會正進行擬訂妥協辦法。

六月十二日（星期四）

英美對如何制止韓境共軍攻勢的意見已趨一致。

杜魯門接受美參議員羅塞爾建議，同意邀請瑞士、瑞典、印度、巴基斯坦及印尼五中立國視察韓境共俘營。

巨濟島聯軍分隔第九十五號營地時，有四百多反共共俘逃向美軍，以逃避被同營共俘殺害之危險。

聯軍停戰談判首席代表哈里遜少將向共黨首席代表南日宣佈聯軍對於志願遣俘問題絕不讓步。

俄照會日本謂俄代表團有權留駐日本，日外務省旋發表聲明駁斥俄照會，並重申前此態度。

尼赫魯在國會宣佈：大戰如爆發，印度守中立。

六月十三日（星期五）

雷德福公開表示，此次返美任務，在促當局以現代化武器優先裝備我國軍。

克拉克將軍偕英國防部大臣亞歷山大飛韓前線視察。

對答覆俄國所提有關德國之照會，傳美英法三國已接近協議，主張與俄開一『次級會議』，討論全德自由選舉問題。

巨濟島六十及六十六兩共俘營聽從聯軍命令實行分隔，自第八十五號共俘營內所救出之反共共俘痛道被虐待情形。

六月十四日（星期六）

杜魯門總統於第一艘原子潛艇安放龍骨時發表演說稱：美建造原子潛艇爲答覆共黨侵略。

克拉克偕英國防大臣亞歷山大乘機視察韓境英軍。

美國防部正邀請五中立國視察共俘，五國反應尚極參差。

美軍繼續拯救巨濟島共俘營中的反共共俘，並逮捕共俘領袖一百零二人。

俄近調動駐外使節。西方觀察家稱共意可能爲分化英與盟國關係。

六月十六日（星期一）

陸軍軍官學校舉行卅八週年紀念典禮。

瑞典海上救濟機一架飛越波羅的海公海時遭俄機擊落，瑞典向蘇俄提出強烈抗議。

瑞典破獲由俄國指揮之最大間諜案。間諜案重要人犯今秘密受審。

傳美同意英法建議與蘇俄舉行『大使級』的四國會議。

六月十七日（星期二）

中共廣播：俄國已於三週前。正式接管中長路。

瑞典人民示威，高呼絞殺史魔。瑞典噴氣機掩護搜察工作，奉令如遇俄機攻擊即予還擊。

韓國政治危機鬆弛。反對派有妥協跡象。親政府議員已能控制韓國會。

日工人八十五萬實行罷工，抗議防止顛覆法及勞工法。

六月十八日（星期三）

政院會議通過四十年度中央政府總決算案及臺灣漁業增產計劃。

俄在本屆安理會中提出細菌戰問題，並提議准十四國加入聯合國。西方現已決定對策。

俄竟照會瑞典，反誣瑞典飛機侵境。

北大西洋公約組織中的幾個國家動員各式軍艦二百五十艘，舉行海軍演習，試驗西歐海上防務。

六月十九日（星期四）

瑞典提出覆文，嚴拒蘇俄抗議。

六月二十日（星期五）

美總統杜魯門簽署六十四億援外案。

俄再度照會瑞典，否認擊落瑞典飛機。

瑞典國防部宣佈，不明國籍噴氣機一度侵入瑞典。

六月二十一日（星期六）

巨濟島共俘已遷徙完畢，對韓境談判諸問題，英美團結一致。

六月二十二日（星期日）

聯軍代表哈里遜再告共黨，聯軍不能強迫戰俘回共區，戰俘有意志之自由。

六月二十三日（星期一）

美飛機五百架炸鴨綠江上之水豐堤堰，意在打破停戰僵局。聯合國基本政策並未變更。

美國務卿艾奇遜目美飛英，將與英外相艾登，法外長徐滿舉行會議；議程包括德國問題及韓國問題。

六月二十四日（星期二）

高棉華僑歸國觀光團抵臺。

美機二九〇架出擊，再炸北韓四發電廠。

英美在倫敦開始商談自易北河至鴨綠江間英美反共戰略。

社論

關於私人投資問題

中美兩國政府關於保證美國私人來臺投資的換文，已於上月二十五日完成手續。這不僅爲兩國經濟合作指示了一個新的方向，同時還將影響到我國今後經濟發展的途徑。我們重視此一事件，不僅由於它將幫助我們的工業建設，同時還由於它將使我們的工業建設安置在一個私人企業的健全的基礎上。

臺灣耕地有限而人口衆多，經幾年的努力，農業生產差不多已到達了飽和點，今後的發展，祇有在工業建設上找尋出路。這是大家都能同意的一個看法。進行工業建設，首先逢到的便是資金問題。本來，在韓戰爆發，臺灣的情勢趨於穩定以後，資金問題應該能够順利解決。大陸淪陷，全中國的資金向港澳及國外移轉者，爲數不少，這一項資金，按理說，早就應該向自由中國的臺灣投放了。可是，在一個時期，似乎決策者有意要發展國家資本，用種種限制條例把私人投資之門緊緊的封閉。月前，本省的工商界表示：『近三個月來由於國際局勢變化，港澳兩地僑胞資金，前後流往日本，南美，及北婆羅洲三地，本省今日檢討此事，殊屬可惜，無異於已蒙受一大損失。』（見上月九日新生報）所言當非無據。

我們籌措工業建設資金的辦法，第一個階段，是依靠所謂『限外發行』。當時曾有一個理論，說是用於生產的發行不算通貨膨脹。但事實則證明，不管把發行稱爲『限內』也好，稱爲『限外』也好，也不管它算不算通貨膨脹，物價還是隨發行而一直線的上升，且轉爲生產建設之累。第二個階段，是經美援而投資，即美援『通過政府方面而投入政府計劃』（吳主席的話）。這當然也是一種國家資本。而吳主席却解釋說：此項『資金愈多，則各類私人工業將可能更爲安全』，因此，它『不是一件使私人投資者灰心的事』。（見上月六日中央日報）我們委實不懂得這話是怎樣的意思。我們從吳主席的話裏僅能得到這樣的安慰：私人投資，政府在原則上是並不反對的。

我們更對美國的援外政策感覺奇怪。美國自己是一個最重視私人企業的國家，但它的援外計劃，却使所有受援國家都發展了國家資本，如果全世界國家都發展了國家資本，則美國一國的私人企業也就受到威脅。我們委實也不知道美國政府究竟是怎樣一個想法。

現在，美國政府似乎已覺發了這個矛盾。美國與歐洲亞洲十個國家簽訂保證美國私人投資的協定，似乎即表示美國今後的援外政策，已經有了新的轉向。已與美國成立此種協定的十個國家中歐洲八國是奧國、比國、丹麥、希臘、法國、西德、義大利、挪威，亞洲二國即菲律賓與自由中國。

不管我國政府同意美國這種辦法，是不是處於相當被動的地位，這無論如何是一件好事。因爲私人投資的門終於被敲開了。重要的不是在美國資金可供我國生產建設之用，因爲我國事實上並非資金無從籌措；重要的，是美國資金，可以把爲數更多的本國資金帶進生產界，從此不再流離失所。一個國家，斷沒有對外國資金開放而對本國資金反予封閉之理。一個國家，也斷沒有對外國私人資本給予種種方便而對本國私人資本反加歧視之理。我國工業建設政策將有一個重大的改變，已是勢所必至。明白言之，今後的建設重心，將從國家資本向私人企業移轉。

我們深信，私人企業在經濟的意義上說是效率的保障，在政治的意義上說又是自由的保障。我們是早就應該向這方面發展了，今天才看到轉向的端倪，似乎已嫌遲了一點。但人是經驗的動物，是幾年來公營事業的『成績』幫助了我們的覺悟，我們對過去的摸索自也不宜苛責。祇要今後政策能一天天趨於健全，我們仍有無限量的前途。

據悉，在與美國商洽保證美國私人投資換文內容之同時，我政府亦正在擬訂『鼓勵海外華僑來臺舉辦生產事業辦法』及『鼓勵港澳工商人士來臺舉辦工商事業辦法』兩項重要法令，就政府現行政策，放寬尺度，予海外及港澳投資以下列的種種便利：（一）出入境的便利，（二）遷運器材物資及機器來臺的便利，（三）遷移工廠來臺的便利；並於投資後作有關下列各事項的保障：（一）關於資金之利息負擔，（二）關於稅捐之確定或減免，（三）關於滙率問題，（四）關於成品輸出退稅，（五）關於利潤滙出問題。（均引上月二十二日新生報）由此可見，過去是什麼東西妨碍了海外及港澳資金之流入，政府是完全明瞭的，無需我們細說。過去之所以不能吸收海外及港澳投資，完全是由於原則問題，並非由於技術問題。今後祇要緊緊把握原則，技術問題是不會有多大困難的。而且，原則也非常簡單：管制愈少，鼓勵的力量就愈大。

於此，我們實不得不對在心理上尚未能剷除管制觀念的人們進一忠言。我們追溯每一管制條例的來源，可以得到一個基本認識，即一切管制都由於通貨膨脹而起。（本刊上期所登瞿荊洲先生『經濟政策之技術的觀點』一文可供參考。）現在，通貨膨脹如果確已成爲歷史的陳跡，則全面管制可說已失掉了存在根據，其中絕大部分的條例，都將成爲毫無作用。我們是爲一定目的而管制呢，還是僅僅爲了要管制而管制？大部分的管制條例，如果確因通貨膨脹之停止而失去存在根據，我們還有什麼迷戀的必要？不把反放任主義當作一個教條，一切問題一切政策，都實事求是的來處理，來講求，就自然而然的會把一切利弊得失都看得清清楚楚。幾年來不得已而行之的種種管制，已妨碍了我們的發展，直到今天才有轉機。我們爲這一轉機慶幸，但仍對一部分人的心理障碍懷抱隱憂。現在是祇有心理障碍會妨碍我們的發展了。這重最後的障碍，還是我們自己來破除，不要由外國人來幫助我們破除吧。

短評

誰來監察人民代表？

據說，監察院最近向大法官會議提出了一件憲法解釋案，請其解釋監察院對於人民代表可否行使監察權（彈劾權及糾舉權），而所稱的人民代表包括立法委員、國大代表、省、縣、市參議員，以及監察院本身的監察委員。這件案子，大法官會議將如何解釋，現在還未公佈。但據我們的常識來判斷，監察院對於上述的人民代表是不能行使其彈劾權或糾舉權的，我國憲法條文，明白規定彈劾權及糾舉權行使的對象爲總統、副總統、行政院及其所屬各級人員，司法院人員，及考試院人員（憲法第九十五、九十七、九十八、九十九、一百條），而立法委員及其他人民代表不在內。這種規定，有其民主憲政的法理根據：監察院代表人民來行使的監察權，是相對於政府機關的行政權（包括考試及司法行政）而設立的，其行使的對象自不包括人民代表本身。人民代表在其職份上直接向人民負責（人民得依法罷免）而不向另一群人民代表負責。所以我們可以斷定，監察院最近提出的這個憲法解釋案，大法官會議一定會來一個否定的解釋。然則，監察院爲什麼有這樣一個案子提出呢？難道監委們全不了解上述的道理嗎？我們思之再思，覺得，這是有所感而發，有所爲而發。

立委、監委、國大代表、省、縣、市參議員這些人民代表們，我們可以認爲，大多數爲有品、有學、有識、有能的一時之選，可是除這大多數以外，終不免有少數人憑藉其人民代表的身份，做出假公濟私的勾當來。

因此，反對民主政治的人們，每每列舉這些勾當，作爲中國不適宜於實行民主的論據。以偏概全的推論，因噎廢食的想頭，是錯誤的；但我們不應無視這個問題。

如上所說，監察院既無權彈劾人民代表，無權糾舉人民代表，而人民依法罷免其代表，事實上又不易做到，尤其是全國性的立委、國大代表的罷免，在現狀下，法律的規定已等於具文。那末，假如我們眼看到有人憑藉代表身份做出壞事來，怎樣辦呢？

我們想，人類的良莠不齊，中外是一樣的。英美是民主政治上了軌道的國家，其人民代表的一般教育水準也比我們高，政治道德一般地說也許比我們強，但我們決不相信她們的人民代表個個都是優秀的，然而我們很少聽說他們所做的壞事影響到人們對於民主政治的信心。這其間有一個重大的因素在。即在民主政治上軌道的國家，有健全的輿論。輿論可以影響政府的政策，同時也可有效地控制人民代表的言行。在我們中國的現階段，人民代表們的一般教育水準還不夠用以自制，輿論更爲重要。誰來監察人民代表呢？只有輿論！（葭）

克拉克的新猷——摧毀水豐發電廠

當韓戰二周年的前夕，盟軍的飛機突然出動五百架，一舉而摧毀水豐發電廠，接連兩天的轟炸，這個北韓及東北工業的神經中樞也怕要完蛋了吧。盟軍的第三任統帥克拉克將軍，接任未久，即有此特殊的動作，我們可以當作克拉克的新猷，也可以看做韓戰二周年的點綴品。其影響如何，我們不妨談談。

共方的反響是大家極想知道的，但除南日在板門店叫囂了十八分鐘以外，平壤，北平，乃至莫斯科至今還是一聲不響，大概是出乎他們的意料之外吧。盟軍放棄了統一韓國的戰略，轉爲僵持的談判以後，本來早就應該轟炸水電廠，以打擊共黨的戰鬥力了，乃竟遷延至今始見諸事實，我們始終覺得殊難索解。現在看英國議會因震驚而辯論，才知道各方的牽掣，束縛着盟軍的手脚竟到如此的地步，無怪乎麥帥要實行抗爭，李奇威有難言之痛了。

英國工黨一流人的見解，我們領教已多，在我們看來，轟炸電廠不過是一次戰役，實不能說它是關乎戰略的事體，而他們竟大驚小怪起來，徒見其頭腦不健全而已。先從理論上講，水電廠的地位在鴨綠江以南，是不折不扣的北韓境內，過去在北韓境內的大轟炸，已經有了多少次，爲甚麼接近蘇俄的羅津可以轟炸，而接近中國的水豐便不可炸呢？英國從來只主張不炸東北，並沒有說過北韓境內也有不可炸的特殊地方，則炸與不炸當然在聯軍統帥的自由裁量的權力之內，爲甚麼要侵犯統帥的權力，來作無謂的叫囂呢？

若就事實上講，在我們看是沒有多大影響的。你以爲炸了以後便會使和談發生困難嗎？則將近一年的和談何以至今還是拖延不決呢？這一年間並沒有炸呀。共黨如果要和，則老早都可以談攏了。一再遷延則夜長夢多，炸水電廠之類的事件不免要發生出來，還不在估計之中嗎？惟其眞意不在謀和，所以枝節橫生，糾纏不解。故此次轟炸絕無使和談發生困難的理由。反過來說，若以爲轟炸這類要害，便可使共黨發生恐懼，而在和談中讓步，也是一樣的妄想。前任和談代表卓伊將軍，亦以爲要共黨就範須加強軍事壓力，我們姑不論這種見解之究竟的是非。但要正告友邦人士：在克里姆林宮的眼光中，這一點點損失算得甚麼呢？那麼可以使共黨攤牌，發動一個大攻勢嗎？且看共黨兵力的集結，火力的增加，在最近將來要發動大攻勢，自屬可能。但是即使發動也是在共豫定計劃中的事，絕不是因此次轟炸而發動，則是可以斷言的。我們希望友邦人士，要以冷靜的頭腦，看透共黨的眞意，才可訂定根本尅制共黨的辦法，這些枝枝節節的行動是無關大體的。（漸）

駁斥閻錫山氏的「大同之路」（上）

羅鴻詔

一

最近看到閻錫山氏「大同之路」一書，有三百頁以上，自以爲是眞知灼見，如世界上沒有人信他，則文明必趨毀滅。我花了一天的工夫將它一氣讀完了。記得三十八年在廣州曾在報章上讀過閻氏的文章，覺得他的話是針針見血，入木三分，知他對共黨的技術確有深到的理解，不料讀了這一篇大著乃失望至此。本來就想把它丟了不管，不過聽說有些人很贊成他，誠恐其貽誤社會，事關闢謬，不敢辭勞。

清末以來接受西方的思想，浪漫的氣氛本來十分濃厚，自龔（自珍）魏（源）以及廖平鼓吹公羊家之說，已多「非常奇怪可喜之論」，迨至康有爲則又附會上西方思想，發揮其浪漫的熱情，即五四運動也還有這種成分，使青年狂熱而不可抑。所謂浪漫氣氛即將自認爲最高的理想寫出來，表面上似乎是針對時弊而發，其爲理想也似乎無可反駁，而實則是無從實現的。以改造社會自命的革命家，提出理想來的時候，自不妨將最高的理想寫出來，但要謀理想的實現則不能不脚踏實地着着做去。閻氏從事軍政界四十年，更不比空言著述的思想家，不應以不切實際而無從實現的理想，用誇張的筆調敘述出來，使青年增加迷惘。人們說，英國的政治家是現實主義的，但是英國人並不是沒有理想，惟他們的理想只比現實略高一步，又有切實的方法去謀其實現，所以一旦手握政權，便可按照預定的計劃一一實現起來，使人們不覺其有理想罷了。其實這才是眞正的政治家所應有的作風。我們現在先斷一句，閻氏的理想是絕對不能實現的，其理由待下面再說。我不知道他老先生有甚麼不得已要寫出這許多空言來，再四思量，唯一的答案只是浪漫氣氛下的產品罷了。由康有爲算起五十幾年間的浪漫氣氛已使到中國潰爛到如此的地步，還不够嗎？我眞爲中國擔憂。比方第七艦隊一來，大家就以爲中共的失敗已不成問題，天天幻想着回到大陸去如何如何，滿腦子都是美麗的遠景，而對於現在的臺灣並不去怎樣關心，這不是浪漫思想在作怪嗎？思想家而兼實際政治家的閻氏都還是如此，則這種類型的人物委實不在少數，概可想見。我們以爲要今後的中國積極振作有爲，必先掃除浪漫的氣氛，將嚴肅的精神恢復過來，才有辦法

二

現在先從閻氏的消極方面，即他的批評說起。本來近代的批評哲學由康德樹立，馬克思，恩格斯以及列甯的著述中也用了很多「批評」的字眼，近來中國的報章雜誌也很多「批判」出現了（批評與批判，我是隨手亂寫的）。照康德的批評（critique）講，凡批評一事，要找出其最好的理由來，如果最好的理由都站不住，則它是不打自倒了。且看中國言論界的批評，則往往找出其最壞的理由或者竟沒有人曾經持過的理由來加以辯駁，即使被駁倒於它又有甚麼相干？比方謂中國士大夫多半醉心於利祿，爲君主所利用，固然不錯；然若以此歸咎於儒家的思想，則完全是另外一回事。因爲以道自任，宜守道以待時，不應曲學以阿世，才是儒家思想之最好的理由，醉心利祿的只是守道不篤，雖被罵倒究與儒家思想何干？閻氏之批評「傳子制度」則更有甚於此者。「假使堯舜定一憲章，帝位必須讓賢，堅禁傳子，如有違反者，人人得而誅之；輔弼之大臣，如有假權力施諂媚而成全傳子者，人人得而殺之。將此憲章公佈於民，並作爲國民教材，建立起人民反傳子的信力，奠定傳賢的基礎，則不只中國四千年前，即可實現眞正的民主共和，其影響所及，世界民主共和的實現，亦可提早幾千年。」（大同之路，九頁，以下引用同書只指明頁數）此下閻氏即反覆說明傳子之弊害，似乎中國幾千年之不振，都是受了傳子制度之毒的樣子。閻氏對於歷史，對於政治的批評竟如此幼稚，眞令我不敢發笑，只見中國思想界的怪現象，增我心憂而已。傳子之制在中國維持了四千年（我不是考據家，姑照閻氏的說法），世界其他各國的歷史也很多是傳子的，即至今天，英國和日本依然不肯改革其傳子制，而在戰前都是第一等的强國，難道日本此次戰敗要傳子制負責，英國現在除掉了皇帝便可挽救其經濟的危機嗎？如此普遍而且悠久的制度，必然有其最好的理由，而閻氏根本沒有舉出理由而比較其得失之所在，即輕率斷定，傳子制誤了中國，否則眞正的民主共和可提早數千年，這不是武斷是什麼？豈不知武斷是批評的大忌嗎？且民主共和之眞正與否並不能僅憑傳子傳賢而斷定。現在英國是傳子的，蘇俄並不是傳子的，閻氏能說蘇俄之民主遠勝於英國嗎？堯舜禪讓眞相如何，謹嚴的歷史家實無材料可資斷定。即使禹禪讓於益，在四千年前也沒有自由選舉之可能，細察中國這幾年的選舉情形便可知道了。閻氏亦以爲「今日之選舉，雖非傳子，而其非眞正民主依然」（十一頁），那麼四千年前的中國，怎能够「實現眞正的民主共和」呢？「以子之矛，陷子之楯，則何如？」我們借用韓非子這句話來質問閻氏。

三

他對資本主義的批評，大致是蹈襲馬克思列甯的學說。「資本主義的本

質，是個剝削的本質」(二十三頁)，即是採用剩餘價值論而排斥效用價值論。且用數目字去證明，「資本主義的生產，是勞動者賺工資，產物交與資本家，產物的價值成了個二：即勞動者的工資是個一，資本家的利潤是個一。」(二十四頁)現在美國的工人生活雖高，而其爲剝削並無二致。因爲有剝削而造成不平，乃演變成爲國內的瘋狂。剝削又可造成恐慌，加之「金代值比限交易」又可造成恐慌，兩種滙合起來，「遂將經濟的恐慌演變成社會的恐慌，小則混亂秩序，大則崩潰政權」(五十八頁)。「爲解救自己的恐慌，消除政權所受的威脅，則不能不開闢市場；爲開闢市場，則不能不擴展殖民地，實行經濟侵略」(五十八頁)。各强國爭取殖民地，乃發生大戰，故「恐慌的演變成爲國際的瘋狂」(五十九頁)。照我們看，閻氏剝削理論是蹈襲馬克思的剩餘價值論，共解釋殖民地及經濟侵略，則蹈襲列寗的帝國主義論，並沒有新穎的意見。身居二十世紀後半期，反駁馬列的理論的學說，多至不可勝數了，在閻氏看來，馬列的此兩種理論還是顚仆不破的，而那些反對理論都不值一顧嗎？最近美國對於菲律賓，英國對於印度，巴基斯坦，緬甸，錫蘭，荷蘭對於印尼都自動放棄了，這又是甚麼緣故呢？閻氏斷定這兩瘋狂給予共黨一種空隙，而共黨利用此空隙便可以統一世界。照第二次大戰後的情形看，不但爭奪殖民地的國際瘋狂已經沒有，而且本來的殖民地都已逐漸放棄，則共產黨能利用的空隙只有比以前更少，何以共黨的勢力反而增加？搾取殖民地是爲解救恐慌，放棄殖民地會不會加速恐慌？閻氏對於放棄殖民地的事實並未一言及之，似乎沒有這回事一樣，究竟是甚麼道理？查「大同之路」一書後面有「四十年六月臺初版」字樣，則上面舉出的事實都已實現，理應詳細說明其理由，始能自圓其說，今若此，豈不是抹殺事實嗎？

至於「反共的什麼」，閻氏以爲今日流行的說法，大都是反共殘忍，不民主，不自由，及横徵暴歛四點。閻氏另有一本書，「反共的什麼，憑什麼反共」，及「大同之路」的「後言」(一九三頁以下)，都替共黨說出許多辯護的理由，而其結論則謂共產黨是不怕反的，即是說你們拿這四點去反共，是絕對不會成功的。他自己反共的理由，則舉出三項：1唯物哲學的錯誤；2共產主義的錯誤，與3共產主義成爲空想主義。第一項即是辯證法的唯物論，第二項即是唯物史觀，閻氏對此兩項的批評是否中肯，待後面再說，現在我們要問，你去反對唯物哲學及唯物史觀，共黨就怕反嗎？比反對共殘忍，不民主，不自由，横徵暴歛會更有力嗎？且看海外華僑的態度，在三十九年多半是徘徊觀望，四十年則反對者日多，到今年則爲强烈的反對了。這種轉變，究竟是甚麼理由？還是因爲以前不知道唯物哲學及唯物史觀的錯誤，而現在已經知道清楚呢？抑或以前不知其殘忍，不民主，不自由，横征暴歛，而現在已洞悉無遺呢？我們則斷定必然是後者而不是前者。

現在先論其第三項。閻氏舉出四點理由而斷定共產主義成爲空想主義。第一，「共產主義者主張剝削與交易併去」，而「交易乃是必要的行爲」，「將必要的行爲，認成產生共產主義必去的因素」(四四頁)，所以成爲空想。閻氏已承認剝削的理論，則今日的商人之中，至少有一部分是中間剝削階級，照理是不能否認的。且看其所提出的「物產證劵的交換制度」(一九三頁以下)，照我們看，只是一種官營商業，共與中共現在所施行的相去幾何？以此反共，他們就怕反嗎？第二，勞動與享受應該一致，而共產主義則「無論勞動的效果大小，享受是一樣的」(四五頁)，如此勞享分離所以是空想。共實今日世界上的共黨，不論在那一國都沒有實行享受一樣的制度，以此反共，他們就怕反嗎？第三，「共產學者認交易剝削爲因，恐慌爲果；又以恐慌爲因，產生共產主義爲果。實際是金代值比限交易與剝削部分的產物無購買力爲因，恐慌爲果，始爲正當的因果」(四五頁)因此因果認識的錯誤，所以成爲空想。共實只要有剝削，只要有恐慌，共黨便可天天詛咒資本家，而挑起工人的仇恨，煽動階級鬭爭了。這些因果認識即使錯誤了，怎能夠擊中共黨的要害？第四，共黨是超乎人性，背乎人情。「在共產主義下尙欲生產不減少，除非使人人生來均是聖賢，只供勞動，不計享受；或人皆是牛馬，只須生活，任人鞭策驅使，不計爲誰勞動」。所以「永無實現的可能」。而且養老育幼均由公家負責，使人沒有家，「亦是一個做不通的事實」。(四六頁)在共黨眼光由本來沒有聖賢，而今日共黨統治下的集中營便是以人爲牛馬，家庭也已被它破壞，在逐漸消滅之中。凡此都是既成事實，而閻氏竟謂之空想，以此反共，便能有效力嗎？

現在再來論其第二項。閻氏以爲共產主義者推斷資本主義必崩潰是對的，但推斷共產主義必產生則是錯誤的。(四十一頁) 他又以爲：「資本主義的矛盾，發生無購買力的物產，病在有物產而無購買力，尙可調劑而延緩；共產主義的矛盾，是在無物產，無物產則無法調劑，所以說共產主義對勞動者矛盾的弊害，尤甚於資本主義。」(四十七頁)但是共產主義可以征服世界，因爲現在的世界有兩瘋狂與一空隙(見上)，「若不彌補住這個空隙，共產黨一定要重演秦始皇焚書坑儒的慘劇，歷史文化與今日世界人類及資本主義的文物全要被共產主義征服與毁滅。征服毁滅之後，人成爲物，人的生活等於禽獸的生活，必再惹起再消滅共產黨的大動亂，則毁滅了人類，毁滅了世界。」(六十九頁)據此則共產主義產生的推斷，又有什麼錯誤呢？至於「征服毁滅之後：：云云」乃是共產主義既產生之後的事，只是說產生之後又必歸於消滅，並不是說他不會產生。這麼說來，共產主義何以是空想而不能實現呢？如此明顯的矛盾不知閻氏何以自圓其說。閻氏又說：「共產主義是認錯病的醫書，共產黨是投錯病的醫生」，(六十九頁) 則其必致人於死命也無疑。資本主義還可緩和，共產主義則必致死，則兩方的競賽，究竟勝負誰屬，尚在未定之天，何以共產主義又必能征服世界？推閻氏之意，可以說共產主義必無實現，而共產黨則必成功吧。陳獨秀在民十六的見解便是如此。嚴格而論，這不能說是共產主義征服世界，只能說是共產黨征服世界了。但是蘇俄共產黨的成功已有三十餘年，史大林這位醫生正在對八億人醫病，這些病人會不會死呢？閻氏或以為共產主義的矛盾至今日尚未顯著，又以鐵幕掩護使人不知，故還不致惹起大動亂嗎？則甚麼時候才會有大動亂呢？這個時間閻氏沒有說明，我們也無法推測，但照閻氏的理論，則共產黨的統治必然有毀滅的一天，是沒有疑問的。假使這個毀滅在不遠的將來發生，而那時候資本主義的崩潰，或因緩和而未來臨，則共產黨必然征服世界的推斷，也是錯誤的了，閻氏又何能堅持其說呢？其自相矛盾也若此，怎能夠統一起來呢？其結論之錯誤已伏於此。

四

且慢，我們剛才看完他的批評，還是消極方面，以下再來看看他的大同理論，大同主義，即其積極方面，然後可以說到他的結論。

『欲避免殘殺，必須去除矛盾；欲去除矛盾，必須本「以人發物，以物養人，人應互助，群應互愛」的十六字。此十六字的思想，即為我大同的思想，亦為人類共同的思想。』（九十二頁）這種思想，若只取其大意，而不問其枝節，恐怕竭力主張鬭爭，實行大量屠殺的共黨也能贊成吧。至少我們是可以贊同的。但是「如何」實現此思想，乃是今日的重大問題，閻氏對此問題的答案便是大同主義，但在主義之前，他還有大同理論，說明宇宙之本體，現象等等，今先概覽其理論。

照閻氏講，『宇宙的本體是「中」』，而『「中」具有能與用……能是「信」，用是「和」；信與和就是「中」的內容。「中」的能就是「種能」，「中」的用是「種能律」。……「種能是發生萬有的，「種能律」是規律萬有的，「種能」與「種能律」相合，始能成全萬物，正確萬有的現象。』（九七－九八頁）中和二字在中庸都是連成一氣的，今於其間挿入一個信字去，又造出兩個生硬的名詞——種能與種能律，來說明宇宙的本體，與儒家思想實判若天淵了。（朱子的中和說可以參看）為甚麼要勉強挿入一個信字去，而謂信與和是矛盾的，中是統一呢？（參看下面）明眼人一看便知，他要塡充其矛盾統一的格式罷了。輓近國人多溺於唯物唯心之說，意志上反對唯物論，而又不敢主張唯心論，於是「物心綜合論」，「物心統一論」，「心物一體論」等等名詞乃層出而不窮，其實這是何苦來呢？像閻氏一樣，已以為「宇宙是不可知，宇宙間一切現象，說到究竟處均是不可知。」（九三頁）既然如此，則又何必硬擡出一個「中」來作為宇宙的本體呢？對於不可知者不去談說，豈不更高明嗎？所謂不可知者，當然是本體而不是現象，則將本體論除掉不說，豈不更直捷了當嗎？大家以為共產主義已有本體論，則我們的主義也不能不有本體論，如此邯鄲學步，怎能夠反共呢？在西方，中世紀時哲學只是為宗教服務的奴僕，即至近世，許多大哲學家也還要竭力證明上帝的存在。故贊同宗教的哲學家必然主張有神論，稍為改頭換面一下，便成為唯心論；而反對宗教的則必然主張無神論，排斥超自然的說明，乃成為唯物論。列寧所謂哲學的兩大陣營，即是據此而立論的。他們既已主張唯心或唯物，則不能不證明心或物所以為本體的理由，故在其思想系統中，實有先立本體論的必要。我們中國人向來不管有神無神，唯心唯物，即在今天，大家也都認定僅僅是心或僅僅是物都不能為宇宙的本體，則在自己的思想系統中，已無先立本體論的必要，又何必死硬地追隨西方思想家，而不知變通呢？若閻氏者，將儒家的許多術語割裂到不成樣子以塡充矛盾統一的格式，眞正是毫無道理了。

論到宇宙的現象，閻氏的理論也陷於唯物辯證法的窠臼，以矛盾與統一為骨架，把儒家的許多術語裝進去。『「中」「誠」「性」「理」是統一，「信」與「和」，「誠」與「明」，「慾」與「理」，「仁」與「智」均是矛盾，所以「種能」與「種能律」亦均是矛盾的。』（一一一頁）像這樣七拼八湊，所為何來？矛盾和統一之外，如漸變與突變，升弧與降弧之類，都是馬列主義的術語，但在「大同之路」一書中，則用處甚廣，幾於觸目皆是。至此我們才知道，閻氏的思想結構（structure of thought）完全是唯物辯證法的。豈以為對方着重矛盾，以矛盾為原動力，我方則着重統一，而矛盾是過程，統一是經常，便

『自由中國』的宗旨

第一、我們要向全國國民宣傳自由與民主的真實價值，並且要督促政府（各級的政府），切實改革政治經濟，努力建立自由民主的社會。

第二、我們要支持並督促政府用種種力量抵抗共產黨鐵幕之下剝奪一切自由的極權政治，不讓他擴張他的勢力範圍。

第三、我們要盡我們的努力，援助淪陷區域的同胞，幫助他們早日恢復自由。

第四、我們的最後目標是要使整個中華民國成為自由的中國。

已把對方駁倒了嗎？馬克思將黑格爾的辯證法顚倒過來，反唯心而主唯物，評論家幾無不認馬氏爲黑氏之支流餘裔者，若閻氏者，亦馬氏之支流餘裔而已，何必將儒家的術語編列許多矛盾圖表呢？這就是以老釋佛，援儒入墨嗎？總之，對於儒家之「道」稍有心得的人，決不會有此非非之想的。其實宇宙現象也和本體一樣，儘可以除掉不談的。我們一看閻氏大同主義的內容（參看下面），不外是政治、經濟、文化、教育、不討論宇宙現象，而直接討論這些項目，並沒有不可的理由，又何必自找麻煩呢？由此可知，閻氏的思想受馬列主義的影響至深，始終跳不出其範圍之外。他以爲馬列主義已有宇宙現象的說明，則他自己的主義也必須有所說明而後可，於是「尤而效之」，造出一個怪物（Chimaera）來了。

此外還有「規範事物的法則與人事處理法」，其爲「謬悠之說，荒唐之言」，也和上面二節一樣，我們也不必再去討論了。總之「大同理論」一章，花了七十幾頁，有四萬多字的大文章，據我們看，如果把全章删去，於閻氏的主義並沒有甚麼影響，所以完全是多餘的。

五

大同主義一章應該是閻氏思想之中心了，內分四目：政治、經濟、文化、教育、今分別評之。

「大同主義的政治，就是直接的民主政治，直接民主的政治，就是至善的民主政治，在今日還是一個理想」。（一六七頁）惟其是理想，所以閻氏的說法很簡單，只占十頁左右，與經濟方面相較只有三分之一。「民主政治的基本精神是自由，民主自由爲政治生活上至善之目標，但亦爲最危險之途徑……我這不是反對民主自由，我是期望民主自由達到至善的目標，增進人類之幸福」。（一六八頁）由此可見，閻氏對於民主自由不過有所期望而已，其能達到與否尙在未知之數，並沒有堅定的信心。「欲達到至善之目標，須制訂民主自由適當之制度……人類幸福的目標不怕高，是怕沒登高的臺階……只要有民主自由至善的制度，政治文化教育，一定能很快的達到至善的民主自由的目標」。（一六八頁）這麼說來，「制度」乃是重點之所在了，然而閻氏並沒有立出甚麼制度來，不過舉了一些原則，而歸結到教育去，這不是空論嗎？「人事全在人，欲得到至善的民主自由，必須人民有愛人的公道內力……欲人民有愛人公道的內力，須從教育、文化、政治上啓發，陶冶、規範。」（一六九頁）閻氏已以文化教育與政治平列，這裡在講政治，何必又牽涉到教育文化去？閻氏的根本思想還是政教合一吧。「在民主時代，政教的領導者亦必須修敎敦俗，以正民心」。（一七一頁）所謂「正民心」，是否統制思想呢？我們一看閻氏之論組織（參看下面），總不免發生此念。

「直接民主的意義，就是不經過政黨，人民直接運用民權」。（一七三頁）閻氏以爲「無論多黨，兩黨，一黨均不是完善的民主，故必須是人民直接的民主，才是眞正的完善的民主」。（一七一頁）但所謂最高立法與由下而上推行的政治，與今日各國的國會及地方自治，均無甚分別。其直接運用四權，也比「三民主義」所講簡單得多，並無特別見解。但所謂「是人民求賢能，不是賢能求人民」。（一七四頁）則與今日的選舉不同，閻氏將這兩句話說了好幾次，似乎自認爲特別的主張。但是政黨取消以後，人民如何去求賢能，則閻氏並沒有說明具體的制度。這最重要的制度，何以一字不提？在專制時代，君主儘可以明明揚側陋，儘可以三顧草廬，儘可以徵聘處士，一個平民那有資格去求賢能，即使去求，賢能也不會應承，故必須集合多數去求，才會發生效力。這集合多數必須制度，政黨便是此制度之一，政黨的提名便是求賢能。今閻氏不要政黨，則必須有代替的制度而後可，漫然說「是人民求賢能，不是賢能求人民」，這不是空話是什麼？他又於行政，立法，司法以外，另加教育一權，而主張四權分立，在他的思想中，教育是產生一切的根本，故不能不特立一權，然後可以「正民心」吧。「教育應由上確定目標以爲領導，由下依照目標而施行」。（一七六頁）可知閻氏之所謂教育，當然是整齊劃一的教育。須知民主是由人民自己作主，並無服從領導的規定，對於自命爲領導的人們，個個人民有自由選擇之權，我願意受你們領導，固然可以服從，我若不願意，則儘可以反對。教育的當局，如果是由於人民選舉的話，照今日民主國家的慣例，也可以稱爲公僕，這固然是勉強的，個個都是主人，當然無所謂僕，但是其無擅定教育目標之權，是明白不過的。在人人平等之下，教育的目標必經多數的同意始能確定，否則唯有分道揚鑣，各行其是而已。假定上級可以暫定一個目標，也要經過專家的討論，接受人民的批評，看看是否站得住。如果能得多數人的贊同，固然可以順利推行；如果遭到多數人的反對，則須將它推翻而另立一個。此在今日的間接民主而已然，直接的民主更不待說。閻氏以爲上級可以擅定目標，下級只有依照施行，則所謂人民直接運用創制權，複決權，不知指的是甚麼。難道教育的目標不在創制，複決之列嗎？即此一點，足見他實不知民主政治爲何物，不獨是空話而已。

臺灣棉布問題面面觀

陳式銳

一 問題的發生

我得先在此重複一句話，『政府與人民之視線移注於經濟問題時，每次均受物價波動所刺激，其熱烈之程度，亦視其動度以爲斷』（臺灣經濟改革之意見）。我觀察臺灣經濟，既非自由體制，也不是計劃或實際底統制一型，卻係屬「頭痛醫頭，足痛醫足」底一類。當局對臺灣經濟，向來未嘗全盤着想過，所以過去——將來也會一樣——不斷地發生問題，而物價恰如經濟的溫度表，牠測得溫度高了，就發現經濟有毛病。所以，臺灣經濟既未整個納入正軌，物價問題也就無法可以單獨解決，而物價問題一日不得解決，經濟問題也就永遠地此伏彼起。

一年來，政府與人民所受刺激最深底，莫過於布價問題，布爲人民衣食住行四大要素之一，而衣食兩項所佔地位尤爲重要。我曾經將兩項物價算到去年底止，發現米價自卅八年六月改幣時的每百臺斤四三．七四元漲至八十元，漲了兩倍弱；布價於同時期內，却自每疋三七．八一元漲至二五〇元，高漲近於七倍。臺灣向來存在着「一擔米換一疋布」的觀念，演變至去年底，要三擔米以上才換得一疋布。以現在論，蓬萊白米一擔一一五元，細布漂布每疋黑市均在三〇〇元以上（五月三日聯合版），仍舊是三與一之比。這意義着；布價暴漲，熱度高升，經濟上已經發生了重大問題。

這一問題怎樣發生呢？當局說是爲了外滙不够，於是決定保護臺灣紡織工業，於四十年四月管制紗布進口，六月紡織小組成立，開始配紗配布；九月間，乃進而管制棉布的價格。在這一決策之下，棉布被宣佈停止進口。由此以後，棉布在市面上就發生了供少於求。關於臺灣棉布供給的數量，當局事先未公開宣佈，究竟是多是少，大家茫然；而這一點，無疑地是一根本底問題。臺灣的棉布數量，倘若如管制執行人尹仲容先生所言；『並非眞正不足』，那末，棉布漲價的原因何在？是不是管制管出了毛病？總之，自從去年棉布停止進口以至今天，全島市面上存在着棉布供求失調，亦即求過於供，所以布價在一年之間，飛漲了三倍左右。於是乎一般人民受盡了高價犧牲，農村以米布比價失調而受着痛苦。進口商以對外貿易被剝奪，心實未甘，今以有懈可擊，爲圖利而藉此爭取棉布進口，紡織界以政府之保護確曾發了財，爲維護既得利益，多方爲停止進口申辯。當局堅持既定決策，却斷續地由中信局物調會等辦了幾次棉布進口；並且，認爲即供給不足，亦只准由中信局進口，進口商無份，問題解決了沒有？未曾解決！

二 對立底意見

第一、關於棉布供給數量一節。紡織業指出：臺灣現有設備，有紗錠一一四．一一二枚，開工者九四．六四〇枚，計劃增添者四〇．〇〇〇枚，本年底可開足十四至十六萬枚，三月份紡製各種棉紗五．六五四件。織布廠有動力織機六．七七二臺，人力織機六．二二五臺，合計一二．九九七臺；每臺日夜工作，每日可織八十平方碼，最低六十平方碼，動力織機年可產棉布一三六．五〇二．三六〇平方碼，人力織機年可產四〇．〇〇〇．〇〇〇平方碼；兩者合計，年可產一億七千六百五十萬零二千三百六十平方碼。如以人口八百萬，每人年需十平方碼計算，共需八千萬平方碼；另加軍用二千萬碼，合需一億平方碼，假如棉紗原料充裕，以產量應付，尚可剩餘七千萬平方碼以上；所以紡織業聲言，不但棉布可以自足，而且可以外銷。

進口商把紡織業所說的話，加以一番檢討後，指出是『騙人底把戲』。他們說：紡織業的算盤，完全建築在「假如棉紗原料充裕」底假設上；與實際情形，相差甚遠。拿原料棉紗供應來說，棉紗每件可織棉布三十三疋，以本省民間所需棉布八千萬平方碼(二百萬疋)計算，就需要棉紗六萬件，平均每月五千件。實際上，美援每月配紗僅三千件，每月可織棉布九萬九千疋，年產一百十六萬八千疋，折合四千七百五百五十二萬平方碼。全省七百五十萬人口，每人年需十平方碼計算，年需七千五百萬平方碼，再加軍用二千萬平方碼，共需九千五百萬平方碼；與年產四千七百五十二萬平方碼比較，不是倘差一半——四千七百四十八萬平方碼嗎？當局的四十一年度生產與消費計劃書計劃進口者：細布三萬五千疋，人字斜紋布五萬五千疋，再經由臺灣銀行核准進口細布三萬疋，可爲產量不足供應之明證。

第二、關于布價暴漲一節。進口商指出：織布廠受配棉紗每件四．二〇〇元，織布卅三疋，每疋黑市三〇〇元以上，共可售得一〇．〇〇〇元以上，造成布價領導物價高漲；他如印花嗶嘰由每疋一二〇元漲至四百元，上級線呢由二〇〇元漲至六〇〇元，皆因禁止進口供不應求所致。美援會紡織小組雖然規定：配紗所織的棉布，一半繳由公會聯營處平售，一半由織布廠自行處理云云，但實行上，『誰也曉得他們會把品質較差的交由公會平售，品質壞……自然聯營處的生意一片凋零，平售棉布滯銷，他們既可以少交產品，……一方面，將自由處理的品質較佳的棉布任意抬高價格牟利……』（貿易週報一〇六期）。所以如棉布開放進口，讓供量增加，他們保證布價就會下跌。

紡織業對此提出駁復：織布廠所織棉布，五分之三以上由中信局配交代織，織成後就繳回該局以官價一七四元配售，並規定批發價一九〇元，零售價一〇六元；市上布價上漲，與紡織業無關。他如印花布的漲價，紡織業根本未會出產這一類布疋，他們對此也就無責任可言。至於開放棉布進口保證布價下跌云云，『徵諸過去，印花布進口數百萬美元，共每疋成本不到新臺幣一百二十元，而幾家棉布進口商竟在臺北非五百疋以上不願批售，計第一次每疋售價爲四五〇元，繼之則每疋售四〇〇元或三五〇元，每家獲利數百萬元，頓爲暴利的富翁，而一般棉布零售商則叫苦連天……』(紡織界創刊號)。況且開春以來，棉紗原料充裕，開工錠數亦逐漸增加，棉布產量亦隨之增加，各工廠產量既增加，生產成本自然減輕，布量增多而且成本減輕，布價也自然下跌，何待棉布進口？

第三、保護紡織經濟乎？棉布進口經濟乎？據進口商建議書說：在關稅方面，棉花進口完全免稅，棉紗進口僅抽百分之五，棉布進口則抽百分之三十，於此紡織業已有百分之二五的保護；在結滙方面，棉紗進口爲官價一比一〇·三〇元，而棉布則爲結滙證價一比一五·六五元，兩種保護合計達百分之七八。在此民生艱困之中，因政府對紡織業之保護，使消費大衆負擔增加百分之七八。而且紡織界要求棉布禁止進口的最大理由爲節省外滙，然則棉紗輸入，豈非亦需外滙乎？且按廿支棉紗國際價格每件三〇〇美元，織細布三十三疋，每疋 九·〇九美元，加工資一·五美元，計每疋一〇·五九美元，但現在日本細布每疋只七·四美元，香港只七·二美元，是進口棉布比進口棉紗便宜五成之譜。況且如由進口商辦理一百萬美元棉布進口，政府在收入方面可以增加：①結滙收入六四·二〇〇·〇〇〇元，②進口稅收入五〇·一六〇·〇〇〇元，③防衛捐收入 一五·〇四八·〇〇〇元，④港工捐收入五·〇一六·〇〇〇元，合計一三四·四二四·〇〇〇元(建議書附表)。

紡織界對第一點駁稱：棉紗進口雖僅付關稅百分之五，但仍應繳統稅百分之五，且民間進口棉紗，一樣地照結滙證結滙，故棉布與棉紗的關稅僅差百分之二〇，所謂相差百分之七八，與事實不符。對第二點駁稱：日本細布每疋 七·四美元，以三十三疋乘之得二四四美元，爲一件棉紗的價格，工繳尚未計入，與國際紗價對比，就虧了百分之二〇；如日政府不予保護補貼出口，何能生存？日人尚知保護其布廠，我們何以反欲替他們推銷，而摧殘本國紡織工業？且日本的布價比紗價低，係屬反常現象，何得據以爲正常理由？對第三點駁稱，從稅收表面上看，似乎政府減少了收入，國家蒙了損失，但就整個經濟上着想，所得利益更大。四十年度棉紡織品生產總值三九四·八一六·六五六元，扣原料及各種零件器材一六六·七六五·五六〇元，淨得二二八·〇五一·〇九六元(超過新臺幣限內發行額)，內包括工資，利息、捐稅、折舊等，都是臺灣的國民所得，維持了一一六·五五四員工及其眷屬的生活，直接間接促進了社會的繁榮和安定。

三　當局的說法

上面就是紡織業與進口商双方對於本問題各就各的立場所提出的說法，誰是誰非，讀者自已當然有數。管制執行人尹仲容先生在「臺灣紡織工業座談會」(五月九日下午三時半在鐵路飯店舉行)所發表的話，我覺得有節要介紹的必要，藉以反映當局對這一問題的意見。第一點，他說因爲本省貿易入超，外滙不足，所以對消耗外滙最多底紗布與肥料採取行動；爲節省外滙，一方面要自製肥料，一方面要發展並保護紡織業。實施的辦法：第一，進棉花，第二，才進棉紗，第三，不足始進棉布；以花紡紗論，紡廿支紗一件需棉花四七〇磅，每磅〇·四美元計，每件一八八美元，與國際紗價三〇〇美元比較，相差一一二美元。卅九年產紗 一八·四五一件，四十年產紗三九·八五八件，增加二一·四〇七件，以一八八乘之，計節省四·〇二四·〇〇〇美元(尹先生的算法)。棉布方面，卅九年進口五七·九〇〇·〇〇〇公尺，四十年進口 二〇·八〇〇·〇〇〇公尺，減少三七·一〇〇·〇〇〇公尺，以九十二萬七千疋計，乘七·四美元，計節省六·八六〇·〇〇〇美元，(尹先生的算法)，與前項合計共節省了外滙一千萬(一〇·八八四·〇〇〇)美元。

第二點，關於棉布供求一節，他說卅九年產量少，但加上進口即比四十年多，四十年生產 六·二〇〇萬平方碼，加進口 一一·〇〇〇多萬平方碼，約比前年少一一·〇〇〇萬平方碼左右。四十年本省棉布供應量，據專家估計：全省花紗布折成廿支紗有二·九三〇萬磅(軍用不在內)，以人口七六〇萬除之，每人約得 三·八磅，與日本的每人四至五磅比較，臺灣的供應量也不能說少。第三點，關于棉布漲價方面，他承認棉布是漲了價，而且承認是因棉織品比前年少而促成，但不以爲是唯一底原因。如像去年第一次商人謠傳美紗要漲而漲，經中信局同他們訂了十二萬疋布的合約而止漲，可是不久又波動，中信局就將全部布疋直接配售，才壓平布價：所以布價的漲，商人應負大部份底責任。問題既然是這樣，所以政府爲人民減輕負擔，就實行花紗布管制，由美援紡織小組決策，中信局執行，警務處監督；『管理得不好我們承認，但是已盡了最大的力量』，尹先生說。至於黑市，他說：「有管制一定有黑市，就是因爲有黑市所以才管制』；他相信在紗布供求相應的情形下，黑市一定可以漸漸消滅。

第四點，棉布自織抑進口？尹先生的意思是：爲了節省外滙，進口棉布不如進口紗(按：進紗反費外滙)，更不如進口花。國際紗價三〇〇美元，而布價僅值 七·五美元，自然是紗貴；因爲許多國家寧願買進貴紗，不肯買進便宜底布而摧殘自己的紡織業：這一點，與紡織業的說法相同。至於進口商要求進口棉布，所持理由是臺灣布價太高，應該進口棉布，以減輕消費者的負擔；可是在布價高的今天，布業公會的會員竟倒閉十一家之多，負債達一千五百萬至一千八百萬元，倘若進口棉布再跌價，他們將怎麼辦？維持自己呢？還是減輕消費者的負擔？尹先生並且率直地說：『去年不遵守政府配布規定，私自囤積居奇而使布價上漲者是布商，而今日要求布疋進口者又是布商，故所謂布疋不足，實全係布商肆意之宣傳，並非眞正不足』。他在談話中，表示贊成對本省所缺乏底棉布，作有限度底開放進口，但決不開放爲民營。

四　棉布的實際數字

先說棉布供應量問題。紡織業說，他們一年可以紡織棉布（如果原料充裕）一七六·五〇二·三六〇平方碼，進口商指出美援每月僅配紗三千件，一年生產量不過佔需要量的一半——四七·五一〇·〇〇〇平方碼。尹仲容先生說，去年全省花紗布折成廿支紗有二九·三〇〇·〇〇〇磅（軍用不在內），平均每人有 三·八磅。我費了相當時間與精神，得到本省四十年度進口的可靠底官方數字如次：

民四十年	棉布（平方碼）	棉紗（磅）	原棉（磅）
一般進口	二三、一三九、〇〇〇	二、六一五、〇〇〇	三〇、〇〇〇
軍用口進	二、八五三、〇〇〇	一八八、〇〇〇	—
美援進口	三、七八五、〇〇〇	一、八二三、〇〇〇	三、四五五、〇〇〇
合計	二九、七六五、〇〇〇	四、六一五、〇〇〇	三、四八五、〇〇〇

棉紗（以廿支計算，以下紗布均同）一項，計四·六一五·〇〇〇磅，以（一比四〇〇）拆成一一·五三七件，可織成棉布（三三比一）三八〇·七二一疋，即（四〇比一）一五·二二九·〇〇〇平方碼。本省四十年度實際生產棉布爲六二·一九八·〇〇〇平方碼，則上述棉紗算全部織成棉布，尚有四六·九六九·〇〇〇平方碼，應係由原棉紡成紗，再織成布。按花紡紗損失一五%，每件紗（四〇〇磅）織布三十三疋，每疋布四十平方碼，上舉數量，計用去原棉一六·七四五·〇〇〇磅，尚餘原棉五·七四〇·〇〇〇磅。這一餘額，可紡成紗 一二·一九七件，可織成布一六·一〇一·〇〇〇平方碼，又可製成棉絮（每件八磅）七一三·五〇〇件；又可能底用途尚有棄棉或棉襖及其他等，究屬何去，我還不能够確切地指出來。此外，進口一項，尚有棉織品：一般（折成二〇支紗）八六七·四九三磅，美援（同）四一六磅，合八六八·〇〇〇磅，拆成棉布二·八四四·〇〇〇平方碼。至此，我們可以得到四十年度臺灣所有棉布的數量如次：

①進口棉布　29,765,000平方碼
②進口棉織品折成棉布　2,844,000平方碼
③由紗織成棉布　15,229,000平方碼
④由花紡紗織棉布　46,969,000平方碼
合　計　94,807,000平方碼

在全數棉布供量中，去年軍用實際消費一二·九八四·〇〇〇平方碼扣除外，民間實有八一·八二三·〇〇〇平方碼，以人口數 七·六四八·〇〇〇均分，每人有一〇·七平方碼，亦即三·二磅。尹仲容先生所謂每人有 三·八磅一節，應係把進口花紗餘額也算在內，但無論如何，與我所求得底數字總算相差不多。而紡織業僅就其生產力（據聞不少以小報大）推出生產一七六·五〇三·三六〇平方碼，未免太誇大；至於進口商所估計自己生產底 四七·五二〇·〇〇〇平方碼，若再加實際進口底①及②兩項，計有八〇·一二九·〇〇〇平方碼，也就接近我的數字了。

五　節省了外滙沒有？

其次，當局這一措施，究竟節省了多少外滙？省產棉布六二·一九八·〇〇〇平方碼，以（一比四〇）折爲一·五五四·九五〇疋；倘若以每疋 七·四美元由日本購進，需一一·五〇七·〇〇〇美元。上面③項所用底棉紗一一·五三七件，以每件三〇〇美元乘之，計紗的成本三·四六一·〇〇〇（進布僅需二·八一七·〇〇〇）美元；④項所用底棉花一六·七四五·〇〇〇磅，以每磅〇·四美元乘之，計花的成本六·六九八·〇〇〇美元：兩項合計 一〇·一五九·〇〇〇美元。以成本言，進布 六二·一九八·〇〇〇平方碼，需外滙一一·五〇七·〇〇〇美元，我們現在用花紗以紡織同量底棉布而需外滙 一〇·一五九·〇〇〇美元，數字底計算如次：

進布需外滙　U.S.$ 11,507,000
進花紗需外滙　U.S.$ 10,159,000
節 省 外 滙　U.S.$ 1,348,000

我們自己紡織了棉布六十二百萬平方碼，節省底外滙實際上才有一百三十四萬八千美元，以（1比15.65）折成新臺幣二一·〇九六·二〇〇元。

至於尹仲容先生所計算的節省數字 一〇·八八四·〇〇〇美元，我加以分析之後，覺得他自己的算法根本錯誤。進紗一件需外滙三〇〇美元，進紗一件的原料——棉花四七〇磅——需外滙一八八美元，比較上可以節省外滙一一二美元；四十年度增產棉紗二一·四〇七件，談節省，應當以一一二美元乘之，得二·三九八·〇〇〇美元，不應當以一八八美元（應付棉花的價錢）相乘，因爲其所得的四·〇二四·〇〇〇美元爲成本，並不是節省底外滙數字。同樣，他對減少進口底棉布 九一七·五〇〇疋的計算，也患着相同底毛病：棉布九十一萬七千五百疋的價值，不錯底是六·八六四·〇〇〇美元，但自己織底棉布的原料無論是紗或花，不能不以外滙購入——即係美援輸入，也一樣是外滙——那能够算在節省之內？如果由紗織成，計需 二八·〇九一件，以三〇〇美元乘之，需外滙八·四三一·〇〇〇美元，須多付一·五六八·〇〇〇美元，那會節省？若以原棉紡織而成，則需一三·二二〇·〇〇〇磅，以〇·四美元乘之，需外滙 五·二八四·〇〇〇美元，才算節省了一·五八〇·〇〇〇美元。所以，尹先生的兩項數字，依他自己底算法，所謂節省底外滙，也不過是：

花紡紗節省外滙　U.S.$ 2,398,000
花織布節省外滙　U.S.$ 1,580,000
合計節省外滙　U.S.$ 3,978,000

但是，自己增產底棉布，當然有一部份是由進

口紗所織成，牠的成本比進口布爲高。去年進口紗四·六一五·〇〇〇磅，據聞去年進口底棉花素質較差，我想所進口底棉紗比較進口底棉花可能全部織用，那末由紗織成底布有 三八〇·七二五疋，而由棉花紡織而成底有五四六·七七五（合九二七·五〇〇）疋。就拿這兩個數字計算：前者若係輸入，則需外滙二·八一七·二六五美元，今以輸入棉紗織成，則支付外滙三·四六一·〇〇〇美元，是虧損了六四三·七三五美元，後者如係輸入，需外滙四·〇四六·一三五美元，今由輸入棉花紡織而成，僅支付外滙三·一二三·〇〇〇美元，節省了 九二三·一三五美元，是尹先生的算盤，應該改作這樣打：

由輸入花織成布節省外滙　U.S.$ 923,135
由輸入紗織成布虧損外滙　U.S.$ 643,735
實　際　節　省　外　滙　U.S.$ 279,400

不過，四十年度自己生產底棉布計一·五五四·九五〇疋，此處計算底數量才 九二七·五〇〇疋，尚有 六二七·四五〇疋，應該加以計算。按此數目底棉布如係輸入，則需外滙四·六四三·一三〇美元，今以輸入棉花紡織而成，僅支付外滙三·五七五·〇〇〇美元，計節省外滙一·〇六八·一三〇美元，再合前項二七九·四〇〇美元，就是全部節省數目：

實際節省外滙　U.S.$　299,400
補充節省外滙　U.S.$　1,068,130
共計節省外滙　U.S.$　1,348,000

這一數字，同我在上面直接算出來底一樣，我以爲這才是臺灣四十年度眞正節省外滙的數目，尹先生的算法，無論是一千萬美元（內含有紗布成本），抑或是四百萬（三·九七八·〇〇〇）美元，他都誤以爲棉花進口——幾乎盡屬美援——可以不算錢，就是所謂四百萬美元，內或重複或尙有由輸入棉紗織成部份的虧損而未予扣除，所以兩者都不能算數。又查去年度花紗布進口總值爲二〇·八五〇·〇〇〇美元，內美援進口佔一二·六六七·〇〇〇美元，一般進口才八·一八三·〇〇〇美元；卅九年度進口總值一五·五三五·〇〇〇美元，內美援進口僅二·三三三·〇〇〇美元，一般進口 一三·二一三·〇〇〇美元（官方數字）：

進　口	卅九年（美元）	（四十年美元）	增（+）減（−）
美援進口	二,三三三,000	三,六六七,000	（+）一〇,三三四,000
一般進口	一三,二一三,000	八,一八三,000	（−）五,〇三〇,000
合　計	一五,五三五,000	二〇,八五〇,000	（+）五,三二五,000

去年花紗布的美援進口增加了一千萬美元，這一數目自然不須由政府外滙支付，大概尹先生腦內存在着這一數字，所以輾轉把牠來誤解去年節省底外滙就有這一千萬美元；實際上，去年入口總值包括美援在內），同卅九年比較，還超過五百萬美元。

六　布價怎樣暴漲？

臺灣去年所有底棉布，既然平均每人可有一〇·七平方碼，也就是 三·二磅，雖然還是不足（詳下），但相差總算有限，倘若因這有限底不足而漲價，所漲底程度也應當有限，怎麼竟然暴漲到三倍左右？照尹仲容先生的看法，布商囤積居奇，使市上供應量減少，所以布的漲價，布商應負大部份底責任。實際上，是怎麼一回事呢？查棉布的漲價，除受通貨膨脹影響而隨之升高不在此談論外，據趙潤予先生的分析（紡織界創刊號），牠開始於卅九年六月韓戰發生，及七月外滙調整後底八月，但幅度有限：

時間＼指數	物價總指數	棉布指數
卅八年六月	一〇〇	一〇〇
卅九年六月	二四七	一八三
卅九年七月	二四七	一八四
卅九年八月	二六六	二二六

到了四十年四月，當局爲着保護紡織業而停止紗棉進口，布價才呈現着劇烈底上升：

時間＼指數	物價總指數	布價指數
四十年三月	三九九	三九二
四十年四月	四一〇	四二八
四十年五月	四三九	五二四

當局看到棉布價格有增無已，人民與輿論交相責難，乃於九月實施管制布價。這樣一來，棉布的價格又是劇烈底上升：

時間＼指數	物價總指數	布價指數
四十年九月	四六九	五九九
四十年十月	四九一	六八四
四十年十一月	五〇五	七三〇
四十年十二月	五二六	七四二

去年棉布供應量，以全年總數言，算來已經少了些，所以，隨時都存在着先天底供求失調機會。在四月之先，當局沒有好好地準備（如果有人有意假公濟私，那就不可原諒了），既沒有調查統計，更沒有充分儲備花紗布，就斷然停止棉布進口，這樣一來，供求失調底機會，便人爲地建立起來，因爲棉布一停止進口，人人看漲，加以本省棉布的生產力以及當局手內的本錢，商人看在眼裡，投機之心油然而生，囤積居奇，是這樣來的。一囤積，供量更少，量更少，價更奇漲。尹先生對此想必同意；那末，布商孳孳爲利固然可怪，給布商機會底人，是否也該怪在裡面？

其次，生產的目的是消費，生產者應該看消費者的顏色，這是經濟學的自然原理，與政治的寓有強制力不同。當局去年六月對織布廠配紗織布，所配底數量僅及整個需紗量的百分之一八，則陸續增加至十二月，亦不過及百分之四十；而且無論是代織或分織，其所規定底種類，只是細布及斜紋布兩種，而臺灣民間很需用底印花布，印花呢、印花絨等，則不在其列。政府不能強制人民一律穿服細布及斜紋布所製底衣裳，那末印花布等既不准進口，又未自己生產，是開荒勢所必然。倘若細布及斜紋布數量充足(指有計劃且順利地施行而言)，而印花布等奇缺，也是供求失調而刺激布價上漲底重要因素。況且當局配給底紗，規定代織廠僅及需要量的百分之六十，分織廠只有百分之四十，無論是六〇%或四〇%，各廠一樣地缺乏棉紗以保工作的持續，至未加入公會底布廠，則完全無配紗，因此紗的需求急劇增加，而供給有限，紗價便由公價四千二百元，逐漸漲到一萬四千元；其間，承織廠以棉紗有利可圖，竟不少將配紗發賣，而向市上購進細布轉繳(財政經濟月刊一卷六期)。因爲細布就是每疋三百元，購買三十三疋才一萬零八百九十元，尚獲利三千元以上。這麼一來，則無其他原因，市上細布必然減少；一方面，布廠購進棉紗，黑市既如許之高，牠的出品無論是線呢或線絨或其他，提高價格是天公地道了。

再說管制棉布價格，當局自己沒有儲存，根本就是沒有本錢，空言管制，何濟於事；而且，當局限價除代織須交回不計外，對分織廠部份，僅限其交聯營處發售底一半，其他一半就變爲黑市的淵源，這是一個缺口或漏洞。其次，市上的布，除細布斜紋布外，尚有印花布，府綢，呢絨，嗶嘰等，當局對這些完全未(也沒有力量)加以限價，開了第二個缺口或漏洞。所以『布商們把一疋日本印花嗶嘰由一二〇元抬高到四〇〇元，織布廠也把線呢由二〇〇元漲至八〇〇元(警務處有案可稽)』(五月十三日新生報)。印花布呢絨等既漲價，也就影響細布斜紋布的漲價，而細布斜紋布發生黑市之後，就連帶地發生了；(一)聯營處平價布品質低劣，而呈現表面上底滯銷(上面已提及)；(二)後來聯營處平價布品質有些好了，但有黃牛軋購(詳五月廿三日聯合版)。管制至此，當局實在窮於應付了。

就是當局知道了印花布漲價而欲增加牠的供量，如去年九月間准中信局向日本訂購印花布一宗，但究以公營不如私營之有效率，該批印花布原爲冬用，直到今年春間始運到，緩不濟急，也就眼巴巴地坐視市價一天一天地高升。及印花布抵達之後，中信局却也就未能免俗了：日本印花嗶嘰每碼〇·三六美元，以(1比15.65)結滙再加運費稅捐等，成本僅新臺幣七元多些，但中信局發售價格爲二十元(貿易週刊一〇三期)。布價管制到了這一地步，意義已經消失了。

七 合理底歸趨

我想我敍述到這裡，已經把臺灣發生過底棉布問題，整個地介紹了出來。在此之後，我似乎應該提出理論上及事實上底批判，且使牠得到合理底歸趨。這一問題的發端，正如新生報記者徐雪影先生所說：『當初政府似無力顧及保護紡織業，生管會停止棉布進口的原因，乃爲了撙節外滙』(五月十三日新生報)，而實際上，一年間的經驗，證實了所節省底外滙，不過一·三四八·〇〇〇美元，以最高率折成新臺幣，也不過二一·〇〇〇·〇〇〇元；顯然，這原始底目的，是沒有如理想地達到了。反過來看，因布價暴漲消費者所受損失每人以三十元計，就有二二八·〇〇〇·〇〇〇元，超過所省節者十倍以上；就算與紡織業所說去年一年間獲得淨利二二八·〇〇〇·〇〇〇元正可相抵，那要問問：犧牲了七百六十萬人的利益，以維持十三萬人(員工及其眷屬)的生活，是否公平？是否値得？

再說，保護問題，原來是節外生枝；既然發生了，也應該在此弄個明白。學者方面——以財政經濟月刊爲代表——持反對保護紡織業之論。他們以臺灣屬海島經濟，不能自給自足，應當以發展特產如加工業品糖等，以換取我們缺乏底物資；換言之，就是加工業品多多輸出，必需品及原料多多輸入，後者的輸入是目的，前者的輸出是手段：輸入多了，物價就低，人民的生活也就藉以改善(鄭學稼先生：保護？獨佔！)。另一方面看，海島經濟是以對外貿易爲基礎，牠不但須靠輸出的增加，同時必須靠必需品輸入也一樣地增加；既然如此，對輸入品採取保護收策，豈不自己拆臺嗎？所以在這一理論之下，臺灣儘可以發展特產的工業，如糖質由其副產品糖蜜所產生出來的酒精，酵母鉀肥，蔗渣所製造的紙漿；稻殼可以製造活性炭或酸膠體，從而可以建立新底大工業，米糠可以製造糠粕同米糠油；鹽可以供給製碱工業，鹽酸工業，及鹵汁工業等，而製碱工業尤爲一種基礎工業；他如肥料工業，石油工業，以及編帽手工業等等，而紡織工業却不應予保護，因爲臺灣缺乏棉花，設備，技術，並且『在國際市場上，紡織工業的生產品原已有先進國大量的供給，它是價廉而物美的，在這種情形之下，臺灣無推進紡織新工業的可能，更無此必要，我們不僅不要去推進這種工業生產，而且還以輸入此等工業生產品爲合於經濟原則』(林建生先生：保護政策與臺灣經濟)。

提到保護政策，無人不祖述德國李士特氏 Friedrich List，我且由他的「國家經濟學」The National System of Political Economy 裏找出一段話來，讓大家自己衡量一下：『國際分業 International division of labor 與國家分業 National division of labor 二者皆決於氣候與天然。吾人不能使各國均產茶，一如中國然；使各國均產香料，一如爪哇然；使各國均產棉花，一如路易斯安那然；使各國均產五穀，羊毛，菓實，製造品，一如溫帶之諸國然。凡與本國氣候土質不相適之產物，可由國際分業(對外貿易)以獲得者，而必欲藉國家分業(本國生產)以致之，價旣昂而質亦劣，此非至愚者不爲也。反之，若國家不善利用其所有之天然力，以供給本國之需要，並以其剩餘，交易本國所不能生產之必需品者，亦爲缺乏文化與工業之表證也』。

壓根兒，當局並不是爲保護政策而實行保護紡織業，實是爲了節省外滙而出此，所以在理論上缺乏立足點，蓋不足怪，在實施上又沒有準備，其失敗也是先天底。我一向說臺灣經濟屬於「頭痛醫頭，足痛醫足」底一型，而且料定類似底問題也會此伏彼起，我說這話不是幸災樂禍，而是憂心底由衷之言！那末，這一問題要怎麼辦呢？我先打個比方：一對夫婦混混沌沌地生了一個兒子，而這一兒子不很正常，若怪他不正常，但不是他自己的罪過，父母生了他，難道可以置之於死地嗎？臺灣的紡織業，就是這一不正常底孩子；讓牠死去嗎？實在不人道！不過不能因爲他，而使社會蒙受其害，是有司者，須謀兼顧之道。退一步言，臺灣是反攻的基地，一方面謀安定臺灣，一方面爲準備返回大陸，那末倘若把紡織業轉作農村副業，以吸收農村因耕地不足而剩餘的勞力（據估計有一百萬工以上），那就可以達到前者的目的，大陸爲產棉之區，且紡織業條件具備，把臺灣的紡織業充作將來回大陸的儲備，不也可以達到後者的目的嗎？我想只有這樣地打算，才可以在理論與實事兼顧之下立起脚跟，不知道高明之士以爲然乎？

經濟的最終底目的爲「消費」，所謂「生產」，「交易」與「分配」，都是手段。所以棉布的問題，我們應當以消費者的利益爲準繩，無論是暫時底抑是長期底，才能夠得到正當底解決。當局應以此爲態度固無論，其他有關底如紡織業，進口商，及布商等亦莫不皆然，況且時至今日，大家只求生存，萬不該作暴利底非非之想；而處動員之年，「互助合作，增產競賽」，又是朝野共同的屬於經濟動員底口號。譬如臺灣全數人口需要多少布，那幾種類，及與季節有關底那些時期，上舉各方面均有共同參加研究的必要；彼此的弱點，亦應使互相制衡，才可以免除弊害：這些，我想才是「互助合作」的眞諦。如果能夠這樣，「對立」可以歸於「合一」，暴利之徒，就無可施其技倆了。

四十一年度，美援會所提出的棉布織造及配售計劃，基於民用每人十碼之估計酌予增加，約需八千萬碼，另針織內衣及運動衣等九十萬打，毛巾七十五萬打；棉布的種類及分配如下：

	農民用		工業用	平民用	共計
	糧食局	農會			
細布（原色 染色 漂白）	三六〇,〇〇〇疋	疋	四五,〇〇〇疋	二五〇,〇〇〇疋	六五五,〇〇〇疋
斜紋布		八〇,〇〇〇		一〇〇,〇〇〇	一八〇,〇〇〇
線呢		五〇,〇〇〇		一五〇,〇〇〇	二〇〇,〇〇〇
印花布		五〇,〇〇〇		一五〇,〇〇〇	二〇〇,〇〇〇
學生布		四〇,〇〇〇		四〇,〇〇〇	八〇,〇〇〇
馬來布		四〇,〇〇〇		四〇,〇〇〇	八〇,〇〇〇
府綢			六〇,〇〇〇		六〇,〇〇〇
條紋布		八〇,〇〇〇	五〇,〇〇〇	二七〇,〇〇〇	四〇〇,〇〇〇
格子布		二〇,〇〇〇		八〇,〇〇〇	一〇〇,〇〇〇
蚊帳布			二〇〇,〇〇〇		二〇〇,〇〇〇
被單布			三〇,〇〇〇		三〇,〇〇〇
絨布				六〇,〇〇〇	六〇,〇〇〇
其他布類			三〇,〇〇〇	六〇,〇〇〇	九〇,〇〇〇
共計	三六〇,〇〇〇	三六〇,〇〇〇	四二五,〇〇〇	一,二〇〇,〇〇〇	二,三五五,〇〇〇

黃已城先生提出（貿易周刊九十八期）：日本人的棉布配給，每人十一平方碼，重三·三磅，此外還有綢及人造絹布可以自由採購，合計有十五平方碼，臺灣屬亞熱帶，衣服時常洗晒，不能耐久，最低亦需十平方碼，計需七千五百萬平方碼；不過，尚有蚊帳、被單、床棹巾、防空用窓簾等，計需九百萬平方碼；此外工用布、濾布、麵粉袋、茶袋等，計需一百萬平方碼；再加軍用，約二千萬平方碼：合計一億五百萬平方碼。據美國駐臺灣專家巴芬頓先生 S. L. Buffington 的意見：臺灣卅九年的棉布供給量（折成廿支紗）有三千五百萬磅，四十年有三千三百萬磅，他不但以爲四十年度的最低需要未曾滿足，則卅九年也是一樣；依他的估計，以四千萬磅或稍微高些方爲接近：則需棉布三·三〇〇·〇〇〇疋，亦即一三二·〇〇〇·〇〇〇平方碼。究竟臺灣軍民全體需用棉布及其他衣料若干，我以爲朝野有關方面，應根據實際底數字，共同求得一精確底數目，才有下手的着落。

再次，我們應該切實考核本省紡織工廠的實際生產力。所謂年產一億七千萬平方碼者，無非宣傳之詞；所謂僅及四千萬平方碼者，亦同樣底無實際根據。照巴芬頓先生的看法：臺灣眞正能夠以棉花紡成足夠底棉紗以供織成全部需要底棉布的時間，計在明年的秋間。聞臺灣省政府建設廳正製訂織布機調查表，中信局亦製訂生產月報表，將會同紡織公會分赴各紡織工廠切實抽查各工廠生產力；得到確切數字後，再根據以擬訂本年度生產計劃，這事本該早早備妥，可見過去全屬盲目行動；但迅速及時地亡羊補牢，亦比繼續摸索安全。經過這一階段之後，臺灣自己可以生產多少棉布，就可以有根據地求得出來，不足底及不能自己生產底布類及數量，就可以及早而適時地決定進口。

至於由誰進口；在情理上，應該歸由進口商辦理，因爲他們有：（一）時間迅速，（二）切合需要，（三）價格低廉的優點。而且，國民黨現階段政治主張有：『……我們主張配合着國家的建設計劃，使一般民衆不受壟斷投機的操縱，各行業得有均衡合理發展的機會……』。在法理上，他們的營業也受有國法的保障，中華民國憲法第一百四十五條第二項規定：『國民生產事業及對外貿易，應受國家之獎勵指導及保護』；同條第一項規定『國家對於私人財富及私營工業，認爲有妨害國計民生之平衡發展者，應以法律限制之』；同法第一百零七條規定：『左列事項，由中央立法並執行之：……十一，國際貿易政策』。這些均爲保障商人的合法利益，亦莫非爲「養雞」以待其「生蛋」也。過去停止進口商進口布類，是由少數人來決定，未免不愼重而缺乏法理上底根據，我們在學習民主，今後須有守法底涵養才是。倘若怕進口商及布商壟斷或操縱，政府主管機構儘可在各類底進口數量上，佔有若干底比例，以收互相制衡之效。而在有限度底進口之下，紡織業必定會受刺激而對品質上及成本方面力求進步，尤屬重要。

這樣一來，布量夠了，種類可能適合需要，季節，且力求適應，市場上供求相調，商人自然無機可投，因爲囤積既無利可圖，誰還要徒勞呢？經濟有自然底調節性，如水之就下，溝渠通暢，那會氾濫四野？總之，問題開端一不小心，一錯百誤，爲着外滙不足——或眞有不得已底苦衷——乃種下這一亂根，但消費者所付的代價不爲不大了！現在到了就事論事的時候了，莫再以節省外滙爲由，否則進口商將再說民生四大要素之一底棉布不給外滙，而反給奢侈品底「人造絲」、「人造綿」、及「洋葱」、「松茸」、「魷魚」、「罐頭」、「牛奶」等次要物資的外滙，却佔了相當多底數目：這是什麼道理？

蘇俄的財政與金融

朱新民

蘇俄的經濟制度是一個整體性的東西，而財政和金融只是他們全部經濟制度的一環而已。這是不可缺少的一環，和他們整個的經濟計劃互相配合着。蘇俄的財政制度和金融政策帮助蘇俄當局，解決和簡化了許多生產和分配上的複雜問題。因此當我們檢討蘇俄的財政和金融的時候，首先必須要注意到這個基本原則，懂得他們對于財政和金融上的一切理想和方法，都完全不是獨立的，都完全是受着他們整個經濟計劃的支配。在俄國每一次五年計劃裡面，都分別列出財政和金融這一部門，就可以作爲這種看法的根據。

在俄國革命的初期，有許多蘇俄的巨頭都不明瞭財政和金融的妙用。他們之中甚至有人主張完全廢除錢幣。曾幾何時，他們就感覺到此路不通；于是倒過來還是走舊路。在目前，蘇俄的財政和金融，從表面的形式上看來，似乎和其他的國家幾乎很少有區別。

不過，這種相同和相似的地方，却僅僅只是以外表的形式爲限。因爲從本質上來看，蘇俄的整個經濟制度，是另成一套，與世界上任何其他的國家都不完全相同的；所以它中間的一部分—財政和金融—當然也自有其特點。

廣義看來，所謂財政和金融的研究，在蘇俄的經濟制度當中，實際上就包括對于他們全盤的經濟行爲中所有一切收支情形的研究在內。分別的來說，大概可以分爲三個重要部門：(一)政府預算，(二)信用計劃，(三)貨幣政策。這三個部門事實上是互相關連的，綜合起來，就使蘇俄當局獲得一個很重要的工具，使他們的整個經濟計劃，推行起來比較更便利，更爲省力。

(一) 蘇俄的預算

蘇俄也和其他的國家一樣，具有一個國家預算。其中包括一切政府的收入和支出的計劃。每年的預算由政府中的財政部長提出，交由他們的最高立法機關，所謂最高蘇維埃，審查通過。從外表看，他們預算的製定和實施，一切都同其他的國家差不多，並無什麼特點可說。

不過事實上，却因爲蘇俄的整個政治和經濟的背景不同，所以它的預算在本質上具有好幾個特點，而爲其他的國家所絕對沒有的。

第一，蘇俄預算中所支配的範圍遠較其他的國家爲廣。因爲在蘇俄，幾乎一切的經濟行爲都是在政府統制之下，完全沒有私人企業的存在。所以他們的預算包括着一切工業上的投資，無論那一種公營事業都得伸手向政府要錢，而所有的收入也都要交還給國庫。因此他們的預算就會遠比其他國家的預算廣泛而複雜。

第二，蘇俄的預算只是其全部經濟計劃中的一部分，它並沒有獨立性。因爲整個的經濟計劃才是主體，預算必須要去配合它才行。換言之，財政當局和立法機關對于預算事實上都沒有最後的決定權。這種預算的制定和審查都不過是一個形式問題而已。

第三，蘇俄的預算是採取高度中央集權的方式。這當然是受了他們政治和經濟制度的影響。在蘇俄，有許多絕對是地方政府和人民團體的業務，結果也都由中央政府直接控制，所以他們的地方機關對于財政上的自由權是非常有限的。

第四，在四個五年計劃的二十年之中，蘇俄的預算從來沒有不平衡的一天。若是照民主政體國家的作法，他們這種預算是永遠無法平衡的。可是蘇俄當局却有方法硬使它平衡，因爲只有他們才眞正做到了「量出爲入」的原則。他們可以無限制的剝削人民，增加國家的收入，而不必考慮到人民反對。這是獨裁制度的必然後果，雖然不足爲訓，但是研究蘇俄問題的人，却必須要注意到這點。

以上所述是蘇俄預算的特點。現在再分別從收入和支出兩方面來觀察。蘇俄國家收入中最主要的是稅收，而稅收中間最主要的又要首推營業稅。在平時這一項稅收要佔全部總收入的百分之六十。這是蘇俄經濟制度中的一個重要工具，經由它就把全國的財力都分配到政府所希望發展的事業上面去了。重工業的產品抽稅極輕，而消費物資則課以重稅。在這種租稅政策之下，消費物資的價格只有高漲，于是人民的生活水準永遠不會提高。可是重工業就可以繼續的膨脹起來。這也就是蘇俄政府永遠在製造戰爭的鐵證。

除了營業稅以外，其次的稅源就是利潤和所得稅。對于這兩種稅，蘇俄當局也都是採取差別課稅的辦法。譬如說鋼鐵工業的利潤稅率是百分之二十五，而輕工業和紡織工業的稅率却是百分之九十。所得稅的情形也正相似。有的職業納稅較輕，有的却很重。此外爲了奬勵生育起見，對于子女較多的人特定有減稅的優待辦法。

除了稅收以外，蘇俄政府還有許多其他的收入，而爲其他的國家所不常有的。分別的來說：(一)蘇俄一切企業和貿易都是公營，公營事業的收入當然都交給國庫。(二)蘇俄的公債，實際上也等于是一種稅收。它的發行完全是攤派性質，平均一個人每月的收入大約就有三分之一是用來購買公債。(三)蘇俄除了有僱傭性質的勞工以外，還有大量的奴工。這些奴工的生產所得，簡直可以說是百分之一百都是爲政府所有的。（註：蘇俄集中營中的人口約佔全部人口之十分之一）。

現在再從支出方面來加以觀察。首先要研究的問題就是軍費問題。蘇俄政府當局，當常宣傳着說他們是如何的酷愛和平，因爲他們的軍費在全部預算當中，常常還不到四分之一的比例。這完全是騙人，從來不會有誰眞正能够知道，蘇俄每年的軍費到底是多少。蘇俄的預算分類方式與其他的國家完全不同，譬如軍需品的工業就沒有列入軍費方面，反而列在工業方面，此其一。此外蘇俄預算所包括的範圍遠較其他國家的預算爲廣泛，所以它們的總額也較大，因此從百分比上來看，軍費所佔的比例當然相對的減少了。

除了軍費以外，其他最大分量的錢都是用在公營事業方面，其中包括工業，農業，交通，貿易等等都在內。這當然是不用再說的。在戰後蘇俄的預算當中，所謂文化與社會的支出，在金額上列爲第二位，僅次于經濟。不過我們所應該注意的，就是一切的名詞在蘇俄都自有它不同的解釋。譬如說他們所謂「敎育」的項目當中，實際就把宣傳和煽動的工作也包括了進去。

(一) 蘇俄的信用計劃

要把財政上的統制力量，貫徹到所有的企業，所有的組織裡面去，就一定需要一個很複雜而嚴密的銀行系統。蘇俄的銀行完全是國營的，一切都受財政部的指揮，而成爲整個經濟制度中的大動脈。

在蘇俄，所有的銀行都可以分爲三大類：第一是國家銀行。這種銀行的任務是擔任「銀行的銀行」的工作，它們對于通貨的流行也具有管制的權限。此外還對于某些特定的對象，實施短期的大量的放款。總結起來說，它們所擔任的工作是在調節和管制這一方面。第二是特種銀行，又依性質而分爲四大類，那就是工業銀行，農業銀行，貿易銀行和中央市政銀行。這四種銀行各有其專門放款的對象，它們的放款都是比較具有長期性的和固定性的，與上述國家銀行的性質恰好相反。第三是儲蓄銀行。蘇俄當局爲了以儲蓄的美名，搜括人民起見，所以在全國以內，遍設儲蓄銀行，這也是一個很重要的措施，足以吸收人民手裡的金錢，更使生活水準無法提高。

總結的說，蘇俄的銀行，也正和其他的蘇俄國營企業一樣。它們都是具有一個特定的目標，去完成一種特定的任務。

(二) 蘇俄的貨幣政策

在俄國革命以後，他們的經濟政策曾經一度完全喪失了控制，因此在一九一七年到一九二四年之間，曾引起惡性的通貨膨脹。自從一九二一年，實行新經濟政策起，蘇俄當局就開始認識了穩定通貨的重要性，于是就逐漸實行貨幣改革，到一九二四年才算是完成了第一次的改革。以後從一九二四年到一九四七年，蘇俄的貨幣政策都沒有什麼大的變更。不過自從第二次大戰發生以還，蘇俄原有的貨幣發行額已經大有增加，因此他們又再來一次貨幣改革。把通貨膨脹的趨勢遏止住了。截至目前爲止，他們的貨幣都還算穩定。這種穩定現象的基礎是完全倚賴着政治力量的支持。蘇俄的貨幣在本質上完全是一種「管制貨幣」。它的特點有兩點可以值得注意：(一)盧布只准在國內流通，完全是一種籌碼，在國外市場上完全沒有意義。(二)蘇俄的國際貿易完全是由政府辦理，它們的交易標準實際上是以物資爲單位而不是以貨幣爲單位，同時他們貨幣對于外國貨幣的滙率也完全是由政府決定，與其他的國家完全不同。

基于以上的分析，總結起來說，蘇俄的財政與金融，在本質上有許多和其他國家不同之點。因爲蘇俄的政治思想本來就是很特殊的，所以以此爲基礎而形成的一切政策，自不免各有其特點的存在。從極廣義的觀點來看，蘇俄的一切行爲，都是爲了準備侵略，爲了製造戰爭。因此他們的財政和金融，也完全是爲了配合這個目標，很明顯的在他們的一切措施當中，完全不顧及人民生活上的痛苦和經濟上的損失。(例如一九四七年的貨幣改革)。它的這種財政金融制度在極權主義者與侵略者看來，似乎很有效率，可是在愛好民主自由，反極權反侵略者看來，他們的政策實在是壓迫人民破壞世界和平的萬惡工具。

(上接第30頁)分頭向各代表人士，或用法文，或用西班牙語或用英德語言，宣傳解釋，自由中國，苦難大陸一切眞情實話，于總主敎牛會卿主敎也一一向代表慰問。一位北朝鮮的反共人士，也操英法語向各代表宣傳韓國情形，且更代我國宣傳。茶會自七點準時開幕迄十時半始告結束。會終時，由于總主敎向各代表致詞，除感謝而外，並提醒今後，全世界自由人士當在天主敎愛的哲學之下，對共產主義恨的哲學與以無情的痛擊。聽者動容。國際聖體大會，雖然是一種宗敎熱誠虔敬的活動，本不是爲反共而召開，也不是以反共爲號召的，但是因爲大會的起因是因爲「眞和平的建設」，眞和平的建設則端在人類博愛，而聖體聖事(一名聖餐)乃是天主敎博愛哲學的眞正基礎，在這一星期的大會之中，有天天二三小時的博愛哲學的研究會，討論如何建設眞和平，因此聖體大會乃是先天的反共，大會且以閎增悌(匈亞利樞機爲蘇俄所迫害的首位樞機)爲象徵主席，這無疑是向共產主義的大挑戰。此外，巴塞羅納地方，也曾是共產國際的發祥地，在這裡開這愛的大會，雖不標榜反共，而反共的意義自然存在！

國際聖體大會已是第三十五屆了，在最近的幾屆中，要以此次我國參加的人士最少，但是其意義之重大，其力量之發揮，記者不是大話，要此次爲最了。

國際聖體大會已經閉幕了，作者明晨就要返馬德里去參加考試，幾天來睡眠不足，青燈熒熒，還有別的文章要趕寫，不在叨絮，謹此向大陸受難的同胞以及臺灣自由中國的同胞致敬，我們不會忘了爲同胞們奮鬥，同時我們也不會不時時刻刻的眷懷着祖國愛！希望在愛的空氣之下，全世界人士聯合起來完成反共的大業。

(六月一號大會閉幕的晚上)

從間接民主到直接民主（下）

戴杜衡

我在本文不擬對兩黨政治與多黨政治的問題詳加討論，此將俟諸異日。但我要承認：我完全贊成多黨制而不甚贊成兩黨制，多黨制無疑的比兩黨制更接近於民主。我此一信念，並不因法國行多黨制所引起的流弊而動搖。法國的毛病，是出在以多黨制配上了議會主權制，它沒有美國那樣的双軌選舉，以致沒有足與議會制衡的行政部，以致內閣照例短命，以致多黨制與比例代表制的優點湮沒不彰。多黨制至少可使任何單一的政黨無法壟斷，因爲它不容易在議會中取得過半的多數；如果有一政黨在議會中取得過半多數，則其它各小黨勢必結爲一黨，而多黨制即不復存在。幸虧有比例代表制，多黨制乃得保持不墜。

歐洲大陸共產鐵幕外，各國民主精神之得以維持，是靠多黨，而美國民主精神之得以維持，則靠制衡。美國的制憲先輩，似乎早已對議會主權制懷疑，所以儘量把行政與司法的權力擡高，使之與立法部門相對抗。在美國歷史上，議會多數與行政部門分隸兩個政黨，爲常見之事，而司法部門，在理論上更具有超政黨的性質。可是，即令在美國，政黨之强化還是發生了作用，它正在漸漸的使制衡的功效爲之削弱。這原因又在於美國祇有兩個强大的政黨，而其中的一且已長期的（二十年）占有優勢，以致無論立法、行政、或司法等部門，都漸漸爲它所掌握。在美國，政黨政治的流弊，也正在一天天的顯著，祇是尚未發展到英國那樣的程度而已。

綜上所述，我們看到現在許多國家之所謂民主，人民主權固談不到，甚至也不再有議會主權，有的祇是政黨主權。議會爲一種有形的體制，如果它有流弊，還可以從制度去加以改正。政黨則爲一種幕後的組織，本來祇是附麗於議會政治而成長，現在却反賓爲主，在無形中把持一切。人們無法從制度上去限制它的作用，因爲它本無法律地位。政黨爲法律與制度的力量所不及，它就更加危險。如果我們不把問題整個兒的來檢討，我們委實無法用枝節的設計去補救。這整個問題的癥結在那裏？我敢說，是在於今天世界上所已存在的民主政治，爲名實不符，表裏不符，形式與內容不符，理論與實際不符。再明白說：現在的民主，是間接的，人民行使主權必須假手於人，假手於人而不保留絲毫的監督，主權之旁落便成爲當然的結果。

四

我相信，對議會政治與政黨政治的實際，早有許多人感覺不滿，但很少人願意把這不滿明白說出。爲什麼？人們想像不到有什麼東西可以代替這樣的實際。而且，放在眼前的是極權主義的威脅。極權主義者攻擊民主政治，我們也攻擊民主政治，我們豈非成了他們的同道，而且在無意中在替他們開路？我們似乎有一種禁忌，對有些情形雖明知其非而絕口不談，似乎祇要不說破，本來成問題的事物也就不成問題，儘可不了了之。

如果眞是無可奈何，對這種病者諱疾的態度，我也不敢厚非。但事實上，辦法是有的，而且很現成，祇要我們不十分近視，就能很清楚的看見。如果看清楚問題出在現存的民主是間接的，我們就可以設法使之成爲直接。直接民主並不是一種空想。它不僅完全可能，而且早就存在，到今天也仍然存在。它不僅完全可能，而且對人民非常方便，非常的輕而易舉。

在古代，雅典有「全民會議」(Ecclesia)，在近代，美國的新英格蘭諸州有「鎭民會議」(Town Meeting)，都是處理公衆事務的最高權力會議，在那裏，公民確確實實的行使了主權。

在第一次世界大戰之後，許多區域發生領土所屬糾紛，都曾由全民投票(plebiscite)來解決，而且通常都能解決得非常圓滿。

在瑞士，聯邦憲法與各州憲法都已能做到交由人民親自批准。聯邦與各州的普通立法，人民如對之不滿，均可由若干人聯名簽署，交付全體公民投票複決；有過半數的州，並且所有立法都必須交由人民複決。除批准法律之外，人們還可以創制法律，其範圍包含聯邦與各州的憲法，以及各州爲普通立法，祇有聯邦的普通立法人民尚無權創制。美國在上世紀與本世紀之交，各州對瑞士的辦法，競相仿效，蔚成一時風氣，從一八九八到一九一二年間，將近半數的州都採用了創制權與複決權(initiative and referendum)。美國約四分之一的州又有罷免權(Recall)，人民可以全體票決來罷免州級的官吏。（在瑞士，人民曾一度享有解散州議會之權，但現已廢置。）

這些都是行直接民主的實例。自然有人會說：瑞士行全國性的直接民主，但瑞士是小國；美國是大國，但美國的直接民主主義僅行於各州：這豈非正好表明直接民主無法在較大的政治單位實施？不錯，在較大的政治單位實施直接民主，過去沒有。但過去沒有之事，未必將來就一定不可能有。不錯，如果定要叫選民在指定的時間到投票處去投票，是一個麻煩，不宜於時常舉行。但爲什麼這樣的方法又一定不能改變呢？在第二次世界大戰時，美國的總統選舉，對於不能親赴選場的選舉人，已經試行過通信投票。各國舉行的民意測驗，也多取通信的方式，有幾次規模之大，差不多近於全民投票，祇是其結果沒有法律的地位而已。祇要一採用通信投票的方法，主要的困難即迎刃而解。人民接到投票書，打上一個記號，向就近郵筒裏一塞，就已完事，這樣還不方便嗎？在科學發展物質進步的國家，更可利用各種電氣通信的設備，進行全國性的意見之溝通與表決，每一個人的家庭，都成了全民會議議場之一角，還有什麼困難之可言？

眞正困難之所在，不在投票之舉行，而是在投票案之提出。爲較大的政治單位着想，必須把美國及瑞士所行的直接民主辦法稍稍修改。已行的辦法，規定要由全體公民之若干百分數提出，在美國，創制案通常是需要三至一〇%，複決案是五至一〇%，罷免案是二五%，才能進行投票。縱令把這百分比壓低到一%，有數千萬公民的政治單位，全民投票要數十萬人的聯名簽署才能成立。這才眞正是不可能之事。因此，投票案祇可能規定由政府的某一些機構提出。這最好仍交予議會。譬如說，一法案在議會多數通過，少數分子祇要滿三分之一或四分之一，仍可提出交付公民複決。此外，也可由國家的元首提出，也可由最高司法部門提出，甚至可以使幾個機構同時具有此一權力。這樣就凡屬意見紛歧的問題，都能最後訴諸於人民，取決於人民。

當然，把全民票決案之提出交予政府機構，創制權就不可行；一經政府機構提出，邏輯上即不能同時也是人民的創制。全國性的罷免案由政府機構提出，交人民票決，也是一件不容易想像之事。（本來，美國行使罷免權，並無重大成就，而且流弊滋多。）我們所謂全國性的直接民主，事實上祇剩有複決權一項；本文的討論，也僅以複決權爲限。

用這樣方法行使的複決權，仍不能做到如盧梭所希望的一切法律交由人民親自批准。要實現盧梭的希望，必須行所謂強制複決（Compulsory referendum），即所有議會立法都無例外的必須交付人民複決。這將使人民不堪負擔，至少在今日尙辦不到。今日所能行的全國性複決，還祇是一種所謂任選複決（Optional referendum），即有些議案交付複決，有些則否。複決案之多少，可以由制度來予以調節。我們可以使它少到一年之中祇有三兩次，也可以使它多到一個月就有四五次，此可就實施的成績與經驗以爲斷。譬如說，若規定須由議員五分之二提出才能成立，複決案就少；若規定僅由五分之一提出即能成立，複決案就多。行之便，儘量使之發展；行之不便，適可而止，再行從長研究。我們恐怕再不能找到一種重大的改革，能作如此漸進的嘗試，能如此的伸縮自如，能如此的不會震撼原來的體制，致會帶來紊亂。

不管進度之遲速，如果我們還保持若干民主政治的理想，如果我們不願讓人民主權永遠成爲一句空話，這種改革總是必要的。無論如何，意志之表現，經由直接的方式總比經由間接的方式更爲明朗而不致被歪曲；主權的行使，經由直接的方式也總比經由間接的方法更爲有效而不致被刦持。可以說，直接民主優於間接民主之處是不辯自明的。

我還需要特別指出一點：我國國父中山先生的政治理想，就根本是直接民主而非間接民主的。他主張「人民有權政府有能」。他把政權與治權淸楚的劃開：行政、立法、司法、監察、考試等五權，是屬於治權的部分，政權則操諸人民，要經由選舉、罷免、創制、複決四權來行使。他常常非難議會政治。在他所計劃的體制中，立法部不是議會的性質，至少不能像西方國家的議會那樣獨攬決策之大權。同時，他也從來沒有十分強調過政黨的作用，因爲在直接民主的體制下，政黨不能具有像在今日西方國家它所具有的那種重要性。他提倡選舉、罷免、創制、複決四權，也從來沒有說過此僅能行於地方而不能行於全國。四項直接民權，在中山先生的理想中，並非僅爲裝點門面而設，它正是整個體制的精華，沒有它，就祇可能政府有權，絕對無法做到人民有權，也絕對無法做到把治權從政權分開。中山先生甚至沒有把間接民主當做一個進入直接民主的必要的過渡；照他的建國方案，是憲政一開始就要行直接民主。

現在的情形怎樣呢？在中山先生的全部學說之中，民權主義的遭遇本來已經最爲冷落；而在民權主義之中，直接民權更是最不被重視的一部分。我們不僅未見有人研討，甚至少聞有人提起。一般國民且不說，即連中山先生的虔誠信徒，似乎都把這一最精華的部分當作「迂濶而莫爲」，不僅暫時保留，且勢將永遠擱置。這又是什麼原故呢？（附帶說，似乎爲敷衍中山先生起見，臺灣省的地方自治法規採用了縣級以下的罷免權，但它並未採用更爲重要的複決權，我想不出法規訂立者是怎樣的用意。顯然，僅有縣級以下的罷免權，即作爲推行直接民權的起步，也是太不够的。）

不僅我國如此，即在世界各國，近四十年來，直接民主亦少人提倡。在本世紀之初，美國各州競行創制權複決權，但到一九一二年後，此項運動即告消沉；它不僅沒有作全國規模的試驗，甚至在各州間的推行也都停止。成績不好嗎？不是的。沒有人曾指出此行於各州的制度招來了什麼始料所不及的弊害。多此一舉嗎？也不是的。美國各州行複決權的紀錄顯示，到一九一二年爲止。憲法修正案經立法部通過而被人民否決者，占五八%，普通立法交付人民複決而被反對者，占五二%。（照 A.L. Lowell 所著 "Public Opinion and Popular Government" 一書的附表統計。）這正說明立法部的決議常常不能符合人民的多數意志，正需要人民親自來審核。這樣的制度爲什麼連在全國上下以民主爲共信的美國，都不能發展呢？在詳細研討此一問題之前，我先在此作一個籠統的答覆：

「是不爲，非不能也。」

五

直接民主之所以不能發展，有一般的原因，也有我們這時代所獨具的原因。

先說一般原因。現有的民主政治，在許多國家已從創造的階段進入凝固的階段，更從凝固的階段進入僵化的階段。它已成傳統，已成定制。一成定制，人們心目中已沒有這麼一個問題，因而喪失了把它改進的熱衷。這是一切運動一切信仰一切宗教所都不能避免的命運，它們達到高度的發展，若沒有新的變化，就要衰落，而且，習久難免生弊。許多人找不到弊端的原因。他們不但不以爲這是由於民主得不够，反以爲這是由於民主得太多；他們沒有未來更輝煌的理想可寄託其憧憬，反轉而懷念過去。一點也不虛假，今天的確有許多人都以爲不僅開明專制的時代，甚至連那扼殺了人類文明達千年之久的中古時代，都較我們這個亂糟糟的民主時代爲佳。有的公開這樣說了(中外例子都不勝枚擧)，有的口頭不敢說，而心裏是這樣想。

再說，要造成新的變化，少不了一番廣大而普遍的運動，我們却無法把這一運動的創導，寄託希望於已擁有權力的上層，因爲我們不能希望擁有權力者，來做一件最後將削弱他自身權力的事，而更多的民主，顯然的對一切權力不利。

我們這時代更逢到了兩個特殊情勢，使民主政治不僅無法向前發展，反而倒退，這兩個情勢，一是世界規模的戰爭，另一個便是社會主義。從事戰爭的政府需要較集中的權力，這是無人能够反對的，而權力者又往往在不必擴大權力的處所，也藉口戰爭或緊急事態而把權力擴大。以致，民主政治即僅擬保持原狀都不可得，要求更多的民主以抑制政府權力，簡直是不識時務。社會主義運動因下層階級汲汲於經濟安全之保障而普遍發展似乎有許多人已準備爲了一張僅堪果腹的長期飯票而犧牲自由，犧牲一切；他們甚至對眼前這一點民主之保持，都不熱心。而社會主義運動，又剛好配合了權力者的脾胃，他們得藉此擴大權力。於是，社會主義在民主國家就可以如此不費吹灰之力的上下一致的推行，使民主政治的基礎更一天天的削弱。一切社會主義措施以政府集中統制爲其必要手段，它與間接民主且不相容，更不必說直接民主了。

我從未發現過一個反對直接民主的眞正堅强的論據，我們却能發現反對直接民主的比較隱秘的動機。這是爲了戰爭，這是爲了社會主義。甚至也不是眞正爲了戰爭或社會主義，而是爲了權力之保持。反對直接民主的動機如此，他們所牽引的一些表面理由，實在不必看得過於認眞。但爲了强固我們自己的論點，不能不簡單一說。

有一種反對理由是：直接民主並非不好，但不可能。我已在上文指出它不僅可能，而且行起來非常方便。

有一種反對理由，事實上並不能專對直接民主而發。換言之，如果拿這些理由來反對直接民主，就應該(照邏輯應該)把間接民主也一併反對。他們說：人民對政治是無知的，是淡漠的，是盲從的，是變幻無常的。總括一句話，人民不配享有眞正的主權。所以千萬不要把民主看得太認眞，做得太認眞，有名無實的民主倒可以少一些弊害。對這一類論調的駁斥，不應該包含在本文範圍之內。要贊成間接民主而反對直接民主，祇剩下一個理由，而這個理由却怪誕之至。他們說：人民沒有判斷個別事件的能力，却能够選擇最適當的人，來代爲判斷。他們以病人求醫爲例；病人不懂得應如何爲自己治病，却能找尋替他治病的適當的醫師。我要指出：這個比擬最爲不倫。關於政治問題，沒有一個人敢說他自己已成專家，他的判斷一定比平常人爲正確，否則，爲什麼專家與專家之間還要爭吵不休？這種說法，是根本蔑視了政治問題與技術問題的分別。

還有一種人，不正面反對直接民主，却認爲以現在的人民知識水準，行直接民主還嫌够不上。他們以直接民主爲一較難的課題，必須循序漸進。在我則根本看不出二者有難易的層次。相反的，對事的判斷正可以直接了當的表達，即令無意見也可以直接了當的說一聲無意見，而對人的選擇却常常叫人感覺無所適從。許多人對許多問題無意見是無妨的。民主政治祇是讓有意見的人發表意見，而使其意見在政治上發生應有的一分影響，並不是要强迫無意見的人勉强生出一個意見來。

我深信直接民主在理論是無法擊破的。但我也深知，縱令它在理論上無法擊破，如果橫在它面前的兩個障碍，戰爭與社會主義，沒有破除，它就永無被一般人接受之望，即是說，它就永無實行的機會。

我們必須等待，但，我們也不會等待得太久。

跟着世界組織之加强與侵略勢力之最後消滅，戰爭會成爲過去。這前途，到今天已顯得完全可能。而且，我們一切對未來世界的討論都必須建立在這一前途的假定上面；如果這一前途的假定不能成立，則一切盡屬空談。

社會主義的問題就沒有這樣單純。戰爭爲人們所憎惡，而社會主義則至今仍爲人們所盲目的愛好。雖然社會主義必然破壞民主，必然破壞個人自由，而且這差不多已爲一般所公認，但人們所關心的，不是民主與個人自由，而是經濟安全。雖然，精密的理論已能證說，社會主義不僅未必能保障經濟安全，且一定帶來普遍而長期的貧窮，但人們尚未在事實表現上明白看見，就固執的不願意相信。雖然在事實上，凡屬實行社會主義政策的國家都已與貧窮結上了不解緣，但人們還是不願意承認這中間的因果關係，以爲貧窮是出於社會主義之外的其它來源。這種信念曾經是如此堅强，似乎非把事情弄到幾近於不可收拾，決不甘心退轉。

話雖如此，我們却已看到轉機。社會主義過去爲知識分子所提倡，現在，自由世界的知識分子，已漸漸開始改變其觀點。嚴格說，這還是最近三五年以內發生的事。如果我們不否認智識分子在人民間的領導作用，我們將看到知識分子的改變，總有一天發生普遍的影響，而把這時代的錯誤及時糾正。眼前的現實，不過是歷史發展中的一個波折而已；我們無須對此波折過分惋惜，人類行爲經歷「錯誤與嘗試」的艱苦過程，這種波折本來就無法避免。有一個時候自由世界的人們甚至對赤裸裸的極權政治（史達林主義，希特勒主義）都抱持好感；現在，這已成爲過去。總有一天，人們對那較爲隱藏的極權政治（經濟集中主義）所抱持的好感，也會成爲過去的。

民主政治發展的歷史，到一九一四年而中斷，這歷史，要到一九五四年或甚至一九六四年才能接上。那新的一頁，應該有新的變化，我以爲這新的變化可能（而且應該）是直接民主之緩慢而穩定的發展。它將有更多的人倡導，形成一種運動，形成一種由下而上的壓力，使若干國家的政府接受，並經由若干國家的試行而漸漸普及於世界各地。我相信這發展一定是緩慢的，至少需要半個世紀的時間。人們已不會用激烈的手段，來把現象打破，致使新舊體制，兩不接氣。在變化的過程中，人們不會感覺到有什麼異樣；但到達變化的終點或完成階段，却會呈現出一幅全新的景象來。

我們無法把那一幅景象詳細描劃，但有幾點情形似乎已能想到。直接民主的動機，是要補救議會政治與政黨政治之缺陷，但它不一定消滅議會與政黨。議會依然存在，但議會已不能歪曲民意；政黨依然存在，但政黨已不能把持議會。

議會可能縮小爲一種設建委員會那樣的性質，因爲它已把大部分的決策權交還於人民。它在今日，是更爲政治性而非技術性的；到將來，它會是更技術性而非政治性的。在今日，它包含多的政客與少的專家；到將來，它會包含多的專家與少的政客。在今日，政見重於知識；到將來，知識會重於政見。

聯帶的，政府的行政部門，將比議會更進一步的「非人格化」impersonified。這是說，最理想的政府，將是那個最能機械的執行人民決策與議會設計的政府。在這樣的行政部門，應祇有事務官而不復有政務官。

整個政府機構之技術化、專門化、與事務化，當然減少了政黨活動的作用。但，人民除了表決立法的投票，仍要進行產生議員及少數官吏的選舉，僅僅作爲競選團體，政黨依然存在。並且，即爲舉行表決立法的投票，政黨也要爲貫徹其主張而發動宣傳。直接民主並不要消滅政黨；它最顯著的特徵是給予議會中的少數黨以向人民作最後申訴的權利。這是說，它壓抑了大黨而扶植了小黨。大黨無法把持議會，以「偏」概「全」，以致黨紀也因失靈而成爲多餘。大黨不易維持團結，兩黨制將漸爲多黨制所替代。爲達成這種變化，選舉提名制之改革與比例代表制之採用，也相當重要。不過無論如何，單單直接民主之施行，也仍能削弱政黨的控制力，而漸漸使其性質改變。政黨將以它願意忠實執行民意爲號召，以無成見與效能爲號召，到最後，將使政黨也失去其政治性，而不復是今日這樣純政治性的組織。

可能有這麼一種情形出現：主張之爭與權位之爭會漸漸分開。在今日，一切冠冕堂皇的政見到最後總歸結於「請投我一票」，這實在是不太體面的，在間接民主却不得不然，不在其位，就無法貫徹主張。而其弊害，則是究竟爲權位抑爲主張，不僅人民攪不清，連競選者自己也攪不清。到了直接民主已達到成熟階段之時，眞正具有高尚情操的理想家，儘可以人民接受其主張爲止境而不必參加競選。君子羣而不黨。這種眞正爲主張而團結，且完全超越本身利害的「群」，將更爲人民信賴，漸使玩弄政黨政治以達到個人權位之目的的政客與野心家無所施技。

最後我要說：這是一勞永逸的消除極權主義威脅的唯一途徑，人民如不願讓主權旁落，唯一的辦法祇有把主權穩穩的掌握在自己手中。不要把保險箱的鑰匙交託於人，一交託，你又如何能禁止，他不把收藏箱內的財富一點一點的，或竟一下子的拿走？

恐怖人間！

——蘇俄人民所有的自由

西方人在莫斯科的生活感到最不愉快的一點，就是我們（前美國駐蘇大使寇克夫人之自稱——譯者註）必須猜忌任何一個手勢，和任何一個友善的面孔。我們之所以必須如此雖是爲了顧及我們自己的安全，也是爲了要顧及被牽涉者的安全。自然，俄國人很少和我們接近，或是做什麼手勢。但是，在離開莫斯科以外的小城鎮中或是火車上，我們也常有接觸。但是，我們永也不敢確信他們是誠意的，並且必須常常留心我們的言語和行動。

我們認識一對年青的英國夫婦，他們曾交接一對年青的俄國夫婦。那個英國太太曾將她的錢袋失落在一個公共汽車上，這一對俄國夫婦發現了，並打電話給她約定還的時間。於是，這兩家人便從此認識了。他們聚會了幾次。這對英國夫婦十分小心，打電話給他們時特從一個公共電話室打，而不從大使館打。

這對俄國夫婦邀他們到家裏去用餐。在任何一次聚會中，他們從不談政治，他們四人全都對音樂和舞蹈感到興趣。

有一天晚上，這對英國夫婦拜訪了那對俄國夫婦之後，他們覺得有人在跟蹤他們。但沒有什麼事情發生。然而他們下一次再打電話時，對方沒有人接電話，他們又打電話，仍沒回音，從此，那對俄國夫婦便杳無音訊了。

——摘自 Letters From moscow——

自由中國通訊

印度支那的華僑

河內通訊・五月二十六日

丁匡華

一、華僑南進的血和淚

在近代史上，人類有兩批大規模的移民，一批是白種人由歐洲向西去，先到美洲，而後又由美洲的東海岸向西移到西海岸去，他們的方向是，向西走，再向西走。另一批是由中國東南省份向南去，先到中南半島，馬來半島，菲律賓。而後再向南，深入太平洋上的幾乎所有孤寂島嶼，並且再進一步扇形展開，去印度，南非，南北美洲和澳洲，他們主要的方向是，向南走，再向南走，這也是中華民族自河而淮、而江、而閩粵，由北而南的大移民運動中的最新階段。

我們都聽過很多歌頌歐人乘孤舟破萬里浪怎樣冒險赴新大陸，以及美洲拓荒者怎樣乘蓬車萬里跋涉冒着印第安人偷襲伏擊的危險，越過大陸「西部」拓殖的英雄事蹟，而直到現在好萊塢還在繼續製造浪漫化初期移民生活的「西部片」，但我們如肯平心靜氣地讀讀歷史，比較一下地理背景及其他方面的情形，就可發現華僑南渡拓荒，實遠較歐人的「向西去」運動英勇得多，偉大得多，只可惜迄今尚無詩篇藝術品加以描繪而已。

正當西歐國家大事加緊向東方攫取殖民地的時代，滿清帝王却嚴禁中國人出關，中國人一出關門便成罪犯，以通敵論罪，他們之不能受到本國政府的保護自是當然的事，一切非要靠自己不可，他們這樣冒着本國的禁令，帶着一點絲綢陶磁器衝過中國海的大浪，冒着東南亞海面出沒無常的海盜與熱帶的氣候，他們所需一一克服的困難，更是無法盡述。

他們爲着希望有機會到國外謀生毅然不顧親戚朋友的不齒與侮辱，與那些「招工者」簽下極不合理的賣身契約，而後就由那些「誘工者」以對待畜生的方式把他們運到南洋去，其在船上的待遇到底如何，由當時所給予他們的名字「猪仔」二字，便可想像得出了。這些「猪仔客」或「猪仔販子」，因爲有利可圖，便到鄉村去不擇手段地誘騙「猪仔」，有的是鄉間械鬭中的俘虜，有些是被綁票的商人，善良農工，有的是被誘去賭錢，輸了錢而無法還債的。載運猪仔的木船是有名的「水面地獄」，死亡率極高，自殺者甚多，有時也發生叛變，猪仔船到了新加坡後，需要勞工的頭家，或「招工們」就上船看貨，年青力壯而面貌老實可靠的，可能立刻被購上岸，運入胡椒園，甘蜜園或錫鑛中去工作，那些身體較弱年齡較大的就只好暫時被驅入「客棧」中關起來，待價而沽了。他們多都訂有三五年無報酬的合同，到了工作地點後，僱主又以高利貸、鴉片館，賭錢舘等方式剝削他們，而到了契約滿期時，他們當然是負債累累，只得在原地作苦工了，他們的生活當然可想而知，不但要在酷熱的赤道下長日工作，到蠻荒的原始森林中去工作，他們還要與瘧疾，猛獸、毒蟲作戰，耐得住孤寂無聊和單調。

我們很容易想像得到多少中國人死在「猪仔船」上，葬身於「七洲洋」中，多少人消失於馬來亞，中南半島的森林中，種植園裡，又有多少人成爲毒蟲猛獸的食糧，多少人作爲帮派鬭爭與馬來王位、安南王位、高棉王位、寮國王位鬭爭的犧牲品。然而華僑有奮鬭的意志，堅强的毅力，刻苦耐勞的德性，冒險的精神，大無畏的勇氣前仆後繼，後人踏着前人的墳地繼續用血淚汗灌溉，他們無視言語不通，習俗宗教迥異的阻碍，仍可長期住在熱帶而不減其勤勞，主動性和活力，終於荒野變成城市，亞答屋變成鋼骨水泥的洋房了，鐵路公路築起來了，橋樑架起來了，學校醫院設立了，政府的府署豎起來了，馬來、蘇丹、順化、金邊、瑯勃拉邦的宮殿也由亞答屋變成巍峩的立體式大厦或圓頂扇形的偉大建築物了。

這就是華僑不斷勞力的成果，現在馬來亞印度支那繁榮了，馬來亞印度支那現代化了，全南洋改觀了，由落後的酋長社會一變而爲英國和法國的寶庫。

華僑的來南洋是無組織的，也沒有政治性，更沒有什麼征服野心，有些還是被邀請來的，而且幾乎全都不想長期居留，來到南洋之後，備受各種歧視迫害，有時還被整批大屠殺，如一六〇三、一六三九年在菲律賓，一七四〇年在吧城一七八二年在嘉定，華僑死者數萬或數千人，傷者更不必說了。然而華僑終於留下來了，建立了今天的規模，在稻田、工廠、碼頭、礦場中，華僑與巫印民族安南民族，高綿民族一同工作，商業方面，華僑大小商店和無孔不入的小販更是佈滿全境，一向是執着東南亞的牛耳。政治方面在革命期中，華僑以物質或精神貢獻祖國，熱忱可掬，國父孫中山先生曾譽華僑爲「革命之母」，這是絲毫不爽的！

「華僑」是現代歷史上一種獨特的產物，地球上沒有一個國家有這麼多量的人民僑居在不是自己殖民地的外國，他們與人無爭，沒有政治野心，只是辛勤地和不倦地工作，身在異邦，心在祖國，這一股熱流，正是自由中國最堅强最偉大的力量，一年以來，各地僑團回國觀光勢如穿梭，這現狀殊足令人欣幸的。

二、印支華僑的滄桑

中國與越南文物的交流，在兩千年以前早已發生政治關係了，秦始皇時五十萬軍南征五嶺，秦亡以後，軍士流落淪爲土著。東漢馬援南征遺留的軍士，名爲馬隊人，散居越北邊鄙，唐時越人姜公輔赴長安試獲進士，晉職宰相。宋初，節度使丁公著之子丁部領在越建國稱丁先皇。李朝大興漢學開科取士，宋末遺臣，多投身南荒圖作借兵復國之舉。陳照因避胡亂南徙至越，建立陳朝，這些俱屬中華民族在政治上伸入印支的移民偉大史錄。但是以商業性質從事拓荒經營形成今日印支華僑龐大經濟勢力的則肇自明成祖三保太監下西洋以後，那時海航大通，越南王室特闢廣安鎭，雲屯洲以爲外人經商的埠頭。來到越南的華人，乘大眼雞帆船趁着北風南航，運年宵貨至，到第二年春耕收穫滿載谷米而歸，越人稱這種運糧船叫做糟船，故稱華人爲糟人，這是華人在越經商的最初年代，規模是很小的。

至一六七一年廣東雷州人莫敬玖率眷開拓河仙，一六七九年明將陳上川，陳安平，楊彥廸領導開發邊和、美湫，以生以息成爲第二故鄉，是爲華人以武裝大規模移民印度支那的新紀錄。其後（一六七九年）楊彥廸又開嘉定爲商港，一七四一年莫子莫天錫繼父拓殖，陸續開闢金甌、廸石、芹苴、朱馬、薄寮、擺草等地，是爲南圻六省，成爲阮福映復國的大本營。那時華僑何喜文李才等更組織和義道軍協助嘉隆復國。後來（一七八二年）西山軍掩至，遷怒華人，肆意殺害，在嘉定死者在數千人以上，投屍芽舨河上，漂流竟月，華僑這種爲越人死難的道義精神，實是印支華僑史上最光榮最沉痛的一頁。

越南王室從此對華人頗爲重視了，他們追念華人功勞，不欲迫令他們列爲土著，於是特准華僑別立村社坊營，自行管理，今天遺傳下來的明鄉社清河社，就是在這時創始建立的（按明鄉社之義，就是指明是明人所居住的鄉村，而明人的寓意，亦是不忘木本水源，並有同鄉互助之意）。他們在文化上力持故國遺風，在生活上則與越人密切合作，從此中越兩民族因生活環境關係，互相接觸發生婚姻，土生子就叫「明鄉」。根據我國社會的父權制度，子從父姓，明鄉子孫，都算是明人的子孫。那時，因爲明鄉人在政治上佔有優越的地位，所以一般人都承認自已爲「明鄉」。

明鄉人是與越人雜處的，並無固定的地區，因此極易由中越混血的社會一變而爲越人同化了。在稅務上明鄉人較高於越人，但較優惠於華人。而越南歷代的帝王，對待明鄉人常採優惠態度，希望明人能夠在越南安居樂業，增加人口、繁榮地方過了兩三代，明人逐漸越化，而且覺得「此間樂，不思蜀」了。

歸納來說：「越明鄉」的越化，有幾個原因，第一、普通人的生活習慣，深受母系影響，因爲母親是越南人，年代隔久了，自然也覺得變爲越人；第二、大部份負擔不了課稅的，就移居別處，索性入了越籍，將來子孫雖能興家，也早已忘却木本水源了，第三、官場名利的引誘，也可以使他們轉變國籍觀念，例如阮朝名臣鄭懷德吳仁靜，潘簡清等人 他們先世却是標準的明人。至於貧苦的人，一面因生活的鞭策，一面因宗教信仰的相同，日久遂完全越化，這當然是自然而使然的！

總之南越的明鄉制度，是根據一八六九年與一八七四年的法令而施行的，越中與越北則稍有不同，明人還可以當做亞洲的外國人看，自組一幫，到現在還是如此，沒有改變。可是就整個越南而言，這，「明鄉」不免僅屬一個歷史名詞而已了。

西堤是華人之家，是華僑血和淚的結晶，一七七八年清河社人南遷到了嘉定安通河邊曦河一帶，那時滿地荊棘，盡是不毛，雄心勃勃的萬千華僑，不避艱難和鳥獸蛇蟒鬪爭，流過多少血汗 終於把它闢成西貢和堤岸的新天地。到今天西堤萬商雲集百業充斥，舟車輻輳，四通八達，四十多萬華僑聚居其間，儼然一座大華人城市，這種精神和毅力，充塞宇內，實足爲天地山川爭色。其次華僑在一八一九年開濬安通河邊曦河，一八二〇年建築西貢至金邊的公路，一九〇〇年以後，對於建築印支鐵路和公路碼頭，出力尤多。越南爲紀念華人濬河的功績，乃將安通河改爲西貢河，邊曦河改爲中國河，顧名思義，中華民族偉大無邊，委實是令人驕傲弗置的。

十九世紀以後，華僑商業發達，著名的殷富如宏泰、帮合、新建合、三合等，對于越南貢獻很大，所有的大建築物與大工程，俱由華人承辦，因此華商常由商界而參與到行政，在一八六六年，宏泰、新發擔任西貢農產品展覽會評議員，一八六九年法當局組織地方法院，宏泰、新建合、萃炳合均列席爲推事，一八六九年西貢市參議會成立，華商新建合任參議員，這些均是華僑以血汗獲得的代價。現在堤岸有宏泰街與帮合街，就是專爲紀念這兩位殷商而命名的。

談到貢獻祖國革命吧！越南華僑李卓峯毀家抒難，則爲華僑致力革命之皎皎者，如國父舉義於河口鎭南關時，李氏則居間策應，國父於廣州大本營護法之役，李氏又爲籌措餉械，事功彪炳，曾散見國父手著建國方略及國史之內。其次堤岸華僑黃景南以賣芽菜爲業，本救國不敢後人之義，乃加入同盟會。華僑林俠琴王和順亦先後在越鼓吹革命，他們這種愛國精神，實是對國家有莫大貢獻的！

高棉的華僑，也是在明末清初肇始的，當明朝滅亡的時候，永曆帝偏安兩粵，後來爲清所敗，將士大部失散，他於一六五九年亡入緬甸，爲緬人執送吳三桂，以致遺兵散竄蠻荒，今金邊大河，城當，與哥士馬一帶有華棉混血種數千，語操棉語，風俗漢化，自稱明軍後裔，這是華人入棉的開端。等到高棉羅東龍王於一八六七年遷都金邊以後，華人就慢慢來到這裡經商了。最初抵步的是現在金邊耙堀街李道館紙扎店已故的李店主，他在一八九八年前後由祖國乘大眼雞船漂到金邊，那時金邊祇有低簷高脚的柯夜街，和呂那撲街，其餘都是水地，出入小舟，交易完全是原始化，經過數十年之後，李店主變成巨富，直到先兩年才逝世，享壽七十五歲，後來接踵而至的有劉河、廖逢春、曾翰笙等，劉河憑着他懂得法國話，在某一西人知遇之下頗得另眼相看，由某西人介紹到稅關辦事，劉河遂從此扶搖直上，一躍而為金邊最富有的人，廖曾兩人亦經商稱心，與劉河鼎足而立，富甲金邊。由于華僑與法人的盡力建設，金邊現已成為四十萬人口的繁華都市，華僑一萬人執着商業牛耳，蒸蒸日上，這種趨勢，正未可艾。

現在華僑散居印支各地，總數約為八十萬人，除掉西堤金邊以外，其次海防華僑三萬人，河內華僑二萬人，順化華僑一萬人，馬德望華僑一萬人，永珍華僑四千人，南定華僑五千人，磅湛華僑五千人，其他各省市裡無一不有華僑足跡，如果再普遍尋求，那紅河三角洲的平原裡，土龍木，磅湛的大橡膠園裡，檳榔美拖的椰子林裡，金甌平原塔梅平原下巴塞河流域，金邊盆地，洞里湖盆地裡，或者當你乘着汽車，由西貢至河內海防，先安涼山，坐着火車由河內海防順化西貢、金邊、馬德望蒙杯里在萬山叢中飛駛時，那一不是澆有華僑不少的血汗，和華僑血汗所灌溉的一朵朵奇花！

三、外國人眼中的華僑

華僑拓殖印支的功績，實際上雖是不可磨滅的，但如果出自我們自己口裡來讚揚自己，那未免太主觀了，現在我們不妨看看第三者英國人或法國人的批評吧：

英國人貝爾(Sir Hesketh Bell)在一九二六年曾視察法屬遠東殖民地著有該區殖民地行政一書，內中論及印支華僑說：

「安南人與東京人和中國南方人極相像，幾難分別，他們的體格，性情和嗜好，也大致相彷，但中國人比較聰明和努力，所以常站在領導地位。柬埔寨的情形，就大不相同，他們都是印度種，故與中國人極不相讓，他們較安南人東京人更來得溫柔和順，但也更沒有能力和勤勉的外客相競爭，一切工商業中，中國人居間做了個中間人，法國要在柬埔寨開辦新的工商和企業，極難和富有生產原料的土人發生關係，因此僑居印支的中國人，融和法人土人的「合作」，佔有極重要的地位。……住在法國被保護地上的中國人，是受一種特殊的法律管理的，他們不是法國的被保護者，故不能與當地的人民一律待遇。所以他們形成了許多「集合」，由中國的頭目負責管理，他們所擔負的賦稅較土人為重，且不得參加公共事業。……中國人旅居東南亞各地的那種不可輕侮之勢，決非身歷其間者所能知道。」

又有一個名叫 U.J.D.V. Aughan 的英國律師他曾說一個華僑可以抵得過四個馬來人，或兩個吉寧人，三個安南人。

一位法駐印支總督說：「中國勞工在印度支那的結果就在不上一百年內，從叢林遍地，無路可通，無人問津的狀態變成繁榮的社會，幾收達二十億越元，貿易達五十億元，有鐵路三千三百五十公里，公路二萬餘里，以及電報，水利等——事實上所有現代國家的設備——沒有任何債務，而且還有剩餘用以建築其他建設，……法屬越北鴻基煤礦的開發，大部全是契約華工的功績，而且我們還可以把握地說，如僱用任何其他種類的勞工，絕對得不到相同的效果。」

我們知道英國人是有名的不大喜歡讚揚別人的，英人貝爾和U.J.D.V. Aughan 以及法人印支總督而對華人竟講了這許多不得不表示佩服的話，雖然這些讚語如與華僑所應得的來比較又不知相差多少，但這說可顯示中華民族究竟是具有那些值得大家交口稱讚的寶貴美德了！

四、印支的中國領事館

自步入廿世紀以後，印支華僑人口繁多，單是堤岸一埠就有三、四十萬，我國政府自須為這般華僑設法保障，一九二八年至一九三一年間，中越貿易又是特別繁盛，越南的白米，橡膠魚乾，曾大量傾銷中國的汕頭和上海，而中國的茶葉，絲綢乾菓土紙也大宗運銷越南，其時中法越商約舊約期滿，新約未訂，對於入出口貿易的簽證貨單，及海關關紙，彼此都感不便，因此才由外交部與法國駐華大使館談商設立中華民國外交部駐越南商務專員簽證貨單辦事處的臨時機構，執行簽證任務，這可說是中華民國駐西貢領事館的前身。但究竟這個簽證處是臨時性的。一九三二年中法越商約簽訂，並規定中國可在越南的海防、河內、順化、西貢和高棉的金邊設立領事館，這商務機構，就正式確定了，但當時由於現實的需要和外交部駐外使領館經費的限制，祇能在重要地區河內、西貢，先行設立一所領事館或總領事館，其時南越僑領以西貢華僑人口特多，僑務最繁，咸主張總領事館設在西貢，但外交部以法國駐越總督設在河內，為便於聯絡的關係，乃把它設在河內，西貢僅設領事館。不久以後，隨以業務上的需要，海防貿易日增，於一九三四年在海防另設一領事館，勝利後高棉建國，我國又成立金邊領事館，並且把西貢領事館升格為總領事館。近年以來，隨着法駐印支高級專員公署南遷，西貢總領事館的地位，已無形駕於河內之上，一九五〇年西貢尹鳳藻總領事晉升簡任加公使銜。

印支中國領事館的使節，二十年來也是歷盡滄桑的，以西貢領事館來說吧！簽證處時代是由南圻中華總商會會長洪芸堂兼任。一九三六年首任領事沈覲晨，是一個善詩能文的書生，在開館期內運用交際手腕，頗爲稱心，但是調職以後晚節不保，曾出任汪記僞政府的外交部東亞司司長，和駐武河外交部特派員，身敗名裂，病逝任所。繼任的是副領事陳藥石代理館務，自一九三七年二月起至同年五月止，僅爲期三月，陳領事翩翩年少，曾有美男子之稱。陳忠鈞在一九三七年六月接任，他是給華僑留下印象最佳敢作敢爲的一個好外交官，他的一派硬性作風，極爲一般僑胞所擁戴，後來由於他的叔父前任駐法公使陳籙附逆被累調職。但於戰後仍出任海防領事以迄於今。方賢俶是在一九三七年底接任領事，他是黃花崗七十二烈士方聲洞的兒子，又靠着曾仲鳴的裙帶關係，與汪逆精衞搭上，他不學無術，十足紈袴公子，他做領事的唯一資本，是一口蠻流利的法國話，但對中國文，方塊字認不到三百個，在任期內一切館務凡是以漢文往還的概由秘書唐元代折代行，一時在外交上頗鬧着不少的笑話。一九三八年卓還來以副領事代理館務，他處理僑務以膽大心細見稱，那時日軍鐵騎正侵入祖國大陸，他激於義憤，曾領導僑民熱烈展開救國運動，在任一年極得僑胞的擁戴和政府的嘉許。後來調任南洋山打根領事，仍是一本初衷抗日救國，日人恨之刺骨，日軍南侵後，卓遂被捕，終遭非法殺害。死事之慘，爲戰時我國被害外交人員所僅見。西貢中國領事館最後一任領事，就是今天西貢總領事尹鳳藻，也是歷任西貢領事中最艱苦的一位領事，一九四一年九月日軍在西貢登陸，尹領事率領館員，遷至大勒辦公，迄太平洋戰爭爆發，因日軍到處搜查曾數遷住址以避其鋒，直至三九事變，才被日軍拘禁於越北諒江前後三年餘，含辛茹苦，雖經日軍用盡種種威迫利誘手段，要其出任南京僞官，皆被尹氏嚴詞拒絕，忠貞不屈，頗獲當局及法越人士讚許，直至勝利後始恢復自由，於一九四五年九月返貢復館，外交部隨將領事館升格爲總領事館，尹即出任首任總領事，數年來他得意的傑作，是創辦中正西醫院，而最感困難的却是五百元面鈔被凍結，和獻金處理問題，雖然僑民對於獻金處理毀譽不一，但在祖國大陸淪陷後，他在海外孤軍奮鬪的熱忱，將永遠是爲人稱道的！

領事館辦理的僑務是很廣泛的，華僑生息其間，在商務上需要領事館爲他減免稅收，接洽貿易，申請外滙。在政治上需要領事館爲其辦理移民簽證，出國護照，爭取自由平等。在現階段中領事館又要替祖國鼓吹反共抗俄，像菲律賓、馬來亞、泰國的華僑回臺觀光團絡繹不絕，獻金慰勞三軍將士，有聲有色，印支華僑也正在急起直追中，現在印支的中國領事館是單軌的，彼此除了僑務上的連繫外，俱受臺灣外交部直接指揮，總領事館僅屬隨商務地區繁榮的地位名詞而已，對其他領事館不能發佈命令的。現任河內中國總領事館總領事劉家駒也是留法學生，聲望崇高，在印支華僑的心目中，其地位與尹鳳藻不相上下的。由西貢總領事館以副領事外調主持金邊領事館的許鉿領事，近年來在高棉獨當一面，周旋法棉之間，使僑務蒸蒸日上，極有生氣，海防領事陳忠鈞辦理僑務也是很稱職的！

回頭說到寮國了，數萬華僑的僑務本來應該專設領事館辦理，但究以交通梗塞，設置領事館的重要性尚未成熟，至今他曲以上包括永珍瑯勃拉邦等地的僑務，則由河內總領事館兼辦，他曲以下百細素旺一帶則由西貢總領事館兼辦，但以近來寮國外交地位而言，我國在永珍增設領事館，不久將終是迫切需要的！

五、印支的華僑集團

印支的華僑集團，最普遍的還是中華理事會館，祇要是有華僑聚居的地方，總有設立，它是專供僑民需求與當地的法越機關聯絡的事務機構，但祇是地方性的，沒有聯合的最高組織，那麼較大的事務，還是要仰賴各地的領事館辦理。不過大一點的城市像堤岸、金邊、河內、海防諸埠，却以帮爲單位，各帮有各帮的中華理事會館，特別是堤岸金邊兩地帮府的色彩最爲濃厚，而且是畛域劃分，格格不入，帮與帮的利害衝突，常常鬧到領事館或當地越南政府仲裁，弄得笑話百出，目前堤岸有七府公所（廣肇、福州、泉州、漳州、潮州、瓊州、江南等）及廣肇、福建、潮州、海南、客帮……等十帮的各帮中華理事會館。金邊有五帮公所及廣肇、福建、潮州、海南、客帮的各帮中華理事會館，但其中七府公所，五帮公所則分別爲堤岸、金邊、華僑承受當地政府命令辦理僑民福利的總機構，在越北，各地華僑即在河內設立中華理事會館集會，由各地中華理事會館集會推選總會會長，辦理僑民福利工作，這些都是屬於一般性質的，在商務上，印支華僑目前設有三個大商會，即堤岸的南越中華總商會，金邊的高棉中華總商會，海防的越北中華總商會等是，其組織是大同小異的。

南越中華總商會，創於一九〇三年，過去是採取董事會制，由廣肇福建潮州三帮輪流充任會長，一九四八年始改爲理監事制，南越二十二省各省中華商業分會及堤岸入口、出口、商業、工業、銀行業等五組的代表選舉理監事，組織理監事會，並互選正副理事長財務處長等五人組織常務理事會，執行一切會務，會之最高權力機關爲會員代表大會，現在加入總商會的行商公會共有五十餘單位。一九五〇年理事長爲洪清涼屬潮州帮，一九五一年理事長爲符林英，屬海南帮，現在會址設於堤岸吧哩街一七七號。

越北中華總商會，即爲越南海防中華商業，在一九三八年時我駐河內總領事許念曾，駐海防劉領事以海防商業蒸蒸日上，乃與當地僑領籌組成立，會址設於海防西貢街十號，首任會長爲龔純禮，參加會員除海防華商外，尚有河內、南定、海陽、清化、建安、芒街、鴻基、先安、諒山、廣安……等單位，抗戰期中，陷於停頓狀態，抗戰勝利後於一九四六年十月間開始籌備，舉辦登記，修改會章，至一九四八年二月始再度正式成立，仍推選龔純禮為理事長，一九五〇年改組，推選許柏芝為第二屆理事長。

高棉金邊中華總商會於一九四九年始行成立，由金邊、湧湛、貢不、馬德望、茶膠、枯井各地華商組織而成，一切業務，均以南圻中華總商會為藍本。

上述各地的華僑，對於本身慈善事業，也是很熱心的。我們面對着西堤華僑醫院林立，就令人回想到李卓峯創設第一所華僑善堂了，遠在甲午中日戰爭後，滿洲大疫，蔓延東亞，數年未絕，西堤亦曾波及，當時醫藥技術未精，而疫癘之速，出人意外，旬日之間，死數百餘人，衛生當局設例，凡遇一家染疫死，則連左右兩家均封閉，燻以琉璜，法雖至善，但被燻者損失甚大，李君本於仁慈，乃急設傳染病院，以資收容，當時患者莫不稱善，這就是今天的堤岸廣肇醫院。經過這一提倡之後，華僑各幫當局為便於其僑胞醫病起見，並先後設立六邑、福善、崇正、海南各善堂，廣事醫治，現則隨着時代的進化，大都規模粗具了，二次大戰以後，一九四五年，由中華民國駐西貢總領事館倡導滙合西堤華僑全力創設的中正西醫院規模宏大，尤為華僑慈善事業之翹楚。接着各幫見賢思齊，對其各個善堂，莫不銳意改進，首先革新的就是一律改名中華醫院，即是廣肇善堂改為中華第一醫院，六邑善堂改為中華第二醫院，福善善堂改為中華第三醫院，崇正善堂改為中華第四醫院，海南善堂改為中華第五醫院等，次則對內部大加整頓，大體上是令人滿意的，但可惜畛域嚴格各自為政，沒有一個全盤的計劃，以致收效很少，現在有人倡導打破幫界，不分畛域收容病僑，有人建議組織聯合董事會將五間幫立醫院改組分別設置；普通醫院、肺癆醫院、傳染病院、痲瘋醫院、產育院，這是最適當的辦法，如果一一實現，分工合作，既可集中人力，亦可節省物力，自然事半功倍，名實相符，不負易名「中華醫院」的本意了。

其次河內、海防、金邊，均各設有中華醫院一所，取費低廉，設備尚佳，各地患病僑胞，均感利便不少。

堤岸是印支華僑的大本營，一切當起領導作用，故對福利事業也較其他各地積極，他有一個華僑福利事業委員會，專為徵收華僑福利稅用以津貼公益事業而設立的，津貼的對象為中華總商會中正西醫院，中法學校華僑孤兒院，如一九五〇年度征收稅額為四十七萬元，計中正西醫院獲百分之五十五，得款廿四萬元，華僑孤兒院獲百分之二十，得款九萬元，中法學校獲百分之十五，得款六萬餘元，中華總商會獲百分之十，得款四萬七千元等。

華僑調劑庫，也是堤岸華僑福利事業之一，這是仿法人調劑庫，越人調劑庫而設立的，其任務與工作純粹是「以有濟無」為出發的。原因是那些商店的僱員們，有的為家庭所累，不能以其所得維持他最低的生活，於是秉於互助天良，乃向僱主徵收分擔額，以津貼有家庭負擔的僱員，使其生活稍有補助，以促進社會的安寧，它於一九四九年八月開始籌備，至一九五〇年二月，即正式成立，雖然按月推行津貼工作，但迄今仍未做到理想，僱主規避不予入會者有之，或已入會而呈報不盡切實者亦有之，甚至僱員坐視其合法權益之被瞞騙或剝削者有之。目前在堤岸市政當局督促之下，並以法人調劑庫作為示範，短期內或可設法改善的。

六、華僑的教育和文化

華僑來到第二故鄉的印支，生聚與教訓是同時並進的，在未設置學校以前，華人延師開館，比比皆是，華人子弟應試科舉京考，獲舉進士國子監的，亦代有所聞，類皆保存國粹，不忘漢學以崇尚祖國文化為歸依。但自歐風東漸科學廢置以後，華僑在印支也隨之興辦學校了，越南華僑第一所建立的華僑學校，就是今日正在大興土木加高一層計劃多收學生的堤岸穗城中學，說到這裡，就不免令人想到該校創辦人李卓峯的遠識宏謀了，緣當前清末葉，西堤僑社每年有迎神賽會的習俗，所謂「亞婆」巡遊，動輒花費數萬元，傾會館收入於二三日間浪費殆盡，尤甚者，因迎神賽會，則會黨競技爭雄，不免有口舌是非，因而引起仇恨結怨，鬧出命案，層出不窮。其時李君正任市參議員，深以此種陋習為害民間，決予改革，適　國父奔走革命來到西堤，因召集各會幫人士請國父訓導，席間李君倡議廢除迎神巡遊，以其會款轉而興辦教育，化無用為有用，結果卒獲通過，於是穗城學校因以設立，翌年辛亥革命成功，該校遂為我西堤華僑國慶紀念之大會堂，這歷史意義是很深長的。民國成立以還，印支華僑的教育也隨着人口增加時代齒輪而增進了，且均有其獨立性，採用我國學制，其課程及書籍亦皆沿用我教育部頒發各種課本，僅略置法越、棉、寮各國文字、學科、予以點綴而已。它的教育進度也是很可觀的，據越南統計年鑑上說一九三六年時，越南一地計有二百四十一校，學生人數一萬一千六百四十六人，一九三七年時，計有二百五十六校，學生一萬二千九百五十四人，現則華僑學校到處林立，高中、初中、高小、初小、幼稚園設置俱備與國內教育狀況完全相同，高級中學，越北有河內華僑公立中華中學一所（內附初中）南越堤岸有嶺南、知用、兩校，（兩校均附有初中、小學）、初級中學全印支計約二十校，西堤有穗城、中法、義安、福建、廣肇、逸仙、國民、華華、中正、南菁等校，海防有華僑中學一所，金邊有端華，華僑兩校，永珍有中華中學一所。全印支華僑小學約計五百餘校，（內高級小學西堤有中正工人小學、中正學校、崇正、番禺、三民、南海、羣心、集友、大中等十餘校，金邊有道南、崇正、景星、明新、眞華、民生、南華、煥文等校，其他重要省市均設有一校或數校不等)，學生總數約爲四萬餘人。

談到華僑的文化，當以華文報紙爲代表了，一九一九年十月十日在堤岸出版的華僑日報，乃是印支第一家華文報，日出對開紙一張，電訊用二號老宋鉛字，本埠新聞和通訊，副刊等俱用四號老宋鉛字。當時所謂電訊，是以西貢的法文報作藍本，每晚將西貢幾家法文報登載的哈瓦斯通訊社（即法新聞社的前身）的電訊擇要譯出，不加標題於第二天登出，當時沒有聘用外勤記者，所有的地方新聞，也是大部份譯自法越文報紙，小部份則由各社團或私人投寄。因此這張華僑日報，都是隔日的舊消息，懂得法文的華僑，自不需再行翻版了，銷路上大受打擊，僅日銷三四百份，中經數度改組，終未能挽回頹勢，其版權曾一度爲法文大公報所收買，在大公報經營期內，內容改進，稍有生氣，直至一九二四年張國威李陶民分任總經理總編輯始大加革新，直譯當天的電訊，並按日撰述社論，發揚輿論權威，樹立僑社風氣，一時頗得好評，這就是目前堤岸中國日報的前身。其後華文報紙雜誌逐漸發達，戰前堤岸有中國婦女、遠東、中正、自然朝報民星、新生雜誌、正道、娛樂、電影週刊，百樂門等報章雜誌十餘家。河內有太平洋日報一家，戰後堤岸有中國、遠東、婦女、新聞、和平、民星、等日報，週刊有萬國週報、經濟週報、畫刊有時代畫報、影劇有藝光、剪影、影與劇等。黃色刊物有大家看，月月紅等。河內有太平洋日報，海防有剛峯日報，金邊有公言日報，工商日報，湄江日報，華商三日刊等，現經印支高級專員認爲法律上有效的，僅遠東、中國、婦女、太平洋、公言五報、遠東日報，日出對開紙一張，社論有力，標題新顯，爲華文各報之冠，日銷一萬二千份，遍及印支各地。婦女日報日出對開報一張銷路第二，約四千份，該報編排頗佳，特稿獨多。中國日報日出日刊對開紙一張半，晚刊四開紙一張，用新五號鉛印，編排與社論均稱平平，日銷不到二千份。和平日報係一九五一年創辦，當以敢言見稱，日銷約三千份。太平洋日報日出對開紙一張，編排不如海防剛峯日報，但內容比較剛峯充實。公言日報係國民黨機關報，現已擴爲對開，以新穎姿態出現。大體說來，各報言論，均是親近國民黨的，惟由于營業及銷路關係，有的標題稍帶刺激性，但也有其限度。其次各報有一種共同的毛病，就是特稿均是剪用香港報紙，這報採用過的稿件，數日後或一月後又在其他報紙翻版，這種作法，不免令人讀之生厭，在新聞立場上是應該設法改進的。

七、現階段印支華僑的態度

我們在談及華僑對祖國態度的時候，不應該忘記一種因素，即：華僑的特質，第一、華僑跋山航海，胼手胝足在海外寄人籬下，極難得到祖國政府溫暖的庇護，于欺凌排斥的驚濤駭浪中，度着他們艱難的歲月，這種坎坷的環境，使他們感覺到祖國格外的可愛，因此華僑格外愛國，希望祖國强盛。

第二、華僑大多數是從事工商業的，他們對政治沒有興趣，對祖國的黨派也不關心，他們不在乎何黨何人當政，那個幹得好的，他們便擁護那個，幹得壞的，他們便抨擊。華僑大多數是無黨派的，是中立的，明乎此兩點特質，我們對華僑態度的批判，才會比較客觀，比較公道。

大陸赤色初期部份，華僑對中共的同情和希望，並不是他們對中共有特別的關係或好感，他們只是不滿意現狀，憧憬着一個更好的家鄉和更好的祖國；不幸的是他們的憧憬錯寄在中共身上。直至去年底中共參加韓戰，他們這種追求才開始動搖。而近月來，中共在華僑故鄉實施恐怖政策以後，他們飽受切身之痛，他們以前的想像完全幻滅了。

熱愛着「唐山」的華僑，不明白他們在故鄉的消息，口頭的，書面的，間接的，暗示的，都告訴他們：家園已成爲一個多麼恐怖陰沉的世界。華僑們由追求而動搖，由動搖而幻滅，現在他們到了憤怒的時候了，在印支各地的華僑幾乎每個人都有直接或間接的親朋，在大陸上遭難，他們看到他們的親朋爲何要受慘毒的清算和屠殺，他們發現寄回國內用以養活親眷的款項，竟被中共沒收，於是乎他們的想像和理智完全動搖了。

這不需要任何反共的宣傳，事實勝於雄辯，每個華僑都有他自己的親朋，自祖國傳來的事實，已使整個的僑社鼎沸。

在印支，華僑的處境，是一般中的特殊者，他們大部份是集中在越盟正規軍力所不逮的越南南圻和高棉一帶，主宰共黨的越、法兩國又均爲反共最激烈的國家，素來祇知經商不問政治的僑民，自然對越盟不感興趣了。反之加入越盟的或那參加中共組織的不是中國的華僑，而是印度支那本土的越南人、高棉人、寮人。以現實情況來看，在菲律賓，在馬來亞，在泰國，常常有華僑投入中共地下工作或公開支持中共活動，被當地政府驅逐出境的不幸事件發生，在這裡則是從來沒有聽到過，這當然是華僑純潔可愛和安份守己的無上光榮了。

近來中國國民黨中央改造委員會已在印支展開「黨員歸隊」工作，越南華僑回國觀光團亦將整裝出發，尤其是那致力宣揚祖國文化的文教運動係中越文化協會、中華體育總會等正熱烈推行如火如荼，誰說印支華僑不愛祖國呢？

（註：越南華僑已於六月廿四日來臺觀光）

香港通訊

金日成會見記

何子修

本文作者是中共派往北韓作戰之「志願軍」×師的師級幹部。這位具有十五年以上黨齡的老共黨黨員，現在已不復能為共黨所容，在「三反」「五反」運動中，他竟真的被逼「反」了共黨。他終於九死一生之餘逃到香港。本文是作者在韓為共黨作戰時的回憶之一。為了安全上的考慮，對作者的真實姓名與過去所在共軍部隊之番號，我們有為他保守秘密的義務。——編者

二月末，大同江還在不斷的流着「凌」，（北方稱江河裡所流的冰塊為「凌」。）天氣冷得真可以，西北風一個勁兒的吹，把平壤市吹得冷清清的，連最熱鬧的一條中央大街，也被吹得只剩幾個人影兒。

按我國舊曆說：這天正是「二月二」，是「龍抬頭」的日子，理應在早晨吃一頓「包餃子」，最少也得吃一頓麵條；部隊裡當然就沒有這些講究，何況這時我們還算是出國遠征的「援朝志願軍」，更不會有人理會到這些。

中午，我和師部參謀長徐啓平，正在屋內圍着爐間撩天，政委馬健突然以後門一閃身闖了進來，並很急促的對我說：「總部參謀長」剛剛命人來電話找你；快去，快去！」我聽了不由已的愣起來：究竟是怎麼一回事，「總部參謀長」在什麼地方等我？我怎樣去？他也不閒個明白，只是這樣像「火燒着眉毛」似的對我冒了這麼一句，叫我往那裡去找「總部參謀長」，徐啓平在一傍看着，也忍不住笑了；最後還是搞參謀工作的人「足智多謀」，他，囑我先到勞動大街，總部後方留守處」（因「總部」這時已移往沙里院；「總部參謀長」即邊章五，尚在開城。）問個清楚，然後再按址去見總部參謀長。

到了「總部留守處」只見迎門的那間客廳裡，已黑壓壓的擠滿了一群人，看他（她）們的裝束，都是一些什麼「戰鬥英雄」，「模範護士」之類；我也顧不及和他（她）們一一招呼，就一逕闖入「留守處」主任蘇成的辦公室；那知他竟未等我開口，即先笑着說：「好極了，我還在預備派人找你，讓你來這兒候着呢」：這話益發把我弄得「糊塗透頂」，究竟讓我來這兒幹嗎？他也是沒說清楚，當我再問他時，他只說：韓代參謀長（按即韓先楚）來電話這樣吩咐的，他亦不知道做什麼；前面那些「英雄」，「模範」，也是為遵韓代參謀長的囑令，來這裡集合。

大約過了有一點多鐘，韓代參謀長方打來了一個電話，命令蘇成派車把我們送往北里，這時我心裡明白了，恐怕是讓我們去見金日成吧！

我們一行共有十二人，同擠在一輛覆有帆布篷的大卡車裡，除去我一人外，其餘就是那些「英雄」，「模範」。車出平壤東郊，即循一條尚積有雪塊的柏油路向東北疾駛；沒有半點鐘，便抵達傍臨着大同江的北里。這兒的風景確是不壞，樹木很多，村前就是大同江；一抬眼，即可見到一派浪濤洶湧的江流。

當我正蹲在車廂後面，欣賞着這兒的雪景，車已經在一座大宅院門口停住。這座大宅院修建得相當雅緻，內裡還有一個很大的花園，陳設亦和我國的花園一樣。我們下車後，見韓先楚已在大門內站着；在這一行人中，因為我的年歲最大，職位亦較高，（我為師級供應幹部。）故由我發口令向韓氏敬禮。韓氏答完禮，即命他的一名侍衛員，引我們先進入宅內一間大花廳裡休息；並向我們正式宣佈說：金日成總理願接見我們「志願軍」裡一批優秀的「戰士」，所以總部乃于今天將我們選出，晉見金氏；接見的時間定于今天下午五點；屆時，即會有人來這裡導引我們去金氏的官邸。韓氏最後又笑着對我說：「你不是曾寫過信請求見金日成總理嗎？今天你就和他們（指「英雄，模範」們）一同去見好了；並由你任臨時隊長，暫負率領他們的責任。」說完，又轉過頭囑我們全體重新整理一下服裝，把全身收拾乾淨，絕對禁止于接見時，把双手插入褲袋裡，更不允做出向口袋裡掏東西似的舉動，也不准左顧右盼，要注意坐立的姿式，面孔上的表情要嚴肅，不能把手足亂舞的「游擊習氣」露出。

正當韓氏對我們講解「不准這，不准那」幾大「紀律」的時候，忽聽得大門外有汽車停止的聲音，接着就聽見衛兵高喊了一聲「敬禮」；我側目偷向玻璃窗外一探：喲！怎麼彭「老總」也來了：彭德懷現在才真正算得上是個「老總」，那付保養得又肥又胖的身軀，被幾層又厚又笨的皮衣包裹着，簡直成了一個方形動物。他的那顆腦袋，本來已就生得很大，現在又再經過一番特等的保養，益發長得肥頭碩耳；兩腮上的膘肉，足足堆得有幾寸厚，走起路來，却不住的上下擺動。他走進我們所在這間花廳，我當然是義不容辭的要喊一個「立正」，並再領導着大家大鼓一陣掌。這傢伙現在真個是「官大氣大」，他見我們向他立正鼓掌，只笨頭笨腦的亂點了幾下頭，面上也只微微的露出一圈笑靨的笑紋，派頭倒真還有幾分樣兒，只是他那付神情，實在使我們幾乎忍不住要發笑。他走到我們每個人的面前，都要仔細端詳一下，像是要替我們看相似的；我們當然也就得睜大眼睛繃起面孔，任他端詳仔細。我曾偷看了那些女「模範」們一眼，嗨，真行：她們被彭「老總」左一眼右一眼的仔細端詳時，每張賽似「母大蟲」的面孔上，竟一點紅暈也未見泛出。

彭「老總」把我們每個人端詳了一陣後，又再連點了幾下肥腦袋，嘴裡「哼哼」幾聲，就如同一頭荷蘭種母豬似的，搖搖晃晃的走出花廳。

彭「老總」這一幕「顯形記」插曲演完後，韓先楚即又再把那一套「不准」「不允」的幾大「紀律」，向我們重作了一番叮嚀，說完，就亦邁開大步離開了花廳。

當我們這一行人正在花廳裡亂嚷着學彭「老總」的動作時，大門外突然擁進來六七名北朝鮮軍官，一個個裝扮得金碧輝煌，挪動着足上的兩隻大馬靴，聲勢洶洶的向我們走來嚇得幾位女「模範」們身不由己的倒退了幾步。

這幾位氣宇「軒而不昂」的（因為他們的個兒都不高。）北朝鮮軍官走進花廳後，即皆忙着脫帽，脫手套和我們分別握了一陣手，然後即又皆操着一口極其地道的我國國語，和我們攀談起來；如果他們要不是皆着有北朝鮮軍服，那連我們自己也會分辨不出他們竟是朝鮮人，我因一時的好奇，會詢他們怎能學得這麼一口漂亮的北平話，他們竟皆被我問得笑起來，原來他們都是在我國出生長大的，亦皆在我國受過完全的教育；一九四五年蘇俄侵入北朝鮮後，他們方隨同金日成跟在蘇俄部隊後面返國 我聽完他們的解釋，一想，在民國二十四年間，我所投効的「東北抗日聯軍第一軍」中，不就有半數以上的人員為朝鮮人嗎？他們大多數不也皆能說道地的東北官話。當時第一軍的軍長李紅光就是朝鮮人；金日成在當時尚是「抗日聯軍第二軍」的副政委兼政治部主任；第二軍的軍長為王德泰，政委為朝鮮人童長榮，後因王。童兩人俱皆戰死，所以方讓金日成繼承了他們的「大統」；再後，因李紅光亦告戰死；第一軍軍長一職，乃由該軍政委楊靖宇遞兼，因而使得金日成益發成了當時朝鮮人方面唯一的「革命領袖」；他今天能坐上北韓的第一把交椅，實即由當時這種很僥倖的機會把他促成，如果李紅光，童長榮等現在尚活着的話，那金日成還得被排在「孫子」一輩上呢！

這幾位北朝鮮軍官好像是來陪我們撩天，實際上，他們卻是對我們作詳細調查的，這實在讓我有點光火，難道幫助他們來打仗的人，會一下就變成他們的敵人嗎？而且這也算是給彭「老總」一個難堪，他親自挑選端詳過的「幹部」，還會鬧出亂子麼？為了維持双方的「友好」關係，我雖忍住沒有說出什麼，但我卻故意的舉起手錶來看，那知不看猶可，看了令我就不由的更加忿懣起來，原來這時已五點半了，已超過金日成所約定的時間。至此，我遂站起身對大家說：「總理，約我們見面的時間已過了半點鐘了，不要因我們在這裡閒撩天，把事情就誤了」。幾位北朝鮮軍官見我這麼說，便有一位也站起身來說：「我去打個電話問問」。說着，他便用快步走出了花廳；未多一會兒，他即跑回來對我們說：「總理請你們現在就過去」。于是我便正式充當起臨時的領隊，率領着十一名囉嘍，隨着北朝鮮軍官們向大門外走，甫出大門，即有另一名中校階級的北韓軍官，導引我們直奔金日成的官邸。

金氏的官邸有四五處，每天他在那兒過夜，除了他的親信侍衛人員外，誰也鬧不清楚。北朝鮮政府裡的高級官吏，如果有要事需立即面見金氏，例需先給金氏的侍衛長打個電話，經侍衛長轉請准許後，方說出金氏所在的地方，召這名高級官吏來相見。據說：現在能夠不需經過這樣手續，就能和金氏相見的人，在北朝鮮政府中，也只有許嘉誼，朴永憲、洪命憙、朴正愛、金日、金達鉉、南日等幾個人；外人中則僅有蘇俄駐北朝鮮的大使·拉瓦耶夫，蘇俄派在北朝鮮負實際參謀作戰的少數高級將領，以及彭德懷等數人。惟金氏在每次和他們會見後，仍然又會轉移至另一處住所。

他現在接見我們所居的官邸，即是通常接見外賓的地方，彭德懷和他的一群蘇俄「友人」，亦均常在這裡被延見。這是一座外塗有墨綠色的西式別墅，座落在村西北山脚下一叢松林傍。別墅共分有兩層，週圍築有很堅固的一圈石牆，牆亦被塗成墨綠色，牆外是一道寬約丈餘的水溝，內中的水是有暗溝通往大同江；水溝兩傍現設有電網，入夜即通上電流；別墅中有自行供水，電的設備，與外界不相混淆，牆內的警戒，是由金氏的衛士隊負責；牆外則由特務警察和憲兵防守。整個的北里現已成為軍事禁區，村裡已沒有一戶普通居民；村屋皆已被「京都衛戍」部隊和「警備警察隊」所佔用；只有我們先前休息的那座花園住宅，被撥充彭「老總」的「預備總部」和一些高級蘇俄軍官們作辦公之用。

導引我們的北韓軍官，于抵達跨在水溝上的石橋畔後，即先有一名忙着跑步入內，餘即仍伴着我們跨過石橋，進入開在石橋上的大門。這時，天色雖將黃昏，但別墅裡已灯火輝煌，並有兩架探照燈不時向石牆外探照。當我們行至別墅的正門，即另有三名穿着更為考究整潔的北韓軍官在門前候迎，並導引我們進入別墅。先前那幾名軍官，這時皆散往別墅門外另兩列日式平房裡。我們入了別墅的正門，只見一條長甬道上，已散佈有一些穿着朝鮮式短便服的人員，在來去逡巡；無疑的，這些人一定皆是金氏的侍從特務人員。穿過這條甬道，我們即被引上一座雕刻精緻的樓梯，進入第二層樓，旋又被引入樓梯口斜對面一間很寬大的會客室，內中陳設得極其華麗；有綠色天鵝絨織就的大地毯，厚厚的絨窗帘，精緻堂皇的大吊灯，蒙有厚絨的沙發，各種雕刻的傢俱。我們這群「土豹子」進入了這間會客室，直看得眼花撩亂，如醉如痴。

我們每個人正作着各種不同的呆想時，後右側的一扇門中，走進來三名穿着軍服的人員，分別坐向我們身後的三張彈簧椅上；看樣子，似乎皆像是速記員，惟僅有一人的手中持着鉛筆和簿子，餘兩人皆空着手，也許他們是負責保衛金氏的最內層防衛吧？

使我感到最奇怪的，就是這樣一間華麗的會客室卻沒有一幅名畫點綴在牆上，只是迎着我們正面的那面牆上，懸有一幅長與眞人相等的史太林油畫像，另在左上首一張半圓形小抬子上，放着一座比眞人腦袋大數倍的列寧塑像，爲由純白色大理石所刻成，色澤很光潔。

這時，我們對面右上首的門開了，金日成穿着一身北朝鮮陸軍大元帥服走出，胸前遂佩有一枚閃閃發光的大勳章，全身亦被一些眩人眼光的金絨所纏繞，双足登着一双擦得光可鑑人的黑色長皮靴，神氣十足，面孔也顯得很年輕，望之如卅歲左右的青年，惟兩頰並不很豐腴，遠比不上一般書報上所印的他的像片，氣色也不見得好；也許是室內灯火的關係，還顯得有點蒼白，兩眼深深的，精神也不怎麼樣的「煥發」。他走進室內後，面上即微微露出一些很勉強的笑容，這種笑容，使人一看即知是屬于「皮笑肉不笑」的一種。跟隨在他後面走進來的，就是彭德懷，再後爲一蘇俄人，全身着天藍色的俄式軍服，胸前亦佩有絲綬勳標等物，兩肩上沒有階章，只有幾朶金質的小花。韓先楚和兩名北朝鮮高級官吏，則隨在這名蘇俄人的身後，最後爲兩名北朝鮮軍官。金日成進屋時，我們當然皆得自動起立致敬，他也向我們笑着點了幾下腦袋，並走到我們每個人的面前，行上一次握手禮；韓先楚隨在他的身傍，把我們的名字一一向他作介紹。隨着金氏和我們握手的，即是那兩名北朝鮮高級官吏，因聽得他倆的自我介紹，方知一爲洪命熹，一即爲金日（北朝鮮的特務頭子。），我對金日的印象最深，這傢伙長就一雙陰譎的小眼睛，個子比我還矮一個頭，年紀似乎也只有卅多歲，一笑一眯眼，笑得使人身上毛孔直豎，天生成一付十足的特務胚子。

當金氏和我們遂一握手時，跟隨在他身後的兩名北朝鮮軍官，神情顯得很緊張，那個蘇俄「老大哥」，亦向前微低着腦袋，翻着兩個眼珠直盯着我們，盯得我身上直起雞皮疙瘩。迨金氏和我們皆握過手後，這些人的神情，似乎才稍顯得鬆弛了點。

金氏轉回身，即坐在正對着我們的一張長絲絨沙發的上首，彭德懷也跟着一屁股坐在下首，那位蘇俄軍官即傍坐在金氏身邊的一張單人沙發上，韓先楚，洪命熹，金日等環坐在蘇俄軍官和彭德懷的兩邊，那兩名北朝鮮軍官，則面對着我們，分站在金氏的身後。

金氏就了位，即先如背誦書本似的向我們說了一段簡短的慰問詞，語氣並不很激昂，有時，其面部和右手所作的表情，亦竟不能和語意相一致，全部「道白」均用我國國語，聽時，亦宛如國人在和我們說話。（據一些北韓老人說：金氏初時即不會說朝鮮話，民國廿年間，他方開始在我國東北學習韓文和韓語。）他說完後，即輪到我們作「自我介紹」，與我同來這群嘍囉們，皆先後把他們每個人的「豐功偉蹟」，似誇耀似謙虛的說了一通；這可把我弄得很難爲情，因我既不是什麼「英雄」，又不是什麼「模範」，當然也就說不出什麼「英雄」「模範」的事蹟，只好把我的一段「革命歷史」再來「翻一次版」。當我說到我曾在「抗日民主聯軍第一軍」工作過的時候，金氏似乎像忽然想起了什麼似的，用很急促的語調打斷了我的話頭，說道：「啊，你曾在抗日民主聯軍裡工作過」？我即故作很謙虛愧怍的說：「是的，我曾在楊靖宇將軍屬下打過兩年的游擊，直至在樺甸被圍時，我方被楊將軍派往第四軍作聯絡工作。」他聽我說完後，先尚只慢騰騰的笑着「哼」了幾聲，後來似乎有點被內在的情感所激動，乃轉過頭向彭「老總」和韓先楚談了一段他在長白山落草時的事蹟。

彭「老總」這塊料，看他的外表雖如同一頭「四不相」，但他內心裡頗很倔強，驕傲，全屋子裡的人，均始終能保持着端正的坐立姿勢，只有他，一會兒把身子斜倚在沙發背上兩隻腳不停的亂搖動，一會兒又把一隻腳屈在另一隻腳上，連兩條肥胖的大腿，也不停的隨着顫動起來；面上更表示出一種毫不在乎的神氣，對金氏的談話，似一答沒答的亂點着頭。他們兩人同坐在一張沙發上，使我腦子裡頓生出一個神奇的觀念，就是：金日成今天好像是一個喜胡作非爲，玩槍弄棍的孤哀子，因其天賦有一點小聰明，故自以爲是一個了不起的人物；而彭「老總」則好像是金日成父輩親友派來的老管家，其態度亦甚隨便，不過尚不算很過火，他對金日成則好像是負有保護與監管的責任，金日成說話時，他亦不時的用着冷峻的眼光對金氏作打量。

我們與金日成這次相見，歷時共達一點半鐘；完畢時，蘇俄軍官和彭「老總」等，皆隨金日成先行退席，仍由進來的那扇門中隱沒，金氏退席時，我們當然又得自動立起向他致敬，他亦連連向我們微笑着點了幾次腦袋。我見他在蘇俄軍官和彭「老總」夾擁下退席，不禁對他生有「双重乾兒子」的感覺。

金氏退席後，韓先楚與金日，洪命熹等亦相率先退，于是坐在我們身後的那三名北朝鮮軍官，乃趨前招待我們的我即再率領十一名嘍囉，在他們三人的導引下出室下樓，這時，先前導引我們的另三名北朝鮮軍官，已在樓梯傍相候，再引導我們出別墅正門，以後就再由原先領我們來此的那批北朝鮮軍官們，導我們離開石牆返回彭「老總」的「預備總部」。

金日成今日在北朝鮮的公開身價，雖然好像還未曾跌落；迄至現在，他仍是韓共中央委員會主席兼政治局主席，在行政上他還算是北朝鮮政府的總理，又兼着北朝鮮「人民軍」的「總司令」和「政治保衛局」局長。但實際上，蘇俄和毛澤東，現已在暗暗的分抽他的實際身價，如蘇俄現正在大力扶植許嘉誼，使其負「黨」的責任，毛澤東則力捧朴憲永，使其負北朝鮮行政上的實責，（按朴氏已爲北朝鮮政府第一副總理兼外長。）軍事方面，蘇俄和中共蘇俄和中共現亦在大量的培植新人，提拔北韓青年軍事幹部；而政治保衛局的責任，則久即落入爲蘇俄所支持的金日之手。故如這樣一件件拆穿來看，金日成其不爲空頭傀儡亦希矣；難怪他現在已不能再怎樣的猖狂了。

國際聖體大會中國朝聖團

巴塞羅納專訊・六月一日

曉星

一年以前，羅馬教廷，天主教的最高元首就發表了第三十五屆聖體大會要在西班牙巴塞羅納召開，當時在西班牙的同學們都很高興，希望國內天主教會能遣派代表來西參加此一盛會。我國首席主教田樞機耕莘也是遠東的唯一樞機，因爲健康關係不堪長途拔涉，致函大會秘書辭謝，自不願奉外籍主教爲團長，於是此間便一再致書于斌總主教請其前來參加，于氏以種種困難，初未遽允。而臺灣自由中國方面已迄無確實消息，最後始開有代表團之組織，以牛會卿主教，與西班牙籍陳監牧方豪神父等爲代表前來參加。

西班牙聖體大會秘書處，因田樞機既無意適會而自由中國方面又迄無正式消息向大會報到，遂於大會召開前五六日急電拍到華府方面，敦請于總主教，無論如何參加，接着於廿六日晚間，馬德里撥來長途電話，于斌總主教將於次日十二時半乘西班牙專機與西班牙外交部長聯袂飛臨消息傳來，各方興奮已極，於是群龍無首的我國海外朝聖團立現活躍，廿七日上午十二時所有已到巴塞羅納的中國人士全部前往迎接于斌主教，十二時半正專機飄然落地，大家一湧前往機門開處，西班牙外交部長暫作嚮導首先出現，于總主教緊隨而前，偉魏岸然，雖較二年前清癯，然豐采固不減當年。

西班牙是個天主教的國家，並且也是受過共產黨蹂躪的國家，對目前鐵幕內被壓迫的人們，極端同情，這次大會對被難國家的朝聖團，更盡其招待之能事，國家方面統制了巴塞羅納一切的私人家庭，公共團體機關，外籍朝聖團，特是鐵幕壓迫下的朝聖團，報到伊始，應即有專人領往下塌之地，一切食住旅行工具，皆由該家庭或機關負責，一文不費，眞是賓至如歸。

于總主教下塌之地是巴塞羅納的一家侯爵住宅，臺灣自由中國方面的朝聖團，因交通關係，所有原定十二名額除牛主教會卿，陳監牧以及張女士等五人而外，其餘人士，截至大會閉幕，記者深夜孤燈發稿之時，還未曾來到，這眞是一件憾事，這五位代表團，也都在大會秘書處指定的地點下塌，享有熱烈的招待。

聖體大會參加的國籍，遍及世界各國。樞機主教報到要參加的原是十九位(幾佔全體樞機半數)，結果因種種原因而眞正得以參加的則是十五位。總主教，主教共在四百位左右，而司鐸則約計萬五千名，教友人士，連同在巴塞羅納本市百三十萬二千七百人士(一九五一年統計)而外，所有各地各國人士約計三百萬以上，浩浩蕩蕩，眞是一個反共的最大行列，在此三百萬人士之中，中國人士五人，雖然人數不多，然而在于總主教領導之下，在朝聖團中眞是出人頭地的享盡了光榮！

第一件事，因爲我們是黃面孔，與歐洲兩美菲澳人士截然不同，在巴塞羅納最引起人們注意的，就是我們這一群在人群中穿過時，總要聽見人們說：Chins Chins，中國人，中國人，如果我們稍有時間，向他們略爲寒暄，宣傳自由中國，痛詆中國共匪，並歷述大陸被難人士之慘烈行動，聽者無不動容。

第二件事，是臺北市長贈給了海外國籍朝聖人士每人朝聖代表徽章一枚，圖爲心形，長闊約十餘公分，外爲紅綠，中爲國旗，上下有中西文，中華民國天主教參加國際聖體大會朝聖團字樣，這在參加大會百餘國籍之中，實在是獨一無兩，因而更引起了朝聖人士的注意！

第三件事，是于牛二位主教的活動，他們參加各個聚會，與祈禱節，每一盛會，上自樞機主教下至平民百姓無不熱烈歡迎，報以雷動的掌聲。

第四件事，是西班牙各報人，紛紛要中國人士發表談話，各報皆以專幅關載，我們因以藉此機會，不特更眞實報道了天主教在大陸奮鬬的情形，且更詳細的對各國各報解釋了自由中國的反共力量，以及政治情形，各國對現在自由中國的懷疑。據記者所知，西班牙人民，與社會輿論對我們是十分同情，對自由中國已有較深之認識與了解。

第五件事，論教會體制，除教宗而外，當然要以樞機爲高，此次大會論發言，主持大禮，也只有樞機有優先權利，實際上也只有樞機們主持各種大會活動，然而特殊的一例，則是我們的國家，于總主教，以總主教的身份，發言主禮，特別是在一次特別聚會上只有西班牙元首，外長，以及教宗特使德尼樞機可以發言，而我們的于總主教，則破例被邀致詞，大發讜論，據記者目睹，所受的熱烈掌聲，竟比西班牙元首所獲者更爲熱烈。

第六件事，也可以說是自由中國最得意的一件事，不，它乃是國際聖體大會惟一無二的傑作，那就是全世界反共人士代表的招待會，這事是由于總主教親自主持，同學們任招待之職，所有各國代表，共聚一院，人數在千名左右，花點酒食，苦貧的于總主教以及同學眞正的傾盡了澀囊。

這次的反共人士代表招待會，鐵幕國家除阿爾巴尼亞代表缺席，所有東歐，俄國以及各民主國家皆有代表參加，大家同樂。司鐸修士，(下轉第16頁)

書刊評介

錢穆先生的莊子纂箋

王叔岷

考據、義理、文章三方面都完美的著作，很難看到一篇；考據、義理、文章三方面都完備的箋注，也很難讀到一本。箋注並不比著作容易，一人之涉獵有限，觀天下書未徧，不得妄作箋注。前人爲古書作集注的，不是失之繁蕪；便是失之疏陋。大抵疏漏之失，更甚於繁蕪。錢賓四先生新近出的莊子纂箋這本書，搜羅宏富，而不失之於繁蕪；取舍謹嚴，而不失之於疏漏。考據、義理，文章，面面周到，美不勝收！是作箋注的準則。是治莊子必讀之書。

錢先生少時好讀莊子；我少時也好讀莊子。我著莊子校釋時，纔二十多歲，若干年來，忙於其他寫作，對莊子漸感生疏，錢先生垂老而成此巨著，我方壯而荒疏舊業，讀先生書，使我深有所感！纂箋中引用拙著之說頗多，少年之作而得前輩重視，讀先生書，也愈覺有味！

一個人著書，不能沒有缺點的。錢先生這本書，收輯材料的時間很長，而整理的時間前後僅三月(見序)，成書這樣快，而瑕疵極少，正由於學養工力精到之故。這裏，我願補充三點意見，與錢先生作更精密的商討。朱熹和陸子壽的詩有兩句：『舊學商量加邃密，新知培養轉深沉。』我想，如果我的意見對纂箋稍有裨益，錢先生一定樂於採納的。

一

纂箋中采摭諸家之說，大體都極謹嚴。偶爾也有較寬的，須得再加斟酌；如在宥引錯了的，也得略加修正。如在宥篇：

吐爾聰明。

王引之曰：『吐當爲咄，與黜同，見徐無鬼釋文。漢書外戚傳吐字，漢紀譌咄。』俞樾曰：『吐借爲杜。』劉文典曰：『吐疑細字之壞。淮南覽冥訓：隳肢體，絀聰明。』

箋注古書，有時必須兼存數說；有時却可不必。譬如這句，只引王說就够了；俞說固然無據；劉說也大有語病。王氏引徐無鬼篇：『黜耆欲，』司馬本作咄。而謝靈運山居賦自注引黜作絀，可證咄、絀、黜三字音義相同。淮南：『絀聰明，』文子上禮篇作黜，也正可證明王說牢不可破。劉氏在他的莊子補正中說：『黜、絀音義同。』而不知咄、絀、黜音義並同；他又說：『王氏謂「吐當爲咄，」失之迂曲。』其實王氏已舉出士、出互譌的實例，決不迂曲。就在本書天道篇：『天德而出寧，』孫詒讓說出爲士之誤，孟子萬章篇：『使浚井出，從而揜之。』漢儒到清儒都沒有一個適當的解說，其實出也是士字之誤。劉氏不引淮南以證明王說之確鑿，却強求立異的說：『吐疑細字之壞，』細字怎會壞爲吐字！眞太勉強了！

天地篇：

鳥行而無彰。

馬其昶曰：藝文類聚引作無迹，是也。食、迹爲韻。

奚侗也說：『藝文類聚聖部引彰作迹，郭注：「率性而動，非常迹也。」是郭本彰亦作迹。後人改迹爲彰，欲與下文昌、閒、僊、鄉、殃叶韻，不知本文迹、食相叶，第一部與第十部合韻也。』案奚、馬說都不足據。郭注：『非常迹也。』是以迹釋彰，並不足以證明郭本彰原作迹。據并拇篇注：『夫鶉居而鷇食，鳥行而無章者，何惜而不殉哉？』即用此文，可見郭本作彰不作迹，御覽八、八十、四百一引彰並作章，與駢拇篇注合，章、彰古通，我疑心作章是故書。御覽八又引注：『章，迹。』我疑心這是郭注，本在『率性而動』句上，『章，迹』二字脫去，兼以藝文類聚引彰作迹，遂引起奚 馬二氏的誤會。其實作彰，自然與下文叶韻，何必定要作迹與食叶韻呢？類書引書，常常根據注文增字或改字，以求正文容易了解，如果輕於相信，是非常危險的！

天運篇：

民有爲其親殺其殺，而民不非也。

劉文典曰：唐寫本作『殺其服，』當據正。

案唐寫本作：『民有爲其親煞，而民不非也。』(兩民字並避太宗諱缺筆。)煞是俗殺字，煞下並沒有『其服』兩個字，不知劉氏是失檢？抑是僞造證據？這條只要根據天道篇：『隆殺之服，』及成玄英疏：『爲降殺之服，以別親疏，』來證明今本『殺其殺』是『殺其服』之誤，就相當可靠了，(見拙著校釋二、五十四葉。)不必去借重唐寫本。

刻意篇：

此山谷之士，非世之人，

劉文典曰：非，御覽引作誹，義較長。

案本書盜跖篇：『鮑焦飾行非世，』韓詩外傳一：『申徒狄非其世，』史記李斯傳：『非世而惡利，』非世字都不作誹，御覽引此文作誹，與上文『高論怨誹』重複，我疑心是涉上文誹字而加言旁的；即使是一本作誹，誹與非古亦通用，如上文『怨誹』，釋文：『徐音非；李云：非世無道，怨已不遇也。』漢書鼂錯傳：『非謗不治，』注：『非讀曰誹。』都是顯明的例證，怎麼說『作誹義較長』呢？至少『義較長』三字該刪去。

達生篇：

紀渻子爲王養鬭雞。

王叔岷曰：『白帖引司馬彪云：齊宣王。』

我這一條本來是：『釋文引司馬云：「王，齊王也。」白帖二九引王上有宣字。記纂淵海五五、六二引王上並有齊宣二字。』白帖與記纂淵海所引，都是指正文而言，並未說『白帖引司馬彪云：齊宣王』所以纂箋這一條該修正爲：『王叔岷曰：記纂淵海引作齊宣王。』

山木篇：

則呼張歙之。

馬叙倫曰：當依書鈔引作『一呼張之；一呼歙之。』此謂甲舟呼乙舟張，乙舟呼甲舟歙也。

案馬氏是根據書鈔百三十七引的，但書鈔引此文作『則呼張翕赫，』非作『一呼張之；一呼歙之。』不知馬氏是失檢？抑是僞造證據？

處人逐而誶之。

郭象曰：誶，問之也。

案爾雅釋詁：『誶，告也。』(今本誶誤訊。)說文：『誶，讓也。國語曰：誶申胥。』(今本國語吳語誶誤訊。)誶字無問義，應該是訊字之誤。釋文：『誶，本又作訊，音信，問也。』作訊是對的，說文：『訊，問也。』所以郭注：『誶，問之也。』應該是『訊，問之也』之誤；正文的誶字也是訊字之誤。唐寫本正文、注文誶並作訊，還保存本文的本來面目。六朝俗書卒、凡形近，所以古書中誶、訊二字相亂之例甚多，本書徐無鬼篇：『察士無淩誶之事則不樂。』釋文：『誶音信，廣雅云：「問也。」又音祟。』音祟是對的，音信、訓問就該作訊(成疏正作訊)。也是誶、訊相亂之例。不過，這裏誶當作訊，訓問是對的；徐無鬼篇却當作誶，音信、訓問是錯的。纂箋在徐無鬼篇曾引釋文音信、廣雅訓問之說，都應該修正。

田子方篇：

處卑細而不憊。

阮毓崧曰：此係上不濡句古注，誤入正文。

案『處卑細而不憊，』上文是『其神經乎大山而無介，入乎淵泉而不濡。』下文是『充滿天地，既以與人己愈有。』(『充滿天地』下疑脫『而不窕』三字，說詳校釋三、五十九葉。)『經乎大山』言其高，『入乎淵泉』言其深，文意是相對的；『處卑細』言其小，『充滿天地』言其大，文意也是相對的。阮氏認爲『處卑細而不憊』句是『入乎淵泉而不濡』句的注，顯然是大錯了！再據淮南俶眞篇：『神經於驪山太行而不能難，入於四海九江而不能濡；處小隘而不塞，橫扃天地之間而不窕。』即本於此文，也是上下二句各自相對成義，更可證明阮說之非。

知北遊篇：

眞其實知，

劉文典曰：淮南道應作『眞實不知。』

案『眞其實知』下句是『不以故自持。』淮南道應篇本作：『直實知，不以故自持。』王念孫云：『「直實知」三字，文不成義，當從莊子、文子作「眞其實知。」(今本眞誤爲直，又脫其字。)』王氏據莊子、文子來校正淮南，是對的；漢魏叢書本淮南作：『直實不知，以故自持。』顯然是淺人不知『直實知』是『眞其實知』之誤，才將『知不』二字顚倒過來。顚倒過來上句作『直實不知，』勉强可以通了，而下句作『以故自持，』偏偏又大乖道家之旨！因爲道家貴在『去知與故，』(莊子刻意篇。)怎麼可以說『以故自持』呢？所以漢魏叢書本絕對不可據的；莊逵吉無識，偏要從漢魏叢書本，王念孫已斥其謬。劉文典更妙了，他不但從莊本所據的漢魏叢書本，而且更敢於改『直實不知』爲『眞實不知，』還要以他所改的『眞實不知』來校正莊子的『眞其實知。』未免太膽大了！

讓王篇：

今天下闇，周德衰。

劉文典曰：闕誤引江南古藏本周作殷，是也。

案劉氏在補正中說：『伯夷、叔齊試往觀周之時，不當言「周德衰。」』這是他以作殷爲是的理由。其實他莫有把文理弄清楚，這裏的『周德衰，』是與上文『周之興』相應的。『周之興，』是指文王有道之時，所以伯夷、叔齊『試往觀焉。』到了岐陽，文王已歿，武王興兵伐紂，推周之亂以易殷之暴，所以說『周德衰』了。『周德衰』了，所以二人才不肯依傍於周以汙其身，而寧願逃到首陽山去餓死。周之興，殷德已衰，此時更何待說『殷德衰』呢？呂氏春秋誠廉篇也作『周德衰。』江南古藏本周作殷，定是淺人未細繹文理而妄改的。褚伯秀已經誤以作殷爲是，劉氏大概是襲褚說之誤。

以上十條，有應該修正的；也有應該刪去的。因爲關係比較大一點，所以特地提出來討論，以供錢先生參考。

二

纂箋采摭諸家，偶爾還有可取之說，爲錢先生所遺的；甚至拙著校釋中也還有不少可取之處，先生亦未收及。如逍遙遊篇：

上古有大椿者，以八千歲爲春，八千歲爲秋。

案陳碧虛闕誤引成玄英本『八千歲爲秋』下，有『此大年也』四字，與上文『此小年也，』相對而言，今本四字脫去，文意不完，當據補。

人閒世篇：

是以人惡有其美也。

案俞樾云：『有者育字之誤，釋文云：「崔本作育，云：賣也。」說文貝部：「賣，衒也。讀若育。」此育字即賣之段字，經傳每以鬻爲之，鬻亦音育也。以人惡育其美，謂以人之惡鬻己之美也。』案奚侗也有此說，當從崔本爲是。

德充符篇：

受命於地，唯松柏獨也，在冬夏青青；受命於天，唯舜獨也正。

闕誤引張君房本作『受命於地，唯松柏獨也正，在冬夏青青；受命於天，唯堯、舜獨也正，在萬物之首。』較今本多出七字，據郭注：『言特受自然之正氣者至希也，下首則唯有松柏，上首則唯有聖人。』張本是對的。今本脫去七字，文意既不完，句法也參差。

不知先生之洗我以善邪？

闕誤引張君房本此句下更有『吾之自寤邪』五字，據郭注：『不知先生洗我以善道故邪？我為能自反邪？』張本是對的。今本脫去五字，文意不完。

馬蹄篇：

夫赫胥氏之時，民居不知所為，行不知所之。含哺而熙，鼓腹而遊。

案『含哺而熙，鼓腹而遊。』當作『含哺而遊，鼓腹而熙。』熙，與上文時、為、之叶韻，今本遊、熙二字互誤。韻就不諧了。淮南俶眞篇作：『含哺而游，鼓腹而熙。』正可以訂正此文之誤。

在宥篇：

彼其物無窮，而人皆以為終；彼其物無測，而人皆以為極。

案古逸叢書覆宋本終上、極上並有有字，當補。有終與無窮對言；有極與無測對言。今本兩有字脫去，文意不明。

天地篇：

始吾以為天下一人耳，不知復有夫人也！

案事文類聚續集九、合璧事類別集二一引吾以下並有夫子二字，當補。郭注：『謂孔子也。』正為夫子二字作注；成疏：『昔來稟學宇內，唯夫子一人。』所見本也有夫子二字。德充符篇：『吾以夫子為天地，安知夫子之猶若是也！』（吾上疑脫始字。）應帝王篇：『始吾以夫子之道為至矣，則又有至焉者矣！』與此文句法相同。今本夫子二字脫去，文意不明。

至樂篇：

吾未之樂也，亦未之不樂也。

闕誤引江南古藏本兩未字下並有知字，當補。今本無兩知字，是淺人妄刪的。『吾未知之樂也，亦未知之不樂也。』即『吾未知其樂也，亦未知其不樂也。』之與其同義，本書駢拇篇：『則俗謂之君子，』道藏林希逸本、羅勉道本並作其；河上本老子：『吾何以知天下之然哉？』敦煌本作其；呂氏春秋知度篇：『譬之若夏至之日，』說苑尊賢篇作譬其。之、其同義，所以通用。

徐無鬼篇：

其為人也，上忘而下畔。

王先謙曰：『列子力命篇畔上有不字，張湛注：『高而自忘，則不憂下之離畔。』』宣穎曰：『不自矜其能，故在己上者與之相忘；泛愛衆，故下者不忍畔之。』江遹曰：『上忘，其政悶悶；下不畔，其民淳淳。』

奚侗云：『忘係志誤；畔當作判，與辨通。秋官朝士：「有判書。」鄭注：「故書判為辨。」易乾卦：「問以辨之。」此文辨即辨問之意。管子戒篇作「上識而下問，」（識與志同。）呂覽貴公篇作「上志而下求。」高注：「志上世賢人而摸之也。求猶問也。」皆其證。列子力命篇作「上忘而下不叛。」忘亦志字之誤，叛與畔同借為辨，校者因誤叛為背叛，遂增一不字以成其義，失古書之眞矣！所幸本書未衍不字，猶可研索得其故也。』案奚說可從。『上志而下畔，』與管子之『上識而下問，』呂覽之『上志而下求，』文意相同。下文『愧不若黃帝，而哀不己若者。』『愧不若黃帝，』即承『上志』而言，『哀不己若者，』即承『下畔』而言。一誤而為『上忘而下畔，』再變而為列子之『上忘而下不叛，』若無管子、呂覽之文，莊書舊觀，幾乎無法探索了！纂箋在這裏，與其收江、宣、王諸說，不如收奚說；至少奚說也該與諸說並存。

是以一人之斷制利天下，譬之猶一覕也。

案斷制下有利字，義不可通，可能是涉制字而誤衍的，唐寫本正無利字。郭注：『則其斷制不止乎一人，』成疏：『恣其鴆毒，斷制天下。』正文原無利字是很明顯的。

故無所甚親，無所甚疏，抱德煬和，以順天下，此謂眞人。

案淮南精神篇：『是故無所甚疏，而無所甚親，抱德煬和，以順于天。』即本於此文。是此文作：『故無所甚疏，無所甚親，抱德煬和，以順于天，此謂眞人。』以親、天、人叶韻。今本疏、親二字互誤，『以順于天，』又誤為『以順天下，』不僅於韻不諧；文義是不通的。『以順于天』就是『以順于自然。』無所親，疏，抱德養和，以順於自然，叫做眞人。也就是大宗師篇「不以人助天，是之謂眞人」的意思。怎麼說『以順天下』呢？這絕對是錯的！唐寫本作：『故無所甚親，抱德煬和，以順天。此謂眞人。』韻還莫有失，只是『無所甚親』上脫『無所甚疏』四字，天上脫于字，也應該補正的。

讓王篇：

孔子削然反琴而弦歌。

成玄英曰：削然，取琴聲。

奚侗云：『削當作列，形似而誤。列借為厲，論語：「子溫而厲。」皇疏：「厲，嚴也。」禮祭法：「厲山氏之有天下也，」鄭注：「厲山氏，炎帝也。起於厲山；或曰烈山氏。」左傳及魯語作列山，是為列、厲相借之證。呂覽愼人篇正作烈。』案奚說可從。列字本作𠛱，與削形近易亂，韓非子說林上篇：『有外為交以削地，』韓策作列（今本作裂，列即古裂字）；鶡冠子度萬篇：『列時第氣，』陸佃注：『列或作削，』王鐵篇：『列星不亂，』注：『列或作削。』都是列、削二字相亂之證。纂箋這裏該引奚說以正削字之誤，成疏（本於李頤注）可不必引；至少奚說該與成疏並存。

其並乎周以塗吾身也，不如避之以潔吾行。

案其上當有與字，『與其』與『不如』（或作不若）相應，本書大宗師篇：『與其譽堯而非桀也，不如兩忘而化其道。』外物篇：『與其譽堯而非桀，不如兩忘而閉其所譽。』禮記檀弓：『喪禮，與其哀不足而禮有餘也，不若禮不足而哀有餘也；祭禮，與其敬不足而禮有餘也，不若禮不足而敬有餘也。』句法都相同。呂氏春秋誠廉篇其上正有與字。

列禦寇篇：

子見夫犧牛乎？

案見上當有不字，逍遙遊篇：『子獨不見狸狌乎？』天運篇：『且子獨不見夫桔槔者乎？』秋水篇：『子不見夫唯者乎？』山木篇：『王獨不見夫騰猿乎？』句法都相同。白帖二九，御覽八一五，引見上正有不字，史記莊子本傳，高士傳都有不字，今本誤脫，當補。

以上十四條，有三條是前人的，其中兩條我略加以補充；有十一條是我的，因爲關係比較大一點，所以特地補寫在這裏，以供錢先生參考。

三

拙著莊子校釋問世以來，雖然頗得讀者重視，我卻深感慚愧！因爲成書太早了，有些地方還須得補充和修正。我曾向朋友說：『假使我近年寫，要成熟的多！』近年在新的寫作中，偶爾有涉及莊子的問題，可以補校釋之未備；這裏，略舉二事，我想，也許還可以補纂箋之未備。如齊物論篇：

是唯無作，作則萬竅怒呺。注：言風唯無作，作則萬竅皆怒動而爲聲也。

案此文作：『是唯無作，萬竅怒呺。』今本『萬竅怒呺』上有『作則』二字，是淺人據郭注所加的。注：『言風唯無作，作則萬竅皆怒動而爲聲也。』正以釋『是唯無作，萬竅怒呺』之義。本書人間世篇：『若唯無詔，王公必將乘人而鬭其捷。』與此文句法同；而郭注：『汝唯有寂然不言耳，言則王公必乘人以君人之勢，而角其捷辯以距諫飾非也。』（以言釋詔。）也與注此文同。『王公必將乘人而鬭其捷』上無『詔則』二字，與此文『萬竅怒呺』上本無『作則』二字，句法是一樣的。又如史記留侯世家：『且夫楚唯無彊，六國立者復撓而從之。』句法也相同；索隱引荀悅漢紀說此事云：『獨可使楚無彊，若彊則六國屈撓而從之。』也與郭氏注此文及注人間世篇相同，只是多加一個若字，至於漢書張良傳注引服虔云：『唯當使楚無彊，彊則六國弱而從之。』就與郭注的解釋完全相同了。史記『六國立者復撓而從之』上無『彊則』二字，與此文『萬竅怒呺』上本無『作則』二字，句法也是一樣的。（同窗周法高君在上古語法札記一文中，疑心『作則萬竅怒呺』的『作』字是後人誤增的，立說稍異。）

知北遊篇：

夫知者不言，言者不知，故聖人行不言之教。道不可致，德不可至，仁可爲也，義可虧也，禮相僞也，故曰：『失道而後德，失德而後仁，失仁而後義，失義而後禮。禮者，道之華而亂之首也。』故曰：『爲道者日損，損之又損之，以至於無爲，無爲而無不爲也。』今已爲物也，欲復歸根，不亦難乎！其易也，其唯聖人乎？生也死之徒，死也生之始，孰知其紀？人之生，氣之聚也。聚則爲生，散則爲死。若死生爲徒，吾又何患？故萬物一也。是其所美者爲神奇，其所惡者爲臭腐；臭腐復化爲神奇，神奇復化爲臭腐，故曰：『通天下一氣耳。』聖人故貴一。

這一百九十九字，與上下文意不相連屬；上文是知與無爲謂、狂屈、黃帝諸人的問答，下文是知與黃帝的繼續問答，應該是相連的。在知與黃帝中間，忽然羼雜一段有引證老子的話，實在不倫不類。我疑心這一百九十九字本來在下文『狂屈聞之，以黃帝爲知言』下，知與無爲謂、狂屈、黃帝諸人的連續問答，到了『狂屈聞之，以黃帝爲知言。』已告一段落。著書的人以『知者不言，言者不知，』緊承着『知言』來發揮，文理非常清楚。所以這一百九十九字，定是下文的錯簡。

本來還有些問題可以提出來討論，因爲關係比較小，所以只寫出這兩條，以供錢先生參考。

教書、閱卷、家事、俗務，重重牽罣，遑遑糾纏，稍得閒暇，又芒芒然從事新著，一日之中，多則寫數頁，少僅寫數行。少時愛讀的莊子，已漸荒疏。近日得到錢先生這本書，欣然如對故人！可是，也時讀時輟，兩日方竟；更以四日之功，時寫時輟，才完成這篇文章。信手寫去，未屬草稿，也實在無暇屬草稿！在前人的集注中，沒有可與纂箋媲美的！我推崇錢先生這本書，我更不能不補充三點意見。『可乎可，不可乎不可。』留待先生採擇。

虎標萬金油
TIGER BALM
虎標永安堂出品
五大良藥世界風行
萬金油
八卦丹
頭痛粉
清快水
止痛散
臺灣分行
地址：臺北市延平南路一〇八號
電話：七六九四號

第七卷　第一期　內政部雜誌登記證內警臺誌字第一九號　臺灣省雜誌事業協會會員　三六

給讀者的報告

本刊發行迄今業已屆滿六卷，從本期起便開始第七卷了。根據以往的成規，我們於每屆卷滿之後必彙訂合訂本，並於新卷開始之時，發行卷首特大號，以資紀念。而這一期正是第七卷的卷首特大號。回顧過去半年來，承各方讀者垂愛，情誼可感。而本刊無論在編輯與發行方面亦會隨時接受讀者意見，不斷有所改進。今後我們將更竭盡努力，以盡輿論之責任，以符讀者之雅望，以實現本刊一貫揭櫫之理想。

中美兩國投資保證制度協定業已於上月廿五日在臺北簽字。除去在政治上所象徵意義外，這個協定同時也是兩國經濟合作的開端。美國私人投資將因此可以獲得若干有利的保證，鼓勵外人投資，加强臺灣工業化，就經濟的長期利益而言，毫無疑意的是可喜之事。不過，我們覺得在開發經濟的前提下，政府不但應該歡迎外資，同時也應該鼓勵國內私人投資，尤其是港澳的國人資本，應該儘量歡迎其來臺。我們不能一方面鼓勵外資，一方面反梏桎國內私人投資，這於情於理，都是說不通的。因此凡過去束縛工商業自由發展與合理競爭的法規與政策現在正是及時修正的時候了。在本期社論裡我們對此特會加以論列。

本期篇首是羅鴻詔先生「駁斥閻錫山氏的大同之路」。「大同之路」是閻錫山先生的近著，洋洋數十萬言，閻先生反共態度之堅決是吾人素知的，其著作此書之初衷，亦殊敬佩，所惜者閻先生所持之理論，容我們無保留的說：其基本精神仍然是同於布爾雪維克型的，使吾人持此以反共，誠不知其異於共黨者幾希。羅鴻詔先生在本文中對此有深刻中肯之批評，因文長，故分兩期載完。

「棉布問題面面觀」是一篇討論現行政策的文字，由於此問題之關係民生，故我們不惜以甚長篇幅刊先此文。陳式銳先生在本文中客觀分析限制棉布進口以保護紡織業此一政策之得失，引用甚多之統計數字以爲說明。作者提出臺灣紡織業之是否值得保護，此一問題頗有研討價值。而結論中有限進口之建議，更屬持平之見。

朱新民先生對蘇俄問題深具研究，此係初次爲本刊撰文。瞿荊洲先生「續論經濟政策之技術的觀點」一文，茲因稿擠改於下期登載。

本期通訊須特向讀者推薦。河內通訊介紹印度支那華僑之事實至極翔盡，其中甚多資料，可供研究僑務者之參考。「金日成會見記」一文是一位被逼反共而自匪區逃往香港的中共老幹部所作，當然是一篇很可珍貴的報導。

本刊售價

一、臺幣三元
二、越幣八元
三、菲幣五元
四、港幣一元
五、暹幣四銖
六、美金二角
七、叻幣四角
八、印尼幣三盾

自由中國 半月刊 第七卷第一期
"Free China" 總第六十四號
中華民國四十一年七月一日

發行人　胡　適
主編　「自由中國」編輯委員會
出版者　自由中國社
社址：臺北市金山街一巷二號
電話：六八八五號
航空版　香港時報社

經售者
- 臺灣　中國書報發行所（臺北市館前街八五號）
- 美國　紐約民氣日報社、舊金山國民日報社
- 日本　東京南友堂、東京內山書局
- 韓國　釜山草梁洞新泰行
- 馬尼剌　大中華日報社
- 印尼　椰嘉達星期日報、椰嘉達天聲日報、棉蘭繁華圖書公司
- 越南　西貢中原文化印刷公司、越南華僑文化事業公司
- 暹邏　曼谷攀多社十二號
- 緬甸　仰光振成書報店
- 印度　孟買梅亞號、加爾各答塔梅學校
- 新加坡　中興日報社、檳榔嶼、吉打邦均有出售
- 澳洲　墨爾缽王德利公司
- 北婆羅洲　馬拉奕坡美芝律聯華公司

印刷者　臺灣新生報新生印刷廠
廠址：臺北市西園路二段九號　電話：二〇九六

本刊經中華郵政登記認爲第一類新聞紙類　臺灣郵政管理局新聞紙類登記執照第二〇號　臺灣郵政劃撥儲金帳戶第八一三九號

FREE CHINA

第七卷 第二期

要目

中華民國四十一年七月十六日出版

社址：臺北市金山街一巷二號

半月大事記

六月廿五日（星期三）

美國私人在臺投資保證制度，中美雙方在臺換文。

俄致瑞典覆文，謂瑞機侵俄領空。

安理會通過美建議，調查韓境細菌戰，並否決邀中韓共代表參加辯論。

六月廿六日（星期四）

聯合國憲章簽字七週年。

英美法三外長在倫敦集會，商統一遠東政策。

英下院辯論聯軍轟炸水豐電廠事。

盟機一百五十架再炸北韓電廠。

六月二十七日（星期五）

我與西班牙復交，双方代表在羅馬互換照會，同意互派大使級外交代表。

六月二十八日（星期六）

英美法三外長會議在倫敦發表公報，三國同意與俄商德國統一問題。並協議關於韓國及東南亞的情勢，三國間應有更密切的合作與諮商。

聯軍第四次出擊炸北韓長津湖電廠，北韓之水電廠全被炸毀。

奧本海默向杜魯門報告，美研究原子能已獲重大進展，華盛頓傳係製氫彈公式告完成。

六月廿九日（星期日）

美機艦配合出擊炸射平壤元山之電力設備。

美已向聯合國提出三英尺厚的關於蘇俄強迫勞工的文件，證明蘇俄的強迫勞工制度正在擴展中。

六月卅日（星期一）

韓總統李承晚致函韓國會，要求通過李氏之修憲建議，否則，即將解散國會。

七月一日（星期二）

安理會又一次拒絕中韓共參加有關細菌戰之辯論。

俄加強控制東西德邊界，西方再提抗議。

英國會辯論英國在韓戰中的地位問題。英工黨就英政府關於美軍轟炸鴨綠江水電廠之計劃預先未能獲得通知一節，對保守黨政府提出不信任動議，但以三十票之差而遭否決。

英宣佈韓境聯軍總部增設英籍副參謀長一人。

七月二日（星期三）

瑞典再向俄提强硬抗議，謂六月十三日所失蹤之飛機亦係被俄機擊落者。瑞要求俄承此一事實，否則必將訴請國際法院公斷。

七月三日（星期四）

共方提換俘新建議，同意將被迫參軍之南韓平民釋放，但仍堅持將全部共俘遣還。

七月四日（星期五）

第三十屆國際合作節紀念日。

韓憲法修正案獲國會通過。總統改爲民選；國會分兩院。但國會對內閣可提不信任案。

板門店之和談會議恢復秘密會議。

七月五日（星期六）

日參院全體會議通過中日和約。

第十五屆世運會於奧林匹克村莊卡皮拉開幕。

七月六日（星期日）

美共和黨擬定外交政策綱領，支持集體安全，堅定申明美國不能孤立，主張繼續軍經援助自由國家。

七月七日（星期一）

我國第五屆陸軍節。

美共和黨大會開幕於芝加哥，提名共和黨總統候選人。

韓境停戰談判繼續秘會。

尼赫魯警告：若韓戰一旦擴展至共匪大陸，俄國或將參加戰爭。

七月八日（星期二）

麥克阿瑟在共和黨大會演說，呼籲增强援亞；譴責美政府對韓政策缺乏取勝意志；抨擊美政府將東北資源奉送給蘇俄控制，而背棄中國盟友。

英外務部宣佈：英正與印度政府會商，覓求解決韓戰新途徑。

聯軍將共俘營地圖交與共軍；共軍以抗議書交聯軍，對巨濟島上兩名共俘被殺八名受傷事表示抗議。

日本政府在內閣會議中通過中日雙邊和約。

七月九日（星期三）

美向安理會提議譴責俄誣控聯軍在韓境進行細菌戰，已付表決，安理會中九理事國一致投票贊成，唯巴基斯坦棄權。卒因俄用否決權，美提案未獲通過。

美共和黨大會中，塔虎脫及艾帥兩派對於南部未定票競爭激烈，塔虎脫爲黨內和諧計，已放棄爭取路易斯安那州的十三票。

日衆院呼籲遣返蘇俄所扣留數逾二十萬的日俘，及中共所扣留數逾十萬的日俘。

社論

我們對於大專畢業生軍訓的幾句要話

今年大專應屆畢業男學生，須在陸軍軍官學校實施集訓一年，由本年八月開始。我們以爲這是一件大事情，一件有關國運的大事情。

非特在平時，就是過去在抗戰期間，我們的大專學生是免除兵役的。在政府方面，這種措施，是出於愛惜人才的苦心；但在法理的觀點講，究竟有失公平。服兵役應是每個國民的義務。一個國民如果對國家的防衛上做了更重要的事情，自然可以免除兵役；不然，這個憲法上所規定的國民義務，是無論什麽人都不應該避免的。

現在這種辦法，可以說是很適當的：用軍訓以鍛鍊大專畢業學生的體格，養成他們整齊嚴肅的生活，使他們成爲非職業性的預備軍官。這件事對於國民兵役的義務和國家愛護人才的原則都顧到，且可以補這些畢業生在大專教育的不足。問題只在做得怎樣。因爲這個緣故，我們不得不把幾點值得注意的事情向有關各方面講一講。

（一）在辦理集訓的軍官學校方面，自然有種種的困難。教官的人選，設備的增加，都不是容易解決的問題。當然，在國家艱難困苦的時候，人人當盡其力，物物當盡其用；想來我們的軍官學校一定可以勉爲其難的。

不過我們以爲學校方面最應當注意到的是大專畢業生的身體和心情。大專學生讀了四年（醫學院六年畢業）的書，被堅執銳的能力當然遠不及出身行伍的。施教的時候，若視同一律，恐有扞格難通的地方。古所謂「因材施教」，在軍官學校亦並不是用不着的。實在說，這一點是容易想得到的。至於大專畢業生的心理方面，學校當局尤當顧及。以一個受過高等教育的青年來受軍訓，除非修養十分到家的人，心理上多少必有點不自然。施教的人在這等處應當循循善誘，似不宜和訓練職業軍官用一樣的嚴厲方法。因爲已經受過四年高等教育的人，只要施教得法，就是不用嚴厲的方法，也可以達到和職業軍官一樣的成就。這種情形，正是施教者運用學問和經驗的地方。若知道運用，便兩得其益；不知道運用，便可能兩受其害。這是不可不十分小心的。

此外，來受軍訓的畢業生，還有一宗重要的心事，就是將來職業問題。大多數學生，都以爲經過一年的軍訓，他們所習的學科定多遺忘。若受訓後仍須經過就業考試而後就業，則將來應試時必難免荒疏。這對於畢業生是一個嚴重的問題。這件事情，施教的學校，似不可不顧慮到。這並不是沒有補救的方法的。聽說醫學院的畢業生受訓，軍事技術的訓練，佔四個月；其餘八個月，則派在國防醫學院或各軍醫院實習。這是一個比較合理的辦法。我們以爲其他各學院的畢業生集訓，儘可仿照這個辦法去辦。這樣去辦，在國家已可收到專門人才的用，在畢業生亦不至荒疏所學。四個月的時間，似乎亦可以使一個大專畢業生得着普通軍官所應具的武器使用和部隊領導的知識了。

至於「思想訓練」，亦是大專畢業生所注意的問題。據我們的看法，一個學生，由小學至大學，凡中華民國立國的宗旨和三民主義的本意，應已爛熟於胸中了；所以凡中學和大學中所授的三民主義課程，集訓時似可不必再重覆。照教書人的經驗講，一種功課，若重覆太多，有時亦可使學生生厭惡的心理的。我們以爲，在軍官學校集訓大專畢業生，與其注重思想訓練，不如注重「高尚品格的養成」。（「養成高尚品格」，是總統最近核定實施軍訓的原則中一條目）。

所謂高尚品格，方式亦至不同；文武兩途的分歧，由來已久。大專畢業生，於學術上和思想上的聖賢豪傑，可能認識得許多，但是對於「執干戈以衛國家，抗强暴以保良善」的氣節，則體驗得很少。這種氣節，自然亦是形成偉大人格的素質。青年學生能够得一個機會來培養這種氣節，當然是一件極好的事情。我們極希望我們這回辦軍訓的軍官學校，能够充分在這點上表現我國軍事教育的精神，使青年人得以開拓胸襟，而瞭解我國古來「止戈爲武」、「仁者必有勇」的懿訓。能够這樣，則我們青年的受益，當比僅受到使用武器和領導部隊的知識多得多。我們甚希望因爲這種集訓，我們文武兩界的青年對於我國文化都可得到一個新鮮的認識，而國運亦在無形中蒸蒸日上。至少，我們希望辦理集訓的學校，不要使我們的青年對於我國的軍事教育的成就感覺到任何有理由的失望。

（二）對於受訓的大專畢業同學，我們更有切至的咐囑。自大陸國土淪於共匪後，政府退守臺灣以規畫反攻。一切人力和物力的困難，是無可諱言的。我們同學應當體諒政府勵精圖治的精神，參與士兵枕戈待旦的艱苦，對於集訓學校設備偶有不周的地方，作無條件的原諒。因爲如果有這種情形，一定是國家人力物力不足的緣故，決不是出於學校當局的故意。孟子曰，「敬人者人恒敬之；愛人者人恒愛之。」這是一句至理名言。

其次，軍事訓練，與普通大專學校的教育不同。後者重知識，重自由研究；前者則必以整齊嚴肅爲主。所以軍事學校中，法律重於感情。大專畢業同學四年來習於自由的生活，初進軍事學校時多少必感覺到一些不自由。這是極自然的。我們十分希望我們的同學們個個能够克伏自己，遵守學校的秩序。「入國而問禁；入境而問俗。」進一個學校，起碼的事情要嚴格遵守學校的規矩。

炎熱的夏天，炎熱的南方！你們不是天天看見我們的士兵操練得滿身是汗麽？我們同學們如果以「民吾同胞」爲懷，便應當想到：我們受國家培植的恩德，十百倍於他們；所以我們對國家的效勞，亦應當十百倍於他們。這樣一想，同學們雖在烈日下操練，心裏當亦和飲冰一樣涼快。

論修改憲法與解釋憲法

薩孟武

憲法的修改就是憲法條文的變更。憲法條文的變更有三種方式，⑴刪除憲法中某一條文，例如政協憲草第七條，「中華民國國都定於南京」，國民大會議決憲法之時，刪去本條。⑵增加某一條文於憲法之中，例如現行憲法第二一條，「人民有受國民教育之權利與義務」，這個條文是五五憲草所未曾規定的。⑶改變憲法中某一條文的字句，例如五五憲草第六三條，「立法院爲中央政府行使立法權之最高機關，對國民大會負責」，現行憲法第六二條改之爲「立法院爲國家最高立法機關，由人民選舉之立法委員組織之，代表人民，行使立法權」。改變憲法條文的字句可以視爲憲法的修改，故凡改變字句，縱其意義與原文完全一樣，亦須視爲修改憲法，而應依憲法修改手續爲之。例如政協憲草第四九條，「總統副總統之任期均爲六年，連選得連任一次」，現行憲法第四七條：「總統副總統之任期爲六年，連選得連任一次」，單單刪去「均」字，亦須視爲修改憲法。

現在有一個問題值得我們討論，即憲法的修改有沒有一定限界？固然列國憲法對於憲法之修改有加以限制者，其限制可大別爲兩種；

（一）是事項的限制，即對於某種事項，不許修改。

⑴或絕對的不許修改，例如法國第三共和憲法（一八七五年關於公權組織的憲法第八條）規定共和政體不得修改（第四共和憲法第九五條亦有同樣的規定）。

⑵或其修改手續比之修改其他條文，更特別艱難。如在拉特維亞（Latvia），修改憲法，本以議會（一院制）議員總額三分二之出席，出席議員三分二之同意爲之（一九二一年憲法第七六條），而修改國體（共和）政體（民主）領土及選舉原則，除依上述手續之外，尚須提交人民複決（第七七條）。

（二）是期間的限制，即在某時期內不許修改憲法。

⑴在一定期間之內，憲法不得修改，例如希臘（一九二七年憲法第一二五條），自憲法公布之日始，未滿五年，不得修改。又如波蘭（一九二一年憲法第一二五條），自憲法通過之日始，每屆二十五年，才得修改。

⑵不限定期限，只以事故爲標準，事故存在之時，憲法不得修改。例如日本（舊憲法第七五條），國家置攝政時，憲法任何條文都不得修改。又如荷蘭（一九一七年憲法第一九六條），國家置攝政時，關於憲法中王位繼承之規定不得修改。

憲法明文限制修改，實如 H. Kelsen 所說，法理上不得修改，事實上能夠修改（註一）。因爲憲法是由社會的勢力關係，規定國家統治權的範圍及統治權行使的方式。換句話說，憲法是由社會的勢力關係而產生，社會的勢力關係不是依憲法而創造。社會的勢力關係若已變化，而與現行憲法所規定者不能吻合，縱令憲法有禁止修改的條文，而人民亦可用革命，政府亦可用 Coup d' etat，破壞舊憲法，制定新憲法。波蘭憲法於一九二一年公布，在其第二次亡國以前，不知修改了多少次，何曾經過二十五年。事實固然如斯，惟由法理觀之，憲法既然明文禁止修改，當然應從憲法規定；倘若違反憲法，任意修改，則這不是修改，而只可視爲革命。

這樣，又發生了一個問題，例如法國憲法規定共和國體不得修改，可否先依憲法修改手續，刪除這個條文，而後再修改共和國體呢？J. Schlessinger 以爲可能。照他說，法國憲法既有共和國體不得修改之條文，這個條文存在之時，共和國體固然不得修改。但是這個條文本身是可以刪去的。只惟憲法不許刪去這個條文，而後共和國體才眞正不得修改（註二）。即據 Schlessinger 之意，共和國體有了「關於公權組織的憲法」第八條之規定，固然不得修改。但憲法未曾保障第八條本身不得修改，所以有權機關可先刪去第八條，而後再修改共和國體。這種理論法理上固然不錯。但是一部憲法必有其根本精神，其他條文均以這個根本精神爲基礎。根本精神的改變，這是「力」的問題，不是「法」的問題。共和改爲帝制，民主改爲獨裁，這何能視爲「法律上」之修改憲法，而只可視爲「事實上」之革命行爲。挪威憲法（一八一四年憲法第一一二條）明文宣布：「修改憲法不得違反憲法的根本精神，且其修改只可限於不會變更憲法根本精神的條文」。德國一九三三年三月二十四日的「授權法」是依憲法修改手續而制定的，德人因其改變憲法的根本精神，稱之爲「國民革命」(die Nationale Revolution)，爲什麼呢？憲法固然可以修改，但亦有一定限界，超過一定限界，都可以視爲革命。

由於上文所言，我們又可以得到一個結論，憲法固然沒有明文限制修改，而修改也宜有一定限界（註三）。這個限界如何決定呢？我們以爲憲法條文可以分類爲三種，第一種規定憲法的根本精神，第二種規定憲法的修改手續，第三種是其餘普通條文，現在試分別述之如次。

（一）就憲法的根本精神觀之，前已說過，一部憲法必有其根本精神，其他條文均以這個根本精神爲基礎，例如國體爲共和或爲帝制！政體爲民主或爲獨裁，由這根本精神，就產生了一部憲法，而使憲法全體保持其統一性。所以根本精神，就憲法全部觀之，乃站在其他條文之上，可以拘束其他條文。原來憲法制定權與憲法修改權必須分別，即制憲機關與改憲機關必須分別。憲法制定權不是受之於「法」，而是產生於「力」。誰有憲法制定權，換句話說，誰有力，誰便可決定國體和政體。力決定了國體為共和或為帝制，力決定了政體為民主或為獨裁，這個團體和政體便是憲法的根本精神。根本精神決定了，而後才產生許多制度，一方與根本精神相配合，他方制度彼此之間又保持其統一性。根本精神決定於力，所以不能成為修改的對象。它不受任何手續的拘束，力未變更，要修改，也不能修改，力已變更，不許修改，也要修改。在這個意義之下，像法國憲法那樣，絕對禁止修改共和國體者，事實上是沒有效果的。反之，憲法修改權與憲法制定權不同，它不是產生於力，而是受之於法。換句話說，力制定了憲法，再由憲法授予某個機關以修改憲法的權。憲法所創設的權(憲法修改權)竟然破壞憲法的根本精神，這在邏輯上是不通的。在這個意義之下，改憲機關要依憲法所規定的修改手續，把共和改為帝制，把民主改為獨裁，在法理上都是不可能的。今試以吾國言之，民國三十五年十一月十二日召集的國民大會是制憲機關，「受全體國民之付託」，「制定本憲法」(憲法弁言)。此後國民大會則為憲法所設置的機關，「依憲法之規定」(憲法第二五條)，而有修改憲法的權。所以其修改憲法，不是漫無限制，而是不得違反憲法的根本精神。

(二)就憲法的修改手續言之，憲法修改權與憲法制定權不同，因之改憲機關也與制憲機關不同。後者產生於力，不受任何拘束，前者由憲法設置，須受憲法的拘束。憲法修改手續就是制憲機關用之以拘束改憲機關，使其不能任意修改憲法的。制憲機關用以拘束改憲機關的條文，改憲機關何能自己變更之。犯人由於法院判決，而受監禁之刑，事實上固然能夠越獄而逃，法律上則非法院宣告無罪，身體不能自由。同樣，改憲機關之受拘束，並不是什麼「自己限制」(Selbstbeschrankung)，而是因為上級機關(制憲機關)設置之桎梏。改憲機關自己改變「拘束自己」的桎梏，事實上固然有之，法理上則不可能。若要修改，則超出法律問題之外，而為一種革命行動。

(三)就其餘條文言之，制憲之際，固然每個條文皆根據憲法的根本精神制定之。但是其中或直接表示憲法的根本精神，或僅對於憲法的根本精神作補充的規定。前者之不能修改，已述於上。後者如何呢？憲法既然規定了修改手續，則這一類條文當然可依憲法所規定的修改手續，以修改之。更確實的說，凡能維持憲法的根本精神，而又不使憲法喪失其統一性者，刪除某一個條文，增加某一個條文，或改變某一個條文的字句，均無不可。舉例言之，憲法第三五條，「總統為國家元首，對外代表中華民國」，改憲機關可以刪去本條，而不能把總統二字換為皇帝。因為前者沒有損傷憲法的根本精神，後者則把共和改為帝制，可使整個憲法不能保全其原有的精神。

× × × × × ×

修改憲法尚須有一定限界，那末，解釋憲法之不能漫無限制，更不必說了。以美國言，聯邦議會為民意機關，議會兩院各以出席議員三分二之多數，通過憲法修正案，尚須提交諸邦複決，經諸邦議會四分三之批准，而後才會發生效力(美國憲法第五條)。倘令數名法官可假解釋之名，而作修改之實，把憲法之所無者解釋為有，把憲法之所有者解釋為無，則所謂「硬性憲法」實為具文，而憲法的安定性(Stabilitat)將因之掃地無存了。

固然解釋憲法應依時代之需要，而求其有利於國家，但是我們不要忘記「有利於國家」這個條件。對於一個條文，如斯解釋，就有利於國家，如彼解釋，就有害於國家，那末，自應如斯解釋，反之，對於一個條文，如斯解釋，與國家之利害沒有關係，如彼解釋，也與國家之利害沒有關係，那末，怎樣解釋，就應該遵從解釋(interpretation)的法則。以美國之例言之，美國憲法禁止議會制定法律，限制人民的言論出版集會的自由(增補條文第一條)。第一次大戰之時，國會於一九一七年制定 Espionage Act，禁止出版物登載不正確的記事，企謀結束戰爭，阻碍募兵，以及煽動軍隊的不執行動。聯邦最高法院於 Schenck V. United States 中，認為合憲。一九一八年國會又進一步，制定 Sedetion Act，凡言論刊物有侮辱或煽動人們輕蔑美國政體，美國憲法，美國國旗，美國陸海軍者，應受嚴厲的制裁。世人均謂這個法律與憲法增補條文第一條抵觸，但是聯邦最高法院於 Debs V. United States 及 Abrams V. United States 中，亦認為合憲。到了和平克復，聯邦最高法院的態度又復改變。一九三一年曾發生兩次案件，第一次是 California 的「赤旂」法律(“red flag” law)，禁止人民懸掛赤旂，以為這是反抗政府的標號，但聯邦最高法院於 Stromberg V. California 中，乃宣告該項法律違憲。第二次是 Minnesota 的「箝制言論」法律(“press gag” law)，凡新聞雜誌以及其他定期刊物苟有「惡意的，誹謗的，以及毀損名譽的」“malicious, scandalous, and defamatory” 記事，政府得禁止其發行。而聯邦最高法院於 Mear V. Minnesota 中，亦宣告該項法律違憲。平時言論出版自由可以促進社會的進步。戰時，不肖之徒若利用言論出版自由擾亂社會視聽，則國家安全不能維持。美國最高法院解釋憲法，怎樣「依時代的需要，而求其有利於國家」，換句話說，怎樣應用「情事變更的原則」於公法之上，觀此可以明瞭。至於那些與國家安全沒有關係的問題，例如總統對於國會沒有提案權的問題(預算案例外)，聯邦最高法院固未曾解釋其為「有」。因為提案權之有無，對於國家安全，沒有直接關係，有，不會有利於國家的安全；無，也不會有害於國家的安全」。

我們以為解釋憲法，最重要的，是依條文的字句，闡明條文的意義，這便是所謂「文理解釋」（interpretatio grammaticalis）。倘若蔑視條文的字句，任意加以變更，則憲法將喪失其公證力（Beweisbarkeit），何必有成文規定之必要。美國總統與外國締結條約，須徵求上議院同意（美國憲法第二條第二項第二目），憲法既然明文規定「條約」（treaties），而何謂條約，憲法又不作「有權解釋」（intdrpretatio authentica），所以總統常避開「條約」的名稱，而與外國訂立「協定」（executive agreement），使上議院無法阻撓。一九〇五年總統羅斯福（T. Rvosevelt）與聖多明谷（Santo Domingo）訂立協定，其內容與一八七〇年總統格蘭特（U.S. Grant）與聖多明谷所訂之條約相同，然而後者乃爲上議院所否決，前者因非條約，不須上議院同意，而就發生效力。對此，聯邦最高法院，並未曾作「擴張解釋」（interpretatio extensiva），謂「協定」可包括於「條約」一語之中；亦未曾作「類推解釋」（analogia），謂條約既須經上議院同意，協定也須經上議院同意，美國修改憲法，除國會兩院各以出席議員三分二之同意之外，尚須有諸邦議會（the Legislaiures of the sweral States）四分三之同意。因此，一九二〇年聯邦最高法院於 Rhode IslandV. Palmet 中，便明白宣告：縱令邦憲法關於聯邦憲法之修改，明文規定須提交公民，投票（referendum），然邦議會既已同意之後，公民投票沒有必要。觀此事實，可以知道美國法院解釋憲法，怎樣注意條文的字句。

固然解釋憲法，不可拘泥於一條一條的字句，而須觀察全部條文，用邏輯學的方法，確定該條文之意義，此即所謂論理解釋（interpretatio logica）。但是論理解釋也須以文理解釋爲前提，離開條文的字句，解釋條文，則憲法將沒有公證力（Beweisbaakeit）了。美國國會要提出憲法修正案，須經兩院議員三分之二（two thirds of both Houses）的同意（憲法第五條），所謂「三分之二」是指法定人數的三分之二麼？抑指議員總數的三分之二，解釋上頗有問題。一九二〇年聯邦最高法院於 Rhode Island U Palmer 中，則解釋爲「所謂各院議員三分之二，是指出席議員三分之二——假定其有法定人數出席——不是指出席的與缺席的全體議員三分之二」。其理由是這樣的，憲法一方既有「國會各院執行職務，以議員過半數爲其法定人數」（第一條第五項第一目），同時在這一條之內，又沒有除外規定，如云「除本憲法別有規定外」，則在邏輯上自應解釋爲法定人數的三分之二。這個解釋是否妥當，是另一問題，然其未曾離開其他條文的字句，是值得吾人注意的。

所謂「類推」（analogia），多應用於私法，而罕應用於公法。吾國刑法第一條說；「行爲之處罰，以行爲時之法律有明文規定者爲限」（蘇俄及納粹刑法許法官用類推之法，加人以罪），即其明證。最近有些學者欲用「類推」之法，以解釋憲法。他們舉出一個例子：吾國憲法關於監察委員之選舉，沒有「以法律定之」之言，但是國民大會代表之選舉是以法律定之（憲法第三十四條），立法委員之選舉，也是以法律定之（憲法第六十四條），由此類推，監察委員之選舉當然也須用法律定之（監察院監察委員選舉罷免法）。監察委員之選舉既可用類推之法，以法律定之，則監察院關於所掌事項，何能不經類推憲法第八十七條之規定，謂其得向立法院推出法律案乎。我們以爲這種解釋頗有問題。監察委員之選舉所以用法律規定之者，乃有別的理由。憲法關於監察委員的選舉方法，已有明文規定（第九十一條及第九十三條），其中所闕漏者，不過手續，即選舉爲公開乎爲秘密乎，爲單記乎爲連記乎，爲多數代表法乎，爲比例代表法乎數者而已。這種手續不是另以法令補充，監察委員的選舉便無法實施。但是不論其爲「有意省略」成爲「顯有闕漏」，其結果也，不是任何法規都不得規定，反而因爲憲法未曾「保留」（vorbehalten）給法律規定，所以用法律定之也可，用命令之定也亦可。這犹如彈劾的手續以法律定之（監察法第五條至第十八條），大法官會議之解釋憲法與審查法令的手續，雖然重要性不亞於彈劾，而乃以規則定之（司法院大法官會議規則，尤其是第三條第四條第五條及第十二條）者焉（註四）。退一步言，監察委員的選舉以法律定之，確實由於「類推」，然類推的結果乃是說明：「法律才得規定，命令不得規定」。法律的效力在命令之上，此實可以加强監察委員選舉之重要性，就憲法全部條文看來，毫無矛盾。至由考試院有提案權一事，而即類推監察院也有提案權，吾人實不敢贊同。何以故呢？監察院沒有提案權，固無妨其執行監察之職權，這猶如司法院沒有提案權，無防其執行司法之職權；而與監察委員之選舉不用法令規定其手續，便無從選舉者不同。所以我們的解釋剛剛相反，我們正因爲憲法第五十八條明文規定行政院有提案權，憲法第八十七條又明文規定考試院有提案權，而欲應用拉丁法諺所謂：「明示規定其一者，應認爲排除其他（expressio unius est exclusio alterius）「省略規定之事項，應認爲有意省略」（Casusomissus pro omissohabendus est），而主張司法院與監察院沒有提案權焉。更進一步觀之；考試院有提案權一事，由憲法全部條文觀之，已不妥善。憲法第三十七條說：「總統依法公佈法律……須經行政院院長之副署或行政院院長及有關部會首長之副署」。副署乃表示負責之意，考試院自己向立法院提出法律案，經立法院通過之後，竟由行政院院長代替考試院院長副署負責，這眞是滑天下之大稽。要是「將錯就錯」，以憲法第八十七條爲根據，而即類推監察院與司法院均有提案權，其結果，實無異於主張行政院院長須代替三院負責。質之立憲政治的精神——民主政治的本質，恐不甚妥。

原來法規的闕漏可以分爲兩種，一種是法規對於某種事實，應該有所規定，而竟缺乏規定，遂致適用該項法規之時，技術上發生了困難。這種闕漏，便是 Zitelmann 所謂「眞正的闕漏」(echti Lücken)，也便是 Kelscn 所謂「技術的闕漏」technische Lucken)。例如吾國憲法關於監察委員的產生，雖然規定爲地方議會選舉，而選舉之手續如何，却缺乏明文規定，這個時候，任何選舉手續都是合法的(當然不能牴觸憲法第一百二十九條)，任何法規規定選舉手續，也都是合法的。另一種是法規關於某種事實所以竟乏規定者，乃是不承認其有任何法律效果。這種闕漏便是 Zitelmann 所謂「虛僞的闕漏」(unechte Lucken)，也便是 Kelsen 所謂「本有的闕漏」(eigentliche Lucken)，(註五)。例如吾國憲法沒有規定總統或行政院有向國民大會提出憲法修正案的權(註六)。對這問題，倘若有人發生疑義，釋憲機關只可消極的不予它們以提出憲法修正案的法律效果。不予它們以提出憲法修正案的法律效果，乃是遵從憲法的規定。前述關於監察委員之選舉沒有「以法律定之」的闕漏，是屬於第一種，監察院沒有提案權的闕漏，是屬於第二種。把兩種闕漏混爲一談，其結果，也不是解釋憲法，勢將變爲修改憲法(註七)。

最後尚須一言者，在外國，解釋憲法與審查法令必連在一起。因爲要審查法令有沒有牴觸憲法，所以才有解釋憲法的必要。這不但美國爲然，便是過去奧國的憲法法院 Verfassungsgerichthof)，捷克的憲法法院 (Tribunal Constitutionnel)，西班牙的憲法保障法院 (Tritbudal des garanties constitutionnelles)，也是一樣。而其審查法令又惟於發生訴訟案件或權限爭議之時，才得爲之。原來各國制度所以承認普通法院或特殊法院有審查法律違憲之權者，不但要糾正立法機關的立法，且要糾正行政機關的行政，用以維護憲法的尊嚴，並保護人民的權利。因爲現今各國，重要法案大率都由行政機關提出，立法機關不過通過之而已。美國羅斯福總統的 New Deal 就是一例。

縱令法案由立法機關提出，而立法機關通過之後，尚不能發生效力。以美國言，聯邦議會通過之後，須由總統公布，總統若不同意，可以退還覆議，總統不退還覆議，可以視爲總統不以該項法律牴觸憲法。一種法律之成立須經三個機關同意，一下議院同意，二上議院同意，三總統同意，所以法律公布之後，即離開立法機關，而成爲國家的意思，但是這個國家的意思尚不能牴觸憲法。

萬一尚有牴觸憲法之疑義，怎麼辦呢？美國之制甚見慎重。地方法院得宣告其違憲，如有不服，可上訴於高等法院，高等法院又判決其違憲，如再不服，可上訴於最高法院；必須最高法院認爲違憲，而後違憲之事才成爲確定的。即一種法律有否違憲，得經三級三審的審判。這是美國制度的優點。法律經立法機關依三讀會的手續通過之後，尚須經行政機關同意，依法公布，而後發生效力，那末，司法機關豈可輕易宣告其無效。美國又懼法院判決之未必合理，於是又限制了判決的效力，即判決只能拘束訴訟當事人，對於其他的人沒有任何拘束力。換句話說，法院宣告法律違憲的判決，只能否認該項法律的努力，拒絕適用，不能取消該項法律，使其根本消滅。所以一種法律經法院宣告違憲之後，過了若干期間，法院也許又承認其效力。例如一八六二年的 Legal Tender Act，到了一八七〇年發生兩次訴訟案件，在第一案件 (Hepburn V. Griswold, 8 Wall. 603)，最高法院判決其違憲，不久，在第二案件 Knox V. Lll 12 Wall. 457)，最高法院又判決其合憲。這種制度也有理由。國會通過一種法律，總統若不同意，只有中止的否認權，退回覆決。反之，國會通過了，總統公布了，法院若有絕對的否認權，宣告撤銷。萬一法院濫用此權，則法院將和法國革命時代的 Parlement de Paris 一樣，成爲人民的公敵。故只許法院對於一種訴訟案件，拒絕適用，希望其其細加考慮，對於另一個訴訟案件，變更過去的見解。奧國之制，凡法律因違憲而被憲法法院撤銷者，撤銷的效力絕不溯及既往，只能及於將來。因此之故，一個新法律固然可以推翻舊法律，但是新法律若因違憲而宣告撤銷之時，舊法律却不能因此更生。同樣，法律雖然失去效力，而前此根據該項法律所作的行政處分，却是仍然有效，這個制度乃所以加强人民信賴法律之心，不欲法律因有一個機關審查，而致失去安定性。吾國行憲伊始，人民均沒有法治習慣，我希望憲法有公證力 (Beweisbarkeit) 確實是成文憲法；有安定性 (Stabilitat)，確實是剛性憲法，故特草此一文，以與國內學者共同研究。

(註一) Keisen, Allgemeine Staatslehre, 1925. S. 254

(註二) Schlessinger, Der pouvoir cocstituant (Zeitschriftifur offentliches Recht, 13 Band, 1933, S. 113,

(註三) 關於修改憲法有無限界之問題可參考 C.J Schnritt, Verfassungslehre 1928.

(註四) 關於彈劾手續及解釋憲法與審查法令的手續，憲法都沒有明文保留給法律規定，現行法關於前者，以法律定之，關於後者，以規則定之。

(註五) Zitelmann, Lucken im Recht, 1903 Kelsen, Zur Theorie der Interpretation, Revue internationale de la Theorie cu droit, 1934,

(註六) 行政院有向立法院，提出法律案……及其他重要事項的權（憲法第五十八條第二項），行政院可否根據「其他重要事項」一語，先提出憲法修正案於立法院，經立法院通過之後，再提交國民大會複決乎。對此，我們的答案還是消極的。因爲憲法第一百七十四條第二項有「由立法院立法委員四分之一之提議」一語，便不能不否定了行政院關於憲法修正案的間接提案權。

(註七) 解釋憲法之時，固然要參考各種法律，但須依憲法條文之字句先審查法律有否違憲，不宜依法律條文之字句，變更憲法之意義。否則人民依憲法取得的權利將沒有保障了。

續論經濟政策之技術的觀點

瞿荊洲

一、誰都不願通貨膨脹

照本文前篇所述，關於當前經濟政策所提出的各項問題，應該結聚於「通貨膨脹」這一總題之下。因爲通貨膨脹使得物價上漲，而物價上漲對於生產、貿易，以及滙率等都有不良的影響。所以惟有通貨膨脹纔是經濟癥結之所在。茲就技術的觀點來陳述臺灣的通貨膨脹的實情，或可有助於當前經濟政策之研討。

中央政府或地方政府當局者宣布其施政綱領或施政計劃時，論到財政經濟或金融及物價等項，沒有不說要停止或防止通貨膨脹的。學者或專家著書立說，報章雜誌和一般人士的言論，對於通貨膨脹更是衆口同聲的「深惡痛絕」。我們中國自抗戰而後十數年來，大家都吃够了「貨幣貶值」的苦頭，那怕是販夫走卒也無不洞悉通貨膨脹的災禍，談起來就會「不寒而慄」。對於通貨膨脹最感到痛苦的要算是在銀行裡服務而經辦鈔券發行事務的人員。因爲通貨一經膨脹，幣值即趨於跌落，其跌落之程度往往超過鈔券增發之程度。鈔券發行的總數雖大量的增加，而其總値反見減少。所以在通貨膨脹的時期，鈔券籌碼必感不敷，所謂「券料荒」乃是必然的現象。而且愈是增發，券料愈是不敷。鈔券之印製、儲藏、運送、點數、等事務之繁重，令人頭昏目眩，其痛苦殊非局外人所能想像。愈是努力工作其困難却正比例的愈見增加，而事勢所迫又非繼續努力工作以增加其困難不可，天下事之痛苦，孰有過於此者？所以說：自天子以至於庶人誰都不願通貨膨脹，而銀行員爲尤甚。

儘管誰都不願通貨膨脹，但臺灣即仍然有了「通貨膨脹」的事實，這是無可諱言的。這究竟是誰之過呢？是誰之罪呢？想起來誰都不肯尸其咎。並且歸咎於任何人或任何一些人都是不公平的。那只有歸咎於事實。事實是不會講話的，怎麼好歸咎於它？這只有學孔夫子對答子貢的腔調：「天何言哉，四時行焉，百物生焉，天何言哉？」歸咎於事實，殆亦有說。這須追溯到臺灣光復之初。

民國卅四年八月十五日日本正式宣布無條件投降，十月廿五日我國在臺灣區受降，十一月一日開始臺灣之接收。臺灣由日本經營了五十餘年，農林工鑛及交通公用事業都有了相當的規模。但在戰爭期內，各項設備均已年久失修，復遭盟機轟炸，自投降至受降七十餘天的眞空期間內各項器材尤多散失，其損毀殘破亦達相當的程度。這些規模宏大而損毀慘重的事業，我們一旦接收下來，如不繼續經營，使之恢復舊觀，並加以適當的擴充，則必自隳我中華民國政府之威信，無以收得新歸附的民心，而最嚴重的是數百萬臺胞的生計亦將斷絕，到了今日，更何能負起反共抗俄保壘及民族復興基地的使命？所以日人遺留下來的各種事業必須繼續經營，這是天經地義不成問題的。此時所成爲問題的，就是叫誰來經營？換言之，就是售讓於民營呢？還是收歸公營呢？

臺灣的各種事業如售讓於民營，則臺胞應有優先承受之權。臺胞經日本數十年直接或間接的剝削，大多數是貧苦的，殷實而擁有鉅資的不是沒有，但爲數較少，對於許多大規模的事業實在無法承辦。大陸上頗不乏所謂「民族工業家」或「民族資本家」但臺灣所接收的事業僅資源委員會在臺各事業之固定資產總値言，可値新臺幣十二億一千六百餘萬元（根該會卅八年年底統計），如此鉅大數額，鮮有能承受得起者。況且在光復之初大家正陶醉於大陸，尤其是東南一帶勝利後的繁榮，競相發「勝利財」與「接收財」，還有誰肯垂青於孤懸海中的臺灣島上破關的事業設備呢？

臺灣的各種事業既無法售讓於民營，而事實上又非繼續經營不可，於是只有收歸公營。恰好資源委員會儲有不少人才，遣派了許多專門技術人員來臺，會同臺灣省政府前身的臺灣行政長官公署，先將各種事業加以監理，然後分類整編。將規模特大而具有全國性者如鋁廠石油公司及金銅鑛務局（其後有鋼廠及煤鑛）劃歸國營。其次如糖業、電力、紙業、水泥、肥料、鹼業、造船等，定爲國省合營。再其次者如烟、酒、火柴、樟腦、製鹽製藥等（其中火柴及製藥後售與民營，製鹽交與中央）則由省政府直接經營。另有數十中型工廠則由省府組設工鑛農林兩公司專責經營。至於交通事業除成立鐵路局、公路局、港務局（最初公路包括在鐵路局內）外，並有航業公司、通運公司、及旅行公司之設置（其後通運公司撤消）。這麼多的公營事業，其所需的管理人員及技術人員，可延聘來自大陸的人才，起用臺胞或留用日人，尚可勉强湊合。此時事實上所最需要者，厥爲資金。試以臺灣糖業公司爲例：當時有糖廠三十六廠，專設鐵路二千五百餘公里，種蔗土地十餘萬公頃，員工二萬餘人，其所需經費之浩大，可以想見。關於工廠鐵路之修復，土地之整理，所需新做的工程，所需添置的器材物料，在在需款。糖業公司如此；其他公營事業亦莫不皆然。同時臺灣是實行特別預算的，財政之收支在決算時雖勉可接近平衡，但稅收有淡月，事業有須提前趕辦的，負擔有臨時特別而追加的，所需週轉資金，爲數亦甚龐大。還有民營事業，亦需要資金之潤澤。如此鉅額資金，究從何處得來？這是當時事實上最迫切的問題。

措籌資金的方式，不外三端，（一）向外國籌措，（二）由大陸籌措，（三）在本地籌措。茲略分述如次：

（一）向外國籌措只有募借外債，在第二次世界大戰後，直接參戰的國家，皆已疲敝不堪，那些未參戰的國家，亦間接受其影響，鮮有對外投資或貸款之餘裕。最強有力者，只有美國。美國繼「租借法案」之後，接着從事於「善後救濟」工作，其對於友邦可算已盡了救助的能事。若再以現款來借給我們，必難獲得美國納稅人的同意。其後美國對華有經濟援助，其中有對臺灣的援助，那都是後來的事，對於臺灣光復初期各公營事業之所需，已是緩不濟急。

（二）由大陸籌措原是最適當的途徑；但中央政府經八年之抗戰，勝利之後，百廢待舉，安有餘力來補助臺灣，在抗戰期中，我國軍民犧牲之大，財產損失之鉅，爲空前所未有，贏得臺灣澎湖之收回，實爲一大好的勝利果實。臺灣經接收之後，日人遺留之財物，中央並無所取，當時曾規定以勝利前之存糖十五萬噸繳交中央，其後因體念臺灣之困難，復發還半數。中央愛護臺灣「心有餘而力不足」的情形，已可概見。資源委員會在萬難之中曾撥借美金百餘萬元給鋁廠及水泥公司，中國銀行亦曾貸放美金數百萬元與糖業，電力及石油。但仍屬「杯水車薪」，無濟於事。發行實業公債或公司債向大陸上各銀行籌募，亦爲籌措資金之一法。各銀行如已收受大宗民間存款或儲蓄，自有承受公債之能力。惟抗戰之後，民力已甚凋敝，各銀行所收的存款銳減，縱然有些存款，也大多數是「活期往來」，不能用作較長期之投資。況且各銀行均未來臺設行，怎能把資金分潤到臺灣來？

（三）臺灣在光復初期所需的資金，既不能求之於外國，又不能求於大陸，則惟有就地自籌。普通籌之之法，不外增加稅捐或募債。臺胞在日據時代，其經濟上已備受剝削，慘遭搾取，好容易盼得國土重光，淪敵五十餘年的同胞，回到祖國的懷抱，當局者應撫慰憫恤之不遑，何忍向之增抽稅捐或募債？猶憶臺灣區受降典禮舉行後數日即卅四年十一月三日，長官公署即宣布廢止苛捐雜稅及一切搾取壓迫本省人民之法令。所以用增加捐稅或募債的方法以就地籌措資金，簡直沒有可能。但事實上一切政治、軍事、經濟、文教以及社會之諸活動，均非有資金之週轉不可，迫不得已，只有發揮銀行授信與受信之機能，爲之設法調度。

自民國卅四年十一月一日，臺灣之各銀行開始檢查及監理。截至其前一日(即十月底)止臺灣銀行之鈔券發行總額爲二十八億九千餘萬元（當時之臺幣），其發行準備金大都是日本政府發行的公債，而公債且皆存在東京。各項存款總額約五億餘元，並無甚支付準備。在此種情形之下，銀行同人均惴惴於金融安定之不易維持。當時在臺灣市面流通的有日本銀行兌換券及臺灣銀行背書發行的日本銀行千元兌換券，我們檢查銀行帳目時，發現此兩種兌換券在我們來臺受降前之短期內，其發行額突然猛增，而持券人之大戶多爲日本人及與日本特有關係之人。長官公署遂於十一月七日發布命令禁止其流通，規定其只能存入各銀行作爲定期存款。此項存款總數竟達七億五千餘萬元。市面籌碼約收回四分之一。因此臺灣光復初期之軍政各費，各事業之開辦費以及各部門之週轉資金，始有着落。至卅五年五月纔開始發行我們中華民國的臺幣。早在卅四年十二月臺灣省行政長官公署即有經濟委員會之設置，該會對於本省經建全部工作，物資供應及資金運用，已有較週密的計劃，原擬以三年爲期，使各項事業一一修復，更爲適當擴充，由增加生產，發展貿易以穩定幣值。其後因時局變動及事實上種種不得已之原因，未能照原定計劃實現，只能面對現實因事勢推移以相因應，較詳的情形，請參看筆者在本刊第六卷第一期「從貨幣的兩個主義說到自由中國的貨幣」一文。本文拉雜已多，此處恕不贅述。

要而言之，臺灣有了「通貨膨脹」，那是無可否認的事實。但因事實的演變，確有其不得已的原由，並不是盲目而無責任感的。我們今日所應採取的正當的途徑是如何由各方同心戮力使財政收支由接近平衡而達到十足的平衡，如何使各種事業獲得靈活的資金週轉，以使「通貨膨脹」逐漸減退。據周憲文先生的研究臺幣發行的環比指數在民卅八爲三、五八一，至民卅九則減爲一二五〇（見周先生之光復五年間臺灣貨幣數量的研究一文。）最近共同安全總署中國分署署長施幹克先生在臺北扶輪社演講，指出新臺幣發行數量之增加，在卅八年六個月中爲百分之二百五十，卅九年爲百分之一百，四十年僅有百分之五十。足見臺灣通貨膨脹的趨勢已漸漸緩和。照此情形繼續努力上進，如無其他特殊事故，則在四十一年度，完全停止通貨膨脹，是大有可能的。我們應當在這方面積極的努力；至於搬出學理來抨擊「通貨膨脹」之不當，似乎是不必要的。對於由「通貨膨脹」派生出來的現象反覆議論，而自詡爲「體系」，「學理」那簡直更是「多餘」的。周憲文先生說得好：「任何一本够水準的貨幣學教科書，在論通貨膨脹的一章，都會講到這些現象……世界上應該沒有主張「通貨膨脹」的學人。」（見周先生同上論文）

本文前篇所敘陳的是通貨膨脹所形成的現象，分爲滙率、輸入、輸出三節。本篇於敘述通貨膨脹之實情以後，擬將通貨膨脹的成因，略加說明，以成完卷。通貨膨脹之成因亦約可分爲三節：一爲財政收入之不敷支出，二爲管制主義所引起之後果，三爲公營事業經營之未如理想。關於財政收支，當局者已屢有明確的數字公佈，可證其已能接近平衡；學者們亦承認「在去年所增發的通貨中，是沒有一文錢爲着財政的原因」見林一新先生「新經濟措施」與臺灣經濟的兩個政策一文），故存而不論。以下仍就技術的觀點略述臺灣的管制主義及公營事業。

二 管制主義之管窺

管制主義即通常所謂「干涉主義」，每爲「放任主義者」所抨擊。（評見拙著從貨幣的兩個主義說到自由中國的貨幣一文）臺灣經濟上的管制主義，表現在外滙審核制度之上。對外貿易中之進口貨品，原有准許進口（其中更分「限額」及「無限額」），暫停進口，及禁止進口等之分類。當前之外滙審核亦參照此種分類。通常暫停進口或禁止進口之貨品，因供給來源稀少，其在國內之市價必高；惟以其多係非必需品，故其價雖高而影響不大。自卅九年末本省對申請購進棉布之外滙，即嶄不核准，移其所節省的外滙用以購進其他必需品，另扶助本省紡織工業以充裕棉布之供應。因此棉布之市價特高，就有很多人攻擊這個紡織工業保護政策。僉以禁止棉布進口，使棉製品之供給不足，紡織業者獲得暴利，而貧苦的農民生計受了損害。筆者仍保持一貫的態度，雅不欲捲入爭辯的漩渦，僅對於所謂紡織工業保護政策略述一孔之見。

近年來臺灣的紡織工業確有了長足的進步，開工的紗錠由三萬增加到十萬，織布機由三千餘臺增至一萬一千餘臺（包括動力及人力）。如此突飛猛晉的紡織工業，是否全由託庇於保護政策而得來的？據筆者所了解，這些紗錠與布機，除了本省原有者外，大部份是由大陸拆遷來臺的，或者是在大陸時已付款訂購因大陸淪陷始改運來臺的。新向外國訂購者只有一小部份。這些紡織業規劃在臺開工或復工時，曾遭受到不少的困難。政府當局對於他們寬購廠基，修建廠舍，召募工人，接配電力，添購器材，及調度資金等等，曾與以若干便利和幫助。其實這些都是一個够水準的政府所應當做的。若說這些便是保護政策，這個保護政策是絕對無可非議的。記得有一個時期（以係卅九年上半年）本省的紡織業者因原料購進困難，成品銷售不易，業務推展不開，頗多賠累，幾乎不能撑持。工廠倘若關門，業主吃虧，姑且不論；多數員工失業，則對於社會經濟影響重大，當局者正謀有以救濟。適有美援運來棉花，交各廠代爲紡紗。最初係以花易紗，其所定比率有利於紗廠。因紗廠所紡之紗除交抵棉花外，可留得一部份按市價出售，而市價甚高，故可得較優厚的利益。其後此項辦法變更，規定紗廠所紡之紗，須掃數交於美援會，另由美援會按件給以工繳費。美援會再將此項代紡之紗及輸入之紗之一部份，照紡織業公會及省工業會列報其所屬會員廠之需紗量，按月核定其配額，交由各公會分配。依照規定，各廠以配得之棉紗織製成品，須依合理成本另加百分之十利潤出售。美援會並另以一部份棉紗交各布廠，代爲織布，亦按匹核給工繳費。各布廠織成之布仍交美援會轉撥於指定之布店全省計五十餘家，平價零售應市。在此種情形之下，紡織工業尤其代紡代織的紗廠與布廠，只就其原有的機器設備，僱用些技術員工，代人紡織，獲取按件計值的工繳費。各廠若將舊有資本升值以計算股息，再扣除機器折舊，另加上前借舊債之利息負擔，其盈餘亦甚微薄。惟機器設備精良，技術熟練，管理週密之工廠，可望獲得盈餘，比之以前借債度日，逐月賠累的情形，確實大有好轉了。一個工廠既不購進原料，又不出賣成品，與停止棉布進口之保護政策實無何直接關係，不過因着減少了棉布內所含的動力及人力的進口，使本省勞工獲得較多的工作或就業的機會而已。

至於臺灣的紡織工廠有的機器設備不甚精良，技術落後，管理欠妥，開支太濫，以致產品之品質低劣，成本太高，加重了消費者的負擔，那是亟應竭力改善的。臺灣若干新設的紡織廠在設備，技術及管理各方面，頗稱妥善，比之外國，可無遜色；但有若干工廠尤其是布廠確實不够水準，必須嚴格監督稽查，決不可徇情任其朦混充數，甚至有浮領配紗轉售牟利情事。惟紡織業發達的國家爲了加強其棉布出口之競爭力，特別設法予以種種的間接輔助，使棉布在國際市場的價格，顯得格外低廉。我國的紡織業縱經改善，其布價決不易與外布爭衡。照目前臺灣的滙率如用結滙證價結購外滙以輸入棉布，加上運費、保險費、關稅及各項繳用，每疋棉布，要合新臺幣二百零一元。此種棉布由中央信託局配售在市面出售的限價爲二百零六元。其相差之額，尚不甚大。其中有棉布進口稅百分之卅，但新臺幣對外滙之滙率即按結滙證價格計算仍有高估的成份，約可與之互相抵消。故臺灣的紡織工業如能力謀改善，即不難使臺省達到紡織品之自足自給而消費者不致蒙受虧損的程度。

因棉布停止進口，以致臺灣省內棉布之市價特昂。據省政府主計處統計，自卅九年十二月至四十年十二月中旬，臺北市批發物價總指數上升百分之五七、〇七，而衣着類之價格之指數却上升百分之一三三、六六。可見棉布價格領導物價上漲，危及整個社會經濟，此乃一嚴重問題。筆者因職業範圍所限，對於棉布交易實情，未能澈底明瞭。但就若干有關的近事並以常識判斷之，深覺有進一步觀察之必要。通常某種物價特漲，必由於該項物品之「供不應求」。紡織業同業公會反對棉布進口宣言謂本省產品除供給本省軍民消費外尚有餘剩。「賣瓜的說瓜甜」的言詞，且勿採取。據美援會紡織小組報告：本省軍民所需用的約爲七萬二千件棉紗之製品，上年本省自產及輸入之棉紗共爲五萬三千餘件，另有結滙進口的印花布本色布漂布及其他布類折合棉紗約爲一萬七千件。此外尚有中信局以埃棉由日易回之印花布值美金九十萬元，綜合起來，是以供求相平，布價似不應奇漲；但布價却明明有崇高的紀錄。本省各種主要貨品沒有較完整的市場，在報章上常常看見棉布的新高價，究竟按照高價成交數量有多少？其中是囤戶與囤戶間的成交？而零售商對消費者之實銷究有多少？這都是不易查明的，也沒人去切實研究過。布的主要消費者是一般農民同胞，據中央信託局報告，供給農民棉布是交由糧食局和省農會轉配（這兩個機關是可以伸到農村每個角落的），全年各卅二萬疋，每月共六萬疋，但五月份却退回一萬疋。棉布的配價與市價相差甚鉅，農民對於配價布已感供給有餘，在所謂「穀賤傷農」的情況下，農民消費力薄弱，對於高昂的市價布，購買當屬少數。由此推論，市價高昂的布，實銷當不甚多，縱有實銷恐係較富有者的消費。而棉布市價似係若干囤戶以所謂「踢皮球」的方式「炒」高的。或者係「有行無市」憑空喊高的。最近布價下跌，紗布行號遂發生倒閉風潮，它們若是早以高價賣出了棉布，那就已經賺飽了，何至於賠累倒閉呢？其實大戶如不囤積，如肯暢快的賣出，棉布市價是不會奇漲的。它們做着當局要調整滙率物價尤其是布價將更狂升的迷夢，以高利借入鉅款，囤積居奇；即至利息負累太重，想逢高拋出，因爲沒有實銷，無人承受，市價因之狂跌。限價每疋二百零六元的細布，其市價曾高到五百元，現在却跌到二百五十元了。這實在是一種病態。

以上的推論如無大謬，則棉布問題之病態，不若一般人想像的那樣嚴重。因爲棉布之供給原是可與需要相敷的，不過只是勉可相敷而已，沒有餘裕；在目前貨暢其流的工作，尚未充分做到，只要偶一失調，就會形成「供不應求」的現象，因此予商人以可乘之隙，持有棉布者即趨於囤積抬價之一途。市價一經回漲，眼看棉布不准進口，遂續挺不已。風聲所播，買者爭相搜購，賣者堅持不放，儘管沒有成交或僅有極少量的成交。而市價却是愈喊愈高的，如是勤懇的研究人員，就根據蒐得的報告，作成統計圖表，而熱心的學者，再根據這些統計數字來做文章。掀起軒然大波，揭發此一病態，這是社會上必然的現象。所幸此種病態其病根不深，治療之法，據各方所提議者，約有三種：

第一根本的辦法就是設法制止通貨膨脹。一般人都唾罵商人之囤積居奇者爲奸商，其中實在有點寃枉，因爲商人並不是天生要囤積居奇的，在通貨膨脹之時，物價逐步高漲，商人原有貨物，一經賣去，其所得貨款，因幣值如氷塊在烈日之下，不斷消溶，欲用以補進其原有數量之貨物而不可得，他爲了保護其資產計，只有囤積，爲了獲取利潤計，只有出高利借款以增加其囤積。如果通貨膨脹停止，物價維持安定，囤積者不特不能獲得漲價的利益，且須負擔利息之損失，無奇可居，自然不會囤積。棉布如無囤積，即可勉敷需求，其價格自然不會一枝獨秀。所以制止通貨膨脹，乃是根本的辦法；不過這有賴於各方之協力，是不能「一蹴而幾」的。最近通貨膨脹已告停止，凸出的物價漸次下跌，殆已顯露端倪了。

第二是開放棉布進口。因爲讓商人大量進口棉布，外國布價較廉，而來布增多，勢將形成「供過於求」的現象。那些原已囤積的棉布，看見情勢轉變必搶先乘高賣出，布價自會跌落。布價跌落太多，新進口者無利可圖，就會自動的減少進口。這個方法可收自然調節之效，也不會耗費太多的外滙，實在是直接而最有效的。所以有很多人都要求政府採用這個辦法。不過就臺灣商界的實情觀之，尚不免有「一窩蜂」的現象，如果一旦開放棉布進口，大家必爭相申請。審核外滙者爲免招物議起見，也不好准了這個不准那個，如是核准了一大批，花費外滙不貲。再照臺灣對外貿易的實情，自結購外滙至購進貨物，需相當時日，新進口棉布運到之日，正值布價慘跌之時，經營者就不免賠累。過去西藥及化工原料之進口，皆可爲前車之鑒。商人囤積牟利，固然應當糾正，但商人因跌價而蒙受虧損甚至相率倒閉，似亦非社會之福。況且外滙是很可珍惜的，我們耗費了大宗外滙多買了些棉布，其他必需的貨物就得少買，布價雖已跌落，而其他必需品又會漲價。所以這個方法是有其缺點的。

第三比較折衷的辦法是由美援會，中信局或物資局爲有限度的進口。使臺省棉布之供給，略有餘裕，並按消費者的需要，酌進些線呢印花布等較高級棉織品。俟省內產品能够源源供應時，即予停止。如此市面的供求得以調劑，而省內的紡織業者爲要與外布較量，亦知道向減低成本提高品質方面去努力。

由以上的推論看來，當前的棉布問題，其性質並不嚴重；而所謂紡織工業保護政策對於通貨膨脹亦看不出有何直接的影響。

三、公營事業往何處去

臺灣公營事業成立之經過，在本文第一節中，已略加敘述，其所負時代的使命之重大，亦可概見。如將臺灣光復初期與民國四十年比較：電力之供應由三萬瓩增至二十一萬瓩，糖的產量由三萬餘公噸增至六十萬公噸，肥料由四千餘噸增至十萬噸，水泥由五萬噸，增至三十八萬餘噸，食鹽由二萬噸增爲二十七萬噸，鳳梨由一萬箱增至三十萬箱，省營林產之木材由七萬九千立方米，增至十六萬八千立方米，米糧之生產雖非屬於公營事業範圍，然與其有關的水利之建設，肥料之購配，品種之改良，病蟲害之驅除，租佃關係之改革（三七五減租及公地放領等），農貸資金之調度，公家對之用錢甚多，用力亦大。統計糙米之產量由六十三萬公噸增至一百五十一萬公噸，其他公營事業之產品莫不皆有進步。具見公營事業尚無負於其重大的時代使命。倘在光復之初未奠定公營事業之基礎，今日反共抗俄之保壘及民族復興之基地決不能如是之堅强。

公營事業所負的使命既如是的重大，其所需的資金必甚龐鉅，這又是無可否認的事實。但臺灣的通貨膨脹是不是要完全歸罪於公營事業？這裡且引一段臺灣紙業公司的報告：「接收時，各廠大多被盟機炸毁，……斷垣殘壁，機件狼藉，需鉅額資金修繕。當時政府財政困難，無法撥款。亦惟一面生產一面復以部份生產收入，充作修復費用。由廢墟而得重建巍峩的工廠，所謂「土木，莫非來自全體員工之心力血汗者，決非過甚其詞」（見趙晌雍先生「十年來臺灣造紙工業」一文），此可見公營事業之修復並非完全依賴銀行之貸款。照臺灣銀行歷年放款之對象分析，在光復之初數年，對公營事業之放款，平均約佔放款總額之半數以上。其後公營事業之修復擴充，日有進步，羽毛漸豐，銀行對之放款遂見減少。據資源委員會統計，截至卅九年七月底止，該會各事業單位計石油、鋁廠、金銅鑛、鋼廠、油輪、紡織、糖業、電力、紙業、水泥、肥料、鹼業、機械、造船等十三戶，向臺灣銀行所借週轉金總額，爲新臺幣一億元，美金一百卅三萬八千元，按官價滙率折合，兩共約爲新臺幣一億一千二百七十餘萬元。在此同一時期，臺灣銀行之放款總額爲九億七千六百餘萬元，其所佔比率，僅爲百分之十一點四。此足證公營事業放款對於臺灣通貨膨脹之影響力漸趨緩和。四十年二月增加限外臨時發行九千五百萬元爲電力公司修建立霧，天冷兩處發電所之用，其性質略同於光復初期各事業所需的修復資金。電力爲工業建設的鎖鑰，我們未便因懾於通貨膨脹而「因噎廢食」的消極袖手不動。所幸立霧發電所業已竣工，增加電力一萬五千瓩，天冷發電所工程亦已完成百分之八十。盼能因電力增加，生產之增加，由此以穩定幣值。

學者中有謂公營事業乃是一個「經濟的王國」，它的外部有牢不可破的圍牆，捍衛着腐敗的內容者。這也是「事出有因」的。公營事業的股本及主權是屬於公家的（中央政府或地方政府），其主管人（自董監事以至經理或廠長）除了一些對各該事業具有學識經驗由政府遴派者外，其餘多係因人事關係而來。在政治及社會風氣不甚清明的環境之下，縱有潔身自好之士，爲了愛護其所主管的事業及爲辦事便利起見，對於直接間接有力者之請託，亦不得不委婉敷衍。若是患得患失之小人，則曲意逢迎，私相結託，儘量「慷公家之慨」。而貪贓枉法之徒，營私自肥，則更有不忍言者，至於守正不阿堅不「賣帳」的人，非有大力者支持必不易見容於當世，此乃一種普遍的情形。所以公營事業尤其是在大陸時被人指摘者，至少有左列四點：

（一）用人過多，未能淘汰冗員。
（二）用錢太濫，未能節省開支。
（三）假公濟私，甚至公私不分。
（四）營業不力，以致年有虧損。

以上種種情形，近數年來，在臺灣已漸見改善。尤以最近我們在報章上時常看見一個又一個的公營事業考查團，有的是中央的，有的是地方的，還有的是友邦的，有的是民意機關，有的是監察機關，有的是行政機關查根問底已快要達到「不堪其擾」的程度。公營事業多係公司組織，既要遵照公司法，又要遵照公營事業管理法。審計部有事前審計，及事後審計，稅捐稽征處更要隨時查帳。現在人事已予凍結，待遇亦經核減，並須照預算按期繳交盈餘，不問盈餘之已否實現。所以公營事業今日之處境，實在值不得豔羨或妒嫉。翁之鏞先生在公營事業的地位問題一文中有云：『憑社會的觀點去責望公營事業，幾乎「待之若神明」；希望其能擔負一切責任。依行政有責者的觀點去期待公營事業，一視之若萬應靈藥」。據審計機構的觀點去稽考公營事業，「監督惟恐不嚴」，不免懷有防閑的心理，或懸揣着其中必有情弊。』此頗足以道出公營事業處境的個中滋味。接着翁先生又說：『以三種觀點兼施並舉，而未曾協調，失去平衡，不免露出了不少「夾縫」』。所以今日公營事業之處境，至多只有些「夾縫」，算不了什麼「經濟的王國」。

本年二月中旬，臺灣省臨時議會議員數十人，偕同專門委員，分成六組，考察全省各公營事業，於六月十一日該會第二次大會時提出考察報告。其對於公營事業改進之建議，計有次列數點：（一）縮小機構以節公帑，（二）提高技術水準，（三）提高產品品質，（四）增加生產數量，（五）增進管理能率，（六）簡化營業及人事管理，（七）減輕成本抑低產品價格，（八）增加盈餘。這個報告頗能代表對公營事業之民意，公營事業參考這個報告，應亦知所改進。

公營事業在臺灣的經濟中既佔有這麼大的比重，對於國計民生，所關至深且鉅。我們對於它的困難，應設法爲減輕，對於它的缺點如所謂財務管理之未上正軌，人事制度之未曾建立等（見翁之鏞先生同上論文）應亟謀所補救。最後對於公營事業發展之前途，尤須有縝密的研究。英國在工黨執政時期，儘量擴大公營事業範圍，擬由此以推行社會主義。美國的公營事業，則以次列二者爲限：一爲私人所不能經營或不願經營的事業，一爲可以衡量私人所營事業收費是否過昂作爲示範的事業。（詳見王雲五先生英美的公營事業一文）我們中國現在在臺灣以及將來回大陸公營事業究應有如何的限度，及應採取如何的經營方式，纔能合乎民生主義的經濟，其研討及設計，亟有待於高明的學者和專家及早努力。

四、還是技術上有問題

總結本文前後兩篇所論各點，差別滙率保護政策以及公營事業，均無若何嚴重問題，輸入、輸出問題之所在概歸集於通貨膨脹，而通貨膨脹又自有其一番道理；然則當前的經濟政策果毫無問題麼？撇開理論不談，就技術的觀點看來，還是技術上有些問題。第一最惹人注目者爲外滙審核之技術問題。自施行外滙審核辦法以來，申請未經核准者莫不「怨聲載道」，幸蒙核准者則相率「喜形於色」。未經核准者縱非「蒙寃不白」，多少總受了些「委曲」。幸蒙核准者雖不至有「豪奪」的情弊，或不免有「巧取」的情事。如何使之更見公允，實值得我們詳加研議。開昌國先在差別滙率的存廢問題一文中，指出了結滙證審議委員會組成份子問題，及滙率審定所依據的標準問題，頗切實際，亦應予以解答。臺灣七百餘萬人口，竟有進出口行號二千餘家。上年十一月某週刊揭載管理進出口貿易的機構，有一行二部三廳四科五會六組之目。此種繁複的狀態，盼能於最近簡化貿易管理機構之舉得到緩和。四月廿三日報載錢昌祚先生談話：過去一年中，初審委員會處理了十萬餘起的案件。這麼多的案件，經錢先生等卓越的努力，在一年之內，都得到了允當的處理，確屬難得。但回顧全年的進口總額不過八千餘萬美元，而申請的案件竟有十餘萬起之多，平均起來，每案僅美金八百餘元；公營事業進口佔進口總額之大部份，如將公營事業之進口除開，僅就民間之進口額與其申請案件數計算之，其平均數必小得可笑。此種情形，至少是一種「社會的浪費」，似亦應謀所改善。

其次是關於物資配售之技術問題（包括紗布之配售在內）。公營事業用官價滙率的外滙輸入物資轉配於民間時，爲使與市價不要相差太遠，每照進口成本酌予加價出售。此種所加的價額，一部份係新臺幣對外匯滙率偏高之差額，一部份無異是一種稅收，均應以專戶核繳公庫。就戰時經濟言之，此舉並不爲過。如作爲該承辦的公營事業之利潤收入，（雖然公營事業之盈餘仍須繳庫）一則令民間的進口商垂涎暴利，一則令學者或專家研究起來，以爲公營事業有提高進口貨價之嫌。此在計算及繳解之技術上，亟須設法改進的。此外關於配紗配布，據許多人所指責，確有若干不肖份子，套紗套布，獲得暴利，而其生活靡爛，揮霍無度，致令人發生財富分配不均的惡感。這更是亟須加以改革的。

本節以上所述種種，盼有志之士，查明事實，悉心探討，而當局者也將內部的事實，公開出來，虛心與之合作，不要各懷歧見，而要能共求改進；則對於當前的經濟政策必有裨益，而總統所昭示的經濟動員工作亦可圓滿推行。（全文完）

駛向自由的航行

「上帝知道我是恨海的。但我寧可被章魚吞噬，也不願被史達林吞噬。」羅米說道。

羅米是大戰期間在瑞典工作的一個愛沙尼亞的軍官。他現在正和另外十一個愛沙尼亞的伙伴坐在帆船愛瑪的船頭上商議如同繼續他們的航行。他們知道戰爭結束之後他們必將有一天離開瑞典而被遣回蘇俄。於是，他們曾集資買了一隻單桅帆船（十三尺寬，三十七尺長），他們用盡一切的力量改造這隻帆船使之能夠航海。在七日中的一天，他們從瑞典的斯德哥爾摩出發了，彷彿他們只是在作一個一天的短途旅行似的。他們的目的地是美國，這需要八千里的航行。他們經過了梟塔運河、斯加基拉克、北海、寧來灣、蘇格蘭、喀利多尼亞運河、內赫布里底群島、愛爾蘭的東海岸、聖佐治海峽，一直到馬得里拉(maderira)。

現在，他們正停在馬得里拉的芬查爾港中。他們的煤已用盡，但在大戰後的芬查爾要得到煤是不容易的。因此，他們正在商議：轉回愛爾蘭去嗎？回蘇格蘭去嗎？甚至於回瑞典去嗎？或是繼續五千里的航行到美國去呢？

在他們之中海利和古安是兩個很好的水手，他們不願作一個最後的決定。這樣一隻小帆船上面擠着有四個小孩，五個婦女和七個男子。羅米最堅決，他提醒他們，假若他們回到瑞典，他們將被遣回俄國，那麼他們將遭受怎樣的待遇，這是可想而知的。還是海利的母親有決斷，她決定冒一切危險去美國。

從馬得里拉到美國的一段航行是最危險的。起初，他們被東北貿易風吹進了沙加索海，一帆風順。但當愛瑪由巴哈馬群島向北航行時，他們遇着了風暴，船隻幾乎被打沉。此時他們的水乾了，糧盡，精疲力竭，只有奄奄待斃。但在最後一分鐘他們遇着了一隻美國軍艦，供給了他們食物，飲水和煤。因此，他們才能繼續航行。當他們遠遠地看見了卡羅來納和佛吉尼亞的白色的海岸時，他們驚喜若狂。經過了一百二十八天的艱苦危險的航行之後，他們終於到達了自由的樂土。

—摘自基督教科學箴言報—

駁斥閻錫山氏的「大同之路」(下)

羅鴻詔

六

「大同主義的經濟，是供需的民主經濟」。(一七六頁)這方面閻氏說得比較具體，不像政治方面的粗略。就生產制度而論，他主張計劃生產。「計劃生產，當然是調查統計現在生產的種類數量，再就各級地區人民個生群生的需要，及對外交換的需要，決定計劃生產的目標」。(一七七頁)換句話說，就是爲消費而生產，不是爲生產而生產，以避免資本主義下生產之無政府狀態罷了。就消費制度而論，「就是勞動者勞動多少，享有多少，也就是勞享合一的消費制度。」(一七八頁)此下便將解決土地問題及工廠問題的幾種方案列舉出來。閻氏自認爲他的計劃生產及按勞分配的制度實施以後，則可以除去剝削，其結果則物價自然要比現在情況下減低一半，而生產力的發展則可以比現在超出數倍云。

我們先行一看生產發展的比較吧。『美國之音一九五〇年四月間的廣播，現在美國生產上用的一元錢，用於工資及原料八角二分，用於納稅八分，用於再生產六分，資本家的紅利及準備金爲四分。後又幾次廣播，美國一般生產勞動的收入，每年由美金一千七百元至二千五百元，平均二千一百元。杜魯門總統說：「美國現有生產勞動者統計爲五千二百萬人。」美國每年工資總額即可能爲一千零九十二億美元。據美國生活雜誌所載：「美國一年的生產總值爲二千二百五十億美元。」』(一九〇頁)據此，閻氏的結論是：「由生產總值二千二百五十億美元中減去工資一千零九十二億美元，及課稅百分之八的一百八十億美元外，所餘九百七十八億美元，即爲資本家收穫總額。如在按勞分配下，則可將此收穫總額全部用於再生產，以九百七十八億美元除固定資本總額一千七百一十六億美元(按這數額是閻氏推算出來的)，爲一·七强，即是在按勞分配制度下，一·七年强可增加固定資本之一倍。」(一九一—一九二頁)可是「在美國按勞資分配現制度下，最多十二年强，始可增加固定資本之一倍。」(一九二頁)照上面的說法，資本家的紅利只有百分之四，而閻氏的結論則資本家的總收穫約爲百分之四十七，除了百分之六爲再生產外，也還有百分之四十一。其間差額之大，究竟是甚麼理由？我們查看上面還有原料一項，閻氏並未計入，原料關乎成本，自不應算進資本家收入之內去。照閻氏的算法，工資約佔百分之四十九，則原料應佔百分之三十三。縱使資本家的收入，除紅利外還有其他，但無論如何原料必有一部分是消耗的，必不能當作資本家的收入，則閻氏所謂百分之四十一已經靠不住了。所以生產發展的比較，如果其他方面(如官營事業之浪費等等)不計，或可比資本主義下的發展快些，但必不會像閻氏的結論一樣，是很明白的。

總括閻氏的經濟主張當然是社會主義之一種，即他自己也樂於承認吧。現在將我自己對於社會主義在中國難於施行的疑慮，先行說明，然後對閻氏的方案來作檢討。

我個人在學生時代也憧憬於社會主義之實現，至民十七乃開始懷疑，但不是懷疑它本身，乃懷疑它在中國難於施行。當時廣州的自來水是私家公司承辦的。我家庭小，不設水錶，每月收費一元六角。因爲供水不足，各界嘖有煩言，乃改爲官辦，一次漲價至每月收費二元八角，漲了百分之七十五，而過了兩三個月，供水量未見有絲毫改善。有一次幾個朋友閒談，我便向從政的友人質問，爲甚麼只見漲價而不見改善。有滑稽的友人答覆道，商辦不好，我們可以罵商人，而且商人也怕罵。官辦不好，我們可以罵官吏嗎？官吏們有錢有勢，縱使你去罵他，又有甚麼效力？他是當作笑話，我却一本正經，說道，這麼說來社會主義不能施行嗎？因爲在社會主義下，這些公用事業勢非官辦不可。另一友人說道，你想在中國施行社會主義嗎，時期還早得很哩。他於是舉出事實及理由，說明官辦必比商辦壞，而歸結到中國沒有好官。以後這個問題縈繞我的腦中，盤旋而不去。我自己仔細想想，是的，中國沒有好官。民國以來文官制度取消了，職業無保障，人存五日京兆之心，苟有機會，誰不爬錢？貪汚之所以日益普遍而成爲風氣，這至少是一個大原因。文官制度不確立，則沒有好官是其必至的結果，但文官制度何日始能確立未可預期，即使確立了，也不能立刻挽回風氣，仍須有待。在社會主義下，官辦的事業必然日益擴大其範圍，以至於無所不管而後止。有了好官之後，要取消私有財產，一反中國三千年歷史之積習，能否成功尚屬疑問(說者謂王安石之失敗，便在積習難返，而他又操之過急所致)。如果沒有好官，則社會主義之不能施行，還待說嗎？一九三二—三三年俄國發生大飢荒，又增加我的疑問的證據。我以爲農民是反對共產的，中國先賢的理想只在均產而已。在中國今日的條件下，一遇水旱，農民之宵旰憂勤，凡出身農家者無不深悉其中苦況，稼穡艱難，由來久矣。惟其是財產私有，所以雖苦而無怨。若收穫歸公，誰不好逸惡勞？俄國自己有許多機器，尚不能挽救其生產之減少，我們中國又還有什麼辦法？但是均田又因人多地少，收授之程序繁雜，而難於實行。南北朝時北方土曠人稀，會施行授田制度，至唐代的租庸調而規模大備，儒家者流每譽爲理想的制度。但玄宗以後此制開始崩潰，至楊炎創兩稅法，雖爲歷代儒家所唾罵，而行之千年不可或更，其有合於中國社會之實情，已足證明。今日的文官制度遠遜明清兩代，而竟欲比均田更進一步，實行共產，其成敗如何還不明如觀火嗎？抗戰以後，我政府之經濟政策，步步朝着社會主義走，我個人也未免杞憂。抗戰勝利而還，政府管理的事業日益增多，竟超出於總理遺敎之外（如紡織業等等）。寖假而營私舞弊，寖假而影響金融財政。我政府在大陸的失敗，原因雖屬多端，而財政困難，法幣與金圓券之崩潰實其主因，而公營事業之拖垮財政，乃為舉世所詬病。這更增強我懷疑社會主義的信念。前幾年英國工黨執政，也說是生產減少，人民極感不便，一次選舉而慘勝，再次選舉而下臺，則有了好官，仍有莫大的流弊，也得到實際的證明了。英國的文官制度之優良，及其官吏之廉潔，在戰前唯有德國可以相比，德國失敗以後恐怕是首屈一指了。他們猶且如此，以我們中國的官吏怎能够施行社會主義呢？

二十餘年來我曾以此疑問質詢許多朋友，並沒有得過滿意的答覆，所以直至今天還是持着懷疑的態度。但是我自己是沒有主張的，則疑問亦止於疑問而已。今次乘批評閻氏的機會，把我的疑問寫出來，希望閻氏及主張社會主義的人士有所答覆。然而根據二十餘年的經驗，我總覺得滿意的答覆是不會有的。如果駁不倒我的懷疑，則要中國施行社會主義便是不切實際的空想。中國自己不能行，又要外國去施行，則身為中國人實沒有發言的資格，縱使自己不生媿恥之心，外國人也要反唇相譏的。

閻氏的經濟方案是一篇洋洋大文，要作仔細的批評，非另作專篇不可。據我看，閻氏所有的方案，都是非有廉潔有能的官吏不能實現的，所以都在我的懷疑圈內。如果中國的官吏依然是現在的樣子，則他的各種方案，一旦實行起來，必然是弊多而利少，治絲而益棼。今因限於篇幅，只就他的「土地村有」方案而論之，查土地村有是閻氏多年來一貫的主張，我們以此為其經濟方案的代表，也是很自然的。

閻氏解決土地問題，不主張均田，而主張耕者有其田。因為均田的辦法將和中共現在平均分配土地一樣，每人分到的土地無多，不够生活，即使够了，也因為有些人轉業或死亡，又須再行分配，不勝其煩，（一七九－一八○頁）所以將土地當作私人財產，是解決不了土地問題的，勢非土地公有不可。「土地公有亦可以說是土地村公有，因公有不能將土地搬的離開村，村公有的說法，實施時便利，尤利於政治上的自治。我們看歷史，村財政穩固則治，村財政不穩固則亂。以土地村公有確定村界，村財政可以穩固。」（一八○頁）

「我們看歷史，村財政穩固則治，不穩固則亂」，這由歷史紬繹出來的定律，不知根據何時何地的事實。中國的歷史上直至現在止，村並不會有過獨立的「財政」吧。以前雖有保甲制度或里甲制度，然其辦事處的人員是很少的，只供給那些人的一定俸額便已够了，何來所謂「財政」？既已沒有「財政」，更不會有「穩固」與否的問題了。退一步講，即使有所謂村的財政，也決不會關乎天下的治亂（閻氏原文雖無「天下」字樣，但細繹其意似乎如此）。因為村的財政只能量入為出，不能和國家財政量出為入者相比，故不會有「財政崩潰」的發生，也就不能牽動天下的治亂了。

其次土地公有與私有的問題，實關乎農業的根本性質。我們以為農民是反對共產的，如果政府放任而不加統制，則有勤亦有惰乃是其必至的結果。對於勤者及惰者都給他種一樣多的田，則土地的總收穫量比今天只有減少，不能增加。如果限定其最低收穫量，不及此者便奪去其耕種權（在公有制下耕者已無所有權只有耕種權），則管理人員（官吏）之權力太大，又有其他弊端要出現了。（參看下面）且「民生在勤，勤則不匱」（左傳），人們現在所以特別努力，乃為豫防他日匱乏的地步，儲蓄之意義即在乎此。有了儲蓄，在個人則可得不勞而獲的享用，在社會則可以鼓勵增產，減少消費。如果土地公有，則農民的儲蓄已不能拿來買土地，即放款以得利息也怕不被許可，故不能豫防他日不能勞動時的匱乏，而儲蓄乃成為無意義。其結果一方則趨於懶惰，生產到够消費為止，他方則流於浪費，將收到的產品盡量用光，双方均不利於社會，而為個人打算。則終必出於此塗。最後便是分配土地問題。「實行土地村公有，由村分配給耕者耕種，耕者不耕時交村，由村另行分配給他人耕種。」（一八一頁）照這個辦法，一個村當然

自由中國的宗旨

第一、我們要向全國國民宣傳自由與民主的真實價值，並且要督促政府（各級的政府），切實改革政治經濟，努力建立自由民主的社會。

第二、我們要支持並督促政府用種種力量抵抗共產黨鐵幕之下剝奪一切自由的極權政治，不讓他擴張他的勢力範圍。

第三、我們要盡我們的努力，援助淪陷區域的同胞，幫助他們早日恢復自由。

第四、我們的最後目標是要使整個中華民國成為自由的中國。

要有一批管理人員（官吏），也就有所謂「村財政」了。依照中國現在的情形，好的官吏是很少的，村的官吏怎能够特別例外？假使村的官吏多半是壞的，則其管理土地比私有土地制度下只有更糟，乃不待證而自明。閻氏的辦法只講到「予」而沒有講到「奪」，我們以爲實行土地公有制最後必趨於官吏兼有予奪之權的。官吏已然不好，則其權力越大，其結果也越糟，這樣眞眞怕要牽連到天下大亂了。或者可以反駁道：閻氏是主張村自治的，管理人員（官吏）必然是由人民選舉出來的，固與今日的官吏有別。但是我們要問，人民選舉的官吏，便個個都是好的嗎？在私有財產制度下，各人的生活與官吏沒有直接的關係，只要官吏不用暴力去壓迫，尚有自由選舉之可能；在公有制下的官吏，手操予奪的大權，如果我反對他而他竟當選，其後果如何還待問嗎？在直接生活的威脅下，選舉時即使不用暴力，也不能表現各人的自由意志；在我看，這是必至的結果。假使一村之中有兩派互相對抗，結果可以好些嗎？我們却以爲這是不可能的事體。如果甲派得勢，則擁護乙派的人必受盡各種壓迫，其中大多數人所耕的田，最後必被奪去，而分配給擁護甲派的人，那麼乙派怎能够在該村立足呢？故縱使實行自由選舉，最後亦必造成一派獨占無疑，而在一派獨占之下，則其管理必成績毫無，其管理人員之貪汚無能，必比今日更甚，是可以斷言的。

七

經濟是閻氏思想的中堅，也是全書的骨幹，我們只取其一以概其餘，聊當舉隅而已。此外還有所謂文化與教育，與政治，經濟並立而爲四權。照閻氏說，「文化與哲學是二而一的。」（二〇八頁）他的哲學即是上面的本體論，本體是中，故文化也是中的文化，我們已知道他的哲學，也就知道他所謂中的文化了吧。他所謂教育有成已成人成物的說法，我們也可以不管它，其與組織有關的地方後面自可以說到，現在也是最後，略論其「大同國際的組織」。

「大同國際的推行，全在幹部，凡負有領導責任者均爲幹部。」其幹部的條件是：「一爲思想，必須是謀人類幸福的思想；二爲修養，必須是成己的修養；三爲行爲，必須是成人成物的行爲；四爲身份，必須是不與大同主義矛盾的身份。」（二四一頁）此所謂「身份」不知究作何解。大同主義下還有什麼身份的分別呢？由閻氏思想系統推之，「身份」不外是「階級」的代詞罷了。我們以爲凡以主義組織幹部者，都有宗教的意味，其幹部即是信徒，共黨的組織最堅强，其信徒（幹部）也最狂熱，其他類似的如法西斯，納粹等等莫不有其主義，也莫不有其狂熱的信徒。閻氏的組織亦莫能外是，他不獨想做政治的領袖，而且想做「大同教」（請勿嫌杜撰）的教主。康有爲自稱後聖以比孔子，閻氏雖未明言，而其爲狂妄與康氏實無二致。他說，「組織的幹部政策實施的程序，是訓，選，組，訓，用，連，考。訓是普訓，普遍的實施訓練；選是選拔，在普訓中選拔幹部；組是組織，將選下的幹部組織起來；訓是再訓，訓練幹部的大同意識與組織技術；用是任用，訓畢即行派遣工作，以免訓練的熱度漸次消失，連是連繫，經常不斷的對幹部瞭解，鼓舞，加强；考是對幹部的考核。」（二四二頁）又說，「組織的領導是由上而下的領導思想，領導行動，領導學習；由下而上的反映思想，反映行動，反映學習使思想得到正確，行動得到成效，學習得到進步。」（二四二頁）又說，「領導的紀律，不得違反主義。不得脫離組織，不得放棄責任心。」（二四三頁）這些辦法與共黨有甚麼分別？所謂實施程序，領導，紀律等等都是共黨慣用的術語，而且一訓再訓，連繫，考核，那一件不是共黨所實行的辦法？如此的組織必須有一個堅强的核心，當作發動機來推動一切，其他均當作機器的機件，都是被動的。一經身入其中，便「不得違反主義，不得脫離組織」，這不是機件是甚麼？我們以爲凡有組織必然排他，組織愈堅强，則其排他性亦愈著，天主教然，共產黨亦何莫不然？閻氏的組織已和共黨一模一樣，則其所謂「大同國際」又何能自別於共黨的國際主義？他對一般成員的教育有「洪鑪訓練」一目。他以爲「鐵礦冶成鋼鐵，全憑鍊鋼的洪鑪；欲使一個普通人成爲一個革故鼎新的組織成員，必須有陶冶組織成員的洪鑪。」（二六三頁）照我們的解釋，如此的訓練不但使成員爲機械的機件而已，而且要變成一塊鋼鐵的一部分，讀至此令人毛骨悚然！「而最緊要的在陪訓的幹部……這些陪訓的幹部等於焦炭化鐵鑛，因爲靠的近，所以功效大。陶冶組織成員，如無陪訓的幹部，主持訓練的人雖好，亦等於太陽熱度雖强，但高高在上，不能熔化鐵鑛。」（二六三頁）據此則他所謂教育的目標由上級確定，由下級依照施行的意旨，更可以透澈理解了。即是，其確定教育目標的上級，是高高在上如太陽，受訓的成員是低低在下如鐵鑛，二者是有天壤之別的。誰曾想到，在直接民主的大同世界中，有如此懸殊的階級呢？這種「洪鑪法」較之共黨所慣用的催眠術，只有過之而無不及。一般的教育以外，又有幹部的教育。照他講，「幹部的教育便是種能教育。」（二六四頁）而「就一般說，種能就是信念。」（二六五頁）他所謂教育是以他自己的信念，經由幹部去强迫人民信從，也已經明白顯露出來了。其與孔子的啓發教育，英美的個性教育，是極端相反的，民主云乎哉？

八

我們花了一萬多字來批評國民的思想，也算過量了，現在且作通盤看法，以結束此無謂的工作吧。閻氏的思想始終在馬列的牢籠中，從不會跳出一部，自形而上學（即本體論）以至革命方略，無不追隨馬列的後塵，故在思想上早已作了馬列主義的俘虜，則在行動上只有投降，還談什麼反共？而閻氏又必須反共，則至多也只是統治權的爭奪，還談什麼主義？如果閻氏手握權力，依其方法實行起來，其與共黨相去幾何？他提出問題已同於馬列，其方法又與共黨無別，即是出發點相同，所走的路又無異，則其所到達的目標還有兩樣嗎？大同的社會誰說不是馬恩列三人的目標？如果用論語上和與同的分別（參看「論語正義」在和而不同句下的註解），則所謂大同正是史大林所欲達的目標。「禮運」的大同，不是與「和」對立的「同」，我們看到「洪鑪訓練」，則閻氏之所謂大同，其為與「和」對立的「同」毫無疑問，用句黑格爾批評「同一哲學」的說法，則是「在黑夜之中，所有的牛都是黑的」（大意）。今日世界上的八億人民正為如此的大同而戰慄，而呻吟，而掙扎，使我們不獨不忍看，而且不忍聽。豈以為人民所受的痛苦還不够程度嗎？時至今日，何以仍以此大同為目標？甚矣人之不仁也！閻氏亦主張「仁」「恕」者，而不知「洪鑪訓練」實與「仁」「恕」背道而馳。惟其忽視中國先賢的啓發教育，以及民主國家的個性教育，齊不齊以為齊，强不同以為同，即是「戕賊人性以為仁義」，正如孟子之譏告子，所以他所主張的「仁」「恕」，亦舍戕賊人性以外無他途。須知教育的重要不在目標而在方法，用戕賊人性的方法而欲達到先賢所謂仁恕的目標，是南轅北轍的。政治亦然。閻氏所描寫的大同世界，似乎是美麗的境界，極樂的天國，但是如此的遠景有什麼相干？馬克思與恩格斯所描寫的「自由的王國」，何嘗不是人間的極樂，地上的天堂呢？只因他們出發的地點及所由的途徑錯誤了，至列寧和史大林實行起來，乃成為比西歐中世紀更加黑暗的世界，還不可怕嗎？何以今天還要由馬克思出發點，循着列史的途徑，以造成悲慘陰森的世界呢？由此我們斷定，閻氏的大同主義，在理論上是不能成立的。

再從實行上說，看他所謂大同世界有無實現的可能。閻氏是不要政黨的，但又要有組織，有幹部的組織以司發動之樞機，有群衆的組織以謀目標之實現，這種幹部的組織是否政黨？如果用閻氏的說法，便是全世界百分之八十的人民所擁護的政黨吧。但是擁護人數之多少是不能改變政黨的性質的，即使百分之九十以上的人民擁護它，它又何嘗不是政黨呢？蘇俄的共產黨不是自命為有百分之百的人民擁護嗎？不但全世界人承認它是政黨，即他們自己又何嘗不自認為政黨呢？故閻氏之所謂不要政黨，只是不許他自己的幹部組織以外另有政黨罷了。這不是一黨專政嗎？上面說過，他主張「人民求賢能，不是賢能求人民」，即選舉已不要政黨的提名，也不要自己的活動，只等待人民來求。但看他選拔幹部的方法，又只能由政府當局選拔，不是人民自由意志的選拔，則這批幹部是否賢能？如果不是賢能，大同世界要他何用？如果是賢能，則何以可由當局選拔，而不待人民去求？如果是賢能，又還要甚麼教育，訓練，考核等等，豈不是侮辱賢能嗎？中國古訓有「士可殺而不可辱」之言，此所謂「士」即指賢能之士而言，當然是不可侮辱的。或許可以說，他所謂幹部現在還不是賢能，期望他們將來可成為賢能者。果若此，則只是在學的學生，現在各級學校教育的對象罷了，又何故不稱為學生而稱為幹部？細繹他所謂幹部即是共黨所謂幹部，列寧的職業革命家，避黨員之名而取其實，遂能瞞過天下之耳目嗎？這種幹部組織事實上行得通嗎？。

首先從中國說起吧。大陸上的共黨是照着閻氏的說法去做的，故可以說行得通；但閻氏的唯一目標便是反共，究竟何苦如此？就自由中國而論，如果遵照着閻氏的說法去做，則國民黨，青年黨，民社黨及其他政黨，必先行自動解散而後可。因為這些都是政黨，而又不能代表百分之八十的人民，宜為閻氏所擯斥者。這些政黨解散以後，再來組織所謂幹部，而一再訓練他們，考核他們，才能走上大同之路。試想，今日的政府當局肯信從如此的辦法嗎？我們以為除非閻氏擁有極大的武力而强迫當局必須如此做以外，是絕對不可能的。可是閻氏的主義又是不用暴力而用說服的。如果眞眞能够說服，這才是奇蹟哩。希望奇蹟之出現者，不是空想便是瘋狂，二者必居一於此。故在自由中國內，閻氏的辦法是不切實際的，此路不通的。

或許可說，今日的自由中國力量甚微，能否實行閻氏的辦法實無關重要，他的意思是統論全世界的。故其結論說：「人事在人，人事之不善，是人的不够；是誰的不够？是二十世紀以來執政者的不够，亦就是各國政黨的不够；當知而不知，當變而不變，遺誤到今，幾至不可挽救。……欲不誤，必須澈底的覺悟，深刻的懺悔，迅速的改進。」（二八八頁）我們現在不能徧論各國，只就美國而論之。試想，美國當局肯不肯將各政黨一律解散，而另行「組織幹部」呢？即使他們極願意遵從閻氏，能不能如此做呢？假使美國總統下一套解散各黨的命令，各黨必據其憲法上人民有集會結社的自由，駁斥總統之違憲，則將若之何？如果因此構成訴訟，則大法官會議也會能得多數的同意，而宣告總統之違憲吧。果如此將若之何？又照美國現行選舉法，是賢能求人民而不是人民求賢能的。假使美國的賢能都信從閻氏的話，通通不去求人民，誰能擔保那些不賢不能者不去求人民呢？你不求我，我也不選你，有別的人來求我，我就選他，這不是人情之常嗎？故我們可以斷定，如果美國的賢能都信從閻氏，則選舉出來的總統，必然是不賢不能者。這樣便能够實現大同主義嗎？閻氏或可以反駁道，我的意思是要美國改變現行的選舉制度。那麼我們要問，誰去改變呢？國會嗎？那些國會議員都是在現行選舉制度下獲得勝利的，誰遺棄却其曾經獲勝的制度，而另立一種毫無把握的制度呢？誰肯拋開其百餘年的歷史，來聽信一個外國人的謬論呢？美國自立國以來，國勢蒸蒸日上，到今天已成為全世界的霸主了。須知凡蒸蒸日上的國家無不自信其歷史傳來的制度者。如果制度不良，怎能够蒸蒸日上呢？我想，美國的賢能看到閻氏的說法，不謂為瘋狂，則必以為空想。故在今日的美國，閻氏的辦法是絕對無人聽從的，所以是不切實際的，此路不通的。

太平洋學會如何幫助史達林赤化中國（上）

James Burnhan 原作
聶華苓 節譯

太平洋學會之起源

一九二〇年，一群夏威夷的實業家發起一個促進社會關係的計劃。此計劃發表後，立刻有人建議將此計劃擴大，以致包括在太平洋區中所有各國的代表。一九二五年七月一日至十五日，各國的代表開會於火奴魯魯。此一會議便設立了太平洋學會。就結構而論，太平洋學會是由在各國的機構而組合起來的一個不受約束的同盟組織。在每一個與會的國家中有一個國家會議，所有各國的國家會議都屬之於一個國際委員會——被稱爲太平洋會議（Pacific Council）——和一個國際秘書處之下。太平洋會議似乎只徒有其名而無什麼職務。國際秘書處的主要任務是準備召開每兩年一度的國際會議，和出版各種書刊。

參加一九二五年會議的有澳大利亞、加拿大、中國、韓國、日本、新西蘭、菲律賓以及美國等國的代表。在一九二七年的第二次會議中，英國與印度相繼加入該會。一九三一年，太平洋學會於上海召開國際會議，此時乃決議邀請蘇俄入會。但直到一九三四年七月，蘇俄的學者們才組成蘇俄太平洋學會。一九三四年九月，太平洋學會的會長卡特先生（E.C. Corter）乃『歡迎蘇俄爲國際太平洋學會的新會員』。

太平洋學會的工作和目的，該會宣稱如下：

『太平洋學會爲一非官方的組織，其目的爲促進太平洋區域各民族間的關係。

本會之任務爲減少國際間的紛爭，調查事實，並爲之解釋。本會之努力乃着重於研究太平洋各民族的情況，以及揭露隱伏於太平洋區之重要衝突地區中的事實……

本會每兩年舉行一次會議，激勵研究，並闡揚智識。』

在促進這些目的和其他的目的方面，太平洋學會成長得很快，並且十分繁榮，尤其是美國的分會。卡特顯然有幾分組織天才，善於組織。一九二八年，費爾德（Frederick Vanderbilt Field）加入該會。他利用他的家庭關係而爲太平洋學會募集了許多基金。梅且爾（Kate Mitchell），穆爾（Harriet Moore）。曼德爾（William Mandel），法雷（Miriam Farley），以及其他一些有動力的人如拉鐵摩爾等，對於研究工作和出版業務方面都把持得很緊。

太平洋學會之收穫

太平洋關係學會沒有任何匹敵。這會是一塊聖潔的土地。由於卡特的經營，小股和大量的資金不斷的湧入。該會曾創辦一個太平洋季刊（Pacific Affairs）和一個半月刊遠東觀察（Far East Survey），這兩種刊物都很有成就。太平洋學會在中國、日本、加拿大、夏威夷以及美國都曾舉行過規模宏大之兩年一度的會議。太平洋學會的活動遍及四域，他們不僅參加他們自己的會議，並且以研究者，籌備者，經理者和名譽客卿的身份參加其他的集會。他們還設有研究獎金，這是給予那些寫過關於日本、菲律賓、印度、中國、土耳其斯坦、或是蒙古等地之報告，文章或著作的青年人。

太平洋學會還有一種友誼的組織，可稱之爲『勵進社』。該社的目的是對內鼓勵他們之間的各份子，對外挑剔在他們理念圈之外的每一個人，或是未完全進入他們理念圈之內的人，甚至於是太平洋學會其他的會員。傅林（John T. Flynn）曾在『當你睡覺時』一書中記載『勵進社』的收穫。他曾在此叙述該社的產物在四十年以來所出版有關遠東的書籍中所佔的地位；以及該社的份子把持紐約論壇報，紐約時報，星期六文學評論報等報之書評欄的情形；並曾叙述該社各份子之間相互評論的愉快。

在全美國，所有研究亞洲問題的師生們對亞洲的看法都受了太平洋學會文字的影響。在其他任何地方，也頗受其影響。太平洋學會的作者們並不僅限於爲太平洋學會的刊物而發言。只要是什麼地方需要對遠東作一評論，或是寫文章，或是寫備忘錄，那麼，太平洋學會的聲音有百分之九十是一定能夠被人聽見的。

太平洋學會並不是一個單獨的單位，而是一個複雜的組織，其活動是有着相互的關係的。太平洋學會中有些部門，如其雜誌，只不過是附屬在它下面的。有些部門，如某些研究單位和出版單位，似乎是作爲和它平行的機構而被設立的。有些組織在名義上是互相獨立的，而實際上其董事會是互相有關連的，如亞美利西亞（Amerisia）是。還有些友誼的組織，如援華會議（China Aid Council），美蘇學會（American Russian Institute）等，這些組織之間都有很密切的關係。還有一些組織不嚴密的團體，如外交政策協會（Foreign Policy Association），各種雜誌，以及幾個發行人的貿易部門等。

深遠的共黨戰線

在大戰期間以及戰後的三年，爲太平洋學會的全盛時期，或是收穫期。太平洋學會曾盡其全力供獻出其力量，他們不惜犧牲大量的時間和人力。軍事情報機構和戰略局（OSS）曾十分感激的接受過該會忙碌的青年同志所作的研究和情報。太平洋學會的好朋友居里（Lauchlin Currie）坐鎮白宮。爲了要幫助他解除戰爭的重擔，太平洋學會曾遣派在英國受過訓練的格靈柏格（Michael Greenberg）去協助他，格靈柏格後來換到經濟作戰部去了，他在那兒遇見了熱烈的太平洋學會的同志史頓（William T. Stone）。李坦青（Duncan Lee）曾代表戰略局漫遊華北。懷特（Harry Dexter White）在財政部中的地位僅次於莫金索（Morgenthau）。卡爾遜（Evans F. Carlson）上校當時爲一將軍，他是太平洋學會的密友，他在言論和作戰兩方面都顯然是一個堅强的生力軍。華盛頓在戰時變成了太平洋學會活動的中心，爲便利計，那裏便設立了一個辦事處，其負責人爲亞都曼（Rose Yardumian）。忙碌的費班克（John Fairbank）在海外履行職務時，竟將居里在白宮所發表的演講當作他自己的講詞。太平洋學會的會員普賴絲（Mary Price）曾作過李普曼（Walter Lippmann）的私人秘書（根據班特麗所說，普賴絲在此期間曾由李普曼的公文中偷取情報）。太平洋學會常常是準備幫助那些『好人』在一起工作的。

拉鐵摩爾更是無所不在。他曾作蔣總統的顧問；護衞華萊士在東方身歷危險；他出入白宮，並曾在太平洋學會的勁旅約瑟夫，巴納斯（Joseph Barnes），費班克（John Fairbank），賀蘭德（William L. Holland）等人的幫助下，爲情報整理局（Office of Coordinator of Information）和戰時情報局（Office of War Information）而主持亞洲的事務。

在國務院中屬於太平洋學會這一翼的人士有：色非斯（John Stewart Service），芬生特（John Carter Vincent），戴維斯（John P. Davies），愛默遜（Jr. John K. Emmerson），勒頓（Raymond T. Ludden），傅來德曼（Julian R. Friedman），德根（Laurence Duggan），賽里斯伯里（Lawrence Salisbury），吉賽普（Philip C. Jessup）。太平洋學會還有一個國務院的朋友，即希斯。

戰爭結束後，太平洋學會的工作仍舊進行。例如，該會的密友法雷（Miriam Farley），格萊頓且夫（Andrew mn Grajdanzev）以及彼遜（T.A. Bisson）等人曾去東京幫助盟總建立日本的民主政治。拉鐵摩爾曾以鮑萊計劃（Pauley Mission）之經濟顧問的身份到處躓營。日本的西園寺（Kinkazu Saionji）是太平洋學會的重要份子之一，曾作過太平洋學會在一九三六年所召開之約森密特會議（Yosemite Conference）的秘書。他便曾爲近衞公爵之『早餐社』（breakfast club）中的一員。蘇琪間諜案中的尾崎秀實（H. Ozaki）也曾經參加一九三六年的約森密特會議，他曾爲近衞在中國部門中的主要助手。

共產主義革命之擴大

正與正統派的馬克斯主義之期望相反，共產主義的世界革命，並未在一個高度工業化的國家內發生，卻發生於落後的俄國。布爾希維克的戰略家們警覺到一點：就是革命必須擴大，否則必須被擊潰。他們有兩個基本的戰略：

其一是向西方進展。此一戰略的用意是欲以俄國的土地，原料和人力運用到西方的機器和技術上去。在緊接着俄國革命之後的一九一八年和近廿年初期，此一戰略是很顯著的。一九二三年，德國的革命企圖被擊潰，此乃表示共產主義之工藝戰略或是西方戰略之暫時的失敗。

但是，列寧推論去柏林之路可以由北平和加爾各答通行。他認爲共產主義的世界革命能夠由下列的步驟而獲勝：即首先征服亞洲之龐大的土地，資源和民衆；然後切斷那些進步國家的供應，後援，和復興的基地，再從後路而取下那些國家。列寧在一九二三年寫道：『在最後的分析中，我們鬪爭的結果將視俄國，印度和中國是否組成地球上絕大多數的人口而決定。』

此第二戰略（即量的戰略或東方的戰略）乃於一九二〇年被共產國際的第二次會議所擬定的，曾發表於列寧之『國家與殖民地問題』（Theses on National and Colonial Questions）的論文中。此一戰略之有決定性的戰場，就是中國。

一九二〇年，東方民族會議舉行於巴庫（Baku），與會者有一八九一個亞洲的代表，共產國際乃遣派人員去東方。一九二一年五月，中國共產黨乃正式成立於上海。一九二二年初，遠東革命組織會議在季諾維夫（Zinoviev）的主持下開會於莫斯科和彼得格勒。在此同一時期之中，共黨革命機構的基礎已被建立起來了，有數萬的亞洲人（其中或許有三萬到四萬的中國人—譯者註：這個數目也許過大—）以及成千的俄國和其他各國的人員在那些機構中受訓練，以便領導東方的革命。

蘇維埃的遠東戰略

中國共產黨很快的成長起來了。莫斯科遣派鮑羅庭去指導中共的工作。那時，中共受命加入國民黨。然而，甚至於那個時候，蔣總統已深知共產黨的意向。當他在一九二七年四月佔領上海確獲勝利時，他處死了許多中共的首要人物。此時，共產國際突然轉換了一個極端的戰術。一九二七年十二月，在中共於廣東所召開之三天流產的會議中幾乎犧牲了一萬人的生命。

此一行動即結束了共產國際第二階段的戰略。於是，中國共產黨遵循共產國際的世界戰術，乃與國民黨分裂。中共一面在華中建立了一個小『蘇維埃的中國』，一面積極的滲透蒙古和新疆。

甚至於一九三一年日本之進攻東北也未能使中共對於不妥協的第三期路線稍有動搖。共產黨的新戰術必須等待一個新的國際轉變。一九三五年，狄米卓夫（Dimitrov）在共產國際的第七次會議上宣佈『人民陣線』（Popular Front），此乃共產黨政策又一階段之開始。在一九三四年年中，許多國家的共產黨，包括中共在內，早已遵循此新路線而行動。中國共產黨呼籲在反抗日本帝國主義侵略者的『愛國戰爭』中應組成聯合陣線。此時，他們對於外國記者也變得友善了。

中共之反日聯合陣線的政策一直實行到一九四四年，在這期間，中共與國民黨也有些糾葛，時好時壞。中共仍不斷暗傷蔣總統的地位和名望。但他們只是間接的發生作用，說兩面話，並未試圖在全中國奪取政權。

一九四四年，共產黨開始實行次一階段的戰略，此戰略是以全世界爲對象的。此一階段之政策已在一九四三年有所徵兆。那時，希特勒已被確定失敗了。蘇俄對勝利乃盡其利用之能事。在南斯拉夫、阿爾巴尼亞、希臘等國的共產黨將他們指向納粹的槍桿轉向了非共產黨的敵手。他們在任何地方都採取同一的路線：即由聯合政府而削弱所有的競爭者；假若可能的話，次一步再奪取政權。中共便是通過此同樣的步驟，即要求統一並組織聯合政府，而使國民黨的政權崩潰的。

一九四五年八月，蘇俄對日之六日的作戰使得中共有了一個安全的後翼；並可由蘇俄得到接濟，後援，以及專家的援助。一九四七年，經過了適當的政治，心理以及軍事的準備之後，中共乃發動戰爭。在中國大陸上除了幾塊分散的小地區之外，幾全爲中共所佔。從克里姆林宮的觀點來看，共產黨對鞏固中共政權所作之努力，在韓國的軍事行動，對中立日本所作之政治運動，以及對於征服糧食豐富的東南亞所作之準備，這些都是象徵共黨現階段戰略之開始。

此一東方戰略是有遠見和明智的。然而，還有一個『外在的』條件對於此一戰略之成功是在所必需的。爲了要征服中國，共產黨必須阻止西方列強，尤其是美國的『干預』。於是，莫斯科在太平洋學會中發現了能實現此一不可避免之目的之主要工具。莫斯科看清了他們能通過太平洋學會而蒙蔽西方的眼睛，迷惑西方的腦筋和削弱西方的意志。

共產國際之可貴的掩護機構

我們就目前已有的證據判斷，無法確定共產黨是在何時開始滲透到太平洋學會裏去的。費爾德乃於一九二八年加入太平洋學會，但他何時成爲一個共產黨員至今仍不得而知。我想蘇俄對於太平洋學會比較大的滲透和影響大約始之於一九三一年。

從共產國際的觀點來看，太平洋學會同時可以達成許多目的。由已有的證據中我們得知，在太平洋學會的機構中曾有幾個共產黨和共黨間諜的組織在那裏工作。這些組織都是彼此獨立的，有一部份甚至於彼此都不知道。太平洋學會對於共產黨最直接最顯明的一個功用就是可以作爲一個『掩護機構』。

以東京爲基礎之規模宏大的蘇琪（Sorge）間諜網中的幾個重要人物便曾受過太平洋學會的『掩護』。如史坦（Guenther Stein），史梅德雷（Agnes Smedley），尾崎，西園寺（Kinkazu Saionji）等人。史坦至少從一九三六年起便積極的加入了太平洋學會的活動，並曾爲太平洋學會的書刊寫過許多文章和評論。對於史坦而言，太平洋學會還不僅是一個消極的隱匿所。一九五〇年，史坦因間諜行爲而爲法國警察所拘捕，自此以後便杳無踪影了。

史梅德雷的歷史和史坦的頗相似。一九四九年，當她在蘇琪間諜網中的任務『過早的』被揭露以後，她便退隱到倫敦，而死在那裏。她臨終時的遺言要將她的骨灰送交朱德。現在，她正『光榮的』安眠於北平。

尾崎因爲太平洋學會的關係而便於作世界旅行以完成他在共黨中的任務。他於一九四四年和蘇琪一道被日人處死。西園寺也曾被判罪，但因爲他有勢力的家庭關係而被減至禁錮的徒刑。這兩人都是一九三六年太平洋學會之約森密特會議（Yosemite Conference）上的重要日本代表。的確，共產國際實應一再感謝太平洋學會每兩年一度的會議，因這些會議有助於共產黨的國際活動。在這些時機，他們可以參加豪華的小組會議，可以無所顧忌的召集遍全世界的共產黨和共黨情報人員聚會，並且還可以在那些天眞無邪的教授群中和官方的歡迎聲中輕鬆一下身心。

太平洋學會是共產黨的訓練基地

太平洋學會在社交的活動方面，對於共產國際也同樣的有所供獻。譬如：從一九四三年冬天到一九四四年，蘇俄的重要情報人員羅各夫（Vladimir Rogov）曾在塔斯社通訊記者的喬裝下作過一次環球旅行，由莫斯科經由遠東而轉回莫斯科。他在一九四三年八月在一個蘇俄刊物『戰爭與勞工階級』上曾發表過一篇文章，他在那篇文章中，便曾預示共產國際的路線將在一九四四年有所轉變。羅各夫的那次環球旅行似乎可能是奉共產國際之命而將其新路線傳達給各國的工作人員的。

太平洋學會對於共產國際有『掩護』的功用此一事實可由曼德爾（William Mandel）的案件而說明。曼德爾之關於蘇維埃遠東（Soviet Far East）的研究和寫作便是爲太平洋學會而寫的。穆爾（Harriet Lucy Moore）和凱世林·巴納斯（Kathleen Barnes）曾以太平洋學會之學者的身份去莫斯科作太平洋學會的研究工作。這三個人都曾拒絕答覆關於他們是否與共產黨有關的問題。

太平洋學會對於共產黨之另一功用就是可作爲共黨之徵集黨員和訓練黨員之機構。他們由大學中召來許多青年人，給與他們職位，或是給他們研究獎金。在那種親蘇的氣氛中，和費爾得，穆爾，巴納斯等人之監視的眼光下，這些青年人自然而然的吸收了共產黨的理念和技術。他們常常變成精幹的共產黨員或是共黨間諜。然後，他們便被送往各政府機構，大學或是其他各國去服務。羅星傑（Lawrence K. Rosinger）彼遜（T.A. Bisson），格拉傑夫（Andrew Grajdanzev），佛來德曼（Julian Friedman）雅都曼（Rose Yardumian）等人都是經過這些過程而被訓練出來的共黨份子。（待續）

透視共黨在泰陰謀

曼谷通訊·六月二十六日　道統

由於泰國政府無端強要徵收外僑每人每年四百銖巨額的隨身證例費，因而引起整個僑社的杌隉不安。潛伏在泰國每一個角落的共產黨徒們，覬着這千載難逢的機會，怎肯錯過？他們利用着人心對於當局的不滿情緒，以爲可煽動僑衆，掀起反抗巨浪，以達其製造事變，破壞泰國治安，來滿足北平僞組織及克里姆林宮的主子們，兵不血刃，而將勢力擴展到東南亞的企圖。近一個月來，請願訴苦的活動越來越兇，這情形顯示着共產黨之有組織的行動正在暗中進行，尤其是本月十三日晚上，本京海天樓下演出那個萬人訴苦的驚人場面，更無可否認的是共產黨徒們的「精彩傑作」。

自從海天樓事件發生之後，共產黨徒們於躊躇滿意之餘，正擬百尺竿頭，更進一步，打算利用着本月廿四日泰國國慶紀念日，及泰國國會開幕之期，在銅馬國會面前廣場上，來一個預計有五萬人參加的請願運動及遊行，如果當局不善應付，可能就會發生流血，暴動，一切墜入共產黨徒們預設的陷阱中。不料由於匪徒們的行動過於鴟張，引起泰方治安當局的密切注意，從情報中，獲悉共黨將有上面這一個暴亂的企圖，乃由泰國警察副總監拍披靡中將，於本月十七日突然下令京吞二府施行戒嚴，同時並由民衆聯絡廳廳長蒙鑾確不斷向僑胞廣播，說關於隨身證例費，政府已有通融辦法，勸導僑胞遵守法律秩序，勿生事端。共產黨徒們眼見一切陰謀敗露，同時在進行煽動工作中，知道廣大僑衆已識破他們的奸計，不易受其利用，這一運動將難獲得其預期的效果，到了最後兩天，乃改變最初計劃，想將這次陰謀，嫁禍在我駐泰大使館孫公使碧奇，硬說是人家栽贓誣陷他們。計劃雖然毒辣週到，但終難逃過僑衆銳利的眼光，正如一個小偷被人追緊的時候，亦隨着人家大嚷「捉賊」，以便乘機逃脫同樣的好笑，事情的經過是這樣：

本月廿二日本京共黨機關報全民日報，及其尾巴報光華日報，在本埠新聞版上登出一段消息，大意謂據可靠方面透露，國府派駐泰國大使館孫碧奇公使，對於廣大華僑呼籲減低隨身證例費，而四出請願一事，近會特別函請泰當局採取措施，加以制止，該告密函中說他們接到了可靠情報，華僑將在某一天，向當局請願，並要遊行暴動，而這些華僑非大使館所能控制，故特別通知泰國當局，請採取措施加以制止。另一方面又以泰國華僑保衛權益反對迫害團名義，散發傳單，意圖加害僑胞云云。

這段消息之外，全民報並在當天社論上對我使館肆加誣衊抨擊。到了次日(廿三日)又將一封所謂告僑胞書製成電版，在報上刊登出來，下面我將抄錄該文數段，以證明赤色黨徒煽惑之陰謀。

「我們——泰國華僑保衛權益反對迫害團委員會——代表全體泰國華僑的意志，堅決抗議泰政府將隨身證例費，由廿銖提高至四百銖(高到廿倍)的措施，我們認爲這種作法是對外僑進行橫暴的索詐罪行，於情於理都不能被允許的。」

「本團促請泰政必須迅速考慮，並實現這個要求，……否則後果由泰當局負責。」

「本團提醒泰當局應該注意這句中國古語「官迫民反」，別以爲華僑是可以任意割剮的馴服羔羊，華僑忍耐到不能再忍耐的時候，是會舉起反抗的旗幟的。……沈默的火山將要爆炸。」

「僑胞們準備好鬬爭的思想——僑胞們準備起鬬爭的姿態，不要怕事，越怕越多，不減不繳，來捕拼去，敲起戰鼓迎接戰鬬！」

這個傳單表面官冕堂皇，大有眞在爲民請命。然而那些來自秧歌王朝的共產八股、却充滿了字裡行間，明眼人一看就可斷定是共產黨徒自己的臭纏脚布。這顯然表示了共產黨準備乘機而動，不是別人栽贓誣陷。而且，讀者試想泰國是一個高度警察統治的國家，京吞二府警探密佈，有關共黨暴動的消息，還要等外國使館來告密才知道嗎？那才眞是怪事！

共產黨徒們，知道他們的陰謀將告失敗，在舉事不成之時，索性把事兒公開出來，一方可以嫁禍他人，把自己煽動責任推得干干淨淨，同時又可移轉群衆目標，挑撥僑胞怨恨我大使館告密，破壞他們訴苦行動，而離間僑衆對我官員的感情，這是一石二鳥的運用。其實孫公使自本年二月份起，爲了僑民隨身證例費問題，向泰政府進行交涉不知多少次，其間並且聯絡過英美駐泰使節，向泰政府提出勸告，以及策動僑團僑領們向泰政府請願，要求收回成命，如何的據理力爭，那是不容共產黨徒妄加誣蔑的。

另據觀察，還有一個作用，就是因爲治安當局有了準備，近來印刷局時被警探搜查注意，共黨油印有限，單靠小組分發不够普遍，於是採用這種僞裝姿態，借着揭發人家誣害的題目，可以毫無禁忌地。把傳單上煽動文字大量印在報紙上，以達擴大宣傳的目的，共產黨徒們想法雖够聰明，但是僑胞的眼睛是雪亮的，怎能輕易被瞞過。

自從共黨在全民報上不打自招之後，一般知道共黨一慣作風的人們，都能意識到六二四泰國國慶那一天，由於共黨的臨陣掉槍花，必可平安度過，果然不出所料，到了昨天(廿四日)本京在全體泰警出動，嚴密戒備之下，全市七毫無驚，沒有半點事兒發生。中泰人民在紅藍白三色相間的泰國國旗，及我青天白日滿地紅國旗交映飄揚之下，共同度過一個泰國二十年來舉國同慶的歡樂日子。共產黨徒們的陰謀終被揭穿了。

當然，在另一方面我們希望泰國當局能够及時糾正提高身份證費之不合理的措施，不讓陰謀者有機可乘，這對華僑及泰國都是有利的。賢明的泰國當局將知道如何作最佳之選擇。

西班牙歡迎中國留學生

（馬德里通訊・六月廿五日）　肇雷

留學歷史，遠溯前朝，當然以隋唐我國僧侶爲先。厥後歷史中斷，直至天主教士東來，留學西歐風氣，才見展開。遠在三世紀左右，義大利的那波里就有中國學院之設，留學西歐的天主教青年，直到十九世紀末葉近代留學運動展開以後，爲數不及二百，底至近世，海運暢通以後，清朝因挫敗於列强之後，始派遣留學生遠遊歐美。追溯歷史將近百年，尤其民國以後，留學運動更起狂潮，然而在此期間，無論在日、在美、在英、在法、在德、都有大量的我國學生，然而在文風甚老，人味盎然的西班牙國，求之有一二學子則戛乎其難矣。國人對西班牙之生疏，幾乎難以令人相信，對於西班牙地理歷史認識之錯誤，更是笑話百出，如巴塞羅納本爲西南歐有數之商港，較之馬賽過無不及，都市之大，縱橫十公里，人口之多，已超出百三十萬，地理上它分明是在西班牙的東北極端，然而我們的大好辭源竟說它在西班牙南部。像東方輿地學社屠思聰先生之流，總可說是地理專家了，我們打開他所編著的地理對西班牙的錯誤，簡直讓人不能想到。最近國內某位大員旅行西班牙，他還以爲西班牙是共產政府呢！凡此皆足以說明國人對西班牙的錯覺。國人對西班牙的一切不大發生興趣。對西班牙的遊學運動，當然更是談不到了。

在西班牙掀起中國留學生運動還是近二三年的事。三年前于斌主教自美赴羅馬途經西班牙，進見佛朗哥與教育部長，當時事出湊巧，貧困的西班牙國竟慨然答允了獎學金三十名額。于斌主教到港之後，記者剛從北平魔掌中逃出，于斌主教慨然以獎金相與，當時記者對西班牙是不感覺興趣的，情不相願，然而在港無事赴美無望，不得已才取道歐洲赴西留學。卅個獎金名額在第一年都還沒有塡滿，遲到第二年才勉强湊數。這期間又另有他人在私人方面活動獎金，更有教會所設神哲學院，多爲教會修士獎金，供給衣食住全部費用，截至目前，在全西班牙已經有七八十個學生了。

去年李士珍將軍來西考察，參觀西班牙中幹學院以及工藝學院（召收十五至十八歲之青年）。二學校慨允以獎金廿名，然而截止現在，不曉得是李先生健忘了或者國人對西班牙不感覺興趣，這二十個獎金名額還是一張白紙，沒有塡上一個字，這個獎金會使日本學子饞得垂涎。日本某要人會向西班牙政府要求獎金三名結果竟被拒絕！

記者本人對西班牙最初也沒有好感，作夢也不想到西班牙來求學，然而事有出人意外者，記者在西三年，對西班牙的政治文化地理歷史已稍有粗淺認識，覺得有志求學的學子們，實在有來西班牙留學的必要。西班牙的文化是有深厚的基礎的，自然科學雖不如英美，然而目前一切正在蒸蒸日上，駸然有與先進各國爭一日之長短之勢。建築、農學、醫藥、政治、教育等科，並不讓於其他歐洲各國！至於西班牙的反共精神，安靜的環境，經濟的省儉，人情的敦厚，與我們的祖國有許多相同的優點，還有許多值得我們仿效的地方。不談留學則已，談留學，談實際，在西班牙國實在有掀起留學生運動的必要。

于斌主教有見於此，他前後已來西班牙三次。這次，他決心爲有志求深造的青年，在西班牙發起留學生運動。特別是在西班牙的國都馬德里，這裡有設備齊全，學舍廣大的中央大學，各院各系，一應俱全，學生數目約在一萬四五千之間，所有全國學者完全匯萃此地，就教授陣容說來，實比美法不大馳名的學院强得多了。

于斌主教這次乘參加國際聖體大會之便，拜會西班牙朝野要人，積極倡導留學生運動，並倡議中國書院之興建，西班牙政府已慨允在大學城內撥地一方，用以建設房屋、游藝場、運動場，並資助建設經費。興建房屋不是一日之功，在此期間于斌主教籌借包租宿舍，期以可收容新生五六十人爲標準，未來新舍建起當不止收容學生二三百人。

卅年前歸化我國的比人雷鳴遠先生，從前曾在法比荷瑞掀起留學生運動，他的目的是幫助我國政府，不使這群海外學士都落在共產黨的手掌內。七年於彼，他幫助過不下二千青年。在他所著的明天中國內曾害怕未來中國會被紅軍統制，不幸而言中矣。雷先生已作古十三四年，而今正該當課所以補救之方。返觀今天留法留比留瑞荷的青年，公費自費，百分之八十以上都是向左轉，國家花費了偌大外匯而在製造自己的敵人，豈不寃枉。在美國留學生的情形，我不願多說。縱使這些大好青年沒有向左轉彎，然而求其有反共抗共之堅決意志，則實在是戛乎其難。無他，環境使然也。在西班牙這個國家，反共的空氣是那末自然，使你不期然而然就對共產黨有深切的認識，有深切的痛惡。因此我希望政府方面也能設若干獎金公費，因爲，這裡全年的生活僅須四百美金就足應付裕如了。

目前西班牙與我國已正式宣佈恢復兩國邦交，這是東西大反共民族携手合作的開端。大量派遣學生來西求學，無疑的將有助於兩民族文化之交流與在反共事業中之合作。

薪俸與愛情（上）

旭愚 譯

我爲珍妮和自己草擬了一個計劃：九月間向珍妮求婚，十月間便和她結婚。

我第一次遇見珍妮，是在奎比公司開始工作的第一個晚會上。我那時剛自大學畢業，正熱心于自已的工作，當我走過房間裏看見珍妮那一双碧藍的眸子的時候，不禁使我第一次想到，有了工作的人應該養得起老婆了，幾分鐘後，我打算去會她。然後，我想等我稍稍聚了點錢，九月間便決定向她求婚。那晚我送她回家，次日，我再厚着臉皮去拜訪她，她好像也不在乎。以後我們每隔一天總要見見面。可是，就在我第一次領薪水的那天，全部計劃，突然崩潰。

我正在辦公，一位高高個子，服裝整齊的傢伙踱了進來，到處握手，不斷地和人打招呼，鄰坐的一位同事對我說：「這小子姓桂叫華爾，你大概應該曉得他吧！」

「爲甚麼我該知道他？」我說。

「我想珍妮小姐該已經告訴過你」，我的鄰坐說：「你不是請過她嗎？他就是她的男朋友哩！」

我開始得到了警報，不過，想到一切是那麼的順利，我很有希望的說：「這小子在此是作短期遊覽吧？」

「小伙子」，他告訴我說：「他是回來居住的，我跟華爾和珍妮過去同學，你該知道青梅竹馬是怎樣一會事吧！」

「够了，不許再講，」我粗暴的說！「我還有事要作。」

我開始惶恐起來，華爾出來了，頗爲自得的神氣，高坐于桌上，我的計劃眞是隨時隨地可以垮臺。

五點鐘，我領到第一次的薪水以後，直奔珍妮家，或許她已經知道華爾回來了，那麼，現在我們可是双重約會，不過，她很溫柔的對我說過她是愛我的。

她從後園裏走出來，正在耙樹葉子，我趕緊跑過去把耙子拿過來。

「喬琪，你們都太興奮了，」她說：「甚麼事？」

「我領了薪水。」我說，

「眞了不起，」她說，她這麼一說，我眞不曾是騰雲駕霧，她眞是一個好女孩子啊！

「珍妮，」我一面耙着樹葉，一面說道：「珍妮，我愛妳，妳肯跟我結婚嗎？」

她吃了一驚，杏眼圓睜，櫻口大開。

「答應我，『肯』或『不肯』。」我斷聲的說，

「好，」她說：「喬琪，我很願意跟你結婚。」

我幾乎不相信自己的耳朵，我讓她再說幾遍。我心裡馬上盤算起許多事情來，如果我有點錢，我眞是世界上最快活的人，我的月薪淨得是一百八十六元五角，等到六個月以後，我便够花了。

「我不歡喜等久了，」珍妮說：「我們的結婚愈快愈好，你以爲怎麼樣？」

「自然囉，」我說：「不過——」

正說間，出現了一個陌生的面孔。

「噢，阿特太太，」珍妮說：「我請妳認識認識我的未婚夫。」

「天哪，」這老太婆說：「我還以爲是華爾哩！」她指着我說：「你這個狡滑的小傢伙。」

「珍妮，我有點事和妳談談，」我向珍妮說，但是，她把我推進屋子裏去了。

「讓我們把這消息告訴母親吧！」她說，

一直到我離開她時，都無法對她說明。那晚上我跟她約定了一個時候去找房子，我買了一支雪茄，心裡得意非凡，我吸着雪茄回得家來，我的父親丟開報紙，看着我說：

「孩子，不要這般神氣活現，我是你的爸爸，他們跟你吵些甚麼？」

「沒有，」我說：「我今天領了薪水，」一面拿錢給他看，

他看了看，又走過來拿到燈下端詳了一番，「我很抱歉，」他說，「你應該從大學裏學了些東西，那麼，現在你打算怎樣去處理這筆款子呢？」

「我即將與珍妮結婚。」我說，

我的父親打了一個顫，他說：「是怎末會事？」

「我說的是住在前途街的那位漂亮的褐髮女郎。」我說，

「啊！她是一位漂亮小姐！」我父親喊道：「我喜歡她。」我父親握着我的手說：「這是你在大學裏學過的東西，喬琪，你愼重考慮過這問題嗎？」

「爸爸，」我鄭重的說：「當我第一次看見珍妮的時候——」

「是的，是的，」我父親不等我說完，「我不懷疑這個，我是想到經濟方面。」

「當然囉，」我說：「說起來不過是伙食費和房租等。」

「還有哩，」我父親說：「水電費、醫藥費，傢俱費，服裝費，保險費，過生日，聖誕，年節的費用，還有雜費。」

「雜費包括些甚麼？」我說，

這時候我的母親拿着一盞燈下樓來了，我父親看着我說：「雜費麼？……」他馬上說：「妳聽見驚人的新聞沒有？喬琪即將結婚哪！」

我母親手裏的燈都嚇掉了，發出無數的火星，這些火星正代表着雜費。

我的母親可操起心來了，晚餐的時候她想起了珍妮那位百能的母親。

我匆匆吃完了飯，即忙去找珍妮一同到弗里琪街去看房子。經紀人帶領我們去看一個當街的公寓。

「早晨你上班的時候，我可以在這窗口向你揮

手，」珍妮說：

當珍妮跑去看廚房的時候，我悄悄的問經紀人說：「多少租錢。」

「九十元一個月，」他說：

我聽了不禁一怔，我摸摸口袋裡那隻一百八十六元五角的薪餉袋，這樣來一下，每個月便只剩九十六元五角了。

珍妮轉來了，我說：「你以爲怎樣？好不好？」

「我想這是很理想的，」她說，她馬上用手臂挽住我的頸項，當着那位經紀人吻起我來。

「你還有其他的房間嗎？」我對經紀人說：「後面還有房間麼？」我想後面的房間也許會便宜些。

「那邊角落裏還有一個公寓，租費一百二十五元。」他說，

「沒關係，」我趕緊說，「我們料想得到的，」

「好吧，」經紀人說：「那麼就是這間空着的公寓，不過，並不是我故意催促你們，另外一個年青伙子來看過了二次，今晚他還說再來，所以，爲了怕使你們失望，請即作決定。」

我看見珍妮那副高興勁兒，便簽訂了租約，我們出得門外，珍妮還不斷談着要做怎樣怎樣的窗帘，我却只想到錢，還有以後的伙食問題。

「珍妮，」我說，「我們到市場裏去買點好冰淇淋，帶給你的同伴們，好不好？」

其實我是想乘此機會打聽一下食物的價錢，我們走進市場的時候，珍妮碰見了她的女友，馬上告訴她這消息，那位女友也吻了我一下。

「我想你是比華爾要高明得多了，」她還尖聲叫道。

當她們在談話的時候，我便蹓開去看那些食物的標價，並且一一記在我的薪餉袋的背面。我看見一位少婦在買東西，我推了一輛小貨車跟着她，使她不致於以爲我是只看價錢而不買。她買火腿，香腸，雞蛋，牛奶，一些蔬菜以及麵包。我爲她計算了一下，大概總可供給兩人吃三餐之用。我跟着看她去付鈔，總共是七元五角六分！她付了錢後，提着東西揚長而去，我呢？我意識到那傢伙注意到我的這輛空貨車，我不得不選了一隻棒棒糖放在車上。

那傢伙看了我一眼，冷冷的說道：「四分錢，」

我趕忙付錢給他，他說：「要不要雇個小孩替你推車呢？」

接連我聽見了一串譏笑。這時候珍妮跑來了，她的女友還尖聲尖氣叫喊說：「有這樣一個男人愛你，眞是太理想哪！」

「眞糟，你忘了冰淇淋哪，」珍妮說時，向我一撒嬌，她以爲我是被愛情凍殭了，她却不知道我是被食物的價錢凍殭了。

「怎麼哪？」珍妮說：「你臉上蒼白。」

「走吧！」我說：「我們趕快乘銀行未關門以前，走到那裡去吧！」

我決定把一百八十六元五角全部存進銀行裏去，取得了一本大而且新的支票簿以後，我便同珍妮一道走進一家珠寶商店。

「我們看看訂婚戒指去，」我說，

那人拿了些戒指給我看，我只管去找那些標明價錢的標籤，「多少錢？」我最後揀了一個問道，

「這一個麼，」那傢伙說：「四百元，」

「太貴了，」珍妮說。我該是多麼愛這個小天仙。

最後，她終於選擇了一個，她說它非常好看，她說：「一百五十元，喬琪，貴不貴？」

看來這一顆戒指該是最便宜的了，怎麼還可以說貴呢，我只好簽了一張支票，但是，他要現款，我對珍妮說：「等我一下。」我跑到銀行取了現款交給那傢伙。他開始又拿出結婚用的戒指問我要不要，我苦笑着說：「等些時吧！」

我們走出店來，珍妮說：「這眞是世界上最美妙的事情啊！」

「眞是美妙之至，」我說：「親愛的，甚麼時候舉行婚禮？」

「媽媽和我在晚餐的時候要討論這事的，」她說：「我知道愛姆姑姑一定高興來參加的，喬琪，大約總得五六個星期吧，親愛的，你能不能等待這麼長久的時間呢？」

謝天謝地，這位愛姆姑姑又要破費我不少鈔。

「可以的，」我說：「還要不要到旁的地方去蹓一下。」

「我們回家去吧！」珍妮說。她笑得那麼甜美，我的天！這小天仙該是多麼可愛哩！

我們一道回到家裏來，剛一進門，華爾迎面向我來。

「噢，華爾，」珍妮略帶不安的說：「你從那裡來的？你爲甚麼不讓我知道呢？」

「我要使妳覺得驚奇，」華爾說。

「喂，華爾，我猜你才會驚奇哩！」我很神氣的說，

華爾第一次朝着我看，「你們倆人彼此之間的了解夠嗎？」

「現在我們訂婚了，我們將更會彼此了解些，」我說。

「珍妮顯得有些不安，她轉換了話題。最後華爾問我說：「喬琪，我知道你接了我的那份工作，幾年以前我從事那份工作，簡直是糟糕透頂，是嗎？」

「華爾，你繞甚麼圈子說話？」我說，但是我並不去爭辯。當他跟珍妮說話的時候，我抽出那個薪餉袋，開始計算一番我想到傢俱，又想到毛巾、毯子、燈泡、人壽保險和牙膏。

我自知不夠資格跟珍妮結婚，我養不起她而華爾能夠，月租九十元的房子我都可能無法搬進去，而要另想他法。但在華爾回來的那天，我竟向珍妮求了婚。

×　×　×　×　×　×　×

這是一個暴風雨的黃昏，華爾這小子顯然決定不離開這兒，除非我先走。假如不是珍妮下驅客令，

說了一聲：「晚安，」解決了這個僵局，我們可要在那兒呆個整晚哩！

華爾和我一道走下樓來，「你住在那兒？華爾」我說「住在旅館裏」他說：「我本來在靠弗里琪街看過一個公寓，但是當我今晚回去想租下來時，有個傢伙竟棋先一着租去了，把我趕了出來。」

「老柱，」我說：「也許那個租房子的人可以轉讓給你。」

「總沒有這樣的傻子，租了房子，又轉讓給別人，」華爾說，他看了看我，又笑了笑，「閣下是否還有額外收入？」他輕蔑的說道。

「不少的石油股票分紅，」我說：「還有一些鈾鑛，這跟你有甚麼相干？」

「要得，」他說：「我對珍妮知之甚深，你注意到她今晚穿的衣服沒有？那套衣服幾乎只怕要值閣下的一個月薪水，老兒月入一百八十元，是不是？」

「尚有六元五角，」我說。

「一年以前我不敢向她求婚，」他說：「因為我養得起我所結婚的人才行哪！」

他鑽進汽車裏，一蹓烟非常自得而去，我也鑽進我的汽車，不過是快快而返。我不禁自形慚愧，假如我是個堂堂男子漢，最光榮的事情，就是和珍妮解除這份婚約。

次日是週末，我整日在屋子裡徘徊。電話鈴一響，我馬上跑去接，却都不是珍妮打來的電話。最後，將近黃昏時，我打了個電話給珍妮。

「哈囉，喬琪，」她說，「我們已經打電話告訴了愛姍姑姑，她預備搭飛機來，我們不可以太等久了啊！」

那個作怪的老太婆，我還沒有結婚，便要被我這位準太太的親戚麻煩到了。

「妳是不是一個人在家？」我說。

「華爾剛剛來，」她說，電話裏沉靜了片刻，珍妮說：「你來不來呢？」

我以為這一下子華爾得着了機會，「我想今晚不一定來，」我說。

我掛上電話，回到起居間裏，拿起報紙。

「你不去看你的女朋友嗎？」我的父親說：

「有位老相好今晚跟她在一起。」我說。

我的父親看看我說：「你還不去打脫這小子的門牙？」

我的父親都為我心疼。我父親把我當作膿包貨。我也真慚愧我是他的兒子。我坐在那兒痛苦不堪，假裝在看報。最後我在分類經濟廣告欄內看見有一個汽車間公寓出租，租金只要六十元。報紙上並載有電話號碼，註明六時以後接洽。這可把我喜壞了。

我趕忙去打電話，但老是打不通。大概有百來萬人都在問這間公寓。我只好去訪問那家報館。途中會見一位朋友，從他那裏我得知那位登廣告人的住址。我駕車直奔而去，趕緊跑去按門鈴。

一個傢伙跑出來了，「對，」他說：「優先進來，優先服務，我想你是那許多打過電話中的一位。」

我也不否認，我們走進能容三輛汽車的車房，爬上樓去大概這地方曾做過頂樓，一間鴿子籠式的臥室，起居間，浴室和廚房，倒是很乾淨，可是需要油漆一下，我站在那兒想作決定，我聽見樓下汽車的響聲，我跑到窗口一瞧，二輛汽車並駕齊驅而去。

「租下了它，」我說。

「預付房金一月，」那人說。

我在銀行裏總共只有三十六元五角的存款，我一手蓋住存根使他不致於看見，開了一張六十元的支票。我算是已經犯了法，這張支票出了頭。

我給了他這張空頭支票。我連一個公寓都租不起的人，現在却弄來兩個公寓，銀行裏的錢也超過了。

我倒過我的汽車，跟着那輛汽車後面飛馳前進。我還有許多事情需要料理。我加足了馬力風行電馳的馳回家去。忽然間，嘩喇一下，我所擔心的那隻右後輪胎爆炸了。

我倒轉來開向那個熟悉的加油站，推進裏面去。那位修理匠說：「那個後胎也不行了，喬琪，你需要一個新輪胎。」

「你願意收支票嗎？」我說：

「當然可以，喬琪，」他說：「我絕不擔心你的支票會是空頭的。」

他笑了，我可不笑。這張支票比前一張支票更糟，我想反正銀行一直要到星期一才開門，我開了張支票給他。

我回到家裡，心中如懸十五個吊桶，走到我的房間裡，正看見我母親在那兒，我說：「我可不可以搬走我的床舖呢？」

我的母親顯得有些困惑：「喬琪，那個是個單人床哩！」

「我知道，」我說時有些兒慘像，「我可以睡在地板上。」

「頂樓上有一張双人床，」我的母親說：「那張床非常舒服的，上面還有些傢俱，你也可以搬去用。」

房東交給我那個汽車間的鑰匙，我的父親幫忙我把床和其他傢俱搬下樓來。我把這些傢俱置放在汽車頂上，把它們栓好，把那些抽斗放在車中，然後駕車直奔向公寓。

（未完）

自由人

鮑家駒是一個逃亡到美國的波蘭人。他曾在德國集中營中被拘禁達五年之久。他來到美國後發現自由是如此可貴，以致於他竟向法院請求將他的名字改為自由人（Freeman）。

他的申請書上這樣寫道：『自由人這個名字可以反映出申請者自逃亡到美國以後所享有的自由情況。』

書刊評介

世界之新希望

B. Russell: New Hopes For A Changing World, George Allen & Unwin Ltd, London, 9s, 6d.

海光

羅素今年五月八十歲了。此老老而彌勤，還在寫作演講，構思不休。這本書是他最近的作品之一。

羅素少年與壯年時代做過充分的解析功夫（攻Leibnitz，著 Principles of Mathematics；與 Whitehead 合著 Principia Mathematica）；走的地方多；見的事物又廣。閱歷如此之深，所以他底思識，至少就他自己而言，已經純熟。本書雖短短二一八頁，然評者已覺妙論橫生，清光鑑人，足可作動亂世界中之一盞明灯。可惜，他所提出的對付蘇俄與共黨的某些實際辦法，評者則頗不敢苟同。羅素如果生在憂患的東方，親嘗共黨底好滋味，正視共黨底眞性質，我想他不會提出那些客氣辦法的。當然，我說羅素提出對付共黨的某些客氣辦法之爲不當，此言並不意謂反共者必須以牙還牙，學習共黨底那一套。在一非常時期，應付危難的必要措施自爲無可避免者。但此『必要』之分寸必須守得很穩，過此便成『不必要』。即使在主觀上反共，在客觀上，精神的實質是否逐漸與之同化，這是一個應該時時留心的問題。如果不幸反共者在方法上步步學習共黨底那一套，『服堯之服，行堯之行』在一實踐的實際歷程之中，七搞八搞，東一個主意，西一個限制，欄柵多日，束縛重重，故障層層，桎梏疊疊，久而久之，由漸入深，不知不覺，整齊固好看矣，但自由全失，理性盡喪，價值消亡，人只餘形，利欲暴力，與獨格碼(dogma)三者統治一切。假如不幸到了那種地步，就是天下一色混了。

但願眞正熱心的人士距離精神的共黨遠一點。距離無形的共黨愈遠，則愈增加對共黨的精神抗力。這是對反共眞正有利的。

這本書是根據羅素底廣播講演『原子時代之生活』而成。時至今日，有三種衝突使人類苦惱。這三種衝突即：人與自然之衝突，人與他人之衝突，及人與自己之衝突。本書討論這三種衝突，並及其救治的方法。與這三種衝突相應，解決第一種衝突的乃科學之事；解決第二種衝突的乃政治之事，解決第三種衝突的乃宗教與心理學之事。

現代技術已使貧困成爲並非必不可免之事。現代技術已可使人類過度較從前遠爲優越的生活。人類之所以不識現代科學技術有這種可能性，是由於信仰，原則，情緒上之固執，以及只有適於過去時代的思想習慣。但是，這些東西，現在都必需放棄。到了今天，新的技術使人類的合作比之競爭遠較過去爲重要。悲慘的恐懼之情籠罩着這個時代，緊壓在每個人底心頭。照羅素看來，這是不必要的。如果我們普遍認識現代知識與技巧能使人快樂，那末便能在極短期間移除恐懼與失望之主要的根源。

本書着重希望之理由。羅素認爲，如果大家普遍了解這些理由，那末藉着自我興趣和自我保持，便會把這個世界導向明智的途程，並且使個人能過度一較和諧的內在生活。

現今的時代，是一個充滿了糾結的時代。在本書底開始，羅素就指陳時代的糾結。他說：『現今的時代是一個糾結充塞乎每個人心中的時代。而這些糾結，照許多人看來，是使現今的時代虛弱無力的因素。我們很少人希冀戰爭。但是，我們却驅向戰爭。我們都明白，這一戰爭會給人類中之最大多數帶來災害。然而，像兔子被蛇迷糊住了一樣，我們瞪眼望着危險，而不知如何避免戰爭。』

『吾人須知，現今世界所面臨的純知識問題是極端困難的。吾人不僅須解答這個重大的問題，即是：不經由實際的戰爭，吾人能否保衛西方世界？而且，在亞洲，非洲，和南美，同樣有許多問題。這些問題，不能在傳統的政治觀念之架構上求得解決。的確，有許多人確信他們能以古代的方法來解決這些問題。我們可以看看麥克阿塞及其共和黨的支持者。麥克阿塞底知識和想像力都是很貧乏的。因而他從來沒有作片刻的躊躇。照他看來，我們所應作的一切，就是回返到鴉片戰爭時代。在我們屠殺了幾百萬中國人以後，剩下的人會認識我們在道德上的優越之處，並且對麥克阿塞歡呼，把他當作救世主。可是，我們不要只想到一方面。照我看來，史達林也是同樣頭腦簡單，同樣也是過時的人物。他也相信，如果他底軍隊能够佔領大不列顛，並且把所有英國人底經濟水準降到蘇俄農民底經濟水準，把所有英國人底政治水準降到政治犯底水準，那末我們會向他歡呼，把他當作一個偉大的解放者，而且爲我們從民主的枷鎖解放出來而慶祝。在我們底時代有一件最令人頭痛的事，就是，凡那覺得世事確然無可置疑的人，都是愚昧無知的；可是，那些具有想像力和理解力的人，則充滿了猶豫和疑慮。不過，照我看來，這種令人頭痛的情形，並不是必不可免的。我想，對于人和他底命運，以及他現在的煩惱，有一種看法。這種看法能將確定之感和希望之心與吾人對於各人底心情，失望，和過分的疑慮之最完備的了解合起來。這些因素是困擾現代人的。我希望指陳這一展望。我希望我底看法能說服大家，並且使大家得到廣泛的鼓勵。近年以來，許許多多的人以爲只有殘酷的偏執一義者才會產出生活力以勇赴一事。我希望我能鼓勵具有善意的人同樣能够產生出活力以勇赴一事。藉此，我們可以袪除別人對於我們西方人的一種譴責，說我們不能提出像克姆林宮底徒從們所激起的堅定不移的信念。我預料我們是能够的。』

羅素對於麥克阿塞個人的批評，似乎夾雜了西歐人士共同的偏見。就個人而論，無疑麥克阿塞是一個偉大的軍人；而且，似乎是頗富『哲學意味』的軍人。在世界反共的實際鬬爭中，麥克阿塞在遠東曾經是克姆林宮和毛澤東震懼的人物。他之呼籲强化遠東反共的陣線，獲得東亞反共人民底普遍支持。他之指責美國日益苛煩的內政措施之日益妨害人民自由，足見他具有深厚的民主素養。至於羅素說麥克阿塞想『囘返到鴉片戰爭時代』，這簡直是閉着眼睛想的。如果羅素稍稍留心麥克阿塞平時對於日本的態度，措施，和言論以及他在國會的演講，評者相信羅素一定不會認爲麥克阿塞是個帝國殖民主義者。恰恰相反，他曾帶給東亞反共人民以無限的溫情。羅素說麥克阿塞『從來沒有作片刻的躊躇』，這不像是經過愼思明辨的言論。麥克阿塞身經百戰，負一方面的重任，那能如此？至於麥克阿塞對於戰場上的實際情況之決定，更不是遠在西方的羅素所知的。總而言之，羅素底這類言論，多係出於地域偏見。地域偏見，雖大思想家亦不能免。

羅素對于遠東的情況不甚了了，對於麥克阿塞本人有所誤解，並且多少夾雜着地域偏見，所以有上述的論斷。可是，如果我們把這些人與地的特殊因素撇開，我們將不難看出他底話中之義蘊充滿了睿智與開明。他將極左與極右的人物等量齊觀，實有至理。在原則上，他爲世界反共運動指出一個新的方向，就是我們不能藉舊有事物來反共。目前的世局雖然在現象上甚爲緊張。但骨子裡則根本是一個文化的鬬爭。從歷史眼光看來，文化的鬬爭沒有在很短時期之內就可結束的，更不是單憑軍事力量所可了結的。依此，我們應該勇敢地接受這場大變動，我們應該不怕承認反共運動是一個漫長而艱苦的鬬爭。有了這個認識在心裡，我們對於一切就得從新估量。共黨雖壞，但我們應該勇敢地承認他是一個有創造力的亂黨。對付有創造力的亂黨，必須新的創造能力才行，當然，從認識到實踐，往往不得不千廻萬轉，走一段費的旅程，才會轉入正途。歷史及現實與觀念認識尚未一致時，它當然會阻碍人折磨人的。在東方尤其如此。

在一個時代被形成以後，風雲人物就有了他們英雄的光輝的過去。但過去的光輝不是未來光輝底保證。在歷史上，一個時代常常創造了一些人物，而這些人物也往往結束這個時代。可是，沒有一個人能够創造幾個時代並結束幾個時代的。一個民族或社群底生命可以常新，然而一個人底生命則易於衰老。一個人底思想更易衰老。普通的人，能活六十歲，但思想至多到四十歲就已經定型了。特別是，曾經藉着某種方法獲得成功的人，容易囘味那種方法，容易認爲那種方法乃天下唯一之大法，因而易於固持不移。殊不知實際世界早已先於他底觀念世界而變易了。麥克阿塞當然不是羅素所認爲的那樣頭腦簡單。但是，麥克阿塞個人是否如此，可以不問而傳統的觀念以及舊式的方法之不足以應付共黨問題，則是今日凡與共黨交過手者所應有的醒覺。觀夫巨濟島共俘之暴動，滿腦袋裝着西方舊有習慣與傳統觀念的盟國官員之嘗束手無策，窮於應付，便可測驗此理。評者作此言，許多人切勿直觀地反應，以爲此係由於盟國未作嚴峻的措施，與夫硬幹所致。如果盟國這樣做，則正中克姆林宮之下懷，史毛之輩必心竊喜焉。共黨在世界利用人命製造事件與在一國以內利用人命製造事件在原則上正無以殊。盟國之應付共俘固然棘手，但盟國官員究受相當科學與民主敎育，頭腦比較富於變化（Suppleness），看事比較客觀，所以在一度『試行錯誤』以後，會逐漸試出一套對付共黨的方法。我相信整個民主世界都會如此。在這一方面，民主國家比東方進步得大的多。回憶第二次世界大戰末期及結束以後的幾年，民主國家吃蘇俄底虧很多，後來漸能與之相持，現在則能逐漸採取政治的攻勢了。

羅素說易持定見的人常頭腦簡單，而具有思想力的人則多猶移不定。這眞可說是現代底一大悲劇。許多自以爲滿有把握的人，其實所言所思，大多粗糙惡劣，建立在成見與舊習之上，經不起分析。其所優爲者，充其量不過激發更下一層人衆之無根的激情。而在另一方面，許多號稱自由主義者，則意志薄弱，了無定見，缺乏獨立不移的精神，沒有至大至剛的浩然之氣。他們總是站不起來的樣子，往往要依附一個東西才安心。於是，這種游移的自由人，常常爲知識低下而自負特甚的人所挾制或利用。所以，總搞不出什麼好事。如何克服這種毛病，使有思想者有定見，而且意志堅定，這是關係乎今後命運的一大問題。

『迄今我所說的是公共的糾結。但是困擾西方人心的還不止這些糾結。傳統的獨斷系統以及傳統的行爲法典不復再能維繫人心。我們懷疑什麼是對的，什麼是錯的，甚至以爲所謂對錯不過是古代的迷信。當着我們試行爲自己解答這些問題時，發覺這些問題是太難了。我們不能發現我們應當追求的明白目標，或是我們應該遵行的明白原則。靜止的社會也許有這些原則。可是，這些原則，在局外人看來，似乎是荒唐的。……西方人底現代生活，全不像有節律的舞步。它像自由韻文，只有詩人才能把它從散文分辨出來。當着現代人精神疲敝的時候，有兩種偉大的獨斷制度在等待着他們：一是羅馬制度，一是莫斯科制度。在這二種制度之中，雖則一種曾是西方人底光榮而另一爲西方人底威脅，可是，任何一種都不能給予自由人以新希望。……自由人曾經充分成長，必須充滿快樂，活力，與心理健康；可是，同時他們抑在痛苦煎熬之中。

『不僅是群體，而且也是個人，都需要思想底道路，和情緒底安頓。這思想底道路和情緒底安頓，必須合於我們底知識，合於我們所能相信的什麼，也合於我們所不能相信的什麼。有許多傳統的情緒安頓方法。這些方法，在過去有其尊嚴和權威，但不適於今日的世界。在今日的世界中，新的技術須要新的德目（Virtues），而舊的德目不復適用。』

可見不獨東方發生傳統動搖的問題，西方亦然。當傳統道德崩解的時候，人們不知由何道路而生活，情感如何安頓。這時，共產主義的邪教以狂熱的姿態乘虛而入，於是千萬人鼓舞嚮往；共產黨這個狠毒的東西乘機造亂，於是赤禍滔天，民不聊生。由此可知，今日反共問題之根本處，厥惟如何爲大家確立一適合的生活原則，以及如何安頓大家底情感。爲了解答當前這重大問題，許多有心人在那兒想在那兒說，甚至於在那兒做。當然，見仁見智，各人底想法不盡相同，因而說法也不盡相同。有人認爲必須恢復過去的傳統。但過去的傳統既已失去支配人心與鼓舞人情之實效，如今只剩一空虛形式，當有其客觀原因。這客觀原因，吾人必須放開眼界，不從一個窗戶而從許多窗戶去虛心尋求。一棵大樹，已失去發榮滋長開花結實之能力，如今只空餘一點老樹根，此何以故。（當然評者並不主張並此根而拔之。）有些文化，就其理想成分而言，都是差不多的，無非仁，義，愛，等等，但文化爲一總體之類名（Class name），因此吾人不應只提空高之理想，且應包含全部之體現（actualization）。一談到體現，便不能不涉及政治，法律，教育，經濟，等等。一談到這些，東方古國，毛病百出，以致全民之生存發生問題，以致有今日之大禍臨頭。評者以爲太『唯心地』完全致力於空談理想。不如實徵地（Positively）多用力從體現方面着手，由體現中設法培育理想，來得切實。一談到體現，毫無問題，西方比東方高明多多。如果這樣一想，可知所謂中國文化與西方文化之爭，在某些層次上，根本是不必要的。二者並無必然的衝突。

許多觀念的進步不若技術進步之快。舊有觀念遭遇新技術所造成的形勢，便構成生活上之不調適。因而，有些傳統觀念必須放棄。但適合的倫理學亟須建立。

羅素說：『人類自其祖先發明語文以來即被傳統所支配。這種情形會爲進步之主因，同時也是進步之障碍。……我們可以反對吾人祖先底狹窄心胸，但是我們只能站在他們底肩上而超過他們。

『雖然，就某種程度而言，尊重傳統和服從習慣是必要的，……可是許許多多社會在這條道路上走得太遠，而且就由於過分守舊，有些社會因此毀滅（請注意此語——評者）。人類之改變其生活方式，較之野獸快得多；而文明人又比野蠻人較快；而現代文明人較之過去的文明人也快（請特別思索此意——評者）。近一百五十年來，文明社會已經重大地改變了其物理的環境，重大地改變了謀營生活之方法，重大地改變了求取安適的工具。這些改變底基本原因，乃知識與技巧之廣泛的增加。

『現代物質領域裡的新技術，如其是爲人類帶來充分的便利，那末需要新的心理習慣與之適應。可是，就在這一點上，現代世界的人最差。在此機器時代和科學生產時代，我們底情感和許多信仰依然滯留在適應生產貧困和原始農業的狀態之中。我們底政治觀念幾乎恰好在十八世紀的形態之中。假定沒有共產黨人以爲他底信條是從這個時代衍發出來的。其實，彼輩之政治觀念特別陳舊，恰好與十六世紀非力二世者相似，恰好與十七世紀路易十四者相似。

羅素說：『普遍的恐懼知識，乃吾人所處時代的一大危機。如果主持教育的人更知悉現代世界所需者爲何種人才，那末他們不難在一代的教育之中培養出一種世界觀。這種世界觀足以改變這個世界。但是，他們關于個人品格教育的觀念乃一舊式觀念。他們最欣賞的品性，乃在海盜群中足以作領袖的品性。如果我們說商業較之作海盜不同，那末他們以爲你柔弱無能，以爲你錯誤。他們之所以有這種念頭，是由於固持自古以來相沿至今的舊式好戰觀念。這些觀念，在物資貧乏的時代是適用的，但不適用於今日。時至今日，如仍有物資匱乏的情形，那就不怨別的，只怨人類自己底愚蠢。雖然如此，可是最大多數人寧取感情而不取知識。最大多數人喜觀我們底情感被激起；我們喜好歡呼或作嫌惡之聲，我們喜好讚賞或恨憎，我們喜好極端。

『這個世界臨着一個可見及的災難。我們迷亂地問我們自己，我們既然誰也不願這個悲劇的命運來臨，但爲何似乎無法避免。基本的原因是，我們沒有調整我們底心性，使之適合現代技術。我們依然將我們底思想方式和情感滯留在一種只適合於技術簡單時代的狀態之中（請就這點虛心思考——評者）。現代技術可能比從前帶給我們較高的快樂。如果我們要在現代技術世界裡快樂地活着。我們必須放棄某些觀念，而代之以別的觀念。我們應該放棄支配別人的觀念，而代之以平等觀念。我們應該放棄爭勝的觀念，而代之以公平觀念。我們應該放棄崇拜暴力的觀念，而代之以愛智。我們應該放棄競爭的觀念，而代之以合作的觀念。我們必須學着把全人類看成一家。我們必須藉着聰明地利用自然的資源來增加共同的利益。我們必須共同趨進以增進繁榮，而不是互相尅制，以趨向死亡與毀滅。自然，作這些轉變時所需的心理改變是很困難的，而且不是一蹴而就的（的確如此——評者）。可是，如果教育家認識了這種需要，並且如果將下一代教育成世界底公民，而不是過去世界好戰之徒統治之下的工具，那末在一代以後便會得到這種改變。』

羅素在此指出觀念與現代技術之配合乃人類致樂的一重要條件。共黨反對並打擊『技術觀點』在『技術』之中，彼等最反對者爲思想技術。至於實用科學技術，則保持於少數效忠於政權的所謂『專家』之手。彼等欲迫使廣大人衆，勒其返於東歐蒙古草原式的農奴生活。赤魔之所謂反對『技術觀點』，其思意之本質，乃在反現代化，而便於迷信之增進。少數有心人士，也對現代技術持不甚歡迎的態度。不過他們所用方法比共黨文雅而間接一點。他們不正面反對技術觀點，而說『技術觀點不够』。這些說法底意謂不易確定；至少，在 Cognitive Level 是不能說的。其實，東方人要學習西方技術，再學一百年未必够數。只有像 Whitehead 這樣的人才有資格從反面批評科學與技術。他說科學乃一 Obscarantism. 東方人普遍地還得好好學習科學與技術，尤其是思想技術，以救數千年混沌之病。今此等熱心人士橫截一下，如眞發生效果，會使中國在現代化途程中倒退。此點說來話長，容有機會再詳細討論。

吾人現處之世界幾於全爲恐懼所籠罩。有的地方處於大恐懼之中；有的地方則爲大恐懼旁邊之小恐懼。恐懼固有大小之分，但其爲恐懼則一。在恐懼之中，人常易產生不正常的心理。羅素說的很有趣：『最大多數的人所感到的不安全，較之實際上爲大。他們認爲獲得安全之唯一的道路就是跑到別人肩頭上去。』又說：『這種恐懼在最大多數社會是很深的。恐懼阻得人底原本創造力，並且增加人對人的迫害；恐懼防害生機和個性，並且使人失去一切精巧的適應能力。恐懼使社會逐漸趨於困乏，僵固，與殘酷。』不獨此也。『恐懼底結果之一乃大家屈服於首領。任何社會，如果尖銳地感到恐懼，便會本能地尋覓一位首領。大家相信這位首領是可以信賴的。有的時候，此一首領是好的；但有時則不見佳。無論首領佳與不佳，大衆總是本能地予以信賴。一九四〇年英人之擁護邱吉爾與大不景氣時德人之擁護希特勒，其出於此種恐懼本能之衝動，正無以殊。在危難之秋，屈服於首領常爲必要。顯然，當船失事之際，乘客服從船長，乃一良佳之事。然而，屈服於首領常有不可免之弊病。當恐懼使人屈服首領而此屈服又無必要時，則使人悔恨，認爲不該屈服。屈服於首領使人失去個人負責之感以及獨立思想之習慣。假令所選之首領之心靈並非特殊高尚，彼遲早將誘陷其徒從爲其自身之利益而努力。希臘之暴君固常如此也。且其權力既源於普遍之恐懼，彼所努力以消除此恐懼者將非常之少；恰恰相反，彼將擴大誇張敵人之危害，藉以恫嚇群衆。結果所至，必內而蠱詞流行，外而兵連禍結。整個悲劇乃由恐懼所生。』史達林乃這種建立於恐懼上之首領底典型人物之一。

羅素所希望的世界，乃一有無慮恐懼的自由之世界。而此一世界之實現，固不能由妥協得之，亦不能藉暴戾得之，端賴剛毅精神之建立。『勇氣，希望，和不可動搖的信念，在一黑暗時代，及防止精神災害之不可或缺的因素。……基督教會乃西歐新文明之核心。許多非基督教徒底思想很崇高，其抱負也可敬，但却缺乏勤力。』

羅素謂 Platinus 乃其時代最顯著的非基督教徒。彼之成就雖不可忽視，但却無補於世亂。『我想 Platinus 之極力從事思構外在事物乃正確的；但他以爲這樣便足以構成一好的人生，這就錯了。思構，如其是完整的和有價値的，必須與實際結合起來。思想必須激發行動，並且提高實際政治家之目的。如果一個人只退隱在寺院中沉思默想，這只是一種逃避而已。」羅素之言，應提起許多在故紙堆裡打轉的人士反省。但是，這並不是說，學人不應有其『個人興趣』。

羅素引申的話裡很清楚地表現這點：『在目前的世界，有二種極不相同的概念在爭取支配權。在西方，我們在人底個體生活看出人底偉大。照我們看來，一個偉大的社會是包含個體的社會。如果人力辦得到的話，這些個人是快樂的，自由的，和富於創造性的。我們決不以爲各個個人必須都是同樣的。我們將社會看作一個合唱隊。在這合唱隊中，不同的演奏者擔任不同的節目，用着不同的樂器。在這合唱隊中，合作之事，係出於大家自覺的共同目標（請特別留神此語——評介者注）。我們相信每一個人應有其相當的人的尊嚴。他應有其個人的良心和個人的目的。除非他底目的妨害他人，否則就應自由發展。我們認爲減少貧窮的困苦乃重要之事，增加知識，產生美和藝術乃重要之事。……』

然而，蘇俄底想法則恰恰與此相反。『蘇俄政府對於人生目的則有不同的概念。照蘇俄政府看來，個人毫無重要之處；個人可隨政府之意予以消耗。所重要者惟有國家（其實只是史達林而已——評介者注）。他們幾乎將國家視爲神聖。國家之自身有其福祉，而此福祉非公民之福祉所構成者。這種看法，乃馬克思取自黑格爾者。此與基督教倫理根本相反。這種倫理。在西方爲自由思想家所接受，亦如基督教徒然。在蘇俄世界人底尊嚴一文不値（史達林底尊嚴當然例外——評介者注）。在蘇俄人必須作匍匐的奴隸，俯伏於代表國家之偉大的那個半神聖的人脚前。照他們看來，這是正確的，而且是適當的。』國家如其是文化單位發展底結果，自與每個公民有不可分的精神血緣。其可親可愛，自不待言。但到了現代極權統治者手裡，國家竟作了這種用途，寧不令人慨歎！

羅素認爲人生在世，應過度快樂的生涯。鬱鬱終老，殊屬苦蹇，自然給予人的限制爲食物，原料，與壽命。但此可藉科學與智慧改善至某種程度。科

（下轉第31頁）

讀者投書

公開的集體的作僞！

李誠中

編輯先生：

貴刊是一個闡發民主、自由、與法治的大刊物。從大處着眼的作風，爲我們讀者所一向欽佩；但我們也得建議，從大處着眼，勿忘從小處下手。本着這個希望，我將報道一件看來似乎是小事而其影響却是很大的事體，如得貴刊披露而又能引起政府注意改正的話，則幸甚幸甚。

事情發生在六月底，一直延續到本月初：臺灣省政府醫務所門前，每天排着很長的行列；行列中人自然都是省府及其所屬各廳處的各級職員，每人手拿一張藥房的發票，魚貫地等候醫官爲他們簽證，以便請領政府所規定的醫藥補助費。（在現行的公教人員待遇辦法中，有一項醫藥補助費的規定，規定着請領醫藥補助費者，須具備經過醫生簽證的購藥發票。而所可請到的補助金額，則視俸給的多少以爲定，但每半年不得超過其統一薪俸加上職務加給的一月所得。本年度的上半年過完了，所以大家擠着來辦這件手續）。

成千的公務人員，他們人手一張的藥房發票，是不是都買過藥品的呢？大家都知道，那些發票多數是向藥房花錢買來的。起先是十元臺幣一張，後來，要的人多了，藥房也樂得居奇擅價，由十元一張漲到了三十元。發票上照例蓋有「銀貨兩訖」的戳子。事實上，銀，是付了；貨，只是這張發票本身！

省政府有這樣的事體，其他機關想也同樣地有這類事，昨天（七月七日）下午我到省立第二女子中學去看一位朋友，就聽說學校當局正在爲醫藥補助費問題和教職員在開會。教育機關，是要以作人的方法教育青年的，對於這一類問題的處理，自然會愼重些，違反「人情」乎？還是公開地集體作僞呢？正是他們討論時大傷腦筋的癥結所在。會議的結果如何，我不知道。

這件事，如果你看的輕鬆，大可一笑置之。抱這種態度的人有的是。我有一個朋友，口頭常常這樣說：「在這個時代做一個中國人，必須有『見怪不怪』的修養，否則你就一天也活不下去」。可是，我就沒有這番修養，也可說我沒有這份福氣。看不順眼的事，就有點冒火；冒火以後，還要傷腦筋來深思其故。對於公教人員公開作僞申請醫藥補助費這件事，我的感想是這樣：

作僞的事情，可以作到大家公開，「蔚」成風氣，誰也不必瞞誰，而且可以拿到會議上來討論，則這種作僞的罪惡，就不能完全歸之於作僞的人們，而其主要責任應該別有所在。準此來看公教人員請領醫藥補助費這件事，我們不能輕率責備那些作僞的人們，儘管作僞的本身即是罪惡；我們必須從作僞之敢於公開，及公開作僞之可能，這兩方面想一想。

(1)我們敢說，每個人都有其自尊心。何況公教人員是受過相當教育的知識份子呢？作僞是罪惡，人人知道。在一般情形下，既名爲「作僞」，作僞者必定要瞞着他人，至少怕人公開。公教人員請領醫藥補助費這件事情，是作僞，但其作僞是公開的，是集體的。作僞可以公開而集體，則在作僞者羣當中，必有其可以互相體諒之情在。這個「情」就是公教人員待遇的不够，而且照貴刊六卷十二期社論所引證的，是在不公平之下的不够。人，有其自尊心；人也有其生存的慾望。一個人，當其基本生存條件不够，而其不够又不是由於自己的過錯，這是最能博得他人同情，最能博得他人體諒的。如果大家都是如此，則彼此間的體諒自然來得更密切。在大家互相體諒的情形下，本來是作僞的事情，而其作僞也就似乎不算甚麼了，不算甚麼也就無損於各人的自尊心了。在這種情形下，衛道的先生，儘可以高呼「餓死事小，失節事大！」但作爲一個政治家，總該記起「衣食足而後知禮節」這句話，來想想辦法吧！

(2)公開集體的作僞，居然可能。這一可能，是由於我們政府的作風是只重形式，只重手續，而不管事實的官僚作風。因爲照公教人員待遇辦法的規定，要請領醫藥補助費，必須提出醫生簽證的購藥發票。這個必要的條件，在官僚作風下，也就變成了充足條件。只要你可以提供證件，儘管明知這證件是假的，也一樣有效，因爲主辦人所要求的只是手續完備！醫官只要你有藥房發票，他就可以簽字，證明你生過病、買過藥；機關的首長只要你提得出醫生簽過字的證件，他就可以批准你的申請；審計部門所審查的也只限於法規上所要求的單據，單據齊全，手續完備了，也就可以通過。至於那些原始單據——藥房發票是花錢買來的這個事實，你我都知道，從下至上也都知道，但不妨事，反正只要手續完備，「於法就無不合」了！這種作風是我國行政上之一大特點。也就是公開作僞之所以成爲可能也。

據說，公教人員的待遇，八月一日將會重新調整。調整的原則，我除掉贊成貴刊所舉的「求公平，節浪費」以外，還得勸勸政府老老實實地遵守「簡化」的原則。簡化是藏拙的妙法，在現存的行政作風沒有澈底改善以前，藏拙第一，藏拙第一！

李誠中四十一年七月八日於臺北

（上接第29頁）學生產技術可以使食物之產量大增。同時，吾人須提倡節制生育，以免人口過剩。天然資源應力予保護，以免過度耗竭。人壽可藉醫學與衞生設備等予以延長。快樂的個人，有賴乎人性之正常的發展。此則端賴乎不阻抑天眞的兒童教育及非地域性的成人教育。行非地域性的教育，各國底人方可善意相處。才能特殊的，應予特殊發展的機會。希特勒式的人物方不致掀起巨患。世界欲求長治久安，必須民主地創立一世界政府。此政府成立之後，大家同意唯有此一政府才得保持一支配有重武裝的強大武力。各國在此政府之下實行自治，各安生業。各國政府只有警察力量，以防宵小而已。

羅素所言，自爲人人所嚮往的境界。但欲達到這一境界，有一大前題，即如何解決共黨問題。共黨未嘗不也想建立一『世界政府』。但彼等實現此一雄圖之方法爲心理麻醉與武力攘奪，並强人以蘇俄爲世界政府底首腦，別國則降爲奴國。此所以世界擾攘不安也。自由世界同共黨根本無法『打交道』。這可由所謂韓戰和談見之。羅素所建議的藉減少戰爭氣氛來慢慢疏導的辦法，在原則上雖無毛病，且爲大部分西歐人士底共同心理，但在實際上甚難收效。當然，評者並非贊成亂打亂殺。解決共黨問題，依評者之見，爲了應急，當然必須建立一支具有壓倒優勢的武力，如美國現在之所致力者，但是，在一長遠的過程中，此一武力背後若無一新精神爲之支持，必歸瓦解。建立一新精神，美國似不勝任，至少目前尚未勝任，雖則美國有識人士如杜勒斯與艾森豪威爾等已有覺悟。這就有待乎自由世界底思想家底共同努力。

第七卷　第二期　內政部雜誌登記證內警臺誌字第一九號　臺灣省雜誌事業協會會員　六八

給讀者的報告

不久以前政府明令自今年暑假起，每年大專學校畢業學生須接受為期一年之軍事訓練。此項訓練之性質相當於後備軍官之訓練。當此全面動員準備反攻的前夕，適齡壯丁之徵服兵役，乃國民應盡之義務。大中學學生多數均在兵役年齡，然按現行兵役法規凡在學學生均享有緩役或免役之權利，政府為顧郵人才起見，對大學畢業學生施以相當於後備軍官之軍事訓練，用意至善。故對此項措施原則上吾人不擬再作評論。但因此項訓練施之於大專畢業學生，在國內此為首次，鑒於過去在抗戰期間學生軍訓之經驗，吾人覺得此次訓練必須慎重行之，務須避免過去之錯誤，以期激發青年之熱忱，然後此一訓練方有意義。我們這一期的社論所討論的正是這些有關訓練的技術問題，然此亦正與訓練之成敗攸關。

大法官會議根據憲法規定是解釋憲法的機關，其地位是很崇高的。然而大法官會議之解釋憲法是否應有限制，實乃一法理上值得研究之問題。此一問題，尤其在新任大法官在臺就職復會以來，極受各方之重視，本社對此問題早欲表示意見，本期欣承國內政治學權威薩孟武教授為文見貽，其意見與本社同人所持者正不謀而合。在本文中薩先生從學理的觀點，詳析解釋憲法應有之限制，以及為何須有此等限制。

瞿荊洲先生的大文原係前文「經濟政策之技術的觀點」之續篇，本應在上期刊出，因稿擠改登於本期。在續論中瞿先生剖解過去臺灣通貨膨脹之所以發生的原因，終以說明經濟政策在技術上之有待改善。

本期翻譯是一篇重要的文獻，文中陳述太平洋學會如何從一個國際性的學術研究機構變成為共產黨宣傳的機關，「幫助史達林赤化中國」。中國大陸之淪入鐵幕乃近年國際間之一大悲劇，太平洋學會竟在這悲劇的演出中串演着一個幫兇的角色。而美國朝野之正式認清這位手染血汚的幫兇之面目，乃最近之事實。本文作者 James Burnhan 是參與調查此案之一人，故其報告當可置信無疑也。

讀者熟知之書評專欄作者海光先生，本期評介羅素新著「世界之新希望」一書。原書中除對麥克阿瑟元帥之批評實為英國人之偏見，經評者予以駁辯外。此書之予吾人者乃堅定不移的自由必勝之信念，當吾人與共黨極權搏鬪之今日，此不啻一精神之振奮劑。

讀者投書對公務員醫藥補助制度之流弊指陳至當，意見可取，亦公正論政之文也。

本刊售價

一、臺	幣	三元
二、越	幣	八元
三、菲	幣	五元
四、港	幣	一元
五、暹	幣	四銖
六、美	金	二角
七、叻	幣	四角
八、印尼	幣	三盾

自由中國　半月刊　第七卷第二期

"Free China"　總第六十五號

中華民國四十一年七月十六日

發行人　胡適

主編　「自由中國」編輯委員會

出版者　自由中國社

社址：臺北市金山街一巷二號　電話：六八八五

航空版　香港時報社

經售者

臺灣　中國書報發行所（臺北市館前街八五號）

美國　紐約民氣日報社

舊金山國民日報社

日本　東京南友堂

東京內山書局

韓國　釜山草梁洞新泰行

馬尼剌　大中華日報社

印尼　椰嘉達星期日報

椰嘉達天聲日報

棉蘭繁華圖書公司

越南　西貢中原文化印刷公司

越南華僑文化事業公司

暹邏　曼谷攀多社十二號

緬甸　仰光振成書報店

印度　孟買梅亞號

加爾各答塔梅學校

新加坡　中興日報社

檳榔嶼、吉打邦均有出售

澳洲　墨爾砵王德利公司

北婆羅洲　馬拉奕坡美芝律聯華公司

印刷者　臺灣新生報新生印刷廠

廠址：臺北市西園路二段九號　電話：二〇九六

本刊經中華郵政登記認為第一類新聞紙類　臺灣郵政管理局新聞紙類登記執照第二〇號　臺灣郵政劃撥儲金帳戶第八一三九號

FREE CHINA

第七卷 第三期

要目

中華民國四十一年八月一日出版

社址:臺北市金山街一巷二號

半月大事記

七月十日（星期四）

美共和黨全國大會提案委員會通過該黨新政綱草案。其外交政策為歐亞並重，保證經由全球集體安全，以贏得和平，並恢復美國在國外的聲望。政綱中會譴責美國對共黨姑息。

七月十一日（星期五）

英法美三國向蘇聯致送照會，建議召開四國會議，商討建立統一德國之條件。

艾森豪威爾當選美共和黨總統候選人。尼克森獲選副總統候選人。

美共和黨大會閉幕。會中重視亞洲問題。就大會上演說者的言論看來，共和黨在亞洲的行動途徑將為援助亞洲人民解救自己的國家。

七月十二日（星期六）

英向俄代辦提出照會，指責蘇俄駐英大使館的俄外交官庫茲尼卓夫做間諜，要求蘇俄立即召回庫氏。

七月十三日（星期日）

美陸軍參謀長柯林士抵東京，與克拉克會議，並擬赴韓國前線視察。

東德共黨宣佈將訪倣蘇維埃的典型，建立東德國。

七月十四日（星期一）

柯林士在韓對記者表示：盟機將繼續對共軍作猛烈之攻擊，直到韓境停戰為止；共軍若發動新攻勢，必將其擊潰，如果共軍撤去，聯軍亦不即離韓。

美國所造之世界最大母艦在新港安放龍骨。

美決全力軍援南斯拉夫，協助南國建立空軍，因蘇俄正以噴氣機供給匈、羅、保等國空軍使之現代化。

七月十五日（星期二）

據芝加哥論壇報稱：美國在世界各地已建立了三百個以上的軍事基地，而形成了一個全球形的戰略網，以應付蘇俄之威脅。

七月十六日（星期三）

美海軍軍令部長費克特勒抵日，視察遠東海軍設備。

共黨突然表示，願有條件的遵守日內瓦戰俘公約。聯軍代表正謹慎地注視此一發展。

七月十七日（星期四）

外交部長葉公超發表嚴正聲明：中共決無權加入日內瓦四項公約與禁用毒氣議定書。

美海軍軍令部長費克特勒指出：臺灣在遠東防衛上的重要性不應予以低估。

蘇俄共黨中委員會致電日本，讚其反美行動。

蘇俄向瑞典提新照會，否認干預公海飛行。

蘇俄通知英國：蘇俄將應英國之要求，而將蘇俄駐英倫大使館中的蘇俄外交官庫茲尼卓夫自倫敦召回。

七月十八日（星期五）

伊朗新總理蓋凡姆發表政策聲明，保證友好解決石油糾紛。

七月十九日（星期六）

伊朗騷動敉平，擁摩沙德派五百餘人被捕。

七月二十日（星期日）

美海軍軍令部長費克特勒抵臺，並發表書面談話，謂中美共同有維護遠東安全的責任，兩國努力以赴，必能成功。

七月二十一日（星期一）

美國民主黨全國代表大會在芝加哥舉行首次會議，此屆大會將提名一九五二年該黨之總統副總統候選人，並將通過該黨政綱。

伊朗騷動復起，擁護摩沙德派示威，並宣佈將刺殺伊朗新總理蓋凡姆。蓋凡姆總理已提辭呈。

七月二十二日（星期二）

費克特勒上將離臺飛港。

伊朗國王已接受蓋凡姆總理的辭職。伊朗議會多數通過提摩沙德任總理。

日本公共安全調查局長宣佈：日共正推行地下活動，以謀推翻日政府。

七月二十三日（星期三）

美特種艦隊在臺灣海峽演習，此舉係對共黨作強硬警告。機艦於演習時曾逼近大陸邊緣，乃顯示可隨時攻擊福州等沿海城市。

埃及發生政變，納奎布率領陸軍控制埃全境。前總理瑪赫拉利已辭職，埃王法魯克要求獨立份子組閣。

七月二十四日（星期四）

聯合國經濟社會理事會第十四屆改選，我連任人口委員會、運輸交通委員會及非政府組織委員會等三委會之委員。

美民主黨全體代表大會通過該黨競選綱領，保證支持太平洋集體安全，並對我國繼續進行軍經援助。

埃政變平息。瑪赫再度出組內閣。政變領袖納奎布受任埃軍總司令。

七月二十五日（星期五）

韓境秘密停戰談判不成，和談改為公開談判。

美要求蘇俄促使中韓共遵守日內瓦戰俘公約，予聯軍戰俘以人道待遇。

埃及新任內閣總理瑪赫就職。納奎布逮捕七高級官員。

七月廿六日（星期六）

史蒂文生當選美民主黨總統候選人。

瑪赫內閣亦即辭職。

埃王法魯克宣佈遜位，由其子福阿德親王繼任。

伊朗情勢仍緊。美下令關閉在德黑蘭之美國軍官俱樂部。反英運動重新展開。

社論

(一)從公文程式的革新說到分層負責

腐朽的東西，丟進垃圾箱；過時的事物，送進博物館。這樣，才可以談革新，才可以說進步。

臺灣在進步中。這句話，從個別的事例看，我們有時否認，有時也得承認。最近一個事例，公文程式的改革，正是我們承認其爲進步的；朽腐的東西，已丟進垃圾箱去！

關於公文改革，本刊在五卷十二期及六卷二期曾先後登過兩篇讀者投書和一篇編者的話。也即是說，本刊對於這個問題，一年來曾一再地提出。現在，行政院於上月中旬曾擬議一個「公文程式條例修正草案」並附有「程式舉例」，「公文用語改革」，「公文標點符號舉例」等。我們詳閱其內容，除有一點（也是最重要的一點）以外，不得不認爲是一個進步。

修正草案全文共七條，其有關改革的第二至第六條，內容如下：

第二條　公文程式之類別如左：

一、令　公佈法令，任免官吏，及上級機關對於所屬下級機關有所訓飭或指示時用之。

二、咨　總統與立法院監察院公文往復時用之。

三、函　同級機關或不相隸屬之機關有所洽辦通報或答復時用之。

四、公告　對於公衆宣布事實或有所勸誡時用之。

五、通知　機關對於人民有所通知或答復時用之。

六、呈　下級機關對於上級機關有所呈請或報告時用之。

七、申請書　人民對於機關有所聲請或陳述時用之。

前項各款之公文除第四款外，必要時得以電或代電行之。

第三條　機關公文應由機關長官署名蓋章（官章，私章或簽字章），蓋用機關印信，並記明年月日時及發文字號。

人民申請書應署名蓋章並註明住址及年月日。

第四條　公文得分段敍述，冠以數字。

第五條　公文除應分行者外，並得以副本抄送有關機關，機關收受副本時，應依其職權並視副本之性質爲適當之處理。

第六條　公文文字應簡淺明確，並應加具標點符號。

分析這次公文改革，有下列幾個優點：

第一、類別的劃分，簡化而合理。公文的正式類別，原有九類，現在簡化爲上列七類。在「令」這個類別下，簡化了過去所謂「令」「訓令」和「指令」，而一概以「令」行之，「咨」與「函」本也可以合併統稱爲「函」，但因「咨」之一字已規定於憲法，故仍保留「咨」，而限於總統與立監兩院公文往復時用之。「呈」只限於下級機關對於上級機關用之，而將人民對於政府機關過去所用的「呈」，改爲「申請書」，將政府機關對於人民過去所用的「批」，改爲「通知」，這是合乎民主精神的合理改革。

第二、分段敍述，冠以數字，可收簡單明瞭之效。

第三、抄送副本的辦法，可以加强有關的聯繫，增進效率。

第四、第六條所規定的，文字應簡淺明確，這一層自屬當然。但是如何才可做到「簡淺明確」，如果沒有補充規定，則這一條可能落空。將在這次改革方案中有一附件「公文用語改革」，從消極方面取消了一大堆陳腔濫調，官僚口吻，如：「窃查」「照得」「呈稱」「內開」「據呈前情」「准函前由」「奉令前因」「去後」「前來」「合行」「令亟」「相應」「理合」「着即」「伏乞」「仰懇」「是爲至要」「有厚望焉」「實紉公誼」「爲荷」「爲禱」「不勝……之至」「鈞座」「院座」「部座」「凛遵毋違」「毋得玩忽」「致干咎戾」等等，都一律在禁用之列。

我們分析這次公文改革的內容，看出上述的四個優點，其中尤以第一點是這次改革中的眞正進步。第二第三兩點事實上早有若干機關在實行；第四點所廢除的那些用語，也有些機關的撰稿人員在其開明首長的指導下早已部份地不用了。這次改革，對於這些事實上已有的部份改進，予以明文規定，以期普及，我們自然也應視爲進步。

前面我們說過，這次公文改革，是進步的，但有一點除外。這一點，最關重要，玆再申論於下：

公文改革的主要目的，應該是爲的提高行政效率，而不是僅爲形式的合理化。要提高行政效率，必須做到分層負責；要做到分層負責，則公文程式應該符合這個精神，至少不要妨碍這個精神。可是在上擧的條例修正草案第三條第一項，有「機關公文應由機關長官署名蓋章」這一規定，於是公務處理就無法做到分層負責了。

機關公文由機關長官署名蓋章，這是現行辦法，在這次擬議的改革中，仍予保留，又使我們不得不認爲這次公文改革，其進步只是形式上的而已，無補於行政效率之提高。我們試擧某一部爲例，試看看在現行辦法下，一件公文的處理程序是怎樣的：

一件公文從外面遞進該部，照例，先經過總務司的收發室（通常稱爲外收發）登記，編定收文號及收文年月日時，然後送到本司的分稿人員分稿（即按公文性質加蓋承辦司的名戳）。分稿後由總務司送到承辦司的司收發（通常稱為內收發），司收發簽收後再由司長批交主管科核簽意見，主管科簽註意見後再經司長（或幫辦）核閱蓋章，由司收發送秘書廳（室）的收發簽收，於是再經由秘書、主任秘書層層核閱蓋章，一直呈到部長（或次長）批示蓋章後，公文的處理辦法才到了最後決定的階段。部長或次長批示了意見（通常是批「如擬」二字）以後，這件公文又發回承辦司，由該司的主管科長交由某一科員撰稿。稿撰好了，又循前一階段的程序，經由科長、司長、秘書、主任秘書，層層核閱蓋章（有時修改文字），一直蓋上部長的私章（大半是由部長親信的秘書一人或二人代蓋）為止，這件公文才算是最後定稿。定稿後再經由承辦司轉到總務司的繕校室繕校，繕校後再送到掌印人員蓋上機關印信和長官圖章（官章、私章或簽名章）。至此才到最後一個程序，交由外收發室登記發文號，發出這件公文，而原件歸檔。

這是一件普通公文在一個機關以內旅行的程序。如果內容比較複雜一點的公文，還有調卷、查卷，以及有關單位會簽、會稿等手續，則更費時了。所以在一般情形下，一件公文由收文到發文，最少在十天左右，有時積壓到一兩個月，也不算稀奇。為什麼要化去這麼多的時間呢？原因自然不只一個，而最主要的是由於分層負責的制度沒有確立，以及「機關公文應由機關長官署名蓋章」這個規定。公文程式的改革，如果不把這一規定去掉，則分層負責制度不能確立，所謂改革者只是形式的改革，或觀念的進步，對於實際的行政效率毫無益處。

說到分層負責，一般談行政問題的人莫不如此主張，政府機關的首長們在其向職員們「訓」話時，也有時以此「訓」勉。可是做起來則恰恰相反。這裡面，不僅僅是由於制度的缺陷，同時有一個心理因素在作祟。這個心理因素，在我國官場中相當普遍且深入，官場中人幾已視為當然。這就是：做首長的——尤其是自以為不世之才的首長，每好「察察以為明」，對下過事干預、指示；而當部份主管的——尤其是以邀寵固位為能事的部份主管，又多「葸葸過慮」，正好多多向上請示以表恭順。有其上，必有其下，有其下，又養成其上，陳陳相因，形成我國官場中「干權、諉責」的積習。於是所謂「分層負責」的話說，也就始終是一個話說而已。

行政院擬議中的公文程式條例，仍保留現行辦法的「機關公文應由機關長官署名蓋章」，這正表明上述的那個官場積習，緊緊地錮住了官場中人的思考，使他們根本想不到：「機關的普通公文為甚麼不可以逕由主管單位的負責人簽字發出，而必由機關長官署名蓋章」這一個問題，而仍然把舊有的規定一筆抄下，並加以說明：「本條乃規定公文應具備之形式要件」！這一點是我們對於這次公文改革方案最失望的一點。

現在，我們假定：積習可以改變；心理因素可以消除。於是我們更進一步希望：各級政府機關的首長和機關內部的部份主管，大家反省一番，看看你們自己的心理上有沒有像我們上面所說的違反分層負責的那些因素，有則改之，無則加勉。於是我們再假定：這個希望是可以實現的，因而我們對於擬議中的公文改革提出如下的建議：

公文程式條例修正草案的第三條第一項，除最後一句「並記明年月日時及發文字號」以外，須重新改寫。改寫的條文，須包括下列各點：

(1)機關公文不以機關長官署名蓋章為必要條件。

(2)中央及省級機關，除其組織簡單者外，機關公文凡是由該機關某一單位依其法定職權而主辦的，以由該主辦單位的主管人負責發出為原則。負責的方式是簽名，不是蓋章。如要保留蓋章的傳統，仍應以簽名為必要條件，蓋章只視作補充條件。

(3)機關公文凡必須由機關長官負責發出的，其負責方式與前條(2)同。

(4)必須由機關長官負責發出的公文，包括那一類或那幾類，視各機關的性質，分別以條例另定之。

基於分層負責的理由，我們作如上的建議。負責的方式，我們主張廢除蓋章，採用簽字的辦法，是要消滅代蓋圖章的陋習，使負有責任的人也即是實際上對於這件公事用過思考，至少不是沒有過目的人。同時還有一個很好的副作用，即使一人身兼數職的事體成為不可能。

我們很高興：這次擬議中的公文程式改革，將要丟掉一些觀念上和用語中的腐朽東西，使公文的形式和氣息，符合現代化的要求；我們更希望：這次改革，將會在官場心理上和公文程式中掃除那些分層負責的障礙，而提高行政效率。這樣，才算是大大的革新，大大的進步。

（上接第五頁）利用，以達到把伊朗國家澈底破壞的目的。

這是非常明顯的，未來的發展，祇有三種可能：一是重新與西方合作，以求國家經濟的復興，這是伽伐麥所想走的道路；二是聽任經濟崩潰，國家隨之解體；；三是投入蘇聯的懷抱。現在，第一條路已經不容易走通。石油糾紛之解決，完全無望，實可不談；殘留的一線可能，就是接受美國的援助，而共產國際的陰謀，正是要把這一個可能破壞，所以此次的騷亂，反英的口號之中又夾雜有反美的口號。現在的情形是，整個國家被摩沙德把持，摩沙德被極端分子團體把持，而極端分子團體又被共產國際的第五縱隊所暗地操縱，伊朗放開英國而與美國合作的前途，本來已極暗淡，何況美國又是否能完全置英國於不顧，能讓伊朗排英而親美？與美國合作不成，剩下來，祇有崩潰與親蘇的選擇了。

伊朗恐怕已注定了悲劇的命運。一個狂熱而無理性的人物已把整個民族領導到自殺的邊緣。伊朗要不接近任何外國而孤立於世界以自存，那是斷斷乎辦不到的。在今日的世界，連美國都無法孤立，也多少要依賴人家，何況是既貧且弱，而又剛巧處於侵略勢力邊緣的小小的伊朗！現在，伊朗缺乏的是理性，流淚與昏厥是於事無補的。

社論（二）

伊朗往何處去？

欲瞭解伊朗的局勢，最好先能瞭解摩沙德博士其人。此人在一年以前，無論在他國內與國外都無顯赫的聲望，但自伊朗與英國發生石油糾紛以來，他在國內成了民族救主，在國外一般人心目中，則成了世界政壇上最怪誕的人物。出身地主階級，曾受西方教育，說得一口流利的法語，做過幾任地方官，但無固定政見，僅對英國的費邊主義抱持一種模糊的好感。他曾與少數友人創立所謂「民族陣線」，但從未使之成爲一個組織嚴密的政黨。他自己至今仍說：凡是伊朗的愛國者，都是民族陣線的分子。廉潔而自奉極儉，經常蔬食，直至貴爲首相，仍祇有兩件大衣，且與他的汽車司機混合服用，他的首相薪俸，則全數捐贈一個防癆機構。他年逾古稀，却突然變成狂熱主義者，激烈，衝動，常常淚流滿面或倒地昏厥；在接見外賓討論重要問題時，每過十五二十分鐘，就要由醫生檢查脈搏和血壓，如發現變化，談話就必須中止，以致所有問題都無法談一個透澈。這一切，究竟是眞正的感情激動，還是僞裝的戲劇表現，那就不得而知了。不過據說，他在私生活中倒是極少昏厥或流淚的，且在中年時曾患過低血壓的病症。

這樣一位人物，自從去年伊朗溫和派的首相拉茲瑪拉被暗殺以後，就被捧上了臺，乃以强硬接收英伊石油公司，驅逐英籍人員，並固執拒絕西方國家一切調解糾紛的提議而成名。除此之外，他却什麼事也沒有做。他出任首相之初，曾答應給予伊朗人民以「舒適」與「安全」。但自去年接收油廠（六月二十一日）並把最後的英國勢力趕離伊境（十月三日）以後，伊朗的經濟情況就急遽的惡化。油礦的開採因技術與資金問題不能解決而漸次停頓，七萬餘伊籍員工漸次投閒，要政府予以救濟。輸出量減低到不及過去的七分之一。政府每年合約美金五千萬元的油稅收益，已反過來變成了每月耗約百萬元的維持費。政府機關花掉了公用事業的基金，花掉了救濟事業、文化事業的基金，終至於出賣汽車，出賣辦公廳的地毯。而在同時期，伊幣則貶值到僅及過去的三分之一。優柔寡斷的名義上的伊王里查巴勒維早就在私下向人搖頭歎氣，他說，情勢已完全無可挽救。

去年十一月，伊朗議會開始進行改選，這次改選，至今尚未完成，下院一百三十六人的名額，僅僅選出了八十一人。在選舉的過程之中，使用暴力與威脅的情形，一天天在加劇；雖然如此，民族陣線却仍未能獲得完全的勝利，在德黑蘭等重要都市，這個極端民族主義政黨勢力尚極雄厚，但在外省地方，則大都選出了立場較爲溫和的無黨派人士，以致在今日已有下議院之中，眞正擁護摩沙德的分子，至多不過略略超出半數。而上議院五十七人之中，摩沙德派則僅占十餘人。到六月間，摩沙德突然宣布要修改選擧法，把形勢對他自己日趨不利的改選給停止了。

上月中旬，摩沙德又以解救國家政治及經濟危機爲理由，要求給他自己以六個月的獨裁權力，並兼任軍事部長。伊朗軍隊，數量不多，爲前王所一手締造，所以至今還忠於王室。巴勒維至此，才作了最後一次無效的抵抗，沒有立即答應摩沙德的要求，並且准許他辭職，另選政見完全與摩氏相反的伽伐麥繼任總理。他的行動，也獲得了上下院的同意支持。那裏想到，伽伐麥甫經登臺，剛剛宣布願意經由世界銀行求得英伊石油糾紛的合理解決以後，德黑蘭等地的民族陣線分子，就發動廣泛的暴亂，與軍警衝突，双方傷亡纍纍，儼然成了一場小規模的內戰。民族陣線的最高委員會在正式公告中坦然宣布要以子彈來答覆伽伐麥及其政府。伊王終於受不了這樣的壓力，祇好讓摩沙德再度組閣，以便貫澈其强硬的排外政策。伽伐麥是一個在二次世界大戰以後抵抗蘇聯的威脅，領導國家渡過難關的有功人物，現在却彷彿在短短六天的總理任期（十七日至二十二日）之內就完成了「賣國」的罪行，去職以後連生命安全都得不到保障，躲來躲去的至今不明下落。伊朗經此次變動，可說已進入暴民專政的狀態。暴民專政是否能解救國家政治經濟的危機，當然大是疑問。

直至今日爲止，我們還不能抹煞摩沙德政府的一點好處：無論在怎樣困難的處境中，它從未想到找尋蘇俄的援手。摩沙德的黨派是一個排斥一切外國的黨派，雖然它反英甚於反蘇，却尚未沾染一些親蘇的氣息。至少在今日以前尚如此。

話雖如此，我們却不得不進一步推究共產國際在伊朗從事活動的特殊方式。伊朗的共產黨，不叫做共產黨，而叫做都德黨，它自身並無龐大的勢力。但共產國際活動重心，並不在此，它主要的工作，是以各種各樣的人物，僞裝各種各樣的政見，來滲透各種各樣的組織。這些僞裝分子，從不提出共產主義的主張，甚至也不提出親蘇的口號，祇是集中全力煽動反對西方，利用一切機會來製造事件，製造騷動與暴亂。他們與摩沙德黨徒，同樣熱烈的擁護摩沙德。在摩沙德黨徒的行列中，究竟有多少這樣的僞裝分子，沒有人知道，連摩沙德自己也一定無法知道。摩沙德政府既然是建立在狂熱分子的激情上面，他當然也就不能顧到這種激情正爲那些僞裝分子所（下轉第四頁）

論日本的「新善隣」政策

徐逸樵

一、舊瓶新酒

前天(七月十六日)日本各大報的朝刊差不多都登着日本政府正在起草新外交政策的消息，這政策的中心之一據說是「善隣友好」。以下是讀賣新聞關於這政策的一段記事，節錄以供本文的引子：

「岡崎外長十四日命令了澁澤次長等幹部起草新外交政策關於獨立的外交政策，岡崎外長就任以後就特別關心到了的，因爲從和平條約生效以後一直到現在，常常發生了不能不急於應付的事，於是起草乃不得不拖延到今天。目前外交政策的基本問題是聯合國協力態勢的確立，善隣友好關係的促進，戰犯的減刑和其暫時出獄的問題等。澁澤次長等是以這些具體政策爲中心而在着手起草的……」

這段新聞雖然只是一種報紙的消息，然而就目前的情形和常理來判斷，他的近於日本新外交政策的核心，那是不會大錯的。在這里，聯合國協力態勢的確立，當然是日本應該努力的問題，因爲日本終將入於聯合國之林，問題只在技術和時間：關於戰犯的減刑和其出獄原是比較微小的問題，縱使有少數國家會持異議而累及一部分戰犯，可是在整個外交大問題的前面，那就成爲微不足道的問題了。因此問題的焦點應該還是如何促進「善隣友好」的目的，至少在我們亞洲人看來應該是如此。

這一目的顯然是最重要的然而又是最不易實現的，這又是我們日本近隣者的看法。日本的近隣是東亞和東南亞。對於這近隣，日本曾經做過最不善的和最令當地人民感到切膚之痛的行爲。日本現在已經復歸於國際社會之林了，「善隣」自然應該列於新政策之首。戰後的日本，領土縮到四個本島（當然還有附近的若干小島），人口增到八九千萬，而資源的貧弱遠不足以養其巨大的工業，從而養其增漲不已的人口。近隣諸國呢，資源雖富而工農諸業和其技術則遠不足以副之。從以有易無互補不足以實現「共存共榮」的大目的看，善隣也應該列入於新政策之首。戰後的日本雖然很有爲，然而究還是一個不健全的國家。近隣諸國呢，雖然多數已成名義上的獨立，而實際却大都是受制的國家。基於同病相憐唇齒相依的古訓，善隣也應該列於新政策之首。這些是「善隣友好」應該成爲日本新外交政策的骨幹的主因。然而「善隣友好」幾個字論字義，論前景雖然具有無限的引力，而一觸及近隣諸國和日本的關係史，却會令人引起無限傷心的情緒，從而引起近隣諸國對於日本的疑慮。這對於近隣諸國的人民，甚至對於日本自己的人民，該又是不容抹殺的事實。爲什麼呢？「善隣友好」曾經是日本外交上的慣用語，而結果居然導出了那樣不堪回首的從侵略而到軍事占領的大悲劇！這確是耳熟猶新，歷歷在目的事實。

傷心話往事原許是不合時宜的，歷史的重演也原是不會而又不許的，然而人類既然是能疑慮而又不易健忘的動物，那末際此舊話重提的時候，日本怎好不以最近的往事爲龜鑑呢？

二、近隣的對日觀感

我說日本應該以最近的往事爲龜鑑，這決不是什麼過分的話。日本離和約生效不到三個月，而近隣諸國對於日本的不滿和戒疑，已於有形無形中到處可以觸知。這些客觀的新事實，對於日本善隣友好的新政策，不能不說是一種强烈的解消劑。這些客觀的新事實是什麼呢？我將不憚煩地列擧以供參考。然而這種種，我可以深深地相信，日本當道所知道的必然什百倍於孤陋寡聞的我！

共匪和蘇俄之不滿於日本，那是思想上和主義上的敵體必有的事象，對於這方面，不必論，也不必提。我所要提的乃是這些國家以外的東亞，東南亞和其他較接近諸國的情形。而這些國家，就理論上說！對於具有和平憲法的新日本，是不宜再有所謂疑懼，不安和不滿了的。然而事實究竟是怎樣呢？請從日本貼近的西隣，逐次談起。

（一）韓國　韓國在對日和約未生效前就和日本開始談判各種問題了。談判內容包括在日韓人國籍處理的問題，船舶引渡的問題，基本條約問題，在韓財產請求權問題，漁業協定問題等。可是談判一遇到漁業協定問題和財產請求權的問題，交涉便入於困難，緊張。繼之以破裂，而尤以財產請求權問題最傷兩國的感情。關於這問題，據韓國方面的解釋，認爲日本過去在韓的財產，「已被沒收了的，再不該有權請求」。而照日本方面的解釋，認爲根據海牙陸戰法規的解釋，佔領軍並沒有沒收私有財產和與軍事無關的國有財產的權利。基於這一解釋，日本雖然喪失了管理權，而所有權却依然存在。同時如果把那些財產賣掉了的話，日本對於賣掉了的價款還是有權索還的」。（註一）關於這些法理或事實的爭辯，孰是孰非不是本文討論的範圍。我所要特別提及的是，由於兩方意見的相左，居然發展而爲反唇相譏，而全般破裂，而一事無成，而兩國朝野都有說不出的不快。據 International News Serirce 本年五月十六華盛頓特電，韓國駐美金大使，正在華盛頓和紐、澳、菲諸國使節密談「對日統一戰線」，足證對於日本已發生異常的惡感。韓國對於日本的感情，也許由於過去被統治的潛在意識在作用，於是發生了今天那種嚴重的疑慮和戒備。

然而事實乃是最眞的實在，日本於重提「善隣友好」新政策的今日，怎好不細細地想一想呢？

（二）中國　中國雖然受日本侵略而被害最大，然而日本一投降，蔣總統就首先宣布以德報怨，迅速送還日本軍民幾百萬，其後天皇制成衆矢之的，國民政府即首先支持應該維護。及至賠償幾成和會之大累，國民政府又率先放棄，以爲天下倡。這種種只是國民政府對日厚意的幾面而已，固無往而非古道熱情，高誼可掬。然而日本政府對於國府之報答則又如何？先有吉田首相致杜拉斯書翰；和約談判之被再三翻弄；約文與附件內容之被制約與晦澁化；到了六月廿六那天日本參議院外委會舉行審議會，吉田首相居然認爲「中日條約的締結只是將來和中國締結全面的政治經濟關係以前的第一步，並不是承認中華民國政府是代表中國全體的政府」，而將一星期前（十八日）亞洲局倭島局長在衆議院外委會所聲明的以「國民政府爲中華民國唯一的正統政府」之語完全推翻。濟弱扶傾爲東洋傳統的政治美德，國民政府厚護之。翻雲覆雨爲國際外交的大忌，日本政府則優爲之。看了這種種，如果近隣諸國尚有分別的良識，將不知對日作如何感想，而致影響于未來的對日關係！

（三）菲律賓　菲律賓戰時受損甚大，乃堅持和約批准前必須談好賠償。關於這問題的談判，日本政府曾以津島外務省顧問爲首席，於本年正月廿五日赴菲。這一談判經過了許多次數的往返折衝，許多回數的向國內請訓，然而終於因爲日本堅持了「日本除掉和約第十四條外無賠償義務」和「日本經濟復興只是表面的，並無多大賠償的能力」爲理由，不欲明示可能賠償的具體數字而停頓回國。從此以後，賠償問題暫時束之高擱，而和約批准也迄無頭緒。據津島代表團和日本記者的談話，代表團在菲期間，行動受菲政府嚴密的保護，一行一止都有嚴重的警備，然而還不免受了群衆幾次的當面爲難，幸以保護周到而護免。菲律賓全土瘡痍未復，馬尼拉港沉船在望。日菲二國覩此惻目的情景，又將如何實現其「善鄰友好」的理想呢？

（四）印尼　印尼對舊金山對日和約而迄未批准。所以未批准，據說由於懷疑美日安全條約的簽訂究將再武裝日本到怎樣的程度，而日本右翼又將由此而會擡頭到怎樣的程度。然而究其實，深怕和約一經批准，或將觸動共產集團之忌而危及其本身之安全，要爲不易批准的內面的主因。這些原因不管，孰主孰從，總之如果有一係事實的話，那末和約究將何日批准，實在是大問題，而同時除掉在野的國民黨和社會黨一致反對以外，連政府黨之持異議者至少在半數（註二），又可作爲該約不易被任何印尼政府批准的左證。印尼的對日感情，據日本視察印尼歸來者的印象，認爲惡劣的情形不如一般想像之甚。他們只認爲印尼知識分子和上層階級對日懷有相當疑慮，而一般國民則僅以好奇之心情臨之。這些報告不無充分吟味的價値。至於賠償的問題，兩國間雖於本年一月十八日訂了一個暫定的協定，而批准則相約須待和約批准以後。這協定，只根據了和約第十四條的規定，暫定了一些關於沉船的打撈，加工生產，以及工農礦業各分野的技術援助與夫留日學生派遣等空洞的原則，並無任何具體數字和方法的規定。這協定，據朝日新聞社和田特派員的觀察，認爲印尼朝野似在懷疑到縱使和約批准了，日本政府是否會迴避而使其成爲廢紙呢。印尼的對日看法既是如此，其將疑懼日本善隣友好新政策的運用，當然是不難想像的。

（五）越南、泰國、馬來　越南雖分爲三國，事實上完全是法國的隸屬，目前內憂方殷，人民生活之不暇，無法過問對日關係。泰國今天的執政仍是過去對日合作政權的底子，對日感情自然不懷。馬來由於日軍在戰時的摧殘，對日感情迄未恢復。這情形，只要看新嘉坡拒絕日人入境一問題尚未完全解決和最近英國駐東南亞總監麥唐納離日時的聲明可以知道。麥唐納七月八日的聲明上說：「關於日本對東南亞諸國的親善關係，我曾經和日本的政治家，官吏和實業家們交換過意見。我曾經以眞摯而率直的心情，說明了新加坡，馬來和其他東南亞諸國，由於他們在日軍占領期間所嘗到的痛苦的經驗，在這個時候，要和日本進行充滿信賴的友好交涉，是非常困難的。關於這一點，現在日本的國民是應該有了解必要的。日本國民應該努力使這些國民知道日本國民從心坎中在希望和這些國民共同創造新的關係，而這些關係乃是爲實現相互的利益；立在對等的眞正友情和相互協力之上的……」。官方聲明尙且如此，則民間的感情可以想見。

（六）印度、巴基斯坦、緬甸、錫蘭　印度在戰時，不但沒有受到日本的巨禍，而且惑於日本所謂「亞洲人的亞洲」的宣傳，對於日本的軍事行動，尤其對於日本的對英宣戰，抱了很大的好感。此後印度之所以不同意處罰日本戰犯，所以放棄對日賠償的要求，所以自願發還日本在印的財產，所以迅速對日成立單獨和平條約，都是那些原因在起主要作用，而日本戰後對印貿易之所以特示順利，對印開發計劃之所以特感興趣，也無非由於那些原因在推動。談到日本對印的開發計劃，從日印兩國這樣的友誼來看，照理應該順利推行而少阻碍了的，可是事情一遇到實際，由於彼此立場的不同和利害之互異，是往往會發生異常困難的。這種兩國間相左的顯例，可以用兩國合作以開發在印鐵礦和在印建築製鐵工廠的計劃來作證明。關於這計劃，日印兩國宣傳了許久，商討了多次。可是由於日本各公司所需要的是鐵礦石，主張先開礦而後辦製鐵廠，而印度所希望者爲先製鐵以應國內工業化之急需，不主張先開礦，至少也認爲應將開礦和製鐵並進，於是交涉迄未具體化。這其間的妙處，日本經濟新聞曾經率直地解釋過：「……可是從日本的立場，尤其從日本各製鐵公司的立場，認爲像印度那樣具有豐富資源的國家而辦起製鐵工廠來，那必將成爲將來的大患，那樣的援助無異資糧於敵而已……」（註三）日本對於最大友邦的後進國印度尚且如此吝嗇而多忌，我不知日本政府將如何促進善隣友好的新外交政策。其次說到巴基斯坦，他對於日本的感情也算不壞，因之年來日本對他的輸出非常順利，日商之在巴基斯坦也極活躍。可是這情形，最近似乎到了飽和而漸呈下坡，而日商之在巴基斯坦者也漸受彼邦人士之厭惡。「喀拉基某旅舘中日商多至五六十人，這也配得上是一種『人海戰術』吧！他們已經把外務省發給他們的『出國禮法』置諸腦後，顯出了『國粹日本』的威勢而令當地人士感者頗不乏例」（註四）。實在說巴基斯坦因離日本遠，過去對日的認識少，今天的對日感情，充其量也僅止於一種好奇心而已。再次說到緬甸和錫蘭。緬甸和印度一樣是舊金山和約的未簽字國，而錫蘭則和巴基斯坦一樣是舊金山和約最早批准的八個國中的二個。這幾個國家雖然對於日本和約所取的態度不一定相同，可是由於其地理上，歷史上和國際關係上有其相同之處，所以對日的感情也大致無甚軒輊，所不同者，緬甸由於曾受日本的軍事摧殘和戰後的紛亂情形，經濟情形比較特別壞，因之對於賠償的問題，自然寄有相當的希望。這二個國家對日的利害關係比較少，日本新外交政策之將影響於他們者，自不若其他日本近隣諸國那樣大，我們似可不必具論。

（七）**澳洲聯邦**　澳洲聯邦雖然不是東南亞的範圍，而其對日的利害和其關心則極深，因之有一提的必要。這個國家對於日本和約生效後的新發展特別敏感。他的一舉一動對於日本的新政策必有敏捷的反響。到現在爲止，他的對日感情或感想並不好，這是日本朝野所共知的事。這里有一段朝日新聞社小幡特派員最近和澳國外交部長凱西氏的談話，很可節錄作爲了解對日感情的參考：

「………

問：日本參加科倫坡計劃的問題正在醞釀之中，請問該計劃的提倡國澳洲聯邦對於這問題取怎樣的態度呢？

答：假定日本作爲援助國而參加計劃的話，豈不是會發生這樣的批評嗎，就是日本如果有能力援助他國，那應該要先付了戰時賠償再說。

問：那末技術援助如何呢？

答：不管是怎樣方式的援助，總之，援助是需要錢的。日本的援助是一定會發生剛才我所說的反應的。

問：戰爭的結束已過六年，據說澳國國民間反日感情的暗流尚未停止，請問日本對於這一問題究將怎樣才對呢？

答：我們除掉願意和日本友好以外別無他意，可是澳國人還沒有忘掉上次的大戰啊！感情的緩和是要時間的，關於這一點，一觸到供給基地於聯合國軍的問題，那日本政府所取的態度是使我完全失望的。現在正是日本表示好意的時候了，而日本政府竟於躊躇吝嗇中姑作若無其事的樣子………」（註五）

三、善隣之道在反古

上面所舉的只是幾個象徵的例子而已，其實何止於此呢？簡言之，統觀近隣諸國對新日本的感想，我們可以說：壞的方面確實多於好的方面。同時還有更值得注意的是，愈和日本接近，則對於新日本的感想反而愈壞，愈和日本接觸，則對新日本的印象反而愈差。

我在這里所以特別提出「對於新日本」幾個字，在乎使日本知道這種不愉快之源乃是「獨立日本」對外的新作風，決不是戰爭中間遺留下來的舊東西。

爲什麼不是戰爭中間遺留下來的舊東西呢？日本的近隣原是些可憐的國家；他們所要求的無非是民族獨立和生活提高，成爲國際社會中應有的自由國家。日本敗後，他們正憐其被人統治，又喜其新生有自，以爲從此可以成爲眞正的朋友，携手同登於春臺，那還會有算舊賬記舊恨的道理呢？所以我說，如果有新的不快的存在或發展，那決非是戰爭中間遺留下來的舊東西。

爲什麼說源出於獨立日本的新作風呢？日本獨立前後一連串的對於近隣的新折衝，處處使人難堪，處處令人不快。只知取而不予，只顧自已的利益，漠視他人的處境。好像餓者出門，非飽啖不爲快。剛才所舉的事實，又何一而非獨立前後的新作風呢？

實在說，這種新作風，實亦無一而非舊日本的舊手法。如果說舊手法確是舊日本大失敗之源，那末際此擬訂善隣友好新外交政策之時，應該根本從「反古」二字下筆。「反古」不是「返古」，這是值得特書大書的。

「善隣友好」的字義是亘古常新的，然而舊瓶所需要的是新酒。羅馬不是一朝一夕造成的，况且羅馬之去已經二千年了。

七月十七日於舊江戶

（註一）「日本經濟新聞」本年五月十四日關於岡崎外長在參院外委會的報告。

（註二）朝日新聞社和田特派員視察東南亞報告，詳見本年二月十二日該報。

（註三）日本經濟新聞本年六月卄一日載「難行的印度製鐵所建設問題」。

（註四）和田特派員東南亞視察歸來報告，載本年七月十三日朝日新聞。

（註五）本年六月六日朝日新聞晚報。

與錢穆先生談文化問題

李辰冬

拜讀了錢穆先生的文化學大義（正中書局出版）後，不勝感慨係之。玆略抒鄙見，以就正於錢先生。

（一）

先將這部書的幾點矛盾抉剔出來，然後再談其他。第一、他說：

> 文學藝術常依附於宗教或道德，而西方文化則偏向宗教，中國文化則偏向道德。因此關係，東西双方文學藝術，亦連帶有內在精神之相異（五十二頁）

同時又說：

> 宗教精神是出世的，道德精神是入世的，因此我們可以說：宗教精神普通都是柔性的，陰性的，帶有消極性；而道德精神則總是剛性的，陽性的，帶積極性。（同上頁）

依此講來，文學藝術既常依附於宗教或道德，而西方文化既偏向於宗教，宗教精神普通都是柔性的，陰性的，帶有消極性；那末西方的文學藝術也應該是柔性的，陰性的，帶有消極性；可是他說：

> 西方的小說或戲劇電影，就東方人看法，它總帶有刺激性，總帶有火氣，使你熱辣辣，心不安，要從現實中掙扎向前。但社會人生，並不即是文學人生，經濟人生更非文學人生，你的掙扎不免要碰壁。而失敗了，回過頭來，有宗教上帝在撫慰你，饒恕你。一張一弛，西方文學藝術則是常帶陽性的，積極的。（同上頁）

文學藝術既依附於宗教，當然與宗教的精神應該是一致的，但他引伸的結論，恰恰相反。道德精神既是剛性的，陽性的，帶有積極性，那末，依附它而所產生的文學藝術當然也應該一致，可是他又說：

> 但在中國則不然，文學藝術往往一片恬憺，一片温和。具體刻劃的小說戲劇，並非中國文學之正宗，中國的文學藝術，常喜從人生現實中躲避一旁，它帶陰性的消積氣氛。温柔敦厚是詩教，你在實際人生中失敗了，在中國的文學藝術中，可獲得慰藉與同情。中國人的道德教訓是嚴父，文學藝術則是慈母。一張一弛，中國文學藝術却擔負了西方宗教的功能。（五十二頁——五十三頁）

他所得的結論又是恰恰相反。

然而爲什麼他這樣的自相矛盾？你說他的話完全錯了麼？不是；然而爲甚麼矛盾？原來他將中國與西洋一個時期的文學藝術作爲整個而得的結論。他所說的西方的小說戲劇電影，是指近代的文學藝術，近代的西方文學藝術的確是「有刺激性」，「有火氣」，「使你熱辣辣」，「陽性的」，「積極的」。然試讀西洋中古時期的文學藝術則顯然又是「柔性的」，「陰性的」，「滯消極性的」。中古的文學藝術精神始與宗教的精神脗合。反過來看中國，六朝與唐初以及受釋道影響的文學藝術的誰是「恬憺」的，「温和」的，「常喜從人生現實中躲在一旁」，「陰性的」，「消極氣氛」的。可是讀讀兩漢文學，唐宋文學，元明清的戲劇小說，平話等，則又是「帶有刺激性」，「有火氣」，使你「熱辣辣」，「心不安」，「要從現實中掙扎向前衝」，「陽性的」，「積極的」。由此可知他之所以矛盾，由於沒有將中西文化分期來看，而籠統稱西方文化或中國文化，才產生了這種自相矛盾的現象。如果將中西文化分作幾個時期，看看它們怎樣在演變，爲什麼在演變，每個時期的文化特徵是什麼，那就不會有這種混亂的思想了。退一步講，文化可以不分期來談，可以整個的談，但必須顧到各期的不同處，然後得一總括，方可不陷入矛盾。

再者，錢先生說：「具體刻劃的小說戲劇，並非中國文學之正宗」，所謂「具體刻劃的小說戲劇」，想係指五四新文學運動後的小說戲劇，不是指元明清三代的小說戲劇。如果是的話，問題就又發生了。一時代有一時代的代表文學，我們稱漢賦，唐詩，宋詞，元曲明清小說。如果說元曲，明清小說不是中國文學的正宗，那就太不瞭解文學的演變了。

第二、他將人類文化分爲三個階層：一是經濟文化；二是社會政治文化；三是宗教，文學，藝術，道德的文化。並且他說：

> 人類的生活，不先經第一階層將無法有第二階層，……最後才到達人生第三階層，我們可稱之爲精神的人生，或說是心靈的人生。此一階層的人生，全屬於觀念的，理性的，趣味的，如宗教人生，道德人生，文學人生，藝術人生等皆是。（八——九頁）

既說「不先經第一階層，將無法有第二階層，」伸言之，不經第二階層，將無法有第三階層，可是他又說：

> 人類文化有時亦往往越過了第二階層而直達第三級，此乃文化之過早成熟。（二十二頁）

既然不經第一層無法有第二層，怎麼又會「亦往往越過第二級而達第三級」呢？這已經是自相矛盾了，然矛盾的還在後面。他既然得出文化三階層的結論，而這結論應該適用於一切的文化，即令有例外，然也應該是大多數的文化演變都如此；然而不然。他一則說：

> 希臘文化是一個畸形發展的文化，何以呢？按照上述文化三階層遞次進

展，該從第一階層透過第二階層，而進入第三階層，才是文化演進之正軌。但希臘文化則不然，它直從第一階層升騰到第三階層去。（五六頁）

再則說：

羅馬文化又透不到第二階層，進不到第三階層。若說羅馬人也懂道德，那是政治性的道德，非道德性的政治。羅馬政治法律權力組織高出一切的。因此羅馬文化始終停滯在第二階層裡。（五七——五八頁）

三則說：

猶太民族是一個流離播遷嘗盡苦楚的民族，輪不着他們來預聞到大群政治社會的一切措施。……猶太人的宗教觀念是悲哀的。人生本身即是罪孽，根本無好希望。只盼一救世主出世，來拯救他們，耶穌便應此民族內心之呼召而來。……上帝不管這世間事，不管你們生前事，不管人生現實，上帝只管你死後，不管你的肉體人生，只管你死後的靈魂。……如此則豈不仍只一半截，而且比希臘人更脫空，只有死後的上帝和天國，連文學藝術的現世生活都沒有。（五六——五七頁）

四則說：

基督教和佛教……要求超越第一第二文化階層，而連累它在第三階層中站立不穩。（一一三頁）

五則說：

回教則因其教主即是政治領袖，容易使它陷落到第三階層中，而失卻其超越的領導之功能。（一一三頁）

一切文化都不照這三個階層演進，而這結論是怎麼建立起來呢？他祇承認中國文化由此演進；祇為中國文化而建立一個結論，未免太主觀，太不科學了吧？

即令專為中國文化而建立的結論其中仍有矛盾。他一方面說：

中國文化從頭即是自本自根，從一個源頭上逐漸發展而完成。西方是諸流競滙，中國則是一派分張。中國文化，在上述文化三階層言，實在能就第一階層透過第二階層而進到第三階層，還從第三階層向下領導控制第一第二階層，符合於文化演進之正常軌道。不比西方希臘希伯來是腰部虛脫的早熟文化，羅馬是透不到頂的胸腹積滯臃腫文化。近代西方，則在拼湊此三系文化之後，因新科學之發現，物質生活之突變，第一階層過度膨脹，尾大不掉；無形中早有全從第一階層來發號施令的趨向。又好像大廈已成，基址搖動，是一種隨拆隨修的緊張文化。就整個文化體系之配搭與演進言，中國比較合理而穩健。（六〇頁）

然另一方面又說：

近百年來，中國本身內部，早又犯了病，而外面大風邪，則是近代西洋嶄新的具有另一套的文化體系與精神的强大壓力，遠不比（辰冬按：「遠不比」應該是「遠過於」，否則與下一句「前所未有的大困難」怎麼啣接？）已往的外患，才使近代中國陷入前所未有的大困難。（六〇頁）

中國文化既然是「合理而穩健」，為什麼「本身內部早又犯了病」呢？既犯了病，那就不見得是眞的「合理與穩健」。為什麼受不了外面的大風邪？受了外面大風邪的文化，能算是「合理」「穩健」麼？「一脈分張」，「合理穩健」的文化，為什麼反受不了「諸流競滙」，「拼湊」，「膨脹」的病態文化的襲擊呢？一個自命强壯健康的人反受不了病人的襲擊，其所謂「强壯健康」可見是假的。

錢先生又解釋中國近代文化的衰落原因說：

惟是文化本身，亦如生命般，須得時時活動前進。最怕是生機遏塞，精神渙散。尤其在上述第三階層關涉精神心靈世界方面的各部門，應該不斷提撕，不斷發皇。而中國自滿洲政權控制全國一百多年，到達乾隆嘉慶年間，其第三階層裡的最高領導精神，由漸經遏塞而頹唐，而腐爛，而迷惘失途，第二階層政治社會機構，亦多走失樣子與原有最高精神脫節。那時的滿洲統治，雖說已受中國之同化，但中國的文化大體系，也早為滿洲統治所腐蝕。這時候，本該有一番從新提撕調整工作，而西力東漸，另來一新刺激，內部的來不及調整，外面的又急切無法抵抗，同時也無法接納融化，這才造成此最近一百年來尷尬混亂的局面。（六十一頁）

「自由中國」的宗旨

第一、我們要向全國國民宣傳自由與民主的真實價值，並且要督促政府（各級的政府），切實改革政治經濟，努力建立自由民主的社會。

第二、我們要支持並督促政府用種種力量抵抗共產黨鐵幕之下剝奪一切自由的極權政治，不讓他擴張他的勢力範圍。

第三、我們要盡我們的努力，援助淪陷區域的同胞，幫助他們早日恢復自由。

第四、我們的最後目標是要使整個中華民國成為自由的中國。

不錯，文化是需要不斷的提撕，不斷的發皇，然由什麼新的「生機」來提撕，來發皇？問題就在這裡。他說中國的文化大體系，早爲滿洲統治所腐蝕，本該有一番從新提撕調整的工作；試問怎樣從新提撕調整？要知道一切文化的提撕調整，往往由於外來勢力的侵入，不管是軍事的，政治的，思想的，宗教的或經濟的。因爲外來勢力的侵入，一個民族的生存發生問題，於是不得不從新考慮怎樣生存，才引出了文化的提撕與調整問題。可是錢先生說：「這時候本該有一番從新提撕調整工作，而西力東漸，另來一新刺激，內部的來不及調整，外面的又急切無法抵抗」，好像是從新提撕調整的工作，不待外力而自動就可完成一樣。如果認爲自動就可提撕調整，眞是痴人說夢。清末接受西方文化的情形，不是一個很好的例子麼？當初夜郎自大，不度德量力。及至打了幾次敗仗，才知道人家的勢力。然還祇認爲也不過是堅甲利兵而已。後來接觸的次數愈多，對人家的瞭解愈深，始進一步知道人家之所以有堅甲利兵是由於科學發達。這才派遣大批留學生專學科學，產生所謂中學爲體，西學爲用的思潮。再後來又知道西洋不祇是科學發達，政治、法律、文化等沒有不是發達的。由此始更進一步知道文化是整體的，有機的，連鎖的。百多年的苦痛經驗，好容易認識了這一點眞理，中國新文化好容易走上了建設的正軌，想不到又出了錢先生這樣的思想。然我並不是主張全盤西化的，詳細理論於後節說明。

錢先生的文化三階層論還有一個矛盾。他說：

文化三階層之正常演進，應該是一個超越一個，同時又是一個包涵一個。(二十二頁)

人類文化，必先安排好第一第二階層，造成了一個環境，才有第三階層之花果。(五十五頁)

再加上上邊曾經引過的：「不先經第一階層，將無法有第二階層，最後才能到達第三階層，」的說法，那末，在原始社會，換言之，在經濟，政治，社會不發達的時期，就不會產生文學，藝術，宗敎，道德等文化。事實告訴我們，原始人有原始人的歌謠，美藝，宗敎，道德等。即以中國來說，錢先生認爲：

中國一到秦漢時代，全部文化體系之大方案，大圖樣，大間架開始確立。(六十九頁)

中國文化到秦漢時始確立，試問六經是不是中國古代文學，藝術，宗敎，道德的總彙？然而照錢先生的說法，那時的經濟、社會、政治組織、不會產生像六經裡所包涵的文化。要知道文化的演進是分階段的，在某一階段裡，有某樣的經濟生活，同時就有某樣的社會政治組織，也就有某樣的文學，藝術，道德，宗敎。它們是同時產生的，並不是分第一，第二，第三階層逐次產生。例如宗法社會時期，他們的經濟生活，與宗族社會的組織是同時產生的。雖然這種宗族組織較之後世的政治組織沒有那末嚴密，那末龐大，然正是它這一時期的特色，同時，就有這時期的文學，藝術，道德，宗敎。錢先生將動態的，纍積的，演變的文化，變成靜態的，孤立的，機器的分析，難怪他要產生這樣頭尾顚倒的論調。

再由他這種文化三階層的說法，推演出下面一段的妙論：

現代的人生，距離藝術與文學的人生尙遠，所以要有藝術家與藝術品，文學家與文學作品。此只是文化初接觸到第三階層時之曙光微露。文化第三階層之終極理想，應該是一個藝術與文學的世界，應該是一個藝術與文學之人生。那時則整個自然全部藝術化，整個人生全部文學化，那多麼有趣味，多末富感情？此刻則還在科學世界，大工廠裡的機器轉動，僅可大量生產，而生產的還是冷酷無知的物，還是財富，不是人生趣味與人生情感。(四十六頁)

錢先生大膽地抹煞了以往一切的文學與藝術，而希望第三階層文化的出現，因爲那一階層應該是一個藝術與文學的世界，應該是一個藝術與文學之人生。這是多麼美麗的理想的境界！可是錢先生又說：

藝術精神重在欣賞，把整個的我，卽把我之生命及心靈，投入外面自然界，而與之融爲一體。於是在自然中發覺有我，又在自然中把我融釋了，化了，而不見有我。這是藝術的境界。(四十三頁)

如此講來，藝術的境界只在你能不能「把我之生命及心靈，投入外面自然界，而與之融爲一體」，如果能，馬上就可得到這種境界。我國從「縱浪大化中，不喜亦不懼。應盡便須盡，無復獨多慮」的陶淵明與「遺情捨塵物，貞觀丘壑美」的謝靈運起，已經達到了這種境界。如果這種藝術境界就是文化的第三階層，那末，我國從南北朝以後已經達到第三階層，不必再往後求。因爲「整個自然全部藝術化」的意思，並不是「整個自然」的本身「全部藝術化」，而仍然是人在作主，那末，人們已經可以領略到那種境界了，何必要等到將來呢？至於錢先生所希望的文學世界，文學人生，我們希望最好不要來到，因爲那是悲慘的世界，悲慘的人生。他說：

藝術忘我於物，文學則忘我於人。藝術是趣味的，文學則是情感的。人生要求有趣味，更要求有情感。……藝術僅求寄託而止，文學則非在求寄託乃在求呼應；我呼必求彼之應。藝術於對象無所求，對象於藝術亦少所拒，故藝術無所失，無所苦。文學於對象則必然有所求，而對象非物是人，人則自有其主觀，於我之求，有時有所拒。於是我之所求則有不得，有失，有苦。人對自然之美，盡於欣賞，而決然無所求，對人生之美則不能無所求。而且其求之感情極眞摯，因其眞摯必帶強烈性，因其強烈，故常若帶破壞性。文學人生常不免要求對方能如我之所求，如是則對方有破壞。對方不能如我意，則對方於我亦反有所破壞。藝術之對象乃自然，因其非我，乃可任我排佈，當下即是。文學對象是人，人亦是一我。彼一我不能由此一我作主，此一我之要求愈深愈強，彼一我之反應愈不易相符，人生眞悲劇全由此起。(四十五頁)

謝天謝地，幸虧錢先生將文學人生與文學世界作一解釋，使我們知道它的眞實情況，不然，我們還夢想它的來臨呢！經此一番解釋，我們還是希望文化的第三階層永遠不要來到好！我們現在生活是苦難的，不錯；幸而還有文學家與文學作品來使我們慰安，來使我們陶醉；到將來文學家與文學作品都沒有了，連暫時的慰安與陶醉也得不到，而人人都過着這樣悲劇的人生，那還有什麼「趣味」之可言！

第三，他說：

科學只能輔助人生，方便人生，但人生決不能由科學來指導與決定。我們瞭解到這一點，便可瞭解科學在人類文化整體中所應有的地位和價值。(三十六頁)

物質生活進步，誠然是人類生活中一項重要的進步，但僅是一項重要的進步而止。我們千萬不該單憑物質生活來衡量全部人生。(三十三頁)

他一方面承認科學是超越人生的，僅是人生的工具，僅能給予人生以方便，而不能指導與決定人生；可是另一方面他一則說：

近代西洋文化，……又挿入近代新科學之興起，忽然說不是太陽繞地球轉，而是地球繞太陽轉。又說人類由猴子演變而來，不是由上帝所創造，於是宗教信仰發生搖動。(五八——五九頁)

再則說：

我們現在知道地球繞太陽轉，而非太陽繞地球轉，此亦是一項眞理，但並非人生，它仍站在人生之外。我們知道這一眞理，可以影響人生之有些部分而獲有改變。這其間有相關，但並非一體。(三五頁)

三則說：

自然科學的知識必已變質爲一種宗教或哲學，乃始對於人類文化有深刻切實的影響。哥白尼的天文學，達爾文的生物學，以及十九世紀盛行的唯物論，都在宗教上哲學上形成了問題，而始影響及於文化之內層（一〇八頁）

四則說：

直到最近，西方物理學界探究到原子的一切功能，於是再想回頭來建立他們根據科學最新發現後之新神學，重來創立一種經過最新科學所洗煉後之新神學，那是一種嶄新的新唯心論。(七十三頁)

五則說：

人生本身即是一自然，人生不能脫離自然的大圈子大規範。人生不能不依賴物質支持，此是人類生活最先必經的一個階段，我們稱之爲文化第一階層。沒有此最先一階層，將不可能有此下各階層。(七頁)

六則說：

最低的即最先的亦是最基本的，第一個文化階層，是屬於物質經濟方面的。沒有物質生活，沒有經濟條件，根本沒有所謂人生。亦沒有所謂文化。(一〇六頁)

科學已經使「宗教信仰發生搖動」，已經使「人生有些部分而獲有改變」，已經在「宗教上哲學上形成了問題，影響及於文化之內層」，已經產生「洗煉後之新神學」，而反說不能指導與決定人生，這是不是自相矛盾？「人生不能不依賴物質支持，沒有此最先一階層，將不可能有此下各階層」，「最低的，即最先的，亦是最基本的」，「沒有物質生活，沒有經濟條件，根本沒有所謂人生，亦沒有所謂文化」，物質經濟這樣的重要，這些話是不是又與「科學是超越人生的」一語相反？

錢先生又說：

物質生活提高，並非即是文化總體價值之提高。孔子耶蘇時代，在油燈微光下讀書，一樣是憑光見字，並不能在電燈光下，可使人對書中意義了解得更深細，更透切。哥侖布坐着帆船，橫渡大西洋，浪濤顚簸，危險誠然是危險，然而刺激人心神，使人情趣，意志，智慧，都會發生大振作與大鼓勵。他這番航海，打動了此下全世界幾百年人類內心精神之無限興奮。今天你坐着環遊全球的双層大飛機，在飛機中安穩看報，吃咖啡，打瞌睡，舒服誠然是舒服，便利誠然是便利，但在你內心精神上，這一番長途飛行，並不發生什麼大作用，大變化。提不高你的人格，磨勵不出你內心的潛在智能。(三十三頁)

從這段話，我們發現了錢先生思想之所以矛盾的原因。他是研究歷史與文化的，而忽略了歷史是逐漸演變的，文化是逐漸積累的，是動態的，有機的，連鎖的。他將歷史與文化都當靜態來看，而且從一個平面上來看，結果，產生諸如此類的自相矛盾。試問：孔子耶蘇在油燈與臘燭時代所瞭解的書，與我們現代人在電燈光下所瞭解的是一樣深度麼？是不是我們現代人所瞭解的要比較「更深細」，「更透切」些？哥侖布所坐的帆船，是不是科學的產品。？雖說不是現代的科學。如果在哥侖布所坐那樣的帆船沒有產生以前，他會不會發現美洲？用科學的智慧產生的帆船能發現美洲，使全世界幾百年來人類內心精神爲之無限興奮；難道將來更速，更安全的飛機發現了其他星球，不使此後幾百年或幾千年的人類內心精神更要無限興奮麼？哥侖布的帆船使我們人類的眼界擴大，人生觀改變，宇宙觀改變，是不是飛機或火箭將其他星球發現後，使我們人類的眼界更爲擴大，人生觀更爲改變，宇宙觀也更爲改變呢？至如飛機，它使地球縮小了，它使人類情感交流了，它使民族仇恨減輕了，它使大同世界的理想接近了，難道與人類文化沒有關係？在飛機中安穩地看報，吃咖啡，打瞌睡，減去了人類長途旅行的疲勞，難道不是提高了人生的樂趣？再如說坐着舒服而便利的飛機，引不起像哥侖布在帆船裡那樣「激人心神，使人情趣，意志，智慧，都會發生大振作與大鼓勵」，眞是比喻不倫，你試坐着飛機或火箭去發現星球，看看是不是引起同一樣的情趣？

錢先生又說：

你在電燈光底下禱告，或思想，或寫作，或歌唱，並不比在油燈底下更有效，更靈敏，更深刻，或更精妙。質言之，物質生活提高，精神內心生活並不一定提高。（一〇七頁）

試問在電燈未發明以前，與在電燈發明以後的禱告，思想，寫作，歌唱（寫到這裡，看到中國一周第一〇三期十三頁歌喉的訓練的圖片與說明，可知科學對於歌唱的關係，請讀者參看。）的趣情，靈感，深度一樣麼？你錢先生穿着西服革履，用派克五十一筆，坐着舒服的飛機來往於臺港之間，與幼年時拖着長辮，布衣布履，手執毛筆，與局於鄉村的思想與寫作是一樣麼？你錢先生固然還是你錢先生，然你的內心與外形是不是改變了呢？用靜態的，機械的，平面的，主觀的態度，在動態的，有機的，連鎖的，累積的與逐漸演變的歷史文化裡，是發現不出眞理來的。

其實，錢先生是懂得這種道理的，比如他說：

然而跟隨着達爾文的發現，却不免疎忽了另一絕大的漏洞。當知五十萬年以前的原人，固然確由類人猿演化而來，但今天的人類，則已與五十萬年以前的原人不同。這其間已有絕大的差別；這一個差別，乃由人類自身所創造的文化所引致。（九十三頁）

一點不錯，現在的人與五十萬年以前的原人不同，因爲中間增加了文化；然而文化本身是不變的麼？他說：

每一個人的生活，可以把其時期劃定在每一個人的生存期間，但集體人生不然，當你未生以前，已有這般樣的飲食，居住，衣着，道路交通，乃至這般樣的語言文字，社會風俗，宗教信仰，趣味愛好，以及智慧境界之存在。這些全屬於集體人生，即文化的領域。在你未生以前，這些早已存在，在你既死之後，這些仍將持續。這些生活方式，以及生活內容，其壽命遠較個人壽命爲長久而有持續性。換言之，個人只在文化中生活。

也是一點不錯，當你未生以前，飲食，居住，衣着，道路交通乃至語言文字，社會風俗，宗教信仰，趣味愛好，以及智慧境界早已存在，在你既死之後，這些仍將持續；然而其中沒有一點變化麼？錢先生曉得把個人生活劃定在他的生存期間，可惜沒有把文化的演進也分成幾個段落，而劃定它的生存期間。文化也各有其生存期間的。錢先生祇是坐飛機（因爲錢先生分文化的三階層，兩類型，七要素都是以飛機在天空作比）來看文化，沒有鑽進文化的內部，看文化爲何產生，如何產生，如何發展，爲何衰落，而祇「憑空掠影的巡閱」，所以得出這些似是而非的結論。

實際上，錢先生已經摸到了眞象的邊緣，可惜他的「主觀」讓他把眞理溜走了。他說：

上述文化三階層，每一階層，都各有其獨特自有之意義與價值。每一階層，都各有其本身所未完成之任務與目的。而且必由第一階層，才始孕育出第二階層，亦必由第二階層，才能孕育出第三階層。第二階層必建立於第一階層之上。但已超越了第一階層，而同時仍然包涵有第一階層。第三階層之於第二階層亦然。現在先簡率言之，第一階層之特有目的，在求生存，即求各個體生命之存在。第二階層之特有目的，在求安樂，即求大群體存在之安樂。存在不一定安樂，而求安樂必先求存在。於存在中孕育安樂，安樂已超越了存在，而同時又包涵着存在。第三階層在求人類生活之崇高，在求安樂之崇高。安樂不一定有崇高，惟崇高已超越了安樂，但必由安樂中孕育，必包涵有安樂，乃始見其爲崇高之眞意義與眞價值。

這些話大體無問題，而問題就出在將文化分爲三階層，而第二階層「超越」了第一階層，第三階層又「超越」了第二階層的「超越」二字。因爲他心目中先有主觀，認爲宗教，道德，文學，藝術是「超越」於政治，家庭，物質，經濟的生活，於是把文化分爲三階層，並且一層比一層高，以致引起許許多多無法自圓其說的論調。如果他捨棄了主觀，切實去觀察一下各民族各時期文化之產生與發展，他就可發現在同一時期，有這樣的物質經濟，就有這樣的家庭、政治、法律，社會組織，同時也就有這樣的道德，宗教，文學與藝術。這些是同時產生的，有連鎖性的。錢先生認爲凡是主張科學影響人生者都是唯物論，這未免太武斷，太唯心。唯物與唯心都不對，我們認爲都是錯誤的，生存論才能認識歷史與文化的眞理。當一個民族在一個自然的環境裡求自存，自然就產生生存意識，由這意識，就產生了物質，經濟，家庭，社會，政治，法律，宗教，道德，文學，藝術等來達到它的生存目的。後來異族入侵，或它侵略了其他的地域，他不得不重新考慮生存方式，於是新的生存意識產生，文化的各部門也因之漸漸發生變化。歐洲的民族複雜，同時因地壤相接彼此易於接觸，所以生存競爭特別强烈，文化的變化也特別快，也特別繁雜。中國地緣地理比較單純，東南是大海，東北是寒帶，北是沙漠，西南是大山，因而與各民族接觸的機會較少，生存競爭比較緩和，所以文化的變化顯得遲慢，顯得單純。

（二）

總括以上的研討，可知錢先生之所以致誤的主要原因有二：一是以靜態觀察原是動態的歷史與文化；二是歷史觀的認識錯誤。茲再分述如下：

一是以靜態觀察原是動態的歷史與文化　人生，歷史與文化原是動態的，逐漸演變的；可是將這些人生，歷史與文化紀錄到紙上的時候，好像變成了靜態。而一般研究的人，是從書本來研究的，書本是靜的，所以往往就以靜態來處理原是動態的人生，歷史與文化。儘管錢先生也在講：

道之大原出於性，性與道，根本不是靜定的死物，而是一種動進的，具有由此往彼之趨勢與傾向的一種過程。理貴能分析，從死的靜定的方面看；道貴能綜括，由活的變動的方面看。(七五頁)

這段話的是至理名言，然而到他去「分析」，去「綜括」人生文化時，則又變成靜態的了。如他說：

天文學上發現了地繞日轉，並非日繞地轉的新智識，這對西方宗教信仰，發生根本搖動，但在中國人看，地繞日轉，還該父慈子孝，日繞地轉，一樣該父慈子孝，並不成大問題。西方生物學上又發明了進化論了，進化論，認為人類並不由上帝創造，此說，在西方宗教教義上，又發生一番大搖動，但就中國人看，人由上帝創造，固該父慈子孝，人由動物變來，也該父慈子孝，仍不成大問題。(七二頁)

這段話是缺乏了時間與空間觀念而得的結論。地繞日轉與進化論影響了西方的宗教信仰，並未影響中國的父慈子孝觀念，這種話，如在地繞日轉與進化論尚未影響中國人以前則可；難道影響了中國人的思想以後也沒有改變麼？難道中國人現在的父慈子孝觀念與以往仍完全一樣麼？儘管觀念相同而質量已起了變化。何況父慈子孝的觀念產生於生存意識，並不產生於地繞日轉或日繞地轉以及人類由什麼演變而來的問題上。倘若錢先生考察一下原始社會，在那時生活極為困難，一人的生產能力僅能維持一人的生活，當父母年老力衰不能生產的時候，則將父母殺死，免得他們受罪，你能說這種行為是不孝麼？即至宗法社會，財產是父母遺留的，這時孝的意義又行改變，即所謂「反哺」的意義。到了封建社會，往往忠孝不能兩全，盡忠不能盡孝，這種孝的意義又是一種。到了近代工業發達，經濟獨立，父子不能生活在一起，則孝的意義又為之一變。總之，因生活環境的不同，而生活意識為之改變，於是孝的意義也為之改變。隨社會的演變而產生孝的意義的演變，儘管「孝」的觀念不變，而其中質與量是大不相同了。像這樣的「分析」與「綜括」才能算是動態的，才能真正看出文化之「由此經彼的超勢與傾向的過程」，才能真正「從死的靜定的方面」「分析」出「理」來，才能真正「由活的變動的方面」「綜括」出「道」來。錢先生的矛盾與錯誤就發生在他以靜態來看原是動態的人生。他從這裡得到點知識，那裡得到點真理，然不能將這些知識與真理聯各起來。你說他的話完全錯了麼，不，並不是完全錯，分開來講是對，合攏來講就錯。此中原因，就在他不能以動態來看原是動態的生活。

二是歷史觀的認識錯誤　錢先生說：

文化譬如一大流，個人人生則只如此大流中一滴水。大流可以決定此水滴之方位與路向，此水滴無法決定此一大流之方向，與路向。誠然，無個人亦將無集體，但此刻的人生則已走進了文化領域。這是人類遠從有史以來已然的事實。文化儘管必需在每一個人人生上表現，但個人人生究竟無法超脫文化而存在。文化規範着個人人生，指導着個人人生，而有其超越於每一個個人人生之外之上的客觀存在。這一種存在，即是文化學之對象。(五頁)

這段話的毛病由於兩種原因：是比喻不倫，一是機械論。試問：文化是誰創造的？除人類外，沒有文化。(或許其他星球上或動物也有文化，然不是人類的文化)文化既是人類創造的，而人類中誰來領導文化？是聰明才智之士的個人。個人受以往文化或新環境的影響而創造新的文化，再由此新文化而領導新的時代。如此講來，個人之在文化中，如何可與滴水之在流中相比？錢先生也發現了自己的話不無矛盾。於是不得不又轉彎說：「誠然，無個人亦將無集體，但此刻的人生則已走進了文化領域」。滴水決定不了大流的方位與路向，不見得個人也決定不了文化的方位與路向。個人人生固然無法超脫文化而存在，但個人人生不見得不能領導文化。我們常講社會風氣之轉移，在乎一二人之間。此一二人如果不發生作用，他怎能轉移社會風氣？常言：時勢造英雄，英雄造時勢，也是這類的意思。文化固然可以規範着個人人生，指導着個人人生，而有其超越於每一個個人人生之外之上的客觀存在；但個人人生也可以規範着文化，指導着文化，而使其超越於每一個個人人生之外之上的客觀存在有所改變。不然的話，你錢先生僕僕於臺港之間，今天講演，明天寫文章，後天又出書，不是想以個人的力量來喚醒人民，建設新的文化麼？如果個人在文化中真的不發生什麼作用，你這番辛苦是不是白費了？

由於這種機械的，呆板的看法，因此對於文化的興衰問題也看錯了，他說，

文化病大都出在整個文化體系中，各部門配搭之不妥當，不健全，失却平衡協調。只要把此各部門重加調整，即可獲文化之刻再度新生。

因為他認為文化出了毛病，祇要重新再配搭一下從新再調整一下，就可再度新生，所以他又說：

人生問題必然最重要的是一個道德問題，而道德精神(下轉第三一頁)

思想眞能改造嗎？

吳康

中共承其「蘇聯祖國」的傳統衣缽，以暴力起家。自佔據大陸之後，清算鬪爭，橫征暴歛，屠殺人民，以千萬數，造成三千年來的血腥統治。在其一切清算鬪爭之中，尤其毒辣的，便是有計劃的摧殘文化。除了改寫歷史，焚燒圖書等，荒謬低能行動外，對於領導社會的知識分子，更殘酷無情地予以所謂「思造改造」運動。其中規模最廣大，波瀾最壯濶的一次，便是從去年秋以還，集合平津二十餘院校的教授講師等六千五百餘人，指定作「思想改造學習運動」。要使此等被迫改造的人，各坦白其過去思想的錯誤。乃至治學方法及內容　都一無是處，悉宜摒棄，而要從新學習馬列主義等敎條，從今日起做一個　新人」。其中不少名流學者，被迫作公開坦白的文字，報章雜誌，已略有刊載。處在刀鋸斧鉞之前，不得不作違心之論，料想大多數是如此的。我們除了痛恨僞政權暴力摧殘文化之外，對於那班大多數被脅迫的人，祇有寄予無限的同情，並應努力奮鬪，收復大陸，以解脫這班「知識俘虜」的桎鎖。

但是面臨這種事實，却引起一個重要的問題：思想眞能改造麽？對於這個中心問題，讓我們進一步作比較詳細的分析，而冀能得到一個明確的答案。

何謂思想？由形式邏輯方面講，由觀念以構成判斷，由判斷以構成推論，最後才可構成秩序整體的推論，實經幾許的層次而後成功。與形式邏輯對待的，有實質邏輯。是即關於各科系統知識之特殊研究的方法。其中規律之外，並須詳擧事實例證，以爲說明，然後能辨別是非眞僞，而求得與對象相符之客觀的眞理。

一個思想的內涵，如此其繁博豐麗，而其構成的程序又如此其艱難曲折；而事實上眞有思想素養的人，大都曾經過數十年的悠長歲月，研劘浸潤，以型成其僅有的中心信仰，而謂欲於一朝之間，用人工機械的強迫行爲，使其根本改造，根本否認過去的一切，這是緣木求魚，爲必不可能之事。明白這一基本觀點，那大陸學人被迫改造所發表否認自己過去思想完全錯誤的坦白文字，其眞實程度如何，亦可以瞭然了。

中共僞政權對於大陸學人強迫施行思想改造，其要點如次：1.過去所學習的一切學術思想，皆屬於反動的統治階級的，宜悉予否認，根本改造。2.從新學習馬列主義和毛澤東思想，爲建設共產社會的革命而努力。3.剷除個人主義，英雄主義，自我檢討，服從組織。4.爲人民服務，走群衆路線，向無產階級投降。現在讓我們來一工作扼要的分析。

第一、所謂過去所學習的一切學術思想，皆屬於反動的統治階級的。就學術思想本身而言，可說大部分與所處時代的統治絕無關係，因爲一切學術思想內容，大致可分二類：(一)理論的部分；(二)應用的部分。理論的部分，是一切學術所由建立的原理原則，不受時代和環境的限制。譬如孔子說：「學而不思則罔，思而不學則殆。」「仁者己欲立人，己欲達而達人。」牛頓的力學三律。化學水爲輕二養一合化物。生物學的遺傳進化等等試問這些理論與當時的統治階級有何關係？語及應用方面，可說一部分是與所處現實環境有關係，如政治經濟或道德實踐制度等事；另一部分，如機械工業的本身組織，各種工程的建設等等，不拘是在專制君主治下，抑在憲政民主治下，其設施實踐是一樣的。譬如鐵路橋梁的建築，工廠內部一切機械的裝置，決不能因爲「美帝」如此用過了，便因爲其有資產階級的氣味，共產集團就能另外發明一套完全不同的方法。實際上他們對於應用科學方面，正竭力倣效資本主義的先進國家如「美帝」「英帝」等而唯恐不及呢。所以說過去所學習的一切學術思想：皆屬於反動的統治階級的，宜悉予否認，根本改造，完全是違反眞理，抹殺事實的謬說。

第二、從新學習馬列主義，和毛澤東思想，爲建設共產社會的革命而努力。關於這一點，我們可作一個簡單的提示：馬克思主義，所謂國家社會主義，止是許多社會主義學說中的一種。它所揭「人類的歷史，是一部階級鬪爭史」（共產黨宣言）是違反歷史的事實的武斷之言。它以十九世紀工業革命後，一時的勞資對立的情形，擴展而施之於全部的歷史，已犯了形式邏輯上「以偏概全」之弊。其資本論中剩餘價值之說，亦不盡合勞方心理上的反應和事實上的效果，已有許多專家名論駁議過了。至其謂無產階級革命，必生於資本主義發達的國家，尤其與當前的事實相違反。卅年前的俄國和目前的中國，皆是生產落後，資本主義不發達，或竟可以說未曾有過資本主義的國家。而事實上，却是俄式共產主義繁殖的溫床。至於辯證唯物論以物質爲第一性，意識爲物質的反映，是第二性，將玄學與知識論混爲一談，把哲學思想的進步過程，倒牽回到中世紀，鑽入於玄學錯綜的牛角尖中，而兜其自我陶醉的圈子，同時竊取黑格爾辯證程叙的形式，而立其矛盾、對立、統一、否定等推論法則，以範圍一切物理人事，使一般乳臭未乾，心如白紙，還沒有邏輯素養的青年，驟墮入其迷魂陣中而不能自拔。不知黑氏的辯證程叙，止是形式邏輯範圍內由判斷而生的一種推論形式，且亦不能無限制普遍使用。如自然現象中，人與動植物的生必有死，天象的晝夜循環，人事的仁愛正義爲基本德目等等，皆萬古常存不易的規準，不能有反之事發生於其開，即不能有「反論」。所以欲以辯證程叙，範圍一切推論，在原則上是不可能的。至於歷史唯物論，主張以物質生活方面的生產方式，決定精神生活的演進程序，可能有一部分的眞理。惟以產業公有、奴隸、封建、資本主義，社會主義等社會形態，去說明所有歷史進化的階段，却多與事實不合。又俄共及中共在其所稱實行革命時的社會，都不是資本主義的社會（中共自稱現階段的中國，是半封建半殖民地的社會）未經過資本主義社會一個階段，而欲以人工製造。實現其所謂社會主義社會，那便是公然違反其平日一致遵奉的社會發展的鐵律。否則便是這種進化律則，祇是創作者閉門造車的私見，而非與客觀事實符合的眞理。此其故皆在誤以邏輯推理上形式的範疇，作爲實質的範疇，將二者混而不分，遂生出以偏概全或誤乙爲甲的結論。一種推理之中效與否，在其形式的範疇，施用無誤，即已足發，但是倘進一步要問此種推理的結果，是否滙爲客觀的眞理，那便當驗之於實質的範疇，求之事實，倘能符合，便是眞理。前者是控名，屬於形式邏輯範圍；後者是責實屬於實質邏輯範圍。二者之功能，各有其一定的界限，倘論者不察，誤將其混合爲一，則以必將生出「差之毫釐，繆以千里」的結論。

要之，馬克思主義，不拘其在理論原則方面，抑具體計劃方面，大部分是主觀的成見，閉戶造車的「獨斷論哲學」，所以責之事實，便漏洞百出。記得十六七年前巴黎大學（抑法蘭西學院已記不清楚。）一位經濟學權威教授，批評馬克思的資本論，說馬克思的經濟思想正如他的鬍子一樣，極亂雜而難以爬梳的，其實不止其經濟思想爲然，即其全部思想亦復如此。列寧是一個暴力革命實行家，是將馬克思階級鬭爭的理論，附之以實踐的策略，取馬基亞弗利的權謀術數，納之於馬克思主義之中，綜合二馬的精神，而成其殘酷無前的鬭爭理論，爲此日俄式共產主義（布爾塞維克）之指導原則。所以馬克思主義到了列寧，已部分變質，而成爲列寧主義。至於斯大林，只是列寧主義之奉行者，並擴而充之，將列寧鬭爭思想，普遍滲入於各種制度和生活中，而成爲摧殘人類生存精神之毒菌而已，至於毛澤東思想，如所謂新民主主義等，自稱將馬列主義的理論，連繫於中國的現實，而成爲中國「革命」的最高指導原則，乃是無條件的先假定馬恩列斯所說的，爲萬古不易的眞理，而割裂中國現實，強納之於其模型之中。其鹵莽滅裂，淺薄可笑，實不值一駁。

第三、剷除個人主義，英雄主義，自我檢討，服從組織，這在原則上不無一部分的眞理。即是應該剷除的，是自私自利專爲自己權益打算的個人主義和英雄主義，如此日「偉大的人類導師斯大林元帥」「偉大的毛主席」等極盡肉麻捧場之能事的個人主義和英雄主義，是應該根本打倒的。因爲此類的個人主義和英雄主義，是決不能犧牲小我，服從組織的。不，所謂組織，即是他個人意見的代言人，而並不是集中羣衆意見折衷而成的民主表現。因爲在這種組織中，參加的分子，沒有表白一己意見的自由，祇能以領袖的意見爲意見，所謂組織，所謂民主集中，悉是欺人之談自我檢討，祇是詳細檢討自己的一言一行，是否合於領袖所指示的教條表準而已。所以上面條文的正當解釋，是：剷除大衆的個人主義和英雄主義，自我檢討，以服從代表領袖一人獨裁意見的組織。

從他方面說，合理的個人主義和英雄主義，則不特不應除而且應該提倡。如憑創造衝動而非占有衝動（從羅素說）而發展的創作事業，若科學文學，藝術家等，個性愈發達，英雄心愈加强，而成就亦愈大，貢獻於人羣亦愈多。這種個人主義和英雄主義，難道不應該積極提倡嗎？

第四、爲人民服務，走羣衆路線，向無產階級投降。這幾句話，要分別解釋。爲人民服務，自是不易的眞理，古今中外，沒有一個政府敢說是不爲人民服務的，但這形式的範疇，還要責之以實質的眞實。古人說得好：「修辭定其誠」，若言行不能相顧，便是形式與實質脫節，便不是客觀的眞理了。中共口口聲聲說爲人民服務，而實際上所行所爲，無一不是爲反人民而服務。三年以來，淸算鬭爭，屠殺人民至二千餘萬，開古今中外政府殺人（蘇俄除外）空前未有的奇蹟。若在歐陸小國，如比利時七百五十萬人口，荷蘭六百萬人口，瑞士三百八十萬人口，丹麥二百八十萬人口，不是早已全都殺光，靡有孑遺了麼？幸而中共在大陸三年所强迫施行的「思想改造學習」運動未及成功，否則那所餘的四億三千萬人，也一定向逝者看齊，進入鬼門關了。至於走羣衆路線，更是大有問題。共黨所說的走羣衆路線，只是利用羣衆，欺騙羣衆，竊取羣衆的熱情，犧牲羣衆的福利，以求其自我的成功，自己集團利益的獲得。這在列甯斯大林著作中，討論如何走羣衆路線，以求革命成功，到處可以見他們這種傳家之寶。這是完全違反眞正人民意志的自私自利的行動，而應該澈底打倒的。向無產階級投降，尤其是一種似是而非的僞說。工人階級只是全體人民大衆的一部份。我們應該知道一般人民的知識水準，總是在科學知識的水平線以下的，工人亦不能例外。如果向工人階級投降，即無異將知識水準降低在應有的界線以下，而社會亦永不能求進步。即今共產國家執政者亦非眞正的工人，而爲知識分子。所以對於一般平民大衆，應該盡力爲其謀福利，但在意見上，知識上，却不能盲目向其投降；否則社會只有倒退而無進步。事實上共產國家執政者，亦從未向無產階級看齊投降。視其待遇之階級森嚴，生活之奢侈浪費，剝削人民，無孔不入，只是新貴族能了。

總觀以上所述我們可得這樣的結論：完整的思想，須經形式邏輯各階段不可缺的規則而構成，再驗之以實質邏輯的特殊規律和事例，始能成爲與對象相符之客觀的眞理。所以凡一種眞正的思想，皆是深根固柢，盤於吾心，其養成之也非一日，決不能於短期間，用人爲强迫的方法，將其根本改造。至多祇能印入若干畸零的新觀念，其去構成完整的的思想，還遠得很呢。何況身受思想改造學習運動的人，苟稍有辨別是非眞僞的能力，安能昧着良心，以接受其所心以爲非的謬說，我們試看平津高等學校教師思想改造學習運動的結果，使得主持改造學習運動的共幹啼笑皆非承認「多數教師雖然在總的政治綱領上已能接受新民主主義的方針政策，但在教育思想，治學觀點，工作作風方面，還保留着歐美資產階級思想意識殘餘，仍未能得到根本的改造。」結果只好說：「基本問題是，舊知識份子，本來是屬於反動統治階級的，現在是如何轉移立場背叛原階級，向無產階級投降」（主持北大改造學習會的金克木語）。這種批評總結，雖是荒謬絕倫，但其結論是一句話：思想改造學習運動，完全失敗！

太平洋學會如何帮助史達林赤化中國（下）

James Burnhan 原作
聶華苓 節譯

共產黨滲透的過程

在以下說過，共產黨的戰略是利用太平洋學會來阻止西方列强，尤其是美國，對於共黨赤化中國所作之有效的抵抗。這一目的引起一個大規模的宣傳運動。他們必須將美國和歐州的輿論鑄成同一模型：就是使他們在觀念和態度下都爲共產黨的遠東戰略而掩護；他們必須使美國與歐洲對於如何對付共黨遠東戰略而感到茫然；他們並必須削弱美國與歐洲抵抗此一戰略的意志。爲了要實現這一政策，太平洋學會中的共產黨極力他們自已和他們的同路人，或是被他們所欺矇的人，安挿在政府機構和私人組織中。在另一方面，他們之設法剷除那些他們認爲頑固的人。例如，柏勒（Adolph Berle），洪拜克（Stanley Hornbeck），杜滿（Eugene Dooman），格魯（Joseph Grew），赫雷（Patrick Hurley）等。

茲舉數例以說明共產黨借太平學會而滲透到各重要部門的情形。居里（Lauchlin Currie）在二次大戰中是白宮的要員，他那時正受命監督有關中國的事務。於是，格靈柏格乃奉太平洲學會之命去作居里的助手。格靈柏格是英國劍橋大學的學生，甚至於在學生時代，他就有傾共之名。

傅來德曼（Julian R. Friddman）曾在太平洋學會中工作多年。在大戰後期，他忽然搖身而變爲芬生特（John Carter Vincent）的助理，那時芬生特是中國部門的首長，後來又是遠東事務處的處長。

普賴綜（mary Price）曾作過李普曼的秘書。但事實上，她却是一個蘇俄間諜，曾爲蘇維埃的間諜而從李普曼的公文中竊取情報。

我曾提及，為了戰時的便利，太平洋學會在華盛頓設立了一辦事處，雅都曼便是此辦事處的負責人（Rose Yardumian）。後來，她曾有數年杳無音息。但在一九五〇年，她忽以中共之中國月報總編者的身份而出現，這個月報是中共在上海發行的。

太平學會的傾共份子十分貪饕，他們不僅參與有關中國和遠東的各項問題。在二次大戰中，幾乎任何二個問題都少不了太平洋學會會員的份兒。一九四〇年，費爾德辭掉他在太平洋學會美國會議中秘書的重要職位，而任美國和平總動員的主席，這個組織即共產黨的前線組織，其任務是指摘『帝國主義的侵略者』（如英國和法國），並在白宮做放哨的工作。

甚至於戰前，在太平洋學會的書刊中就常發現爲莫斯科審判（moscow Trials）辯護的言論。一九三八年三月，在拿蒙特（Chrliss Lamont）主持下的一個爲莫斯科審判所辯護的會議上，卡特的論調便和蘇維埃的代表托羅楊諾夫斯基（Troyanovsky）的論調是一致的。拉鐵摩爾在太平洋季刊中也曾論及莫斯科審判，他說：『在我聽來，那就像是民主的聲音。』

共產黨如何控制太平洋學會

共實，在太平洋學會的董會中，在那些捐款人之中，多爲共產主義者。而且，在太平洋學會的書刊中有許多非共產主義的言論，甚至於有些反共的言論，既然如此，爲何太平學會還稱得上是共產黨的『掩護組織』，或是『共黨陣線』呢？這裏有個回答：

太平洋學會任務是在非共產主義的外表下，由非共產主義的通路，而實行共產主義的觀點，事實上，就以曾作過共產黨的人所觀察，爲便於實行共黨的陰謀，太平洋學會中的共產黨已嫌過多。

共黨政治情報局曾就此問題作過許多討論，他們一面讚賞太平洋學會在滲透政府各部門及影響輿論這方面的成功；在另一方面不斷的批評在太平洋學會中的共黨同志未能向外作更大的發展。那就是說，他們覺得太平洋學會中的共產黨過於集中了；無需如此多的共產黨，太平洋學會也能被共黨控制的。

因爲一個組織的政治傾向並不是由一些不活躍的、無警覺的、無目的份子而決定的，而是由一些警覺的、積極的、有動力的人所決定的。這些人知道他們自已需要的是什麼，並且對於重大的問題和重要的職位是毫不放鬆的。

在太平洋學會這個複雜的組織之中，只有共產黨是有政治警覺性的。他們設法使他們自已的份子或是聽共擺佈的合作者任太平洋學會中的重要職位。例如，費爾德曾在總會中工作多年。穆爾曾有一個很長的時期任提名委員會的主席。雅都曼曾主持華盛頓辦事處的事務。柯克斯（Len De Caux）在戰時曾任工業組織公會的會長。由共產國際所訓練出來的趙亭奇（Chao Ting Chi）曾緊緊把握着太平洋學會中的中國同僚。蘇維埃的間諜尾崎也曾經是日本分會的中心份子。

因此，無論太平洋學會中有多少非共產主義者，太平洋學會的政治傾向總是在共黨控制之下的。

不斷的宣傳

共產黨的宣傳工作並不十分複雜。他們只需永無休止的重復幾個基本觀念，再既時用幾個特殊的觀念來加以補充。的觀念也是與共黨既定的戰術相符合的，他們宣傳的調子如下：（一）中共並不是『眞正的』共產黨，至少，他們不像俄共，而是自由份子，是土地改革者，是『當地的激進份子』，是愛國等等；(一)中國共產主義是由中國本土和中國的歷史所造成的；(二)中國共產黨是誠實的、不腐化的、有效率的。他們使中國農民得到解放；(四)眞正的中國革命乃是被共產黨所領導的革命。這個運動是民主的，進步的。所有的反共運動都是壓制革命的，反動的、法西斯的。(五)中國政府只是國民黨的政府。……

這些便是太平洋學會中一些活動份子的著作、文章、評論、演講以及談話的課題。蘇維埃在太平洋學會中的戰略並不一定要彰明較著的支持共產黨，或是仿眞理報和工人日報的態度而運用共產黨一慣的語言。拉鐵摩爾在一九三八年七月十日給卡特的一封信便是一個最好的例子，他在這封信中坦白的評論太平洋學會的幾項活動。其文如下：

『你將此次調查的中國部門中這樣多的工作移交給阿西阿提克斯（Asiaticus）、漢生、和奇，我認爲你是十分有技巧的。他們將實現那些絕對重要的激進的看法。但他們將以溫和的辦法之現實。這是可信任他們的。我覺得爲了要達到此次調查的一般目的，太平洋學會在各個國家中所處的地位應有所不同。對於中國而言，我認爲應和中共保持一適當的距離，以免被人安上共產黨的頭銜。但應保持在積極的中國自由份子的前面，以便引人注目……至於蘇聯，在大體上說來，支持他們的國際政策，但不用他們的口號，尤其是不使他們或其他任何人感到太平洋學會是順從蘇聯。』

拉鐵摩爾在此所提及的『中國部門』的確是在一些『能手』的手中。『阿西阿提克斯』即共產國際的工作者莫勒（Heinz moeller），他早在一九二七年即在共產國際的雜誌上發表文章；陳漢生（Chen Han-Seng）之著名的別名是布魯克（Raymond D. Brooke），他也曾爲共產黨的雜誌寫過許久的文章。他並被威佛基爾（Wittfogel）證明是一個共產黨員。拉鐵摩爾所謂的奇就是我們前提及的共產黨趙亭奇。

太平洋學會的俠士們一點也不放鬆他們底努力。一九四七年六月，布郎出版公司送給卡特『中國之未結束的革命』的一個稿本，此爲易卜斯坦（Israel Epstein）所作。卡特接此書後，即刻寫一回信給此公司的負責人佛特。其文如下：

『……我覺得你應設法使此書在其他書之中及早出版，以便國務卿馬歇爾、范登堡、莫斯、艾夫斯、杜勒、芬生特等早日讀到它。這是十分重要的……不知你是否能設法及早印出一版便宜的紙面書，以便在印度，菲律賓、中國大量行銷，並且，可望由越南、暹羅、緬甸等國得到一些訂戶。』

後來由許多證據和文件證明，原來艾卜坦在共產黨中的歷史很悠久。一九五一年三月三日，他的任務大概已經完成，而且參議院的調查工作正要開始，於是艾卜斯坦乃乘波蘭船『拜特里』號悄然離去。

無知、空虛、貪婪

太平洋學會如何能欺矇每一個人呢？傾蘇的政策如何能在太平洋學會中得勢呢？他們如何能使每一個與太平洋事務有關的人，不論是在新聞界、商界、大學中、或是政府中的人，心悅誠服呢？例如，甚至於像賴特雷（Freda Utley），賴因巴基爾（Paul Linebarger），泰勒（George Taylor）和羅大衞（David Rowe）這些人都承認他們曾跟着太平洋學會隨波逐流。但他們現已公開改正他們的看法，並且，現正激烈的批評太平洋學會過去的行爲，在中國陷於中共以前，在那些反對太平洋學會的國會議員中，沒有幾個人會對太平洋學會有所抨擊。僅有的幾個反對者都被隔離於美國生活的主流之外，因此，他們對於美國官方的或一般人的輿論也不能有一點影響。

太平洋學會如何能造成這種情勢呢？其原因有多種：(一)美國人對於遠東事務是如此幼稚，不成熟、天眞、如此信任人。因此，多數的美國人不知道如何辨認親蘇的政策，親蘇的組織和行動；(二)美國人對於我們這一世紀最重要的政治事實茫然無知。不僅美國人如此，大多數的西方人也是如此。他們不了解極權主義的眞相，尤其不了解共產黨的極權主義。(三)美國人對於太平洋區的基本問題不但茫然無知，並且沒有任何一貫的政策。他們對於太平洋的事務缺乏眞知灼見，於是，太平洋學會便與日俱增的來塡補此一智識的眞空。(四)太平洋學會供獻了一個引人入勝的工作園地。這個園地對於青年人尤富有吸引力。他們或被安揷在裏面工作，或是被太平洋學會賜以研究和寫作獎金。在這塊美麗的園地上有新鮮的智識，有從海外而來的有趣的參觀者，他們可以參加各種集會，或是去遙遠的地方考察，這兒有的是興奮和刺激。因此，共產黨漸漸吸收了許多青年人；然後，分散他們到一些組織中去，或是將他們分散政府或敎育機構中去工作。(五)在我們的社會中存有一種理念的媒介。此媒介似乎極易傳染共產主義。和平主義者和人道主義者所倡導的『友愛』，以及不堅强的自由主義者『各有其是』的獨斷之說都有助於共產主義的滋長。這種冲淡的自由主義再加上一點馬克斯主義的理倫的調味品，便十分容易爲食慾特佳的青年人所接受。(六)此外，在我們之中還有些理念的酵母菌在那兒發酵，即人類的貪慾。太平洋學會自開始便由富人，大的基金委員會和商業團體吸引來了大量資金。例如，洛克費勒和加太基基金委員會曾捐助了兩百多萬美元。私人如拿蒙（Thomas W. Lamont）費爾德（Frederick Field）戴衞斯（Joseph E. Devies）史渥普（Gerard Swope）崔普（Juan Trippe）等都曾捐獻了許多錢。還有摩根公司，雪爾石油公司，讀者文摘、麥特遜輪船公司等等也都曾捐助太平洋學會，他們爲何如此慷慨解囊呢？雖然他們之中有一些是傾共的，有一些是天眞無知的，但這還不足以解釋他們爲何全都如此慷慨。英美以及其他西方國家在商業利益和經濟利益方面一直有幾分傾蘇。

這並不是由於他們對共產主義的信仰，而是因爲他們以爲這樣可使經濟健全些。許多企業家和銀行家認爲他們和蘇聯來往至少可以在短期內賺錢，或許甚至可以長久獲利。這才是他們慷慨幫助太平洋學會的主要原因。

因此，無知、空虛、貪婪、和發霉的理念成了共產主義的溫床，克里姆林宮除了這幾個盟友之外，還有一個不懈怠的堅決的陰謀組織。我們確知這一組織是存在的。任何一個有理性的人，只要看到任何一部份此項調査的記錄，他便不會懷疑此陰謀組織之存在。

我要重申一句，我們所要解決的根本的政治問題，不是調査 或 是否一個精練的共產黨。拉鐵摩爾發誓說他從沒當過共產黨。卡特和芬生特發誓說，他們在太平洋學會中從不知道關於任何共產黨的情形。他們只有點懷疑費爾德是一個『左翼份子』這或許都是眞的。但這並不能改變太平洋學會的歷史中之親蘇的事實，或是否定這些人在那段歷史中所擔任的角色。無論如何，他們的同胞和全人類在今日已嚐到他們所參與的那些行動所引起的痛苦後果。

膿疱仍在流膿！

我們如此追咎以往，是不是浪費精力呢？我們已知的太平洋學會的罪惡是否在今日仍繼續存在呢？且讓下列的事實來予以證明：

就在一九五二年十二月三十一號爲止的這一段時期中，洛克費勒基金委員會捐獻五萬美元給太平洋學會的太平洋會議，一九四九年十月，國務院聘羅星傑爾（Lawrence K.Rosinger）爲顧問，使之能參加一個圓桌會議，討論美國對華政策在此討論會上,他和拉鐵摩爾表現得最活,躍並且最贊同當時會議中所流行的看法。在一九四九年冬到一九五〇年，洛克費勒基金委員會付給羅星傑片二千美元，使之能參加太平洋學會在新德里所召開的一個特別會議。洛克費勒基金委員會又曾給羅星傑爾六千或九千美元的獎金，使之能完成一部名叫『亞洲現勢』的書中之一部份，此書於，一九五一年春由美國太平洋學會出版。一九五一年十月十日，太平洋學會的現任秘書長和太平洋學會美國分會的副主席賀蘭（William L. Holland）曾證明由太平洋學會所主持出版的兩本羅星傑爾的書爲『正有學識和平正』的著作。一九五二年元月二十九日，羅星傑爾被召到小組委員會作證，但他以憲法賦予他的特權爲藉口而拒絕回答許多問題。他對這些問題的回答可能揭露他與共產主義或共產黨的關係。羅星傑曾被人證明爲一共產黨，他的經歷和寫作也是他傾共的確切證據。由上述各節綜合看來，他數年來的行動都是爲了蘇聯的利益。這個結論不是不合理的。然而，一直到參議院審問的最後一個階段，這個人一直是太平洋學會的寵兒。甚至於在他拒絕答覆小組委員會的問題以後，太平洋學會的發言人和首腦們也未曾排斥過他。相反的，在羅星傑爾拒絕答覆的兩個月以後，太平洋學會的羅克伍德（Lyckwood）賀蘭（Hollan）格林（Greene）這般人在作證時還爲他辯護。

顯然的，太平洋學會這一塊膿疱似乎仍在那兒流膿！

（上接第一九頁）「大火炬的愛」全書最大的特點，不僅是形式新用，技巧別緻，而且全書都用純熟的口語寫，成這本書是新文學創作行程中所發現的一枝奇葩。他避免一般人所走的陳舊路子，沿襲幾種固定形式，滿篇半死的語言。他却採用了新的手法，活潑新鮮的語言。唸起來可聽，說出來順口，不用解釋，不用翻譯。我相信這種趨向是中國文學最好的路程，也是成功的路程。可是這些，却往往被一般從事寫作的青年朋友們所忽視。

這本書是屬於散文體小說的一種，乍看來似乎也是散文，但其中有人物，有故事，而且是小說的結構。

作者朱西寧先生是山東臨駒人，現在鳳山軍校服務，據他自己說，他是沒有什麼驚人的學歷，當過報館編輯，當過兵。從小嗜好看小說，三十七年來臺灣後，即從軍，有功夫就埋首在圖書館，發奮用十年功夫從事寫作，原希望十年後，有人給他出書，可是他的作品也往往被人不領略而予以退回，這樣反增加了作者努力的勇氣。這次重光諸友無一人和他相識，完全因爲看了他的文章好，決定爲他出版。所以他說，比他的希望，提早了六年。在這出版事業萬分困難的時候，愼審認眞的出版態度不只是對一位努力創作青年的鼓勵，而是向讀者推薦成熟作品，使大家有所選擇。

當然，朱先生年紀尙青，他的作品絕沒有達到最高峯，更不能說自由中國文壇上再沒一個人比他好（那種肯定說法是批評家故意傷害作者，所加於作者的一種無法忍受的虛榮）我希望朱先生的作品，越寫越好，不希望他這部作品就是空前絕後。事實上任何人的作品，萬不可能，在當代即被人譽爲千古絕響。中外獨一。一個作家，只有不斷努力，榮譽才有保障；創作最好的批評，便是有人欣賞。朱先生一定不以我的話爲唐突吧？

——七月廿二日頂溪小住——

共和黨全國大會的前前後後

美國通訊——七月十四日

本社特約通訊記者 許思澄

共和黨的全國代表大會閉幕了，與會的當然一個個力竭聲嘶，就連記者這旁觀的也鬆了一口長氣。昨晚（七月十一日）第一次睡了一夜好覺，希望今天能將這篇報導寫成。

這次大會只是一個政黨的大會，似乎只應當是少數幾個政客的事，最多也不過是這政黨的黨員感興趣，然而事實上卻大大不然。就美國本身說，除了開會的地方，芝加哥，是五光十色，熱烈緊張得如馬戲場以外；無線電與無線電傳眞已經將全國，自大西洋至太平洋，自大湖區至墨西哥邊境，整個的結成了一個大網。一個坐在西南角綠杉磯家裡的老太太可以清清楚楚的聽到，看到會場裡的一舉一動。而一個在東南角一千一百九十英里外佛羅里打州海灘上洒日光浴，休夏的商人，也可以在麥克阿瑟開口的百萬分之一秒後聽到他那蒼涼悲壯的聲音。事實上在這開會期間，全國的大廣播網和許多獨立的無線電臺，所廣播的盡是共和黨大會。其他的節目，一律暫停。至於一般的聽衆呢，除非是在工作着，否則耳所聽，大會也，目所視，大會也。就連眞在工作的人，也不時抽點空閒出來聽一聽，看一看。據說，如此直接參加了大會的，約有一千六百萬人。約當全國人口十分之一。爲什麼大家如此注意呢？好奇的心理只不過百分之一，而眞正關心的卻在百分之九十以上。本來，這也是可以了解的。美國現在正在打着一個不尷不尬的仗。說它小吧，死傷已超過十一萬人。說他不重要吧，也已經消耗了幾十萬萬美金。要痛痛快快打勝仗吧，當政的杜魯門不許。要不聲不響的退兵吧，於情於勢又有所不能。這眞是千古未有的奇觀，而這奇觀卻是當政的民主黨所造成的。說到內政方面，捐稅之高，爲歷史上和平時期所未有。物價之貴，也遠出於正常情理之外。政府的浪費爲衆所共睹，而官員之貪汚案更層出不窮。人們失望之餘，當然寄希望於在野黨。於是不期然而然的集目光於芝加哥的共和黨大會了。

事實上，注意這大會的又何止美國人？戰後的歐洲，有一半是靠着美國的援助復興的。戰敗的德國不必說，要不是美國，柏林早丟給蘇俄了。就是西德，又何嘗不靠着山姆大叔的支持才生存？意大利，法國也只是在美國的經濟援助下才勉强掙扎着站起來。甚至於堂堂的大英帝國，也不能不三番五次低首下心的來借債。這些國家（指美國戰時盟國，德國不在內），在民主黨的馬歇爾計劃及其他專案支援下，從一九四五年七月一日至一九五一年十二月一日止，得到了五十七萬萬美金的美援。一旦民主黨下臺，這種支援還會繼續嗎？所以他們的關心也是理所當然的。甚至當最近英國工黨的左翼份子在國會中攻擊美國轟炸水豐發電廠時，邱吉爾都老老實實警告他們不要胡鬧，勉得激怒了美國人民，在選舉年中將選票投到孤立派頭上去。自然，這是邱吉爾了解美國政治的深刻處，然而也正可以看出歐洲人對這次美國大選的提心吊膽。

亞洲方面呢，新獨立的日本，事實上仍只是美國所保護的。美國政策的轉變，關係着他們的生死禍福。捲在大戰旋渦中的南韓，更早已身不自主，不能不和美國共榮枯。環顧其他，如菲律賓如法屬安南，以至馬來亞，緬甸、印尼，都或深或淺的和美國政策有關。就是自命『中立』的印度，雖放着千千萬萬的『聖牛』不殺，卻口口聲聲急叫：『印度災荒餓死人是美國人的責任！』

談到我們自己，一向的自尊心這幾年來所遭到的創傷是大家心照不宣的事。一九四八年大選後急轉直下的局面多少也和當年的大選有關。我們的當事人，不如邱吉爾那樣的有經驗，不幸的竟捲入了美國內政的愛憎中去。更不幸的是杜魯門是位胸襟並不曠大的人，（一位音樂批評家說他的女兒歌唱得不好，他馬上用總統府的信箋親筆簽名寫了封信說『我要揍扁你的鼻子！』）加以局勢本就艱難複雜，於是更樂得順水推舟，寫成了那部落井下石的『白皮』小史。這些往事，都反映出我們今日之所以不能不睜大了眼睛，沉默的觀察這局勢推演的緣故。

美國是兩黨制的國家，但事實上並不是除了兩黨以外就沒有別的黨了。華萊士在一九四八年領導的進步黨是一例，其餘小黨仍多，如禁酒黨，社會黨，甚至於共產黨都可以推候選人的。但這些小黨勢微力弱，不足輕重，所以不在話下。

共和黨創立於一八六〇年。其創立的時代背景就不平凡，本是爲着一個偉大的理想——解放黑奴——而結合的。其第一次所提的總統候選人，林肯，成了美國史上與華盛頓齊名的偉大總統。九十二年來在已過的二十三次大選中，曾獲勝過十四次。換句話說，過去九十二年中民主黨提名而競選獲勝者不過四個人：克里夫蘭（Grover Cleveland1884,1892），威爾遜（Woodrow Wilson,1912,1916）羅斯福（Franklin D. Roosevelt1932,1936,1940,1944）和杜魯門（Harry S. Truman1948）。但最近的二十年，共和黨卻被民主黨屢次擊敗。羅斯福破例的竟連了四任，甚至杜魯門，在一九四八年，一方面有左翼的華萊士從民主黨分裂出去組織進步黨，另一方面右翼白種優越論的南方各州分裂而成『南方反對派』(Dixiecrat)，似乎是支離破碎；共和黨也自以為必勝無疑；結果却仍是民主黨全盤大勝。不但連任總統，竟將國會中的優勢也再一度從共和黨手中奪去。(按一九四六年國會選舉時共和黨曾獲勝。)這一跤把共和黨跌得半響說不出話來。而杜魯門也就自以為人民信任他，日益狂妄自大，終至造成今日這種世界的慘局。這些雖是舊話，但溫故而知新，共和黨今年大會之所以如此緊張熱烈者，也正因為共自知來日方艱，所以不能不出全力以爭的緣故。

站在一個中國人的立場看杜魯門的領導幾乎是一無是處，所以一定很奇怪為什麼民主黨會如此的難『打倒』。但站在一個美國人的立場看，却頗有不同了。

一九二八年時共和黨曾以一面倒的形勢取得了勝利，但一九二九年的經濟大恐慌帶來了失業與貧窮。連帶着將共和黨的政權拖垮了。而民主黨英明的羅斯福，其時正在奮發有為之際，一九三二年當政以後，以其靈敏的手腕配合了崇高的理想，試行前所未有的『新政』(New Deal)，逐漸的將經濟恢復。而世界大局因着德日野心家的侵略造成了大戰，連帶着造成美國空前的繁榮。人民生活水準到了有史以來未有的高度。一個普通農工的物質享受，在東方人看來固是富埒王侯，就是歐西的人比起來也是望塵莫及。飲水思源，一般美國人對民主黨的政府是感激的。(就在今日的重稅和物價的夾攻下，由於工資的上漲，生意的興隆，情形也還過得去。)也就為着這個，自一九三二以後，成了政治上的一面倒。過去五次總統大選的紀錄可以說明這事實：

	共和黨所獲票數	民主黨所獲票數	相差數
一九三二年	一五、七六一、八四一	二二、八二一、八五七	七、〇六〇、〇一六
一九三六年	一六、六七九、五八三	二七、四七六、六七三	一〇、七九七、〇九〇
一九四〇年	二二、三〇四、七五五	二七、二四三、四六六	四、九三八、七一一
一九四四年	二二、〇〇六、二七八	二五、六〇二、五〇五	三、五九六、二二七
一九四八年	二一、九六九、一七〇	二四、一〇五、六九五	二、一三六、五二五

以上的數字可以看出一九三六年是民主黨的極盛時代。以後的優勢雖有減落的趨向，却仍是極強的優勢。即以一九四八年論，民主黨佔先二百十三萬多票。這是在華萊士分走了一百多萬票，『南方反對派』分走了四個州以後所剩下的，還遊刃有餘的將共和黨擊敗了。今年華萊士早已退出進步黨，『南方反對派』也早已回到了民主黨家中。民主黨雖不免有黨內的爭執，但尚無分裂的形勢。所以共和黨的戒慎恐懼是有由來的。

由於南北戰爭的結果，南方被北方征服。戰爭雖結束了八十七年，而舊恨未忘。南方至今不紀念林肯的生日，對於林肯的共和黨，更是傳統的疾視。除了一九二八年，因為民主黨的候選人是一個天主教徒，使得七個南方州憤而改投選票外，南方從來沒有投過共和黨的票。自然，這並不是南方沒有共和黨，而是南方的共和黨弱小可憐，從來未能爭到『總統選舉團』(Electoral College)中的一票。所謂『總統選舉團』是美國政治制度中的一個特別辦法。在實質上說來，美國的總統是人民直接選舉的；但在制度形式上却不是。全國四十八州，按其所有的國會議員數(衆議員及參議員總數)投票選定總統及副總統。所以全國共有選舉總統與權五百三十一票。這五百三十一個代表各州投票的，稱為總統選舉團。凡獲得此團多數票者(二百六十六票)，即當選為總統。理論上，這些代表可以自由投票，但傳統上沒有不依照本州大選的結果投票的。因此，在大選時取得某一州的人民多數票，也就取得了這一州總統選舉團的票權。

由於在南方共和黨力量的薄弱，南方各州的選舉權共一百七十一票，不成問題的歸於民主黨。換句話說，民主黨只要再在其餘的三百五十六票中爭到九十一票就够了。但共和黨却不然，每一票都要奮鬥，非在剩下的三百五十六票中爭到二百六十六票不可。

明白了以上的種種背景，我們才能較親切的了解這次共和黨的大會。因為已經二十年失去了政權，所以共和黨的政客們都渴望上臺。因為民主黨目前的失去人心，所以共和黨認為是二十年來最好的，也許竟是最後的，勝利機會。但同時也因為民主黨佔有絕對的優勢，所以共和黨的政客們不能不出全力以爭，不敢不選出最強的候選人。

共和黨的候選競爭者不止一個。第一個『將帽子扔進圈裡去』的是塔虎特(Robert A. Taft)。提起此人，大大的有名。父親是一九〇八年當選的威廉塔虎特總統(William Howard Taft)。他本人的青年時代就在白宮中打發過四年。正如每一位有為的青年一樣，這半生中就從沒有一天不想念着繼承父業。他在政治上的成就的確可觀。在故鄉歐海歐州州議會任職十二年，爬上了全國政治舞臺，當選為國會參議員，至今已連任十三年。在參議院中錚錚佼佼，每逢緊要關頭，總能本其良知，爭其所信。那怕是不惹人喜歡的事，只要是他認為對的，就堅持不放。日子久了，博得了許多擁護者的敬仰，也取得了許多反對者的忌恨。為人正直誠實，生活簡單樸素。其夫人瑪撒(martha)亦為名門之女，對於政治的興趣不下其夫，為極有力的競選者。一班人公認為共所爭取的選票比其夫本人爭取的還多。可惜兩年前中了風，半身不遂。但夫婦感情極篤，塔虎特常親自推着夫人的双輪椅出現。夫人此次雖不能積極帮助，但仍不斷的鼓勵丈夫。其實在競選上塔虎特已是老手了。一九四〇年時就是共和黨的有力競選人，但因為双方相持不下，結果便宜了一位『冷門』威爾基先生。一九四八年，他又在競選，結果為杜威所敗。但杜威雖取得提名，却失了大選，在黨中聲望大減。相形之下，塔虎特成了捨我其誰的領導者。黨的組織入了他手中，黨的路線和政策也自然以其方向為方向。於是他贏得了『共和黨先生』(mr.Rpeblican)的雅號。他是傳統的保守派，主張自由企業，反對社會主義。對於民主黨的政策是最有力的反對者。不論內政外交，莫不有瑕即擊。他的職位是參議院共和黨政策委員會主席，是決策的主帥。憑其十三年參議院的經驗和聲望，在國會中的鬪爭頗能指揮若定。著名的塔虎特－哈特釐勞工法案（Taft-Hartley Act）就是以他的名字爲名的。但因此也就爲工會領袖所痛惡。同時他是美國所謂『中西部』(mid-West)的人，傳統的孤立派所在地，因此他也惹上了孤立派（Isolationist）的氣味。只管他再四聲明他不是孤立派，但卻有倒歐海歐河之水，洗不淨這汚名之苦。

他是決心取得今年的提名的。因爲他已是六十三歲，如果今年取不到，他這一輩子就無法實現其靑年時的夢想了。當他決定了以後，的確是努力以赴。去年十二月當艾森豪還遠在歐洲，連其是否爲共和黨員還在言人人殊的時候，塔虎特已旅行了二萬五千英里，到處作着競選的組織活動。而且他馬上得着了麥克阿瑟的支持。麥帥是有着極高的聲望的。很有不少人要擁麥帥出來競選，但麥帥堅決謝絕，請他們將所有的選票集中在塔氏名下，俾塔氏可以當選。這對於塔氏是一大助力，許多害怕塔氏會將美國導入閉門家裡坐的孤立主義的，因着麥帥的緣故，也都改反對爲擁護了。塔氏也再三暗示如果他能當選，則一定請麥帥出來，主持要政。他也曾一再的毫不客氣的聲明，如果他一朝權在手，則一定將『五邊樓』(Pentagon 美國國防部)中的那群渾蟲整個淸出去。這些都是使東方人心中喝采的地方。

他的競選活動很積極，也很有成效。繼他之後聲明競選的加州州長華倫（Earl Warren，前明尼蘇打州州長史達生（Harold E. Stassen）都只能在其本州得人擁護，此外只能得些極零碎的票。塔氏卻普遍的在全國各地都有人擁護，但也都有人堅決反對。要取得共和黨的提名，必須在全國代表大會的一千二百〇六位代表中取得六百〇四票。塔氏明知艱巨，埋頭苦幹，在各處積極組織，答應選他的票因此不斷的增加。

同時，共和黨中傾向革新的份子，對於塔氏卻終懷疑懼。一方面在政策上不喜歡他，一方面也懷疑他有當選的希望。很早很早以前，共和民主兩黨的人就都看中了一個人，認爲是在大選中最有希望成功的一位，這就是艾森豪將軍。艾將軍人緣最好，儀容俊偉，女選民的票就先可以拉到一大半。而功業彪炳，是第二次大戰中的蓋世英雄，同時又和藹可親，不像麥克阿瑟那樣的高高在上，仰不可攀。所以靑年們在軍隊中者樂爲效死，出軍隊後也依然『我愛艾克』("I like Ike" 是艾將軍的競選口號。『艾克』是他的綽號）。至於老年人對之也只有好感。在國際間的聲望旣高，在國內政治上又從無恩怨。出名的一張笑臉，稱爲『艾森豪之笑容』(Eisenhower grin) 眞是無往而不利，討得全國人喜歡。但艾將軍卻是聰明人，雖兩黨人都在追求他，他卻一概以軍人不問政治謝絕。『求之不得，輾轉反側』，共身價越發高起來了。

但道路流言，卻都說艾將軍心中是共和黨。這傳言當他謝絕了杜魯門請其爲民主黨候選人的提議後更形具體。而共和黨中一群反塔虎特份子就更積極表示擁艾了。其中最早的是紐約州州長杜威，明知自己這次毫無希望，而又不願反對派戰勝，於是聰明的主張擁艾。但眞正作急先鋒跑腿的卻是滿山秋色州的參議員駱基（Henry Cabot Lodge, Jr. of massachusetts）他曾親自去法國勸駕，但所能得到的卻只是沉默。直到今年正月艾帥總算開口了，承認自己是共和黨員。如果共和黨全國大會選了他作候選人，他可以競選。但在大會之前，不願活動。這種態度在美國的政治上是不十分行得通的。許多人要求艾氏表明政治主張才肯決定是否擁艾。於是塔虎特乘機進攻，艾氏的不活動，造成了塔氏進展的良機，乘此又獲了若干進展。塔氏第一次的挫敗在紐漢浦歇爾州（New Hampshire）。今年三月，該州舉行共和黨代表預選。塔氏親自出馬，全力競選，但結果竟全軍覆沒，十四個代表額全被艾氏的人搶去。同月，艾氏在明尼蘇打州取得了另一使人震驚的勝利。這州也是舉行人民直接預選的。艾氏並未被提名，但人民不殫煩的在選舉機上將他的名字用着各種奇奇怪怪不同的拚法寫上去。用過選舉機的人都明白這是件很少見的事。因爲機上提了名的，只要伸指一撥就選了，反之要在名單以外另塡名字就麻煩多了。但當明州本身的『兒子』史達生獲得了二一八、〇〇〇票時，艾氏的名字竟被寫了一〇七、〇〇〇遍，雖然明州的二十八個代表歸了史達生，但艾氏的聲望卻因之增加了不少。而這明州的二十八票終成了使艾氏成功的關鍵票。

同月，塔氏卻並不灰心，在其他各州取得了五十四位代表。不過細讀浦歇爾和明州的結果表現了艾氏在人民心中的分量。一些本來觀望的人決心加入艾氏陣營。在這一批人中後來發生重大影響的是華盛頓州。

四月，艾氏正式向政府辭職，決定六月一日返國解除現役軍人身份，這可以給他一月零六天的時間作大會前的活動，換句話說，他決定在六月一日以前繼續沉默。當他沉默時，塔氏已不客氣的搶先了。四月時，艾氏的力量約爲一百十六票，塔氏已增至二百〇一票。五月時，艾氏約有三百八十五票，而塔氏已至四百〇五票。六月，艾氏回國了。第一炮是在家鄉『愛比鱗』(Abilene, Kansas) 放的，傾盆大雨，不但將艾帥打濕，連他的炮也打濕了，放得並不響亮。而這時形勢已證明，艾氏不能坐享其成了。塔氏的艱苦經營，已培成了不可侮的力量。一州又一州，塔氏都領了先。黨的機構和領導人都是塔氏的。也許艾氏是人民所要的，但當黨的組織運用起來的時候代表卻都入了塔氏囊中去了。這裡面爭執最烈的是塔克薩斯州三十八票中之三十三票，喬其亞州的十七票，和路易細安娜州的十五票。其餘佛羅里達州爭執的有十八票，坎薩斯州有一票，密西西比州有五票，密蘇里州有一票。其原因一般是南方各州一向共和黨員很少。今年因為許多南方人不滿意民主黨，私計如果共和黨提艾帥為候選人，則他們將改投共和黨的票。其中自然有不少積極份子，率性正式加入共和黨，以保證艾帥之被提名。於是新黨員增加了好多，都是擁艾的。其中自然有不少過去投民主黨票的。同時，負責黨的組織的老同志却多半都是擁塔的。一看情形不對，於是避免給對方權力而用指定等等方法產生了若干地方代表來參加州代表大會。由州代表大會產生了清一色的擁塔代表，出席全國代表大會。自然，擁艾黨員所選的代表大譁，另外自選了一批出席全國大會的代表。依照向例，這些爭執是先由全國(執行)委員會去決定的，執行委員會却在塔氏掌握內。如是，到六月底時塔氏已有近六百票的力量而艾氏却只有四百〇六票。同時，大會的程序和人員也都決定了。臨時主席、正式主席都是被目為擁塔的人。而大會的主要講演人（Key-note Speaker）也決定了由麥克阿瑟擔任。麥氏是已經公開支持塔氏的。這時艾氏以次的各位不免着急了。運用各種的力量發動輿論，發動人民。在報上登了大字廣告說：

『人民要艾森豪，
政客要塔虎特。
如果你願意艾氏成功，趕快打電報給下列騎墻的各州代表：
加里福尼亞州代表團(住〇〇〇〇)
賓雪凡尼亞州代表團(住〇〇〇〇)
密西根州代表團(住〇〇〇〇)
明尼蘇打州代表團(住〇〇〇〇)
千萬使我們黨今年能有個得勝的候選人。』

同時用各種的方法說明爭執中各代表團產生的不法。自然塔氏方面也有各種不同的答辯。劍拔弩張，黨大有分裂之象。於是一班黨的元老發愁了，如果爭到了提名。而毀了黨，則十一月的大選豈非又是必然失敗，於是倡論調和。但調和又豈是容易？

擁艾的人對於塔方的攻擊發生了一些於黨很不利的影響。今年共和黨攻擊民主黨的一張王牌是說民主黨黑暗貪污。艾森豪抓住了這些選舉代表的爭端，認為一個黨如果本身有卑污不法的行為，還有什麼資格去攻擊另一黨呢？人民又何樂而另換一群卑污不法的公僕呢？這種攻擊引起了塔方的反駁，一方面指南方的新黨員是些改頭換面的民主黨，只是今年看風使舵，滲入共和黨，破壞共和黨的政綱，政策的；另一方面否認這是任何道德問題，而只是程序手續問題。應麥帥要求出任塔氏競選主持人的魏德邁將軍也聲明，如果在代表選舉中有不乾淨的地方，塔氏根本不會要那種票。跟着擁艾方面否認是異黨滲入破壞。相反的，艾帥說『我們應當說服民主黨員，爭取他們加入到我們這邊來，我們才能增強，長大而獲得勝利。』公說公有理，婆說婆有理，吵成一團。

恰好，在大會之前，各州州長在集會。於是擁艾的杜威發動了另一神經戰，由二十三位共和黨籍的州長聯名電請黨的全國(執行)委員會，請在有爭執各州代表團未經解決其出席權之前，不許其出席表決有關的爭執。這是個違反傳統習慣的請求。共和黨全國(執行)委員會拒絕此申請。他們說：如果此例一開的話，任何搗亂份子都可以否認其本州的代表團而另選一批代表來，那末推演至極，每次大會都可能被爭垮了，以後還開得成大會嗎？同時又拒絕擁艾的另一請求，不許將代表爭執的案件廣播。理由是不論那一面對，終究是家醜，何必外揚呢？於是擁艾的却堅持說黨有毛病，所以不敢公開。這樣鬧了半天，全國(執行)委員會却如舊執行，結果塔方全勝，其代表團全部出席。塔氏聲勢浩大，有席捲全會之勢。

七月七日晨大會預備會開會。由全國(執行)委員會主席任臨時主席。剛一開始就由擁艾的華盛頓州州長郎里（Arthur B. Langlie）發難。提議：『任何有爭執之代表團，除非從全國(執行)委員會三分之二以上之通過，不得在大會及其委員會中表決其本身及其他代表團之爭執。』這是和慣例不同的。依例，只須二分之一以上之通過即可，於是塔方提出修正案，主張將路易細安那州代表中之七席除外。双方經各給予相等之時間辯論後，乃由大會表決塔方修正案。這等於塔方和艾方第一次攤牌。

冗長的點名表決在不明白內情的人聽來毫無意義，但明瞭的却緊張極了，每一張『是』和每一張『否』都代表着双方勢力的消長。表決方式是這樣的：大會秘書長依各州字母秩序呼名，各州領隊代表起立報告該州代表投票結果。然後由秘書長複述該州投票結果。如果該州代表無異議即接呼下一州名。如有異議，則該州任何一代表均有權要求主席將該州代表逐一呼名，個別表決，以證實領隊之報告，或否定領隊之報告。四十八州點完後，下面是阿拉斯加，哥倫比亞特別區(華府)，夏威夷，波多里哥（Puerto Rico）和維琴島(Virgin Islands)。這第一次的表決大家特別注意的是下列幾個代表團的去向：(一)代表華倫勢力的加州七十票，(二)代表史達生勢力的明州二十八票。(三)去向不明的密西根州四十六票和(四)賓州七十票。結果加州七十票，全投了反對方面，其餘的大多投了反對票，這形勢成了各中立區聯合了艾方抗拒塔方的席捲全會塔方修正案以六百五十八對五百四十八票失敗，於是全場無異議通過了艾方的原提案。這是艾方在大會上的第一次勝利。於是聲勢大盛，一些本來還在騎墻的，這時都有傾艾的可能了。

七日晚大會開第一次會，由麥克阿瑟特別自紐約飛來出席，當其入場時，全場歡聲雷動。歡呼了約三分鐘，乃由穿便服的麥氏致『大會主旨詞』(Key-note speech)，這是一篇典型的麥帥演詞。典雅而富於情感，堅定而基於理性。在內政上他攻擊了民主黨使人民在重稅及浪費政策下獲得了一種通貨膨脹的虛假繁榮，而損失了實質上的收入。對於一再發生的貪污浪費，當政者竟看得和沒有看見一樣。政治上的措施已不再顧到是非，而只是顧着如何可以損害公衆的利益來增加自己政治上的權勢。無道德，無宗教。而其所以至於此者，乃由於一些陰謀家鑽入了民主黨的上層，用着一種假冒僞善的手腕將國家導入了社會主義甚至共產主義的道路。自稱爲民主自由，而不斷的擴大政府的權力以至專斷人民的生活，防害人民的自由，違反美國憲法的民主傳統，成爲了一種反動的專制的全權政治。在外交上，其錯誤的措施荒謬得和內政方面一樣。在歐洲方面將蘇俄的勢力『禮聘』到各戰略據點來。而將許多自由的國家葬送在俄國的鐵蹄下。故意的放棄了數千方哩艱辛百戰得來的土地，以便共產主義的紅旗插在柏林，維也納，樸來格的城頭上。愚蠢的容許蘇俄包圍了柏林，然後又花了巨萬的國帑維持這城的交通線。……在東方他們使俄國控制了滿洲的工業資源，統制了北韓和千島，如利劍一樣直指向日本本土的心房。拋棄了戰時忠實的盟友中國人民，使他們陷入共產黨專制的磨難。在這種危機四伏的情形下，更不顧國會的意旨和判斷，堅拒擴充空軍的建議，而削弱了自己的力量。……但在這軍事力量達到了幾乎最低潮時，突然又捲入了韓戰。……捲入之後沒有勇氣，沒有決心去打勝仗。……美國過去曾經有過偉大的成就，今年十一月也仍舊可以使一切轉向成功。——『上帝，請幫助我們』？

麥帥舉目向天，用一種極動情感的姿態結束了這篇演詞。共間歡聲雷動者七、八十次之多。當晚就飛回紐約去了。

第二天（八號）又是一整天的代表團爭執。依照規章，這時已上訴到大會資格審查委員會了。根據大會通過的提議，這委員會五十三人中只有五十一人能投票，但塔方仍控制着多數。結果通過了佛羅里達，喬其亞，坎薩斯，密西西比，密蘇里五州的塔方原代表。在路意西安那十五票中給了艾方十三票，塔克薩斯的三十八票中給了艾方十六票，表示塔方願意妥協。但艾方却不肯，要在大會上提出，依法由大會作最後的決定。當晚果然將喬其亞州代表問題提出大會。經過了激烈的爭辯，在大會上第二次攤牌了。又一次的點名表決。這次和上次少有出入，例如加州七十票中，有八票轉到塔方，賓州也略有轉移。但總結果却是六百〇七票對五百三十一，艾方得勝。結果喬其亞州的代表團另換一班，塔氏失去了十七票中的十五票，艾氏增加多十四票。華倫檢到了一票。接着又爭塔克斯州代表團。結果艾方爭得了三十八票中的三十三票。爭執解決已是七月十日了。

十號討論競選的政綱政策。這些已是事先商定了的。本來以爲『民權』案（Civil Rights 禁止歧視黑人案）上有些爭執的，但也風平浪靜而過。

十號晚上總統候選人提名。這是最戲劇化的節目。先由秘書長依各州字母秩序點名。第一個阿拉巴馬州，將提名權轉讓給伊利諾州提名塔虎特。下面兩州棄權。第四州是加州，提名華倫。第五州是加羅拉多，將提名權轉讓給瑪利蘭州，提名艾森豪。以下諸州棄權，直至明州，提名史達生。以下各州棄權，直至阿克拉荷馬，暫時棄權。以下各州各領土相繼棄權。於是再回頭叫阿克拉荷馬，阿州代表乃提名麥克阿瑟。這些都是事先安排好了的，只有麥帥的提名略有不同，但也是具有戰略的意義的。

點名終結，於是由伊利諾州之國會參議員德克生（Everett Dirksen）首先登臺作塔虎特提名演說。他是塔氏陣營中一員大將。一登臺就向例來一個迎門彩。好幾分鐘之後，才得開口。果然名不虛傳，眞把塔氏的好處說得到家。使人感到如果不選塔氏眞是對不起國，對不起黨。他更特別强調塔氏是一個勝利者，如果提名他，一定在大選中可以得勝。其實這正是塔氏的弱點，被艾方攻擊最力之處。原來塔氏因爲忠於其主張，也忠於其共和黨，樹敵甚多。一般人民對他的印象是保守，和資本家關係太深，孤立派，將引起大戰等等。所以忠於共和黨的固然肯選他，但共他中立的人不一定肯選他。而共和黨沒有中立票是要失敗的。德克生自然不肯承認這個。他講完一大篇，直到最後方將塔虎特名字提出。這也是傳統的規矩，只管大家知道說的是什麼人，名字却必到最後才提出，於是應聲全場大呼大叫，場外預先組織好了的示威隊伍擁入會場，汽球，彩紙帶，紙碟，滿場飛。塔氏畫像，名牌，到處亂舞。號筒，口哨，軍樂隊，警報器，風琴，和着人的大叫大唱，鬧着一團。可惜沒有我國的大鑼，否則更可以大顯威風呢。一位國會議員，一手拿着鈴，滿胸掛着『塔虎特』的大徽章，和彩帶，跳在臺上，佔住了一大堆的廣播器帶頭，四五十歲的人了，傻頭傻腦的一面跳，一面叫，一面唱。一位金嗓子的男高音又領着唱讃美詩。『基督雄師』唱了三遍。這樣直鬧了四十多分鐘（規定是三十分鐘）。主席再三擊桌，呼秩序，讓第一位附議人發言。連試了兩次，簡直沒人聽。直到第三次重新起頭，才講下去了。原來這是一位紐約州的青年退伍軍人。紐約代表團九十六票，在杜威的統制下只有四票選塔虎特。這位青年就是其一。他將杜威的領導臭罵了一頓，說他失敗了兩次了，這次再也不能讓他領導了。以後又先後上來了三位附議人，來自各方，有黑人，有婦女，代表各階層對塔氏的擁護。以後是華倫的提名，由加州的國會參議員諾蘭主講。也有一套，但聲勢小多了。畢竟他只有七十六票的實力。示威時規模也小些。可是他有三位漂亮的千金小姐在場，生色不少。華倫的附議講員過去。下面就是艾森豪了。主提名人是瑪利蘭州的州長麥開丁（Theodore McKeldin），一上來引了一段聖經。說明今已到了非常時期非有一個非常人物來領導這十字軍不可。將艾氏捧若天人。不過的確講得很好。接着是歡呼，示威。一位顯然是學校啦啦隊長出身的（普通人吃不消這五十多分鐘猴子般的又跳又叫）年青人領導着喊『我們要艾克！』規模比塔氏的更大，更熱烈，以後也是四位附議人發言。待史達生的提名人，一位漂亮女太太上臺，已是夜一點多鐘，她又講了差不多三十分鐘，人們漸漸的蹓走了。她聰明的說因爲時間已晚，爲節省大家精力計，要求在她說完以後不要示威。這是很特別的。其實是史氏的啦啦隊被阻未能進場，就是進場聲勢也太小。省了倒是利己利人之道。附議人也只有兩個。草草終場，這時，阿克拉荷馬州的柯根（Fred L. Coogan）登臺了。他首先說：『這只是臨時決定的。並沒有事先約好附議人。希望在場的人有自告奮勇附議的。』馬上主席馬丁改正他道：『有附議人。』他於是將麥帥的豐功偉業說了一通。講完，全場歡呼，雖然剩下的人已不多了，可是大家都加入了大喊一場。也鬧了差不多三四十分鐘。接着附議如儀。可是以此處麥帥，實在有略嫌潦草之感。散會是十一日晨二時四十分。

本來麥帥不是競選人，而且再三要求擁護者改選塔氏，怎麼臨時又來了一次提名呢？原來一則有一些一相情願的麥帥迷，不到黃河心不死。二則大會的形勢顯然對塔氏已不利。如果塔氏不能獲勝，則設法將大會殺成僵局，然後將所有的力量轉移到麥帥名下來，完成勝利。

當晚已不可能投票了。十一日上午十時半重開大會。點名投票。除了加州仍選華倫，明州大部仍投史達生外，艾帥在其餘各州都有零星收穫。尤其可喜的是爭得了賓州和密西根州大部份的中立票。全部點完名，塔氏五百票，華倫八十一票，史達生二十票，麥帥十票。艾帥五百九十五票，離當選數差九票。這時華倫方面宣稱加州七十票不變動。換句話說，他想維持僵局等第二次投票的機會。這時，史達生的人抓住機會了。他那二十票。這時成了最值錢的二十票。他明知自己無望，樂得做個大大的人情，於是將二十票送給了艾氏。艾氏就此衝過了六百零四票的大關，全場艾方的人歡聲動地，以後的事就是一面倒了。向例失敗者是將票轉移到勝利者名下的，以表示這是全黨一致的人選。於是艾森豪成了共和黨一九五二年的總統候選人。候選人向例不在會場，都在自己旅館裡候消息，今日有了無線電傳眞，會場一舉一動，一言一笑都在眼中，連消息都不必等，當時就知道了。他通電話給對街旅館裡的塔虎特，並立刻過街拜訪塔氏。兩人並肩出現，笑嘻嘻的讓記者們照相。

下午提名副總統。普通大會都尊重總統候選人的意見，除若干例外，副總統實際是由總統候選人提的。艾氏首先請塔虎特擔任，這本是一種姿態，表示希望合作之意。實際上老幹部跟革新者是不太能水乳交融的。塔氏謝絕了。於是閃電打在三十九歲的加州國會參議員尼克森（Richard Nixon）頭上，成了有史以來第二年青的副總統候選人。

美國人說：『閃電打在頭上』有中國『中頭彩』的意思。但事實上尼氏並非僥倖。他資望雖淺，却自有其被選的理由。第一，加州近四十年來一向是競選成敗的關鍵州之一。爲着討好各方，美國的政治也講究地區的分配。喜歡拉個西方的加州人作伴，正如中國要拉住北方人作副總統一樣。而加州的州長華倫上次屈就了一次副總統候選人，吃了一鼻子灰，這次實在沒有重爲馮婦的興趣。另一加州國會參議員諾蘭，資深望重。但雄心不小，眼早放在四年八年後的總統身上。副總統在美國政治上通常是死路一條。除非總統短命。艾森豪既身强力壯，諾蘭自不會對那冷官感興趣，因爲還不如當他那紅參議員够味。第二，共和黨的老人對黨雖是忠實，但對黨外人的吸引力却太小了。尤其青年，一般根本就不知道共和黨當政是個什麼樣子。爲着吸引青年選票，年青的尼克森是很有力量的。但更重要的是尼氏本身的能力和功績。尼氏戰前是個小地方的年青律師。二十八歲去從軍，戰於南太平洋，三十三歲退伍回家，對於家鄉的民主黨腐敗政治不滿，受親友鼓勵，在一九四六年一舉而當選本區國會衆議員。一九四八年連任。剛好碰上賣國賊希斯（Alger Hiss）被前共產黨員張伯斯（Whittaker Chambers）告了一狀。希斯是羅斯福手下的紅員，曾參與雅爾達會議機密，爲聯合國成立大會之秘書長，現任卡內基和平基金會主席。年薪就有兩萬美金，誰能相信這樣一位先生賣國？杜魯門首先庇護，說這是『紅魚』（Red herring）意指誣人爲共黨之意。）剛好尼克森在國會非美委員會工作，這案子落在這委員會，只有他精明的抓住了要點，他越查越覺得嚴重。於是不顧行政當局的反對，加以窮追，終於在張伯斯的田莊內起出挖空了的南瓜，其中有無數政府機密文件的底片，這就是有名的『南瓜』文件（Pumpkin Papers），也就是從一九四八拖到一九五〇年才定讞的希斯案。若不是尼氏，共產黨在美國更不知要如何的膽大妄爲。一九五〇年，尼氏獲選爲參議員，這次艾森豪之選他爲輔佐是有着深意的。因爲以美國之富强，除非從內部分化，無人能擊敗之。艾帥深知後防之重要。其選尼氏當不是以之作木偶式的副總統，而是以之爲堅强之戰侶，艾氏和尼氏已再四聲言將全力奮鬪以拯救美國和世界，我們願以最大的誠意祝其成功。

鐵幕內編輯的命運

鐵幕內編輯的命運十分可悲，他們必須常常警防失寵於共產情報局，或是黨內要員。

例如去年，共產情報局的刊物曾猛烈攻擊排克斯拉夫。共產黨的官方報紙的編輯委員會，批評『該報攻擊狄托的文章還不够多，尤其不對的是該報常有些文章對於馬克斯列寧主義討論得不够深刻；甚至於其中有一些文章在實際和理論方面都犯了錯誤』。在一九五一年，捷克有幾家報紙編輯都被免職了，其理由是未能與共產黨步調一致。

羅馬尼亞共產黨官方報 Scanteia 會攻擊支黨部的一個報紙 Viata Capitalei 的編輯委員會，責難該報未能積極指導共黨的機構和組織完成共黨中央委員會所規定的工作。有一次 Scanteia 命令羅馬尼亞作者聯盟評論的編輯對於黨所託付給他們的光榮工作來一個負責任的檢討，因爲這些編輯會大膽登載過共黨所認爲與黨的路線有偏差的幾首詩歌。

曼谷通訊——七月十日

泰國僑社的風波

——共黨侵吞捐款計劃失敗——

本社特約通訊記者 道 統

在多事之秋的東南亞各國中，泰國因爲本身是一個自主獨立的國家，還能夠維持一個安定小康的局面；也正因爲如此，這片國土，目前就成爲冒險家的樂園。在許多風雲際會人物中，有僑棍，流氓，私梟毒販，江湖術士，加上了外來的過氣軍人，政治掮客，共黨爪牙，尾巴黨人，形形色色，蔚成人海奇觀。他們求生方式彼此容有不同，但是遇到有利可圖之時，亦會互相結納，狼狽爲奸，以達到共同誆人騙錢，欺世盜名的目的。好像這次本谷黃橋救災內幕之被揭穿，牽涉到許多有名幕後人物，使善良的僑衆們，對這件事感到撲朔迷離，眼花撩亂。其實說穿一句，這不過是棍徒們，千千萬萬件騙案中，偶爾一件失手的把戲而已。

在今年三月九日晚上，本京黃橋忽然起了一場大火，延燒了四百多家屋宇，受害災民達數千人，其中很多是貧苦無告的僑民，他們被災後流離失所的苦況，引起僑胞們格外同情，紛紛捐資救濟。當此之時，向稱泰國唯一慈善機構的報德善堂，就聯合本京五家華文報社，組織一個所謂「救濟黃橋火區災民臨時機構」，利用報紙文字宣傳，呼籲僑胞踴躍輸將，最後居然募得義款三百多萬銖。等到發給災民賑款的時候，這個臨時救濟機構宣稱，因爲義款數目過鉅，爲了接受災民建議，對於這筆義款作如下措置：1.災民每名發給賑款三百銖；（根據登記名單三千人，共發一百萬銖，）2.撥出一百萬銖作爲向災區業主租地建屋，重新租給災民之用；3.其餘一百多萬，暫且保留，作爲其他救濟用途。當時大家沒有異議。迨首次放賑完畢，民主日報代表提議應該擴大臨救機構，請各大僑團參加，變成爲一個永久性團體，來負責這筆鉅款的運用和保管，方爲合理。但是這個提議卒爲報德堂及其他四家華文報館所拒絕，民主日報孤掌難鳴，遂宣布退出臨救機構；同時要求各界清查臨救一切經收賬目，要他們詳細在報上公布。據民主報的指責，該四家華文報館有將代收義款，私自挪用的嫌疑。結果自然引起全民（共黨在泰機關報，）中原，光華，星暹等四家華文報的回擊和圍攻。說民主報是國特，有意破壞這個臨救機構；但對於清查所存義款賬目卻避而不談。民主日報抓住他們這個弱點，大聲疾呼，說臨救有意吞沒二百萬銖善款，彼此坐地分肥。說這個機構全被共黨操縱利用，他們把中共匪徒在大陸洗刼僑脊的手法搬到曼谷來，出賣災民血肉，請僑胞勿爲所愚。這時僑社對於此事之發展已甚注意，臨救機構沒法，只可再舉行第二次施賑，重新登記災民。如要錢的，每人再給賑款三百銖；要地的則等待至租地建屋成功再說。結果續發賑款五十餘萬銖。但是民主日報還是不肯干休，說臨救租地建屋之事，因爲業主朱拉隆功大學租務處早已拒絕租地，這事全是臨救向壁虛構，用來騙人的話，並要求有正義感的僑胞共同起來追究這一百六十萬餘款的下落。臨救機構因爲理窮詞竭，無話可說，乃在上月中旬由報德堂總幹事馬成基親自跑到民主日報找該報的負責人，說是代表着中華總商會主席張蘭臣，暨陳振敬，盧颰川三人向該報疏通。因張陳盧三人願意出來調停這一件事，及負責召開僑團會議，審核臨救賬目，俾作公道措理， 這樣就拖過一段時間。到了六月廿七日才由臨救機構出名邀請中華總商會及七屬會館主席，在報德堂會議廳舉行座談會，報告該機構對於救濟黃橋災民的經過情形，及義款的收支數目。那天下午一時開會，出席有商會主席張蘭臣，火礱公會主席盧颰川，福建會館主席蘇根柱，海南會館主席雲竹亭等九個單位。公推張蘭臣爲臨時主席。首由報德堂代表白明坤報告臨救機構工作經過，及義款收支總額。計收入爲三百十一萬七千餘銖，支出則計第一次發賑款一百零七萬九千零五十銖，第二次發賑款五十六萬三千七百銖。目前寄存報德堂是四十三萬六千九百銖。另餘款一百零五萬三千餘銖，亦是交由報德堂寄存曼谷商業銀行，分爲定期及活期存款二種，利息是三厘半。

白明坤的報告完畢之後，張蘭臣提議，略謂爲了加强僑社的團結，今天的座談會，既屬報告工作經過，及報告結束情形，則曾經致力協助救災工作的民主日報應請其出席參加。福建會館主席蘇根柱，則表示對義款收支應該公布分明，將詳細數目印成徵信錄向僑社人士報告，俾使僑衆對臨救不再發生懷疑。臨救最好能改組爲一個永久性的救災機構，而以商會，報德堂，天華醫院，及七屬會館爲執行委員，五家華文日報爲監察委員，此外另聘當地官員爲顧問。海南會館主席雲竹亭亦起立發言，贊同蘇根柱的主張，客屬總會代表黃永林亦表示擁護福建，海南兩會館所提發刊徵信錄的建議。座談會開至此時，一切具體問題尚未談及，忽然有貧僑百餘人，湧入報德堂說要向僑領們訴苦，請各僑領向當局請求減低隨身證例費。他們起初是站滿會議廳前天井，後來看見民主日報記者潘法仁在座，有一部份僑民聲勢汹汹，衝入廳內，說要找民主報記者算帳。一時會場秩序大亂，各僑團主席，見情勢發展到這樣地步，無法繼續開會，隨即宣布散會。張蘭臣主席及民主報記者，則於混亂中，由在場監視之便衣警員保護離開報德堂，一場風波始告平息。

總觀臨救這次召開僑團會議，（下轉第一一八頁）

薪俸與愛情（下）

旭愚譯

我來回跑了四趟之多，心裡老惦着華爾是否正坐在珍妮家裡那張長沙發椅上。我們把傢俱都安放好了，臥室裏放着床和抽斗櫃，起居間裏放一張桌子，一個書櫃，二個檯灯，一張破地毯。

「像不像陰朝地天府？」我沮喪地向父親說。

我的父親笑着說：「你的母親，和我開始生活的時候，也只有一間有傢俱的房間，一張安樂椅子，彈簧都壞了，如坐硬板櫈。」

我想就是這樣了，我要把珍妮帶到這兒來看看，一樣樣的指給她看，我會這樣對她說：「和我結婚這便是妳所得到的一切，沒有漂亮房子，沒有新的傢俱，沒有豐富的食物。假如妳要是喜歡華爾些，我是了解的。」

我駕車送我的父親回家，然後到珍妮那裏去獲一答覆。她家的樓下漆黑，華爾正要走進汽車裏去。

他停下來向我笑了笑，「唔，是喬琪嗎？」他說：「我怕閣下遲來一步了。」

我不高興他這副態度，一定是有了變故。但是，我有事要和他打交道。那個九十元的公寓我想頂給他。

「你還要弗里琪街的公寓嗎？」我說：「我願意頂給你。」

他很樂意的接收了，他駕車而去。珍妮房間裏仍然有灯光，我跨過草坪，揀了一顆小石擲向她的窗子，珍妮伸出頭來看見了我。

「是我，」我說：「妳願不願意去看看房子？」

「不去，」她說。

「妳不要去看看嗎？」我有些失望的說。

「現在不去，甚至永也不去了，」她說：「我永遠不要再看見你了，這裡！」

一件東西從空中對我擲來，我用手在地上摸索，找到那只我送給她的戒指。

「珍妮，」我叫起來了，但是她把窗子關上，把灯也滅熄了。這眞是從何說起，她已經回到華爾那裡去了。想到這一點，不禁令我心灰意冷。

我回家走進屋子裏時，我的父親正走上樓去睡覺。

「卡車撞了你吧?!」他說。

「我從珍妮那裡把戒指取回來了，」我說：「這段姻緣算是完了啊！」

「我很惋惜，」他說：「我明天帮你把那些傢俱從汽車公寓間搬回來吧！」

「我將要住在那兒，」我說：「我不想再負累你，這是命運，我覺得我的運氣似乎很壞，我要住在那兒。」

唯一待解決的事情，便是我的經濟問題。

星期日我曾打電話給珍妮，她的父親說她不願意跟我交談，他勸我再不必打電話來。這個星期日眞是世界上最難過的日子。

星期一的早晨，我起身很早，便到市區裏珠寶商店去找那位老闆。

「訂婚的事告吹，」我說：「我想退貨還錢，」

他有點痛心，他說他不能想像，「你難道不認識其他的小姐嗎？」他說：「像你這樣漂亮的伙子應該結婚哪！」

最後我終於退回了錢。我拿着這一百五十元將它存進銀行裏去，那位從前很懷疑我的職員現在顯得非常和氣有禮。

陽光煦和的普照大地。我從銀行裏走出來，想到華爾和我所愛的珍妮將住在弗里琪街公寓裏，而我却孤獨的坐在汽車公寓間。這簡直是不堪想像。，我不能阻止他的婚姻，但是他也不應該住在我們所選好的公寓裡。

我跨進旅館，找到他的房間號碼，跑上二層樓，直敲他的房門，終於他開了門，仍然穿着睡衣。

「把房約還給我，」我說。

「呃！」他睡意未醒的說。

「租約，」我告訴他，「也許你要跟我的愛人結婚，但她不會在那間公寓裏當你早晨上班的時候，向你揮手道別。這是我們的特權。你是要和平解決把它交還給我，還是要我不客氣動武呢？」

「你瘋了麼？」他說，「我是一個人搬進那間公寓去住，知道吧！」

「珍妮不和你結婚嗎？」我懷疑的問道。

「她現不跟你結婚，也不和我結婚，」他說，「她和你結婚的可能性比我還要大些。」

我掉頭便跑下了樓，我急忙打電話給珍妮，她的母親說她不在家。

隔了一會，我再打電話，她的母親說：「喬琪，她不在這兒。」

「浮士德太太，」我說：「我要看她，請她來接電話。」

「我不是向你說謊，」他的母親說：「今天一早她到市區去了，一直到六點鐘都不會在家。她剛打電話告訴我，她在皮爾斯百貨商店找到一椿售袜子的工作。」

中午，我到那家商店裡去，她一直不和我說話。我買了一双襪子。「這是爲妳買的，」我說，她把襪子向我一扔。

我一直等到晚上。她下班從商店門口走出來，她看都不看我一眼。

「珍妮，」我急急忙忙跟在她後面說：「妳不和華爾結婚是確實的嗎？」

她的頭仰得很高，「我永遠不跟任何人結婚了，」她說：「皮爾斯先生告訴我，婦女們在商業上有着偉大的事業前途，我要做一個職業婦女，我恨男人，我已經打了電報給愛姆姑姑，讓她取消飛機票位。」

「珍妮，」我說，「我要請妳看點東西。」

我挽住她的手臂，使她不致於走開，把她挽進汽車，一直開到汽車公寓門，攙她上樓去，打開房門。

我們站在那兒欣賞這灰暗的起居間，一張桌子，一頂沒有書籍的書櫃，一條破地毯。我拉着她的手，引她去看臥室，那裏有一張古老的床和一張抽斗櫃。

「珍妮，這就是我星期六晚上沒有到妳那裡去的原因，」我黯然的說：「我租不起弗里琪街公寓，我想找一個租得起的房子，這個地方就是的，這也就是我所負擔得起能給予妳的一切。」

她不發一言，然後，她轉過來注視我，「星期六晚上，我等你，等了又等，」她說：「我相信假如你真的愛我的話，就不會離開我，華爾坐在那兒發笑，並且說他把你嚇唬跑了。爲了你，我跟他大吵而特吵，我說你會來的。我坐在那兒看鐘，聽着街上來去的汽車聲，每一次以爲是你。這眞太可怕了。」

她看了看我，眼睛閃着光彩，「那晚你是在此地安置傢俱，是嗎？」

「不是傢俱，」我慘然的說：「把這些笨東西一一搬上頂樓。」

珍妮跑向窗口，「看外面哪，喬琪，」她說：「周圍都是樹環繞着我們，早晨鳥兒會把我們喚醒，這些眞像是你自己的財產哩！」她又跑回來向着我說：「我們可以把這些傢俱再佈置一番，把牆壁重新油漆一次，漆成綠色或是白色，我還要做些窗帘。」

「妳的意思是妳將住在這兒?!」我說：「妳將和我結婚。」

我從口袋裡取出那個老薪餉袋，開始計算訂婚戒指費用，我也許可以及時買回它。爲甚麼我不早知道這事呢？然後，我記起華爾所說關於她的衣服。

「親愛的，」我說：「這只怪我不好，我每個月只淨賺一百八十六元五角正，妳的衣服……」

「我的衣服眞够我穿的了，」她說：「再說，我還可以繼續工作，帮你的忙，我很喜歡爲別人幫忙哩！以後，我們可以賺得很多的錢。」

我在那個老薪餉袋上塗寫了許多數目字，畫得一塌糊塗，我發現上面有一個角落，還有餘款未計，「讓我想想，」我說：「假如我們及時走回去，買那個戒指，可以付得起錢……」

她把薪餉袋從我手裏拿開，擲向一旁，她把手臂圍繞着我的頸項，一個甜蜜而又深長的香吻，我把預算的事情，忘得一乾二淨。

「我們還沒有椅子哩！」我說：「讓我們坐在床上吧！」

珍妮轉過頭來，看了一看，她把手臂從我的頸項上拿開了，「不坐了，喬琪，」她說：「我要回家去了，我得跟愛姆姑姑另外打個電報哩！」（完）

譯自週六晚郵雜誌

原作者 Willard H. Temple

（上接第二六頁）臨時忽發生貧僑訴苦舉動，顯係臨救預先布置的陰謀。因爲臨救機構預料到屆時或許有人，對於該筆糊塗賑款，會提出質問，故而預先僱買一批貧僑打手，（據泰警方調查每人每次十銖及餅干二斤。）埋伏在會場周圍。等到會議開出問題，不能下臺時，就一擁而入，實行搗散。這樣不論是非，只可不了了之。這條計策，眞是高明萬分。但令人不解的是：那天到會許多僑領僑賢，既然認眞參與其事，連一本徵信錄的小事，亦值得斤斤計較，爲什麼對於該機構之强姦捐款人本意，將全部三百多萬銖義款，僅取出一半來發賑，其餘一要聽從報德堂主意，放存銀行定期生息，大家竟無一言質問及提出抗議。難道天下老鴉竟是一般黑嗎？

原來本京報德善堂這個機關，名義上雖由僑領陳振敬任董事長之職，但誰都知道這個慈善機構，這幾年來實際大權，一直落在共幹符德謙（該堂董事）及沈尹如王縱欣之手（此二人係該堂附設華僑醫院負責人），他們這帮共幹每次利用辦理各種慈善事業，替中共籌款歛財，以及利用這個團體掩護地下工作人員，養活幹部，和訓練幹部。例如華僑醫院的護士訓練班，事實就是掩護的匪幹學校，他們每天唱的是解放歌。扭的是秧歌舞，這幾乎是全泰僑胞有目共覩的事實。這次黃橋的火災，就是他們騙錢的好機會，故由報德堂發起聯合共黨機關報全民日報，及尾巴報中原，光華等幾家報舘，落力拍演。（民主日報起初亦上其當，後來發覺始行退出。）果然成績突破以往紀錄。有了這筆鉅款在手，在他們幾家經濟頻於破產的報舘（因爲他們專爲共黨宣傳，遭僑胞唾棄，銷路零落，正鬧經濟恐慌。）不啻是一劑續命之湯。據說他們這幾家報舘，這次每家都挪用義款四——五十萬元未曾交出，自從遭受民主日報揭發之後，全泰輿論譁然。可是他們對於吞下去的果實，怎能吐出？結果只可由報德堂出來承認這筆款子，謂已由該堂存在他們的董事長陳振敬的銀行中。

僑領僑賢們，何曾不知道這是一套騙人手法，不過他們都是財多身弱，受了共黨勢力的威脅，所謂「投鼠忌器」，只能學着「金人三緘其口」罷了。

書刊評介

評介「大火炬的愛」

陳紀瀅

重光文藝出版社出版　每册五元

「大火炬的愛」是朱西寧先生的一本短篇小說集，大部份發表於本刊，經重光文藝出版社發行。這本書共包括「大火炬的愛」(之一)，「贖罪」，「長腿梯子」，「秋風秋雨愁煞人」，「金汁行」，「糖衣奎寧丸」，「她與他」，「拾起屠刀」，「大火炬的愛」(之二)等九個短篇。

論內容，沒一篇不與反共抗俄有關；論技巧，這是一本特別值得推薦的成功作品。尤其是一般人把反共抗俄的主題處理得非常濫調，流入於八股化的現階段，這本書的寫作技巧，值得文藝界人士加以研究，予以批判的。

在創作過程中，同樣的素材，有不同的處理方法，因之有不同的效果；有的把一些很好的材料，糟蹋得不成形象；有的把一個很貧乏的故事，修潤得有聲有色。同是一個寫法，但寫出來絕不會相同，同是一個說法，但說出來也不會一樣。在創作中有關修養，基本訓練和個人天才，不在我這篇小文談論之列。但一切創作須通過藝術手腕，才成為藝術品是天經地義，是每個作者時刻要追尋的。可是如何能達到這一目的，則勢須靠自己的天才，修養和有無基本訓練功夫。

西寧先生這九篇文章，是用一個筆調，但用多種不同的方法處理各種不同的素材的。譬如「大火炬的愛」(之一)，他把主題落在鼓勵青年從軍的意義上。他不直接用故事强調青年應該如何從軍，却用心理描寫，使陳羣得受南丁格爾式的護士之愛，感到從軍的光榮。「生命是一枝火炬，把自己的生命力盡情地燃燒起來，把光輝獻給人生。」「醫院一切是白的。它將我一往的粉紅色的夢，給漂白了。」同時又使一切為軍中服務的青年男女得到偉大的鼓勵。

「贖罪」是寫一個左傾青年魯毅民終於覺悟的故事。這個故事是非常簡單的，但他寫來極為生動。他用這個青年的外貌描寫他心理變化，極為得體。「我重又在他的全身上下打量着，祇覺得他的體內飽和着世務的酸辛，找不出一點點青年人的血肉。」「他的確超年齡」的老了，滿臉掛着辛苦的創痕，落色的黃卡嘰褲子膝蓋上，有着兩片橢圓的補釘；襯衫是新的，但却是地攤上廉價的藍條子洋布料子，寒酸地包在身上。」「我做了慕道友，我想在主面前好好懺悔我的罪行，讓我再有贖罪的機會。」這些描寫把一個投共後失望而覺悟的青年形象刻劃得很眞實而深刻。

「長腿梯子」在全書中是一個比較用更新穎的寫法寫成的。也可以說是屬於演誦體。用獨白講高家寨的一個民間英雄高長腿——長腿梯子的故事。講這個故事，隨時如有觀衆做問答，以免去平舖直叙的枯燥，而讀者便也無形中恍然成了演誦臺下的聽衆。這種寫法是值得提倡的。因為這樣不僅融合描寫與對話於同時，並且勢非避免那些聽不懂的語句不可，這正是「文學的國語，國語的文學」最好試驗體例。

對於長腿梯子的描寫也是十分生動。「山裏有田地，有莊稼，他過他的太平年，不買你的賬。你打你的只給你一個不理睬。」「這傢伙講的是義氣，只要能感化他，講信用，投他的趣兒，要他捨命，他都不含糊。」「從此後，長腿梯子啥話不談，一句話——打鬼子！」論他的槍法，麥地裏趕起一群雀子，懷裏摸出快慢機，響幾聲，掉幾個，只准多，不准少。」論他的騎術，前蹬後仰，左撇右跨，眞以為馬匹身上塗了黏膠，再不就是他身上帶着倒鈎子，就像繡花針緊貼着吸鐵石的樣子，老是翻上翻下的貼在馬身上。他把許多舊形式的妙處活用，但使人讀了，不但不知其舊却，感覺其新鮮活潑。在這一篇內，充份發揮他的才力。

「秋風秋雨愁煞人」是寫一個藝術家藉電影廣告來反抗共匪的故事。「金汁行」，寫糞船老板當游擊隊。「糖衣奎寧丸」寫地下工作同志。三篇內容極為新穎，寫法也很新鮮。這種資料不是一般作家所能搜集到的，於此可見作者生活範疇之廣，把許多社會相納入作品，往往為作家們追求而不容易得到的。

「她與他」是全書中最帶有羅曼諦克味道的一篇，然而非常眞實。這是一時大時代的從軍青年都應一讀的。其中有馨香馥郁的感情，是青年人的特徵，也是這個偉大時代的寫照。

「拾起屠刀」寫屠伕老涂由反共而參加國軍行伍的經過。這是很完整而風趣的一篇，他用了回憶的叙述法，把老涂刻劃得非常可愛可敬。「咱現在的清醒明白人，管怎麼咱得替咱一家報仇！副連長，您說是麼！您也得替老大哥報仇！」老涂的粗憨的農民性格典型，在今天廣大的行伍中，不難找到相同的戰友同志。

「大火炬的愛」(之二)是寫一個勇於認過的戰友。這是全書中特別富有教育性的一篇，和「大火炬的愛」(之一)同是發掘充滿人性 的文章。這種人性便是反共的基本動力。 這動力便是人類愛。和共匪階級鬥爭的哲學完全相反，也就是反共的有力武器。(下轉第十九頁)

讀者投書

關於「爲節省外滙而保護紡織業」

編輯先生：

友人送來「紡織界」週刊第九期一本，說裡面對「自由中國」七卷一期的拙作「臺灣棉布問題面面觀」(及「眞理世界」卅三期的拙作「輕率底棉布管制」)等有所批評。我看了後，原來該週刊的短評，是爲「節省外滙」與「保護紡織業」的因果問題辯論；牠說我指出當局爲節省外滙而實行保護紡織業爲「倒果爲因」。這本不成問題，如果該週刊對我的兩文及該刊第十二期所發表尹仲容先生的五月九日紡織工業座談會講詞，曾用心地看過，自然會明白。

受棉布高價的痛苦底每一個人，對這一問題都關切；但一般平民，要向那裡去說話？首先揭發者爲輿論界，而新生報的「透視花紗布的奧妙」，對這一問題透視得相當深刻；關於「紡織界」所提出底因果問題，我不憚煩地再引用徐雪影先生在「保護紡織業問題」(五月十二日)裡面所說的話：

『當初政府似無力顧及保護紡織業，生管會停止棉布進口的原因，乃是爲了撙節外滙』。

如果「紡織界」要說這是局外人的推測之詞，不能算數，那末我再不憚煩地重引管制執行人尹仲容先生的上擧座談會講詞，第一次他說：

『茲將外傳攻擊之點列爲許多問題分述如下：一，爲什麼要發展本省的紡織工業？……政府爲節省外滙，所以一方面要自製肥料，一方面要發展紡織工業』。

第二次，他又說：

『我基於這兩點基本的觀點(略)，來向各位解答當前有關發展紡織工業的若干問題。(一)政府爲什麼要發展紡織工業？這其中重要原因之一，就是節省外滙。……肥料，紗布，是進口物資中支用政府外滙最多的兩項物資，因之政府決心發展自身紡織工業』。

以上是我的文章的論據，我想任何人看了必明若照鏡，雖然我的手裡還有重要底文獻可以引用，我想這些已經够了。尹先生的這些話，是對『外傳攻擊之點』加以『解答』，這一解答，也就是『政府爲節省外滙，所以……要發展紡織工業』。而且尹先生並爲證明這一政策的成功，還進一步提出四十年已經節省外滙一千萬美元，雖然這一數字並不確實。

「紡織界」的短評還說：『三十八年八月，省府曾公佈過「臺灣省獎勵發展紡紗(應係織之誤)業辦法」，可說是實行保護政策的開始』云云，一似很有力底論據。我沒有看到該辦法的內容，不知牠說底是什麼；就算彼此有暗合之處，中國一向吃虧在「辦法」與「實行」常常沒有因果關係，究竟有幾次如臺灣的實行「三七五減租」？所以四十年所行的管制，也不能指爲該辦法的實行，否則爲什麼經過兩三年之久，還沒有一點準備與步驟，實行起來便發生這樣全民受虧底後果？至於牠提出『一部經濟學最大最終的目標』的一套是否對，不在本題之內，我不去管牠。總之，「紡織界」的短評，如果寫出的動機單純，我還要勸執筆底人把彼此的文章好好地看明白，否則就患着輕率下筆之嫌；倘若牠是順人之過，『又從而爲之辭』，那我寫這些是白費了。

陳式銳七月廿二日

台北美國新聞處
播送
現代美國名曲介紹
廣播时间＝每逢星期日正午十二时至一時三十分
播送電台＝空軍廣播電台
内容＝美國近代名曲及美國名指揮領導演奏的世界名曲
週率＝中波980KC　短波9775KC　短波6100KC

（上接第一四頁）必然最重要的，是能與宗教精神科學精神一致，此是中國傳統文化最主要的所謂天人性命之學。我們此刻，正該把西方人的宗教科學精神，來重新提撕自己的文化大本道德精神，來重新調整，重新充實自己文化的整個體系。（七七頁）

要知道文化是有機的，是連鎖的，是牽一髮而動全身的，西方之宗教精神正與它的科學精神相配合。你以為中國現在需要的祇是西方的科學，祇要把西方的科學介紹來就夠了；不是的，如果把西方科學精神真的移植到中國，則道德，文學，藝術，社會，政治，經濟等也必隨之而改變。近幾十年來中國大變動，就是一例。你配搭了一種精神，其他精神也必隨之而來。不過我要告訴錢先生不要怕，不要怕西方的整個文化入侵後，我們本國的文化就無立足之地了。不是的，一種文化之侵入另一地域，一定得適於那一地域的環境才可生存。記得北平燕京大學在海淀建造中國宮殿式的西洋房子時，按建築學的原理來講，應該是屋頂的重量愈輕，則壓力愈低，於是工程師不用北平舊式用泥坐瓦的方法，而將瓦浮擺在屋頂上，結果，冬季的西北風一來，刮得片瓦不留。這才知道科學的原理不與實際環境配合，是無法生效的。於是從新照着北平舊建築的方法，用泥把瓦坐起來。人類是求生存的，求生存按照自己的自然環境來考慮生存方式的，所以各民族的文化儘管互相交流，互相影響，而各民族所以顯出文化之特點，就由此種原因。

到此，我也想拿河流來作文化演變的比喻。一種長遠而豐富文化，好像一條長大的河流一樣。河流的逐漸寬大，等於文化的逐漸豐富，河流的逐漸寬大，由於支流的加多；又等於文化的逐漸豐富，由於組成文化因素的逐漸加多。往往由於大的支流的注入而使河流的名稱改變，也等於大的因素的注入而使文化的稱謂改變。每一次支流的注入，並不是排斥了舊有的水量，而是與舊有的合流，所以河床逐漸擴大；也等於文化因素的注入，並不是排斥了舊有成分，而是與舊有的同化，所以文化逐漸豐富。我作這個比喻的用意，是想減輕文化保守論者的懼怕。新文化的侵入，絕不會排斥了舊有的文化，而是與舊有的文化合而成了一種新的文化（我不是全盤西化論者，由此。）然所以有保守論者的恐懼心理，因為他們不瞭解新舊文化蛻變時的現象；如果瞭解了這一點，也就無可懼怕了。不過有一點必得注意，就是不可讓這種蛻變的時期太長，太長了要危及民族的生命。凡在文化蛻變的時候，都是思想混亂的時期，同時也是戰亂的時候，這時民族元氣衰弱，強有力的異族最易入侵。我所以敢於同錢先生談論文化問題的，也是感於他說的：

今天的中國問題，乃至世界問題，並不僅是一個軍事的，經濟的，政治的，或外交的問題，而已是一個整個世界的文化問題。一切問題都從文化問題產生，也都該從文化問題來求解決。

這個問題太切迫了，太重要了，所以不揣譾陋，將自己的埋見，呈獻於錢先生之前，以求指正。

第七卷　第三期　內政部雜誌登記證內警臺誌字第一九號　臺灣省雜誌事業協會會員　一〇〇

給讀者的報告

對於國際或外交問題，無論是就整體的論述，或個案的剖析，我們一向注重直接的材料和親身的觀察：這是深入和正確的保證。本期徐逸樵先生的論日本的新「善隣」政策，就是符合這種要求的一篇好文。重獲獨立後的日本，她有眞正的誠心覓求善隣的政策嗎？還是戀戀不捨「善隣友好」的老調呢？這一問題，不僅關係日本的繁榮，獨立與生存，而且是整個遠東和太平洋區的辱榮禍福的一個關鍵。最好的教訓是從事實中得來的。從侵略，大戰，失敗和佔領直到今天的重獲獨立，不過十數年光景，日本民族如果不是一個健忘的民族，這其間豐溢，生動的材料，和創傷尚未恢復的痛苦經驗，要求他們，尤其他們的政治家們的睿智和抉擇！還有，最近的，也是最重要的，日本的近隣各國對她的觀感，尤其是日本新善隣政策的試金石。徐先生特別着重此點，所以有非常詳明的評述。

我們在此更向讀者介紹本期的兩篇長文章：

一篇是李辰冬先生的「與錢穆先生談文化問題」。讀者可以把它當書評去讀，可以把它當作對文化的不同態度來對比，可以把它當作對文化的哲理見解的研究；不過編者要建議的，就是讀這篇文章時要回憶一下中國近代的歷史，以及時人對中西文化所持的一般態度和見解。李先生這篇文章是中西文化接觸後的最近的評論，在闡明他自己的見解後，他特別給文化保守論者一個安慰，或者說是一個忠告：中國文化有它的優點，但無論如何，它不能拒斥由西洋文化演變出來的現代生活方式的種種優點。容納這些優點，方能表現中國文化的眞正偉大，否則，却只能證實它的歷史價值，而缺乏生存的動力。不是嗎？最近不是還有人堅持不顧中國文化的霉味，怕它出來晒晒太陽嗎？

第二篇是許思澄先生的美國通訊——「共和黨全國大會的前前後後」。這不但是篇翔實的報導，尤其是一篇美妙的文章。編者非常感謝許先生，爲了趕上本期的排印，在那麼疲乏而又匆忙的情況下寫成寄回國來。我們是外國人，對於美國的事物，我們自然需要綜合的描述；陶怡在彼邦的氛圍之中，而且採取的是目睹的材料：這些因素成就這篇文的完整性和親切的感覺。在文中我們看到這幕緊張熱烈，爲全世界所矚目的共和黨總統候選人的競選劇。五星上將艾森豪爾被目爲英雄，從巴黎回國競選，他一擧而擊敗塔虎脫。這位 mr. Republican 懷着第三次失敗的惆悵，怕這一輩子進不了白宮了。

美國人是非常講究競選的策略的。她是一個民主國家，大大小小的選擧年年有，所以也習慣於競選的策略。我們中國人一聽到在政治上運用策略，總會油然連帶起一些類似「陰謀」，「詐欺」等等有背正義的觀念。美國人在政治上也時有這種醜聞醜態，不過那總不是十分高明的辦法。塔虎脫的黨人對南部得克薩斯等三州的代表權的專斷，是他這次失敗的一大關鍵。艾森豪爾最後爭來這三州的代表，是因爲他不聽黨的控制者（該三州的和全國委員會的）的獨斷，而訴之於大會，訴之於更民主的方式。民主國家事務的決定總訴諸於民主的方式，民主的方式使通過它而獲得解決的問題更趨近於理想的程度。這也是我們爭取民主的最基本的道理。

本刊售價

一、	臺幣	三元
二、	越幣	八元
三、	菲幣	五元
四、	港幣	一元
五、	暹幣	四銖
六、	美金	二角
七、	叻幣	四角
八、	印尼幣	三盾

自由中國 半月刊 第七卷 第三期

"Free China" 總第六十六號

中華民國四十一年八月一日

發行人　胡　適

主編　「自由中國」編輯委員會

出版者　自由中國社

社址：臺北市金山街一巷二號　電話：六八八五號

航空版經售者　香港時報社

臺灣　中國書報發行所（臺北市館前街八五號）

美國　紐約民氣日報社　舊金山國民日報社

日本　東京南友堂　東京內山書局

韓國　釜山草梁洞新泰行

馬尼剌　大中華日報社

印尼　椰嘉達星期日報　椰嘉達天聲日報　棉蘭蘇華圖書公司

越南　西貢中原文化印刷公司　越南華僑文化事業公司

暹邏　曼谷拳多社十二號

緬甸　仰光振成書報店

印度　孟買梅亞號　加爾各答塔梅學校

新加坡　中興日報社　檳榔嶼、吉打邦均有出售

澳洲　墨爾鉢王德利公司

北婆羅洲　馬拉奕坡美芝律聯華公司

印刷者　臺灣新生報新生印刷廠

廠址：臺北市西園路二段九號　電話：二〇九六

本刊經中華郵政登記認爲第一類新聞紙類　臺灣郵政管理局新聞紙類登記執照第二〇號．臺灣郵政劃撥儲金帳戶第八一三九號

FREE CHINA

第七卷 第四期

要目

中華民國四十一年八月十六日出版
社址：臺北市金山街一巷二號

半月大事記

七月二十七日（星期日）

埃及政變結束，遜王法魯克携幼王乘游艇赴義大利。攝政會成立，由內閣總理瑪赫任主席。

阿根廷總統裴倫夫人病逝。

美國民主黨第三十一屆全國代表大會閉幕。會議選舉阿拉巴馬州參議員斯巴克曼爲副總統候選人。

七月二十八日（星期一）

韓國西海岸俄製機首次襲擊英航艦。

埃前總理憲政黨領袖那哈斯返抵開羅，宣佈支持納季布之政變。

七月二十九日（星期二）

立法院外交委員會通過中日和約案。

我政府訓令劉瑞恒代表決定不出席本屆國際紅十字會議。

英外相艾登宣佈英決不干涉埃及內政，但不承認埃幼王兼蘇丹王。

七月三十日（星期三）

澳門邊境匪葡雙方兩度發生槍戰。

美國拒絕法國六億三千九百萬元的軍援要求。

七月三十一日（星期四）

立法院會議通過中日和約案，並咨請總統予以批准。

美超空堡壘猛炸北韓鋁合金工廠。

澳門當局就邊境衝突事與匪談判。

八月一日（星期五）

埃及最大政黨憲政黨宣言反對西方三強設立中東防禦指揮部之建議。

日本保安廳成立，吉田首相暫兼該廳總裁。

伊朗國王已失去自由，摩沙德禁其與外國使節接觸。

八月二日（星期六）

張群飛日，作友好訪問。

西班牙駐華大使古榮抵臺北。

八月三日（星期日）

美參謀首長聯席會議主席布萊德雷元帥對韓境停戰表示悲觀。

美航艦飛機猛炸北韓長津動力工廠。

伊朗下院通過賦予摩沙德以軍、政及經濟大權。

八月四日（星期一）

中國文藝協會發表「爲揭發共匪文藝整風學習運動陰謀暴行，並支援大陸上被迫害的文藝界人士宣言」。

太平洋防務理事會在檀香山舉行會議。

伊朗參院二讀通過授權摩沙德以六個月爲期限的獨裁大權。

韓境停戰協定草案已大部完成，但實施協定的重大問題則絲毫未獲進展。

八月五日（星期二）

我與日本在臺北交換中日和約批准書，雙方並簽署議定書。交換議式完畢後，和約即正式生效。

我駐日代表團與日本駐臺北事務所同時改爲大使館。

檀島會議進入第二日，三國外長對一般目標已獲協議，決設永久性政治機構，有效完成三國理事會責任。三國外長於發表演說時均暗示將擴大安全公約。

南韓舉行總統選舉。

聯軍向北韓七十八城市人民提出警告，謂將大舉轟炸北韓。

八月六日（星期三）

太平洋防務理事會開最後一次會議，曾討論蘇俄帝國主義的威脅。三國已獲致七項政治決議，永久性機構將設於華盛頓。

美共和黨總統候選人艾森豪爾發表演說，列出十項和平與繁榮的計劃。

八月七日（星期四）

立法院臨時會議通過政府會計年度改爲七月制案。

南韓選舉總統已獲結果，李承晚獲五百餘萬票，當選總統。咸臺永當選副總統。

美國同意放寬日本物資輸入匪區的限制。

八月八日（星期五）

臺灣省政府會議通過將扶助自耕農條例草案呈送行政院核議。

聯軍轟炸北韓計劃開始，被警告之七十八城市之一的信川已遭美機轟炸。

希臘軍隊炮轟瑪加島後，侵入該島之保加利亞軍隊已撤退。唯希保邊境經常有訓練有素之軍隊對峙。

八月九日（星期六）

日本政府暫派芳澤謙吉出任駐華大使，俟徵得我國同意後即可宣告。

美國防部長羅維特表示，聯軍將加強轟炸北韓各軍事目標。

美、澳、紐三國外長離檀香山各返本國。他們在會議中已同意使實力強大的日本再起，以恢復東亞方面均勢，乃一無可避免的「意料中的冒險」。

南非著名人類學者哲斐萊說：發現美洲的不是哥倫布，而是阿拉伯人。

八月十日（星期日）

韓境戰事又趨激烈，聯軍飛機不斷出擊，匪在中西線亦向聯軍猛烈炮轟。

負責執行徐滿計劃的最高機構的臨時總部成立。

希軍續炮轟加瑪島，迫島上殘餘保軍撤離。

美國中西部出現三個新的小政黨，都是支持麥克阿瑟元帥競選總統的。

社論

評扶植自耕農方案

扶植自耕農，是現在政府正擬竭全力以推行的一項順天理應人心的措施。這是龐大的工作。事前，已有三七五減租與公地放領爲之開路。曾動員二千八百多人，經一年半的辛苦，費了四百餘萬元的金錢才告完成的總歸戶，更是它直接的準備。實施方案，由省地政局提出，呈送省府後，復召集全體委員並邀請專家學者，舉行十餘次的審查會議，作了不少重要的修改；又提交省臨時議會討論，各民意代表，也貢獻了不少寶貴的意見；而全部條例，目前尚須呈送中央，作最後的核定。從這過程來看，政府推行此一政策，態度之審慎與考慮之周詳，可說是到了極點。良以茲事體大，斷不容掉以輕心：政府早有此種瞭解，值得我們引以爲慰。

實施條例的全文，尚未公開發表。但是，把各方面的說明、報導、研究等等綜合起來，我們大致已能窺見截至今日爲止的方案之全貌；或許將來尚有若干改變，料想改變不會太大。就已有的資料，作概括的評述，此正其時。

在我們看來，方案的主要特色，便是它並不拘泥於任何一定不移的原則，而能處處顧到此時此地的實際情況，所以陳義雖高，而處處都平實可行，不會遭逢什麼重大的阻力。譬如，收購地價，規定爲一年正產物之二點五倍，現在許多地主、正願以這樣的價格把土地出賣，所以不會反對。再如償付地價、是以現金、公司股票、與實物債券，就各地主的生活能力作不同比例的搭配，更是兼顧了人民生計與政府的負擔力量，可說是圓滿之至。現在擬議的辦法，到處都具有類此的彈性，並非一成不變。有些處所，辦法的參差，幾乎顯得有點自相矛盾。舉例說，收領土地後的自耕農，是不能把土地放租的，而地主所被准許保留的一部分土地，卻又反過來不能收回自耕，這似乎顯得，一方面要打破租佃關係，而另一方面卻又要使一部分的租佃關係成爲不可變易。如果拘泥耕者「有」其田的號召，這應該是不能容許的。但我們卻不以此爲病。相反的，我們以爲這樣正可以於扶植自耕農之外，對一部分殘留的佃農仍予以保障。當然，能把地主保留的土地一律以現金收購，那是更好，但政府沒有這個力量，還不如採取拼拼湊湊的辦法。

辦法之富於彈性，我們應承認其爲一優點。但，此一優點，並非全無不利之處。第一、它似乎無法作爲將來回到大陸以後的土地政策的榜樣；第二、辦法一複雜，執行之時與執行以後要監督實施之成果，就比較困難；第三、將來情勢改變，恐怕隨時要提新的辦法，未必能一勞永逸。可以說，就此時此地而言，是非常適合的，但看到較爲久遠的將來，可能還會生出新的問題。

還有一層，整個辦法擬訂之時，不僅想到眼前較多而想到將來較少，並且想到分配問題較多而想到生產問題較少。農業生產的前途，從根本上說，是依賴於技術的改進。我們知道，臺灣在目前尚談不到機械化的耕種；我們也知道，臺灣大部分土地的特徵，也許非常不容易推行大規模的生產。但是，生產單位過小，會限制了某種技術改進的可能：此一經濟學原理，在有些地區仍然是適用的。照現在擬定的辦法，似乎今後一切農業經營，祇可能以戶爲單位，規模非大於戶不可的農場，無論是以所謂資本主義方式經營的或是以合作方式經營的，都難找到它合法的存在根據。現在的扶植自耕農辦法，究竟打算把僱傭關係限制到某種程度，似乎尚欠明白。也許已經有了規定，我們之所以尚不明白，是因爲我們未能看到辦法全文之故。

在我們看來，現政策實施之時，似不宜把僱傭關係與租佃關係完全全的等量齊觀。在農業的僱傭關係中，僱傭者縱不參加勞動，也必親自管理，是處於一種經營者的地位。他的非勞動所得，是一種利潤，而非地租，與靠收租爲生而自己可以完全與土地不發生關係的業主 情形並不完全一樣。政府要保障僱農利益 宜於採用保障城市工業勞動者利益類似的辦法，因爲他們在本質上就與工資勞動者無別。

租佃關係是封建的，而僱傭關係則是近於所謂資本主義的。前者束縛生產。後者，若任其作適當的發展 則反可以促進生產。譬如上述的農場經營，當然是一種更進步的經營方式 但如果不准有僱庸關係，就差不多全不可能。並且，某種僱傭關係之存在，又可以調節土地與人力，使之達到更適當的配合；不然的話，一農戶的人力如有變動，就必須連帶把土地所有權也變動，才能使土地與人力兩相適應，那恐怕是一件異常麻煩之事。

總之，我們認爲以戶爲單位的農業經營，總是一種較爲落後的經營方式，我們總不能把它視爲永久的制度。現在的扶植自耕農政策，爲當前的實際情形所需要 如果同時還能顧及未來的發展，爲進步的經營方式開闢道路，那就更爲圓滿了。

基於上述理由 我們提出三點：

(一)如果是使用舊式技術的農戶，僱傭關係可加限制，但不成爲勞動主體的或臨時性的僱工，應任其存在 以便每一生產單位可以更方便的調節其人力。

(二)如果是新式的經營(指機械化經營或部分的機械化經營)，則僱工應不加限制，即使是試驗性質的 亦不應加以限制；並且，作此種經營用的土地，也要儘量予以買賣的方便，因爲我們反對的是封建式的土地集中，而不是現代化的土地集中。

(三)對僱農以勞工保險一類的辦法保障其生活，不一定要把他變爲自耕。

短評

弔唁大陸上受迫害的文化工作者！

中共於去年秋季在平津專科以上學校發動過所謂「思想改造學習運動」。當那個運動鬧得水深火熱的時候，本刊曾發表過一篇「學人蒙難，文化遭殃」的社論(六卷二期)，嚴正地表示了我們的態度。現在，大陸的共黨又在展開所謂「文藝整風運動」，其對象已由學校教授普及於一般文藝作者群。據報：在這次剛展開的運動中，僅上海一隅受迫害的已達三千人以上。

「文藝整風運動」，顯然地是「思想改造學習運動」的延續，擴大，和劇化。前此以精神虐殺爲內容的「改造」、「學習」、「坦白」、「檢討」等名詞，爲僅就其名詞的表面看，尚不覺得太露骨，現在，則索性起用了延安時期殺氣騰騰的字眼—「整風」。履霜堅冰至，勢所必然。極權主義的共黨政權，其血腥氣是伴着極權主義與生俱來的，我們控訴其血腥氣，我們更要申討其極權主義。

這幾天自由中國的報紙，刊載了中國文藝協會的宣言，和中國國民黨中央改委會第四組及第六組負責人的談話。這些宣言和談話，確已表達了自由中國文化工作者的呼聲。這裡，明白地宣示了：我們所反對所控訴的，是「蘇聯型」的「檢討學習」、「檢查思想」、「整頓思想」、「清一色的整肅」、「機械化的統一」；我們所追求所爭取的是「生活自由」、「思想自由」、「創作自由」，更進而「爲天地立心，爲生民立命」。我們對於這一類的宣言和談話，自然是由衷地響應，不過我們覺得除掉這些宣言和談話中所控訴的，所爭取的，所昭告於大陸上忠貞的文藝界朋友，海外華僑文藝界同胞，全世界愛好自由的文藝界人士者以外，我們還得特別補充一點我們對於大陸受迫害者的弔唁。

我們弔唁大陸上受迫害的文化工作者，但不是籠統地對於所有受迫害的人都深感悼痛。迫害是罪惡，受迫害者不見得沒有不是自食其果的。比方說，有些人所常常提起的王實味，蕭軍之流，原是極權主義者的「文學侍從之臣」，侍從極權主義者，正如專制時代的諺語所說「伴君如伴虎」。虎性不同於人性，伴虎的人，首先否定了自己所應保持的人性，一方面假虎威以自重，一方面添虎翼以逢惡，一到虎的愛憎喜怒出乎伴虎者揣度之外的時候，自會遭其反噬。我們以王蕭之被殺爲例來控訴毛澤東的極權暨制思想則可，而我們却不願對王，蕭之流有何哀憐。王蕭之流「文學侍從之臣」，在極權主義的政府中有的是，我們爲着爭取文化工作者所應有的自由，對於過去的現在的和未來的王、蕭，都要一致予以筆誅。

除王蕭之流以外，我們對於大陸上受迫害的文化工作者，一致表示哀矜。尤其是其中蹇蹇諤諤之士，在極權統制之下，是「既不能令，又不受命」之人。這些人的姓氏，在鐵幕內可能大多數歿世而名不稱，但就我們所知者，如梁漱溟先生，在去年「思想改造運動」中所表現的骨氣，誠不愧爲鐵中錚錚者；又如國民黨籍的某名教授，當北平淪陷後，他拒絕黨籍登記，並申言：「我是國民黨員，誰不知道，登記幹麼？」三年來在大家紛紛坦白檢討中，他一直保持沉默的抗議。這種「行不改名，坐不改姓」的硬漢，誠不愧國民黨人中之佼佼者。這兩個人，因爲名氣較大，毛澤東在現階中亦對之莫可如何，而我們自由中國的文藝工作者，對於這種人——知名的和不知名的，應該是精神相通。在這次「文藝整風運動」中，受迫害而其名不彰的，又不知有多少，我們對之不僅哀矜，而且痛悼。(萍)

志願軍與志願遣俘

板門店的談判，因志願遣俘問題未能獲得協議，而延擱了幾個月，據報章傳聞，韓共的俘虜已可任由他們自己的志願了，惟有中共的俘虜，却不問他們自己的志願，非全部交回不可，這一來，真使我們無從理解了。中共出去援韓的不是「志願軍」嗎？參軍已是由於「志願」，援韓尤其是出於「志願」，這是中共在國際上明白擺出的旗幟。何以一談到俘虜遣回的問題，便不願依照他們自己的「志願」，而必須實行強迫呢？對中共政權有利的便要人民「志願」，有害的便厲行強迫，本是中共對待人民一貫的技倆，但在國際場面上爲甚麼也將這話說得出口呢？韓共軍隊的參戰並非由於志願，他們要求強迫遣俘，還比較有話可說；中共的軍隊全部都是「志願」的，則遣俘必須依照其「志願」，還不是最合理的辦法嗎？何以竟顚倒過來，韓共俘虜還可不加強迫，中共俘虜反而必須強迫呢？共黨的蠻橫作風，無理取鬧，既然是衆所周知的事體，他們提出無理的要求，我們儘可以不必管它，爲甚麼聯軍方面的和談代表，也不據此而痛斥其無理呢？須知日內瓦公約只涉及兩方交戰國的軍隊，並沒有關於志願軍的條文，聯軍方面何必拿出蘇俄之遣俘爲理由，而不以「志願」對「志願」呢？如此眼前淺近的道理，竟會輕輕放過，這就是千慮之一失嗎？(漸)

自由主義之今昔

羅鴻詔

一

近代的自由主義由文藝復興期開始，已成爲一致的定論了。文藝復興由意大利開其端，十五、六世紀的人文主義大有風靡一世之概，即教皇左右也還有人文主義的信徒，社會上更不待說。中世紀時已有神秘派主張直接通神(上帝)者，即是上帝的啓示不必經由教皇而傳及於人人，每一個人都能够直接與上帝相通，因此在精神——內的經驗——方面，開拓了許多新境界。至Pomponaggi (1463—1525) 出，據亞里士多德以靈魂爲肉體的形相（即以靈魂爲肉體之完全的實現）之說，而推論到靈魂不滅說之不能成立，即使靈魂永續而不滅，也和倫理的價值（行爲之善惡）無關。使人性（human nature）在所有的方面圓滿發達，便是目的，便有價值。此後馬奇亞維里以爲國家自身便是目的，而不是幫助各人進入天國的機構；Montaigne 乃有明確的個人主義之主張，他以爲：個性應從一切傳統的約束中解放出來，不受任何權勢的束縛，一任自我本性之奔流，而成其獨自的發展。總之，意大利的人文主義，所着重的在知識，所標榜的是自然，因此心理學和倫理學乃有脫離神學而獨自發展之勢。

同時天文學方面，則在十五世紀哥白尼已創倡地動說，至十六世紀經刻白勒(Kepler)與伽利略(Galileo)的研究，而地動說的論據日臻穩固而不可動搖。伽利略更以數學與實驗配合，求出許多物理學的定律。於是天文學與物理學亦漸次脫離神學而自樹一幟了。

凡此內的經驗（精神）與外的經驗（物質）之漸次增加，而學術自由（即求知的自由）之要求亦繼長而增高，表面上雖未與天主教的教義相衝突，骨子裡已藏有乖離教義的主張，新酒已非舊瓶所能盡裝了。教會方面却始終採用壓抑的政策，不論精神方面的知識與物質方面的知識，凡不合於教義，不爲教會所認可者，均禁止其出版及傳播，以貫徹其統制思想的方針。於是自由主義的反抗力量，乃擴展而及於教會本身，而信仰自由，思想自由的呼聲，終演成宗教的革命。馬丁路德以他自己獨得的生活經驗，來反抗教會的專斷，依據聖保羅「以信仰爲一切的基礎」的主張，復歸於基督教的根本原理。照他講，人格，在其內心生活上，應該擺脫一切外的權勢，而追求永遠的價值，果然則宗教以外的其他方面，也應該有充分的自由了。但是路德本身並未及此，他對科學則抱着懷疑的態度，對國家生活仍遵守消極的服從主義，故宗教改革的結果，耶穌新教成立以後，所獲得的只是信仰的自由而已。路德以後梅蘭希頓（Melanchthon）及其他學者接踵而起，尊重理性，提出自然法的學說，而後思想自由，始奠定基礎，而獲得世人的承認。

宗教改革成功以後，神權的聲威已墜，教會不能站在帝王之上而發號施令了，君主的權力乃脫顯而出，獨步當時，壓倒一切。加以馬共亞維里及霍布士（Hobbes）諸人的理論，君權日益伸張，憑其武力（獅子）與智巧（狐狸），來管轄全體人民之各方面的生活，而施行專制的政治。至此而自由主義的反抗力量，乃以專制的君主爲對象，而要求政治上的自由了。十七世紀的英國王權較弱，洛克諸人的理論深入人心。經過克倫維爾的革命後，王朝雖然恢復，而民主政治的基礎已逐漸確立，至邊沁之平民主義，一人一票的運動充分展開，而政治上的自由主義，在英國已臻大功告成的境地。法國的王權較英國爲鞏固，搖撼亦較難，然受着英國的影響，經孟德斯鳩，伏爾泰，盧梭諸人的鼓吹，至十八世紀末年的大革命以後，共和政體雖經幾次的挫折，而終於屹立而不搖。十九世紀初年，民主政治與自由主義如日月經天，不但歐美各國奉之爲圭臬，而且已漸普及於全世界各國。

經濟方面，英法兩國主張自由貿易說者，早已大有人在，至十八世紀亞當斯密出，而自由放任的經濟政策乃成爲現實生活上的一大勢力，英國的執政者也信從他的理論而施政。亞當斯密的知識是非常廣博的，尤其是關於價值的研究實爲獨拔，比起自由貿易說更有功於後世。今只就其自由貿易說而論，則反對政府的干涉實爲他最後的結論。他以爲政府對貿易的干涉，一般地說，是有害的。他雖然認定個人交易者爲追求私利之故，往往做出損害社會全體的行爲，而且舉出許多例證；然而政府的干涉即使出於最善的意圖，較之個人交易者的企業心(不論他是如何利己的)，在公共服務上只有更壞！這便是他所極力辯護的學說。英國的政府當局自採用亞當斯密的理論，實行自由放任的政策以後，其經濟確實是欣欣向榮，終至於富甲全球，陵駕各國。此實際的效果更增高他的理論的信用，於是經濟上的自由主義也漸爲世界各國所遵行。

二

我們上面敘述自由主義的發展，由學術自由開始，經由信仰自由，思想自由，以至政治上的自由，最後則以經濟上的自由貿易而達到最高峯。可是好景不常，自由主義亦不能有利而無弊，盛極而衰，仍難逃歷史上的循環往復，也怕是勢使之然吧。說者謂英國的自由主義至柯布登而極盛，當穆勒著

「自由論」（嚴譯：群己權界論）時，已不免有些懷疑了。此後自由主義之動搖，實由經濟上的自由貿易說始，而溯至政治上的自由，再進入於思想自由，信仰自由，最後乃侵犯到學術研究的自由，和自由主義的發展，恰好成一倒逆的順序。這還是偶然的碰巧呢？還是有其理論的必然呢？我們現在不必先行斷定，還是查看其史的發展吧。

十九世紀初年英法兩國已有反對自由貿易，而主張干涉政策者。他們在理論上則站在人道主義的立場，抨擊資本家對工人的殘酷的待遇，同情工人之被壓迫，而思有以補救之；同時在實際上則恐慌現象不時襲來，演成全社會的動亂，他們以爲在放任政策下，生產與消費不能配合，故發生經濟的恐慌，如果政府加以干涉，使供求兩得其宜，便能消滅於無形。可是這些理論都還不能轉移社會而影響當局，因爲人道主義似乎是老生常談，無關實際，而恐慌之後必繼以繁榮；而且繁榮的程度還勝於恐慌之前，如此的循環，對於社會實利多而害少，自可因而任之。但是一八七三年英國的經濟恐慌卻特別深刻，雖則恐慌以後仍有繁榮時期，但已較恐慌前爲遜。爾後恐慌則愈來愈深刻，繁榮則愈來愈衰弱，英國的自由黨便有些手忙腳亂，不知如何是好了。如果堅持自由貿易，則無以挽救當前經濟的危機，而干涉政策又與該黨向來的步調不能合拍，自未免左右爲難。至此經濟上的自由主義已經難於維持，而干涉政策便代之而起。二十世紀以來，經第一次大戰而自由黨日趨衰弱，工黨突然擡頭，至第二次大戰後，工黨已能獨自執政，自由黨乃潰不成軍，其盛衰消長之由來，何嘗不是經濟上的自由主義使之然呢？至于其他各國則統制經濟，計劃經濟更高唱入雲，自由貿易幾乎再沒有人爲之辯護了。

第一次大戰終結後，布爾什維克奪取了俄國的政權，意大利的法西斯繼之，及納粹在德國登臺，日本也來模仿，舉世的強國已有過半數走上獨裁的政治，而自由主義之末日來臨，似乎是大勢所趨了。反對黨已沒有自由，人權也沒有保障，財產更可以任意沒收，舉凡十九世紀各國憲法上所賦予人民的自由，幾全歸於無效。即在理論上揭發民主政治的弱點，嘲笑自由主義之無力者，亦到處可以碰見，其中心論點之所在，也只是資本家操縱政治而已。由此可見，政治上的自由主義，實受自由貿易說之累，以致爲人所攻擊而失墜其聲望，擁護獨裁政治者，也謳歌其經濟上的效率，以吸收其熱狂的信徒，而世界的秩序乃日趨於潰亂而不可收拾。

思想自由之破壞，亦由布爾什維克開其端，非經政府認可的思想，絕不允其傳播，而法西斯及納粹則以禁止傳播馬列主義相對抗。由政治的思想之對立推而至於歷史社會的解釋，最後及於心理學，倫理學，和哲學，幾乎包括人類思想的全部，都是入主出奴，互相嚴禁。始則取締出版物，大興文字獄，繼則限制演講及談話的內容，最後則深藏心中的思念都要坦白出來而加以改造，反動（此所謂反動並沒有好壞的意思）至此眞是再厲害不過了。那麼宗教信仰還可以任人選擇嗎？法西斯及納粹尚未衝破此最後的堅城，布爾什維克也還在表面上承認信仰之自由，並未以暴力迫人改造，豈宗教戰爭的歷史還能使這批混世魔王有所顧慮嗎？觀於近幾年來東歐各附庸國之對付天主教，及中共之對付各式各樣的宗教團體，則在共黨統治下所謂信仰自由，亦徒存名義而已，實際上除「馬克斯教」外，其他一切宗教都是遲早要被消滅的。

自然科學的研究，以探求眞理爲目的，與行爲之原則無關，已成爲三百年來的定論。第二次大戰以後，蘇俄在遺傳學上的爭論，竟擯斥門德爾定律而左袒米邱林學派，惹起各國學術界的特別注意，因爲學術自由也不被認可，探究眞理也要受政治當局的干涉了。其實生物學的結論往往被人應用到政治及社會上去，自達爾文進化論出世以來，已是屢見不一見的事實，所以蘇俄當局左袒米邱林還比較可以說得過去。大家沒有看到，早在二次大戰以前，米汀著的「辯證法的唯物論」中，已力斥量子論爲觀念論了嗎？恩格斯已以爲科學必受哲學的支配，則在唯物辯證的哲學支配下，科學研究之不得有自由，還不是明白不過的嗎？

三

馬克斯的資本論，出版於自由主義盛極而將衰的時候，它本身似乎是經濟一元論，至列寧則主張暴力奪取政權以改造經濟制度，史大林繼之，乃變爲政治高於一切，一切服從政治的教義，而人民生活的自由，乃盡被剝奪而無餘。我們回顧自由主義今昔之盛衰，以預卜將來的趨勢，也可以得其概略吧。十九世紀後半以來，嘲笑自由主義無力的議論後先繼起，似乎始終並未遇着有力的還擊，因爲其時的自由主義已經是一現實，有各種制度之維護，故持自由主義者實沒有還擊的必要。布爾什維克執政後，俄國人民生活的悲慘，已博得人道的同情，輓近東歐及中國陷入鐵幕更使舉世震驚，政治上的自由乃爲人們追求之目的。加以社會主義的成績在經濟上未見遠勝於資本主義，而政治上則極易與極權主義相聯結，故主張政府全面管理經濟的理論，也衰弱下來了。因爲要保持基本的自由（生命、思想、信仰、學術等等），固不能無條件地放棄政治和經濟上的自由，其間的因果是不難闡明的。至於我們中國，雖以清朝的專制爲歷代之最甚者，而平民的生活依然受着輕徭薄賦之澤，確有相當的自由，故除士大夫（知識分子）外，沒有人覺得自由之可貴。現在中共已將政權奪取到手，依照蘇俄的方法，把人民的自由一步一步剝奪以去，一俟私營工商業消滅，集體農場完成之際，便是人民自由剝奪淨盡之時。到今天，大家不約而同，都知道「不自由，毋寧死」的深意了。所以目前的反共，我們以爲實以自由主義爲最有力，正和西歐十六、七世紀一樣。對失去自由的人民給予自由，正是及時的化雨，解饑解渴的飲食，其力量必然是空前的。固然今天也還有人以爲自由不免被濫用而招致危險，其實乃是誤解。從前中國社會實有禮教內的自由，二千年來並沒有甚麼危險的現象，今後若能確守法律內的自由，還不是一樣沒有危險嗎？惟共官吏與人民多半沒有守法的精神，故言及自由便聯想到漫無秩序的弊病，而不知法律內的自由乃是最優良的秩序，最健全的組織。如果實際上能使守法者皆獲利，違法者盡受害，則自由主義乃是今後中國應走的坦途，不但目前之反共而已。

對扶植自耕農計劃的一個輔助建議

——永廢田賦及雜征，代以地價稅

徐芸書

一、序言

臺灣省扶植自耕農計劃已進入籌議的最後階段。我現在對當前的方案提出幾點批評，同時提出我的一個輔助建議。

我的意見就是扶植自耕農計劃可以暫時縮小範圍來施行，先征收大戶的土地，而以節餘的力量實行一個普遍減輕農民負擔的政策，如下：

永久廢除田賦及對農村的一切雜征；凡佃農應繳納的三七五地租內，一律減去相等於地主免納的課稅之數額；同時依照國父孫先生的主張，在農村和城市一樣施行地價稅制度。

如果當局仍決定全面執行扶植自耕農計劃，則我仍建議應在同時採取這一永久廢除田賦及雜征而代以地價稅的政策。

二、對扶植自耕農方案的批評

（一）關於籌付地價的方法。當局擬出售若干公營事業以籌一部分資金，這是很正確的。但若以公營事業股票付給地主，則有失於不公平的可能。若股票前途無生氣，則地主受損失，政府有失誠信。反之，若股票前途飛黃，地主即得意外利益，這對社會全體又失公平。

（二）關於地價的估定。當前方案規定地價以耕地全年正產物的二倍半爲準，這不能不算高估。一甲全年正產物爲一萬臺斤稻谷的水田，依此標準，應值二萬五千臺斤稻谷，但現在的實價不過此數八成左右，且不能賣出。

（三）關於佃農的實際受益。這一點是最重要的，也是最令人苦悶的。依現在的方案，購地的農民在十年期內每年負擔地價及課稅相當於耕地全年正產物千分之三七五。地價爲全年正產物二倍半，分十年付清，每年應付全年正產物千分之二百五十。賦稅，即田賦及各項雜征，最少在千分之一百以上。地價和賦稅兩項相加，約當全年正產物千分之三七五。這較之現在佃農負擔三七五地租及少數課稅共約千分之四百以上，略低約千分之二十五，但這是很微細的。因此可以說，在規定的十年之內，購地的佃農之負擔，與一個三七五減租後訂立六年租約的佃農之負擔，大致相等。而今日負擔三七五地租及生產費用的佃農，其生活狀況是還大有改善的。假如照日本的辦法，把政府付給地價的期限延爲二十四年，佃農償清地價的期限延爲三十年，則購地者的負擔並未減少，不過負擔期限延長。

（四）關於一般的農民問題。當然我們不可期望耕地所有權之轉移與一般農民生活之改善完成於一舉。但如果用了很大的資金於一件事業，勢必限制了我們另外的事業。現在要付出五億左右現金或股票（地價四分之一），要耗用龐大的事務費於收購和轉售，則在同時即勢必不能更有大力量用於一般農民生活的重要改進。而所照顧到了的只是占農戶約一半的佃農的耕地所有權，並且是十年之內負擔三七五的所有權。

（五）關於對中國全局的影響。我們在臺灣每行一件改革，要顧到對中國全局的積極影響，要能發生啓示和領導的作用。三七五減租雖只作到了減租，但這足以表示用和平的方法可以立即減少地主的利益，增加農民的收入，較之共產黨破壞性的土改更有實惠於農民，這就仍有進步的意義，有啓示和領導的作用。但以現有的扶植自耕農計劃論，費很大的資金人力，只可換得一部分農民的耕地所有權，而十年之內不能改變佃農今日的實際地位，這就殊有遲慢之嫌。這對於大陸上已經過不合理的分田，已得到小片土地，但苦於苛征重斂的農民同胞，殊不能有啓示和領導的作用。

我不是僅作消極的批評，也不是要作什麼激烈的主張。但我確認爲我們還需要更正確完善的理論和政策。

三、我的建議

我建議盡量縮小收購耕地的計劃，而以充分力量實施一項普遍減輕農民負擔的改革，就是廢除田賦及雜征而代以地價稅。

假如當局以爲有足够的力量一面施行扶植自耕農的全部方案，一面進而減輕農民的負擔，則我建議在執行扶植自耕農計劃的同時，即採用這一廢除田賦及雜征而代以地價稅的政策。

臺灣省農民與地主現在經常負擔如下：

自耕農——⑴田賦，⑵公學糧，⑶防衛捐，⑷水租，⑸警民協會費，⑹戶稅，共約爲耕地全年正產物千分之一百强以至一百七十强不等。

地主——⑴田賦，⑵公學糧，⑶防衛捐，⑷水租，⑸警民協會費，⑹戶稅，⑺租賃所得稅，共約爲收入三七五地租的三分之一，即耕地全年正產物的千分之一百二十五，這應視爲對佃農的間接課稅。

佃農——三七五地租外，仍有水租，警民協會費，戶稅，約爲耕地全年正產物千分之二十五以上，與地租合計約爲千分之四百以上，其中課稅負擔約為千分之一百五十。上舉各項課稅中，戶稅為省民普遍負擔，其多寡則頗不等。假如把戶稅另計，則粗略的說，自耕農納稅約為其耕地正產物千分之一百、而佃農納稅約為千分之一百二十五。

我的建議就是永久的，全面的，廢止戶稅以外對農民的勞動結果的徵稅。對於自耕農，則直接免去其戶稅以外各項徵稅。對於佃農，則一方面免除地主的戶稅以外各項課稅，一方面使佃農應繳的三七五地租內一律減少相當於地主免納的課稅之數額，同時更免除佃農本身直接負擔的戶稅以外各項課稅。

我建議在農村施行一律按價抽百分之一的地價稅，以代替自耕農和地主免除的各項課稅。地主既須繳地價稅，則佃農免繳的地租數額應相當於地主繳地價稅後免納的稅之實額。以目前地價論，地價百分之一不過當全年正產物百分之二上下。然則廢除上述各項課稅而行地價稅後，粗略的說，自耕農免納稅約為耕地正產物千分之八十，佃農免納稅約為千分之一百。

假如採取我這個建議，則扶植自耕農計劃儘可縮小範圍，首先只收購五十甲或三十甲以上大戶的土地，並可酌改現擬的估價標準，於是移用可籌得的資金，以支持一個減輕農民負擔的計劃。同時，則進行討論三年後，即三七五的六年租約期滿後，繼續減低地租，使佃農的負擔減至最小限度。因為國家已斷然廢止田賦與雜征於前，這個進一步減租應當更易推行。

假如當局仍決心全面執行收購佃耕地的計劃，就應當同時採取這個全面廢除田賦及雜征而代以地價稅的政策，使購地的農民和原有的自耕農，已領公有地的農民，及餘存的佃農，一律多得到其收成的千分之八十至一百。

三七五減租是將千分之五百上下的地租減至千分之三七五。我所建議的政策可給予一般農民的利益，幾等於一個三七五減租給予佃農的利益。但這個政策不是減租，只是減稅，只是一個簡而易行的稅制的變革。

四、疑難的解答

（一）廢除田賦及雜征對財政影響如何？以四十年度論，臺灣稅課總收入為七億七千餘萬元，與關鹽稅合計為十億一千餘萬元，而田賦僅占二千三百餘萬元。農村所負擔的田賦及雜征（戶稅除外）總計約為田賦的三倍，當約為七千萬元，約為中央地方稅收總數百分之七。但這十億餘稅收在四十年度中央及地方總收入上僅占百分之五十不足，因此田賦及雜征在中央地方總收入上不過百分之四以下。近年由於稅務改進，農村納稅額在比例上已經遞減，以後還可遞減。假如臺灣工業化，則工商猛進地區的地價稅增漲倍數將不可計，即這一項已足彌補田賦方面的減損。以目前論，既可出售公營事業以補償地主，而亦可移這項用款彌補財政。且國家支出尚有應節省處。至於地方財政有根本的不足之患，則有待於根本的處理。

（二）廢止田賦及雜征是否損害國家的糧食政策？事實上，農民所納的賦稅及稅捐並非全部是實物，而國家掌握食糧更不全靠征收，還要靠收購及交換。以四十年度論，全省糙米產量一百四十餘萬公噸，國家掌握四十餘萬公噸，不足總產量三分之一，靠征收所得的更遠在十分之一以下。況且糧源的控制，糧價的穩定，基本上要靠政治和經濟的全面穩定，不靠這十分之一以下的生產品的控制。

（三）何不可先達到耕者有其田，再謀減輕農民的負擔？這又不可。因為謀耕者有其田之目的，就是改善農民的生活。如果幫助農民購地，但在固定的十年之內不能改變購地者的實際的佃農地位與負擔，更不能改進一般農民的生活，則未得稱為已達耕者有其田之目的。因此在謀耕者有其田的同時，必須首先顧到減輕農民的負擔。

（四）可否酌量減低農民的負擔，而不必完全廢除田賦及雜征，更不必改行地價稅？這要看農民的生活狀況究竟如何。今日的佃農負擔三七五地租及少數課稅，加以生產費用，大多所餘僅敷食用，有時甚且不足，即有餘亦無多。自耕農也只有擁田較多的境況較好。就農民全體論，其生活水準在社會仍居最下。如果只酌減課稅，所益很微，因此只有決然廢止田賦及雜征而代以地價稅。至於地價稅本身的意義，下節另有說明。

五、我的理論依據

我所以堅信廢除田賦及雜征而代以地價稅的必要，一方面是由於深感當前的扶植自耕農計劃還有所不足，一方面是由於受了孫中山先生三項見解的啓示。以下列舉這三項見解及其啓示：

（一）解決農民問題的最高原則。國父孫先生雖說過要耕者有其田才是農民問題的完全解決，但耕者有其田不是他的解決農民問題的最高原則，他的最高原則乃是使農民充分得到其勞力的結果。因此實業計劃裡說要有自由的農業法「以保護獎勵農民，使其獲得已力之結果。」民生主義演講裡也說要規定法律「讓農民自己可以多得收成。」至於「耕者有其田」當然包括在使農民「獲得已力之結果」這一最高原則之內。假如在別的方面已盡力減少農民的負擔，而農民還要納租給地主，當然是這一最高原則還沒有完全作到。反之，如果給予農民以耕地所有權，而在固定的長期之內，不能改變其佃農的實際負擔，當然也不算已作到了「使其獲得已力之結果。」我因為看到中山先生這一最高原則，所以深信我們在謀耕者有其田的同時，必須首先顧到減輕農民的負擔。

（二）廢田賦行地價稅的不變主張。現在很多人說中山先生所主張的地價稅是為了解決都市土地問題而設，要在都市施行。這是含糊而不正確的。中山先生所以主張地價稅，是假定全國開始工業化而地價勢將高漲，要用地價稅之法防止少數人獨享地價高漲的利益；同時使國家可賴地價稅的收入以減輕國民的負擔。但因工業化影響而地價高漲的現象是隨處可以發生的，不是以現有都市爲限的，因此地價稅也不是僅要在都市施行而是要在全國城鄉一律施行。這是中山先生的不變主張，有他的全部遺教可以覆按。這種地價稅本有減輕國民負擔，解放國民勞動的用意。專就施行於農村而論，中山先生正是認爲地價稅對於農民較過去的田賦爲公平的較輕的負擔。因此我深信在今日的臺灣，尤其是高唱工業化的臺灣，正應該毅然在農村和城市一樣施行地價稅以代替田賦和一切變相的田賦。

(三)達到耕者有其田的途徑。中山先生並沒有詳盡的指示過這一途徑，但他在民國十三年曾舉出過去一種方法，就是「照地價去抽重稅，如果地主不納稅，便可以把他的田地拿來充公，令耕者有其田。」這一簡單的指示裡也包括了兩項要義：第一是他沒有主張强制的征收地主的土地，只是說在地主違法時予以土地充公的制裁；第二是他也沒有主張予地主以補償，只是說要用重稅的方法減低地主的利益。我們今日正應當具體的、靈活的，把這兩項要義運用在當前的問題上，那就是：我們不必定要全面征收地主的土地，也不必定要用很大的力量用於對地主的補償，而只需要用適當的方法減低地主的利益到最低限度。假如我們不取對地主抽重稅的方法，則我們儘可以再減低地租。但我們既承認三七五的六年租約，在六年期內就不能否定這個租約，則我們無妨轉而減削對農村的課稅，並使佃農對地主也少繳相當的地租。這樣一方面立時保證農民多得收成，一方面堅强表示保護農民的原則，使以後再減低地租更易進行。假如把地租減到最低限度，即距「耕者有其田」只有一間。而不論如何，我們可以不取普遍的徵收土地，也不用很大力量於補償地主。

六、對中國全局的關係

在本文第二節裡，我指出現有的扶植自耕農方案對中國全局不足以發生啓示和領導的作用。我在本節願指出這一廢止田賦及雜征而代以地價稅的政策對中國全局的重要關係。

共產黨在中國大陸不合理的分田的結果並不容推翻，今日已成定論。但我們未來的任務，並不是去承認共產黨分田的結果，而是解除經過分田以後的廣大農民同胞所受共產黨殘暴搾取的痛苦。中國歷史上所詛咒的對農民的征斂到了共產黨的今日而達於極點。因此我們在打倒共產黨的血戰展開以後，要謀廣大農民的復甦，就只有澈底貫行國父孫先生所說的使農民得到其勞力結果這一原則，也就必須採取普遍施行對地價的徵稅而廢除對農民勞動結果的徵稅之政策。這是一個理想的完成，也是一個最切合實際的道路。

在未來解放中國的血戰中，在被共黨吸盡搾乾的土地上，我們的革命經費必須另有來源，而一切以農村錢糧養兵養官的陳舊思想都必須拋棄，是無可疑的。

我們在今日的臺灣如果採行廢止田賦及雜征而代以地價稅的政策，就是在事實上建立一個澈底解放農民勞動力的榜樣，也就是給未來的農民政策立下一個正確的指針。因此我說這一廢止田賦及雜征而代以地價稅的政策，對中國全局有重要的關係，足以發生啓示和領導的作用。

七、綜合建議

(甲案)當局既決心實行扶植自耕農方案的全部，就頂好在同時採行廢止田賦及雜征(戶稅除外)而代以地價稅的政策，並減低餘存佃農所負擔的地租。

(乙案)如果當局還可以變通現有的扶植自耕農方案，則應採取如下的政策：

一、徵收超過五十甲或三十甲以上的私有土地，低估其他價，以較優條件轉售給佃農。

二、全面廢止田賦及雜征(戶稅除外)，在農村施行按價抽百分之一的地價稅，並使佃農原應繳納的地租減去相等於地主免納的課稅之數額。

三、進行討論三七五租約期滿後繼續減租，以抑低耕地地價。

四、擴大的出售公營事業，籌得一筆巨額的農村貸款資金，以協助農民增產，並首先協助耕地過少的佃農及自耕農自動購地。

假如採取乙案的四點方針，則一方面可以立時保證農民全體得到很大的實益，一方面可以使農村地權的轉移在自由的基礎上活潑進行。

無論採取乙案或甲案，都應當把廢除對農民勞動結果的徵稅確立爲解決未來全盤農民問題的對策。

更正啓事

關於太平洋學會補充說明

本刊第七卷第二期，第三期連載之譯文『太平洋學會如何幫助史達林赤化中國』，內有兩個人名因翻譯倉卒，僅取其音，未及查其原名。今特更正，並將此二人之經歷簡述如下，可見蘇俄征服世界所用滲透工作之苦心。

『趙亭奇』即冀朝鼎，畢業於淸華大學，曾留學美國。民國十五年去莫斯科，加入共產黨並參加第三國際工作。後由第三國際派往太平洋學會工作。時孔祥熙代表我國參加太平洋學會遂與冀朝鼎相遇。彼二人爲同鄉，且冀父與孔均曾在山西從事教育工作，交誼極厚。於是，孔乃邀其返國任中央銀行研究室主任，但實際，冀爲俄國的特務。冀現任僞中央銀行副總裁。

『陳漢生』即陳翰生，曾研究中國土地問題。民國十七年去俄國，加入共產黨，由史魔派其參加農民國際工作。後奉俄國之命參加太平洋學會。回國後任燕京大學教授，曾極力拉攏司徒雷登。陳翰生去年曾與郭匪沫若參加「世界和平大會，」現爲中共主持土地研究的部門。

蘇俄工業的弱點

朱新民

（一）引論

自從蘇俄政府以連續的幾個五年計劃，大事擴充它的工業以來，從他們所發表的統計數字上來看，眞是不免令人有「刮目相看」的感想。尤其是在第二次大戰當中，蘇俄經過了幾年的苦戰，居然擊敗了實力强大的德國。一時的論者分析其所以致勝的原因，或以爲這是前後三次五年計劃推行成功的後果。

然而不然，事實上卻並不那樣簡單。有兩個很明顯的事實，卻不會十分爲人所注意到。第一點，我們今天對於帝俄時代的一切認識，似乎都很模糊。這個主要的原因，多少是受了蘇俄宣傳毒害的影響。在蘇俄所供給的資料當中，對于帝俄時代的一切　沒有那一樣不是曾經加以惡意的歪曲和修改的。他們的目的，是要把帝俄時代的情形，形容得黑暗不堪，那麼在這樣强烈的對比之下，才能夠反映出來蘇俄當局的進步和努力是如何的驚人。

實際上，「桀紂之惡並不至是」，我們在這裡決無幫沙皇辯護的打算。不過事實勝於雄辯，在二十世紀初期的帝俄時代，俄國已經具有相當程度的工業基礎，假定俄國不發生革命，沒有共產主義這一套、讓它去自然發展，其結果也很可能和今天的情形差不多，甚至於還能夠發展得更自然，更平均，而不成爲今天這種畸形發展的樣子。我們不妨把蘇俄當局自己所供給的數字，引來作爲說明的例證。

下表是根據蘇俄官方所發佈的統計數字而製成的。

年次	國家總收入	工業生產總量	農業生產總量
一九一三	二一、〇	一六、二	二一、六
一九二一	八、〇	——	——
一九二六	二一、七	一六、〇	——
一九二九	二八、九	二五、七	一四、七
一九三二	四五、五	四三、三	一三、一

註：上列數字單位均爲「十億盧布」。

從上列數字加以分析，我們就可以看出來，不管蘇俄當局如何的痛罵帝俄時代是怎樣的腐化，可是一直到一九二六年，他們所能在紙面上做到的，還不過只是恢復了帝俄時代的舊水準。一直到一九三二年，第一次五年計劃完成的時候，他們的成就也還是很有限，而且農業方面反而退步。

第二點，若是說俄國在第二次世界大戰當中所以戰勝的原因，就是因爲工業計劃發展成功的緣故，那也完全是沒有事實上的根據，因爲俄國在一九二八年到一九四〇年當中，所有工業上的發展，大部分都是偏重在歐俄部分，這個地區在戰爭期間，不到幾個月的工夫，都已經全部爲德國人所佔領了。固然不錯，俄國在後方比較偏遠的地方，也還在製造軍火，並且還加緊的生產；可是上次大戰之中，若是沒有盟國援助，那麼俄國人恐早已支持不住了。

基於上面兩點的分析，我們就可以知道蘇俄的工業力量、實際上並不如他們自己所宣傳的那樣强大。尤其是近代的人都歡喜舉出數字來，事實上數字也一樣可以撒謊的。假使我們不能從數字的意義上加以分析，那就很可能有「目迷五色」的感覺，於是所得到的結論，也就很難正確。

尤其在近年以來，美英等國研究蘇俄問題的人很多，有關蘇俄的著作，也可以說多得汗牛充棟。不明白蘇俄眞相　或沒有親自到過蘇俄的人、看了那些書上所列蘇俄工業的生產數字，往往會發生誤會，震驚於蘇俄生產力的强大，其實蘇俄工業，有它內在的弱點，本文的目的，是想幫助讀者，如何去分析那些紙面的數字，如何去認識蘇俄工業的眞象。

（二）眞象

要說明蘇俄工業的眞象，那當然不是一件容易的事情。若是我們分項列舉的來加以檢討，那麼就是寫下一本專書，也不一定可以包羅得盡。現在爲了篇幅的限制，我們只有採取鳥瞰的方式，來加以綜合性的說明。

第一點，首先應該注意到的，就是蘇俄工業的發展是極端不平衡的。他們的生產重心擺在重工業方面，而對於消費物資的生產，則一向不加以重視。這是他們的一貫政策，自從第一次五年計劃開始的時候起，就一直是這樣。雖然在每一次五年計劃當中，也照樣的列出了關於消費物資的生產目標、可是實際上這個目標只是一種宣傳的工具，其目的是以「改善生活」來做香餅，藉以提高工人的工作精神。

因此，在俄國所有的各次五年計劃中，對於重工業的目標一定要達到（有時還要超過），否則執行的人就得受到極嚴重的處分。可是對於消費物資的產量，卻不那樣過份的認眞。第一次五年計劃裡面，預定棉布的產量是四、六七〇、〇〇〇、〇〇〇公尺，可是實際上所產出的卻只有二、六九四、〇〇〇、〇〇〇公尺。第二次五年計劃裡面，預定棉布的產量是四、九〇〇、〇〇〇、〇〇〇公尺，可是實際上所產出的卻只有三、四四七、七〇〇、〇〇〇公尺。這種情形對於重工業而言是絕對不會有的。

現在再把一九五〇年第四次五年計劃所已經完成的數字列表於下。這是根據政治局要人之一，布爾加林（N.A.Bulganin）在俄國革命三十三週年紀念席上所發表的講演詞而製成的。

項目	目標數字	已完成數字
鋼鐵	二五、四	二七（單位為萬公噸）
煤	二五〇	二六〇、六（〃　　）
石油	三五、四	三七、五（〃　　）
棉布	四七八六	三九〇〇（單位百萬公尺）
皮鞋	二四〇	一九七（單位百萬双）
穀物	一二七	一二四（單位百萬噸）

從上表略加觀察，就可以看出來，蘇俄政府的政策還是不變的，所有的重工業生產，都超過了目標；而人民生活所必需的衣食物資，則還是不够標準，過去如此，現在如此，將來也還是如此。

由此，我們又可以順便說到一個小的問題，這也是大家所不常注意到的。在第二次大戰以後，凡是蘇俄的勢力所能達到的地區，他們對於所有的物資，無不刼掠殆盡，一掃而空。這種現象實際上不只是個人的行為，而是一種有計劃的動作。因為在國外去搶刼，把這些物資運回去，就可以供給一部分民間的需要。

第二點，大家一般都很重視他們計劃的成功，以為假使沒有這種精密的計劃，那麼蘇俄的工業到今天也許不會有這樣大的進展。可是實際上，所謂計劃與統制也者，是有利也有弊的東西。一方面因為膨漲得過快，所以中間不免發生許多漏洞，而且計劃本身也一樣會有許多缺點，不到實際執行的時候，是不會知道的。譬如說在第一次五年計劃中就有這樣的例子，有的地方誤認為有鐵而無煤，在計劃中就決定要到很遠的地方去運煤來煉焦，但是在附近的地方已經有煤礦，因為計劃上事先沒有配合好，這個附近的煤又被運到另外一個地方去用。蘇俄的運輸情形本不太好，這樣一來一往的浪費，就更使一切工作效率都為之減低。

另一方面，蘇俄的工業完全採取公營的方式，層層的節制，官僚化的趨勢非常重，其中浪費和錯誤的地方在所難免。到了這種情況發展得已經十分的嚴重，於是蘇俄當局就會把它的過錯向「托派間諜」等身上一推，認為這都是受了陰謀破壞的損失。

為什麼在蘇俄的政策當中，所有的工業都會在內閣有一個專部主管呢？目前這些部的總數已經在五十個以上，例如冶金部，石油工業部，兵工部，造船部等等。其原因就是因為一切的事業都是國營，所以組織都十分的龐大，需要設立許多專部來加以管理。而且因為是國營的緣故，所以職責一定要分劃得非常的清楚，否則對於它的成敗就不會有人負責了。

俄國從一九二八年起，就開始有了五年計劃，到現在是第四次都已經完成了。可是按其實際，只有第一二兩次才算是真正的工業發展。第三次五年計劃的目的，不是為了發展新的工業，而是因為在第一第二兩次計劃中，已經發現出來了許多缺點和漏洞，所以不能沒有一個新的計劃來加以改正和補救。等到這個計劃還沒有完成的時候，希特勒已經挑起了戰火，把俄國所有工業上的精華，都完全付之一炬。換言之，第一、二、三次計劃的成就在此次戰爭之中已經損失了不少。

第四次五年計劃的目的，又只是為了善後和復原，它也可以說不過是第三次五年計劃的延長罷了。從下表的幾個數字來看，就可以知道，一直到一九五一年，俄國因為戰爭所受的損失都還沒有完全復原，而消費物資尤其缺乏。

項目	一九四二年產量	一九五一年產量
鋼鐵	二七、五	二七、〇（單位百萬公噸）
石油	五四	三七、五（〃　　）
棉布	四九〇〇	三九〇〇（單位百萬公尺）
皮鞋	二五八	一九七（單位百萬双）

第三點，從這二十餘年來蘇俄當局發展工業的歷史看來，我們可以得到一個非常明顯的結論，就是他們之所以擴充工業的原因，完全是為了準備戰爭。不僅工業一方面如此，所有蘇俄的經濟制度，也都完全是戰時的體制。為了要準備戰爭，也許可以說是為了要製造戰爭，他們不惜付出極高的代價來實行這種高度集中，規模宏大的統制經濟。俄國在這一方面所作的犧牲實在是非常的可觀，有精神方面的，也有物質方面的。從前者來說，人民的自由完全被犧牲掉了。人民對於工作不特談不上有所謂自由，反過來說，稍一不慎，還有做奴工的危險。

從後者來說，俄國人民的生活水準是已經被追降到了水平線下，換言之，蘇俄當局是不管人民的死活，而來進行他們備戰的工作。根據柏格遜（Prof Bergson）教授的分析：在一九三七年的時候，蘇俄人民的真正歲入大概和一八六九—七八年之間的一個美國人所入相當。而在同一年間，蘇俄的工業生產力却已經可以達到二十世紀初期美國人的標準。這就是說人民的生活水準和工業的發展，中間完全脫了節。用時間來作為衡量的單位，這個差額簡直有三十年之巨。蘇俄經濟是如此的畸形發展，真可以說是駭人聽聞。

（三）弱點

像這樣一個畸形發展的經濟制度，它具有內在的弱點，是不待言的。這些弱點也就是蘇俄的致命傷，使它雖然盡力的想發動侵略，但是實力却是永遠的配合不上。分別的說，這些工業上的弱點，可以列擧如下：

（一）缺乏工作效率。蘇俄的工業，因爲發展的程序和方面都是不自然的，所以這種人工的過度膨漲，結果是使效率上大大的打了一個折扣。同時工人的生活太苦，待遇太壞，當然也會限制着工作效率無法提高。平均說來，一般專家都認爲俄國的各種工業，比較西方國家的同種工業，其工作效率都只有百分之二三十的樣子。

這也是一個循環的因果關係，蘇俄當局爲了要提高工業的產量，所以就不惜用種種的方法來搾取人民的血汗。可是這種飲鴆止渴的辦法，事實上却是行不通的，因此工作效率就只會日益低落。譬如說，計件取酬（Price Work 的方式，照專家的看法在工業化的國家是最不合理的一種工作制度，可是在蘇俄却普遍的使用着。這種制度是用利誘的方式，來使工人加倍的出賣勞力，不要多少的時間，這些人就會把勞力用盡而變成廢人了。至於奴工的方式，那當然更是不用提了。

（二）技術水準太差。今天的蘇俄工業，是沒有一樣東西他們不會做，可是却沒有一樣東西可以說是做得夠好。蘇俄的科學水準，一向趕不上西方國家。雖然在第二次大戰以後，德國的專家們給予他們的幫助實在不少，不過儘管如此，蘇俄的工業還是量勝於質，他們的技術水準還差得很遠。這是一個最大的隱憂，而且也不是在短時間內，可以用人工的方法來加以提高的。

（三）沒有彈性。蘇俄在今天，早已一切都在備戰之中。換句話說，他們的全付力量都已在動員之中，將來即令有戰爭發生，他們所能夠拿出來的力量，也不過是這樣大，再無增高的餘地。一個國家潛在的力量太小，就要看它的軍需生產在全部生產中所佔的比例有多大。西方國家今天雖然在重整軍備，但是用在國防上的工業力量，恐怕不過只佔全部的三分之一。而俄國全部力量的絕大部分則已經都用在準備戰爭方面，所以一旦戰爭爆發，各國可以大量的降低人民的生活水準，用這些多餘的力量來作戰。而俄國在目前，人民生活水準就已經低到了水平線下，所以就不可能再行降低。

（四）工業的發展將要達到飽和點。蘇俄的工業，從遠景上看來，也不可樂觀。在以前，蘇俄工業之所以能夠發展得比較迅速，其理由有下列幾點。第一是可以盡量利用原有的工業基礎。第二是這些區域都是人口衆多，交通便利的地區，易于發展。第三是人民生活水準原來比較高，可以有削減的餘地。第四是從農業或是其他方面還有剩餘的勞力可以利用。

在現在，一切的情形都和一九二八年不相同。可以利用的基礎，可以便於開發的地區，可以降低的生活水準，和可以挪用的勞力，都沒有了。要使蘇俄的工業，更進一步的擴張，就一定要向那些邊遠的地區發展，其結果可是事倍功半。蘇俄當局也未嘗沒有自知之明，請看下表，就可以明瞭事實的眞相：

項目	一九二八—一九四〇 實際增加的百分比	一九五〇—一九六二 估計增加的百分比
全部工業總產量	六四二	一九五
煤	四六四	二〇〇
生鐵	四四一	二五六
鋼	四二六	二三六
石油	二七〇	一七〇

從上列的數字（蘇俄當局所發表的），我們可以知道，蘇俄的工業已經快發展到了飽和點，前途的希望已經非常黯淡。

（五）交通情形太壞。一個工業國家，必須要具有便利的交通系統，這是一個非常重要的先決條件。蘇俄的交通可以說是太落後，和它的工業幾乎無法配合。第一是蘇俄非常缺少水運的便利，雖然他們現在正在努力的開拓運河，可是自然的環境還是一個極大的障碍。第二，蘇俄是一個天然的大陸國家，可是他們的鐵路線若是比起西方國家，那眞是少得可憐。同時公路的情形也非常惡劣，尤其是他們缺乏汽油和橡皮，使這一方面更受到重大的限制。在這裡，我們又可以回過來解釋一個舊問題。爲什麼蘇俄明知歐俄地區是不够安全，但是在第一二兩次五年計劃中，却還是把重心放在那裡，交通的情形未嘗不是一個極重要的因素。

四 結論

像蘇俄當局這樣著意侵略，以發動戰爭爲目的、而來從事於一種畸形經濟制度的建立，事實上是不足爲訓的。雖然表面上看來，他們未嘗沒有發展；可是詳細的加以分析，就可以看出他們這種畸形的發展，實在是害多利少。一個基礎並不穩固的大建築物，終久是難保不傾覆的。

在蘇俄當局的心目中，他們未嘗沒有一種如意算盤。在今天他們是希望儘量的採取局部戰爭的方法，在長期的消耗之下，把西方國家都拖垮。等到西方國家都支持不住的時候，那麼就可檢拾現成的便宜，這正好和第二次大戰以後，他們儘量搶刼物資的手法一樣，他們以爲凡是西方國家消費物資的生產工具，至那時還不都成了他們的囊中之物嗎？

所以 在今天，各國必須警覺，把大家的力量聯合起來，準備對蘇俄作全面性的制裁。果能如此，則侵略者必自食其惡果，想拖垮人家的，結果也許會先把自己拖垮。

蘇俄的奴隸勞工制度

龍平甫

（一）奴隸勞工制度在蘇俄政治經濟生活中的地位

蘇俄及其他國家的共產黨宣傳機構不斷的鼓吹史大林帝國的經濟建設成績，不斷的誇躍蘇俄是工人的天堂，好像蘇俄的共產黨眞的創造出奇蹟。他們的宣傳使自由世界的若干不滿現實的人受了蒙蔽。然而我們要問：宣傳與事實有否距離？有怎樣的距離？蘇俄的經濟建設的內幕如何？那些「奇蹟」式建設的究竟是怎麼一回事？要解答以上許多問題須對事實加以客觀的分析研究。但是蘇俄實行鐵幕政策，外界的人想到蘇俄作客觀的研究是不可能的；偶爾有外國顯要到蘇俄去參觀，也祇能看那些蘇俄政府所允許看的。

儘管鐵幕封鎖的嚴密，蘇俄內部的消息仍不斷滲透到自由世界；由鐵幕後逃到自由世界的人陸續帶來不少關於蘇俄政治經濟生活眞面的消息。自一九三〇年以來自由世界才開始知道蘇俄奴隸勞工制度的存在。它的存在是經過充分的人證與物證證實的。自由世界的政府與社會團體曾屢次發表與此有關的調査報告。最近的一個例子：本年六月三十日美國出席聯合國的代表團公佈重達四十四磅的關於蘇俄奴隸勞工制度的文件。此項文獻以蘇俄爲主要對象。關於奴隸勞工的證據有兩主要部分：（一）波蘭抗德的安德斯將軍（Gen. Wladyslaw Anders）部屬爲蘇俄俘去作苦役，其陳明卷宗達一萬八千零三十四件；（二）在蘇俄作苦役多年後被放回的德籍戰俘的陳述。美國代表團已將此項文件交與聯合國的特別委員會，期以公正的態度研究蘇俄的奴隸勞工制度。

我們知道歷次聯合國經濟社會委員會開會時，自由世界的各國代表指明不但奴隸勞工制度廣泛的在蘇俄實施，而且在蘇俄的附庸國家內已逐漸推行。爲了明白眞象，他們要求調査蘇俄的勞工制度，但是蘇俄始終反對，調査之擧迄今不能實現。

根據客觀分析研究的結果，我們知道奴隸勞工在蘇俄的經濟建設中負着相當重要的責任。不但若干大規模的公共工程如開運河修鐵路是由奴隸勞工擔任，而且伐木開礦淘金也由集中營囚犯任其責。此外尙有不少的經濟事業中出現了奴隸勞工，在蘇俄經濟組織中奴隸勞工遂成爲不可缺少的現象。蘇俄常自誇其經濟制度是最進步的，最民主的。如果我們由奴隸生產制度的演變來觀察，蘇俄正在推行最現代化的奴隸勞工制度；其經濟生活因大規模奴隸勞工制度的存在而成爲一種新式的封建經濟生活。一個世紀之前馬克思號召工人起而革命，認而工人在革命中所能損失的祇是奴隸的鎖鍊，然而在「工人祖國」的蘇俄卻經常有千百萬奴隸生產者帶着鎖鍊工作，這豈不是對共產政權的最大諷刺？

爲甚麼蘇俄要實行奴隸勞工制度？其原因有政治的與經濟的。

政治的原因是蘇俄政府利用集中營與奴隸勞動制度消除異己鞏固政權。蘇俄政府自實行集體農場制度以後，即遭遇到農民的反對，於是幾百萬的農民被送到集中營或充軍到邊遠地區。此外史大林爲鞏固獨裁政權，實行幾次大規模的整肅運動，大批的逮捕反對政府者及有反對政府嫌疑者，這些人遂成爲集中營的居民。當局不但要利用他們的奴隸勞動來維持其自己的生活，而且要搾取他們的血汗建設國家。蘇俄當局將監禁這些囚犯的集中營命名爲「再教育工作營」（Ispravitelno-troudovye Laguéri），名稱雖然漂亮，但不能掩飾其可怕的奴隸勞動的事實。因爲事實昭著，蘇俄政府也不能不部分的承認；例如維辛斯基曾說：「在一九三〇年以前再教育的意義是進步與文化；在一九三〇年以後再教育的意義是勞動」。如果我們要明白集中營對蘇俄獨裁政權的重要，最好引證一位身歷其境者的言論。例如馬高林博士 Dr Julius Margolin 原是波蘭籍的猶太復國運動者，對蘇俄政權非常同情，但是在第二大戰期間蘇俄乘火打刼瓜分波蘭後，他被捕入集中營作苦役五年，後來又在俄國生活一年多才能逃到自由世界。他說：「經過多年集中營的生活，我充分瞭解俄國政權安定的奥秘」。他又說道：「托爾斯太曾說：誰沒有進過牢獄，就沒有方法瞭解國家，我要接着說：誰沒有進過蘇俄的牢獄就不能認識甚麼是蘇俄」。他警告世人要認識兩個蘇俄的存在，一個是讓人參觀的蘇俄，一個是集中營的，不讓人參觀的蘇俄。馬高林因切身痛苦的經歷已成蘇俄政權最堅決的敵人，像馬高林遭遇的人正不知有多少，但是能逃到自由世界的畢竟是極少數的。

經濟的條件上觀察蘇俄的奴隸勞動有三特點：（甲）廉價的人工：蘇俄政府可以以很有限的資本來維持一個奴隸勞動者。例如在一九三二至一九三三年度蘇俄政府維持一個勞動者祇支付五百盧布的費用；同時期官方公佈的普通工人年薪爲一千四百九十六盧布，（乙）奴隸勞工可以代替資本，節省機器。蘇俄在推行五年計劃時期中缺乏資本與機器，因此以奴隸勞工代替資本與機器的缺乏，同時利用奴隸生產來創造資本購買機器，（丙）奴隸勞工有嚴格的紀律，可以由當局如意指揮運用以完成許多在正常情形下所不能完成的工程。

（二）鐵幕與奴隸勞工制度

因爲有奴隸勞工制度的存在，蘇俄政府必維持鐵幕，而不讓外人參觀它的大規模的奴隸生產與集中營制度。不但蘇俄不讓外國人知道有關奴隸生產制度的各種事實，就是蘇俄境內的普通公民也在鐵幕之下，很難知道奴隸生產的內容。蘇俄政府統制新聞，祇供給居民一些願意讓他們知道的新聞：此外它限制居民的旅行，一個普通居民很難知道其區域的一切，加以特務的活動，對於新聞的好奇也是很危險的。蘇俄當局爲防止有關奴隸勞工消息的洩露，視生命統計爲國家的機密，多年以來不再發表各地區居民的數字。因爲一旦此項有關消息發表後，外人便可根據它推究出某某地區從事奴隸勞動的囚犯數目。

到蘇俄參觀的少數外國人也在鐵幕的籠罩下不能獲知奴隸勞工制的眞象，最可笑的是美國前副總統華萊士訪問蘇俄亞洲部分的故事。在第二次大戰期間華萊士奉使命訪問西伯利亞，他乘飛機遊歷蘇俄遠東奴隸勞動中心的馬加旦（Magadan），東部西伯利亞金礦奴隸勞動中心的塞木前（Seimchan）以及伯勒利亞克（Berelyakh）等地，但是後來華萊士在他發表的「亞洲訪問記」（Bsia Mission）中却沒有一個字提到奴隸勞動，華萊士於訪問西伯利亞時曾與蘇俄遠東區集中營主任兼該區特務頭子的尼科少夫（Nikoshov）合攝一影；他竟稱讚此人爲工業鉅子，可見他對事實是怎樣的隔膜。華萊士於道經伊爾庫次克（Irkutsk）時曾發表演說，大意謂：「生活的荒遠無垠的自由空間的人們絕不會片刻的生活在奴隸狀態中」。然而他竟不知道在他旅行的廣大的空間存在着有史以來最龐大的奴隸勞工制度。

（三）奴隸勞工制度的演變

西伯利亞在帝俄時代已成爲充軍與放逐罪犯的場所，但是在那時所放逐或監禁的罪犯爲數畢竟有限，在極盛時代的數量尚不及今日的百分之一。內戰時代蘇俄政府已設立若干集中營，至一九二三年全國已有二十二所集中營，統歸特務機關葛柏烏（G.P.U.）管理。在這些集中營拘禁的是政治犯；至於普通囚犯則被拘禁在司法機關的監獄內。後來司法機關爲普通罪犯設立若干生產事業，其原意在教育囚犯使他們獲得一技之長，於出獄後能成爲社會有用份子，這就是再教育勞動營的起源。蘇俄今日奴隸勞動制度便是集中營與再教育勞動營兩種制度演變而成的。所謂「再教育」已成空話，它已成爲奴隸勞動的別名，維辛斯基已率直承認一九三〇年後的再教育就是勞動。

一九二八年以前，蘇俄司法機關僅利用有限的普通囚犯從事一種强迫勞役，但是此後蘇俄政府開始大規模的利用囚犯從事奴隸生產。於是奴隸勞工制度逐漸發展而成爲蘇俄正常的政治經濟制度。一九二八年實爲蘇俄歷史的大轉捩點，因爲自此年起蘇俄開始實行五年計劃及農場集體化。大批的農民因反對集體農場制而被補充軍或從事强迫勞役，以應付因執行五年計劃而發生的人工缺乏危機，此外蘇俄政府因執行五年計劃必須向外國購買機器，但是它既缺乏外滙，又不能獲得外國借款，祇好以物易物，輸出大量的木材以換取機器。爲了輸出足够的木材，需要二百萬人參加蘇俄北部的伐木業。蘇俄當局用勸誘及逮捕等方式，經過最大的努力獲得一百三十萬人參加伐木業。這是蘇俄政府第一次大規模的利用奴隸勞工。

一九二八年三月二十六日蘇俄政府法令准許利用囚犯參加生產建設工作。同年司法人民委員會命令使用全部囚犯參加强迫勞役。是年終蘇俄政府因推行奴隸生產已有成效，於是想由伐木業推廣到其他生產與建設事業上去。一九三〇年蘇俄政府命令計劃局在此後編製計劃時應「注意喪失自由者的勞動成績」，此後奴隸勞動生產遂成爲蘇俄計劃經濟的一部門。數年後政府的秘密警察機關分配其附屬機關應行逮捕參加奴隸勞工的人數，遇有集中營奴隸勞工不足時，無辜的平民遂大批被捕送去塡補缺額。

儘管蘇俄當局封鎖新聞，關於奴隸勞工的消息終於漏網傳遍世界。一九三〇年若干奴隸勞工由俄國北部森林區逃出。北歐國家的報紙首先將此項消息公佈，於是英美報紙開始抨擊蘇俄的不人道的制度；並有人組織團體進行調査奴隸生產。美國商務部因受輿論的影響曾一度禁止蘇木材與火柴進口。但是若干唯利是圖的商人使禁運運動在英美失敗。同時蘇俄政府任命莫格托夫爲國務總理，命其負責平息此運動。一九三一年三月十八日莫洛托夫發表演說，公開承認强迫勞役制度的存在；在承認事實之後，他撒了一個大謊，他說：「蘇俄勞動營生活條件的優越使不少的西方資本主義國家的失業者爲之羨慕不已」。他又說：他歡迎外國工會等團體代表來蘇俄作實地考察。在此演說發表之前蘇俄當局下令立刻遷移伐木區的强迫勞動營令負責人在最短期間將其滅跡，即使有外國代表前來調査，也將毫無所獲而去。由於匆忙的遷移囚犯，使不少的人在途中死於凍餒與疾病。

一九三四年恐怖的葛柏烏組織解散，其職務被移交到新成立的內政人民委員會（N. K. V. D.），一時蘇俄國內的空氣已不像從前那樣緊張；奴隸勞動制的推行漸有和緩象徵；許多富農獲判刑的修正，大家以爲氣象會好轉下去，誰知不久又發生第二次大肅清運動。其直接導火線是一九三四年十二月蘇俄政治局委員基洛夫（Serge Kirov）的被暗殺。由此蘇俄再入恐怖時期。是時維辛斯基全國檢査長，大肆捕殺所謂「反革命份子」，被捉的人被送到集中營去從事苦役。於是奴隸勞動組織大加擴充。當時和維辛斯基合作的特務首領雅各夫（Yagoda）終於成爲人事摩擦與諉過的犧牲品，於一九三八年被處決。其職務由葉若夫（Nicolas Yejov）繼任，不久葉若夫又遭遇同樣的命運，而由貝利亞（Beria）繼任。

一九四〇年起蘇俄當局預料戰爭的危機，開始大量的遷移邊疆的少數民族，防止他們在戰時與敵人合作。史大林在吞併了波羅的海三國之後，又在短期內捕去二十萬在社會上負有聲望的人及其家屬。瓜分波蘭之後又將一百餘萬的波蘭人捕送到俄國北部及西伯利亞去作苦役。後來蘇德戰爭發生，赤俄從新與波蘭合作，不少的波蘭人被釋回，但是死在蘇俄集中營的人已為數不少了。在對德作戰期中，蘇俄當局將克里米亞的韃靼人及窩瓦河的日耳曼人全部向東部遷移。戰爭結束時又將北高加索的兩個自治共和國的居民全部遷移到俄國北部，於是這些所謂共和國或自治共和國便被消滅了。這些被强迫遷移的民族也成爲奴隸勞工的主要來源之一。

蘇俄在戰時先後俘虜數百萬德人，戰爭結束時又在中國東北俘去百餘萬的日本人。此外尚俘獲不少的羅馬尼亞，匈牙利及意大利等國官兵。這些戰俘都被利用去擔任奴隸式的生產與建設工作。

另一方面德國在戰爭期間俘虜了幾百萬俄國官兵與平民，在戰爭結束後，他們被遣送回國。其中有不少的人不願回到恐怖的環境中生活，因而演成自殺的慘劇。所有被遣送回國的人都經過一番嚴格的訊問，在他們的調查表上標明「危險的社會份子」。他們回國後少不得先被送到集中營去作苦役。

在蘇俄的集中營內不但囚禁着蘇俄境內各民族份子，及波羅的海各國人民與德日等國戰俘，並且還有許多中國人。戴林（David J. Dallin）在其所著的「蘇俄的强迫勞役」（Forced Labor in Soviet Russia）與克拉夫親科（Kravchenko）在其所著的「我擇取自由」I chose the Freedom），都提到中國籍囚犯。這些中國人中一部分是民國十九年中蘇在中東鐵路發生小規模衝突時被俘的，其餘當爲僑居西伯利亞的中國人被捕的。

（四）蘇俄究有多少奴隸勞動者？

蘇俄的奴隸勞動營中究竟有多少囚犯？這是一個很難解答的問題。因爲除了蘇俄最高當局知道這個數字外，外人無法獲得正確的數字。此外集中營的人口因時代不同而有差異。既無官方數字，大家祇有估計。但是估計的數字很有差異：由五六百萬人至二千餘萬人不等，根據戴林氏的研究，各時期中的俄國集中營囚犯人數約略如次：

（一）一九二八—一九三〇年，約六十萬人，

（二）一九三一—一九三二年，約五百萬人，

（三）一九三三—一九三五年，約五百萬人，

（四）一九四〇—一九四二年，約由八百萬至二千萬人，但是根據在此時期被囚的塔爾格林教授（Prof. Ernst Tallgren）估計則爲一千萬人以上。

（五）一九四五—一九四七年，據戴林氏估計爲七百萬至一千二百萬人。他對戰後俄國集中營囚犯人數的估計有下述三點理由爲據：

（甲）一九三九年大肅清結束，新特務首領貝利亞上臺，向其屬下分送一秘密文件，揭發其前任葉若夫的暴行，承認在大肅清中有一千九千百萬人被捕。戴林認爲此數字未免誇大，藉以加重前任的罪狀。

（乙）希特勒於一九三九年與史大林訂立互不侵犯公約後，即特別注意俄國的奴隸勞工制度，曾遣派若干考察團分赴俄國各地調查，結果德國官方估計俄國有九百六十萬奴隸勞動者。（丙）一九四八年美國國防部次長羅耀爾（Kenneth Royall）宣稱俄擁有九百萬奴隸勞動者，此數字並不包括未釋放的二百萬戰俘與二百萬佔領區平民。羅耀爾的數字係根據美國官方研究蘇俄奴隸勞工制度的結論。

蘇俄經過革命，內戰及幾次大規模的肅清，已遭受相當重大的生命損失，而集中營囚犯的死亡率又是相當的大，所以在第二次世界大戰的前夕，俄國婦女人口超過男子八百萬。一九四〇年蘇俄成年男子約爲四千七百萬人，

「自由中國」的宗旨

第一、我們要向全國國民宣傳自由與民主的真實價值，並且要督促政府（各級的政府），切實改革政治經濟，努力建立自由民主的社會。

第二、我們要支持並督促政府用種種力量抵抗共產黨鐵幕之下剝奪一切自由的極權政治，不讓他擴張他的勢力範圍。

第三、我們要盡我們的努力，援助淪陷區域的同胞，幫助他們早日恢復自由。

第四、我們的最後目標是要使整個中華民國成爲自由的中國。

在集中營擔任奴隸勞動的囚犯中男性約佔百分之八十五至九十，因此八百萬至一千萬的奴隸勞工至少代表百分之十六的俄國成年男子，第二次大戰期間蘇俄壯丁死亡數據官方公佈爲四百萬人，實際上遠超過此數，因此我們可以說每五個蘇俄成年男子中有一人在集中營內作奴隸勞動。

（五） 奴隸勞動營的分佈

戴林氏根據各方面所供給的消息對一九四五至一九四七年間的蘇俄奴隸勞動營的地理分佈獲得較具體的研究，除分佈在蘇俄的歐洲部分許多小規模奴隸勞動營不計外，戴林氏已查明一百二十五處主要囚營，它們遍佈全國，但以西伯利亞爲最多，其最主要的如次：

（一） 遠東囚營區（Dalstroy Camps）。包括科里馬河（Kolyma River）全礦區的囚犯，人數據估計約爲三十萬至一百萬。

（二） 貝加爾湖以北及以東的西伯利亞東部囚營區。本區的囚犯被驅使建築 Taishet Komsomosk 鐵路（用以聯絡貝加爾湖與黑龍江區域間的交通）。鐵路完成後則負責開發礦產與斫伐森林。其人數約五十萬。

（三） 貝卓納囚營區（Pechora Camps）。本區囚犯共約九十萬至一百萬。他們被驅使建築科特納（Kotlar）與佛古塔（Vorkuta）間的鐵路，鐵路完成後又被用於開發林礦。

（四） 阿堪遮爾（Archangel）的雅各里（Yagry）囚營區，有男女囚犯五十萬。本區囚犯在第二次世界大戰期間曾擔任重要的建設任務；他們曾建設白海（White Sea）港口，飛機場及鐵路，此外並建設了一座莫洛托夫城 Molotovsk，本區的婦女勞動營以生活困苦聞名。

（五） 加納剛囚營區 Karagand Camps）有囚犯十五萬，擔任開採銀銅煤等礦產。

一般而論奴隸勞動營的生活都是很痛苦的，但是下述各營的生活則是痛苦之尤者：

（一） 西伯利亞東部濟多（Dzhido）囚營區的食物最壞，而且數量不足，因此囚犯逃亡的也很多。

（二） 特種懲罰營，一在科里馬河，一在葉尼塞河口附近，囚犯的死亡率達百分之三十。

（三） 史大林廓爾斯克（Stalingorsk）的婦女集中營以待遇殘酷食物壞聞名。女囚被利用開採圖拉（Tula）區的煤礦。

（四） 佛古塔囚營區拘禁着幾千囚犯，他們在戰時因叛國罪及逃兵罪而被判刑的，囚犯的死亡率也很高。

（五） 科姆索爾斯克（Komsamalsk）附近有一所所謂賣國賊營（Traitors camps），其囚犯被驅使建築通韃靼海峽的鐵路。食物很壞，刑罰很嚴，死亡率很高。

（六） 裏海區的普羅文斯克（Provinsk）囚營，其中拘禁着幾千在戰時拒服兵役的中亞細亞的土人。

（七） 貝卓納囚營區若干集中營施行肉體懲罰。

（八） 克拉斯諾雅斯克（Krasnoyarsk）囚營有一萬囚犯，醫藥器材奇缺。

（六） 奴隸勞動營的組織與管理

奴隸勞動營的囚犯被組織成無數的工作隊，每隊有隊長一人，由囚犯充任，負責指揮該隊。工作時間內另有一監工督責工作，監工也由囚犯充當。每日工作完竣後，監工紀載本隊各囚犯工作成績，隊長及監工爲每一囚犯簽署工作成績單。然後由『工作常模決定人』（Norm deter-miner）根據各該囚犯工作完成的百分比發給囚犯食物配給證，以便領取次日的糧食。換言之，囚犯所得糧食的多寡視工作成績而定。爲了維持生存，囚犯必須努力工作以求達到『常模』，但是當局將常模繼續提高，囚犯不得不加倍工作，結果常因過勞而死。

雖然當局利用工作常模及食物配給制迫使囚犯工作，但仍有不少囚犯實行怠工。當局對於怠工者予嚴厲的處罰。若囚犯的工作成績不及常模的百分之三十則視同怠工者，若囚犯數次拒絕工作，則常將其在其他囚犯之前執行死刑。

奴隸勞動營中有兩個管理機構最値得注意：

（一） VOKHRA—這是奴隸勞動營的武裝守衛組織。它有廣泛的權力，其長官同時是 NKVD 的職員。此機構在執行工作時常利用那些被判刑的 NKVD 官吏；這些犯官爲了想恢復自由或重回到過去的工作崗位，對於其他囚犯態度之嚴厲較其長官有過之無不及。Vokhra 的衞士對於企圖逃亡的囚犯有格殺勿論的權力。他們對囚犯的殘暴行爲既不受長官的譴責，也不受法律的追究，因此使囚犯的生活更爲痛苦。

（二） NKVD—每一囚營中有這樣一個專門從事特務活動的機關，它在囚犯中搜羅一些人作密探，報告其他囚犯的言行，囚犯中有人爲了改善待遇及獲得小惠，每充任「自願通訊員」。不但如此，囚營的管理行政組織中也有它的特務或「通訊員」。在這種特務系統之下，囚犯與官吏同時是特務工作的對象。一些有願與非自願的「通訊員」常因報告其最親密朋友的不愼言行，而使其遭受最悲慘的結局。

（七） 戰俘與奴隸勞動

前面已經提到蘇俄在第二次世界大戰中俘獲的戰俘從事奴隸生產，蘇俄在戰爭期間及佔領中國東北期間共俘虜德日軍隊及平民七百萬，這些人的下落如何，至今是蘇俄與西方國家爭論的焦點。本年六月廿五日報載北大西洋公約組織發表蘇俄的戰俘研究報告。根據此報告，蘇俄所俘虜的七百萬人中德人佔百分之五十至五十五；日本人佔百分之二十。蘇俄政府在一九五〇年四月二十一日及五月四日兩次公報中聲明德日的戰俘已遣送完竣。此消息引起西德及日本的驚訝，因爲根官方的統計尙有一百萬左右的德國人及三四十萬的日本人留在蘇俄未返。據研究的結果，大約有一百七十三萬德籍戰俘或死亡或仍生活於蘇俄集中營內。如果承認尙有四十萬德人生存於蘇俄囚營內，則死亡在俄國的德國戰俘有一百三十餘萬，如果承認俄國官方消息俄境已無德俘，則由一九四五年至一九五〇年德俘死亡已達一百六十萬，佔全部德籍俘虜百分之四十二强。

至於日本軍民在中國東北被俘虜的共約一百六十萬人。一九四八年俄國官方聲明已釋放日俘七七六、三六九人。仍在俘虜營中的日人爲五六八、〇〇〇人。一九五一年日本政府宣佈日兵死亡在俄國俘虜營的數達二十三萬四千。餘下的日籍俘虜除很少數在後來放回外，其餘迄今下落不明，其數達三四十萬人。其他國籍戰俘下落不明的計有羅馬尼亞人十八萬，匈牙利人二十萬，意大利人六萬三千。

由戰俘下落問題的研究可以對其他囚犯的死亡率獲得一概念。

（八） 關於奴隸勞動的文獻

在英德法語文中，我們可以發現不少的關於奴隸勞動的文獻。其中最主要的是一九四七年在美國紐哈文（New Haven）城出版的「蘇俄的强迫勞役」，作者爲戴林及尼科奈夫斯基（Boris Nscolaevsky）。他們搜集了相當豐富的資料與文獻，對蘇俄的奴隸勞動作了一番有系統的研究。此書出版後立即引起世人的注意。一九四七年十月廿五聯合國大會中，某代表手持此書質問蘇俄代表關於奴隸勞動的眞象，首先起而答辯的是烏克蘭代表曼奴伊爾斯基（Manenilski），作了一番不得要領的答覆。繼而維辛斯基起而發言，對著者大肆辱罵，斥之爲「文化匪徒」。十月三十一日戴林延請律師致掛號信與維辛斯基，勸其放棄外交官特權，延請十二公斷人，以評斷二人間的是非曲直。維辛斯基置而不覆，顯然是自認理曲，以不了了之。

除戴林的著作外，尙有不少的書記述蘇俄奴隸勞動生活的情況，大都是一些身經其境者的回憶錄。玆就近年出版由作者所知略爲介紹，俄人克拉夫親科發表「我擇取自由」曾道及奴隸勞動生活。南斯拉夫人西里加（A. Ciliga）發表「劍與蛇」（L'epee et le Serpent）則專門記述奴隸勞動生活。南斯拉夫人西里加（A. Ciliga）發表「鐵幕後十年記」（Dix ans derriere le ridean de fer），德國李浦爾夫人（Elinor Lipper）刊印「蘇俄囚役十一年記」（Onze ans dans les bagnes savietignes），法人維納特爾（Gny Vinatrel）出版「集中營的蘇俄」（L' U. S. S. R. Concentrationnaite），以及最近波蘭人克拉科維斯基（Krakowiecki）發表「黃金囚役的科里馬」（Kolyme—Le bagne de l'or），這些書雖是不同的作者寫成的，但是關於同一時與同一地點的事實，則彼此符合，可知他們所敍述的決不是憑空揑造的。

這些書供給我們不少關於奴隸勞動生活的細節。作者向我們敍述他們及其同伴被捕的時間與地點，作苦役的經過，集中營內可怕的生活，等等。李遠爾夫人說：「一旦你爲那判決的機械抓住，你就休想逃出」。不過偶爾也有囚犯在判處死刑後，意外的承認無罪而釋放。例如克拉夫親科的「劍與蛇」中敍述工程師勒百德（Andre Lebed）便有如此的遭遇。此人在一九四八年克拉夫親科在巴黎控告共產黨報紙「法國文學」（Lettres francaises）時爲他出庭作證。他提出許多證明他不幸的遭遇。他說這些證明我無罪的文件並不能還給我已失去的健康，也不能賠償我家庭所受的痛苦。現在國內尙有幾百萬的同胞像我一樣的無辜遇着痛苦的奴隸生活，西里加在他的書中寫着：「伐木業幾乎全部建立在奴隸勞動上。蘇俄的北極區征服者因奴隸勞工之力而得進行其工作」。他又說：「許多囚犯被遺送到堪察加對面諾該也夫（Nogaievo）灣以建築由此灣通科里馬河的公路，沿途荒凉可怕，但結冰的地下却有豐富的金礦，蘇俄政府爲開採金礦不惜犧牲大量的奴隸勞動者，那些公路與房舍可說是用奴隸的白骨建築成的，如果我們說非洲的黃金浸染着黑奴的血，那麼蘇俄的黃金則浸潤着所謂被解放的工人與農人的血」。

在蘇俄集中營經過千辛萬苦幸而未死獲得釋放的人往往難得再溫昔時家庭樂趣，或在社會上獲得適當的工作地位。玆再舉一例：蘇俄紅軍中校馬納可夫（Malakhov）由俄國逃到自由世界，他曾敍述莫斯科大學某醫學教授的悲慘境遇。該教授以反抗政府嫌疑被捕——在集中營作苦役多年，最後被判明無罪釋放，他回到莫斯科家庭時，女兒見他驚逃，不敢和「人民之敵」接近。其妻已改嫁，不再承認他爲夫。自己的房舍爲後夫佔據，不得入內。當地的民團祇允許他在莫斯科停留二十四小時。第二天他被押上火車載離莫斯科。於是在極端絕望的情形下他在途中跳車自殺。

我們所生存的二十世紀是一個悲劇的世紀，但是在所有的悲劇中沒有像鐵幕後奴隸勞動營中二十年來所演悲劇的嚴重。

西貢通訊

越南政壇上的風雲

——保大·陳文友·阮文沁——

丁匡華

越南是一個新興的獨立國家，自從一九四九年法越三八協定後，越南元首保大，對外爭取美法的援助，對內調和各黨派的關係，奮鬪四年，規模已告粗備了，目前他有自由的外交和內政，他建立中的十萬新軍已有四萬人參加法越軍事系統對付越盟作戰，然而保大的越南政府究竟是怎樣的一個姿態呢？新任鐵腕總理阮文沁的貢献又將如何呢？想是大家所關心的問題，這裡我們且作一個解剖式的分析。

越南的政黨

越南的革命運動，早在它復國以前，已經洶湧澎湃了。不過在當時不敢在越南本土公開活動，祇是糾集愛國志士流亡海外，或展開地下活動。這種發展是與法國殖民政策與時俱增的。法國壓力愈大，革命運動也愈强。因此，越南革命同盟、越南國民黨、大越黨、人民國家黨、國家聯合黨、國家統一陣線、越南復國會、工人救國會、農民救國會、文化救國會、越兵團、保政團、和好敎、高臺敎、平川派等等，風起雲湧，由外而內，眞是洋洋大觀。就中有潛勢的純政治黨派是：强邸親王領導的越南革新同盟，阮有智、阮祥三、潘輝適領導的大越黨，阮海臣領導的越南革命同盟，武鴻卿、陳文宣領導的越南國民黨，黎昇領導的人民國家黨。軍事政治兼有的是：潘文敎的越兵團，黃文司的保政團，黃富理、陳文帥的和好派，范公德、阮文成的高臺派，黎文遠的平川派等，在越南人民心目中早已認定是一顆政治炸彈。他們的目標是：復興越南民族，爭取越南獨立。他們的口號是：驅逐胡志明共產主義，這不特與保大是同一陣線，而且贏得了萬千越南人民的同情和支持。

保大的政治滄桑

越南獨立的歷史與保大極有關係。但這種政治滄桑說起來亦是滿紙縱橫，感慨萬千。保大是老法國殖民地——越南的產物。他生於一九一三年，乃是嘉隆皇阮披映直屬嫡系，越南蒙「難」皇啓定的兒子。十二歲時啓定皇把他置於當時的安南總督查理士保護之下，道往法國。直到他的父親逝世，保大纔返越奔喪，被加冕爲阮朝第十三代皇帝。但繼位之後，便又匆匆離開本土返回巴黎。

一九三二年保大已十九歲總算成年了。他在法國主動之下，正式回到越南順化登位，可是這個「九五之尊」，雖是延續甚久，但在當時是無足輕重的。

一九四〇年日寇侵入越南，曾一度捧出那被法國驅逐出境亡命日本的皇叔畿外位阮强邸爲皇，强迫保大下野。但因越人大起反感，日本不願掀起文潮，到第二天又扶保大復辟。於是保大在學者首相大越黨領袖陳重金襄助之下，執掌政權，一直到日本向盟軍投降爲止。就是這樣，胡志明就憑買空賣空，披上越南民族主義的糖衣，騙住了法國人、美國人，而以八百槍桿脅逼保大下臺，迫得他以平民身份用阮文瑞原名充任胡記政府名譽上的最高「顧問」，眞使保大哭笑不得！

離亂與騷動把保大遺忘了。他在極端失意之中，離開越南，曾間關到過重慶向蔣委員長求援，旋又赴香港與海外革命志士共商救亡大計，最後還是遠走法國。

從一九四七年起，法國在越南一面與胡志明越南進行拉鋸戰爭，一面在致力越人治越，逐步使其建立越南政府，以收羅越南的民心。可是由黎文勦博士阮文春中將出任越南中央臨時政府主席的結果，却收效甚微。保大此時恰成爲收拾越南局勢最合適的王牌。法國人對他陡然熱了，與他簽訂劃時代的三八協定，使越南得以自主，並由保大以「國長」頭銜，出任越南元首，建立新越南國。他於一九四九年四月廿七日重回越南主持國政，這滙是越南歷史新生的一頁了。

越南內閣的措施

越南政府的內閣和施政，也是值得我們檢討的。現在簡述如下：

第一內閣——一九四九年六月至一九五〇年三月——總理阮攀龍，越北首憲阮有智，越中首憲潘文敎，南越首憲陳文友。阮攀龍屬越南國家主義派，民族革命思想濃厚，蓋以大越黨首要阮有智、越兵團領袖潘文敎爲之佐助。這可說是完全黨派政治，可惜政治環境太惡劣了，不能展開他的抱負，主閣不到八月就告解體。

第二內閣——一九五〇年四月至一九五一年二月——總理陳文友，越北首憲阮有智，越中首憲潘文敎，南越首憲阮忠榮。從陳文友登臺時起，越南政界又起了新的變化，內閣全由其所謂「技術人員」清一色陳系人物替代，各黨各派也失掉領導中心，强邸親王，阮海臣亡命海外，任由武鴻卿，阮有智、潘文敎獨攬大權。這也是時代與環境給陳文友製造的機會。他曾經在越南獨立內閣就職典禮中很驕傲的說道：「本任內閣是一個爲適合環境而成立的集中內閣，該內閣主要目標，是組織及護衛越南在波市會議中的主要權利，由於該內閣之努力，越南已獲獨立的基礎。在外交方面，我們在英國已經有了代表。數日內駐曼谷的使節也快上任了。在最近的將來，我們將在華盛頓設立大使館（按越南現已派陳文可為駐美大使）。我們屢次遣派友誼團及考察團前赴各國，均獲良好成就。我們參加了廿多個國際會議。此外我們還要負起建立一支國家軍隊的任務。未及一年，就已經建立了十八個營，其中十三個營已經參加作戰。為對付國家的危機我們的公安局屢次把敵人的擾亂企圖致於失敗境地。為得到更良好的通訊及為我們國家的光輝得以反映到國外，我們的國家通訊社「越南新聞社」，已經設立起來了。……」這可說是這一內閣的政治縮影，自然值得保大和陳文友的自詡了。

越南第三內閣——一九五一年三月至一九五二年三月——總理陳文友，越北首憲鄭有志（後由阮文沁繼任）越中首憲陳文理，南越首憲胡廣壞，全是一班親人物。在組閣期中，陳文友屬意下的越南輿論，是十足動聽的。報紙上曾經不斷透露內閣將參加吳庭艷派以示精神團結。將設三個國務部以符合越南三大政區。新設一個農業部，將由越南國民黨要員龔廷貴任部長，社會部長將由唯一女性之容夫人出任。國防部將分為武裝部，軍事部。武裝部長將由越北人擔任。……同時越南大越黨首領之一阮祥三，阮嘉志，也恰由香港回到越南。大家均以為這次內閣人選必有重大變化。但是改組的結果，十九仍是原班人馬。在這種情形下，越南各黨派人士自不願參加這樣內閣。故原已發表由大越黨領袖阮有智兼任國防部部長，大越黨要員潘輝適出任教育部長，但均拒絕入閣。最近連阮有智本職越北首憲也摔了紗帽。越中首憲潘文敎，及越南政府中唯一能以華語講演的總理府國務員陳文宣（越南復國會秘書長）也隨之告退。各黨派的不合作實是陳文友後來去職的主要原因之一。

越南第四內閣——一九五二年三月改組以迄是年六月——總理陳文友，越北首憲阮文沁（阮任內政部長兼公安部長後，由范文炳繼任），越中首憲陳文理，南越首憲胡廣壞，這一內閣全是上屆內閣的延續，僅參入高臺教李文德出任農業部長而已。陳文友這種「關門」政治，正顯示越南內部分裂的嚴重，保大為了挽救危急之局，毅然下令解散陳文友政府，這確是一項偉大的措施。

陳文友的去職

依照事實來看，陳文友對於越南的貢獻，仍是很大的，他出生越南圻永隆省，歷任南越政府中要職，實為南越政界中第一流角色。他兩任南越首憲，三任越南政府總理，遠在一九四八、四九年，他在阮文春越南臨時中央政府已是鋒芒畢露了，一九四九年三月法越在巴黎商談政治大局時，他就以越南代表團主席的資格參與會議，並以全力支持保大王簽訂法越三八協定。可是他不曾與各政黨之間沒有取得高度的合作，由之成為各方攻擊的目標。當時西貢街頭上聞言是：陳文友領導的南越集團將獨樹一幟。保大特別嘉許南越，厚結南越民心。頗令人可怕。保大也曾公開闢謠，他說：「越南的建設，原來建築在堅强的基礎上。因此南越佔着極重要的地位，憑它地理上的優點，它將成為東南亞與大洋洲、歐洲、美洲的門戶。南越過去已以大門戶的姿態，總攬印支進口的大權，將來一旦和平實現，則它的活動範圍勢必擴大，使整個越南同沾恩澤。法國既有不列顛人、布雞溫梳人、巴黎人、或歐伐雅人之分，難道越南就沒有地方性的國民嗎？將越南分裂，便是瘋狂的行動。越南今日的統一，可說像石一樣的堅固，富庶和較進步的南越，那有不知團結的意義？越南是一元化的和不可分離的，陳文友總理就是製造越南統一的工匠之一，他的豐功偉績，是他成為國家最忠實的僕人」。保大這一席話，恰是越南政治裂縫的自白，那與正面揭露又有什麼分別？

世人慣以成敗謂英雄，其實陳文友對越南的貢獻是不可厚非的。假如在這辦事之秋，對內要應付越盟政治攻勢和樹立自主的政權，外要與法棉寮協調鞏固「法聯邦」，苟非陳文友苦力支撐，恐怕越南還不會儕身國際之林，獲取眞正獨立吧！

越南議會的籌組

陳文友去職的另一因素，當是越南議會遲遲不能組成所致。在陳氏的藍圖裡，以為這是爭取越南民心對付越盟政治攻勢的唯一法寶，祇要他一提倡，就可得到附和。同時保大也是很贊成的。遠在陳氏第二次組閣時，就已開始進行了。首先他以南越議會作為他的核心動力，除了一面派委南越議會主席阮正楷北上越中越北全權代表政府負責諸商外，並一面由其分別而各個政團展開幕後活動。然而這一進行收效甚微，反之潛在的阻力，卻日漸加深了。在區域方面言，越北越中堅持議員的名額要與南越方面三分鼎足，無所謂西堤特區可言。在政黨方面，國民議會既是民意機關，他的名額應盡可能由政黨自行提名。在宗教團體，他們主張應依人數為標準來確定各個團體的議員名額。其中具有武力的高臺教，和好教，平川軍，越北保政團，越中越兵團，越北天主教更是渲囂奪人。在地方區域言，他們要求每省議員一人，其餘的名額分配各政黨。還有工會，農會，商會，教育界也都有同樣的表示。這種意外的挫折，眞使陳文友如坐針氈。其實主要的阻力還是政黨。這種發展特別是阮有智（大越黨領袖）、潘文敎（越兵團領袖）辭去越北越中首憲以及大越黨國民黨首要阮祥三、潘輝適、陳文宣不願入閣以後最顯著。陳文友既不能完成是項使命，自然成為國內外攻擊的目標了。保大這次突然改組越南政府，也許是出於不得已吧！

在保大方面：由於國民議會是民意機構，對於未來的影響，不能不事先鄭重考慮。如果是因此而削弱他的王權，那又是他所不願意的。保大曾經公開說過：「組織國民議會，原是讓越南人集思廣益共策國是，但如果因為名額的爭執而影響到國家的團結，那就失掉他的政治作用了」。我們細察其詞，他的涵意是很深重的。

然而國民議會的僵局，終久是要打開的。新任法駐印支高級專員黎都諾認爲：在需要越南人民一致抵抗越盟的時候 若對保大王權上予以削弱而來刺激越南民心是極不合時宜的。反之如太過於保守，人民復有參政的機會，不免也要引起各政黨的離心和反感。因此最合理的折衷辦法祇是：在權力上，國民議會純屬顧問性質，而爲越南元首之諮詢機關，沒有參加財政上，立法上，或外交上決策之權力。在議員名額分配上，八十五名議員中保大得指定五十名，其餘三十五名由全國普選產生。在政治上採用合理的責任內閣制度。聽說這個原則已經保大首肯了，不過在實施技術上，他主張先成立區域議會。即是：南越既有南越議會，那麼越北越中兩大政區，自然也必需成立同樣的議會。然後進而組織全國議會，不特名實相符，且更有裨於集思廣益。看情形，保大的建議，定會得到黎都諾及越南各個政黨政團的支持。

「鐵腕」總理阮文沁

阮文沁是越南中圻人，他在越南政界嶄露頭角是越南獲得獨立以後的事。一九五〇年時，他祇是南越警察總署署長，然後升任越南中央警察總署署長。一九五一年三月越南新設公安部，他即駕輕就熟，一躍而爲首任部長。在任以來，他銳意整飭人事，樹立新警察制度，對於制裁越盟，提供軍方情報，曾獲法越當局高度的信任。他最出色的傑作，即是一九五一年夏季破獲越盟南部總機關。至一九五一年秋季他以部長銜作爲保大越北代表兼攝越北首憲，是年底，解除越北首憲兼職，即回西貢。除了原有公安部長之外，更兼任內政部長。這可說是一帆風順，爲少壯派的唯一紅員了。正當陳文友走向下坡路，需要一個新的人物一新越南人耳目的時候，憑着阮文沁幾年來對國家的貢獻和從政的毅力 保大立刻就提任他爲越南總理。說起來，也不是偶然的。

這位年僅五十七歲的總理所標榜的是「行動政府」。他說：「余之政府，將係一個聯合及行動之政府。本政府之目標，在於糾集一切人士之力量。因越南之獨立，對於渠等比一種空言及藉詞規避之行動，係含有較多意義。國際共產主義，已經揭開其面幕，因此一切黨派之抉擇時間，已經來臨。吾將號召曾爲國家獨立而奮鬪之人民，俾在保大陛下之領導下產生一個能以人民名義行動之民族主義代議政府，以實現民主政治。」關於土地政策，他說：「將實行社會新政，最初由越盟命令加以展開之土地分配，政府將予承認。現耕種此等土地之農民，其權利亦將被確定。政府對于以前地主之損失將予賠償。同時勞力之收穫應屬於土地之耕種者 而非逃難於西貢或巴黎者。吾將實行社會主義以爭取越南羣衆歸于其旗下。」關於建軍，他說：「余之政府主要措施爲與法國並肩加强清剿越盟之戰爭。因此吾欲在本年底以前 將越南軍目前之四師擴張爲八師。吾人現有充沛之人員，惟軍官只有吾人所需之半數。吾人立即需要約達四千名軍官，以指揮過去八個月來已受軍訓之越南青年四萬五千人。」對於成立國民議會，阮總理說：「余之願望，在使越南成爲一眞正之民主國。余已迭呈國王一項計劃，規定所有非共黨區舉行村代表之選舉，組織市議會 以推選國民議會約一百名之議員。此爲戰爭期間之國家惟一可行之選舉制度。」關於內政，阮總理說：「吾打算刷新整個政府 我已要求將過於富有與優遊之高級官員加以整飭。余決起用充滿熱忱之青年，許以負責之職位。」關於內閣：他說：「曾與大越黨，越南國民黨，同盟會等三個主要民族主義政黨之領袖舉行會談，閣員是越北六名，南越六名，越中一名。若干政黨首要且已加入新閣。」由上項阮文沁的宣露，正顯示他是一個實幹人物。越南以後在鐵腕總理整飭之下，或大可有作爲了。

現在，越南阮文沁新政府已組成了，其名單如下：

總理兼內政部長阮文沁
副總理兼宣傳部長潘文敎
副總理兼退伍軍人部長吳肅廸
國防部長嚴文智
財政經濟部長阮輝來
外交部長陳文同(譯音)
司法部長黎進穩
教育部長阮上恭(譯音)
工程運輸電訊部長黎光輝
衞生部長李文和
農業部國務員龔廷貫
公安部國務員黃南雄
青年體育部國務員武鴻卿

上項名單顯示了兩個特色：一是新進閣員大部代表各個政黨。二是羅致政黨領袖特別是越南國民黨首領武鴻卿出任國務員。武鴻卿自一九五〇年由中國回到越南以後一直留居大叻，擔任保大王有關建軍的最高顧問。此番武鴻卿出任閣員，自爲保大與新政府間之政治橋樑。此外，越南與中國雖關係密切，但迄今尙無正式外交關係，中越雙方認爲這是最大的遺恨。武鴻卿曾在中國軍校讀書，且曾任中國軍官，一九四九年他曾在中國組織過越南建國軍。現在由其出任青年體育部國務員而與百餘萬華僑接觸，可能是越南與中國建立邦交的前奏。假如這一政治關係實現，武鴻卿無疑是首任駐華大使最適合的人物了。

本刊售價

一、	臺幣	三元
二、	越幣	八元
三、	菲幣	五元
四、	港幣	一元
五、	暹幣	四銖
六、	美金	二角
七、	叻幣	四角
八、	印尼幣	三盾

坎倍拉通訊

澳洲的反共活動

王東

澳洲是一個仍容許共產黨公開活動的國家。現在執政的自由黨及農民黨聯邦政府主張的宣佈共黨非法案，在去年九月遭公民投票否決後，澳共的宣傳活動更趨活躍。最近幾個月來，澳共更多方爲中共展開宣傳工作，代中共推銷電影及雜誌，利用各種場合欺騙澳人，謂中共不是眞正的共產黨，企圖迫使澳洲聯邦政府承認中共政權。但是這種謠言並不能爲人相信，澳洲的民間團體已開始對這種宣傳予以打擊了。我們先看澳洲人民協會(The People's Union)主持人麥克吉利克(T. C. McGillick)五月廿一日晚在澳京廣播電臺以「共產中國」爲題對澳洲人發表演講。人民協會是一個無黨無派的澳洲民間組織，他們利用每一個機會，作對社會主義共產主義世界性陰謀的反宣傳，他們深入到職工會去打擊共黨活動，他們的無線電廣播節目有着廣被全國的效果。麥克吉利克在這篇演說中分析中國及西太平洋局勢險惡的前因後果，揭發中共的實際醜惡情況，使在澳洲藉「澳華協會」(Australia-China Society)爲中共張目的共黨分子與他們的同路人沒有置辯餘地。人民協會的努力已發生了很重要的影響。麥克吉利克這樣說：

『在雅爾達，邱吉爾，羅斯福與史達林簽署了要命的雅爾達協定，結果使蘇俄得到了有價值與富有戰略性的滿洲鐵路的控制權，以及中國的大連港與旅順港，爲着這些地方俄國人曾於一九〇四年與日本作戰而不會成功的。

『俄國並且被允准接收滿洲的「日本各兵工廠」，這個條款被俄國解釋爲有權去剝光每一個滿洲的工廠、礦場，電力廠的有用的機器，而把它們運到蘇俄境內去。曾有人估計、史達林掠去的滿洲鐵路車輛與機器約值四億五千萬磅。還有在滿洲的存積彈藥與軍用倉庫，也都交給了中共。因此便增強了中共軍的力量，使他們能在中國大陸迅速攫取政權，迫令蔣介石氏與其政府及部份軍隊逃往臺灣島。蘇俄的利用中共傀儡毛澤東作工具征服中國，以至現今懸在澳洲頭上的征服危險，全都是由於對蘇俄的姑息政策所致，對於這，大部的責任應由垂死的羅斯福來負。

『雅爾達協定是許多隱蔽的共黨特務對這位病人所提建議的結果，他們都是已經很成功的打入美國國務院的最高級顧問地位的。羅斯福在雅爾達的親信顧問是希斯(Alzar Hiss)，他曾經一位前共黨黨員指控與在美國政府最高階層活動的一個蘇俄間諜組織同謀。陶勒達諾(Ralph De Toledana)與拉斯基(Victor Lasky)在他們十分有趣的著作「叛國種子」(Seeds of Treason 正中書局有崔書琴氏譯本，註)裏面，檢討希斯案時給了我們一些斯退丁紐斯提供的有趣的資料、斯退丁紐斯是雅爾達會議舉行時羅斯福總統的國務卿。

『當俄國主張其在聯合國中有十六個投票權的要求進行激烈爭辯時，有一次，羅斯福，希斯，史達林與一位俄國的譯員四人在一間會議室中作了一次密談，其他高級人員則在外面閑等着。羅斯福那時已是一個垂死的人，在他和希斯走出會議室時，他對他的顧問們宣佈已獲得一項「協議」，給俄國三個投票權，美國仍祇有一個。對於美國代表團人員的不滿，羅斯福有氣沒力的答覆道：『我知道我不該那麼做，但是當他們逼緊我的時候我實在太疲倦了。此外，我覺得那沒甚麼大不了的區別。』誰是『他們』？史達林與那個譯員？還是史達林與希斯？雅爾達會議閉幕的當兒 希斯是個愉快的人，他是在雅爾達協定上簽字的十三個人裏面的第十二個，他並且被史達林，邱吉爾與羅斯福共同決定爲後來舊金山聯合國會議的秘書長。』

『姑息是一種道德敗壞的病患。政客們對邪惡勢力的姑息實應對今日世界的不健全狀況負大部責任。

繼中共政權藉詐欺，脅迫，恐怖與大規模流血而樹立起來以後，便是艾德禮政府對中共的正式承認……現今的邱吉爾政府……也還沒有看到應撤銷對一個組成中共政權的陰險匪帮的承認。這種姑息政策的結果，使英國在遠東的聲望已降低到空前的程度。

『麥克阿瑟元帥曾警告過我們，美國政界中的黑暗勢力有一個計劃，要姑息中共與蘇俄作爲韓境和平的代價。他說：「我對於出賣臺灣與使中共進入聯合國兩事所持的反對立場，因得到美國人民的熱烈支持，無疑問的已摧毀了要在這些問題上讓步以爲韓境和平代價的秘密計劃。」』

這裏，在澳洲也有一個共產黨主使的活動在進行中，想對澳洲聯邦政府施壓力，强迫澳洲承認中共政權。這種宣傳是在一個名叫澳華協會(Australia-China Society)的機構掩護下進行的。澳華協會於一九五一年在美爾鉢創立。其任務與共產黨的輔助機構澳俄協會是相類似的。

坎倍拉的聽衆們將對五一國際勞動節時期在雪梨發生的支持中共運動，特別有興趣。五月一日，澳華協會主席坎倍拉國立大學的費玆傑樂德先生(Mr. C. P. Fitzgerald)，在唯理會堂主講關於中國問題。唯理會堂是東部雪梨共黨的集會地。第二天，五月二日夜晚。我曾參加澳華協會在雪梨基督教青年會召集的一次群衆大會，出席會衆約一百五十人，其中包括若干知名的共產黨與其同路人。

會議主席是衞理會牧師霍賓(Rev. W.J. Hobbin)，他一個個介紹演講的人，有費玆傑樂德先生，賈普曼博士(Dr. Owen Chapman)與林賽爵士(Lord Lindsay)。

費玆傑樂德先生話裏曾說到「現在大家都已同意，聯合國組織的干涉韓戰是一個大錯誤。」他是一個最緊張的演說者，當他講完落坐時聽衆都好像鬆了一口大氣。

賈普曼博士告訴我們，前一個發言人，費玆傑樂德先生，在中共政權樹立的時候曾留華兩年，而林賽爵士則在雲南省，與現今共黨政府的領袖有密切接觸。賈普曼博士在他的演說中曾出示一些中共的出版物，並勸促他的聽衆去閱讀它們。他的確說過他們含有些宣傳的成分，但是他建議讀者們應該「略過那些宣傳而留心各雜誌中的事實」。但是我們要如何分辨宣傳與事實他卻沒有說明。當他說到關於中共武力攫取西藏的事時，我實在忍不住大笑出來。他說：「中共發現俄國的科學探險隊對西藏的礦藏非常有興趣以後，共軍便開進西藏以阻止這些有價值的礦藏資源落於蘇俄手中。」這個直是不可想像的，有任何人如此天眞的會去接受這樣一個荒唐的解釋。

再一個發言的，是紐修威省(New South Wells State)政府的官員，據介紹是澳華協會的臨時主席。他在討論該協會的宗旨時，對承認中共一事特加强調。他承認該協會的宗旨有政治意義。在他演說過程中，他一再用眼睛去盯看林賽爵士那個方向。林賽爵士則在毫無顧忌的和講臺上一位著名的支持中共的人大聲談話。

林賽爵士是坎倍拉國立大學太平洋問題研究所的主持人。他父親是牛津大學貝禮奧學院院長。最近在英格蘭去世，由他繼承了爵位。林賽爵士那天晚上是最受注目的人物。他告訴我們他與中共接觸最初是在一九三八年。在第二次世界大戰期間，他曾與共軍在一起兩年半，充當他們軍事運輸的技術顧問。林賽爵士企圖使我們相信英國傳統共產黨與中共之間有很大的不同。他說，中共是比較能容物而願意聽取明智的批評的。

這種分析，對於中國已有八十六年傳教工作歷史的中國內地會被撤退的六百位基督教傳教士，應該是非常有興味的。（六百位傳教士中有五十位澳洲人，雪梨晨報(Sydney Morning Herald)在一九五一年一月二十二日曾報導過這件事。）由於他們所受到的不能忍受的壓力，加上爲中國基督徒的福利的考慮，撤退乃屬必需。這是紐修威省中國內地會秘書穆爾先生(Mr. G. P. Moore)在一次接見記者時所作的解釋，他說：「任何與我們有些許來往的中國人都一例被稱爲帝國主義的間諜。」中共區最嚴厲殘酷的宗教迫害是施諸羅馬天主教傳教士的。一個最令人難堪的例子是天主教修女被趕出她們道院的情景，她們走過中共黨徒的行列，受着惡言穢語的詆污與口涎的唾辱。

由於類似的令人難堪的證據，實令人難於承認中共有容物的德性。林賽爾在他的結論中宣稱，「倘若右翼分子說澳華協會是共產黨，倘若中共說我們是法西斯，我們便自知我們是走着正確的路線。」有些人會認爲一個牛津大學的畢業生發出這種論調是十分可疑的。相反的，這卻是許多知識分子極典型的情形，他們可能對他們自己專長學問的理論很有研究，但對實際政治的廣大天地則完全莫明其妙。

假定澳華協會的唯一目標在於獲致澳洲的承認中共政權，那麼他們就正被請求着要接受中共政權與蘇俄政府的外交政策中的主要綱目。他們在被請求給一個未受中國人民託付也不能代表中國人民的政權以合法地位。該政權是俄國帝國主義的傀儡，是一個不恤人民鮮血與眼淚而奪得權力的政權。

再多的辯詞也不能抹殺一項事實，澳洲的武裝部隊正在韓國戰場上與中共軍作殊死戰。事實如此，一般澳洲人民祇承認中共政權是甚麼就是甚麼——是一個澳洲的敵人，一個中國人民的敵人。

理論與事實多方面的給予這裡反共人士以支持，一再的給予澳華協會的虛僞宣傳以打擊。這是澳洲反共的最近的趨勢。

一個站在鏡子前面的人

Lannia 著
陶冬心 譯

這並不是一個虛構的美麗故事，而是關于一個叫魏克來夫斯美泰勒所遭遇的事實，他是柏拉格籍的工程師，也許可能是波蘭或匈牙利籍的建築師，教師及信差。

魏克來夫斯美泰勒是一個平凡的人，年紀四十二歲，有一位妻子和兩個孩子，本身工作非常勤奮，每天大清早就上辦公直到傍晚才回家，他就是這樣有規律地生活着。

每個人都有思想，感覺和夢想，魏克來夫斯美泰勒當然不能例外，但他卻和其他姓斯美泰勒的科華西斯的或波斯基的人有些不同，他有他自己的觀念，自己的夢想；世界上本來就沒有兩個人的思想，感覺和夢想會全然相同的，魏克來夫斯美泰勒的內在生命完完全全是他自己的，沒有一個人能控制他的思想，也沒有人能去侵犯他的夢想和他希望的境界。

那麼實際上是不是如此呢？斯美泰勒的內在生命的確是屬于他自己的嗎？的確是不可侵犯的聖地嗎？

或者——？不是的話——？

一連串的問題湧上了斯美泰勒的心頭，當他站立在鏡子前面看着他自己的時候。

我們且靜靜地聽他說吧！

「你須要剃剃鬍子了，今早你還沒有剃過呢？

「什麼？噢！因爲睡過了頭，要是我剃鬍子的話，那我到辦公室就要遲到了。每個禮拜每個晚上的開會耗費了我所有的空餘時間，一個工作繁重的人必須有六個小時的睡眠時間，但是我卻沒有，我一再地被拉去開會，開會！開會！什麼政黨會議，集體會議，工廠會議……。

「爲什麼你不走開呢？今天晚上好了？這只不過是第一次呀？天知道你有多久已沒有同你太太瑪利亞和孩子們聚在一起舒舒服服地過一個平靜的夜晚了。

「這眞奇怪，瑪利亞怎麼老不在家，噢！想起了，她不是說過要去上什麼課麼？對了，今晚她得去上馬克斯主義的課。瑪利亞太可憐了，她是多麼歡喜這間屋子的，笑呀唱呀的——不，馬克斯主義是沒有什麼可笑的，我怕她今晚要很晚才能回來呢！我們的家庭生活是如此的奇怪呀。

「你在訴苦麼？生活比以前越越艱難了，沒有歡笑，沒有溫暖，沒有任何朋友到家裡來聊天，除了黨的報紙或相同性質的書籍外，再沒有機會能閱讀其他的書報了。

「那麼其他的人呢……

「住嘴！當然，有些人的情形還更壞；告訴我一些關于朝鮮的事吧！

「朝鮮的事？可以，可以！這個世界已捲入了災禍和戰爭的漩渦裡了，哀鴻遍野，到處都在流血。我們爲什麼要推翻極權政制，原因就在這裡了。

「我知道，我知道，我已經聽過幾百遍了，我也曾對自己講過，我還能把它編成一個演講稿子呢！但是你知道我現在是個黨員，我還能做些什麼呢？我已經入了黨了。

「爲什麼說這些遺憾的話呢？

「我沒有什麼可遺憾的。

「沒有？

「沒有！我不是一個政治家，我也不是個英雄，我更不是肯爲主義犧牲的人，我只是個平凡的人。我所要的只是平靜的生活，憑我個人是不可能去改變這個世界的。

「我們共產黨能够改變它，你看捷克斯拉夫，它改變得多大，你喜歡不喜歡？當然你是贊成的囉？

「你聽我說，你根本知道我的贊成不贊成是沒有作用，沒有關係的，同時可能……

「可能什麼？

「我不知道，我不知道該怎麼說。

「你知道得很清楚，你不是每天都在說着的嗎？

「但是，事到今天你還能相信些什麼呢？

「一個沒有信心的人！黨不是告訴過我們很清楚，我們該信任些什麼嗎？黨永遠是對的。

「相信他們告訴過我們說，我們是被他們從獨裁的資本主義下解放出來的嗎？昨晚我坐着聽尼耶利同志的演講，講完後大家都極力鼓掌，我也一樣地做了，你還想要我作些什麼呢？你難道要我立正鞠躬麼？

「你應該走到尼耶利面前，當面祝賀他的演講成功。

「當然，這是被指定爲份內的事，他是個重要的首領，我和他是認得的，他能給我極大的幫忙；眞笨！你以爲你不能在英國美國誇耀你崇高的權威嗎？當然你是能够的。

「只要你離開你的辦公室後，你就感到愉快，你就是你自己的主人了；當你回到家裡，走進你的房間後……

「房間裡是多麼亂呀，瑪利亞每早五點就起身，抹桌掃地洗衣，她實在做不了這許多。又要做主婦同時又得上工廠工作，這實在是件難事；況且瑪利亞身體也不好。

「她一直是個可愛的女人，人家都不相信像她這樣身材的人已是個十五歲男孩子的母親呢！

「多久我沒有吻過她了呀？三個月、六個月？上馬克斯主義的課是不能與愛情混爲一談的呀？

「但是我們是爲了要建立一個美好的將來呀，是不是呢？

「誰說的？還有什麼將來？將來能好一點麼？現在已不是一月比一月地更黑暗嗎？

「我仍然不明白，有的人說是對，有的人卻說不對，我站在鏡子前面而不知如何是好，我應該剃還是不剃呢？我只感到疲倦得要死，我眞想睡一會或是到後天井和孩子們玩一會……

「我還沒有向尼耶利道賀他的演說呢；對了，吹牛和說謊並不是我們特有的習慣。在西方的那邊，至少你是不會被强迫着去說謊，假使你在不高興時隨便批評一個有權勢的人，他們决不會把你捉進牢獄裡去，也不會爲了你不贊成一個政治領袖的演說而把你關到集中營裡去。

「如果我今晚不去開會……

「他們會立即發覺我的缺席，他們會質問我，而我就成了個嫌疑犯。爲了要免罪，現在還是去吧……

「沒有一個知心的朋友。假使我對他們訴說我心裡的懷疑或批評，他們會感到驚奇而憤怒的，而且還會在公開的場合指摘我。你除了同志外就沒有朋友。

「可惜瑪利亞不在這裡，或者可以……？不，我不能把這些告訴她，這有什麼用呢？她聽到我批評黨她一定要擔心的，她擔心我們要受到麻煩，她擔心我們房間裡已被秘密地裝了收音機。我還不至於那麼重要罷！沒有人會注意我的。

「你眞在開玩笑，每個人都在注意你呢。人人彼此都在互相地監視着，沒有一個人是靠得住的。你只能一個人獨自地站在鏡子面前才能自由地說話。

「因此你以爲你是最寂寞的人了？你感到絕望？不！在國內有成千成萬的人們都是和你一樣站在鏡子前面在懷疑着，在憎恨着，在問着和你同樣的問題，你是並不寂寞的呀！

「七點五十分了，

「唉！這簡直是地獄，我不……

「我不剃鬍子了，如果快一點，我還能趕上開會，他們就無法寃陷我了，我不願被他們抓去。」

還是說我們大家都不願被他們抓去吧！人包括有兩種東西：一是你的本身，二是你的良知。這兩種東西是連在一起，都屬于你的。良知不單只是你堅强的正義之壁壘，而且是一條不會斷的鋼鍊，它連系着千千萬萬，與你有同感的人，在生長，在强大，在與極權專制的共產主義默默無聲地爭鬪着。

萍蹤雲影

張靜

我下車走進候車室裡，一條條木靠椅上，只有個老頭坐在那裡打瞌睡，[illegible]石厦上的大鐘，指針寂寞的轉，[illegible]，秋風將葉子吹得在街上飛來飛去。我沒有感覺的走進鎭裡，秋天冷瑟的空氣我有點抖，兩旁一樹樹的黃葉，在傍晚的日光裡，着了魔似的透明。

每年秋涼後，鎭上許多人家便將自已蜜餞的桃子和醃黃瓜，擺出在市場上，還有些粉紅淺藍布塊拚縫成的床毯。我走過一個個的小攤，一個老太婆，穿着件鬆鬆懶懶的舊花蔴紗衣，夾着紙袋和小包廉價的糖，站在那兒微笑的看着自已的畫，和畫中那幾朶胖胖的睡蓮。一個老頭在那沉思　他再已不能挽着紅緞髮結的小姑娘，在粗木板的酒吧間裡，拉來扯去的跳鄉村舞了，他眼看着這小鎭漸漸的在變，如何忍得住不告訴人他也年輕過！他顫抖不定的告訴人說，鎭上出第一輛火車時，他親眼看見拉貨的馬給嚇跑了。這時天愈來愈陰，忽然雨點大滴的落下，秋風起處，女人按着衣裙，紛紛跑開，一些穢着小黃短辮子，臉兒尖尖，像桃子般的女孩，笑着跟狗，莫明其妙的在人堆裡轉。

雨裡，我一直跑回學校，躲入簷下，迎面碰見個學生，我淺淺的一笑。

「妳才來的吧」，這人十分瘦削，「我離開國內幾年了。我叫P」。

有一次音樂演奏，我們在雪中相遇。正是初雪一片片鵝毛樣飄下。遍地白色裡，黑的樹幹在那抖索，推開門時，演奏者已在臺上了。他穿着黑衣服，拿着把棕色光滑的提琴，好像再沒有比它更重要的東西了，琴絃一動，他立刻彷彿着魔一樣，做夢似的跟着韻律彈動，忘記，不，幾乎是輕視般的彈着擱在肩上的琴。小夜曲如泣如訴，如怨如慕，如果作者還在一定要拜倒他脚下。曲終我忽然叫道「你看！」只見那人跛脚走下臺去。「哦！」我嘆氣道「原來他有缺陷，」

「所以有成就，」我睜大了眼睛，看着P問「你說是嗎？」前後掌聲裡，他遲疑的笑笑。

一晚，我茫然看P在黑板上解釋實驗。他忽然停下「怎麼？」我不覺好笑「忘記了？」

「不，沒忘記」他認眞的坐在桌上想「我想要怎麼講，才能使你聽得進。」

「兩年來我試着餓死細胞裡的一種細菌，細胞核外的小點，我數了五十萬了。」P彷彿在自語。

「眞的？」我吃驚的問「這種工作，簡直殘忍！」

「難也只有做，」他沒有一點表情「我好像看見了新的天地一樣，只有做的人，才知道那痛苦和快樂。」

我那晚回去，恰値兩個女孩舞後，藍色的大裙，雲般的飄了過去，我剛進室內，忽然高床上的女生喊道「你聽！」我們依窗而視，只見十幾個男學生拿了爛燭，在雪裡豎起衣領唱：

「人家說我不能愛妳，

因我太年輕……」

低低的歌聲裡，彷彿含有工業社會青年徘徊的憂鬱。

「啊，多好聽！」那女生望着漫天的大雪，「一年便過去了！」

「妳最想要什麼？」一個女生問道。

那女孩從高床上垂下一頭美麗的鬈髮，夢一般道「——安全，我要安全」

「眞的？」

「母親早就離婚了，她一天到晚工作，你不曉得我們的家，一切都變得快極了，誰都像蝴蝶一般買了花衣，想到這兒來找快樂，但沒有人找到它，誰都叫我親愛的，可是生活並不容易」。每逢去教堂前，這女孩穿了心愛的鞋，繞道走過一家花店，想看一眼她喜歡的男學生。有一次母親來看女兒，經過街上時，女孩眼睛發亮的叫道「媽媽，這就是他的花！」那母親久經風霜 無動於中，看着模糊的淺紫深黛的晚霞，喃喃說道：「上帝祝福你！」

過年晚上，我推門走進P的實驗室，只見他在試管和各色瓶中，像個染匠一樣。

「哦，我不覺停住「不到外面走走嗎？」

「我三夜沒睡了，」他一動也不動的在看小蟲。

「那麼我們不去了，」我失望的脫掉手套，站在一旁，無神的看着鵝頸般的顯微鏡。

「有價值些的東西，早被以前的人發現了」我冷冷的說「我告訴你 你什麼也做不出來的！」

他望我一眼，拿起舊大衣，和我走了出去。路上結冰了，星光冷冷裡，鎭上的木屋，東一座西一座，彷彿剪影一樣，有的窗前擱一盞舊式美麗的燈。誰都留在家裡，街上靜極了 忽然四面鐘聲大作，遠處學生、高唱起他們祖先浪漫的馬賽曲來，舊車，新車，連救火車都發瘋的在方塊般的小鎭上開動。

「又一年了」！我叫道，只見P忽然站着。

他第一次慢慢露出年輕人的笑容「我想出來了！」

冬天過去，P實驗的結果，慢慢做出來了，並被研究這方面的書籍採用。有一天，我們坐在鎭旁的小園裡砍去的樹幹上。前後的小樹，都出了芽，一顆顆好像在黯淡的光線裡，悄悄生長。啄木鳥叫後，一切更靜。我看着樹梢圍成的灰天，嘆口氣道「我好像埋在這裡了！」

「我也是惦着國內，只有在不停的工作裡，才可以暫時忘記憂慮，處境在此，也只有更努力來掙口氣。」

「你眞喜歡做實驗嗎？」

「任何事情，做到最後一步，都需要靈感和想像的。我們一天天找出些東西，日積月累，便湊成一個美麗的故事。一個人找出些東西，另一個接上去慘淡開路。很多人就這樣在細胞裡磨盡了一生，可是對生命的認識，仍是有限。」

路旁的燈，忽然亮起來了，我好像從街旁的小園裡醒了過來。我們起身回去，路過一個女人和孩子，隨便談了幾句後，我無心笑問爸爸呢？那女人正要講時，那六七歲的男孩，牽着母親的手，眼淚涔涔的落下。原來五年前父親在工廠裡壓傷後，他們一直在等待。我幾乎想像得到 他們在醫院裡那絕望的等待。我茫然裡看着街面櫥窗的梳子，玻璃桌布和繫花結的糖盒，實覺自己並不知道這小鎭。但小鎭居民，啜着咖啡，閒話世事時又那知道東方的饑荒和苦難？又那想到多少沒有週末的地方？多少人也有愛，有恨，想眞正的活着?!

一星期的雨後 樹葉在冷雨裡都綠出來了。野地裡大樹根下，粉一般灑着些淡紫的小花。我們到鄉下朋友家去看新生的女兒。剛走到山坡 P便找到了家似的，向灌木林中跑去。我笑着拉着他的衣服說，「你這人眞奇怪，到哪兒去？」

「我從小就喜歡和植物在一起，很少對我眞好過」！我們都沉默了！漸漸走近那白屋。一小球一小球的紅薔薇花，從窗上一直垂落到剛下過雨的草地上。屋裡面傳出嬰兒的啼哭聲。

我笑着說「哭的聲音眞大！」

他忽然停住，慢慢的說「我告訴過妳沒有，我右面的眼睛看不見。」

「啊！」我立刻忍着，溫和的說「哦，沒關係，你要好好保護。是什麼病嗎？。」

「不，」他面色蒼白，非常勉强的笑笑「我坐下來，眼睛便缺點構造，醫生也查不出原因。」

我呆了一般楞着，這時門打開了，那對年輕的朋友，抱着嬰兒，快樂的在石階旁等候。我俯身看着母親懷裡，嬰兒從雪白的絨氈裡，露出紅紅軟軟的小臉。我忍着眼淚說「眞是可愛！妳對小孩照顧得好極了！」

「啊！我應該很小心的」那母親笑着對嬰兒說「我要你什麼都好，以後你就不會怪媽媽了，是不是？」

我突然擡起頭來看他，他正耐性的在找地方掛我的雨衣。

學期結束了，我收拾行裝，想離開這小鎭。行前我到實驗室去，見P正專心的在看些信和報告。

「你又在做什麼？你做實驗要特別小心週到，要是錯了，以後就沒人相信了。」

「是的，」他無精打采的應道，忽然失望的坐在椅裡，將信遞給我，「有人的結果，和我的衝突！」

我無語的看着他，這才注意到他兩鬢的一些白髮。

他疲倦的擡起頭來，看着我的箱子「妳到那裡去？」

我不覺猶豫了一下「——我只是去搭車，看個朋友。」

他送我出來時，遠處的屋頂上發出高高低低的鐘聲，好像在和這小鎭說話。一路住家的走廊上，掛着空空的吊椅。教堂的門打開着，有人跟着低啞的琴聲，在練習星期天的讚美詩。人生眞奇怪，你每天都在這條磚砌的街上走，但有一天它便永遠在你一生之外了。

他看我在座位上坐好後，便回身去買來了幾隻香蕉。

「哦，不要，別買東西了」我難過的從窗裡接進來。

「衣服帶够了嗎？錢帶够了嗎？我就要重新去檢查實驗了，記着寫信回來，再見！」

再見，是的，再見，我看着他清瘦誠實的側影，在跟着剛開動的公共汽車往前走。在火車上：在船上，在人生的道路上，多少人和我們說再見，但多少人在再見聲裡，便永遠見不着了。公共汽車漸漸開出鎭郊。遠處山坡上團團的樹叢，緊貼着朵朵白雲。我望着路旁池中的萍踪雲影，不覺感到生之迷惘！

書刊評介

經濟政策與經濟學理

周德偉著　中國經濟月刊社發行

海光

這本小書，照評者看來，應該是值得介紹的。這本小書之所以值得介紹，是因爲其中除討論經濟以外，更涵蘊着極有價值的思想。如果此地還能用顯微鏡找到比較健康的思想，這本書所表現的應是寥寥可數者之一。雖然，因爲其中所涉太廣，作者未能將某些觀念釐清，以致某些觀念不够明確。評者不懂經濟學。茲主要地從思想方面着眼予以評介。

本書一開頭就說得頗合分寸：『經二百年之演進，經濟學已發展成爲嚴格的科學，旨在研究達成經濟目的的手段(一切科學均是手段之學)。至於此種目的之價值如何，則牽涉到哲學倫理乃至宗教等若干超科學的問題，科學家似不窮究。科學家只把目的當作先定事實來處理。廣泛目的的奠定，如仁義與貨利孰先，節義與生命孰重，是政治家或哲學之事。……經濟學家決不走哲學家之路，杜撰一理想國然後再窮究此一抽象國是否應該或如何行使經濟機能。經濟學界始終找不出柏拉圖。十八世紀末及十九世紀初期的社會主義者乃至馬克思，雖杜撰若干種烏托邦及社會主義共和國的幻想，但他們的訓練及方法仍是哲學的及玄學的，決不是科學的。馬克思雖自稱創造了科學的社會主義，但黑格爾乃至前人的玄學實控制他的腦筋。他淵源所自的黑格爾乃一極帶玄學意味的哲學家，著作中充滿神秘的幻想及公式，絕不能用邏輯及科學方法來證驗。……』

這些話說得頗爲扼要而透澈。作者在這方面所表現的思想與現代傑出的政治思想家漢克森 (Hans Kelsen) 在這方面的思想不謀而合。漢克森嚴格地區分科學與哲學。這一區分至少可救混沌雜亂與夫層次不明之弊。自馬克思式的經濟思想被介紹到東方來，宣傳者說它既是目的又是手段，既是科學又是哲學；既是對於『現實』的『批判』，又是對于人類社會未來的理想遠境之描繪；既是一種『正確的』認識方法，又是一種『鬪爭武器』；……妙矣哉！天下有這等『既是這又是那』的『無所不是』的『大體系』。有了這件法寶，豈不是等於有了一切？眞是方便之至！難怪許多考大學考不上的天才們，人手馬列一冊，一齊創造新宇宙去了。

知識的特色之一，就在分殊。這一趨勢，只有在西洋學術裡表現得最顯著。自亞里士多德以降，物理學，生物學，心理學，等等逐漸分殊之形跡，可以證示這趨勢之展進。不獨科學爲然，現代哲學也有這一趨勢。作者將哲學與玄學並列，似乎不太妥當。所謂『思辨哲學(Speculative Philosophy)』目前正在遭受嚴格的考驗之中；而『專門哲學(technical philosophy)』正在突飛猛晉。二十世紀已無『哲學之英雄』：欲以一人之腦而構造一包羅萬象的體系 (An all embracing system)，殊不可能。無他，今日的知識太紛繁故也。涉指太多，勢必漏洞百出。時至今日，能作一切知識之基樞的先驗知識，又不能經公認而成立。奈何！就評者所知，在西洋思想史中，最博學者有三大人物：一爲 Democritus，一爲亞里士多德，一爲 Leibniz。評者不能想象，今後會出第四個此種人物。時勢不同了。

作者說：『政治家的目的可能根據一己之幻想，而無學理的根據。政治家須儘可能的接受學人的建議，尤其在抉擇達成目的的手段方面，需完全採納學人的意見，尺有所短，寸有所長，政治家決不可過於專斷及自矜。學人亦應珍視自己的學問，不在權勢之前發抖或屈膝。學術權威的價值，決不在政治權威之下。』作者所謂之『政治家』，評者不知怎樣界說。就常識而論，忘記私人一時的利害與毀譽而爲大家謀求久遠幸福的，算是政治家。評者已經活了一萬多天了，這樣的政治家底影子還未看到，不是瞎眼，便是福薄。如果中國近若干年來眞有政治家，一定會如作者所說『在抉擇達成目的的手段方面』，『完全採納學人的意見』。因爲，一個眞正的政治家必是超自我的，因而一定從善如流。但是，作者應知今日的風氣是認爲知識不值一文。教師底薪水不及銀行學徒。今日不獨非文人不重視知識，即使是知識分子本身也不珍視知識。知識，在今日似有權勢的人看來，不過是一點裝璜或玩弄的工具而已。至於『學人亦應珍視自己的學問，不在權勢之前發抖或屈膝。學術權威的價值，決不在政治權威之下』之說，評者聽到了，好像置身伊甸園。但伊甸園祗有夢遊得之。這多少年來的風氣，只重子彈，金錢，與撒謊三者。許多人以爲祗要子彈多，金錢多，再加上一點謊言來潤飾一下，一切便『安逸』了。所謂『學術』，是多麼腐朽無用的東西。至於共產極權類型者，認爲『政治權威』是至高無上的宇宙之父。一切必須俯伏於此一天父腳前。學術不過此天父藉以痲醉迷昏人衆的工具而已，那裡還敢與政治權力一比高下。在這種空間，學術不是以外在的客觀世界之實況爲對象研究，而係因應實際政治需要而隨時編造的謊言系統。俄產新孟德爾李森科君底遺傳學說便是這種『學說』底代表傑作。他底遺傳學說之眞實的要素是：無產階級已被共黨三十餘年來注射入了許多『美德』。這些美德需要一勞永逸地永久保持下去——必需遺傳下去，所以是會遺傳下去的。鄙人現在自覺身材短小，看戲不便，打架尤共吃虧，需要再高三寸。因此，我說，我明天是會突長三寸的。今晚睡個好覺等着吧！

只有在民主國家學術才有眞正的尊嚴。因爲，在民主國家，學術既不需作宮庭的飾品，又不受到權力底歪曲。因此，只有在民主國家，學人才有尊嚴。

在論及治理機構底措施與大量現象（Mass Phenomena）之關聯時，作者說：『因人性及各種科學的基本大法的限制，故經濟政策或國家干涉亦有其限度。若干基本勢力任何政治權力絕無法淩駕，超過此限，實爲不智，或肇大禍。』這個問題眞是根本而又重要。治理機構是否承認並尊重個體有其各自的目的與夫社群有其自身獨立的存在與發展規律，乃民主與極權之最實質的分野。

民主國家絕對尊重個人底尊嚴及其各自的人生目的；承認社群有其獨立的存在與發展。在民主國家，個人和社群是主，治理機構是從。主，有其自身之生命與價值，乃永久常存的。治理機構，幾年一換，根本算不了什麼。因此，治理機構在與個人以及社會接觸時所抱持的心理狀態，絕對不是統治者對被統治者的心理狀態，絕對不是臨之以威，鎭之以力，而是出於服務觀念，如僕從之對待主人，小心翼翼，唯恐有失，否則輿論譁然，時時有請你下臺的危險。這樣的治理機構，既對個人與社群居於從屬地位，於是，彼等在製定經濟政策或國家干涉時，必非常顧及個人及社群現存的狀態。萬一對之採取干涉或限制措施時，必選擇抗力最小的溫和途徑。可能得很，人性是自私的而且是有惰性的，治理機構底措施也許具有遠見因而對于大家有利，但一般人不及見之，或即明知之而不願有所改變。在這種情形之下，治理機構是否可本乎此『眞知灼見』而强制執行呢？不可！如可，就不是民主的治理機構了。爲什麼呢？因爲，『利益』是一價值判斷。在民主國家，作價值判斷者有而且唯有人民主體。人民主體意願地說它有利就有利，說它無利就無利。禍福利害，唯主體自擇之。除了創造萬物的上帝以外，誰有資格管這些閒事？治理機構，既不過是大家湊夥委託出來的從屬物，它沒有資格代理大家作價值判斷。至多它只能貢獻專門知識與技術罷了。

極權國家如蘇俄共產類型者則大大不然。極權國家在根本上就不承認個體底尊嚴，不承認個體有其各自底人生目的；不承認社群之獨立存在與其自身之自然的發展。在極權統治者心目之中，他們而且唯有他們自己是主，其他個體與社群是從。統治者與人衆之間的關係，像澳大利亞牧羊人與羊群之間的關係相若。既然如此，治理機構與個人以及社群接觸時所抱持的心理狀態，是統治者對被統治者的心理狀態。因而，價值判斷之權，完全操諸統治者手裡。他說好就好；他說壞就壞。於是，事事臨之以威，鎭之以力，驅之以叢。嚴刻，冷酷，苛板，峻厲，煩瑣，毛細，無情，樣樣俱全。彼等不承認個人底價值與目的以及社群之獨立的自然發展。彼等堅持一套主觀幻構之所謂『建國理想』（所謂『建設社會主義的共和國』，乃理想之一）他們把『國家干涉』神聖化而爲一種『哲學』。於是乎扭緊龍頭，强使千萬人衆與整個社群『跟着我來』。如有不跟我來者，則『反動分子』，『反革命』，『落伍頑固』，等等帽子上頭，立罹奇禍。在這樣的氣氛之下，他們愛怎麼做就怎麼做，天下莫可誰何。他還顧及什麼人性以及社群中的什麼阻力呢？人性，他可以改變；幾十萬幾百萬人，可以消滅，可以遷移。除了有力量的叛亂以外，他們什麼都不顧忌。彼等之基本觀念是：『老子壓得住你一天就壓你一天』。破壞家庭，總是大家痛惡的事，民主政府絕對辦不到的，而毛澤東却辦到了。多少兒子打老子，多少夫妻被拆散了。不過，我覺得毛澤東『革命不澈底』。如果他眞是個『人民』的『革命領袖』，他應該首先與藍女士宣布離婚。『起帶頭作用』也！

作者對於個體底功能，價值，及其與全體之正常關係，闡釋得頗爲切合實際。他說：『若人則有意志，有價值判斷，有慾望，有理想，人人有個性的差異。任何大量現象（Mass Phenomenon）均此等不同之個體反應排拒合作之結果。馬歇爾以次的經濟學家，輸入若干自然科學的觀念，如平衡靜態動態，於解釋大量現象至有貢獻，於提供政治家處理實際問題的方法，至有貢獻，但窮究大量現象成立之源泉，仍不能不訴之於個性及心性。且彼等所確立之總量，不能推之無窮大無窮遠無窮久而皆準確。風尙及心理一變，任何經驗的數字，均可改變。誠如康德所云，經驗知識只能說明事象之已然，而不能解釋事象之必然。唯其如此，故個體論（或個別論）的方法，在行爲科學上，比在自然科學上更爲重要。個人生息於社會之中，但惟個人有感有慾有主動力，惟個人工作或指揮工作，惟個人生產商品，交換之，分配之，並消費之。群的現象的研究，舍個別論的方法無從着手。一切全體及集體論的方法，均是術語的賣弄，空無所有。社會國家全體只是抽象名詞。社會國家之不能感，不能欲，不能行，正如其不能衣不能食。社會國家及一切全體，只能藉個人之中介方能發生行爲。且人們只能經由個人行爲之辨識，方能辨識社會國家及一切全體的行爲。經濟學乃至一切人的行爲的科學之探此實際唯一有效的方法，其正確性絕不容否認及懷疑。作者據此斷然反對一切任何形相的集體論及全體論之空無所有的方法。』

又說：『個人生而入於有組織的社會環境，只有在此一意義上我們方能接受社會先於個人的說法。在其他的意義上此一說法均空無所有。個人在社會中生活並在社會中行動，但社會亦僅爲個人合作的結合。社會只存於個人的行爲中。於個人的行爲外，求社會生活，實爲幻想。如謂社會有機動的獨立的生存，社會有自己的生命靈魂及行爲，僅屬一種比喻，容易引起嚴重的錯誤。究竟社會抑個人應視爲終極的目的，社會的利益是否應從屬於個人的利益，抑個人的利益應從屬於社會的利益——此等爭論毫無意義毫無結果。行爲永爲個人的行爲。社會的因素只從個人的行爲中方能辨識。目的範疇只能於行爲中方能覺察。神學或歷史玄學討論社會的目的及神意，但科學不能脫離理性，科學不適宜於處理此等問題，任何關於此等問題的推測，均無根據。』

又說：『在社會合作的間架內，社會的分子間可能發生同情友誼或利害與共之感。此等情感乃人類最快樂最崇高的經驗之來源，亦爲生活中最寶貴最修整之因素，提高原爲動物的人達到眞正人的生活。但視此等因素爲促致社會關係的元始動力，則屬大錯。彼等乃社會合作的結果，只能滋長於社會生活之中，決非先於社會關係存在。』

作者對於個人底功能及其與社會關聯之闡釋，毫無神秘論的色彩，而是實徵的，切實的，經驗的。實在，個人爲人文的活動之最後不可解析的有元(entity)。如果撇開甚至犧牲這一實在的最後有元而談全體利益，如非愚妄，即包藏天大的私慾。全體利益之實際只有在每個個體底利益及其總和中來實現。這也就是民主政治之指歸。我們必須注意，一切極權政治，無論以什麼形式出現，都是強調全體主義，極權政治與全體主義是不可須臾離的。極權政治與全體主義之不可分，亦若其與『哲學』上的一元論尤其實際表現之不可分然。極權政治對於多元論及其實際深惡痛絕，因而排斥不遺餘力。而民主政治背後的『哲學基礎』正是多元論，因而在其實際的表現上也是多元的。例如，多個政黨之平等而獨立的存在，多種不同的思想信仰之同時流行，等等。在全體主義所造成的思想空氣之下，提倡個人論及由之衍生出來的個人自由，被視爲一樁可惡的事體。恰恰相反，民主政治之出發點正是相對的個人論。因此，個人自由爲民主政治底珍貴財產。由此，我們也可以清楚地界劃出民主和極權底眞正分野了。

關于自由主義，在東方攻擊之的人遠多於了解之的人。作者對之有很適當的解說：『經濟學與自由主義的關係，亦極混淆。流行許多謬誤之見，亟待澄清。』

他說：『行爲學及經濟學奠定之理則，可作極廣泛的運用，不固執具體的內容。縱在使用極淺近流行之術語，如幸福如慾望如功效，均無例外。幸福慾望原不爲物質所限，原不爲具體事件所限。自由主義則賦此等辭句以具體內容，它假定生優於死，健康優於疾病，營養優於饑餓，富優於貧，並教人如何據此價值標準，採取行動。

『批評者稱此等事件爲物質的，從而攻擊自由主義爲唯物主義，忽視人之高尚尊貴的企圖。彼等謂人不僅依麵包而生活，君子憂道不憂貧，學人重眞理，美術家重藝術，宗教家重信仰，英雄重節義。彼等極力闡發功效哲學(Utilitarian Philosophy)之卑賤平凡。此等感情激越之論，完全曲解了自由主義的學說。

『第一，自由主義者並未肯定人類僅「應該」追求上述之目的，不過謂大多數人的看法，生優於死，健康優於疾病，生活豐富優於貧困。此一說明之正確性，無可置疑。任何反對自由主義的主張，不論爲宗教的國家主義的或社會主義的黨派，對於此等問題均持同一態度。彼等絕不敢向群衆宣傳實行其計劃後，將貶損大衆之物質生活。反之儘力攻擊其反對黨之計劃實現後，將招致大衆之貧困，彼等自己之計劃，則招致富裕。即基督教各派，亦無殊社會主義各黨派，均預許生活水準之提高。現在的教會宣傳提高工資，提高農民所得，較宣傳教義尤力。

『第二，自由主義者決不輕視人之智識及精神的追求。彼等確以高尚的熱情，追求知識及道德的完備，追求智慧及美術的成就。彼等關於此等高尚事物或性格的意見，遠非其反對者可比。彼等唯不抱持一般反對者粗淺之見，即認爲社會組織能直接鼓勵哲學及科學的思想，直接產生文學及美術之傑作，直接能開廸大衆之智慧。彼等認識一切優美崇高之事物，咸開創於個人。社會之所能爲者，乃提供一種好的環境，使天才之創造能力不遭受不可逾越之障碍，進一步使普通人不爲營營求生所苦，而能注意優美崇高之目的。彼等認爲提高人之地位之最有效的社會手段，莫如消除貧窮。智慧，科學，美術，容易發達於豐裕之社會，而不發展於貧窮之中。

『指摘自由主義爲唯物主義，乃惡意的曲解。十九世紀不但有空前的生產技術的改進，及大衆物質生活的改善，且延長了人的平均壽命，科學及藝術的成就，亦不可磨滅。不朽的音樂家，著作家，詩人，畫家，雕刻家，亦產生於此一時代。哲學，經濟學，數學，物理學，化學，生物學、均在此一時代，成就飛躍的進展。且偉大的著作，偉大的思想，自有歷史時代以來，只從此一時代開始，方普及於平民。』

作者之言，可謂多少道出自由主義底要素。

關於自由經濟與政府干涉二者如何調適，作者也提供了恰當的原則。他說：『……自由主義者洛克(J. Locke)謂自由並非人們可不顧法律任意行動。自由乃指個人只受經過立法程序之法律支配。換言之，即個人生活於一定之永恒條件下，此等條件平等的同樣適用於社會內一切份子，個人不受其他個人之任意的不定的額外的權威(之支配——這三個字是評者加上去的)。法律之目的，非限制或廢止自由，乃根據無法律即無自由之原則保障自由，並擴大自由。

『國家經由法律決定自由之意義及內容，經濟自由不能超出法律範圍之外。經濟學家之意見：國家之主要任務，在創造法律間架，提供國民以最有利的條件 以從事各項活動，市場必需自由，此乃首要之點。經濟學家及自由主義者，堅持市場之保持。彼等相信此乃最有效之方法，納一切經濟活動於福利全體之途。……』

『反對自由論者，謂如任個人據其自己利益爲所欲爲，則社會將無發展之可能。自由主義者則謂，個別主義必導致社會組織之自動的發展。經濟自由流行之社會、個人即機動的自發的成爲社會化。分工所創造的社會組織，極爲堅强而合理。分工要求人際間的嚴密合作及時際間的嚴密合作。從此一複雜關係，遂產生相互依存，利益與共之情感及事實。個人在行動中瞬即認識顧及別人的利益即爲促進自己利益之最有效途徑。……』

『……任何經濟秩序，均不與無限制的自由相融恰。但人能選擇，能判斷，能感，能欲。此均優美崇高之創造力，廣泛的自由。保障此特殊創造力的自由，必需存在。』

最後作者又說：『早如一八四八年，屠克維爾（Alsisde Tocqueville）曾批評各式社會主義，謂它們限制自由，以人爲工具，於壓迫奴役之中追求平等。試看今日國際共產黨的實例，此一預言已經言中。作者堅決相信，人類所享受之自由，只許擴大，不許縮小。一切干涉，應朝着保障自由的方向發展。過去我們已從酋長祭師封建王侯專制帝王的權力以及各式各樣的傳統束縛中解放出來。每解放一層壓制，人類的精神及物質的成就即前進一步。…』

在這裡 作者於原則上指出『政府干涉』如何與自由發展相調適之一大方向。從純理論來說，政府干涉只能視作一不得已而行之的必要之惡（necessary evil）。既然干涉是一種不得已而行之的必要之惡，於是愈少愈妙。砒霜爲滋味不佳之物，恐無人視之爲珍饈。但爲治某病，人需服若干量之砒霜。這是出於不得已而然的。在這種情形之下，人服砒霜只止於最少必要的限度。決無人應視砒霜爲補品而日日服之。同樣，干涉只可行之於最必要的情形之下。這裡所說『最必要的情形』，意即『用來制止防害自由作健康的發展的那些事物』。在這一意義之下，政府干涉，並非一先天性的有害事物。這個道理，與服適當的砒霜以治病正同。可是，何種干涉是必要的，何種干涉是不必要的，在現代化的複雜社會之中，甚難劃一條判然分明的幾何界線。必要干涉與不必要干涉底劃分，在現代化的社會裡，無疑不能粗略地訂立一些原則，再殿之以政治强制力以執行之。這樣的硬幹辦法，在人民眞正有權又有能的眞正民主國家是行不通的，我們不難想出，劃分何種干涉爲必要或何種干涉爲不必要，是一種最細緻的工作。從事於這種工作，不能籠籠統統，而必須就一件一件特殊的實例來制定。可想象地，做這樣的工作，不獨麻煩，而且需要各種專門知識。不僅需要各種專門知識，而且需要有機會讓專家就原則上看看各部門之所行有無衝突之處，並且推論有無可能牴觸的結果。而最關根本重要的是，從事這類干涉工作的政府之心理準備是必須將統治意識打掃得乾乾淨淨。有了這種心理準備，技術上的困難也就可以減少了。可是，這不是非民主的政府所辦得到的。非民主政府底統治意識，是打雷都打不掉的。假若非民主的政府兼營利潤事業，它底利益與民間營業衝突，那末要它在一開始心意初動之時顧全大家的利益而減損自己底利益，其難有甚於從老虎口裡掏肉。休想！

所以，這個問題還是歸結到施行干涉的政府是否能被人民大家所控制的政府。如果施行干涉的政府人民大家能夠控制自如，像牧童牽着牛鼻子，要牠往東牠就乖乖地往東，要它往西牠就乖乖地往西，那末一切都好辦：即使干涉得過火了一點，也很容易改正過來；即使有予大家不便之處，也很容易通過言論自由集合衆意予以糾正。可是，如果施行干涉的政府不是人民大家所能控制的政府，那末光景就大不相同了。如果施行干涉的政府像一座金剛菩薩，它儼然高高在上，冷冰冰，嚴酷酷，死板板，人民大家對之只有燒香叩頭，只有頂禮膜拜，只有讚揚歌頌，那末施行干涉政策則如爲虎添翼。其結果如何，是不難親身嘗其滋味的了。

因此，施行干涉政策，除了施行時的技術問題必須注意以外，尤其必須考慮到在什麼人文環境和什麼政治基礎上施行。砒霜吃多了是要毒死人的。假若世界上眞有因過份放任而致互相剋制的自由經濟情況，那末適當的政府干涉誠爲必要。可是，如果政府干涉以致自發的生機瀕於奄奄之境，那末，爲了一個有春天生意盎然的遠景，與其接受干涉以作岩下之草，不如選擇放任以作枊頭之枝。

從這本書底行文，造句，和用字這一方面來觀察，作者似乎並不太隨便。有些名詞譯得非常精釆。例如作者將 Category 譯作元範，就頗不違原意。但是，有幾個名詞之用法評者頗不以爲然。作者有好幾處用到『邏輯』一詞。至少，現代西方純正的邏輯家沒有作者底那些用法。依現代邏輯家，邏輯只是一組語法規律 (a set of syntactical rules)。又作者在好幾個地方用到『批判』一詞。就評者之所知，這隻好名詞兒，是由日本左派介紹進來的；純正學術書上未見過它底芳踪。而最嚴重的是，作者提到『政府干涉』時，作者都是說『國家干涉』。顯然得很，政府不就是國家。這二者絕對不可混爲一談；雖然有些人希望有計劃地造成許多人『政府即是國家』的印象，甚至於造成『政黨即是國家』的印象。這種心眼兒，正是洪水滔天之一源。存這種心眼兒，國家一輩子搞不好。孫中山先生說：『天下爲公』。當然，以作者學識之淵博，決不會這點常識也沒有。諒係一時之疏忽。評者因覺這些名詞底分別，與思想觀念之正確與否相干，所以特地指明出來。

讀者投書

兩點補充意見

「自由中國」七卷三期社論「從公文程式的革新說到分層負責」一文，對行政院擬議中的公文程式之革新提供了一點具體而又寶貴的意見。這點意見就是「公文改革的主要目的，應該是爲的提高行政效率，而不是僅爲形式的合理化。」

但除此之外，我認爲還有兩點值得提出補充。

第一、既然機關公文不以機關長官署名蓋章爲必要條件，不如乾脆取消蓋章，尤其是蓋簽名章。……一如社論中所說：「廢除蓋章，採用簽名的辦法，是要消滅代蓋圖章的陋習，使負有責任的人也即是實際上對於這件公事用過思考，至少不是沒有過目的人。同時還有一個很好的副作用，即使一人身兼數職的事體成爲不可能。」這樣說來 蓋章的傳統就沒有再「保留」和「視作補充條件」的必要了。尤其是蓋章的傳統一旦廢除，可以養成官場一種負責任的精神，事事必躬親實踐，親自過目 而不至委之秘書科員等幕僚人員「代蓋」。

由於有了蓋章的規定，因此以往政府各級機關的會計或庶務部門，爲了造假報銷、經常在他們手裡擁有一大堆假圖章 結果是貪污不法事件居然成爲「合法」。

第二、公文如要做到「簡淺明確」，我認爲唯一有效的辦法，就必須先廢除公文八股，而採用白話文。公文如採用白話文，就不再在文字語句上去推敲，在文字上做功夫了，這樣一方面免得浪費時間，就誤工作；而另一方面行政效率也就無形之中提高了。

關於這一點我以爲與禁用陳腔濫調和官僚口吻的公文用語有同等重要性。誠然，公文其所以帶着陳腔濫調和官僚口吻，乃是因襲封建思想的色彩，而爲官僚政治之特徵。

現在，我們行的既然是民主政治，而非官僚政治，當然一切公文用語必須完全適合這個精神。尤其是那些帶有封建色彩和官僚口吻的陳腔濫調既已廢除，不如再進一步把公文語句改成白話文，完全使之「口語化」，使人人可以看得懂，而起稿的人，公事一到手馬上就可辦好，不必苦思如何應用敷衍塞責如類似「事出有因，查無實據」等等八股了。……

此外，我在這裡特別提出一點，就是各機關必須嚴格禁止私人用公家的信紙信封。通常，這件事是非常普遍的，但要防止也並不難。因爲機關的信紙信封，就是公文用紙的一部份，可在寫公文時用，不得作爲書寫私人函件之用，因此，我認爲在公文程式條例修正草案中應加列一條「公文用紙嚴禁私用」，這樣，一方面可增進公務人員愛惜公物的道德，另一方面表示公私分清，決不含糊。

張 力行

堅持原則

……自然，這是我出自內心的話。因爲你們在每一期裏都聲明你們的「宗旨」：「第一，我們要向全國國民宣傳自由與民主的眞實價值，……第二，我們要支持並督促政府用種種力量抵抗共產黨鐵幕之下剝奪一切自由的極權政治……」

我相信每一個有頭腦的人都同意這個原則。但是原則必須信守，必須堅持，才能發生作用。

我以爲「自由中國」還是今天臺灣唯一的能够本着自由與民主的原則說話的刊物。你們很少登載反共八股的文章，也不常見歌什麼功頌什麼德的濫調調兒，所以大家——至少是肯常常用點腦筋的人很喜歡「自由中國」。愚見則以爲：你們作得不够勁兒，也不够味兒！有時候，當我捧起一份新收到的貴刊，一面看着那宗旨，光亮亮的，活生生的；一面讀着裏面的文章；卻是沉寂寂的，怪悶人的。

……今天的最最嚴重的問題，就是許多人——我敢大膽地說絕大多數的中國人——並不懂得自由民主爲何物。既然不懂，而又很喜歡這樣漂亮的名詞，所以都變成了欺騙的對象。再推論一下，就是政治上的陰謀家，野心家，和擅長弄權玩術的人等等，正好利用人民的愚昧以推銷其狗肉！毛澤東就是這樣發横財的。

要反共有力量，要反共成功，第一個條件，一定不能使人民還停滯在這樣子的對自由與民主的愚昧狀態裏。

那麼，你看看——編者先生，你們既揭櫫那樣的原則，算是眞正的抓着了要害，你們勢必在這方面要多多下點工夫。不但是使許多人知道自由和民主是什麼，並且要發揮「自由與民主的眞實價值」。

……話說得具體些，我的建議如下：(一)多登一些自由與民主的理論性的文章，這是「打破沙鍋問到底」的事。你們不會不知道讀「自由中國」的人都是受過相當的高等教育的人吧？

(二)多多介紹其他民族和國家的人民爲：自由和民主而奮鬪的史實，培養我們一點靈感……

(三)如果你們對現實政治有所建議有所批評的話，請說明它是怎樣的和自由與民主的得失有着關連。

讀者 何培讓 八月四日

【編者說】非常感謝你的寶貴意見。我們當以你的賜教而時時警惕。我們雖在努力，仍然不足以副讀者們的雅望。我們非常歡迎讀者們的批評建議，和協助，共同努力，「達到使整個中華民國成爲自由的中國」的最後目標。

給讀者的報告

翻開一本雜誌來看，和翻開一本書來讀，讀的順序大大不同。讀一本書須從頭至尾，連續讀下去，才能脈絡貫穿，情景全收。翻開一本雜誌來，則常常可以片斷的讀，而各篇自成整體。但是對於許多讀者，總感到這樣的讀雜誌法實在不經濟；而且雜誌眞的是「雜」！

對於本期的本刊，編者試建議一個能夠引起與趣的閱讀順序。這個順序却不妨碍讀者翻閱雜誌的習慣。

你不妨從最後一篇書刊評介「經濟政策與經濟學理」（編者實在不願在這篇文章的頭上冠以「書刊評介」四個字，因爲海光先生雖然是在評介一本書，但文章本身已是透闢深湛的一個靈魂，並不依附於原書。讀過本刊前經刊載的海光先生書評的讀者，料想定有同感。）看起，或者從第一篇專論「自由主義的今昔」一文開端。前後輝映，而各執着同一問題的不同鑰匙。

海光先生文內涉及的問題至廣，從哲學上的「英雄」到你我個體的價值和尊嚴；從極權政治到民主政治的區分：你我都牽連——簡直是陷在這些問題的漩渦裏面，苦痛得像鞭子抽在脊梁上。歸結到底，還是自由主義眞實意義的被誤解，被曲解，甚至被扼殺後的苦果而已。然後個體已不是自己的主宰者，復何可言！

攻擊自由主義者大有人在，撻伐之聲，不絕於耳。然而你問他自由主義是甚麼，他準是勉强着來回答這個問題，不免使你哭笑不得。羅鴻詔先生在「自由主義的今昔」文內，扼要而明潔的叙述了自由主義的史的發展和史的價值。如果沒有自由主義的抬頭，誰敢相信我們今日的文明會堪稱其爲文明！然而今日的自由主義像一般詛咒它的人所說的——「沒落了！」於是人類的浩劫乃爲吾人今日所遭受者。

不管甚麼主義，甚麼理論，甚麼形式的政制，其最後都應該是成就個人在社會中的價值和尊嚴。否則只是生物學上的人，不比豬狗更高貴！固然，我們承認政府的相當干涉是必需的；但如果人民不是或不能是「自由」的人民，政府則一定「是不必需的惡」。

然後你從朱新民先生的「蘇俄工業的弱點」和龍平甫先生的「蘇俄的奴隸勞工制度」中去找出最現實的，最具體的例證吧！看那些撒旦們怎樣在殘毁「人」吧！蘇俄必得是由於它的工業的成就才造成今日自由世界的嚴重威脅。但當它的基礎建築在非人性上面，是朱先生所列擧的五項弱點乃成爲必然的自殺之途。研究奴隸勞工制是一條了解蘇俄奧妙的捷徑。從這一條捷徑，可以通到「在廣大的空間存在着有史以來最龐大的」人間地獄。平甫先生這篇文章寄自法國，他搜集最新的各方面資料，才得了這篇純客觀的研究。正因爲如此，所以畫面特別逼眞。

如果你要設想一個失去自由的人的滋味時，這裡有篇自白——「一個站在鏡子前面的人」。本文作者是捷克籍逃亡共產黨員 Lannia，他現在美國，已出版一本「九死一生」的書，大爲風行。他現在還在繼續著述其在鐵幕內的經歷。譯文非常曉暢，大有助於增長對于自由的瞭解。既瞭解了自由的可貴，便知民主政治的爭取是如何的不可懈怠和不可妥協了。

我們不願讀者略過本期的一篇很重要文章，這篇文章絕不在我們所擬的順序之外。那便是徐芸書先生對扶植自耕農的一個補助建議」一篇大作。徐先生的建議不僅使政府擬議中的扶植自耕農計劃具有較佳的實行性和對于佃農的實惠意義，並且就遠大的政策着眼點立論，使扶植自耕農計劃具有啓示和領導的作用，徐先生尤其對于「耕者有其田」的原則卓有見地，道專家之所未道。遺憾的是徐先生的文章在一個月前就收到了，因爲稿件擁擠，到現在才與讀者見面，對讀者對作者均感抱歉。

自由中國 半月刊 第七卷第四期
"Free China" 總第六十七號
中華民國四十一年八月十六日
發行人 胡適
主編 「自由中國」編輯委員會
出版者 自由中國社
社址：臺北市金山街一巷二號
電話：六八八五號
航空版 香港時報社
經售者
臺灣 中國書報發行所（臺北市館前街八五號）
美國 紐約民氣日報社
舊金山國民日報社
芝加哥中國出版公司
日本 東京南友堂
東京內山書局
韓國 釜山草梁洞新泰行
大中華日報社
馬尼剌
印尼 椰嘉達星期日報
椰嘉達天聲日報
棉蘭繁華圖書公司
越南 西貢中原文化印刷公司
越南華僑文化事業公司
暹邏 曼谷攀多社十二號
緬甸 仰光振成書報店
印度 孟買梅亞號
加爾各答塔梅學校
新加坡 中興日報社
檳榔嶼、吉打邦均有出售
澳洲 墨爾鉢王德利公司
北婆羅洲 馬拉奕坡美芝律聯華公司
印刷者 臺灣新生報新生印刷廠
廠址：臺北市西園路二段九號 電話：二〇九六

本刊經中華郵政登記認爲第一類新聞紙類　臺灣郵政管理局新聞紙類登記執照第二〇號　臺灣郵政劃撥儲金帳戶第八一三九號

要目

中華民國四十一年九月一日出版

社址 臺北市金山街一巷二號

半月大事記

八月十一日（星期一）

共黨在沙勝越蠢動，使婆羅洲形勢趨於緊張。

據聯合國的報告，一九五一年的世界貿易數額造成有史以來的最高峯，「主要是由韓戰後若干國家有新的龐大國防需要」。

八月十二日（星期二）

張群在日演講，認爲中日密切合作，才能克服亞洲危機。

行政院會議通過，任命董顯光爲駐日大使。

英議員十八人聯名函邀立法院長張道藩出席世界道德重整會大會。

英國駐東南亞高級專員麥唐納告記者：上週在北婆羅洲造成殺人與其他事件的武裝匪徒完全是中國人。

美民主黨總統候選人史蒂文生表示尚找不出對韓戰的解決辦法。他表示寧願在韓國維持一個有限度的戰爭。

十月十三日（星期三）

美國海軍陸戰隊在韓境西線進行了一場「最狠的戰鬪」，結果佔領了戰壕山山頭。

美國務卿艾共遜談話，願發展太平洋區自由國家的安全的全面措施。

美原子能委員會已開始實行擴充計劃，在我亥俄州建立新氣體瀰散工廠。

沙勝越首府警察搜捕共黨份子。

八月十四日（星期四）

總統對日記者表示：中日如誠意合作，則亞洲將獲穩定繁榮，且將導致世界和平。

韓駐華大使金弘一表示：中菲韓三國正準備結爲同盟，以便爲太平洋公約鋪一坦途。

美已開始以新飛機運往遠東，增强空軍實力。

沙勝越英行政長官稱：沙勝越事件無擴大跡象。且沙勝越政府不知有任何形式的共黨存在。

法國與西德舉行會議，提出法國對薩爾區未來的意見。

八月十五日（星期五）

我政府決定明年一月起實施中央公務員工保險，保險範圍分生育疾病死亡殘廢傷害養老六種。並定今年年底在臺北設立「中央保險醫院」。

香港教育界觀光團抵臺。

李承晚就任韓國第一任直接民選的總統。

美國務院發言人聲明：美對韓境停戰談判態度不變，仍堅持志願遣俘原則。

八月十六日（星期六）

大法官會議解釋：行憲後黨務人員不能認爲刑法上所稱之公務員。

韓境西線美海軍陸戰隊擊敗匪共第七次攻勢。

蘇俄已拒絕西方國家所提簽訂結束對奧佔領並給予該國充份獨立的條約的建議。

埃及政變領袖奎納布將軍對他的軍隊說。埃及不需要共產主義，並將摧毀散佈共黨宣傳的任何份子。

八月十七日（星期日）

美議員四人聯袂來臺。

墨西哥政府已對毛邦初非法入境提起公訴。

美國對日本北海道防務，表示焦急的關注。

日右翼社會黨中央執行委員會通過河上文太郎爲該黨黨魁。

八月十八日（星期一）

總統闡釋三民主義的本質爲倫理，民主與科學

周恩來爲首領的朝俄代表團（包括政治，經濟及軍事的「首腦」）已抵達莫斯科，他說：「此行商討將可增進遠東『和平』」。

八月十九日（星期二）

美轟炸機飛鴨綠江南岸，轟炸韓共一大規模兵工廠。

英法接受伊朗所提談判一項解決石油糾紛協議的建議。英內閣今開會商討此一問題。

李奇威宣佈西方國家已在希土兩國建立兩個基地，並將在土港伊斯密爾設立新的東南歐司令部。

八月二十日（星期三）

美國防部羅維特說，不顧匪共的宣傳攻勢，聯軍對北韓七十八軍事目標的轟炸將予繼續進行。

傳美國已促英參加英美緊急援助伊朗計劃，以防止伊朗發生共黨政變。

八月二十一日（星期四）

杜魯門總統表示，堅決支持聯合國反對强迫遣俘立場。他說：「我們絕不能用刺刀迫使這些俘虜重作奴隸」。

聯軍飛機一百多架炸北韓一大水泥廠。

伊朗國都宣佈戒嚴，阻止該城之混亂。

八月二十二日（星期五）

中美英法四强拒絕俄所提允許十四國一齊加入聯合國的建議。

英駐埃及大使施締文正與奎納布及瑪赫等密商兩國軍事合作。

八月二十三日（星期六）

聯合國裁軍委員會暫時擱置細菌戰之辯論。

冲繩島美軍司令稱：琉球共黨正多方活動，企圖建立共黨控制之政府。

八月二十四日（星期日）

我游擊隊曾突擊浙平陽縣境，俘匪百餘人。

美超空堡壘猛襲距鴨綠江僅一哩之水豐洞調車場。

俄國向西方三國提照會，建議舉行四强會議，討論對德和約問題。

八月二十五日（星期一）

七個亞拉伯國家的防衛公約今起正式生效。

西方三强將拒絕俄提召開四强會議討論對德和約的建議。

社論

我們不要瞎猜

未來的事，祇有未來會向我們明白的報告；秘密的事，也祇有秘密之揭穿才會使外界確知其內容。八月十七日，中共政權偽總理周恩來率領大批偽府要員到莫斯科去與俄方舉行重要會議。這當然是一件大事。這一會議，當然要討論並決定許多重要問題，而且當然要影響到未來世界局勢的發展。但，究竟會作些什麼決定，會發生怎樣的影響　嚴格說，我們在今天是無法知道的。旬日以來，世界各地對此紛紛發表議論，感想觀察推測預言，充塞了報紙的篇頁。我們能從這裏得到些什麼呢？坦白說，不看還明白，一看這些感想觀察推測預言，就越發的糊塗起來。

我們認為，關於周恩來訪俄一事，我們所接觸到的最早的反應，正代表了最確切的瞭解。我國外交部長葉公超氏，於十八日即發表談話：「周匪朝俄，是為了謀匪俄間進一步的合作。偕同周匪赴莫斯科者，包括軍事政治經濟等各方面的專家，尤其側重資源與軍事工業方面　其用心實不言可喻。」一對鐵幕國家求進一步的結合，是為了策動和平還是準備戰爭一問題，葉氏答稱：「對於共產主義者，和平一詞即為鬥爭之代用名詞，故無論蘇俄及匪共將如何濫用和平一詞來掩飾其在莫斯科進行之勾當，此次莫斯科之主奴會議實仍為一以鬥爭為主題之密商。」（葉氏談話全文載十九日中央日報）我們的瞭解，祇能以葉氏所發表的兩點為限度，一切超出此限度的議論，不免都是一些捕風捉影之談，也可以說，都是一些瞎猜而已。

不是說，對未來的事，秘密的事，不直加以研究；但，研究世界局勢，切忌作輕率的判斷。判斷應該祇有兩個依據：一是已知的事實，二是局勢本質的把握。葉公超氏的觀點之所以可貴，就在於他僅僅依據此二者作簡要的陳述，不再畫蛇添足。

除此之外的觀感，對我們委實沒有什麼幫助；不僅沒有幫助，而且有時候反有害處。這些觀感，常常為三種不健康的因素所沾染：一是意願想法，二是宣傳動機，三是一般情報人員與新聞從業員所難免的過作驚奇的共同弱點。我們可以在周恩來訪俄的消息傳出以後各方面所發表的觀感中，把這三個不健康的因素一一檢查出來。

現在全世界最關心的問題是韓戰，所以大家都要把周恩來訪俄一事聯繫到韓戰上去。對韓戰，有些人希望它收縮，有些人希望它擴大。於是，希望它收縮的人對俄京會談充滿了期待（如聯合國中一部分綏靖分子），總以為這個會議或九月間將在北平舉行的所謂亞洲和平會議，會提出獲致韓境停戰的新方案，甚至判斷共產集團會把志願遣俘的原則也答應下來。相反的，希望韓戰擴大的人，則認為俄京會議定將謀取對策，以抵擋聯軍在韓境所給予的日益加緊的壓力。類此的心理，使人們推測共產集團可能對東南亞，甚至對印度有所行動。再舉一事，現在世人大家都在替日本的地位躭憂，而日本的輿論界卻偏偏以為俄京會議是例行性的，與日本無關。這些都是以意願為推測的實例。意願的推測一多，於是每一推測都能逢到另一相反的推測，與之互相抵消。

無可諱言的，評論俄京會議，我們自由中國各方所發表的觀感，最多宣傳動機。宣傳與事實混攪，宣傳與分析混攪，終至於使人無從辨別而不敢輕信。這是由於我們對宣傳的觀念還沒有十分健康的緣故。我們之間有許多人，似乎直至今日仍不願承認，祇有客觀的分析與事實的陳明才是最佳的宣傳。我們的議論，多犯虛誇而不切實際的毛病，例子幾乎隨處可以發現，恕我們不在此列舉。

俄京會議的內容，當然是共產鐵幕的最高機密，決不會輕易洩露，但是，有一家日本的晚報，有兩位美國的專欄作家，卻對我們提供了相當詳細的報導。這家日本晚報，據說是從香港方面探得消息，知道周恩來到俄國去是準備提出怎樣的要求，譬如，債款是十億元，飛機是五千架，其中那幾種飛機各多少架，都說得詳詳細細，並且還知道那一問題是要由那幾個人（都有姓名）負責洽商。有一位美國專欄作家，確說俄京會議是準備在一九五四年從事世界大戰。另一位作家則已經知道了共產集團內部意見發生裂痕的詳情，那些人作如何的主張，另有那一些人又作如何相反的主張，現在的會議就是要討論並解決這些歧見。此類報導，其內容之充實與語氣之確切，殊屬驚人。我們誠不能談它一定沒有根據，但我們至少不能相信它一定有確切的根據。一切都成了「姑妄言之姑妄聽之」，這對我們的理解又有什麼幫助？

知己知彼，誠然重要，但這個「彼」，確實是不容易知道的，否則也不成其為鐵幕了。我不敢說，世人對俄京會議所作的一切判斷，均屬錯誤。在數十百個判斷之間，總有幾個會碰巧而言中；這樣的預言家，就算幸而言中，也不值得我們欽佩。這個「彼」，我們能確知最好，如不能知，卻勉強不得。錯誤的瞭解，無把握的瞭解，不如沒有瞭解。

在對敵方無法確知的情形下，我們儘可不必費氣力去胡亂猜測。現在重要的問題，不是敵方打算怎麼辦，而是我們自己打算怎麼辦。專關切人家怎樣辦，根本就是一種被動的心理；不管人家怎麼辦，我總是要這樣辦，那才是主動。說到這裏，我們不免感覺民主世界的情形真有點可悲。周恩來去俄的消息傳出以後，我們幾乎看不到一點主動性的、積極性的、建議性的論調。有之，我們祇看到美國華盛頓明星晚報曾主張，美國應該就莫斯科會議一事對俄國提出抗議，因為俄國既是聯合國的會員國，照聯合國憲章與聯合國決議，俄國就不該與侵略者作如此密切的商談。（見八月二十二日中央日報）這當然不是什麼強硬而有效的對策，但在這樣沉悶窒息的空氣中，這也算是難得聽到的聲音了。

歷史的敎育價值

——歷史與人文教育——

張致遠

首先我想提出一個問題，歷史究竟和一般智識分子發生什麼關係？或是像一位英國史家柏利（J. B. Bury）所說的，「歷史是科學，不多亦不少」(a science, no more and no less)

柏利係一極有學問和地位的人，他所說的值得我們重視。但當他在一九○三年提出這個原則的時候，就有一個年青的史家，對於這個把歷史當做純粹科學的主張，加以申辯。屈勒維林(G. M. Trevelyan)當時的青年學者，也就是今日英國的史學名家，認爲歷史不僅是科學，並且亦是藝術：歷史事實的發現應該運用科學的方法，歷史的敘述却具有藝術的性質，歷史的寫作須有文學天才。幾十年來，關於這個問題的爭論頗爲熱烈。歷史這門學問本身具有雙重性質的，但研究和寫作的天才往往不能兼而有之。要眞能達到章學誠所謂史學，史識和史才的人，已經是史學史上不朽的第一流大史家了。

好在這個問題現在已經不像過去那樣，持論紛紜莫衷一是了。因爲歷史家對於方法上的歧見。不復如四十年前固執成見。許多眞實客觀研究的史家，不僅方法謹嚴，且能把他們科學研究的結果，以富有文學意味的形式表達出來，深受一般讀者的歡迎。歷史不再是枯燥無味的讀物，或咬文嚼字的考證，而是爲人所喜愛的大衆文學的一部分。不管有些歷史著作，對於專家更能引起興趣，可是兩種歷史的鴻溝現在已經不存在了。

這裏我不想對於這個理論問題有所發揮，而是要設法使讀者明瞭歷史的涵義，和說明歷史對於一般讀者的價值。

在未說明價值之前，我得先提一下西洋史學發展的大概趨勢。對於歐洲人，希臘羅馬的史家係偉大的模範。希羅多德（Herodotus 公認爲西洋史學的鼻祖）與修西提提斯（Thucydides），曾經把歷史認爲同時是科學與藝術，雖然並未應用這些術語。史學方法論權威班漢姆（Bernheim, Lehrbuch der historischen Methode）以希羅多德爲史學發展的第一階段的史家，那就是根據審美的旨趣，作故事式記載的史家，目的是要能引人入勝，而以修西提提斯屬於第二階段，所謂教訓與實用的史學著述。這個階段的史家把歷史當做研究國家大事的學問，具有鑒往知來的意義，類似孔子的春秋與司馬光的資治通鑑。但從體例來說，春秋祗能稱爲年代記。修西提提斯歷史敘述的詳情，見解的明晰與深刻，以及文學的簡潔優美，祗有史漢可以比擬。任何學問的發達和一般文化的發展是有密切關係的。班漢姆說的第三階段是演進的史學觀。到了這個階段歷史。研究才純粹以材料爲對象，客觀地追求歷史事實的心理與外界的因果關係，這自然是近代的。現在不僅要問歷史事實的眞相，且要知道牠的由來、第二階段的史學因爲富於政治動機，也就容易發生主觀，像我們那樣重視禮教的國家，歷史著述就脫不了倫理的道德的立場。到了第三階段歷史智識才成爲學術，並且須有人性一致與文化的比較觀念來做根本前提。所以要經過基督教的博愛平等的觀念，文藝復興與人文主義運動的精神解放，特別由於十八世紀末葉，歷史哲學，民族學，語言學，考古學，社會學，與心理學等等，許多學問的發達與各種思想潮流的滙合，這樣才能產生文化史，世界史觀，以及更完備的史學理論。史觀同研究工具與方法的演進也有重要的相互關係。十九世紀的進化論，語言歷史的研究方法，以及史料考證與經濟史的研究都是使西洋史學在最近一世紀突飛猛進的原因。希羅多德與修西提提斯都能用心搜集材料，雖然他們的史料多半係由旅行與採訪得來的，不像近代史家專門研究文獻檔案，這些在他們的時代很少見。他們把搜集的材料和研究的結果，用文學體裁寫成歷史。根據古典學者的考訂，我們無法證明，他們對於事實與推理的正確程度。但他們很誠懇地在追求眞理，那是沒有疑問的。修西提提斯係西洋古代最眞實可靠的史家，祗有在極偶然的情形下，會受自己藝術天性的影響，因而有損歷史眞相。關於塔西塔斯（Tacitus），我們對他歷史敘述的客觀性，就不很有把握了，雖然他的藝術創作在羅馬史家中是最傑出的、無論如何，希臘羅馬所賜與近代歐洲的是，歷史不僅爲研究事實的學問，且爲引起一般讀者興趣的文學作品。

在歐洲的中世紀，曾經產生過爲修道院的寺僧所寫的歷史著作，有的像英國的馬太巴里士（Matehew Paris）便是一個很好的史家。他們多半記載當時的歷史經過，可以說是一種現代史。文藝復興的意大利，因爲熱心研究古代史家的結果，特別由於個人意識及現世觀念的發達，就使史學著述突飛猛進。馬克維利（Machiavelli）與基采提尼（Guicciardini）均著有翡冷翠史，並且都是以政治動機出發，而能追求內心的因果關係的史家。在十六，十七世紀的意大利與法國，自傳與回想錄的寫作，猶如雨後春筍，蓬蓬勃勃。近代歷史思想自羅楞索伐拉（Lorenzo Valla）考證「君士但丁的詔諭」(The Donation of Constantine)以後，懷疑的態度油然興起，對於史料的解釋大有貢獻。萊布尼兹（Leibniz）與韋果（Vico）等人對於近代歷史理念的核心——個性與演進觀念的促進最有關係。萊布尼茲的延續律，革果的循環說影響歷史現象的闡明。最後伏爾德的「風俗論」與「路易十四時代」，赫德的「人類歷史哲學原理」可以說是世界史觀，文化史與歷史哲學的開端。在英國方面，克拉林敦（Clarendon）與栢內特（Burnet）寫了很精的政治史。十八世紀的休謨（Hume），勞伯遜（Robe:tson）與吉朋（Gibbon）奠定英國史學的基礎。吉朋最偉大，他的「羅馬帝國的衰亡」眞是一部不朽之作，在歷史研究與藝術創造方面，都可以稱爲已經到了登峯造極的境地。

在十九世紀頭半期的英國，歷史還是被認爲文學的一支系；歷史書銷售很廣，並爲大部分智識分子所閱讀。麥考萊（Macaulay）與喀萊爾（Carlyle）十九世紀英國最有影響的史家，認爲歷史係英國文學的一部門，他們的著作普遍流行，除了狄更斯以外，簡直可以與任何小說家比擬。麥考萊與喀萊爾並不浮淺，猶如吉朋之不能被視作浮淺；他們可能有嚴重的錯誤，但他們並非沒有學問。他們給了很好的榜樣，那就是勤於材料的蒐集。在他的克林威爾傳與弗烈大帝傳的兩大歷史著作裏，喀萊爾成爲他自己的 Dryasdust（這是喀萊爾用來形容歷史家枯燥無味的字）。麥考萊確是一個有議會政治經驗與博涉群書的人。可是他們兩位對於材料的考辯往往錯誤。沒有疑問，他們在從事史料研究的時候，缺乏科學精神，關於這一點，十九世紀末葉在英國提倡科學史著的史家們，就非常注意。

科學歷史研究的開端在德國是一世紀以前的事，在英國暫祗有五六十年的生命。最初在大學裏，不久便爲一般人所接受了。大家承認，歷史不應再爲普通人的閱讀而寫作，歷史此後祗能是史家的專門學問。如果一般知識分子願意知道歷史，那也很好，不過這是次要的工作。因此，歷史便和文學脫離關係。牠是一種科學，不多亦不少。劍橋的兩大史家西萊（Seeley）與栢利都大聲疾呼地喊出這個口號來，但阿克登（Acton）與梅特蘭（Maitland），另兩位劍橋史家，並不絕對堅持這個原則。今天的專家學者對於歷史研究的目的，不再如此固執，並且他們在寫作方面的成就，大有可觀，一般讀者自然歡迎他們的努力。

科學史著的運動有其重要意義，同時亦有必要。這個運動曾經發生良好的影響，另一方面當然也有其相當的弊端。現在我想說一說這個運動發生的原因。

第一，歷史那時——五十年前——剛開始成爲大學的一個重要的課程，有幾處與古典文學並駕齊驅，甚至替代了牠們。如果歷史在大學裏傳授，那就不能再是文學的一支系。牠必須具有嚴格的學術紀律，像斯塔布斯（Stubbs 牛津史家）的「憲法史」那樣，根據歷史考證的法則。這個科學的觀點在當時是必要的，在大學的教科與研究所裏，能够這樣注重，也是很適當的。我想麥考萊與喀萊爾，如能給他們像在十九世紀盡頭的大學歷史學課的訓練，也許會變成更好的史家。錯的並不是他們注重史料研究的科學方法，而是消極地忽略了歷史的藝術旨趣，他們認爲文學創造與歷史研究的實際工作，絲毫不發生關係。

第二，科學的歷史研究係受德國方面的影響。從尼布爾（Niebuhr）與蘭克（Ranke）創始語文考證的方法以來，德國史學研究的成績眞是突飛猛進，一日千里。尼布爾的「羅馬史」和蘭克的一生研究與著作，都以嚴於史料考釋，實事求是的客觀研究爲依據。史家的主要職責是研究過去的眞相（Wie es eigentlich gewe:en）。蘭克和他影響遍及德國的學派，絕對主張科學的歷史訓練，以「日耳曼歷史大系」（Monumenta Germaniae Historica）爲中心，整理並且刊行大批日耳曼民族的文獻檔案與全部從中世紀初期到宗教改革的史料。英國史家如牛津的弗利曼（Freeman）與劍橋的阿克登（Lord acton）以及好些其他重要學者都深受德國史學的影響。俾斯麥的德國，國富兵强，爲當世人士所崇拜，好些新興的美國大學的學制和研究風氣，都是模仿德國，英國大學免不了受有同樣的影響。

第三個原因係科學在十九世紀的驚人成功及其壓倒的權威。科學改變了人類的經濟與社會生活，並使一般智識分子的宗教信仰與宇宙觀起了革命。自然科學的空前成就使好些史家認爲，歷史的地位也會大大提高，如果歷史也被稱爲科學，並且採用科學的理論與方法。我却以爲這個說法不很高明。因爲人類事實的研究和原子性能或動物生命史的研究。大不相同。如果你發現一個原子的性能，你就發現了所有原子性能的研究；一隻鴿子的習性和其他鴿子的習性，可以說大同小異。但一個人的生命歷史，甚至好多人的生命史，決不能告訴你所有其他的人的生命史。你又不能對於一個人的生命歷史，作純粹客觀的研究。人的確是太複雜，太精神化，太差異了，我們無法作科學的分析；幾百萬人的生命史不能從幾個人的生命史去推測。歷史實際是從所有已知的事實推理得來，這和自然科學用數字計算，或公式演繹的適然不同。牠所研究的，多半是精神的力量與思想的發展，實在不易有科學的分析。

喀萊爾早就說過：「每一次人類的重新結合不就是無數不能計算的勢力的結合麼？每一個單位不就是各種力量所造成的小宇宙麼？這些事情，科學怎能計算或預測？」（French Revolution II. i）

何況歷史的價值與目的我認爲主要的，還是教育大衆。但自然科學有其自身的應用，同大衆化似乎不很有關係。當然把科學的研究結果，宣示大衆，像愛丁敦（Eddington）與赫胥黎（Thomas and Julien Huxley）等所做到的，那也是衆所希望的，不過科學的主要目的係在於專家日積月累的專門智識，這些可以用之於人類的物質生活的改進。

但歷史的首要價值是教育的，牠對於歷史學者以及一般智識分子的精神影響，因此把史家最好的研究工作與最進步的思想，傳授給大衆，確是第一要義。這個任務就祇能由寫史的藝術來達成，文字的技巧便成爲許多史家所必需具備的條件。歷史學者須具有各種不同的天才，並能執行各種不同的工作。

這就領導到我們的中心題旨——歷史對於一般人文教育的價值。爲什麼歷史家要把他們新舊知識，以及傳統與發現，貫輸給人民大衆。

我愈觀察最近趨勢與實際情形，愈就感覺歷史是人文教育的基礎。沒有歷史智識，其他方面的門徑也會是永久關閉的，至少是半開半掩的。譬如我們讀詩或散文，除了現代人的作品之外，便不能不稍具歷史智識。要能完全欣賞屈原，李白，杜甫，陸游，但丁，莎士比亞，彌爾登，歌德，雪萊，拜倫，以及狄更斯等人的作品，就不能不設法明瞭他們各人的時代政治與社會的背景。音樂無需乎歷史的介紹，就能全部領會，文學是比喻的反映的，每一部書都在當時的地土上着根。除非一個國家的文學不願給人民普遍認識，否則，一國人民必須知道他們本國的歷史。

歷史與文學係孿生姊妹，不能分離。在一個世紀以前，西洋人文教育的基礎是希臘羅馬文學與聖經。在古典作家與聖經裏，歷史與文學有密切聯繫，眞如我們過去的讀經，和「六經皆史也」的傳統觀念，因爲這個關係就使舊式人文教育對於當時人民的精神思想，發生這樣興奮，這樣有意義的精神刺激。沒有疑問，那個時代對於古典文學與聖經的讀法，在現在看起來，是不科學的，不過還是依照他們時代精神的最好讀法，並且實際成爲偉大的人文主義的教育。今天古典文學與聖經的研究已經大爲遜色。雖然有一部分已由歷史的正確知識與範圍更廣泛的現代文學來替代，可是一大部分卻由浮淺不足道的皮毛去牽强附會了。

和文學相彷彿的，建築與繪畫的欣賞與瞭解，亦能因歷史智識的豐富而提高興趣。不懂歷史的人旅行意大利時，祇覺得美麗好玩，但對他所看到的簡直一無所知。國外旅行的興趣與意義和個人的歷史智識成比例。從歷史智識與歷史想像出發去欣賞古址遺蹟，這一種現象在目前已經比過去普及得多，這是一件可喜的事。特別從教育與文化的立場來說，實在值得提倡。在二次大戰爆發前幾年，英國每年有一萬五千人去瞻仰羅馬城牆的遺址與古堡。這個廢墟談不到什麼美，可是遊歷的人富有歷史想像的心境，值得玩味。有些去的人，已經知道了羅馬人在英國的歷史事實，也有在瞻仰遺址後，設法去認識牠的歷史。

我個人在歐洲求學時期，就把假期全部用之於遊覽歷史名勝，或參觀博物館畫苑與檔案庫。在萊茵河上泛舟，不僅能看到中古日耳曼民族與基督教會的建築與遺蹟，且能使你對晚期羅馬歷史有了深刻的印象。荷蘭的風景與人民的日常生活使我意想到蘭勃龍（Rembrandt）與盧朋斯（Rubens）的繪畫，漢姆普敦宮（Hampton Conrt）又使人回想到亨利第八與渥爾西（Wolsey）。法國鄉間的古堡，巴黎城市的建築與畫苑，路易十四的凡爾賽，弗烈大帝的樸資坦都有其特殊趣味與歷史意義。至於哈布斯堡的維也納，文藝復興的翡冷翠與維尼斯，古典文化與中世紀教會首都的羅馬更會使人心曠神怡，留戀忘返。一九四七年秋，我曾由香港經印度中東與埃及，飛往敦倫。這次旅行雖是眞的走馬看花，但阿刺伯沙漠的自然環境和波斯灣附近的幾處碧綠草原，給我印象非常深刻，對於阿刺伯民族的歷史與回教文化的瞭解大有裨益。當我從印度，阿刺伯與埃及，這些東方與近東文化的發源地帶，倦遊之後，在一個晨光曦微的時間，進入風和日麗的地中海周圍，最後在西西里島上稍息片刻，我的腦子裏隱約浮起一種極自然而又完全和東方世界不同的感覺，像是到了久別重逢的第二故鄉，這個精美有味，卻也同樣有文化與歷史意義的歐洲。

研究歷史的旨趣與價值當然不僅在瞭解過去的文學藝術與建築的鎖鑰。在牠的本身，歷史包含兩大問題——⑴怎樣是人類過去的生活？⑵現在如何從過去演變出來？讀歷史的人的興趣可能祇爲着過去，他喜歡知道過去社會，從前人的思想習慣，或者他的主要興趣是在解釋歷史，能夠說出世界各民

「自由中國的宗旨」

第一、我們要向全國國民宣傳自由與民主的真實價值，並且要督促政府（各級的政府），切實改革政治經濟，努力建立自由民主的社會。

第二、我們要支持並督促政府用種種力量抵抗共產黨鐵幕之下剝奪一切自由的極權政治，不讓他擴張他的勢力範圍。

第三、我們要盡我們的努力，援助淪陷區域的同胞，幫助他們日恢復自由。

第四、我們的最後目標是要使整個中華民國成為自由的中國。

族的制度信仰習慣以及他們的成見的由來。換句話說，他可以爲着過去而研究過去，但亦可以把過去當做現代人類生活的源泉。同樣地，他可以注意過去情形的靜的方面，或者也可以留心動的時勢與潮流，人類歷史的演變過程。

關於這兩種歷史研究的觀點，我想再加以引伸。第一，過去各時代各國家的人民生活的發現，會對讀歷史的人發生什麼價值：這一點的精神好奇心理，在我們這個時代,要比過去容易滿足,並且所能獲得的答案也更爲正確。這是由於現代學術研究的驚人貢獻。暫時離開了我們機械與物質的世界,進入一個看不到機器，而想像更爲豐富的時代，那不能認爲逃避現實的厭世主義，反過來牠能替你開拓胸襟，使你的精神思想不至於拘泥於目前的困擾。我們憧憬另一世界，同樣是人性的,有錯誤的，但與我們的不同,並能推盡許多有價值，有意義的事情，不論是思想與經驗等等。我眞的不知道近代人類的精神貢獻，還能有比對於已經遺忘了的過去社會的眞實發現，像考古學家，金石學家以及歷史家所努力做到的那樣，更具輝煌的成績。周密詳盡，瑣屑無遺地去發現一百年，一千年，一萬年以前人類在地球上的生活，至少和發明製造潛艇飛機，同樣是偉大的成就。客觀的好奇心理係眞實文化的血液。

穿過時間距離，在古代社會與過去人民生活裏，神遊冥索，眞是一件稀奇有趣的事情，這些人民不單是小說與想像中的人物，而是有血肉有生命的眞人，在眞相的範圍裏沒有過去與現在；在每一刹那，我們枯燥無味的現實生活變成富有詩意的過去。

研究歷史的動機根本是有詩意的。窮年兀兀的學者消耗他們畢生精力於歷史研究，和優閒自在任意流覽的讀者，他們都被時間的神秘性與一切事物的變化所感動。

歷史之含有詩意，喀萊爾在其「法國革命」，「過去與現在」，以及關於包斯威爾 (Boswell) 的論文裏，說得最爲精闢。

他這樣寫着：「歷史最後是眞實的詩；眞相，如果解釋得正確，要比小說更偉大；不，在眞相與歷史的正確解釋裏就會有眞的詩」。

「包斯威爾的約翰生傳在過去與現在都做到了其他藝術或人爲的裝飾所不能做到的一切。粗心的薩繆爾 (Samuel 指約翰生) 與圓滑的詹姆士 (指包斯威爾) 活着而又死去。他們的生命與整個兒的生活環境已經化爲烏有。僧帽飯店今猶屹立在艦隊街：可是那個管帳的愛喝酒戴尖帽的店主，那裏去了，他的臉胖通紅態度殷勤的女主人，她的光可燭人的盤子，打過蠟的桌子，佈置整齊的木架；她的廚子，差遣的小孩與熙熙攘攘的來往客人，他們到那裏去了，不見了！過去了！點頭招呼滿面笑容的侍者，每晚替薩繆爾與布西 (Bozzy 指包斯威爾) 舖桌端菜，早已把他的小帳放在口袋，不見了，小帳和一切都飄杳無縱，眞像在鷄鳴時鬼散的那樣。他們喝完酒的瓶子已破碎，他們坐過的椅子也都燒了；他們吃飯用的刀叉都已銹壞，成爲養化鐵了，並與泥土混合不能分辨。一切皆已不見，不論事物與實際，猶如毫無痕跡的普羅斯拍羅的幻想。僧帽飯店除了四壁，一無所存；倫敦，英國，世界亦祇有外圍存在；這些也在哀息，假使是金鋼鑽的，祇是慢一些就是了。神秘的生命的川流繼續在前進；一個新的浪頭，猛烈衝擊在舊的河岸；可是舊的浪頭和牠的聲音流過往那裏去了！那裏？

現在這部包斯威爾的傳記，這眞的可以說是生命的復蘇；結果時間不復能控制我們,甚至幾個世紀都無關緊要。在靜寂的過去的黑夜裏,燃着一排油燈，燈光在照耀：過去的還能存在，雖然暗澹，尚能顯露，雖然死去，猶能言語。那裏照着一條幻奇狹小的途徑：在無邊深黑的毀滅中露出曦微的曙光，因爲凡是和約翰生發生過關係的一切的一切，已經完全明亮了：在這個神奇狹小的途徑上，我們猶能不斷前進，並能看到瑰麗的景象。」(Critical Essays. 4)

關於法國革命的最精詣的話，曾經也由喀萊爾說過。

「這遺火的船是舊日法國，舊的法國生活方式；牠的水手係一代的人們。他們在狂呼，在怒吼，猶如在那烈火裏忍受的生命。但從大體說來，讀者們，他們不是已經死去了麼？他們的火船與他們在驚動了世界之後，已經駛離了；牠的火焰與牠的雷聲都已散去；已經進入時間的深處了。一件事歷史將會做到的：憐恤他們，他們一切的一切；因爲他們有過艱巨的日子」。(法國革命第三冊第二面)

除了爲着過去研究過去以外，還有歷史的第二重要價值，那就是牠對現在所能給的資鑑。你若不懂本國或其他國家的歷史，你就無從瞭解自己與人家。簡直連你自己的思想成見以及感情的反應都不能懂得，如果你不知道一個中國人的精神遺產是什麼，以及牠們怎樣會傳授到你身上的事實。爲什麼一個英國人對於國家大事和私人事情的反應是這樣，一個德國人另一樣，一個法國人又另一樣？這個答覆祇有歷史可以告訴你。

在現代世界，各國和各民族間的關係非常密切，相互誤解的情形應該設法減少。反過來，大家應該努力瞭解各國的歷史經驗及其所造成的思想情緒。我們中國人的毛病，以爲人家對於政治與國際情勢的反應，也像我們所希冀的那樣，我們的眞心誠意往往會毫無結果，就因爲我們在盼望人家也像我們自己那樣。假使我們熟悉他們的歷史，這種情形就可以糾正，事實上用不着知道過於詳細，祇要知道一個鳥瞰，認識他們現在社會狀態與政治活動的由來。

你不能瞭解法國人，除非你知道一些法國革命的情形，牠的原因與影響；關於德國人，你得知道他們和他們政府的歷史關係，以及德國政府與軍隊的關係，甚至整個民族對於軍國主義的觀念。英國人之愛護個人自由及其議會制度，確係他們民族的根深蒂固的習性。你不能認識俄國人，除非你能知道，他們如何在蒙古人與條頓民族的侵略與壓迫下，逐漸形成他們的社會。從有歷史以來，我們中華民族是一個講求信義和平，以四海一家為理想的民族，因此人家有特殊行動的時候，我們便不知所措。這是因為我們不很認識他人的過去的緣故。

美國人民通常不甚注意歷史，他們蔑視過去的事物，並且很眞摯地自己承認，這也是十九世紀美國社會的歷史發展的結果。可是美國人民，一般地說，決不是完全不懂歷史，或不為歷史智識所影響。美國人對於英國史相當熟悉。美國人對於他們本國的觀念，他們對於星條旗，憲法，以及美國在這個世界上所代表的自由與民主，這些方面的自驕心理，都是由於他們歷史教育的結果。

淺近簡陋的歷史智識也可以造成政治危機。我的意思並非指着故意宣傳或偽造歷史所能造成的惡果，而是那些祇知一段歷史，不能認識全部歷史發展的危險。例如，美國人總以為英國是古老的，是一個君主政體與貴族地主的國家。美國人對於英國的歷史知識，要比對於英國的現勢知道得多些。在第二次大戰時期，還有美國軍官到了英國，心裏期望着能看到許多古堡和一個封建貴族的國家。這似乎應在百年戰爭時代才可以說得上相稱。

有些民族，譬如像愛爾蘭那樣，歷史想像太强烈了。他們無法擺脫過去。許多東歐民族，尤其是德國人，他們在偏面狹窄的國家主義的教育空氣中長成。有偏見的歷史在近代世界所造成的禍害，實在太深遠了。把歷史用作宣傳的武器，那是一種致命傷。各民族大家記住過去的事情，互相飲恨，這是政治宣傳中最危險的陰謀。我們需要融會貫通的歷史智識，不是斷章取義的記載。歷史敍述必須能詳細說明全部的經過，各種思想的發展以及社會組織的類型。歷史研究之所以重要，並非因為牠能造成政治家——雖然對於一位具有才能的政治領袖歷史是有價值的——而是因為歷史能促進人類的相互諒解。

我們如能研究過去人類社會的各種問題，有了充實的歷史知識，並能明瞭其中的因果關係，我們的智慧就會因而增加，至少不至於過分愚蠢。對於法國革命下一最後判斷，也許現在為時尚早，並且大家對於革命的見解時常改變。有關如此重大與複雜的問題，事實上永遠不能產生一個歷史的定論。可是現在至少要比一七八九，一七九四，或一八一五年更能認清法國革命的價值。從我們所能依據的歷史觀點來形成一種見解，這是精神思想的一個良好訓練，也是我們所最急切需要的一種教育。

關於我們日常的事情，不論政治的與社會的，我們總是帶着偏面的成見，或浮淺的眼光去觀察，根本不知道將來的結果及影響。為着補救這個缺陷起見，多讀歷史能使我們養成一種習慣，對於世界大事作廣泛而又深遠的見解。我們應當不偏的意思，並不是說過去各方面同樣的對，我們可以認為一方比另一方更有充分的理由。我們並不希望所有的人對於過去問題獲得全然相同的結論。但當我們從多方面出發，靜心研究過去，我們大家都會增進智慧與理解。我們學到一種思想情緒，能使我們不受報紙電影的炫惑，而求得通往眞理的捷徑，把人類社會的複雜變化弄得有條有理。

我希望，我對於我自己所提出的兩個問題，已經說得清楚了 1 歷史家的責任須將歷史寫成可以給人普遍閱讀的形式，(2) 一般人民應該多讀歷史。如果一個智識分子不懂歷史，他的教育程度就不能做一個良好的公民，或一個有思想的人。自然一般讀者不僅由於愛國心理，或因求得思想進步而研究歷史。他們肯讀歷史，還是由於牠能引人入勝。所以歷史家的責任應把歷史寫得有趣，至少不要因博學而有損趣味，學問是基礎，不當影響藝術的創作。

要知道歷史是多麼有趣動人，人類在這個行星上的演進眞是變化萬千，實在比空間所能看到的繁複現象，更有意義。人類的進化要比創世紀所說的，更為奇特。人類的歷史，史前的，古代的中古的以及近代的，是宇宙萬物間最奇異的景象，任何新穎的事情都可以從這裏發現。牠包含宗教，牠亦包含科學；至少牠包含他們的歷史。牠包含藝術與文學。人類的故事要比自然科學更為奇異。這是不曾解釋的神秘，但又是確切的事實。牠是神聖的，有時也是魔鬼似的——簡而言之，人性的。人類的眞實研究是人，要比研究動物，瓦斯以及原子更來得切當。這個奇異的研究，可在長短距離的時間與空間為之，亦可在單獨的人與事的短小範圍內為之。

那末歷史研究與歷史教育的前途如何？在有些方面，情形頗能使人樂觀。歷史家正常在努力，把他們的學問寫成有趣的書籍。因此，社會對於歷史的興趣表現得有增無已。大家在要求多出版歷史的讀物。

可是我也得提出有些不能令人滿意的地方。第一，學歷史的人像是逐漸在減少。現在的普遍現象是，學工程經濟與外文的人特別衆多。國家需要工程與建設人材，那是毫無疑問的，但純理科學的研究很少有人問津，這是不是正常的現象？考慮將來的出路與待遇，甚至現在出國的捷徑，也許是人情之常，但我總覺得，不該因此完全抹殺教育與文化的意義。另一個危機是書籍出版的困難，大部歷史名著因印刷成本過高，不易銷傳，無法翻印。這些有價值的書卻是大家所願意熟讀，並且眞能引起歷史興趣的，如果一般讀者祇能看到坊間流行的通俗作品，歷史智識與教育意義就會因此減低或喪失。

我相信我們的文化有其生存的能力，因此也就會解決牠本身的困難。我毫不猶豫，認為歷史在人文科學方面將佔更重要的地位。歷史並不和文學政治以及其他學科競爭。牠是這些學問的基礎。牠能聯結一切有關人類的學術研究。

美國與聯合國

雷崧生

（一）

第二次世界大戰以後，美國無疑地在國際政治中，取得了領導的地位。聯合國這個偉大的組織，便是在它的提倡與號召之下而成立的。由于美國在世界政治上的領導地位，它的國際行爲，或是它在聯合國裏的活動，儘管不能够全部地決定聯合國的命運，至少大部分地決定聯合國的成敗。

但是，美國對于聯合國的態度，自始就是頗爲矛盾的。一方面，它發揮着它在聯合國裏所能够支配的力量，儘量地採用着集體的方法，以實現它的對外政策；他方面，在決定重大的對外政策時，它常常漠視聯合國。

美國的對外政策，表現在聯合國裏的，大別之有三方面：

一、全世界的自由的促進　促進並增大全世界的自由，是聯合國宗旨之一，也是美國的一種對外政策。聯合國憲章中對于非自治領土的宣言，與託管制度的採用，實爲美國所極力主張。以色列，印尼，韓國，與利比亞等國的獨立，以色列於一九四八年與印尼於一九五〇年的加入聯合國，都曾獲得美國的幫助。一九四八年聯合國人權宣言的草擬與通過，美國也曾有過頗大的貢獻。不過，美國對于正在草擬中的人權盟約，却不甚熱心。由于美國聯邦制度中的各邦特權，美國感覺到：未來的人權盟約，在執行上，必會遇到許多困難。美國也反對國際人權法院的設立。

二、全世界的經濟福利的促進　促進並提高全世界的經濟福利，是聯合國宗旨之一，也是美國的一種對外政策。一方面，美國使用着各種可能的方法，支持聯合國體系內的專門機構 Specialized Agencies，如國際勞工組織 I.L.O.，世界衞生組織 W. H. O.，糧農組織 F. A. O.，與國際難民組織 I.R.O. 等等；他方面，美國在其本國的第四點計劃 Point Four Prognam 之下，對于落後地區的開發，作技術上的協助。第四點計劃下的許多機構，經常地與聯合國體系內的專門機構，取得密切的聯繫與合作。

三、國家安全的保障　聯合國的最主要的目的，是在維持國際和平與安全。美國在這一方面的貢獻，可以說是大于聯合國任何其他會員國的貢獻。蘇俄紅軍的自伊朗撤退，英法軍隊的自叙利亞與黎巴嫩撤退，都可以歸功於美國的外交勝利。在以色列，加什米爾，與希臘等等問題中，美國的活動，雖然不會澈底地解決這些問題本身，但是，它預先防止了武力的使用。聯合國的兩大失敗，是捷克問題與海德拉巴德 Hyderabad 問題。聯合國與美國，對于前一問題，實在是自始就無能爲力。但是，在後一問題中，它們對于印度的侵略行爲，熟視無睹。這種消極的態度，不但鼓勵印度從事于更爲强有力的行動，而且引起了中東諸國對于聯合國與美國的懷疑與不信任。聯合國與美國，對于伊朗問題，埃及問題，與突尼西亞 Tunisia 問題的規避責任，無疑地更低減了它們的威望。唯一的令人興奮的事實，是它們對于北韓的侵略行爲，會採用迅捷的制裁行動。這個行動，當在下文加以評述。

美國儘管在許多問題上，支持着聯合國。但是，在決定一些重大的政策時，它仍然不免漠視聯合國的存在。譬如杜魯門主義 Truman Doctrine 的宣布與馬歇爾計劃 Narshall Plan 的實行。都不曾提到聯合國，也不會借重于聯合國的威望。美國的這種態度，是頗易于解釋的。第二次世界大戰以後，美國與蘇俄間的冷戰，原是一九四五年舊金山國際組織會議的代表們所無法逆料。冷戰的任何回合，從不會在聯合國的範疇裏，獲得絲毫的解決；連一九四八年蘇俄對柏林的封鎖，也不構成例外。

除開冷戰可以被視爲聯合國後天的失調而外，聯合國還具有許多先天的弱點。它的最嚴重的弱點，有下列的幾項：

一、聯合國建立在各會員國主權平等的原則之上。(憲章第二條第一項)它不得干涉各會員國的國內管轄事項 matters of domestic jurisdiction。(憲章第二條第七項)因此，它並不曾脫除了傳統的主權學說的束縛。

二、聯合國的任何機構，無法有效地解決會員國間的爭端，便是安全理事會的和平解決爭端的方法，只構成對于爭端國的建議，而沒有法律上的拘束力。

三、聯合國的大會，不是一個國際議會。它沒有直接的立法權。一切國際立法，仍然必須採用傳統的方式：各會員國間的談判，協定，與批准。

四、聯合國的安全理事會，對于一切非程序 non-procedural 問題的議案，在至少七票的同意票中，必須包括五個常任理事國的同意票，才算是通過成立(憲章第二十七條第三項)。這便是所謂五個常任理事國的「否決權」。它使許多實質性的議案，無法合法地通過成立。因此，安全理事會對于許多重要的問題，不能够達成它的使命。

五、聯合國的國際法院，對于會員國的法律爭端，不享有一般的强制管轄的權力。

美國對于聯合國的這些先天的弱點，不得援引爲它漠視聯合國的口實。聯合國的所以具有這些弱點，美國實在負其最大部分的責任。在一九四四年頓巴敦橡園 Dumbarton Oaks 會議中，它反對蘇俄的建立國際警察的提議。在一九四五年雅爾達 Yalta 會議中，它提出了安全理事會常任理事國享有否決權的辦法。在一九四五年舊金山會議中，它主張加强國內管轄事項的條款；它反對國際法院强制管轄權的規定。當時的美國國務院，唯恐聯合國憲章的不克爲參議院所同意，重蹈了國際聯合會盟約的覆轍。它把聯合國限制爲一個軟弱無力的國際組織。聯合國正式成立以後，它在運用上的躊躇，立刻使美國左右爲難，而企圖有所補救。

（二）

美國對于聯合國，採用了三種不同的補救方法。

第一種方法，是美國的自我克制。美國還不曾行使過「否決權」。當它對于某一個實質性的議案，投反對票時，它或是事先聲明，它的反對票，不構成否決；或是事後並不主張：它的反對票，可以發生否決的作用。它對于一九四五年六月七日，舊金山會議的四個邀請國，關于否決權的聲明，只認爲是四國當時態度的一般性的說明，而絕不認爲具有國際條約的效力，恰與蘇俄的看法相反。它對于歷屆大會所通過的關于愼重使用否決權的建議，忠實地遵守着。自一九四七年起，美國即曾表示：當安全理事會決定某種和平方法，解決某項國際爭端時，它願意放棄它的否決權。可是，其他的常任理事國，不肯作同樣的放棄。美國這種自我克制的方法，是道義方面的，多少含有一點示範的作用。

第二種方法，是對于聯合國機構的改善。

在聯合國的六個主要機構中，安全理事會自然是最重要的一個。但是，安全理事會爲常任理事國的否決權所癱瘓。因而這個最重要的機構，爲舉世所訴病。美國的努力，是要把聯合國的重心，漸漸地由安全理事會，移到大會裏。

一九四七年聯合國第二屆大會的時候，美國國務卿馬歇爾提議設立所謂小型大會，而獲得大會的通過。這個小型大會的正式名稱，爲大會駐會委員會 Interim Committel of the General Assembly。這個委員會的目的，是在加强大會的機構；而使兩屆大會之間，有一個全體會員國一律參加的承上啓下的委員會。美國當初的提議，只是設立一年。後來的經驗，證明它實是一個不可或少的機構。

一九五〇年聯合國第五屆大會的時候，美國國務卿艾契遜 Acheson 又提出了聯合擁護和平案 Uniting for Peace Resolution，而獲得大會的通過。這個議案的目的，是在使聯合國的大會，可以打破安全理事會裏，否決權所造成的僵局。它的第一項第一段，大意如下：

大會茲決議：當和平的威脅，和平的破壞，或侵略行爲發生，而安全理事會因爲常任理事國的不能一致，無法執行其維持國際和平與安全的主要責任時，大會應當立即考慮該項問題，以便向會員國作集體措施的建議，必要時並且可作使用武力的建議。如果大會正在閉會期中，大會應當在接獲開會請求的二十四小時以內，召開緊急特別大會。緊急特別大會的召開，由安全理事會任何七個理事國，或聯合國的多數會員國請求之。

這個議案，還設立了和平視察委員會 Peace Observation Commission 與集體措施委員會 Collective Neasures Commissin，建議了聯合國武力單位的創立。在這個議案裏，美國完全放棄了一九四五年舊金山會議時期的「五强一致」的原則。從此以後，安全理事會因爲某一個常任理事國的否決權作梗。對于某一個實質性的問題，無法通過任何決議時，大會可以起而代之。大會可以以三分之二的多數，通過任何建議，連使用武力的建議也在內。

這是一個極爲重要的議案。研究聯合國的人，在讀過了憲章以後，必須還注意到這個議案。但是，這個議案，猶如大會的其他議案一樣，並沒有法律上的拘束力。復次，它本身仍然具有一些缺陷。和平視察委員會從事于視察以前，必須獲得當地國的同意，即其一例。各會員國對于創立聯合國武力單位的反應，頗爲冷淡。當聯合國的秘書處，向會員國徵詢意見時，少數作答的會員國，僅謂該國在韓戰中所提供的武力，便是可能達到的最高限度。無論如何，這個議案實代表美國對于改善聯合國機構的努力；而大會建議的道義上的力量，亦正未可輕視。

第三種方法，是區域組織的推進。

美國與拉丁美洲國家，于一九四八年，成立了汎美組織 Organization oF American States（OAS）。它又與北大西洋沿岸國家，于一九四九年，成立了北大西洋公約組織 North Atlantic Treaty Organization（NATO）。這兩個組織，都明文地彼歸納在聯合國的體系裏，成爲它的區域組織。不可諱言地，這兩個區域組織的成立，尤其是後者，是對于聯合國信念的低落，是對于一般性的集體安全制度的貶損。

（三）

一九五〇年六月二十五日，北韓的軍隊侵入大韓民國。兩天後，聯合國經由安全理事會的建議，實施對于北韓的軍事制裁。但是，聯合國的軍事制裁，如果不是已經有了美國的領導，絕無實施的可能。美國的軍事行動，實早於安全理事會的建議七小時，而是一種自動的國際行爲。不過，它的軍事行動，在獲得了聯合國的批准以後，愈爲名正言順，因而獲得聯合國其他若干會員國的協助。在韓戰中，美國與聯合國的合作，達到了頂點。

但是，這個制裁行動的獲得初步的成功。實由于下列幾個偶然的因素：

一　美國的軍隊，近在日本，短時間內，可以開抵韓國迎戰。

二　聯合國自一九四七年起，便已經在處理着韓國問題。當北韓侵入的時候，聯合國的代表，正在韓國，可以提供事實眞相的報告。

三　蘇俄的代表，自一九五〇年一月十三日起，以中國在安全理事會的代表權問題，拒絕出席安全理事會。因之，制裁北韓的建議，幸得免于被蘇

（下轉第14頁）

從美澳紐聯防說美國外交

朱伴耘

一

所謂美澳紐三外長聯防會議已在檀香山匆匆閉幕。艾其遜說這次會議中，大家意見非常融洽，精神上非常痛快，所決定的結果呢？是這三國將迅派軍事首領正式成立一類似北大西洋公約組織的統一機構。至於防衛區域是否擴大，是否應邀三國以外的反共國家參加，他們認爲擴大範圍邀請其他反共國家參加一節，目下時機尙未成熟。會議爲秘密性質，據說討論內容『甚廣』，但就已經公佈的報導言，不過如此而已。

這次三外長的安全會議，是根據去年九月間三國所簽訂的聯防公約而召開的。而這個公約，又是與舊金山對日多邊和約同時簽訂的。我們還記得，當對日多邊和約簽訂之初，前國務院高級顧問杜勒斯週遊列國，拿着一份以「化敵爲友」爲內容的對日和約草案向各國徵求首肯的時候，澳，紐，菲，印尼等受戰禍最烈的諸國，對這一草案都表示反對，認爲太寬大。他們更疑懼日本軍國主義的復活，有再度被侵略的可能。假定除中國未被邀請外，而這些受「日禍」最烈的國家，都拒絕參加和會，那麼美國所主演的舊金山和會就很難開起來。即會勉強開成，結果也不會圓滿。在這種尷尬的局面下，美國爲了要達到將日本拉到自己一邊來的目的，不得不挺身而出大叫一聲：諸賢弟請帮帮場，以後你們的安全問題我負責　於是便產生了美菲，美澳紐安全公約，於是也便獲得了諸國對日和約的簽字。無怪乎當三國安全協定簽字之後，澳國首相孟玆斯（Robert Mengies）喻之爲『國際間的一件大事』：而紐西蘭駐美大使柏雲生（Carl Berendsen）稱之爲『這才不是一張廢紙』了。根據這個分析，可見三國聯防的動機，縱然不是防日的成分重於防共的成分，可是如說這個聯防對於太平洋反共陣線有什麼積極貢獻，也未免過於樂觀。

近數月來，艾其遜席不暇暖，數度橫飛大西洋，始而籌組歐洲聯軍，繼而冒戰爭的危險與西德簽訂和平契約，態度之積極，大有迫蘇聯即日攤牌之勢。這次又橫渡太平洋與紐澳二外長會商太平洋安全問題，如其動機是爲締結整個太平洋公約的第一步，並照杜威的建議將自由中國包括在內成爲反共的主力先鋒，那麼他此次的奔走，是會贏得亞洲反共人士的贊美的；如其動機只是爲了給澳紐兩國吃一粒定心丸，則此行並無了不起的價值。因爲亞洲深受赤禍最烈的人們，不僅認爲他只是在地區上『重歐輕亞』而已，在種族的觀念上，這種作風也大有『只顧白人』之嫌。

二

我們都知道美國現在對蘇推行的所謂堵塞政策Contaimnest policy），是美國的蘇俄通現任駐蘇大使肯南所設計的。他比擬共產勢力的擴張，好似濁浪奔騰的洪水，向着四處奔流，低窪而堤防脆弱的地方如東歐亞洲，自然首遭其禍．因此他主張在圍繞蘇聯共產勢力的各地，建築堤壩，以堵塞洪水外流。這個政策的主要理論根據，是建築在西方與蘇聯有尋取和平解決的假定上。是以堵塞政策的目的是和平，不是戰爭；是與敵人求一解決，而不是擊潰敵人；是承認蘇聯的既得勢力範圍，並無意援救鐵幕後失去自由的人們。可是這個政策推行的結果並未成功，不僅從大西洋，地中海，印度洋而至太平洋的萬里長城，無法且無力處處設防，而且由於美英法意見之參差，僅就西歐的防務言，英法的消極態度，使美國一再送以金元，施以壓力方稍有頭緒。

在韓戰爆發以後，美國朝野均知蘇聯並不以目下既得利益爲滿足，而擴張共產勢力的辦法，並不須蘇俄出一兵一卒。她要迫使美國對一個錯誤的敵人，於一個錯誤的時間及地點打一個無限期的錯誤的戰爭。血肉的教訓使美國不得不逐漸採取積極行動修改以前的被動政策。用什麼政策來代替堵塞政策呢？如杜勒斯一派便提出了『重點主義』。他認爲萬里長城不是頃刻所能建立的，美國應選擇若干重要據點，設防共地，把蘇聯視爲猛獸，不管它向何方竄擾，即施以迎頭痛擊。大有敵人從那里來我們打從那里去之態。於是在東方扶植日本，在西方武裝西德，其目的不僅可以堵塞洪水，還可能進一步直攻猛獸的巢穴。可是事實如何？就目前共產世界在東西兩方的實力言，西方正面能守住，東方背面能達到牽制的目的，已屬難能可貴。從戰略的觀點看，美國如欲以原子彈或輕氣彈給蘇聯以致命的打擊或者對蘇實施進攻，側面的中東，是最好的根據地，地中海的艦隊固可由此侵入黑海，北非的空軍也可由摩洛哥，突尼斯，里比亞等地直飛蘇聯。可是自伊朗以西直到北非的這一地區，一方面固由於居民多爲回教民族，富有強烈的宗教感情，對共產黨的無神論並無好感；同時又因爲這些地方多爲英法的殖民地，痛恨英法帝國主義的行徑，對於站在西方旗幟下反蘇一節，亦無興趣。美國要想在這地區建立反蘇的根據地，首先必須取得當地人士的好感。欲取得當地人士的好感使之能安心參加民主反共的陣營，第一要着必須要承認其民族獨立的要求，當他們得到民族獨立的滿足以後，再給以經濟援助提高其生活水準。在他們感到民族獨立民生康樂之可貴後，自會爲保護此一可貴收穫而積極參加反共陣營。可是由於英法的自私，美國的躑躅，中東仍爲一眞空地帶。

綜上所論可是築堤堵塞困難，重點設防亦不易。何以美國化了無數億金元至今成果不大呢？我認為現行政當局缺乏魄力拿出精神的武器來！沒有魄力是美英法意見分歧存在的主因，沒有精神武器是無法團結鐵幕內外愛好自由人士共同奮鬭唯一的障礙。

三

『項莊舞劍志在沛公』。蘇聯今天用種種陰謀擴張其勢力，其最後目的是在瓦解美國。因之蘇聯勢力存在一日，美國的安全便一日受到威脅。已飽受赤禍的人士，固需美國協助以求各本國極權暴政之推翻，而美國尤需要熱烈反共人士之協助，以減輕蘇聯對美國安全之威脅。失東歐，丟中國，以為這只是事不關己固屬淺見；今天援助各國，若心理上以救人救世者自居，也為不智。今天美國若認為助人即是助己，美國需要他國的協助其重要性並不下於他國需要美國的協助，其結果會更能獲得他人的同情與支持。譬如在七月廿八日時代週刊一篇報導，臺灣的進步的短文上，記者便指出在臺灣的中國人士並不十分感謝美國。一位美國官員說：「他們以為我們援助他們僅僅因為這是對於我們有利而援助他們。」何以美國出了錢還不能討好於受惠者，很明顯的這便由於美國助人的態度是擺出一副救世者或大施主的架子。美國記者這幾句話，是值得行政當局反省的。

美國第二點應有的認識　是反共意志較血緣關係更為重要。我不否認西歐對於美國的重要性失去萊茵，眼見羅馬、巴黎為蘇俄或其第五縱隊共產黨所控制，那是西方文化中心的滅亡。可是西歐並不是唯一遭受赤禍威脅的地區，是以重歐固有其必要，對於已失去自由的亞洲，尤其是中國，要給予積極的支援。西歐各國，以未受失去自由的痛苦，他們縱有反共意志，也是消極的能求自保而已。在東方失去自由的人士，其意志不僅在消極的自保，而且在積極地解救失去自由的同胞。美國為了反蘇，在西歐用錢最多，一切都是歐洲第一。可是在西歐所收的效果並不大，近來由於美國國會削減外援，於是英法以無法負擔擴軍費用，於本年底可以裝備五十師的西歐聯軍便無法可以交卷。雖然美國很多議員一提及英法要錢便頭痛，一再希望他們不要完全依賴美援應自己也拿點辦法出來。可是希望由你希望，我們是伸手要錢。英法之所以有這種態度，原因很明顯，他們根本沒有反共意志。他們以為是美國要反蘇，是美國要與蘇聯一決雌雄。假定你美國一定要我們與你站在一邊，那麼你便拿錢來，拿軍火來，我能要人民穿上軍服背着武器，已是成績卓然了。東方國家的人民已不堪極權暴政的壓迫，將反共視為本身份內之事，而西歐人士視反共為美國要求他們所作之事，對於接受美援所表現的結果，自然不可同日而語了。

美國除了應認清西歐國家缺乏反共意志外，要進一步認識英法帝國主義的劣跡，更妨礙美國團結世人以反共反蘇政策之推行。美國知道，一旦戰爭爆發，側面的中東可能是決定勝負之地，年來對於籌組中東，防禦進行不遺餘力，其結歡西班牙、目的之一便在加强與回教人民的宗教感情。可是月復一月，成績依然平平。何以故，無論伊朗人民也好，埃及人民也，威尼斯土著也好　强烈的民族意識，使他們深感獨立及擺脫英法帝國主義的桎梏還較反蘇為重要。他們過去及現在，所受帝國主義的慘痛歷史是事實，未來蘇聯及共產制度所給予他們的待遇，他們未體會到自不會從臆測中生出反感，今天要他們帶上帝國主義的枷鎖而立於反蘇反共的陣營，豈非笑話？英伊英埃，法突等糾紛，美國或者旁觀，有時尚站在英法一邊，如為英伊糾紛案在國際法庭站在英方投票，中東人士當然視美國為帝國主義的幫兇。在這種情況下，美國能贏得中東人士的友情嗎？美國人常以酷愛自由崇尚正義的民族自居，今天到處用錢而得不到一個好字，其故安在，美國沒有維持堅定的正義立場。國際友誼不是金錢可以買到的，所以儘管美國給伊朗以經濟援助，儘管為伊朗建軍而送去一個軍事顧問團，一旦到了放棄正義立場時，伊朗人士便發出了要撤回美軍顧問團的呼聲。這一呼聲與臺灣人士認為美國之援助全係為了自身利益之故有異曲同工之妙。美國當局要加以警惕。

最後一點美國應當認清的，便是美蘇較量第一回合的結果，是美國失敗蘇聯勝利，而蘇聯在東方最大的勝利便是控制了中國。所以在反共反蘇的政策中，協助西歐建軍使蘇聯不能再進一步固屬重要，而在東方如何使北韓，中國重獲自由也應在其考慮之列。誠如最近艾森豪威爾及杜勒斯的共同聲明所言，他們認為杜魯門的外交政策，是讓自由國家為蘇聯一片片的所蠶食，致陷美國於危險之境。因之，美國如想有效的執行其反蘇反共政策　我認為也應將淪於鐵幕後的地方，一片片的拿回來。試問以聯合國之名興師協助南韓目的不在於全韓的統一，協助臺灣目的僅求其自衛而不大量給以援助使之逐步光復大陸，則其意義即大打了折扣。如果謂協助國軍反攻大陸，協助南韓統一全韓就會引起蘇聯干涉進而造成大戰，那末武裝日本同西德何嘗又不是冒戰爭危險之舉。今日世界危機之存在，與其由打共產主義之擴張，無寧謂蘇聯勢力之强大。而蘇聯勢力之强大，主要的在於她控制了中國及奴役了四萬萬五千萬的中國人民。很明顯的共產主義理論體系之完成是百年以前的事，蘇俄以行共產主義之名而建立起所謂無產階級專政，也是三十五年以前之事：如謂共產主義的理論便危及了美國的安全，不僅理論上覺得幼稚，復以美國將實行共產主義的南斯拉夫視為盟友，給以大量軍援與經援，事實上也多矛盾。美國如為反對共產主義而作種種準備，這種工作雖說不應在百年以前開始，至少也應在一九一七後即應注意。時至今日，反蘇的意義實甚於反共的意義。所以美國今日應付蘇聯威脅第一步辦法，就是協助一切反蘇人士各人收回其已淪於鐵幕後的失土。假定今日中國大陸是站在美國的一邊，蘇聯今膽敢向美國挑釁嗎？美國會躭心到東南亞之變色嗎？

杜魯門政府對內措施或有其長處，其外交政策尤其是遠東方面實在不知對症下藥。他的外交政策只有英法捧場，因爲他們在這個歐洲第一的政策下，無端的獲得了大量的金元。其他失去自由人們，無論失之於共黨極權之手的亞洲人也好，或失之於帝國主義之手的中東人士也好，對之自不會有多大興趣。美國納稅人付出了不少的血汗，而受惠者並不願衷心的道出一個謝字。因爲美國援助別人只是爲了自已，所給予急需援助國家的數量，也只限於能達到維持美國利益而已。這種外交政策，是缺乏崇高理想的。

四

我在第二節中曾提到沒有魄力是美英法意見分歧存在的主因，沒有精神武器是無法團結鐵幕內外愛好自由人士，共同奮鬪唯一的障碍。我們常常聽到說要打一勝仗，除了裝備外，每一個戰鬪員要有戰鬪意志。如何使每一個戰鬪員能有戰鬪意志呢？主要的是給他一個題目告訴他爲什麼而作戰。換句話說作戰的結果對於他及他的國家有什麼利益。美國應使世界反共人士深信站在美國一邊對蘇作戰是爲了他們自已而不是爲了美國，美國給他人以援助應使受惠者感到這種援助有利於他們的成份重於有利於美國的成份，只有在這種情況下，方能團結每一愛好自由的人士。我深信無論在北韓或中國大陸，當有不少反共人士正伸着待援之手，希望在反極權的鬪爭中，能貢獻出一部份力量。可是在現行政策下，美國政策明明告訴北韓及大陸的反共人士說，他們今天雖捲入韓戰，但其目的只是爲了在朝鮮半島獲一立足點，能守住三十八度以南，如願以足，對於拯救你們並不是我參加韓戰的目的。他們今日援助臺灣，是因爲臺灣如落入共產勢力之手，會危及他們在太平洋上的安全，並非援助國軍反攻大陸以拯救飽受共黨蹂躪的中國同胞。政策如此，縱『美國之音』一天二十四小時不斷向大陸廣播共黨的暴政，又有何益？政策如此，縱北韓及大陸反共人士有心早日揭竿而起，在他們明知外援無望的情況下，又何必白白犧牲。不僅已陷於鐵幕中的戰士心情如此，即令尚在鐵幕外的戰士，也覺得時日難挨，戰志會逐漸銷沉。

至於要中東及其他飽受帝國主義蹂躪地區的人士，要加入以美國爲領導的反共反蘇陣營，更要給他們一個題目讓他們知道反共反蘇究有什麼益處？你說共產主義的暴政可怕，他們只聽說過卻未體會到。你說蘇聯是帝國主義，他們說不錯，帝國主義的確可恨應該打倒，我們已飽受剝削了，美國如是爲了弱小民族打倒帝國主義，那嗎請先帮點忙將現有的英法帝國主義勢力趕走再講。他們不需要新帝國主義的產生，他們尤不要老帝國主義的存在。西方文明特徵之一是功利主義，現實主義，可是今天你講現實，旁人也不着重理想，你要與伊朗爲友，伊朗人便要你帮助他們把英國勢力趕走，同情他們的民族運動；你要與埃及爲盟，埃及人便要你帮助他們先行收回蘇丹及蘇彝士運河的主權再講；你要在威尼斯設防，當地人士說你先要替我趕走法國帝國主義。這個原則用到中東如此，用到越南，馬來

茅盾的悲劇

茅盾貴爲中共的文化部長，但曾因一個中學生對他的批評而作公開的道歉，承認他的小說有小布爾喬亞的思想，不切實際。他說：「我的著作雖然十分暢銷，但其中的錯誤思想也必定招致很大的惡劣影響。」

還不僅如此。他最近曾爲一本小說「戰至明天」寫過序言，而這本小說受到中共文化界的猛烈評擊，因此，茅盾也成了批評的對象。這本小說的主題是以抗日戰爭爲背景的一個愛情故事，描寫那個時候的共軍生活，其中言及共產黨曾有兩度被日軍擊敗。於是，中共北平人民日報乃評擊道：「此書作者不但將我們解放軍崇高的革命理想描述錯了，並且將毛主席偉大的戰略也形容得不對。」「此書的兩個主角是小布爾喬亞的智識份子，他們似乎沒警覺到革命的眞正領袖是勞動階級。」「此書中對於愛情的描寫十足表現了作者布爾喬亞的和封建的思想。」

茅盾在公開道歉時說，在他爲此書寫序言之前，他只將此書的目錄流覽了一下。這顯然是「不負責任的表現」。

茅盾的悲劇將是怎樣的結局？誰又知道?!

伊甸園在蘇俄？

最近蘇俄勞工聯盟的官方報紙「Trud」曾鄭重聲明電視發明於蘇俄，並繼稱蘇俄的電視標準是世界上最高的。蘇俄的電視所映示出來的影像不但比美國的好，其所包括範圍也比美國大。俄國電視的範圍爲六十二英里，而美國只有五十英里。

此還不足爲奇。最近蘇維埃的歷史學家還宣稱俄國在過去曾有許多其他偉大的供獻。『俄國的供獻是無限的，並且在各方面都有供獻。』他們甚至於發現亞當和夏娃的伊甸園（Garden of Eden）都位於現今的蘇俄。

你相信嗎？

亞，莫不皆然。

民族獨立及民生康樂是殖民地區的普遍要求。我們說蘇聯善於利用殖民地區的民族運動從事共產勢力的擴張，這話毫無虛僞的宣傳意味，問題的焦點是在於與美國為盟的帝國主義給蘇聯以可乘之機。在美國大敵當前之時，美國如想獲得廣泛的同情與支持，就得消滅這些為蘇聯利用的機會。美國今天如有一卓越的全國領袖，是很容易拿出擊潰蘇聯的精神武器來的。這個精神武器很簡單，只要美國官方正式向世界宣告：美國是幫助世界上一切失去獨立自由的人們重獲他們的獨立自由；美國人是主張中國是屬於中國人的；朝鮮是屬於朝鮮人的；伊朗是屬於伊朗人的……。美國要幫助海內外的中國人解救中國；海內外的朝鮮人，統一朝鮮，伊朗人埃及人不受英國的剝削；安南人突尼斯人不受法國的剝削，同時用各種壓力迫使英法兩國放棄一切不應有的特權以作事實的表現。我相信一切失去自由的人們，會在此號召之下團結起來，只有這樣才能使他們相信站在美國一邊是與他們的利益是一致的。否則空口宣傳共產主義是黑暗地獄，民主政治是光明天堂，並不能打動人的心弦。美國行政當局可能認為迫使英法拋棄帝國主義的利益，會影響盟國間的合作，這種顧慮是多餘的，英法果眞反共，他們應當支持這種正義的主張，反之，英法如為自私自利想藉美國的援助以保有殖民地的利益，這種反共意志是極其脆弱的。反共反蘇是一個艱苦的鬬爭，必靠堅强意志來支持，有此意志縱無美國的援助他們也得反共到底。無此意志，縱美國大量送以金錢，也不能堅持到底。

五

二次大戰後，以美國外交失策，方造成今日的世界危機，羅邱宣言，四大自由、聯合國憲章不但提高了故羅斯福總統的聲望，也為世人帶來了無限的新希望。可是幕後的雅爾達協定，使世人幻想一掃而空，羅斯福的英名也染上無數汚點。七年以來，美國的外交政策是毫無理想基礎的。蘇聯進兩步，美國跟一步，蘇聯進三步，美國跟兩步。

美國不僅在思想戰上處處被動，在軍事準備上，亦處處應付。如不是美國科學發達，物資豐富，生產强大，蘇聯早已不戰而勝了。在反蘇大包圍的佈置中，先後有里約熱內盧（Ris de Janeiro）的美洲公約，有歐洲的北大西洋公約，所謂太平洋聯防僅及於紐澳為止，遠東及中東是眞正受禍最烈或形將變色之區，美國却在敷衍應付，美國是否認為能保住南美西歐及紐澳為已足呢？美國是否只要這些地區的人士反共呢？蘇聯地跨兩洲，他對亞洲人說：我是你們的亞洲兄弟，你們都跟着我走吧。而美國所作的剛給蘇聯以宣傳的機會，挑撥美國人與亞洲人的感情，挑撥黃種人與白種人的感情，這種愚蠢的佈署，能團結亞洲人的反蘇意志嗎？何以美國現在的佈署獨將遠東中東留下兩個大漏洞呢？主要的為缺乏一種以正義為基礎的理想來作其外交政策的骨幹。反共反極權是世界上一切愛好自由人士的職志，反共意志愈强的人，是受禍最慘的人、受禍最慘的人，是愈需援助的人，我不反對美國協防西歐，我却主張美國給予已受赤禍的東方人，尤其中國人足够的援助使他們早日重獲自由與獨立。「防火要緊，救火尤急。」苟亞洲為赤火燒盡，火燄自會延到歐洲美洲及美國所要防禦的地方。美國以現時力量不足，一切須逐步進行我們可以諒解。但在此時發表一紙類似羅邱宣言的聲明，給東方失去自由的人們一種希望，對於美國反共反蘇的決策，只有益無損。杜馬艾的外交政策於今已將告結束，今後無論何黨上臺，無論何人主持外交，我希望他們能拿出一個有崇高理想的外交政策來！

四十年八月十日於華大圖書館

（上接第10頁）

俄所否決的命運。自從一九四六年以來，任何常任理事國的缺席，或拒絕出席，或出席而不投票（棄權），都不構成否決。這實是安全理事會在運用憲章第二十七條時，所建立的穩健全的法例。

因此，另一個侵略行為，發生于另一個地方的時候，同上的因素，決不會同樣地存在。那時候，聯合國的軍事制裁，與美國的軍事行動，是否可能，令人不無疑慮。並且，在這次韓戰中，聯合國與美國，似乎不會獲到它們所預期的效果。至少，它們對于這曠日持久的局面，頗不耐煩。美國與參加韓戰的聯合國其他會員國之間，發生了一些歧見。美國覺得它們有些掣肘；而它們却覺得美國輕于冒險。

現在，韓戰還不會結束。一切過早的論斷，自難免于輕率之譏。但是，美國與聯合國的關係，既然如此地密切，聯合國使命的完成，無論在韓戰方面，或任何其他方面，無疑地有待于美國的更賢明的政治家作風，與更為有效的領導工作。

亞拉伯人為甚麼反對美國？

Stephen B.L. Penrose 作
關迪潛 譯

這裡有一首關於牌戲的老歌，它的疊句如下：

他們不想參與他的牌戲，
他們也不再愛他，
因為他們看見兩張S牌，
滑落在那光滑的地板上。

這首歌很正確的表示了亞拉伯國家對美國的態度。正像這首歌的含意一樣，亞拉伯人猜疑我們在作弊。

這種情勢是最近發展而成的，開始於一九四七年。那一年，我們透過聯合國，使用壓力分割巴列斯坦及建立以色列國。這使亞拉伯人震驚不已。從那時起，我們的行動之中幾乎沒有一件能够減少亞拉伯人的幻滅和猜忌，反之，就是想要重獲亞拉伯人友誼的計劃只不過更加深了其中的裂痕。叙利亞一位內閣員在不久以前曾對我說：『我們確信美國的政策是仇視亞拉伯人的。』

然而在一九四七年以前，亞拉伯國家把美國看得比那個國家都高。她們熟知威爾遜總統的十四點，對於他的民族自決的原則，尤其嚮往。第二次世界大戰時，他們對於大西洋憲章及四大自由都很熟悉。她們欣賞美國在菲律賓的政策，而且常常把它和英法之殖民地的政策對比。她們感謝美國對於建立黎巴嫩和叙利亞之獨立的援助。至一九四七年為止，美國的一切都得到亞拉伯人的嘖口讚美。

從那以後，就來了背信的事情：巴列斯坦（亞拉伯人從一九一六年起就嚮往巴列斯坦的獨立）沒有舉行全民投票就被分為兩部，而且其中一部另成一個國家。七十五萬人無家可歸為的是要使三十幾萬猶太人有一個祖國。但現在民族自決的原則安在？表徵美國的人類同情及國際正義感到那裡去了？猜疑瞬即變成怨恨，而殘酷的幻滅更加深了他們的怨恨。一個人的敵人對他不好，這是他所預料到的。但是，當你的朋友對你作了一件不可補救的錯事時，便會激起更深的怨恨。

亞拉伯人意識到美國行動後面的壓力。他們知道猶太復國主義者的選舉對於美國共和黨和民主黨至關重要。但是他們不相信美國的外交政策將根據當地的政治情況而決定。

亞拉伯人不得不相信，美國在中東所關心的主要的是以色列。這種信念使他們輕視美國的智慧，僅僅因為確實有損他們的自尊心。他們可以講：『以色列所有的我們就沒有嗎？她的人口不過和黎巴嫩相等，而黎巴嫩是我們之中最小的一國。它的面積和羅島差不多，可是亞拉伯的全部面積卻是美國的四分之三。在自然資源方面，以色列幾乎是不毛之地，沒有水利，沒有油田，沒有足够的食糧維持其人民，沒有經濟自足的希望。以色列使美國發生興趣的，除了在某些美國人之中有選舉的力量之外，又有什麼呢？』

這一種說法抹煞了許多因素。但充滿怨尤的人民是不會寬大的。亞拉伯人的怨恨如是之深，以致他們對於美國真想博得他們友誼的政策也感到懷疑。

就拿第四點計劃來說。這是一個幫助落後的國家自助的計劃，是重要而具有遠見的。但這個計劃就其紙面的價值來說，並不為亞拉伯人所接受。這一部份是由於美國和亞拉伯人所發生的公開關係脆弱而且容易令人誤解的原故。第四點計劃沒有一個好的開始。第四點計劃被宣佈為美國之不圖報酬的技術援助。亞拉伯人卻不以為然。除非傻子才會把錢送給人，可是美國人並不是傻子，所以她必定期待報酬，這是她所掩飾的。

亞拉伯人對美國有幾點惡意的猜疑：

（一）美國將會堅持亞拉伯國家和以色列和解，以此作為對美國援助的報酬。沒有用！亞拉伯的友誼不能用美元來買。叙利亞的一位卸任首相說：『如果美國給叙利亞五千萬美元，使叙利亞和以色列講和，我就要告訴他們要他們把錢拿到別的地方去』。如果以色列想要和平，她必須自己和亞拉伯國家講和。但況在以色列甚至於連開始採取這樣一個步驟的象徵都沒有。

（二）亞拉伯還猜疑美國援助亞拉伯國家的農業，其目的是要使她們永遠以農立國，而讓以色列成為中東的工業中心。這種荒謬的想法可能由於蘇俄的宣傳所致，但是這種想法況在卻很流行。

美國終於遲遲承認，我們必須澄清第四點計劃之目的。去年一月，美國務卿艾契遜曾說到我們在這個計劃中的『自私自利。』並說到之所以要加强負責任的政府的力量，為的是要建立一個『和平的環境使我們能安居樂業』。他又說：『為安全計我們必須在這些區域裡盡可能獲得最大限度的安定』。這是一個方向正確的步驟，但是太晚了。

關於建立中東指揮部的建議被提出來時，不幸也同樣的令人感到其意義曖昧不清。中東指揮部的目的，是由英法土美四國幫助亞拉伯國家抵抗蘇俄的侵略，並且以武器供給亞拉伯人。不幸，當這個計劃當初草草的被宣佈時，祇說四强決定防衛亞拉伯國家，並且將遣他們自己的武裝部隊來和亞拉伯的陸軍『合作』。從亞拉伯人的觀點來看，這是一個高壓的手段。他們認為他們至少會和他們商討一下。我曾聽幾個亞拉伯人說：『為什麼他們（指四强）連問我們一下的禮貌都沒有呢？而僅於事後通知我們呢？』

尤其錯誤的，我們讓英國人首先向亞拉伯人提出那個建議，那時英國人正和埃及人在蘇彝士運河區有武裝衝突。這個建議好像成了蘇彝士運河談判中的一個新的癥結，而不是一個全新的政策。結果埃及斷然拒絕，而其他亞拉伯國家的反對使得這個政策不得不迅即修正，並重新宣佈。這樣一來，所有原來想在精神方面得到的好效果全被破壞了。

提出這個建議的時間已不恰當，但最糟的一個錯誤步驟就是讓英法土三國居首提出這個建議，而美國却留在背後。這三個國家一出面，亞拉伯人就不敢往好處想。亞拉伯人到一九一八年才擺脫土耳其人五百多年的統治。就是近在一九三六年，亞拉伯人的亞力山大縣的土地還被土耳其人强佔過。這是法國託管叙利亞和黎巴嫩時縱容的結果。經過一次世界大戰，這種佔領現象才被消除。英國人曾在不愉快的情形下離開巴列斯坦，並且在伊朗受挫以後，拚命地在蘇伊士保持個立足點。從亞拉伯人的觀點看來，一些陰謀家組成的集團不可能在一個已脫離控制的區域內再實行重新建設的計劃。並且顯然的，美國一直在背後贊助這個計劃而望其成功。亞拉伯人怎能喜歡它呢？

蘇俄的宣傳更是火上加油。蘇俄用亞拉伯文宣傳：『帝國主義者正爲亞拉伯人鑄造新的鎖鏈，强迫他們參加他們一起反對世界上愛好自由的國家；而蘇俄就是這些愛好自由的國家之主腦』。這種宣傳雖然荒謬，但很易使人相信。蘇俄曾宣傳：『以色列是英美帝國主義者的工具。』這一類的宣傳調子漸漸得到亞拉伯人的同情，因而在亞拉伯世界中傳佈很廣。

另外還有一個因素，就是亞拉伯人有一種複雜的心理狀態。在建立中東指揮部的建議宣佈後不久，一個單純的未曾讀過書的黎巴嫩農夫曾向一個亞拉伯的政客提出幾個問題，這些問題很可以反應這種複雜的心理狀態。

那個農夫問：『我們將被英法土三國的軍隊保衞，是否有這樣的建議呢？』

『是的，好像是這樣的。』

『那麼、請你告訴我、英國人自己能够立足嗎』？

『不一定　他們必須從美國得到大量的經援』。

『法國人自己能够立足嗎』？

『他們似乎在越南需要大量援助，現正從美國得到很多武器』。

『土耳其能够自立嗎』？

『她們必需從美國得到大量的軍援和經援。』

『那麼，請你告訴我，她們既不能自衞，怎能以神的名義來保衞我們呢？似乎只有美國是唯一能够援助我們的國家。爲什麼美國不直接來和我們接觸，而把這些討厭的國家推出來呢？』

奇怪得很，亞拉伯人對於美國之重要性似乎比大多數的美國人還估計得正確。我們一直感到，在外交事務方面，我們應遵循歐洲人較豐富的經驗，我們這樣的想法還得繼續多久呢？實際上，最近，歐洲人自己並未做得如此之好。倘若我們承認（不論我們是否願意）我們是世界的領導者，並且，遲早我們必須以領導者的地位行事，那麼，歐洲人比美國人自己更能够使美國人誤入岐途。

關於目前的情勢，如果有什麼可以令人驚異的，那就是我們未能有先見之明。而以英法兩國尤甚。自第一次世界大戰後，西方列强一直鼓勵亞拉伯國家夢想獨立。如果這不是託管國家的目的，但却顯然是託管制度的目的。在亞拉伯國家中差不多沒有例外，他們幾全未努力準備負起自治的責任。但是，第二次世界大戰及其後果却使亞拉伯國家的獨立實現。

亞拉伯國家是新的國家，其中有幾個比以色列稍老，有一個國家，即利比亞，比以色列還年輕。這是永不能忘記的。如果我們研究美國早年的歷史，我們就會記得自由的滋味就是一劑猛藥。年輕的自由國家拚命的想要得到國際的承認，而對於較老的國家之輕蔑與忽視尤其敏感。她很容易有自卑感因而可能引起大規模的暴動，而幾乎失去了明智。我們沒有理由來假定『不自由，勿寧死』是培黎克，享利（Patrick Henry）一個人獨有的信念。

但情勢並非不可挽救。在亞拉伯怨恨美國政府原因之中，有一個對我們是有利的，那就是亞拉伯人對美國人民的眞正友誼和欽佩。這是一百多年以來美國傳教士，教育家，醫生，工商界人士和亞拉伯人接觸的結果。他們在他們私人機構和企業的活動方面，很有助於亞拉伯整個區域中的發展。只到最近，美國在中東的企業幾乎全非政府所經營。這種作風與其他國家的絕不相同。美國人從未被亞拉伯人當殖民者和統治者看待。甚至於現在，大多數亞拉伯人也難有這樣的看法。所以今天亞拉伯人儘管在美國的同事面前批評美國政府的政策，但他們將美國個人還是當作朋友。

所以，美國政府必須以行動來使亞拉伯人確信美國政府的友誼，如同美國個人的友誼一樣的純眞和有價值，這是很重要的。這就必須做到三件事：

一、美國對中東必需有個一貫而無偏見的政策。這個政策不能受其他國家領導權變化的影響，或者受到美國內政的影響。

二、美國的政策必需代表傳統的美國民主，人道主義，以及美國個人在中東所表現的膽識。

三、美國政策必需以對於亞拉伯人心理的確實瞭解爲根據。以瞭解爲根據的政策才易於爲人所瞭解，才被人所瞭解。

別再有『兩張S牌滑落在地板上』的現象發生。祗有這樣我們才能重獲我們已經失掉的，那就是亞拉伯世界的信任與合作。

——譯自讀者文摘——

讀薩孟武先生「關於讀經問題」書後

夏道平

八月二十日臺北新生報「每日專欄」，登載了薩孟武先生「關於讀經問題」一文。這篇文章發表在此時此地，對於這個問題的時論應該起一有效的澄清作用。薩先生在這篇文章中，前半段，把兩漢曹魏的歷史事實，拿來證明：(一)「政治之清明與廢弛，和崇儒不崇儒沒有直接關係」；(二)「讀經與人心之振廢，却是兩件事」。論斷要拿出證據來，薩先生這篇文章，事實多，論斷少。有事實的論斷，應該可以說服人；從而自由中國半月刊六卷十期社論中對於那些「慨乎文化的病態而求治於古方，慨乎道德的墮落而乞靈於聖廟」的想頭，稱之為「思想復辟」，當也人無間言了。

根據歷史事實，薩先生在本文的後半段，闡明了為政的一個要點，即政治不能依靠道德(道德不能依靠讀經，在前半段已經證明)，而要依靠刑賞。在這裡，他又舉出商鞅變法以强秦、和西漢重刑賞而致治、以實其說，而結論到「五經可供政治家自己修身之用，政治家欲用五經勸導人民修身齊家，以便政府之治國平天下，這是極難成功的事」。

讀完這篇文章，衷心贊佩，似乎無話可說。但再讀一遍，却覺得有寫篇書後之必要。這篇書後，一部份由於原文所引的事實，有些地方含有更多的教訓意義，作者沒有說到，我想替他補充補充；一部份是對於原文提出一點商榷的意見，以就教於薩先生。

歷史的事實，證明崇儒尊經的時期，政治不見得清明，世道人心也不見得良好。相反的，在崇儒尊經的時候，以通經顯者，絕少謇謇諤諤之士，而「持祿保位，被阿諛之譏者」，則大有其人。這個現象之形成，照薩先生的文章看，似乎是由於儒家思想的本質；但照我個人的看法，與其歸因於儒家思想之本質，無寧歸因於思想之定於一尊。因為在儒家思想中，也有「貧賤不能够，富貴不能淫，威武不能屈」，「志士不忘在溝壑，勇士不忘喪其元」這一類的話。我們不能一筆抹殺，說儒家的本質即是沒骨氣的。但是一到思想(無論那一種思想)定於一尊的時候，那些依靠這個一尊的思想而求得顯貴的人，就成了統治者思想圈子以內的人物。由於思想而加入圈內；入了圈內，思想就僵化了。這在一般人中是頗為自然的。門敲開了，磚頭、每每是被摔碎。這個看法，如果尚不算錯的活，曹魏時、由一個不尙氣節的華歆來提倡考經，而獎勵讀經之後，竟發生了正始之風，薩先生當也不以為怪了。

「東漢多蹈義之士」，薩先生不眩於蒞嘩之言以為經學之效，而說是由於東漢政府之獎勵名節，同時舉出獎勵名節的事例，「幽人處士如嚴光者則尊崇之，不事二姓如譙玄者則旌顯之」。這是薩先生讀史得間的地方。這種地方給我們一個很好的啓示。由此我們可以知道：為政者如果眞的想改善世道人心，要大家有氣節，那末，與其在口說上用功夫，遠不如從行事上尊崇幾個敢於對政府表示不合作的硬漢，來得有效。民主政治時代，所貴者是對於反對黨的優容；開明的君主政治，其君主也每每有優容反對者的雅量。以此獎勵名節，則名節庶幾有成。如果使天下之人都懾於權勢之下，對時政不敢發一言，或有所言，即給以「打擊」或「圍剿」，則所謂提倡氣節，等於廢話。漢桓黨錮之禍，接着就是「正直廢放，邪枉熾結」，繼之黃巾亂起，漢室以亡！

以兩漢歷史為例，證明了崇儒尊經不見得政治即可清明，也不見得有益於世道人心，倒是在「王覇雜用」，或用法家的精神以嚴明刑賞的時候，政治才有蓬蓬勃勃的氣象，而人心也振奮得多。所以薩先生的結論，是「政治家所恃以治理天下者，與其謂為依靠道德，無寧謂為依靠法律」。歷史的事實確實如此，薩先生的結論也不算錯。不過，我總覺得這種結論似乎不够。因為薩先生所談的「讀經問題」，是今天的問題。解決今天的問題，向歷史求教訓，自然也是必要的，但歷史教訓之於今日，不一定是充分的。談今天的問題，而結論未說到今天，至少是沒有詳盡地說到今天，這似乎是薩先生這篇文章的一個缺陷。

崇儒尊經，並不必然地清明政治，也不必然地改善世道人心，而法家重刑賞的辦法，倒可把政治弄得好些，人心也可振作些。這是歷史告訴我們的。今天，我們不能同意「政治依靠道德，道德依靠讀經」的見解，那末，我們是否即主張依靠法家的辦法來挽救時弊呢？這個問題，薩先生沒有明白地說及，但通觀這篇文章中，薩先生似乎給了讀者一個肯定的答復。換句話說，讀這篇文章的人，很可能誤認薩先生是法家者流，是主張形名法術的。其實，就我們所知，薩先生是現代的法律專家。他之主張法治是當然的。可是現代的法治，是民主的，決不同於歷史上法家思想中的法術。可惜原文對於這一點沒有中論。

儒家思想是古方，法家的思想也同樣是古方。古方用之於古，有效有不效；用之於今，則一無是處。因爲它們都是替統治者講求治民之術的。人民，在他們的眼中是天生的被統治者。儒家說：「民可使由之，不可使知之」。法家也說：「民，不可與慮始，而可與樂成」；「論至德者不和於俗，成大功者不謀於衆」。這都是說，人民是不可與議政的。至於儒家「民爲貴」、「天下爲公」等理想只是訴之於君主的德性。法家「去私」「壹刑　壹賞」等理想，也是假定有這樣一個「明君」。所以儒家的德治和法家的法、術，與現代民主國家的政治和政治道德，不知相去幾千萬里。

就法的來源說，法家所謂的「法」或「令」，都是出之君主，而司法者也可善伺君主的意旨而伸縮之 史記酷吏傳：杜周決獄有寃，客有讓周曰：『君爲天子決乎，不循三尺法，專以人主意指爲獄，獄者固如是乎？』周曰：『三尺安出哉？前主所是著爲律，後主所是疏爲令，當時爲是，何古之法乎』？）。就民主國家的法，則是出自人民，政府的令，也須以人民所立的法爲根據。就法的性質講，法家的法，可說完全是用以統治人民的。親貴犯法，固然要一律懲處，仍然是爲君主加强統治。至於以政府爲對象的法，不是法家所可想像的。民主國家的法，以人民制定的憲法爲本。憲法的基本精神，則在保障人民權利，因而規定政府的職權。寃獄賠償法，行政訴訟法等等，都是基於這種精神而產生。至於與憲法抵觸的命令，可由司法機關宣佈其無效。在採行剛性憲法的國家，立法權也由司法機關依據憲法以限制之，違憲的法律，司法機關也可宣告其無效。司法權的獨立，尤爲民主政治之一特點，而爲法家的「法治」所無的。在今天談法治，自然是這樣的民主法治，而不是法家所謂的「法治」。

上節所說，差不多成了現代公民應有的常識。薩先生在文章中沒有說及，也許不太誤事。但另有一點，我想特別提出和薩先生商搉商搉的，就是關於法家所說的「術」。

「術」，照韓非的說法，是君主「藏之於胸中，以偶衆端，而潛御群臣者也」。因爲「藏之於胸中」，所以也叫做心術。又因爲人心不同於天秤，當其衡量利害時，每每受愛憎喜怒的影響而權宜行事，所以心術也叫做權術；或以權術之權，是指權力，也可通。政治上成功的英雄，大半是善弄權術的，可是絕大多數的善良人民，一聽到所謂「心術」「權術」，總不免有點害怕。政治是衆人的事，絕大多數善良人民所害怕的東西，在現代民主政治中，應該把它消滅，至少不應該宣揚。現代民主的政治家，在政治活動方面，應該另有一套政治道德，而不是法家所謂的「術」。薩先生寫這篇文章時，無意於主張法家所謂的「法」，想更無意於宣揚法家所謂的「術」。但在薩先生文中說到刑賞的時候，却有這樣一段：

「社會愈進化，慾望愈增加，人類受了物慾的引誘，不免有所愛惡。人類既有所愛，又有所惡，政治家必須抓住人類的弱點，誘之以所愛，嚇之以所惡。人類所愛的什麼，厚賞爲最。人類所惡的是什麼，嚴刑爲最。愛厚賞而惡嚴刑，可以說是人類的天性。政治家能驅使幹部推行政令，其動力實出於人類的這種天性。」

這段話，對於法家「厚賞重刑」的理論，可說是發揮得淋漓盡致，而「抓住人類的弱點」這句話，也確是一語道破了法家所謂的「術」。人類的弱點，確確實實是在這裡；我們只要看看民間的關帝廟（有大刀）和財神廟（有元寶）香火隆盛，而文昌帝君廟（象徵知識）香火冷落，也是明證。但是我們更應知道，抓住人類弱點的「關財政治」，雖曾帮助統治者煊赫一時，也曾把某些時代的人類心靈埋葬得乾乾淨淨。利用人類弱點以爲政，人類向上的心靈焉能不隨之泯滅。古往今來，常常有人感歎：「廉恥道喪、世風日下」，未始不是「關財政治」的後果。至於「厚」賞「重」刑，在法家的主張下，自然還要有「法」或「令」的根據，但握有生殺予奪的權勢者，聽中了厚賞重刑的主張。誰能保證他尊重法令呢？商鞅以千金賞給一個搬動一根木柱的「立功者」，事先是佈告過的。抗戰時某省當局曾以鎗彈處決幾個玩麻將的「賭鬼」，根據了甚麼法令呢？二千年，厚賞重刑，前後輝映，頭腦冷靜的人對此作何感想！

我不反對刑賞。刑賞也和道德一樣，誰也不能反對。我所不能同意的，是「政治家」「抓住人類的弱點」來行刑賞，而且是重刑厚賞。我們即撇開世道人心的影響不談，僅就功利的觀點來看，也當知道，歷史上「抓住人類的弱點」以厚賞重刑來統治人民和百官的，雖曾補救過儒家王澗之弊，安定天下於一時，但遇到統治者不是韓非所理想的「明君」時，則他就會忘掉法家的「去私」，而偏取儒家的「親親」；忘掉儒家的「仁民」，而偏取法家的「法術」。這樣一來，就形成了韓非所說的「左右爲社鼠，用事者爲猛狗」的局面。到這個時候，不僅老百姓遭殃，君主治民御臣之「術」也統統不行了。「明君」是不世出的。而且前半生爲「明君」者，後半生變成昏主的事例，歷史上也數見不鮮。所以我們的歷史總是數十年一小亂，一二百年一大亂，我們不難從這裡深思其故。

「長治久安」，是古今政治思想家所共有的理想。但在古代思想中，無論它屬於那一家、那一派，總跳不出「天子」這個圈子，因而從他們思想中產生出來的辦法，雖各有其精采處，但都證明其不是長治久安之道。這是必然的。政治是大家的事，大家的事不讓大家參與意見，當然要常常鬧出亂子來。這是個最平易的大道理，已經現代政治思想家所確認。民主政治的理論確立了，民主政治的辦法也有了。在健全的民主制度下，長治久安的理想才不致落空。英美兩國的近世史已給我們的例證，我們再不要東撞撞、西碰碰，甚至還蒙着自己的眼睛，到陰森森的古人墳堆中去摸索吧！

薩先生這篇文章，是談讀經問題。是時論，不是史論。如果當作史論看，這篇書後是多餘的，我們只有對原文無條件地贊佩。因爲是時論，我們有點不能默爾而息之感，質之薩先生，以爲如何？

東京通訊——八月二十二日

重整軍備中的日本

李潤智

(一) 日本再軍備的發端

一九五〇年七八月，日本開始重整軍備。當時，韓戰已經爆發，美國駐留日本的四個師開往韓國前線。日本幾乎成了眞空狀態，於是警察預備隊乃應時而成立。當初參與計劃此問題的有前陸軍中將辰巳榮一，前海軍少將山本善雄，前陸軍大將下村定，這幾個人都是吉田首相的智囊團。首先募集並教育幹部，然後再募集隊員，結果組成了七萬五千人的警察預備隊。

日本因格於憲法的規定，即永遠『不再軍備』，所以採取了『警察預備隊』這個名稱，而不稱之為陸軍或軍隊。但警察預備隊究竟是警察還是軍隊呢？我們且先問一句，蝙蝠是鳥還是獸呢？你說它是獸，但它能飛；你說它是鳥，但從它的結構來講，又是屬於獸類。同樣的，你說日本警察預備隊是警察也可以，說它是軍隊也可以，但我們與其說它是警察，到不如說它是軍隊。

日本警察預備隊本部設在東京越中島，即前日本高等商船學校舊址。本部並設有美國保安顧問團，負責訓練，教育日本警察預備隊的工作。

日本是準備以警察預備隊作為核心，而再擴充其武力。這是一個明顯的事實。

(二) 文人高於軍人

我們從警察預備隊的幹部來看，就可明瞭其組織的原則是『文人高於軍人』。譬如，從增原預備隊本部長官以下一直到江口次長以及各局長，課長，都是文官，總隊總監也是文官出身。這是仿傚英美的制度。

文官高於武官這一個原則是受近代總體戰的影響。近代戰爭是生產戰，思想戰，指導者僅有軍事智識是不夠的，而必須有政治家的練達和眼光。

日本警察預備隊長官以下的本部職員是不准許舊軍人擔任的，以免重蹈昔日軍部獨裁的覆轍。但舊軍人是不會甘心的，他們仍極力想插足於警察預備隊中。

(三) 日本警察預備隊的訓練和裝備

日本警察預備隊的訓練和裝備完全是仿傚美國的。在以前的日本軍隊中，階級低的要給階級高的擦皮鞋；下級人員常因一點小事而遭上級官的毆打；無論誰到厠所去都要大聲報告；三八式步槍比人命還値錢；軍隊中時常頒佈『軍人勅諭』。但這一切現象在現在的日本警察預備隊中都已匿跡了。他們所受的訓練不像以前那樣謹嚴刻板。隊員到演習地點來回都坐卡車，受訓時間是午前八時到午後五時，其他都是自由時間，晚飯後可以外出。入晚，我們可以看到許多警察預備隊的隊員在街頭悠閒的散步，購物，喝酒等等。隊裏供給許多雜誌和各種社會科學的書籍，隊員可以隨意閱讀。至於一部份被禁止的書刊，隊員也可以去外面書店買來看。隊員中大部份都能說一些英語。

日本警察預備隊的配備武器都是由美國貸與的。日本政府曾將日本警察預備隊所持有的武器性能發表如下：

武器名稱	有效射程(碼)
○·四五自動手槍	五〇
○·三〇M一騎槍	三〇〇
○·三〇M二騎槍	三〇〇
○·四五輕機關槍	一〇〇
○·三〇小槍	五〇〇
○·三〇白朗寧自動小槍	五〇〇
○·三〇M一九一九A四氣冷式白朗寧機關槍	二、〇〇〇
○·三〇M一九一九A六空冷式白朗寧機關槍	二、〇〇〇
○·三〇M一九一七A一水冷式白朗寧機關槍	二、〇〇〇
○·五〇M二白朗寧重機關槍	二、〇〇〇
二·三六火射砲	三〇〇
三·五〇火箭發射器	四〇〇
六〇迫擊砲	一、〇七五
八一迫擊砲	二、五九六

我們從警察預備隊所持有的武器來看，並沒有重砲和坦克等重武器。顯然的，這支『軍隊』還在『孩提時代』。不過，在美國的援助之下，它的武力會漸漸擴充的。至於日本警察預備隊的武器數量究有多少，這是非外間人士所能知道的。但根據已知的事實判斷，到目前為止，警察預備隊尚不至於持有大量的武器。

構成一支現代化的軍隊必須有現代化的交通工具。根據各方綜合資料，日本警察預備隊現有的各種軍用車輛以及擬由美國購入車輛的數目合計如下：

車輛名稱	現有數量	擬購數量
1/4噸吉普	—	二、九五三
3/4噸兵器庫	—	九一五
二·五噸載貨車	二、〇三六	一、五一九
醫院車	—	一六二
四噸卡車	—	一三九

各種修理車	一〇	六七
二·五噸載貨車	二六〇	四三
3/4噸指揮官車	—	一九〇
六噸救濟車	三〇	六四
四噸載貨車	一一八	五九
五噸級托拉機	—	二九
五噸運水及油車	一三	一二
1/4噸曳引車	—	二、八一七
一噸曳引車	一、〇六〇	二、〇一八
二·五噸—十噸曳引車	—	二六六
總　計	三、五二七	一一、二五三

（四）新『聯合艦隊』

日本是一個島國，海軍對日本的國防自然非常重要。七月，日本成立海上新防衛機構，即保安廳海上警備隊。該隊受有許多限制，其限制如下：

小型艦艇　一二五艘

總噸數　五〇、〇〇〇噸（每艘噸數一、五〇〇噸）

速　力　一五海哩

海軍兵員　一〇、〇〇〇人

最近美國貸給日本弗利凱特(Frigate)艦十艘，這種軍艦為一、五〇〇噸級海防艇艦，還有巡查艦五十艘，每隻艦的噸位為二五〇噸。日本的海軍現在還稱不上『海軍』，其力量還不足以防衛沿海和防止走私。

海上警備隊在橫須賀，舞鶴，吳港等三個地方設有總監部，官員有總監，副總監，地方監部長，艦隊司令，海上警備官等十五級。海上警備隊直屬海上保安廳，現正欲增募三千隊員。

我們在這裏必須提一下，就是日本的空軍現在根本沒有一架軍用飛機。現代的飛機已由引擎式進展到噴氣式。就日本目前的工業技術看來，還不可能生產這種飛機。無疑的，日本如果想建立一支空軍，非靠美國的援助不可。

（五）日本再軍備的展望

日本吉田首相曾一再聲明『不再軍備』。但就日本最近的行動觀之，如成立保安廳，日本是在着着進行重整軍備。現在日本的舊軍人已和美國開始直接交涉。海軍方面有前日本駐美大使野村吉三郎大將，偷襲珍珠港時的大本營作戰部長福留繁中將，陸軍方面有前陸相下村定大將，他們都曾暗中和美國交涉有關日本重整軍備的問題。

野村在去年二月曾向杜勒斯建議成立新海陸空軍。野村方案主張建立陸軍二十萬，海軍二十六萬噸，空軍一千八百七十五架。杜勒斯曾將該方案帶回美國。但美國國防部的回答中沒有提到空軍，美國今年在日本決定預算時曾要求日本將警察預備隊由七萬人增加到十五萬人。吉田決意增加到十萬人。最近後經藏相池田的奔走，決定增加到十一萬人。最近美國方面要求日本在本年內增加到十萬人，明年增加到三十萬人。

日本重新軍備自然需要新的統帥機構，不能像以前一樣由『天皇統帥軍隊』。因此，乃在總理大臣之下設置『國防會議』。『國防會議』是以總理大臣為主席，構成此會議的份子是外務，國防，財政，通產，治安各部大臣，而預定以內閣秘書長，聯合參謀本部部長，中央情報局局長等為幹事。這也是仿傚英美的制度。但英美的政治家多諳於軍事，譬如英國的邱吉爾曾畢業於軍事學校，並曾參加大戰，有實際的作戰經驗。美國的杜魯門在第一次大戰時也曾加入過軍隊。但日本的政治家對軍事多為外行，因此，他們是否能勝任此重大的國防任務還是一個問題。

在『國防會議』這個機構之下，而統帥日本陸海空軍的渡邊銕藏博士在去年十二月曾向杜勒斯提出整軍方案：

陸軍十五個師　二六〇、〇〇〇人

海軍二十萬噸　七〇、〇〇〇人

空軍二千架　一〇〇、〇〇〇人

這個計劃不是短期內可以完成的，必須分為兩個時期實行。第一期為兩年，在此期間建立兵力的骨幹；第二期為三年，在此期間實行徵兵制度而擴充兵力。根據渡邊方案，維持日本重整軍備的費用每年約需二千億日圓（折合美金五億五千萬），這與現在日本防衛費一千八百億相差無幾。因此，日本重整軍備究非日本國力所能擔負者，必須依賴美國的援助。

日本新陸軍的裝備是以美國軍隊的裝備為標準。新陸軍的目的是養成能應用最新土木工程學的優秀工兵部隊。麥帥在太平洋作戰時便是以工兵為中心的。新陸軍除了必須有精銳正規軍外，同時還得有防衛鄉土的民兵組織。民兵並不需要龐大的經費來維持。一個曾當過參謀的日本上校說，自從東北事變以來歷經戰爭的官兵有五百萬人內外，在這五百萬人之中不滿三十歲者大約有五十萬，倘若從五個人之中選一個，就可有十萬人作為民兵的骨幹。各縣府還可訓練農村青年。青年訓練是利用農閒期，一年受訓一兩個月，主要的是訓練這批青年使用美國武器。民兵的主要任務有二：一是打擊奇襲的傘兵部隊；二是對抗共黨暴力革命。但有一點必須注意：就是不能讓共產黨潛在民兵中以免有槍口向內的事情發生，同時，民兵組織的武器和彈藥之保存的方法，也是一個值得考慮的問題，不能使之落於共黨之手。現在日共不是奪取警察手中的槍桿來害人嗎？

至於日本的海軍，就目前的情形觀之，還不可能重建『帝國海軍』。海上決戰是美國艦隊的任務。因此，日本的海軍只限於保衛本國的海岸，和通商航路，以及漁船。海上航路就是日本的生命線，此通商航路不能完全依賴美國。為了保衛日本的通商航路所需要的海軍兵力如下：

小型航空母艦　十艘

巡洋艦　一二〇艘

沿海用驅逐艦　一二〇艘

小型掃雷艇　一八〇艘

印尼通訊——

印尼華僑教育問題

陳克文

一、就數量言離實際需要甚遠

印尼華僑總數約爲一百九十餘萬，學齡兒童估計當在十九萬上下。又據「僑務十三年」統計，華僑不識字的佔僑胞總數百分之六十，則印尼的不識字華僑又在百萬左右。廣義教育應包括學齡兒童與成年文盲，乃至一般的社會教育，但本文所討論的僅以學齡兒童教育爲限。

南洋各屬，華僑學校的創辦遠在一八一九年（清道光九年），歷史已很長久。創辦中學則以荷屬吧城（今印尼首都耶加達）爲最早。

據戰前統計，全印尼華僑學校僅有中學一所，小學卅三所，民衆或補習學校四百六十九所，共計五百零三所，師範學校及高等學校尚付缺如。華僑肄業學生，一九三〇年統計，共爲八萬二千零八十四人；其中三萬八千二百七十四人肄業華僑學校，四萬三千八百一十人肄業外國人所辦學校（見高事恒著南洋論）。依照上項統計，肄業學生不及學齡兒童半數（肄業學生總數中是否包括成年補習學生人數，尚不可知。）肄業學生之就讀於華僑學校的僅爲學齡兒童六分之一左右。以人口與學校比較，每三千八百人左右始得學校一所，以學齡兒童與中小學校比較，每五千人以上始得學校一所，（印尼政府計劃每滿人口二千人即設小學一所），故僅就數量說，華僑教育實離實際需要甚遠。戰後，學校雖已增加，就學兒童的數字自亦大有改變（惜均沒有確實統計資料），但大體上進步仍屬有限，因爲師範學校及高等學校仍未設立，學生升學的困難較戰前更甚。

此外尚有可注意的，即上項統計肄業學生就讀於外國人所辦學校的超過就讀華僑學校的五千餘人，肄業學生每十六人即有一人就讀於外國人所辦學校，這種趨勢至今仍未大變，其原因何在，實爲談華僑教育的所應深長考慮。

二、印尼採教育自由政策

戰前，南洋各屬政府對於華僑教育多採嚴峻限制辦法；暹羅，越南，菲律濱，馬來亞，乃至印尼獨立前的荷印，其所頒限制條例無一不對於華僑教育給於無理干涉，以至發展極爲不易。戰後，情勢已有改變，印尼政府的態度及其政策尤見進步開明，符合民主自由的原則。今年四月間，印尼文教部關於『血統印尼籍民』及『入籍印尼籍民』的子弟教育問題曾發表聲明，凡印尼籍民均得享受同等教育權利，同在任何國立學校肄業，籍民無須接受民族教育。並且說：

『印尼立國基礎，其一爲民主原則，凡爲父兄者均有權爲其子弟選擇任何學校，例如血統籍民得遣送其子弟就讀華校或荷校，反之亦然。簡言之，是在彼等之自擇。此外，欲期彼等之文化能逐漸臍合來日情勢一點，理論上本不成問題，但實行上頗有困難。例如數萬華僑後裔子弟之就讀華校者，其所受教育顯與國立學校中者逈異。但雖如此，基於民主原則，在此一點，當局不欲採取任何强制辦法。僅希望華僑後裔之籍民使其子弟之教育問題能切合其爲籍民身份而已。……就原則上論之，彼等之固有文化可視爲印尼各民族固有文化之一，任其保存及自由發展之。』譯

沿海用潛艇警備飛機　三〇〇架

關於日本必須持有的海軍兵力，福留繁曾作一具體方案：

艦種	艘數	合計排水量	每艘排水量
航空母艦	四	二八、〇〇〇噸	七、〇〇〇噸
潛水艇	八	八、〇〇〇噸	一、〇〇〇噸
巡洋艦	四	二四、〇〇〇噸	六、〇〇〇噸
驅逐艦	一三	二〇、〇〇〇噸	一、五〇〇噸
海防艇	一五〇	一三〇、〇〇〇噸	九〇〇噸
驅逐艇	六〇	二四、〇〇〇噸	四〇〇噸
局部防備艇	六〇	三、〇〇〇噸	五〇噸
數設艇	四	三、〇〇〇噸	七五〇噸
掃海艇	二四	一四、〇〇〇噸	五八〇噸
油槽艦	四	八、〇〇〇噸	二、〇〇〇噸
運輸艦	一四	二一、〇〇〇噸	一、五〇〇噸
雜舟艇	一六		
合計	三五五艘	約　三〇〇、〇〇〇噸	

美國對日本重整軍備的全盤計劃是

陸軍　十五個師　三十萬人

海軍　廿五萬噸

空軍　一千五百架

我們將美國的計劃與日本自己擬定的計劃兩相比較一下，就可看出美國計劃中的海空軍數較小。美國對日再軍備的態度很顯明，就是着重日本陸軍的增强，而不注重日本的海軍空軍。李奇威由日返美時說過：『日本只有陸軍就够了！』在這種情形下，日本不可能再從事一個第二次『大東亞戰爭』。

自初加達獨立報）

文敎部這一聲明雖以印尼籍民爲標榜，實際上乃針對華僑敎育而發言，至爲明顯。這一聲明不僅比之暹羅，越南，菲律濱，馬來亞等地過去取締華僑敎育種種苛例遠爲寬大合理，即比之印尼獨立前荷印時代『取締私立學校條例』相差亦不可以道里計。據以上起引，可見印尼所採的是敎育自由政策，並不把敎育看做政治的工具。這不能不說是開明的政策，符合民主自由的原則。我們對這種政策還有甚麽可以吹求的？在這種政策下，我們的僑民敎育如果不能作計劃的建設和有理想的發展，除了責備自己，還能够有甚麽話可說？

三、僑敎方針始終未能確立

南洋各屬創辦華僑學校雖已有百年以上歷史，但華僑學校到底要怎樣辦，似乎始終沒有弄清楚，直到現在似乎還是茫然。歷年以來主管機關對於僑民敎育工作最主要的僅在於鼓勵僑校向政府註冊，與利便僑生歸國升學，此外或偶然介紹若干敎師到海外執敎，如此而已。海外華僑敎育到底和國內有些甚麽分別，華僑學校需要些甚麽特殊組織，敎科書的編輯和敎材編配有些甚麽特殊地方，僑校敎師要具備些甚麽特殊條件和應受些甚麽特殊訓練？凡此種種，我們的主管機關和敎育家始終沒有好好研究過，始終沒有有理想的和適合實際需要的整個方案。現在印尼僑校大體上是和國內相同的課程分配，敎科用書，乃至其他制度，一切都從國內抄襲而來。敎師所受的訓練和其所具備的條件亦與國內無異。這樣的敎育制度很顯明的不能切合留居地的實際需要。學生畢業後，謀生既感困難，升學居留地的高等學校亦復不易，惟一出路祇有歸國升學之途。歸國升學從何容易。就近廿萬的學齡兒童（若就南洋各屬說將近百萬之數），每年升學高等學校的恐在萬人左右（若就南洋各屬說當在十萬以上），全數歸國豈爲事實所許？無力升學的更將奈何！無怪乎上述統計，印尼肄業僑生其就讀於僑校的不及就讀於外國人所辦學校者之多。就讀於外國人所辦學校，雖歸國升學不免困難，就地升學或就地就業實較爲容易。常此以往，誠恐僑校必有江河日下，無人過問之勢。

於此更可說明另一事實，即近兩年來海外青年何以常爲中共的騙誘所愚，紛紛投入鐵幕，甘爲中共奴役，或供前線砲灰或補充其他人力不足；不恤與父兄作無情的反抗，引起家庭間無窮紛擾與愁苦，爲父兄的亦竟陷於無可如何之境。原因雖甚複雜，但僑敎方針未能確立，僑生受敎育後，謀生不能升學不可，進退維谷，苦悶日增，其易受中共甜言蜜語詭詐陰謀所欺，實爲自然之勢。

四、僑敎方針應適合新情勢

華僑敎育方針底應如何建立？我們應知華僑學校決不是爲歸國升學的準備，加强僑生對祖國的認識以促進其愛護祖國熱誠亦祇是華僑敎育一部份的目的，並不是惟一的目的。印尼獨立後，其地位已經和荷印時代殖民地大不相同。華僑的權利義務自然也因此而大變。獨立國家自有其政治制度與經濟制度，爲其籍民與居留的外國人所應共同尊重。學例言之，過去的僑滙制度在獨立後的印尼即已不能再行存在。印尼政府規定，凡未取得籍民證的即無權申請外滙或向國家銀行申請借款，工商事業之經營，類此限制尚復不少。凡此變遷，均足以直接或間接影響華僑敎育，華僑敎育如不能適應此種情勢，默守過去殖民地時代成規或抄襲祖國制度，其爲鑿柄不入何待煩言。

印尼獨立後，宣布脫籍入籍登記辦法，其期限至去年十二月廿七日止。期滿後，僑胞之登記入籍的較脫籍的爲多。又一九三〇年官方統計，印尼僑生與新客人數之比例前者佔百分之六十四，後者佔百分之三十六。現時印尼限制外國人入境居留日加嚴厲，今後華僑新客當然日加減少。就此種趨勢說，不問我國政府對於華僑國籍的法律觀念與條文如何，華僑之成爲印尼籍民的趨勢必然日增，可以無疑。

僑敎方針應爲多數僑民着想，印尼文敎部所說：『希望華僑後裔之籍民使其子弟敎育能切合其爲籍民身份』，這雖係就印尼政府立場發言，實不啻爲華僑敎育方針作一重要註解。大多數僑生其未來命運是和留居地不能脫離關係的，居留於一個獨立國家之內，如果大多數僑生本來可以取得居留地籍民身份的人，若從法律上自動取消此一身份，其後果將如何？又豈爲事實之所許？若非事實所許，則僑敎方針必須切合其爲籍民身份，尚何須多所討論。

印尼爲民主共和國，僑民敎育必須養成愛好自由，信仰民主，反對獨裁專制的現代公民，自爲中印(尼)兩大民主國家的共同需要，亦必如此，方能達到所謂『切合其爲籍民身份』的目的。因此華僑敎育方針應該在政治上能够使切合其爲籍民的身份，在思想上能够養成其爲愛護自由信仰民主反對專制獨裁的公民，在文化上能够具有保存祖國固有文化又從而發揚光大之的精神，在技術上必須能尊重科學，適應環境。固步自封和抄襲祖國制度都是有損無益的。今後的僑民敎育不僅與數近二百萬的僑胞命運有關，亦爲中印（尼）兩大民主國家友好關係之所在。僑敎方針的確立應爲中印兩國敎育人士所共同注意。

五、如何保存我固有文化

如何可使華僑子弟敎育能切合其爲籍民身份？前述文敎部聲明又說：

『政府將隨時注意外僑籍民之敎育問題，而力求逐步解決有關係各困難。例如在有關方面之請求下，政府可設立公學，其中第一第二第三年級以華語講授。第四年級後以印尼語講授。此後並極力簡化華校學生升學之手續，例如舉行特別考試等。依此華籍僑民將逐漸認識國立學校乃最有益於彼等子弟之求學場所……文敎科已爲華校初中及高中畢業生另闢特別考試以便其升讀國立學校。今年華校小學畢業生且可得機會參加普通國家初級中學考試，以便升入國立初中學校，但無特別考試。……考試科目爲印尼文算術常識。』

印尼政府這一措施，並非採取强制性質，可以說是友誼的善意的合乎自由民主原則的，我們自應表歡迎。這一措施可能解決僑敎目前所遭遇的兩大困難，即如何切合其爲籍民身份和升學兩大問題。

但另外一個重要問題並不能就此得到解決，即如何增進僑生對祖國的了解，以期保存我固有文化並從而發揚光大之，要解決此一問題，不能不特別重視師資的造就和教科書的編印供應。

六、僑校教科書時地失宜

現時印尼各級僑校教科書大部份來自香港中華書局，商務印書館或正中書局。此等教科書雖多出於教育專家編撰，且經過國民政府教育部審定。但其編輯標準和取材內容不僅偏重國內情況且以戰前出版者爲多，時地失宜，不適於目前印尼僑生子弟顯而易見。印尼承認中共後，中共利用教科書作宣傳欺騙工具，大量輸入彼等編印別具用心的教科書，有時且利用業經審定的教科書封面裝訂新編毒素教材，魚目混珠，售其奸詭。於是教科書問題在印尼僑教中更形嚴重。今年五月間，印尼政府對赤色教科書，頒布禁止及沒收命令。這類禁書共十七種，其內容曾由耶城教聯會於致印尼文教部一長函中明白指出：

『……中共出版之地理教科書竟公然侮辱印尼友邦元首，……國文歷史，赤色材料佔極多篇幅，既非中華民族文化正統，亦與印尼建國五原理相違悖……』

印尼文教部對此亦有聲明：

『……政府沒收大批華文教科書……因其中有直接汚辱政府詞句，例如謂蘇加諾總統哈達副總統爲美國傀儡等。』

又說：

『政府洞悉，華僑後裔藉民之發展其固有文化，可能導致不願有之後果，蓋有不負責任之某種集團爲强化及宣傳其政治思想力圖利用之也：……』

『不負責任之某種集團』很顯明的指中共而言。印尼政府毅然加以取締，自屬義正詞嚴，無可指摘。共產黨徒事後狺狺狂吠，謂爲有背民主，亦僅見其心勞日拙而已。

但赤色教科書的取締，作用只限於消極，前述來自香港的非赤色教科書既屬時地失宜，則新教科書的編輯供應更覺刻不容緩。

七、新教科書應如何編輯

新教科書編輯標準必須切合新的僑民教育方針，力求時地之所宜。且不能出於不了解印尼國情而又缺乏當地教學經驗者之手，閉門造車，必有失之毫釐，謬以千里的結果。最近星加坡華校會議對於華校教科書『馬來亞化』問題，曾決定推出代表四人參加政府主持之教師顧問委員會，共同討論。將來之結果如何雖未可知，能否產生合乎理想的新教科書自亦言之過早。但其重視當地教學經驗與力求地之所宜（馬來亞化）兩原則實屬無可非議，應可供新編印尼僑校教科書之參考。『馬來亞化』或『印尼化』的華僑教科書自然不是說要使青年僑生輕視中華民族固有文明或忽略祖國情事是世界大勢。重視當地教學經驗亦不是固步自封，不注意於新的教育理論與其他各國教學經驗之謂。

新教科書的編輯最好聘請專家前往印尼作實際考察，一方面收集當地資料，一方面徵詢當地富有教學經驗及印尼教育家之意見，必要時組織包括當地僑教專家之編輯委員會，以從事此一艱巨工作。

總之教科書問題已到非急速解決不可的時候，年來因共產黨的陰謀滲透，情勢更爲急迫。我政府如不能協助僑教領袖作適宜之處理，居留地政府亦必將從事改革，馬來亞政府所提華校教科書「馬來亞化」即其一例。香港華校所用當地編印的公民及地理教科書亦即爲此種趨勢下的自然結果。

八、師資問題的解決辦法

師資關係之重要不下於教科書，問題的複雜尤且過之。有好教科書沒有好教師或教師數量不足，仍於僑教無補。師資缺乏，南洋各屬僑校似成普遍現象，不獨印尼爲然。中共伸展其勢力於南洋後，首以赤化僑校教師爲目的。去年年底以前，印尼僑校受赤色教師操縱的約爲百分之三十，今年以後僑胞認識中共眞相，逐漸改組僑校，驅逐赤色份子，師資欠缺現象更爲顯著。

彌補師資不足，自然可從國內介紹新人，但目前印尼限制新客入境，困難甚多。故應從就地取材和就地訓練爲主。因此師範學校的設立或短期師資訓練班之舉辦實爲最基本辦法。此外尤應注意者則爲教師待遇問題，待遇過低則人材不易得，此乃極自然的道理。凡留心香港華校情形者，莫不以『學店』制度下，教師待遇微薄地位卑微爲詬病。印尼僑校教師待遇雖較香港爲優，但就筆者所知，彼間華校校長或教員亦很少樂意於教育事業，願畢生從事而不厭者。彼等多爲生計所逼，暫時借此棲身，教學期間或兼營商業，且無時不希望國軍反攻大陸，早歸祖國。原因不止一端，精神與物質待遇均難令彼等安心執教，實爲最大原因。印尼僑校多爲僑團創設，主持學校行政者雖爲熱心教育僑領，但僑領本身多屬工商事業長才，缺乏辦學經驗，對於教師心理體察難周，獎勵鼓舞自多欠缺。尤爲不幸者，則若干僑領子弟恃父兄聲勢，貌視教師。以此種種原因，教師往往自覺其地位不過豪商巨賈的雇傭，所得報酬又僅足溫飽。在此情況之下，又何從而得良師，更何從鼓舞青年願以教育爲終身事業？故如何提高待遇，如何尊重教師地位，如何鼓舞青年視教育事業爲神聖職業，不僅爲當地僑領所應特別注意，更應爲主管僑務教育之機關所應切實籌劃的事。

九、結論

僑民教育新方針應如何確立，僑校新教科書應如何編印供應，僑民教育師資應如何造就如何改進，實爲目前印尼僑民教育之中心問題，亦即爲南洋各屬僑民教育的中心問題。

印尼在外交上業已承認中共政權，上述各項問題之解決自不免增加複雜與困難。但印尼乃一自由民主國家，其所標榜的教育政策亦以民主原則爲基礎，已如前述。故吾人如能在技術上善爲因應，亦未嘗不可對僑教問題妥籌改進之道的。

總之，二次大戰後，南洋各地民族意識普遍興起，遂一成爲獨立國，或仍在奮鬥進行中。我僑胞在南洋的地位亦因此種新情勢而大爲改變，爲適應此種新情勢，僑民教育的全般檢討，從親規劃，實已不容延緩。

火

樂季生

炳新才到他舅舅家裏的時候，就向舅母要了六十二元錢。兩塊是「的士」(taxi)，六十元給了跟來的黃牛黨——他是給黃牛黨帶進九龍來的。

舅舅還在寫字間裏，舅母殷勤的招待。「雪櫃」打開了，倒了一杯可口可樂。又叫道，「趙媽，趙媽打手巾。」趙媽半駝着背，從後面拿了把手巾出來。舅母滿臉笑容，從回憶有多少年沒有見面講起，說到：「對了，你身上……這樣一身衣服在香港是穿不得的，我替你拿你舅舅的夏威夷衫帆布褲子來……何不洗了澡再換呢？趙媽！熱水有沒有？替炳新少爺去放一盆水……」

炳新的眼睛似乎在各處轉，最後在茶几到痰盂之間往來看了好幾遍。手在摸下巴，摸鼻子，摸嘴唇，食指中指前端顯出濃重的黃斑。

舅母趕快端出一聽茄立克來（只有四五枝的空隙），笑道，「你的舅舅不抽烟的，客人來了，總把香烟忘了。」

炳新很用心的，點了一枝。可是他的火柴不就丟掉，提起來仔細的看着，快到燒到手指的時候，他輕輕的一放：一條蜷縮的仍舊帶着清楚的木紋的細炭，頭上有一點紅，紅的上面一絲青烟，恰巧掉在烟灰缸裏，嗤的一聲，什麼都沒有了。

「少爺，沖涼水預備好了。」

「唔，等一等再洗吧。舅母，侯王廟在哪裏？我想先去看一個朋友。」

舅母已經把舅父的燙得很平的夏威夷衫帆布褲子捧了出來。「侯王廟？是不是飛機場那邊？趙媽？一路要問趙媽的——趙媽！侯王廟曉得不曉得？」

「侯王廟那邊有好幾條街，少爺的朋友住在哪一條？」

「好像是侯王廟東邊山上木屋第一百四十三號。」

「木屋？木屋我們不知道的。少爺還是叫部『的士』到侯王廟門前，自己去尋吧。」

炳新從厠所裏出來，衣服已經換好。俯下身去用手扳扳帶來的箱子的鎖，沒有扳動。抬起頭來問舅母道，「零碎鈔票有沒有？」舅母數了幾張十元的給他。

「炳新少爺，早一點回來吃晚飯呀！你舅舅要同你談談，他在家裏頂喜歡跟人聊天了。」舅母把他送到門口。

「怎麼這位少爺的朋友住木屋的？」趙媽問道。

「他小時候，老爺頂喜歡他了。你沒有看見，眞像洋娃娃一樣。好玩得很，現在不知怎麼變得這樣儍了……」

× × × ×

晚上炳新回來，已經快十二點了。趙媽把門開開，輕聲說道，「少爺，怎麼回來得這樣晚？老爺太太等你好久，到十點鐘才吃晚飯，太太還去買了一隻鷄呢。現在都睡了。請輕一點。」

趙媽把他領到後面一間臥室裏：「少爺請看，新蓆罩，新帳子，都是新的，香噴噴的。夜裏要解手，就在隔壁。少爺的箱子我給你搬了進來了，好重！」

炳新眼睛往四面一轉，說道，「趙媽，烟灰缸呢？」說罷，從衣袋裏拿出一包已經半癟的「好彩牌」，兩包沒有拆過的。

趙媽把客廳裏的那隻烟灰缸搬了進去——白色瓷器的，不規則的六角形，顯得很潔淨；滿滿的插着一包有「九龍」兩個字的火柴，裏面有點淸水，上面三個模子似的凹口，可以擱三支烟，周圍邊上畫些淡淡的山水，四個行書：「樂在其中。」

「少爺，沒有什麼別的了嗎？」

「你走開好了。還有，明天早晨不要來吵醒我。」

× × × ×

第二天早晨炳新還是被吵醒了。剛要發脾氣，看見是舅舅，勉強坐了起來，把帳子掠開。

「你睡你的好了。快八點半了，我要去辦公了，昨天晚上等得你好晚。我來談幾句話：你爸爸媽媽都好嗎？有什麼口信帶給我沒有？」

「說好也好，不好也不好，總之不如從前多了。」

「那末他們預備到香港來嗎？」

「來是想來，只怕來了生活……。媽媽說，等我在香港多賺幾個錢，他們就搬來。」

舅舅微微的苦笑了一下：「香港賺錢也不大容易吧！」

炳新的眼睛睜大一下：「但是香港是個自由競爭的社會，一個人只要天才，就有辦法。」說到這裏，他已經點起了一枝烟。

煙灰缸裏已經堆了五六段半截的浸胖發黑的烟。小几上和附近的地板上火柴殘梗也有好幾支。舅舅好脾氣的臉上，不由縐一縐眉，當他看見潔白的新帳子上，已經燒了一個半寸長的孔，孔邊上淡淡的黃色滾上一圈。

「你幾時抽上這樣大的烟癮呀？」

「中學畢業的時候，要考大學，開夜車，就抽上了。香烟對於靈魂，就像火車裏的燒火一樣，少不了的。回想中學那幾年沒有抽烟，日子眞是白過。可是有些人根本就沒有靈魂，自然也不懂得抽烟。在上海抽了三年香烟，共產黨來了，好烟抽不着了。還是香港好，香港……」他深深的吸了一口，似乎捨不得噴掉似的，含著了好久——兩顆眼珠拚命的擠向他瘦而挺的鼻樑——一縷很細的烟才從嘴裏慢慢的鑽出來。

舅舅似乎也看着他如此用力的抽烟的發楞，看見他把這口烟噴完了，才說一聲：「別的話以後再談吧？」

炳新躺了下來，又抽了兩枝烟。忽然跳起來，叫道，「趙媽，趙媽！放水，洗澡！」

趙媽還是慢吞吞的進來，輕輕的說道，「太太在洗，請等一等。」

炳新一骨碌爬了起來，穿着一身紅白條紋的睡衣。趙媽看他這身打扮，又看見了那隻大皮箱似乎搬動過了，添了一句：「少爺衣服倒帶來不少。」

炳新把昨天舅母給他的夏威夷衫和褲子，重重的丟給趙媽：「拿去洗吧！」趙媽接得很熟練，可是裝出很驚險的樣子，嘴裏還說，「少爺，不要這樣重手重脚，好嗎？不要叫老太婆跌一交，老太婆是跌不起了。」兩隻手在衣服外邊大約的拍了一拍，在夏威夷衫的左邊口袋上，似乎碰到了一些東西，又說道：

「少爺，口袋裏好像有點東西。恐怕是鈔票吧！請趕快收起來，不要等一下出去又問太太要了。太太昨天多花了一百多塊錢，晚上老爺回來，老夫妻兩個人還吵了一次架呢。」

炳新臉漲得通紅，把錢接了過來。嘴裏「呸」的一聲，香烟重重的吐在地上，又重重的用脚磨了幾下。走幾步倒在床上，又點上了一支烟，用勁的噴。

趙媽乾咳了幾聲，說道，「好會人呀！」就出去了。

× × × ×

早點是相當豐盛的：鷄湯的龍鬚麵，上面擱着一條肥肥的雞腿，舅母說：「這是昨天舅舅特地留給你的。」舅母繼續並重複昨天的問長問短，炳新一概不理。

早點以後，炳新問舅母道，「咖啡有沒有？」舅母問收拾碗筷的趙媽道，「咖啡呢？」趙媽拿來了，炳新嗅了一下，搖搖頭：「怎麼是罐頭的！新磨的有沒有？」

舅母歎口氣說，「咖啡我是不喝的，頂難吃了，好像吃煎藥。那一年我發肝陽，吃了廿帖煎藥，至今病沒有好，但是聞是煎藥，我就想吐。咖啡你的舅舅一定要買，說是外國人當茶喝的，說是帮助消化的，我也不懂。罐頭不罐頭，我更加不懂了。你問趙媽吧。」

趙媽說，「『愛絲特白留』咖啡還不好嗎？六塊三角錢一聽呢！少爺，要不要我拿去替你煮？」

炳新說，「你們不懂的，讓我自己來。」

煮好了一壺咖啡，炳新對舅母說，「我上午要工作，沒有事情不要來打擾我。」

舅母說，「這裏頂靜了，沒有人會來打擾你的。你關緊房門要做什麼工作呀？爸爸媽媽那裏的信，寫了沒有？信裏替我們多問候幾聲，你說你在這裏很好，舅舅舅母當你是自己的兒子一樣看待；你說舅母的肝陽發還要發，現在好得多了；你說你要做事情，舅舅已經在公司裏留好一個位置，你是大學生了，也可以自己賺錢了，請他們放心好了，請他們保重身體……」

炳新哼了一聲，把房門碰的彈上。

舅母搖搖擺擺的走了過去：「喂喂，慢一慢，等一下我要到李太太家裏去打牌，午飯或者不來吃了，你叫趙媽給你開飯好了。曉得嗎？聽見了沒有？唉，年輕人的脾氣……」

× × × ×

舅舅回到家裏，大約是五點半鐘，問開門的趙媽道，「人呢？」

「太太在李太太家裏打牌。」

「我說那位……那位少爺呢？」

「喔，那位少爺，出去了。」

「什麼時候出去的？說回來吃晚飯嗎？」

「剛剛來了一個他的朋友，滿臉鬍子，癟三那樣一個，身上汗酸臭得很。少爺替他煮了咖啡，那聽茄立克老爺自己也捨不得抽，那個朋友一來就抽了十幾支，兩個人談了一回，一起出去了。」

「哪裏去的？說了沒有？」

「老爺，你們那位外甥少爺還會對我們底下人說話嗎？老爺太太同他說話，他十句也不一定理你一句的。我看一定又到侯王廟那邊木屋裏去了，那個癟三朋友一定住木屋的。少爺昨天一來就問我木屋在哪裏，我看少爺這樣喜歡木屋，爲什麼不搬去住呢？今天夜裏又要等他的門了。」趙媽打了一個呵欠。

舅舅把臉擦過了，坐定了再問道，「他……少爺在家裏做些什麼呢？」

「老爺不必問了。做什麼嗎？——弄火！」

「弄火？」

趙媽把一隻精緻的小壺送上來，冒着龍井茶的香味。一面替老爺整理脫下來的西裝，一面說，「這位少爺箱子裏的衣服大約倒帶來不少，今天拿出來一套，很好的凡力丁，可是沒有燙，就穿出去了。臨走還到厨房去拿了一盒火柴：是了，他一個人在房裏不知道燒些什麼東西，好烟呀！我在厨房間也聞到氣味，好像是在燒什麼紙。」

「趙媽，你要小心呀！」

「老爺，不要緊。老爺太太不要說把一層房子交托給我，就是十幢，也包你出不了事。我說這位少爺，每隔一個鐘頭總要燒些什麼東西。老爺，你還沒有看見他同那位朋友談話的時候，那眞嚇死人。他把那隻烟灰缸放在茶几上，火柴盒子拔了下來，火柴一根夾一根，十字交錯的堆起來，好像堆硬柴似的，堆在烟灰缸上。搭好了倒很好看，齊齊整整，有點像一座寶塔。想不到，少爺一邊說話，一邊點了一個火，往火柴堆上一湊，轟——老太婆差一點被嚇死！火冒起幾尺高——我想假如被鄰居隔壁看見了，不要來說閑話嗎？少爺看好了這一堆火，臉照得血紅，格格格的笑，嘴裏說什麼『人生，人生』的，那個癟三朋友——他不是上海口音，也不是廣東口音，好像是北方人——那個朋友也不動手去救火，手裏挾了枝茄立克，脚蹺起了，直說，『炳新，炳新別又胡鬧了！』他也不去把火澆澆滅。還要讓我老太婆去救，老太婆脚頭慢了，等我一盆水拿來，火已經燒完了。虧得老爺東西買得講究，茶几的玻璃檯面結結實實的，假如像李太太家裏那種起碼傢具，一熱檯面炸碎了，叫什麼人賠呢？老太婆是賠不起的，炳新少爺箱子裏不知帶來了多少根金條，好替老爺來賠傢具呢？老爺，你看，牆上還有點烟跡呢！」

舅舅臉上的神氣愈來愈緊張，拖着拖鞋，反叉着手，在踱方步，說道，「趙媽，那隻烟灰缸呢？拿來給我看看。你只管替我放洗澡水好了。」

舅舅洗好澡出來，又吸了兩口茶，說道，「趙媽，客房的鑰匙在哪裏？」

「一把，少爺在吃早飯之前問太太要去了。一把在太太身邊。」

「你到李太太家裏去，向太太把客房鑰匙拿來，只說老爺要用。」

客房是一間小臥室，窗向着小天井，沿窗一隻小寫字檯。檯子上有些紅格子的稿紙，都是空白的，舅舅拿起來一看，邊上印着「炳新稿紙」四個小字。烟屑灰屑雖然有不少，但是檯面上地板上還找不出什麼火灼的痕跡。箱子鎖着，開不開。

舅舅把門又關上，開始看他的晚報。他對趙媽說，「太太回來，不要同她多說，免得嚇了她。今天少爺再回來得晚，我們也不去等他吃晚飯了。」

× × × ×

炳新這一晚是十一點半回來的。他正在床上抽烟，忽然聽見門上輕聲篤篤兩響，進來的是舅舅。舅舅的腳步很輕，走到寫字檯前面的椅子上一坐，輕輕的說道，「我睡不着，來跟你談談，你看香港地方怎麼樣？」

「好得很！」

「你到香港來，有什麼計劃沒有？聽你的口氣，做買賣你是看不起的。」

「計劃，當然有，寫文章，辦刊物，出書！兩個晚上，我就同朋友談這件事。」

「這些稿紙你是從上海帶來的？你的大作可否拿出來給我拜讀拜讀呢？」

「還沒有寫好呢！」炳新從烟灰缸上拔下一根火柴，嗤的點上了，一面看着火慢慢的燒，一面答覆：「寫是寫了些，都不滿意，給我燒了。」

舅舅看他一根一根火柴的燒。嗤的一聲，紅色的火燄由大變小，慢慢的往他手指那邊爬。炳新的手很巧妙的轉動着，使火燒得很均勻，快燒到手了，他輕輕的一放，讓它掉在烟灰缸裏。

舅舅看他燒了五根了，問他道，「你在家裏也是這麼燒火柴玩嗎？」

「火是代表靈感的，我要火。你別小看這小小的火柴，它可以點起一個天才的靈魂裏的火燄。可是上海現在沒有好的火柴了，點都點不着的，木料又壞，一碰就斷了。還是香港好……」

「香港當然好，但是香港的治安也很重要。只有一個小孩或是一個瘋子，或者照你說法，一個天才，才會玩火。這種習慣太危險了。小孩有家長管束，瘋子可以送瘋人院，但是我們家裏來了這樣一個天才，我們做主人又算是長輩的，只好勸他，不要再玩火。抽香烟要點火，那不得已，但是無緣無故的把火柴亂劃，甚至於把幾十根火柴堆起來燒，這件事情太嚴重了。這樣的天才也太顧不到公共利益了。」

炳新的聲音提高了：「我劃火柴有經驗的，放心好了，決不會出亂子。怕火的人是不中用的人；火在一個好手的手裏，它是聽話的。火是光明，火是熱，但是火要人管制，我相信我是能管制火的。舅舅請你放心，不要怕，有人還會吞火呢！」

「就算你會吞火，但是你沒把火吃下去之前，火已經把我們吃掉了，怎麼辦？你的舅母身體又這樣壞，請你不要嚇我們了，好不好？」

炳新沉默了一下，慢慢的說道：「你要我不點火？」一手慢慢的又往火柴盒子那邊伸過去。

舅舅一下子把火柴盒子搶了過來，接着說：「你我是至親，我們招待你，再應該也沒有了。你舅舅平日爲人如何，你總也聽見你媽媽講起。我對什麼人都肯幫忙，不要說是自己嫡親外甥。你沒有來，我已經替你在我公司裏放了一隻寫字檯。你知道我自己沒有孩子，從小我又看你大起來的。不過一個無緣無故弄火的人，我倒有點怕留他住下來了。」

炳新兩條腿往床外邊一移，大聲說道，「好吧！對不起，我來打攪了兩天。本來我的同學要辦一個雜誌，叫我搬過去住。這樣也好，我今天晚上就走。」

舅母也到了門口來了：「怎麼你們在這裏談天，都不睡呀？怎麼？炳新少爺，這個時候穿衣服幹嗎？」

「舅母，我有一個同學，他叫我搬過去住，我今天晚上就要搬去了，對不起。」

舅母看看他們兩個人的臉，先指着舅舅說：「你教訓他什麼話了？人家是客人，老遠的到了香港，又是這許多年沒有見面了，也不陪他出去玩玩！炳新少爺，你不要生氣，舅舅到底是長輩，他說你兩句，有什麼關係呢？在前清時候，舅舅就是娘，要打都可以打的。你爲什麼半夜三更裏搬出去呢？乖乖的，看舅母面上，不要走了，明天跟舅舅到公司裏去辦公。今熱呀！我來再替你開一瓶可口可樂，上海聽說這個東西喝不着了，是不是？」

炳新不理會，把縐縮的領帶打上。看見趙媽的臉在門口出現，叫道，「趙媽，箱子替我搬下去。」

「少爺，要不要叫一部『的士』？是不是候王廟木屋？」

「好好，隨你！」

「少爺，這裏一身『唐裝』，已經燙好了，就是少爺昨天穿了來的。」

炳新匆匆的走出門去。舅母聽見砰的一聲汽車門關上，汽車胡胡的開動，不由得搖搖頭：「年輕人的脾氣，眞可怕……」

× × × ×

那天舅母不舒服，躺在床上。舅舅回來得特別早，手裏拿了張晚報，對舅母說，「炳新闖了大禍了，給關起來了。」

舅母說，「什麼？」

「你自己看吧。晚報上大字登着：候王廟木屋區大火，燒掉三四百家人家，還燒死兩個小孩子，一個老太婆。起火的是一家什麼雜誌社，裏面兩個人都關起來了，一個就是炳新。」

「怎麼會起火的呢？阿彌陀佛！」

「起火？我看簡直有點像放火。趙媽，你把那頂帳子拿來，給太太看看上面的香烟洞。……這就是你的寶貝外甥少爺燒出來的，那天晚上起了火，怎麼辦？還要留他住？」

「眞的嗎？香烟眞是抽不得的，年輕人爲什麼都要抽香烟呢？炳新要不要替他請一個律師呢？我的『平肝丸』給我帶走了沒有？」

匈牙利中產階級在慢性死亡中

一鷗

前日報載維也納八日美聯社電：據稱共產捷克正追隨匈牙利，羅馬尼亞等附庸國家之後，將中產階級人士驅出各主要城市。捷克共黨這一舉動顯然擁有雙重目的。即一方面打破商業及職業階級之集中，一方面空出房屋供工人居住。放逐的對象為律師，建築師，前工廠廠長及其他曾擔任相似工作者。自本年七月以來，每週有萬人以上被火車運往農村。本電曾提及匈牙利，前日我正讀到「新讀者」所載喬治懇特(George Kent)所作一篇報導，敘述匈共壓迫中產階級情況甚詳，特將它擇要迻譯出來，以與捷克的事對照。

匈牙利自關入鐵幕之後，她的人民也陷於赤色政權控制下所有人民同樣的命運。他們中間，不斷有人被清算，被鏊肅 被殺戮和失踪。本年五月到七月間，這可怕運命又開始落到國內中產階級頭上。短短兩個月中，匈京和重要城市有兩萬五千到七萬人被秘密警察逮去，被放逐遠方，執行強迫勞役。下面便是這悲慘情形的寫眞：

每天早晨兩點鐘的光景，便有許多輛漆著栗色的武裝卡車，在匈京大街上，隆隆地走動。到每家住戶門前略停一停，好像是洗衣作的車子。但它們所接的並非污穢的衣服，而是有靈魂的人類。這類車子，一輛一輛地魚貫地開赴車站。只聽得車中所載的貨物，發出一陣陣的哀號和嗚咽，響澈街巷。慘絕人寰。

這類被捕的人，各界均有，商人，工業界，官吏，教授，律師，記者，手工業者。他們唯一的罪狀，便是他們是屬於中等階級。這在莫斯科眼裡看來，便是「人民的敵人」，非打倒不可。

鐵幕本來關閉得密不透風，但有時也不免有點漏洞，可以透出若干消息。我們之所以能知道匈牙利的一點情形，不得不感謝那些漏出鐵幕的若干封書信。

一個屬於中產階級的匈牙利人，一天接着一張通知，「你已由匈京放逐了」，實際的行動立刻接着通知到來。匈人對於這種不祥的紙條稱之為「慢性的死亡」。因為你一接到它，便已開始踏上了死亡的道路。這類紙條，顏色分為三種。倘使你接到藍色的通知，那你便得立刻上道，連準備一下的工夫都沒有。警察撳着你的門鈴，大聲吩咐道：——提起你的包袱上路吧。

每個受放逐者可以携帶十基羅重量的行李。被放逐者有百分之十，所接乃係藍色通知。他們將來的境遇如何是誰也不能知道的。因為他們一去之後，從此便渺無消息了。他們或者係在匈牙利國境內的集中營(匈國這種集中營共有九座)或者遠在西北利亞。

在上述七萬餘被放逐者之中，只有五百餘名，幸運地得到白色的通知。這些人可以携帶四百基羅的行李，並讓他們保有一週左右的逗留時光以便將私事料理一下。

其餘百分之九十，所接通知則為紅色。他們上道前，允許有二十四小時逗留。行李允許携帶四十基羅的重量。

被放逐者有百分之五十屬於猶太人。乃係商販，裁縫，醫士，律師等。他們身上仍然帶着以前納粹時代被放逐的姓名錄。從前迫害他們的納粹劊子手，於今搖身一變，又變成共產黨的「格卑污」了。有一個受放逐的猶太人，寫道：「這些今天來逮捕我的人，便是一九四四年囚禁過我的人。」有許多情節較重的犯人，要穿黃色星點的囚服。這也是從前納粹強迫猶太人穿過的。一個警察偶然問他們中之一為什麼要背着這樣的星點，他很幽默地回答道：

「因為我上的是同樣的道路，所以我為什麼也背着同樣的記號」。當匈牙利人民目覩那些被逮捕者不限於曾惹偵探注意或曾觸犯秘密警察章程者，而濫及於一般和政治毫無關係的人。不禁人人自危，整個匈牙利陷於絕大恐怖的氣氛裡。一封漏出鐵幕的信，有這麼的一句：「匈京現在像一座蟻穴，自上至下，四通八達，無所隱遁。」許多人檢起一個小小行囊，逃到偏僻角落的旅館藏躲起來。但旅館老闆奉了匈共幹之命，旅客到來，一天要到巡局作三次報告。你的來踪去跡，無論如何，瞞不過共幹的眼睛。有些人去請教律師，希望律師可以指導他們一條免禍之道，但不知律師也是泥菩薩過河，自身莫保。他們大部份都接到放逐的通知。匈京本有八百名律師，現在都驅除得一個不留了。

放逐令嚴格執行，什麼人事關係，什麼服務的證件，毫無用處。一位官吏接到放逐的通知，自揣毫無罪戾，何以如此，莫非其中有什麼錯誤？後來也跑到他服務機關，請求一張服務證書，企圖有所保障。他的上司含着微笑，批了一張字條給他。

「從即刻起，你是免職了」。

匈京有一著名外科醫生，正在替一個共產黨高級幹部開刀，他的母親和妻子同時接到放逐的通知——他自己尚沒有，因為醫生在匈京是稀罕的——他扯下了口罩和橡皮手套，氣憤憤地說：「倘使人家不收回成命，我發誓這双手永不和這把解剖刀接觸了！」

人家趕緊來安慰他，請他繼續進行手術，說他母妻的罪名可以設法解免。黨官的命是救回了，人家對他的諾言却只履行了一半，母親幸得留下，妻子則竟上了放逐的列車。

「匈京現在已成為豺狼的巢穴了」，一封信是這樣寫着。這句話暗示共產黨蹂躪無辜的人民，目標實在為了想侵吞他們的財產。城中各街巷充滿了驚惶失措的男人和女人，推着小車，車裡裝着家具，銀器，珍玩，名畫，貴重的書籍和衣服等類。據籠統的估計，那些被放逐的中產階級所擁有藝術品，珍飾及其他財產被共產黨沒收者，總數值三萬萬六千萬美元。

因爲放逐的惡運，隨時會落你或我的頭上，所以人們若有貴重的東西每預先售出，免得便宜了共產黨。賣的東西太多，本來價值連城的珍品，現在一錢不值，無人過問。有一人出賣一座陳設齊備，相當豪華的飯廳，所得代價，僅足購買一小片麵包。那些和共幹串通或共黨委任的「奇貨販」常常沿街叫喊道：

——你是說不定一天要走上放逐的道路的，有東西趁早賣吧，遲則來不及了呀。

又有一封信寫道：「在匈牙利，我們過的日子是這樣，白天，我們戰戰競競等待黑夜的來臨。夜到了，我們又靠在窗子上發着抖，盼望曙光的早現」。

放逐是連病臥在牀的人也在所不問的。有兩位老年的婦女，其中之一，正當癌病開刀之後，另一則患了靜脈炎，絕對禁止起立，一聲放逐令下，她們也不得不被舁牀抬上武裝卡車。還有年紀太大，行走不動的，也被抬了走。放逐者群，有三分之一，年齡在七十以上。

放逐也不問人家的社會地位，本身價值。不論你是名人也罷，天才也罷，過去對於國家或人群曾有絕大貢獻也罷，只須你是屬於放逐的對象，共產黨還是要焚琴煮鶴，一律加以摧殘。這裡請舉出小小幾個例子以概其餘：Lajos Hatuang 子爵，文學教授，著述甚富，年齡已七十二，被充發了。著名婦科醫生 Tozsef Friggessi 教授，已達八十高齡，也上路了。一個賦有異才的鋼琴家 Tozsef Paksy 被放逐後，罰做苦工，每天在田地裡拔甜蘿蔔十小時。Esterhazy 親王之妃，以前是匈京歌劇院的舞星，紅極一時。被罰水田耨草，日行泥濘中，圓滿可愛的玉脛瘦成麻楷，塗滿污泥，常常掛着一條條的螞蟥。

前司法部部長 Emil Nagy 年逾八十，且患病甚重，人家把他從安樂椅拖出，使他坐在門外行人道邊等候警察的押送，人家問他有行李嗎？行李在那裡？他答道：

——凡我以前所有的法律書，名畫，珍物，都完蛋了。這些東西我現在都帶不去，我也不希望要它。現在只說，倘使我可以攜帶點應用的東西呢，我可不知能不能達到放逐的地點。

這位部長先生的話是不錯的。上文說有些幸運放逐者被允許攜帶行李若干基羅，但這些東西，能彀到達貶所，而由本人收用者，也不過半數罷了。這位身無長物的部長先生，上了放逐的道路以後，竟倒斃於半路上。

放逐的日期有一定的公式：每週的星期一，星期三，星期五爲發通知之日，而星期二，星期四，星期六則爲集合上道之日。

被放逐者上道後，擁擠於裝牲畜的火車廂中或卡車裡，車狹人多，犯人大都被迫筆直站着。道路不平，車子跳躍顛簸，站着一直到目的地，其苦可想。爲怕犯人越窗逃跑，窗戶又是緊閉，車中空氣一刻比一刻污濁難於呼吸，年老人受不住半路死了，孕婦則產下已死的嬰孩。卡車於二十小時走一百五十基羅米突的旅程，若發生障礙，則在半道上停留下來，有一輛裝滿犯人的卡車在道傍停留足達四十小時之久。

抵達目的地，犯人應該在區長前報到，寫下姓名，年齡職業等。然後到他們應該閒關的荒地上。每三家合住房子一間，經常是十二個人佔着三米突長廣的空間。並無牀榻，每人都躺在地上。房間既無光線，也沒有廁所，冬天也無煖氣的設備。

許多人則睡在穀倉裡或廢棧裡，一倉一棧要住八十個人。沒有地板的土地，舖上一堆霉朽觸鼻的草便算是他們的牀榻和被褥了。遲早間，他們得患濕疹，風濕一類的病，臭蟲和跳蚤甚至將他們的面目都叮得疴痕累累，紅腫不堪。

東方才泛白光，他們便得起身，步行到距離幾基羅米突遠的集體農場，每天幹足十小時的苦工，以博那點可憐可笑的工資。他們是囚犯，但政府並不發給囚糧。他們每天流着血汗替共產政府盡義務，還要自己掙飯喫。他們每天的食物所含不過一千個熱量而已。

食既不果腹，衣也不蔽體。因爲他們做苦工時，並無工衣，身上所有的還是城裡穿來的那套紳士淑女服裝。下田以後，不久便撕得稀爛。當他們的鞋子破得無法再穿時，只有拋了，實行做赤脚大仙了，爲的他們實在沒有力量來補充一雙新鞋。

一位鄉下醫生寫道：「被放逐者大多數都是老年人，看到他們拖着疲癃衰邁的身體，幹這種喫力的苦工，實令人心酸淚下。」但他們既到了這種境界，又能怎樣？幹則還可以弄點東西誑誑餓肚，不幹則唯有合掌祈禱等死了。

當猪油賣到五十元一斤，咖啡十元一斤，而肉則二元七角五分一斤時，他們只有靠朋友郵寄來的食物小包或鄰人的慷慨度日了。

匈牙利的農民壓於重稅之下——他們差不多要將收穫的半數繳納政府，自己的口糧也是有定量限制，沒有多餘。但他們常偷偷兒藏起一兩個雞蛋，一小片麵包，一小勺牛乳。鄉村裡常有農民組織夜巡隊，將這些省下來的食物送給那些集中營的難民。

匈牙利的故事對於西歐各國可說是一個警告。這些被犧牲的放逐者生活環境原有差異，但他們却有一個共同之點：便是他們所受的教育，他們宗教和社會思想會得阻止他們對共產制度作忠實的維持。但在事實上他們也從來沒有作過任何反對政府的舉動，不然，他們也早被投入牢獄了。他們的罪名是什麼，便是他們或多或少是屬於中產階級。這個階級在共產主義的觀點看來，是可懷疑的葬不住的。所以他們應該在鐵幕背後，熬受這殘酷的慢性死亡。

對於海光先生評介「經濟政策與經濟學理」之商榷

周德偉

讀貴刊第七卷第四期海光先生對於拙作「經濟政策與經濟學理」之評介，至爲感謝而欣慰。拙作因海光先生之大筆及貴刊之篇幅得引起普遍之注意，確爲作者個人之幸。且海光先生幾乎全部同意作者的基本主張，所爭者不過枝節，益使作者有道不孤之感。作者十餘年來主張自由，創發，及人格尊嚴，很少得到共鳴，甚至只換來不識時務的嘲笑。到臺灣以後，情形不同了，人們經過了痛苦的政治經驗，及共產主義的災禍，多少有所覺悟—雖然此種覺悟尚不够普遍深刻。可是文字上得到的直接支援，以海光先生的大作爲第一次，這眞够使作者興奮。且海光先生補充了作者所未說到之點甚多，譬如極權政治與全體主義結不解緣，在歐美學術界已成爲常識。共產主義，納粹，及法西斯詆毁個體論的學說，讚揚全體主義，眞是天大的私慾均假全體之名以行之。此一情況，在作者已發表的諸文中，竟未說到，今由海光先生扼要的說明，於中國的思想界確有補益。到臺灣以後，作者還遇到眞心反共的人士開口閉口是全體主義。更普遍的，若干人一面口頭上力爭政治自由，另一面又否定經濟自由，甚至歌頌毁滅自由的計劃經濟，很少意識到放棄經濟自由後之嚴重後果。狡黠者更利用統制或計劃來謀私利，許多人被其利用而不自覺。在混淆的社會及思想界中，海光先生的發揮，確是掘發了要點。

其次向評者及讀者申明二點：

(1)作者無爲學術英雄之意，作者深識學海之淵深，只了解經濟學及若干社會科學，並多少養成愼思明辨的習慣而已。於哲學是門外人，安敢有繼雅里士多德及萊卜尼茲之後而爲第四人之野心。但作者對評者之善意針砭，極所欣賞。如爲作者的誤會，則預先表示歉意。

(2)作者筆下之政治家乃指 Statesman, 不僅肩負政治責任，且有識力(識社會國家之眞正利害)，有毅力(能將其主張貫澈)，有誠意（具爲公忘私的精神）。作者不輕以政治家許人，與海光先生相同。作者絕無以文干政之意，如想以文干政，多寫淺薄不通的條陳，就充份够用，而且甚有效力；何必寫出只有專家學者方能領會的論文！作者在原著中，於列擧政治人物改革方案之後，尙提出羅賓斯 L. Robbins, 海克 V. Hayek 教授相反的主張，作者深原政治人物之用心，但對其績效，只評學理及經濟學理證明的事實來證驗。評者覆按原文，不難知作者態度之嚴謹。

再次向評者及讀者解釋數點：

(1)評者不同意作者邏輯一辭之用法，認爲邏輯只是「一組語法規律」。作者使用邏輯一辭，根據一套成系統的觀念，自認已非常嚴謹。作者深受康德及米塞斯的影響。康德認爲邏輯乃先驗或超驗的，米塞斯索性使用「人心之邏輯構造」(Logical structure of human mind)。作者有時加上程序一辭。作者據米塞斯及其流派，認爲人心之邏輯構造及程序相同，人必將紛繁之實在納於先驗的邏輯元範之中，方能理解實在，認識實在，此爲一切分析邏輯及辯證邏輯之根本。凡分析邏輯（或形式邏輯）上之各項規律，如同一律，矛盾律，演繹律……等乃至因果目的各元範均爲吾心所固有。如心之邏輯構造不同，人類將無從彼此相喻。作者使用邏輯一辭均根據此一套觀念，自信尙無越軌之處。海光先生不同意此種用法，認爲不合現代純正邏輯之共同傾向。作者不願置辯。作者關於此方面的知識，當然遠不及專攻哲學及邏輯的海光先生。目前作者的學力，只能嚴守自己的軌道，對於海光先生提出的問題，實無力置辯。知之爲知之，不知爲不知，想不見輕於評者也。又有人可能反對以程序一辭引入邏輯，因完整之邏輯體系或數理體系上之各因素，可視爲並存或相互依存之函數，無所謂先後或因果也。但人之心力有限，不能一擧把握完整的邏輯體系，一切思維只能逐步進行，故仍有程序。因果元範爲人心控制實在之主要先驗工具亦無從廢棄也。凡此諸點未審有當於評者否。

(2)批判二字出於左派仁兄之創造，作者竟未注意，謝謝評者的指正。

(3)評者認爲作者使用國家干涉一辭乃嚴重之錯誤，恐係一種誤會。評者從觀念上區分政府與國家的差異，確爲救時良言，但不適用於拙作。寫科學論文，須利用西方的專門術語及學理，想評者亦不反對。我所用的國家干涉乃英文中之 State intervention。原來在英文中「國」的觀念有兩字可以表示。即 Nation 與 state。前者乃一普通名稱，後者爲一法律術語，暗含政府之義。凡國家干涉，國家統制 state Control, 國家獨占 state monopoly, 國家方案 state measure, 國家行動 state action 乃至國家銀行，國家預算等，無不包含政府的意義在內。蓋從法律觀點，國家任何行動只能根據合法程序，由政府代表，不能由任何公民代表也。故國家干涉，國家統制，國家獨占……乃指已完成立法程序的政府行動或方案。state 實蘊含廣義的政府的意義，事實上政府永以國家之名採取行動。但 state 究與政府 government 有別，在西方民主國的人的觀念中，政府只指行政部門不包括立法部門，組織政府即組織內閣之意，一般稱政府方案 Governmental measure 乃指政府擬議之方案或政府首長的臨時命令，尚未完成立法程序者。以政府代表國家 state，或以國家表示廣義的政府，在民主政制的國家絲毫不成問題，蓋政府被其選民所控制也。只有在建制的過程中，一般人觀念混淆，確有海光先生所顧慮的情形，不可不予以注意。故海光先生之言，仍屬有益。

經驗中之政府干涉確可分成兩大類，一爲法律之制裁，及各種法律之管理，在經濟上如各種稅法，公司法，會計法，國營事業管理法，及總動員法上之經濟條款等，此在科學術語上，確可稱爲國家干涉。另一類則只爲政府之行動，尚未經立法程序者，此類事件似不應有，在民主國家之臨時緊急措置，亦需經代表人民之議會授權。作者對於第一類已取嚴格的態度，主張予以學理的考驗，對於第二類之排拒，可想而知。作者使用專門術語，未註原文，又不予以說明，實爲誤會之源。特於此表示歉意，將來在再版或刊印專集時，定予修改或說明。

南韓聯軍戰俘營反共愛國同胞的一封信

敬愛的「自由中國」編輯先生：請原諒我們，借 貴刊篇幅一角，俾使我們有機會向全世界主持正義愛好和平的人士作一沉痛的呼籲。

我們是熱愛自己祖先傳統，文化道德與自由和平有血性的青年，我們曾在青天白日的聖幟下，受過相當民主的學校教育和社會教育。當大陸被共匪竊據後，那極權專制，新王朝的僞君子，很自然地在我們雪亮眼光下現了原形，那是一個千古絕無的奸媚的，無恥的，殘暴的妖魔啊！千千萬萬善良同胞被殺死和奴役，祖宗數千年來所遺的寶貴財物文化和道德被出賣，被毀滅。就是在我們這一萬五千餘人中，也有三分之二的他們共匪所謂的「基本群衆」——工農出身者，亦被那謟(滔)天萬惡的「新民主」暴政搞得家破人亡，牛馬不如，我們每個人都在赤色鷹犬包圍下，成了載(戴)枷的囚徒，而在克里姆林宮侵略世界野心指使下，被送到韓國戰場來充砲灰。

這是極自然的道理，誰是敵人，誰是朋友，我們心內是早有數的，並且我們也早爲自己前途安排妥當了。我們並非害怕飛機大砲，而是得到聯軍李奇威將軍簽名的安全卡片，及聯軍飛機的廣播，所給予我們投誠過來後的安全和自由的保證諾言後，先後殺死了赤色鷹犬，或破壞匪軍武器投誠到聯軍中來的。投誠過來後，聯軍把我們放在俘來的共匪一起住，一般待遇，我們並無任何反感，始終由意默契着。而跟聯軍管俘當局眞誠合作，遵守戰俘法規，堅毅地進行反共抗俄，而與冥玩不靈的共匪激烈鬬爭。升起了青天白日滿地紅和聯合國及美國國旗，並自願在臂上刺上「反共抗俄」四字，以表示我們唯一走向自由天地，誓死不返匪區的破釜沉舟決心。

今年四月中旬，經聯軍最嚴格最公正的審査後，始將我們與共匪分離兩處而住，這似乎是表示接受了我們擁護自由反對極權的意志和實現人權宣言的第一步。我們十分感謝這個正義英明的措施。半月後，聯軍又將我們送往濟州島，當時我們仍是懷疑的，以爲是將我們强迫遣送匪區，因而再三拒絕移動。後經聯合國負責長官多方勸說，並保證：「到達新的住地後，即恢復難民身份，決不會如同共匪一樣看待了，對我們的生活和自由比從前會來得更好。」因此我們才應諾移動，但是到達濟州島後，聯軍又並未實現諾言，而我們並沒有改變擁護聯合國的意志，繼續眞誠替聯軍工作。因爲我們深深了解，只有聯合國才眞正是我們的朋友，是帮助我們消滅共產集團，和維護世界和平的前鋒。同時我們只有一顆心回臺灣，一條命團結在聯合國的旗幟之下，去消滅剝奪人類自由的赤色匪徒。

最近聯軍又要將我們分隔起來，像處理那些喪失人性，眞正與聯軍敵對共匪一樣的五百人住一個鐵絲網，同時要將我們三個聯隊均分隔約數公里的地方去住，這是令我們十分懷疑和不安的。我們認爲這種措施，是給我們維護自由眞理的意志一個重大的打擊，同時喪失了聯合國的諾言，嚴重一點說：就是聯合國尙沒有分辯清楚誰是敵人，誰是朋友。近數天來，聯軍當局要我們自己去修築五層鐵絲網（即是叫我們自己住的五百人一處）因爲這是使我們值得懷疑的，值得注意的，我們從投誠到聯軍的懷抱來，我們並沒有强硬的抗議過，而不遵守聯軍的命令，或違犯聯軍的管俘條例。今天我們作了不服從的事，就是拒絕出修築鐵絲網的公差，（而其他任何地方的公差，我們不但樂意的去幹，並拿出了全部的力量來工作，）但聯軍當局，即藉此爲故，停止了我們食糧供給，甚至連水也與我們封鎖了，還用刺刀刺傷了我們的愛國同志，及辱罵毆打强迫我們去修築此等的鐵絲網。

編輯先生：不是我們不遵行聯軍的命令，而是害怕把我們遣送同鐵幕，歷史會告訴我們，在二次大戰時，成千萬的俄國戰俘，被强迫送回俄國的勞工營和刑場了。他們也會向全世界的自由人們招手，可是誰又伸出過熱情的手去同情他們呢？我們決不容許將在歷史過程中處理俄俘的悲慘事件，在此重演，因這是最不民主最不人道的，也是有瀆基督精神與人權宣言的不道德行爲。否則，我們祇有爲自由眞理硬拚到底。但是不管在任何情況之下，爭取自由和堅決的反共意志是絲毫不變的。就是我們一萬五千多人死在鐵絲網中，也是我們寧願的，但堅決反對要把我們送回鐵幕，我們都一致認爲爲了尋求自由而死，是眞目的？總比共匪把我們殺死强得多。現在我們除了向聯合國請求澈底執行人權宣言，和自願遣送俘虜的原則外，並在這裡我們向全世界主持正義，愛好自由和平的人士沉痛的呼籲，願全世界主持正義愛好自由和平的人們，向我們這一些遠在韓國濟州島上爭取生存自由的人，伸出熱情之手，給我們有力的援助。

附我們的口號：

一、我們堅決反對强迫交換俘虜！
二、我們堅決擁護聯合國不改變自願遣俘原則！
三、我們堅決擁護聯合國執行人權宣言保障我們的生存和自由！
四、我們寧死不回鐵幕的匪區！
五、我們要反共抗俄到底！
六、我們堅決反對把我們與聯軍所俘虜的匪共一樣看待，五百人住一鐵絲網！
七、誰要把我們送回鐵幕，誰就是我們的敵人！我們堅決與他拚命！

韓國第十三戰俘營濟州島第三聯隊全體反共抗俄愛國青年敬上

中華民國四十一年八月十九日

第七卷 第五期 內政部雜誌登記證內警臺誌字第一九號 臺灣省雜誌事業協會會員 一六四

給讀者的報告

當本期稿件已排，校完畢，即將付印的時候，我們接到「韓國第十三戰俘營濟州島第三聯隊全體反共抗俄愛國青年」的一封公開信。這是一封血淚交織的信，寫在正義與屈辱搏鬥的緊張關頭；這是一萬五千反共愛國同胞，向全世界愛自由的人民呼籲援助的信：我們一字不改地在本期刊登了。

信中表示三點：

一、一萬五千同胞以極勇敢的決心與行為，從極權魔掌中掙脫，向聯合國的旗幟投誠。

二、聯軍管俘局以極愚鈍的，苛虐的措施對待這批同胞。

三、他們要求在聯合國從事韓戰的大原則之下獲致合理的待遇。

我們絕對相信這一萬五千同胞是最真誠的反極權的戰鬥者。我們設想在槍林彈雨的前線，從敵人的軍事行列中掙脫出來，是需要絕大的勇氣的。為要達到投誠的目的，或者殺死敵人，或者破壞武器，尤非絕大的意志力不可。若非真誠的反抗極權，便不會有這份勇氣和意志力。

我們絕對相信這一萬五千同胞是自由的熱烈愛好者。他們向聯合國軍隊投誠，是因為聯合國代表光明和自由。他們在俘虜營中繼續和敵人鬥爭，這裏面一定包含着豐富的理論，思想與智慧。當他們受到聯軍管俘當局的屈辱時，他們要求聯合國宗旨和人權宣言所給予的自由人的待遇。

我們讀了這封信後，尤其欽敬他們具有磊落的大國民風度。他們一向遵守管俘規則，尊重管俘人員；他們僅僅反對不合理的措施，拒絕修築鐵絲網的公差，而對於其他的合理的措施無不維護，正當的公差無不全力去作。他們反對聯軍把他們和其他俘虜一樣看待，因為他們是自由人，他們現在和聯軍任何一份子一樣的為反共而從事奮鬥。正如信中所說：他們現在是「友」，而不是「敵」！

但是這一萬五千同胞現在却遭受聯軍的無理的，苛虐的待遇。他們被移往濟州島已是一件極不明智的舉措。當他們拒絕被遣分成五百人一處，並修築為自己而設的鐵絲網時，他們被停止食糧甚至飲水的供應。更可恥的是管俘人員竟用辱罵，毆打，甚至用刺刀刺傷為正義而抗爭者。

他們在萬不得已的情況下向自由中國以及自由世界的人士呼籲，我們有責任且有權利響應此一呼籲。我們這樣作不僅是因為他們是我們的同胞，而且因為：

一、他們現在和我們一樣為反極權爭自由而奮鬥。

二、聯合國從事韓戰的目標既是保衞民主與自由，就不能同時對愛民主與自由的人們施以有悖原則的傷害。

三、聯合國不能單單憑藉軍事致勝，更重要的是提高道德力量，而對這一萬五千反共戰俘的待遇却是道德衰落的表象。

四、聯軍若非改善對濟州島第三聯隊的待遇，便不足以保證其停戰談判中志願遣俘的原則。

讀者們讀過這封公開信後，希望如一萬五千反共愛國同胞所期待的一樣：「伸出熱情的手！」編者謹建議：

寫信給我外交當局，希望他們據理提出正式的交涉。

寫信給我駐聯合國首席代表蔣廷黻博士，希望他就近促請美國政府重視此一事實，迅予改進。

寫信給駐東京的聯軍統帥克拉克將軍，希望他儘速採取有效的補救辦法。

寫信給「韓國第十三戰俘營濟州島第三聯隊全體反共抗俄愛國青年」慰問他們！鼓勵他們！

自由中國 半月刊 第七卷 第五期 總第六十八號

"Free China"

中華民國四十一年九月一日

發行人 胡 適

主編 『自由中國編輯委員會』

出版者 自由中國社
社址：臺北市金山街一巷二號
電話：六八八五號

航空版經售者 香港時報社

臺灣	中國書報發行所（臺北市館前街八五號）
美國	紐約民氣日報社 舊金山國民日報社 芝加哥中國出版公司
日本	東京南友堂 東京內山書局
韓國	釜山草梁洞新泰行
馬尼剌	大中華日報社
印尼	椰嘉達星期日報 椰嘉達天聲日報 棉蘭縈華圖書公司
越南	西貢中原文化印刷公司 越南華僑文化事業公司
暹邏	曼谷攀多社十二號
緬甸	仰光振成書報店
印度	孟買梅亞號 加爾各答塔梅學校
新加坡	中興日報社
	檳榔嶼、吉打邦均有出售
澳洲	墨爾砵王德利公司
北婆羅洲	馬拉奕坡美之律聯華公司

印刷者 臺灣新生報新生印刷廠
廠址：臺北市西園路二段九號 電話：二〇九六

本刊經中華郵政登記認為第一類新聞紙類 臺灣郵政管理局新聞紙類登記執照第二〇〇號 臺灣郵政劃撥儲金帳戶第八一三九號

發行人 胡適

FREE CHINA

第七卷 第六期

要目

中華民國四十一年九月十六日出版

社址：臺北市金山街一巷二號

半月大事記

八月二十六日（星期二）

臺灣省保安司令部於本日零時至六時，實施全省保安檢查。

美駐遠東統帥克拉克將軍宣佈：成立遠東三軍聯合總司令部，指揮在韓戰事及板門店和談。

美政府將以廿噸重戰車五至六輛，大砲及榴彈砲八至十門，租借與日本警察預備隊。

八月二十七日（星期三）

法越軍在越南中部正進行四年來之最大掃蕩戰，越共主力一團已被殲。

埃及之改革政府已向美國請求經濟援助，並請求以武器裝備埃及之機動警察。

八月二十八日（星期四）

日本吉田茂政府宣布解散衆院，並於緊急會議中決定於十月一日舉行下屆總選。吉田採取此種迅速行動，使甚多人感覺震驚。

美國務院宣稱，如埃及不參加中東防衛組織，美國決不大量援助埃及。

澳洲聯邦政府已接獲報告：澳洲邊區海上，常發現俄人與中共人員駕駛的潛水艇。

八月二十九日（星期五）

我政府財政當局正着手起擬「三年財政計劃」與「三年貿易計劃」，以與刻在積極擬訂中之「三年工業化計劃」配合推行。

美參衆兩院議員十一人來臺訪問。

美機出動一千四百架次猛炸平壤。十五里外尚可看見火花煙柱之烈焰。

聯合國俄代表馬立克正式宣佈蘇俄拒絕美英法三國要求舉行五强和區域性裁軍會議的最新建議。

八月三十日（星期六）

日參議員五人來臺訪問。

杜魯門和邱吉爾親自向莫沙德提三點建議，以實際讓步解決石油糾紛以挽救伊朗之危機，然莫沙德的態度仍然强硬。

美重轟炸機群再炸長津湖電廠。

日自由黨開始分裂，鳩山派決定致全力推翻吉田在該黨內的領導地位。

美空軍部長芬勒特說：中共空軍雖擁有飛機二千一百架，美國仍保持北韓的控空權。

八月三十一日（星期日）

莫沙德已拒絕英美對伊朗石油糾紛之三點聯合建議，美國務院感到「失望」。

大西洋公約國軍隊已開始行動，從事秋季軍事演習。

九月一日（星期一）

總統率文武百官，秋祭國殤。

盟機大舉轟炸西伯利亞以南十二哩的共黨煉油廠。在俄境可看見黑色煙柱，聽見猛烈爆炸。圖們江東岸的鐵礦場同時被炸。盟機出動飛機一百六十餘架，兩廠生產力「實際已被毀掉」。

九月二日（星期二）

世界銀行與國際貨幣基金會今開年會。

英美已開始新的磋商，以決定對伊朗的下一行動。

九月三日（星期三）

聯合國安理會已不顧蘇俄反對，決定該會將考慮日本及其他國家的申請加入聯合國案。

美法等十二國家協議實施新保證制度，嚴防戰略物資轉運鐵幕國家

我代表蔣廷黻在安理會提議各別表決申請加入聯合國的十四國家。蘇俄所提准許十四國一齊加入的建議，美國與安理會其他五會員國均表反對。

九月四日（星期四）

韓境聯軍和共軍停戰談判代表團今起休會一週，再行復會。

尼泊爾國王屈布萬飛抵新德里，以便與尼赫魯舉行會談。到機場歡迎的有美法英等國代表。

國際復興建設銀行發表年報稱：該銀行在一九五二會計年度中曾貸出相當於二億九千八百六十萬美元的款項。

九月五日（星期五）

美國及其他十三國在韓作戰國家代表，正進行會談，致力於尋求在聯大開會時從事討論韓境停戰僵局的方式。

九月六日（星期六）

美共和黨總統候選人艾森豪演說，提出十點計劃，使韓戰獲光榮結束。

英美法三國以對奧和約問題新建議交予蘇俄。

美前副總統華萊士撰文稱：「我把蘇俄共黨看錯了。」

九月七日（星期日）

韓境匪共猛撲聯軍陣地，激戰又起。美機再炸平壤，空襲時間達三小時。

埃及總理瑪赫辭職，納奎布親自組閣。

西歐六國外長集會，對歐洲煤鐵共營計劃，進一步會商。

九月八日（星期一）

埃及新閣已就職，閣員十五人除納奎布外皆爲文人。

九月九日（星期二）

安理會拒絕蘇俄所提十四國同時加入聯合國的建議。

美安全總署一九五三會計年度核撥中國三千三百五十三萬七千美元援款。

聯軍統帥克拉克將軍重申堅持志願遣俘立場。

九月十日（星期三）

美國務卿艾契遜表示：韓境和談問題，勢將在下屆聯大會議中討論。

澳洲駐菲大使穆爾抵臺訪問。

社論

對於我們教育的展望

近來常聽見社會人士對於我們教育的批評；即政府當局亦多不滿意於教育的成績。無疑的，我們的教育，非特沒有盡善盡美，即和英美丹麥等國比較，亦相形見絀。但我們平心靜氣的一想，便知道大部分的批評和不滿，都不免責之太過。在政府當局，以謙挹自居，猶尙可言；社會的批評，不中肯綮，足以淆亂視聽，是很可惋惜的。

好的教育，須以長久的努力才能奏效，決不是三年兩載便可見到功績的。凡可以「急就」的教育，多半是膚淺的教育，甚至是對國家有百害而無一利的教育。我們並不是在這裏故作迂闊的言論；請得略作說明。人文教育的難以速成，是人人知道的。例如英國的個性教育，美國的民主教育，都是經數十年乃至數百年的努力才收到現在的功效的。古稱「百年樹人」的，確是「經驗之談」。（這裏所謂「個性教育」「民主教育」，純就國民教育的着重點而言，並不是說英國美國只有這些主義的教育。就英國而言，百餘年來，許多明智的教育家，莫不主張「個性教育」，而英國國民對於國家和社會的責任心，似比任何國的國民都要大。這是一件「好的教育」的樣品。從這點我們可以懂得「個性主義」的眞意；我們可以知道自由知識對於國家和社會的重要。）至於工藝教育，似乎是短期內所可見效的，但亦有一定的步驟。英美德諸國，對於理論科學的研究，或歷史久遠，或設備完美，或人才衆多，所以在應用科學上的成就，自然不是別的國家可比。（蘇俄這六七年來，當然竭全力以製造原子彈，但除用間諜以竊取他人的成樣外，決不能使自己造出一個來。）蓋一切教育無論是「道」是「器」，都是沒有捷徑的。

我們中國的大學教育，自國民政府成立以後，即漸上軌道；設使沒有日本軍閥的侵略，則我們有幾個大學，在學術上的成就，定必斐然可觀，自政府退保臺灣以後，我們在臺的高等教育，亦可說蒸蒸日上。這幾年來的國立臺灣大學，雖然在設備上因國家財力的關係缺點尙多，而在風紀和學術上，已漸具先進國家大學的規模。如果任其按步就班的發展，定可成爲國家的學術一大中心。其他高等和中等教育機關，現亦力圖改進。如果說我們過去在教育上失敗了，那只能怪我們自己對於教育還沒有十分努力；例如，我們還沒做到憲法第一百六十四條的規定等等。

有些人士以爲國民教育要負國民道德的完全責任，亦未公平。我們深知這兩事有密切的關係。但教育譬如醫藥；醫藥能夠驅除人身的疾病，而不能使凡在瘟疫流行的地方居住的人不染病。居住於汚濁社會中，即受過好教育的人，亦不免同流合汚；孟子所謂「周於德者，邪世不能亂」的，僅是極少數的賢哲。（這好像打過各種預防針的人一樣，但這當然是很少很少的。）說到這裏，我們只好希望我們的社會人士和我們的教育家通力合作，使我們有一個漸漸改良的社會。互相推諉或互相非議，是沒有用處的。

現在我們對於教育，有二條最平正的路：一，任用適當的人，而絲毫不加以掣肘；二，必使各級學校有充足的經費。教育經費的問題，是很簡單的。今年臺北中學新生入學的困難，可以說是學校經費不够的影響。在這種情形下，政府似當格外想法。如果以爲基本教育以外政府便可不負任何責任，則國家儘可不設一中學或大學。這那能講得通呢！至於今年省立中學聯合招生而女生入學的機會不得和男生的相等，尤爲不合法。這自然又是省立女中經費預算的問題！我們根據傳聞，臺灣大學這次招收新生，雖然將名額儘量增加，但政府亦未能照比例追加臺大的經費。這似乎是一件不合理的事情。國家財政的困難，自是事實。但自由中國中，獨一無二的最高學府，對國家將來人才的關係很大；國家財政無論如何困難，這等處是萬萬省不得的。

講到辦教育的人，最理想的資格是：(一)品性純正；(二)學術上有高深的造詣或對於教育有特別的研究的；(三)極愛護國家和政府而不是偏激的黨員；(四)處理事務有大公至正的態度的。(一)(二)(四)三條，很容易明白；惟第(三)須加以解釋。辦教育的人要愛護國家和政府，自然是必須的；至於是否爲一位黨員，則可不必問。但有一件：若爲一位黨員，須爲公正無私的人，而不是一個偏激的黨員。一個偏激的黨員所做出的事情，往往非特有害於國家，即對於他自己的黨亦是有害無利的。這是我們對於自由中國每個合法政黨誠摯的忠告，決不是隨便說的。（至於假黨的名義以營私的人，當然是我們所不屑談到的。）

有人以爲現在國家處反共抗俄的非常時期，不是用政府所十分靠得住的人來辦教育，恐怕教育不能和其他的政策相配合。這個見解是不錯的；問題只是怎樣的人才算靠得住。照我們過去的經驗，最靠得住的還是心地潔白腦筋清楚的人，而不一定是執政黨的黨員。有這樣的心地和腦筋的人，沒有不反共抗俄的，沒有不愛護國家的，（假設他不是一個國民黨黨員，）也沒有不愛護國民黨的！因爲這樣的人定必知道，國民黨如果有什麼不好，那便是國家的不好。（一個腦筋清楚的青年黨或民社黨黨員會愛護國民黨，正和一個好的國民黨黨員會愛護青年黨或民社黨一樣。當然，這裏所謂愛，是「君子愛人以德」的愛，決沒有卑陋的成分羼雜在裏面。）這樣，還會靠不住麼？至於一個偏激的黨員，有時反而大大的靠不住！

教育是國家百萬年的大計，並且要配合人類文化的發達而時作適當的改進的。我們能夠用至正至當的方法時，便應當用這種方法。凡世間有眞正價值的東西，決不是從捷徑達到的。如果在反共抗俄的時期中我們對青年有施以特殊訓練的必要，我們務必採用最適當的方法。我們對預備軍官訓練班曾致芻議和希望；我們對籌備中的青年反共救國團亦願表達同樣的意見。最要緊的是：主持的人能夠知道「經」和「權」輕重的分別。我們再用醫藥作譬喻：正常的教育好比衞生的規則和每天的飲食；而特殊的訓練，則好比興奮劑。國家保持康健的道理，和個人保持康健的道理是一樣的！

第七卷　第六期　日本政情和次期政權

日本政情和次期政權

徐逸樵

一、各黨現勢概觀

日本政界最近發生了一樁突然的大事，那就是日本政府突然於上月廿八日宣布解散了衆院。在這一天以前，吉田首相不知幾次表示過要負責到明春期滿，那就是說總選舉要到那時纔舉行。在決定了解散之舉的前一分鐘，不僅自由黨（政府黨）的鳩山派和中立派以及其他在野各黨都絲毫不感到什麼動靜，就連衆議院的議長大野伴睦，自由黨的幹事長林讓治和自由黨的許許多多要人們也都睡在鼓裏，莫名其妙。這一事件的宣佈，鬧得自由黨的鳩山派和中立派以及其他在野黨馬翻人仆，繼之以憤怒和惡罵，認吉田爲「不共戴天之仇」（反鳩山派石田博英之語），爲「同爲外交界出身者之奇恥」（改進黨總裁重光葵之語）。這一事件的宣布，顯然地，只有吉田和其少數親信認爲制機先和閃擊戰之謀已售，於背地裏捧腹大笑。

衆院解散當然要重選，日期是十月一日。重選以後的文章是日本政界的再編組和次期政權的登臺。這一連串的行爲，將不僅爲日本全國所囑目，也是舉世人民所關心。爲什麼呢？這是日本獨立以後以「民主」表現其眞面目的首次。因此對於日本這次的總選舉和次期政權歸屬的可能，我們不能不有一個較詳的考察。

要談日本的總選舉和跟隨而來的次期政權，不能不先概觀日本現在的政黨。日本現在的政黨以自由黨爲最大；其衆院議席多至二八五，以極大多數壓倒其他各黨派之總和，於是有「大自由黨」之稱。此外的順序爲改進黨，社會黨，共產黨，協同黨　勞農黨，和再建聯盟等。改進黨是今年從民主黨蛻變的黨。此黨之前身民主黨　在一九四九年一月總選舉方畢之初，本擁有衆院議席六十九，但其後內紛迭起，齟齬不休，一部分爲自由黨支解以去，陷於無黨魁之局者垂三年，黨勢爲之大殺。今年初，乃有迎黨外「大物」爲黨首之醞釀，幾經遷迴曲折之餘，纔於五月間決定以新從巢鴨監獄中被解放之重光葵任總裁。重光之被迎，乃出於黨內人選無法產生，初非舉黨所心悅，因之在目前，黨內仍有所謂芦田派（右）革新派（左，以北村德太郎爲首領）協同系（協同黨員之加入者），和以大麻唯男爲首之「解除組」（註一）；外熱而內生，同床演異夢。此黨之是否能健化，端賴獨脚總帥（註二）之撫慰力與夫統率此一雜牌隊伍以與他黨在本期總選舉中會戰之成績以爲斷。社會黨在一九四九年總選舉後之衆院議席也有四十八。四八之數較之那次總選舉前的百餘席原是極慘，然而如果好自爲之，未始不可重振家風。可是事實的演變：由於其後黨內對於講和應取的態度（全面講和乎，部分講和乎的問題），美軍駐日應取的態度，重整軍備應取的態度，日美應否軍事合作的態度等，發生了大衝突，而將本有的左右二派分裂爲截然的二個，於是黨勢一落千丈。分裂以後的局面：左派擁鈴木茂三郎爲首領，陣營雖小而尙堅；右派內熱未清而互爭，直至目前尙爲有軀無頭的小黨。最近因爲總選舉快到，勢不可無黨首以資統率而應戰，乃有三請河上丈太郎爲首之着落。然而此派因係舊日勞系與舊社民系之雜居團體，歷史與性格不易成水乳之交融，看情形，似無若何成就於本期總選舉之後也。共產黨自一九五〇年後，幹部之重要者前後被追放，事實上已陷於「非合法化」，公開活動幾於無可能。在本期總選舉中，自甚少抬頭之望。協同黨爲一個月前由社會民主黨和農民協同黨的組合物，黨首爲國會中無議席的平野力三。其選舉戰的計劃，欲揭其「協同主義」以誘致地方農民，而對於都市，則易爲「協同社會主義」以號召（據說由於農民不懂或怕聽「社會」二字因略而不提），其用心亦良苦矣。勞農黨固亦爲目前日本之小黨，由於其性質之介於社左與日共之間，在本期總選舉中，必將苦擠於二者之間而無所大獲。再建聯盟爲「解除組新近組成之政團，首領爲岸信介及三好英之等。蓋其目的爲於總選中獵取議員若干，以此向大黨待善價而沽。信如是也，自不足爲政黨政治訓。

二、「大自由黨」如何興隆

這樣說起來，要看日本本期總選舉的情形和次期政權之誰屬，自應從自由黨現勢分析開始。而要分析自由黨的現勢，自又不能不簡述自由黨的歷史。

自由黨的歷史可以簡分爲四期：第一期是鳩山一郎揪黨而授總裁於吉田茂的時期；第二期是吉田總裁其名而鳩山總裁其實的時期；第三期是吉田奪取自由黨的領導權奠定了「吉田自由黨」的基礎的時期，第四期是吉田獨霸自由黨的時期。在第四期中的吉田，日人稱他是自由黨的 Oneman，然而內部的分裂却日益尖銳而露骨，至於不可名狀，這就是一二年以來的事情。

自由黨的開山祖是鳩山，這是誰都知道的事實。當鳩山組成自由黨，於戰後第一次總選舉後以第一黨黨魁之資格行將袍笏登場之前夜，突被盟軍總部指名追放而不得不急讓總裁於吉田，這也是誰都知道的事實。說到那時的吉田，既非自由黨的首揪人，又和日本任何政黨初無特殊的關係，爲什麼會被鳩山垂青，繼任第一黨的黨魁，並由此而即任一國的首相呢？關於這答案，人們僅知此乃由於古島一雄（註三）的推轂而一夜決定。而知其內幕者，則謂鳩山之所以如此，乃緣於鳩山欲借重吉田而速謀解除追放，初非古島老人單純一言而可令其慷慨如此也。原鳩山被追放之時，吉田正任幣原內閣外務大臣。吉田以親英美與戰時被東條幽閉四十天而見許於此時盟總，而此時之外務大臣實際只是日本政府與盟總間之連絡官。鳩山被追放，自認爲天大寃曲並認爲主動並非盟總，因之急盼解除以重見天日，大有度日如年之感。這個提早解除，他認爲非靠吉田緩頰不可，於是決然請吉田肩替，並慨允黨費由他自籌，不必吉田操心。然而鳩山之熱望，初非輕易可以實現。事實上，年復一年而消息杳然，吉田且未作寒廬之一顧；到了成千成萬的「追放組」都大批重見天日了，而鳩山之被解除也仍珊珊其來遲。他的被解除，去此時尚不到半年耳！這中間，吉田之不能見諒於鳩山乃是極顯然的。

吉田繼任總裁與首相，天與乎，人與乎，那是另一問題，然而從鳩山的看法，認爲那時政權的讓與乃是一種「暫時的交託」，那是極明白的心情。因之吉田初任首相之時（一九四六年五月至四七年五月，通稱爲吉田第一次內閣），閣員全出於鳩山指定，黨費全出於大野伴睦調度（大野爲鳩山重鎭，此時任自由黨幹事長），而內閣秘書長一席，復爲親鳩山之成分多於親吉田之成分的林讓治（註四）。此時吉田欲自介商相一席而不見諾於鳩山，仍不得不以鳩山所指定之石井光次郎任之，可見此時吉田之輕重。簡言之，此時之自由黨和其內閣乃是鳩山之天下，吉田不過名義上的老闆而已。這是第二期。

其後社會黨片山哲承吉田之後而組閣（與民主黨聯合組閣，時在一九四七年六月至四八年二月），繼之民主黨芦田均承片山之後而組閣（與社會黨聯合組閣，時在四八年三月至十月），均係社會民主兩黨私相受授之形態；政績不佳，而民心大去，於是吉田重行登臺（一九四八年十月通稱爲吉田第二次內閣）。吉田登臺以後，審知民意之去就，不久即解散議會而舉行重選，果然獲得了衆院議席二六四，一躍而爲最大多數黨；同時利用民主黨之內紛而略一招呼，拉其勢利之議員一大串以去，於是成爲擁有衆院議席二八五之現「大自由黨」，而爲勢頃一時之自由黨第三次內閣之首揆（自一九四九年一月以至今日，又名爲吉田第三次內閣）。吉田在此時，自不甘再事雌伏於鳩山之下；乃圖大張羽翼，以掌握自由黨之全權，是爲第三期。在此一時期，吉田於官僚中急急物色其新幹部，以代舊有之鳩山派幹部。今日吉田之手足，如吉武惠士，乃當日之勞動部次長，如佐藤榮作，乃當日之鐵道部次長，如池田勇人，乃當日之財政部次長，如大橋武夫，乃當日之內務官僚……均無一而非當時所拔擢，而總其紐者則爲今日與鳩山派對峙之總指揮廣川弘禪也（時廣川繼大野伴睦爲自由黨幹事長）。於是自由黨演變爲「吉田自由黨」之局勢以成。

此一局勢之發展，成爲吉田一人之天下，自屬勢所必然。而對此一局勢之大量滑潤油，則爲以下被管理期間二大特權之運用。即一手傳達盟總之意旨，一手任免內閣之閣員。原日本被管理之時，尤其在麥克阿瑟任內，日本政府事事須聽命於盟總，因緣而承命於盟總之習性因以養成。在此一時期，位重天皇之麥克阿瑟固無論矣，即其他中上級官有事，似非招致日本首相或外相（吉田兼外相，直至三個月前）面授不足以顯其威儀，於是吉田成爲承轉大事之唯一人。此一特殊現象之形成，於是事爲盟總所指定者固傳言出於盟總之命令，即事並非完全出於盟總之授意者，爲貫澈吉田之主張，亦莫不潤色而謂爲盟總之意旨。於是法令也，人事也，其他一切也，勢非完全聽命於吉田不可。此則至今尤爲日人所歷歷言之者。此爲被管理中吉田所享之特權一。依照日本新憲法六十八條之規定，首相有任免閣員之特權。此一特權自吉田自由黨形成以後，乃爲吉田所大量發揮，寫下了日本明治維新以後任何首相製造大臣之最高紀錄（遠爲任首相多次如伊藤博文等所不逮）。事實上，吉田於以上兩特權巧妙的運用，任何欲升大臣或戀棧大官者無不謹愼於吉田之顏色，以其一顰一笑均可以與奪其地位，則其他如次長局長之流者可以不問矣。此又爲日人所歷舉以道者也，是爲第四期。

總而言之，吉田在自由黨第四期之威勢大致如此。此一威勢之表現，其在普通用語之場合則爲人所耳熟之「獨裁」，而在日本特有之用語，則爲抄襲英語而得之，Oneman。然而吾不知英語之 Oneman 中是否確有如此涵義也。

三、吉田威勢一落千丈

然而事實上，方吉田威勢將達頂點之時，正是吉田威勢醞釀一落千丈之時期。方吉田勢力之大盛也，猶爲我人今日歷然如在目前者有二事：其一爲與日本侵略有關而被追放於公職之外者被大量解放，使其重新進入於政治社會舞臺；其二爲盟總管制之加速放寬，使日本得以加速自主。吾人於本節中將剖析吉田權威所以衰落之因由，而茲二事者實爲吉田權威所以衰落而一瀉千里之主因也。

日本政界中被追放者無慮數萬人，而在此數萬人中，過去有其顯赫之地位並曾發揮其辣腕者無慮千百人。此千百人者在今日各界中仍有隱然之地與勢力，而在現政黨中，更有其或大或小之關係。此千百人之在被追放期中，無日不在度日如年之歲月，急盼重復自由以展其「經綸」，亦無日不在布置其未來，並與現政黨作諸種勾結與活動，以待天亮之時候一到，則活動便可立即開始。茲者，追放已被大量解除而臻於無追放，則此勢若奔馬之新洪流一進日本政界之原野，吉田堤防自未有不被突激而險臨橫決者。此其一。

吉田在日本未獨立以前，本有其一手傳達盟總意旨以增大並控制政權之法寶。此一法寶原來是有時間的西洋鏡；傳達之任務一失，則西洋鏡自然拆穿。此時如尚欲使其從者觀者依然心悅而欽服，勢非「實在」之物不爲功。而所謂實在者果何所來，赤裸裸的人間吉田之能力而已。此吉田勢力之所以日即於衰落之主因二。

吉田於「追放組」大量出押及傳達法寶不復存在之後，法王寶座即呈動搖，其理已可於上述情形中充分得之。此一促其動搖之大波，來自黨外者尚小，而起於黨內者極大。而起自黨內之大波，則無一而不與總裁讓還之問題有其直接或間接的關係也。

原夫總裁讓還一問題，吉田並無吝而不予的表示，然而究其實，則始終並無誠意交還的意圖。所以不交還，則謂鳩山二度中風後健康尚未恢復故。

本年五月初鳩山自菲山休養歸來，中途訪吉田於其大磯私邸，健步高談以示健康已復，以覘吉田之眞意，而吉田則再三再四殷殷期其以健康爲重，絲毫未及於鳩山之心事。鳩山辭出返東京，於到達家中不到半天之內，連接吉田長途電話數次，仍請其以健康爲重而不及其他。鳩山自此乃決，認爲健談數小時已不倦，健步數千碼已不疲，而猶謂「以健康爲重」「以健康爲重」，是誠再無希望使其自動交出矣。於是決心發動一切以迫其讓還。

鳩山迫讓之道爲增强自己之陣營於黨內，並發動黨內對於吉田側近(註五)之不平分子以撼動吉田寶座，而其最後目的，則爲造成總選舉前有利於己之局面。至於吉田派，則竭全力以鞏固既定之地盤，並由此伸展有利於總選舉之計劃，以防鳩山派之反擊。如此相激相盪，乃有最近數月內無數次黨內大糾紛的爆發。而於每一糾紛發生之後，吉田之統制力必顯然下降一段，則又爲不容否認之事實也。

自由黨內無數大糾紛中之最大者，當無過於福永健司由副幹事長升爲幹事長而不遂之大風波。査幹事長爲黨中總裁以外之最要津；總選舉候選人之決定出於他，總選舉之指揮權托於他，其人選之誰屬，實操吉田鳩山未來之政治生命。吉田爲把握此一要樞自不能不安置自己的親信。福永健司者，爲吉田側近之一人，爲吉田之大將廣川弘禪在黨之替身，而亦爲麻生賀太吉夫所垂青之新進也。吉田於未提出黨議前，囑令廣川等全力撐腰，並一再向其側近表示：「如福永不獲通過，唯有辭去總裁而不幹」，以示決心之堅強。然而提名之結果，竟遭鳩山派與「吉田叛軍」(註六)之大反對；在吉田法王咫尺之前，大演桌椅爲碎之全武行。斯誠吉田威勢下落之最慘者。

福永流產後，吉田不得不請黨內元老打圓場，改爲衆院議長林讓治爲幹事長，以渡過僵局，然而已大狼狽之至矣。林讓治者，即前所謂親鳩山之成分多於親吉田之成分之元老中一人也。

吉田於改推林讓治爲幹事長之前日(七月三十日)，以電話招廣川即去密議，廣川方牙痛發燒，辭不能行。電話中有一段最可表示吉田此時之心境，錄之如下：

「……」

「你在生氣嗎？來一通！」

「不，眞在發燒，確是不能來。」

「你的燒有幾度，我可不知道。我的燒却到了百度了。」

這是什麼心境呢？氣憤鬱勃到了極點，不久必有戰術轉換的大發作。

四、閃擊解散和閃擊會談

這大發作就是不到一個月就爆發了的用閃擊戰術以解散國會。這閃擊戰的經過大旨如下：

八月初，吉田囑廣川弘禪，池田勇人(財政部長)，佐藤榮作(郵政部長)赴各地作廣泛布置，目的爲部署：(一)使提早解散有利於自派的局面；(二)迅籌選舉費；(三)觀察選民傾向。在這期間，吉田不時以間接方式表示必須主政至期滿爲止，故示鎭靜以亂他黨他派之視線。

八月廿二，吉田於內閣會議後，即與保利茂(內閣秘書長)麻生賀太吉(吉田之女婿)和視察歸來的池田勇人等密商，決定於廿七或廿八閃擊解散衆院，並密囑池田秘密示意於尚未返京的廣川弘禪。在這一天以後，池田等的主要努力是積極充實選舉費。

八月廿五，吉田赴那須謁天皇(註七)，密奏解散應提早舉行，得其同意。

「自由中國」的宗旨

第一、我們要向全國國民宣傳自由與民主的真實價值，並且要督促政府（各級的政府），切實改革政治經濟，努力建立自由民主的社會。

第二、我們要支持並督促政府用種種力量抵抗共產黨鐵幕之下剝奪一切自由的極權政治，不讓他擴張他的勢力範圍。

第三、我們要盡我們的努力，援助淪陷區域的同胞，幫助他們早日恢復自由。

第四、我們的最後目標是要使整個中華民國成為自由的中國。

八月廿六，吉田於衆議院選擧議長之時（註八），個別招致少數親信閣員，囑其署名於預先準備好的解散衆院的內閣決議書。當日下午，派總理府的總務科長山田送至那須，請天皇核准，但決議書上並無解散的日子。

八月廿八上午，吉田自箱根三井別莊返京，於臨時閣議中突然提出解散衆院之議，經通過後，即交大野伴睦執行。

以上爲閃擊解散之經過。我們看這一經過，自不免引起如次感想；手段誠辣而法理和手續均不免有可議之處；自派之準備固已相當充足，而驟陷他黨他派於極度狼狽之局，其將掀起更大的激動與憤怒，自爲意料中事。而最令鳩山派惶惑與不滿者，尤莫甚於以關西（大阪神戸一帶）爲中心之資本家之「政治献金」，由於吉田派捷足先登，大部爲其囊括以去也。

自衆院解散後，自由黨呈進一步的大分裂。吉田派以廣川弘禪之私邸爲總選擧參謀本部，籌劃繼續打擊鳩山派之道。鳩山派以日比谷公園左近日活國際大厦中石田博英所租之樓房爲參謀本部，作爲指揮攻防戰之本據。在解散之次日，各報頻傳廣川業已商得吉田之同意，將於本月初換發黨內候選人之黨籍證明書，意在扣發鳩山派中不利於吉田的有力者之證明書，使其陷入於無所屬的窘境。此擧雖藉林讓治等幹部，以去就力爭其不可而一時擱置，然而由於如此層出不窮的刺激，二派之愈陷於分裂而甚難再結合，要爲極明鮮之事理。

在此一閃擊解散後恰好一星期（九月二日下午六時），吉田派以外各黨派之惶惑與憤怒尚在彌漫未消之時，又有吉田突訪鳩山之事聞矣。吉田之往訪，自其避暑於箱根的三井別莊，於暮色可掬中出發，而其往訪會談地則爲山頂蘆湖畔之箱根旅舘。吉田之往訪一二天前雖微有間接的暗示，然而既非出於任何公式的連絡，更無往訪時間的表示，在剛被閃擊而又久未承訪的鳩山看來，此一消息顯然有近於玩笑。顯然地，這又是另一手法的閃擊。

吉田之往訪既如此神秘，談話雖僅半小時而又是極度秘密；相約不必有外人參加（出於吉田臨時提議）。在常人看來，必以爲此一會談乃係吉田自動打開僵局之王牌。然而會談之結果，據各報確實的觀察，並未絲毫談到政治的問題。而據鳩山事後的表示，認爲談話只是「說說笑話」而已，無非是去看看他的健康如何而已，因之他也就「無法談正經事」。這一表示是眞的。何以見之呢？他於事後就用長途電話告訴了正在日活國際大厦密議中的河野一郎說：「和吉田首相談話以後，政治情勢並無變化，請你們仍向既定的方針進行選擧」（註九）。而讀賣新聞指出鳩山派對於吉田往訪的看法，則認爲是「對於國民的騙局」（註十）。

看了這些閃擊的手法，吉田不是近於熟讀三國演義而頗具心得似的嗎？

五、吉田乎？鳩山乎？重光乎？

我們對於各黨的現狀，特別對於自由黨的情形，已經有過比較詳細的考察。現在要問的是行將到來的總選擧和其後的政權的問題。關於這問題的假定答案實在很困難。困難的原因很多，擧其要者有以下幾種。

（一）日本獨立後，不滿於現狀者很多。這是一個對於內政不滿和對於外交不滿交織而成的局面。不滿表現到這樣的程度，非到總選擧後不易看清。

（二）日本經戰敗和被管制的教訓，國民對於往後立國的想法確實起了很大的變化。這一變化表現於階層的分野，屬於右派和中年以上者較少，而屬於左派，青年，勞動界和婦人者較多。然而只是根據這一分野的比重又不能作爲驟然判斷總選擧的結果如何的標準。爲什麼呢？青年和婦女的看法雖然有了很大的變化，而過去的戸主制和家長的權力又在復活，因之他們或她們的選擧票大有被舊勢力控制的可能。

（三）追放者被解除後之活躍於競選者很多。他們的當選率如何，對於日本此後的政權和其政策當然有大影響，他們的當選率到底如何，這又是很不易判斷的問題。

（四）日本戰後物質的誘惑力大張，勝負決於「金彈」之成分不應漠視。然而最近所謂「公明選擧」之呼籲又彌漫於全國，其力量也不應漠視。

我曾經和許多人談過總選擧的瞻望！老年有老年的看法，中年有中年的看法，而青年又有青年的看法。這其間又有性的區別，貧富的區別，智識不同的區別，希望和看法非常混亂。看今天同一大公司的「政治献金」之盲献而又東献西献，就可以看出不敢作孤注式的押寶的心境，則其反映於情形的混亂者蓋可瞭然。可是話雖然這樣說，不管各黨各派的選擧結果將是怎樣，然而就大體說，要不外乎，仍是吉田乎，鳩山乎，重光乎的問題。

吉田和鳩山今天的心境，一言之，都不外乎勉强想「同居」到總選擧揭曉。他們所以有這樣相同的心境，無非由於能同居到揭曉，就整個自由黨言，依舊成爲最大黨的成分比較多；到那個時候，總裁的歸屬再來取決於那一派的議員數的多寡。這是吉田和鳩山相同的心境，也就是他們異口同聲地表示總選擧後授受的意思。可是事實上，取決於多數雖然是民主的眞義，然而事實上一到那時候，少數者之決不願也不會聽命於多數者，就各種角度來判斷，恐怕是註定了的命運。誠如是，則聯立內閣之命運豈非難逃乎？可是聯立內閣之成立乃是非常勉强的。從今天日本各政黨的情形來判斷，這樣的內閣顯然是極脆弱的。說不定，這樣的內閣勉强成立以後，由於內部加速度的對立和磨擦，外部加速度的牽制和攻擊。不久又要再來一次總選擧。這種可能的局面並不是絕對不可能的。殷鑑不遠，在吉田第二次內閣登臺不久之時。這種種是我們看到今天混沌的情形而替日本次期政權危懼的推論，是乎否乎當然要看事實的證明。

看現在的情形，吉田派爲自己的力量吹，鳩山派爲自已的力量吹，二派又在一起吹，認爲如果合起來，總選擧後至少有衆院議席二百五十。而旁觀者則謂最多只能到二百至二百三十之間。這且不必去問他。改進黨呢？意氣很軒昂，從「吉田到重光」是他的口號，如意算盤打到一百五十席，而旁觀者則謂至多只能到百席。這也不必去問他。此外的各黨各派自然各有其千秋，然而不能成爲決定的勢力，那是沒有辦法的。這也不必去問他。我們已經說，自由黨在組織次期政權以前勢力非陷於分裂不可，如果吉田或鳩山到那時還沒有根據民主精神作揖讓的決心的話，那末到那個時候，改進黨不但可以擧足輕重，而且包不定還有組織聯合內閣的希望，只要他有一百略多的議席和自已不吵架的精神。

我們的看法大旨如此。爲期明白起見，試作以下的推論：

（一）總選擧的結果，整個自由黨的衆院議席仍多於其他任何黨派，然其數將不至多於一百三四十席。改進黨當爲第二黨，其數當不至於超過一百一十席。

（二）自由黨吉田鳩山二派之分野有近於半斤和八兩之比；吉田派之數可能較多，然亦決不至多到五分三以上。

（三）吉田鳩山二派如不能根據民主精神以揖讓，則分裂勢所必至，然而此一揖讓之精神，從其歷史和今天的水火以觀，實在沒有希望。

（四）自由黨到那時如果不分裂，仍可成立準單獨內閣。這樣的甚少可能的準單獨內閣的首揆，其爲吉田乎鳩山乎，這要看吉田有無豹變的寬大精神。因爲鳩山蓄意做首揆已六年於玆，其意若謂不問總選擧以後如何，如果那時吉田還不讓，寧作最後玉碎之擧，以爭取聯合內閣之首揆。

（五）如果自由黨眞正分裂，其中任何一派欲圖與他黨組織聯合內閣，則無論從歷史性格，主張和其他各方面言，鳩山可能多於吉田。這時候，吉田將不惜率領其自派議員，暫作旁觀以待時機。

（六） 重光主政之機會甚少，以其黨尙爲雜湊而未見大信於國民，當選率自不會太多。如其有此一機會，只有在次一條件和環境下纔有其可能，即改進黨之衆院議席至少在一百二三十以上而自由黨分裂以後任何一派之勢力均在改進黨以下。然而其如環境有可能而條件則極難何？又何況改進黨的內部又那樣的複雜，相約不准和他黨組織聯合內閣呢？

日本的政情眞太複雜了。這複雜應該就是新生日本苦悶的象徵，然而吾不知此果係新生日本希望的象徵也。

一九五二、九、四、於古江戶

（註一） 日本戰時和侵略有關者，除戰犯另受審判以外，大都被盟軍總部追放於公職之外，不許其參加政治，社會，經濟和教育活動。日本獨立前後，又成批被解除。日人名被追放者爲「追放組」，被解除追放後又名爲「解除組」。

（註二） 重光葵於淞滬「一．二八」戰役時任駐華公使。戰爭停止，日人在滬慶祝勝利，重光在慶祝臺上被朝鮮志士投彈轟去一足，今尙扶杖而行。

（註三） 古島一雄爲舊政友會的黨員，和犬養毅極相得。淡於名利而敏於知人，嘗爲日本政界所器重。吉田主政期間，不時登門請教，日本譽爲「吉田之政治指南」，本年春間逝世。

（註四） 林讓治與吉田爲同鄉，有親誼，而與鳩山之關係則爲長官與部屬。因鳩山於戰前任教育部長時，林曾任鳩山之秘書。林與朋輩談話時稱吉田爲「君」，而尊鳩山則爲「先生」。

（註五） 吉田之側近爲麻生賀太吉夫婦（麻生之妻爲吉田之愛女和子），白洲次郎，廣田弘禪，池田勇人，佐藤榮作等。日本報人謂其側近時在吉田私邸打麻雀，大事版決於此時云云。或近於過譴。

（註六） 此一大反對之首領爲鳩山派中曾任財政部長的石橋湛三之健將石田博英，日本指其所指揮的議員數十人爲「吉田叛軍」。

（註七） 那須離東京約汽車四小時之距離，爲高原勝景。時天皇裕仁正在那須別邸避暑。

（註八） 林讓治本任衆院議長，轉任自由黨幹事長後，吉田不得不提名鳩山派健將大野伴睦充衆院議長。

（註九） 朝日新聞九月三日第一版。

（註十） 讀賣新聞九月三日第一版。

由英國近年對外政策談英國民族性

王雲五

居今日而言對外政策，其重要殆無有過於對共產世界矣。本文論英國對外政策，也就以此為範圍。

誰都不能否認，以邱吉爾之目光如炬，對於戰後蘇俄足為世界的威脅早已逆料，故於進攻歐洲時，主張從巴爾幹直趨波蘭，以隔斷蘇俄對東歐之伸張勢力。終以史太林之反對，與羅斯福之安撫史太林，致未能採取此計劃，以防患於未然；且爾羅斯福時勸邱吉爾與史太林妥協，以達共勝利第一之目的；由此種種，足證邱吉爾內心固不敢信任蘇俄，而欲早為之備，與羅斯福之與人為善致受蘇俄之愚弄者不同。在此情形之下，英人對蘇俄之交涉似宜有所警惕矣；顧其對蘇交涉之結果，竟多有與其主張相矛盾者，姑舉三事，以為例證：(一)關於波蘭事件；(二)關於中國事件；(三)關於韓戰事件。

波蘭為第二次大戰之導火點，於一九三九年九月一日受德國侵略，未幾，蘇俄即於九月十七日從東方侵入波蘭。九月二十八日，德蘇兩國竟簽署共同瓜分波蘭之協定；是則蘇俄之為第二次大戰禍首僅次於德國。波蘭政府失國後，其代理總統先在法國設立流亡政府，以西柯士基為國務總理，嗣因法國失敗，再流亡於倫敦，而英法固曾與波蘭同盟，而支持波蘭反抗希特勒對走廊與但澤之要求，致不惜因此而對德宣戰者。流亡於倫敦之波蘭政府陸續徵集與訓練一枝軍隊至十萬人，在各戰場與盟軍比肩作戰，並曾於一九四二年一月一日聯合國宣言書中為其簽署者之一；其合法地位，自毫無疑義，當然具有參加舊金山會議的充分權利。英國既為波蘭而對德宣戰，復容納其流亡政府於倫敦，同時對於蘇俄的野心勃勃亦曾燭照幾先；但是到了雅爾達會議，竟屈從史太林的要求，一則阻止舊金山會議邀請在倫敦的波蘭政府參加，二則准許蘇俄一手造成的魯布林政府繼續執行波蘭政權。據美國前國務卿貝爾納斯所著『說老實話』一書所記，「史太林願意在該政府(即魯布林政府)中加入幾個新人物，但他要確實知道這些加入的人物不會影響蘇俄對該政府的控制』，是則史太林的野心雖在雅爾達會議時公然暴露，而英國對於夙與同盟的波蘭合法政府，竟不惜棄如敝屣。其後蘇俄甚至對於加入幾個新人物的諾言也不履行，而置波蘭於清一色的俄共統治之下。英國人如果是昧於蘇俄的企圖，還可以說是君子可欺以其方；但前此在進攻歐洲前主張防備蘇俄的是邱吉爾，而此時在雅爾達犧牲波蘭而對蘇俄讓步的也是邱吉爾。這不是一種矛盾嗎？

中國在太平洋戰事發生後是英國一個盟友。雖然在中日作戰的初期，當中國沿海口岸皆已淪陷，而惟恃滇緬路為對外的惟一出路之時，英人為討好日人竟不惜封閉該路，予戰時的中國以莫大打擊；但太平洋戰事發生後英人自身仍不免受日人的突襲，於是急作一百八十度的轉變，而對我國表示親善。民國三十一年間，距太平洋戰爭發生後不滿一年，英國國會為着中英比肩對日作戰、思有以增進兩國的好感，自動組織國會訪華團，以上下院議員各二人，其中保守黨占二人，自由黨及勞工黨各占一人，來我國訪問；此在英國對華的外交史上固屬創例，即對於其他强國亦不多見。我國政府為報聘之故，於三十二年終由國民參政會及立法院組織一訪英團，以參政員四人及立法委員一人構成之；著者也獲側身其間。以著者留英之六星期目擊耳聞而身受者為證，此時之英國，無論在朝在野之人，確對我國懷抱向所未有的好感，甚至前任外相之西門爵士，對於戰前之中日關係輒有不利於我的主張者，此時轉任上議院議長，迭與著者等晤見時，無論為私人的談話，或公開的演說，皆一反前此之態度，對於我國之親切遠在他人之上。其首相邱吉爾與我國府蔣主席及美國羅斯福總統在開羅會議之結果，於一九四三年十二月一日聯合發表宣言中强調：『在使日本所奪取於中國之領土，例如東北四省，臺灣，澎湖羣島等歸還中華民國』。曾幾何時，在一九四五年二月雅爾達會議中，却不待我國同意，甚至不商詢我國意見，竟將外蒙古獨立與大連商港、旅順軍港及中東鐵路與南滿鐵路等讓與權擅許俄國，以致俄人在戰後利用此一優越地位，給予中共大力的援助，釀成我國今日的慘局。

及三十八年間我國之廣州淪陷後不久，北平的中共偽中央政府成立，除蘇俄圈子裏各國予以承認外，世界各大國，特別是五强中的西方國家，率先承認中共政權者厥為英國，且至今惟有英國。其理由無非為維護其在華商業利益、財產，與接近南中國的香港之安全，故一面雖承認中共，一面却在馬來亞積極反共，足見其純為現實利益而非贊同共產主義也。然自片面承認中共後，迄今兩年有餘，歷受中共政權的侮辱，至今不僅未能建立外交關係，甚至英國在華商業財產價值數億鎊者竟被迫而至於放棄；使英商尚有一線的希望，又何至出此？然而在此兩年餘之間，英人雖備受中共之欺凌，而其單戀仍不稍餒，除在多次的國際會議中，主張中共政權代替國民政府的地位外，並於去年夏秋之間，召開舊金山對日和約會議之前，極力排斥國民政府，而欲以中共政權代表中國，致美國不得不採取折衷辦法，使我國民政府不克參加舊金山和約會議。

說者謂承認中共係在勞工黨執政之時，勞工黨之主義左傾，其外交人才亦未能如保守黨之幹練，加以保守黨在野時亦嘗有若干人對勞工黨之外交政策表示不滿者，於是認爲保守黨重掌政權後，其對中共的承認或有考慮取消之可能。著者則於邱吉爾上臺以前，即認爲保守黨此次執政的對外政策當不會有何修正；原因是英國在戰時正與美國一般，採取兩黨一致的對外政策，勞工黨執政後，此政策殆未變更，實際上保守黨之邱吉爾且隱爲主持，故平時雖以反對黨地位屢作反對的主張，然一遇重要問題——內政問題除外——兩黨殆無二致。今距邱吉爾重上臺已十閱月矣，其對於共產世界的應付，特別是對於中共，究有何事會自動作積極的措施乎？

韓戰之發生，英國固不稍猶豫，在實際上由於美國之領導、名義上由於聯合國之號召下　出兵對北韓作戰；此實近年以來英國反共措施之差强人意者。然而韓戰之成爲有限度的戰爭，換言之，即不主張打擊中共『援朝』之來源，以致中共援兵得以源源自東北入韓，而其軍用機來自中國東北者，一經逃過鴨綠江，即獲得絕對安全的保障，因而共黨在東北的空軍基地日益堅强，有進攻之便　無後退之虞。此固爲美國基本政策之一端，然英國對美之壓迫，實最明顯。觀於最近美國在忍無可忍之下，大舉空襲北韓電廠　英國以美國未能預與商量，惴惴然深恐因此擴大戰事者　則其平時之反對將戰爭帶到東北　自不待言，尤有奇者，自一九五〇年六月美英兩國既在韓國與共產軍作戰，初時中共之參加韓戰未表面化，然其以物資資助北韓，總逃不過美英的耳目　及是年底中共軍隊大舉入韓，對美英作戰，局勢更明朗化；然是年美國對中共的輸出雖由一九四九年之美金八二，〇〇〇　〇〇〇元降至三七　〇〇〇，〇〇〇元；而香港對中共的輸出卻由一九四九年之美金一二八，八六二，〇〇〇元驟增至二五五，七〇〇，〇〇〇元，其由英國及英屬馬來亞直接輸往中共區者，尚有五〇，〇〇〇　〇〇〇元不在其內。在此重要關頭，英國竟容許其殖民地香港以大量及加倍的物資供給中共，特別是目擊自己所產的樹膠　汽油、與金屬　由中共軍隊在韓國用以殺戮自己的軍民。

英國這樣的矛盾行爲，我以爲似不難於其民族性中獲得解答。英國巴爾溫伯爵於所著小冊『英國人』的開端有左列一段文字：

『六十年前，余讀二城記，甫畢其最初數行，不禁茫然若失。竊以爲可愛的著者狄更士竟對讀者弄技倆　深望對此不可解之文字，終可得一線光明；然而不可解者終不可解也。茲記此段文字如下：「此爲最佳之時間，此爲最劣之時間；此爲智慧之時代，此爲極愚之時代；此爲信仰之時期，此爲懷疑之時期；此爲光明之節候，此爲黑暗之節候；此爲希望之春季，此爲失望之秋季；吾人當前一切皆有，吾人當前毫無所有；吾人走向天堂，吾人走向他途」。今者，方余握管爲「英國人」一文時，此段文字復迴旋於腦際。就余讀書所得，並就余得自國外之評論者，英人之性格與狄更士之一段微妙文字奇合。彼愚拙，彼卻精心計；彼懷疑，彼卻可信任；彼爲堅强之個人主義者，彼卻爲善於合作者；彼嫌惡理想，彼對任何部門之科學卻有不少之貢獻；彼粗頑　彼卻爲人類中最富於感情者』。

余於民國三十三年七月訪英歸來後，著「戰時英國」一書，其中有論述英人之特性一章，對巴爾溫伯爵所舉英人性格之矛盾，證以平日讀書見聞與此次訪英觀感，酌爲增刪，歸納爲五項，即（一）自由與守法；（一）自治與合作；（三）紳士與商人；（四）體諒與固執；（五）理想與現實。蓋皆象徵其矛盾之性格者也。然而英人之矛盾性格尚未盡於此也。及今思之，可得而增益者尚有數種，計開：（六）高傲與卑屈；（七）遠見與苟安，（八）熱情與冷酷。茲先就與本文即英國近年對外政策尤爲有關之（三）、（五）（六）、（七）、（八）各項矛盾性分別剖釋引證如次：

（三）紳士與商人　紳士重禮　商人重利；紳士高尚　商人鄙吝；兩者實相矛盾。然英人夙以紳士風度自侈，尤以上流社會爲特著；同時又被世人稱爲『經商之國民』　英人聞之絕不以爲忤；是其兼具二者之特性，殆無疑義。在對外關係方面，其外交家周旋於樽俎之間，彬彬有禮，確具紳士風度；又平素頗重然諾，大如國際上的交涉，小如商業上的交易，一經約定　縱然未作書面契約，大有一言爲定之概，而通稱此種口頭協定爲紳士協定，彼此信守不渝。但遠溯史乘，迄於最近，英人之對外關係多以商人爲出發點；東印度公司以一私人商業公司爲基礎，而吞併廣土衆民之印度。最近對伊朗所發生的嚴重交涉，與緊張局勢，亦即由於英伊石油公司之糾紛。其對我國的開始關係，則由英國商人以毒害人民之雅片輸入我國，遭我禁制，遂由英政府出面支持，致不惜以武力對付我國，構成所謂雅片戰爭，結果迫使我國割地通商，祇圖有利於彼之商人，致不惜以他國之主權利益爲犧牲。最近雖明知極權的共產主義與英國的民主自由作風相悖，祇以貪圖對中共所控制大陸上的通商利益　遂徇商人之願望　而不惜承認中共政權，且不惜種種遷就，甚至犧牲其在最近數年間比肩作戰之盟友，並置道義於不顧；是則紳士氣味殆至消失，與余在八九年前所著　戰時英國」中，期望其商人能效紳士之儒雅，紳士能仿商人之幹練，各取所長，相反而適以相成者大異其趣。

（五）理想與現實　英人爲注重現實之民族，可從其種種制度獲得明證。關係最大者爲憲法；然自憲政開端之大憲章迄今七百餘年尚無整個之成文憲典，蓋以其既行之有效，則無需有一定形式也。關係最廣者爲教育，然其各級學校之名稱複雜，系統不明，在他國人視之，殆無不認爲有整齊劃一之必要者，而在英人則以爲既經實行而不致發生窒礙，亦何取乎名稱之調整。英人之觀念蓋以形式與名稱皆無關實用，其有關實用者無不隨時改進，不稍遲疑。故保守黨從前執政時，對於社會政策之潮流固能順應，即經過工黨執政，厲行國有政策後，保守黨重掌政權，對於已實施者，亦未驟予變更。凡此皆足以證明英人之重現實，然此亦非謂其未嘗注重理想也。誠如巴爾溫伯爵所言，彼等對於任何部門之科學皆有不少貢獻。遠在十六世紀與十七世紀初葉，倍根氏開其端 而波菲耳之對於化學、物理、胡克之對於物理、植物，牛頓之對於物理 天文、哈黎之對於天文、地磁，法拉第之對於電磁，來伊爾之對於地質、道爾頓之對於原子說與算學，達爾文之對於生物，赫胥黎之對於生物，刺特福之對於放射說，何一非運用其玄妙之理想，而為世界之科學泰斗乎？是則英人從其歷史而言，固於現實與理想並行不悖者也。就其近年之對外關係一為檢討，是否亦能相反相成，抑矛盾而不相容者乎？國際正義原為英人所懷抱之一種理想，國際法一詞且為英國法學大家邊沁（一七四八—一八三二）所創。其後學者輩出，主張國際正義者甚多。然當一九三五年意大利對阿比西尼亞毫無理由的進攻，國聯雖有經濟制裁之決議，及一九三六年意大利實行併吞阿國以後，英國外相哈里法克斯則謂：『無論國聯地位如何重要，但牠因以存在而努力求達之目的實較本身更重要，而這些目的中之最大者就是和平』。因此，為着一時的『維持和平』，英國原主張對意大利制裁者，竟不得不承認意大利之結果。又一九三八年間德國發動兩次的嚴重侵略行為，一為三月十二日之對奧進兵，強迫將其合併，而居領導國聯地位之英國並未主張制裁；一為八月間德國提出割讓捷克蘇臺德區之要求，並動員德國軍隊，準備進兵捷克，英國首相張伯倫兩度飛德與希特勒協商，結果竟於九月二十日由英法德意四國巨頭簽訂所謂明興協定；於是德軍於十月一日開入捷克，一九三九年三月希特勒更超越協定之範圍，占領捷克殘餘之領土。自明興協定簽字後，張伯倫與希特勒更發表一聯合宣言，謂英德兩國從此不訴諸戰爭；乃未滿一年，因希特勒之再三違反諾言，於一九三九年九月一日宣布兼併但澤，實行侵略波蘭 英國忍無可忍，不得已始於九月三日與法國同時對德宣戰。由此可知過分重視現實，而不惜犧牲理想者，最後終不免要支付慘重的代價。第二次大戰中，與第二次大戰後，英國對於史太林之遷就無殊於第二次大戰前之對於希特勒，甚至對中共偽政權亦不惜多所遷就，而種種遷就之結果，皆不免對國際正義之理想有所犧牲。第二次大戰前犧牲理想所召來的慘禍，殷鑑不遠；則目前與今後犧牲理想之結果，自亦不難推想而知。

(六)高傲與卑屈 法國希格斐所著「西方民族性」，稱英國人性格高傲，『對於非英國的都加以厭棄，對於外國人則特別厭棄拉丁族。即對於法國人的智慧與其藝術頗加欽羨，但在道德上從來不寄予信心』。英國人對於白種人尚如是輕視，其對於有色人種當然更歧視。於是領事裁判權之施行於許多居留國遂為英人所首創，其意無非以大英人民不應受古老或落後國家的法律裁判，必須由駐在各該地之英國領事裁判，俾不致有受不文明處置之虞。甚至一個古老或落後國家，在司法上已大有改進，乃提議撤消領事裁判權，以維主權，然而藉詞拖延，不肯爽快應允者往往也是英國。我國國民政府北伐完成統一中國以後，一切勵精圖治，對於司法上亦大有改革，乃繼關稅自主之交涉後，續與各國商議撤消領事裁判權，雖於民十七年與比利時，意大利，丹麥，葡萄牙諸國之通商條約中插入廢除領事裁判權之條款，但須以多數擁有領事裁判權的國家同意於此項廢除為條件。英國為對我國領事裁判權之主要受益國家，非得其同意廢除，此舉將難實現。我國遂以最大容忍對英國磋商，一面自動宣言認為領事裁判權須於民國十九年一月一日終止，然遲至民國二十年夏季我國始克與英國成立最後之協議。未幾又以日人侵略東北，使中國局勢復陷於不穩定，中英間商定廢除領事裁判權之草約遂被藉詞擱置，直至民國三十一年中國成為世界大戰中四大盟國之一，此一問題始獲得正式解決。聞即在此時，英國尚主張將此問題延至戰後解決，經我方指出領事裁判權之廢止對於中國人民將有重大的鼓舞力，美國復予贊助，始得提前實現。此一例子固然是英人高傲性之表現；然而自中共控制中國大陸以後，英國為貪圖維持其通商利益，除由其政府率先承認中共偽政權外，其僑民仍多繼續留居。數年以來，處於共匪無法無天之統治下，不僅英國僑民，甚至其領館人員亦飽受中共之凌虐，不僅談不到領事裁判權，甚至駐在地竟無法律可資保障。此在表面上與英人之重視法治與人身權者絕不相容，然英國政府與人民不惜隱忍，有如上文所述，且在國際會議上常為共匪張目；在物資供應上，不斷由香港予共匪以重大的便利。其卑屈情形，幾使人不能置信為大英民族所能忍受者。直至最近，忍無可忍，始決計將數億鎊之在華財產放棄，以期撤退僑民；然共匪對其僑民之撤退仍多方留難，對其所留下財產陸續奪取；英人仍甘心忍受，據其政府透露，對於與中共間之貿易仍不斷絕，更談不到撤消承認。以一個平時高傲的民族，此時却如是卑屈，其為矛盾實最顯明。

(七)遠見與苟安 有遠見者必不願苟安；就苟安者大都無遠見。以此尺度而衡量英國人民，殆屬無效。英人以其狹小的島國，早已知道不能給養其日有增加的人口，於是繼西、葡二國之後，積極採行海外殖民政策，其對於散在全球之殖民地又善為處理，遠非西班牙與葡萄牙所及，迄於第一次大戰以前，構成舉世第一個大帝國，且為最強之一國，其遠見誠有足多者。然至第一次大戰後，為防法國之勢力強大，不惜扶助德國，以維持均勢；及德國之勢已張，希特勒之野心日著，竟再三安撫，致釀成第二次之大戰。是即苟安之弊也。在第二次大戰中，邱吉爾對於登陸歐洲的戰略主張，預謀防止蘇俄的勢力張大，不可謂非遠見；然戰時末期及戰後，對於蘇俄之事事遷就，甚至對蘇俄之附庸中共政權亦不惜予以遷就，以致赤禍瀰漫於世界，尤其是主張重歐輕亞，致陷其聯邦印度、緬甸與屬地馬來亞、香港等於危險之局，則又苟安心理之爲祟也。

（八）溫情與冷酷　英國人之溫情，可從其對於牲畜之仁愛而得證明。對於牲畜之保護，與虐待牲畜之懲罰，殆肇始於英國。我小時候住在上海英租界，記得有一次我家的女傭把從菜市購得的鴨倒提着，竟被租界巡捕帶到捕房去，說她虐待牲畜，罰款兩元；我那時候還不滿十歲，卻很抱不平，說牲畜固不應虐待，但爲什麼租界的巡捕隨時把黃包車夫痛打一頓，視爲當然的事，難道人不如牲畜嗎？後來有一個機會到英國，見着倫敦泰晤士報登着一封通信，大致說，這一天，投函人從牛津回來，看見一條狗在他的汽車前慢慢地穿過大路，他立將汽車開得很慢，狗便停止，搖着尾巴，退向後去；等他經過之後，回頭一看，見那條狗在人行道上還望着他搖尾道謝。一個民族能夠這樣對待牲畜，本於仁民愛物之旨，其對於人類，當然也是具有溫情的。的確，英國對於遭遇意外之人所爲之救護，如救火、救溺、救傷等眞能奮不顧身；其溫情實亦有足稱者。然而正如英人對於種種方面的矛盾性，其溫情之對面卻不乏許多冷酷的例子。試舉一個近而易見並由我目擊的事爲證。我自從中日戰事發生以來，斷斷續續的在香港住了幾年，親自體驗到英人的一個冷酷事例，而且這一事例是屢見不一見的，那就是強制折除貧民所居木屋之事。香港的居民，貧富相差極遠。富者高樓大廈，或高居於半山區的獨院住宅；極貧者則無家可歸，日間把一捲鋪蓋寄存在公廁內，晚間則取回鋪蓋向人家門前的騎樓下睡過一宵。其較此資力略高一籌者，因無力租賃寸金寸土之房屋，祇好在距離馬路較遠的山邊藉自己的力搭蓋一所木屋，舉家生息於其中，以避風雨。一家既開其端，他家接踵而來，往往此項木屋構成一個相當大的村落。誠然由於木屋易起火患，且居民擁擠，不講衛生，而建築時又不加限制，相距過於密邇，於是香港政府爲防火與衛生起見，時時勒令折遷，而折遷後又往往不爲另籌居處之地。折遷之令既下，此類貧民苦於無法遷移，自不免拖延時日，而香港政府令出惟行，於限期屆滿，即派大隊警察強迫折屋，違者輒由警察代折。我所居之後面山邊這樣的木屋不少，平時目擊其中居民出作入息，熙來攘往；一旦大隊警察來臨，一日之間，全部木屋夷爲平地，居民扶老攜幼，帶同少數的衣物家具，倉皇他徙，有暫時寄頓之房屋者固屬萬分幸運，否則祇好在附近樓房的騎樓下，暫時露宿若干時日，而眼見距此不遠的舊日居室化爲烏有，其冷酷之情形，不僅身受者苦痛萬分，即目擊耳聞者亦深覺難堪。我絕不反對香港政府之重視火患與衛生，但殊不解平時卻容許此類貧民自由搭蓋木屋，不作事前的限制，等到這些房屋發展到飽和程度，乃突然下令一律折除，又不爲另籌出路。將謂平時耳目有所未周乎？則這些木屋都是建於山邊，從其附近的馬路仰望，無有不能早日發覺者。假使純爲防火及衛生起見，何嘗不可於初次建築之時，嚴限其建築條件與彼此間的距離，違反者不許建築，則事前雖有若干限制，較諸事後突然令其折除者，貧民所受之損失與痛苦，當可大減。將謂土地所有權屬於政府，未經准許而擅自建築者，依法得令折除乎？然法律不外人情，且貧民生計亦應由政府救濟，除政府有特定用途之土地，事前固應嚴格禁制，不許人民擅自占用外，其他公有土地，香港政府正不妨預爲規畫，何者可容許貧民搭蓋臨時房屋，但加以防火及衛生之最低條件，豈不較不教而誅之爲愈？

英人這樣的溫情與冷酷並具的特性，在其最近對外關係中，可從其對待波蘭而獲得明證。一九三九年九月一日，希特勒侵入波蘭，三日英國即對德宣戰；這固然是由於英國命運的前途所繫，然與英波同盟條約之履行亦有重大關係，其不惜冒大戰的危險以援助盟國，誠爲溫情表現之最偉大者。但曾幾何時，由於蘇俄之壓迫，竟承認蘇俄傀儡之魯布林政府，而坐視其所卵翼而逃亡於倫敦之波蘭政府之消滅，其爲冷酷，適與大戰開始時所表現的溫情相對照。

在結束本文以前，我以爲有一提英人的固執性之必要。布洛根教授在其所著「英國人」一書內，謂：『英人性格中最可貴亦最可厭者，厥惟對於外界批評之無動於中』。此即固執性有以致之。蓋其方針既定，輒不動搖，私人從事，固多如是；國家施政，亦莫不然。布格斐氏之西方民族性中有這樣一段的敍述：『英國人把他的工作作好了，並不要求領袖的鼓勵與恭維，或者他反認爲這種不虞之譽等於對他個人私的範圍一種干涉』。這樣的特性，反映於對外關係方面，苟不與「體諒」的特性相調節，則結果縱幸而能獲多次的成功，但失敗在所不免，則不僅誤人，且因此自誤矣。所謂體諒，在英文爲 Considerateness，亦爲英人特性之一，余於「戰時英國」中，稱其與固執的特性相反而相成者，其意義蓋爲事事兼爲他人着想，時時以易地而處爲待遇他人之條件是也。此在個人行誼方面，英人最常表現，著者深盼其於對外關係上亦能如是耳。

蘇俄集團的購買力

資友仁譯

有些歐洲人以至日本人，誤以爲蘇俄集團的對外購買力很大；但事實正相反。一九五一年俄帝國共賣出十六億美元的貨物，買回十五億元的貨物。同年美國賣出一百五十億元的貨物，買回一百一十億元的入口貨。美國每年所贈送友邦的款額，就多於俄帝集團購買力的十四倍。如果美國再拿出十五億元，就可買盡各國所要賣給俄帝集團的貨物。

西歐人士希望與俄帝集團貿易，認爲俄帝集團是一個很大的新市場，如果能得到這個市場，非共國家便可不再依靠美國。

如果俄國願以木材換魚，英國下議院便會歡呼起來。如果中共拿豬鬃換發動機，於是便有人認爲有很大的機會與鐵幕後的國家進行貿易。到處都有人誤以爲蘇俄的新帝國將是一個很大的市場。

但是，我們看看事實，這些人的夢想便都成空：一九五一年。所有非共國家賣與共產國家的貨物，總共不到十五億美元。從共產國家所買回的貨物，共約值十六億元。俄國一國從非共國家買去的貨物，共值三億七千萬元。它賣出三億七千五百萬元的貨物。中共的出口貨共達四億元。它自鐵幕外購回三億七千三百萬元的貨物。

假如美國拿出十五億元。就可把自由世界所賣給共產集團的貨物都買完。如果再多拿出十億元，就要比共產集團所宣傳的未來購買力大得多。

去年一年，美國從非共國家所購買的貨物，將及一百一十億元。這比共產集團所購買的多七倍有餘。同時美國供給非共國家的貨物，共值一百五十億元。也就是說，比共產集團所供給的多十倍、

假如美國單與俄國比較，美市場的對外購買力，要比俄國的購買力大三十倍。此外，去年美國贈送給自由世界的物資，就比較俄國所賣給它們的多十三倍。由於共產黨的竭力宣傳，在美國以外的自由國家頗有與共產國家貿易的願望，故意忽略了美國市場的重要性。

尤其是英國，以爲與俄帝國貿易是有前途的，英國在去年買了俄國一億六千九百萬美元的木材和糧食，算是俄國的一個頗可觀的顧主。香港在去年一年賣給中共的貨物共值三億零五百萬美元。但是，英國直接售與俄國的貨物只不過六千七百萬元；同時售與美國的則超過四億零五百萬元。英國去年從美國買去的物資，共值九億元。

今天在英國，與共產國家擴大貿易的幻想，頗受人歡迎，雖然事實上對美國的貿易數量更大。英國政界仍認爲中共是個有希望的市場　雖然中共在對英貿易上打了英國人一個嘴巴。

事實上，蘇俄集團的對外貿易是無足輕重的。俄帝控制下的地區現在所能賣給西方國家的物資，較二次大戰前尤少。但現在自由世界的貿易已擴展到遠超過二次大戰前的數量。

例如：蘇俄的糧食出口在二次大戰前爲五百七十萬噸，到一九五〇年時降到一百九十萬噸。在戰前，俄國的糖出口爲八十五萬三千噸，到一九四九年降爲十六萬噸，到一九五〇年再降爲六萬二千噸。肉食的出口，從每年二十二萬噸降到八萬七千噸。木材的出口，從每年十三億尺，降到二億九千一百萬尺。以前東德經常有大量土豆供給西德，現在完全沒有了，顯然是共產國家沒有剩餘可出口。

共產世界確是越來越沒有物資可供出口。中共算是共產集團中有最多對外貿易的一個，但它的對外貿易正在衰減中。在一九五〇年，中共賣到西方國家的貨物值五億六千八百萬元，到一九五一年便減爲四億零一百萬元。中共在一九五〇年從西方國家購買了值五億二千一百萬元的貨物，到一九五一年降爲三億七千三百萬元。韓戰發生後聯合國對中共的禁運，是使中共貿易衰退的一個原因。但共產集團曾明白宣稱，它們的政策是要把中共對外貿易的四分之三，改爲對蘇俄區域。

對於非共國家，共產集團的貿易簡直沒有什麼重要性。例如在一九五一年，西歐對共產集團的出口貿易，僅爲總出口額的二·九；%從共產集團的進口僅爲總進口額的三·一%。甚至以英國而論，雖然英國與共產國家的貿易爲最多，但英國對共產國家的出口，僅爲總出口額的一·六%；從共產國家的入口，僅爲總入口額的二·六%。

美國事實上已等於切斷與蘇俄集團的貿易。去年一年美國從這區域的入口，僅爲美國總入口額百分之一，對於這區域的出口，尚不到百分之一。美國僅有極小量的出口貨，運到捷克，波蘭，匈牙利，及羅馬尼亞；有極小量的入口貨從中共，蘇俄，捷克與波蘭買入。美國未賣任何貨物與蘇俄或中共。

此外，對共產集團貿易的衰退，對自由世界並沒有什麼損失。俄集團所能供給的原料，西方各國都有——瑞典與加拿大有木材，西半球有糧食，美國有煤。並且非共國家出品的市場，亦日在擴展中。西方國家的貿易事實上現在極暢旺，但同時俄帝集團的貿易卻正在衰退。

對於蘇俄和它的附庸國，貿易的衰退卻是有害的。共產國家急切需要自由世界的物資。共產國家的工業需要棉花，羊毛，橡膠，汽油，以及其他重要原料，這些原料只有在非共國家才有大量的供給。更重要的是工業製品。共產國家缺乏機器工具，發電機，機器，精確儀器等物。如果不能從鐵幕外

（下轉第29頁）

中國門戶開放政策探源

吳相湘

九月六日，是美國宣佈對華門戶開放政策的五十三周年。

多少年來：中國朝野人士對於美國這一政策的實際應用和演變，都是很注意的——二十年前，國立北平圖書館之特設「海約翰紀念室」以及年來自由中國各刊物一再介紹美國駐俄大使肯楠等有關這門戶開放政策史的叙述與檢討的文字，可以說即是這種關切注意的具體表現。

如衆所知：這一「門戶開放」政策是美國國務卿海約翰(John Hay)與其顧問羅克希爾 (W.W. Rockhill) 制定的。但同時一般人也知道：這一政策實際上是英國人提供美國的。並且一八九八年冬英國查理伯勒斯福勛爵(Lord Charles Bresford)，在上海發表「門戶開放」的演講是這一政策最初的嚆矢。而一年以後美國制定這門戶開放政策的公文，大體上可說又是出自英人希貝斯萊 (A.E. Hippisley) 之手。——英國人士於這一政策的關係是如此，究竟其思想淵源是何所自來呢？

就中國的可靠史料看來：這一「門戶開放」政策實際上不過是英國人士拾取當時中國朝野輿論的緒餘而構成的。據當時清廷總理衙門大臣翁同龢的日記說：

「光緒二十四年三月初三日(公元一八九八年三月二十四日)：俄巴使來續議旅大約，……從此畫押之期不改，各國蜂起矣，如何，如何！英竇使(Macdonald) 昌言：大連開埠甚是，旅順屯兵，關係東方商務大局，英已電駐俄使向俄外部力爭矣。詢以爭不能得，奈何？則曰．惟看中國如何措置，平各國之氣耳。

「初四日：總署奏俄租旅大約稿，……未初赴總署，慶邸(奕劻)來，諸公皆集，余發先開各口，先許各國屯船處所，然後定一大和會之約，務使不占中國之地，不使中國之權，共保東方大局，庶幾開心見誠，一洗各國之疑。

「初十日：英竇使來……千萬語不變，所要者威海衛租地與俄抗衡耳。

「十二日：竇使來言：威海抵俄，專爲北方，若法占南海口岸，英亦須別索一處抵之。辯論良久……余曰：吾聯數大國立約爲大和會，三事爲綱：一、不占中國土地，一、不壞各國商務，一、不使中國政權，竇頗首肯，云英國甚願，未知別國何如」？

由此可知：當俄帝強迫租我旅大港灣訂約之日，中國負責方面就計劃應用國際行動以抵抗俄帝侵略者，並且非正式的與英使提出討論。就其時間說：這一計劃的提出討論，比較查理伯勒斯福勛爵在上海的講演是要早九閱月。在沒有其他更詳確的史料證明：我們是可以說這一討論，是給予英國人士有關這一問題的最早淵源的。

就翁同龢日記同年二月十八日看來：「晚赴總署，明日遞康有爲摺，又議覆陳其璋摺，又片請派使議保東方大局，皆速議也」。可知這一計劃是康有爲提供翁氏的。康有爲自訂年譜，於此更有詳細的記載道：

「光緒二十三年：膠案起……爲御史楊深秀陳其璋各草一疏，請聯英日。……既而英使提議開旅順大連爲商埠，俄使聞而怒之，以絕交威嚇中國。乃上書常熟(翁同龢)謂：「此爲中國之生機也，吾意盡開沿邊口岸以衆國敵俄耳」。

「光緒二十四年……俄租旅大事起……上摺言：盡開沿海口岸，以利各國而拒俄」。

由此更可知：早在俄國與德合謀強租我膠州灣及旅大事件之初，康有爲即首倡「引各國以敵俄」的議論。這種議論在當時是頗得朝野人士的贊許的。光緒二十四年二月初七日(公元一八九八年二月廿七日)，給事中張仲炘就有相同的意見上奏清廷：「應明降諭旨，宣言中國土地，斷不與人，一切政權統歸自主，自開口岸通商，各國公沾利益……以杜暗割之漸，則權自我操矣」。在這一奏摺中，張仲炘氏更強調指出：「俄國意向，路人皆知，不出二年即有大變，俄國餌以甘言，而潛施毒計爲病之本，各國因抵俄而來，病之標也」……「爲今之計，惟有速與英美日聯盟，並與德奧意聯盟，相待以誠，各國之心自平，互相牽制，專爲我用，而俄謀亦戢矣」。

所謂「引衆國以敵俄」，所謂「速與各國聯盟」等等，就是企圖應用國際行動以抵抗俄帝侵略者，而以「盡開沿海各口岸使各國通商」作爲交換條件。

同時與李鴻章頗有關係，又曾著「中俄交誼論」力主聯俄的嚴復，在俄國強租我旅大之後，也一反其原來主張，極力揭發俄帝的陰謀，並且強調指出列強瓜分中國計謀是極不智的：「非但英爲失計，即德法亦僅看傾刻花耳，先雖瓜分，後必仍歸於獨吞，欲均勢而卒不得均，其(指俄帝)併吞全球之志，非但仍在，且實速之」。嚴氏因此主張：「横分直分無一可者，則惟有反求諸不分矣。曰：不分之策孰任之？曰：此英日與美所當共任也。……必此三國聯合，明揭八字於中國曰：代禦外侮，逼改內政。……先以此而餘可次第舉行，夫然後中國幸賴以存，五洲各國因之而永存」。

綜合這些言論，可見當時中國朝野有識之士，是如何迫切的企望應用國際行動來抵抗帝俄侵略者。甚至不惜以「盡開沿海各口岸通商」及「逼改內政」爲交換作代價以爭取這一國際均勢。這種苦心是值得注意的。尤其是這種輿論發之於中俄密約後的二年，在中國朝野一部份人「聯俄熱」之際，大部份的中國人士竟能於俄帝假藉同盟友好關係强我租借旅大的事件發生後，即揭穿俄帝侵略的猙獰眞面目，可見中國人對於俄帝本質認識的深刻與反應的迅速。如果一向與俄爭衡的英人，能够把握當時中國輿論的動向，是可以獲得中國朝野人士極大的同情的。但不幸惟利是視的英國人，竟祇擇取我國輿論中有利於彼的一點，對於中國朝野所企望的國際行動，以抵抗俄帝，以保中國主權領土獨立完整的意見，竟沒有加以理睬。

一八九八年九月六日，美國國務卿海約翰所宣言的美國對華門戶開放政策，雖然其內容只限於經濟性而其出發點又是爲着顧全美國商業利益，同時這一「門戶開放」的名詞也不免有列强共同侵略之嫌，但一向重視中美傳統友誼的中國人士仍然以親切感謝的心情歡迎這一宣言的出現，因爲這正是中國人士所企望的美國在遠東抵制俄帝侵略的第一炮！

但是很顯明的：美國這一僅以經濟對策以抗阻俄帝在中國政治勢力擴張的政策是不足以遏止俄帝野心的：當海約翰的照會送致俄國後，俄帝就故意遲遲不覆，最後被再三催詢才用極盡閃爍的文詞回復，大有戳破美國整個提議的形勢，海約翰氏爲着不使俄帝再得着抗辯的機會，只好採取不限制俄國的同意，只有對俄國的復牒作最廣義的解釋，然後自我陶醉的宣告：列强連俄國在內都已同意這門戶開放政策了。但事實上這一政策的脆弱基礎是盡人皆知的。

一九〇〇年七月，中國不幸的發生拳匪之亂，海約翰氏爲着防止列强乘機瓜分中國，又以美國政府的照會分致各國，企圖將門戶開放的原則，用於政治範圍內，宣佈美國政策在於維持中國之領土完整。然而狡獪的俄帝竟將計就計利用這一機會首先撤退北京占領軍，以迷惑中國人的耳目，同時則有計劃的宣傳中國已完全瓦解。並且勢將永遠陷於混亂狀態之下；甚致更企圖採取種種措施以努力保持中國虛弱現狀，並促使此種虛弱程度愈爲增加。誠如八國聯軍統帥瓦德西所說的：「俄國的政策，在希望一個衰弱無力的情願服役於俄的中國，反之倘若中國經濟發達，尤其政治興旺，實使俄國發生恐懼之心」。俄國的政策是如此，顯然是與美國這一維持中國領土主權完整及所謂門戶開放政策自始即水火不能相容的。而其後許多事實的演變，在在都是說明俄帝是極力以排斥美國這一政策的。不幸美國政府對於這一政策，未能始終堅持應用，有時甚或又有讓步之嫌，以致俄帝勢力日見擴大。

一九二一年（中華民國十年），美國邀請有關各國舉行華盛頓會議，討論太平洋問題，我國代表團把握了這一機會，提出「十原則」。其中第一項是：「各國從事尊重並遵守中華民國領土的完全與政治的行政的獨立，中國自身預備不割讓其領土或領海之任何部份與任何國」。第二項是：「中國既完全贊同所謂「門戶開放主義」，即爲各與中國有條約國之商業工業機會均等主義。現在預講承受該主義應用於全中華民國各地方，無有例外」（其餘八項略）。就這「十原則」的文字涵義及其精神看來，是足以反映中國朝野二十餘年來始終一貫企求國際均勢以抵抗侵略者的苦心。這次的結果，是大部份如中國意願以償，列强簽訂九國公約互相約束其對中國的行動。但不幸的是：列强簽訂這一公約的默契，主要的是用以對付日本，而放鬆了俄帝！

美國對華門戶開放政策的實質與其對象，雖然變了，可是俄帝却是萬變不離其宗。沙俄變爲赤俄，只不過是內部制度的改變，對外的侵略政策則更變本加厲。因之，當華盛頓會議舉行時，赤俄就假藉共產國際名義召集東方民族會議，集全力以反對華盛頓會議所討論的太平洋問題，反對美國支持中國。在這一東方民族會議中，中共匪黨是有代表團出席，同時並曾遵奉其主子命令，在國內各地展開强烈宣傳運動的。而其後史達林更不惜全力支持中共匪黨組織武力，在中國大規模的叛亂，以削弱中國的國力；以打擊和排拒美國所主持的維持中國領土主權獨立完整及維持一强固有力的中國中央政府的政策。然而天眞的美國朋友、竟於此沒有警覺，竟「聰明一世糊塗一時」，不知不覺的逐漸使自己的政策遠離原定軌道，轉而爲俄帝執行國策的「先鋒」。自開羅會議羅斯福總統要求我政府允許中共匪幫參加政府，及政府軍隊起以迄一九四五年雅爾達協定的成立，許多的事實都足以說明這一論據。然而天眞的美國朋友竟不自覺，竟於以壓力促使中國依據雅爾達協定簽訂中蘇條約的同時，要求史達林用書面保證不妨礙美國的對華門戶開放政策！結果是始終支吾其辭不得要領，而俄軍藉口軍事占領旅大，置美國的抗議於不顧，在在說明俄帝是始終不願見美國這一政策存在的。而令人奇怪的是：這時美國朋友堅持固執這一政策尚難以應付的時候，竟自己進一步的破壞自己的政策的精髓——維持中國一强固有力的中央政府，竟使用停止援助我中央政府的手段以迫使其接受俄帝所謂聯合政府的陰謀。結果是不折不扣的爲俄帝忠誠的執行了「中國愈亂愈有利於俄國」的政策，遂使遠東及世界陷入比較五十三年前更惡劣的局勢中。這些事實，眞是近代世界史上稀見的悲劇！

五十三年來，世界局勢的演變，證明五十三年前中國輿論所謂俄帝「併吞全球之志」，並不是聳人聽聞的話語。而中國輿論要求國際以集體行動抵抗俄帝侵略的意見，則不僅已是世人一致的見解，且大西洋區域及太平洋一部份區域又已見諸實際行動。因此，我們願藉溫習這一歷史史實的機會，特別提醒美國朋友們注意現在中國迫切希望參加國際集體安全行動以抵抗俄帝侵略的輿論動向！

仰光通訊

在夾縫中的緬甸

——緬北和李彌的游擊隊——

鄭斜陽

緬甸，共產黨把它看成東南亞的鎖鑰，若非李彌的力量安置在緬北，共產黨早已認爲它是東南亞共產黨最易成功和最早得手的地區了。但是緬甸今日的危機，並不比越南小，因爲它也和越南一樣顯露在共產黨進兵的目標下，而且它的內政脆弱、黨爭險惡和國內的武力盤據，現出一個令人擔心的錯綜複雜的局面。

緬甸內政的紛爭

緬甸本來是中國的藩屬，一八八六年爲英國所奪，置爲『印度帝國』之一省，一九三七年才另成英國獨立殖民地。二次大戰以後，一九四八年一月四日又繼印度之後，脫離英國的統治，自成獨立國家。緬甸全境大部山脈，均是中國的橫斷山脈的分支。伊落瓦底江，薩爾溫江兩大河流亦導源于中國。伊落瓦底江下流爲仰光平原，米產豐富，與越南的河內及泰國的曼谷，同稱東南亞三大產米區。沿伊落瓦底江，有豐富的石油，自伊朗反英以後，英國即將其石油權益，改爲與緬甸政府合作。內閣總理德欽努領導的政府。雖然有很不平凡的手腕。但力量相當薄弱。英國在緬甸有根深的勢力。美國的援助也給緬甸政府很多便利；然而。正像在伊朗一樣，兩個外來的協助不能並行而不悖。因此。緬甸也正如其他一般落後的新獨立國家一樣，新民族主義的抬頭，對過去的統治者，是極力採取戒備的態度。美國提出的『五助安全法案』的援緬計劃，也因國內其他黨派的極力反對，使緬政府無法接受。

英國除在緬甸設法保存它的經濟利益外、對緬甸內政，差不多束手無策。美國的目的，希望緬甸在它的援助下成爲西方的基地。可是，西方國家所支持的緬甸政府，無論在政黨競爭方面，或是在武力統治方面，都發生很大的危機。實際上，緬甸政府僅僅控制仰光平原的大部。通至曼德勒的交通線與及曼德勒的周圍。其他的山地區，在西南部至中北部地帶，都分佈着『白旗志願軍』及『克倫民族軍』中立派的『白旗志願軍』佔據東瓜 Doungoo 西部，仰光西北部的得麗基地，『克倫民族軍』佔據得麗偏西的英馬基地，共同威脅由仰光至普羅美 Prome 的鐵路和公路交通。『紅旗共軍』和『人民志願軍』則以東瓜以南的溫柞爲根據地，控制緬甸中部主要交通的東瓜至庇古的交通系統。庇古 Pego 的石油礦，時受威脅。曼德勒 Mandalay 的西部孟瓦 Mangwa 至孟瓦的南部的明布 Minbu 間，『紅旗共軍』及『人民志願軍』也日在強大和加強破壞活動。而古都瓦城（即曼德勒）以北密支那以南，『紅旗共軍』及『人民志願軍』爲配合威脅李彌部隊的背部，建立起不少活動根據和力量。

這些割據的武裝力量，緬甸政府目前既不能分別予以戡平和消滅，假如『白旗』、『紅旗共軍』及『人民志願軍』這三個組織一致行動，那末，緬甸政府是更加無法應付的。如再加外來的共產黨的軍事支持，那是更不堪設想了。

造成緬甸政府困難的原因，一個是克倫族叛軍的堅強反抗，使緬甸政府的統治樞紐一開始就得不到完整的政治號召，從而給共產黨居中建立力量。其次是李彌的游擊隊以緬北爲根據地，使反對黨派更加借機責難政府的無能；最重要的還是緬甸政府本身的組織，先天過於孱弱的緣故。

緬甸共產黨『左翼社會主義緬甸工農黨』和故總理昂山之弟昂丹（譯音）所領導的『人民和平陣線』及『大民族主義緬甸黨』這三個黨派近組織所謂『統一戰線』，聯合反抗德欽努領導的政府。這個聯合行動，是『左翼社會主義緬甸工農黨』（也即是共產黨）所發動和主持，而這個行動和決策，與『紅旗日軍』等的行動，可以說是一致的。緬甸政府，面對着這麼複雜的內亂外患，其處境比越南的保大政府，還要困難得多。

緬北和李彌的游擊隊

緬北，在地理形勢上看，矗天的山嶺，像雲海樣的森林，蠻烟瘴氣，是一個兇禽猛獸橫行，人烟稀少的地區。可是中共在那裡布置重兵，李彌的游擊隊在那裡活躍長大，緬甸政府無力過問，把它看成『禍種』的危險地帶。

二大戰後期，因爲海洋交通斷絕，這一個人烟絕迹的高山荒林地帶，竟一時爲盟國東方交通運輸的十字街口。『戰爭，使人類創造更多的奇迹』，這句名言，對二次大戰期中緬北的許多故事和今天緬甸北端的事實，說明得更眞切。空中運輸，飛越駝峯，就是一件光榮。由雲南經緬北通印度的雷多公路，翻山越嶺的工程，中國的遠征軍在緬北的原始森林中作戰的經過，更爲偉大，尤其一些『亂世英雄』，遠征軍一部份逃兵，在豺狼當道，人烟稀薄的中印緬邊區，結隊成羣，走私販毒，稱雄橫行的事迹，更屬令人難以置信。現在，這裡又笳聲遍傳，成爲遠東各處所深切注視的地區了。

去年七月間，李彌的游擊隊，攻入雲南邊境的消息傳出後，不但大陸寧靜的西南全線搖動，也引起西方國家特別重視。

當時李彌的游擊隊傳說擁有一萬五千人，由泰國北部獲得裝備，以緬北爲根據地，分三路作扇形攻入雲南。北路軍攻佔耿馬，中路取猛宋，南路佔猛海，平均向雲南推進達百里，並佔駐各地飛機場十一處之多。在李彌攻入雲南境所引起的騷動及至中共調動大軍壓境反攻的幾個月內。李彌的情形，被各種傳聞描繪成十分動聽的傳奇。有一種傳說和估計，李彌將軍在雲南控制十五萬游擊隊，並且直接威脅共軍對西康、貴州省的交通；李彌除了他在緬北的一萬五千人外，其所部的游擊隊由國軍第八軍、第二十六軍及一百二十四軍殘部、前雲南省主席盧漢麾下的保安隊及雲南邊民所組成，他們在雲南東北部（曲靖一帶）及東部（蒙自一帶）活動，並在雲南中部及西南部作戰。

消息久傳，眞相也逐漸明白，在雲南內的游擊隊活動，（如第八軍、二十六軍、一百廿四軍及保安隊、邊民等）可能是事實，且是屬於可歌可泣的故事。但把李彌的軍事行動寫成同一個計劃、同一回事，却有點勉强。李彌在緬甸的掘起，是一件絕不平凡的事蹟。現在，他雖然被迫回緬北，但他已經由行動中得到可貴的信心以及絕不單純的援助了。他是在等待機會。了解李彌的現狀，我想應該從幾方面去觀察：

第一、李彌的部隊，是以他的第一百九十三師爲主體。民國三十九年，他們從滇邊退出，經泰緬邊境，在大其力和緬甸軍一戰勝利後，便撤駐緬東北的猛薩。在那裡築飛機場，設置訓練機關。他的基地，就是以猛薩爲中心，東南由泰越邊界伸展至雲南邊境；西南沿薩爾温江上游直達滇征邊境的滾弄，是一個二百餘方英里的三角地帶。民國四十年夏初，駐猛薩的二十六軍，由李彌的副手呂國銓將軍統率打回雲南，北取耿馬，迫近騰衝，南奪猛海威脅思茅車里，並在西部向臘戍發展。但不到五個月的時間，因缺乏後援及呼應，又被中共軍迫回緬境。現在李彌的部隊，人數約一萬八千人，大約四千人駐在猛薩和猛養一帶，在雲南邊境活動的有六千人，在薩爾温江以西的約四千人，另有五千人被組成小隊伍，從事搜索擴大控制區並向有糧食區域礦區出擊。猛薩的飛機場經過了幾次的修建擴大，現在不但與臺灣及曼谷聯絡，且有美國方面的援助物資在那裡降落。同時陸路經景東入泰北景邁，即有鐵路直通曼谷，這一條通路，現在是李彌部隊最大的供應來源。

第二、李彌的部隊，自撤入緬北後，在荒野無人的地區設立根據地後，再由呂國銓的滇邊出擊，收到極好的宣傳效力。至今，他的部隊雖處境僻落，但却並不孤單，臺灣方面自已安定了，當然會全力支持他站脚，泰國的友誼關係，尤其是李彌部隊長大立足的因素，再加以美國方面的直接援助，李彌的隊伍，現在出擊雖不一定有把握，然而却不是輕易可以把它消滅的了。中共不能出兵入緬，緬共及緬甸政府似乎沒奈他何。

第三、經過了多次的教訓及需要的促成，李彌部的整補充實，似乎是在相當正常的狀態下進行，就是他的訓練機構，也作極遠大的計劃。除訓練他自己部隊裡的幹部外，還在美國、泰國、西貢尤其臺灣，經常遣送幹部及有關人員到猛薩受實地訓練。同時還設法調訓滇境山區其他游擊隊的幹部(非正式隊伍)，且經過訓練的關係，以軍火物資補給各該山區的游擊隊，那裡的訓練機構，叫做反共軍政大學，是一個多麼堂皇的名字。

第四、國際局勢的演變，對李彌的帮助非常大，有一個『自由亞洲委員會』，在曼谷和西貢都設有分支機構，是直接支持李彌，予李彌很大的經濟援助的國際組織。李彌和他的游擊隊，已經是自由國家共同需要的力量了。

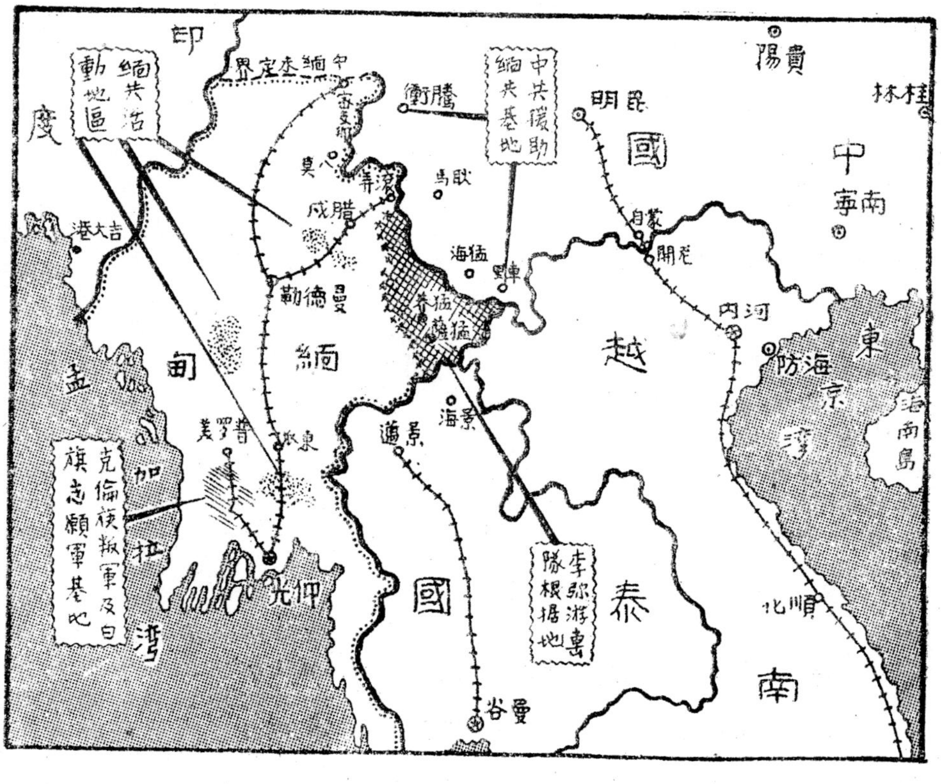

中共對緬甸的野心

對緬甸，正像對越南一樣，中共不放心它對中國大陸存有威脅的力量，也更加間接直接的培植緬甸的共產黨。對中共援助越南和援助緬甸兩件事分開來看，可能有錯。換句話說，中共對東南亞共產黨的發展，其策動計劃是一致的，一貫的。援助越南的動機，可以說就是援助緬甸的目的。越共的力量雖較健全，但緬甸政府存在的空隙和弱點，却是東南亞最顯著最有利於共產黨發展的地區。但自李彌的游擊隊在緬北建立基地並且擴大活動範圍，引起美國對緬北的過問和援助以後，中共在緬甸的侵越環境，發生絕大的變化。因此，中共和緬甸共產黨對緬甸的陰謀，也不得不根本改變。在緬甸方面，共產黨的新策略是：

一、緬共把建立仰光平原區周圍基地的計劃，改變爲破壞南北交通，破壞中南部各處礦區，削弱美，英及緬甸政府的經濟利益。

二、加强曼德勒周圍根據地及活動，爭取工農及青年學生。

三、緬共主力北移，威脅李彌，以密支那至臘戍間爲基地，迎接中共。

至於中共在雲南的軍事布置，已經是去年的事了。當李彌的游擊隊突擊耿馬及猛宋、猛海時，中共發動七萬左右的兵力來對付李彌這支不及一萬五千人的部隊。雖然在雲南的大理雲，龍間和大理，騰衝間，以及雲南，貴州邊境的曲靖．宣威間有着其他數近五萬人的游擊隊活動，但中共最不放心的仍是李彌這支游擊隊，所以中共在雲南的軍事準備。除了對緬共的援助外。就是以李彌爲目標：

一、在密支那至騰衝。保山。配置三萬人的兵力，監視李彌的隊伍，切斷李彌與大理、雲龍、騰衝間游擊隊的聯絡。

二、以三萬五千人的兵力，監視李彌的游擊隊再出擊耿馬，免除直指昆明的緬寧的威脅。

三、以近三萬的兵力，加强車里至思茅間的防務防備，李彌部趁虛東進（思茅至車里間，多爲荒山密林，人烟極少的地區），威脅蒙自，而與蒙自邊境的游擊隊滙合，進而與雲，貴邊區的游擊隊相呼應。

對緬共的援助則是：

一、中共在車里（思茅南端，戰時中國支援泰國軍事所在地，人口僅二三百戶，住屋下層以石砌柱或杉木支撑，居民多住上層，入夜狼虎橫行）成立『支援緬甸人民解放委員會』，策劃緬甸共黨一切工作。

二、以臘戍爲中心，支持緬共建立北部武裝力量，據聞中共已將在雲南境內的緬共羅相部三個團（番號爲十三、十四、十五團）裝備就緒，開入緬北昔卜大山（位臘戍以西四十五公里）及來莫山（位臘戍東南七十五公里）一帶活動。

三、又據說中共中央『情報局第三局長』兼『中央政府情報總署署長』鄒大鵬曾秘密潛抵緬甸之百谷河城，與緬甸『紅旗共軍』領袖蘇裕德及『白旗志願軍』之軍政首腦舉行聯席會議，策動對緬甸政府的攻勢。

四、使緬共組成小組，竄入雲南，接受中共訓練及裝備，然後開返緬甸作戰，估計中共已爲緬共訓練及裝備的游擊隊已有一萬人，有二萬人正在繼續接受訓練及裝備中。

中共在西南的軍事佈置，已經表現出許多不平常的迹象 除了是企圖解除李彌的威脅外，另一個行動，誰都把它聯想成與擴大越南及緬甸戰爭有密切關係的。

緬甸會安靜嗎?

因爲緬甸內部的空虛混亂，因爲李彌在緬北的存在，因爲共產黨在東南亞既定的進攻，緬甸的命運，正如同越南和朝鮮一樣，將遭遇到一個擴大的殘酷的戰爭。就緬甸今日複雜的情勢 三個可能的發展，已經迫近在眼前了：

一、緬甸內部政爭的惡化，促成內戰擴大、是必然的趨勢。誰勝誰負雖未可知，但緬甸政府若要取得勝利，若非有外來的援助，似難達到。

二、另一方面是李彌將會受三面的進攻，一是來自滇境的中共，一是來自緬甸境內共產黨的騷擾，第三是緬甸政府的出兵。但是李彌的處境却可能不會比以前困難，假如環境許可的話、李彌或者會擴大他在緬甸的根據地：向東北再度進攻中共，向西南獲取糧食及其他經濟給養，向西北發展取臘戍、八莫、密支那等地，使中共與緬共的交通隔絕。至於李彌爲求消滅緬共對共背腹的威脅，緬甸政府爲求拔除內亂中的主力緬共，李彌和緬甸政府是否會採取一個聯合的軍事行動？當然，緬甸政府仍將向北的出兵，宣稱是向李彌進攻，事實上緬政府和李彌中間，還有許多緬共的盤據地。

還有一個可能，那是中共更積極的支持緬共，並促緬共即採全面性的行動，甚且直接揮軍入緬。情勢爲發展至此一地步，緬甸之局思可過半矣！緬甸會安靜嗎？

河內通訊

越南的紅禍

——胡志明越盟組黨、建軍、樹立政權內幕——

丁匡華

胡志明是共黨伸入東南亞前哨的利爪，他與北平的毛澤東、朝鮮的金日成，同是秉承史達林的命令，分別執行着赤化中國，朝鮮和越南的工作。毛澤東得天獨厚，被主子高高抬起，作為所謂東南亞解放軍總司令，而這位被目為越南毛澤東的胡志明，却在毛兄援引之下，也赫赫然登上副總司令的寶座。難兄難弟，結下了不解緣，在越南撒下了迷魂大陣，紅禍瀰佈百越，雖是若寵也是若驚！

一、胡志明建立越盟經緯

胡志明，越南中圻義安省人，由於他善變多變，一般人很難辨識其真正面目。他做過廚子、水手、攝影師、編輯、記者、教師、和尚，他到過法國、英國、中國、暹羅、蘇俄、西班牙、阿比西尼亞、突尼斯、法屬北非、法國等地，他會說越南話、中國話、法國話、英語、俄語和暹羅語、葡萄牙話；他被監禁過十多次，判處死刑二次，他一生改過百多次姓名，就是公開露面的姓名也有十餘個，他以胡志明的名字出現世人之前，乃是二次大戰結束以後的事。六十年來，他在困難，流亡，牢獄裡打圈子，說起來也是不勝悠悠的。

胡志明的叛亂，完全是由於家庭的遭遇所激發的，他的父親，哥哥，因為涉及政治，曾被法國駐越當局終身監禁。一位姊姊也被判處九年苦役。他在此種遭遇不測的時候，早就萌下仇法的念頭。他隻身流亡，在船上做一名二等廚子，遠渡重洋，混入法國，那時他年僅十九歲。

這時候，共產思想在胡志明腦海中盪漾，他常常在法國「人民報」撰述共產理論文字，頗為當時法國左派人士賞識。不久，他在巴黎一家照相館找到了職業，他一面工作，一面研究，進步得很快。一九二〇年，他便創辦「下等社會報」，自兼編輯報販，他在此時與法國共產黨發生關係，而成為法國共產黨創辦人之一。一九二三年他因被法國政府目為從事非法政治活動放逐出境。於是道經德國，前往莫斯科，而正式投向蘇俄的懷抱。

在蘇俄，接受政治薰陶一年，他成了共產國際的核心幹部。一九二四年鮑羅廷充任孫中山先生的顧問，他被派擔任鮑氏的秘書兼翻譯，隨鮑來到中國廣州，那時他名叫李瑞。其名為翻譯，實際他在秘密活動越南革命工作。他利用鮑羅廷的掩護和廖仲凱的協助，一方面成立「亞洲被壓迫民族聯合會」，以為民族革命的號召工具，另一方面却在黃埔軍校附設短期訓練班，招致越南青年以為越南革命工作的準備；並在此批青年中挑選優秀人員二十人派赴蘇俄深造，預為組黨建軍的需要。這種潛在工作的進行，那時很順利的。

一九二七年中國舉行大清黨，鮑羅廷解雇，他便亡命暹羅，充任小學教員，一面宣傳反法，一面宣傳共產主義。等到越南的法當局偵悉要求暹羅政府將他引渡時，他便改名換姓，逃避到一家寺院裡剃髮為僧，這一難關算平安渡過。

不久，秘密潛回越北領導革命工作，取名阮愛國。在他組訓和吸收智識青年進行之下，於一九三〇年一月，在越北太原省成立「越南共產黨」。他聯合越南革命同志會，越南國民黨，到越北安沛、山西、南定各地，潛入兵營鼓動士兵叛變；打進工廠，煽惑工人罷工。是年四月，南定紡織廠工人總罷工，六月安沛大暴動，法軍傷亡二萬人，即是他組黨潛勢龐大的後果。但只祇是曇花一現，經法軍武力高壓後，越共份子乃轉入地下活動，迫得胡志明本人也隨之離開越南。

一九三一年，這位「神秘」人物，又在香港出現，仍沿用化名李瑞，在一家英文報充任編輯以為掩護，暗地從事革命活動　結果事敗，被英國政府關了一年。釋放後乃重赴莫斯科以避風險，直至一九三六年纔潛返越南，再度在越北高平、太原、山西各省，組織智識青年；由於外力的資助，並且組成了一支不大不小的「革命」軍隊。

對日作戰，帶來了新局面。在一九四〇年日軍南侵時，越南各黨各派攘臂而起，在中國廣西靖西聯合組織越南民族解放委員會。那時胡志明尚無政治地位，由越南老革命家阮海臣為主席，越南國民黨領袖武鴻卿，大越黨領袖黃南雄分任副主席。胡即暗中遣其心腹楊懷南（現任越盟國防部長武元甲之化名）林伯傑（現任越盟政權副主席范文同之化名）李光羣（越盟黨第一任總書記陳玉名之化名）以「越南革命青年同志會」名義滲入，且均被選為中央委員。由於胡系人多，結果各個會議全被控制，阮海臣雖衆望所歸，但亦無可如何！這個時候，中國政府為求配合盟軍作戰，曾在廣西田東設立一個越南幹訓班，招越南青年，施以特種訓練，胡志明密令楊、林、李等潛入，將共產理論向受訓之越南青年散播。事為班主任楊繼榮察知，決定將渠等誘解重慶，但為楊懷南等聞悉，於是漏夜潛回越境，以致設在中國的越南民族解放委員會以不足法定人數而告瓦解。

一九四二年，越南革命各黨派在當時中國的第四戰區長官部協助之下，又滙成一股洪流，將前此的越南民族解放委員會，改組為越南革命同盟會，仍由阮海臣領導。胡志明認爲中國軍隊，遲早會配合盟軍進入越南，而且將來必有助於同盟會成立政府，獲取越南政權的，彼若不相機加入，雖在越南潛在活動，將來也是枉然。於是，他奮不顧身，挺而走險，冒作一個什麼國際及反侵略陣線的會員，托言被日軍追擊出境以爲掩護。但一到中國廣西邊區，就被防軍逮捕。中國第四戰區長官部以其年老體弱（胡故意化裝的），不復疑其有他，在被拘一年之後，則交由越南革命同盟會擔保出獄，並參加該會工作，而達到其原來目的。阮海臣原來在廣州與胡相識，胡出獄後，以其化裝藝術，初未發覺，但在彼此談吐之間，終由阮主席辨識其即係李瑞，阮愛國之化身，極爲驚訝，當向中國第四戰區長官部舉發，卒以無確實證據而告擱淺。恰巧當時中國指導越南革命的張向華將軍將其事權完全交付共黨同路人蕭文手上，所有同盟會一切議案，均由蕭文以指導代表室主任資格一手推翻，並監視阮海臣行動，弄到越南革命同盟會哭笑不得。

一九四四年春季越南革命同盟會隨中國第四戰區長官部遷至百色，靖西，胡志明因得蕭文暗通消息，乃先期潛入越北，發動民衆，標榜國家革命，在安沛、山西、高平、諒山各省組織游擊隊，對日本及維琪法國作戰，這不特獲得越南國家主義份子的支持，就是美國的部隊，也有時降落到胡的一邊，他的聲勢就慢慢地擴大了。並輕易地從日軍手裡，奪取太原，作爲越盟軍的根據地。

日本投降，中國派盧漢入越受降，盧仍倚重蕭文，蕭乃籌約胡志明先大軍三日部署，撲向河內，而越南革命正統阮海臣隨着大軍進越，自以爲可獲組織政府，那知抵達高平，蕭文就暗中派各省省長，而與胡志明裡應外合，這給阮海臣如潑一身冷水。胡志明就在此種「機先」之下，衝入河內，以八百槍桿脅迫保大下野，造成了「主動」的地位。但阮海臣亦不甘示弱，乃在諒山、高平、海寧、廣淵一帶組織軍隊，成立臨時執政，以與胡志明分庭抗禮，結果終由盧漢從中調停，而於一九四五年九月二日成立「越南民主共和國」臨時聯合政府，以政治包圍選舉方式，選任胡志明爲主席，阮海臣爲副主席。這是胡志明第一步政治抬頭，也是他以「胡志明」名字第一次在中、美、法、越人士面前露臉。從此胡志明大權在握，在政府中不斷分化阮黨，打擊阮黨，不特阮海臣本人遠走中國，即是越南各革命黨派人士如：政府委員黃南雄、國防部長武鴻卿、外交部長阮祥三、宣傳部長陳文宣、財政部長阮忠榮等均相繼去職，胡即隨之以武元甲、范文同、黎文獻等組成清一色的胡志明政府。

這是胡志明的黃金時代，恰巧法共正在巴黎執政，極爲胡支援。於是他一面在全越各地擴充勢力建立據點，以大越南民族主義爲號召，聯合所謂越南民主黨，越南救國會（包括工人救國會、文化界救國會、青年救國會、婦女救國會、農民救國會、商人救國會、佛教救國會、天主教救國會等）正式成立「越南革命解放大同盟」（即今日通稱「越盟」的簡稱）；另一方面則樹立「越南獨立」的旗幟，以與法國展開談判。他於一九四六年五月以越南政府主席資格率領越南代表團前往巴黎，經過幾個月的商談，於是年九月十四日在封騰布羅簽訂十項臨時協定，作爲越南自治的基礎。但不久法共失勢，法國新閣對胡志明採取强硬措施，在政治上，法國在西貢召集遼國、高棉、越南南圻代表會議，宣佈遼國、高棉、越南南圻爲「越南聯邦」，顯然是以「越南聯邦」的新政府以對抗胡志明的越盟政府。在軍事上，法駐遠東陸海空軍源源東來，先鞏固南越的防務，次及越中，是年十一月二十日佔領海防，隨之於十二月十九日攻陷河內，胡志明政府於是解體。他帶着殘餘人員，祇好重返山區落草爲寇！幸而他的民族主義的膏藥，尚可在越北文化落後地區欺騙下去，還有多少的越南人因憎恨法國人而支援越盟，他終於能在極端困苦中渡過幾年歲月。

一九四九年冬季，越南邊境的廣西、廣東、雲南各省，悉爲中共軍隊侵襲，胡志明遂獲得很大精神、物質的援助，從此又漸漸壯大起來。然而胡志明的僥幸，却也正是越南人的不幸。

二、中共控制越盟的眞相

中共滲入越盟，由來已久。一九四六年，中國政府曾以雷霆萬鈞之勢，大舉清剿華南共匪，迫得土共無法立足，紛紛投奔海外逃命，當時負責指揮粵南共軍的梁廣司令員也逃避香港。中共當局認爲這些殘餘部隊，祇有設法退入越南與胡志明合作，才能得到生路，於是命令梁廣化裝商人搭輪前往海防。梁廣一到，就由中共潛伏人員黃某、陳某介紹與胡志明秘密商談收容殘部整訓建軍的合作辦法，而胡志明也恰於此時奉到莫斯科的指示要他與中共打成一片。在這種情況之下，梁廣代表中共，武元甲代表越盟即行簽訂軍事協定：

（一）粵南共軍分批由十萬大山區轉入越南東潮集中整訓（按東潮拒河內五十餘公里）。

（二）越盟負責供應所需軍糧。

（三）中共挑選軍事幹部一百人充任越盟軍游擊戰術教練。

（四）中共派員協助越盟建國工作。

這是中共滲透越盟第一步得意傑作。中共第一批游雜部隊於是年夏季源源到達越南東潮，而且受到胡志明的熱烈歡迎。從此越盟與中共華南局互爲運用，往還密切，而胡志明政府的重要任務，多就商於中共顧問，以致奠下今日中共控制的基礎。梁廣于完成任務以後即離越回港，中共繼派陳恩繼續在越負責聯絡。

一九四六年十二月法軍把越盟驅出河內以後，胡志明極需外援，中共中央乃急派大員前來越北主持對法戰爭及赤化東南亞策動工作，當時適值中共幹員莊田司令員率隊赴海南島爲馮白駒所拒，在旅次廣西宜山中，接奉毛澤東密令轉入越南。莊田於是率領延安南下幹部百餘人進入越北高平，就任胡志明的軍事顧問，另一方面又在中越邊境吸收中國青年成立小規模部隊，久而久之，則擴成所謂「越南縱隊」，由莊田擔任司令員，列在第二野戰軍戰鬪序列，而成爲「援越」的一支先鋒部隊。

莊田專負軍責後，與越盟的聯絡工作，中共改派長征（又名張正）接任，因爲長征是參加二萬五千里革命「老同志」，在黨的地位頗高，而又屬中共國際派，胡志明就請他作「總顧問」。從此越盟一切軍政大事，悉依長征處理。長征在「以黨控軍」「以軍主政」的操縱之下，於一九五一年登上越盟黨總書記的上座，而正式控制了整個越盟政權。目前越盟區內，胡志明、莊田、長征的畫像，並肩懸掛，已是習以爲常了。

一九五二年一月以胡志明爲首的「越南派」與莊田、長征領導的「國際派」，鬪爭得十分激烈；在政治上，勞動黨大選時，「國際派」支持莊田副主席競選主席，在軍事上，「國際派」力主中共入越增援使越南戰局早日改觀。胡志明認爲越南應由越南人解決，若中共參戰，勢必蹈韓戰覆轍。這兩個問題重心均繫於武元甲一人身上。武元甲在某些觀點上固贊同「國際派」，但爲越南民族前途着想，則不能不同意胡志明的主張，故胡志明仍能掌握越盟軍政大權。不過此種磨擦，有增無已，國際派醞釀傾覆胡志明運動，日在膨脹，長征以黨的組織力量，支持莊田競選，大有志在必得之勢，前途如何，我們且看這第二回合的演奏吧！

回頭我們再來探討中共對越盟的軍事援助；筆者上面所報導的一些軍事事實，僅是中共駐足越盟的起點，眞正的軍事援助，却開始在一九五〇年九月，那是一九四六年十二月十九日以後越北大震動的第一次。越盟以中共莊田「越南縱隊」爲基幹，配合武元甲越盟精銳部隊，由當時的「越南軍事總顧問」蕭克指揮，使用中共「中央突破」「兩翼包抄」雙重戰術，發動越北總攻勢，在高平七溪打垮了法國堅强的查爾敦，里巴合兩個縱隊（合共實力約八千人）陣亡高級軍官七十五人，中級軍官二九二人，士兵近三千人，而使越北高平、諒山、老街十餘省市及若干戍防據點盡行撤守，直撲河內外圍。這次戰役使用的盡是中共和蘇俄的武器，在「多馬」地區，法軍曾截獲一炮兵輜重隊，計有屬於中國之光學及瞄準器與若干大砲，其中有若干七十五米厘口徑山砲，及一〇五米厘口徑大砲，都是屬於中共的。若干外籍軍人謂曾聽聞有類似「Kaso-hpunkt」砲的轟擊聲，這種砲聲，渠等曾在蘇俄時聽聞過，其火力可以摧毀小型堡壘。今天越北戰局越盟轉守爲攻，處於主動地位，完全是此一戰役導引的代價。

一九五二年二月，越盟進軍和平，又是中共援助越盟的次一放穫。中共調派的一部份屬於四野的陳明仁部，一部份是二野的楊勇所部共二萬人，由武元甲統率之下，一舉奪取河內西南重鎭和平省垣，使法軍後撤二十公里。但有一次收穫，也有一次失敗，不到一月，越盟軍想從太平出海並南侵南三角洲，結果被法越聯軍團團包圍，殲滅大半。

在援越軍事組織上，那是以一九五一年九月中共越盟拜會軍事會議（拜原屬越北太原省，距河一百二十公里）的決議案爲藍本；參與這次會議，越盟方面是越盟政府主席胡志明，越南解放軍總司令武元甲，勞動黨總書記長征，中共方面是四野十五兵團司令鄧華，十三兵團司令陳漫遠，滇黔桂邊區縱隊兼越南縱隊司令員莊田，及共產國際駐越軍政特派員鄧春等，由蘇俄東南亞高級顧問馬納斯可夫中將主持。這一會議是針對一九五一年五月美，英法軍事首長星洲會議，一九五一年九月法駐越總司令塔西宜將軍（塔西宜已於一九五二年一月病逝巴黎，由薩蘭上將繼任總司令）訪美爭取美援而召開的。他們根據英美法三國聯防的佈署，來釐訂侵越的計劃；他們估計到一旦大戰爆發後美英法可能動員的陸軍、海軍、空軍的數字和時間；也深深知道越南的十萬新軍至少要等到一九五二年底才眞正能够作戰。在這種種狀況之下，他們是利於速戰，於是會議決定由中共正式介入越戰，仍以「志願軍」姿態，來進行他的軍事行動。於是在一九五一年與一九五二年之交，先後成立所謂「中共援越委員會」「中共援越政治委員會」「中共援越志願軍總部」「聯合軍事進攻司令部」等。

同時在一九五二年三月盛傳中共陳兵中越邊境達二十萬人，透露的番號與人數即是：「二野」第四兵團陳賡部十三軍，十四軍約三萬人；第五兵團楊勇部第九軍，十六軍，十七軍，約二萬人；莊田縱隊約二萬人。「四野」第三兵團陳漫遠部第卅九軍，四十軍，四十一軍，約八萬人；第十五兵團鄧華部第四十四軍，四十五軍，四十九軍約三萬人；廿一兵團陳明仁部五十三軍，五十四軍，約二萬人。但是這些佈署雖告成熟，一因韓戰和談未決，未能貿然發動，一因胡志明不願掀起戰禍，故僅有準備而未見諸行動。看情形，目前尙不致擴大戰爭的。

三、越盟、越聯陣線、越南勞動黨

由胡志明爲中心的「越南革命解放大同盟」簡稱「越盟」，筆者在上面已經詳細介紹了，但因一九四六年十二月巨變以後，內部不免發生新陳代謝作用，說得像假的一樣，越共在一九五一年三月份起不到兩個月工夫連一趕三地改組了「越盟」，成立了「越聯陣線」，最後完成「越南勞動黨」。

一九五一年三月二十二日胡志明爲期集合黨的力量以配合戰時的需要，乃將越南革命解放大同盟與越南國民聯合會（簡稱越聯）合併改稱「越南民族聯合陣線」簡稱「越聯陣線」；由「全越」五十四位代表組成全國委員會，推選胡志明爲名譽主席，孫德勝爲主席，黃國越、黃明鑑、楊德賢、高潮慶等爲副主席，另設常設委員會，由十七名常設委員組成，包括前越盟總書記長征，越南總工會總書記陳文亢、農民救國會總書記胡越衡、越南青年聯合會總書記黃明正、越南記者協會主席春水等。

孫德勝以黨起家，是胡志明的老搭擋。他是熟練機器工人出身的越南民主共和國的副主席，一九三〇年越南革命青年黨由胡志明改組爲越南共產黨時，孫德勝即協助胡氏建立基幹組織，指示工人鬪爭的路向。是年越南安沛的暴動事件，孫因失風被法當局逮捕，判處無期徒刑，囚禁崑崙島政治犯集中營，一九四五年八月日本投降，孫德勝乘間領導四千名政治犯奪取島上政權，胡志明派船把他接了出來，歸返南部時，他立即被選爲南部臨時政府的副主席。一九四七年，「越南民主共和國」副主席阮海臣去職後，孫德勝即被選爲副主席。他比胡志明還老，今年七十五歲了，越盟黨人對他尊稱爲「老同志」「老大哥」「老領導」。

「越南勞動黨」也是胡志明在一九五一年春季成立的新機構；他標榜的最高原則即是，「越南勞動黨」是越南工人階級和勞動群衆的黨；黨的理論是馬列主義；黨綱規定重要任務是：驅逐帝國主義者，使人民得到完全獨立與統一，把越南人民的武裝抗戰與國家建設和世界和平運動聯繫起來，發揚人民的國際主義精神，啓發人民的政治覺悟。對這樣的黨，越南眞正的民族革命人士，大都敬而遠之，而群衆基礎是愈加薄弱了。

四、所謂越南民主共和國

一九四五年九月二日由越南各革命黨派包括越南革命同盟、國民黨、大越黨、越南共產黨等組織的「越南民主共和國」聯合政府，固係臨時性質，但不久又隨之改體了。

一九四六年一月，越南全國在越北進行選擧，議員名額三百名，越盟藉它的操縱力量，佔議席二百名以上。三月二日，越南國民議會正式開會，會議的成就是通過一部越南的憲法。

這一次大會中選擧胡志明爲主席，阮海臣爲副主席，隨即宣佈正式成立「越南民主共和國」政府。

越南國民議會主席爲裴鴻團，副主席爲范伯直，在休會期間，設有常設委員會。常務委員共十七人，除裴、范兩人爲當然常委外，另有孫德勝，孫光閥、楊德賢、黎雪興、黃文歡等。

在一九四七年至一九五〇年四年內，越盟政權流亡越北山區，幾乎被人遺忘了。直到一九五〇年二月，「越南民主共和國」的字眼，才再度在報紙上出現。那是越盟政權與中共政權互爲照會承認的事。黃文歡即以所謂「越南民主共和國」第一任駐北京大使資格，前往北平。看起來好像「煞有介事」一樣。

黃文歡是越盟老黨員，一九二六年加入胡志明的越南青年革命同志會，一九二八年被法國通緝，迫得出走東南亞各地。一九四一年越南民族統一戰線成立，即爲中央委員，一九四五年越北解放區人民政權成立，曾任人民委員會書記，九月任「越南民主共和國」國防部副部長兼越南衞國軍全國政治委員，一九四六年被選爲越南國民議會代表及常設委員會常委。一九四七年任越南政府駐第四戰區代表，一九四八年任海外特派員指導海外工作。現則出使北京，因中共援越的各種關係常川往來中越之間，正是「紅」得出色的人物。

五、武元甲的越南人民解放軍

法駐越北專員兼司令李那勒斯中將曾說：「如果武元甲能改變其政治主張，則余將委其爲我軍最高指揮官」。他所指的便是現任越盟政權國防部長兼所謂「越南人民解放軍」總司令的武元甲。

武元甲是亞洲革命運動的第二代人物，一九一二年出生越南中部，家境寒微，他就讀河內大學時，是上午讀書，下午教書，晚間即從事政治活動。一九二〇—一九三〇年間，武元甲受到共產主義激盪的影響至深，一九二六年時胡志明在廣州組織的「亞洲被壓迫民族聯合會」發行的機關刊物—「青年週刊」流入越南，給他一個莫大的「啓發」；同時胡志明在黃埔軍校設立「越南幹部訓練班」（利用廖仲愷的關係）又秘密在越北招致越南青年，武元甲與范文同即爲其中二百五十八個青年之一，那時他年僅十四歲。

回到越南後即進行革命活動。由于他學識頗有根底。經常爲「人民呼聲」「前進」「我們的勝利」各報撰稿，而以業餘新聞記者的身份作爲工作掩護。一九三〇年越北安沛事件發生，武元甲被株連入獄，監禁數年。一九三六年他又在河內活躍起來，作了「勞動報」的總編輯。二十五歲時，即被選爲越南新聞記者協會主席。從此以後隨着胡志明「越南共產黨」工作，組織越南青年，由公開工作而地下活動，成爲越盟一個核心重要人物。

一九四〇年，他受到胡志明的派遣，化名揚懷南與范文同又潛入廣西田東「越南幹訓班」接受技術訓練，在班內因煽惑共產主義失風，重返越南，胡志明隨即委他擔任武裝訓練人民和群衆宣傳工作。

一九四四年，他在越北組成了「越南人民解放軍」的第一支縱隊，不到一年，他掠佔越北高平、北件、太原、山西、諒山、河陽六個省份，建立了軍事據點，與日軍及維琪法國作戰。

一九四五年九月「越南民主共和國」臨時聯合政府成立，武元甲最初出任內政部長，至一九四七年調任國防部長，再於一九五〇年兼任所謂「越南人民解放軍」總司令，成爲屠殺越南民衆的元凶。

武元甲領導的所謂「越南人民解放軍」實際狀況怎樣呢？詳情有如下述

（一）組織系統與戰區劃分：越盟軍事組織系統及戰區劃分是以整個越南爲對象的，在其所謂「越南人民解放軍」總司令部之下依越南地理形勢設置三個行政抗戰委員會和十個戰區；北部行政抗戰委員會轄第一、第二、第三、三個戰區；第一戰區包括北部西北方各省老街、山羅、萊州……等，第二戰區包括諒山、高平、海寧……等，第三戰區包括河內，海防、南定、寧平……等。中部行政抗戰委員會轄第四、第五、第六、第十，四個戰區：第四戰區包括清化、義安、河靜、廣平、廣治，順化等，第五戰區包括廣南，廣義，第六戰區包括平定，富安、慶和、寧和、平順、蕃切等，第十戰區包括上同奈、多樂、大叻等。南部行政抗戰委員會轄第七、第八、第九，三個戰區：第七戰區包括巴和、西寧、土龍木 巴地等，第八戰區包括西貢、堤岸、嘉定、鵝貢、梹椥、新安、美拖、茶榮、永隆等，第九戰區包括芹苴、東川、沙瀝、朱篤、薄寮、河仙、廸石、蓄臻、金甌等。

（二）總部建立：「越南人民解放軍」總司令部在一九五〇年時設在中越邊境中國南部十五公里河口附近距河內二百三十公里的陵沙池區，是年越北大反攻後逐步南移，至一九五二年則設立於太原省新潮，距河內約一百公里，越盟政權「首都」亦設於此。

（三）越盟軍兵力：在一九四八年時，越盟僅有正規軍三萬五千人，民軍一萬二千人。一九四九年中國大陸變色後，士兵滲入八千人，中共滲入約二萬人，連同戰後拒降投入越盟的左傾日軍約二萬人，實力已大為增加。一九五〇年由中共越盟共同在雲南文山訓練新軍一萬五千人，在蒙自訓練一萬人，在車里訓練一萬人，故越盟兵力乃隨之改觀。越北是胡志明的大本營，越盟部隊數量最多。在一九五〇年九月未發動攻勢以前，計有正規軍五萬五千人民軍一萬五千人，大砲二〇尊，迫擊砲一四〇門，機槍二三〇〇挺，步槍五〇〇〇〇枝。進掠越北廣大地區以後，到目前為止雖無詳確統計數字，但我們可從公報約略估計：據一九五一年二月由越盟區的蘇俄駐東南亞高級專員西村一郎（日人）宣稱：「越盟中現有中共軍六萬人，日軍二萬人加入戰鬪」。又據法文遠東日報官方透露：「越盟用於越北戰場上的擁有四十營精兵，後備部隊則為上述之兩倍」。再據越北七溪傷兵歸來追述：「向我們攻擊的敵人，可能有四個師」。以上項情報推測，當時越盟同時發動老街等地戰爭，其正規軍後備軍總兵力必在十五萬人至二十萬人之間。到一九五二年再加上中共援越部隊，及和平進軍的結果，其兵力當較前更為增多了，在越中地區：越盟小規模騷動，經常在東會 廣治，峴港、蕃切 藩郎、寧和 順化，各地附近進行。集結最多的是順化附近及峴港兩個區域，每地約有越盟建制部隊兩團，由於與越北不能聯繫，他的兵力與越北未發動攻勢以前尚無差別，計正規軍二萬人，民兵一萬人，大砲十五尊，迫擊砲八十門，機槍一千一百挺，步槍二萬五千枝。南越的越盟軍，有兩個主要基地在環斯半島上，一是西貢以西一萬方英里的池沼地帶，一是巴塞河下游半島西南部份，其中沙瀝是越盟一個強大的據點，共有兵力一旅。南越整個區域計有越盟正規軍三萬四千人，民軍一萬二千人，大砲二〇尊，迫擊砲九十門，機槍一千三百挺，步槍三萬枝。面對善定、土龍木 邊和、東川 美拖 芹苴、薄寮、茶巴、森地、金甌、福和、沙瀝諸省市威脅頗大。

（四）蘇俄中共軍火接濟：蘇俄與中共接濟的軍火，由來已久、陸路是由滇越邊境及廣西鎮南關等地輸入、水路是以萬山群島為基地 運往海南島，再利用夜間偷航及走私方式，輸入越南中部之三岐會安等地起卸，最近且在圍洲島欽州灣兩地建立海空軍基地以為接應。單以一九五〇年一至九月的接濟數字而論，計有步槍九一九〇〇枝，機槍一二五挺，戰車二五輛，彈藥三千箱，共他裝備八九〇噸。而在一九五二年三月份一個月內經由南寧供應站運越之軍火包括各種兵器 炸彈 地雷 大砲等即為二千三百大箱。除掉軍火以外，在一年以前曾由蘇俄將東北卸下的兵工機械運來越北成立一個越盟兵工廠，自製軍火，以一九五〇年四月份為準每月可土製步槍輕機槍六百枝，迫擊砲一五〇門，地雷一萬三千個，手榴彈一萬五千個，步槍彈十八萬發等。

（五）越盟的詭譎：越盟是詭譎多端的：第一是嚴厲的軍法，在對付法越聯軍的運用，在所謂越盟「軍法」中規定，凡是作戰歸來的士兵，如無武器的，則一律處以極刑，因此他們在戰場裡很少舉槍投降，而多是枉送性命。越盟為了獲取戰果，在臨陣之前，任其士兵酗酒刺激，與高采烈，使其爭先恐後，有如田單縱火牛一樣衝上火線在瘋狂中犧牲。以此，往往獲取相當的戰果。第二是：使用美人計削弱法軍的戰鬪力：越盟從越北各大都市誘致大批富有色情的安南小姐，成立一個女諜工作隊。交給她們的任務是，刺探軍情與誘惑逃亡，這批安南妹亭亭玉立，粗懂法國文字，利用靠近法軍兵營的小咖啡店或酒吧間為其工作掩護。使那些法軍尤其是外籍軍看到肉麻，於是一搭即上，以「工作」為第一的安南妹也懂得間諜運用，甚至不惜犧牲肉體慰勞達到任務，而其双方温存之下，什麼「部者」，「兵種」，「計劃」都和盤托出。越盟就憑這些「情報」進行突擊，使法軍手足無措。更可怕的還是誘惑法軍逃亡。這些安南妹一與法軍搭上關係之後，就表示願意與他結婚，如果法軍有同僚同去的話，話中她就表示她有許多姊姊妹妹，願意回家為其介紹，於是在這種狀態之下，法軍被誘惑脫離軍營的，數字相當驚人，等到進入越盟這就被解除武裝，失去自由。這也是越盟詭譎又一後果。

青　春　戀

Lesley Conger 原作
聶華苓譯

天國之子正坐在門口的石階上剝豌豆，以便做豌豆罐頭。她的母親美安達．斯古德在厨房內走來走去，她的臉被厨房的熱氣薰得通紅，一指指的灰髮從那斑白的粗髮辮脫出。母親的髮辮是盤在頭頂上的；女兒雖然快到十八歲了，但她那一對深褐色的粗辮子却仍垂在肩下。她常愛低着頭，讓她柔美的髮絲輕撫着她的面頰。

世界末日既然即將來臨，便無心再做豌豆罐頭了。但美安達仍十分鎮靜的忙着做罐頭。

她對她丈夫說道：『這也是需要做的一點事。倘若工作能使我們的靈魂配見上帝，那麼，我一定要繼續不斷的工作，一直到末日來臨時爲止。』

『你在末日來臨之前最好還是祈禱』。柏爾．斯古德牧師常低頭站在門口，甚至於當他現在站在屋中間時，也微低着頭，衣領從頸後翹出。

美安達說道：『工作就是一種祈禱。你常常這樣說過。』她又加上了後面一句話。

但天國之子想着：母親疲憊的用姆指擠着豌豆，將那些豌豆擠到她脚邊的盤子裏去，倘若她僅僅是爲了工作的原故而工作，那麼，她又爲什麼要如此耽心這些豌豆罐頭是否好吃呢？誰將吃那些豌豆罐頭呢？

天國之子蠕動着她赤着的脚指，將她的衣裙向下拉得更長。當她聽見父親在背後的走廊上走動的脚步聲時，她便彎下背，這樣可使她那高領衣服的上身在她身上顯得比較寬鬆一點。柏爾牧師常常嫌惡的注視着她，彷彿一個人快到十八歲就是罪惡。她也沒奈何。

『豌豆，』他一面輕蔑的說，一面在那狹窄的臺階上斜着身子走過她的身邊。你會想像到，他自己永未吃過豌豆。但當他正要走下臺階，他却轉過身來，目光炯炯的向她一看說道：『你對於末日審判已準備好了嗎？你今早的靈魂淨潔崇高嗎？孩子。』

她不知道。縱令工作是一種祈禱，但每當她剝豌豆時，她從沒有最淨潔最崇高的感覺。尤甚是當她的父親在她面前提到即將來臨的末日審判時，她最沒有這種感覺。她那時的靈魂已溜走了，好似一條急切的小蟲欲在一片樹葉下尋求庇護一樣。

但她畢竟回答道：『是的，爸。』不論她的靈魂如何，她却昂起了一張淨潔而有光輝的面靨。他何曾知道她內心的驚恐。他喉管裏嗯了一下後便高視濶步的走下了臺階。所有的人家他都去；但這並不像想像的那樣使他費力，因爲他的教堂所包括的不到三十個教徒，而他們又都住在浮士港的一條路上。

天國之子雖然愛她的爸爸，也十分怕他（因爲上帝不是曾經對他直接講過話嗎？）。因此，當她看着他走去時，感到十分輕鬆，但這更加重了她的內咎。在某些方面，她怕他更甚於怕末日之來臨，或許甚至於甚於怕上帝本身。然而，有時候，她仍非常愛他，那種不穩定的愛和她對母親所感到的溫暖而永恒的愛完全不同。當柏爾牧師說話的時候，他激奮的聲音彷彿是一團燃燒着的熊熊的火，但後來就變成了一支柔和而微弱的燭光。他一双炯炯的黑眼將在座的所有的人都要搜羅淨盡，只到他們將他們的靈魂付託給他保護，衷心的信任他時，他才停止。

×　　×　　×　　×

但天國之子是有罪的。她犯罪的證據十分顯然。第一，她和她父親在一塊就侷促不安；這是一個罪惡。第二，她在教堂裏不能感到上帝的降臨，但在其他的地方並不如此，以致於她懷疑在教堂裏可能是魔鬼使人感到它的存在，而不是上帝。第三，她好奇而貪婪。她在村子的學校裏讀書時便不堪忍受『與衆不同』的情形，所以她現在很高興這一時期已過去了，而且永遠過去了。

這些都是罪惡的徵記。但是，最大的罪惡或許是，當她父親說末日即將來臨時，她永也不能完全相信。她對自己喊道：我相信，但我不願這一天到來。或許——或許這一天不會到來。

『與衆不同』縱令是對的，但這太可怕了。開往摩根凡爾的校車每日在浮士港的教堂附近停下，柏爾牧師這一區的孩子都在這裏上車。其他的孩子預先將車的後部空下來留給他們。於是，天國之子以及其他的孩子列隊進入那窄狹的走道，極力忍着不去恨那些釘着他們的冷漠而輕蔑的眼光。或許，這些人就是一個人必須愛的敵人。

十二年以前，她初次跟着賀基家的女孩子仁愛到學校裏去。仁愛對教師說道：『這是天國之子，斯古德。』這位教師閉上了眼睛，做出一副臉像，以致附近的桌子騷動着抑制的吃吃的笑聲。

教師說道：『我想，爲了在班上方便的緣故，我要喊你簡妮。倘若你不堅持反對的話，我就這樣叫你。』天國之子對於『緣故』，『堅持』這些字的意義感到迷惑。她沒有反對。

天國之子想：倘若那些光亮的緞帶是罪惡的話（天國之子的髮辮是用橡皮帶和線頭繫着的）那麼，那些大女孩，甚至於教師自己嘴上的唇膏，豈不是更有罪惡嗎？她在這兒遇見了一些她所不了解的事物，譬如，電影畫報，梵倫泰因節那天男女孩互送的情書和卡片，嬉戲等。還有接吻，既不是鄭重的吻，又不是溫柔的吻，而且，也不是吻在面頰上，或是額上。學校儼然分裂爲二，彷彿教育當局曾這樣命令過一樣。一部份是柏爾牧師這一區的孩子，另一部份是此區之外的孩子，他們的人數比較多。

像接吻這一類的許多事物，從沒有使天國之子感到困窘，以致使她跑開了，或是回到家裏去。她從沒被人吻過。不過，曾有人在梵倫泰因節那天在她桌上偷偷留下了一張卡片，但他未敢在上面簽字，她泰然的將卡片翻了過來。

雖然如此，她並不是完全無動於中。譬如緞帶，寬緞帶和帶有兩種顏色的短袜子都會在摩根凡爾流行一時，天國之子便十分羨慕這些玩意。緞帶在頭上正像蝴蝶般的飄舞，而蝴蝶當然沒有什麼罪惡，蝴蝶不也是上帝的生靈麼？有罪惡的必定是『打粉和裝飾』，這是她父親說過的。她可笑的幻想着一隻蝴蝶棲息在她的髮絲上，一隻眞正的蝴蝶，一隻纖柔的蝴蝶。但這會是罪惡嗎？

天國之子一面想着，一面用她的赤脚絆動地上裝豌豆的盤子，並伸了一下懶腰。她一直在陰地裏，但現在陽光已開始爬上了她的衣裙。她差不多快將豌豆剝完了。這一天將是十分炎熱，她感到那身黑衣的高圓領彷彿要勒死她一樣。摩根凡爾的女孩子都穿着短圓領的衣服，或是穿着肩上只有幾條帶子的衣服，他們衣服的顏色好似港口的斜坡上盛開着的野玫瑰，歐薄荷花和桃花。

但是，天國之子沒有一樣東西是野玫瑰色的，只有她那如痴如醉的雙唇如野玫瑰般的艷麗，但她自己並沒意識到。她坐在臺階上，那野玫瑰色的唇瓣，那對清澈的眸子都夢般的柔美。她剝着最後一顆豌豆。

『我已剝完了，媽』。她說道，將裝豌豆的盤子拿進了厨房。

美安達正用一塊粗麻布抹瓶子的蓋子，『謝謝你，孩子。』她這樣說。女兒和她父親所共有的特徵，就是他們同有一張瘦削的臉，但仍很漂亮。美安達想：我的臉看上去必定永不是那樣的。她牽起了裙角，抹了抹她的前額，說道：我眞不再需要你幫忙了。』但她並未說：『你的父親走了』。然而，這句話就如同已寫在牆上一樣的清晰。

『我想去散散步』。天國之子羞澀的說。

美安達將頭一點。一面走着一面凝視着女兒，只到她走過了門，才嘆了一口氣，拿起了裝滿豌豆的盤子。

× × × ×

浮士港的路並不是沿着港灣一直伸延到港口的，也不在港灣的兩旁，而是由摩根凡爾出來鑲着那一塊寬廣平坦的灣頭，然後又回去了。到了灣頭便再沒有可去的地點，因爲那兒除了岩石，青苔，野兎和依附着那薄薄的泥土地層的小花，浪花，紫色的海盤車以及清潔的海風之外，一無所有。沒有一個人到那兒去，常到那兒去的只有顧來特家的一群綿羊，野兎和天國之子。

奇怪得很，天國之子只有在這裏才感到她的靈魂是聖潔而崇高的，不是在教堂裏也不是在工作中，就是在這裏。

在那塊突出最遠的岩石重重的地方，她端莊的坐在一塊光滑平坦的石頭上，兩膝合併着，衣服拉得下下的。她仍赤着脚。

倘若她回頭向來路看去，她能看到教堂以及所有的人家：巴米特家，顧來特家，賀基家，史米斯家，斯古德家。但是，天國之子却愛坐在那兒遙望藍海那邊漂浮在霧氣迷濛中的島嶼。有時她可以遠遠望見一隻船影駛過那些島嶼，而漂向它所去的地方。她在那兒坐了一會之後便小心的爬下岩石，去到那塊窄狹的沙灘上。這兒有白色的，橙黃的和黛色的海上白頭翁麻木的在海面漂浮，還有深紫色的海膽。這兒有紫蘿蘭色的肥大海盤車，和許多鮮紅色的小海盤車。

她伏臥在沙灘邊，面頰幾乎觸着了水面，她凝視着在水面下的一條顏色俗惡的海胡瓜，它的皮上張滿了尖刺，恰像植物屬胡瓜的皮。一個動物能够像一種植物，這眞是妙不可言。天國之子想道：當你愈接近某些原始的東西時，你便愈會發現任何一種生命和其他的生命是相似的。她想到這便鎖住了眉梢，翹出下唇。摩根凡爾學校中科學課內從未激起她現在對生命所感到的神秘與喜悅。

一個小海盤車在黏滑的岩石上緩慢的移動，她僅能察覺它的移動。但看不見末日果眞來了麼？她想哭，她茫然凝視水中，什麼也沒看見，許久，她才坐起來。

她聽見一種略嚨略嚨的聲音由遠而近。那聲音是如此近了，她爬了起來，靠着岩石，使勁拉拉衣裙。

那聲音停止了。天國之子想轉過身爬上岩石。但她感到將背轉過去似乎更沒保障，更狼狽。因爲那隻小船正向着她划來。一個年青站在玻璃遮風屏的後面，手裏拿着一個槳，正將船划開那些亂石。他小心的將船划了進來，最後伸出一隻手扶住一塊突出的岩石，於是，這隻小船幾乎停在女孩的脚旁，在那兒輕輕盪漾。

『喂，你是羅雷家的嗎？』他殷勤的問道。

天國之子搖搖頭。

『我不過是在海上閒盪，在探索。看海盤車。自己玩玩，你幹嗎？』他是如此好奇的凝視着她，嚇得她向後緊靠着，以致將背擠進了那又尖又硬的岩石之間，但那樣也無法逃避。

『怎麼回事？你怕我嗎？』

她搖搖頭。她並不害怕；她只是非常不高興。

『我知道你是誰』。他說道。她很驚奇，兩眼圓睜。『啊，不，不知道你究竟是誰，但我知道你來自何處。』自然他會知道的。她低頭俯視她赤着的双脚。『你是斯古德家的人。』但他的聲音中並沒有輕蔑。『你叫什麼名字。』

天國之子想，倘若他笑她的話，她眞願死去。她不願讓他譏笑。她回答道：『簡妮，簡妮，斯古德。』

『那麼，你就是牧師的女兒，就是柏爾本人的女兒嗎？』船擦着岩石湯漾，他穩住了船身。『你願划划船嗎？』

『不，不。』她急忙回答。

他向着岩石一推，小船動盪不已。他俯視着水中說道：『那是一條海香腸嗎？』

『胡瓜，海胡瓜』。天國之子糾正道。

『有些人稱為海香腸。』

天國之子現在已不設防了，她蹲下跪在地上凝視水中。她辯道：『那眞傻。你可以看出那像一條胡瓜』。

他在船中坐下了。『但那不是綠色，却比較像香腸的顏色。』

『但它的形狀像一條胡瓜，這是重要的。』她很有權威的說道。『你看，那上面全是凸起的刺。有誰看見過一支香腸是那種形狀嗎？東西的形狀才——』她昂首正對着他的臉，發現他們兩張臉相隔還不到半尺遠。她忙向後一退，一陣玫瑰色的紅潤泛上了双頰。

『我想你是對的』。他終於讓步了。他有淡褐色的短髮，被太陽晒得黝黑的鼻子。他的眸子好似浮士港的海水，是一種奇特的灰綠色。他對她微笑着。

『我對你撒了謊。』她說道。

『對我撒了謊嗎？什麼時候？關於什麼事？』他將船拉得更近了。

『關於我的名字。我不叫簡妮。那只是當我在摩根凡爾的學校中時他們那樣稱呼我的。』她停止了，鼓起了勇氣。

『那麼，既不叫簡妮，叫什麼呢？海麗歐卓卜嗎？克賴麗沙貝兒——愛瑪——梅妮嗎？』

『天國之子。』

他並未笑，他僅僅昂昂頭，彷彿正在默想。

『那麼人們如何稱呼你呢？』

『就是那樣稱呼。或是只稱孩子。』她用手濺着水。『我希望我另有一個名字。辛曦亞。甚至於叫簡妮。眞的。』

『我曾認識一個名叫辛曦亞的女孩。她有一口勾牙，性情惡劣，像一條卑賤的老狗。』

『我想她有這樣一口牙也沒辦法』。天國之子嚴肅的說道。

『但我從不知道一個名叫天國之子的女孩。我的名字叫瓊尼。蓋基。』他面呈沉思的神情，然後忙拿起了船繩，繫了一個圈，抛了出去，套在一塊隆起的岩石上，將繩拉得緊緊的。『倘若你不到我船上來，我就要到你的岩石上去了。』他一面說着，一面走過了船邊。他双腿交叉着坐在她旁邊。『你是柏爾的女兒，那麼，告訴我，我曾在摩根凡爾的報紙上看到你父親說世界的末日將要來臨。最後審判日即將來臨，是嗎？』

『是的，爸爸還不知道那一天究竟什麼時候來臨，但立刻就要來了。』

『然後怎樣呢？』

『我不願談這件事，』她一面說，一面低下了頭搓着她的辮梢。『我寧願談海胡瓜或是海盤車。』

『你最喜歡那一樣？海胡瓜嗎？海盤車嗎？多刺的海膽嗎？海白頭翁嗎？還是水母或是螃蟹隱士呢？』

『一樣都不是我最喜歡的。它們都是那樣特殊，以致我無法擇取。』

『你也是特殊的。但我知道我所要擇取的是什麼。』

『紫色的海盤車』。她猜道

『你，』他頑皮的說。

她不知所措。倘若這就是遊戲，她實不知如何應付這個遊戲。

『你多大了？十五歲嗎？十六歲嗎？』

『十七歲。』

『老鬼。』他說道。

× × × ×

她的臉轉向了他，困惑但很冷靜，一對烏眉翎得直直的。他嗤的一下笑了。她正準備站起來。但他抓住了她的小手，不讓她離去。

『你從沒對任何人講過話，是嗎？』他問道。

『不多。』她嘆了一口氣。『這就是爲什麼你嘲笑我的緣故。但我並不恨你，因爲那樣就不是基督徒了。』

『你最好不是。我是一個年有二十三歲的老人。你不恨一個二十三歲的疲倦的老人麼？』他仍握着她的手。『不，我再不開玩笑了，天國之子。』他將那隻小手輕輕放回她的膝上。『你要幹什麼呢？』

『談話，我們可以在這裏坐在陽光中談話，可以嗎？』

『我的意思是指——以後，你以後要幹什麼，要做一個什麼？』

『什麼也不做。』她說道。她的父母曾經談到希望她可能嫁給歡德・史米斯。這是在他們知道末日即將來臨以前的事。『當末日來臨時，我將被送至天堂，生活在光榮中，就如同我現在一樣。除非——除非我不够虔誠。』在冥想中，一陣寒流由海峽的那邊襲來。『我是貪求的，貪求衣服，貪求緞帶。』她又解釋道。

『我希望末日永不來臨』。瓊尼說。

『必定會來的。就要來了』。她凝視着遠處島嶼凸凹不平的地平線。『但我寧可談談任何其他的事。你願幹什麼呢？』

『我是一個地質學者。有一天，我可以告訴你那些島嶼如何生在那裏；山脈如何由地下成長；冰河如何由北邊流下。』

『我喜歡聽你講這些事情。我們在摩根凡爾的學校中沒有這功課。』天國之子說道。

『我沒想到是這樣的情形。』

『我們有植物學，』她在沉思中繼續說道。『在科學課中，我們有植物學，但那上面所講的花似乎並不像花，眞的。你懂得我的意思嗎？』她焦急的問道。

瓊尼點了點頭。我曾經有一個天文學教授。他從未看過星星，我是說他從未從心靈深處看過星星。你在夜裏昂首看天上的星星時感到你自己如何的渺小如何的不足輕重嗎？』

天國之子不知所云。『嗯，是的，渺小。但沒有一樣東西眞正是不足輕重的，是嗎？甚至於臭蟲也不。』

『你說得很對，我想你又說對了一次』。他這樣說道。

『又一次？』天國之子感到迷惑。

『我是指的海胡瓜』，瓊尼提醒她道。

『你若高興，你也可以稱之爲香腸』。她慷慨的對他說。

『不再這樣稱了，我不能這樣稱』。他搖搖頭。『當我已經遇着了更有力的證據時，我就知道了』。他伸了一下懶腰，睇着眼睛看着她說道：『自然，你就不是不足輕重的。』

『除了海胡瓜之外，我還喜歡臭蟲同藤壺等甲殼動物。我喜歡有生命的東西，動的東西。』天國之子說道。

『沒有生命的東西也是動的。水、沙、每一樣東西都是動的。地球在動，太陽也在動。』

『哦！』天國之子叫道。她的眼睛一直夢一般的隨着他的話在移動：他們腳旁的水，腳下的沙粒，地面，太陽。『我現在必須走了』，她說着便站了起來。『已是用餐的時候了。』

『我喜歡對你講話』，瓊尼說道。『明日我可以再到這兒來，再租下這隻船。我現住在摩根凡爾那個白色的舊旅舍中。你明日可否划划船呢？』天國之子搖了搖頭，於是他忙繼續說道：『至少我們總可以談談。我要告訴你關於冰河的故事。』

『我不來划船，但我想我可以來談談。』她說完便爬上了岩石，然後向下對着他溫文有禮的說道：『我很高興曾經遇見你。』她跑回了家。

她想對她母親說點什麼；但當她一進入這個陋俗的屋子，她就想不出要說什麼了。我曾和一個人談過話，談到海胡瓜，談到星星，談到臭蟲。這樣說嗎？這似乎荒謬可笑。她感到彷彿季節已變換，她興奮得戰慄，那興奮的心情就像她看見初次冰霜或是花園中的新綠一樣。她非常鎮靜的走入室內，那天沒有說什麼，次日也沒說什麼。

× × × ×

第三天早晨，美安達正開始打掃爐灶。天國之子卻開始猶豫她如何離去。早餐中沒有一個人說話，彷彿有何不祥之兆。柏爾牧師離開了屋子，未對她倆說一句話。距離末日的時間就如此短促麼？

『媽，你要我做什麼事？』天國之子問道。

美安達正跪在地上擦灶門。她看着女兒，十分不安。『出去散散步，不要再煩惱。你煩惱也阻止不了任何事情，阻止不了天氣，阻止不了牙痛，更阻止不了上帝的意志。我正在擦爐子。』她一面說，一面用力的擦着。『我擦完了之後，便去洗抽機房。』

『我可以洗抽機房』。天國之子痛苦的自告奮勇的說道。早上的時光已過去了這樣多。他是否來過又走了呢？

『讓我閒坐着煩惱嗎？』美安達幽默的問道。『你去散你的步吧！』

他已在那裏。她停在岩邊，向下看着他的頭頂。他正坐在那裏，靠着岩石。

『喂，』他說話時並未移動。他看不見她。

『你如何知道我在這兒呢？』她一面問，一面小心翼翼的爬了下去。

『我聽見你的呼吸，你一定跑路了。』

『倘若不是我怎辦呢？』

『我仍然可以說喂，我不可以嗎？』

天國之子的臉紅了。她原來想第一件事就是問關於冰河的故事，因爲他們在頭一天忘記了這回事，他們曾談到許多其他的事物。她恬靜的坐着，遙望着海的那邊。他忽然拿起了她的一條辮子，將辮梢置於他的鼻下，做出一副傻像。

於是，她非笑不可，並且對他一本正經的談論緞帶，在他面前提出了許多關於美、蝴蝶和裝飾打扮的問題。她也會告訴他關於梵倫泰因節那一天嬉鬧的情形。她滔滔不絕的談論着關於這些事情的道理，就和她以前常對自己所說的一樣。但當她擡起頭時，幾乎驚奇他仍在那兒，因爲她從未想到將這一類的事物講出來給另一個人聽。她突然停住了，對於自己冗長的獨白感到驚惶。

瓊尼．盍基凝視着她許久，然後握住他的兩條辮子，湊到她耳邊，吻她。她驚慌失措，一動也不能動。『現在，世界末日還會如此快就到來嗎？』他輕聲問她。『最親愛的孩子，我愛的孩子。』

天國之子情急意亂。她低語道：『沒有人……』

『自然沒有』，瓊尼說道。

『瓊尼……』

『不要害羞』，他幾乎是嚴厲的說。『假若你害羞的話，我就要恨我自己了。』他將她擁在懷中。『美麗的孩子』。

她極力找支持，找道理，找回答，找點什麼來開口。爸爸會因爲她而感到羞恥嗎？她知道爸爸會有那種感覺的。上帝呢？她忽然想到爸爸和上帝的意見可能不同。瓊尼白襯衣敞開的衣領輕擦着她的面頰；她感到他肩的線條在她手下是那樣柔潤。她閉上了雙眼。這會使人沉沉入睡，倘若一個人醒來像這樣安全而甜蜜的被人擁抱着時將是如何的感覺呢？她睜開了雙眼，看見了他那黝黑的臂膊上淺褐色的鬈毛。然後她看見了他的手錶。她站了起來。

『我早應回家了，回家用餐。』她焦灼的說，但仍然站着。

『有誰會追尋你嗎？』

她想到了爸爸，她彷彿看見他沿着山坡走來，筆直向前走，尋找她。這是一個滑稽的念頭，這是她第一次想到她的父親時有這一點幽默感。

『沒有，沒有人到這兒來。但是——我希望他在別的什麼地方用餐，史米斯家或是其他的地方。』謙德．史米斯浮上了她的腦際。他很善良；工作也努力；他的爲人就和他的名字一樣，十分謙虛。他眞沒有什麼令人可厭的地方，除非你覺得呆板是令人可厭的。天國之子就覺得他呆板。

瓊尼仍坐在那裏，一對灰綠色的眸子凝視着她。

『可能他現在已回家了』，她突然驚恐的低聲自言自語道。『我怕——我不要末日到來』。

『那一天不會發生的』，他說道。她已忘記他的臉會是如何堅强，現在，這張臉幾乎變成了嚴厲。

『那不可能發生』。但她只是搖着她的頭。『那麼，你聽着』，瓊尼要求道。『我信任明天，明天我一定在此同一時候到這兒來。倘若你明天不能來，我次一日也一定來。以前所有的時光我都是這樣度過的。』他緊緊的握住她的雙手，緊得使她疼痛。『你必須來』，他說道：『我忘記了告訴你關於冰河的故事。』

天國之子終於爬上了那枯的瘠斜坡，在她一生之中，再沒有做過比這更困難的事了。在斜坡上，整個的浮士港立刻呈現在她眼前。

『再見』，她低頭語着，蹲下直視着他的臉。

『再見，瓊尼。』

美安達沒有表示一點異樣。以她的聰明她自然知道至少在今天天國之子除了看見海盤車和海白頭翁之外還看見點什麼。她告訴女兒道：『你的父親一定在史米斯家裏。』下半句未說出的話就是『所以你不必着急。』她接着說道：『你一定完全忘記了時間。』但她的聲音卻很和藹，沒有一點責備的口吻。『快到抽機房裏去取點牛奶喝吧！』

但天國之子感到她的胃扭縮着向下沉，並且有點輕微的顫動。『我不餓——我想也許是餓過了勁』。

美安達的背轉了過去。她正在洗一個罐子。『好，留心晚餐要有好的味口。若你父親以爲你又在做夢或是沮喪的話，他就要煩惱的。』

天國之子凝視着母親直挺堅强的背。她母親很少這樣直接了當的指着爸爸警告她。

× × × ×

但是爸爸並未回來吃晚餐。她們聽見他在走廊上憤怒的脚步聲。他身後的門砰的一下關上了。『懷疑』，他嚷着。彷彿他希望這兩個字能重重的打擊她們一下。『懷疑！我竟聽見我這一教區裏人表示懷疑！』他緊緊抓住桌邊，一双深邃的眼睛凝視着他的妻子和女兒。『這兒有人懷疑嗎？美安達？孩子？』。

天國之子以爲他會伸出手來抓住她搖撼。但他仍緊緊抓住桌邊，指節的白骨似乎要穿出那層瘦皮了。

『我們是永遠和你在一塊的，柏爾。』美安達靜靜的回答。

『主將解答他們的懷疑，他們將會知道的』。他的聲音預示着不祥之兆。我要祈求主，主將會釋去他們的懷疑。』他俯視着桌子。『我不吃』，他又加上了這句話，彷彿他們會勸過他吃一樣。他說完後便走了那窄狹樓梯，去到他的房中。她們聽見他急拉窗簾的聲音，以及他在地板上走來走去的不安的脚步聲。當美安達和天國之子正坐下來準備用餐時，他又走了下來，對他們說道：『我要到教堂去。我將一直留在那裏等待主的回答。』

他走後，天國之子閉上了眼睛，低下了頭，但淚珠由她一闔着的眼瞼間汨汨流下，她開始戰抖。美安達移動的椅脚在地板上擦擦着響：她走了過來，站在女孩的椅後，輕撫着她的頭。

『我不要末日來臨。』

『但你沒有什麼可怕的』，美安達說。

『啊！我怕』。天國之子痛苦的說道。

『怕主嗎？主當然不可怕』。美安達輕語道。

天國之子慢慢搖着她垂下的頭。「不是」。她什麼話也說不出來。『只不過是——當我如此愛着萬物時，萬物卻要結束了。』

『世界如此美麗麼？』她母親的聲音帶着淡淡的慕戀。『這世界對於你曾經是艱苦的，因爲你是你父親的女兒。你認爲我不知道嗎？』她蹙着双眉。『倘若你有什麼事要對我講，孩子，……』

『沒有』，天國之子勉强的說。『我不知道。』她抬起了頭。『我不想吃，媽。』她將椅子向後一推。

『不要這樣。吃點東西才能支持』。美安達回到了原位，沉重的坐下『啊，至少豌豆做好了。』她說了這句不相干的話，然後獨自吃着。

次日清晨，柏爾牧師由巴米特家走到顧來特家，由顧來特家走到史米斯家和賀基家，將他們都召集在一起。他們現在將開始禱告，一直到主降臨，一直到主賜給最後的解答時爲止。他帶領着他們熱切的大步走向教堂。他現在知道他們等待的時候將不久了。『這兒還有人懷疑嗎？』他挑戰似的向他們大聲疾呼道。但沒有一人說話。只有博愛、顧來特站在屋角爲他未出生的嬰兒啜泣。美安達緊緊握住她女兒的手，一陣戰慄彷彿電擊般傳遍全身。

他們永遠站着。天國之子想這就是永恒。她等待着，等待着。父親的聲音不懈的勸誡着他們，他和他們一道祈求；爲他們祈求；代他們說出他們對上帝的信仰。

× × × ×

然而天國之子卻在那兒猶豫不決，她由教堂的窗戶看去，只見岩石的那邊一隻船影正游過浮士港口。他的名字『瓊尼』好似一根梗在喉頭的骨刺欲出不得。他在那岩邊將等待多久呢？他次日是否還會再來呢？她相信他一定會來的，但是倘若沒有明天的話，她相信與不相信又有什麼不同呢？

她父親激動的聲音不容許有懷疑存在；然而，當她一想到瓊尼時，她就懷疑對於瓊尼而言末日是否也即將來臨。他們這些離群索居的人是如此孤獨，如此被人輕蔑。或許世界上也只是他們這一部份人被帶入天堂，而世界仍無變化，這個世界是他們未曾熱愛過的，因而也不會因失去了他們而感到憾然。地球仍將繼續自轉；太陽仍將溫暖着地球；花朵仍將怒放；紫色的海盤車仍將在那溜滑的岩石上爬行；而瓊尼，蓋基將坐在他的小船中孤伶伶的盪回摩根凡爾。天國之子抬頭看她父親，希望在他臉上尋求支持，但他的聲音已變成尖銳的叫喊，她又畏縮了，十分惶恐。

柏爾牧師大聲叫道：『我們是否將證明我們的信仰呢？我們帶至天國的除了我們對主的愛和服役外，還能有什麼呢？』他一張張臉看去，沒有漏掉一個。在這沉寂的片刻，忽然門外枝頭小鳥啣叫，天國之子聽見這聲音內心感到一陣痛疼。『讓我們來證明我們的信仰吧。』柏爾牧師說道，然後他又對他們低語道：『來！』

但是這一天，末日的這一天，在地球上也只有這一天，是如此的美麗！彷彿太陽，稻田，海灣全在反對，再沒有共他的人聽見他們的言語麼？天國之子隨着她母親蹣跚而行，行過了她們自已的家門。

他們將在這兒證明他們的信仰。他們看着柏爾牧師走進了他自己的房子，誰也不願說話，甚至於丈夫對妻子，媽媽對孩子，也不願說一個字。柏爾牧師出來後，站在路上說道：『和我一道祈禱！』

門口冒出股煙霧，一排小火舌舐着一個窗沿，火燒房屋的坼裂聲壓住了他們的祈禱聲，整個房子陷入火中時，火聲轟轟。

美安達茫然摸索着女兒的手，那隻冰冷而戰抖的手。女孩模糊聽着她母親喊着『柏爾，柏爾，』然後美安達將頭轉了過去不忍目睹那悽慘的情景。天國之子焦灼的看着母親。忽然，在她母親的那一邊，她看見了，倘若她母親還未因此時的情景而昏迷的話，她必定也已經看見了，遠遠的，一個人影跑下了羊尾坡。『瓊尼！』是她自已高聲喊出了他的名字還是僅僅聽見那名字的回音在她耳內繞繚呢？她的身子僵硬了，雙手握得更緊，美安達猛的一下轉過身來。

『誰？』母親無聲的說出這個字。天國之子痛苦的閉上了雙目。

然後美安達看看她的丈夫，他正在天井中站在他們的前面。她又看看燃燒着的房子，還愚蠢的想着那一瓶瓶的豌豆現在已經完了。她突然放下了女兒的手，將她一推，低聲說道：『跑！』屋頂垮下了『跑！』簡直就是命令。

天國之子跑了，兩辮隨風飄舞，她跑過了這條路，繞過了沙灘的一角，爬上了一個溜滑的亂草叢生的斜坡，跑向羊尾坡，這裏通往海灣的灣口。他們在半路會着了，幾乎撞個滿懷。

『我看見了火煙』。他說道

『瓊尼……』她靠在他身上，過了一會才回頭看。『房子——是末日——爸爸的末日——最後審判』，她不連貫的斷續說道。她所有的信念現在完全粉碎了。

× × × ×

天國之子想，這是她父親的最後審判日，『他』將受審判。她以前對父親的愛是如此的動搖不定，她曾以為她對父親的愛一定會消滅的。但現在，她的內心開始燃燒着穩定的愛之火，她忽對父親感到同情和了解。她窺見了她母親的心靈深處，支持着母親的不是母親的信仰，而是母親對父親的同情和了解。當這一天過去以後，媽仍然會在那兒愛爸爸，帮助爸爸。天國之子；幾乎笑了她知道甚至於有一天她還能歸去。

刺鼻的烟味傳到了他們站着的羊尾坡上。

『和我一塊來』，瓊尼說。她牽着他的手。

房子在浮士港的港頭燃燒。但地球仍繼續自轉；太陽仍溫暖着地球；花朵仍舊怒放；紫色的海盤車仍在那溜滑的岩石上爬行；而瓊尼，蓋基坐在他的小船中，帶着天國之子盪向摩根凡爾。

譯自 Women,s Home Companion

（上接第13頁）取得這些物品，共產國家工業就不可能效率不減低。

去年，共產集團從馬來亞買橡膠，從澳洲與新西蘭買羊毛，從埃及買棉花，從英國，芬蘭，瑞士，瑞典買製造品。對俄集團的最大供應者，為英國，德國，瑞典。芬蘭因被迫對俄付賠款，所以亦是主要對俄輸出國之一。但是，這些國家對共產集團的總輸出額，在一九五一年僅為五億六千四百萬美元。

共產集團與自由國家之間的貿易數量如此之小，顯示出如果切斷這貿易，對自由國家無害，對共產國家却是一個很大的打擊。從數字上可以看出，美國與西歐可以完全不需要從共產國家購買任何物資。除香港對中共的貿易外，共產集團的出口貨對自由世界無任何重要性。

蘇俄集團的市場，它的購買力，對自由世界亦不重要——僅佔自由世界總出口額的二•三%弱。除芬蘭與奧國外，沒有任何一國的對俄帝集團出口，超過它總出口的十分之一。

但是這二•三%的出口貨，對共產國家却是很重要的。也就是說，有這二•三%的貨物，共產國家就可以有它們所急切需要的物品，例如橡膠與機器。如果切斷這貿易，就等於完全失去這些物品的供給。東西之間的貿易，常常被宣傳為對非共國家有利益的，共實一經分析研究，便可看出它對俄帝集團的重要性，遠超過對自由世界。

事實上，這兩個區域之間的貿易數量將日趨減縮，即使美國與共盟國不加禁運。原因是共產國家根本沒有二次大戰前那麼多的貨物，來換取別國的出品。俄國的主要輸出只是糧食，木材，皮毛，與錳。而糧食與木材能有剩餘以供出口的，却日見減少。至於錳，在世界他處已另發現錳礦。

東西間的貿易，事實上已正在減縮中，如果現在對俄帝集團實行禁運，僅是加速這種減縮的趨勢而已。這樣，可以切斷共產黨所急需的物資，而不致對西方國家有任何損害。

（譯自 U.S. News and World Report，本年七月四號，45—7 頁）

讀者投書

不合理的免費乘車證

八月二十六日臺北各報載有關於三人小組督導臺北市公共汽車業務的消息，謂公共汽車管理處發出的記名軍警公差等免費乘車證總計三千八百四十張，如以每張每日用六次計，每月損失新臺幣二十七萬七千五百六十元，每年損失三百三十萬零七百二十元。尚有任何人均可持用之無記名乘車證一種，里長免費乘車證三百六十七張，刑警免費乘車證一百四十二張未計算在內。現已擬定整理辦法還呈省府核示。這消息是值得重視的！

臺北市公共汽車每月營業額究有若干？每月二十餘萬元的損失佔總收入百分之幾？影響到財政收支平衡的程度如何？整理以後所能減少的損失能有若干，這些我都不清楚。我之所以認為值得重視，祇是因為這消息揭開了社會上黑幕的一角，讓我們有機會看看這類事件的眞實內容。

就筆者所知，臺北市公共汽車管理處濫發免費乘車證，僅僅是許多事實中的一個例證而已。其他公營事業——尤其是交通事業同樣的被這個問題所困擾。假如有人把公路局、鐵路局或其他交通機關所發免票統計一下，即可明瞭其所造成損失數字同樣驚人，也許還要超過不知若干倍。我偶爾把這問題去和交通從業的朋友商談，他們都搖頭嘆氣！

免費乘車證的形成，約分下列幾點：第一是為了拉攏示惠，像行政機關以之餽送民意機關；第二是藉口工作需要，不及購票；第三是說本機關經費支絀，不勝負擔；第四因為擔任有關交通勤務，和交通機關發生接觸，要求給予便利。一人創之，衆人和之。日趨浮濫，以致不可收拾。演變迄今，若干出差人員一面向交通機關索取免票，一面向服務機關報支快車、對號車甚至臥舖等費用，幾成公開秘密。客票價款是交通機關營業收入，送免票無異於把應得的收入送人，授受双方都不合法。就上述情形而言，前四者等於交通機關以其收益津貼受票機關；最後一種則竟是津貼私人，而且採的是不正當不合法的途徑，都是極不合理的。

我們一再詬病公營事業的經營不善，一再主張公營事業企業化，管理科學化，首先就必須使他的收支合理化。各機關經費盈絀是一回事，交通機關的營業收入又是一回事，二者風馬牛不相及，不能互相調劑。各機關經費果眞支絀，應該設法增加，不能夠讓交通機關去津貼。而且是作無形的，漫無限制的津貼。固然，就軍用免票而言，廣義的說，一方面是國家的支出，另一方面同時又是國家的收入，好像從左手付給右手，似乎不必定要買票，多費手續；其實，就事業的經營立場，財政的收支系統，統計考覈的正確性而言，都應該涇渭分明，才能公平合理地考覈他經營的成績。還有使用免票的人的心理，由於双方沒有現金收支，其價值不能明白顯示，必然地不被重視，難免流於浪費。假使列入經費預算，現款購買，事涉本身經費，必然地要慎重將事，較為節約。如此，就運輸力經濟運用講，也是合理而必要的。

今天，自由中國各方面都在求進步，請許我借貴刊一角，作一次呼籲，把這不合理的現象改革掉！

齊魯道敬啓　八月二十七日

堪注意的社會新聞

最近在幾家晚報一連串載着値得人注意的社會新聞。一件是臺北市參議會建議市政府，勿令圓山大飯店新建游泳池不准國人入泳成為事實；一件是有關機關最近以二萬餘港圓，向外方購進美侖美奐之門窗材料，以為建築北市豪華迎賓館之用；另一件是物資局提出撥外滙一筆，向外方購進洋馬桶五〇〇隻，洋浴缸五〇〇隻，以為調劑需用。實屬令人不勝詫異！

…………及今退守臺灣，正宜朝野上下洗心革面，澈改前非，誰料若輩人士，仍憧憬於過去豪華之享受，眷戀於迷護外人之卑劣意識，眞不知使人從何解釋！

貴刊為自由中國權威刊物，對社會動態時相關切，故敢將以上新聞數則函請公開發表，促請各方注意，期能以社會力量，群衆輿論，使此等不幸事態給以糾正！

貴刊忠誠讀者　史重光敬上

還可以簡化

最近的公文改革，及貴刊七卷三期的社論，鄙人都詳細研究過。茲提出意見兩點，以為補充如何？

公文分類，還可以再簡化。

現在是分七類；「令」、「咨」、「函」、「公告」、「通知」、「呈」、「申請書」。其實「咨」、「申請書」、「通知」這三類，都可併在「函」這一類，理由如下：

貴刊社論說；「咨」之一字，已規定於憲法，故仍保留「咨」。這個理由不充分。憲法上只有「咨請」字樣，「咨請」是動詞，並非規定總統對立監兩院的來往公文一定要名為「咨」。「咨」字有點像「典謨訓誥」，那一類的氣息，應革除。

人民遞給政府的公文，不一定都是有所申請的，有時也是申復。故一概應以「函」名之。人民對政府用函，政府對人民也用函。故此三類，均須併入函類。我覺得此點是政府應該更進一步做到的。

讀者　陳祖蔭　八．八

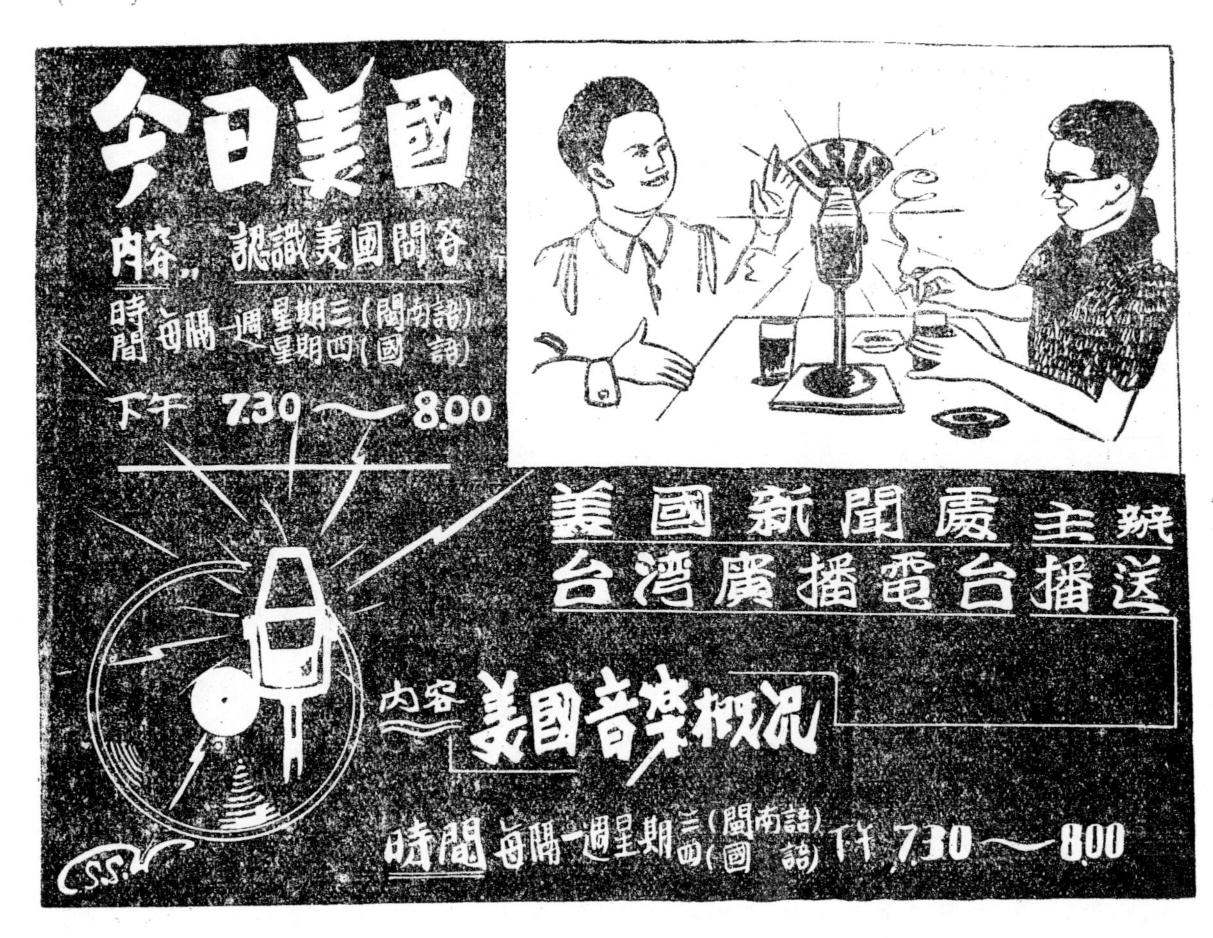
今日美國
內容 認識美國問答
時間 每隔一週星期三（閩南語）
星期四（國 語）
下午 7.30～8.00
美國新聞處主辦
台灣廣播電台播送
內容 美國音樂概況
時間 每隔一週星期三（閩南語）四（國 語）下午 7.30～8.00

第七卷 第六期 內政部雜誌登記證內警臺誌字第一九號 臺灣省雜誌事業協會會員

給讀者的報告

日本在考驗中 在自由世界裏，即將來臨的有兩個國家的重要的選舉。一個是美國的總統選舉，一個是日本的議會選舉。這兩個選舉的結果如何，對於各該本國和對於整個世界都會發生很大影響；但我們僅就民主精神和民主制度方面來注視兩國的選舉，便懷着異樣的心情。

美國的選舉是會在民主政治的常軌上進行的，有她的悠久的民主傳統，政治家的操守，和人民的智識水準作保證，我們用不着擔心。日本的情形便大不相同。一方面是日本人民沒有實行民主政治的經驗。他們的歷史恰和現在進行的政治制度形成强烈的對照，並且這種轉變還是不久以前的事。另一面是日本的採行民主政治可以說是換取國家自主的一個必須的條件；在這種極不尋常的情況下，實在難以窺測一般人民，尤其是從政人員的良好意向。有些領導政黨的人物如鳩山，如重光葵，一個才解除整肅不久，一個甫從戰犯牢獄中出來，難道他們沒有一股怨憤之氣，屈辱之念在作祟嗎？

本刊本期載有徐逸樵先生的「日本政情和次期政權」一篇鴻文，對於彼邦政黨的現狀，特別是最大政黨自由黨的內情，作了非常詳明的分析。對於各黨下屆普選的趨勢，更根據各黨的實力作了很合理的推測。我們中國雖有不少日本通，但他們還不曾爲國人貢獻一篇像徐先生這樣的文章。不過，徐先生所寫的偏重政治現實，編者前面所說的着眼政治旨趣。因爲我們很怕日本的政治領導者所追求的是赤裸裸的權力，而不是人民的福利，所以我們希望徐先生會從日本寄來有關此方面的報導和分析。當然，徐先生的文章一定是在本刊發表的。

讀者的意見 本刊闢有「讀者投書」一欄，專發表讀者對各方面的短小精粹的意見，並且特別歡迎對本刊的批評和建議。編者最近收到幾封讀者的信，其中一位說：「我接到每期的貴刊後，先看『讀者投書』。」另一位說：「敝人十分欣賞你們的讀者投書一欄。」因爲本刊闢這一欄的時間較短，而且我們中國人不慣於以這種方式發表意見，所以編者試設擬幾類題目，供讀者參考，目的是希望讀者和本刊多多取得直接的聯繫。

一、你贊同或不贊同本刊的某一篇文章，編者和其他的讀者都希望知道你的意見是甚麼。

二、你可能對本刊未曾提到的問題或事物有意見，但沒有或不必寫成論文，那麼，爲甚麼不寫封信給編者以便得到別人的共鳴呢？

三、你對於本刊的內容或編輯感覺滿意或不滿意，編者尤其希望知道。本刊熱切希望並力求進步，對讀者任何批評或建議絕不會感覺過敏，望勿在意！

有時候靈機觸動，偶然成作，輒富啓示之效；有時候以小喻大，近取諸譬，每切根本之論：這大概是有些讀者偏好「讀者投書」欄的道理吧！然而那幾位讀者不會說個原委，編者當不便深以爲是，尙請賜下你的意見！

本刊售價

一、臺	幣	三元
二、越	幣	八元
三、菲	幣	五元
四、港	幣	一元
五、暹	幣	四銖
六、美	金	二角
七、叻	幣	四角
八、印尼	幣	三盾

自由中國 半月刊 第七卷 第六期

"Free China" 總第六十九號

中華民國四十一年九月十六日

發行人 胡適

主編 『自由中國編輯委員會』

出版者 自由中國社

社址：臺北市金山街一巷二號 電話：六八八五號

香港時報社

航空版經售者

臺灣 中國書報發行所（臺北市館前街八五號）

美國 紐約民氣日報社 舊金山國民日報社 芝加哥中國出版公司

日本 東京南友堂 東京內山書局

韓國 釜山草梁洞新泰行

馬尼剌 大中華日報社

印尼 椰嘉達星期日報 椰嘉達天聲日報 棉蘭繁華圖書公司

越南 西貢中原文化印刷公司 越南華僑文化事業公司

暹邏 曼谷攀多社十二號

緬甸 仰光振成書報店

印度 孟買梅亞號 加爾各答塔梅學校

新加坡 中興日報社 檳榔嶼、吉打邦均有出售

澳洲 墨爾砵王德利公司

北婆羅洲 馬拉奕坡美之律聯華公司

印刷者 臺灣新生報新生印刷廠

廠址：臺北市西園路二段九號 電話：二〇九六

本刊經中華郵政登記認爲第一類新聞紙類 臺灣郵政管理局新聞紙類登記執照第二〇號 臺灣郵政劃撥儲金帳戶第八一三九號

發行人 胡適

FREE CHINA

第七卷 第七期

要目

中華民國四十一年十月一日出版

社址：臺北市金山街一巷二號

半月大事記

九月十一日（星期四）

參加徐滿計劃的六國外長會議，已採納成立歐洲邦聯建議，並負責草擬一項歐洲憲法草案。

美國防部發言人稱：美國運往亞洲及太平洋一般地區的武器已從六月份的三萬九千餘噸增至七萬二千餘噸。

九月十二日（星期五）

我立法院會議三讀通過修正遺產稅法草案，即將咨請總統公佈施行。

北大西洋公約國空前大規模的海戰演習，已在挪威海面開始。

美共和黨參議員與該黨總統候選人艾森豪爾會談後，表示決心支持艾森豪爾競選。

錫蘭準備以其全部橡膠生產，賣給中共以換取其迫切需要的食米。錫蘭商務代表團刻在赴北平途中。

美國軍事決策者刻正草擬軍援日本方案，如日本需要此方案，則可於明年七月開始。

九月十三日（星期六）

我內政、經濟、財政三部對扶助自耕農條例草案，已完成初審。

聯合國安理會決定對於日本，利比亞和印度支那三邦的入會申請，予以優先考慮。

美國務院發表文件，解釋重歐輕亞的外交政策。

九月十四日（星期日）

韓境中線手指山地起激戰，聯軍以火焰投射器進攻敵人。

阿拉伯聯盟代表提建議，要求聯大辯論以色列與阿拉伯的糾紛問題。

九月十五日（星期一）

中日貿易協定的非正式商談已臨近完成的最後階段，待決者爲運輸船隻問題。

韓境聯軍軍刀機與共黨米格機發生空戰，擊毀共機九架。

蘇俄塔斯社發表中共與蘇俄談判的公報。

九月十六日（星期二）

美國高級官員認爲中共和俄國的新協議，是俄國恐嚇日本脫離西方集團的另一番努力。

日本人士認爲俄軍繼續駐紮旅順是一項對抗美國駐日的行動。

歐洲聯邦制憲會議要求西歐其他國家派觀察員，參與西歐聯邦制憲工作。

九月十七日（星期三）

我總統特派葉公超爲出席聯合國七屆常會首席全權代表，蔣廷黻等四人爲全權代表。

行政院會議通過鼓勵華僑及旅居港澳人士來臺舉辦生產事業辦法。

利比亞申請加入聯合國案，已被蘇俄否決。

我代表蔣廷黻氏在安理會演說，支持日本加入聯合國。

九月十八日（星期四）

我國已同意與西德恢復商業關係。

美國已在韓國使用自導飛彈攻擊敵軍。

韓境聯軍已攻克手指山陣地。

黎巴嫩發生政變，陸軍總司令希哈布已接管政權。

蘇俄使用否決權，擱置了日本加入聯合國提案。

九月十九日（星期五）

蘇俄在安理會連投三次否決票，打銷了柬埔寨，老撾與越南的加入聯合國申請。

美刻在北極圈內的格陵蘭荒漠地帶建造空軍基地。

韓境中線及西線，地面戰爭極爲激烈。

九月二十日（星期六）

我天輪發電總廠行發電典禮。

板門店和談復會後又決定休會。

駐伊京的英美外交官會談美油商瓊斯解決伊朗石油糾紛的建議。

安理會十理事國拒絕蘇俄所提越盟加入聯合國建議。

九月二十一日（星期日）

韓境聯軍已完全控制西線戰略據點。

美政府高級官員警告稱：蘇俄與中共的新協定可能包藏遠東方面的新的軍事陰謀：在韓境可能作孤注一擲；可能支持越共的新攻勢。

九月二十二日（星期一）

韓境激戰又起。

南韓正醞釀組織新政黨，李承晚將出任領袖。

九月二十三日（星期二）

美澳紐三國太平洋防務理事會在檀香山開軍事會議。英國要求派觀察員列席事已遭拒絕。

九月二十四日（星期三）

狄托已接受邱吉爾邀約的訪英邀請。

我國駐日大使董顯光飛抵日本就任。

遠東聯軍最高統帥克拉克將軍抵韓國與陸海空軍司令舉行會議。

美國駐西歐各國的外交代表在倫敦舉行會議。

西方國家對蘇俄提出對德問題的照會的答復已送達蘇俄。

九月二十五日（星期四）

美國海軍陸戰隊總司令謝頗德上將抵臺訪問。

美助理國務卿艾理生啓程前往遠東各地訪問。

菲總統發表公報要求明年再召開碧瑤會議，以簽訂太平洋聯盟公約。

伊總理莫沙德拒絕邱吉爾和杜魯門對伊朗石油糾紛的建議，並限英國於十日之內接受他自己的條件。

社論

（一）對國民黨七全大會的期望

中國國民黨，是由同盟會嬗變而來的，而同盟會實即是產生中華民國的政治革命團體（全名爲「革命同盟會」，簡稱爲「同盟會」）。民國元年八月，同盟會和其他四個政團合併爲一大黨，是爲國民黨。當然，同盟會對於中華民國，才做到開創的功勞，但這個開創的功勞，是我們中華民國的國民所不應該忘記的。我們如果稍有歷史的意識，想起同盟會當年締造的艱難，以及民國成立以後國民黨爲改進中國政治而奮鬥的經過，則我們對於國民黨這次的召開七全大會，自然會有熱烈的慶祝和誠懇的希望的！

國民黨中央改造委員會於三十九年八月五日正式成立，到現在已過了兩年。這兩年中間，改造委員會努力於各種黨務的改進，是稍有識見的人士所共知的。在有些地方，爲時局形勢所限，自然不能令人十分滿意，但就大體講，開始改造時所規定的重要工作，都已完成。現在將要召開的七全大會，最重要的任務，應是制成國民黨的政治綱領，決定反攻的策略，以使政府得以達成反共中興的偉業。這在黨員，自然是聚精會神的時候；即不是黨員，只要是眞正愛國的人士，亦覺到無限的興奮。

但我們一方面已申熱烈的慶祝，一方面又不能不誠懇的說出我們對於這次大會的希望。

第一、我們總以爲民主政治是萬世太平的基礎。國民黨中央改造委員會於三十九年九月一日所發表的現階段政治主張，於(一)恢復中華民國領土主權的完整和(二)實行民生主義經濟措施後，即繼以(三)完成三民主義的民主政體。實在，這三件事如果做好，就是眞正三民主義的實現。我們希望國民黨於這次大會，繼續堅持這個主張，並且使這個主張完全實現。因爲這不僅是好聽的話，直是天經地義！

在這個民主和極權對壘的世界裡，我們中華民國只有儘量的實行民主政治才能有以自存。我們既不能效南斯拉夫，又不能學西班牙。這兩個國家雖然都是反俄的，但自己也沒有得着政治的正道。凡有政治常識的人，都知道這兩個國家定必難以長治久安。而我們中華民國，旣以三民主義立國，又一向站在民主國家這邊，現正和共產獨裁的惡魔作肉搏戰；在這個關頭，若對於民主的信仰稍有游移，稍有動搖，則必四肢無力而爲惡魔所乘。

我們深信國民黨是可以運用政權以導行比我們現在更民主的政治的。這有兩大理由：一、普通人以爲導行民主政治時最要顧慮的就是政權的不穩定，而現在國民黨決沒有這個顧慮。國民黨有其悠長的光榮歷史，而現在仍爲我國的第一大黨。國民黨如能在政治上加强民主，則大多數國民必然竭誠擁護，其政權自必日趨鞏固。二、國民黨的三民主義，照 國父孫中山先生的說法，也即是民治民有民享。有這樣一個民主主義的政黨，如果主義與施政不是兩回事的話，我們沒有理由可以想像國民黨的政權是趨向反民主的。因而我們相信，國民黨中明智的人，今後必然努力運用政權，以導行比現在更民主的政治。

第二、我們以爲政治上沒有什麼妙訣；如果有的話，那就是「嚴格的守法」。守法的精神和民主的風度一樣，有人以爲是足以減低行政的效能的。這是一種膚淺的觀察！實在，政治的好不好，全視政府的能不能守法。我們的政府，近數年來，也常常强調「守法」。可是我們仔細觀察，政府所强調的守法，責之於人民者多，責之於自己者少。我們並不是說，政府要守法，人民可以不守法；我們也不是說，我們的政府是一個完全不守法的政府。但是，我們從國家行政的程序看，從基本人權的保護看，如繩以法治國的標準，尚有很大的距離。我們希望國民黨這次的七全大會，能夠將這個國家命脈所在的問題，視爲當務之急，鄭重討論，制定辦法，使政府以後能夠滌除向來的積習而加强守法的精神。

第三、一個民主政治的國家裏面，至少須要兩個政黨。因此，我們希望國民黨對黨員人數少得很多的友黨能夠特別予以鼓勵，予以扶持。照常理講，民主國家中各政黨的互相攻擊，互相傾軋，只要是不干犯國家的法律，乃是「名正言順」的；我們要叫一個政黨特別扶持別的政黨，豈不是違反常情麼？不是這樣說。我們所謂扶持，所謂鼓勵，就是說給予友黨以同等發展的機會。說得明白點，我黨可以做的事，也得許可他黨做；如認爲他黨不應做的事，我黨也不應該做。這個觀念，極爲重要。這非特是政治家所應有的風度，亦是做人的大道理！一起頭便以「天下爲公」爲職志的國民黨，是應該有這樣的「美哉泱泱乎」的「大風」的！一個執政黨，有了有力的反對黨從旁督責，更可以策勵執政黨努力奮發。

第四、我們雖然希望我們國內有一兩個政黨足以和國民黨並駕齊驅，但我們更切要的希望還是國民黨很快的成爲一個極健全的現代民主國家的政黨。民主國家的政黨，也和民主國家的政治一樣，是要以民主與法治爲主要的。我們很難想像，一個內部不講民主，不講法治的政黨，可以把國家的政治導向民主之路。若干年來國民黨內部的糾紛，吃虧在內部之不講民主，不講法治的地方很多。現在應該痛切地改過來。就法治說，凡黨中的事務，如開會和選舉等，爲黨的生命所寄託，應嚴格的遵循法律的程序；一有逾越，便足引起無限的紛糾。國父的民權初步，在社會上重要，在黨內更覺重要。我們希望這次的七全大會，希望以後的國民黨，一切都是按照民權初步的程序來進行！就民主說，黨是全部黨員的黨，關於影響黨員權利義務的事體，總得以民主的方法來處理，例如選舉，既名曰選舉，就得採行自由的秘密的投票，不應再有交名單以及記名投票等等非民主的做法。就交名單一事而言，照過去的經驗，榜上有名者不見得感激，榜上無名者則懷恨在心，恩怨就由此發生。再就黨的組織方面言，基礎也不可縮得太小，因爲國民黨究竟是一個大黨，一個大黨的內部意見，自然是不太一致的。如果不能將黨內不太一致的意見，在一個較合適的組織中融合起來，如何能够融合各黨乃至全國人民的意見於反共抗俄的目標下？

第五、在現在的國際局面裏，集體安全是一種最良的政策，而國內政治，亦應以聯合一切反共力量爲第一要義。我們現在有許多反共抗俄的人士，還未能聯合起來，滙成自由中國一股反共抗俄的大洪流。這當中的一部分，或係別有用心，但大部分則因政府處理沒有得法，以致發生許多乖舛的事情。以小事爲例：在港的人士，儘有許多反共抗俄而眞心擁護政府的，但政府或因私人的意見，或因調査的不確實，不肯給予臺灣的入境證。一個人遇到這樣的情形，我們試推己及人地想一想，怎能怪他疑心政府拒絕「異已」的愛國人士呢？這種事情雖小，但政府和人民中間一有隔閡，往往會有意外的惡果。我們重視臺灣的安全，我們深惡痛恨匪諜；但我們以爲在這個時候，聯合一切愛國的力量是自由中國最要緊的事情；至於匪諜的防範，國家自有法紀，當然是不可鬆懈的。因此，我們希望國民黨在七全大會中，把如何聯合一切愛國的力量爲一重要的討論題目！

無論世人對於國民黨有什麼不諒解的地方，但我們以爲國民黨自執政以來，大體上總是想引導國家向正大光明的道路前進：這是值得我們稱讚的。在今日這個動盪的世界中，我們還能站在民主國家這一邊：這可說是我們莫大的幸運。二十餘年以來，這個國策的決定，可以說是國民黨對於我們國家和民族的一大貢獻。至於過去政治腐敗的地方，大陸淪陷的罪案，則國民黨中明智的人士早已引咎自責，又不待我們再提了。細想國民黨歷屆的全體代表大會，非特對黨有重要的改進，即對國家亦有極巨大的影響，所以我們謹提出「民主」「守法」「和衷」等事相勉。這雖似乎「老生常談」，但我們以爲世間的治道，沒有比這些事情更重要的。春秋時鄭國的子產對鄭國當時執政者子皮說，「子於鄭國，棟也。棟折榱崩，僑將壓焉。敢不盡言！」我們現在對國民黨信賴的心情，不只是子產對子皮的所可比，所以還有許多「言不盡意」的地方。「前事之不忘，後事之師也！」天下最有價值的箴言，萬萬比不上「自省」：我們相信這是國民黨中明智的人士所深知的道理。

本刊啓事

本刊現定售價係民國三十九年七月一日（三卷一期）所訂，二年來，物價雖有波動，本社忍痛賠虧，迄未提高售價。茲不得不自十月十六日（七卷八期）起，每册改售新臺幣肆元，藉資稍彌虧損，幸希讀者亮詧爲荷！但爲優待訂戶起見，凡在十月十五日以前直接向本社長期訂閱三個月（六期）者，訂費仍收壹拾捌元；訂閱六個月（十二期）者，訂費仍收叁拾陸元。此一優待辦法，訂期最多以六個月爲限。

自由中國社謹啓

社論（二）

談做保

上月廿四日行政院會議打消了一個近乎駭人聽聞的提案。這個提案經過行政院幾次討論，而終歸打消，我們可以爲自由中國慶幸；同時也使我們認識到，我們的政府畢竟有賢明者在位。

這個剛被打消的提案是什麼？五家連保！五家連保的方案，倘使眞的實施起來，臺灣將會籠罩在一個怎樣氣氛下，大家不難想像。現在，這個方案既已打消，我們自可不必申論。但我們願望賢明的政府當局，趁這個機會再上一層樓，高瞻遠矚地把現存的一切做保規定，通盤考慮一番。

說到做保，人人頭痛。民間原有一句流行語：「做中做保，自尋煩惱」。民間的做保，只是負起金錢上的賠償責任，雖然有人因做保受累，有時也甚至累得經濟破產，但這究竟是少有的事。而且金錢上的損失，總比坐監牢要好受一點。至於政府規定的做保，則不只關於金錢，在目前的情形下，大多數場合是要以個人之身體自由來作保證的。儘管事實上因做保而琅璫入獄的並不太多，但是一顆圖章蓋下去，就不免有因累入獄的心理危懼。因此，我們總覺得：關於這一類的做保，政府課於人民的，愈少愈好。

在現行法令下，臺灣出入境要保，任公職要保，進學校要保，一個嫌疑犯經偵察無罪時，也得有保才可開釋。這些保，政府的用意，自然是爲治安着想。反共的基地臺灣，治安最要緊。政府關於治安方面適度的措施，人民是會贊助的，但不應做得太過份。太過份，不僅沒有益處，而且有很壞的影響。

入境要保，理論上是說不通的。一個中國人進入中國的領土，爲甚麼還要甚麼保呢？但是，我們也不是不懂得通權達變的。理論是理論，事實上，今日的臺灣爲防止共黨的陰謀滲進，入境要保，實在是不得已的辦法。我們雖不能從原則上贊成它，但也不能徒唱高調來反對它。至於出境要保，我們卻想不出健全的理由爲之辯護。如果說怕出境的人回到共區去，這是一個不可理解的說法。我們總以爲，我們的政府應該早已認識到，人類是奔向自由的；因而我們總以爲，政府應該有自信心，相信只有在大陸的人想逃到臺灣，決沒有在臺灣的人想回返大陸的。萬一眞有潛伏的共產黨徒想從臺灣回到大陸去，這種人、在偵緝機構無往而不在的現狀下，政府在其出境之前，應該可以察覺到。如果政府事前沒有察覺，而要把責任課在一個可能是善意的第三者，似乎是不大應該。

其次，說到任公職要保，進學校要保，我們都想不出贊成的理由來。政府用人，政府本身當負起責任。用人不疑，疑人不用。何保之必要呢？要保、即是表示不信任，至少在理論上是如此。以一個不見信任的人，要他在政府中善任公職，無論如何，在理論上是說不通的。我們還不知道，做院長或做部長的是不是也要保，如果要保的話，理論上也同樣是說不通。如果院長部長階層不要保，只是中下級公務人員要保，這顯然是以職位的高低來定人格的高低。我們在今天，還可以這樣嗎？人格平等之謂何?!

進學校，要保，我們尤其想不通。學校是個教育機關。教育是傳授知識，薰陶人格的。如果我們的教育是自由主義的教育，是訴之於理性的教育，則共黨的歪論和共現行的滔天罪惡，自會爲純潔的青年學生所共曉而深惡痛絕，還怕他們成爲共黨份子嗎？如果怕入學的學生，滲有原是共黨份子（這種事當非絕對沒有，但我們敢於說，即有、也是絕對少數），則學校於其入學以後有感化或檢舉的責任，也不應先把責任推在善意的第三者身上。學校要入學學生塡交的保證書是一式兩份。並加蓋戳記，說明一份留學校，一份送警察機關。大家試想想，這對於純潔的心靈該是一個多大的刺激啊！

嫌疑犯經過偵察無罪時，要交保才開釋。這件事本刊曾一再地根據民國三十三年國民政府所頒佈的「保障人民身體自由辦法」中「各機關依法逮捕人民、經訊明後如認爲誤行逮捕或嫌疑不足時，應立即釋放，不再經取保手續」的規定，表示異議。我們的理由，在本刊五卷九期的社論及六卷十期的短評中說得夠透了。這裡可不必再說。但是，我們的呼聲，到現在還是一個呼聲！

除掉以上這些做保的規定外，前不久還有一個使得公務人員啼笑皆非的做保。寫在下面，當作本文「談做保」的一段插話。

公教人員申請醫藥補助費的原定辦法，發生了毛病以後（毛病詳本刊七卷二期讀者投書），政府變通辦理，讓那些在本年度內公教人員未領醫藥補助費的分兩期各多領一個月的俸給，名稱雖仍爲醫藥補助費，但一律發給，不管生病與否。政府這個變通辦法，原在補救已發生的毛病，作法倒是聰明的。可是在這個變通辦法下，領受這項補助費的人還是要塡寫申請書，而申請書上還規定要其他兩人具名聯保。這種保所保的究竟是甚麼，我們百思不得其解。保證當事人生過病嗎？則又是明明的僞證！這種聯保，理由只是兩個大字：「手續」！殊不知在這種手續主義、官僚作風下，普遍地傷害了一般公教人員的自尊心。

總而言之，政府課於人民的做保，縱然不能完全取消，總以愈少愈好。要保，是不信任的表示，也是卸責的企圖。民主政府或走向民主的政府，不該對人民普遍地不信任，更不該把政府自身應負的責任推到人民身上。我們希望政府當局都有這個明確的觀念。做保事件的頻繁，則是普遍地傷害了國民的自尊心。國民的自尊心，與國民道德是不可分的。傷害國民的自尊心，而還高叫提高國民道德，我們眞不知如何說法才好。政府當局也曾在這方面想想沒有？

聯合國裁軍交涉僵局的癥結

魏學仁

消弭戰禍，建樹和平是聯合國的主要任務，爲確立國際和平安全制度以免人力物力浪費於整軍經武起見，聯合國大會和安全理事會責任所在，依據憲章，必須就裁軍辦法一事審議方案，釐訂計劃，以便提交各會員國採納實行。

自從聯合國成立以來，這個國際組織便在繼續不斷地研討辦法，目的在徹底廢除可充大規模毀滅用途的武器，和切實調節各國軍備和軍隊。一九四六年一月，當時五强合作的呼聲尙高，聯合國大會一致通過設立「原子能委員會，」據大會決議案，原子能委員會的任務如下：

委員會應火速進行，從所有各方面研究此問題，並隨時就此問題的各方面提出該委員會可能提出的建議，委員會尤應就下開事項提出具體方案：

一、所有各國之間互相交換有關和平用途的科學知識，如何擴大範圍；

二、如何就確保原子能專供和平用途之所需要之範圍內，對原子能加以管制；

三、如何自國防武備之中廢除原子武器及其他一切適用於大規模毀滅的主要武器；

四、如何視察及其他方法來切實保障守法遵約各國不受違約及逃法的危害。

「委員會的工作應分期進展，每期工作圓滿結束，庶可培植世界所應有的信任以便繼續從事於次一期的工作。」

同年十二月，又由聯合國大會決議，在安全理事會之下設置一個「常規軍備委員會」來研究如何管制常規軍備和軍隊的辦法。

第二次世界大戰甫告結束之際，全世界以爲軸心各國業經擊潰，聯合國國際組織又已成立，於是羣相額首稱慶，有了雅爾他和波茨坦兩協定，西方各國自信業已贏得了蘇聯的信任，一定能獲得蘇聯竭誠合作。當時全世界祇有美國一國既有原子彈在握，又有製造原子武器的技術和設備可資使用。可是美國情願放棄這種威力絕大的武器，情願把牠自己的原子事業交由國際管制，祇以其他各國也都情願一律依樣照辦爲條件。原來製造原子武器確需既高深而繁難的技術，因此，其他各國要想完成製造原子武器，勢必需經相當年數，大家相信所需的這個時期一定很長，還來得及由各國把管制原子能的國際協定締結妥當。大家滿心希望國際通力合作，共保集體安全，而全世界也就從此永奠和平。於是西方各國紛紛迅速復員解除戰時軍隊和軍備；而美國幾乎將所有一切發展原子能的工作全部停頓起來。

然而過去六年以來，世界大事變幻萬端，業已將各國通力合作的希望幾乎完全打消。蘇聯採取了侵略野心的政策，對於戰時所簽訂的各項協定凡有不利於自身權益者一律視若廢紙，東歐各國一一陷於共產黨的掌握，德、奧兩個仍然分裂，而東方的朝鮮也被分爲南北兩國。倘若不是柏林空運成功，西方各國的佔領軍恐怕早已爲蘇聯封鎖所迫而退出柏林了。因爲美國和英國解除武備既太徹底，又太匆促，於是曾有一個時期西歐各國恐怖萬狀，沮喪莫名。以後西方各國不得不重整軍備。北大西洋公約以及其他聯防公約先後產生，以保集體安全。正當西方各國專心致力於歐洲防務之時，蘇聯却在亞洲發動侵略，違反中蘇友好條約，援助中共傀儡，這是人所共知的。北朝鮮的共產黨徒更進攻大韓民國，幸有聯合國及時採取行動抵抗侵略，於是蘇聯纔不敢在其他地點發動侵略和拓殖。可是在世界許多區域，共產的威脅仍然存在。

聯合國對於管制原子能和軍備的一切國際協議，無一不爲蘇聯所阻撓。一九四八年，聯合國大會通過一種管制原子能的制度，可是，爲蘇聯以五强之一所反對，這種制度便不能付諸實行。同時，蘇聯多方設法，想在原子武器方面爭取優勢，甚至於利用國際間牒，種種技倆，無所不用其極。西方各國所有的重要原子秘密，幾乎盡在英、美、加拿大三國，而這三國都曾發現蘇聯的間牒網。美國保守得最嚴密的原子秘密莫過於裝配原子彈的方法，但是已由美國公民格里格拉斯（Greenglass）盜出交給蘇聯了。英國原子科學家，其實是蘇聯間牒，福渠士（Fuchs）又替蘇聯盜取了很多製造原子彈和氫彈的專門資料。無怪一九四七年莫洛托夫說，原子秘密已經不復存在！若蘇聯設有獲得西方各國的技術知識，而想要試造原子彈，據專家估計至少約需十五年到二十年之久。然而一九四九年，蘇聯原子爆炸已經獲得成功，離美國第一次作原子彈試驗祇有四年。按氫彈的破壞威力可能超過原子彈千倍以上，美國原來無意從事製造。後來，由於蘇聯原子爆炸的消息和原子間諜網的破獲才趕速進行。也許蘇聯因着福渠士的情報，已經先行着手，捷足先登了。

在蘇維埃鐵幕裏面，現有常備大軍，人數在八百萬名以上。原子武器和常規武器的製造，異常發達。原子彈的存儲數量日見增加。蘇聯也正在製造巨型飛機，以便戰爭一旦爆發，就可用以投擲原子彈。這種飛機的性能大約和美國的B29式及B36式相當。蘇聯的「米格」（MIG）式飛機，和西方各國最好的戰鬭機相較，縱然不能說是更爲優越，也可以說是並無愧色。邱吉爾一再說過，原子彈乃是保衛西方各國的干城。有一位亞拉伯國家的代表私下向筆者說，蘇聯之所以尚未在亞拉伯各國發動侵略，完全歸功於原子彈。可是西方各國是否能够長此在原子武器方面佔絕對優勢呢？這就不免大有問題。

至於西方各國，無論在武器方面，或者在軍隊方面，都正在積極重整武備。原子彈正在大規模地製造，戰略用的小型原子彈以及其他種類的原子武器也已設計就緒，並在開始生產。以原子能爲動力的飛機和潛艇業已超過了試驗時期，近由政府簽訂合同，開始製造。氫彈也在積極試造中。

今日世界的情勢，實際上正是一九四五年產生第一枚原子彈時美國原子科學家所預測的情形。當時美國原子科學家料到國際管制原子能的制度不能確立時所發生的嚴重危機。他們說，起初大概有一個時期所有一切原子能的秘密都是由一個國家所獨占；其時各國惟恐原子戰爆發，以此引爲隱憂；於是國際的關係日趨緊張。第一期以後，接着是原子武器公開競賽的時期，這時期內，各國分成競相爭雄的集團，彼此之間，隔閡愈深，距離愈遠；並且互相爭取軍事基地，以備攻守之需，各不相讓。這種競賽祇會有一種結果的，就是：緊張的局面，積久終而一發不可收拾，於是陷人類於萬刼不復的原子戰不幸便忽然爆發了。這是七年以前美國原子科學家所推測的情形。許多人盱衡今日世界大勢，不寒而慄。

世界情勢雖然如此緊張，各國軍備競賽如此激烈，可是聯合國仍然繼續努力，務使管制原子能和普遍裁軍的問題獲致國際協議。原子能委員會和常規軍備委員會兩個機關，自從成立以來，始終因爲蘇聯毫無誠意以致陷於僵局，本年春間聯合國大會，鑒於這種情形設法另闢蹊徑，以謀解決，決議另行設立一個委員會，稱爲「裁軍委員會」，來代替上述的兩個委員會。這個新設的裁軍委員會自從初次開會以來，迄今已經半年有餘，不幸又重蹈以前兩個委員會的覆轍，依樣陷於相持不下的狼狽局勢之中。倘若蘇聯仍然執迷不悟，並不幡然改變作風，那末，國際協議是毫無希望的。

現在且將這個問題，從原子能管制和常規軍備的裁縮兩方面略加分析。

原子能管制問題

各國對於禁止使用原子武器一點，原則上是一致同意的。所有爭執不讓以致陷於僵局之點，便在如何管制原子能的問題。關於這事，蘇聯主張無條件地禁止一切原子武器，而我國和西方各國則堅決主張採取一種有效的國際管制制度以便禁止和廢除原子武器。

國際原子能管制制度發展史上的第一項偉大成就便是原子能委員會斷言管制原子能是在技術方面可以辦得到的。這項結論非常重要，因爲原子能乃是一種自然的現象，祇有循着自然律纔能加以管制。倘若在技術方面管制原子能是不可能的，那末，就連討論政治性的管制一舉也都是徒勞無益的。這項肯定的結論，乃是原子能委員會十二個委員國的第一流科學家，組織一個小組委員會，稱爲「科學技術委員會」，經過詳盡徹底的研究，然後獲得的結果。

管制原子能是在技術方面辦得到的，因爲祇需管制鈾和釷這兩種原素就可以了。這兩種原素，在原子能範圍以外，是無足輕重的。然而在原子能方面，這兩種原素便眞是天之驕子。我們知道原子武器和原子能電廠必需一種特殊物體，就是所謂「原子燃料」或稱爲「核燃料」的，祇有從鈾和釷纔能得着這種「原子燃料」。因此，我們祇需管制這兩種原素的鑛砂。鈾釷鑛藏既不普遍，而已經開採者爲數很少，所以管制並不困難。可是若要實行有效防範，就必須世界各國一律普遍視察，以免偶有任何鑛場開採鈾鑛，釷鑛以供秘密製造原子燃料之用。

原子能供軍事用途是與原子能供和平用途無法分開的。舉例來說，同是一種原子燃料，可是拿來製造原子彈，也可以拿來產生電能作原子發電廠的燃料。再者，一旦有了原子燃料，再來秘密製造原子武器，那便很難偵察出來了。配製原子武器，不需龐大的設備，要想加以藏匿掩蔽，非常容易。由原子燃料裝配成爲原子彈，所需的時間也不很多，大概不過幾天的工夫就够了。因此，科學技術委員會向原子能委員會報告說，任何管制原子能的制度，都一定會遭遇三種嚴重的危險：(一)原子燃料有從那些大量製造原子燃料或者大量使用原子燃料的場所裏走漏出來移充非法用的危險；(二)秘密製造原子燃料的危險；(三)凡與危險量的原子燃料有關的原子機關場所有被私人或國家攫取以供侵略之用的危險。

原子能委員會，用了兩年的工夫，根據美國的提案和科學技術委員會的報告，釐訂了國際管制制度的綱領，經一九四八年聯合國大會決議採納。會員國中，有四十八國贊成，祇有蘇聯及其附庸國投票反對。這項綱領稱爲「聯合國管制原子能及廢除原子武器的計畫」。

聯合國的這件計畫，是要在原子能方面減少國際競爭，消弭國際猜忌。不但禁止製造和使用原子武器，而且對於原子能方面的一切主要活動一律加以有效的國際管制，藉以保證原子武器確能廢除絕盡。根據聯合國的計畫，原子能的事業應發展爲一種國際合作的企業；所有原子物資交由國際管制機關依據一種原子條約所規定的條款，原則，和分配量妥予管理。原子鑛場，工廠以及其他有關原子能的事業，都要依技術方面的需要，採取適宜而必要的辦法加以國際管制。世界各國都有權利遣派人員參加國際管制機關，並參加視察各國的原子工作，同時又有義務必須開放本國領土聽憑國際視察。這種計畫，倘若能够切實地施行，那末，所有一切的原子武器，就連氫彈也包括在內，都可以極有把握地禁止絕盡和廢除無遺。

從另一方面來看，蘇聯的態度如何？蘇聯仍然不放棄舊有的國家主權至上的傳統觀念，主張由各國協議各不製造，佔有、或使用原子武器，但對於各國自己發展原子能以供和平用途的工作，各國仍有絕對自主之權。各國境內業已向國際管制機關報告登記的原子鑛場和工廠，得由國際管制機關定期檢查，或常川檢查。倘若遇有違約的嫌疑時，國際管制機關，有舉行特別調查的權限，而沒有執行任何決定的實力。對於一切違反原子條約的情事，要想加以制裁，必須提經安全理事會處理。大家都知道：在安全理事會裏，五强都有「否決權」，祇要五强中之一强加以阻撓，甚麼制裁都通不過的。再舉一個簡單的例子，比方我國向國際管制機關報告說，湖南某地有原子鑛場數處，漢口附近有原子工廠一處，那末，國際管制機關便祇能不時前往這些鑛場和工廠去視察；至於我國其他地點雖有原子能的工作，國際管制機關也不能過問。根據蘇聯所提的辦法，世界的安全就完全靠着各國之誠實無欺，任何野心國家可以秘密製造原子武器，而遵守條約國家聽其屠殺無以自衞。

聯合國談判關於管制原子能的問題，自始便是雙方相持不下，毫無轉圜的餘地。一九四六年，美國第一次向原子能委員會提出管制原子能的方案，就是稱為「巴魯赫計畫」的方案。當時蘇聯代表聲稱，這種方案，「無論是整個的，或者是其中的某一部份」，都是不能接受的。據蘇聯代表說，聯合國的原子能管制計畫，仍然是美國的「巴魯赫計畫」，其目的，不外在使美國稱霸於全世界，尤其是使美國壓倒蘇聯。葛洛米哥充任蘇聯代表出席原子能委員會時，說過：

「蘇聯絕對不願把本國國家經濟的前途置於美國金融家，工業家，及其僚屬人等的保護之下。美國的金融家，工業家，及其僚屬人等正在設法束縛其他各國的手足，尤其是在設法來束縛蘇聯的手足，又想利用唯美國之命是聽的多數份子，即如美國代表所想像的國際機關中的多數份子，來達到上述目的」。

具體說來，關於原子問題陷於僵局的情形，可以簡單地說明如下：

一、關於切實管制原子能的辦法，聯合國有一種可以實行的計劃。可是少數會員國，就是東歐的六個國家，其中有蘇聯又為五强之一，不肯接受這種計劃。

二、蘇聯已能够製造原子武器。

三、蘇聯拒絕開放本國領土讓國際機關舉行普遍視察，庶使世界其他各國確知蘇聯境內並無任何地點製造原子武器。至於聯合國大多數會員國則皆情願開放本國領土聽憑國際視察。關於國際管制的辦法，蘇聯祇接受由國際機關對於蘇聯所業已報告登記的原子鑛場及工場加以定期檢查或常川檢查，又遇有違行或逃約的嫌疑時，則接受由國際機關舉行特別調查。可是據原子專家的意見，蘇聯所主張的這些管制辦法，是絕對不妥而無實效的。

四、蘇聯堅決主張管制原子能的機構設置於聯合國安全理事會之下，因為在安全理事會裏蘇聯可以行使否決權。

五、沒有蘇聯合作，聯合國的其他會員國就無法切實地廢除原子武器。

我國和西方各國則認為蘇聯對於原子能國際管制毫無誠意。如果真心希望廢除原子武器，就應當贊同在各國境內舉行普遍視察和一切有效管制原子廠礦辦法，以保證沒有任何國家得以秘密違犯公約製造原子武器以逞其野心。按照蘇聯現在所提倡的管制計劃，非但任何國家非法製造原子武器，無法防止，就連現在所存的原子彈和原子燃料是否依照規定，予以銷毀處分，也無法可以證明。因此，蘇聯的目的在於宣傳以解除西方的原子武裝，並無廢除原子武器的決心。

裁減常規軍備的問題

無論何種裁軍的方案，倘若求其有效，一定要含有調節常規軍備的辦法在內。不僅原子武器必須由國際協定加以管制，此外還有巨型飛機，指向飛彈，潛艇，戰鬥艦等等軍備也必須由國際協定加以管制。還有細菌戰術和其

『自由中國』的宗旨

第一、我們要向全國國民宣傳自由與民主的真實價值，並且要督促政府（各級的政府），切實改革政治經濟，努力建立自由民主的社會。

第二、我們要支持並督促政府用種種力量抵抗共產黨鐵幕之下剝奪一切自由的極權政治，不讓他擴張他的勢力範圍。

第三、我們要盡我們的努力，援助淪陷區域的同胞，幫助他們早日恢復自由。

第四、我們的最後目標是要使整個中華民國成為自由的中國。

他可使大規模毀滅用途的武器，也必須同樣處理。當然，原子彈是所有一切武器之中具有最大的破壞威力的，因此，裁軍委員會所有一切的討論，仍然側重於如何管制原子彈的問題。然而原子管制的談判繼續僵持，蘇聯一再試驗原子爆炸，氫彈可能試造成功，凡此種種，均使調節常規軍備及軍隊的問題獲致國際協議的機會趨於渺茫。

談到管制常規軍備和軍隊的各種方案，依然還是鐵幕作祟，在阻撓所有一切獲致協議的可能。蘇聯的主張，凡非屬蘇維埃各國，沒有一國能够接收。同時，西方各國就是美國、英國、法國所提出的原則，雖然業經聯合國大會的大多數會員所同意，可是蘇聯拒絕接受。

蘇聯提出一種非常簡單而不切實際的裁軍方式，如下：(一)五大強國，就是安全理事會的五個常任理事國，在一年以內，各將本國領域以內的軍備和軍隊一律裁減三分之一；(二)所有各國，一律在一個月以內，就各國軍隊和軍隊的情形，連同各國在外國境內所設的軍事基地的情形提具詳盡的正式報告；(三)在聯合國安全理事會體系之內設置一個國際管制機關來查核各國所提具的上述報告。在五大強國所有軍備和軍隊的眞正情形尙未獲悉以前，要想各方同意蘇聯所提出的一律裁減三分之一的辦法，這是不可能的。大家深知，就人數而言，蘇聯集團的兵力遠較西方各國的兵力爲大。倘若一律依同率裁減，那末，目前兵力懸殊的情形勢必愈趨嚴重。蘇聯所提的方案，還有一種缺點：蘇聯主張由各國提具正式報告，並主張將這些官方報告加以查核；可是誰能保證各國所提具的報告是詳盡完備而翔實準確的呢？因此，蘇聯關於管制常規軍備和軍隊的主張，也與蘇聯關於原子能的方案相同，依然是輭弱無力而毫無實效的。

西方各國，以及聯合國其他大多數的會員國，都是贊成將各國所有的一切軍備和軍隊一律加以均衡的裁減，同時將軍備和軍隊情形陸續不斷地披露及查核。查核必須以切實的國際查核爲根據（在各國有就地視察的廣泛而普遍的權力），以明各國所披露的情形確屬詳盡確實，裁減務求均衡，必須在披露並查核妥當以後實行。美國向裁軍委員會提出了一種方案，主張從秘密性最低而最易於查核的事項起，依次漸及於秘密性最高而最難以查核的事項，分五期，先後予以披露查核。法國建議祇分三期，不必分爲五期。今日世界各國之間缺乏互相信任之心，因此，大家認爲各國軍備和軍隊的情形必須分期披露。可是蘇聯反對這種辦法，斥爲美國的一種狡猾伎倆，目的在獲悉其他各國的軍事情形，而不披露美國自己的原子武器的秘密。

裁軍委員會至今仍在會議，審查各國軍備和軍隊的最高限度的問題。最近美、英、法三國聯合提議，中、美、蘇三國軍隊人數各以一百萬到一百五十萬爲限，英、法兩國各以七十到八十萬爲限，其他各國則依其所在區域的軍力均衡情形，加以規定，但不得超過其人口百分之一。至於各國陸海空三軍人數的分配，及其軍備的限額，則由裁軍委員會召開五強會議及分區會議，會商予以初步決定，俟裁軍委員會彙擬整個裁軍方案後，召開世界裁軍會議以審議之。惟常規軍額軍備的裁減，必須與原子能管制分期同時進行，絕對不能先行廢止任何特種武器，使破壞和平從事侵略者得以選擇其有利武器。裁軍委員會可能有一項成就，便是擬具一件普遍裁軍的計畫綱要。可是聯合國在這方面的種種努力，有無實際效果，還是要看蘇聯的態度。

如何克復蘇聯的種種阻繞

世界各國，處於這個原子時代，必須坦白公開，不分畛域。倘若各國不能融洽和諧，反而互相紛爭，那末，文明的前途不免岌岌可危，而人類能否圖存也就大有問題了。氫彈試造成功以後，大科學家愛因斯坦說：「地球上所有一切生命全部悉遭滅絕，業已達到技術上可能辦到的範圍以內了。」幸而聯合國大會一九四八年所核定的管制計畫，不僅對於管制原子彈切實有效，而且對於管制氫彈也是同樣有效的。

聯合國雖然已盡了最大努力，安全理事會受着否決權的拘束，無法採取任何行動，大會決議案祇有建議的力量而不能強迫蘇聯接受大多數國家的意見。蘇聯所主張的方案雖經大會屢次否決，牠的態度仍無改變。中、美、蘇、英、法、加等國的六強諮商會議和美、蘇、英、法等國的四強委員會也曾召開過。會議多次，僵局依然無法打破。然而世界各國不必因爲蘇聯頑強阻撓便覺得灰心喪志而自認失敗。

蘇聯今日兵力雖然雄厚，但是工鑛產量仍是遠不及西方列強。就美、蘇兩國煤、鋼、石油三項產額列表比較如下：

（數字以百萬公噸計算）

	蘇聯			美國
	1928年	1950年	1955年	1951年
煤	35.5	250.0	375.5	523.0
鋼	4.3	27.6	44.7	95.5
石油	11.5	37.5	69.4	307.5

自由世界各國應該積極採取行動，尤其是應採取下列各種步驟：一、研究並擬訂一種普遍裁減一切軍備和一切軍隊的眞正方案，藉此攻破蘇聯所作的爭求和平的虛僞宣傳；二、實行一種有力的集體安全制度，以便預防並制止蘇聯從事侵略行爲；三、在原子方面保持優勢，有備無患，使蘇聯懾於報復而不敢輕舉妄動，庶可預防原子戰爆發；四、加強經濟和技術合作，以便自由世界各國互相團結更加嚴密；五、鞏固聯合國加強牠的威望和力量，使足以負起眞正保衞世界和平與安全的責任。各國應該繼續在聯合國內與蘇聯進行談判，以便獲致眞正的協議，毫不姑息苟安，委曲求全。倘若自由世界各國精誠團結而堅強有力，那末，一方面可以保障武裝和平；另一方面可以督促蘇聯放棄現在所抑持的孤立政策和侵略野心。

論艾森豪威爾的「解放政策」

——兼論美國兩黨外交綱領——

朱伴耘

一

美國是素稱「兩黨外交政策」的國家。無論何黨在朝，其對外重要措施，總是徵得在野黨的同意，藉以擬定舉國一致的外交政策。是以在承平時代，競選白宮寶座的人，多以內政的措施作爲競選演說的武器，以爭取選民的支持；很少以「外交政策」來作競選的武器。可是近幾年來，行政當局爲了應付共產國際的威脅，由於在朝黨與在野黨的見解不同，在野黨的意見常被忽視，漸漸的兩黨外交變成了一黨包辦。於是在大選期間，在野黨要想爭取人民的支持，就不得不對在朝黨的外交措施猛加攻擊，提出自己認爲較好的辦法來；而在朝黨也不得不對其政策力加辯護，反覆向人民申述這種政策必須繼續推行的理由，並對在野黨所提供的辦法加上種種帽子。上次大選如此，今年尤爲熱鬧。

在今年的兩黨競選政綱中，無論共和黨也好，民主黨也好，都是把外交政策列在第一項，可見双方都準備把「外交政策」作爲競選主題之一。在兩黨政綱宣佈之先，許多人都以爲共和黨的外交政綱必充滿了孤立主義的精神以對抗民主黨的「重歐輕亞」政策，待政綱公佈，同時艾森豪威爾並被選出爲共和黨總統候選人後，國際間的疑慮才一掃而空。大家都認爲無論何黨當選，其外交政策不會有多大變更，至少西歐人士有這樣的看法。

爲了分析兩黨外交政策的異同，我們不得不先研究它們政策的內容。民主黨的政綱是採列舉式，在以「民主黨維護和平及國家安全」措施的標題下，分列爲十五個小目：1支持聯合國；2加强國防；3加强自由世界的集體力量；4鼓勵歐洲政治經濟的統一；5支持自由德國；6支持在蘇俄帝國主義下的犧牲者；7支持中東各國；8繼續援助南亞的印度及巴基斯坦9促進太平洋的集體安全，繼續援助在臺灣的國民政府；10促進裁軍計劃的實現；11加强與南美的合作；12實施杜魯門的第四點計劃，援助一切自助的人；13維護民族自決的原則；擴張世界貿易；及15擬定進步的移民政策，使逃出共產暴政下的難民能進入美國爲生。而這十五項措施的基本目的是尋求光榮的和平，避免另一次大戰。

再看共和黨的外交政策，三分之一以上的文字是用之於算舊帳。他們認爲過去七年中，由於政府不能把握時機致令蘇俄長大，致使十五個國家五億以上的人民淪爲奴役；他們譴責民主黨政府放棄東歐，放棄中國，採用共毫無效果的「圍堵」政策，浪費金錢而得不着其他國家人民的同情，將美國陷於無數國際束縛中……等等，於譴責之後，便提出他們的外交方針。

民主黨的外交方針是逐條列舉的，共和黨的外交政綱則着重原則的叙述，列舉事項很少。除了支持聯合國，協助猶太人建國，並調停阿猶衝突等數條是使人一望而知他們上臺後會予以實施的外，其他尚待總統候選人的解釋與補充。因之兩黨外交政策的異國區別，也可能由於見解不同而引起很大的差異。

二

試將兩黨外交政綱加以分析。民主黨的目的是維持和平，反共反蘇，共和黨亦復如此。民主黨主張支持聯合國，集體安全，擴張國際貿易，共和黨也無異意。所以就西歐的人士看來，他們說兩黨外交政策無大差異這是不錯的。除此數點外，無論在精神上或實質上，兩者都有很大的區別，尤其在我們亞洲人看來。

就對西歐態度言，共和黨的政綱說：「在西歐我們應用我們友誼的影響，而不是用干涉的或帝國主義似的態度，來終止足以妨害該區自行强大的政治及經濟上的分裂」；「吾人應鼓勵及援助該區及其他各處集體安全力量的發展，藉以終止蘇俄及其附庸國的威脅，並使自由各國政府强大，足以抵抗共產黨的侵略」。這句話就我看起來是頗饒興趣的。民主黨反共，共和黨也反共，民主黨主張援助西歐，共和黨也並未說撒手不管。共和黨却主張只用友誼的影響勸西歐先行團結，換句話說，共和黨認爲西歐應自動先有反共反俄的意志，然後美國爲了共同的目的，自會給以經濟及軍事的援助。決不是先給以金錢送以武器逼他們站在美國一邊反共反俄。今天民主黨在過去數年中，令蘇俄壯大，爲了反俄，不惜將大量金錢物資送往西歐，求他們反俄，大有反俄爲美國一國之事，而求人幫忙自然不得不先送點禮物。這種態度，就共和黨看來，自然是勞民傷財之舉。所以一旦共和黨上臺，美國對西歐決不會給錢買西歐反共，而是西歐自身先有反共反俄的意志才能得着美國的援助。這也就是「我們將尋求區域安全條約的眞正意義與價值，這些條約是包含所有締約國將貢獻他們忠誠的支持及負擔」一句話的眞註解。共和黨認爲西歐國家，尤其是英法，太被動，太未盡責，而只知伸着手要錢！

其次，共和黨是着重遠東政策的。他們認為「在遠東尚未被共產黨控制的人民，當他們將俄國的『亞洲第一』政策與現行美國的『亞洲最後』政策比照起來，他們很難維持士氣」。所以「在平衡考慮我們各種問題的時候，我們將不再忽視遠東；這一地區是史太林早就認為是制勝西方之大道。我們要明確表示我們無意犧牲東方以為西方爭取時間」。在這一重視遠東的原則下，雖未提到解決中國問題，根據這一原則的推論，中國問題在其考慮解決之列當無疑義。至於辦法的內容。自會隨情況而異。而民主黨的政綱一再強調加速援助印度巴基斯坦，對中國問題隻字未提，僅在太平洋集體安全的項目下述及「我們對臺灣國民政府的軍事及經濟援助已加強自由世界的重要前哨據點，此項援助將予繼續」，這個繼續援助臺灣的政策，根據行政當局歷次聲明，其目的保臺的成份多，而助臺攻回大陸的成分少。民主黨的外交政策，無一不以反蘇反共為目標，何以明目張膽在政綱責蘇俄帝國主義的暴行，反而對蘇俄大幫手中共卻一字不提呢？僅讀政綱我十分不解，待讀到該黨總統候選人史蒂汶生本月十日在舊金山發表的外交演說，我方看出兩黨何以對遠東問題，尤其中國問題，有如此不同的見解。

二

現在我們先看看共和黨總統候選人艾森豪威爾氏對該黨外交政策的解釋及補充。在八月二十六日於紐約集會之全美退伍軍人年會上，艾氏發表出其充候選人後第一次有關外交政策的言論。他認為美國因蘇俄之擴張侵略已面臨歷史上空前未有之危機。蘇俄如自信有勝利把握，必將立即發動三次大戰，但艾氏相信目下尚無此力量，美國尚有時間加強準備。他要求(1)美國必須要軍事上，生產上，大大增強；(2)美國必須與自由世界一切與其意志相同之國家推誠合作；(3)美國政府必須痛快警告蘇俄，美國永不承認俄國在東歐及亞洲以暴力掠奪之地位，凡被奴役之人民必須任其在自由與國際安全之下選擇其自身所求之道路。艾氏並警告蘇俄應立即停止侵略將其勢力縮回其國境以內，同時美國必須繼續援助一切被蘇俄奴役之人民使他們能得到解放。這一強有力的演說發表後，不僅全美譁然，舉世輿論都集中在「解放」一詞下，作危言聳聽之解釋。他的政敵自現任總統杜魯門國務卿艾其遜以及民主黨總統候選人史蒂文生，無一不曲加解釋，認艾氏杜勒斯所提的新政策是發動「解放戰爭」的政策，加重世界的危機。連在德國漫遊的國會外交委員會主席參議員康納利也高叫「美國人民反對進入蘇聯附庸國家以武力解放他們的辦法」。在記者招待會上，他說：「如果東歐人民崇尚民主及議會政府的原則，我們自感欣慰。但是他們之中或有不願解放的，那便不是我們的事情。我們不擬送孩子們去那邊為了從他們蘇俄主子中解放他們而遭屠殺」。事實上艾氏的講詞並未提及以武力解放他們，尤未提及用美國人去解放被蘇俄奴役的人民。為了競選而對政敵的言論作歪曲事實的解釋，我認為是缺乏政治家風度的。

那末艾氏「解放」政策的目的何在呢？這一政策的根據又是什麼呢？先談這一政策的立論根據吧。就我看來，共和黨的政策，無論你加上什麼帽子，是建於蘇聯無力動手的假定上的。艾氏見解與麥克阿塞將軍主張用國軍在韓作戰反攻大陸時的見解一樣；他們都認為蘇聯如能有獲勝把握，早就動手了。現在她坐待你一步步做對她圍剿的工作，如北大西洋公約，西德建軍，武裝日本等等而無積極反攻的表示，就表示她力弱而不敢動手。既然她力弱不敢動手，與其讓我們耗力，耗時，耗錢等待準備完成後再逼她攤牌，不如在一方面準備之時，同時也做一點削弱她勢力範圍的工作。今天美國在西歐所作的種種準備，很明顯的是警告蘇俄，再動一步美國就會回敬以原子彈！同時誰也承認，美國在東方是屈居下風，有苦說不出；而共產極權在東方之所以咄咄逼人，便是由於蘇俄控制了中共。能將中國拉回來，能減弱中共的實力，使中國係為一對西方國家，尤其是美國，友好的政府所控制，同時對尚未淪於鐵幕之後的各國，給予經濟援助以求當地人民生活的改善，這是釜底抽薪，最基本安定東方的辦法。目下一方面援助東方非共產的國家，另一面又讓一個百年來，對美友善的中國在中共統治之下，處處給美國所援助的東方各國以威脅，使美援目的不能充分發生效用，這不是愚笨之極嗎？蘇俄既可給她的附庸以種種援助，迫使其與各國民主自由份子為敵，美國又何嘗不能給各國民主份子以大量援助，使他們自己作反極權的鬬爭？今天的東方，假定美國對其國內外反極權份子作積極支援，使他們能作自動的反極權鬬爭，縱然已失去的地方如中國，胡志明所佔領下的越北，一時不能全部反攻過來，至少可使這些莫斯科的傀儡政府，日夜應付不暇，無法加強其統治，更無法作威脅世界和平，再來一個朝鮮第二的慘劇。這種積極性反攻為守的政策，好比下象棋，如果將軍不想拚的話，你用卒渡楚河，我也用兵越漢界，卒拚兵，紅馬拚藍馬，結果反容易有個和局。如果你讓卒子過河發生車的作用，你將兵守在境內不動，結果兵固不保，將軍也難免一拚。這便是艾氏「解放」政策的意義，他說他這個政策是為了避免大戰與尋求和平，並非政客辭令。

艾氏「解放」政策的又一立論根據，便是今日共產極權的擴張，危及了美國的安全。所以他在演詞中說：「只要共產極權侵略者在這個世界上存在一天，美國就一天不能鬆懈」。換句話說，美國今天是生活在一個緊張的局面中，美國人之所以過着這種緊急狀態的生活，便是由於蘇俄的「侵略」與「擴張」。而蘇俄不在二次大戰以前威脅美國，不在二次大戰結束時威脅美國，而特別在今天便威脅了美國，其故安在呢？便由於它這最近七年內完成了它統治八億人口的大帝國。民主黨同樣承認共產極權的威脅，但他們沒有提出解除威脅的辦法——至少口頭上沒有大膽提出——，只希望蘇俄到此止步。在艾氏看來，這自然是消極，這無異永遠讓美國被蘇俄的既得勢力威脅下去。所以他批評民主黨等於無政策之可言。他高呼美國不能承認「蘇俄在東歐及亞洲以暴力掠奪之地位」；他警告蘇俄，要它停止侵略，將其勢力退回俄境以內。可是蘇俄會自動將其勢力縮回本土以內嗎？假定今日美國之強大已迫使蘇俄不敢作進一步的侵略，那麼唯一使蘇俄勢力縮小的辦法，便是由以民主自由爲號召領導世界的美國，援助一切愛好自由人士，作各自反極權的鬥爭，推翻傀儡政權，打回老家去：這也是他在九月五日的費域提出十大政策爭取和平中所稱的樹立「外交上的積極目標」。

蘇俄今天所用的是不戰而屈人之兵的戰略。他一方面避戰，同時又用其傀儡造成世界的緊張而不破裂的局面，以削弱自由世界的力量。美國果能長期忍受這種局面，則其朝野上下自無庸高叫美國已面臨空前未有的危機。現在美國既遭受了蘇俄擴張勢力的威脅，那末美國就應有新的辦法來解除威脅。艾氏主張鼓勵並援助被奴役的人們自求解放。照我看來，是最有效的以子之矛攻子之盾的辦法。因爲蘇俄既在幕後支援其傀儡作局部的擴張，美國又爲什麼不可以援助各國愛好自由的份子作局部的爭取自由的愛國戰爭呢？以局部爭取自由的愛國戰爭，以反攻小傀儡的局部擴張，無論就道德上就利害上都是最好的政策。這一政策的目的是避免大戰，其方法是援助小的反極權的鬥爭以對抗蘇俄導演的局部性的擴張。這是尋求和平縮小蘇俄勢力圈最積極有效的辦法。當此辦法收效的時候，也就是解除蘇俄威脅的時候。

四

艾氏、杜勒斯所主張的解放政策，是勇敢的光明正大的，說出美國對世界尤其被奴役的人民所負的使命。民主黨領袖們對艾氏政策曲加解釋，謂艾氏主張以美國武力去解放鐵幕後的國家，不僅有失政治家風度，反而自打嘴巴。

第一、先看看民主黨的黨綱對於被奴役的人民說些什麼。在外交政綱第六項「支持在蘇俄帝國主義下的犧牲者」小標題下，民主黨主張「我們將不放棄中歐及東歐曾經一度享有自由的人民，由於蘇俄違反其在德黑蘭，雅爾達及波茨坦所作的神聖諾言，他們是在克姆林的暴政下慘受痛苦，美國應聯合其他國家正式宣告集體屠殺無論在平時或戰時都是一種國際犯罪。……我們展望有一天波蘭及其他被壓迫的蘇俄附屬國包括匈牙利，羅馬尼亞，保加利亞，阿爾巴尼亞，立陶宛，愛沙尼亞，拉地尼亞，連同在蘇俄控制下的亞洲各國的自由能予恢復，他們再能在自由國家的社會裡，取得應有的地位。我們要推進並擴充「美國之音」重要而有效的節目深入鐵幕，將眞理及希望帶給一切在蘇俄帝國征服下的人民」。試問既然希望一切被奴役的人們重獲自由，則他們如不自求解放如何能重獲自由？美國之音所帶給他們的眞理是什麼？不是叫他們爭取自由嗎？不是叫他們反叛本國的及國際的獨裁暴君嗎？美國之音所帶給他們的希望是什麼？不是告訴他們只要你們作偉大反抗共產極權的鬥爭，我美國及自由國家一定予以支援嗎？這一政策的精神與艾帥鼓勵並援助失去自由的人們求得解放的政策又有什麼區別。艾氏叫出來正表示偉大的美國應有偉大的領袖，民主黨批評他借用敵黨的政策則可，而說他的政策是導美國走進大戰的圈子，不但有失政治家的風度，而且不是自打嘴巴嗎？

除了民主黨本年的競選外交綱領外，再看看民主黨所領導的政府，是不是曾經做了艾氏所主張的政策，我們都知道去年美國會通過了一個互助安全法案 Mutual Security Act。該法案有一節說：『……授權總統分配的一九五二的款項中，內有不超過一億美元的數額將用之於任何被挑選的人們，彼輩現時住在蘇俄、波蘭、捷克，匈牙利，羅馬尼亞，保加利亞，亞爾巴尼亞，立陶宛，拉地綠亞，愛沙尼亞，共產黨控制或佔領的德奧地區以及其他被蘇俄併吞的地區，或自上述地區所逃出者，將他們組成支持北大西洋公約組織的軍事單位或作爲其他用途，只要總統決定這種援助是有助於北大西洋區域的防禦及美國的安全」。這一法案的目的，不是艾氏主張鼓勵並援助失去自由的人民求得解放的政策是什麼？法案甫經通過，蘇俄即在去年十一月二十一日提出嚴重抗議，謂美國此一億元的撥款，「旨在支援人民及武裝團體的叛亂活動以反抗蘇俄及該法案上所述諸國的政府」，「該法案充分代表美國對其他國家的內政作橫蠻無理的干涉」。而國務院在同年十二月十九日對蘇抗議的答復中，曾一再拒絕蘇俄的指控，並謂「這種援助的性質，是其美國援助被壓迫者的傳統政策相符合，現在被壓迫者便是已經逃到或將要逃到自由世界的東歐人民。美國政府在結論中將聲明這種干涉蘇俄內政的虛偽譴責，是來自多年以來即不斷支援叛亂活動反抗美國及其他自由國家的政權」。這一問一答之間，不明明表示美國是在做「解放」工作，由內部來瓦解蘇俄的極權政府及其傀儡組織嗎？這是光明正大的政策，蘇俄用這種所謂「內戰」的辦法來擴張共產帝國，美國爲什麼不能用同樣的政策來解放被壓迫的人民，縮小蘇俄的勢力範圍，減輕世界的危機，求謀美國的安全呢？艾氏所主張的正是民主黨所領導的政府業已開始在做的，民主黨爲了爭選票不惜將艾氏政策曲加解釋，更給蘇俄以宣傳的機會罵美國爲戰爭販子。通過安全法案的偉大宗旨經過杜，艾，史等的解釋，使引領而望的被壓迫者，不知美國政府葫蘆裡是賣的什麼藥。美國之音帶入鐵幕後的眞理與希望也會變成謊言與失望了。這種有損美國威望的競選態度，是爲智者所不取的。今後即令民主的政策及諸言，也將會另眼相看。

五

現在我再來談談民主黨總統候選人史蒂文生氏對該黨外交政策所作的解釋及補充。民主黨的外交政綱如我在第二節中所述，業已逐條列好，姑無論史氏是否爲杜魯門總統指定的替身，在逐條列的政綱下，史氏除了照背以外，也無法編出新花樣來。因爲在環球堵圍共產勢力的大政方針下，未被共黨侵入的世界每一地區，都被列出，大有只要蘇俄不在西歐動手，照政綱一條，做去便天下太平之勢。易言之，只要共產集團不再擴張，美國也就不受威脅了，和平也可期了，大家也就可以坐下來談談廢止原子武器及裁軍了。過去路數如此，史氏只要照着路標走去就行，何必多費唇舌。可是目下使美國頭痛的是亞洲問題，使美國傷心的是中國問題。尤其中國問題是受共和黨及全國攻擊最烈的問題，也是該黨政綱上一筆鈎銷的問題。好像美國在韓戰所遭遇的大敵不似，被共產所統治的中國似的。可是現實是殘酷的，昔日之友由於政策的錯誤已變成今日之敵，此一敵人目下已使美國一籌莫展，來日變化更是方興未艾。在敵黨交相責難之下，史氏勢不能不作答復。這一答案便是史氏於九月九日晚在舊金山發表的外交政策。

史氏演說是在舊金山退伍軍人紀念堂發表的。舊金山爲美國與遠東通商的大門，西岸人士西望亞洲，正東岸人士之東望歐洲一樣。可是今天中國的大門已被迫而關了，爲了爭取西部的選票，不得不說幾句話以安慰商人們苦悶的心情。於是他的演說便側重美國與亞洲的關係，並附帶爲行政當局過去的外交措施予以辯護。

他的亞洲政策的主要內容有下列數點：第一、他認爲亞洲人的普遍願望是求民族獨立及生活的改善。亞洲混亂不安的基本原因即在此。第二、他認爲蘇俄之志在統治亞洲，並不自今日始，遠自一八九七年起，即企圖囊括亞洲。俄國擴張勢力的目的，並不因帝俄之瓦解而有所改變，相反的今日俄國領袖們所用的武器，較沙皇更爲强大有效。共產黨的戰略是將他們作爲亞洲人唯一的榜樣。第三、他要美國人認淸美國人眼光中的共產主義與亞洲人眼光中的共產主義有很重要的區別。當美國人想到共產主義時，他們常想到將要失去什麼，而亞洲人想到共產主義時，他們常想到將要得到什麼，尤其是如果他們相信他們已無物可失的時候。第四、是談到亞洲受到共黨威脅時，他提出的兩項辦法所謂防守及發展，防守也者是在韓國、日本、臺灣、菲律賓、越南、馬來亞一線作防止共黨侵略的工作。發展則指給印度以經濟及技術援助，以解決其國內的困難，並助其建立成爲亞洲富强的國家以示美國人對亞洲人的友好及忠實。第五、爲關於中國問題，他說共和黨之批評民主黨對華政策，是希望將美國捲入中國內戰的漩渦。他認爲制止革命的時間，是在革命的開始而不在革命的終結。他並說他從未聽見這些批評者曾在一九二〇起的十年中主張援助孫中山先生及中國的民主運動，也未聽說這些人在一九三〇起的十年期間主張美國在中國共黨開始發動內戰時進行干涉。但他却在中國內戰已將成過去時，聽見共和黨人大叫援華，給中國更多的援助，是以他主張與其空談昨日的中國，不如對今日的印度多作努力。一切對華問題的檢討工作，在史氏看來是「檢驗死屍」，無補於實際。

當我讀完史氏的對亞政策後，我發現今日世局之所以如此，實在由於近幾十年美國欠缺有崇高理想爲基礎的對外政策所致，同時也爲這一偉大國家很少產生有見遠的政治領袖婉惜。就第一點講，亞洲人要求民族獨立，生活改善，這是過去數十年就存在的問題，事實上豈僅亞洲人而已，世界上一切受過帝國主義政治及經濟侵略的人，都有如此要求。今天由於中國人遭受空前的慘禍，亞洲人並不感到在蘇俄的照顧下即得到了民族獨立及生活改善，相反的亞洲人不願聽政治學教授似的談因果關係，而是願聽美國未來領袖對此一問題將持何種見解將予何種支持。第二第三兩點，更充分表明他的失敗主義的色彩與夫矛盾的論調。不錯，史氏認爲蘇俄之志在統治亞洲並不自今日始，而蘇俄今日的方法比沙皇時代更爲有效，在這樣的情形下，美國是否就認爲蘇俄應當作亞洲的主人呢？不僅此也，共產主義在亞洲人眼中認爲實行共產只有所得而無所失，那麼讓整個亞洲走向共產好了，何必又來什麼「防守」與「發展」呢？

至史氏對中國問題之見解，更足以供給共產主義者無限的宣傳資料。首先他說共和黨在過去一九二〇｜三五年期內未主張援助中國之民主及反共，事實上民主黨究竟給了多少？這不足以有助於共產宣傳家謂美國不是中國的朋友，僅蘇俄才是中國的朋友嗎？既認中國內戰已成過去，中國人認共產主義之實現是有所得，那何必不讓在臺灣的中國人也分享一杯共產的果實呢？美之援臺，不明明違背中國人民的利益嗎？不明明使「內戰」繼續存在嗎？蘇俄的史太林氏聽到美國的史蒂文生氏這樣一番高論，眞會大加讚賞，而根據此一議論，大可順理成章的請美國還是管了她血緣較近的西歐與白種人吧，亞洲人自會有蘇俄關照哩！

美國今天所遭遇的是失去中國一大友國的種種問題，如中國被迫作爲蘇俄擴張計劃的工具，美國便遭遇了要防守東南亞的問題，便遭遇了韓戰無法結束美國死傷每週增加的問題……作爲未來四年總統候選人的史氏，要告訴世人他有什麼解決問題的辦法。史氏所貢獻的是充滿失敗主義及矛盾的因果論，而不像是個政治家所提出的具體辦法來解決問題。

六

綜觀兩外交政策的基本區別，是民主黨主張承認「既成事實」，換句話說，蘇俄你所得到的就算你有本事，東歐、中歐、中國、北韓、……你既已拿到手，那麼你就拿去，可是我就一條線把你圍起來，你不能再前進一步，這就是他們所謂的「圍堵政策」。再在理論上作一個推論，尤其參照史氏的見解而作推論，我們與其說民主黨主張反共反蘇，不如說他主張反蘇而不反共，因爲他精神上已承認共產主義合乎亞洲人的胃口，他當然拿不出反共的辦法來，也就不得不採「過去的就讓他過去吧」的態度。相反的，共和黨却不主張承認既成事實，他們認爲蘇俄應將其勢力縮回共本國國境以內，所以他們主張美國應有積極的外交政策，而鼓勵援助各被壓迫者自求解放削弱蘇俄勢力，爲最有效減少蘇俄威脅與避免大戰的最好方法。這一政策至少被奴役者一種精神上的鼓勵。假定這一政策付諸實現，依照杜勒斯，李普曼等解釋，第一步仍會先試試能否鼓勵一個個的「狄托」出現，他們認爲在共黨嚴密控制下，要想鼓勵當地人民向共黨政府革命，幾不可能，與其做不可能的事情去鼓勵援助當地人民反叛政府，不如設法使各附庸政府向蘇俄叛亂（九月十八日杜氏在此間華盛頓大學講，美國外交政策的種種問題即作如是觀）。那更理想的是毛澤東翻臉痛打史太林。假定世局可能再有第二狄托的出現，那末蘇俄也不足懼了。各被奴役者及美國爲了自己的利益，遲早會採取鼓勵愛國自由份子向各傀儡份子鬭爭的一條路。

不論消極也能，積極也能，圍堵也能，解放也能，兩黨都承認現在的既成事實已構成了美國安全的威脅，儘管大家在競選期間不提解決中國問題的辦法，中國問題應如何解決已成爲每一個政府當局隨時思索的問題，乃不可否認之事。無論何黨上臺，必會採用一個有利於美國的辦法來解決中國問題。那末，當一切幻想消失的時候，自然會有一個對臺灣有利的對華方案出現這是我敢斷言的。

民主與極權的再認識

陶冬心譯

基本綱領的區別

民主 人人一律平等，國家尊重個人的自尊和財產：社會的競爭使每個人都能有機會達到並且完成他最高的成就。

極權 獨裁的政府是最高的權威，每個人要無條件地犧牲他個人的安全，健康，和正確判斷而被奴役着；人只是一部機器中的一個節環，絕對沒有自由發展的機會。

人民權利的區別

民主 人天生是神聖不可侵犯的，國家有法律保障個人之天賦而無從轉讓的權利；自由選擇他所信仰的宗教。

極權 人所天賦的權利和自由是沒有保障的，每個人都攝服於少數的高高在上的獨裁統治者的淫威下；宗教只是政治宣傳的一種工具。

個人自由的區別

民主 任何人被拘捕都要經過合法的手續和充實的證據；沒有不合理的隨意侵佔個人身體財產、和强蠻地搜查住宅房屋，司法的審判絕對是公正不偏的。

極權 統治者隨時隨地都可以逮捕任何人，處刑不需要經過審判，特務可以任意抓人搜屋，大多數善良的人都被秘密地監視着。

其他自由的區別

民主 在各級學府及其他各處，任何人都能於無恐懼的情況下，得到各種精確眞實的學識和眞理；自由地出版、廣播、言論、集會及組織團體。

極權 黨的指示是鐵的定律，永遠是對的；學校及其他各處所傳授的只是歪曲事實而配合其政治企圖的學說；統治者控制着出版與廣播，人民批評政府立即會被拘禁；集會要經過政府特許；絕對不能任意組織團體。

政府產生的區別

民主 人民自由地不記名投票選舉他們所喜愛的人，各黨派自由產生候選人，再由候選人中推出競選人，公開地發表施政方針和外交政策；人民推選代表來制定法律，政府遵照這些法律來管理國家。

極權 一黨專政，少數的黨派只是尾巴和木偶，共產黨的中央政治局圈定候選人與競選人，政府是由獨裁者一手包辦，人民只能絕對地服從和遵守，沒有辯論沒有反對。

經濟自由的區別

民主 任何人可以自由地經營他的商業和其他業務；工人可以自由地選擇和變換他的工作，勞方自由地組織工會，資方有他的商會；國家保障私人財產；每個人可以有自己的房屋、田園和企業，自由選擇他的住所；合同絕對生効，勞資之間有合同規定工資，工作時間及其他双方同意而遵守的條件。

極權 商業由國家控制並限定，企業完全國營，工人的工作是被指定或强迫，自由地組織工會與商會是絕對禁止的；沒有人能允許有他私人的財產、房屋、田園和企業全是國家的，政府指定每個人的住所不能自由地遷移；工資，工作時間及其他條件全由國家指定；私人間團體間不允許有合同或協定的存在。

結　果

民主 在民主自由裡一個人能向上發展，自由無阻礙地發揮他的才智和成就。

極權 共產黨是把人拉向後退，一切個人的成就和才智完全歸于一個獨裁者的身上。

原載美國勞工觀察月刋第十二卷第二期

工業化的實際問題

瞿荊洲

（一）

中國工業化原是個古老的問題，過去已有不少的學者和專家發表了許多論文「熱烈一時的」或「斷斷續續的」討論過。最近臺灣工業化問題之提出，則始於美國共同安全總署中國分署署長施幹克博士。施幹克博士是工業化問題方面之一權威，他在駐日盟軍總部主持天然資源之管理時，對於日本工業建設之策劃，頗有重大的貢獻，亟為有識之士所稱許。上年奉調到臺北來任安總中國分署署長，大家都為自由中國之美援工作深慶得人。蒞任未久，首即注視臺灣的工業。本年年初，特邀請了奧託孟，羅賓生兩位工業專家來臺實地考察，對於臺灣工業實情獲得了明確的認識。並由懷特公司擬訂輔助臺灣發展工業之具體計劃，以期使臺灣的經濟由過去的農業基礎改變為工業基礎。本年五月廿九日施幹克博士復在臺北國際扶輪社例會席上發表演說，略謂臺灣經濟上的農業和工業，猶如鳥之有兩翼，臺灣的農業由於過去數年各方共同努力而產生了極重要的結果已是一隻有力的翼，但「老鷹獨翅不能飛」，我們還需要另一隻有力的翼，那就是具有重要性的工業擴展。所以現在我們應為臺灣的工業之一種新穎而又蓬勃的發展而共同努力。此論一出，各方熱烈響應，政府當局有所謂臺灣工業化的藍圖，學術團體為臺灣工業化開座談會，於是臺灣工業化之說甚囂塵上，報章和雜誌上掀起了一片工業化的問題的高潮！

做文章的人往往有一個「自從盤古分天地」說起的習慣，所以在討論工業化問題時尤其是討論臺灣工業化時，免不了要舉出許多理由來，說明臺灣是如何需要工業化，再舉出臺灣備具的若干條件來，說明臺灣是如何能够工業化，或更將工業與農業的優劣比較一番以反證工業化之大有道理。其實這些都是近於「多此一舉」的。生產之工業化乃是一種當然的趨向。它的問題是實際問題，並非高深新奇的理論問題，必待先知先覺之提醒或倡導纔能引起一般人的注意。人類的生活方式由漁獵而進於牧畜，由牧畜而進於農耕，再由農耕而進於工業化；一部經濟史已經明白的告訴我們。由農耕而進於工業化，正如由漁獵牧畜進於農耕一樣。種植發明以後，漁獵與牧畜雖未盡廢，但吾人決不會迷戀於漁獵牧畜而不肯進於農耕。由農耕而進於工業化也是相同的道理，因為這是必然的進程，憑常識就可以了解的。嚴格的說起來中國之工業化或臺灣之工業化，原來是不應該成為問題的。

民國廿九年之頃，在重慶曾經有過一次「中國能否以農立國的論戰」，其中涉及工業化問題。事後大家都認為把陳舊的問題重新提出乃是中國學術思想落伍的表現。這並不是說我們不重視工業化問題，而是說工業化幾乎是「天經地義」不必作為問題來討論。

我們現在之所以很熱烈的來討論工業化問題，尤其是臺灣工業化問題，無非是對施幹克博士的意見表示響應，或者是共響應的響應。其實我們當前的問題，並不是要不要工業化的問題，也不是能不能工業化的問題，乃是何以遲遲尚未工業化的問題，及如何才能達成工業化的問題。

（二）

我們現在先要問我國的生產何以遲遲尚未工業化。工業化既是生產進程必然要達到的階段，它遲早總會來的，那末，我們是否可以坐待其成？工業化是最有利而又最有效的生產方式，依照「一兎在野百人逐之，一金在野百人爭之」的說法，只要是有利的生產方式，人們自會「趨之若鶩」，不待學者之說教或外力之督促。我國古時雖有「后稷教民稼穡」之傳說，但當時制度未備，交通不便，表達意思的工具甚難傳及廣遠，后稷如何普教天下之民，而天下之民又何以能翕然從同。恐怕「后稷先生」只使用了些簡單的耒耜，顯示出農耕的利益；當時的人民正苦於漁獵之不能必有所獲，而牧畜又困於水草之不濟；一旦獲悉農耕之進步的生產方式，自能「風行草偃」上行下效起來。由漁獵牧畜進於農耕既是如此的「順理成章」，則由農業而進於工業化，似亦應該可以「援例通過」。

我國自鴉片戰爭打破了閉關自守的局面後，在遜清道光廿二年（公元一八四二年）訂下了南京條約，朝野人士對於西洋的工業文明，已開始有了警覺。及至咸豐十年（公元一八六〇年）英法聯軍攻陷了天津北平，一部份人士就看出了西洋鎗炮輪船的厲害，主張模仿西洋，盛倡格致。開始設立工廠，注重工業。其後光緒年間盛宣懷張之洞等開設漢冶萍公司從事於鋼鐵工業。第一次世界大戰期內，穆藕初等興辦紡織工業。再其後有范旭東等創設化學工業。至民國卅八年大陸淪陷之時留下了許多所謂「民族工業家」。至於資源委員會（該會近已撤消）所主辦的工礦事業以及接收臺灣後所有的工業，規模頗有可觀，足見我國確有不少的工業建設，對於工業生產之利益和效用也能明確的認識。不過這些已有的成就，只能說是些零散的工業而已，說不上是工業化，至少與工業化還有相當的距離。

有些偏重農業的人說，中國工業化現尚言之過早，因為中國（包括臺灣在內）是個農業國家，而其農業尚在落後的幼稚階段，例如：我們沒有全國整個的造林計劃和實施，沒有水利灌溉系統，肥料沒有好好的使用，保護表土及改良土壤的工作都付闕如，禾稼的品種沒有改良，植物的病害和蟲害沒有方法驅除，新式農具的使用以及農產品的加工精製等更談不到。這一連串的缺點，很够說明我國的農業沒有發展到相當的高度。我們應當等到農業有了高度的發展後再來談工業化。至少也要等到全國的農業發展到與臺灣農業相伯仲的程度，施幹克博士豈不是說過臺灣的農業已獲得進展，現在應在工業方面開始作我們的共同努力嗎？本年五月廿九日施幹克博士在扶輪社演說的原稿筆者沒有看見，據中央社的譯文我們可以看出他並沒有說到因爲臺灣的農業已先有了高度的發達然後始需再謀工業之擴展。他明明的說工業的發展可以幫助農業，而同時有益於整個經濟。所以我們若是沒有陷於「倒因爲果」的錯誤之內，則可知我們並不是要等到農業已有高度的發達然後纔能進於工業化，相反的，我們必須先有了工業化然後農業始能發達到高度。即就臺灣的實情而論，在日據時代臺灣的農業之所以較爲發達，實得力於日本本國高度工業爲之輔助。陳華洲先生在臺灣工業化之途徑一文中有云：『臺灣在日據時代，生產事業之骨幹，無疑的是在「工業日本」『農業臺灣」的原則下發展的。各國統治殖民地的原則，都是如此。』這正說明了臺灣農業之發展是由於日本的高度工業培育而成。此足證工業化之有助於農業之高度發展而無需等待農業之高度發展。

由漁獵牧畜而進於農耕及由農耕而進於工業化既是生產之當然的進程，而由農耕之進於工業化又無需等待農業之高度發展，那末，我們中國停留在農業的階段已數千年，遲遲而未進於工業化，究竟是等待什麼？撇開鴉片戰爭不講，從英法聯軍之役算起，距今將近百年，在這長長的一世紀中，我們中國人吸收了不少的關於西洋工業化的思想和知識，也親眼看見過各外國工業化的實情，何以我們自己始終沒有進於工業化呢？蓋由農業的生產方式以進於工業化的生產方式不像由漁獵牧畜的生產方式進於農業的生產方式那樣簡單，其中尚有些實際問題先待解決。這些實際問題若是沒有部署妥貼，貿然侈談工業化，或「急就章』的草擬些計劃或方案，那只好算是「粉飾太平」「湊湊熱鬧」，「應應景」而已；至於那工業化之美麗的遠景，則終是可望而不可及的啊！

（三）

工業化的實際問題是些什麼問題呢？作爲一個銀行員的筆者，就其譾陋的見聞所及之「商學的」範圍言之，約有次列數端：

（一）　貨幣問題　　穩定的幣制與有力的貨幣是我們迫切的要求。談到貨幣與工業化的關係，並不是說有了穩定的貨幣一國的生產就會工業化，乃是說一國的生產若欲工業化必定要有穩定的貨幣。貨幣功用之一是作爲價值的尺度，貨幣如不穩定，就會影響到物價。在物價暴漲或狂跌不安定的狀態下，工業生產是不易進行的。這在過去通貨膨脹的時期已有很多事實可爲例證，此處恕不贅述。

世固有所謂『膨脹景氣』之說，因爲每個工業機構都有大宗的負債尤其淨值以外的借入款項，這些款項多已轉化爲工業所需的物資，在通貨膨脹之時，幣值貶低，物價步漲，工業機構只須將其用借款所購得之物資出售一部份，即足以抵償其全部借款而有餘，因此，工業機構可獲鉅利，故發生膨脹景氣。有一部份學者主張增加通貨以刺激生產，即是據此而言。如此增加通貨，又謂之溫和的通貨膨脹。膨脹景氣只能求之於溫和的通貨膨脹，非所以語於惡性的通貨膨脹。通貨膨脹是最富感染性的，凡增加通貨以資助生產必須金融上有良善的管理，財政上能保持平衡，生產事業能提高效率，然後始能使生產所需的資金獲得適宜的調劑而停止通貨膨脹，並由生產之增加及對外貿易之發展而使貨幣趨於穩定。否則，事業之擴張不已，資金之需求無厭，而籌措資金之法雖有增稅、募債、吸收外資、及發行通貨等項，但以發行通貨爲最易，人是習於避難就易的，於是相率趨於發行通貨之一途，通貨不斷增發，即會捲起通貨膨脹的狂濤，轉瞬更墮入惡性通貨膨脹之深淵。在惡性通貨膨脹之際，工業機構之製品一經脫售，其所收得之貨款往往因物價加速狂漲不足以補進其原售製品所使用的原料。如是工業機構即發生虧損，終至破滅，被通貨膨脹的洪水所淹沒。故曰生產之工業化需要有穩定的幣制及有力的貨幣。

有的國家爲增强工業製品對外之競爭力以扶助工業起見，特將其貨幣對外貶值。前年英鎊對美元之價值由每鎊兌四·〇三美元貶低爲二·八〇美元，大家記憶猶新。貨幣對外貶值大有助益於工業，因工業機構在國內之負債均係以其本國之貨幣計算，一旦本國貨幣貶值，則工業製品在外國之售價可予減低以增强其競爭力，其所得之外幣或外滙之數額雖較前爲少，但仍可兌換得較多之本國貨幣以償付其對內之負債。貨幣貶值之後，國內之物價尤其是與輸出品有關的物料及勞務必隨之上漲，但在一出一入之間，工業機構終可獲得利益和輔助；此係貨幣對於工業之一種關係。此處最可注意者即英鎊雖經貶值，但因其有良善的管理，而英鎊仍不失爲穩定的幣制及有力的貨幣。又貨幣貶值固可有助於工業之發展，但貨幣之所以要貶值可能是由於工業之衰退，而工業之發展又可使貨幣趨於穩定。於此可見貨幣與工業間關係之密切。

（二）　金融問題　　周憲文在距今約十年前寫了一篇「工業禮讚」的論文，其中有云：「金融的流轉，貴乎迅速而確實，這恰合了工業的口胃。因爲農業資金的流轉，確實而欠迅速；商業資金的流轉，迅速而欠確實；只有工業資金的流轉，則迅速與確實兩者俱備。」又說：「現代的金融組織，根本就是工業社會的產物。」這些話頗能道出工業金融的特徵及金融與工業的關係。本文在此不擬多作原則性的討論，只略述關於工業金融的實際問題。

工業所需資金除發起人或創辦人之出資外，其籌措之法不外募集股本，發行公司債及押借款項等方式，其收支轉帳等之調度工作，賴有健全而又靈活的金融機關來承辦。普通銀行吸收國民的儲蓄以及社會上的零散資金，以充工商事業資金週轉之用。同業間互相存借，差可自謀平衡。銀行界對於資金之供求不能保持平衡時，必須由中央銀行(目前在臺灣爲臺灣銀行)或中央指定發展全國實業之銀行（在我國爲交通銀行）爲之調劑。調劑之法係一方面收受普通銀行之存款或對之放款，另一方則係在公開市場——證券交易所以政府公債或庫券之吞吐以運用調度藉維全國金融之平衡。此種公開市場即是具有重要性的資本市場，與中央銀行，特許的實業銀行及普通銀行合而爲一個完整的金融體系。金融體系如不完整則產業之工業化即不易實現。

我國的銀行業已有五十餘年的歷史，自中央銀行以次規模已具。大陸未淪陷之前，已有證券交易所之設置，惟以種種原因，未能發揮資本市場作用，反被視爲投機的場所，深爲世人所詬病。臺灣亦早有設立證券交易所之議，只因鑒於大陸上的交易所之不利於人口，當局者遂無意於積極進行。其實臺灣的經濟情形已趨安定，證券交易所設立時，如能博採各國成就，訂定嚴密的章則，並爲良善的管理，當能便利資本之流轉；況且我們在臺灣的施設具有示範功用，現在行之有效，即可作收復大陸後建立資本市場的藍本，以輔助全國的生產進於工業化。

關於貨幣問題及金融問題要說的話很多，此處限於篇幅，未能暢談。筆者在本刊第六卷第一期及第七卷第二期另有兩篇論文，敘述較詳，請讀者諸君子參看之。

（三） 會計問題

會計尤其是成本會計對於產業之工業化具有密切的關係。施幹克博士在論及如何發展臺灣的工業時，曾提到我們需要更有效的工業管理以及更精確的成本會計，這眞是對於工業問題深有素養者之名言。崇尚形式主義徒好粉飾宣傳的人及好高務遠或浮薄之士決不會注意及此。會計是專門學問，其中成本會計尤貴有實習經驗。民國二十二年上海立信會計師事務所譯印美國勞倫斯氏的大著成本會計一書，實爲斯界權威之作。至二十八年又有改譯本問世，風行全國，養成了不少成本會計人才。此外東西各國的留學生研究成本會計者亦不乏人，所惜畢業之後，多是所用非其所學。因爲一般人對會計既不重視，而從事於會計的人又把它看作枯燥無味的工作。工業機構對於工程師或技術人員特別重視，對於會計人員除少數賢明的主管人能認識其重要性外，通常所採取的態度約可分爲兩類：第一把會計看作繁而不重的事務，凡學識不足能力薄弱的職員在製造上既無一技之長，對於營業或其他管理工作均難勝任者，輒派在會計部門服務。其次把會計看作具有機要性的事務，從好的方面說，爲了保守業務上的秘密，從壞的方面說，爲了希圖自便甚至營私舞弊（例如僞造帳冊以逃避稅款虛報帳目以侵占公款等），主管者必須派其私人擔任，只求親信可靠，會計的學識及才幹在所不計。由此等會計部門所提出的會計報告，均未按成本會計制度依照實際記錄作成，甚至並無實際記錄可資依據；產品之單位成本，每批產品成本或每種產品成本皆無從獲悉。各部門的費用，難以分析。何種產品成本低廉，何種產品係屬虧本，均不易確知。既不明虧本癥結之所在，又難施防止及改善的方法。至於內部的牽制，製造之統制，銷售之統制以及財務預算之確立等更談不到。連每期決算所列資產負債之確實性都有問題。成本會計之不精確，不特使其事業陷於虧損失敗而不自知，又因其財政狀況不明，他人欲對之貸款或投資（包括其股票之買賣在內）亦難以摸索。在此種幼稚落伍的狀態下，就是小規模的零散工業都會辦不好，還侈談什麼工業化？

（四） 市場問題

生產之所以貴乎工業化者，以其能提高品質並使之標準化而最要者則爲大量生產。因大量生產可使單位產品之成本減低，發揮產品之經濟的效用而提高人類經濟生活。但大量生產的產品，必須有其銷貨市場。產品如無市場，徒然積存於倉庫或僅要求國家收購，則生產等於浪費，此係自明之理。就目前整個世界之情勢觀之，除共產集團蘇聯及其附庸國已關入鐵幕外，自由世界已大有市場狹隘之感。歐美各國之工業早有高度的發達，除原料及第二次工業所需的加工原料外，普通工業產品幾可無需外求。昔年日本之棉織品曾一度侵入歐美，但未幾即被擊退。不特歐美各國之市場不易爲後起的工業國家之製品所侵入，即南美澳紐及非洲等處亦早已成爲歐美各先進工業國推銷產品之勢力範圍。就遠東而論，在東南亞及南洋等處或尚能覓得些銷路，但英國在這一帶盤踞已久，隱然設有藩籬。日本在第二次世界大戰中雖已戰敗投降，幸得美國之援助其工業又迅速的恢復興起，對於遠東的市場已虎視眈眈，躍然欲試的與英國爭衡。臺灣的工業設備既需從新向外國添購，基本的工業條件亦感不足，而技術與經驗更不如人，縱然獲得美援而擴展工業，其製品若欲插足於國際競爭之場，談何容易？說到此處，深覺吾人對於臺灣之工業化實未便貿然持過奢之望。

陳華洲先生在前引的論文中認爲臺灣建立工業的步驟，可分成四類，首先爲以省內自給自足爲目標的工業。這是較切實際的說法，因自給自足就不必向海外爭市場。但臺灣是個海島且位於亞熱帶，其經濟之不易自給自足，時賢論之已備。施幹克博士在前述的演說中曾兩次提及臺灣的自助自給。那次演說筆者並不在聽衆之列，他的原文所謂臺灣的自助自給或者是臺灣不需要美援亦可自力更生之意。決不是說臺灣可以閉關自守自給自足。假定臺灣的自給自足是可能的話，況在人口僅七百餘萬，其消費量小得可憐，怎能容得下工業化的大量生產呢？另有一與此相關的論點，即臺灣的人口，因生活之較爲安定，衞生及醫藥進步，勢將激增。如此增加的人口，對於大量生產的產品，固然消費不了仍不足以容納工業化的工業，但因臺灣耕地面積有限，又必須發展工業才能容納這過剩的人口。

由國際市場之不易競爭言之，臺灣殊不易進於工業化，由生產之必然進程及完成經濟之兩翼以解決人口問題言之，臺灣又非進於工業化不可。處此兩難之境，要如何才能獲得較妥善的解決？據筆者的管見，臺灣的工業化，必有待於我國大陸之收復。因爲我們的大陸，不特資源豐富，而且是一個廣大的市場。臺灣目前應即努力於工業之擴展以增强反攻大陸的力量。俟收復大陸後再參照在臺灣的成就以使整個中國趨於工業化。除此之外，只有企求整個自由世界經濟體制之改編，所有反共的國家聯合起來，團結起來，依照國際分業原則，俾各國各就其所具備的優良條件，分擔適宜的生產任務。以改善人類經濟生活及增强民主集團各國的經濟力量爲共同目標將產品爲整個合理的分配。本文的標題是工業化的實際問題，以上一段話說不上陳義過高似乎近於空洞。筆者於此要鄭重聲明，此是商學上的市場問題，是十足的實際問題，捨此而談工業化，即難免近於空洞。此一論旨，並非筆者杜撰，施幹克博士在其演說中已吐露此意。他說：「我們今天在這裡不是居於美國人或中國人的立場，我們乃是同屬於一個團體的份子，希望和目標都是一致的。我們具有相同的最後目的，那就是維護聯合一致共同奮鬥對抗共產侵略的世界各民族的共同安全。在這個工作中我們每一個必須幹他的一份，全力以赴」。這一段話是頗有見地的，最能把握當前問題的要點。他的那篇演說因爲有「老鷹獨翼不能飛」的警句，甚是動人，吸引了大家的注意。上述的一段話，反被人輕輕看過，故特表而出之，因爲這實在是工業化的實際問題。

（四）

以上所提出的貨幣、金融、會計、市場、等四個問題，都是實際問題，而且都是屬於「商學的」。我們談到生產之工業化，總認爲這些都是專門的工學上的問題；祇要對於動力交通之施設先有準備，其次對於鋼鐵、機械、及酸碱等基本工業有了相當的把握，再以重金聘請些工程師來，照着預擬的計劃，逐步實行，一國的生產就可以進入工業化；很不容易想到還有許多商學的實際問題。自然，這些實際問題並不是工業化的「唯一條件」，換言之，並不是說這些問題解決了。生產就會工業化；相反的，生產工業化了以後，貨幣可更趨穩定，金融更加靈活，會計會有進步，市場亦得以開拓。可是這些問題乃是工業化的「先決條件」，即是說一國的生產若欲進於工業化，對於這些問題也必先有個解決。

我國過去有些工業建設，往往「近視的」或「急於功利的」過於注重工學的一方面。即以用人爲例吧，大家都以爲工學的人才可以包辦一切。許多工業機構內專司管理之責的經理或總經理都由理學博士或工學碩士來擔任。這些博士或碩士也有智力屬於多方面的全才，可能是個很優秀的經理或總經理；但就一般而論，人總易囿於所學，況且留學時代的見聞在腦海中都有深刻的印象，而中國的許多缺點和困難，多半是外國所沒有的。他們在外國學校的實驗室裏埋頭研究了幾年或是在工廠裏切實實習了幾年（這是就篤學之士學成歸國者而言，那些浮滑之輩只到外國鍍金或結識若干三四流的外國人以招搖眩赫的不在討論之列）回國來主持一個工業機構，必定盡瘁於生產設備之部署，對於前節所提出的那些實際問題，實在無暇顧及，甚至天真的竟不把它當作問題，如是只注重產品的質，就沒有顧到產品的成本；只注重產品的量，就沒有顧到產品的銷路。即至發現成本過高，因無精確的成本會計制度，也不知成本增高的原因何在，更無從設法改進；只怪資金週轉不靈或是利息負擔太重，相率要求政府津貼，或請求本國貨幣貶值改訂外滙牌價。即至發現產品沒有銷路，就要求政府收購。政府財政上無此餘裕，只有乞靈於增發通貨。殊不知因政府津貼而改訂匯率，因政府收購而增發通貨，會導致通貨膨脹。通貨膨脹一經發生，則工業之資金週轉愈是不靈，利息的負擔更要加重，生產的成本愈高，馴至工業陷於困頓、整個國家經濟都要受到災禍。一國的通貨膨脹，其原因固然不是這樣的簡單，但過於重視工業的本身而忽略了貨幣安定之保持、金融體系之整備、會計制度之改進，銷貨市場之開拓等商學的實際問題，未始不是重要原因之一。現值大家興高彩烈的談工業化之際，竊恐過去覆轍之重蹈，特提出若干商學的實際問題，或可供讀者諸君子參考之一助。

本文沒有談到工業化之資金問題，因爲工業化所需的資金第一是動用國民的儲蓄，其次是運用美援，再其次則爲誘致僑資或外資，時賢之述已備。況且前述的實際問題如有相當的解決，則資金問題自可迎刃而解。否則縱有資金亦不易達成工業化。所以資金一項可不作爲問題，爲避免重複計，故不贅。又本文沒有提到全國工業化的中央管理機構問題，似亦應聲明一下。現在處於戰時，大家都易於高談計畫經濟，統制經濟至少是經濟計畫，因此談到生產之工業化，就很容易想到要設置全國性的管理機構。我們以爲爲促進生產之工業化起見，由中央統一的做些調查統計及研究的工作，倒有必要；但是由政府擬訂週密的計畫，規定今年做這樣，明年做那樣，（下轉第31頁）

立法院會議人數常不足問題

彭　翰

立法院最近正在討論修正立法院組織法與各委員會組織法草案，不久將再討論修正立法院議事規則。這些都是關於立法院本身的事，但對中國的議會政治前途關係實大。在去年十月立法院院務調查委員會報告書中，即曾指出若干有關立法院本身的缺點，建議修正上述三種法規，這也就是目前討論三個修正草案的由來。

立法院存在着許多問題，現在只先擇其中的一個問題，提出一些意見供立法委員諸公參考。此即近日立法院會議中正在辯論的立法委員的出席，缺席與退席問題。

立法委員的總名額，原應爲七百七十三人，三十七年一月全國投票選舉的結果，實共選出七百五十九人。依照現行立法院組織法(修正草案亦同)的規定，立法院會議須有立法委員總額五分之一出席，才得開會；此即須有一百五十五人的出席，才足開會的法定人數。很久以來，立法院會議皆是不能準時開會，而開會以後，又常常當要舉行表決時，人數又已不足法定，而無法表決，議案遂常被擱置，影響議事效率。這種現象，迄今未改。

試舉今年九月二十三日上午立法院第十會期第五次會議的委員出席情形爲例：會議定在上午九時開會，八時五十五分簽到的委員才只十人，九時亦僅十九人，不能準時開會，九時十分三十四人，九時二十分七十六人，九時三十分一百〇九人，直到九時三十七分簽到的委員才够一百五十六人，九時四十分才正式開會。開會以後，委員們仍陸續上座，繼續來院簽到，十時二百四十一人，十時半二百九十五人，十一時三百十七人，直到十一時四十五分，距上午休會的時間只差十五分鐘了，簽到的委員達到三百三十一人。

照說，會議雖開遲了四十分鐘，開會以後總不會再鬧不足法定人數了，其實不然，且看同一天上午的委員在場人數的統計：九時四十分開會，在場委員一百五十六人，九時四十五分即剩一百三十五人，十時一百七十五人，十時半一百八十七人，十時四十五分一百九十六人，以後即又不足法定人數，十一時四十五分爲一百四十二人。

上述的統計，說明了問題的眞相是：在報到的委員五百三十九人（第九會期的數字）中，每次會議總有三分之一的委員根本缺席，此其一；另外三分之二出席的委員，姍姍來遲，影響會議不能準時開始，造成時間浪費的事實，此其二；至立法院簽過了到，坐在會場裡，會議開始不久，即又退席離開會場而去，從此來者來，去者去，來來去去，會場如同走馬燈，而一到需要表決時，人數常是不足法定，此其三；這是一個問題的三方面。然而，有時情形更有劣於此者，有的時候原定的開會時間過去一小時了，不能再不開會，於是有代人簽到的事。這種事常是發生在下午，因爲上午出席過會議的委員，很多下午不再來了，於是下午的簽到人數，比較上午更難湊足法定。自張道藩當選院長後，有許多改革的新猷，其中之一爲廢除下午簽到制，廢除下午簽到制的理由，是一次會議分爲上下午開，只須上午簽一次到即可以了。

因爲討論議案到了表決階段時，人數常常不足法定，無法表決，主席不得已對於只有一個意見的議案，對於已有兩個以上意見的議案，只好留待下次會議再行表決），通常徵詢大會「有無異議」？如果在場的委員沒有異議，即以「無異議」的方式通過，在議事記錄上的記載爲「可決人數全體」。但如果當時委員中竟有異議者，則即又形成兩個不同的意見，必須表決才好處理，這個議案便也只得「留待下次會議再行表決」。在立法院院務調查委員會報告書中，有一段記載說無異議通過，自可視爲表決方法之一種，惟記錄時則不能記載爲可決人數全體，應以當時在場之出席委員「人數爲可決人數」。然而，遍查議事規則，立法院會議根本並無可以「無異議」通過的規定，一部共有七十八條條文的議事規則中，尋不出「無異議」三個字。在第四十九條中明明白白的只規定「表決方法以舉手或起立表示贊否，必要時得用投票方法行之」。過去立法院會議主席採用「無議異」方法通過議案，是無法律根據的院務調查委員會說「無議異通過，自可視爲表示方法之一種」，也是無法律根據的。依照議事規則第四十九條的規定，即使是在場的委員全體贊成通過一個議案，也必須全體委員舉手或起立或投票通過，此爲最高立法機構的莊重表示，而不可坐着不動，只由主席一人說一聲「無異議」通過。

「無議異」通過一個議案，如果僅僅是於法無據，而並無流弊，則在修正議事規則時，不妨增列「無異議」爲表決方法之一種，使之有所依據。但無異議的流弊實大，不應該再沿用。舉最近的例，在第十會期第五次會議中，討論修正立法院組織法草案第四條時，宣讀條文既畢，主席詢問「對於此條有無意見」？當時無人發言，主席即說「無議異通過」，這一條條文已算正式完成二讀了。那知不一會兒，却有一位委員舉手要求發言，當時主席認爲既然已經通過了，怎好再有異議，於是對那位委員說「你爲什麼早不說」？言下有點「責備」的意思。但那位委員畢竟仍是上了臺，發表了應該修改該條條文的意見，並且引起了很長時間的辯論，最後終於將已先「無異議通過」的第四條條文加以修改了。再舉較遠的例，第九會期第二十二次會議，討論修正遺產稅法草案，記得那是在下午，因爲下午簽到制已經廢止了，出席的委員少得驚人，但仍照常開會，遂條宣讀條文以後，皆無委員發言，主席皆以「無異議」通過處理得非常順利，不多久全案二讀通過了。但二讀既已通過以後，竟有委員提出異議，對于該草案第十三條，第十五條及第二十五條條文，表示不贊成的意見，並說，「剛才二讀通過時，在場委員只有二十四人，顯見大會未及詳細討論，似未足以昭鄭重，應提請重付討論」，當時主席極感處理困難，依照議事規則，唯有經過委員八十人以上的簽署，提出復議案，才可重付討論。結果是提出了復議案，又將復議案交付委員會審查，以致在第九會期內未能將遺產稅法案完成三讀程序，直擱置到第十會期才予三讀通過，時間上遲了好久，顯示議事效率之差；在另一方面，復議案終於成立並通過了，這又顯示出起先二讀「無異議通過」時的草率和錯誤。從上述兩個例子，可以得出一個結論，即舉手或起立或投票的表決方法，可以促起各位委員的愼重考慮，可有較多的時間讓每位委員考慮究應贊成抑反對；而「無異議」三字，主席說來迅即消逝，各位委員尙未考慮完畢，議案即已通過去了。因此，「無異議」的大流弊，在於草率誤事，現在於法無據，固不可用，如想使它法律化，那更是不行的。

「無異議」之所在出現和存在，仍是由於委員出席不多，缺席和退席太多而起，因此，問題仍在如何設法保持立法院會議的出席委員法定人數。議事規則第二十五條規定「已屆開會時間，不足法定人數，主席得延長之，延長二次仍不足法定人數時，主席即宣告散會」，此即所謂「流會」。但從行憲立法院成立以來，所有主席皆未運用過這一條的規定，原因是避免影響「院譽」，寧可等而再等，甚至代筆簽到，院會總未「流」過一次。但各委員會的開會情形則有不同，其不能準時開會，以及時常無法表決的情形皆和院會相同，所不同者，各委員會因等而再等，終仍無法開會，而由召集委員不得不宣告「流會」者常有所聞。

院務調查委員會在報告書中曾列舉委員不遵守議事規則之各點，其中之一說「每次院會不能準時開會，雖爲本院弱點之一，希望各同仁能按時出席，期每次院會均能準時開會。」又說，「過去本院院會及各委員會開會時，各委員往往任意缺席，以致影響工作之進行，院譽低落，此亦爲重要原因之一。若干委員主張制定某種獎懲辦法(如出席費應根據出席次數而發給)，誠非無的放矢之論，惟茲事體重大，不能不有待大會之公決。」

一曰「弱點之一」，二曰「院譽低落」，三曰「制定獎懲辦法」，可見立法委員諸公勇於責己，並不諱疾忌醫。撰文至此，不妨試探缺席和退席的原因何在？第一，臺北房荒，從大陸上來的委員們不易找到房屋居住，即使可以找到房屋，也很不容易付出巨額的頂費，因此，散住在基隆、新竹、臺中、甚至臺南的委員不在少數，路途既遠，出席每次會議自有若干困難。第二、立法委員們的薪津，目前雖較一般公務人員爲高，但衡情說來，只是公務員的薪俸太低了，立法委員的薪津並不算高，如果家累重的，依然不夠維持每月的開銷，這一部分收入不夠生活的委員們，難免爲了奔走借貸或另謀一些生計，因此缺席或退席。第三、另有一部分委員們兼有非政府機關的重要職務，無法擺脫，而且公務甚忙，因此缺席或退席。第四、現在的立法院會場，借用公共集會用的中山堂，委員除了開會以外，沒有休息的地方，更無委員辦公室，不像外國議會有所謂議會走廊，及議員辦公室，討論議案雖不在會場，一聲按鈴表決即都回到會場參加表決。現在立法委員們或者是在會場，或者即離開會場他去，造成退席的現象，因此，到了表決時即不足法定人數了。第五、有些委員們開會的興趣不高，缺乏一點責任心，因而缺席或退席，這也應該是另一原因。第六、可能還有其他原因，不贅舉。

如何減少缺席和退席，使得立法院會議能夠準時開會和保持住法定人數呢？前述制定獎懲辦法（如出席費應根據出席次數而發給），是立法委員們自行提出的辦法的一種，但有委員反對，認爲有損顏面。在第十會期第五次會議中，討論修正立法院組織法草案第四條（按此條條文爲立法委員應於每次集會期間，親自報到，出席會議）時，曾有許多委員提及缺席與退席問題，指出委員出席會議，是應有的權利，亦是應有的義務，在現行組織法中，並無此第四條之規定，現在增列此條，其意旨即在糾正過去有人說「議員有不出席會議的自由」的觀念。當時會中二讀通過此條增列的條文時，且有一個共同的「了解」，即將來討論修正議事規則草案時，再在「議事記錄應記載的事項」中，除仍照列「出席者的姓名人數」外，增列「缺席者的姓名人數」，以示對於缺席者警誡。但如何減少退席的現象，則至今尙未聽說曾提及何種辦法。好者，立法委員諸公現正開始對討論修正有關立法院本身的三個重要法規，他們在今後的會議中也許會再討論缺席和退席問題，而會進一步訂出一個更較完善的辦法來。據說在法國，可派警察去到議員家中「催請」議員到國會去開會，本來議會（在中國爲立法院）除了不能將男女性別變更而外，有權可以制訂任何的法律，則即使是古今中外皆無的辦法，立法院也不妨可以創造出一個先例來的。

然而，以一個書生的看法，千言歸總，對於選民的責任心，對於國家政治前途的責任心，似應在立法委員們心中列於第一位，無論有何困難及不得已的原因，在今天和當前大敵作生與死的鬬爭中，立法委員諸公似皆應排除萬難，或者克服一切困難，經常出席立法院會議，不缺席——至少做到不太多缺席，不退席——至少做到不太多退席，使得立法院會議能夠準時開會，能夠經常足夠法定人數，增進議事效率。因爲，除了訴諸責任心而外，料想即使另有其他的辦法也必是徒然的。譬如像法國的辦法，派警察「催請」議員去開會，想的也不過偶爾爲之，總不能夠每次開會皆如此的。

馬來通訊

英國在馬來的窘態

王勳

二次大戰結束以來，大英帝國的殖民治權已受到莫大的損失，尤以近年來中東英屬各地的獨立，伊朗油權的中輟，更使海上王國的朝野驚愕震憾，而今天僅祇有香港，婆羅洲，馬來亞三處尚屬於殖民特權。可是，香港是接近中國大陸，面臨到朱毛匪帮暴力的威脅；馬來亞因馬共的騷擾，已是坐臥不寧；而香港人士認爲世外桃源的婆羅洲，亦由於邇來國際共匪的武裝打刧，惴惴不安了。所以，目前的大英帝國不但失去了當年的海上霸權，相反的，被馬來一區之地的赤禍也弄得焦頭爛額，應付乏力。無怪乎英國紳士們在聲嘶力竭的叫着：「挽救大英帝國當前的危運。」

馬共不是當地「土匪」

英國駐東南亞高級專員及馬來聯邦欽差大臣，素來對馬來叛徒的觀點都是錯誤的，認爲是單純地方性的「土匪」。直到一九五一年四月纔由事實證明馬共是受克里姆林宮指示，屬於國際共產的一支解放馬來亞的「人民解放軍」。

馬共的歷史將近十年，遠在大戰期間的日據時代，就以馬來抗日軍在馬泰毗鄰的大山這里的打游擊，與其他抗日份子共同合作。日本投降後，武裝馬共仍滯留其間。朱毛匪帮在大陸猖獗以至整個大陸淪陷之後，馬共纔大肆活動。至一九四九年，馬共開始正式獲得國際共產部份武裝支援，而第五縱隊人員，亦隨同武器潛入其中，於是馬共才如火如荼，猖獗異常，擴展至今，已成爲了馬來的致命禍源。

根據英國陸軍部及馬來當局宣佈；迄止目前，全馬約有暴徒總數四千至六千人。但又據工黨時期前任殖民大臣格利菲斯稱：馬共暴徒就約有四——六千人，且渠等有不竭之人力來源，並取得甚多人民之支持。據不同估計，有云支持共黨之平民達二萬之數，但亦有提高至三萬人者，不過。英國官方的統計數字未必正確，據熟習其間情形人士透露；目前之馬共數總在萬人以上，而支持馬共之人民，遠超過五萬。

民族主義的煽動課題

馬共所以能獲得不少人民之支持，其主要原因爲「爭取馬來人民獨立自主」的民族主義爲肇始，負責指使馬共的中共「遠東情報局」常以此爲煽動的課題。例如：「白色人種的英國帝國主義，壓迫，屠殺我們黃種人，尤其是全馬人民受其蹂躪更甚，今天我們所以要不顧流血和犧牲，就是要達到我們黃種自主亞洲，解放全馬」。「白人英國兵在全馬住好的，吃好的，而馬來人和華僑都住茅屋，吃糙米。我們自己流血流汗種的果實，爲什麼被英國强佔去吃！我們發誓要趕走英國人，馬來人和華僑才是眞正的馬來主人。」像類似這樣的宣傳，馬來的窮苦人民，如何經得起挑撥，無疑的會跟在馬共後面。再如中共煽動全馬的勞動華僑，亦是利用各種各式的激烈宣傳來刺激華工的弱點，因此，這一支受着國際共產帝國支援及中共脅從的馬共，的確獲得不少馬來人及華人的支持。

馬來人民要求獨立自主的浪潮，在全馬各地城市鄉村乃至每個角落展開，馬來英當局感到萬分棘手，無法立即解決問題，這當然不能使民心安定。英前殖民地大臣格利菲斯在英下院爲挽救馬來危運及針對馬來人普遍之要求而辯論時稱：「馬來亞戰爭已經刺激此項願望之誕生，並使衆人感覺獨立之迫切需要」。「吾人在殖民地帝國內，已進入不能僅依賴政府施發命令而維持統治之階段。」這些話，的確是殖民地之馬來的實際情形。馬來人要求之獨立，雖然主要是共黨所煽動，但馬來人民之內心趨向，亦正努力爭取解除套在身上將近百年之枷鎖。

嚴重的華人問題

英國當局不但忽視了馬共的背景，同時更忽視了馬共所組成的份子，以至在暴徒越剿越多，越來越猖獗而不可收拾的地步，才明確的宣佈馬來戡亂並不是一個單純問題，而是一件艱巨的工作。尤其是領導馬共乃至到處倡亂的，幾乎全是華人。前些日子，北婆羅洲沙勞越的新紅禍，欽差大臣鄧普勒馬上宣佈：「婆羅洲發生的殺人放火事件，完全是中國人幹的。」英國殖民大臣李頓特更具體的指出：「馬來亞局勢，難題之一爲暴徒之九十巴仙(百分之九十)爲華人，但警察之九十五巴仙（百分之九十五）却爲馬來人。」

我們再引用英國殖民部對馬來警務之戡亂公報來看，便可以更具體的顯露出華人在馬共裡面作祟的程度，而使英方手忙足亂，不得不改變戰略。殖民大臣李頓特稱：「警務部迫切需要改組及重新訓練，警務部已擴展至使人不能置信之數量，暴徒總數不過在四千至六千人之間，但政府却有六萬名正當警察，(其中有三萬八千人爲全役之特別警察)，另有廿五萬名業餘警察（此數包括鄉村自衞警團）」。暴徒的人數不上一萬，而警察的人數却超過三十萬之巨數。而以三十比一的相差力量，尚不能將馬共剿滅。反而越剿越多，由此可見馬共的得力並非

雪梨通訊

「永不分離」在澳京公演記

孫宏偉

假如一部有聲的片子，也像一部無聲的片子一樣，不加以說明和註釋，而片中演員的演出仍然動人，全劇的情節仍然明晰，這當然是一部很難得的片子。最近八月十七日在澳京公演的「永不分離」一片，在劇情和演技上似乎都有上述的好處。「永」片公演的那天，除臨時由說明人對於若干情節作片斷的解釋外沒有任何英文的註釋，但它居然也能夠博得外賓的喝采和了解，這的確是「永」片成功的地方。現在先讓我把這次公演的緣起和經過情形向國內讀者報導。

兩年來澳洲是英美遠東不同政策角逐的場所，英國本其承認匪共的錯誤政策，她是極力慫恿澳洲承認中共的一個國家，希望英聯各份子國大家都將錯就錯，一致承認匪共，做成已成的事實來牽制美國的不承認中共政策。由於這種原因澳洲乃變成親共份子和匪共活動的一個極重要地區。這些人活動的方式眞可說是無孔不入的，只要什麼地方有機可乘，他們的活動就會跟着而來。舉一個例來說，自由中國的民主刊物，在澳銷行的除「自由中國」和少數「海外」外，就沒有其他的刊物，可是匪共的刊物在澳散播的則不僅中英文俱全，而且文學，畫報，國際政治等各種雜誌應有盡有，五光十色琳琅滿目。這是國內人士所想像不到的地方。若就電影來說，則匪片輸澳活動尚在國片來澳之前，其為此間人士所熟知者，有「白毛女」和「中華女兒」等片。儘管這些片子澈頭澈尾的是匪共宣傳片，但由於澳電影檢查機構審查條例的不健全（澳電影審查條例只是禁演有傷害友邦邦交，公衆利益和善良風俗的片子），它們仍能憑着親共學術團體的掩護，公然在墨爾鉢各地放演。

無疑的，是因為上述共片在澳的活動，才促成了「永不分離」一片在澳的公演。這是第一次國片在澳京的放演，因此頗引起了澳社會人士的注意。這次公演被我方邀請的有澳朝野及學術界人士總共不下四五百人，其中包括政府閣員，議會議員外交團等，最耐人尋味的還是那些親共的學術界人士，他們不僅來參加，而且是來得非常的踴躍。譬如親共的國立研究大學副教授黃文智，他自己一對夫婦來了還不夠，他還特地向我有關人士表示希望允許他帶些同路之人，偕同前往。國立研究大學校長前駐華公使柯伯蘭，也是這次公演被招待的貴賓之一。

國內同胞對於「永」片的劇情，大家都耳熟能詳，看過「永」片的應還記得本片所描寫的是：共諜怎樣利用臺灣同胞和內地同胞間的隔閡，煽動八重山林場工人綁架新任林場場長衞民生，但由於衞和臺籍小姐林華的相愛相敬，終於溝通了本省人和內地人的成見，而使八重山林場重新走上建設和生產的道路。這一部片子在臺灣放演當然是再適宜不過，但運到國外放演，尤其是澳洲，則就有許多的地方要加以考慮了。譬如說本省人和內地人的隔閡問題，外國人就不容易了解，而口頭英文說明中，說明人根本就沒有提到所謂本省人和內地人問題，聽衆所聽到的只是一些關於匪諜唆使善良工人破壞林場和謀害場長的故事。還有一些很容易在外國人眼中造成誤會的鏡頭，為製片人始料所不及的，譬如說新場長所坐破舊不堪的林場火車，就很容易使外國人誤會臺灣火車都是這樣破爛，凡此皆不過說明對外宣傳並不是一件容易的事情，就以電影來說也並不是說有

來自馬來人，而眞正倡亂的倒是「華人」，中共的第五縱隊。

經濟問題是要害

凡是有赤禍的地方，都是經濟不調，人民貧困，生活艱難所造成的。國際共產之發難，起始都是針對着這些民貧財竭的弱點，馬來正是廣大人民陷於生活的嚴重脅迫，而少數權貴則走生活奢靡的地區。所以，共黨能在馬來立足生根乃至猖獗，就是以此為煽動的前題。前殖民大臣格利菲斯稱：「余自馬來亞回來，對所見到的幾個鄉村，甚覺慚愧」。這是他的良心話。事實上，逼迫馬來人、華人跟着共黨跑的，就是那根難以謀生的鞭子。

馬來的經濟不振，使多數貧苦勞動者陷於失業。馬來的多數華人與馬來人，均賴樹膠勞工為生，在今年，膠價慘跌，自每磅一元五角而跌到八角八分，幾至減低一半。

現任馬來聯邦欽差大臣鄧普勒，在七月杪招待記者席上宣佈：「聯合邦之經濟情况令人感到莫大的感慨，因為聯邦政府之存款已由去年之二億三千六百萬元減至一千五百萬元，換言之，即政府目下僅存款一千五百萬元。」馬來的經濟收入遭到空前的困難，實在是一個最大的憂患。經濟發生了困難，對於政府的軍費開支，無力負擔，而不得不縮減機構。鄧普勒為面臨的經濟威脅曾稱：「聯邦政府採取逐步實行削減若干部份之緊急開銷，但主要之緊急開銷則不在削減之列。」

馬來政府稅收減少召致的危機，不但使戡亂軍事行動受到了莫大的打擊，同時，因膠價慘跌，產膠越減，膠園工人失業頗衆。這批謀生無門的勞工，便被逐入馬共的懷抱。

增加稅收更不堪設想

馬來的經濟不振，影響到亂禍的越演越大，更影響到政府剿亂的力量，英國本土，每年尚要馬來聯邦政府，剝削一筆巨款來滋養。前英殖民大臣格利

了一部國片在國外放演就可以達到我們所預期的宣傳目的。

一部國語對話的影片，要想把它完全翻譯成英語對話的片子，不消說是異常困難，就是想在國語對話當中間斷的挿進去一段英文的說明，在技術上也不是容易的事情。前者須重新在電影底片上錄音，不僅翻譯全部對話很有困難，而且所需費用最少也在一千磅以上。後者則縱使已經將片斷的英文說明錄於鋼線錄音器上，但如何在放演國語對話之中，將國語對話停止，開放錄音器中的英文說明也不是一件容易的事情。唯一的辦法是將片中的原來國語對話和挿進去的英文說明一併的全部錄於鋼線錄音器內。電影開始放演的時候全部截掉片中原來的聲音而代以錄音器中所錄下的國語對話和英文說明，影片開始放演的時候，錄音器也同時開始放音，但因爲影片的轉速和錄音器的轉速可能有若干分之一秒之差，這就會使講話的動作和講話的聲音不相符合，而把許多優美的表情變成爲不倫不類的鏡頭。

無疑的，是因爲上述各種技術上的困難，「永」片在澳京公演的時候，它的英文說明是採取當場說明的方式，那就是說於演到某一段需要解釋的地方，由說明員通知放演員截斷片中聲音，然後由她於播音器前念那先已備好的說明稿，念完之後立即通知放演員恢復片中聲音。採用這一種方式只須說明人看過這影片數次並演習念稿數次後就可以熟知那地方應當念那一段的說明稿。

就英文說明的這一點來說「永」片在澳京公演是相當成功的，尤其是頭一段導言，說明員念來有聲有色，說到臺灣因甲午戰役經割給日本的時候，筆者還依稀記得下面幾句話：「一八九五年的中日戰爭中國戰敗了，臺灣割給日本，但臺灣人民的心却始終懷念着祖國，到了一九四三年十二月一日開羅宣言終究將臺灣歸還了中國，這在任何中國人都是一件極可慶幸的事情，但在共產黨他們却有一種不同的看法。自那天起他們開始想盡各種辦法，使臺灣的人民和祖國發生裂痕。本片說明了善良的人民都願意在和諧和安寧之中過生活，但也有某些人想從猜忌和仇恨中尋求利益。」

「永」片公演的節目首先是奏澳洲國歌，隨着奏中國國歌，國歌之後就接着放演總統檢閱三軍的新聞片，這兩本新聞片相當的精彩，放演完的時候會博得不少的掌聲。接着就是放演「永不分離」本片，「永」片歷時共一小時廿分鐘而畢，當銀幕上放演工人整隊重返林場工作時，也正是全體來賓一致鼓掌的時候。

假如觀衆的鼓掌是可以象徵一個影片的成功的話，那麼「永」片就無愧是一部成功的片子，因爲就在這同一戲院裏幾天前南非高級專員公署同樣的公演過南非國產巨片，而劇終的時候觀衆却鴉雀無聲的走散了。就「永」片的演員，攝影，劇本各方面來說都是一個很成功的片子，尤以主角吳鶯鴻所扮演的林華最博得觀衆的好評，她不僅演技到家，言詞動人，而且極能够代表自由中國的女兒。墨爾鉢太陽報影評家評論到「永」片的愛情部分，他不禁驚歎說：「如此抑制的愛，實屬少見，全片竟連一個擁抱也沒有。」這是一個國情問題，外國人不知道。

其次最成功的演員就要說到扮蔡石柱的田琛和扮衞民生的王玨了。澳報某影評家比田琛爲中國的克拉蓋博，說他受了美國的影響。筆者謹於此向自由中國爲反共努力的影界人士們致其最高的敬意。

「永」片唯一最大的缺憾爲音樂背景的未盡佳妙，所挿進去的Ol Man River一段音樂尤其不倫不類，差强人意的却是最後一段國產的歌曲。此外，片中也不無一二處疏忽的地方，譬如說在林場大火的一幕裏，胖子黃火却在樹下悠然自在的耙土，一點沒有緊張的神情，這似乎也鎭靜得太過火了。

菲斯說：「如果馬來亞每年不貢獻千萬英鎊之鉅款，英國本國之出入差額，將招致更支離之結果。」

因此，據現任欽差大臣鄧普勒宣佈：「聯合邦政府，將另採取步驟，增加稅收。」事實上，這種增加稅收，將造成更大的紊亂和惡果。在馬來聯邦內，唯一能維持政府開支的，就是聞名于世的樹膠稅收，樹膠銷路不振，稅收已受到了嚴重的打擊。其他土產外銷，實在少得可憐。而政府所謂的增加稅收，除了在進口稅上打主意之外，是沒有第二條路走的。

進口貨品，當然是以米，日常用品爲大宗，但是，這些貨品是與人民生活息息相關的。本來，馬來人民的生活水準已降低，更因爲膠無出路，價格低落，兼而影響到市場的不景氣象，人民謀生，既已感吃力，如果政府再在日常生活品上來加上一筆稅收，其後果如何不言可喩。這種後果，不但不能戢亂，恐怕還會製造暴亂。

唯一的出路

馬來今天的動亂不安，完全是英國「唯利是求」的政策所造成的惡果，如果英國米字旗仍想在這塊土地上挿起，則必需改變其百年來的作風。

英國下院爲馬來聯邦的安危曾掀起了激烈的辯論，大家都感到馬來將陷入危殆之境，前殖民大臣格利菲斯爲此問題曾提出了一個可謂對症下藥的方針：「吾人目前在馬來亞有双重任務，即爲敉平暴亂及開始建立馬來亞之將來。」他又說：「最重要者，吾人必須對馬來人民明言，吾人明瞭該地所發生者並非眞正的民族獨立的運動。目前英國面對此運動，乃爲共黨主動及支持之運動，以圖攫取該邦之控制。如果吾人欲在馬來亞獲得最後勝利，最絕對需要之前提條件，莫如取得人民之援助，尤其是華人之援助。因此，吾人不能單獨料理軍事問題，必須兼顧及經濟，社會及政治問題。」的確，英國想挽救馬來危運，敉平赤禍，必需要改變本態，否則，英國將失去人民之支援，英國人亦將在衆怒之下凄慘狼狽以離去。

英遊雜感

曾寶蓀

民主集團之安危，繫於英美政策之調協。不吝適於本年三月奉命出席聯合國婦女地位委員會，受於會畢，以私人資格，重遊英倫。此爲戰後初蒞彼邦，計勾留兩閱月，周歷一十五城鎮；走馬觀花，未足以言深入，姑就表面所及見，敷陳一二，供留意國際情形者參考。

戰後英倫，最使人欽佩者，爲全國上下，咬緊牙關，厲行節約。其戰時食糧統制，迄今未完全解除。每人每週，配售茶葉一兩，糖二兩，奶油三兩，肉四兩，不分貴賤，一律平等。嘉賓蒞宴，各以配購證贈主人。惟乳酪、牛乳、魚類、及野物，則已解除統制，可以自由購食；營養稍得補充。由歐陸步入英倫，最觸目者二事：一爲英人體格之退化。戰前多身高六呎上下，現則平均減短五六吋。兩次大戰，營養不足，精神緊張之賜也。二爲男女衣着之儉樸，大抵就舊衣翻改，少有新製。歐陸時髦婦女，白晝亦多着高跟鞋，鮮衣艷服，招搖過市；此次在英，尙未見過。偶有一二靚裝高跟鞋女子，皆外來旅客，過境觀光者，無本地人。蓋全國不分男女，正刻苦忍耐，勤於操作，除夜宴跳舞外，服着均以適用經濟爲主，不求美觀；更不尙外國貨。器用之稍華美者，皆供出口，爭取美元。即如家用磁器之質精而彩繪者，充斥海外市場，本國無法購置。遊客至英，見大商店窗櫥陳列之貨品，滿目琳瑯，無美不備，比之香港市肆，有過之無不及；然皆專供外銷，如就地購買，祇允送至輪船飛機，隨客外運，不能携留國內。最不可及者，全國無經濟警察，同業亦無糾察組織；而竟無黑市，亦無怨詈腹誹之聲。自動守法，心甘節約，此其政治所以能民主也。

舍下自先惠敏公(諱紀澤)出使歐西以來，代有久居英倫者，數多世交之誼。不吝三十餘年中，前後至英國五次，率寄居友好家庭，獲窺其生活變遷之一斑。猶憶第一次大戰前，值帝國全盛時代；加以衞士理氏宗教運動(註一)，流風猶盛，故中人之家，雍穆和諧，有儒家世族氣象。名門閥閱，更具規模。除貧苦小家外，雖日常起居，亦禮貌莊嚴。例如一日三餐，無不檯布瓶花，端坐靜食；不得有刀匙互撞，口舌咣唧之聲。未食前，有謝恩禱告；戶長朗誦，全家敬聽。禱畢，合說『阿們』。晚餐必更換晚服；雖只夫婦二人，不稍苟簡，誠不愧相敬如賓。星期日，全家往敎堂禮拜；雖赤貧亦必盛服虔參。未婚男女，社交雖公開，其範圍由父母指定。大抵中人以上，閨女及齡時，由父母爲開一舞會；所邀青年，皆可膺雀屏之選。除將訂婚者外，過從不能親密，時有長者爲之監視。貴族宴會，禮節繁重，賓客固如此，即侍役亦然，每客座後一人，着制服，能以目聽神會，先事承旨，無論主客笑談，令人絕倒噴飯，彼輩充若充耳不聞，不得加入歡笑：其禮貌如此，他可概見。

至第一次大戰以後，閥閱之家，禮制雖存，規模已殺。中人之家，生活更趨簡易。而青年男女，則流於放佚：晝則晏起，夜則宵遊，往往家人父子，終日不得相見。家庭已名存而實亡。至於禮拜，青年幾乎絕跡不往。享樂主義，唯物潮流，實籠罩全國。犯罪率爲之激增，尤以兒童及退伍軍人爲甚。失業者衆，恃政府救濟爲生者數十萬。至第二次大戰之後，情形乃再變。青年漸返家庭，宗敎亦較被重視，失業銳減，勞工地位提高；惟富室則普遍貧約。友人中舊時雇用男女僕人五六名者，現多不雇；最多亦祇一廚娘。廣廈軒居，均以出租，而自安蝸室；以無僕侍，不易照料也。有歷史之堡壘別墅，大都供遊人欣賞，主人收門票以自給，亦有出租者。此類建築，多堅實富麗，藏有深貴圖書畫像寶物骨董，往往全國知名。印有目錄，以利遊客。

英國自工黨再度秉政，厲行社會主義，整個經濟組織，已有重大變動；評者毀譽參半。其優點爲國內貧富漸勻，共黨宣傳失去憑藉。共產黨爲英國合法政黨之一，在下議院保持一二席次，已有多年；此屆下院，竟無一人。全國反共輿論，亦日漸積極。此爲工黨最重要之貢獻。其弱點則促進生產之功能，大爲減低。各重要工業，自改國營之後，機構龐大，職員增多，且不甚關心業務損失，漸染官僚習氣；加之工會把持，往往不顧國家利益。譬如英國當前最大難題，即爲美元黃金之銷蝕。其原因，爲對美元區貿易，出口不抵進口。據專家估計，設若全島礦工，每週能加多工作三小時，美元收支，即可平衡。現在礦工每日工作六小時，每週五日，共三十小時，實不爲多；工資福利，爲各業冠；不獨不見延長工作時間，反而力爭增薪減時，動以罷工相要挾，政府議院，均無如之何。此其一例耳，他業稱是。刻左翼工黨，方在拓展，自保守黨登臺後，益趨極積。此種現象，實爲世界隱憂；不僅英國有識者爲之焦慮也。良以在理論上，溫柔社會主義，利多弊少；過激社會主義，則有害無益。而在實行上，溫柔社會主義，每形成過激社會主義之先驅；稍一不愼，即演爲極權性政體。凡以經濟爲文化唯一原動力之任何主義，演成政治，遲早抹煞人性，理所固然也。惟經濟則適用社會主義，政治仍貫澈民主精神，斯爲得之，(即民權民生並重之義)。英國正在試驗中；最近一二年，當爲此試驗成敗之關鍵，深值吾人注意者也。

單就政治而論，保守黨與工黨，互有短長，工黨之長，長於抗共，及不忘政治理想。保守黨之長，則長於富國强兵，尤長於外交。英帝國領土遍於全球，各地情形既不相同，其利害或相矛盾；故英國外交，趨重現實，不求理論之貫澈，更不在乎形式之一致。其政策貴能感覺靈敏，具體實用，而富於彈性。此中秘奧，各政黨均所深知；而運用之純熟，以保守黨爲最。蓋數百年世家教育使然，非可一蹴而幾也。工黨領袖，多出自勞工，缺乏世界眼光，且側重學理，昧於實際。左翼工黨至今仍認委臺灣於中共，容中共於聯合國，即可消弭戰禍，與蘇俄和平相處，即其昧於實際之一例。其運用學理，亦多膠柱鼓瑟；致工人雖富，而全國瀕臨破產；階級重於全民，本國重於帝國；是以一度秉政，而帝國削弱，再度組閣，而帝國幾乎瓦解。假令保守黨始終當國，國勢之衰，不至於此。然保守黨，側重現實，亦有至愚之舉。慕尼赫之出賣捷克，而希特勒以興；雅爾達之出賣中國，而史達林以覇；皆其實例。崇尚功利，蔑棄國際道德，自以爲現實；而究之功不可成，利未可睹，而害已先受，未有如斯之迅速彰明者矣。

英國工黨有一點與美國作風相同，即富有政治理想，以主義統政治。大凡主義，多具『排他性』。故該黨及美國政治家，均好以其本身之主義，衡量異國。該黨之承認中共於先，支持中共於後，導源於其道德觀念。彼誤認中共爲深得國民之支持，且誤認共政治保障勞働利益；是以寄予希望，認爲必成。社會主義之道德觀，旣純粹唯物，故常以建設爲衡量之尺度。苟有建設，任何犧牲，在所不恤。殊不知古今建設之偉大，莫金字塔若，而金字塔皆無數奴役之血汗生命所換取。自國民立場言，此類建設皆不祥之物也。奴工制與自由勞工制，勢若冰炭之不相容。自中共眞相漸彰之後，該黨除左翼外，已覺承認中共之非，與其本意相悖。幸我政府已能爭取國民之眞正支持，該黨對華政策，應可望逐漸轉變；倘正式轉變，則其切實當超越保守黨之注重現實者。此則有主義信仰之可取者也。保守黨亦悟雅爾達協定之失策，今旣秉政，其所以未能一反故轍者，一則顧慮工黨之反對，一則爲美國國務院所牽掣，而主要原因，仍爲注重現實；大陸大而臺灣小也。所幸保守黨之反共，遠過工黨，我國旣能爭取南洋華僑之歸心，果能在經濟上再加密切聯繫，行動一致，則在東亞之政治與經濟均勢中自由中國之實力頓增，不能以臺灣之面積爲衡量。保守黨尊重現實，其政策可能劇變。又即將舉行之美國大選，與日本普選，若能於我有利，英國之轉變，當更迅速。總之，工黨側重主義，保守黨側重現實，在目前適兩者均於我有利，情勢大異兩年以前矣。

不吝此次與彼邦人士，私人會晤不計外，舉行小型演講及座談會十餘次，深感我國在英國宣傳之不足。大多數英人爲中共所欺，對我政治實質，多所誤會。每謂我國政治仍未脫獨裁典型；對我政治訓練，亦滋誤會，認爲統制思想；且謂我中下級官吏，貪汙無能，與在大陸時無大異。不吝則以我國來臺後政治之改進，建設之成功，如減租限田，糧食出超，物價穩定，及民選縣市長等事實，證明其誤。聞者無論何黨派，無不色喜。蓋私人同情，無不屬我；其承認中共，於心終不無慊慊然耳。爲爭取英國重作我與國計，則彼各誤會，不能不力謀掃除，邦交旣已斷絕，惟有期諸國民外交矣；好在輿論正在轉變中，願國人之乘時也（註二）。

註一　衞士理（John Wesley，一七〇三——一七九一）英國敎士，監理敎會之創始者。英國之所以與法國不同，革命而能避免流血者，史家歸功於宗敎，衞士理之力也。

註二　不吝在英時，著名雜誌 Spectator 五月十六日刊印中國內地某君，致其英國友人一信，痛論中共之暴政。此刊物在保守黨中，甚具權威，亦可見輿論轉變之一斑矣。函中言及：『工廠中勞工均須作額外工作，往往平均每日工作十四小時，每週七日，毫無休息。多數實業家，中等商人，及普通居民，皆已破產。共黨政府，誅求無厭，凡無以應命者，均寧自殺，不願落於共黨手中，徒受酷刑，終不免一死』云云。又云：『中國人民正在忍受極端不人道之暴政，全國人民，如水深火熱之中。唯一希望，在西方國家之有力者，願予援手，裨重獲自由。倘中國人民能自殘酷之死刑中得釋，將願站在爲自由與和平而奮鬪之最前線』云云。此爲保守派雜誌，然其所言，恰爲工黨所關心，故附註於此。最近倫敦 B.B.C. 廣播新由內地逃出之英籍牧師訪問記稱：Reu- Elliot Kendall 估計，在過去兩年中，約有五十萬人被暴審暴殺。今日之中共，已不復爲醉心西方獨裁模仿，而未到家之政體，蓋已成爲澈底認眞之現代極權國家云云。又 Rev. Leonard Constantine 云：中共統制全國，純係利用絕對殘酷，彼親知若干村莊，整個屠殺淨盡云云。B.B.C 能廣播此種事實，乃輿論漸變有利於我之朕兆也。

史太林照片之妙用

一個從鐵幕裡逃出來的蘇聯人，正在經過例行的檢查和訊問。

「這是甚麼？」警察問道，當他們發現一瓶丸藥的時候。

「啊，這是醫治我的頭痛的丸藥。」蘇聯人說。

「這個是甚麼呢？」警察問他另外的一瓶丸藥。

「這是醫治我的牙痛的丸藥。」

警察找到了一張史太林的照片，便問他道：「那麼，這個玩意是甚麼呢？」

「這個麼，」蘇聯人說道：「這是醫治我的思家病的特效藥。」

新綠

胡平

（一）

玉葉——這個小鬼，今天又換了一條新花裙；走路扭扭蹁蹁，直不住抿着嘴兒笑。誰知道她想些什麽呢？

——玉葉近來確是出落得不錯了：知道自己打扮自己，不像以往那樣毛頭毛腦了；學得像那些年歲大一點的下女們一樣，衣袋裡兜個小圓鏡子。在人不注意的時候，偷偷摸摸地擦點粉兒，塗點兒紅，理理鬢角。這些，學校裡所有的先生們都看出來了，可是誰也不如曹老師知道得清楚——比玉葉自己還清楚。所以玉葉每次到曹老師屋裡去，總是又高興，又羞怯。

『誰？』曹老師愛睡早覺，在被窩兒裡聽到敲門聲，有點不耐煩。

『水。』玉葉拐着洋鐵壺，心慌得跳。

曹老師歡喜玉葉，不耐煩沒有了。懶洋洋爬起來，披了衣服，開了門。

『早。』玉葉的臉不知爲什麽一下子就紅了，紅到耳朵尖兒，脖子根兒。羞得不敢看人。轉頭對着墻，擦一隻裂了縫的老玻璃杯，動作懶懶的，緩緩的；彷彿等待着什麽。

曹老師眨着沒睡醒的眼睛，裝烟斗，擦洋火；同時慢慢騰騰地說：

『說眞的，玉葉，人家對你可不錯——』

『老是不錯不錯，誰不錯呢？』玉葉裝傻。

『誰？阿福！』

『爲什麽總說他呢？我不聽！』

『玉葉呀！人家如今到輪船公司去了。在那兒當工友可不比學校了，掙錢又多，又體面——』

『掙錢多跟我有什麽關係！』玉葉仍然翻來轉去地擦那隻老茶杯。

『有，他說賺了錢買衣服給你……的確，阿福是歡喜你的，每次回來都問：問你胖了？瘦了？高了？矮了？』

『……』玉葉想說什麽，可是沒說。

『我看也是，你十七，他十九，不大不小的正合適……』

『曹先生！再說我可要走了！』

玉葉並沒走開。曹老師換一斗烟繼續說這個有趣的題目。玉葉繼續擦那隻老茶杯——像玩一樣。直到外面鈴響了，曹老師才將話結束：

『好了，現在走吧！』

『當然啦！我早就說走的，』說着，匆匆跑出去。

曹老師笑嘻嘻地瞧着門口，自言自語地說：『早就說走，可是沒走！哈哈……』

（二）

『玉葉，有你的信。』曹老師一邊掏兜兒一邊正經地說。

『誰來的？』

『裝傻！除阿福還有誰！』

『騙人！他的信怎麼會到你手裡？』

『他怕別人亂瞧才讓我轉的。』曹老師將一個小綠信封從白信封裡抽出來，遞給玉葉。

『他的我不看！』玉葉甩過頭。

『不看？你知道有什麽事呢？』

『什麽事也不看。』

『眞不懂事！人家好心好意給你寫信，成什麽話！』曹老師像是失望了，停了一會兒，指着信封上的字又說：『你看寫得多好，比學生們還强呢！』

『不看，不看！』玉葉退了幾步，作要跑的姿式。但沒跑。曹老師知道該怎麽辦，——跑上去，把信摜進玉葉的裙子兜兒裡，說：

『看看也咬不着你，傻孩子！』

玉葉嘣起小嘴兒，找到了她要說的話：

『那我看完了再還你。』

『好，再還我，還我——』

玉葉低着頭跑了。

…………

傍晚，在門前遇到玉葉回家，玉葉想躲開，被曹老師叫住。

『玉葉，信裡寫的什麽？』

『什麽也沒有。』玉葉臉緋紅。

『又撒謊，！沒別人聽，給曹先生說說嗎！』

『他亂講！』玉葉垂下頭，以脚尖踏弄地上小草。

『我想不會——』

『不會？那人可壞死啦！』

玉葉羞怯地跑開去，曹老師大聲喊：

『別跑哇！小鬼，你不是說看完還我嗎？』

『還你？我早把它燒了！』

（三）

學校後面是楓林，林子順山坡蔓延到山脊，如今纖枝吐出嫩芽，染起一山新綠。

上午，白雲稀薄，濕潤的天空現出淡淡日影。曹老師搬一把竹椅，坐在屋前擦烟斗，玉葉跑來送通報。曹老師即刻想起一件事，便裝成神秘的樣子小聲說：

『玉葉，昨天阿福來了，他要找你——』

『找我做什麽？』

『不做什麽，想看看你。』

玉葉不言語，臉又紅了，轉着眼睛瞧曹老師，可是曹老師並不怕她，繼續說：

『他說今天五點鐘在那兒等你。』曹老師指着山脊的林子說。

『呸！我才不去呢！』

自由的寓言

梁雲坡

一

一棵嬌弱的小花，
生在巨石底下；
默默的不知多少年。
巨石被正義之雷
震碎了！
下邊有千萬朵花，
——是自由之花！

二

一條小河，
不知從何處流來；
但見它充滿信心，
流向自由的大海！

三

一群貪食的鳥，
飛近紅色的獎籠，
向裏邊一隻久住的鳥說：
「我們向你學習！」
那隻鳥孤寂的說：
「是的！
向我學習，
如何凝望自由的藍天！」

四

一隻消瘦的馬，
緊關在欄檻裏，
他望見一群無羈的野馬，
在田野間飛馳，
他傷心的哭了……
其實，
它並不擔心自己的命運，
而是擔心它的同件，
不小心會關進鐵幕！

五

一棵被折斷的花朵，
迅速的枯萎了！
一簇被伐下的樹葉，
迅速的乾癟了！
一群失去自由的人們，
迅速的衰老了！
昨夜我夢見，
大陸上的兄弟姊妹們，
老得可怕……

六

一個愚昧的父親，
勞苦一生，
爲他的子孫，
留下百萬財產。
一個智慧的父親，
拚掉性命，
爲他的子孫，
爭來了自由！

七

歷史上，
有一個無底的墳墓，
不知埋下去多少
與自由爲仇者的枯骨！
然而
人類畢竟是健忘的動物，
你看，億萬紅色匪徒，
又在叩墳墓之門！

「去不去由你。不過我是告訴你了。人家說，不見到你就不走，不怕等到夜裡，等到明天。」

「讓他等吧！」

「不許這麼說話！你去看看，那怕甭理他——」

「不成！五點鐘我還沒下班呢！」

「那不要緊，我告訴他改六點好了。」

「不去，幾點也不去！」玉葉說得非常乾脆，說完就跑。

「一定啊！六點——」曹老師喊。

「不去，不去！」玉葉邊跑邊說。

「反正人家一定等你！」

「不去，不去……」

下午五點半左右，曹老師微笑着遠遠地看見玉葉從後門走出來。那小鬼躊躇地，悄悄地，看了看四週，理了理鬢角兒，整了整裙褶，然後扭扭蹶蹶地順小徑向山脊走去了。

這時，太陽剛從雲朵縫裡鑽出來，慈祥地照着山坡，楓林，和玉葉的小臉兒——小臉通紅：誰知道是映的呢？還是羞的呢？

尾崎行雄自傳

陳固亭譯

九月七日中央日報載中央社東京專電，九四高齡的日本元老尾崎行雄氏，登記參加十月一日的衆議院議員競選，使日本民衆至爲驚訝！這位唯一的日本議會元老，在他自傳中，叙述他青年奮鬥的歷史，和擁護民主憲政的生涯，很値得我們重視，特摘譯介紹，以饗讀者。

幼時體弱多病是長壽的基礎

我是日本安政五年（西曆一八五八年）十一月二十日生在神奈川縣（東京隣縣）津久井郡又野村。祖先屬北條系，父名行正，母貞子。我是長男，乳名彥太郎，後改爲行雄。（註一）父親行正是尾崎家獨女貞子的贅婿，老家姓峰尾，住在八王子横山村，祖傳以漢醫爲業，行正氏也繼習漢醫，幼時遊學東京，和勤王志士來往，交際廣潤，喜流浪生活，對于日本國學詩歌很有興趣。母親貞子，受過嚴格的家庭教育，因爲是獨生女，賦性剛强，勤儉治家，能養蠶，並善織布。

慶應三年（一八六七年）父親從軍，參加會津征代（註二），我和母親過着孤苦寂寞的生活，聽到父親陣亡的傳說。晚上常被惡夢驚醒，因此生了頭痛病，常常耳鳴頭昏。又野村附近沒有學校，更沒有教師，自己體弱多病，也不能遠地求學，爲了我健康的身體，母親很嚴格的把我當病人看護，有一次我吃柿子太多，腹痛起來，母親大加責斥。因爲久病的原因，想吃東西不能隨便，久了成爲習慣，也不覺得苦痛了。

我的許多朋友知己，現在大概都辭世了，他們多數是很自恃健康，過分的酷使身體，因爲暴飲暴食，多數在青年或壯年病死了。這是他們自殺的行爲，我沒有這種行爲所以現在還活着。自殺的主要原因是酒、煙、女人、過勞四種。對這些我都很謹愼的。酒人家喝八杯，我祇喝兩杯，戰前減爲一杯，爲了紀念戰敗，我率性停止不喝了。我以爲抽煙是沒有道理的，壯年時也曾吸過，後來覺得有害身體，從四十歲起，完全不吸了。我想世上壞事爲好事之因，好事爲壞事之因，總之，不幸是幸福之因，幸福是不幸之因，我的病弱雖然不幸，但能長壽也是我的福氣。

上京、入學、沉默生活。

明治二年（一八六九年）我隨着母親第一次到了東京，因爲要會見參加會津征代才回京的父親，我也準備求學。那年我十二歲，記得隨着母親起程從又野村步行過十幾里（七十餘華里）。當時父親在板垣新政府下擔任勤王安岡良亮的侍從，我們親子三人就住在駿河臺很闊的安岡官邸，時常聽取安岡氏漢學的講義。不久安岡轉任高崎縣知事，我和母親隨着遷移，開始入小泉敦英語學校。不久安岡又奉命轉任三重縣，我和母親也跟着同行。在這時候我們請了一個月假，全家到草津溫泉旅行，想不到浸洗了幾天溫泉澡，我的頭痛病竟然痊癒了。

我十七歲的時候，想到東京去上學，得到父親的許可，我和八歲的弟弟行隆同時入了當時名人福澤先生創辦的慶應義塾。（註三）全塾學生的三百人，按學力程度分級授課，先生將我和年幼的弟弟編入最下的同一年級，這在我眞是受了輕蔑，但我決定沉默，過着無言的生活。一個月以後教師升了我一級，一年以後一直升到最上級。當時曾引起全校同學的注目，我自己覺得這是我學力優良的表現，不覺有些傲慢，仔細一想，也沒有對同學誇耀的必要，還是繼續沉默着好。在慶應義塾和我相好的同學有藤田茂吉，箕浦勝人（後爲大政治家），加藤政之助，吉田嘉太，森田文藏，波多野承五郎，三宅米吉（後爲有名之國史學者）等，都是知友。

志在染匠因此轉學

福澤先生辦理慶應義塾，非常熱心，對獎勵優秀學生，尤甚努力，常命全校學生提出論文。我對於一般同學卒業後以做官吏爲光榮的思想，感慨很多。我當時以爲學者不應做政府的官吏，應該獨立生活，自求進步。就照這個意思發揮意見提出論文，福澤先生評語說：「議論很好，恐難實行」，把論文退還我。意思是說「只能說不能做，還是不行」。那時我爲了反駁評語，又做了一文，題目是「自己在論文上發表意見，當然有實行的決心」，向先生提出。從此以後，在我個人成了問題，就是什麼學問才可以獨立生活，很費考慮，在慶應義塾學的是法律，經濟，政治，除做官吏或教師以外，恐怕沒飯吃了。獨立的生計和職業眞不容易，再三考慮，還是開染房吧。因爲這時我讀書刊知道英法聯軍加入克米亞戰爭，因用很壞的顏料染的袜子，結果士兵穿着多生足病。當時日本從歐洲輸入很多的顏料，染過的布綿不僅退色，而且有害身體，因此決定開染房，改良顏料，使牠不褪色更無害於身體。我認爲這是爲了國家，也是自己獨立生活的好方法。因此決定由慶應義塾退學，轉入工學寮（現在東京大學工學部），專攻英數及理化學，教師都是西洋人，每天到化學室實驗，時間久了，我對於藥品的臭味，有點討厭不耐了。但已決心學習，祇有繼續忍受，原來身體衰弱，這時忽然生病，遷入學校的療養室。從此不理學校功課，對時事問題發生濃厚的興趣。有一天寫了一篇「討薩論」（註四）用楠秀作筆名，向曙新聞投稿，結果大大的登載了。由於我痛恨薩摩的橫暴，在憤慨中擬稿，所以內容充實，並蒙福澤先生獎勵，此後即常向新聞投稿，不得已由工學寮退學了。使我感到愉快的是「討薩論」發表不久，西鄉隆盛(註五)稱兵掀起西南戰爭，政府下令討賊，結局西鄉失敗，在事實上證明我論著的看法是很正確的。

從文字生活到新聞主筆

由工學寮退學以後，我每天大部分時間都在讀書。有暇撰寫論文，送新聞發表。又翻譯的兩本英文書「公開演說法」和「權理要綱」，都在這時先後出版。後來又翻譯「美洲聯邦治安策」上中下三卷，並擔任福澤先生創辦「民間雜誌」的編輯，同時受聘爲慶應義塾英國史的講師，隨福澤先生開始到三田演說館演講。當時我的講義和演說都不受聽衆的歡迎，特別是講義的結論不清楚，人家嘲笑爲「幽靈講義」，可見一般了。在這個時候，由於福澤先生的推薦，就任新潟新聞的主筆。當時的交通困難，沒有火車，好容易僱了一輛人力車，從東京出發經熊谷，本庄，高崎，輕井澤，各住一宿，到第六日才抵達長岡，再渡過河船，到了新潟。在未來新潟之前，聽父親的勸告，和長崎縣人田中繁子結婚了。

在新潟新聞的同仁，因爲新主筆到了，都到渡口碼頭歡迎，上岸以後，他們向我仔細端相，問：「尾崎先生到了沒有」？我答：「我就是尾崎」，一種無表情的態度似乎在冷眼看我。後來我才曉得那時新聞社的同仁，以爲名人福澤先生的介紹，必是了不起的人物，我必是他的書童，先來報告消息，登岸以後聽說我自己就是尾崎，不覺大吃一驚，認爲能否勝任，殊爲可慮！我的身體短小，那時正時二十二歲的書生，怪不得他們疑慮了。我開始寫社論，很得讀者好評，發行數字漸次增加，起而懷疑的人，也高興起來，社會的批評也馬上好轉了。

官吏生活，兩個月免職

在新潟的主筆生活很快的過了一年，又回到東京。因爲當時的友人，都在東京政治上活躍，當常得到許多消息，令人嚮往，想回東京又沒有機會。有一天忽然收到一封信，原來是大隈門下第一名人矢野文雄氏的親筆函，促我入京，擔任政府職務。當時政府正準備進行開設國會，大隈將任民黨總裁，預定設立統計院，囑我入院工作，徵求同意。我對於官吏從來沒有想到，由於矢野氏的敦勸，說側身官吏也是立憲政治家的志願，對我很適宜，所以我回信答應了。但是使我更高興的還是返回東京看看朋友。到京會見矢野，即入統計院，官位是權少書記官，牛場卓造和犬養毅，都是同事，犬養的官位和我相同，且係初次見面，以後的政治活動我倆常在一起，公私的交情，非常深厚。矢野原來不認識，所以函約我入統計院的原因，是由於讀過我的「尚武論」的著作。犬養的拔擢，是因爲他「西南戰爭從軍記」一文在「報知新聞」連載，聲望從此高起來了。經過矢野介紹，我入了大隈的門下，從此進入政界，衷心喜悅，不料就任還未到三個月就發生有名的「十四年政變」，大隈失勢，從矢野開始，所有大隈的門下一個不留的被迫退職了。我辭職以後擔任矢野經營「報知」的社論記者，並開始協助大隈從事組黨活動。

這次政變不久，明治十四年（一八八一年）十月二十九日以板垣退助爲總裁的自由黨組成。過了半年，到明治十五年三月十五日，以大隈爲總理，組織改進黨。兩黨組成之後，開始整理地方黨部，從此兩大政黨的分野更加鮮明。我們的組黨是由於明治十四年的政變，十年之後才開設國會，（一八八九年頒布憲法）可以說這是伸張民權，奠定國基、打倒藩閥勢力的開始。由於利害的衝突，兩黨成立不久，互相敵視，使藩閥坐收漁人之利。兩虎相鬭，必有一傷，自由黨創立三年後即行解放，改進黨也漸陷於分裂不振了。

報知新聞記者時代

報知新聞是改進黨的機關報，由矢野經營，當時有力的記者都是改進黨的領袖，藤田茂吉任編輯長，社論記者矢野，藤田，犬養，箕浦和我五人，輪流執筆。因爲言論方面常攻擊藩閥政府，所以屢受壓迫，甚至被罰停刊。當時政府認我們是擁護民憲論者，所以想法虐待，不久犬養毅到秋田去創設改進黨，以後轉入朝野新聞，矢野赴歐洲研究新聞及政黨，箕浦被聘任新潟新聞主筆，只有我和藤田二人苦撐社務，經營日感困難，漸漸陷於窘境了。

第一次議會與山縣內閣作戰

明治二十三年（一八九〇年）選舉之後，我們改進派的議員同志，組織議員俱樂部，那時僅四十人。另一方面自由黨系聯合大同俱樂部，愛國公黨，九州進步黨等，成立彌生俱樂部，共約八十人，這是政府黨的主力。第一次議會是明治二十三年十二月二十五日召集，會議中心問題是預算，當時經常臨時費合起來，僅八千萬圓，議員俱樂部要求削減八百萬圓，作成修正案提交政府。這時首相山縣有朋，藏相松方正義，都認爲預算是執行國策的重要支出，議會應同意原案，改進派認爲應該節約經費，休養民力，堅持削減，結果成立妥協案，削減六百五十萬元。這次改進派以少數在野黨結合自由黨與政府爭鬭，結果戰勝，頗引起當時民間的注意和欽佩。山縣是藩閥的巨頭，最熱心維持藩閥政治的，在第一次議會受了打擊，覺得在野黨勢力不可輕侮，操縱議會更不容易，議會終了後，就掛冠辭職了。

松方內閣干涉大選

繼承山縣內閣是松方內閣，改進派和自由黨在第一次會議時，以削減預算爲中心，彼此聯合與藩閥政府作戰，多年來之敵視，從此緩和，第二議會更須緊密聯繫，對付共同敵人。趁此機會，由中江兆民作爲橋樑，大隈重信和板垣退助兩巨頭舉行會見。但是松方內閣和山縣不同，對議會採强硬決戰態度，第二次議會開會時，因預算問題又引起朝野的大衝突。這次議會，我們主張削減建艦費，並否決私鐵買收案和濃尾大地震緊急支出的事後承諾案，結果衆議院被解散了。第二回的選擧是明治二十五年（一八九二年）二月十五日擧行。這次選擧，政府對於全國野黨候補者的活動，橫加干涉，由於官民的抗爭，死者二十五名，負傷者三百八十名，流血之慘，可以想見。我在艱苦環境中，幾經折磨，幸而當選。這次大干涉的結果，僅增加了幾名御用議員，議會方面還是野黨佔優勢。而且當選議員恨政府入骨，官民對立，較前更爲激化。伊藤博文公對當時政府的措施，甚表不滿，擬自行組黨擔當國政，上奏之後，得到勅許，即着手進行組黨。第三次議會開會，我們以非法干涉選擧，提出彈劾政府案，經衆議院通過，這時只有解散衆議院訴之國民，或者內閣總辭職，二者必擇其一。松方首相鑒於環境惡劣，時勢所迫，滿身瘡痍，不得不奏請總辭職了。

議會內質詢八大臣

繼松方內閣之後，爲伊藤內閣，閣員如山縣有朋（法相）陸奧宗光（外相）後藤象二郎（農相）河野敏鎌（文相）大山巖（陸相）仁禮景範（海相）渡邊國武（藏相）等，所謂元勳內閣成立。議會開設不到二年，以長州山縣爲中心的藩閥，又起而與民黨決戰，民黨方面的士氣也很高昂，改進自由兩黨聯合，樹起反政府的旗幟與新內閣挑戰了。第四議會是明治二十五年（一八九二年）十一月廿五日召集，政府方面提出的預算是八千三百七十五萬圓，民黨要求削減八百八十四萬圓，我當時代表改進黨發表質問演說，質問內容是以財政問題爲中心，對象是渡邊藏相（財政大臣），當時到場的元老大臣八人都是藩閥的代表，趁此良機，我强調官尊民卑思想的誤謬，矯正他們的官僚作風，在言語態度上表示抗議，目的是要喚醒他們的覺悟。由於軍艦製造預算案，議會與政府妥協，第四次議會才免於解散，但是我仍覺得很不滿意，最後在憤慨中提出削減五十萬圓的修正案，並在大會發表演說，這時雖然大勢已去，我的提案由於少數否決，但爲了貫徹我的主張，就是失敗也是光榮的，人家稱我這次演說叫「討死演說」也是有道理的。自從議會和政府妥協以來，自由黨漸次與政府接近的色彩濃厚起來，改進黨在野黨的立場更加鮮明，但是改進黨新的鬪爭目標轉而側重於外交問題了。

與先輩對抗苦於選擧

明治二十六年（一八九三年）十一月二十六日，第五次議會開會時，以改進黨爲主力的民黨，主張勵行條約，對外强硬，準備和伊藤內閣抗爭，因此又引起從前的星亨議長除名問題和後藤遞相的彈劾問題，議會開會時起了大波瀾。經過種種曲折，星君被除名辭去議長，後藤不僅不辭職，並且奏請解散議會。民黨認爲這是政府的挑戰行爲，非常憤激，不獨衆議院如此，貴族院議員也同情聲援，對政府紛紛提出責難。第三回總選擧是明治二十七年（一八九四年）三月一日開始，比較的在穩定中進行。但在我個人是最苦惱的，想不到從前慶應的先輩老師門野幾之進和我在同一選擧區競選，使我大吃一驚。原來門野氏在實業界相當成功，又做過貴族院議員，聲望優越，他的運動員到處說「門野是尾崎的敎師先生」，這種形勢對我很不利。爲了對抗門野，我也實行競選演說，大意是「靑出於藍而勝於藍，學生未必不如先生」，結果同情我的人很多，這樣才挽回有利的形勢，結果我和森本同票數當選，門野失敗了。當時我在欣喜中賦詩爲慶，「遺憾中原無好敵，牛刀又是割雞鷄」，雖然我將對手比爲雛鷄，但想到畏敬的老師先輩，心中頗感不安。當選不久即參加第六次臨時議會，改進黨四十八人提出政府對前議會措置不當，內閣彈劾案，經通過後六月二日衆議院再被解散。九月一日第四回總選擧，又和門野在選場相見，有了前回的經驗，這次我很順利的當選了。這次總選，經過平穩。第七次議會在廣島大本營召集，當時中日戰爭，風雲緊急，議會中曾通過一億五千萬元的軍費，我當時表面雖然贊成，心中很不愉快，對於戰爭前途非常憂慮，因爲日本人對於先進的中國，至爲敬仰，尤尊崇中國文化，我想受了孔孟聖人敎化成長下的中國人，是不可侮的。這眞是乾坤一擲的大事件，國家生死的大問題。但是開戰以後，速戰速勝，結果淸朝屈伏，令人吃驚，後來擧行和平談判成功，忽然又引起俄德法三國干涉，眞是晴天霹靂，勝利變爲幻夢，十年以後日俄戰爭的勝利，臥薪嘗膽的決心，即起於此時了。（有機會待續）

註一：日本習慣父子之名好故意同其一字，吾人視之宛如兄弟。

註二：會津，今之福島縣若松市附近，藩主松平容保不忠於幕府而被討伐。

註三：福澤右諭吉是明治時代的大人物，雖也是世家出身，但未在政界活動，而醉心於歐西資本主義，期以敎育手段達成之，設慶應義塾，後其卒業生在日本實業界頗佔勢力。

註四：「薩」是日本封建時代諸侯國名，就是九州鹿兒島附近，是一强國，明治維新的偉業多賴他推動，但後來則爲把持政權的軍閥之一，一直到太平洋戰爭結束。

註五：西鄉隆盛是日本維新的功臣，雖非諸侯卻是代表薩藩的人物，他主張對外激進，先征朝鮮，不爲朝議所容，遂起兵欲淸君側，推倒政府。

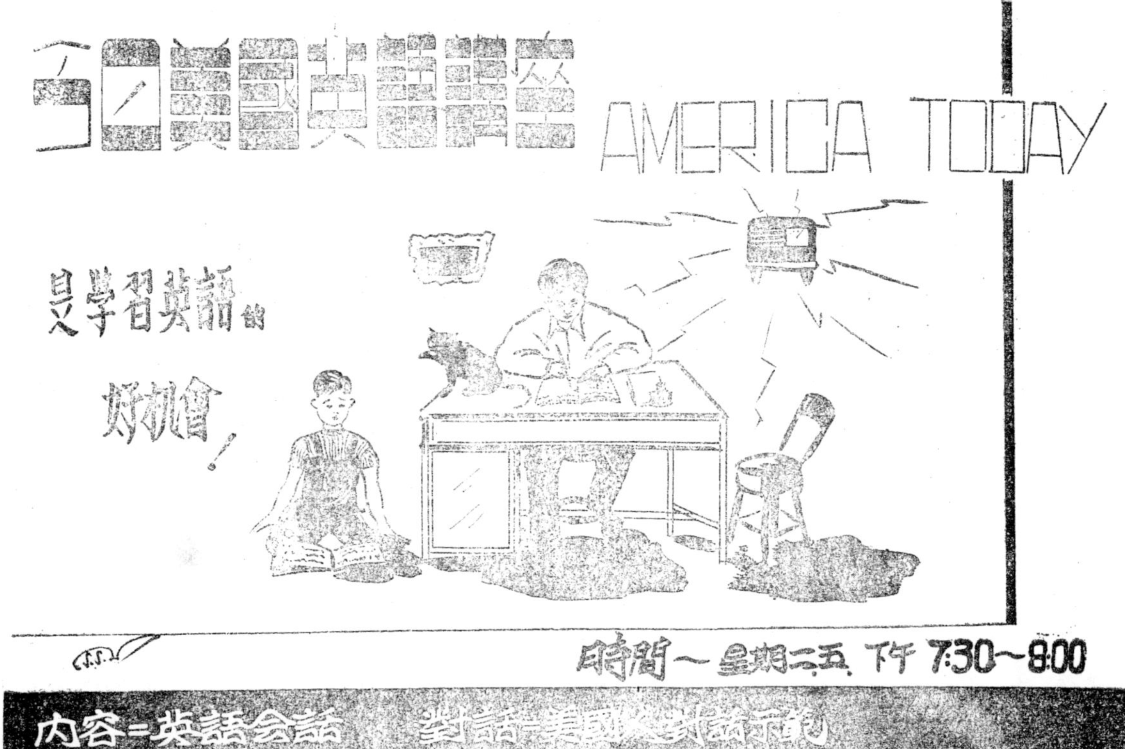

美國英語講座
AMERICA TODAY
學習英語的好機會！
時間～星期二五 下午 7:30～8:00
內容＝英語会話
教授＝趙麗蓮博士國語講授
電台＝台北 台中 台南 嘉義 高雄 花蓮 台東

（上接第18頁）由政府公營，或指定什麼人去經營，完全擺出一副計畫經濟或統制經濟的面孔，則大可不必。因為這對於工業化是只有阻滯而無益的。若是為了特別的目的在短期內便要達成某一建設程度，由政府擬具計畫，指定公營，刻期計功，如無特殊事故，當可較迅速的收到預期的效果；蘇俄的數次五年計畫就是個顯明的例子。至於生產之工業化乃是社會的平衡發展，毋寧是需要自由企業的。施幹克博士在前述的演說中說我們需要更多的自由企業和競爭，似即此意。政府對於一國生產之進於工業化固不可袖手不問，如上述中央調查統計及研究機關將其所得的結果昭示於國人，俾大家有所遵循，就是政府應當做的工作。又如教育是國家的要政，政府應儘量造就人才使凡有志向學者，都有就學的機會。造出的人才不必由政府硬性的派到各公營事業機關去工作，只要在自由企業的環境下，工業化的實際問題獲得解決，可以滿足工業化之需求，而工業化的生產又是最有利的，則國民一定自知所擇，相率趨於工業化之一途。故政府只須為國民舖平工業化的道路予以輔導就夠了。政府之如此輔導國民，乃是一個夠水準的政府所應當做的工作，不必作為工業化的一個問題，故本文不予論列。因為本文的標題是工業化的實際問題，進一步言之，乃是工業化之「商學的」實際問題。

無孔不入的蘇維埃特務

華盛頓的美軍總部透露，一個美國少將克魯的私人日記曾被一個蘇維埃的特務所偷，並被攝照。這些日記是此美國少將在他駐莫斯科武官任內所寫的。

克魯的日記是當他去年夏天在法蘭克福時，被一個蘇俄的特務由他所住的旅館中偷去的。此人將他日記中的一部份用照相機照下後，未等他發現便將日記退還原處了。於是，那些被照下的片段文字便被共產黨用來作為宣傳的工具，用以『證明』美國正對俄國策劃戰爭。克魯之被照下的片段日記中有下列幾段：

『戰爭！盡可能的快有戰爭！』

『我覺得今年（一九五一年）是予以嚴重打擊的成熟時期。』

「我們必須瞄準敵人的弱點而予以攻擊。雖然軍事行動與軍事武器和戰略有密切的關係，但我們必須了解此次戰爭是一個總體戰，是利用所有的武器的一個戰爭。」

蘇維埃的特務是無孔不入的！

——摘自基督教科學箴言報——

第七卷　第七期　內政部雜誌登記證內警臺誌字第一九號　臺灣省雜誌事業協會會員

給讀者的報告

本期所載的四篇專論有一個共同的特點，就是理論的成分少，而實際的分析成分多。可說這一期的編輯比較地側重於現實問題。然而我們要感謝各篇專論的作者，他們於分析國際的或國內的各項重大問題時，都牢牢地把握着範圍全面的原則。從原則出發歸到實際問題，或從分析現實問題着手而判明其對于原則的依違，這樣寫成的文章應該是最好的文章；也是最易喚起閱讀興趣的文章。

「聯合國裁軍交涉殭局的癥結」的作者魏學仁先生，現任我國駐聯合國代表團顧問和裁軍委員會的副代表，他是一位國內知名的學者，曾主持南京金陵大學理學院有年。關於聯合國的裁軍問題，報章雜誌雖時有報導，然失之片斷；而且它是一個迫切但十分沉悶的問題：就維持世界和平說，國際裁軍是一個迫切的問題；但在蘇俄的百般阻撓和破壞下卻沉悶經年而無一成就。魏先生以對該問題的專家地位，並綜合他處理此問題的經驗，寫成專著供國人參考，自然非常有價值。

朱伴耘先生「論艾森豪爾的『解放』政策」一文是根據最新的材料寫成的，朱先生來信說，最末一段是他聽了共和黨外交政策的設計者杜勒斯的講演後才開始寫的，可見朱先生寫作態度的慎審。朱先生遠居彼邦，他覺得他對國內讀者負着一種很嚴肅的責任，那便是給讀者最忠實最客觀的評論或報導。從朱先生文內，我們可以了解美國兩黨外交政策的歧點。很顯然的，共和黨的外交政策富於崇高的理想，而民主黨的則爲現實所拘泥。一個當政過久的政黨，終免不掉理想的墮落。當有人把這個問題問杜魯門的感想時，他說：這是投票人的事。好了，我們且看美國公民怎樣抉擇吧。

「工業化的實際問題」是瞿荊洲先生對最近政府以及輿論界所熱烈討論的臺灣工業化問題所提出的一面看法。瞿先生只就他在行的一面討論，是最可欽敬的學者態度。本文最後一段瞿先生曾有意刪掉，但那一段勿寧是接觸到了工業化問題的核心，幸被保留下來了。

關於立法院，本刊屢載有各種評論文字，也時得讀者以及立法委員的讚許。本期彭翰先生「立法院會議人數常不足問題」，又是一篇非常精當的評論。由於立法委員的不喜歡開會，常鬧人數不足；由於人數常不足，便不免有時草草通過議案。我們爲國民的，也許因爲一位立法委員少出席一次會，少發表一次言，便喪失了許多利益，招致了幾許麻煩；爲了責任感，立法院自己也在想改善的辦法了。他們也許不願意我們來討論這個問題，怕損失最高立法機關的尊嚴；然而他們畢竟是我們的代表，幹的又是立法的事，茲事體大，我們怎能不管！

此外，我們鄭重向讀者推薦「民主與極權的再認識」這篇譯文。該文原載美國勞工觀察月刊，最近已普遍地被譯爲法、俄、德及西班牙等國文字，在西歐及美國且被選入課本作爲學生讀書；內容簡單，但極精萃。我們中國初學民主而面對共產極權主義的威脅，讀此文後，當知我們奮力所爭取者究爲何等價值之物。

隱名的來書　最近我們接到來自兩個地區的兩位隱名的讀者來書。其內容我們尊重他們兩位自己的意思，不予發表。但是我們對於這兩位的感慨，是深深同情的，尤其使我們感激的，是他們對本刊的勉勵。我們於此謹致謝意。

本刊售價

一、臺幣　三元
二、越幣　八元
三、菲幣　五元
四、港幣　一元
五、暹幣　四銖
六、美金　二角
七、叻幣　四角
八、印尼幣　三盾

自由中國　半月刊　第七卷第七期　總第七十號

"Free China"

中華民國四十一年十月一日

發行人　胡適

主編　『自由中國編輯委員會』

出版者　自由中國社　社址：臺北市金山街一巷二號　電話：六八八五號

香港時報社

航空版經售者

臺灣　中國書報發行所（臺北市館前街八五號）
美國　紐約民氣日報社
　　　舊金山少年中國晨報社
　　　芝加哥中國出版公司
日本　東京南友堂
　　　東京內山書局
韓國　釜山草梁洞新泰行
馬尼刺　大中華日報社
印尼　椰嘉達星期日報
　　　椰嘉達天聲日報
　　　棉蘭繁華圖書公司
越南　西貢中原文化印刷公司
　　　越南華僑文化事業公司
暹邏　曼谷攀多社十二號
緬甸　仰光振成書報店
印度　孟買梅亞號
　　　加爾各答塔梅學校
新加坡　中興日報社
　　　檳榔嶼、吉打邦均有出售
澳洲　墨爾缽王德利公司
北婆羅洲　馬拉奕坡美之律聯華公司

印刷者　臺灣新生報新生印刷廠　廠址：臺北市西園路二段九號　電話：二〇九六

本刊經中華郵政登記認爲第一類新聞紙類　臺灣郵政管理局新聞紙類發記執照第二〇號　臺灣郵政劃撥儲金帳戶第八一三九號

FREE CHINA

第七卷　第八期

要目

中華民國四十一年十月十六日出版

社址：臺北市金山街一巷二號

半月大事記

九月二十六日（星期五）

美海軍陸戰隊總司令謝頗德上將訪問臺灣。

美澳紐三國太平洋理事會軍事代表在珍珠港已完成第一次會議。

九月二十七日（星期六）

中泰空中運輸臨時協定，有效期限延長六個月。

聯軍統帥部宣佈：對整個朝鮮半島，實施海軍封鎖。防止共黨特務偷渡南韓境內。

日共在東京領導總選前的首次暴動。

九月二十八日（星期日）

孔子誕辰紀念，各界分別舉行紀念儀式及祭典。

板門店停戰談判續開會議，聯軍代表就遣俘問題提三項新建議，仍堅持志願遣俘原則。

日首相吉田茂宣佈：日本將在四年內整軍。

九月二十九日（星期一）

米格走廊發生激烈空戰。中線共軍發動猛攻。

日自由黨吉田派已將鳩山派要員石橋湛山和河野一郎開除黨籍，鳩山宣稱：「決予以回擊」。

英工黨舉行五十一屆年會。

九月三十日（星期二）

中華民國四十二年度中央政府總預算案及四十年度總決算審核報告書已送達立法院。

美第八軍團發言人說：在韓境有七千到一萬二千人之間的俄國軍隊。

中共電運廣播，拒絕聯軍關於戰俘問題的新建議。

英工黨執委會改選比萬派增加兩席，莫理遜及達爾頓席次被擠掉。

十月一日（星期三）

行政院會議通過四十二年度施政綱要。

日本總選今日舉行，自由黨已佔優勢。

巨濟島中共戰俘示威，與美軍發生衝突。

十月二日（星期四）

日總選結果：自由黨獲二四〇席，共黨未獲一席。

伊朗總理莫沙德已採取可能與英國絕交的準備步驟。

十月三日（星期五）

中國青年反共救國團已籌備就緒，國防部已遴聘指導委員，並派定團主任及副主任。今日起正式辦公。

英國第一顆原子彈今在澳洲西北近海蒙特貝羅群島爆炸成功。

英、埃及蘇丹人員開始談判蘇丹問題。

蘇俄照會美國要求立即調回美駐蘇大使肯南。

十月四日（星期六）

美國對蘇俄要求調回肯南事，已起草一個憤怒的照會抗議「可恥的」史無前例的要求。肯南已由日內瓦奉召回國磋商。

日自由黨內與吉田敵對人物鳩山一郎宣布決心競選首相。

英國通知伊朗總理莫沙德，拒絕其解決石油糾紛的新建議。

十月五日（星期日）

蘇俄共黨舉行其十三年來的第一次全國代表大會。

十月六日（星期一）

日本駐華大使芳澤謙吉呈遞國書。

法、英、澳、紐、美五國高級軍事代表在華盛頓集會，擬訂阻止共黨征服東南亞的戰略。

十月七日（星期二）

美國務卿艾其遜發表演說，重申韓境志願遣俘立場。

韓境西線，中共軍發動猛烈人海攻勢。

美共和黨外交政策專家杜勒斯建議美國考慮要求蘇俄召回其駐美大使。

十月八日（星期三）

韓境停戰談判今起無限期休止。聯軍不變更志願遣俘原則，亦不準備再提任何新建議。停戰與否，「只有等待共軍」決定。

美國照會蘇俄，拒絕其要求召回肯南事。

香港最高法院將留港之中航飛機三十一架判歸陳納德的民航空運公司。

十月九日（星期四）

伊朗要求英國在五天內償討石油礦區稅，否則即與其斷絕邦交。

賴伊於致聯合國大會的年度報告書要求更多會員國貢獻武力援韓。

社論

我們對於僑務會議的期望

此次我政府召開僑務會議，將散在海外，遠隔億萬里的僑胞聚集於一堂，共商反共抗俄，復興中華民族的大計，是史無前例的盛舉，也是巨大劫運的表徵，令人興奮而實沉痛。我國移民到海外的歷史至少已有幾百年了，即滿清政府開始設官處理僑務也已將近百年，國民政府成立以後，特設僑務委員會，使僑胞與政府的關係更加密切，但是像此次的會議一樣，全世界各地的華僑領袖人物均踴躍參加的，卻還是破題兒第一遭，由此可見僑胞之熱愛祖國，我政府能得人民之由衷的擁護，以及中共之强暴詐譎的統治已爲人民所共棄了。但是轉想一下，今日開會的地點是臺灣，僑胞所熱愛的祖國只剩下一個海外的孤島，大家都是有家歸不得或竟是無家可歸的人了，如此的浩劫實爲中國歷史上從來不會有過的。現在整個大陸均爲中共所竊據，又有以蘇俄爲首的共黨集團在背後作全力的支撐，我們究應如何始能擊破中共，驅逐俄寇，而使中華民族立國於世界之林呢？即使今日我們在海外的中華兒女，全體精誠團結起來，人人盡其最善的努力，此收復大陸，復興中國的目標，也還是很不易達到的。所望各位代表與政府諸公悉心研討，訂定切實而有效的方案來，以挽回既倒之狂瀾，而消滅此曠古未有的浩劫。我們謹以一得之愚，作芻蕘之獻，或許也是諸公所樂聞的吧。

談到僑務，首先要僑胞能在各地立定脚根，然後希望其逐漸發展。近代各强國的殖民，以武力和經濟爲骨幹，以文化及政治爲根基，殆無不以政府全力從事者。我國的僑民之移殖初與政府無涉，只是以個人的身份到國外去謀生罷了。等到某一地區的僑民人數衆多，我政府才去設領事館以處理僑務，國民政府成立後有好多地方也有國民黨部之設立，這些領館黨部之中，未免魚龍混雜，良莠不齊。因爲內憂外患紛至遝來，政府已不能全力以保護僑民，也沒有積極的計劃以求其步步實現，故領館黨部的人員，好人則只能盡個人的力量以爲幫助，壞人則控制，玩弄，分化，搗亂，只求利己，不顧人民與國家，幾於無惡不作，甚至使領館人員與黨部人員發生衝突者，亦所在多有。今天國勢陵夷至於此極，我們不敢高談殖民政策，積極計劃了，但願我政府切勿派出一批敗類去擾亂僑民，製造糾紛，如有此等情事，一經發覺，必須迅速撤回，嚴厲制裁！這是我們最低限度的希望，非如此實行不可的。至於實際上各地有無如此的情形，則向到會的代表們詳加詢問便可知悉，毋庸我們喋喋了。

其次，第二次大戰後僑胞之在東南亞洲者，另有從前所無的困難，尤以國籍，共黨問題爲尤著。戰後的新興國家如印尼，菲律賓，緬甸等國固然發生華僑的國籍問題，即暹羅也鬧得很厲害，其中涉及很多方面，發生許多糾紛，鬧得不好，便再不能在該地立足。比方暹羅政府這幾年來頒布種種法令，如某種業務不許外國人經營，使未取得暹羅國籍的同胞被迫停業。最近我政府已鼓勵各地僑胞盡力取得所在地的國籍了，但又另有問題，如暹羅的當局以爲凡屬暹羅人民應受其本國的教育　不應就華僑所辦的中文學校讀書，因此許多僑校發生困難。菲律賓，緬甸，印尼更有其他苛酷的法令，鬧出許多排華事件，不論其出於有意或無意，無不使僑胞痛苦日深，謀生不易。現在菲暹諸國還有邦交，只因國家太弱說話無力，更加以外交人員之不爲與無能，僑胞之痛苦似乎很難有解除的樣子。但是既然還可以交涉，還有說話的餘地，總還有法可設，如何使僑胞能够維持現狀以徐圖發展，乃是今日必須講求的急務。他如印緬諸國，則邦交斷絕，我政府已沒有交涉的權利，而中共所派的使領人員又都是職業革命家，其所思所行都只爲共產黨謀利益，絕不會顧到僑胞的死活，故情形更加淒慘了。不過這些國家的政府畢竟是反共的，雖不能直接和它交涉，間接的辦法並不是絕對沒有的，我們一方勸僑胞以最大的忍耐應付，同時他方還要想出種種辦法以解除其困難，而改善其目前的境遇。

至於共黨問題則更加複雜，必須認淸病根而後能對症下藥。東南亞各國莫不有共黨，而且多半以華僑爲骨幹，查其原因約有三端。第一是抗日時期，華僑與當地人聯合作游擊戰以對抗日軍　日本投降後大部都已自行解散，惟共黨控制下的游擊隊，則接受莫斯科的命令而繼續作地下活動。第二、當地的民衆及政府（不論其爲獨立的或殖民的）對華僑都有歧視及壓迫，而祖國多故又無力幫助，共黨乘之，以美麗的遠景使人醉心　以有力的呼號得人同情，大家都當它是救苦救難的菩薩，而其信徒及同路人乃與日俱增。當地政府不思正本清源，反因此而加甚其壓迫，似乎反共就要排華，排華才可反共的樣子，於是相激相盪而致全社會於糜爛。第三，中國大陸的淪陷震動全世界，東南亞的共黨及其同路人得到精神上莫大的鼓勵，革命進軍益加積極，青年固多數投入其陣營，即中年及老年人也因各種顧慮而徘徊觀望，不但不敢明白反共，而且要暗中給予幫助了。我們此次召開僑務會議，最大的目的即在反共抗俄，故僑胞所在地的共黨之肅清實爲首要的急務。有人說，中國大陸收復了，中共崩潰了，則東南亞各地的共黨也就會漸次歸於消滅了。這話固然不錯，不過兩方面也是互相關聯的。如果亞洲各地的共黨完全被肅清了的話，則中共也受着很大的打擊，可以減殺其氣燄，消沉其士氣，而加速其崩潰的時間。今已知亞洲各地共黨所以興起的理由，則要消滅這些共黨必須從三方面下手：當地的政府，當地的人民，以及我們的政府和僑胞。故我們只居三分之一，決不能只靠我們自己而竟全功。但是我們已有三分之一的力量，這裡是可以用力而且應該用力的地方，自不能諉卸責任而讓共黨飛揚跋扈。我們希望此次會議中應該訂定具體的方案，我政府及僑胞各盡最大的努力，聯合當地的政府和人民，以實現撲滅當地共黨的目的。

進一步講，此次會議之最大目標實在消滅中共，收復大陸。用甚麼方法始能實現此目標？其唯一的答案只是：團結海外的中華兒女，各自發揮其最大的努力而已。但是團結之道爲何？有甚麼方法能夠使人人自奮以實現共同的目標？——這正是今天最迫切而且最主要的問題，會議之成功失敗均以此爲斷。毋庸諱言，過去僑胞對於我政府多半是不關心的，少數則或因爲當地的領館黨部人員所擾亂，或因其國內家屬受了地方虐政之毒害，且不免有所怨望的。且看民國三十八年中共次第佔領各主要地區之際，僑胞大多抱着改朝換代的心情，無所謂擁護與反對，三十九年則順從大勢而承認既成事實的漸漸多起來了。至四十年的「土改」，其謀財害命的行爲現出了猙獰的真面目，然後知所謂「開國的規模」依然是强盜的手段，而反對者乃日益增加。今年則在「土改覆查」之上又加以「三反」「五反」，於是共黨之統治只憑欺騙與暴力，乃大白於天下，而我海外的中華兒女，除極少數喪心病狂者外，無不切齒痛恨，要和它拚命了。細察這幾年來民心的轉變，則團結之道也就可以恍然大悟了。用句中國的老話便是「必公」「必信」，抄襲西方的名詞則曰「民主」「法治」，這便是團結的最好方法。共黨之失敗在私於其一黨，私於其一個領袖，尤其在大權在握，盡食前言，好話說盡，壞事做盡，總括一句話說，便是不公不信。我們今日必須反其道而行之！「禮運」上的「天下爲公」是到處援引的名句，但是口頭上說了便算完事是沒有用的，必須在每一行動上表現出公心來，才叫做實踐，才可博得人人的信任。孔子在論語上曾以「足食，足兵，民信之矣」三者並列，而最後的結論却是「自古皆有死，民無信不立」。他以爲食可去，兵可去，而必須守住信，竟將信用放在經濟與武力之上，可見其語長心重了。至何以立信，我們以爲只有走上法治之一途。現在已經行憲了，立法院所立的法律便是大家應該共守的。如果官吏皆能守法，便可博得人民的信任了。法者天下之公器，法律之前人人平等，便是民主政治的實際，便是「大道之行也，天下爲公」了。還怕不能團結嗎？還怕不能人人自奮而發揮其最大努力嗎？

最後，如果說到百年的大計，我們對於政府當局及代表諸公還有一些奢望。就僑胞而言，我們希望提高知識水準及內部的堅强團結。聽說在美國的華僑受高等教育的已有多數，知識水準已在不斷增高中，而其他各地的僑胞尚未能特別致力於此。須知近代競爭的勝敗決定於知識的高低，我們不能以知識高於落後地區的民衆而自足，還要努力求知，必與先進國的人士並駕齊驅，然後能立於不敗之地。代表諸公夙爲僑胞碩望，願大力提倡，督促後進。其次，今日反共抗俄之第一要着即在團結，上面已經說過了。民主世界要團結，凡屬中國人也要團結，難道同在一地的僑胞可以不要團結嗎？但據各方傳聞，則不團結的事實並不是少數的例外。如果政府當局及各地僑胞領袖通力合作，以天下爲公的精神處置各種事務，和解各種爭端，我想，僑胞內部的團結沒有不能實現的道理，即有共黨的搗亂，也是容易應付的。

就此次會議而言，我們希望訂定一個積極的計劃以謀將來僑務之發展。戰前的日本熱心於南洋各地的研究，定期的雜誌不下五十種之多，其他書籍及日報之所載尤爲不可勝數，我國僑民多於日本幾十倍，而研究者却寥寥無幾。即在臺灣所接收的資料中，也有很多關於南洋的，聽說是日人曾經花了十幾年的工夫所累積的。但是我們接收以後，一直封存至今，並沒有人去運用，如此現成的好資料竟變成廢物，豈不可惜嗎？現在杜魯門的第四點計劃快要積極實施了，其有關地區而爲我僑胞人數衆多者，正復不少。我們希望儘速設立一個機構，來做調查、研究、設計的工作，認清在美國的開發落後地區的計劃中，我僑胞究適宜於那一類的工作，與它配合起來，以免坐失時機。若照過去一樣，憑各人的機緣和能力，作個別的營謀，也儘有少數獲得成功的幸運兒，但是沒有團結，必不能生出力量。如果有研究，有設計，而又群策群力以赴之，其成績必更佳，其力量必更大，可斷言者。而且此機構一經成立，將來亦可以永續，對全世界各地的僑胞均當有所貢獻，不特今日一時之利而已。願與會諸公亟起圖之！

論美國大選的意義

張佛泉

我在這裡所要論的，乃是美國總統選舉的一般意義，而不是專談今年的大選。我的主要目的在指出選舉何以是民主政治的根本，何以與極權的選舉(乃至它的全部政治精神)不同。

每次當美國大選時，我們都讀到很多報導內幕，分析形勢的文字，但是關于美國大選的基本道理，許多人似乎並未徹底明瞭。反之，還有許多誤解。現在對於美英兩黨政治下的選舉，最流行的一種見解，就是說『民主政治和獨裁政治的分別，是「一」與「二」之比。』或是說：『美國政制，老百姓有選舉總統的自由，但他們自由的範圍，僅限於二者擇一，比獨裁政治，表面上不過聊勝一籌。』更有一位作者這樣說道：『如果國中祇有兩個占勢力的政黨，而此二政黨又都是組織强固，且互相壁壘森嚴，則所謂人民的選擇，就不過如像水滸傳中混江龍李俊所提出的餛飩與板刀麵那樣的選擇而已；人民所能得到的，不過是兩個「民主專政」之彼此交替而已。』這種論調已成為今日最普徧的「勦說」。尤其令人驚訝的是，這類話竟出自某些自稱是民主擁護者之口！

民主與獨裁的區別不過在「一」與「二」的說法，恐怕還是共產黨或其同路人所發明的。共產黨一向罵美國的兩黨總統候選人都是華爾街僱用的走狗，那一個當選都無差別，他同樣要幫助少數資本家剝削廣大的民衆。不過共產黨的說法比現在流行的「勦說」是更「徹底」，更能自圓其說而已。政權既祇是壓迫的工具，兩個這樣的工具就不如一個更乾脆些！如果我在路上遇見的是餓狼，那麼我寧願喂給一隻吃，不歡迎兩隻來爭奪。如果所謂「民主」與極權，都是同樣的「專政」，那麼即使你的想像力再遲鈍沒有，也應當想得出，一黨專政還比兩黨「交替專政」(等于輪姦)要好受得多呢！這樣你的邏輯結論就應該逃不開：極權主義實係更高一等。

大家爲甚麼要採類似共產黨的解釋來解釋美國的政治呢？我想有一部分原因是由於共產黨的宣傳非常巧妙，一部原因是由於美國人覺得對於這些日常的事沒有從根本處加以解釋的必要，反而對本國政治的弱點肆意加以批評或攻擊，所以在沒有經過眞正民主生活的人們聽來，就很輕易地相信美國的政治係一無是處了。

因之我們對於美國的政治，必須求得我們自己的認識，必須從廣大處，根本處，求得一徹底瞭解。這樣對於我們建立民主和反抗史毛，纔能有大幫助。

關於美國大選的意義，我現在提供三點解釋，這三點是：(一)大選程序的分析；(二)何以祇有兩大黨；(三)「一」與「二」的眞正差別。

(一)大選程序的分析

民主政治本是一個生活過程。選舉又是這個過程最好的例證。這意思就是說，民主的選舉中每一個步驟都要與民主原理相合。選舉全部過程大約可以分爲四個階段，計爲：(甲、提名；(乙)競選；(丙)、投票；(丁)、選權之使用。美國的選舉，就這四個(選舉團的一步，無關重要，因略)步驟言，大體上都已經是很合乎民主原理的。

(甲)、美國總統候選人的提名是經過黨內激烈競爭的。提名是政黨最主要的工作。在大選日的一年前，兩大黨即開始內部活動，各黨並即按時舉行出席提名大會代表的遴選，直到六七月全國提名代表大會將候選人提出時爲止，這一個階段就需半年有餘。這半年內兩黨內部一直進行着前哨和零星的接觸。到了全國提名大會上更是一場鏖戰。希望作候選人的照例有許多位。更有人乃是被强拖出山的(今年兩大黨的候選人幾乎都是如此)。除非在任上的總統願取得次屆的候選，普通少有人能在第一次投票中即獲得提名 投票幾十次是常見的。最高紀錄曾投到一百零三次，纔將候選人提出。因爲提名是政黨惟一最要緊的事，黨內當然須有準備與安排。即使說這就是黨機關的把持與控制(註一)，然也不能竟指這是少數黨魁所任意決定的。因爲他們所提出的候選人還須與他的對手作殊死鬪，勝負之數正未可知。除非你假設某黨的目標在失敗，而非在選舉中取得最後勝利，否則你就不會看到它肯在最後提出一個爲普通人所厭惡的候選者來。所以每次大選中兩黨所提的候選人，雖未必是最合理想的人物(因爲這是極難說的)，但至少也必須是無疵可指的(時常這就是所謂「黑馬」)。這有每次的「民衆投票」(popular votes)的數字可作證明(註二)。兩黨每次所得民衆票數，總是十分接近，就恰好證明兩黨所提的人選都是經過很精明的選擇的。這並不足爲奇。一個大黨如屢次不能提出爲選民所擁護的人來，它至少也要失去作大黨的資格。政黨的提名。正是賭自己的生命。

我們如將美國政黨提名的方法去和極權式的政黨提名方法相比，就更可明白何者係民主的。極權政黨不但爲一選缺祇提一人，即此人亦非經過黨內公開競爭纔被提出，而是由上面指定的。尤關緊要的，就是極權的選舉，既祇有「舉」而無「選」，則在指定「候舉者」時，亦正談不到須對何人負責。因而我們可以斷定，選舉時無眞實競爭，提名時即不會有眞實競爭；選舉時如有眞實競爭，提名時即不得不先經過眞實競爭，雖然此次競爭的限度及激烈性是較小的。這就是美國總統候選人的提名，雖沒有大選時秘密投票那樣民主，但仍不去民主原理甚遠的原故。

(乙)、在美國，競選之熱烈，實在沒有任何其他國家可與比擬。這又是一個眞實競爭的實例。在合法範圍內，任何可用的力量，可用的方法，無不發揮出來。各政黨固然要在這時宣傳它的政綱，然競選最大的作用，可以說，却在攻擊對方人格及政策的缺陷。特別執政黨在過去的施政及人事要受到一次總攻擊。錯誤政策，愚蠢行動，尙可勉强辯護。但是任何故意的濫用職權，或違反人民基本利益的行動，或任何人格方面的瑕疵，就沒有不被揭穿的，也沒有能逃開在投票所中的總清算的。這不祇是事後的清算。因爲執政者至少在當選之初，就應該早已預料到這樣的無情攻擊。任何非法的或分外的自私行爲，都是執政者所不敢想像的。

在外人看來，時常會覺得美國競選中政黨彼此的攻擊，頗有些近乎粗鹵。但這正表示民主政治乃是人間而非天上的活動。試問尊奉「領袖」爲天神，爲太陽的國家，能演出這種競選的場面麼？

（丙）、論及秘密投票，美國的選舉可謂已作到很完善的地步。沒有民主經驗的國家，差不多都不知道秘密投票的重要（我國憲法上祇用「無記名投票」，而未用「秘密投票」這個名詞，是一件很可惜的事），更不曉得民主選舉中，秘密投票的標準程序是些甚麼，所以也很容易估低了或看錯了眞正民主選舉的價值。秘密投票是美國選舉過程中最重要又最精彩的一步。秘密投票在美國所以能作得很完美，首須歸功於兩大黨由激烈競爭而引起的互相監視。大選時的各層選舉事務所，主要係由兩黨黨員組成，不然亦必各有黨員在內作「監視人」（watcher）。自投票人的登記，以至投票日的發票，投票，封匭，數票，直至公佈結果，整個選舉過程，無不在互相嚴密監察下進行。競選兩大黨以當事人的身份互相監視，是消滅或防止選舉舞弊的最有效的方法（註三）。沒有這樣徹頭徹尾的監視，競選便無意義，因爲用在競選上的力氣，可能都是白費。沒有這樣徹頭徹尾的嚴密監視，任何步驟中出了弊病，全部選舉過程便立即爲之變質。

在投票時，對投票人的保護更是周密之極。美國四十八邦都已在大體上採用了「澳洲式」的投票法。投票人所選的是誰，除了投票人自動說出，旁人是無法知道的。其實即使他說了出來，誰（包括他本人在內）也無法證實他所說的是眞還是假。所知道的祇是他投了一票而已（註四）。所以在投票的時候，投票人可謂都是無黨的，秘密投票遮蓋了任何人的黨籍。秘密投票，自然更幫助了投票人得以避開任何威脅與利誘。

極權政體下的選舉，沒有敵對組織的監視，自頭至尾，任所欲爲，不要說每次選舉都得到投票人百分之九十九的支持，即使說每次都得到百分之一百零一的支持，又有誰能否認！談到投票的秘密（史大林憲法也載明用秘密投票法），蘇俄更有新奇的發明。他們在選舉時照例預備一秘密換票的地方，在這裡可將空白票（即反對票）裝入信封。然願明白表示支持政府名單的人却不必進入秘密處所，可以當衆人投下那張信任票。有了這樣公開效忠的機會，天曉得，在極權政體下，除非拿出拼死的決心，又有誰敢進秘密換票處！（註五）

極權式的投票，再加以對自由選舉程序的封鎖，使廣大的民衆在不知不覺中根本否定了選舉的意義！在反民主的戰術上，這是多麼厲害的一着！

（丁）、論及選舉權之使用，我們可以說，在美國已經是很普徧而且很自由的。普徧選舉權（universal suffrage）與秘密投票一詞相似，都可能很有意義，也都可能毫無意義。有無意義，全要看二者在甚麼樣情形下被運用。蘇俄的選權在表面上是更爲普徧。但在提名內定，一缺一人，以頌揚領袖爲競選，以公開擁戴作投票的程序下，普徧選權的價值如何，已不問可知。何況在極權政體下，人民甚至都沒有不投票的自由（註六）。無怪極權國家沒有吝惜選舉權的。這也正說明任意擴大選舉權，實未必即是擴大民主。

美國選舉權之普及，乃是長期演進的結果，是人民積年爭取得來的。各邦的規定雖不一致，但若干不民主的選權限制，差不多都已取消。祇有六邦（算南加羅來納在內原有七邦，但她已於一九四五年停止以完丁賦爲取得選權的條件，雖然丁賦仍作賦稅徵收）還以完納「丁賦」(Poll tax)爲取得選權的必需條件。這是目前惟一還最受人攻擊的措施。另有十七邦規定投票人須受「文字測驗」(Literacy test)。但像紐約邦的識字測驗，方法甚新，目的已不專在排斥文盲，除爲增進選舉素質外，且有藉此提高社會教育的寓意。

美國在近幾次總統選舉時實際參加投票的已將足五千萬人。這個數字，配合上政黨負責的提名，公開熱烈的競選，絕對秘密的投票，纔構成了自由而規模極其宏大的選舉程序。經過十個多月的舉國上上的競爭，辯論，繼之以五千萬理智成熟，意志自由的人們，在十一月「第一個星期一後的星期二」的總判決——其結論是不會錯的。報紙，雜誌，無線電，民意測驗，以及任何宣傳工具，可以造成某種空氣，製爲幻覺，然而却不能夢想代替五千萬成熟男女的無言裁判（註七）。所以預測美國的選舉結果，有如報端所載的天氣預測，幾乎是完全不可靠的。這就是由於選舉程序很是民主，選舉權異常普徧的原故。

（二）爲何祇有兩大黨

美國所以祇有兩大政黨，是自有道理的。美國的政黨不但與俄國的不同，就是和英國的也不一樣。英國拉斯基教授曾稱美國的政黨爲「一個大陸之政黨」(parties of a continent)是「衆多利益的聯合」（註八）。哈佛大學政治學教授何爾康更曾指出美國的政治（就總統與國會的關係論）很難說是政黨政治（註九）。美國政黨的組成的確是複雜的，其他不論，除去利害關係之外，局部主義(sectionalism)就是很特殊而有力的成份。因爲議員係由本人住區選出的原故，特別使嚴格的「黨紀」成爲不可能。但兩個壁壘的對立，雖然不一定永是依兩黨界線的對立，却差不多總是存在的。譬如在國會立法程序中遇有「廣泛辯論」的時候，同等時間即分給正負兩方使用。可見對立比兩黨的界線是更基本的。

兩大政黨在競選階段，尤無疑地是兩個對立的陣營。兩黨的目的全在爭取選票，藉以取得或繼續掌握政權。他們所進行的乃是一定要見個勝敗的戰鬪(特別是就行政首長的選舉而言)，絲毫沒有平分春色，或約好「交替專政」的可能(任何强勁的行政首長，在議會中也一定要遇到有組織的反對和反擊的。壓力與反抗且常成正比)。

所以我們首先必須切記，美國的政黨界線雖不嚴明，但是對壘，和抗爭，却是它們的更基本的任務。這是一黨專政下絕沒有的事。

其次，我們須明白，兩大政黨乃是演變，是「自然淘汰」的結果。民主共和兩黨並非天生成的那般大。我們都曉得，美國的政黨向來不祇有兩個(註十)。可是爲甚麼其餘的黨都特別小，而不能壯大起來呢？小黨是可以壯大起來的。譬如現在的共和黨就可以說是在一八五六年異軍突起，並自一八六〇年推林肯當選總統，以大黨身份，一口氣當政二十四年，創空前的紀錄。工黨取自由黨的地位而代之，是近年在英國最好的例。一九一二年提阿多爾．羅斯福(雖敗於威爾遜)，也曾以進步黨的候選人爭得四百萬以上的選票，超過了塔夫特總統(當時共和黨候選人)所得。可見第三黨並不是絕對沒有機會的(註十一)。但是小黨所主張的如果永是很偏激的，則它便將永作小黨，或於一現之後即自行消滅；如果它的主張很能適應時代需要，則又不待它長大，已有的兩大黨之一，必將吸收它的主張，或竟與之合併，而以它的成功反促成它的滅亡。這就是小黨自生自滅的方式。所以在物競天擇適者生存的原則下，經常淨餘的結果，却祇有兩大黨。這乃是有效集中的自然結果。

上面所解釋的仍祇是小黨在美國難以成爲大黨的原因。我們還須說明究竟何以祇有兩大黨。

競爭的結果，何以必然剩兩個大黨呢？並非必然剩兩個大黨。弄得不好，可能產生三個或更多的大黨，再不就祇有一個黨。但是三個或再多，像法國那樣，便嫌過多；一個，像蘇俄那樣，局面便全非。不多不少，祇有兩個，才恰到好處。如同爲一個問題舉行辯論，到了表決的階段，必定先歸納爲正反兩面，然後方由大家作一最終選擇。假如借共產黨的名詞來用，民主國家的兩黨政治，纔是眞正的「民主集中」。用民主的程序，集中成兩個壁壘，然後由衆多的選舉人作一個最後的裁判。共產黨所怕的「極端民主」「混亂狀態」就這樣避免了。

從美國選舉的歷史，可以判斷兩黨制對於他們是怎樣的適合。美國自開國以來，選舉團祇有兩次(一八〇〇年傑佛遜，一八二四年阿當姆斯)未能以過半數選出總統，而被迫用次一步驟由衆院投票。自傑克遜(一八二九——三七)時代兩黨制確立以來，至今一百餘年，總統沒有不是由憲法中規定的第一步選出的。試想美國總統選舉每次都要發生困難(還不要像臺省第一任宜蘭縣長的選舉，共選四次)，她這個國家還能有今日麼？

美國爲甚麼能產生這種恰到好處的兩黨制呢？這自然要歸功於他們的「實際智慧」。但美國人的實際智慧，也不是沒有來由的。比起世界上其他國家來，美國幾乎可說是沒有階級。如果必用階級這個名詞，則我們又可以說，美國人民的階級意識很弱，同時，多數人又自已祇承認屬於中間階級。何爾康教授曾證明，美國當開國的時候，是以農村中間階級爲基礎。發展到現在，則又以城市中間階級爲基礎，美國以中間階級爲根據的政治平衡，始終得以保持(註十二)。至今大部的美國人都祇承認自己是一個「平常美國人」(average American)，極左或極右的思想，他們都認爲是「非美式的」(un-American)。這些人的基本政治理想是些甚麼，或許他們自己也說不清楚，而任何一個思想家也未必能在一個嚴明系統中表達得盡，但是這些人是有他們共同政治理想的。這些理想就包括在『獨立宣言，聯邦及各邦的權利書，華盛頓離職講辭，傑弗遜第一任就職，林肯兩次就職及吉泰斯堡等講辭，威爾遜與羅斯福戰時咨文，以及最高法院的若干意見書』之中(註十三)。這些文件所包涵的基本原則同時也正是兩大黨的基本原則。這些原則是兩大黨所必須尊重的。違反了這些原則，就等于失去大部選舉人的支持。

這樣於是同時解答了一個常遇到的問題。人們常常懷疑美國兩大黨在基本處究有何不同。兩黨對上面所列的基本文件，可以有不同的解釋(其實不同的解釋，已經是極關重要)，但對這些文件的本身，却不敢顯出忽視。兩黨爲爭取大部中間選舉人的票，便不可能提出相差太遠的政綱來。故教授拉斯基在「美國民主政治」一書中曾指出美國的兩大黨實像一個保守政黨的兩翼，並不像兩個政黨。是的，美國現在的兩大黨特別不像戰後英國的保守與勞工兩大黨在政綱上有很明顯的差別。在拉斯基覺得很可惜，何以美國不能產生一個英國型的工黨。但這正是美國的幸運。因爲美國沒有走上大英帝國所走的崩潰路上去，社會基礎沒有發生像英國那樣的裂痕。美國兩黨政綱沒有甚大差異，祇反映了美國社會基礎原是凝固一體。

蒲萊士在論美國民主政治時，早曾指出，美國兩黨主要的不同，祇集中在總統候選的個人上。除了某些保留，這話我們仍當承認是對的。但是選擇人比選擇政綱一定更困難麼？這倒未必。信任人也許比信任政綱更簡單些。政綱是要隨着環境變的，不能完全預定。人的道德與本領，如已令人信賴，則在未來的情勢中必仍可令人信賴。美國的總統選舉必待四年方能舉行一次，不像英國得隨時局的演變，幾乎隨時可辦大選。美國的人民不如英國人民選擇政綱的機會那般多，所以他們偏重人選，很明顯地也自有他們的道理。

上節我們指出：美國兩黨的黨界，並不是很嚴明的；兩個陣營相抗爭才是它們的本質；競選時祇以兩黨爲主角，乃是眞正民主集中的結果；民主集中所以成功，主要由於美國大部的投票人都屬於中間階級；爲爭取大部中間的選票，兩黨政綱遂不能顯出基本差別；而時常候選人的個人差別，反成較重要的關鍵。

（三）、「二」與「一」的眞正差別

現在我們更要追問，兩黨與一黨的區別究竟何在了。論到最後，兩黨還祇是兩個人（兩個即使有原則亦提不出原則的人），那麼，這樣的一邱之貉，又何如一位十全十美的「導師」呢？

如果我們把握住前面兩節所指出的，美國的兩黨乃由於以民主程序爭取大部「平常美國人」的選擧而產生而繼續的，「二」與「一」的眞正區別，應該已經是思過半矣。

即使兩黨除了人選之外，沒有任何區別（何況並非沒有），美國的大選，還是極有意義的。原來在政治上，專權並不足畏，「專位」方眞足畏。既稱當政，就沒有不專權的。祇有誤信十八世紀「三權鼎立」學說的，也許還相信政權不應專。美國總統的政權，一樣是很專的。他是元首，同時又是最高行政乃至立法的領袖。但沒有人說他是可怕的。因爲他雖專權却未能「專位」。何謂「專位」呢？「專位」就是我們古語中所謂「家天下」。家天下就是以「天下爲私」。以天下爲私就是以天下爲私產，預備傳給子孫（或指定人）以及萬世。「家天下」不但暴虐，還有一特點，就是它最犯一個「疑」病。疑甚麼呢？疑人窺伺。由疑生「怕」，由怕生「狠」。家天下所具的一套特殊辦法、全是這樣演出，古今中外，如出一轍。譬如創業之初，離散天下之子女，屠毒天下之肝腦，均在所不惜；得位之後，更是嚴刑峻法，深刻羅網，令人提起皇帝二字就戰慄不已——爲的正是子孫萬世之業。秦政焚詩書，坑儒生、爲的也正是這個。漢室能黜百家，獨尊孔孟，還是爲的這個。更後以八股小楷取士，羈縻住天下大部任俠與英才，仍是爲的這個。共黨以辯證法唯物史觀爲唯一眞理，尊馬列爲教主，以史毛解釋爲依歸一樣爲的是這個。既以天下爲私，不但怕人民，還怕他的臣屬，用一人焉，亦復疑其自私，於是，又用一人，以制其私；行一事焉，則慮其可欺，乃又設一事以防其欺。及至覺得無人不可疑不可慮時，總發現祇有宦官讒人爲可靠，於是或設東廠，或創「格勃污」，立「暗昧爲的」（MVD），使天下司法及一切要政皆歸焉。這就是黃梨洲所說的後世人主「藏天下於筐篋」，而緦緦然「日惟筐篋之是虞」的可憐相。

由此更可以明白，暴秦收天下兵器鑄爲金人，徙海內富豪於咸陽，爲專權的原故小，爲「專位」的原故大。由此方得至終明白，共黨以十足的革命對象身份，即先「獨佔」革命，乃爲根除任何革命可能。由私而生疑，由疑而生怕，由怕而生狠，然後反覆循環，愈狠愈怕，愈怕愈疑：這就是「家天下」所必具所獨具的現象。專權不過是方法，「專位」方是最高目的。這實是「私」的極則。

試看中國二千多年以來的政治思想，我們可以說，便正是以一個「公」或「私」字爲總分水嶺。禮運最可引爲明證。篇中最重要的話，就是這幾句：『大道之行也，天下爲公，選賢與（某附匪文人曾謂「與」當作「擧」）能……今大道既隱，天下爲家……大人世及以爲禮……』。依嚴格的一派，以爲「不傳於賢而傳於子」已是「至於禹而德衰」，更有人言『五帝官天下，三王家天下，家以傳子，官以傳賢』。其實最緊要的關鍵還是在以天下爲公抑以爲私。（今日史太林似並無傳子的模樣，但他却最以天下爲私。）至於孟子所說『唐虞禪，夏后殷周繼，其義一也』，在我們知有秦漢的人看來，又終覺有些太過。禹雖未「傳」啓，但禹却不幸成爲「始作俑者」）。黃梨洲所說的『三代以上有法，三代以下無法』，（原法實是一篇絕妙反極權的文章）最爲斬釘截鐵。夏后殷周雖繼，禹湯文武成王周公六君子尚能謹於禮，著於義，刑仁講讓，示民有常，所以仍不失爲「小康」。至於秦以後，則莫不「肆然而爲帝」，一心一意祇在化天下人民爲槖中私物，以傳之子孫於無窮了。由此可見孫中山先生推翻滿清，肇造共和，永也不要皇帝，所企圖的是多麼偉大的一件事。由他到處題「天下爲公」四個大字，又可見他是如何認眞！他的第一個仇敵不是專權乃是「專位」。

美國以兩黨按期向人民競選的制度，可算根除家天下的最有效的辦法。任期四年，爲時甚暫，任何「家天下化」的手續，全來不及趕辦。自己能否連任，尚在未知，傳子更休得夢想。所有政務官的去留（一八八三以前，所謂「分贓」制度盛行的時候，以「公職輪任」（Rotation of offices）爲一般理由，一切官員——包括現在所謂事務官——的去留，全須直接或間接取決於大衆選民的投票。這纔是有效的「民衆控制」（popular control）（註十四），投票的結果，必然是毀一屆政府，再造一屆政府。這樣於是永得保持『以天下爲主，君爲客』的狀態。若用最現代的話來說，在兩黨爭求選票的制度下，沒有一黨在當政時敢損及人民基本權利的毫髮（註十五）。相反的，政黨祇有競先找機會倡議或遥行擴張自由與人權。惟有如此，各政黨本身纔有存在或勝利的可能。

「二」與「一」的眞正差別是甚麼呢？是「天下爲公」對「天下爲私」的差別，是「三代以上」對「三代以下」的差別，是尊重人權對「虜使其民」的差別，是民主對極權最基本的差別！竟有人說這當中沒有差別，僅有人說這當中差別很小！我不知道白對黑還有無差別，晝對夜有多大差別！

美國的大選，論它的效果，有如中國的改朝換代，而其意義則又過之。因爲它是依固定方法，不流血的改朝換代。它實合乎三代以上選賢可者立爲天子，或「得乎丘民爲天子」的大意。大總統四年或八年任滿，飄然引退，眞堪稱『若四時之運，成功者去』。像華盛頓傑佛遜之不連三任，杜魯門的堅決辭謝競選，尤其當得起孔子讚美舜禹的話『巍巍乎……有天下……而不與焉』。

或謂，你是否發了「崇美」病，竟這樣讚揚美國的大選呢？不是的。我並非無條件崇拜美國政治。美國政治的毛病多得很。順便擧幾項，譬如那過時的「三權鼎立」制，「長票」，太勤的各種選擧，都是最顯著，最常被人討論的（註十六）。但就美國大總統的選擧而言，除了「選擧團」的存廢（尤其鑑於上屆 Dixiecrats 的行動）等次要問題，有待改善外，它本身實稱得起是「大醇小疵」。大選不但是聯邦政治的中心，也正是美國民主的基石。大選制度如在要害處患了不可救藥的病，也許我們根本看不到今日美國在各方面的龐大成就，即使可能，也許早就又看到它的衰落了。

且看美國大選引起國內多少人長期密切的注意——全國是多麼緊張，投票時手續多麼簡單（註十七）——祇須進入選「帳」作幾個記號；選舉進行的多麼滑順——從不發生嚴重的困難；選期如何準確——到了指定年月必定舉行，當政者沒有任何理由可以延展，藉以戀棧；前後任的交接又是如何簡易——並無半點膠着：這些都是十分難能可貴的。尤其是它的規模之大，全國之熱烈，意義之深長，眞可謂舉世無双（英國不選元首，所以亦不能比）（註十八）。

我們如果沒有經過幾千年家天下的統治，沒有長期懸過「天下爲公」的理想，沒有經過近半世紀的流血奮鬬，而竟未能攔阻毛姓王朝的興起，特別如未眼見在大陸上加諸同胞比暴秦蒙古還殘忍的奴役，如未眼見半個世界闖進鐵幕，陷入萬丈深淵：我們還可以不理會美國的大選，可以拒絕把握它的意義。但在當前的情形下，却是不該的！如在對它求得徹底了解之前，竟採一種嘲笑的態度，我更深信那是罪惡的行爲。

可惜現在已經遲了。在下屆美國大選活動開始之初，我建議所有在鐵幕之外政治比較落後的國家，都應該派遣或鼓勵大批作家，主筆，教授，及政黨人物等，去美國觀察總統選舉。回國後再由他們向本國作有系統的介紹與講解。如果這些國家或人民限於財政的困難，不能前往，美國政府應該設法撥出一筆款項，對這些國家的作者等發出邀請，協助他們達成對美國選舉的觀察。這比考察任何技術都要更有意義，比觀察任何活動，機會都要難得。切記我的言語：除非這些政治上欠成熟的民族，能夠習得民主菁華，演爲日常制度，否則，即使他們得到恒河沙數的經濟援助，都吃得肥胖似猪，他們終不能自己站起，不能成爲名符其實的自由人！

註一、黨內原有 caucus 等弊，雖已革除，但黨內遴派出席提名大會代表的方法，亦未臻盡善。direct primary 固較民主，然試行以來，已發現困難及弊點正多，其中尤以南方「白人初選」流弊最大。故「初選」制不惟未能代替黨內遴派法，且已行「初選」制的諸邦，竟有三分之一又予放棄。足見「初選」制在全國性政治中亦還行不甚通。

註二、從近半世紀的紀錄看，除了一九二〇年，民主黨候選人 Cox 以 9,128,488 敗於 Harding (R) 的 16,141,536，一九二四 Davis (D) 以 8,385,283 敗於 Coolidge (R) 的 15,718,211，一九三六 Landon (R) 以 16,679,583 敗於 Roosevelt (D) 的 27,476,673，兩黨相差頗遠，其餘的大選，兩大黨所得票數，都是很接近的。

註三、此點最爲人所不注意。我們平津市「民治促進會」曾在民國三十六年對當時幾次「平市及全國」選舉進行過研究。我們發現有幾個勢均力敵的候選人（雖然同屬一黨），在幾個要緊的投票所，都派有「監視人」，或竟親自出馬對陣，結果，輪流投票及利用「代書」欺騙文盲等弊，均未能演出。又如在美國的選舉，各邦大體均規定，當有人在投票時，因盲目等困難，必須煩人代筆時，投票處的兩黨職員必各有一人應邀進入選帳代辦。兩黨立相監視，不肯絲毫放鬆，大都類此。

註四、利用選擧機器的，總選一黨或分開選擧個別的候選人，旁人可以聽得出，但所選究爲何人，仍是無從知道。

註五、參看 Walter B Smith 在 My Three Years in Moscow 一書中 pp. 123—129 戲劇性的描述。

註六、捷克在一九四八年五月三十一日的選擧，法令明白規定，合格投票人無故不投票的，即罰一月監禁或巨款。這種强制投票與某些民主國家所採的 compulsory voting 並不相同，因爲這些國家都未能執行所訂的强迫條款。極權國家本以恐怖爲基礎，强制的法條是無人敢違背的。

註七、即以 Harold J. Laski 的經濟史觀的想法，也不得不承認資本家的宣傳是很有限度的。請看他的 The American Democracy, 1948，論「出版，電影，及無線電」等章。特別請注意也在 p.1[illegible] 所舉羅斯福在一九三六和一九四〇兩次競選的實例，報紙雖都發出壓倒的反對他的力量，羅氏仍能不費力氣地當了選。一九四八年杜魯門對杜威的競選，如祇以報紙爲憑，人們也很容易斷定杜魯門不會成功。

註八、見拉氏前書 p.79

註九、參閱 Arthur N Holcombe, Our More Perfect Union, 1950, P. 252

註十、一九四八年大選，除民主共和兩大黨外，尚有邦權黨，進步黨，社會黨，禁酒黨，社會勞工黨，社會工人黨，均得有票數。邦權黨及進步黨且各得一百一十萬以上的票。另有「塡入」(write-in 即隨己意另塡候選人) 及空白票等若干張。

註十一、近來有數邦制訂法律明定小黨形成的條件，但其用意祇在限制小黨的任意成立。

註十二、參閱 A.N. Holcombe The Middle Classes in American Politics 和他的 Our More Perfect Union 第三章。

註十三、A. N. Holcombe. op. cit. pp. 136—138。

註十四、此一名詞我係採劍橋大學故教授 Seeley 的用法。

註十五、參閱 Safeguarding Civil Liberty To-day,（講演集）1945，書中康乃爾大學政治學教授 Robert E. Cushman 所講 Civil Liberty and Public Opinion，及 A N Holcombe, Human Rights in the Modern World, 1948, pp 114—115 又美國「堅固的南方」所以尚有欺壓黑人的情形，主要原因即在這些邦中祇有一個民主黨。堅固的南方所以祇成民主黨的世界，原因很多，而黑人們自己的政治意識不夠强烈，不能自成一反抗力量，却又是最大的原故。參閱 F. A. Ogg, and P. O Ray, Introduction to American Government, 1951, p. 165.

註十六、我近來在此所能讀到的，以 Arthuz C. Millspauch 著 Toward Efficient Democracy, 1949, 一書中所提改革計劃最爲劇烈。

註十七、我在北平市和在臺北市幾次投票，所遭最大困難就是不知如何在幾十個「無黨籍」的候選人中作一個有道理的選擇。我必須承認我所投的等於一個盲目票。這似乎是很平常的現象。因爲我們問過旁的投票人，他們在剛剛走出投票所時，竟有的已說不出所選爲何人，雖然我們所用的向來是所謂「單記名法」。我們的選擧有些像 Non-Partisan，因而對投票人說，乃較難。在這方面講，英國系統下的選擧，票十分簡短，投起來比投我們的票容易很多；美國總統選擧票雖「長」，然而單就兩黨中選一人而言，也是比較容易的事。

註十八、邱昌渭博士在新著「美國的總統」一書（頁四）中說：『美國社會情形是這樣的複雜，這樣的自由。但雖雜而不亂，自由而不放任。每隔四年，全國人民，循和平合法的途徑，選出其所擁戴的總統。這是一件奇蹟。美國人應當驕傲。但非美國人應該深思！』話講得非常有力。尤妙的就是美國這種「奇蹟」能夠依法使它按期出現，而每次都不失爲「奇蹟」。

青年反共救國團的健全發展的商榷

徐復觀

青年反共救國團的團章，已載於十月四日的報上；團的本身，預定於總統華誕日成立。這當然是自由中國反共抗俄中的一件大事。我們應以最大的期待祝其成功，祝其能眞正增加反共抗俄的力量。我現在爲此一新興團體如何能得到健全的發展，稍貢獻一點意見。

任何工作，應有一個好的開端；而好的開端，首先是表現在某一工作的立法基礎之上。團章是青年反共救國團的立法，是青年反共救國團將來發展工作的基礎。我對這一立法，這一基礎，認爲尚有若干値得硏究之點。

第一、是此一團體的性格尙不够明朗。革命固然重創造；但我們已經革了幾十年，不能不承認我們的創造，應該有了若干的成規定法　以構成國家的體制。青年反共救國團，是　總統號召的。實現　總統的號召，仍應在國家的體制中，以取得其合法的根據，劃定其應有的界限，因而賦與以明朗的性格。使其工作在整個國家體制中，站有一定的位置，取得具體的內容，才能有一個實際的歸結。總統是國家體制中最高點，我們不能在國家的體制以外去實現　總統的意旨。尊重國家的體制，不僅所以尊重國家，尊重元首，並且是尊重工作。

在現存國家體制下的組織：一種是政府的各種機構；此外，則爲人民團體，乃至人民團體中的政黨。政府機構的重要立法　應經過行政院的院務會議。有的還要經過立法院。人民團體，則應受內政部所主管的對人民團體的各種規定。青年反共救國團，就其所規定的任務說，都是政府範圍以內之事，則其立法應有一定之程序；而其地位也應歸納在政府系統之中。若謂其係人民團體，則是否係按照政府對人民團體之規定而成立，也有待於解釋。至於說到「敎育性的，群衆性的，戰鬥性的集團」，這應該是每一政府機構努力的目標，不論軍事系統也好，敎育系統也好，都應該用這幾句話做行動的指導，並不能因這幾句話而認爲有打破國家體制之必要。現在就宣布的團章本身和宣布的形式看，此一團體在國家體制中的地位、性格與身份，並不够明朗。淺看，好像這樣才可天馬行空，百無禁忌，實際，將來恐怕會像駕駛失靈的汽車，闖壞了道旁的東西，結果也闖壞了自己的機器。因此，我竭誠希望青年反共救國團於正式成立以前，能將法律的基礎打好，則將來方不至有負　總統之號召

第二、在組織上，它缺乏與國民黨的明朗的關係。此一團體，是「在三民主義的最高原則指導之下」的，這與國民黨並無不同。其負責人如蔣經國周至柔程天放諸先生等，都是國民黨的核心幹部。它以地區及學校爲對象的六級組織，與國民黨的組織也是大同小異。國民黨有領導青年工作的部門，青年中也早有了國民黨的組織；然則此救國團的青年組織，對於國民黨到底是處於怎樣的一種關係呢？已經入了黨的青年，還是否要入團？已經入了團的青年，還是否要入黨？若說各幹各的，則是青年在三民主義之下，有兩種組織；青年便可以問：上面的主義和領導人本無不同，以何必要而把他們來劃分爲二？若說一個青年可以黨員而兼團員，一如上層人物之双重身份一樣，則青年可以問：上層之双重身份不過是兼職，他們的双重身份是爲了什麼？因双重身份而來的双重領導，在一個人格上，以何種方法取得調和？若謂有了救國團後國民黨即取消青年工作，則青年團員既未規定到三十歲後轉爲國民黨員，是一個青年的政治生命至三十歲即告終止，似亦不合青年人的期望。據團徽的說明，中間的青天白日，「乃國民黨黨徽；在於啓示中國青年，明瞭中國之本源，從而知報國之道。」這用意很好。但國民黨並不完全是紀念性的東西，它有活現了的組織。雖然說「本團設團務指導委員會」，其委員雖包括有國民黨的要人，但這只是人事關係，而不是系統關係。過去三民主義青年團對黨本有較明確的規定，尙因此而形成派系，爭擾不休，乃有黨團合併之舉。今後以何方法，可防止此種流弊？以何方法可端正青年的視聽？這些，我們都應該預先想到，庶不致使改造剛完成的黨，又遇着內部糾紛；也不致使剛出世的團體，一生下地即含此一種糾紛的因素。

第三、在其任務上所列舉的項目，把政府整個的工作包括完了。而從十五歲到三十歲的青年，則把初中到大學的學生也包括淨盡。我們于此，首先應認爲(一)凡是青年都是國家的，都應擁護國家元首，不應因有無特殊組織而有兩樣。國家元首自然亦不會因其有無特殊組織而有親疏厚薄之分。(二)青年以受基本敎育爲主，我們不能說基本敎育與反共抗俄無關。要當一個現代化的兵，也有賴于良好的基本敎育。(三)學校是政府正常的敎育機構，是青年的正常組織生活，我們不能認學校不能負擔青年敎育，或以學校爲不可靠。(四)工作是分工的，青年受基本敎育，乃完成將來負擔社會分工之準備，每一青年不可能變成萬能的人物。(五)青年對國家義務之負擔，如兵役等等，國家有明確之法令，任何人不應在法令內減少，也不應在法令外增加；不能因其爲青年，而其負擔便成爲無限大。(六)總統所不斷提倡之工作科學化，應包括權責分明，系統分明，每一單位能各盡其職責，不越俎代庖，不桃僵李代，不浪費一分人力，不浪費一分時間等等。(七)假定我們一旦反攻大陸，屆時恐怕每一人都要負起一種任務，同時恐怕也應接受戰地短期訓練，但這只有戰地短期訓練才能適應眞切需要。而且

基本教育愈完全者，完成任務愈容易，否則在衡斷能力時，何以必須注重教育程度之分。在上述七種前提之下，一青年反共救國團團員，是要接受「本團各種訓練及工作」的。這對尚未入學或未就業的青年而論，應無問題，但若對在業，尤其是在學的青年而論，便須值得仔細研究一下。第一、我們不必把青年說得太抽象化，太藝術化了，每人自己家裏有子女上學，那就是青年。考慮青年問題，就應從各人家裡上學的子女考慮起。現在初高級的中學生，因爲增加勞働生產教育及軍事教育，下午已經很少正式功課。若當團員後，便要「一、參加各種訓練 從事社會服務，協助文化宣傳，社會調查，推行政令，以及發動勞軍從軍及總動員運動。二、協助軍隊擔任運輸，情報、通訊、組訓民衆，整理戶籍 肅清匪諜，建立社會秩序，以及有關戰時工作。三、協助政府擔任教育，地方自治，土地行政，以及各項建設復興工作」。試問有幾個在學的青年能够實在的做好這些事情呢？社會是分工的 人生也是分工的。人在學校的一段，是人生中應分工來受正常教育的一段。在此非常時期，當然可以從求學的時間中分一部份時間來負臨時特殊任務；並且現在已經是這樣做了不少。但照反共救國團的團章看，則青年在另一嚴整系統指揮之下，要經常做包羅萬象的工作，這與青年的基本教育如何調和，把青年的時間如何支配，才不致把一個青年的精力弄得四分五裂，弄得百事俱能，一事不成，亦是我們所當顧及的。各人只要一看自己正在上學的子女，便會容易感到這不是一椿簡單的事。固然 共產黨在初奪取大陸時，係專門支解學生的教育生活的。但這一面是因爲牠發展得太快，人手不齊，故只好動用學生。而更主要的是因爲牠首先要破壞「反動的教育」，以便重新建立牠之所謂無產階級的教育。牠認爲我們所遺留下的在學青年是應該設法犧牲掉的。牠經過一番破壞之後，依照要建立學生在學的秩序，在學校之內，在正常功課之內，來做牠的政治工作。只看牠們許多檢討的文件，何嘗不以勤用青年到學校以外爲大戒。我們頂好對照的想一想。第二、臺灣各種機構已經非常完備，各級人手已嫌過多；像「推行政令，整理戶籍，擔任教育，地方自治，土地行政」等，各有專司，各有系統，各有其業務之專門性與繼續性；負這種責任的人，或者是較爲成熟的青年，或者過去也曾作過青年；他們的能力，不應比在學的青年差，他們既已站在國家分工的崗位，即應盡其在整個國家機構中一部份的責任。每一工作部門，好像配置的一部機器，何以需要機器以外的去協助？機器以外的以何方法能與以協助？假定一部機器原只是兩個輪子，十個螺絲釘；現在硬加上三隻四隻輪子，二十個三十個螺絲釘，大家以爲這是對于那部機器的帮助嗎？任何一人初接受一種工作，總要十天半月，才能弄清某一工作的情形。一群在學的學生，突然派到某一部門去「推行政令」等等，原主管人總要花十天八天時間去教他們；教好後，要把自己的事讓着他們去做；做的好壞的結果還是要原負責人來負。彼此之間無隸屬關係，無私人感情，所面對者是自成一套的澈上澈下的組織，可以隨時調查報告；在此種情形之下，我不相信任何機構眞正希望這種協助。第三、一個機構應該只在一個主管領導之下，才可以有秩序的進行工作。學校有校長，其下有教務，訓導，總務以及級任專任各教職員，有其完整的一套。任何反共抗俄的教育，都可以在這一套之下去實施，現在學校之內，另外有一領導系統，其領導的範圍，從擔任教育」以至國家的整個工作，無不包括在內；其領導的依靠的不是國家教育的法令，而是國家教育系統以外的組織；在一學校之內，有團與不在團的兩種青年，有教育規章以內與教育規章以外的兩種訓練，有校內校外的兩種工作，有在組織與不在組織的兩種教職員。臺灣的學校，與大陸不同的，是一致團結在政府國策之下，完滿無缺。何以要造成兩個門戶？何以要造成兩種對立？何以要造成双重領導？何以要造成意想中難免的紛擾？這是我們所應當鄭重考慮的 我稍有點軍事常識，知道在作行軍計劃時，最注意的是要每一縱隊分配一條道路，不使其發生交叉。現在由青年反共救國團的團章看，它與各方都發生交叉，然則今後將只聽一個縱隊前進，而令其他縱隊停止不前呢？抑使各縱隊都擠在交叉口上，彼此都進退維谷呢？

我的意思，總統的號召我們應當實在的去作；但現在拿出的辦法，最低限度，有上述這些問題須待考慮。這是關係于幾十萬青年的大事，而自由中國今日的本錢並不太多，眞是「只許成功，不能失敗」，何妨集思廣益的考慮周密一點呢！我們當考慮問題的時候，總要謙虛斂抑，自勉能做一個尋常之人，而不必要作非常之人；自勉能作好尋常之事，有限之事，而不必要作非常之事，無限之事。無論個人或團體，若總希望自己所作之事能無限之大，結果往往落空的。這是我讀歷史和觀世變所得的一點經驗教訓，願向每一位替國家負責的朋友提供出來。

我再從積極方面提出一點原則上的意見，供大家的參考。

反共青年救國團，似可分爲兩大部分：一爲社會青年，這是志願的，大體一照已公布的團章去做，但其工作範圍應大加縮小；一爲在學青年，應全體加入以學校的組織爲團的組織。在訓練上以加強精神教育爲主；在任務上以參加臨時性之突擊工作爲主，但不得妨碍正常教育，在領導上保持教育系統，保持學校之一元化，不另生枝節。其用意在：（一）保持在學青年之團結；（二）保持教育制度之完整；（三）提高青年反共之認識而不浪費青年之時間；（四）加強學校當局之責任，而不與以牽制。

爲達上述目的，總團之主任，不妨由教育部長兼任，以領導學校青年爲主；其副主任由政治部主任代表國防部兼任，以領導社會青年爲主，並兼指導學校之軍訓。但軍訓教官一律配置於各校校長之下，而成爲教職員之一份子，不另成系統。因此，救國團爲政府中之一機構，作爲政府之一臨時措施。我這都是在制度上說，不含有人事安排的意義。如此，可達到總統號召之目的，而能保持國家體制，培養國家元氣，減少國家業務上之糾紛，我覺得這比較不失爲一條正路。無論何事如走正路，開始時雖覺稍遲緩，但總可以平平穩穩的達到目的地的。我們所以爲必須成功的青年反共救國團亦不爲例外。

十月六日夜於臺中

從經濟平等說起

（「經濟問題試論」之一）

戴杜衡

今日最使人們困惱的，是經濟問題。政治上的民主與反民主，至少在理論上是涇渭分明，而經濟上的自由與反自由，則糾　混攪，一般都莫知所從。有一位朋友對我說：「你何妨就你之所見，作一個廣泛的，全面的解釋？」我近年雖頗致力於此問題之探討，但不敢自信已達「不惑」之境。不過能把所見寫出，倒是一件好事，一方面爲自己的探討過程作一記錄，另一方面或者也還能給人家以思索的引線。並且，近年歐美學者亦有許多新的說法，國人多未有所聞，也可以順便介紹過來，以廣知識之視野。

我是主張自由經濟的，我不可避免的要憑自己主觀選擇我的論題；我是要站在自由經濟的立場，說明反自由主義經濟理論之非，以及根據於此種理論的行動之無當。反自由主義理論，包含共產主義、社會主義、計劃經濟、統制經濟、及各種各樣的干涉主義（interventionism）。它們之間，論點是不齊的，但常常聯合起來打擊自由主義。在處理的技術上，我無法把它們一一分辯，而祇能就題目來歸類。

在一切論難中，往往是攻擊易而防守難；攻擊可利用自己的强點，防守則容易顯露自己的弱點。我却願意從較難的方面着手，先守後攻。這是艱巨的工作，我勇氣多而自信少。當然，我題名爲「試論」，是準備把內容隨時修改的。

—作者識

社會主義的第一個勤機，便是經濟平等。這是一個最强烈的動機，却僅能找到最薄弱的論據。它贏得多數人感情的支持，却禁不起任何人理性的考驗。它在所遭遇的第一個簡單而有力的詰難之前，就一蹶不振。這詰難是說：平等取消了使人們努力的激勵（incentives），因而阻滯進步。社會主義不能反對進步，對此詰難就無從反駁。但，還是有兩個說法被勉强的提出來應戰。（一）物質的激勵不一定必要，在社會主義社會，儘可以拿精神的激勵，譬如榮譽，來替代之。（二）人性是可以改造的，到社會主義社會，人已不是那樣自私，無須任何激勵，他會自動的爲公利而努力。判明此二說法之爲是爲非，屬於經驗的領域，不屬於推理的領域。截至今日爲止的經驗是：物質的激勵並不能替代精神的激勵，而且，人性之自私，也並不是輕易的就能改造。

事實上，即連馬克斯都已經承認，在無產階級革命成功以後，不平等仍然是必要的。史大林尤其痛快，他在一九三一年即公開反對平等主義（equalitarianism），斥爲「左傾」病之一種，要求取消老的工資制度；老制度本來就不是完全平等的，新制度當然更加偏向於差別。非馬克斯派的社會主義者亦正如此。他們祇要求保障一種最低限度的國民生活，不再空談絕對平等。英國工黨理論家柯爾（G.D.H. Cole）更明白的說：「這樣一種平等，祇有在大家承認其爲公道之時才可實行；要大家認爲公道，必須社會有充足的財富，可讓國民最低生活水準（national minimun）定到能把所有合理欲望都包含在內那樣的高度。」（"Socialist Economics"）他無異承認，除非社會有無限財富，絕對平等爲不可能之事。「各盡所能各取所需」的號召，已被修改爲「各盡所能各取所值」；此一字之分，正說明了絕對平等觀念之被放棄。始終堅持平等原則的社會主義者已經很少，數年前去世的蕭伯納是其中的一個，有趣得很，蕭伯納自己，却偏偏是一個有錢，並且連一個字的稿費都要斤斤較量的傢伙！

話雖如此，平等要求却仍然是一個强烈勤機。它不致在高階層的辯難中露面。却仍然在低階層的宣傳中替社會主義招收門徒。甚至，對社會主義的理論家，它也仍然是不可抗拒的道德力量，在正面論據無法找到之時，强迫他們去找尋側面的論據。一個社會主義理論之完整的研討，是不能把這問題忽略的，而且，必須從這問題開始。

× × × × ×

我們說：人生而自由。我們也常說：人生而平等。但此所謂平等，是就政治的意義言。若就天生的稟賦言，則頗與事實相反。不自由的原因是後天的，人爲的。人類發展之所以不平等的原因，特別是在經濟上不平等的原因，則主要是先天的、自然的。體力與智力之不齊，性格之不齊，至今無法藉優生學、鍛鍊、教育等類方法來完全補救。極權主義者如希特勒之流曾企圖用最殘酷的手段，來消滅弱者、愚者，以及在性格上不能接受極權統治者，而結果證明爲無效。體力等等之不齊，無疑的影響到個人之成就 個人之際遇，用經濟的術語說，它影響到個人之所得。可以說，經濟上的不平等，其第一個原因就是自然。强之使齊，無異是叫人人都降低到白癡與殘廢者的水準。海濱二漁戶，A與B，A捕魚的天生能力强於B者三倍，當B捕得十魚之時，A可得魚三十；沒有一個權威者能使A將多得之二十魚分一半給B，如果權威者强迫，則A捕至十魚而止。二人的能力若任其發展，結果當然是A富而B貧。A的富是誰給的？他剝削了B嗎？沒有。他的特殊能力祇好算是一種自然的禮物 (a gift of nature)。

當然，要說明較爲複雜的社會中貧富之分化 即不平等之來源，這樣一個簡單的例證是不够的。一般都說：資本是不平等的來源。這沒有錯誤。但我們還得追究：資本究竟是怎樣個東西？它本身的來源又是什麼？正統派的經濟學者回答：資本的來源是儲蓄。

在這裏，社會主義者提出了一個實際上是毫無意義的爭執。他們說：資本的來源，不是儲蓄，是勞動。在他們看來，儲蓄是富人的事，勞動則是窮人的事。如果資本的來源是儲蓄，則資本就應爲富人所有；定要說它的來源是勞動，那就在無形中說明資本本應爲窮人所有，現在却被富人「掠奪」以去。不知道有多少辯論，曾浪費在這個題目上面。其實問題是簡單的：必須生產大於消費，這差額才能成爲資本。至於這差額，究竟爲勤勞的結果，抑爲節儉的結果不僅無關宏旨，並且無法分別。必須有一個固定的消費水準，那我們才能說：因生產超出此水準而造成的餘羨，那是勤勞所得；因消費不及此水準而造成的餘羨，那是節儉所得。但這樣一個固定的消費水準，事實上並不存在，所以勤勞與節儉，無法分別。儘管社會主義者不歡喜，我們把生產大於消費的差額，稱爲儲蓄，是不會錯誤的。而且也沒有其它的名詞可找。如果我們爲討社會主義者歡喜而把這差額稱爲「勞動」，那眞是荒謬絕倫。

儲蓄有三種形態：(一)非持久物 (non-durables) 的儲蓄。漁人捕得太多的魚，把它堆積起來，終至腐爛而後已。這樣的儲蓄，利益不大，因爲所儲蓄之物，價值(或效用)會漸漸縮小。大部分消費品，都是非持久物，即令是鐵製用具，也會氧化。不過有些非持久物的壽命較長，可說具有一種半持久的性質。(二)持久物 (durables) 的儲蓄，其特徵在於可長期保有原來的價值。金銀的窖藏，爲一實例。這樣的儲蓄，利益較前一種爲大；但是，大塊金銀不會生出小塊金銀，它不會增殖。(三)資本財 (capital goods) 的儲蓄。在此場合，所儲蓄者，多半也是非持久物，但這裏的非持久物，是當做生產因素來使用的，在使用的過程中，它本身的價值雖是消滅，却生出了爲數更多的新的價值。資本財的特徵，即在它本身爲一種增殖手段 (means of acquisition)。所以這是一種最有意義的儲蓄。不，嚴格的，我們應該說在這裏儲蓄變成了資本。

我們再擧漁人之例。但這一次，我們是假定AB二人每天都祇有捕十魚的能力。十魚僅堪一飽，消費恰好等於生產。這是一種從手到嘴 (from hand to mouth) 的最落後的經濟生活。突然，A發明或學得了以某種植物纖維結網的方法。他預知結網需耗時二日。A乃決心每日於捕得之魚中僅食其八，忍饑挨餓的把二魚節省下來，積十日之久，共得魚二十。這是儲蓄。第十一與第十二兩天，他不復出外捕魚，專心結網。兩天以後，二十魚的儲蓄因消費而不復存在，而網已結好。這時候，儲蓄變成了資本。有了網再去捕魚，每日可得魚二十。經十天之後，網已不能再用，必須重結。但這一次，他不必忍饑挨餓，他已經有了儘多的魚可供結網之時食用。如此每十二日，以十日捕魚，二日結網，共可得魚二百，食其一百二十，淨餘八十。如果在交換社會，當然會將此八十魚換成其它消費品來改善生活，或換成金銀來儲蓄。在此時期，假定B還是不知結網之利，依然從手到嘴，一無剩餘。積一年之久，我們能設想AB二人貧富懸殊的程度嗎？有誰能够說A的富，是由於剝削了B嗎？

這是說明，儲蓄是資本的起點，是財產的起點，是不平等的起點，同時，儲蓄也是社會進步的起點。A之致富，不僅使自己受到利益，同時還可以幫助B，把B的生活水準也提高。我們現在要叫A與B二人發生關係了。

現在A是豐足而閒暇，他可能以多餘的時間結成一幅自己用不到的多餘的網。與此同時，B可能懂得了A致富之道，正在考慮如法泡製。忽然A對B說：「你無須自己結網，我把這幅網給你使用，十天之內，你每天給我五尾魚做報酬好了。」試問：B會不會接受A的辦法？我在此先把答案提出：如果B是聰明的，他一定接受A的辦法，而放棄自己結網之念。

我們來比較B所面臨的選擇：(一)如果自己結網，最初十日，他要忍受八分饑餓，到十二天以後，他僅得一網，並無一尾剩餘之魚。(二)如果接受A的辦法，B在最初十日之內，得魚二百，自食一百，以五十給A，尚餘五十，第十一、十二兩天，自己結網，又食二十到同樣的十二日滿期之時，他不僅已得一網，且得三十尾剩餘之魚。並且他最初十日的饑餓，也可以免掉。A與B發生的關係，對B有損害嗎？絲毫沒有。相反的，B是因此關係而得到莫大利益。我們能說A是剝削了B嗎？

再回過來看A的情形。他每日得網的「租金」五魚，積十日之久，共得魚五十。此五十魚係由兩種因素構成：(一)資本折舊，計三十三魚。(如果精密計算，應該是33.33……魚，這是一網的價值。A如以二日結網，十日捕魚，十二日的工作，可得魚二百；如十二日盡用於結網，可得網六。故在A，六網等於二百魚。) A的這一部分收益，即連社會主義者也不反對；他以網借人使用，終不能連網的「本錢」都喪失了。(二)利息，計十七魚(五十魚減三十三魚)。這是社會主義者所反對的。馬克斯派把它稱爲「剝削」(exploitation)，非馬克斯派則把它籠統的稱爲「不勞而獲」(unearned income)。他們認爲，利息是不合理的，甚至是不道德的。他們的理由：大金塊不會生出小金塊，總是用什麼不正當的方法，才能有這一分不知所從出的所得。

但我們在上文已解釋得清清楚楚，A與B發生租借關係，不僅有利於A，並且有利於B。就倫理的觀點，利己而不損人，不是不道德，何況利己而利人？不道德的譴責，可說是全無根據。進一步說，利息不僅合理，而且必要。如果沒有利息，A就不會去結網借人，他儘可以選擇前述第二種的儲蓄形態，即藉持久物以保持其儲蓄的價值；如此，B就得不到利益了。對網之普遍採用，即生產技術之普遍提高，利息之存在，具有莫大的推動力。利息，不僅對A(貸出者)爲必要，並且對B(借入者)爲必要，對一般社會的進步爲必要。

或問：一般借貸關係中，貸出與借入的是一筆錢，你這裏所說，是一項資本財，情形完全一樣嗎？答：完全一樣。假如A貸予B的是一筆錢，而所收本息亦以錢來計算，祇要此貸予的錢不少於能購得一網的價格，而所收本息不多於五十魚所能售得的價格，情形就完全一樣，所不同者僅是B多費一些買賣的手續而已。

或問：借貸資金或財物，如果借入者用於生產，則此借貸關係確實對双方均屬有利，但如果借入者把資金或財物用於消費，情形也完全一樣嗎？答：完全一樣，至少其爲兩利是一樣的。假如A所貸予B者，既不是一筆錢，又不是一張網，而是二十魚，並約定十日之後B應償還三十魚(依前例，是五〇%的利息)。在此場合，B在第一第二兩天內即可結成一網，八天捕魚，得魚一百六十，自食八十，以三十償A，尚餘五十。此時，B就有了再結一網的生活準備，較諸忍饑十日僅得一網的情形，有利多多。

至此，我們已說明了所謂「不勞而獲」中的一重要項目，利息之性質與意義。它有利於借貸双方；它有助於生產技術之普遍提高。因利息而致富者，他決沒有使任何人蒙受損失。如果把利息取消，進步將因之而緩慢，每一個生產者都必須把資本累積由自己來從頭做起，那是多麼困難之事！利息之存在，可使一部分人的資本累積，轉而供他人以至社會全體之用。社會主義者因爲利息造成不平等而反對利息，正如反對差別報酬一樣，實質上也等於反對進步。

早在一八八八年，奧地利學派大師龐巴衛(E.V. Boehm-Bawerk)即已在其名著「資本肯定論」(The Positive Theory of Capital)中，以精密的推理說明利息爲一種永久的存在，並預言即在社會主義社會，亦無法廢除。他認爲利息是起於眼前的財貨與未來的財貨之間的價值差異，人們總是重視眼前財貨，甚於未來財貨，這一事實，即在社會主義社會亦不能改變。我們於此，無法把龐巴衛的利息理論詳細介紹。(它雖與我們所作的解釋在方法與目的上不盡相同，但二者並不衝突。)有一點却可以提出，他的預言是應驗了；共產主義的蘇俄，是不僅沒有把利息，這「剝削」的果實，這「不勞而獲」的泉源，完全消滅，相反的，它倒成了一個經久的、當然的、受國家充分保障的制度。

社會主義者既不能反對勞動的差別報酬，又不能反對不勞而獲，他還有什麼側面的論據來反對經濟的不平等？有人說：他是反對含蘊於「資本主義生產關係」，即勞動雇用關係之中的不公道，以及此種不公道所造成的貧富之分化。很好。我們於此仍舉一漁人之例。我們可以很容易的叫A成爲資本家，叫B成爲勞動者，再來看他們二人之間存在的是一種什麼關係。

前舉之例是有一多餘之網，B正需要此網，A以網借B，收取一定量的「租金」。現在，我們把情形稍稍改變。A對B提出的辦法是這樣的：「你用我們的網來捕魚好了，捕得的魚完全歸我，我却每天給你十五魚作爲工資。」B會不會接受這樣的條件呢？當然接受。因爲這對B的利益，一點也沒有減少，與借A的網使用而付出租金的辦法，完完全全沒有分別。但是，我們不能不說生產關係已經改變。在前一場合，二人之間發生的是租借關係，他們都是獨立的生產者。在後一場合，二人之間發生的，却是雇用關係，A是雇主，B成了雇工。不過，此種關係之改變，對B並無損害。如果B能接受租借關係，他也同樣能接受雇用關係；如果租借關係對B是有利的，不能構成剝削，雇用關係對他也同樣是有利的，也同樣的不能構成剝削。所謂資本主義的生產關係，又有什麼特殊的「不公道」之處？

進一步，A可能從此不再捕魚，以所有的時間均從事於結網。他有了許多的網，且與B之外與B處於同樣境地的許多人，如C.D.E.等都發生了與B同樣的雇用關係。此種關係既對B爲有利而不構成剝削，當然對C.D.E.等亦均爲有利而均不構成剝削。再進一步，A可能連網都雇用人來代結，他雇用了M與N，並每人給予十五魚的工資，MN的情形與B等的情形一樣，不過易捕魚的勞動爲結網的勞動而已。如果A對B等有所補益而並未剝削，則他對MN亦同樣有所補益而並未剝削。現在，我們來看，A已經成了一個自己不參加任何勞動的，百分之百的資本家。但我們必須承認，在A成爲資本家的過程之中，以及他成爲資本家以後，從來沒有損害過一個人，相反的，他是幫助了B.C.D.E.以至M、N。我們要取消A的利益，事實上即等於把B.C.D.E.以至M、N等人的利益，一併取消。

資本主義的生產方式，即以雇用關係爲基礎的生產方式，以其技術的優越性而造福於大衆，普遍的提高了生活水準；它決不是如社會主義者所虛構的那種損人利已的，製造貧窮的，充滿了罪惡的制度。

我們再回過來看看B、C等的處境。B等自與A發生了雇用關係之後，所得不是減少，而是增多。此時，B、C等是面臨着一個新的選擇：(一)他可以把增加了的所得儲蓄起來，十日的雇用關係滿期以後，不再繼續，以儲蓄爲生活準備，自行結網，從此，他就能走上A所曾走過的同樣的道路。

(二)他可以把增加了的所得完全用於改善自已的生活，即用於消費，而自甘永遠做A的雇工。如果B與C二人作了不同的選擇，他們的命運就從此分歧。這裏當然又生出新的不平等。但，誰實爲之，孰令致之？B與C的命運是完全掌握在他們自己之手。或者，這是天賦的性格使然，與其怪人，不如怪天。

我早就想到會遭逢這樣的詰難：你所舉的例，是一項極簡單的生產工具，在技術高度發展的今日，全不適用；在今日，一個勞動者，即令節省一輩子，也省不出一部龐大的機器，一個龐大的工廠來。我答覆：正因爲技術高度發展，今日的機器與工廠，已不是一人所獨有，而成爲許多人所共有。勞動者要成爲共有人之一，並不比那個原始的漁人之獲得一網，困難得太多，公司股票是可以零零碎碎買進，一張一張的累積。如果B是某工廠一千個勞動者中之一個，他祇要能持有此廠千分之一的股票，他就成爲他自己所使用的生產手段之充足的所有人。美國一般工廠的全體勞工，如果情願暫時過中國農民那樣的生活，我相信，不消兩三年的時間，他們合在一起，一定有能力把整個工廠都收買下來。

或者還有人提出這樣的詰難：勞動者縱十分勤儉，他累積儲蓄的速度，往往趕不上技術發展的速度。勞動者與資本家初次發生雇用關係之時，勞動者是分得技術之利益的，但可能在雇用關係存續的期間，勞動者的儲蓄還夠不上就此一技術水準成爲一獨立的生產者，而生產技術却又向前邁進，此時，新生產技術所帶來的利益，資本家是不是也願意分給勞動者呢？這是一個較爲複雜的問題，它牽涉到工資理論，必須多費幾句話來解釋。但我可以先在此指明：資本家是否把新技術的利益分一部分給勞動者，並非資本家所能任意安排，而仍然要由勞動者自己來決定。

我們先把技術水準分成A.B.C.……等等級，把各水準的生產所得稱爲a.b.c.……；B高於A，C高於B 當然b大於a，c大於b。如果一勞動者的儲蓄，僅能從事A水準的獨立生產（所謂獨立生產，不一定要一個人從事生產，聯合若干情形相同的人合作也是一樣），如有資本家要把他雇用 工資僅須略多於a即可，不管此資本家所採用的技術水準爲B級抑爲C級。如果一勞動者的儲蓄，已能從事B水準的獨立生產，則資本家要把他雇用，就至少必須付出略多於b的工資，而此資本家亦必須採用高於B級，即C級的技術水準。這是說，勞動者自己愈有辦法，資本家就被迫分更多的利益於勞動者。但此係就個別的工資而言。事實上在同一工廠，甚至在同一社會，資本家不能因人而施；工資是要一律的，它要找尋一個水準。

工資水準，隨勞動力供求之變化而漲落，供過於求則落，求過於供則漲。今有一工廠，其技術水準是C級的，它可以把工資定在a與b之間，也可以定在b與c之間。(一)如果大部分勞動者，憑自己之力僅能從事A水準的獨立生產，則勞動供給量極大，工資水準就會跌得很低，譬如，僅僅略大於a。(二)如果大部分勞動者，憑自己之力已能從事B水準的獨立生產，他們

『自由中國的宗旨』

第一、我們要向全國國民宣傳自由與民主的真實價值，並且要督促政府（各級的政府），切實改革政治經濟，努力建立自由民主的社會。

第二、我們要支持並督促政府用種種力量抵抗共產黨鐵幕之下剝奪一切自由的極權政治，不讓他擴張他的勢力範圍。

第三、我們要盡我們的努力，援助淪陷區域的同胞，幫助他們早日恢復自由。

第四、我們的最後目標是要使整個中華民國成爲自由的中國。

不會接受低於b的工資，工廠如把工資定在b以下，就無法招到足够的人手，於是不得不把工資提高。勞動階級自身的景況，可改變工資水準；而勞動階級自身的景況，則決定於個別勞動者的儲蓄。

我們由此可以得到這樣的推論：資本家愈多，資本額愈大，對勞動者愈為有利，因為對勞動的需求量增大了，他們會因爭取人手而把工資水準擡高。同時，在整個勞動階級之中，如果有許多人都有儲蓄或變為資本家，即對那未有儲蓄或未變為資本家的勞動者，都是有利的。這是說，勤勞節儉的勞動者不僅幫助了自己，並且幫助了那些懶惰浪費的勞動者；他們可以不接受低工資，使勞動的供給量減小，因而擡高工資水準。

總之，技術之發展與資本之發展，對勞資双方均屬有利，那是確定了的，問題祇是在勞方所獲得的利益為多為少。此則須視勞動者自身的儲蓄以為斷。

至此，我們應該已經看得明明白白，一人之富，決不會損及他人，相反的，它祇有把他人的生活也連帶的改進。可以說，一人之富，正是他人之富之泉源。誠然，就一社會的橫斷面來觀察，貧富是不均的；但，祇要資本主義的生產在發展之中，就各階段的橫斷面來觀察，則此時之貧者，已勝於昔日之富者。水漲船高，在進步的社會，原始的赤貧即不復存在。在經濟的領域，一切求平等的直接間接的辦法事實上都是壓低（leveling down）的辦法，它一定會破壞社會進步之水漲船高的自然作用。

× × × × ×

絕對平等之不可能與不可欲，如本文篇首所述，稍具理性的社會主義者自己也早就清楚。於是他們改變一個說法。他們不再說消費的平等，所得的平等，財富的平等；他們祇說機會的平等。這是退轉。經這一退轉，他們與經濟自由主義者之間，應該沒有什麼歧見了，因為機會平等，在原則上是無人反對的。但我們還要追究：是用什麼辦法達到機會平等。是用「提高」的辦法呢？還是用「壓低」的辦法。

經濟自由主義者認為，在經濟的領域，「提高」的辦法是沒有的。「拉平」的辦法，也往往是無效的。凡是能實行的，能想到的辦法，都是「壓低」的辦法，都是叫大家退回到出發點去從頭跑起的辦法，它縮少了一部分人已有的機會，却並不能增大或創造另一部份人所未有的機會。「提高」的辦法必須到經濟領域以外去找尋。此辦法即普遍的義務教育。經濟自由主義者僅對普遍義務教育無條件的贊成，對其它辦法，均持保留態度。

無疑，人之為貧為富，有許多偶然的即機會的成分。在負的方面，天災人禍究竟對誰造成損失，是碰巧的；保險制度已使此種損失儘可能為多數人所平均擔負。在正的方面，最大的偶然因素，即為遺產：人出生於富人之家抑窮人之家，那完全是碰巧，不用說，富人之子的機會，大於窮人之子。但是，除非富人自願，社會沒有辦法，國家尤其沒有辦法，把富人之子的機會奪過來補充貧人之子。

這裏當然要說到遺產稅的問題。我不反對遺產稅。但我所以不反對的理由是這樣的：反正國家總要抽稅，而抽稅總多少要對人民的經濟生活造成一些損害，在一切稅收之中，遺產稅係徵諸富人，損害是較小的，所以可取。我却不能贊同把遺產稅當做刼富濟貧的手段那種觀念，因為這是無效的：富人不會無抵抗的聽任政府來「刼」，而政府也並不能把所「刼」得者，真作濟貧之用。

現在，實行遺產稅的國家多數有這樣的經驗：稅率愈增，稅收愈少。其實所有的稅，多少有這樣的性格，而以遺產稅為尤甚。稅率總不宜過高，稅率過高，徵稅對象就會縮小到不見。高稅無異是一種懲罰，一種取締，總之，它有一種挫折的（discouraging）的功能。遺產受到懲罰與取締，遺產就不見了。人，除非是暴病身亡，儘可以在生前把財產盡行處分，化用的化用，讓渡的讓渡，不會留下來等待「刼」取。如果法律規定某一數量以上的遺產，其徵稅率為百分之百，則此一級的實際稅收殆將為零，因為政府將發現沒有一個人的遺產會在此規定數量之上。如果稅率是百分之九十，則稅收雖大於零而仍略近於零。餘準此類推。遺產稅是可行的，但稅率宜輕，否則技術問題無法解決，等於遺產稅本身之取消。（至於輕到如何程度，應就實際成效以斟酌，無法作理論的探究。）依法收稅，原為一技術問題，但如果技術問題竟困難到幾於不能解決，則亦可反過來說明此稅法在原則上必有可議之處。

過重的遺產稅，對一個資本累積不够的國家，即貧窮的落後的國家，尤其有害：（一）它鼓勵消費，損害一般人的儲蓄興趣(propensity to save)。（二）就算並不損害儲蓄，一般人都會把儲蓄以動產的形態保留，不願以不動產的形態保留，因為動產容易「規避」，這樣就損害了一般人的投資興趣(propensity to invest)。在一個貧困落後的國家儲蓄與投資衰退，即等於奢侈與投機之橫行，社會經濟就無法進步了。

社會主義者，由於平等的動機，他們總或多或少對財富抱持敵視的態度。這是他們錯誤的起點。我們已努力說明財富不論掌握於何人之手，均對他人無損而有益，敵視財富而欲與之鬪爭，這是走上貧窮之路。我知道社會主義者於此有辯：他們反對的是私的財富，却並不敵視公的財富。至此我們已進入另一個論題。

冷戰前線的柏林

西歐通訊十月一日

龍平甫

庚子之役(一九〇〇年)八國聯軍入京後，我國的首都被聯軍分區佔領。在佔領初期秩序很壞，聯軍不但搶刼而且殺戮。據當時外國人的記載，秩序以俄區最壞，日區最好。佔領初期聯軍曾掩埋了三萬具華人屍體，恐怕當時死亡的中國人尚不止此數。佔領我國京城的聯軍一直到一九〇一年九月下旬纔開始撤退，先後爲時一年一個月。現在我們看到另外一個聯軍佔領敵國首都的例子，這便是德國首都柏林被同盟國軍隊佔領，由一九四五年起到現在已經七年多了。直到現在爲止，我們不能獲得絲毫線索以預料聯軍撤退的時間。不但如此，柏林已成爲冷戰中的一個最重要的前哨陣地。除非被武力趕走，任何一方不會自柏林先撤退的。當年德國駐華公使克林德(Von Ketteler)被刺殺的消息傳到柏林，德皇威廉第二(Wilhelm II)勃然大怒，立即去信給他的外交部說決心爲他的全權公使復仇，他認爲這件事是亞洲反抗歐洲的擧動，因而歐洲列強應組織聯軍，由德籍將領任統帥，與中國作戰，他最後說：「我們必須攻擊佔領北京，並夷之爲平地」！誰知四十五年後，威廉第二當年的首都遭受到比我國首都更慘酷的命運在陸空攻擊之下，柏林建築物的精華很多被毁，尤以政府機關爲甚。戰後的柏林已面目全非，希特勒當年曾誇口說：「給我十年的時間，你們(德國人)將不會認識你們的城市」！他說這句話的意思是要給德國人建築一些嶄新的城市，但是十二年執政的結果，爲德國闖下大禍，許多德國城市却被戰爭破壞得面目全非。

一九四五年春季蘇俄軍隊由正面進攻柏林，美軍則渡萊茵河向柏林推進。有一個時期似乎美軍可以先入柏林，不知爲什麼原因，美軍停頓下來，讓蘇俄軍隊先入柏林，並佔領其近郊。後來英美法蘇四國分區佔領柏林，而柏林却因此包圍在蘇俄的德國佔領區內。正因爲柏林孤懸在蘇俄佔領內，蘇俄得隨時和她的「盟友」搗亂。因此一九四八年蘇俄得以封鎖柏林，如果沒有「空橋」的接濟，我們很難想像這個「柏林之圍」會演成甚麼結局。一年多的「柏林之圍」雖然解除了，但是自由世界與共產世界的冷戰却繼續着，柏林仍舊是最重要的冷戰前哨陣地。大大小小的「事件」在那裡不斷的發生，新聞記者也懶得刋載這樣家常便飯的事件，祇到情形比較嚴重時，報紙纔給它披露一些新聞。不過俄人自封鎖失敗後，不再演那一幕劇了。如果我們要瞭解冷戰進行的程度，下面一段故事可以作爲一個例子。這段新聞在一年前刋在報紙上：柏林市的地下車網仍舊保持完整，經常往來各區行駛維持交通，有一次，一個德國人在地下車中咒罵東德政府首領，當地下車停在東柏林的一個車站時，因同車親共份子的告密，他被捉下車去。接着地下車開到柏林西區，這位告密者却被反共份子的告密被西方當局捉下車去。

事實上柏林市和德國一樣的被割裂爲二。柏林美英法三國佔領區共有二百十五萬居民，經濟問題對於這些居民是最嚴重的。戰前大部分柏林居民依賴服務的收入以維持生活，但是戰後的柏林已不再是首都，那裡沒有中央政府機關，大部居民的服務收入爲之斷絕，此外許多工廠在戰時或遷出柏林或遭受破壞。現有工業不能養活大量人口。爲了維持居民的生活，西柏林不得不集中全力重建工業並發展新的工業。但是柏林工業的重建因蘇俄的封鎖而受到阻碍，此外資金也成問題。直到一九五〇年馬歇爾援歐款項中分配給柏林的錢撥到後，重建的工作方大見展開。柏林的工業以電機，服裝及機器製造爲最主要。佔第四位的是食品工業。電機工業佔首位：它所僱用的工人佔全部西柏林工人的百分之四十。它的生產量在去年十月已恢復到一九三六年的百分之五十五。機器製造業在同時期恢復到一九三六年水準的百分之四十一。服裝業則完全達到一九三六年的水準。此外化學工業及製藥工業已恢復到一九三六年的百分之七十。至一九五一年冬季爲止，馬歇爾援歐款項用於西柏林工業重建的投資已達三億馬克。另外有二億接着要動用。許多德國公司或在西柏林設法恢復已破壞的設備，或另設分廠；它們認爲西柏林有大量可用的人工，建設或恢復工廠可以省錢。即使戰爭發生，柏林並不會比西德其他各地爲更危險。因此它們並不怕在這個冷戰的前哨陣地從事生產。經各方努力的結果，西柏林的工業生產在繼續增加中。其生產品總價格由一九五〇年初每月一億馬克增加到一九五一年十月的每月二億四千萬馬克。現在當更不止此數。固然有一部分的增加是表示物價的上漲，但是生產量的實際增加却是不可否認的事實。

柏林既不成爲首都，工業又未全部恢復，又加上難民問題，因而有最嚴重的失業問題。去年馬歇爾援助金每月救濟西柏林二十五萬失業工人。其中大多數失業已很久，然而柏林市當局認爲這已成爲正常現象。這樣多的失業者似乎是東德當局最良好的進攻目標，實際上並不如此，失業者反而成爲西方最可靠的支持者。西柏林的物價低於東柏林，在西柏林麵包與馬鈴薯的售價祇及東區價格的一半，雖然麵包商與馬鈴薯販子並不高興，但是基本物價之低却是西德社會的安定的一個安全活塞。柏林既成爲東西世界的接觸地點，自然有不少的人會利用這種現象作特殊的行業，在這些行業中走私是最興旺的。東德因爲經濟封鎖便利用走私運入所需用的物資。柏林東西區交界處五十三處路口關卡的暗處以及湖沼及河流上往來着走私的勾當。在柏林古爾佛士騰丹大街(Kurfüstendamm)的小咖啡館及小酒吧間中隨時出現一些來歷不明，職業有問題，操着刺耳的鄉音的人，他們在那裡進行着一些秘密交易，玩弄着由政治以至犯罪之間的一些可怕的玩意。擔任這些交易的中間人可以駕着汽車安全的來往東西柏林。他們過着東西世界之間一種地下生活。不過我們得承認絕大多數的西柏林市民却有很確定的政治立場。他們拒絕掉換或接受那些家居西柏林而在東柏林工作的人所得的東德馬克。如果他們之中有些人在戰前經常在附近的東區市場買東西，現在他們却在西區購買一切。因種種原因，東德馬克在自由市場上被貶值，祇有在戲院及音樂會賣門票時它獲得較市價爲高的兌換價格。

在東西冷戰的局面下，西柏林市民忘記了內部的政爭，雇員與顧主，工人與廠主之間的關係都是很好的。本來柏林市中有一些人是仇視盟國的，但是經過封鎖的經驗之後，西柏林市民已視西方同盟國軍隊及其國民爲其盟友，從此變成合作者。儘管冷戰神經戰怎樣進行着，西柏林市民仍很安靜的生活着，他們對這些司空見慣的事件泰然處之，儘管環境不佳，他們仍未失去生活上的幽默。

戰前柏林是一座男子城，戰後的柏林則變成一個女兒國。在那裡婦女多於男子百分之二十五。這是一個重大的社會變化。經過戰爭的磨煉柏林的婦女態度安詳，精神獨立，樂於五助合作。生活雖苦，她們仍沒有忘記修飾，追隨時髦。西柏林大部分失業者是婦女，戲院中的觀衆有四分之三是婦女。柏林市參議會擁有世界最大比例的女參議員。此外各機關的負責人中也有許多女性。例如柏林市動物園主任便是前 主任的太太；少奈伯(Schöneberg)區的區長是一位女性；也是最年青的，勞工法院中有位女參議，此外尚有許多婦女，在事業機關佔有相當重要的地位。婦女在選舉投票時不一定和丈夫投同樣的票。因爲她們也有其政見。她們可能沒有政治活動的興趣，但是得爲麵包與馬鈴薯的價格及家庭預算着想。

在這個自由世界的邊緣地帶，人們更迫切感覺到自由的重要。爲自由而奮鬪的青年與學者在西柏林創辦了一所柏林自由大學(Die Freie Universität Berlin)，這所大學的成立導源於東區列寧大學多數教授與學生的出走，但是主要的推動力却來自青年學生。由於學生的請求，西柏林的市參議會纔通過議案要求市政府成立一所自由大學。現在校長是克勒斯(Hans Von Kress)。西德人士稱自由大學的設立是一個智識上的嘗試(Wissen Schaffliche Abenteuer科學上的冒險)。大學學生對於學校行政發生相當影響。他們在校務委員會各院辦公室，及招生委員會均有代表。有人說他們太「政治化」，然而在政治的現實下，經過切身的經驗怎麼不會「政治化」呢？一般而論，學生的物質生活條件是很壞的。六千學生中有一半接受柏林市的接濟，其中有兩千人是東馬克貶值獎學金生(Wäbrungsstipendiaten)；八百人是社會獎學金生(Sozialstipendiaten)。目前柏林市的財力不能維持這樣一所大學，於是在世界輿論的鼓勵之下，不少外國朋友給自由大學捐錢。其中最大的一筆是美國福特基金所捐的，數達五百萬馬克 約合一百二十萬美金)。

大部分學生每月祇有八十馬克的補助。因此學生自行組織一個謀生的互助機構，給它取了一個很奇怪的名稱：「工作奴精會」(Heinzelmänchen)。在中國與在歐洲流行着一種類似的傳說，有一種妖精或狐仙常會跑到居民家中去，如果主人伺候他恭敬週到，他會偷偷地給他作許多事，使主人有舒服愉快的物質生活，如果得罪了他，他會作出許多惡作劇。現在柏林自由大學學生決心效法好脾氣的狐仙，不分晝夜的爲居民服務，學生繳兩馬克便可入會。祇要得到邀請他們可在任何時間到居民家中作任何零工，例如運煤，看護小孩，開汽車，領導遊客。總之，他們願意擔任任何工作以求維持繼續學業，並且獲得那頂博士方帽子。到去年終已有一百多人獲得博士學位，今年將有更多的博士出校，不過在柏林找出路是非常困難的，有些醫生爲了生活不得不權作電車司機，另外有一些醫生甚至祇能找到一些祇供膳食不給薪水的工作。於是大多數畢業的學生必須到西德去找事做。然而他們到那裡不見得會找到與他們所學相適合的工作。前途雖然如此，他們仍有充分的奮鬪勇氣去應付一切。

在西柏林有一個爲自由而奮鬪的組織，它名叫蘇俄佔領區自由律師調查協會(Untersuchungsausschuss Freiheitlicher Turisten der Sowjetzone)。總會設在西柏林的策能村(Zeblen-dort)的一所在幽靜巷中的別墅中。這是一個反抗蘇俄佔領區極權統治的地下運動組織。它的活動已大見成效。因而東德蘇俄政治警察(M. W. D.)對此組織的活動非常注意，但是無可奈何。本年七月初在西柏林的大街上白晝發生綁架的事，自由律師調查協會負責人之一林士博士(Dr. Walter Linse)被人强迫拖入汽車疾駛到柏林蘇俄佔領區，西德警察沒有趕得上。林士事件發生後大家對自由律師調查協會更加注意。根據該會負責人兼創辦人佛里德諾博士 Dr. Theo Friedenau) 在事後所發表的文章，林士原來在東德作律師．後因言行被東德當局列入黑名單，不得不於一九四九年逃到西柏林，後來他聽說自由律師調查協會的存在，於是寫信要求加入，他說明願意爲憲政的永久維持而奮鬪。他接着說他深知從事抵抗蘇俄佔領區的違法行爲足以危害他個人安全，但他決不顧及個人決心以全力奮鬪。後來林士擔任政治囚犯救助委員會的業務主任。他負責向自由世界呼籲以物質及精神的援助拯救在東德被囚的二萬五千政治犯。林士事件發生後輿論譁然，西德國會提出討論，美國駐德高級專員提出抗議，要求釋放。但是林士迄未被釋放。

自由律師調查協會原來是佛里德諾所創辦的，他原來在東德的布蘭登堡（Brandenburg）及吐林根（Thüringen）作律師，曾企圖在東德組織地下運動而未成功。後來他跑到柏林，在三年多以前成立這個協會，最初祇有一個學生作他的助手，他的組織發展得很快，到去年冬季他在東德已獲得兩千人入會作爲經常工作的會員。另外有幾千人和它取得聯絡，作一些臨時性的任務。會員之間不能發生橫的連繫，祇和首腦部分發生關係，以防止組織的被破壞。在柏林每天有一二百人到策能村去拜訪佛里德諾，訪客經過嚴密的查問後方給他通報，而且每人有一登記號數以代替姓名以防止訪客姓名爲他人識破。協會在東德所採用的手段不是暴力，又不是恐怖，而是「法律制裁的威脅」。到去年多協會已紀錄了二萬官員在東德的違法行爲；它同時也紀錄那些同情有功於它的人們的事蹟。協會利用東德官員及共產黨員的恐懼心理爲活動的武器。換言之，東德的那些中下級官員及黨員不能不考慮萬一社會主義統一黨(S.E.D. 此黨由東德共產黨聯合其他左翼政黨組織而成，由共產黨操縱)被蘇俄摒棄；萬一蘇俄軍隊撤離德國時，他們的違法行爲會受到法律的制裁。這個最後的一日（Tag X）的心理由自由律師調查協會充分利用，作這種活動的地下自由律師在東德常用恐嚇信及牆壁標語的方式阻止犯罪，或揭發犯罪官員的暴行。現在東德已有六十人分區主持自由律師的地下活動。他們的座右銘是：「如果我們不能阻止犯罪的發生，應至少減輕犯罪的程度。」

冷戰期間的西柏林有一個最難解決的問題：源源不絕的難民的湧入。由東德逃亡而來的人有兩種：一是「人民警察」(Volkspolizisten)，一是難民。如果逃來的是人民警察，報紙往往給他留一二行地位刊載新聞，如果是難民。報紙却一字不提，因爲已紀不勝紀，索性不提。關於人民警察的逃亡，過去平均每日有三名逃到西林柏。這已是龐大的紀錄。西柏林對於逃來的人民警察並不給償金，但是東德爲鼓勵西德警士的逃到東德，每名規定給五百馬克的償金。聽說這筆償金始終沒有人去領過。西柏林設有難民招待所（Flüchtlings-Auffang-Organisation），負責爲難民解決初步的食宿問題。西德政府則設立難民部（Flüchtlichtlingsministerium），部長是路加石(Kaschek)，負責向各邦安插難民。由本年一月至八月逃到西柏林的東德難民共計五萬三千人。其中有一萬六千人是八月一日中逃來的，最主要的原因是東德當局宣佈封鎖邊界，增加居民恐怖心理。結果：儘管邊禁怎樣森嚴，他們仍不顧越界的危險逃到西區。西柏林設有二十個難民營收容他們，大多數難民願意留在柏林，因爲他們可以找到住處，其餘的則由飛機每日運四百人左右運到西德去，由聯邦政府設法在各邦中安插。然而這是一件不容易辦的事，因此德國全般問題部部長（Bundesminister für gesamt dentsche Fragen）愷沙（Yakob Kaiser）不得不在最近向東德居民廣播，要求他們非至萬不得已，不應離開故鄉逃往西德。儘管西柏林的工業在逐漸恢復中，工作的機會日增，但是難民不斷的增加，西柏林的失業人。近來始終在三十萬人左右。

代郵

泗水李心田先生：

來函拜悉，先生愛國之忱，令人感動。所示意見，本刊尤表同情，已轉致有關當局，籲請注意改正。此覆，並盼時賜教益，是荷。

本刊編輯部啓

香港通訊

勞山峯下寃魂淚

魯凡夫

這是一位最近從鐵幕中國逃出來的人口述的故事。這是千眞萬確的慘絕人寰的悲劇，但在鐵幕中國這類事已不再是新聞而是司空見慣了。然而這些血債，我們終有一天要清算的。

故事發生在「快樂幸福的新中國」下的青島，主角是一位「老大哥」呢！

七月二日清晨九時許，離滙泉飯店約半里許的海灘上，發現了一具女屍，屍身穿着一套藍色的女列寧服，手上還戴着白手套，頭髮蓬鬆的散亂着，一頂列寧帽被遠遠的拋棄在一邊；女屍的面貌娟秀，年輕。屍身上有數處刀痕，全屍已爲早潮所浸濕，耳、鼻，頭髮間已滲雜有不少的細沙，創口已爲潮水所沖淨，屍傍亦無積存的瘀血。

中共「滙泉公安派出所」得報後，曾由該所「所長」親率三名「公安幹部」和「市人民法院」裡一名司法員趕來檢視，他們曾從屍身所着的衣服口袋中，檢出有水筆、日記冊、手帕、鑰匙、短函等物，並又在屍身附近，拾得一隻手錶和一枚證章，根據着這些東西，方證明出死者名初維貞，是蘇俄駐青島「海軍基地司令部」裡一名女職員。

「初維貞」，這個名字是爲青島市一般青年學生所熟悉的，她曾是市立女中的校花，又曾在全市運動會上出過風頭，她不但長得很美，功課做得亦很好。她的父親名初俊山，曾畢業于東北哈爾濱鐵路學院，在東北各鐵路局服務甚久，能說一口極流利的俄語和日語，抗戰勝利後，他方由東北携眷返回青島故里，卜居在大學路上一幢小洋樓裡，作息影之計。初維貞是這個小家庭裡的獨生女，故平素很得家人的鍾愛，因爲天資聰慧，幼時又常受到她父親的薰陶，故自幼即能隨着她父親說上幾句俄語和日語。

中共「解放」了青島後，初俊山因曾在「僞滿」統治下做過事，遂被中共列爲「反動嫌疑份子」，後且爲「青島軍管會」拘往濟南受「思想改造訓練」，歷經了十個多月，幸其能說俄語和日語，又算是鐵道技術人材，方能被釋放送往「鐵道兵團」「爲人民立功」，現仍隨着「鐵道兵團第七工程處」在陝西漢中修天成鐵路。

初維貞于其父親被捕時，適方畢業于市立女中，因迫于當時的險惡境遇，遂未能再獲繼續升學的機會，後曾變志考入中共設在北平的「外國語學校」，秉其父親所傳授的一點俄文基礎，作進一步的「學習」。去年秋間，蘇俄在青島正式設立起「海軍基地司令部」後，因急切需用譯員，中共乃派她和另數名學生應召前來服務。她這時不僅能說俄語，且能很熟練的運用俄文打字機，故于服務不久以後，即被升充爲「基地司令部」裡的書記。今年二月間，「我們的老大哥」吉塞奧諾夫來到了青島，就任海軍第一分校總顧問，兼蘇俄駐青島海軍基地司令部參謀官，見初維貞貌甚姣美，思欲染指。吉氏先故將她調到其所管轄的單位裡服務，後更調她充其私人的書記，並不時籍機向她調笑。

她今年爲廿二歲，自其父親被捕後，她即和其母親由大學路移居于湖南路一所陳舊的小石樓中，全家亦僅她和其母親兩人，家庭的生活後亦全賴她每月的薪金來維持。她有一表兄名吳靜安，年長她四歲，曾畢業于山東大學，和她的感情很好，當她尚在市立女中讀書時，他倆便已訂有婚約，後因她的父親遭遇到不幸，而她表兄的家庭亦正屢遭中共的迫害，故倆人迄未能完婚。

吳靜安的家庭本亦爲青島有名的世家之一，在中共眼裡看來，還算是青島「八大家族」中最「封建」的一個官僚家庭，當中共甫竄入青島，首先即向他家開刀。由「軍管會」直接發動起一批無賴流氓，先後向他家「鬪爭」了四次，直把他家的全部財產，「鬪爭」得一乾二淨方告罷休。可憐一個擁有三代人口的大家庭，竟被中共「搞」得如土崩瓦解，七零八落。吳靜安的祖父且被活活的「鬪」死，他的大伯父則被中共指爲「惡覇」，現尚被囚在青島市監獄裡，其父親幸因素即患有很嚴重的肺病，所以中共方沒有過份和他作難，苟全了他的一條性命，惟不久亦因受刺激過深，病況轉劇而亡。吳靜安本人于共家庭慘遭摧毀後，即孑然一身遠奔至北平，投入「革命大學」受訓，經校方予以多次考驗後，始准其畢業，分發到濟南市「人民政府」當了一名小幹部。他雖經歷了這麼多的折磨，但其和初維貞的感情却反有增進；當他在「革大」受訓時，初維貞亦正考入「外國語學校」，倆人雖不能時相見面，可並未斷了情書的往還，及初維貞被派返青島，他雖則被分派在濟南，然他仍時常籍一些機會，溜返青島與初維貞相晤。今年春，吳靜安且已請得共「上級」的批准，擬于本年九月間完姻，那知于距他倆完姻的日子已不及兩月的時間內，竟發生了這麼一個不幸的慘變。

初維貞于被吉塞奧諾夫調充其私人書記時，心裡即已起了戒心，但她終究是一個女孩兒家，對于「老大哥」的命令，當然不敢有所異議，只好忍耐住與吉塞奧諾夫虛作委蛇，即吉塞奧諾夫偶或對她調笑過甚，她亦只得隱忍于心，在表面上還不敢露出一點不樂意的神氣；因此，吉塞奧諾夫乃亦對她益發放肆，認爲她心裡已屬意于他；其實，她每于遭到吉塞奧諾夫的過份戲侮後，總即返家與其母親相抱痛哭一場。今年三月八日，吉塞奧諾夫曾藉口爲慶祝她「歡度婦女節」，曾强偕她往太平路「蘇俄海軍俱樂部」裡大跳了一陣舞：傍晚，又用其私人小汽車，載她同往滙泉飯店用晚餐，(吉塞奧諾夫即住于滙泉飯店四樓。)企圖將她用酒灌醉，加以姦污，幸她事先已有這種警惕，故當吉塞奧諸夫漸向她作出一些猥褻的儀態時，她乃不顧一切，惶然奪門而逃，得幸免于難。

次日，她知定要遭到吉塞奧諸夫的責難，遂寫了一封措詞很婉轉的信，托人送往「基地司令部」，向吉塞奧諸夫辭職；吉塞奧諸夫接讀到這封信，竟隱然不宣，反通知「市公安總局」，誣她故意怠職，行動有異，「市公安總局」乃即傳她受訊，她迫不得已，遂將吉塞奧諸夫平素如何戲虐她，昨晚又如何欲對她實施强暴等情形，一一和盤說出。她以爲「交待」了這麼清楚，「市公安總局」即不會對她有誤解，孰知結果竟和她所想的相反，她竟被「市公安總局」加以拘押，並聲言將要對她的行動作調查。兩天後，「公安總局副局長」周鶴恩又親向她盤訊，對她先前所供出的事實，竟予以一筆抹殺，認爲係出于她的揑造，迫她供認是否受有「國特」的煽動，她當時會被逼得痛哭流涕，神經大亂，後來，周鴻恩又裝出一付仁慈面孔，安慰她說：「也許你是眞的沒有受到國特的煽動，但你現在的行動已屬犯了很大的錯誤，除非你能向吉塞奧諸夫參謀官認錯，否則，政府是不能原諒你的」。她聞聽後，心中雖有所不干，然惟恐因此累及她的母親，且「市婦女會」亦曾多次派人來向她作恐嚇，故她終于按周氏所說，向吉塞奧諸夫寫了一封「悔過書」。最後，她方被周鴻恩親率同往見吉塞奧諸夫，並被迫再向吉塞奧諸夫面致歉意，一場風波方告平息。此後，吉塞奧諸夫即益發肆無忌憚的向她大施戲虐，而她亦只得更加隱忍，强作歡笑了。

吉塞奧諸夫固知她已有未婚夫，並亦悉她將于九月間結婚，在她被「市公安總局」釋放的當日，吳靜安曾從濟南聞訊返同，對她所遭遇的磨折雖亦大感憤慨，然亦僅能私感憤慨而已，除對她深加安慰外，別亦無計可施。當天傍晚，吳和她曾相伴往海濱漫步消愁，適吉塞奧諸夫時亦偕同着兩名蘇俄軍官往海濱游船，雙方乃在海軍碼頭上相遇，吉塞奧諸夫初不意伴她同行的青年即其未婚夫，故尚以很輕佻的態度，邀他倆同游，他倆當然不敢拒絕，乃勉與之同行，途中，經吉塞奧諸夫向初維貞盤詢，方知與她同行的青年即吳靜安，當時吉塞奧諸夫即面露有悻然之色，在海濱同游了未多一會，吉塞奧諸夫即偕其友人和他倆分手。次日，吉塞奧諸夫于其辦公室內，曾以「保持基地機密」爲籍口，警告初維貞不得再和其未婚夫婿常相接近，不然，他就要再向「市公安總局」建議，調查他倆的行動和思想。

「七一」前夕，吳靜安又乘次日爲假日的機會，匆忙由濟南趕返青島，圖與其未婚妻再作一日的聚首；當他未返前數天，曾由濟南致初維貞一短函相約，此函即後面初之屍身上所搜得的短函。吳返回青島後，曾竟日伴着初維貞作郊遊，直至傍晚，初因需應「人民市長」賴可可的召請，往滙泉飯店伴舞，方與吳氏暫別，惟她曾和吳相約，邀吳于夜深後，往滙泉飯店附近守候，伴她一同返家。當夜十時許，吳即應約前往，守候在滙泉飯店附近的公路上；事亦屬很湊巧，吉塞奧諸夫于這天因處理一件很緊急的工作，竟終日留在「基地司令部」未返，賴可可等所舉行的舞宴，他亦未能及時參加；深夜十一時許，他方結束了工作，獨自驅車返滙泉飯店。當他駕車行近飯店附近時，竟瞥見吳靜安一人在路傍徘徊，于是乃引起他的醋意，更進而激起了他的殺機，遂突然將車在吳氏身傍煞住，在車廂內假意和吳氏相招呼，後即用手作勢，邀吳氏同乘車進滙泉飯店參加舞會，吳未慮及有變，乃被他很善意的拉進車廂，他當即開動車沿公路向東疾駛，吳氏因不諳俄語，故對他這種突然的舉動，亦茫然不知所措，車行約十餘分鐘，即戛然在太平角停住，此處已屬市郊，白日亦很少有人來往，爲一塊很靜僻海濱。吉塞奧諸夫將車停住後，即突然拔出身上的佩劍，向吳氏作連續的猛刺，可憐吳氏因一時的大意，遂遭吉塞奧諸夫所騙不明不白的葬身在這塊荒僻的郊野。吉塞奧諸夫見吳氏已氣絕，乃再將其屍身繫上石塊，拋沈入海水中。

滙泉飯店裡的舞宴告散後，初維貞意料吳氏定已來在附近守候，故未隨着「市人民政府」特派的交通車同返，逕步往附近公路傍尋找吳氏，經她找尋了好一陣，卒未見到吳氏的影子，心中乃不免有點惶恐起來，時參加舞會的人已皆散盡，交通車亦已走完，故她亦未敢再作逗留，即拔步向市中心區急奔，那知行未多遠，吉塞奧諸夫突從後面飛步跟上，並用手將她攔住，迫她重返滙泉飯店休息，她知吉塞奧諸夫的用意，遂力作掙扎不允其所求，不知怎麼竟觸動了吉塞奧諸夫的惱怒，竟拔出其佩劍，亦將她一倂刺死，滙泉本亦屬一靜僻地區，路旁並無店舖和民居，僅遠處散落有數幢別墅，故吉氏行兇時，並無人能得窺知。

吉氏刺殺了初維貞後，次日清晨，即自其辦公室用電話通知「市公安總局」云：初維貞盜取了他的幾件文卷逃逸無踪，囑「市公安總局」速加偵緝。「公安總局」剛得他打來的電話後不久，即又接得「滙泉公安派出所」的電話，謂在海灘上發現了初維貞的屍首，于是乃引起「公安總局」的疑惑，經把她的屍首詳加檢視後，即斷定她是被暗殺致死。惟兇手是誰？「公安總局」和「市人民法院」裡一群混蛋幹部，即根據吉塞奧諸夫所打的電話和由初維貞屍身上所搜得的短函，一口咬定是吳靜安所爲，後經派人往吳，初兩家作調查，得悉吳氏確已返家，並亦于昨夜突告失踪，因此，這群混蛋幹部乃益發確定吳氏是兇手，當即一面將吳，初兩家人全加監視，一面即發佈緊急通緝令，偵緝吳氏歸案。

偵緝工作進行有一週之久，吳靜安的行踪仍屬渺茫，「市公安總局」乃下令將吳，初兩家全加拘押，發交「司法科」嚴加審訊，期能訊出吳氏的下落；接着又舉行全市大檢查，凡和吳，初兩人相好的親友，均皆被嚴加監視起，如此又折騰了一個多星期，吳靜安的頭髮亦未能尋着一根，時濟南「市人民政府公安總局」亦已來電相告，謂吳氏亦並未返回濟南，這時，青島市「公安總局裡的大，小幹部，皆不由覺得很奇怪：吳靜安藏到什麼地方去了？難道他能飛走了不成？案子是勢需要迅加破獲的，因爲蘇俄「海軍基地司令部」和「上級」已在一個勁兒催案。依照吉塞奧諾夫的報告，吳靜安已顯然是一名「特務」，如不能將他緝獲，那「市公安總局」就會要「吃不完兜着走」。

七月廿七日下午，吳靜安的下落終算「搞」明白了。緣這天有一艘漁船在太平角附近網魚，無意中將吳之屍首由海中撈出；該漁船上的四名漁夫，初尚以爲是網得了一頭巨豬，及至收起網一看，發現乃是一具已腐爛了的人屍。四名漁夫乃忙上岸向附近「派出所」報告，經「派出所」派人將屍首從海中移上了岸，略加了一番檢視，見又是一件謀殺案，遂急忙打電話報告「總局」。時「總局」局長葛申正爲吳靜安的下落發愁，故聞得這個報告後，不禁心有所動，當即報告「市人民法院」派人會同前往驗屍。經「市人民法院」一名「司法員」和數名「公安幹部」蒞太平角檢驗了一陣後，竟發現這具屍首即吳靜安，很確鑿的兩項證件，一爲自屍身上搜得的角質圖章，另一則爲一本簽有姓名的日記册。至此方對這件案子的性質開始作懷疑了。根據上次初維貞在「總局」裡的口供，此案顯然爲一件情殺案，惟這時對外尚未有宣佈，因案情該再如何續作偵查，勢需請示「上級」作決定，「公安總局」已不敢擅作主意了。

青島「市人民市長」賴可可與「軍管會主任」問明開報，亦覺得事有蹊蹺，遂聯袂往訪「基地司令官」瓦耶庫列夫作商討，瓦耶庫列夫時尚正在責備中共無能，現經賴，問兩人這麼一報告，不由得也驚訝起來，適葛申續趕來報告，云據他派人暗作偵查的結果，發現吉塞奧諾夫的私人汽車裡有瘀血的痕跡，于是，瓦耶庫列夫乃即應允偵訊吉塞奧諾夫，惟命賴，問等仍需嚴守秘密。

「紙裡總包不住火」，這麼一件聳人聽聞的案子，任憑怎樣的封鎖，終久總得爲一般人所探悉到。吉塞奧諾夫被蘇俄駐青島憲兵分隊偵訊的結果，不久亦即爲一般人所得悉。他因各項證據很確鑿，遂亦無法能再作遁飾，終于俯首承認他是此案中的唯一兇手，並將行兇時情形，也一一詳爲叙述了出來，所謂被初維貞盜走了幾件文卷，他亦承認是他散佈的煙幕。案中的兇手雖算已被偵獲，惟一般人觀仍懷着一個疑問，即此案似非僅有一個兇，觀初，吳被刺殺和遭滅屍的情形，絕非一個人所能爲。中共顯然爲免使其「老大哥」太丟面子，故未敢深作調查，僅憑蘇俄憲兵分隊的一面之詞作了，或者亦爲蘇俄憲兵分隊未能嚴訊吉塞奧諾夫，聽任着吉塞奧諾夫胡亂作供。

據蘇俄「基地司令部」公告，謂吉塞奧諾夫現已被押解返蘇，移付給蘇俄遠東軍區司令部舉行軍法會審。是耶？非耶？這只有天知道了！反正吉塞奧諾夫現在確已回了蘇俄本國。

中共「青島市人民政府」和「市人民法院」，爲了顧及「老大哥」的面子，始終未將此案作正式公佈，且反籍口吳，初兩家爲「嫌疑戶口」，將初維貞的母親遣返回其東北原籍。（初母爲吉林双城人。）吳靜安的母親，幼弟及其伯，叔的家屬，亦皆被遣往察哈爾，迫令他們接受「勞動改造」。這當然是中共所慣施的一種「圖一手掩蓋天下人耳目」的手段，初，吳兩家人既已俱被遣離了青島，自然亦就不會有人能向他們探得此案的詳細眞情。不過，「人民的眼睛是雪亮的」，任憑中共如何施用詭計，青島市裡的市民和大部份「共幹」的眼睛，並未被全加掩蔽住，他們現在莫不爲此案忿忿不平，惟在中共的暴力政策下，諒他們也僅能暗爲「不平」而已，誰又敢眞能怎麼樣！

印支華僑教育問題

一　鳴

（越南堤岸通訊）印度支那包括現在的越南、高棉（柬埔寨），寮國（老撾）三小國，隸屬於法聯邦。名義上雖已獨立，但無論是內政外交，都還不能完全自主，一切在法國人支配之下。在這種表面上已經獨立，而實際上主權操於他人的國家，其平日一切措施，不消說是沒有軌道可言的：「命令就是法律」，人民的權利義務不被尊重，華僑居留其間，生命財產之不能有安全保障。固在意料之中。

由於居人籬下，國界的限制，華僑教育先天就有了缺陷。以言學校設立許可證請求之難，有若登天。這種困難，非如我們國內設校標準可比，因爲他根本就不希望我們多設學校。許多有心辦教育的人，不惜多方設法，請託人情，其間所花的茶錢是難以想像的。不但教育如此，其他各方面也是如此。目前在南洋僑社裏，每有向當地政府一種請求，不叫「許可證」，而叫「人情紙」，充分表明了這種意義。這種額外需求，使初到的華僑，感到莫明其妙。但即幸而得到許可，准予設校，聘請教員也是一大難題，當地政府法律上規定我們僑校，僅限於小學，不得設立中學，然事實上亦予以默許，以此目前在印支各地僑校沒有單純辦中學的學校，都是某某學校裏面有小學中學各班級。聘請教員，原則上須經當地政府考試及格的始算合格，這種考試，說來也是非常可笑的！有些在國內大學畢業程度很好竟不能及格，因爲出題的人一些對中文半通非通的當地人，根本就沒有標準。否則要有國內學校畢業的文憑，經我領事館簽字證明的才能安用。小學師資尚勉可解決，中學師資則極端缺乏，原因是華僑青年在國內外大學畢業者不多，即使有也多不願從事教育，而國內青年在以前大陸未淪陷前，誰又願意跑到人地兩疏的海外去，到大陸變色以後，許多知識份子亡命南來，當地政府又限制入口，因此，許多辦有中學的僑校，師資就大成問題，結果請不到合格的就只得退而求其次了。

此外，校地亦極成問題，因爲僑居異國，受法律上的限制，要找像我們國內寬廣的校舍，簡直是不可能的事，蓋近年來當地政府已有限制我國僑民購置不動產之舉。

上述種種，係導源於僑居異地而來的困難，基本上已限制了華僑教育的發展。

其次，是華僑教育行政問題。目前我們派在印支各地辦理僑務的機構是領事館，領事館，只是辦理簽證一類關於事務性的工作，事務性的工作，固是領事館份內之事，但更重要的是如何領導華僑，教育如何團結當地華僑，由這兩者所發出來的力量，才是眞正的華僑力量。然而過去我們的領事館對於這兩者顯然是忽略了，不知是人手不夠，還是領導人能力不及，這是值得我們主管部加以檢討的！老實說：過去我們的領事館駐在外國，好像一個望族的女兒，有事交涉，人家多少還看我們外家幾分臉；今天是一個破落戶，如果再不找一些長於群衆工作的人到外面去領導僑務，由團結華僑去發揮國民外交的力量，而仍然像過去那樣有事起來，講幾句法文，這種流於形式的政府外交要想改善我們僑民的地位是不可能的。今天南洋華僑地位低落，備受當地種種歧視，一般華僑歸咎我政府偏處臺灣，其實，這是一種膚淺的看法。主要原因，乃在於我們對團結華僑工作做得不夠，所以沒有力量，盡管華僑愛國的觀念很强，但不知道從團結入手才能發生力量，他人才敢於欺負我們。目前華僑幫界的森嚴，（幫者以言語區域爲分別的一種組合如潮幫客幫）有若上古時代「鷄鳴狗吠相聞民至老死不相往來」的程度，不能團結，自然就不發生力量，遭受他人的歧視。如果華僑本身能團結，循例交涉的政府外交有了後盾，自然水到渠成。窮本溯源，學校分幫設立，更爲厲階。因爲學生自小入學，耳濡目染，所受教育是本幫學校，教師同學，亦多本幫人，加以言語的隔閡，及長辦理身份證加入本幫（當地政府規定），幫界隔閡，遂成根深蒂固。年來僑領先進，雖亦有消除幫界之擬議，但由於未能把握問題的重心，從教育入手，致鮮具成效。這個責任，筆者認爲應由組織健全的領事館肩負起來，進行的方法，首先領事館應有一位負教育專責的領事，召集各幫幫長各校董事商討整理：第一步：各校招收學生及校長教員的任用，本幫人沒有優先權。第二步，經費統籌支配，各幫原來補助本幫學校的經費，由領事館安爲分配於各校。第三步，教職員任用由領事館整個核定。當然這個辦法的實施阻力一定很大，但在消除幫界這個原則之下，未嘗不可以變通的。

目前華僑學校各自爲政，無論是學校一般行政及教學方法均參差不一，致影響學風及學生程度低落，養成學生倖進心理。

幾十年來的印支華僑教育，在放任政策之下，學生程度普遍低落，整理已不容或緩。有人或以爲處在人家的地方，情形特殊整理不易。特殊的地方，我們不否認，但若因爲其特殊，而認爲無法整理，這又是不負責任的說法。我們看過去的日本，管理在越南的日僑非常嚴格，其他各國亦莫不如此。唯有我國的僑務工作是一直在一種放任無秩序的情形之下。

華僑教育的整理，其意義不僅僅是華僑教育本身的改革問題，而實在是影響於政府對華僑的掌握。可以說：僑務工作的成敗，決於僑教的能否整理，而整理方法應從根本上由統一教育行政入手。筆者旅越有年，目擊華僑教育支離破碎，感慨萬端。其實，印支華僑和世界其他各地的華僑一樣，都是熱愛祖國的，從這次僑務會議各地華僑的踴躍與會可以窺見，他們無不希望當局對僑務加以積極的領導，凡是合理的興革大計，華僑無不熱烈擁護的，我們希望當局能乘這次僑務會議的機會，對華僑教育問題能有一番改革的計劃。

九月廿五日

是我殺了他嗎?!（上）

宛　宛

沅妹：

不知道這封信你是否能看到？我是多麼熱切的希望你能看到它啊！

當你初看到這封信，你一定很高興，說不定你還叫着跳着告訴你的新。可是當你知道了我的遭遇時，你一定爲我流下幾滴同情淚。

沅妹，你也許還想像不到我是在怎樣的情形下給你寫這封信。你以爲我還會有桌椅，窗明几淨的安安閑閑的寫嗎？你不會知道，我寫這封信，冒着多大的危險啊！我能否寫完這封信，能否把這封信送到你的手裡，我還沒有一點把握，像我的生命一樣，茫茫無際啊！

我現在住的地方，是最有名的骯髒區域—南市，一條陰暗衖堂中的閣樓上。你不曾見過閣樓吧？是的，我也何曾見過呢?!現在讓我告訴你，所謂閣樓，何嘗是什麼樓，那只是利用樓梯轉角處一點空隙，隔成的一個小方洞啊。通常人家是拿來堆放什物的。你不相信嗎？我現在就是住的這樣一個所謂的閣樓—閣樓！與其說它是閣樓，不如說它是鴿籠！沒有亮光，沒有空氣，進進出出都要爬。爬進去只可躺下，不能立起，勉强坐着，也還得低下半個頭。這裡自然什麼都沒有，整個面積只有床那麼大，床就是地板，地板就是床。在「解放」以前，這種閣樓，不拘日夜，全靠電灯照亮的。「解放」以後，正正式式的房子，電灯都不能隨便使用了，何况這種閣樓哩！（老實說，縱然可以使用，我也沒有力量使用它。）白天儘管漆黑一團，因爲我要出去做工，報到，所以也不需要灯。晚上回來，借着陳舊的樓板給老鼠啃壞的洞，透下一點光，使我這個鴿籠裡也分潤到一點亮。可是，你那裡會想像得到，樓上的人一走動，灰塵就像雨點從地板縫裡落在我的頭上或身上。我的被，啊！沅妹，我那裡有被啊，那只是從買賣破爛貨的手裡買來的又臭又黑的幾塊爛棉絮。墊在地板上的，是別人拋棄不要的草墊子。你想，在這種情形下，我如何可以去打掃，豬窩狗窩，恐怕也沒有我這閣樓骯髒吧？沅妹，你或許要問，爲什麼不把那個洞和地板縫用紙糊上，或是用點爛棉絮塞上？可是，我不能這樣做啊，如果我把它糊上塞上，那黑暗豈不是更可怕嗎？白天外面雖有陽光，我那有功夫去欣賞?!何况，在我的眼裡，那陽光，老是那麼黯淡昏黃，使人不相信那竟是太陽的光，惟有晚上，從那小洞裡透下來的那一點點灯光，才是眞正屬于我，任我享受的光啊！這末一點光，這末一點希望，沅妹，你忍心怪我不重視它嗎？更何况寫這封信，就全仗着這一點點的光啊！

一塊從垃圾箱裡拾來的破木板，架在我的腿上，我就在這上面給你寫這封信。這枝鉛筆還是樓上那個好心的女孩送我的。至于這些大大小小各式各樣的紙，有些是向別人討來的，但大部份都是拾來的啊！

首先，我應該向你承認，一千個懊悔，一萬個懊悔，都已經遲了。沅妹，我們爲什麼不聽你們的勸告呢？我們爲什麼而反勸你們不要走呢？

你曾覺察嗎？當我們向你們說可以擔保你們的安全時，我們內心的自信，不是充份的表現在我們的臉上嗎？你曾覺察嗎？我們當時對于留在上海的信念，不是比你們要去臺灣的信念，還要堅定嗎。沅妹，請咬緊牙根靜聽我傾訴吧！我要向你懺悔！向祖國懺悔！

最初，我應該把我的過去，詳細的告訴你。因爲，今天弄到這樣的結果，與我過去的生活，有着多麼大的關係啊！

當我還很小的時候，賴着爸爸堅强的奮鬥，家庭的環境，已經很不錯了。那時你還小，有些事情，恐怕早已遺忘。抗戰開始時，二叔帶着二嬸和你們兄弟姐妹們一齊跟隨政府遷到重慶去，你一直在大後方讀書。勝利以後，你們一家大部份時間又住南京，對于我的情形，自然更隔閡。

我在滬江畢業時，還是敵僞時期。本可以很快的結婚，可是我的條件是那樣苛，既要有財產，又要有地位，而且對方還要年青能幹。工商界原也不難找這樣的人，例如裕豐錢莊經理的四少爺，不也曾經是我的追逐者之一嗎？但我嫌他經濟沒獨立，做少奶奶，聽公婆支配，我可不能忍這口氣。除了工商界，做官的當中，自然也有合我條件的人，但，他們都是僞政府裡粉墨登場的漢奸。你知道，當時上海人是多麼瞧不起漢奸啊，我怎能和漢奸結婚呢？我這樣在家混了兩三年，跳舞看電影，幾乎成了我日常的功課。爸爸極端反對我這樣奢侈的生活，後來甚至于限制我用錢，不許我做新衣，尤其不許我穿時裝。但爸爸事情那麼忙，他那裡有時間來管我。媽媽呢？對我從來就沒有嚴厲的責備過，她只偶爾暗示我，應該找點工作做，外面沒有合適的事，到自己廠裏去也可以。免得精神沒寄託。懂得女兒的愛美的心理，所以儘管爸爸限制我用錢，媽媽却仍不斷的供給我，只是我必須放棄任何晚上的約會，按時趕回家，換上樸素的衣服，和爸爸在一起吃晚飯。這樣對于我自然有很多的不便，我那時對爸爸眞的起了一種極可怕的反感，恨他太專制。多麼幼稚的念頭啊！

不久，日人無條件投降，整個上海都浸沉在狂歡裏。强烈的勝利之光照得人眼花撩亂，人們的心中充滿了生氣，多少人從迷夢中驚醒。從此我立志重新做人，決心放棄過去那一段醉生夢死的生活。我私心向爸爸懺悔，我崇敬所有自重慶回到上海的人。我開始尊敬爸爸和大哥，他們都能埋頭努力他們本位的工作，在任何環境下，不改變他們的態度，我痛恨自己，對國家社會，甚至于家庭，沒有半點兒貢獻。我鄙棄過去的寄生蟲式的生活，於是我參加了中航公司的工作。

由于我生活的態度突然改變，不是曾經引起過很多親友的驚奇嗎？尤其是爸爸，他對我的振奮感到無限快慰。但媽媽並不重視我的工作，她所最關心的却是我的婚姻問題。那時我已經二十五，在媽媽看起來，這件事比什麼事都重要。所以當爸爸有一天特地送我一套最講究的西服訂單作爲我服務社會的賀禮時，媽媽却跟爸爸說，女兒這末大了，別老是鼓勵她服什麼務，倒是應該留心給她找婆家了。爸爸却幽默的說，這是她自己的事，用不着我們去操心。

媽媽儘管着急，我却覺得自己還是孩子，對于戀愛這玩意，從沒從心坎裡作過打算。

我的工作地點是龍華機場。我每天看到一批一批穿着重慶土布制服的人，從天上飛下，又看見他們一個個換上了一身洋貨毛織品離開上海。他們來的時候，有的祇是挾着一個皮包，或是帶一個手提箱。但離開上海時，却幾乎每個人的行李都過重。可是，在許許多多的重慶客當中，我發現了一個軍官，他的儀表翩翩，穿的一身軍政部製造的粗毛呢軍服，氣宇軒昂的下了飛機，到問訊處來訊問關於交通住宿等小問題。我的任務雖不管這些事，但這個人不知怎樣引起了我的注意。當有人告訴他怎樣住國際飯店時，我便搶着告訴他最好住軍事委員會的招待所，乘公司的汽車，就可以到門口。他很有禮貌的謝了我，匆匆忙忙就去趕公司接送客人的汽車，顯然他已經接受了我的指導。隔了三天，這個客人又出現在機場上，他看見我時對我微微一笑，彷彿是謝謝我對他指導的正確。我也笑笑，那是一個會心的笑。我發現他手上拿着的仍是來時的那隻舊皮包，身上穿着的仍是那套粗呢制服，我不勝驚異，我驚異他那卓卓不凡的風格。但等飛機起飛，人們都散去時，這件事也就淡忘了。誰知幾天以後，這位軍官又出現在剛從重慶飛來的乘客行列裡，這次倒是我先向他打招呼，似乎我們已經是熟悉的老朋友了。他自然仍舊是那套老打扮，他一面笑着和我點頭，一面在向別人招手，他似乎有緊要的事要辦，一出了機場的門，來接他的幾個穿着漂亮的人，就將他擁上了小汽車。一天，我去看剛從重慶回來的四表伯，無意中在四表伯家裡又遇見這位軍官。四表伯給我們介紹，這位軍官却爽朗的說：我們早認識了。四表伯很奇怪。當他叙述了我們認識的那一點經過時，四表伯也哈哈大笑他說：好極了，我這位表姪女，在上海長大的，關于上海的情形，她很熟，你可以請她做顧問。接着對我說：他是我所認識的青年軍官中，最誠實最能幹最有作爲最有希望的人，這次奉命到上海來擔任一部份接收工作，整天整夜的忙，你們既然認識在先，希望你們以後有功夫多見面，人生能交一個好朋友，也是很難得的哩。也許是造物者有意的安排，三度的邂逅在各自的心田中插下了愛的幼苗，在時間的溫床中漸漸生長，終于開放了燦爛的愛之花朵。

我們結婚了。以一個處長太太的身份，我必須支持一個不太奢侈，但又不太寒酸的場面。但是，位中除了薪俸收入之外，一切開支全靠我爸媽供給。在位中許多來往的朋友同僚中，比位中地位高固然不必說，比位中地位低的，也差不多都有洋房，汽車。說到他們的生活，憑他們一年的收入，恐怕也不够他們一天的開支，他們的太太打起麻將梳哈來，動不動講條子。而且只要好賺錢，什麼買賣都要做，甚至有些太太跑證劵號，做起股票來。永紗美亞一進一出幾千萬幾百萬的額子，光是差金拿出拿進，合起條子來，也都十根八根的。在這種環境之下，我認爲位中這樣弄下去，以後我們的日子長着，一定要大大的吃苦頭，因此我開始對家庭的開支不負責任，隨後我又拒絕了位中友朋間的交際應酬，讓他知道我不能老是拿娘家的錢，來塡位中這個無底的洞。最初，他只是抓頭皮，後來我明明白白告訴他，應該赶快改變作風。光靠薪俸，連抽香烟都不够，再說一旦沒事情做，公家的房子公家的汽車，立刻都要讓人，汽車可以不坐，房子不能不住。自然，我絕沒有强着他去貪汚，但，我告訴他，于人無損于己有益的錢：不傷天害理：正正當當明明白白可以拿的錢，却不應該推出去。並且告訴他，你不要別人要；上面不要下面要。從那以後，他才開始『覺悟』。以他那樣聰明能幹的人，環境一逼，再加我一指點，很快的我們的環境就改觀了。以前別人不敢和他談的問題，也敢和他談了，以前他絕口不提什麼房子車子條子，據他自己說，談這些事，面孔上好像火辣辣的怪難受，從那以後，他也毫不在乎的同別人談了，臉上再也不起鷄皮疙瘩了。

位中以前曾因他廉潔的作風得罪過不少的朋友和同事。但自他改變作風之後，稱贊他的人一天天多起來。位中以前是「公」字第一，他實心實意的想把公家的事情做好，可是，別人的想法和他不同，便處處不合作，結果，他不但辦不通事，並且還招來許多麻煩和苦惱，上面還不住的打官腔，使他滿肚子苦處沒處訴。自從改變了作風，學會了滑頭和敷衍，對公事，儘量推責任，結果，萬事皆通。你奇怪嗎？這道理却很簡單，以前公事遇有困難，就向上面請示，上面感到頭痛，便罵他不能辦事。後來把「公」和「私」連在一起，什麼困難，都迎刃而解，簡直沒有一件事需要再向上面請示的。上面要辦的都辦了，不但不再打官腔，甚至還接二連三的嘉奬他能幹。這就是說，他不再替上面出難題，上面自然也就皆大歡喜了。上面一歡喜，他的地位反倒更穩固，地位穩固，就更沒有顧慮，什麼事更可以放手去做，這就是俗語說的一通百通。下面既然萬事「私」爲先，對上面自然也逃不出運用這個道理，反正羊毛出在羊身上，拿老百姓的錢，辦公家的事，天下決沒有貼老本的官。過去你不聽過嗎？什麼科員政治，科員政治是什麼呢？原來凡是公事先經他們的手，先要他們簽，大官兒才能批，雖然他們說你一兩句壞話，不一定就壞你的事，但，如果應付不週到，給你左簽一個「殊屬不合」，右簽一個「礙難照准」，縱然大官兒有心幫忙也不大好批。若是上上下下都買了賬，小科員給你來個錦上添花，簽一個「經核屬實，擬准照辦」，作用可就大了。那大官兒本來肚裡有數，自然就順湯順水的批個「如擬」，省事的就批一個「可」字，問題就解決了。萬一有個差錯，責任是小科員査簽不實，大官兒儘可推得乾乾淨淨。話又說回來，大官兒有權，雖然准不准，輕飄飄一兩個字，假若小科員不給做好順水推舟的勢子，這一兩個字也很難下筆呢！

我們的經濟環境轉好之後，首先頂了那幢豪華的花園洋房，（記得你曾去過一次）。然後又買了一部「別兒克」。但我們總不能吃房子喝汽車，更不能穿房子戴汽車，我們總得要有够穿够吃的錢。這些花用，可就沒有底。但我們爲什麼先買房子汽車呢？這裡面也有個道理，簡單的說，那是爲了場面。而房子汽車却是必不可少的架子，沒這架子，分明能賺一萬，也只能賺五千。所以我們儘先把架子拉起來，不讓別人看成「小兒科」。自然，這一套都是互相循環，互爲因果的。不久之後，我們自然也積了些金條。最初我積了十條，位中說，再積他個一二十條就該住手了，因爲要別人的錢，別人究竟心痛的，別人心痛得厲害了，危險也就更大。位中一向做慣了好人，幹起這些勾當來還是不免膽戰心驚。有一次爲了一件事，四十五根大金條就送上了門，沉甸甸的。按位中的想法，豈不是該收場了嗎？但是人的慾望，是無止境的，永遠沒有滿足的時候。面對着這四十五條，加上鎖在箱子裡的，一計算，差不多六十多條了。我說，湊個整數該多好，他笑吟吟的沒表示贊成，也沒反對，我知道我的話，他已經聽進了。後來，我不時的將積存數字向他提出報告，意思是提醒他距離整數還有多少。他心裡自然也有數，自然也朝這個目標去努力。

他究竟是老實人，他還以爲那些條子都老老實實的放在箱子裡。我可沒這樣傻，眼看別人做投機買賣，我爲什麼學他那樣老實呢？我認清楚了我是處長太太，我明白有很多人想走我的門子找不到路，我何必放棄機會，放着條子不去運用呢？當我告訴他距離整數只不過十多根條子時，暗底下早就突破整數了。等到他所預想的數字眞的滿了整數時，我故意問他，該收了吧？出我意料之外，他却說：這個整數非到萬不得已時，放着不要動，以後有機會，再弄點够維持經常開支的。你說，男人失節，不是和女人失貞一樣易放難收嗎？

等到金元劵和前方的戰事一樣慘敗的那個時期，我們估計我們手裡的積蓄，不下三百左右大條子，自然這是包含美鈔，鑽石、股票、地產等一些東西在內。當人們正感覺着貨幣瘋狂貶值，軍事節節失利，戰火逼近上海等重重威脅時，我們却心安理得的，把官兒辭掉，靜觀待變。

南京撤退之後，位中稱病辭了處長的職務。我們原也曾計劃着去香港，預備到那裡看看風頭，到必要的時候，再到外國去。可是，我們捨不下我們的財產，我們如置身荒野，徬徨無主。正在這時候，忽然有一天晚上，處裡一個當收發的小職員，來找位中。在平時，像這樣的小職員，說不定位中不見他，可是，已經辭了職的人，何必還擺官架子？而且在這兵荒馬亂的時候，還有人肯來看看你，這已經就是可寶貴的了。誰知這位小收發一進了客廳，劈頭一句就問：處長你打算走嗎？位中倒給他問得一怔，便連忙回答道：沒這個事，沒這個事，這幾天，身體不好，正在請醫生吃藥哩。那小收發骨碌碌的眼睛一眨一眨的，望了位中半天，然後慢吞吞的說：處長，你不必瞞我，處長的事我早已知道了。不過，我今晚特地要來和處長談一談的，是關于處長今後安全的事，想來處長一定常聽延安廣播吧。如果，處長爲了這點事情在煩惱，那倒是犯不着。沉妹，眞想不到，那小收發竟如此大模大樣的跟位中說：我有個朋友，和那邊有關係，如果處長同意，我的朋友，一定可以給處長介紹，只要關係拉好了，走不走的問題就容易決定了。不但生命財產，對方可以絕對的保證，就連處長今後的出處也都不成問題。老實說，我今晚冒然的來看處長，還是受我那朋友的託付哩。處長，你在上海這幾年，從勝利接收起，你的作風始終都很好，共產黨的地下工作人員，早都有了調査和報告。他們認爲像處長這樣的人，在國民黨官吏中，眞算是很難得的好人哩！只要思想略爲改造改造，將來接收上海時，他們還打算要借重處長辦接收的經驗呢！這時位中的精神正感覺空虛，聽他這樣毫無顧忌的說，急忙把窗子關好，連窗帘也拉上，然後湊到那小收發面前，壓低了嗓子說：你來得正好，既然你關心我，我倒不妨把眞心話跟你說，我總覺得跑不是辦法，往那裡跑？跑到那裡爲止呢？而且，老實說，今天局面搞成這個樣子，不是我們對國民黨不忠實，實在是大勢已去，人心思變。我也常想，共產黨一定有他的長處，要不，爲什麼多少青年跟他跑。再說，共產黨既然有心把國家的事弄好，就得用一批好人。過去我走錯了路，今後再不能錯下去了。你說對不對呢？那小收發聽了位中的話，打着哈哈大笑了一陣，我在旁邊看着，都有些不順眼，覺得這傢伙太放肆，可是一想，算了，天下都要變了，人難道還不該變嗎？何況眼前除了這傢伙還可以引出一個路子之外，就得趕快走，古語說得好，一動不如一靜，動一動少不了要有損失。路子好走呢，走下去，不好走呢，看看再說，也沒關係。於是我也揷嘴道：既然你的朋友看得起位中，要你來介紹，位中的作事爲人，他們一定很清楚了，就請……說到這裡，我不知道稱他什麼好，幸虧位中接上道：對，我還沒給你介紹、這位是蔡同志，我們處裡的老同事。然後又轉向那姓蔡的試探道：什麼你的朋友啊、我看蔡同志，你就是你所說的那個地下工作者吧！姓蔡的頭往沙發上一靠，臉向着天花板說：你眞不愧是個有頭腦的進步份子，就這末說吧，你的問題包在我的身上，從現在起，你就別打走的主意了。即將到來的新社會，需要你這樣苦幹硬幹的進步份子哩。

說起這個姓蔡的，在重慶的時候，還在當文書上士哩。

姓蔡的自從和位中經過這次談話之後，就常常來看位中，先是交給位中一些很簡單的任務，漸漸任務複雜起來了。位中是個有抱負的人，正苦着沒出路，忽然有人伸出一隻手向他招喚，還不够他興奮的嗎？爲了前途，爲了保全財產，他都有接受爲共黨立功這個要求的必要。姓蔡的交給位中的任務，不出兩個範圍：第一是影響所有要去臺灣的人不去臺灣；第二是利用各種關係，直接間接阻止別人離開上海。當然，要影響別人，阻止別人，是少不了要有一套宣傳的方法的，這些姓蔡的都詳詳細細告訴過位中，使得這些話，從位中的口中說出來，使聽的人得到的反應是國民黨不行了，相反的共產黨行。位中原是上海中上級的官員，他的話他的行動都容易影響人，你知道，當時的上海，在精神上幾乎是成了眞空。失敗的心理，瀰漫着每一個人的心，誰要能說出一點似是而非的道理，對于沒有思考，意志不堅强的人，自然發生很大的影響。以位中的社會關係說，受他影響的，以至由那些人再擴大影響的人，眞是一個可觀的數目。位中暗自心喜替共產黨立了功。這樣更加强了他的自信心。他有意無意之間，表現着他是最聰明，最有辦法的人，他比當年賺滿了鑿數的金條還更欣喜。因爲他迷信着他在未來的新政治環境中，將有美麗的前途。唉！大陸上一連串的失敗中，像位中這樣被愚弄的，恐怕不止他一人吧！

上海終于「解放」了。天哪！什麼「解放」，簡直是十八層地獄啊！每一個共產黨，不都是牛頭馬面，青面獠牙的活閻王，活生生的吃活人的魔鬼嗎？但，最初位中是那樣起勁的拉着我一起去參加歡迎「解放軍」的行列，去參加歡迎會。那位姓蔡的收發，搖身一變，竟成了上海的新貴人，是新政權的臨時接收委員。他眞太忙了，位中一連去看他七八次，他都沒功夫見。後來軍管會成立，姓蔡的正式被派接收位中原來主管的那個處。位中又去看了他兩次，總算還好，他雖沒親自出來見，却寫了一個便條，叫位中先去報到。那時報紙上整篇的報導着炫人的勝利新聞，和那些日日登載的被人當作經典的文告，其中有一條是叫所有過去國民黨的官員，不管在職不在職的一律要趕快去報到，改爲公安局的各個警察局，都被指定爲報到的地方。位中先還覺得自己是立過功的人，也要去報到，面子上未免難看。後來想，蔡的話也對，凡事總該有次序，有手續，便終于屈服在新政權的規定下，去辦報到的手續了。

然而位中報到回來之後，氣得直發抖，他憤憤的說，共產黨簡直把人不當人，他實在受不了這種侮辱。他們對那些無名小卒，倒還很客氣，惟獨對像位中那樣過去有地位的人，反倒一點不重視，有些地方，簡直是故意叫人難堪。例如位中要把他在「解放」之前立功的經過，扼要的在登記表上塡寫一點。但，那個管報到的共產黨，看都沒詳細看，就把登記表往位中面前一攢。位中先還莫明其妙，以爲那裡塡錯了，從地上把登記表拾起來，向他請教那裡塡得不妥當。那傢伙獰笑着說：立功沒立功，組織上都知道，現在是叫你報到，不是叫你來投機取巧，在人民的面前，不准你們這些貪官汚吏再混水摸魚了。位中聽了這番話，臉上火辣辣的直發燒，惱羞成怒的恨不得要打那傢伙兩耳光，他本想把那張表當場扯掉，不辦報到了。轉而一想，現在是人家的天下，還是忍着點好，免得因小失大，弄得當場討沒趣，出不了大門。這樣一想，只好忍着滿肚子的屈辱，向那傢伙又要了一張登記表，重新塡好，終於報了到。他說看這樣子不太妙，還是赶快趁秩序還沒安定，管制還不太嚴的時候，早點想辦法逃走的好。我想起閻王好見，小鬼難過這句俗話，勸他還是想辦法找到了姓蔡的再說。他覺得這話也對，便天天去找，有時等上幾個鐘頭，不是說在開會，就是說出去了，總算他有耐性，不見黃河心不死，一連找了三個星期，終于和姓蔡的見了面，姓蔡的滿面春風問位中近來可好。位中自然乘機發了一陣牢騷。姓蔡的又安慰了他一番，說基層同志做事免不了粗魯一點，組織上正在想辦法糾正。並一再向位中拍胸保證，一切都由他負責，不過却暗示位中，應該繼續立功，繼續求表現。例如那些人想逃的，或者觀望着還沒報到的，就應該報告。位中看姓蔡的態度還誠懇，也許因爲上海剛接收，事情比較忙，一時顧不到，遲早總不會忘記他的。

現在想來，位中和我是多麼愚蠢啊！由於那一點樂觀的心理在作祟，把希望又寄託在姓蔡的身上。當位中聽了姓蔡的話，正埋頭在家裡研究毛澤東的新民主主義之類的東西時，公安局接二連三的派人到家裡來訪問了。最初訪問的對象，還偏重位中一個人，後來連我也被列爲對象了。

提到對于位中的訪問，眞使我吃了一驚，沉妹，你猜不到吧，他們所要問的，有些連我這個做妻子的都懶得詳知的事，他們也要一點一滴的問個清楚。位中讀中學的時候，曾經鬧過風潮，曾經辦壁報揭穿一些左傾的同學被共產黨青年團的利用，以至于他小時候從有記憶開始，一些完全不相干的事，他們都要問，而且，問得那樣詳細。今天問了，隔六七天，翻回來再問，稍爲回答得不對頭，那可麻煩了，飯開在桌上不能吃，夜深三四點鐘不能睡覺，必須要一件件弄清楚，他們才放手。自然，對于位中到上海做事這幾年，不論公事和私事，問得更詳盡，最使我慚愧，也最使我奇怪的，是他們突然問到了兩個女人的名字，位中先還絕口的否認，等那訪問者冷笑着拿出位中親筆寫給那兩個女人的信，和惠羅公司送衣料化裝品的貨單上他親自寫的那兩個女人的名字和住址時，位中這才啞口無言，低頭承認了。原來一個是大滬舞廳裡的舞女李麗君，一個是交際花羅曼娜。位中和這兩個女人頂小房子同居，都是在改變作風以後的事，怎麼我一點都不知道哩！如果不是位中親自承認，誰能相信呢？那訪問者還譏諷地對我說：你丈夫在外面這樣胡鬧，都是你縱容的，大概你們夫妻之間，根本就沒有什麼愛情，要不爲什麼一個毫無顧忌，一個置之不理呢？我心裡正在不是滋味，滿肚子委曲正沒處發洩，聽了這樣的話，不由得放聲大哭。位中見我哭了，只顧捶胸嘆氣，自己駡自己該死。而訪問者却在一旁看着冷笑，用教訓的口吻說：像你們這些男女，都是國民黨政府裡重要的角色，國民黨不垮臺還有什麼天理？位中搶着說：同志，一切都是我不好，她完全被我欺騙了。實際上我也很難得在那兩個女人那邊住夜，所以她一直被蒙在鼓裡。訪問者說：好！國民黨的好官吏，保守秘密的精神眞了不起，可惜你這種對女人守秘密的精神用在公事上就好了！

訪問者走後，位中兩隻深陷的眼睛凝視着我。(他已被訪問者糾纏得失眠幾夜了)。他渾身顫抖，淚珠涔涔滾下，哽咽着對我說：汶！我對不起你！啊！他這種可怕的內心的悲慟，感動了我。我覺得一切錯誤都應該歸在我的身上，我像一個被判死刑的罪犯，帶着絕望，悔恨，求恕的心情，撲到位中的懷裡，我說：位中，你饒恕我吧，是我不該毀壞你，是我不該鼓勵你去弄錢，錢，錢、錢，它毀了你優良的品性，它毀了你的前途，它毀了你對國家民族的忠貞，它毀了我和你最初相識時那份純潔的愛情，於今更由於錢，把你和我陷在這可怕的惡夢裡。位中，一切的罪過都由我來承擔罷。你趕快想法走，走，趕快走！於是我們決定拋棄一切，準備走，然而，沅妹，遲了，太遲了。在我們的週圍，到處佈滿着監視我們的人，衖堂裡，所有大人和小孩，都變成監視我們的人了。

有陽光的地方，就有監視着我們的眼睛，我們想要逃走，已經不可能。最後，還是轉念頭，想到姓蔡的身上。我們計議着去找姓蔡的，準備盡我們所有，來捐獻給軍管會，只求一個安全。然而，竟連這一點想法，也都辦不到了。

當位中剛走出門，(沅妹，我們的汽車，早已停止使用，一方面固然是買不到汽油，另一方面，「解放」後的上海，如果不是新貴，誰還敢坐汽車啊！但我們仍然要繳汽車的月捐。司機仍然還得要開工錢）還沒走了十步路，就被一個十一二歲的小孩拉住他的衣裳盤問。從前，像這樣大的小孩，他怎樣敢干涉一個大人的行動，即使是個小流氓，誰又會去理睬他。這個小孩是同衖堂裏的一個小孩，他本來在玩皮球，一見位中出來，就上前攔主他。沅妹，一個人經濟環境惡劣一點還不要緊，如果政治環境惡劣的話，那才是天下最難受的事啊！根據從共產黨報紙得知，像位中這樣的人，是不受人民保護的人。什麼「人民」，乾脆說，共產黨之外，誰都沒資格做「人民」。你想一個失去了政治保護的人，該多麼可憐。位中雖心裡惱恨，却不能不一本正經的，有禮貌的回答那小孩的詢問。那小孩說，你別忙走，讓我打個電話到公安局去問一問，你能不能走。於是那小孩到衖口管衖堂的人那裡去打電話。他回來告訴位中說：你等一等，公安局馬上派人來，說着又去玩他的皮球。位中轉身預備回到家裡來等，不料那小孩立刻制止的說：先生，請你站在這裡不要走開，這是公安局的規定。位中深深的嘆了一口長氣，只好站在那裡，約摸等了二十分鐘，才有一個警察騎着自行車進了衖堂，先向那小孩揮了揮手，意思是沒有他的事了。接着就問位中準備到那裡去，位中告訴他準備到軍管會去看一個老朋友老同事的蔡處長。那警察說：讓我先打個電話，問問蔡處長在不在，免得你白跑一趟。位中說，不在也不要緊，反正我沒事，在他那裡等他一下也沒關係。警察說：那不好，軍管會會的客人多，如果大家都要坐在那裡等，豈不是擠滿了人？位中說：那末，如果他不在，我寫個片子丟在那裡也行。警察說：還是讓我打個電話去問一聲，如果不在，就把片子交給我，我給送去也是一樣。位中堅持要親自去走一趟，警察原也是想用軟騙的方法不讓位中出門，給位中一逼，他轉而橫下臉來說：沒有上面特別准許，施先生是不可以隨便走出大門一步的。啊！位中這才知道，他已經被軟禁在自己的家裡，失去了行動的自由了。

他懊喪的回到家裡，我奇怪他出去還不到半點鐘，怎麼這樣快就回來了。他往沙發上一倒：汶！完了，一切都完了！沅妹，完了，就這樣完了嗎？沒有，沒完的事兒還多哩！

從這以後，我們更明白了我們的處境。一種强烈的爭取自由的慾望迫切的在我們心裡活躍。我們絕不能坐在家裡等待別人來宰割，然而，我們除了姓蔡的那裡還存有一線希望之外，簡直想不出更好的辦法。既然不能出門，只有給姓蔡的寫信，把我們的情況向他詳詳細細的說明，要求他趕快給我們幫助。一封又一封，像石沉大海似的沒有一點兒回音。沅妹，你也許要問，我們家裡不是有電話嗎，爲什麼不打個電話去問問呢？告訴你，電話壞了，我們幾次通知電話局來修，也一樣沒有回音。後來想通了，才知道，什麼壞了，是不准我們使用啊！

自然，訪問者還是經常的來糾纏，位中和我也曾把公安局對我們這樣苛刻的待遇提出過，訪問者只含含糊糊的答應把這些事反映上去。我們也曾要求訪問者把我們的情況轉告蔡處長，回答是蔡處長對你們很關心，對你們的情況也很瞭解，問題應該很快就可以解決了。從此我們知道，姓蔡的爲什麼始終不回位中的信，原來這班傢伙都是一鼻孔出氣，說不定我們今天所以遭受這樣惡劣的待遇，正是那姓蔡的搗的鬼。

又過了半個月，當人民幣瘋狂貶值，銀元金鈔黑市飛躍的上漲，共產黨發動了所有的上海學生，高喊撲滅黑市的時候，忽然姓蔡的叫人送了一封信給位中，其實那只是一張便條，也可以說一個命令。內容很簡單，說以位中過去的地位，最好在「支前」

的號召下，盡量的將金銀實物拿出來，一方面表示熱烈「支前」，(這時戰事還在湘粵境內繼續着)一方面表示響應不做黑市金銀買賣。事到如今，我們對于金錢已經覺得並不比自由實貴，自然不肯放過這個機會。位中立刻寫了一封回信，說因爲被公安局限制了自由，不能自己出門，請姓蔡的代替我們捐獻黃金四十大條。另外，位中爲了想要和姓蔡的見一面，便揑造一個理由，說有件重要的事情，要當面向他報告，(沅妹，曾幾何時，位中反而要向他報告了，大概這就是共產黨所說的「翻身」罷！)請他約一個時間，最好能到他住的地方，比較方便。謝天謝地，這一回總算馬上有了回音。他約位中星期五晚上在家裡等候，天知道，位中甚麼時候能不在家呢？

星期五晚上，我們一直注精會神的注意着，注意有沒有汽車光臨我們這個冷落已久的門前。然而一直等到十二點，門前沒有絲毫動靜。這些日子，我們既不能出門，終天守在家裡，苦惱無聊，已經透頂，所以常常很早的就睡覺。縱然睡不着，也寧願躺在被窩裡，各人想各人的心事。沅妹你知道，我們雖是夫婦，雖是在自己家裡，也不敢多說話了，這倒並不是怕外人聽見；也不是我倆彼此之間有什麼懷疑。一來因爲大家心情不好，往往話到口邊，又忍了回去；一來家裡用的下人，已經全不是先前那樣可以隨便使喚了，看他們的行徑，好像也都受到公安局的指使，即令我們不叫他們，他們也會輪流的在窗前來回，縱然我們睡了，也不例外。在這種情形下，你想我們還放多談什麼嗎？但是，這一天晚上，我們例外的等到十二點還沒睡。我說他大概事忙，不會來了，提議不要再等。位中說還是再等一等的好，因爲人家既然約了，他不來是他的事，我們不等就是我們的不是。我明白位中的心情，是對姓蔡的期望過于殷切，以至才有這種近乎痴心的想法。我便只好順從他的意思，兩人默默無言的坐着等待，一直到夜晚三點多鐘，位中才失望的立起，自作解嘲的說：他們也眞是忙，大概今晚是不會來了，我們睡罷。

第二天星期六，第三天星期日，這兩晚，我們仍等着姓蔡的，每晚等到午夜。但他終究沒來。我們失望已極，以爲這一個約會，又要落空了。

但我們想：也許姓蔡的記錯了，以爲是次一個星期五約會。在這幾天我們不打算等待，所以第四天晚上九點多鐘，我們就睡了。

忽然，一陣緊急的敲門聲，和電鈴不斷的鳴叫聲，把我們驚醒，接着又聽到一陣汽車的喇叭在門前按着刺耳的長長的鳴叫聲。位中警覺的馬上意會到是姓蔡的來了，一看手錶，已經是一點。佣人們雖還有一兩人正在注意我們的動靜，但他們却裝作沒聽見，並不去開門。位中連忙穿上晨衣下樓，先把鐵門打開。一個司機模樣的人，問明了開門的就是位中本人，才告訴位中說，蔡處長在家裡等位中馬上就去。位中急忙回到樓上換衣服，他那緊張高興的表情，是這幾個月來所沒有的。我從保險箱裡把早就預備好的那僅存的五十五根大金條，拿給位中，送他下樓出了大門，當我關門時，我忽然有一個奇異的感覺，不要，不要……不要一去不回來？恐懼襲擊着我。我覺得全身發冷，總是按捺不下心跳和眼跳。

回到樓上，和衣躺在被裡，禁不住胡思亂想，越想越怕，因爲近來失踪的人太多了。我試數着時鐘滴答滴答的聲音，還沒數到一百下，那丟不掉的怪念頭，又湧上心頭，我不知不覺的下了床，在室內徘徊，萬籟俱寂衖堂外面的大馬路上，偶爾有一兩輛疾馳的汽車，輪胎滾在柏油路上，滋——滋——滋——的響着，清晰可聞。這是那些新貴們忙了荒淫殘暴的勾當回他們的巢穴；或許是一些善良的人們被送往那不可知的地方。我倜促不安，好容易聽到一輛汽較駛進衖堂，便情不自禁的撲到陽臺上探望。天啊！那汽車果然停在我們的門口。沒等外面叫門，我就高聲叫着：『位中，我來了！』當我轉身下樓時，電鈴已經作響，同時也聽到那汽車開走的聲音。我飛奔似的下了樓，跑到門口，打開大門。可不是，位中笑嘻嘻的出現在我的面前。我沒等位中進門，就上前擁抱着他。我高興得淚眼欲滴。我只是急促的說：啊！你回來了！我扶着他把鐵門關好，扶着他穿過庭院，扶着他上樓，好像怕他再從我身邊失去。

從位中在大門口那副笑臉上，我早已明白他這一次去見姓蔡的，一定有些收穫。我急于要知道一切情形。到臥室裡坐定後，我一面給他倒了一杯熱茶，一面搶着問道：談得怎麼樣？他說：『姓蔡見了我，還是很客氣，表示很關心我們的事。我說明除了上次託他代爲捐獻支前的四十大條之外，現在剩下的財產，只有房子和汽車，現金部份僅有五十五大條，特地送給他，請他全權代我們處理。他也沒再推辭。至於我們的問題，他說，據他知道，是受了從前一些被害人的檢舉。因爲是公安局處理，他只能從側面提出一些「解放」以前對我有利的事。最後他表示他一定幫助我，他要介紹我去華東革命大學受訓，然後再想法派工作。他的態度確是很誠懇，絕不像欺騙的樣子。想來五十五根大條也發生了作用。』位中輕鬆的笑了！這一夜，我們睡得很甜！(未完)

拾穗

最偉大的人有百分之九十九像你自己。

——Bernard Shaw——

一個英雄就是一個知道如何再堅持一分鐘的人。

——Wilson Mizner——

快樂不在物身；而在我們自身。

——Wagner——

青年是富有的最好時機，也是貧窮的最好時機。

——Euripides——

人爲愛而生，這是生存的原則，也是生存唯一的目的。

——Disraeli——

書刊評介

評「美國的總統」

邱昌渭著　華國出版社四十一年九月初版　定價新臺幣拾元

滄波

研究理論的人，常常忽略了制度。研究制度的人，也常常對理論不太注意。在心理的偏見上，研究理論的人，有時會輕視制度。同樣地，研究制度的人，會不重視理論。這種情形，在社會科學中尤爲顯著，這種現象對社會科學是一種極大的障礙。就中國的情形而言，談了幾十年的現代化，在社會科學方面，無論在理論或制度方面，同樣地顯出極度的貧乏與空虛。把最顯著的政治改革來講，中國談立憲談民主，已經談了六七十年，出洋考察的大員，留學異邦的學生，先後不知幾千百人，談起外國任何制度，似乎大家耳熟能詳，已視爲老生常談。譬如說政治制度中的總統制或議會制，讀過大學政治學的人似乎談起來頭頭是道，但是一臨到實際的運用，纔發覺書本上所學來的實在太不够了。中華民國憲法於卅七年公布施行，至今四年有餘，就僅論制度方面，我們已發現我們所知者實在太少，我自己是研究比較政府更研究政治理論的人，但就我在立法院四年的經驗，便覺到立法院內部的制度，到現在還未好好建立起來。由是知道制度或法律，僅就實體方面着眼而忽略了程序及運用，那個制度是無法實際工作的。立法院一個部門如此，我想政府其餘各部門也是同樣的。

最近一二年立法院院內常常檢討自身的制度，使我回想邱昌渭先生二十年前的一部著作——「美國國會議長」。去年秋間我想借閱這部書，可是在臺北無法借得此書，我在美國哥倫比亞主編的「社會科學百科全書」中約略窺見一點轉引的幾段文字，後來面晤邱先生，他手頭亦無此書，但就他所記憶講述若干要義。當時我曾鼓勵他，對這類著述還有繼續的必要。今年秋間他的新書「美國的總統」出版，經過一星期的詳細閱讀，我的結論：這是一本講政治制度的好書，這一本書，對研究有素的人，並不覺其陳舊，對普通沒有研究的人，却亦是一本常識豐富的書。尤其對研究有素的人，這本書使讀者獲得一個綜合的整理，使讀者發現了許多活的材料。研究制度的書籍，最討厭是一本流水賬，最低能的模型是一張圖表。「美國的總統」一書都能避免這許多毛病，譬如美國的總統選擧，是最複雜，也最枯燥的，但本書讀後一方面能對選擧的程序瞭如指掌，而同時却不感乾燥無味。

美國總統的權力，是研究政治制度者所驚歎的一個問題，本書第四章第五章第六章，把美國總統的權力，做一番徹底的分析與批評，是書中最精采的地方。著者在盡量剖析政制的，他並沒有遺忘或忽視民主政治的最高理論，他引用林肯總統的國務卿蘇瓦 Seward 的話：「我們選擧一個四年任期的皇帝，在某些限度內，給與絕對的權力，這些限度，畢竟還由他自己去解釋，」他接着引用林肯總統的解答：「有輿情的支持，凡事都是可能的。沒有輿情的支持，無論什麼事都是不可能的。」著者於此下了一個簡短的結論：『所以，民主國家必須允許人民有言論自由，必須依法定期實施選擧，人民享有這兩種武器，林肯型的「皇帝」是不可怕的。』（本書一〇二頁）提到總統制幾個字，在中國是有苦痛回憶的，袁世凱曾經竊取這一個制度的名義，在實施他盜國的野心，卒至身敗名裂，國事不可收拾。要曉得模做一個制度，是要從整個制度去體驗，不是剽竊一段就能濟事。剽竊人家一段制度，以求逞其私慾，無不公私兩敗，並且連累到制度的令譽。

社會科學與自然科學永遠不能用一個定律去規範，其中的關鍵就是人與物的不同。政治制度中最難處理的也就是人的問題。美國總統的權力雖然那樣大，但是對人的問題照樣是最頭痛麻煩的一個。二十世紀美國兩位偉大的總統，威爾遜與羅斯福，其成敗均在這一個問題上。羅斯福任用赫爾爲國務卿，任用史汀生諾克斯爲內閣閣員，派遣威爾基到各國訪問，杜魯門繼其遺規，在舊金山會議美國代表團中，有好幾位共和黨議員參加，都是羅斯福運用人事的成功。本書於此等問題均有闡發，尤其對派遣私人代表一個問題，引用羅斯福與威爾基一段對話，說明美國總統爲什麼要重用浩斯與霍布金斯一類人物之必要，「因爲他除侍候你而外，甚麼都不要求……。」（八三頁）我對美國總統這個辦法，始終表示極大的懷疑，用人行政，不在制度正軌內去尋求道路，而惟在軌道以外去運用個人，這是十分危險的事，浩斯上校與威爾遜後半段失歡，據我過去所考證，不是爲了什麼政策，而是因爲浩斯曾經反對威爾遜續娶那位太太。後來浩斯見不到威爾遜的面，完全因爲威氏後妻從中作梗。這樣單知運用人而不運用制度，是十分危險的，不知邱先生於剖析美國總統制度後，亦有此同感否？

美國總統與輿情，其關係的密切，現在幾乎已制度化了。白宮定期的記者招待會，這是美國政制中的特色，記者招待會在美國，上自白宮國務院，乃至私人，均可隨時擧行，其民意與政治的密切，在此等制度中可以測知。這是美國民主自由制度的精髓所在，如果邱先生在下次增訂本書時我很想建議他增加一章，專論美國總統與輿論。這一章是值得寫的，而且材料是決不會少。在歐洲許多國家，連英國在內，談起美國的新聞記者無不搖頭，據溫莎公爵自傳中所說，他與辛伯森夫人的秘密最初是由美國新聞記者揭露，至今言之猶有餘憾。照我的看法，美國總統什麼都不怕，他怕上帝，亦怕輿論。我於評介邱先生這本著作以後，並爲邱先生貢獻這一點淺見。

第七卷　第八期　內政部雜誌登記證內警臺誌字第一九號　臺灣省雜誌事業協會會員　二六〇

給讀者的報告

本月三日在臺灣復興崗有一個重要會議，這個會議是中國青年反共救國團務指導委員會的首次會議。該會議決定中國青年反共救國團自本月三日起正式辦公，並定於本月三十一日—總統誕辰正式宣告成立。

中國青年反共救國團的成立，是自由中國的一件大事。蔣經國兼團主任在招待記者會上說：暑期軍中服務回來的青年「深感官兵刻苦生活及愛國的精神，提出從速成立反共救國團的要求，好使他們很快的能够參加革命工作，當時就有二萬五千人簽名。所以今天第一天開始辦公時，我們已有了二萬五千個團員了。」（見十月四日中央日報）

暑期到軍中服務的青年全是在學的學生。青年反共救國團以智識青年爲骨幹也是理所當然的事。該團的性質之一，據蔣經國氏對記者說的，是「教育性的」。至於該團成立之後，在工作及訓練方面和各級學校的關係，我們現在雖然不大知道；但顯然的，這是和教育極有關係的問題。

本刊最近曾對於教育的根本問題和對於教育有關涉的一個問題提供兩篇社論。第七卷六期的社論中說：「教育是國家百萬年的大計，並且要配合人類文化的發展而時作適當的改造的。我們能够用至正至當的方法時，便應當用這種方法。凡世間有眞正價值的東西，決不是從捷徑達到的。」這個論點當是有識之士所必同意的。我們相信常道。循常規才易於獲致穩定的進步，教育尤其如此。「好的教育，須以長久的努力才能奏效，決不是三年兩載便可見到功績的。凡可以『急就』的教育，多半是膚淺的教育，窳劣的教育，甚至是對國家有百害而無一利的教育。」

然而我們並非不識時務，不了解我們所處的時代，以及時代所賦予我們的特殊使命。我們所着重的則是：「如果在反共抗俄的時期中，我們對青年有施以特殊訓練的必要，我們務必採用最適當的方法。」我們曾於第七卷二期社論中，對於大學畢業生受軍訓事，在這方面略致芻議和希望；我們對尚未正式成立即有兩萬五千個青年參加的青年反共救國團亦願表達同樣的意見。

「最要緊的是：主持的人能够知道『經』和『權』輕重的分別。我們再用醫藥作譬喻：正常的教育好比衞生的規則和每天的飲食；而特殊的訓練，則好比興奮劑。國家保持康健的道理，和個人保持康健的道理是一樣的！」

本期的本刊發表了徐復觀先生的「青年反共救國團的健全發展的商榷」一篇文章，我們認爲任何團體的成立，法律的基礎和國家體制中的地位最爲重要。徐先生這篇文章，雖係其個人的意見，但其對國事的忠忱，溢於言外，我們對於一切有關教育的事宜，是贊成：「我們能够用至正至當的方法時，便應當用這種方法。」徐先生對於青年反共救國團所提的幾點意見，也不外乎期能找定「最適當」的方法，以促其作「健全」的發展。

一如蔣經國兼主任說的，中國青年反共救國團「這個團體、組織，祇許成功，不許失敗。」以此，爲了集思廣益起見，我們希望讀者諸君不妨仔細一讀徐復觀先生這篇文章，以作健全地發展青年反共救國團的參考。

本刊售價

一、臺幣四元
二、越幣八元
三、菲幣五元
四、港幣一元
五、暹幣四銖
六、美金二角
七、叻幣四角
八、印尼幣三盾

自由中國 半月刊 第七卷 第八期

"Free China"

總第七十一號

中華民國四十一年十月十六日

發行人　胡　適

主編　『自由中國編輯委員會』

出版者　自由中國社
社址：臺北市金山街一巷二號
電話：六八八五號

航空版　香港時報社

經售者

臺灣	中國書報發行所（臺北市館前街八五號）
美國	紐約民氣日報社
	舊金山少年中國晨報社
	芝加哥中國出版公司
日本	東京南友堂
	東京內山書局
韓國	釜山草梁洞新泰行
馬尼刺	大中華日報社
印尼	椰嘉達星期日報
	椰嘉達天聲日報
	棉蘭繁華圖書公司
越南	西貢中原文化印刷公司
	越南華僑文化事業公司
暹邏	曼谷攀多社十二號
緬甸	仰光振成書報店
印度	孟買梅亞號
	加爾各答塔梅學校
新加坡	中興日報社
	檳榔嶼、吉打邦均有出售
澳洲	墨爾缽王德利公司
北婆羅洲	馬拉奕坡美芝律聯華公司

印刷者　臺灣新生報新生印刷廠
廠址：臺北市西園路二段九號　電話：二〇九六

本刊經中華郵政登記認為第一類新聞紙類　臺灣郵政管理局新聞紙類發記執照第二〇四號　臺灣郵政劃撥儲金帳戶第八一三九號

FREE CHINA

第七卷　第九期

要　目

中華民國四十一年十一月一日出版
社址：臺北市金山街一巷二號

半月大事記

十月十日（星期五）

今日雙十國慶，蔣總統校閱三軍，各國駐華使節謁總統祝賀。

中國國民黨第七次全國代表大會揭幕。

韓境白馬山地區發生第七次肉搏戰，據第八軍團公報：四日來該地區至少擊斃中共軍三千五百人。

美國出席聯大代表稱：美國並不反對聯大辯論對韓一般政策。

十月十一日（星期六）

中國國民黨七全代會舉行首次會議。

韓境白馬山經六日血戰後復陷敵。

韓境和談無限期休止後，共方提出抗議。

十月十二日（星期日）

中國國民黨七全代會二次會議中，陳誠院長作施政報告。

韓境聯軍又克白馬山，六日激戰中共軍死傷九千人。

美助理國務卿艾理生說：美國對於緬甸與印尼在國際事務中保持中立態度，並不加以責難。

十月十三日（星期一）

中國國民黨七全代會，蔣總裁作政治報告，下午聽取海外黨務報吿。

聯合國第七屆常會即將揭幕，西方外交家已準備與俄國代表就韓戰問題從事舌戰。

俄已在千島群島建空軍基地，俄噴氣機不時侵入日本領空。美超空堡壘一架在日本北海道北邊失蹤。莫斯科廣播說：美機一架侵入育利島俄界，並對俄機射擊，因之俄國已提出抗議。

十月十四日（星期二）

行政院長陳誠在立法秘密會議中報告明年施政計劃綱要，重點爲厲行國家總動員。

美太平洋艦隊總司令雷德福上將來臺訪問。

聯合國第七屆大會在紐約聯合國新厦中揭幕，由即將御任的主席墨西哥代表尼爾伏主持。

韓境聯軍在中線鐵三角區發動猛攻。

十月十五日（星期三）

我閩海游擊隊於十一日突擊南日島，大捷，俘匪八百餘人及戰利品甚夥。

第七屆聯大會議選舉加拿大外長皮爾遜爲本屆大會主席。美延緩提出韓戰問題。

英已拒絕伊朗提出解決石油糾紛要求。

十月十六日（星期四）

中國國民黨七全代會一致通過 蔣總裁交議之「反共抗俄基本論」。

俄在聯大指導委員會中要求最先辯論韓戰。美國務卿艾契遜對於韓戰演辭將趨溫和。

我國在指委會中對於中國有權在聯大會議中提出任何建議的爭論已獲勝。

伊朗宣佈對英斷絕外交關係。

法軍在越南增派陸軍抵抗越盟之攻勢。

十月十七日（星期五）

中國國民黨七全代會修正通過該黨黨章。

艾契遜在聯大演說呼籲各國支援，爭取韓戰勝利。

十月十八日（星期六）

中國國民黨七全代會一致擁戴蔣中正連。十次會議中通過該黨政綱。

聯大會議中波蘭代表要求立即停止韓戰，但堅持强迫遣俘原則。韓境聯軍統帥部向聯合國提出特別報告。

聯大資格審查委員會通過我合法代表仍屬有效的美國建議。

十月十九日（星期日）

美機在日本北邊境失蹤事已向俄提强硬抗議。

中國國民黨七全會選舉中委及評議委員。

韓境戰事突轉沉寂，兩週中中共軍有三師崩潰。

美助理國務卿艾理生稱：東南亞任何國家如遭遇共黨軍事攻擊，美均將給予軍援，一如其對韓國所給予者。

十月二十日（星期一）

中國國民黨七全代會閉幕。

韓境聯軍統率克拉克將軍斷然拒絕共軍要求依其條件重開和談。

十月二十一日（星期二）

中華民國首次僑務會議揭幕。

日自由黨正式聲明，提名吉田爲首相。

英在東非怯尼亞殖民地宣佈緊急狀態，應付土人之　動。

十月二十二日（星期三）

在臺湖間陸海空軍軍官實施假退役　除役制。

俄在聯大提議北韓及中共列席聯大案已被否決。

十月二十三日（星期四）

聯合國政治委員會通過立即辯論韓戰。美要求聯大支持聯軍志願遣俘立場。

中國國民黨七屆中委宣誓就職。

英下院通過解除鋼鐵國營政策。

十月二十四日（星期五）

日國會選吉田茂爲首相。支持鳩山之大野伴睦被選爲衆院議長。

美國防部次長福斯特夫婦抵臺訪問。

社論

再期望於國民黨者

——讀了七全大會宣言以後

本年双十節在臺北召開的國民黨七全大會，已於上月二十日閉幕。鑒於國民黨是我國當前的第一大黨，同時還是執政黨，我們關切今後的國運，對於國民黨自然不能不寄予深厚的期望。因而在這次七全大會開會之前，本刊曾發表一篇語不重而心特長的社論——對國民黨的期望。

現在，七全大會閉幕了。從其代表選擧的經過、會場討論的情形、黨章的修改、組織的變更、以及中央人事的改選看來，其與本刊所寄予的期望有無距離，已是一個既成的事實問題。事實的本身是會說話的，關於這幾方面，我們似可不必再來申論。但是，我們有一個基本認識：無論大家對於國民黨的看法如何，我們決不能對它灰心。現實擺在眼前，臺灣是太平洋颱風季節中的一葉扁舟，這扁舟的掌舵者是國民黨。國民黨如果走錯了路線，國運前途就不堪設想。本刊在上次社論中曾引用過子產的一句話，「棟折榱崩，僑將壓焉」，基於這種國人共有的憂慮，我們不得不再三再四提起我們的信念。因此，在國民黨七全大會閉幕不久的今天，我們還得對它再致懇切的期望。

這次我們要講的話，並不是我們憑空的希望，而是以七全大會的宣言爲依據。

一篇政黨宣言，其價值如何，各人的看法當不盡同。一個富有實際政治經驗的人和一位抱有政治信念的書生，對於政黨宣言的看法，可能恰恰相反。但我們相信，政治是要有信義的，所以願意就其宣言再來表達我們對國民黨的期望。

這篇宣言，一起首就是「以沉痛的心情」，檢討今天悲慘局面形成的經過，而說及「本黨同志只有痛切反省，嚴厲自責，以慚愧的心情，來自新補過」。在其結尾處，又提到大陸一般人民和智識份子，而深致哀矜之意。這類話是很可博得國人同情和贊許的。三年前臺灣是在危疑震撼中，現在的安定，自然也由於國際情事，但當時局勢之扭轉，得力於蔣總統之意志堅決毅力卓絕者多多。宣言提到這一層，也是國人所一致承認。

就宣言的主要內容看，大體上沒有甚麼瑕疵。但其中「革命民主政黨」一詞，我們尚待研究其涵義。如其涵義只是求革新，求進步，或只是如宣言所云「高度的警覺，嚴格的紀律，靈敏的活動，和犧牲的精神」，而不致將全篇宣言所信誓旦旦者在此一名詞下輕輕否定，則我們大可不必在名詞上咬文嚼字。在這個假定下，我們可以說，這篇宣言應該爲自由中國人民全體擁護，也即是我們所以依據該宣言而再致期望的原因。

對內方面，該宣言揭櫫了三大目標。在「保衞我民族的歷史文化」方面，除指出共黨在俄帝指使之下摧毀中國歷史文化的事實，而歸結到「必須一致奮起，以保衞民族歷史文化爲最迫切最根本的任務」以外，沒有積極的內容，我們無從申論。我們視爲最重要的，是在「決心貫徹民主憲政」這方面，在這裡宣言提到「法治的軌道」、提到「防止專制」、提到「保障自由」，更說道：「我們的歷史，自來也一貫的反對『以暴易暴』。可是民主政制，決不是建立在少數人的特權上面，而是由全體勞苦民衆的意志及其切身利益建築而成的機構。祇有這樣的民主，才是眞正的民主，才能發生偉大的力量。：我們將以更大的決心，擴大這民主的基礎」。這番話，除「自來也：」云云是屬於過去的事，不必管它以外，我們深願服膺知難行易學說的國民黨人，在其深知之後，及身力行。民主憲政，經過了四十年的叫喊，現在已成濫調。濫調之所以成爲濫調，在於了無實際的內容。無內容的濫調是討人厭的。反對民主憲政者，內心中討厭這個名詞，服膺民主憲政者，聽到無內容的民主濫調，也感到頭痛。今天，我們讀到這一段宣言，特別對於改造後的國民黨深致期望，期望其主政的政府，尊重自己所說過的話，嚴格遵循法治的軌道，保障人民自由，並以更大的決心擴大民主的基礎。

在擴大民主基礎這方面，宣言的另一段，還有個很主要的補充，即「我們更要求海內外所有愛國家民族，自由和民主的同胞，不分黨派、地域、職業、男女、種族、宗教，乃至於不分以前的恩怨，團結一致，構成反共抗俄的聯合戰線」。這段話所表現的「天下爲公」的氣派，尤其值得大家爲自由中國額手稱慶。海內外愛國家民族，崇尚自由民主的同胞們，經執政的國民黨這一宣告，自會眼巴巴地望着臺灣，望着臺灣來形成一個擧國一致的聯合戰線。今天的問題，是政府如何做法。如果在最短期間，能够把這樣一個聯合戰線形成，則僅憑其浩大的聲勢，也足以使竊據大陸的共黨心寒膽落。攻心爲上，是兵家常識。現在，國民黨最高決策機關的中央委員會，有三分之一的委員是身受軍事教育，或專長作戰經驗者，對於攻心戰術，當比我們看得更爲重要。因此，我們希望，同時我們也有理由可以相信，這番宣告應該不致落空。要不落空，必須有個具體的辦法，在這裡，我們的意見如下：

1民主與法治，是一件事。我們今日談民主，就「法」的方面看，並不缺乏甚麼。一部中華民國憲法，如能嚴格遵行，也就可以走上民主憲政之路。在現行憲法下，司法權是獨立的，政治權力不應該影響它，軍方權力不應該影響它，黨的力量更不應該影響它。這是今日加强法治所必須具備的消極條件。

2立監兩院在憲法上有其獨立的地位和職權，我們除希望該兩院善於運用其職權外，行政部門應尊重它們的地位，尊重它們的職權。

3尊重輿論，是民主憲政必備的一個最重要條件。臺灣的輿論，不能說絕對沒有自由。但其自由的限度，未免限制的不太合理。同時有一部份人對於爲加强而宣揚自由民主的書刋，竟沒有閱談的自由！書刋審查，漫無標準，而事權又不統一。這都是民主憲政的致命傷，必須大大糾正。

4聯合戰線之建立，是要容小異於大同，大同是反共抗俄，小異是政見的各殊。要具體地實現容小異於大同，必須有一聯合的機構。抗戰時期的國民參政會的組織，在當時曾完成了容小異於大同的任務。現在似乎做其體制，組織一個總統諮詢機關，把各方面有代表的人物團聚起來，共策大計。這對於現存的立監兩院，有輔助之功無衝突之處。

經濟方面，宣言所標擧的，是「從農業科學化和生產工業化的過程中力求社會財富的均衡」。關於這個問題，我們的想法，不是短短篇幅所能說得透闢。但僅就上述那個簡括的方針而言，我們也無異議。尤其在這一段中，有「我中華民國政府決不能維持任何特權」這句話可以解釋爲不用政治的權力破壞經濟法則的運行，因而可以相當地維持經濟機會的平等。這比較特別强調國營事業之擴大，似乎妥當得多。

對外方面，落落大方。既不失泱泱大國的政黨風度，也沒有一點妄自驕矜之氣。這樣的文章，國際的觀感是不會壞的。但我們也得知道，外交是內政的延續。有擧國人民所擁護的內政，自會有順利成功的外交。文告本身的效用是有限度的。現在，太平洋公約正在醞釀中，我們特別希望改造後的執政黨，趕快本着這一次宣言，就我們在上面所申論的各點，來一嶄新的表現，則今日我們所希求於人的，正是明天人家所希求於我的。找尋助手的最好地方，近在自己的兩臂之端！

我們讀過國民黨全國代表大會，現在已經是第七次了。我們把過去六次宣言，與過去將近卅年的政治加以對照，使我們感覺失望的地方太多了。這一次宣言，我們希望其是國民黨切切實實的施政藍本。這裡我們想引用墨子上面的一段話，作本文結論。

「今瞽者曰：「豈者白也，黔者黑也」。雖明目者無以易之。兼白墨，使瞽者取焉，不能知也。故我曰「瞽者不知白黑」者，非以其名也，以其取焉。今天下之君之名仁也，雖禹湯無以易之。兼仁與不仁，而使天下之君子取焉，不能知也。故我曰『天下之君子不知仁』者，非以其名也，亦以其取也。」

我們讀完國民黨七全大會宣言以後，希望國民黨對於宣言中所說到的各點，非以其名之美而名之，而是實實在在將有所取焉。

（上接第17頁）

行草簽的儀式。五月二十七日，便是西方國家與西德，在西德京城波恩（Bonn）締結和平契約的翌日，西歐六國的外交部長，當着美國國務卿艾契遜與英國外交大臣艾登，在巴黎的法國外交部，正式簽字于上述條約。這個條約共一百三十一條，附件十五件。在簽字以前，法國從美英兩國獲得了兩重保證：一、在歐洲防衛集團尚未建立穩固以前，美英兩國不撤退其駐紮西德的軍隊。二、美英兩國承認：無論來自任何方面的威脅，足以損害歐洲防衛集團的整個性與統一性者，均視爲對于美英本身安全的威脅。這項保證的用意，是在防止西德的控制歐洲防衛集團，或是脫離歐洲防衛集團。

歐洲防衛集團的機構，與上述的歐洲煤與鋼鐵集團的機構，或相重合，或相類似。它們利用着同一個聯合大會與法院。不過，歐洲防衛集團的聯合大會，由法意與西德，各加出代表三名，共計八十七名。這個聯合大會，還只是過渡性質的大會。根據建立歐洲防衛集團條約的規定，目前的聯合大會，應當在六個月以內，提出一個永久性質的聯合大會的草案，並且，建議關于本集團的應興應革的事項。聯合大會于草擬提案時，應當顧到將來可能成立的歐洲聯盟，而將那個永久性質的機構，建立于分權原則與兩院制度之上。

建立歐洲防衛集團條約，還有待于各關係國的一一批准。由于客觀的國際情勢的存在，歐洲軍隊終會實現。由于實際上的許多困難，這個軍隊的正式成立，恐非遲至一九五四年不可。

丙、結　語

歐洲煤與鋼鐵集團與歐洲防衛集團，都是歐洲主義的表現，都是踏向歐洲聯盟的兩大邁步。關于這兩個集團所管轄的事項，西歐六國放棄了自己的一部分主權，而授予一個超越國界的機構行使。單單就這一點說，這兩個集團，已經是歐洲歷史上可以大書特書的事實。

一年或兩年以後，永久性質的聯合大會的成立，將無異于歐洲聯盟的立法機關的集會。在不久的將來，歐洲煤與鋼鐵集團與歐洲防衛集團，由一個單一的行政機構，加以管理，也會成爲當然的步驟。

許曼計劃與布勒溫計劃的演變，足以測知歐洲主義與歐洲聯盟運動，已經進展到了怎樣一個階級。在這個進展中，法國所提出的兩個偉大的計劃，儘管大部分是出于政治的動機，却實在發生了賢明的領導作用。

監察院之將來（一）

雷震

第一章 緒論——我寫此文的動機

一 御史制度不能適用於今日

對於立法院在現制上——中華民國憲法——應居如何的地位，和立法院本身應該如何奮發圖强，方能造成一個在政治上具有舉足輕重力量的民意機關，以期完成代表人民，監督政府的責任，而達到『名實相符』的民主政治一節，我特地根據制憲當時的立法原意和個人見解所及，寫了一篇文章加以闡釋，並建議今後工作方針應行遵循的途徑。不料此文發表之後，頗承各方友好暨許多立委謬加讚許，認爲斯篇文字所論列者，胥爲奠立民意機關的基礎的若干實際問題，不僅是對立法院進了忠言，同時也是對政府和執政黨獻了良議，如果大家能够認清民意機關在實施民主政治上的重要性，斯篇文字對於我國民意機關——立法院——之建立，乃至民主政治的前途，可能有相當的實際貢獻。因此，有人鼓勵我來繼續寫一篇另一民意機關，即有關監察院和監察制度的文章，俾檢討設立這個制度以來二十餘年間監察制度的運用，與其利弊得失，和今後監察院及監察制度之應該如何的改進。

我對於監察制度這個課題，平素研究不多；尤其是關於過去御史制度這類問題，故不敢率爾操觚，妄事評論，以其關係於個人論評聲譽者事小，而關係於整個政治制度前途者事大。尤以國父中山先生所唱導的監察制度，我若貿然加以評論，儘管所論是不謬，也許有人認爲這是大不敬。但是，我常常有這樣一種感想：即過去御史制度和諫議大夫制度存在的各種理由，在今日民主政制下面，大部分已不復存在，而是由『責任政治』，『司法獨立』『選舉制度』，『政黨對峙』和『輿論發達』這些法寶代之以興了。因此，我很堅定的有一種看法，過去雖未形諸文字，而無時不縈廻於腦海之中：『就是認爲今日監察院和監察制度，絕對不可仿效過去御史臺、都察院和十道監察御史的作法，而必須順應今日的政治情勢——民主政治制度，加以適當之修正，才能運用合宜，既可不至扞格難行，亦復不是有名無實；不僅要使其行之有效，成爲一個健全的制度，且必須免掉制度上之疊床架屋。

政治制度最忌的是：一件事情而有兩個系統不同的機關來過問。如果這樣，其結果當不出於以下兩途：『利則相爭，害則互諉』，『有時無人問，有時都來問』。

二 中國政治社會常是缺乏客觀分析

我個人對於監察制度（彈劾制度）的意見和設計，與國父遺教所示者頗有出入。我是一個國民黨黨員，與遺教有出入的意見，可能招致黨內人士的悞解，以爲我是叛黨或認識不清。我個人對於這個制度，儘管很久懷有異見而遲遲未寫出發表者以此。中國近二十年來的政治社會，由於北伐前一度『容共』的關係，於不知不覺之間，感受了匪氛很大的影響，沾染上共黨許多惡習，對於他人的言論和行動，每每不加詳察，妄即戴上一頂强人於罪的帽子，不管是不是合式，不問是不是合理，如『封建』，『反動』，『反革命』，『土豪劣紳』和『搞小組織』之類。近來又有一頂最時髦的帽子，所謂『第三，第四或第幾勢力』。對於問題和事情的分析與批評，除非是與自己有利害關係者外，常是缺乏客觀態度和同情心理，總喜歡夾雜『懷疑』和『猜忌』的眼光，用惡意去推測對方；把一件事情常從最壞的地方去着想，把對方當作一個最壞最壞的壞蛋來看，好像社會上遍地都是壞人，上帝專門製造壞人似的。可是他們對於自己的行爲，絕少加以『反省』，好像自己的一切都是對的，自己所思所行都是十全十美的。

三 民主國家應無反動

試以『反動』二字來說。社會上有若干人對於『不合自己胃口』之一切言論、思想和行動，總喜歡套上反動這頂帽子；而且對於被詛咒爲反動之徒者，大有可以『殺無赦』的樣子，好像反動就是罪大惡極，人神可以共棄似的。但是：如果詳詰反動二字的意義何在？其內涵（intension）又是如何？怎樣的言行才算是反動？怎樣的言行又算是『正動』？即言之者自己，往往亦瞠目而莫知所對矣。他們是養成了一種習慣：凡是言行與他們的好惡不相投，或利害相違者，都要加上反動這頂帽子，不問在情理上是不是說得過去。還有一些人連甚麼勢力都算不止，根本是光桿一條，絕無勢力可言，頂多不過是喜歡發發牢騷，口中隨便亂嚷幾句自由民主而已。但是，偏偏會有人給他加上一頂最新出品的帽子——第三、第四諸勢力。大家試想一想，這是不是可笑之至麼！不過，有時也會發生相反的作用，而有爲淵驅魚的功能！社會上不是沒有人想幹第三勢力，或願居第三勢力之名，但絕不是所有對政治上懷有意見的人都是第三勢力，或第幾勢力。

共實，像『反動』(reaction) 或『反動思想』這些稱謂，在民主政治的體制下面，根本是無所謂的。既沒有甚麼大不道德的事情，更不應含有罪惡的成份在內，除非像蘇俄和匪共一樣，根本不容忍有所謂政敵存在，不承認有反對黨(opposition)這種東西，和不允許自己以外還有思想和意見不相同的人可以生存。民主政治之可貴，在於能够尊重異見，進而容納異見，使政治在『和平競賽』之下，獲得日新月異的進步。民主政制下面所有反對黨的言論，照共產黨徒的思想型態，都可以冠得上反動思想或反動言論的帽子。至於說不革命就是反革命，更是共產黨徒强詞奪理的論調，難道可以說不識字就是反識字麼？不說話就是反說話麼？這些論點只要略加分析，完全是胡說八道。

四　反共抗俄須先剷除共型毒素

國民黨經過了民十六之清黨工作，對於潛伏作亂的共黨份子，誠然剷除了大部份，直至大陸失敗時為止，政治上獲得了暫時的安定。可是黨的一切作風，態度，和對人對事的看法與分析，依然有很多的地方未能改變容共期間所感染的影響，尤其是思想路線很多未能突出共匪所遺的範疇。清黨多年而流毒未已，這不能說不是一件可悲的事情。我們今日從事於存亡絕續之反共抗俄的鬪爭，我們必須一反共黨之所由立，和力抗蘇俄之所由成。換一句話說：我們必須是連根帶蒂的剷除共俄這些思想毒素，根絕共俄這一套思想體系——唯物史觀，唯人獸觀。要把人類看做富有崇高理想的動物，要把對方視為善良而具有智慧的獨立人類，與我們自己一樣的是上帝所製造的『圓顱方趾』的動物。『人為萬物之靈』，人類絕不是物件，人類絕不是工具。這樣，我們的政治才有進步，民主政治的基礎才能一步一步的奠立起來。不然的話，還是在兜老圈子，兜來兜去，仍是毫無着落。

這裡尚須補充一句者：國民黨的倫理觀念，即人與人相處的道理，仍是繼承中國的傳統思想，而以『忠孝、仁愛、信義、和平』和『禮義廉恥』為做人處世之大本。這一套的倫理觀念與共黨的『人物同觀』，『人獸同觀』是根本相違的。所以，我們即令要學共產黨的辦法，多半也是徒勞無功。

五　三民主義之眞諦

我自信是一個忠實的國民黨員，不過我認為國家的利益應該高於一切，不用說得，並應高於黨派。憲法的設計是要行得通，且要行之而於國家人民兩有裨益；國家既可獲得長治久安，人民亦能安居樂業。一種制度如果發現他有了毛病；或由試行的經驗證明制度本身有了缺陷，此時我們若不能虛心研究，放棄成見，而毅然加以適當的修正；或僅求某一制度在形式上可與主義吻合，而不探求其實際的績效，這些作法不僅不能有助於立國建制的大業，更可招致革命不幸的後果。

三民主義本來就是以民主自由國家的政治理想為範疇，故國父中山先生常常引用林肯總統關於德謨克拉西的名言，和法國大革命的口號，來闡釋自己所唱導之三民主義。國父說：

『三民主義就是民族主義，民權主義，民生主義。和美國大總統林肯所說的「民有」，「民治」「民享」三層意思，完全是相通的』(註一)。

『林肯所主張的這民有，民治和民享主義，就是兄弟所主張底民族，民權和民生主義！由此，可知兄弟底三民主義，在新大陸底偉人是已經先得我心的』(註二)。

『吾黨之三民主義，……與自由，平等，博愛無異』(註三)。

我們信仰三民主義，是要信仰其所指示之大原則和大方針，而不宜拘泥於其一字一句，尤其是關於政治制度的設計，必須順應當前的政治情勢。國父說：我們所以實行民權主義，是要『順應世界潮流』，求一勞永逸之計。這是國父指示我們最明白不過的道理。民權主義既是外國的民主政治，那末，我們對於政治制度的設計，只要適合於民主政治的大方向，則我們就是遵從國父之指示了。因此，我們如果覺得現在監察制度發生了缺陷，而必須加以適當修正的時候，自應提出研究，交換意見，以求符合於民主政制的精神。國父自己也曾說過：

『我黨主義只是有進步，無退步的。大約十年前比二十年前進步，現在比十年前又進步，照此類推，再過十年，進步必更勝於今日』(註四)。

我想國父如果在世，他的政治主張經實驗後而感覺發生了毛病，他一定會很快的加以修正的。國父創『知難行易』學說，而總統蔣公的『力行哲學』，係根據陽明『知行合一』的學說，這顯然是對國父見解有所修正，儘管蔣公另有一篇講演，名曰：『總理「知難行易」學說與陽明「知行合一」哲學之綜合研究』，說明兩個知字意義之不同而否認其見解與遺敎有出入。又民國十三年改組後之中國國民黨黨章，係國父所手訂，將執行機構與監察機構分開。此次中央改造委員會修訂總章草案，擬取銷執行委員與監察委員而代以中央委員(此項規定已於十月十八日經國民黨七全大會通過)。這不能說不是對於遺敎有所修正。

總之，人類是有錯誤的動物，即聖賢亦不能免，國父的見解不能說是一點沒有錯誤。中國傳統的認識論，從來沒有認為那一個人是『全智全能』而不會犯過錯誤。這一層確比西洋人過去的說法來得高明。在中國人眼睛中，對於人則沒有『絕對的』或『神聖的』觀念。

六　思想硬化死化必然釀成革命

我們再從反面看一看！若共產黨徒者，天天把史大林毛澤東等輩捧作神怪一樣，把他們的胡說八道當作金科玉律，一字不能改易。其結果只是『僵化』，『硬化』，而至於『死化』，不獨不能隨時代而進步，徒然增加人民的反感，逼得反對者到無路可走的時候，只有揭竿而起根本予以推翻的了。這些淺而易明的道理，我們應該深切了解的。

中國先哲所示的『己所不欲，勿施於人』的道理，要比西方先哲的說法：『要把自己所喜歡的施給別人』的道理要高明得多，最少在消極方面是少一些毛病。例如：自己所不喜歡吃的東西勿給他人吃，要比把自己所喜吃的東西給與人家吃，在消極方面是毛病少得多，因爲接受食物者的胃部是不是和這食物相宜，乃一極大的問題存焉。前者無强迫性，不會走到獨裁之路，而後者如發展下去則大有此可能，蓋一切事物常以主觀爲衡量的標準也。當獨裁者强迫大家去遵奉他的主張的時候，他總認爲他的主張是盡善盡美而絕對正確的。因此，我們認爲：凡屬自己絕不願做的事情，固不應迫對方去做；而自己認爲是十全十美的事情，亦只應限於『必要的限度』才能要求對方去接受，如兵役、强迫教育和反共抗俄之類。

民主社會必須尊重反對的意見，和保護少數的原因，乃是基於必須如此才能使少數有服從多數的義務，也必如此才能造成戮力同心，和諧一致發揮羣力的結果。可是我們——國民黨——過去或多或少是違反了這個原則，一切總以自己爲本位，自己所見所行則是天經地義，很少用功夫去把對方想一想。因此之故，往往不能了解對方的心理，不能順應當前的情勢，做了若干不必要的而傷害了少數者情感的工作。譬如說：以黨歌爲國歌一事，也是一件極不聰明的作法，因爲其他黨派人士，當然不願唱『吾黨所宗』一語。這個『吾黨』明明是國民黨，偏偏要他黨黨人在唱國歌的時候改換黨籍，該是一件多麼傷害情感的事情。每逢唱國歌的時候，常見他黨人士縮在鼻子裡哼，有人連嘴唇也不稍動而呆立若木鷄一般。唱國歌應該是大家很快樂，很興奮的一件事情。一個國歌如不能使大家興高釆烈的引吭高歌，齊聲共鳴，反使若干人感到內心苦痛，該是一件多麼『不智之擧』。不要說是共匪上了臺，即令其他政黨握了政權，像這樣排他性的國歌也是難於保持長久的。

七　政治建設要爲萬世開太平

政治上最緊要的道理，就是遇到了問題的時候，要能『易地而思』，把對方的處境想一想。如果他黨得勢的時候，頒佈了我們不能忍受的國歌，我黨一旦主政，必然毫不躊躇的予以廢棄而另行制訂。大家對於『青天白日滿地紅的』國旗，爲甚麼熱誠擁護而從無怨言？因其不僅未含有排他性，不僅未傷任何人的情感，而且含有快樂，平等，喜悅等等意義，大家一見到都是很興奮，很高興的。不像匪黨五星旗上有甚麼領導的大星，其他四星對此大星好像北辰拱斗一樣。這是一個極淺易的道理，只要稍加反省就可瞭如指掌，用不着費詞多加解釋。爲今之計，政府亟應制訂一個爲全國樂於歌唱的國歌，詞藻差一點沒有甚麼關係，只要不傷害一部分人的情感就够了。此不過擧其一例耳，擧一反三，用不着我們多說了。

我們退到臺灣，痛定思痛，正是深切反省的時候，凡覺有於情不合，於理有悖的地方，都應該檢討出來而毅然加以改正，不必遲疑，毋庸顧慮。縱令一時不能改革，也須預爲設計，以備他日逐漸去改正。只要我們有這樣的胸襟和宏願，目前即令未能立刻予以改正，人家也會原諒我們苦衷的。

以上這些話，我決不是專替黨外人來說話，我還是爲我黨政權長治久安着想。我黨同志應該想一想：在我黨當政掌權的時候，所有一切建制，不問國歌國旗也好，不論典章制度也好，如果能够永垂久遠，流芳百世，而澤及後代子孫，該是一件多麼光輝榮耀的事，我們做國民黨黨員的人，該是一件多麼驕傲可誇的事。如『推翻滿清』，如『擊敗日本』，如『廢棄不平等條約』，那一個不承認這是國民黨的光榮成就！我們對於政制的建立，也應該從這些地方着想，而不要拘泥於遺敎之一字一句。我們今日的任務，不僅是要打回大陸，拯救同胞於水深火熱之中，而且要建立一個民主自由富强康樂的國家。職是之故，我以爲對於監察院及監察制度之前途，正應根據二十年來之實際經驗，和民主政治及權力分立諸原則，詳爲檢討，妥擬修正意見，以備他日修改憲法之用。以下特分章論之。

註一　見國父講演：『三民主義爲造成新世界之工具』。

註二　見國父講演：『三民主義之具體辦法』。

註三　見民權主義第二講。

註四　見國父講演：『黨的進行當以宣傳爲重』。

註五　見蔣總統講演：『行的道理』(一名行的哲學)和「總理「知難行易」學說與陽明「知行合一」哲學之綜合研究』。

第二章　御史制度的沿革及御史的職權

——兼論諫議大夫制度——

一　監察權獨立行使之由來

監察權必須獨立行使，乃國父所主張，與考試權並立，認爲這是中國固有的東西。再加上外國通行之行政權，立法權，司法權，合稱爲五權分立，規定這種制度的憲法，稱爲 五權憲法』。 國父曾謂：

『外國從前只有三權分立，我們現在爲甚麼要五權分立呢？其餘兩權是從甚麼地方來的呢？這兩權是中國固有的東西。中國古時考試和監察的獨立制度，也有很好的成績，像「滿清的御史，唐朝的諫議大夫」，都是很好的監察制度。擧行這種制度的大權，就是監察權。監察權就是彈劾權，外國現在也有這種權，不過把他放在立法機關之中，不能够獨立成一種治權罷了』(註一)。

『一爲糾察權，專管監督彈劾的事。這機關是無論何國皆必有的。但是中華民國憲法，這機關定要獨立』（註一）。

監察院之設立，乃是遵照國父遺教之所示。國父鑑於中國過去有專管彈劾的官，是一種很好的監察制度，像唐朝諫議大夫和清朝御史之類，就是遇到君王有過，也要冒死直諫。這種制度值得提倡，故主張監察權必須獨立行使。今日監察制度的設計，有很多地方是仿照過去御史制度的辦法：如關於舉發公務人員違法或失職事項之傳單，宣言，揭帖等件，監察委員提案及審查時得酌予參考（註三），則類似過去御史之得以『風聞彈事』（註四）。又如監察行署制度，就是仿照唐朝十道巡按和明朝十三道監察御史的辦法而設立的。因此，我們要研究現在監察院和監察制度應該如何的改進，必須把過去御史制度略一論及；尤其要明瞭御史的職權如何？其任務究竟管些甚麼？國父又一再提到唐朝的諫議大夫，自應一併提出研討，以供改進監察制度時之參考。

二　御史制度的起源

御史制度的起源，據文獻通考所載：

『御史之名，周官有之，蓋掌贊書而授法令，非今任也。戰國時亦有御史，秦澠池之會，各命書其事。又淳于髡謂齊王曰：御史在前，則皆記事之職也，至秦漢爲糾察之任。蓋秦以御史監郡，漢初叔孫通新定朝儀，以御史執法，舉不如儀者輒引而去是也。所居之署，漢謂之御史府，亦謂之御史大夫寺，亦謂之憲臺。……後漢以來，謂之御史臺，亦謂之蘭臺寺。……隋及唐皆曰御史臺。………故御史爲風霜之任，彈糾不法，百僚震恐，官之雄峻，莫之比焉』（註五）。

根據上文記載，御史這個官職，在周朝係司理文書，掌管紀錄，和頒佈法令，就是今日總統府的文書局長這個職務。戰國時代則爲史官，如今日國史館一樣。到了秦漢時代，御史始『兼理』糾察工作，彈劾官吏。故論職司彈劾的御史制度，應自秦漢時代說起，不過在秦朝還是很簡單的。

秦朝置有御史大夫之職，位列三公，其職務是副丞相，襄佐丞相，處理朝政；而監察官吏則不過其職務之一部分耳。

三　漢朝御史制度的發展

漢因秦制，置御史大夫，掌副丞相，其職務與秦朝的差不多。東漢時改御史大夫爲大司空，管三卿，爲百僚之師，皆宰相之任，旋又復之。故漢朝的御史大夫，也不是專管糾彈的。御史大夫下面置有二丞：一曰御史丞：一曰中丞。

中丞亦稱爲御史中執法者，居殿中蘭臺，掌圖籍秘書，外督部刺史，內領侍御史，受公卿奏事，舉劾案章，察舉非法。及御史大夫轉爲大司空，中丞遂升爲御史臺長，即御史大夫之任。係周官小宰之職，掌建邦之宮刑，以理王宮之政令。凡宮之糾察，又其任也。但東漢時，御史並非獨立機關，屬於少府。

中丞之下，置有持書御史（亦作治書御史）及侍御史二官，監察地方官吏則置有部刺史。

持書御史以遴選通曉法律者任之。凡天下諸讞疑事，掌以法律，當其是非。

侍御史有十五員，察舉非法，受公卿郡吏奏事，有違失者舉劾之。凡遇郊廟之祀及大朝會、大封拜的時候，則以一人監威儀，有違失則劾奏。此外職務甚多，所掌凡有五曹：一曰令曹，掌頒佈律令；二曰印曹，掌刻印鑄製；三曰供曹，掌齋祀典禮；四曰尉馬曹，掌飼養廐馬；五曰乘曹，掌置備車駕。由此可見侍御史掌管事務之繁雜，若今日總統府秘書長，參軍長主管之職務，均包括無遺，至糾察彈奏，只不過是其職務中一小部分耳。

四　唐朝御史制度的演進

魏晉以後，御史臺才獨立，權限亦漸大，自皇太子以下，無所不糾。南北朝時，中丞之地位，更見華貴。

御史制度到了唐朝，則大爲改進，其組織與分工，較前朝益爲完備。以下特摘要敍述：

唐朝御史臺置御史大夫一人，御史中丞二人，侍御史四人，殿中侍御史六人，監察御史十人，主簿一人，內供奉裏行者，各如正員之半數。

御史大夫掌邦國刑憲典章之政令，整飭風俗，糾彈內外，總判臺事。故唐朝御史大夫則與漢朝不同，並不掌理副丞相的職務，專司糾彈之責，等於漢之中丞。隋改中丞爲大夫，故唐因之。

御史大夫之下有三院：一曰臺院，侍御史隸焉；二曰殿院，殿中侍御史隸焉；三曰察院，監察御史隸焉。

凡寃而無告者，由三司詰之。三司謂御史大夫、中書、門下是也。大事奏裁，小事專達，凡有彈劾，御史以白大夫，大事以方幅，小事署名而已。有制覆囚，則與刑部尚書平閱；行幸時乘輅車爲前導；朝會則率其部屬，糾正百官之班序。以下特分別說明之：

臺院，置侍御史四人，掌糾察內外，受制出使，分判臺事。又分直朝堂，與給事中，中書舍人同受表，理寃訟。其事有大者，則詔下尚書刑部，御史臺，大理寺同按之。侍御史之職掌有四：謂（一）推鞫獄訟；（二）彈舉百官；（三）知公廨事；（四）總判臺內雜事。此外並判定殿中侍御史及監察御史以下職事及進退改轉諸事。臺內之事悉主之，故號爲臺端，他人稱之曰端公。

其知雜事者謂之雜端，地位最爲雄劇。

殿院，置殿中侍御史六人主持之。侍御史居殿中，察擧非法，故有殿中侍御史之名。唐初掌駕出於鹵簿內，糾擧非違，兼管庫藏出納和宮門內事，管理左右巡，分京畿諸州諸衛兵禁隸焉。彈擧違失，號爲副端。閤門之外，百僚班序而有離立失列、或言囂而不肅者糾罰之。其正冬大會則戴元豸，乘馬加飾，具服上殿，供奉左右；其郊祀巡幸，大備鹵簿，出入由旌門者監其隊伍。故殿中侍御史的主要職務，乃是糾察殿廷禮儀，像今日典禮局一樣。

唐置御史主簿一員，掌付事勾稽，省署抄目，監印給紙筆。貞觀中並管轄臺中雜務，公廨厨庫，檢督令史奴婢，配勳散官職事。其俸祿與殿中侍御史同。宋之主簿則掌受事發辰，以及勾檢稽失，兼簿書錢穀之事，若今日之審計官。

察院，置監察御史（或稱監察侍御史）十人（後增至十五人），掌內外糾察，並監祭祀，及監諸軍出使等職。下掌分察百寮，巡撫州縣；凡獄訟、軍戎、祭祀、營作、太府出納皆屬之。此外並管理朝堂左右廂，及百司綱目，和十道巡按。凡戰伐大克獲，則數俘馘，審功賞，然後奏陳。擧凡屯田鑄錢，嶺南黔府選補，也可以視其功過而糾察之。遇處決囚徒的時候，則與中書舍人，金吾將軍共同審讞。遇國家忌齋的時候，則與殿中侍御史分別往察寺觀，看到宴射、習射、大祠、中祠而有不如儀者，特爲奏明。兼巡傳驛，和檢校兩京館驛。監察御史的職務最爲繁雜，百司畏懼。

監察御史並分察尚書省六司：興元元年以第一人察吏部、禮部兼監察使；第二人察兵部、工部兼館驛使；第三人察戶部、刑部，歲終議殿最，號爲六察官。且須巡察州縣，察擧非法，其詳容於叙述地方監察制度時並述之。

五　中央集權下的明朝都察院

御史制度由於唐朝的擴充，經宋元兩代而至明朝，體制益爲完備。尤其是關於地方監察制度，不僅在組織方面，機構增多，人員增加，而且監察名目繁劇，御史職權擴大。這是因爲中央集權的現象，到了明朝則登峯造極，爲任何前朝所不及。因此，御史由監察官吏而變爲政爭工具的情形，也比任何前朝都厲害了。

明朝開國的時候，仍設御史臺，置左右御史大夫，御史中丞，侍御史，治書侍御史，殿中侍御史．察院監察御史等職，一仍從前舊制。惟因過去諸種政治制度，經過元朝之異族統治，有的遭到破壞，有的相當紊亂，而明朝又趨向於高度中央集權，故明朝開國後，重新制定朝儀，釐訂各種制度。對於監察制度亦然。洪武十五年罷御史臺改設都察院，罷御史大夫等官，改設左右都御史，左右副都御史，左右僉都御史。在地方則設十三道監察御史。都御史的職務：係糾劾百司，辯明冤枉，提督各道，爲『天子耳目』風紀之司。凡大臣姦邪，小人搆黨，作威福亂政者劾。凡百官猥茸，貪冒壞官紀者劾。凡學術不正，上書陳言變亂成憲，希圖進用者劾。遇到朝覲考察的時候，則同吏部司賢否黜陟。遇有大獄重囚，則會鞫於外朝，偕刑部大理讞平之。其奉敕內地，附循外地，各專其敕以行事。

根據上文所述，可見明朝御史職權之大，因係皇帝的耳目，故不論甚麼事情都可以過問的。明太祖嘗諭之曰：

『國家立三大府；中書總政事，都督掌軍旅，御史掌糾察，朝廷綱紀，盡繫於此。而臺察之任尤清要，卿等當正已以率下，忠心以事上，毋委靡因循以縱姦，毋假公濟私以害物』（註六）。

六　地方監察制度之概要和漢朝的地方監察制度

以上是中央監察制度的大概。關於地方監察制度的發展，茲據文獻通考所載：

『黃帝立四監以治萬國，……秦置監察御史，漢惠帝三年遣御史監三輔郡，察詞訟。所察之事凡九條，監者二歲更之，常以十月奏事，十二月還監。其後諸州復置監察御史。文帝十三年以御史不奉法，下失其職，乃遣丞相史出刺，並督察監察御史。武帝元封元年，御史止不復監，五年乃置部刺史，掌奉詔六條，察州凡十二焉』（註七）。

地方監察制度雖導源於秦代，到漢朝始粗具規模。漢制刺史以六條問事，非條所問即不省。所謂六條即是：

第一條　强宗豪右，田宅踰制，以强淩弱，以衆暴寡。

第二條　二千石不奉詔書，遵承典制，背公向私，旁詔守利，侵漁百姓，聚斂爲姦。

第三條　二千石不邮疑獄，風厲殺人，怒則任刑，喜則任賞，煩擾刻暴，剝截黎元，爲百姓所疾，山崩石裂，妖祥訛言。

第四條　二千石選署不平，苟阿所愛，蔽賢寵頑。

第五條　二千石子弟，恃怙榮勢，請託所監。

第六條　二千石違公下比，阿附豪强，通行貨賂，割損正令。

上列六條中，一條察民，五條察官。而五條所察者，四條與職務有關，一條與地位有關。刺史所察者限於二千石長吏（郡守及縣令），黃綬（丞尉）以下不察。故不是任何芝蔴綦豈的小官都可以被彈劾的。

爲專察京畿及近郡，漢武帝設『司隸校尉』。其任務先是捕巫蠱，督大姦猾，後罷其兵，察三輔三河弘農七郡，居十二州刺史之首。東漢時且領有一州，無所不糾，唯不察三公，威權尤重。司隸校尉原爲逐捕巫蠱與盜賊而設，後來竟成了糾察的職官。而且，在初設時雖以中丞督司隸，其後司隸與中丞權却相侔，朝會時與尚書令，中丞專席而坐，京師謂之『三獨坐』。這不能不說是一個特殊的制度了。

司隸屬官有從事史十二人，主察百官之犯法者。魏晉司隸與二漢同。東晉渡江罷司隸校尉官，變其職爲揚州刺史。唐無此官；而有京畿採訪使，亦其職也（註八）。

七　唐朝十道巡按

唐朝地方監察機關，置有十道巡按，由監察御史分任之。巡按州縣時以判官二人爲佐，務繁則設有『支使』。巡按這個名稱，唐朝曾數度更易，有『巡察』，『按察』，『巡撫』等稱謂。貞觀八年發十八道黜陟大使，二十年遣二十一人以六條巡察四方，黜陟官吏，多所擧刺。天授二年發十道存撫使，分巡天下。開元廿二年初置十道『採訪處置使』，廿五年命諸道採訪使考課官人善績，三年一奏，永爲常式。天寶九年敕採訪使，但察訪善惡，擧其大綱。旋又改爲『觀察處置使』。其有戎旅之地，則置節度使。貞觀八年一度設置『觀風俗使』，巡省天下，延問疾苦，觀風俗之得失，察政刑之苛弊，以後不復置（註九）。

十道巡撫之職務如左：

其一　察官人善惡。
其二　察戶口流散，籍帳隱沒不均。
其三　察農桑不勤，倉庫減耗。
其四　察妖猾盜賊，不事生業，爲私蠹害。
其五　察德行孝弟，茂才異數，藏器晦跡，應時用者。
其六　察黠吏豪宗，兼幷縱暴，貧弱寃苦，不能自申者。

這與漢朝刺史之六條察吏相比，其範圍擴大多矣。

八　明朝十三道監察御史

明朝爲樹立朝廷威信，達成中央集權的目的起見，對於地方監察機構，組織特別嚴密，職權格外加大，無論怎樣事情，御史都有權過問的。

明置十三道監察御史一百十人，分道巡按（浙江江西河南山東各十人，福建廣東廣西貴州各七人，陝西湖廣山西各八人，雲南十一人），察糾內外百司之官邪，或露章面劾，或封章奏劾。這裡又分京內和京外。

在京內有兩京刷卷，巡視京營，監臨鄉會試及武擧，巡視光祿，倉場及內庫。皇城和五城，則輪值登聞鼓。

在京外有巡按，淸軍提督學校、巡鹽、茶馬、巡漕、巡關、儧運、印馬、屯田諸職。師行則監軍紀功，各以其事專監察。而巡按則代天子巡狩，所按藩服大臣，府州縣官諸考察，擧劾尤專。大事奏裁，小事立斷。按臨所至，必先審錄罪囚，弔刷案卷，有故出入者理辯之。諸祭祀壇場，省其牆宇祭器，存恤孤老。巡視倉庫，査算錢糧。勉勵學校，表揚善類，剪除豪蠹，以正風俗而振綱紀。凡朝會糾儀，祭祀監禮；政事得失，軍民利病，皆得直言無避，有大政，則集闕廷而預議焉。蓋都察院總憲綱，惟所見聞，皆得糾察。諸御史糾劾，務明著實跡，開寫年月，毋虛文，泛詆訐，拾細瑣。監察御史出按復命，由都御史覆劾其稱職不稱職以聞。凡御史犯罪加三等，有贓從重論斷。十三道各協管兩京直隸衙門，而都察院衙門則分屬於河南道，獨專諸內外考察。

九　御史制度之變質

御史這個制度本爲監察行政官吏而設，可是唐朝因邊患日急，其有寇戎地方，均置『節度使』，得以軍事專殺行。這些節度使多加御史大夫或御史中丞銜。明朝亦採用此制，地方官吏加都御史或副僉都御史銜者，有總督、有提督、有巡撫，有總督兼巡撫，提督兼巡撫，和經略、總理、贊理、巡視、撫治等員。而都御史出京，則予以總督或巡撫等銜名。其目的是『以便行事』，惟因此而監察制度的原意，則發生根本的『變質』了。就是被彈劾者亦有彈劾他人之權，督撫並得以互相奏劾，御史乃益捲入政治的漩渦，而變爲黨派政爭的工具了。清朝主政，其政治制度大抵承襲明朝，惟明之左右都御史、左右副都御史皆爲實官，而清朝僅左都御史、左副都御史雖爲實官，右都御史、右副都御史則爲督撫加銜，並無實缺。明之督撫皆爲都御史奉勅行事而設，清朝雖以行伍出身而官至督撫者亦加此銜，不必由御史出身。因此，督撫不僅得互相奏劾，並得彈劾王公大臣，是故清朝的御史制度，則離開原意甚遠了（註十）。試看清末戊戌變法的時候，御史是夾在新舊兩黨各顯神通的。

我國過去監察制度、以漢、唐、明三朝最爲完備，各有其代表性。凡欲研究我國的監察制度（御史制度），只要詳究這三朝御史制度，就可明瞭一切了。本文的叙述僅止於這三朝御史制度的比較研究，而未涉其他朝代者以此。

十　諫議大夫制度一瞥

關於御史制度的起源和發展，我已扼要加以叙述，現在想要說明『諫議大夫』這個官職的性質。本來討論過去彈劾制度，只要明瞭了御史制度就已足够，用不着再來研究諫議大夫這個制度，不過，大家一提到過去的監察制度，總是把『臺諫』兩者相提並論，好像有不可分的關係。因此，則不能不一言及之。

諫議大夫掌侍從規諫，凡朝政闕失，大臣至百官任非其人，三省至百司事有失當，皆得極言諫正。給事中對於皇帝不合理之諭旨得以封駁。宋淳化四年詔給事中：凡制敕有所不便，準故事封駁。故皆稱之曰『言官』。諫議大夫在秦漢三代無常員，多至數十人，隋唐置正員，隸屬門下省。宋承五代之弊，官失其守，官職差遣纔以定俸入而不親職。諫議大夫司諫正言，皆須別降敕，許赴諫院供職，方為諫官。亦有領他職而不與諫諍，其由他官領者帶知諫院，以兩省官充掌供奉諫諍。可見諫議大夫有很多的只是空銜而無實職，給事中亦係加官，如今日所謂顧問，參議，專門委員之類。要任實際工作，則須另行奉令。

諫議大夫雖隸門下省，但對皇帝的朝政得失，可以直接匡正。所以諫議大夫的職務，主要的是對皇帝上條陳，口頭的或書面的。故謂：『凡朝廷闕失，大則廷議，小則上封。』御史則為『察官』，掌糾察官邪，肅正紀綱，故其職權僅限於糾彈官吏。起先諫官和察官，論事各有分限，毋得越職，且有不許兩官互相往來之事。自宋朝天禧年間置『言事御史』以後，御史亦可言事。明洪武則罷去諫官，專其責於御史，於是上自朝廷宮闈，政治得失；下至民生利弊，社會風俗，御史皆得言之矣(註十一)。

十一　臺諫職權之寬泛及其利弊

觀於上文所述，可見御史和諫議大夫的權力是十分寬泛的。茲為便於了解起見，我想引用高一涵氏對於臺諫制度的分析，以釋明其權力之內容。高氏說：

『(御史)不但可以監察法律範圍以內的事件，並且可以監察道德範圍以內的事件；不但可以監察百官違反法令及妨害公益的行為，並且可以監察官吏的私德私行；不但可以監察在職的官吏，並且可以監察退職的官吏，與非官吏的惡霸土豪；不但可以彈劾那證據確鑿的犯罪行為；並且可以彈劾那風聞傳說未得確證的嫌疑行為；不但可以彈劾犯罪於已成事實之後，並且可以彈劾於將成事實之前』(註十二)。

據高氏的分析，這種監察權可以分為：(一)建議政事權；(二)彈劾權；(三)監察行政權；(四)考察官吏權；(五)會讞重案權；(六)辯明冤枉權；(七)檢察會計權；(八)封駁詔書權；(九)註銷案卷權；(十)監察禮儀權。

臺諫具有這樣廣泛的職權，是不是很好的制度，論者意見頗不一致。宋紹興間胡致堂氏對於臺諫制度之得失，有極深刻之批評。茲引胡氏寄政府書於左，以供研究者之參考：

『古者人臣皆得進諫於其君。後世專設一職既已乖謬，居是職者又多以立異為心，撓亂政事，人君難於盡從。故員多不備，難於盡廢，故姑設一二人，比諸餼羊。惟臺官亦然。方祖宗時，充臺諫之選者皆天下望士；或中外踐更已久，無所不知，故能有補。後世乃以新進利口為之，宜其觀望喋喋而莫可遏也』(註十三)。

遠事不必詳論，我們再舉『戊戌政變』之例，用以說明御史無法離開當時的政爭。而過去御史制度亦未必是十全十美的制度。

清末光緒帝欲變法以圖強，當時有所謂『維新黨』與『守舊黨』。維新黨以康有為首領，贊成變法改制，主張廢除科舉考試八股之學，改試策論。守舊黨則反對之。御史分隸兩黨，互相劾奏，遂捲入政潮之中。先是康有為要根除科舉的八股制度，自草一摺交御史楊深秀奏上，並令梁啟超草一摺交宋伯魯奏上，請迅速改試策論。即日奉上諭照准：『着各省學政奉到此諭旨，即行一併改為策論，毋庸候至下屆更改』。同時詔旨裁撤冗雜衙門及冗員，雷厲風行，除舊佈新。

當新政詔令繼續下頒之時，而守舊黨人士則紛紛起來攻擊康有為，說他『終日聯絡「臺諫」，寅緣要津，托詞西學，以聳觀聽』。御史文悌更參劾有為說：『初八日，至康有為寓所，其家人因奴才問病，引奴才至其臥室，案有洋字書信多件，不暇收拾，康有為形色倉皇，忽坐忽立，欲延奴才出坐別室』。很顯然的，這是企圖以勾結洋人的罪名加在康有為的頭上。我們一讀文悌的彈劾狀，可見御史確是捲入當時政爭裡面。有人說光緒變法之不能成功，御史也是夾在裡頭搗亂，當係事實之言。

註一　見民權主義第六講。

註二　見國父講演：『三民主義與中國民族之前途』

註三　參看『監察院及監察委員收受人民書狀辦法』第八規之規定。

註四　舊例御史臺無受詞訟之例，有通辭狀者立於臺門候御史，御史竟往門外收採之。可彈者略其姓名，皆云風聞訪知(見文獻通考卷五十三，職官七)。

註五　參看文獻通考卷五十三，職官七。通志通典均同。關於明代以前之御史制度均係參考這一書。

註六　明朝都察院制度參看明史卷七十三，職官志二，和續文獻通考。

註七　參看文獻通考卷六十一，職官考十五。

註八　參看文獻通考卷六十一，職官考十五。

註九　參看文獻通考卷六十一，職官考十五，和文獻通考卷五十三，職官七。

註十　參看文獻通考卷六十一，職官十五，和明史卷七十五，職官志二。

註十一　參看文獻通考卷五十，職官考四。

註十二　參看高一涵著：『憲法上監察權的問題』(載東方雜誌第三十卷第七期)，和中國御史制度的沿革第四章』。

註十三　參看文獻通考卷五十，職官考四。胡致堂，名寅，字明仲，宋崇安人，宣和進士。靖康初召為校書郎，遷中書舍人，尋以徽猷閣直學士致任。著有論語詳說，讀史管見，斐然集。

二千年前的自由意義

高亞偉

一

奴隸制度，可以說是人類史中，長久而又普遍存在的一種制度。一般人談到自由思想的淵源時，普通都要推溯到古代的希腊與羅馬。但是事實上，希腊與羅馬，古代都盛行着奴隸制度。希腊文裏面說奴隸制度爲 douleia，拉丁文裏面說奴隸制度爲 Servitus。這兩個字又分別與希腊文 eleutheria，拉丁文 libertas 相對而言的。eleutheria 與 libertas 都是解釋爲自由，因此希腊羅馬的奴隸制度，就是指那些失去自由的人群。

希腊羅馬奴隸制度之下，包括着名稱不同種類繁多的奴隸，例如在克里特(Crete)島上，有政府所掌管的官奴（mnoitoi），還有由私人所掌管的私奴(aphamiotoi)。斯巴達（Sparta）有從事工商活動的奴隸，叫做庇里阿西(Perioeci)；而從事農耕的奴隸，却叫做希洛(helots)。羅馬又有家奴（Vernae）與緜氓（Coloni）等分別的奴隸。在我國的古代史上來說，也有類似這種現象，例如古文字裏的耤臣，奚，皂，隸，輿，奴，僚，僕，僮，客，臺等，都是各種奴隸的名稱。

古代奴隸的名稱已多，而其人數亦復不少。依據史文有確切記載的來說，公元前四世紀間，亞歷山大港（Alexandria）五十萬居民之中，計有二十萬人是奴隸。這種奴隸與自由民間的比率，不能謂不高了。羅斯托特徐夫(Rostovtzeff)是以研究羅馬社會經濟史著名於世界的學者，依他的估計，羅馬的奴隸最多時，幾佔總人口的半數。中國古代的奴隸，究竟有多少，現在很難加以估計，不過依據史文我們知道，公元前六世紀間，晉景公曾有一次，以「狄臣」一千家送給他的大夫荀林父；假設以一家五口計算，僅此一次所賜的奴隸就有五千人，其奴數的衆多，也就可想而知了。一直到漢朝，畜奴之風雖然稍煞，但是養育奴婢在千人以上，依史文可考者，計有十人。後漢書馮衍傳上說：「家貧無僮……惟一婢」，而黃香傳中，則以無僕妾作爲其貧窮的說明。這可見當時一般人以畜奴作爲正常，不畜奴則認爲變例。

無論從中外歷史上來看，都可以看出，古代奴隸主要來源是由戰爭俘虜而來，而小半則由刑徒充任。古代能執干戈上疆場的，大都是貴族武士，假設一遇戰敗被俘，過去貴族而轉眼便成奴隸。例如晉滅虞而虞大夫百里奚被俘以後，就變成從嫁的奴隸「媵臣」了。又如漢代的金日磾，以休屠太子之尊，一旦被渾邪王所虜獲，就淪爲養馬的奴隸。由此可以看出，奴隸所以成爲奴隸，政治因素較經濟因素爲多，法律決定的力量較生產方法決定的力量爲多，但馬克斯却依據生產方法爲標準，而認定古代的社會爲奴隸社會，這是不倫不類的說法。上面說過的百里奚，因「媵臣」陪嫁到秦國以後，曾經一度逃到楚國去，秦穆王就以五張黑羊皮的代價把他贖回來，從此他就得到「五羖大夫」的綽號，而又成爲秦之名臣。過去百里奚由貴族而成奴隸，而後來却又由奴隸而變成名臣，這是由政治與法律所決定，還是由什麼所決定，那是很容易判斷的事情。

古代的奴隸，許多是出身於貴族，因此常有才智之士被其新主人所賞識。因此羅馬有許多擔任家宰（Stewards）的奴隸，其中最著名的就是歐姆斯（Eumaeus）歐里克利亞（Eurycleia）等人。又如公元前二世紀，羅馬著名的學者亞華(Puhlius Terentius Afer 190-159B.C.)，他本來是羅馬由加太基（Carthage）俘虜而來的奴隸，但是由於他的博學，他就將希腊梅孟德（Menander）的著作，翻譯成拉丁文介紹到羅馬去，他因此就以研究梅孟德而享盛名。甚至於帝王之尊的凱撒（Julius Ceasar），也稱讚他爲「半個梅孟德」（O dimidiate Menander），可見亞華並不以奴隸而減其光輝。又如挨披克提（Epictetus約在60-120年之間），他本來是羅馬由弗力幾亞（Phrygia）俘虜而來的奴隸，但是由於他研究哲學有名，也就成爲當時羅馬著名的跛脚哲學家，其論點常被羅馬皇帝奧利略(Marcus Aurelius）所稱引。至於從事於敎育工作的奴隸，更是實繁有徒，無法悉舉。例如羅馬貴族的子弟，通常都是由希腊奴隸來負責的，而雅典人子弟的敎導工作，又由學究(Paedagogus)來擔當的，而所謂學究，又都是奴隸。除此以外，還有許多奴隸是管理主人的家庭瑣務的，因此就成爲主管（Majordomos）侍從（Valets de Chamdre）等機要人物，這無形中便取得特權的地位。

如上面所述，誠然有不少的奴隸，憑一已的才幹而取得特殊的地位，但是大半的奴隸，却陷於悽慘的境地。古代遭遇最慘的奴隸，大約無過於羅馬從事農耕的奴隸了。他們白天要身受縲絏出田耕作，而晚上却集體關閉於土牢之中，其生活的悲苦，雖牛馬亦不如。羅馬還有利用奴隸，從事劍鬪Gladiatorial Combats）或與野獸搏鬪（Venationes）的事情，在那角鬪之中，大皆是九死一生的。不過此處所說的奴隸，與夫上面所說的位居機要的奴隸，實爲優劣兩極端的例證，在這兩極端之間，仍有許多待遇不同，職責殊異的奴隸。例如有從事工藝採冶與貿易等工作的奴隸。在這種境遇與工作相差懸遠之中，同是奴隸，却難形成同一的階級意識，更無法產生馬克斯所說的奴隸階級了。

二

古代數目衆多的各種不同的奴隸，雖然不能總括之稱爲奴隸階級，但是不分其地位高下，待遇優劣，凡屬奴隸却有一共同的特點，據此特點，我們却可總稱之爲奴隸。奴隸的共同特點，即是失去自由；沒有自由的奴隸，在古人眼光之中，即不能當作人。這正如亞里斯多德（Aristotle）說的，奴隸不過是具有靈魂的生產工具而已。羅馬人也認爲奴隸是啞吧工具，牛是半啞吧工具，而奴隸却是會說話的工具。古代就是基於失去自由即爲奴隸的觀念，故將罪犯刑徒沒入爲奴隸，希臘羅馬固然如此，即中國古代亦復如是。魏志毛玠傳鍾繇引漢律說：「罪人妻子沒爲奴婢黥面」，呂氏春秋開春論高誘注引漢律，也這樣說：「坐父兄沒入爲奴」。倘然我們不知道古人這種觀念，古代許多刑徒所以會淪爲奴隸，吾人將無法加以解釋。

沒有自由的奴隸，已不能當作爲人，因此也就無法享受法律的保護，主人可以任意懲罰，甚至可以將之殺死，而可不負任何法律責任。斯巴達有一種秘密警察（krypteia），可以隨便殺死奴隸；古代羅馬殺奴的事情，也是經常發生的。前漢書食貨志上說，董仲舒曾說漢武帝「去奴婢專殺之威」，可見漢武帝以前，殺奴之風在中國也是相當盛行的。春秋晉文公的夫人齊姜，殺「蠶妾」的故事，也是主人可以隨便殺奴的一種例證。奴隸隨着自由的失落，便也失去了民權（Civil rights），除非得到主人的特別許可，奴隸是不准有家庭與財產的。古代的奴隸，經常要被主人在身上打一個烙印，希臘羅馬固然如此，中國也有這種風氣。例如田叔孟舒髡鉗爲張敖家奴（漢書田叔傳），就是一種例證，就因爲奴隸要「髡鉗」，所以因此又稱奴隸爲蒼頭。

帶着脚鐐去耕田的奴隸，固然不好過，但失去自由與民權的情況之下，就是位居機要的奴隸也同樣的感到難受，因此追求自由，就成爲奴隸們熱切的要求。古代奴隸獲得自由，無論中外似乎都是很困難的事。中國人道思想發達得最早，後來的歷史也證明：中國的奴隸問題並沒有經過重大的變故，即消滅於無形；但是春秋時無數奴隸之中，現在所知道的，除了上面已經說過的百里奚得到解放以外，另一個就是有功於晉國的斐豹。多少奴隸之中，解放的只有這二人，可見自由難以獲得究竟到達如何的程度了。獲得自由已如此困難，在希臘羅馬就常有奴隸起來暴動的事情發生，其中較著名的，如公元前四六四年，斯巴達的奴隸起來叛亂，佔據了依桑微（Ithome）要塞，戰爭了好幾年，始行失敗。羅馬在公元前一三七年至一三二年，西西利（Sicily）島上發生過一次嚴重的奴隸暴動；公元前七三年至七一年，義大利南部又產生劍鬪奴隸的叛變。這幾次的奴隸叛變，雖然都失敗，但在另一方面却是成功的，早期基督教的興起，得力於奴隸是很大的，而基督教的成功，亦成爲奴隸爭取自由的另一方式。

希臘羅馬奴隸幾次的暴動，在史文中都沒有給我們留下他們爭取自由的具體內容；而基督教所隱含奴隸爭取的自由，又過於幽邃深遠，因此亦難具體說明古代奴隸所爭取的自由的內容。但是現在我們却很幸運，在另一方面找到古代一塊石刻，那塊石刻可以很完整而又能具體地告訴我們，二千年以前失去自由的奴隸們所爭取的自由的內容究竟怎樣，這是值得整個人類永遠珍惜的一塊寶貴石刻。在我還沒有具體引述這塊石刻文字以前，我先作一段必要的敍述，以作闡述那塊石刻的基礎。上面已經說過，古代奴隸是沒有人的資格的，而僅是被人認爲牛馬一樣的工具而已。現在又讓我們來作一個設想，假設一個有慈悲心腸的主人，看見自己的牛馬太辛苦了，決心要解放它，讓它取得其不再服奴役的自由；因此那位有菩薩心腸的主人，便與牛馬訂立一個解除奴役而又保證其自由的契約，你將認爲那是已不可能而又極度荒謬的事情。倘然你明白這種道理，你就可以知道，古代奴隸主人也認爲，與非人的奴隸訂立解放的契約，那是如何荒謬而又不可能的事情。但是若因種種原因，某一個奴隸須要予之解放，那位主人將怎樣辦呢？古代希臘人對這問題，終於想出一個圓通而又可行的辦法，即是由神（代表人自然是僧侶）作爲居間人，先向奴隸手裏取得應出的贖身價銀（那些錢，是得到主人特別允許，特別加重工作而獲得的），神以這身價銀，再向奴隸主人買得那將釋放的奴隸；交易成功以後，再由神賜給那奴隸以應得的自由。爲了鄭重起見，神與奴隸並訂立的奇異交易的契約，便在神廟裏或在神廟附近，刻石立碑，這就成爲解放奴隸的石刻。像這樣而來的石刻，在希臘特爾斐（Delphi）地方，最著名的阿波羅（Apollo）神廟的聖山上，保存的最多。由公元前二〇一年開始，以後的三百年之間，一共約有一千種這樣的契約文字。在這一千種左右的石刻中，大部份都異常簡略，惟有公元前一五四年一五三年之間的一塊石刻，註明得最完整而詳盡。現將其碑文翻譯如次：

麥薩吐斯（Mssateus）的兒子克列圖（Crato），情願將一個種屬阿美尼亞（Armenian byrace）名叫愛蘭（Irene）的女奴隸，賣給阿波羅神祇，身價言明白銀三兩；奴主現已如數收清。此次交易的保證人，是伊拉圖（Erato）的兒子尼嘉朱（Nicarchus），取得愛蘭的信託，負責進行完成此次出賣於神祇的工作。從此以後，愛蘭即取得自由，可以依其意志做任何事情（doing whatever she may wish），亦可依其意志走到任何地方，嫁給任何男人，而任何人均不得加以捕捉。

依照這篇契約的分析，自由可以分爲兩部份，一是法律的保障，另一則是自由的眞實涵義。「取得自由」與「任何人均不得加以捕捉」兩項，即是指明自由人應具的最基本的法律保障，這與英國一六七九年公佈的「人身自由保障法案」（Habeas Corpus Act），實具有同等的意義。依照上述程序而取得自由的奴隸，希臘文稱之爲 Anephatos，依字面直譯，可譯爲「不能捕捉的」；其意思亦即現代「政府不依法，不得任意逮捕人民」相同。至於其中所說的「依其意志做任何事情」與「依其意志走到任何地方」兩項，若用現代術語來說，即是擇業與遷徙的自由，這也正是自由的眞正涵義。二千年以前，人類已知道這四種最基本的自由，是人之所以爲人的基礎，但是時至今日，多少人對此還不瞭解，這是人類的愚蠢，亦是人類的悲哀。

三

二千年以前奴隸所爭取的四種自由，在學術的觀點上，雖然可以分析爲法律保障與眞實內涵兩部份，但是這兩部份却是互相爲用，互相依存的；沒有法律的保障，自由無法存在，但若僅有法律的保障，而無自由的眞實內涵，那種自由仍然落空。這四種自由又是自由人最起碼最基本的條件，缺一不可的事情；假設稍有缺損，雖然不會就成爲奴隸，但是至少亦成爲半奴隸。

這四種自由缺一不可的情形，其他我暫且不談，僅以遷徙自由來說，整部人類歷史都可以證明，沒有遷徙自由，奴役便隨之而來，黑暗亦將到臨。依據劍橋大學歷史教授衞斯德門（William Linn Westermann）的研究，羅馬自始因以父權高於一切的家族組織（Pater familias）爲基礎，再加以後來法律賦予確定的權力，家長對其血親，可以使用其家長的特權（Patria Potestas）；而對其奴隸，則可以使用統治的特權（Dominica Potestas）。無論其血親或奴隸，他們應服的勞役與行動，都受著家長的控制。假設奴隸解放以後，因社會組織仍爲家族組織爲單位，那解放了的奴隸，仍然要復入於某一大家族中，成爲羅馬史上常見的食客（Clients）。家長對於食客，是具有保護權（Patronus）的，從前的統治權與後來的保護權，均同出於家長，因此兩者間的權力界限，常是混淆不清，而食客的行動亦仍被家長所控制，無法得到眞正的自由。衞斯德門教授此種分析，對於以後歷史現象的解釋，是有重要助力的。

羅馬食客所以不能得到眞正自由，其核心所在，即是沒有行動自由，而行動自由亦即我們上面說的遷徙自由。古代羅馬在那種社會組織之下，對於遷徙自由的觀念是異常薄弱的；這種缺少遷徙自由的結果，影響到實際政治上去，便造成羅馬帝國末期，不准農夫遷徙外出，而釘死在其出生鄉土（Origo）；不准工人遷徙出城市，而釘死在其工會（collegiae）之中。釘死在出生鄉土的農夫，也就成爲西洋中古史中，縛於土地上（ascripti glebae）的農奴。倘然我們對中古的農奴，作較深入的研究，我們不難發覺出，農奴實享有種種民權（Civil rights），與古代羅馬的自由人，並無多大的分別，但是僅僅由於沒有遷徙的自由，終於造成幾百年中，農奴的悲慘命運。

依照馬克斯生產方法決定社會形態來說，到十九世紀的工業資本社會裏，應該沒有如古代一樣的奴隸了，但是事實上並不如此，美國在那時却有嚴重的黑奴問題。若依階級鬥爭的說法來說，黑奴解放的戰爭，應該是黑奴對白種人之戰了，但是事實上黑奴解放戰爭，却是美國人對美國人撕殺，却替黑奴求取自由與解放；這在馬克斯看起來，將會說美國人眞是荒謬絕倫。這些問題，還不在我們現在討論之列，但却可將它當作一種引子，以黑奴爲例，說明遷徙自由的重要性。在南北戰爭以前，逃奴的問題，在美國是鬧得雞飛狗走的事情。迭更斯（Dickens）在美國雜記（American Notes）裏面，曾述及一八五〇年前執行逃奴律時的實況說。

這種法律是由輿論造成的。牠規定：在以美國自由之父命名的華盛頓城內，任何保安官可以逮捕街上的任何黑人，繫之於獄；黑人的被捕，不必由於犯罪。保安官說：「我覺得他一定是逃奴」，於是鎖他起來。……假如他是自由黑人，並無領主，想來總該釋放的了。然而不然，他還得被賣以酬獄卒。

黑奴所以左右爲難，始終難逃奴隸的惡運，根源所在，亦即在其無行動的自由；在南北戰爭以前，奴隸主人迫使黑奴無法走到非黑奴州去，這樣就使其無法逃脫奴隸的命運。曾經辦理過許多逃奴案的法官布雷德萊（Joseph P. Bradley），曾經在一八八三年這樣說：「無遷徙自由與奴隸制度，是互爲因果的」。

遷徙自由的重要，許多學者已經看到。霍布斯（Thomas Hobbes）曾經在其公民學原理（Elementa Philosophica de Cive）一書裏這樣說：一切形式不同的奴隸制度，都可以說是無遷徙自由的表現。基於同樣的理由，羅素（Bertrand Russell）在他的自由與組織（Freedom and Organization）一書裏，說到英國的濟貧律（Poor Law）時候，因爲其中規定，貧窮的人民只能在其出生教區領到政府的救濟，羅素便認爲那種規定無形中限制了窮人離開自己的出生地，他就因此大罵，那是富人掠奪貧民的重要詭計。

因爲遷徙自由的重要，所以歐洲中古就以取得行動自由作爲釋放奴隸的象徵儀式。倫巴人（Lombards）釋放奴隸時，是由主人把那將釋放的奴隸，領到十字路口，讓奴隸自已決定由那條路走。巴威人（Bavarias）釋放奴隸時，是把各種門戶敞開，讓奴隸自已決定由那一門戶，由那一方向離開。

歐洲中古農奴不能自由行動的限制，許多地方到很晚才取消，例如匈牙利的農民，一直要到一八三八年，才獲得遷徙自由的權利。但是從很困難中獲得的遷徙自由，現在却被鐵幕裏的野心家輕易地加以剝奪，其他自由現且不論，只憑鐵幕裏遷徙不能自由一點來說，即足使鐵幕裏的人民，重新走到古代奴隸的悲慘境地。當我們看見特爾斐的石刻，而又看見鐵幕裏的那種情形，能不令人感慨萬千嗎？

許曼計劃與布勒温計劃

雷崧生

許曼計劃（Schuman Plan）與布勒温計劃（Pleven Plan），是法國政治的傑作。它們不但迎合着歐洲主義與歐洲聯盟運動的潮流；它們並且是法國在戰後的國際政治上，所獲得的外交勝利。

許曼計劃，亦稱爲歐洲煤與鋼鐵集團（European Coal and Steel Community）計劃。布勒温計劃，亦稱爲歐洲防衛集團（European Defense Community）計劃。這兩個互相關聯的計劃，對于未來的歐洲政治與世界政治，實具有莫大的重要性。

本年八月十日，歐洲煤與鋼鐵集團的管理委員會（High Authority），在盧森堡正式成立；八月十一日，開始工作。這是許曼計劃的最初步的實現；這對于布勒温計劃的實現，也有很良好的影響。

甲、許曼計劃

一、許曼計劃的提出

一九五〇年五月九日，法國外交部長許曼（Robert Schuman），向西歐諸國，提出了所謂許曼計劃。這個計劃，雖然被稱爲許曼計劃，其實是戰後法國經濟復興的計劃者讓勒（Jean Monnet），所構思與執筆的結果。

這個計劃，建立在下列幾個經濟的或政治的論據之上：一、戰後歐洲的經濟復興，往往爲歐洲各國間的關稅壁壘所阻碍。如果某幾種基本工業的經營，無法打破國界的限制，關稅壁壘的拆除，即無可能。二、歐洲的區域組織或區域聯合，如果沒有西德的參加，便無法成立。三、法國在歐洲，一向處于領導的地位。它對于當前的歐洲問題，應當提出大膽的前進的解決辦法，以發生領導作用。四、德國在過去七十年內，曾經三度侵入法國。法國曾採用過分裂德國，或是聯合美英，對抗德國等方法，以消除德國對于自己的威脅，而終不曾獲得預期的效果。第二次世界大戰以後的西德，能否眞正地民主化，大是問題。法國政治家的新方案，便是想以法德經濟合作的方式，達到法德調協的目的。因此，許曼計劃的原始的形式，是聯合並且調整法國與西德的煤、鐵、與鋼鐵等工業，由一個超越國界的管理委員會，作全盤的經營。除開法國與西德而外，許曼計劃還邀請英、意、比、荷、盧等國，一律參加。管理委員會由參加的國家共同選任。它完全以專家或技術家的眼光，去經營參加國家的煤、鐵、與鋼鐵等工業。它所決定的辦法，對于參加的國家，與其管轄下的企業與個人，發生效力；而由參加的國家，予以執行。它對於煤，鐵、與鋼鐵等工業的所有權，並不變動。許曼計劃的目的，是在使法德兩國，由國際間的世仇，變爲經濟上的夥友。這個計劃澈底實現的結果，不但可以使法德戰爭，不復可能，而且給整個歐洲的經濟聯盟，乃至于整個歐洲的政治聯盟，奠定了極穩固的基石。

二、國際間的反應

許曼計劃向全世界公布以後，法國官方的報告，認爲國內外的反應，均極同情。其實不然。法國的勞工界，對于這個計劃，公開地表示反對。後來諮詢委員會（Consultative Committee）的添設，便是對于勞工界的一種讓步。法國的工業界，乍聽到這個計劃，很是錯愕。但是，在這個計劃之下，他們可以利用西德魯爾 Rwhr 區的焦煤，可以享受較大的政治安全；他們才表示擁護。

至於國際間的反應，可以分析如下：

一、西德。　西德的內閣總理亞德勞爾 Konrad Adenauer，一向主張法德親善，對于許曼計劃，立刻表示接受。他接受許曼計劃的理由，約有下列各點：（一）消極的理由：許曼計劃可以替西德解除了戰勝國的最後的經濟控制；可以取消了戰勝國在魯爾工業區所設立的管理委員會（Allied Rhur Authority）。這個管理委員會，極爲西德的重工業界所憎怨；而亞德勞爾恰需要西德重工業界的支持。（二）積極的理由：許曼計劃可以使西德利用到法國羅連（Lorraine）區的鐵礦；也可以使西德成爲歐洲煤與鋼鐵集團裏的大股東。

二、意國。　意國的煤鐵產量，均極微小。它很高興地接受了許曼計劃。

三、比荷盧（Benelux）。　比荷盧三國，對于參加煤與鋼鐵集團，開始並不熱心。由于法國的外交活動的結果，它們終于接受了法國的邀請。

四、英國。　英國對于歐洲聯盟運動的態度，向來主張職能方面的（functional）聯合。許曼計劃，恰是着眼于職能方面。但是，當時的英國工黨內閣，卻不表示贊同。它的理由，約有如下的幾點：（一）英國不願意其基本工業，受國際機構的控制。（二）許曼計劃中的管理委員會，屬于經理制的性質。它不免會反對社會主義的計劃經濟。它所決定的辦法，可能妨害到英國的全部就業，社會福利，與國有政策等等。一九四五年，英國的煤礦業，業已國有。英國的鋼鐵業，也即將于一九五一年年初國有。（三）英國是金鎊集團的一員，它負有特殊的義務。（四）英國是不列顚國協（British Commonwealth of Nations）的一員，它也負有特殊的義務。一九五〇年六月二十五日與二十六日，英國下議院曾舉行關于許曼計劃的辯論。反對黨的黨魁邱吉爾，曾提出不信任案，以打擊工黨內閣。但是，英國的保守黨，也並不由衷地擁護許曼計劃。他們認爲許曼計劃的實現，會使英國的鋼鐵業，立于不利的地位。英國對于許曼計劃的讓步，是承認在許曼計劃付諸實施時，戰勝國在西德魯爾工業區所設立的管理委員會，即予裁撤。

五　美國。　美國的政府與輿論，都贊同許曼計劃。美國駐西德的最高特派員麥克洛伊（John J. Mccloy，即奉到美國政府的訓令，從旁協助許曼計劃的實現。

三、建立歐洲煤與鋼鐵集團條約的締結

一九五〇年六月二十日，西歐六國——法、意、西德、比、荷、與盧——在巴黎開始作關于許曼計劃的談判。由于這個計劃所牽涉的問題極多，尤其是技術方面的問題，談判的進行，極爲遲緩。韓戰的爆發，幾乎使許曼計劃遭遇到流產的命運。因爲韓戰爆發以後，美國決計讓西德重整軍備，參加北大西洋軍隊，以對抗蘇俄的威脅。西德的重工業界，有見及此，覺得許曼計劃所能給予西德的利益，都可以在美國所允許的重整軍備中獲得。許曼計劃失去了對于他們的誘惑。他們便向亞德勞爾施用壓力，不主張接受許曼計劃。一九五〇年十月二十五日，爲着對抗這個國際的新形勢，法國宣布了所謂布勒温計劃。在這個計劃裏，法國也承認西德可以重整軍備。但是，它的重整軍備，必須被歸納在北大西洋公約組織（NATO）的體系裏；必須事先已經接受並且執行了許曼計劃，美國駐西德的最高特派員麥克洛伊，從中調解。法國的主張，終于獲勝。一九五一年四月十八日，西歐六國的外交部長，集于巴黎，簽字于建立歐洲煤與鋼鐵集團條約（Treaty Constituting the European Coal and Steel Community）。這個條約與許曼計劃的原始的形式，在細節上，已經大不相同，但是，在原則上，却毫無更改。這個條約共九十五條，附件三件，與過渡時期協定一件。其有效時期爲五十年。

四、歐洲煤與鋼鐵集團的機構

根據上述條約的規定，歐洲煤與鋼鐵集團的機構如下：（一）聯合大會（Common Assembly; Yoint Assembly）。　聯合大會由西歐六國的代表七十八名組成：法、意、與西德，各出十八名，比利時與荷蘭，各出十名，盧森堡出三名，法國代表十八名中，有薩爾（Saar）區的代表三名。這些代表，都由西歐六國的議會，自其議員中選出。聯合大會每年開會一次。其主要的職權，爲討論管理委員會的常年報告。開會時，出席代表如果達到全體代表的過半數，聯合大會得以三分之二的多數，强迫管理委員會辭職。（二）部長會議（Council of Uinisters）。　部長會議由西歐六國各派一位部長階級的官員組成。它是參加國政府與管理委員會間的聯繫機構。管理委員會所決定的辦法，影響及參加國的一般經濟時，須獲得部長會議的同意。部長會議的表決方式，雖然不會採用全體一致的原則，但是，法國與西德，享有較大的表決權。（三）管理委員會（The High Authority）。　管理委員會設委員九名，任期六年，由參加國的政府，從一張專家或技術家的名單裏選出。同一國籍的委員，不得超過兩名。參加的國家，將其關于煤與鋼鐵兩業的管理權，包括生產、價格、與投資等等，授與管理委員會。管理委員會所決定的辦法，對于參加的國家，與其管轄下的企業與個人，發生效力；而由參加國家的警察，予以執行。其主要的職權，爲原料的分配，生產計劃的決定，價格、工資、與工作情形的規定，放款與征稅等等。（四）法院（Cowrt of Justice）。　法院由法官七名組成，任期六年。其職權是在審判一切關于管理方面的爭端。參加國的政府，部長會議，企業家的團體，或某企業公司，均可向法院告訴，請求審判。（五）諮詢委員會（Consultative Committee）。　諮詢委員會由雇主、勞工、與消費者三方面，各派同數額的代表組成。代表的總數，不得少于三十名，不得多于五十名。

五、歐洲煤與鋼鐵集團的前途

本年八月八日，西歐六國的政府，選出了管理委員會的委員九名如下：讓勒（Jean Monnet）。許曼計劃的草擬者，擔任管理委員會的主席。埃澤魯（Franz Etzel）。　西德議會的經濟委員會主席，擔任管理委員會的副主席。珂貝（Albert Coppe）。　比利時的建設部長，擔任管理委員會的第二副主席。菲勒（Pani Finet）。　比利時的勞工總聯盟主席。加傑羅（Enzo Giacchero）。　意國杜林（Turin）大學工程學教授。波特霍夫（Heinz Potthoff）。　西德參加魯爾區管理委員會的代表。多姆（Lion Daum）。　法國鋼鐵業的巨擘。史披倫堡（Dirk Spierenburg）。　荷蘭駐比荷盧理事會的代表。維勒爾（Albert Wehrer）。盧森堡駐法國公使。

歐洲煤與鋼鐵集團的管理委員會，既已正式成立，孕育了兩年多的許曼計劃，便獲得了執行的機會。從此以後，就煤與鋼鐵而言，人口一億半的西歐六國，構成了一個單一的市場。它們彼此之間，不互相征收關稅，也沒有其他貿易上的限制，更沒有什麼浪費的競爭，它們的煤礦工人與鋼鐵工人，不必持有護照，便可以自由來往。在同樣條件之下，它們取得煤與鋼鐵的供給。西歐六國的鋼鐵產量，佔歐洲全量的百分之六十，煤量佔百分之四十八。一九五〇年，它們總共產煤二一六、三〇〇、〇〇〇噸，生鐵四二、三〇〇、〇〇〇噸，鋼鐵三八、五〇〇、〇〇〇噸，共值美幣四、五〇〇、〇〇〇、〇〇〇元。

但是，歐洲煤與鋼鐵集團，在實施之始，還有一些待解決的問題。其最重要者有二：一、歐洲煤與鋼鐵集團與英國的關係。　英國對于這個集團，自始就不甚贊同。當時的工黨如此，現在的保守黨亦如此。這個集團對于英國的實際影響如何，英國對于它的反應對策如何，實是一個未知之數，而值得管理委員會的密切的注意。二、薩爾區的問題。　薩爾區原屬德國，面積九百九十方哩，人口約一百萬。它是歐洲的最大的煤區之一，也是一個鋼鐵業的中心。第二次世界大戰的時候，法國佔領了薩爾區。一九四八年，法國給以自治的地位，頗似法國的衛星國。一九五〇年三月，法國與薩爾，締結條約，法國得控制薩爾區的煤礦五十年。西德對于這一切，都不肯承認。當西歐六國談判許曼計劃時，法國曾提議劃定薩爾為中立區，成為執行許曼計劃的中心。西德加以拒絕。這個問題的久懸不決，可以惡化法國與西德的關係，因而對于歐洲煤與鋼鐵集團，發生惡劣的影響。許曼計劃的終于實現，許曼本人與亞德勞爾的不憚煩勞，實居首功。這個計劃的順利進行，仍然有待于他們兩人的繼續努力。

乙、布勒溫計劃

一、布勒溫計劃的提出

一九五〇年十月二十五日，法國內閣總理布勒溫 Reni pleven，向法國的議會，提出了所謂布勒溫計劃。這個計劃的目的，是在混合法，意，西德，與比荷盧的軍隊，組成歐洲軍隊（European Army），使其成為北大西洋公約組織的軍隊的一部分。

這個計劃具有它的特殊的國際背景。法國早知道：德國的重整軍備，為不可避免之事。但是，它很想在德國還不曾開始重整軍備以前，趕快地完成了自己的擴充軍備的計劃。可是，美國與蘇俄的冷戰的日趨緊張，與韓國戰事的爆發，使美國急急于讓西德重整軍備，以對抗蘇俄的威脅。法國便不復有從容擴充自己的軍備的餘裕。於是，法國政府提出了布勒溫計劃。一方面，它對于歐洲政治，仍然保持了它的主動的領導作用，他方面，它把西德的軍隊，歸納在歐洲軍隊裏，以抵消西德在軍事上的復興。這實在是法國的政治天才的最精彩的表現。

一九五〇年十二月間，北大西洋公約組織的理事會，在比京布魯塞爾（Brussels）開會。英法兩國，在美國的堅持之下，不得不承認：西德得在北大西洋公約組織的體系裏，重整軍備。一九五一年一月間，西方國家（美、英、法）便開始與西德進行談判。西德要求參加北大西洋公約組織的參謀工作，委派軍隊的司令官，恢復戰前的參謀本部與戰爭工業等等。西方國家無法接受。談判因之中斷。

因此，在一九五一年年初，德國的重整軍備，在原則上已經不成問題。至于它的軍隊，究竟是北大西洋公約組織的軍隊裏的一個獨立的單位，或是被折散而編配在北大西洋公約組織的軍隊裏，却還不曾決定。前一辦法的不利于法國，極為明顯。而後一辦法正是布勒溫計劃的主旨。

西方國家與西德的談判中斷以後，北大西洋公約組織的歐洲聯軍總司令艾森豪威爾，曾訪問西德。他探詢的結果，知道西德仍然堅持着上述各項要求。同時，法國內閣總理布勒溫，訪問美國。他竟說服了美國，使它成為布勒溫計劃的贊助者。美國的同情的態度，大部分地決定了布勒溫計劃的樂觀的前途。英國雖然不參加布勒溫計劃，但是，它答應在訓練、演習，與新武器等等方面，與未來的歐洲軍隊，作密切的聯繫與合作。一九五一年二月間，意國首先表示接受布勒溫計劃。

二、建立西歐防衛集團條約的締結

一九五一年七月九日，西歐六國的代表，會于巴黎，討論關于布勒溫計劃的一切。他們草擬了建立歐洲防衛集團條約 Treaty Establishing the European Defense Community 的初稿。十一月間，北大西洋公約組織的理事會，在羅馬開會。它對于上述草約，曾加以討論。根據這個草約的條款，西歐六國，除開警察與細加規定的少數例外而外，（如殖民地的軍隊是），同意將其陸海空軍，混合為一個歐洲的軍隊：制服相同，武器相同，紀律一致，又隸屬于同一個指揮部之下。

就陸軍而論，歐洲防衛集團應當先建軍四十三師。步兵師一萬三千人，機械化師一萬二千六百人，裝甲師一萬二千人。這四十三師的分配如下：法國十四師。西德十二師，內裝甲師四師。意國十二師。比荷盧共五師。這四十三師的軍隊，編為若干師團。每一個師團，包含三師或四師，至少屬于兩個不同的國籍，人數約為八萬。整個軍隊的地上戰鬪部隊，共五十六萬人。

就空軍而論，歐洲防衛集團約有飛機六千架，內德國飛機一千一百架。每一個空軍單位，為飛機七十五架，官兵一千二百人至一千八百人。

歐洲防衛集團的軍隊，由歐洲防衛委員會（European Defense Commission）指揮，設總司令部于法國的風特布羅（Fontainebleau），以法國大將瑞安（Alphonse Juin）為總司令。而這個總司令部後隸屬于北大西洋公約組織的歐洲聯軍總司令李奇威將軍之下。

一九五二年二月八日與二月十九日，西德與法國的議會，先後地同意于參加歐洲防衛集團。但是，西德的議會附有三個條件如下：一、西德應當成為北大西洋公約組織的一員。二、西德的財政負擔，應當予以輕減。三、薩爾區應當復返于西德的版圖。法國的議會也附有兩個條件如下：一、西德不得成為北大西洋公約組織的一員。二、西德不得在西歐六國尚未全體批准建立歐洲防衛集團條約以前，便開始招募兵士。

為着調停法國與西德間的歧見，美英法與西德等四國的外交部長，會于倫敦。他們獲致協議如下：一、西德不得成為北大西洋公約組織的一員。但是，西德既然是歐洲防衛集團的部長會議的一員，它對于北大西洋公約組織的議案或辦法，涉及歐洲防衛集團者，享有否決權。同時，西德與北大西洋公約國家之間，有互相協助對抗侵畧的義務。二、薩爾區未來地位的問題，由法國與西德直接談判。三、西德的戰爭工業，暫不忍受任何限制。它應當製造何種軍器與軍火，由歐洲防衛委員會決定。

一九五二年二月十四日，北大西洋公約組織的理事會，在葡萄牙京城里斯本開會。在上述安協辦法之下，它對于建立歐洲防衛集團條約，正式地予以認可。五月九日，西歐六國，在上述條約上，舉

（下轉第4頁）

大選閑話

華府通訊

本刊特約記者　許思澄

（一）美國是庸人政治嗎？

有人說美國這種民主制度是一種庸人政治。有才氣，有主張，不肯聽人播弄的人是不容易上去的。相反的，一些面面俱到，處處討好，庸庸碌碌的人却常當了大總統。這話有一部份道理，但也並不盡然。一般說來，美國第一流的人才，不是去當了大科學家，大發明家，（如愛廸生）就是當了大企業家，大銀行家（如洛克發羅，Tohn D. Rockefeller，卡內奇 Andrew Carnegie 摩根 J.P. morgan），再不就是兼而當之，如福特(Henry Ford) 除了一些與俗浮沉的政客以外，其他一些來搞政治的每每是在自已事業上已相當成功，行有餘力，來換換口味。一般人對於職業化了的政客是不太看在眼內的。因爲論待遇，一個部長或參議員遠不如一個公司經理。論勢力影響，則政黨候選人每每只是一個被播弄的木偶，成之，毁之，全在幕後操縱者，所謂太上皇（Boss）的手內。與其當大總統，還不如做太上皇過癮。這種現象，證之於美國歷史，不乏好例，遠一點如第一次大戰後的哈定，Warren G. Harding，近之如杜魯門，都足以說明什麼叫庸人政治。

但這只是常情，却不足以說明全貌。當世局承平，文恬武嬉，如一九二〇，甚至一九四八之時，哈定，杜魯門者，可以登臺。可是一旦局勢艱危，國運懸於一線之時，則美國民主制度却成了造英雄的最理想的機構。也正因此，所以有南北戰爭，就有林肯來背這十字架；有第一次世界大戰，就有威爾遜來作全世界的彌撒亞；有經濟恐慌就有羅斯福來作旋乾轉坤的新政。這不是偶然的，而是必然的。

一般人民的感覺雖較爲遲鈍，不能處處有遠見，但也並不痲木。什麼是利，什麼是害，他們有最現實的標準來衡量。當局勢需要守成時，他們自會要一個『不招人忌是庸才』的人來守成；當局勢需要應變時，他們也自會趨向一個『能受天磨方鐵漢』的人來應變。

以此看法來看一九五二年的兩位總統競選人，才能見其妙處。

記者早說過他不喜歡邱吉爾。但他也再三的說過邱翁可愛。最近又有一件事證明其可愛處。當新聞記者們問邱對於美國兩位競選人的意見時，他說：這兩位都是了不起的好人物，任何一位當選都是好總統。這樣的回答，不但使英國不至捲入美國內政的愛憎中去，將來不論誰當選都是他的好朋友。而更妙的是他似乎在狡猾的玩弄外交詞令，却事實上說了句天公地道的老實話。

（二）七月往事

艾森豪爲衆所週知，所以這裡只從民主黨候選人史帝文生說起。史帝文生雖然是依利諾州的州長，但在國際上無藉藉名。就在美國國內，也很少人知道他。這次民主黨的全國大會在依利諾州的芝加哥開會，他以地主的身份，出席致歡迎詞以後，就故意的避開，表示他對競選並無興趣。可是敏感的新聞記者群，却成日成夜守在他住處外的街上，受辛受苦，監視着一切活動。一方面會場內的驚濤駭浪，將一群競選人衝擊得翻騰上下，另一方面史帝文生却一而再，再而三的表示無意競選。

當時聲勢最浩大的是田納西州參議員奇發佛(Estes Kefauver of T-ennessee)。他在去年春天擔任檢擧貪污案的調查委員會主席時，經由電視器審案，一擧成名。記者那時正在紐約，眼看公共場所電視器前成群的觀衆，一小時一小時的看下去。奇發佛的面貌成爲群衆最熟悉的面貌。他也成了反貪污，打大老虎的新英雄。杜魯門政府的腐化，連民主黨人本身都引以爲羞。所以當奇發佛宣佈他願爲民主黨候選人時，一般群衆及黨員都莫不引爲慶幸。其受人擁護的程度可自今年三月紐漢浦厦州預選民主黨大會代表時可見。該州代表額八人。州黨部支持的代表是擁杜魯門的。可是選擧結果，杜魯門全軍覆沒，得了一個八對零的結果。敗在奇發佛手中。不久，杜魯門就宣佈不擬連任，雖再三聲明與紐漢浦厦州預選無關，可是大家心裡却都有數。因此，奇發佛的力爭候選不但是出於他個人的雄心，也出於一般的物望。但正因爲他檢擧貪污，得罪了黨的主持人（包括杜魯門）又主張黑人白人平等法案得罪了南方，所以在民主黨大會中遭到了黨當局，（包括杜魯門）南方各州，以及大城市中黑暗勢力的聯合反對。在這種情形下，杜魯門未始不想乘機將夾袋中的私人抬出來，如哈里曼(Auerell Harriman)，巴克雷（副總統 Alben Barkley）之流來繼承衣鉢。可是哈里曼不能見容於南方，巴克雷不能見容於工會。於是杜魯門不能不再謝絕競選，其中溫恭謙讓的成份固多，而尤要者在他良心上頗以杜魯門政權之貪污無能爲恥，而不願爲其辯護人。

史帝文生在政治舞臺上是一新人

。一九四八年才當選爲伊利諾州州長。以前只是幹了些佐治的事。可是當了州長以後，整頓吏治，清除貪污，從事建設，成績非常良好，政策也很開明。而且正因爲是一新人，才有面目一新之感。今年各處預選所表達的，處處都是一種去舊更新的情緒，跟杜魯門的那班老面孔，都已不大能引起選民的興趣了。

當七月間民主黨大會選出了候選人的時候，守候在史氏寓所外的新聞記者總算沒有辜負了多少日夜的枯坐。當時就將史氏請出門前。當史氏清朗的聲音廣播到全國時，這是人民第一次認識了這位候選人。他說得非常簡短，但給人以虔敬，謙卑，崇高，卓絕的印象。他說：『我不會要這個，也不會尋求這個』。這是眞的。所以他之當選候選人，是不會出賣了他的靈魂的。

當晚，他馳往會場，接受大會的推選。杜魯門先致詞，史氏繼之。這兩篇演詞的對照，就看出了兩個完全不同的人格。杜氏措詞粗野，態度驕傲而自大，將二十年的民主黨當政說得如人世天堂，內政外交，無一點不十全十美。這在民主黨的大會中自然是掌聲雷動。然而在會場外的旁聽者聽來，卻有點異樣之感。若果如杜總統所言，則人間應已無遺憾事了！可是韓國數千萬塗炭的生靈美國那十二萬餘死傷失蹤者的孤兒寡婦，眞是欲哭無淚。

反之，史氏的接受詞卻說：

『我接受你們的提名。——以及你們的政綱。』

『我實在希望上面這句話能從一位更堅強，更智慧，更良好的人口中說出來。自然，聽過了總統的演詞以後，連我自己也覺得自己也還不錯。『我不願意追求作總統候選人，因爲那個職位的重擔在想像中都使人躊躇。其中所牽涉的現在及未來利害之大，使狂喜爲之停，而虛榮亦爲之化爲虔禱。

『我曾經請求那慈悲的天父——我們大家的天父——使這苦杯離開我。但面臨這樣嚴重的責任，一個人不能因着畏懼，自私，或者虛僞的謙卑而退縮。

『所以：「倘若可行，求你叫這苦杯離開我。然而不要照我的意思，只要照你的意思。」（記者按：這是耶穌將被釘十字架前的禱語。原文見馬太福音二十六章三十九節。）……』

原來史帝文生是以一種殉道者的精神來接受這候選人的地位的。至於其文詞之典雅美麗，據說是自威爾遜以後的第一人。

史帝文生如此，至於以基督教以道德號召『十字軍』的艾森豪更不必說了。所以十一月四日不論誰當選，至少我們可以期望有一個誠實人坐在白宮裡。

（三）適者生存

自然，做今日的美國總統誠實只是基本條件。其他的條件尚多。如體力，如智慧，如判斷力，如組織力，如知識，如經驗，缺一而不可。

說到體力，美國的競選可以說是一個最嚴格的淘汰賽。美國的生活本來就一切緊張。汽車固然一小時六七十英里很平常，就連平日走幾步路都像競走似的。一旦競選，則更是緊上加緊。這些日來，艾森豪，史帝文生固不必說，就連助戰的聶克聲，司巴克門等，那一個不日行千里路，夜會萬餘人？一天要大聲疾呼的演說十餘次。站着握手就可以一站一兩可時。體力不合格的早垮了。

至於其他的條件，在敵黨嚴格的考驗，攻擊下，意志稍爲薄弱，判斷稍有錯誤，組織稍有缺憾，…就都可以構成致命的打擊。能經過這四個月競選而仍存在的，不是英雄，也成英雄了。這裡只打算提一件事作爲例證。

這是共和黨副總統聶克聲的用費基金。

聶克聲之當選副總統候選人是許多條件造成的。此處不必重述。開始競選以後，以其青年人的勇往直前精神，對杜魯門政府的貪污及寬容共產間諜兩點打擊得不遺餘力，自然，這引來了許多嫉恨。於是在九月十八號晴天打了一下霹靂來了。紐約有一家報紙發表了一件新聞。說是一九五〇年聶克聲當選代表加州的參議員後，曾接受了加州若干有錢人的錢，共一萬六千餘元。以攻擊貪污的人而接受人錢，那還談什麼清除貪污呢？於是馬上聶氏就遭到人當場出彩的攻擊。一位奧里岡州立大學的學生在聶氏會場上高舉了一塊大牌子，說：『爲聶克聲收集鎳幣』，另一處會場上的大牌子正面寫的是：『聶克聲不要水貂皮大衣，只要現錢。』反面是：『噓——不要多嚮，誰提那一萬六千元誰就是共產黨。』原來杜魯門政府中的高級職員曾以太太收受價值數千元的水貂皮大衣而枉法，被法庭檢舉，所以共和黨罵民主黨，一開口就是水貂皮大衣。這次民主黨，也就以此還敬。同時聶氏曾說，因爲他檢舉了希斯和其他共黨，所以他早已知道共產黨要污蔑他的。除了大標語牌子外，另一處一位會場搗亂者喊道：『狄克，（Dick. 聶氏名）告訴他們那一萬六千元是怎麼一回事？』他聽見了，馬上命令他那已經移動的火車停下來，（競選者坐在專車上，每到一站，停下來，站在火車尾巴的露臺上向預先集合了的群衆演講，此之謂曰『每站停車競選』whistle.stop camufaign）爲大家解釋這事。他說這筆款全是爲政治活動用的，沒有一個錢入他的腰包。九月二十日他並且囑咐這筆基金的原發行人及經管人將全部收入與支出公開。實共一萬八千餘元。雖是如此，這事卻已鬧得滿城風雨。許多擁艾森豪的報紙都要求將聶氏斥退。以免沾污艾氏。另外的人卻反對撤換聶氏，認爲一則此事聶氏無過，二則即使有錯，在這競選熱烈期間，自認錯誤是有碍競選的。

在這紛紛攘攘的期間，卻有兩個人的態度特別有味。這兩人一是民主黨的史帝文生，一是共和黨的艾森豪。當這事一發生時，一班民主黨政客都爲之狂喜，認爲這一下將聶克聲拖下了泥塘，和政府內的貪官一樣黑，就不怕他再罵民主黨了。一個個興高彩烈的打落水狗。其中如民主黨全國委員會的主席密恰爾興頭上說道：『如果聶克聲當不起參議員，就從頭不應當競選』。可是史帝文生卻拒絕批評，再三的答覆新聞記者說：『當全部事實未曾公開以前，不擬加以論斷。』

另一方面呢，艾森豪也正坐着火車在中南部競選，本來理直氣壯，大罵政府腐敗的，一聽說聶克聲受了人的錢，馬上就提不起勁了。一火車的人自己分了兩派，主張保留聶的固有，反對聶的也不少。大家納悶，都有點垂頭喪氣。艾森豪對新聞記者們說

：『他相信聶氏無錯，但如果聶氏要保留他的地位，他必須將全部事實向人民公開，從這次汚泥中拔出來，乾淨得像狼犬的牙齒一樣。』這種話不像政客說的，倒的確像十字軍的殉道者。

在這樣交義的炮火下，聶克聲中斷了預定的行程，飛回洛山磯，預備在九月二十三日晚，經由無線電及電視廣播網向全國人民報告這筆款項的來源及用度，以及他私人經濟的全部情況。

將私人全部經濟情況，當着全國人民面前公開的自剖，這是美國政治史上從來沒有的創擧。美國人每年報所得稅，但那只是對政府的，並不公開。正如所有的人類一樣，美國人並不喜歡外人過問自己的經濟情況。同事之間的實在收入，除非十分知已的，彼此絕不提及，視爲秘密之一。現在，聶克聲在實逼處此之下，竟出此絕着，也可以見到他到了破釜沉舟的地步。事實上，這青年政治家的整個政治生命已到了生死關頭。殺得過這一關，將來甚至可以作到大總統。殺不過這一關，則將蒙辱終身，不論走到那裡，背地裡都會有人指手劃脚的罵『貪汚份子！』連參議員都當不成的。

當聶氏飛回洛山磯時，他在精神上所受的壓力是美國政治史上少有的。共和黨全國委員會和艾森豪的態度冷靜而現實：『我們給你這最後的表白機會。你表白得好，保留你。你表白得不好，請君自重！』聶氏的態度卻是堅決而自信，可是也一樣掩飾不了其疲勞與孤獨。當那天下午，他遵醫囑在旅館的游泳池中游一下水鬆弛一下精神時，一大群的閑人以可憐的眼光，圍着他看。他慢慢的脫下了衣裳，露出了那壯實帶毛的男子漢的胸脯，慢慢的走近池邊，用一種『落水狗』的姿式卜通跌入池內。緩緩的游了幾下。然後仰天躺在水面，將兩隻手折起，托着後腦，張着嘴，深深的向天吐氣。新聞記者那肯放過這鏡頭？『卡察』一下，當晚這落水狗的像片就登遍了全國的晚報。

從太平洋到大西洋，有電視器的人家，一家家的開亮了。沒有電視器的，也開了無線電。聶克聲成了自有電視以來的第一顆紅星，據估計當晚聽他廣播的有六千萬人。這也可見全國人民對這事的注意。

一個清亮的聲音從無線電中傳開來：『同胞們：我今晚以副總統候選人的身份到你們面前來，同時也是以一個被嫌疑的身份到你們面前來。有人懷疑我的誠實和我的人格。『普通，當這種政治性的攻擊發生時，被攻擊的不是置之不理，就是一口否認，而不將事實全盤托出。可是我覺得我們美國人對於這種粉飾已經受夠了！特別是在今日的華盛頓政府之下。對於我，美國副總統這職位是個重要的職位。我認爲人民對於競選這職位者的誠實，正直必須具有信心。

『同時，我也相信，對於惡意的汚蔑與善意的誤解，最好的答覆是公開事實。這也是所以我今晚來這裡的原因。我要告訴你們我這一方面的理由。

『我知道你們已經讀到了我的『罪狀』：我，參議員聶克聲，拿了一群支持者的一萬八千元。

『好，這是錯嗎？我先假定這是錯。我說錯，不是指合法不合法，因爲那不是問題所在。即使合法，也不夠。問題是在，在道德上錯不錯？我說這在道德上是錯的，如果這筆錢是做爲我私人用度的。我說這在道德上是錯的，如果這是秘密受授，秘密處置的。我說這在道德上是錯的，如果捐款人因爲着捐款而得到了特殊利益。

『現在我告訴你們：這一萬八千元或者其他類似的款子，沒有一分錢是爲我私人用的！每一文錢都是拿來作我認爲不應當由美國納稅人替我付的政治費用的。……』

他接着說這筆錢由專人經手，賬目公開，而捐款人也沒有得到超過普通選民應得的照顧以上的特殊利益。又說明美國參議員的開支情況。每年薪水一萬五千元，外加携眷返家鄉一次的來回路費，和辦公費用。加州參議員辦公費够用十三個人，但這些錢由政府直接支付給辦公人，參議員向不經手。而且這些都只是絕對政府公事的開支。其他許多政治費用並不在內。譬如，一位參議員作了一次政治演講，（特別是攻擊敵黨的）印出來，寄發選民：或者返鄉作一次政治演說，或者廣播，難道這些費用應當叫全部納稅人（包括意見相反者）支付嗎？（記者接：擧個中國例子，這略似叫國民政府代毛澤東付毛澤東選集的印刷費。）當然不應當。那麼，怎樣支付呢？普通有幾種辦法。

『第一，是作一有錢人。不過不巧我不是，所以沒法用它。另一個辦法是把太太放進國會去做職員，領薪水。像我的對手，民主黨的副總統候選人，就這樣叫太太領了十年薪水。不過這是他的私事，我不批評他。你們可以自己去判斷。我沒有這樣做，因爲我知道華盛頓有許多好秘書需要這種工作，我覺得我不應當將自己的太太放進去。——我的太太就坐在這裡。

他指向坐在他旁邊的太太：『她是位好秘書，當我遇見她的時候，她就在中學教速記。事實上她曾在我的辦公室內趕過不知多少次的夜工。也打發過許多的週末。她曾經完成了許多任務。但我可以驕傲的向大家說一句：在我服務國會的六年當中，她沒有拿過政府一文錢。』

其他的辦法是一面當議員，一面當律師。但是他一則太忙，二則離家鄉太遠，但更重要的是他覺得律師和當事人的關係太密切，太容易使其濫用議員的職權。

因此之故，他覺得最好的辦法是請他家鄉一班同情他主張的人聚錢支持他發表他的主張。

但是除了這些空口說的白話之外，他有什麼證據證實他的話嗎？有。他請了洛山磯一家有名的會計師事務所將他的帳都查過了。根據這家超然的會計師事務所的報告，聶克聲既不會私用此筆基金一文，也沒有犯任何法律規章。

然而，也許還有人不肯相信。於是他進而追述他入世以後的經濟情況。他述說如何在結婚後夫婦兩人同時工作；如何戰時他離家遠征；如何戰事完了時他們積了有近一萬元的國防公債票；在過去六年中從舊日的法律事務所收回了一部份產業，共一千六百元；每年在各地演說平均收入一千五百元；從丈人那裡收到過三千元的遺產；從祖父方面收到過一千五百元的遺產。他們一家四口，一向生活得很簡單。在下院四年一直住在郊外的公寓內，月租八十元；爲的是要省點錢買一所房子。現在他們在華府有了一所房子了。價四萬一千元。其中二萬元是欠的債。在加州有一所值一萬三千元的房子，其中一萬元是欠的債。現在這房子是他父母在住着。他有四千元的人壽保險，加上兩年內就要滿期無效的『士兵保險』。他的太太和兩個小孩都沒有能保險。他們有自己的傢俱。駕的是一架一九五〇年的『歐斯摩比兒』(Oldsmobile)汽車。沒有股票，沒有公債，也沒有任何直接或間接的生意。

『這是我們所有的。我們欠人的呢？華盛頓的房子欠了二萬元，加州的房子欠了一萬元。又欠了華府『利格斯』(Riggs)銀行四千五百元現款利息四厘。欠了我父母三千五百元。——這是他們多年艱辛工作得來的錢，我當然得經常的還，外加四厘的利息。同時我的人壽保險單還抵押了五百元。這就是我們的實況了。我們所有的在此，我們欠人的在此。不算太多，可是『派特』(Pat 其妻名之愛稱)和我非常滿意，因爲我們所有的每一毛錢都是誠實得來的。：

『也許還有一件事我該告訴你們，因爲我不說恐怕他們也會說的。我們在當選後曾經受過一些東西，一件禮物。

『一位住在塔克斯州的人在無線電上聽到『派特』說我們的兩個孩子想要一條狗。信不信由你，我們這次出發競選前收到巴爾惕摩(Baltniorr)火車站的一件通知，說有件包裹給我們的。我們去取了，你猜是什麼？

『一條捲毛獵狗，直從帖克斯州用板條箱運來的；黑白帶花。我們六歲大的小女兒，「垂夏」(Tricia)給牠起了個名你叫「棋盤。」

『你知道，孩子們，像其他的孩子們一樣，愛狗。我現在要說的是，不管他們說什麼，我們這條狗是要定了。』

在這時，記者要提醒大家，有六千萬看不見的人在聽着。其中最重要的一群是在克蘭扶蘭城(Cleveland, Ohio)開着會的共和黨，一座大厦坐滿了一萬多人，大家屏着氣，伸着頭，直瞪着臺上，臺上却空無一人，只有一個從二千零四十四哩外傳來的聲音。大家的情感隨着這聲音起伏，不少的太太小姐們不時取出手帕拭淚，聽到這裡，大家都噗哧的笑了。那聲音却繼續下去。可是這已不再是自衛的聲音而是堅强的反擊：

『在全國人的面前，像我這樣將自己的生活赤裸裸的打開，不是件容易事。可是在我結束以前我還想說一些你們大多數會同意的事。民主黨的全國委員會主席密恰爾先生公佈說如果一個人當不起美國參議員，根本就不必競選：我不同意他這種說法。：只准有錢人進政府和國會的說法。自然，如果能有人像史帝文生州長這樣，從父親那裏承繼下一筆大財產來競選總統固然很好，但是我更覺得我們的國家非使平民也有競選總統的機會不可。因爲你們記得林肯，他說過：「上帝一定很愛平民。你看，他製造了這麼多！」』

他進而指出史帝文生在依利諾州設立的津貼公務員基金，指出司巴克門(民主黨副總統候選人)的太太在國會領薪。要求他們也像自己一樣將經濟情況公開以召大信。因爲他認爲作爲美國的大總統和副總統非得清清白白，使全國人民信任不可。他更指出對他攻擊的人們就是當年他檢舉賣國賊希斯時庇護希斯的一群人。他之所以肯這樣出頭當着大家將自己的靈魂自剖，是因爲他愛國家。他認爲七年來杜魯門，艾其生誤國害國的政策；以及貪汙，無能，都決不是史帝文生所能擺脫改造的。只有艾森豪能出來救這個國家。

他說他決不是一個臨陣脫逃的人，因爲他生下來就不是逃種，不過如果，因爲他的被汚衊而妨害艾森豪當選，這是他所不情願的。所以他願意將他應否留任候選人的問題交給共和黨全國委員會決定。

『我要求你們幫助他們決定。請你們用電報或者信件告訴他們，我應當留，或應當去。不論他們如何決定，我一定遵守，可是最後我要告訴你們，不論事情如何發展，我一定繼續奮鬪，直到把那些壞蛋，共產黨，和庇護他們的人趕出華盛頓爲止。：』

廣播剛完，電報公司，長途電話公司的接線板上，紅燈亮成一片。大大小小的城市電報線都擠滿了打向華盛頓的電報。這是麥克阿瑟被罷免以來第一次的大擁擠。

幾天以後總結算共和黨總部收到電報十七萬餘通，把抗議麥帥罷免的紀錄都打破了。

在克里夫蘭共和黨會場的一萬餘人，都靜候着艾森豪步出臺前。艾氏和夫人在會場旁的小室內靜觀着聶氏的電視。終於，他出場了。他向聽衆說：『我是一個戰士，所以我愛勇氣！』他說在技術上他不能立即宣佈結果，但他已經電請聶氏在第二天晚上到西佛禽拿(West Virginia)的威靈(Wheeling)鎮見他。當晚聶氏却在廣播完後立即飛往美國西北部蒙他那州繼續競選旅行。第二天才改變行程飛往威靈。艾森豪親往機場，登聶氏坐機歡迎，將聶氏一把抱入懷中，兩個人都哭了。

當晚，在大會上，艾氏宣讀共和黨全國委員會主席來電，至九時止在一百三十八位委員中已接觸一〇七人。以一〇七對〇票保留聶氏。

聶氏的政治生命經過了火煉，生存了。速帶着拖得史帝文生，司巴克門以至艾森豪都一連串的公佈了各人的經濟收支情況。都及格了。

不過仍留下了一個未曾答覆的問題：在這競選費用日高之時，如何能使一個平民參與得起政治？

民四十一年七月廿日補寫

是我殺害了他嗎!?（中）

宛　宛

可是，第二天下午，公安局竟派來了十幾個人，有便衣，也有武裝，聲勢凶凶的衝到我們屋裡，說奉命要來檢查。他們立刻開始翻箱倒籠，第一步把美金，股票，房地產契約，飾物等有價值的東西檢在一邊。接着把家裏一切傢俱衣物，一樣一樣的登記，連一隻筷子，一塊手帕，也沒有放鬆。這樣從下午三點鐘開始，一直弄到第二天下午七點鐘，才算檢査清楚，他們十幾個人固然整夜沒有睡，我和位中因爲要跟着他們，備他們訊問，也跟着閙了個通宵。沅妹，你一定不能想像我們當時是怎樣渡過了這二十八個小時，我們先是像大禍臨頭，混身發抖，後來我們的神經都已麻木，如機械，如活屍。

可憐「解放」以後我們僅僅才得到半夜的甜睡，也只享受到半日的安適。昨夜位中回來時那一點希望的幼苗，馬上就被這一陣狂風暴雨摧殘了。我們彷彿從夢中驚醒。

檢查登記完畢之後，他們把我和位中分開，一個在樓上，一個在樓下，同時提出了兩件事，要我們回答。第一個問題是：過去的證件和信件在那裡？第二個問題是：還有一部份美鈔和黃金藏在那裡？第一個問題，我們的回答是在「解放」之前，就已經焚燬了，算是答案一致。第二個問題，我的回答是：除了檢查出來的以外，再也沒有別的財物，自然也談不到存放在任何地方的事。天！誰知道司機小吳却早已報告公安局，說我們在「解放」之後不久，曾經帶了一個手提箱送到爸爸那裡，以後一直沒有看見拿回來。因此他們斷定那裏面一定有「東西」。而位中的回答是，有一部份黃金放在蔡處長那裡，但他們無論如何不相信我們會把黃金放在蔡處長那裡，認爲這個說法不合理。而且和我的回答不一致。這樣又經了一個多鐘頭，到九點鐘，公安局另外派了兩名武裝人員兩名便衣人員，來接替原先的十幾個人回去休息。他們又繼續翻來覆去的問了三個鐘頭。他們解釋說，我們的財產必須要登記，如果不登記，等查出來我們擔當不起。如果登記了，將來可以向人民銀行去兌換人民幣。並且聲稱，如果我們不自動坦白出來，他們將要把與我們有關的親友，都來個澈底的檢查，那時候，不但我們自己擔不了，連那些代我們收藏的親友都要受連累。

他們看我們都不承認，便改變方法，在位中面前說我已經承認了，在我面前說位中已經承認了。但因爲那一部份，是我們今後生活唯一的泉源怎麼能一下就鬆口承認呢？後來，他們把位中叫上樓來，和我在一起，他們說：『你們倆商量商量，到底還是自動坦白的承認呢？還是非要等我們去檢查連累別人呢？』位中看着我，我看着他，誰都說不出一句話。正在這內心的矛盾痛苦的煎熬時，忽然，好久不通的電話鈴響了，他們當中的一個人，搶着去接電話，原來這電話是媽媽打來的。媽在電話裏說，有人去檢查，叫我趕快告訴她，那箱子裡倒底是什麼？當時我幾乎要昏倒，但，媽媽却在電話裡，催逼我馬上告訴她，我把電話交給位中，位中咬緊了牙關說：那裡面放的是美鈔、照片、和一些紀念性的首飾。我沒等位中說完，就直覺的尖叫一聲，完了，這一下什麼都完了，我就這樣昏倒在地板上。

他們什麼時候走的，我全不知道，等我甦醒過來時發覺我是躺在位中的懷裡。我醒來第一句話，就叫位中再打一個電話去問問媽，他說他們走的時候,他已經試過,可是電話只通了那一下,以後又不通了。我還不死心，掙扎着起來，再試試看，可不是嗎？電話裡半點聲音也沒有。位中悔恨着說：我們受了騙了，可能媽的電話是被脅迫着打的。此時，我們的前後門，都有公安局的武裝把守着，連送出一封信，都已不可能。

次日醒來，我只知哭泣。媽來了，提着我那隻手提箱。她看見我們家裡的情形，老淚縱橫。原來是公安局叫她把箱子送來的。這些日子，我們被軟禁在家裡，一直不能去看媽。媽他們也知道我們的情形，恐怕惹禍，也不敢來看我們。我一看到媽，便撲到媽的懷裡，大家哭成一團，誰也想不出一個主意。

最後，還是媽說：『財去人安樂，只要人太平，錢財丟了，只好看開點。至于生活，那倒不必去顧慮，反正家裡不多你們倆個人。』媽雖是一番好心，但我們却預料，財產不失則已，如果丟掉的話，人也不會太平的。我們感到一種無名的恐懼。

就在媽媽回去後不久，公安局派人送來了「全部財物沒收」的通知，並限我們在十二小時之內離開住處，除了隨身穿着的衣服之外，不准携帶一根線一張紙。最後還規定：住到新地方，須在兩小時之內親自到附近的公安局去報到。位中質問他們我們犯了什麼罪？爲什麼要將財物沒收？問他們共產黨講不講理？但，這一切都是空的，徒然枉費唇舌。然而位中憤然咆哮着說：『我們絕不離開。反正離開也是死，要死就死在自己的家裡。』送通知的人倒還有一點人性，他說：『上海這類的事情多着哩！你不肯離開，公安局難道還沒有辦法叫你離開？你要講理，跟誰去講理？一切都是上面同志決定的，老實說，連公安局也作不了主。還是乖乖服從的好，像剛才那一大套，幸虧是問在我面前，如果過到別人，說不定你又要吃苦頭，天下沒有過不去的事，還是趕快打主意，準備先到那裡去安身，免得以後多惹了麻煩還是這麼回事。至于說死在自己家裡，老實說，死倒也是好事，不過，你死於他們何干！再說，不到叫你死的時候，你想要死還不一定死得了。時勢如此，還是順着點好！』

這個人走後，我們仔細思量，這人的話，確是有些道理。但是我們身邊一文錢也沒有，我和位中商量唯有先到媽媽家去弄些錢，然後再打主意。沅妹，我和位中就這樣頓時變成了一貧如洗的兩個光棍，兩個浪人。我們在馬路上痴痴的走着，什麼也沒看見，什麼也沒聽見。我們只覺得是漂浮在汪洋無際的大海上。

媽爸都誠懇的留我們住下。但，位中因爲自己的事還沒解決，究竟有好大禍祟，現在還不知道，恐怕爸爸媽媽受連累，堅決不肯住下，却勸我暫時留下，等他去找安身的地方。爸媽家裏也不是久留之地。報上登出了一個消息，不論什麼人，都不許收留隱藏反革命者。位中是國民黨，自然是他們所謂的『反革命者』，我當然也有反革命的嫌疑。

兩天之後，位中垂頭喪氣的回來了，他租好了一間小房。他對我感到歉然，但我却十分高興，雖是一間陋室，却是我們的歸宿啊！

這是閘北一間石庫門房子裡的一個後樓，原來的住客是個生意人，國軍撤退之前回到鄉下去了。所以房子裡的傢俱用物，都很完全，給了我們不少的便宜，我們心裡窃窃歡喜。

我們搬進去的第一件事，就是必須首先到附近的公安局去報到。與其說是報到，還不如乾脆說是報告。因爲我們必須詳詳細細把怎樣租到這房子，向什麼人租，什麼人介紹，租金多少？以及介紹人和我們和房東的關係。房間裡有些什麼設備。四面牆壁是板壁還是磚壁，有幾扇窗子，窗子好大，房門是朝那個方向開的，進出怎樣走法，需要幾步，經過什麼地方，樓梯有幾級，大門朝什麼方向，後門朝什麼方向，房子裡住得幾戶人家，房東是什麼樣的人，都是幹什麼職業的，外面來人叫門是什麼人開門，平常進出是走後門還是走大門，大門後門是在大街上還是在衖堂裡……。只要與我們的住處，有一絲一毫的關連，都要確確實實的報告。就爲了這些事，我們來來回回跑了好幾趟，因爲有很多的問題，平時都是人所注意不到的，而且又不能含含糊糊的答復。爲了窗子的尺寸，樓梯有幾級，也得當時回來跑一趟，量量好，數數清，再去報告。沅妹，你覺得好笑嗎？這不簡直跟逗小孩一樣的嗎？然而，這並不是開玩笑，他們是那末認眞的問着，他們問話的態度又是那末嚴厲，使你不能不把它當一回正經事。

到完畢後，他們又通知我們，位中從次日起，每天必須在規定的時間內去公安局報到兩次，我也每天去報到一次。每天去報到，報告些什麼呢？說起這個來，眞令人苦惱從早上什麼時候起床，倆人談些什麼話，來往些什麼人，吃幾碗飯，吃什麼小菜，都要一一報告。至于位中，還得要報告，頭腦裡想些什麼東西，你說你沒有想還不成，他們說那裡會有一個人整天不想問題的道理。你想，一個人的思想彷彿那飄浮不定的行雲，忽來忽去，那裡會具體的一一記起?!何況腦子裡想着的事，多半是不能報告出來的。有時迫不得已，臨時想點什麼來搪塞，但是如果稍爲不合情理，或是有點漏洞，麻煩就更多了。位中常常因爲要應付那些問題，不得不預先在家裡想好。這樣一來，倒眞的使他多想別的事情了。

還有一個難題，那就是對于我們生活的來源，必須確確實實的向公安局報告。我們原先是隨隨便便說向張三李四借了多少多少。後來，覺得借錢的對象說得太多了，又恐怕他們懷疑我們的關係太多。於是說來說去，只說幾個名字，可是公安局有一次突然說要去調查，自然有少數是眞名實姓，但地址多半是隨便亂扯的，有些根本就無其人。在這種情形之下，我們當然經不起他們的詰問。我至今猶記得他們的恐嚇：『如果你們以前說錯了，現在更正還來得及，要不然，査出以前說的不實在，就莫怪「人民」對你們不寬大了。』其實我們的經濟來源主要的來自爸媽處。在重重威脅下，我們迫不得已只有說出了實話。

媽眞可憐，預料公安局要爲我們的事去調查，嚇得什麼似的。她忙打電話到廠裡請爸爸馬上回來商量。爸爸回來了，他問明了底細，說道：『這有什麼關係，共產黨是人，難道叫人，睜着眼看着自己的女兒活活餓死?!』爸爸接着又說：『這個倒沒什麼，倒是昨天開會，廠裡這一次又要捐獻一大筆「支前」的款子，自從「解放」以後，廠裡的經濟情形，一天不如一天，原料一天天減少，成品又賣不掉，眼看着有一部份機器要停工了，這次捐款，眞沒着落，大概除了賣一部份機器，沒有別的辦法。』別的廠家和爸爸的廠一樣，都在愁眉苦臉，不知道要怎樣好。上次廠裡工人鬧加薪，總算爸爸做事一向開明，工人的要求，爸爸都無條件的答應了，工人要參加管理，爸爸尤其表示歡迎。爸爸的理由是，工人參加管理之後，他方才能明白廠方的困難。爸爸對一切困難的忍受精神，眞令人佩服，廠裏的困難，回到家裡，他從來不提。沅妹，你可以想得出，收入減少，工人工資反而增加，自然不容易維持。工人雖參加了工廠的管理，但廠裡遇到困難，他們可不管。例如這次又要捐獻「支前」，款子沒法籌，參加管理工廠的工人代表，却推在資方——爸爸的身上。爸爸說，反正有一部份機器不久就要停工，賣了它對工廠也不會有影響，誰知道工人代表却提出反對，他們的題目可大着呢！說賣機器就等於破壞生產，破壞生產，就等於反革命。不賣機器可以，錢呢？他們倒替你想得很週到，從工廠開辦到現在，每年的盈餘，都要拿出來，他們横着眼睛說：『總經理家裡的金條美鈔，房子汽車，都是由工廠的盈利得來的，爲什麼不拿出來賣？』他們却全不想，工廠的廠房設備機器的擴充，那裡來的錢？凡是爸爸能够應付過去的　爸爸從來不露出一點苦臉，這一回大概眞是遇到難題了，碰巧因爲我的事，他才順便的談起。

不久之後，公安局通知位中，說蔡處長要他去進華東革命大學去改造學習。我們對于姓蔡的早已不存希望了,誰知到了這山窮水盡的時候,姓蔡的竟然想起了位中。沅妹,你知道,這是「解放」以後,千千萬萬沒辦法的人找出路的唯一機會。被當作反革命的位中,要不是姓蔡的幫忙,那裡會有這個機會呢?你不要小看了這個機會,上海不是以前的上海了,當一切的慾望降低到只剩一個生存的慾望時,這機會竟是如何寶貴啊!因此我們重又對姓蔡的感激,對位中能在絕望的懸岩中,得到這樣一線生機,該是如何的欣喜啊!

位中去受訓之後,得到公安局的許可,我便退了房子,再回到爸媽的身邊。

住到娘家,我仍然要每天到公安局去報到一次,只不過,我的情形比位中要簡單些。雖然覺得頭痛,但,沒法,做慣了,人也變得麻木了,像機械似的聽他們擺佈吧!而且,希望仍在黑暗中閃爍:等位中改造學習有了結果,我這種『特殊』待遇,總該可以解除吧!

爸爸廠裡機器旣然沒有賣成,「支前」的捐獻却不能遲延,怎麼辦?自然只好照着他們所想的,丟掉了大部份家裡的動產,才算挨了過去。媽媽認爲這樣下去不得了,勸爸爸不如把廠關了,免得把家都賠進去。爸爸哼了一聲說:『沒這末容易,不要說關廠,有一家廠這次沒法繳「支前」的捐獻,自願把廠獻給「人民政府」都不行,那經理沒辦法,只好自殺。經理雖然自殺了,事情可並沒有了,後來還是召集股東開會,決議這一次的「支前」,由所有的股東,大家想辦法湊出來,然後再要求人民政府無條件的把廠接收過去,「人民政府」答應不答應,還沒有決定哩!』

不幸的事又發生了。原來大哥在上海「解放」後三個月,就被征調到東北去工作。大哥雖不像爸爸那樣富有創業的精神,但他是個脚踏實地的人,做起事來一點不苟且,不放鬆,他眞是一個標準的技術人材,把全副的精力,都貢獻在他的工作上。他似乎對工作以外的世界,茫然無知,整日沉溺在他自己的工作天地裏。

幾年來他在戚墅堰工廠,對京滬滬杭兩路復員後的貢獻極大。這次上海撤退時,他以爲自己是工程技術人員,與政治沒有關係,還是留在上海吧!誰知道,就是這一念之差,便決定了他的命運。

他被征調到長春,因爲那邊是「老解放區」,對於從「新解放區」的上海調去的人,先要把思想搞通,因此,共產黨並沒派他的工作,却要大哥和各式各樣的人,在一起去搞思想問題,要去搞那些對他毫無興趣的馬克思主義囉!史達林主義囉!新民主主義囉!毛澤東思想囉!整天的要聽報告,討論,開會。這就是改造思想!沅妹,你是知道的,像大哥那樣固執而又刻板的人,他怎麼能接受這一套呢?他理直氣壯的向他們抗議,他說他是技術人員,不懂政治,他的腦子要用在科學上,不能糊里糊塗的把腦子消耗在空空洞洞的這個主義那個思想上。他堅決表示,他決不能接受這種毫無意義的思想改造。他那裡知道,共產黨的心目中,只有這些騙人的主義思想,才是萬能的。而大哥却是一個道地的書呆子,他不但拒絕了學習什麼主義,改造什麼思想,甚至那末天眞的向他們宣佈:『如果一定要我去,我就立刻回上海。』天哪,回上海,在共產黨的天底下,那裡有這樣自由?!結果,他和大嫂姪子一家人,都被共產黨從火車站上抓了回去,這一下可惱怒了那些新貴們,他們罵大哥不識抬擧,頭腦太頑固,於是大哥便被放逐到西北利亞的「勞働集中營」去勞動改造了。西北利亞,沅妹,你總該可以想像得到,那地方多荒凉!多冷!他怎麼能受得了那殘酷的折磨?!他終於給活活的勞死凍死了。這是和他一同從上海調去的一個受過思想改造的同學,設法託人帶信來說的。大嫂仍孤零零的帶着兩個孩子在長春,但她不能和我們通信。大哥死了,千眞萬確的被共產黨折磨死了,他是我們家裡第一個犧牲者啊!

至于弟弟,哦,沅妹,我還忘記告訴你呢!他在浙大讀書時,就已經參加了共產黨的外圍組織。上海局勢最緊張的時候,任何人都侷促不安,惟有弟弟,悠然自得,而且比平常顯得更有生氣。他好像特別忙,常常幾天幾夜不回家,大家還以爲他剛畢業,忙着找職業,誰知道,他却正在替共產黨做工作!當南京撤退不久,杭州危急的時候,他却要到杭州去,理由是去找工作。爸爸也阻止不了他。其實那時候,滬杭路已經不能直通,但他終于堅持着離開了上海。他去了不幾天,杭州就失陷了。一家人還在替他的安全擔心,希望他因爲走不通而折轉回來。上海「解放」後幾個月,他仍沒有消息,家裡到處託人去打聽,也打聽不到一點踪跡。後來還是有人在杭州的街上看到他,寫信告訴爸爸,才知道他已經在那邊「人民政府」裡做事,只是比以前瘦得多,問他爲什麼不給家裡寫信,他苦笑笑沒有回答。爸爸寫信去問他的狀況,並且告訴他,如果事情不合適,可以回上海,他也沒回音。一直到卅九年初,他出差到上海來,住在揚子飯店,打了一個電話給爸爸,說事情忙,希望爸爸第二天上午九點去看他。但,却叫爸爸千萬不要告訴媽媽。爸爸接到他的電話,滿肚子狐疑。第二天,準時到揚子,他一見了爸爸的面,什麼話也沒說,眼淚涔涔流下。沒想到他竟瘦得不成人形!爸爸問他生了什麼病,他搖搖頭。爸爸問他到上海來做什麼?爲什麼不回家去看看媽?他熱淚滿面哽咽着說:『我錯了,對不起爸和媽,但我已經回不了頭,請爸爸媽媽原諒我。我這次到上海是和幾個「同志」一起來辦事。因爲今天上午他們都出去了,我是留守,所以抽空約爸爸來見一見。將來能不能再見,就很難說了。』至于他爲什麼不回家去看媽,他說第一他要守在這裡聽電話,等人來接頭,不能隨便走出去。第二他怕媽見了他難過。而最重要的一點是:他沒有回家去的自由,「組織上」是不允許有這種溫情主義行爲的。爸爸聽了弟弟的話,把過去的事一對證,已經明白一大半。爸爸也流淚了。最後,爸爸把大哥死的消息告訴了他，他說：『大哥是幸運的，他能早死了好！』

爸爸告訴媽，說見到弟弟；他在杭州「人民政府」工作，因爲事忙沒有功夫回來看媽，媽雖然有些生氣，她不相信弟弟忙得連回家看看的功夫都沒有，但爸爸既然看到了他，總算暫時放下了心。她何嘗知道在共產黨的天底下，她的兒子，已經不允許把父母當父母，這股妖氣邪氣，早就把母子骨肉之情隔開了十萬八千里啊！

但是，大哥之死，媽正在傷痛，對弟弟自然特別的想念。經過半天的思索，她晚上終于向爸爸提出一個爸爸做不到的要求。她說：『我不能再叫小兒子離開我了，你把他找回來，不讓他在外面做事。女壻因爲替公家做過事，弄到現在一貧如洗，像犯了什麼罪。大兒子也因爲替公家做事，才身不由主的被强迫到關外去送了死。這兩場災難，已粉碎了我的心。我不能再讓小兒子替公家做事，還是太太平平做個老百姓算了。如果讓他再幹下去，將來一定也是兇多吉少。』可憐的媽！她想得這樣單純，這樣天眞，她那裏瞭解這是什麼世界啊！

對于媽所提出的要求，爸爸只好掩飾着內心的痛苦安慰着她說：『他是共產黨員，現在替「人民政府」做事，跟位中他們不同，當然不會再有什麼危險，你放心吧！不要胡思亂想。』

其實可是媽一聽弟弟是共產黨員，驚異得睜大着眼睛，身上直發抖，恨恨的叫着：『怎嗎？他也做了共產黨？不行，不行，你趕快把他找回來，我可要當面跟他說。他除非不認媽，他要是認媽，我就不許他做共產黨。他如說不認媽，我把老命和他拚了，也不許他去做共產黨。共產黨！古往今來，沒聽說過有比這些混賬東西更壞的人了！我不許我的兒子做共產黨！』一向温和的媽，聲音越說越大，這是我第一次看到她這樣激動。

爸爸急得只向媽搖手說：『快別這樣亂說了，給別人聽到了，禍事是你擔還是我擔？』

媽眞是聾子不怕雷，他仍舊繼續說：『怕什麼！兒子是我的，我不許我的兒子做共產黨！』

我們現在無異是籠中鳥。我聽媽這樣罵共產黨，不由得也嚇的揑了一把汗，便扯扯媽的衣角，小聲的湊在媽的耳邊說：『共產黨是不講理的，到處都有人聽話，怎麼好隨便罵呢？要弟弟回來就要他回來好了，犯不着罵人家共產黨，何必自己惹禍上身呢？』媽聽了我的話，稍平靜了些，但她仍餘怒未息：『難道我罵錯了？你弟弟回來時，我還是要這樣教訓他！』謝天謝地，她說話的聲音可低下來了！

此後，媽幾乎每天都要問爸爸，找到弟弟沒有。最後，她聲言如果爸爸不把弟弟找回來，她要親自到杭州去找，這倒眞把爸弄得沒法子應付。我看到爸的臉色一天比一天難看，爸是從來不嘆氣的，在他的字典裡，從來沒有「困難」這兩個字。但是，近來爸却常常長吁短歎，我們還以爲爸是爲了媽媽逼他找弟弟的事。誰知道，爸所遇到的，却是比找弟弟更困難的事。原來又是廠裡出了問題。有一天，廠裏派人把爸爸送回來！我們一看，嚇了一跳，爸爸半死半活的話都說不出來，我們還以爲他中了風。誰知道是受了過份的刺激，經過急救，他才清醒了。你猜怎麼着，「人民政府」攤派廠裡十萬份的勝利公債，同時限爸爸把工廠遷到西北去。這一回，因爲工人們都不願意遷廠，大部份都站在爸一起，但這對爸爸並不一定有利，有些反對得激烈的，已經給公安局抓了去。公安局還硬說這是出于爸爸的指使，爸爸也無從分辯。至於公債，爸爸聲明他絕對不要求減少，一定想辦法照數繳，不過爸爸向參加管理工廠的工人代表宣佈，他全部的家產包括他私人的住宅和住宅裡的一切東西，聽憑他們去變賣，賣掉不够，就只好再賣廠房設備和機器，弄得那些工人代表大家你看我，我看你，誰都出不了一個主意。最後還是決定，由工人代表把爸爸的這個意見反映上去。不幾天，大概是反映的結果，工人代表提出了五點——答覆爸爸，第一、繳公債是資方的事，工人代表只負責「解放」以後廠裡的管理，勞方沒有代替資方解決籌款的義務。第二、請資方把每年的盈餘拿出來清算，應該拿出來的由資方拿出來，勞方只負監督清査賬目的責任，監督資方如何拿出這筆錢或物資，因爲過去勞力並未參加管理，資方對于財產物資怎樣處理，勞方並沒有過問，現在自然沒法知道那些財產物資轉移到那裡，等清算結束之後，如果不够繳付公債時，經勞方證明，可以申請減少。第三、在清算未得結果之前，資方應負全責繳清公債，除了廠房，因爲奉令內遷，可以作爲籌款目標之外，機器設備原料成品的處理，都必須得到勞方的同意。第四、資方前次的意見，毫無理由，如果再拿那些話來搪塞，便是存心要拒繳公債，這種狡猾的賴債方法，勞方站在「人民」的立場，是絕對不答應的。第五、繳公債和工廠遷移是兩回事，不能混在一起，資方煽動收買一小部份政治警覺性較低的工人反對遷廠的陰謀，是與狡賴公債的陰謀連在一起的，勞方爲了站穩政治立場，絕對不容許這種陰謀存在和發展。沅妹，你聽聽，這些話就是工人代表們反映上去以後所得的結果，多高明，多毒辣啊！爸爸聽了，立刻氣得昏倒了！

爸爸受了這刺激，當天晚上就發燒，一連好幾天都不能到廠裡去。家裡上上下下都急得什麼似的，媽媽只是整天的哭泣。但共產黨決不會就此罷手，又隔了幾天，公安局通知廠裡，爲了煽動收買工人反對遷廠的事，要爸爸到公安局去談話。廠裡把公安局的人引到家裡，他們明明看到爸爸病在床上，却半點也不同情，硬逼爸爸去走一躺，爸爸沒法，勉强支持着去了。他們問爸爸爲什麼煽動收買工人反對遷廠？爸爸說：『憑我說不是我煽動收買的不行，最好讓工人自己來說，如果工人說是的，我便承認。』於是他們把那些被捕的工人叫來和爸爸對質，工人們看到爸爸病的樣子，都十分同情，共中只有一個意志薄弱的，小聲的說：『是他叫我們反對的。』誰知道，別的那些工人都咆哮着罵他：『混賬，混賬，工廠遷到西北去，你他媽一家老小怎麼辦？騙得了人，難道騙得了自己嗎？』那些工人繼續一致的大聲高叫着：『我們因爲都有家小，我們遷不動，我們不能只顧自己活下去，不顧家小，所以我們要求不要遷。這是我們自己的事，廠方願意遷，我們也要反對。』共產黨惱羞成怒的說工人一定是受了資本家的收買，思想有問題，聲稱非要嚴重懲罰不可。當時爸爸和那些工人都被拘禁起來了。

爸爸快六十歲的人，加上有病，這一關，病勢一天比一天嚴重。媽媽驚天的哭喊着爸爸大哥弟弟的名字，她簡直和瘋了一般。我們要請醫生到牢裡去給爸爸看病也不准許，天啦，共產黨爲什麼對我們一家人這樣殘酷？但是，沅妹，還有比我們更慘的哩！共產黨天天嘴裡不離人民，實際上共產黨天天在和人民作對。你還不知道哩，內地各處逃到上海的人，還說上海是天堂哩！啊！天堂，我們在天堂裡這樣，地獄裡如何，就不難想像了！有共產黨存在的地方，就不許有「人」存在！

爸爸一生勤儉克苦他十一歲跟四伯公——你的祖父，到上海來學徒。祖母二十四歲守寡，只有爸爸這一個獨子，要不是因爲家裡窮，養不起，敎不起，也捨不得讓爸爸這末一點大年紀，就離鄉背井，從鄉下到上海來學生意。虧得他老人家肯爭氣，十七歲出師，一個月賺兩塊大洋錢，自己留半塊錢零用，買紙筆買書。一塊半錢寄回去養祖母。小時候聽祖母說，她第一次兌到爸爸寄回來的錢，歡喜得直流淚，她算沒有白苦，兒子總算出頭了。可是她老人家那裡肯用兒子寄回來的錢。自己幫人家做針線，反倒比兒子沒寄錢回去以前，日子過得更苦，日裡做了不够，晚上還在油燈底下，給人家捺鞋底，一做就是大半夜。她老人家有個更美麗的想法，兒子已經能賺錢了，加上她自己賺來的工錢，省吃省用，也可以剩一點，逢到秋收時，穀子照例很便宜，便買下穀子存放起，到了第二年開春，穀子漲價再賣掉，換回更多的錢。她一心一意的要替兒子積些錢，買些田，過幾年還要替兒子討媳婦。爸爸十八歲那年，店東看到爸爸做事很能幹，也肯吃苦，肯上進，特地每月加了他一塊大洋的工錢，並且年底下暗地裡告訴爸，除了分紅之外，還要另外送他十塊大洋，叫爸爸回鄉下去過年，看看離別七八年的母親。爸爸十分欣喜，預先寫信回家告訴祖母。那曉得祖母卻託人寫了封回信，叫爸爸千萬不要回家。她的理由是，不要躭誤東家的事，省下來回的盤川，明年又可以多積一兩石米。爸爸心裡滿心指望回家過年，看看七八年沒見的娘親，準備給祖母買點衣料和新鮮的吃食。接到祖母這封信，雖然感覺頭頂上澆了一盆冷水，卻更深深的體諒祖母的苦心，晚上躲在被裡流了半夜的眼淚。到了臘月廿三過小年，店裏正是忙得不可開交，店東卻吩咐總管事，在他的賬上支十塊錢給爸爸，叫爸爸第二天就回去，好在家裡多住幾天。爸爸正在忙着事，一聽店東這樣吩咐，一時感激和悲傷兩種情緒齊集了心頭，眼淚就泉水般的流下，店東和總管事以及同事們都感到茫然。他硬着喉嚨說了謝謝，並向店東和總管事搖搖手，意思是不要那十塊錢。等店東問明白了底蘊，對爸爸格外同情，非但强要爸爸收那十塊錢，而且又加了十塊，叫爸爸買點東西連錢一起寄回去。從此店中上上下下都敬重爸。爸爸二十二歲時，祖母在鄉下給爸爸買了田，要給爸娶媳婦。這時候，爸爸正在利用空閑補習英語，一時還不想結婚。但因祖母的意思堅決，也不好過份違拗，便聽從祖母替他決定了宋鄉紳的女兒。這年年底，爸爸第一次回到一別多年的家鄉，見了祖母，悲喜交集，倆人抱頭痛哭，爸和媽結婚了。過了正月半，爸爸又回上海店裡去做事。這年九月大哥出世。爸爸在上海一面做事，一面進夜校，努力讀書。又過了五年，爸爸升了總管事，環境比以前好得多，便把祖母媽媽大哥一起接到上海。從此家的環境，一天比一天好。弟弟出世時，爸爸已經和幾個朋友合股創辦了一個小小的織布廠，爸爸被推爲經理，由他苦心的經營，漸漸發展到擁有兩百部機器，規模也算不小了。以爸爸那樣沒有受過一天正式敎育的人，能有這樣的事業成就，可眞不是一件容易的事啊！然而，像爸爸這樣一個由學徒出身，堅苦奮鬪的人，卻不見容於共產黨，一定要千方百計的毀滅他的事業，以至他的生命！

又隔了差不多一星期，想像不到的事，終于來了。我們全家都被公安局押到工廠裡。在一間平時堆積原料的倉庫裡，聚集着過去的現在的職工一千多人。頂裡面有一個臨時搭起來的戲臺，上面站着八九個職工代表。臺上面橫掛着一大幅紅布，寫着「全體職工大會」幾個粉白的大字。大會開始時，臺上職工代表中，一個又粗又黑，滿臉落腮鬍子的代表往臺口一站，宣佈開會。他接着說：『今天這個全體職工大會，出席的份子，包括過去曾在本廠工作過的職工，資方和資方的家屬也來參加旁聽。今天大會的討論主題：一個是本廠怎樣負起人民應負的責任——繳納公債。一個是怎樣服從人民的決定，進行遷廠的工作。關于第一個主題，資方藉口說無法籌款，儘量拖延，所以今天我們全體職工要把本廠成立以來的每年盈餘，來一次公開的清算。我們不能聽信資方的胡扯八道。我們一定要拿出眞憑實據，粉碎資方頑固的狡猾的逃避繳債的陰謀。關于這一點，特請秦紅同志來主持。現在就請秦紅同志上臺來。』于是臺下的掌聲，由零零落落逐漸的越拍越響，而被擁上臺來的那個秦紅同志，沅妹，你一定想不到吧，他竟是弟弟啊！

媽一看是弟弟上了臺，便搖搖幌幌的立起來，伸出一双顫抖的手，叫着弟弟原來的名字。可是，弟弟卻有意把眼光看別處，有意避免看媽。爸爸說他瘦得怕人，一點也不錯，他那裡像一個二十五六歲的青年人！他傴僂着背，頭髮鬍子像一堆亂草，兩腿削下去，兩隻手只剩一張皮，骨節頭一根一根的看得很清楚，面容蒼老，穿了一件不合身的列寧裝，沒有表情，像木偶一樣站在臺前。媽搶着要到臺上去，我們拉住了她。先前說話的那傢伙站在弟弟的左後邊，又高聲的嚷着：『現在，我們請秦紅同志先發表他的意見。』

弟弟向臺下打了個招呼，然後只看到嘴唇在動，他的聲音嘶啞微弱，後面的人，一點也聽不見。於是有人叫囂着，要他說大聲點。這一來，他反倒連嘴唇也停止不動了。他用乞憐的眼光，轉過頭看那先前說話的人，那人便上前了兩步，說：『各位靜一點，秦紅同志近來身體有病，沒法發更高的音，請大家原諒，現在由我來把秦同志的話重說一遍。他對于今天的大會，完全服從大衆的意見，他絕對服從組織上的決定……』那人還沒說完，臺下又有人叫着：『不行，不行，他應該積極的站穩立場，積極的提出意見，他不能拿這樣攏統的話，來敷衍大衆。』臺上那人點點頭，揮揮手，意思是叫臺下叫喊的人坐下。然後他繼續說：『秦紅同志說服從組織上的決定，這完全是錯誤。今天的大會，是羣衆性的大會，是出於羣衆政治覺悟性的要求，組織上事前沒有任何決定，就連秦紅同志今天出席主持這個大會，一半是出于羣衆的要求，一半也出于秦紅同志的自願。』那人說着偏過了頭看弟弟，弟弟生硬的點點頭。那人接着說：『現在先請秦紅同志對今天大會需要討論的主題發表意見。』弟弟的嘴唇又動了半天，那人又跟着大聲複說了一遍。忽然，會場當中,響起一個非常急促無力的聲音:『畜牲！你爸爸幾時剝削過工人？幾時勾結過反動政權迫害工人？大批美金港滙存在香港，鼓動收買工人反對遷廠，是你這畜牲親眼看見的嗎？啊！』這是爸爸的聲音，他老人也家被從監牢裡抬到這裡來開會了。好慘啊！爸爸已經三四天沒有進飲食了,他怎麼能經得起這刺激？接着聽到他呻吟着：『畜牲哪，畜牲！你爸爸死了也不饒恕你們這班顚倒是非黑白，沒有人性的畜牲啊……』媽聽了那人複說弟弟的話，原已全身發抖，又忽然發現了爸爸也在這裡，就接着要往會場當中奔，口裡叫着：『把我這老命和他們拚了罷！』當時我除了飲泣之外，全身癱軟得沒有一點氣力，但媽却被別人阻止着，她拚命的掙扎，終于昏倒在地下。

顯然會場裡不像先前那樣靜，人們嗡嗡的彼此私語着,顯得有些紛亂。正在這時，會場當中,有人向臺上喊道：『主席，這個資本家不行了！看,眼睛直往上反,咽氣了。』接着,另外又有人喊道:『別信他那一套,讓他裝死好了。』呀！爸爸完了！爸爸完了！我們恨不得立時撲到爸的身上去，但是別人不許我們動,我們唯一的辦法只有哭。四周同情我們的人也有跟着流淚的。這時，大概弟弟在臺上也看得很清楚,他一躍從臺上跳下來,就往我們這個角落裡，他跑到媽的身邊,在媽的面前跪下，抱着媽,眼淚像一串串珠子似的流下，他嘶啞的喉嚨竭力迸出一點微弱的聲音：『我剛才在臺上說的,跟那人代他重說的完全是兩回事,我也活不久了,我要爲爸爸作最後的辯護,但我恨我叫不出大聲音。我錯了,我上了共產黨的當，但是現在一切都遲了，我已經患着嚴重的肺病，沒有一點反抗的能力了。』最後他說：『爸爸死了,是我害了他,媽！我害了你們……』他像瘋了一樣的激動着，滿頭豆大的汗珠隨着眼淚流下。媽急忙蒙着弟弟的口，不讓他再往下說。可是媽又無可奈何的對弟弟說：『兒呀，你行行好，叫他們開恩讓我去和你爸再見一面罷！』弟弟掙扎着立起身，和我把媽媽扶起，就往會場當中衝。但還沒動幾步，弟弟就被兩個大漢子拉了去，連拖帶推的又推到臺上。先前那個說話的人，高聲吼着：『秦紅同志當着羣衆的面前，公然背叛革命，組織上要立刻嚴厲的制裁他，他公然製造反革命的氣氛……』接着那兩個拉他的人，又把他拖下臺，他無聲息的湮沒在人羣中。

接着臺上那人宣佈說：『今天的大會暫時停止』。人們像潮水般的從倉庫的大門流出去。最後，只剩下兩個佩着短槍的便衣警察，守着場子當中一個擔架，爸爸直挺挺的躺在擔架上。

我扶着媽，一步挨一步的往爸爸的身邊爬，啊！爸爸他眞的半點呼吸也沒有了，他睜着兩隻深陷的眼睛，裂開着嘴巴，咬緊了牙關，右手還揑着拳頭，他全身僵硬，只剩胸前一點微温。

媽和我死去活來號哭着，爸爸的臉上身上滴滿了淚水。我們已聲嘶力竭，眼淚也乾枯了！那兩個看守爸爸的便衣人員，什麼時候離去，我們也不知道。天黑了，只剩下我和媽守着爸爸的屍體……

要不是錢媽來催媽快回去，說公安局派了很多人和廠裡的工人到家裡翻箱子，我們眞不知道還要到什麼時候才停止。於是我叫錢媽扶媽先回去，我一個人陪爸爸。媽不肯離去，她說：『人也死了，要翻隨他們去翻罷！』我不得不提醒媽，我們這樣老是守在這裡不是辦法，我們應該馬上辦爸爸的後事。媽彷彿由夢中驚醒，又哭了一陣，要我找弟弟。天哪，弟弟早被他們拖走了，何處去追尋?!正在躊躇不決的時候，公安局派人來催了，那人惡狠狠的罵道：『你們這些頑固的女人，死守着一具臭屍首有什麼用？赶快回去，大家等着要清查你們的財產呢。』我們知道和他爭辯也沒用，就決定叫錢媽打電話通知殯儀館。我怕媽一個人不能應守那些魔鬼，怕媽再不能受刺激，決定和媽一同回去。其實，他們早已到處都搜查過了，要媽回去，只是要追問那裏還有東西。我們想來想去，只有家鄉祖母手裏還買了點田，他們還不知道，便告訴了他們，他們譏諷道：『好，你們還是地主哩！』

最後他們還惡狠狠的說：『你們赶快搬家，這房子馬上就要出賣。』媽看到他們把值點錢的東西，裝上大卡車運走，要和他們拚命，却給他們打了一掌，跌倒在地板上，我明白命拚了也沒有用，便勸媽靜一靜，媽却大聲的呼叫着:『强盜呀！救命呀！』但在這强盜橫行的世界裡，誰能來救她的命呢？

（下期續完）

書刊評介

羅斯福夫人回憶錄

王維達譯
今日世界社出版

海光

我讀完這本書所發生的第一個印象，就是『羅斯福夫人是一個偉大的女性』。評者知道此語一出，一定有許多東方人異口同聲地說：『那還不是靠了她底丈夫！』這是不正常的社會裡極其自然的反應。在這個不正常的社會裡，人們底聰明才智都沒有機會作獨立自由而正常的發展。大家要活命，或者要滿足一部分支配欲，必須倚靠一個 Leviathan，一個私利組體。如果善能迎合並適應這個 Leviathan 或私利組體底那些俗套，心性、私意、習慣，並甘受其役使，那末即使是學問人品最不堪聞問的人，也可以爬到大家肩頭上來，揚揚乎大街之中；如其不然，即使你個人本身底學問人品再好，你底最佳命運，只合窮病聊倒以死。此之謂『反淘汰』。在這種『反淘汰』作用的風行之下，久而久之，人們不信有由個人底努力得來的名譽和地位。有之，就是『因人成事』。因此，評者一說羅斯福夫人是個偉大的女性，許多人會很自然地認爲那是『妻以夫貴』。評者要追問一下：即使大家不信一個人會因他底努力而有成就，必須依附權勢才行，然而，他所依附的第一個權勢又是那裡來的呢？是不是人創造的呢？如果是人創造的，人當然可以再創造。世界是這樣廣濶，坐井觀天是可悲的。我們最好別『以小人之腹度君子之心』的方法來了解這個世界。否則，我們一輩子將陷在這個殘存的汚泥沼裡，一點新的希望也沒有。別人底環境與我們多少不同。我們不要太習慣地以了解我們所處環境的想法來了解別人。我們不要忘記，羅斯福夫人所處的是一個民主的環境。在民主的環境裡，那非民主環境裡一個而且僅僅一個人可以創造的名譽和地位，人人都可以有自由創造的機會。

許多人以爲民主與極權底分別在於它們是兩種不同的政治制度。這種顯然易明的說法固屬不錯，可是，如果我們以爲民主與極權之不同僅僅在於政治制度，那末我們所觀察到的，將僅屬表面之表面。民主與極權之不同，不一定在乎形式。一個極權國家，可以在形式上裝得與民主國家相像甚至於可能比眞實的民主國家裝得更加『民主』。如選舉哪！許可在圈圈裡頭有自由言論哪！因一時政策上的需要而給予的宗教自由哪！種種等等，不一而足。據說蘇俄選民投票之百分比爲全世界冠。所以，現代極權國家無不嘵嘵而辯，說自己是『最新的民主』。在另一方面，老牌子的民主國家在形式上反到不像是十分民主的。英國直到現在還有國王。其實，認眞說來，民主的形式不是重要的，重要的到是民主之實質。同一樣式的糕餅，可以是麵粉製的，也可以是雞蛋製的。二者底外形雖然如此相同，但二者底營養價值是不可同日而語的。民主的實質之所以與極權的實質不同，根本在於它發衍於不同的文化背景，人文環境，歷史條件，生活習慣，以及思想方式。單就哲學思想來說，近世以洛克爲首而衍出的海洋型類底思想，重解析，重經驗，重試行，重運算，重假設，較枝節，富於懷疑精神，較承認多元的存在。這一類型底思想，與上述其他條件伴合，天然地在政治上容易產生民主的。而這一路底思想與大陸類型全體主義的思想，則根本大異其趣。黑格爾底玄學，到了右派手裡就成了軍國主義之基石而轉成獨裁政治；到了左派手裡翻一個根成了所謂『辯證唯物論』而護飾了極權政治。這都不是完全偶然的事。願以民主救東方之亂的好學深思之士對於個中的脈絡深加思究。凡在思想上找不到正當可行的道路的群體，在行動上鮮有不迷失大方向的。

在這本回憶錄裡，羅斯福夫人報導她底丈夫和她底一些瑣細之事。由這些瑣細之事裡，我們缺乏民主生活經驗的東方人可以多少領略到民主生活經驗是怎樣的經驗型類。

在寫這個回憶錄的時候，羅斯福夫人一開始就說：『對於他(指其夫羅斯福總統——評者)，我並不自以爲我的態度能够完全客觀。』請讀者切勿忽略這話。這話就可充分表示有民主的思想和說話習慣者與有極權的思想和說話習慣者是怎樣地大異其趣。從一種意義言之，民主的思想者是些相對論者；而極權主義者則無一不是絕對論者。茲以具共黨性格的這一路的人們爲例。這一路的人們在政治上是絕對主義者，在思想上亦然。他們自稱世界上的一切『眞理』都握在他們底手裡。他們認爲他們之所言無一不是『絕對的眞理』。他們從來沒有反省思考的習慣。因而，他們從來不稍懷疑自己底信仰。彼等既自以所持爲絕對眞理，並且自以爲負有實行此眞理之『時代使命』，於是進而強迫別人接受其『主義』。假若有人對其『主義』稍示懷疑與批評，便被認爲『思想動搖』。思想動搖者，殺之無赦。富於民主思想者沒有這樣絕對的狂妄。他們知道眞理是多元的。人底知識能力極其有限。如果你認知了這一角度的眞理，也許別人認知了另一角度的眞理。因此，他們自幼就在教育中養成了寬容異己之見的心胸，和對自己懷疑反省的心理習慣。因而，富於民主思想習慣者很少肯定說一己之所見是絕對的眞理。羅斯福夫人之所言，就是有懷疑精神與自反修養之示範。一個妻子，由於感情之蒙蔽，很自然地容易帶着感情的眼鏡來看她底丈夫，何況是一個大有作爲的丈夫？羅斯福夫人自反到這一點，而且很坦白地說出來，說她對於她丈夫的態度恐怕不能够『完全客觀』。憑這一點，羅斯福夫人就足夠是一個偉大的女性了。

我們切勿以此爲不經意之言而視之爲小事而忽之。這一類本乎懷疑精神與自反習慣來思考和說話，是到民主之路之最基本的心理起點。

羅斯福夫人表現這一類底心性之事例還多着哩！『路易還堅持着我該學習演說；當我演說的時候，他甚至坐在最後一排去聽我講，聽畢再給我談我的錯誤。有一次他問過我：在我的演說裡爲什麼在某處笑起來？「啊！我都不知道我笑了」，我說：「沒有什麼理由要笑啊」！「我知道沒有」，路易說：「那末你爲什麼要吃吃傻笑呢？」』

羅斯福夫人在這裡所說的路易，不過是秘書一流的人物而已。祇有在民主國家，秘書才可以這樣批評上司，才以可把她當作學生來教。因爲，在民主國家流行不了『超人』觀念。他們覺得人人是生而平等的。因而，在民主國家，人與人之間不易因政治地位不同而發生種種奇奇怪怪的地位差異。既然如此，於是人與人就好接近，因而也就容易吸收別人底長處。

她記述她底白宮生活，是滿有意味的：『那次進白宮去的情形，我記得極清楚。我怱怱忙忙地穿過拉法葉方場，因爲我怕遲到。我筆直走進白宮廊裡去，心裡還存着無限的畏怯。我想到當我的丈夫是海軍部次長的那些時日，我慣常開車經過白宮，想到住在那裡面該會感到何等奇奥。現在我正將卜居於此，雖然百感交集，却絕無任何奇奥之感。』

『無意中我做了許多使那些管事們吃驚的事。我第一個行動是堅持自己開電梯，而不去等候司閽來代我開。這正是總統夫人從未做過的事。』

『我要在我的起坐間裡裝一具電話機，過了兩天還是沒有動靜。我去詢問，才發現裝電話機的工人不能到我房間裡去。因爲我離開那間房的時間不夠他們去裝好電話機——當時大家認爲總統夫人在房間裡的時候，工人同時在裏面做工是不合適的。我即刻作了補救，堅持着工人在我旁邊工作對於我是司空見慣的。』

『我的丈夫總爲我計劃生日歡宴。他知道我不喜歡無謂的舖張，常常祇邀請我特別關心的朋友們來晚餐。但是，我祇要不成爲人家注意的中心，我便常常快樂。』

羅素說過，奴隸與奴隸之間也是平等的。顯然，這樣的平等是含着眼淚的平等，是悲劇性的平等。因爲，在這個『平等』之上，有一個絕對性的不可反抗的主宰。眞正有人生價值的平等是在一個眞正自由的環境裡培育出來的平等。而民主的環境才是眞正自由的環境。於此，在這種環境裡成長的人，即使身居『顯要』的地位，也沒有阻塞她底平等觀念之自然的流露。羅斯福夫人在白宮生活上的這些瑣事，是眞平等之絕好佐證。

我們再看她對於她自己所屬的民主黨的態度。她說：『一九三六年，當我們回到華盛頓去的時候，富蘭克林（評者按：富蘭克林即其夫）接受盛大的歡呼。他第二任的開始是非常吉利的。他在國會裏有極大多數的民主黨支持。黨員們篤篤定定，他們開始相信他們可以隨心所欲地做他們要做的一切。這是一種不良的態度。任何團體的人員都不該採取的，尤其是當他們正在負責順利地治理一個在大不景氣之後剛剛穩定下來的國家。』

這是何等的風度！這是何等的識大體！羅斯福夫人對於當時自己所屬的一黨這種『有恃而無恐』的心理之指責，完全係從國事艱危的大處着眼，叫他們不要因一黨勝利而欣然自得，而忘記困難，而忽略大者遠者。這種指責，可謂『責以大義』。責以大義者，自係以大義領導人衆。以大義領導人衆者，自係不以黨派私利爲前題，而係以國家公利爲前題。這樣的國家，未有不臻於正常豐隆發展之途的。與此相反的一種擳納方式，就是藉現實利益與欲念激發以薫製出人衆只知有獨特之 Leviathan，以及與其特殊的聯繫。在這種『薫製』之中成熟的人，幾乎個個形成一種心理狀態，即在獨特個體蔭影籠罩之下，人人自以爲『篤篤定定』，『有恃而無恐』，肆行無忌；即使在實際上不過飄浮乎一片浮萍之上。由此薫製出來同分子表面似甚噴張，實則人格尊嚴早被剝奪，獨立意志連根拔掉。彼等無復一人憂在天下，無復一人眞心以億萬事爲念。彼等之所孜孜者，厥惟發展私的關聯，並擴大私的利益。這種習性之根深蒂固，儼成第二天性。這種第二天性，從地老天荒，雖新的冰河來臨，亦不能稍有改變。即使溝隔一條，洪水滔滔，猛獸橫行，哀鴻遍野，天崩地裂，

「自由中國」的宗旨

第一、我們要向全國國民宣傳自由與民主的真實價值，並且要督促政府（各級的政府），切實改革政治經濟，努力建立自由民主的社會。

第二、我們要支持並督促政府用種種力量抵抗共產黨鐵幕之下剝奪一切自由的極權政治，不讓他擴張他的勢力範圍。

第三、我們要盡我們的努力，援助淪陷區域的同胞，幫助他們早日恢復自由。

第四、我們的最後目標是要使整個中華民國成為自由的中國。

亦不能稍轉移其注意力，亦不能稍稍改變其附腥，蒙騙，與傾軋之基本興趣。眞正的用心重點放在這一層面，怎樣能在世界新冰河期裡發生大的作爲，實爲不可想象之事。

我們再讀本書這一段：『我的丈夫常對我談到他和胡佛先生從白宮坐車駛往國會去的一段故事。他談起當時他在這位極沉默的伴侶面前如何設法保持着愉快的談話。群衆正在歡呼的時候，我的丈夫便不自覺地回答他們，直到他忽然發覺坐在他旁邊的胡佛先生一無動靜。當然在我丈夫的內心和思維中，有的是希望。但是他明白坐在他身旁的人，其心情却和他並不相同』。這樣處人，是何等的細緻！

這一段所說的是一九三三年胡佛在不景氣中去位，而羅斯福就職的情境。當着我們東方人讀到這一段的時候，幾如閱讀天方夜譚。西方政治領袖之相處，是有着何等的風度！這不是偶然的。這是長時期民主環境裡培育出來的襟懷。歷史使我們知道，在東方古老的空間裡，歷次之改朝換代，幾乎無一不是弄得天翻地覆，殺人盈野，血流漂杵。除了一二次例外的『禪讓』以外，似乎沒有一次是客客氣氣上臺，客客氣氣下臺的。幾乎每一次總是弄到最後膿疱破皮，不堪收拾，砍殺一陣，死些無辜的人，才算漸告段落。至於政敵相見，不是『援弓而射之』，便是『彼可取而代也』。那取代的人，對於被取代的人，照例是要他底老命，斬草除根。幾千年來，這樣的悲劇，循環不已。政敵，就是生死存亡之敵。彼此不承認對方的生存權利，遑論顧到失敗者心情上的不安？當然，形成這一連串悲劇的因素並不簡單，但古老的文化是否因素之一？『唯我獨尊』的絕對主義之培育是否應負其責？無條件地衞護東方古老文化的人應須冷靜想一想。人間沒有完全美好的事物。我們應須不從一個窗孔不從一種史觀來看過去。將過去看清楚了，才可能端正未來應走的方向。否則只有延長並助長禍亂而已。

羅斯福夫人又提到她處理函件的事：『先和文書局局長賴爾夫，馬基先生商討過，我們才發現了在那些前任期間，大部分的信是用印好了的和規定格式的覆信回答的。馬基先生甚至還有克利夫蘭總統任內覆信格式的副本。不論寫信的人是爲教堂主持的賣物會請捐一塊手帕或一頭白象，他們會得到這類的答覆：「某某夫人曾接獲此類之請求太多，因此目下無法允予所請：……」。』她又說：『我堅信當時情形旣太嚴重，請求又迫切。這些信件不宜於用那種方法去回覆；因此我的信沒有一封是用某號某號格式的信回覆的。』

我們不要以爲這只是一件寫信的小事。這件小事所表徵的，是羅斯福夫人對人事的想法。她底這種想法，是道道地地的民主的想法。在非民主的地區，治理機構之對一般人民寫信，是『例行公事』。一成例行公事，你所接到的便是冷冰冰，硬僵僵，死板板一些印刷格式。這些印刷格式，不是苛細

得令你頭昏眼花，便是帶些强制性的命令口氣；甚至於要你出錢的事也不例外。你在這些格式上面，感覺不到一絲半毫人情的溫暖。這些格式底構成，也不是偶然的：它們也表徵着行使格式者對於一般人民的根本觀念。這種根本觀念就是：你必須時時準備聽我的。可是，從羅斯福夫人處理信件的態度上，可以看出民主思想者與一般人民之間，是溫暖的，是有人情味的，是有血肉關係的，是充滿了同情心的。由此可知，羅斯福夫人輔佐她底丈夫，實行新政，渡過大不景氣，對軸心作戰，以至於勝利，不是一件偶然的事。

還有一件事可以看出羅斯福夫人底心胸：『一天早晨，富蘭克林剛剛離開華盛頓，我到火車站去接一次車。因爲這一班車遲到，我便在總統候車室裡稍留片刻。這間房那時已改作軍人問訊處。我在那兒親筆簽了無數次的簽名，並且儘可能和許多人談話。我聽那班車會到得很遲，於是就起身在很壞的天氣裏走回去。一個年輕的一等兵問我他能否陪我走走。於是我們就沿着本薛凡尼大道走着。我問他的一班車在什麼時候開。後來知道了他直到傍晚都沒有什麼事，我便請他到白宮吃午飯。我根本沒有想到請一個穿制服的人吃一頓午飯有什麼大不了。但是，當我把他帶進來，告訴他們說，他要留在這裡吃午飯的時候，那些警衞人員以及其他的侍從人員都是滿臉不以爲然的神氣。他們曉得我不知道他的底細，並且認爲這是一個非常危險的行動。我却一點也看不出有什麼危險。富蘭克林不在這裏。我又不會給他什麼有價值的消息；而且我也決不致是一種反叛行動的目標。』

這是何等坦率的心胸！只有在民主的環境裡的人才能培育出這樣可愛的心胸。一個小兵可以隨便進總統府而與總統夫人並餐。誰說民主國家沒有平等？恰恰相反，極權國家則上上下下充滿了猜疑的空氣。史達林所走從住宅到克姆林宮的一條路。是世界警衞最森嚴的一條路。這一條路絕對禁止百姓行走。至於小兵之流，除非作個樣子『召見』一下，那裡還能進克姆林宮一步？

民主和極權是何等的一種對照！

極權和獨裁一樣，總是儘量將少數權力者形容渲染爲神秘的超人。蘇俄共黨之流底報章，雜誌，甚至於書籍，多用來做這種好勾當。人一成超人，他底一舉一動便顯得與衆不同，而且在任何情況之下永無失誤。這是神權政治之近代化而已。民主國家斷乎沒有這一套愚民作風。民主國家底公僕則總是以人底本來面目與大家相見。他與我們大家一樣，是平平凡凡正正常常的人。他有人底長處，也有人底短處。凡人都有錯誤，他自然也有錯誤。所以，祇有民主政治才可能是最合人性和人情的政治。這樣的政治，我們在羅斯福夫人底這本回憶錄裡所記述的細小事件上，可以很親切地體味到。這本書所給我們的，不是宣傳，而是這方面底一個具體的眞實的榜樣。

讀者投書

入境證問題

編者先生：

我是貴雜誌的一個長期讀者，因為我覺得它是主持清議的一個權威刊物。顧亭林說過：「政治雖壞，如清議尚存，世事猶可補救一二；清議消亡，則世事便無可救了。」（大意如此，原文已記不清了）最近我遇到了一件怪事，現在很簡略的敍述一下，請借貴刊的寶貴篇幅刊出。我是在大陸淪陷後便逃到香港的一個難民，後來到天主教徒辦的一個雜誌裡去服務，寫過不少「反共抗俄」的東西，這是有事實證明的。有一次聯合國在香港招募人員，有人介紹我去應徵。錄取後到聯合國去服務了一個時間，便被遣散了。本年三月下旬，我乘着聯合國的飛機抵達臺北。因為沒有入境證，便向軍警憲聯合辦事處報告登記。因為他們認為我是聯合國來的，一定毫無問題，便很客氣的許我入了境。我住在長安東路一段卅三巷五號家兄任職的天主教主徒會裡。當晚向警察局裡報了戶口。主人是多年的至交，殷勤招待，儼如嘉賓。弟兄相見，欣慰自不待言。

我聽說有補辦入境證的規定，便找了兩個保人試辦一下——兩個保人，一位是私立臺北靜修女中的洪校長，一位是蓬萊汀天主堂的屈廣義司鐸。因為自已覺得「闖進」臺灣，不無歉然，還託了兩個人向當局說項，自己也跑了很多次。五十天過去了，當局忽然通知「手續未合，碍難照准，限令十天自動離境」。尚不止此，出境要找保。入境未保成，要保出境！我到各處奔走了一番，才把出境手續上找保這個節目刪去。臺灣出入境的法令，想來是經過了鳳閣鸞臺的，自然要遵守。我只得再叫聯台國代買飛機票飛回外國，再請求入自己的國境了。說來有些好笑，中國人不能留在自己國境上，硬要「遣送出國」，不是滑天下之大稽嗎？

尚不止此，滑稽的還在後邊呢！到了香港，滿以為依照手續辦理，應當辦得通了。五個月過去了，家兄日前來信說：『昨（五日）接保安司令部通知云：「查與規定不符，礙難（恐係應即二字之誤）緩議。」還有括弧裏說「遣送出境有案」。入境已告絕望，祇可在港，另想他法維持生活。楊會長見到通知，不勝慨嘆』云云。請您想想，這對一個愛國的人是怎樣嚴重的打擊！為什麼一個「自由中國的政府」硬要遣送一個中國人出境？他犯的是那條法？犯那條法的處罰是「遣送出境」？為什麼一個奉公守法，思想純正，為政府服務多年而被政府遺棄的一個公務員——我是砲兵學校的編譯，大陸淪陷前，在貴州為政府解散的——遣送出去便不許回來？如果我有問題，人家肯以靜修女中這樣一個龐大的學術機構作抵押嗎？肯以自己的生命安全來作保嗎？屈廣義司鐸怎能以傳教士來保證一個人格有問題的人？編者先生，您能替我想出答案來嗎？我自己進了聯合國的機構，又坐着它的飛機「闖進」臺灣，雖然有些歉然，似乎也不犯什麼法吧！一個在聯合國機構工作的人，只要稍有天良，能不替自己的國家着想嗎？如果我是不穩份子，則我去臺灣不是自投羅網嗎？政府放出來不是放虎歸山嗎？

我想主管這一部門的官長們，日理萬幾，口不停講，手不停揮。公文既多，批閱實難。偶不經意，弄了一個小錯誤，原也不足為怪。其實這些官長全是精明强幹，德學並茂，公忠體國，任勞任怨的。我站在國民一份子的立場，應當向他們致敬，並致慰勞之忱。他們如能對我這種不幸的遭遇，寄予同情，加以補救，那是非常感激的。這不僅證明諸位官長有虛懷若谷之雅，從善如流之誠，更足以證明我「自由中國政府」對于一介平民的愛護。不多寫了，佔了您的很多篇幅，非常謝謝。即候

撰按

讀者 劉國瑞上 十、十三 於香港

編者按：劉君信中所言實有令人難解者；惟眞相如何，不得而知。但臺灣出入境證問題，實在是政府應當從速重新審議的一件事，並不是執行人員有何錯誤，乃是制度的問題。劉君的情形亦可供當局的參考的。總之，防匪諜愈嚴愈好，讓愛國同胞入境愈寬愈好。這兩件事是可以並行不悖的。

給讀者的報告

僑務會議圓滿結束了，寄居海外的中華兒女都站起來反共抗俄了。中共的濫用暴力，殘民以逞，由海外的人心之轉變，已足以充分證明，只信暴力的共產黨徒，亦應知辯證法的轉變吧。但是以世界革命爲目標的共黨，其殘暴是先天的，吾人知其必無悔禍之心，他們那種辦法依然要繼續下去的。遠東方面，美國的助力自有其限度，我們要反攻大陸，消滅共黨，其前途的障碍還不知有多大，現在才是努力的開始哩。

五權憲法特將彈劾權提出來，成立一個監察院，略仿中國歷代的御史制度。可是昔日的御史之彈劾是由皇帝裁定的，今日監察院之彈劾，論理，應該由人民裁定了（照中山先生講，四億人民便是皇帝）。皇帝要處罰被彈劾者只下一紙命令便可了決，今日的人民怎樣去處罰他們呢？被彈劾者，若應當處罰而實際上受不到處罰，則這種彈劾權豈不落空嗎？如果由司法院或其所屬機構去處罰，則監察院只盡了檢察官的責任，又安能與司法院平列呢？今日憲法上所定的監察權實含有許多未決的問題，大家應當嚴肅地討論一下。本期雷震先生的「監察院之將來」一文，將中國歷史上的御史制度與現行的監察制度作個比較的研究，而其結論則謂彈劾權不能獨立行使，仍應以監察院爲上院，與立法院同爲民意機構，以舉監督政府之實云。文長五，六萬言，後當陸續登出。這一種憲法上的問題，今日只是理論的檢討，使將來修憲者有所依據而已。在今日的條件下，國民代表大會即使召開，也決不能湊足修改憲法的人數吧。

自由主義爲反共理論的中心。共黨雖自稱爲民主，爲更高級的民主，但始終不敢說在其統治下有自由，不但事實上對人民的自由剝奪淨盡，而且在理論上極力說明其剝奪自由之正當。事實上，自由的含義是不容任何曲解的，自由與奴役間的界限是分明的。本期高先生的文章，尋求自由的意義，直追溯到希臘時代去，以揭發自由一詞的原始含義。大家知道，古希臘的自由人是與奴隸相對立的。不是自由人，便是奴隸，其間沒有中立的階級。高先生以確實可靠的史實，闡明希臘的奴隸要變爲自由人，要經過如何的程序，其所要求的起碼的自由是甚麼。中共今天在大陸，正在改變自由人爲奴隸，讀此可作一鮮明的對照，其意義當更覺得親切。

幾百年來，西歐都是列國分立的，但以其知識與技術的優越，征服了許多殖民地而稱霸於世界。此次戰後，霸權却屬於美蘇兩國，而西歐各國只兢兢於自保，無復有爭雄競長的野心了。許曼計劃與布勒溫計劃却欲糾合分立的西歐爲一聯邦，以復沙利曼帝國之舊，能不能「多難興邦」呢？雷崧生先生說明此二計劃的過程及其意義，使吾人更注意於其今後的演變，以覘西方反共陣營的預兆，是很有意思的。

本刊售價

一、臺　幣　四元
二、越　幣　八元
三、菲　幣　五元
四、港　幣　一元
五、暹　幣　四銖
六、美　金　二角
七、叻　幣　四角
八、印尼幣　三盾

自由中國 半月刊 第七卷 第九期

"Free China"

總第七十二號

中華民國四十一年十一月一日

發行人　胡　適

主　編　『自由中國編輯委員會』

出版者　自由中國社

社址：臺北市金山街一巷二號　電話：六八八五號

香港時報社

航空版經售者

臺　灣　中國書報發行所（臺北市館前街八五號）
美　國　紐約民氣日報社　舊金山少年中國晨報社　芝加哥中國出版公司
日　本　東京南友堂　東京內山書局
韓　國　釜山草梁洞新泰行
馬尼刺　大中華日報社
印　尼　椰嘉達星期日報　椰嘉達天聲日報　棉蘭繁華圖書公司
越　南　西貢中原文化印刷公司　越南華僑文化事業公司
暹　邏　曼谷攀多社十二號
緬　甸　仰光振成書報店
印　度　孟買梅亞號　加爾各答梅學校
新加坡　中興日報社　檳榔嶼、吉打邦均有出售
澳　洲　墨爾缽王德利公司
北婆羅洲　馬拉奕坡美芝律聯華公司

印刷者　臺灣新生報新生印刷廠

廠址：臺北市西園路二段九號　電話：二〇九六

本刊經中華郵政登記認爲第一類新聞紙類　臺灣郵政管理局新聞紙類登記執照第二〇四號　臺灣郵政劃撥儲金帳戶第八一三九號

FREE CHINA

第七卷　第十期

週年紀念特大號

要目

中華民國四十一年十一月十六日出版
社址：臺北市金山街一巷二號

半月大事記

十月二十五日（星期六）

臺灣省光復七週年紀念，總統校閱全省三萬餘警察及民防部隊。

僑務會議通過加强對匪經濟作戰及加强華僑組織等案。

艾森豪發表演說，如當選總統，將赴韓國一行。

聯合國大會選出哥倫比亞、黎巴嫩與丹麥為安理會新理事國。

十月二十六日（星期日）

僑務會議通過簽訂華僑反共抗俄公約，並請政府發行反共抗俄勝利美金公債。

美國與菲律賓在馬尼拉開防務會議。

十月二十七日（星期一）

聯大開會辯論韓戰，但因無人發表意見，乃告散會。

美國務院及聯大代表團均否認美國與蘇俄集團代表秘密討論一項韓國停戰協定。

十月二十八日（星期二）

埃及總理奎納布與蘇丹代表簽協定，承認蘇丹有權決定是否與埃及聯合或獨立。

日吉田茂宣佈組閣原則，保證新閣姿態全新。

十月二十九日（星期三）

日本新閣組成。

蘇外長維辛斯基在聯大演說，要求聯合國成立一國際委員會以謀取韓境和平及統一，但堅持强迫遣俘。

十月三十日（星期四）

僑務會議閉幕。

美國務院主管遠東事務的助理國務卿艾理生來臺訪問。

十月三十一日（星期五）

全國慶祝總統六秩晉六華誕。

中國青年反共救國團正式成立。

美國軍援飛機一批抵臺。

聯大英法及其他西方國家代表演說，支持志願遣俘，拒絕蘇聯所提成立委員會解決韓戰的建議。

韓境三角山，戰況激烈。

十一月一日（星期六）

我葉外長對聯大政治委員會發表聲明，闡述我對韓境停戰的立場。

紐、澳、瑞、荷各國代表在聯大演說，堅持志願遣俘原則。

十一月二日（星期日）

美國退武軍人協會會長高夫來臺訪問。

韓境中線三角山一帶激戰仍在進行。聯軍已控制所有重要據點。據估計，二十日來在該地區進行的爭奪戰中，中共軍約損失一師或略逾一師的兵員。

法軍在越南天安築成强固防線，防止可能的中共侵襲。

十一月三日（星期一）

墨西哥向聯大建議，要求聯軍和共方同意戰俘可以遣至第三國。

美軍第八軍團司令符立德將軍發表聲明，謂已完全控制伏兵嶺及三角山地區又進行二十一天的激烈戰爭。

十一月四日（星期二）

美國大選今日舉行，據估計將有五千五百萬選民前往投票，以決定美國第三十四任總統。

聯合國代表今日停止韓戰問題的辯論，以等待可能影響世界大局的美國大選結果。

十一月五日（星期三）

美國大選適揭曉，艾森豪尼克森以壓倒優勢當選下屆總統副總統。國會議員及州長選舉共和黨均獲勝利。

韓境三角山戰事已暫告段落。

艾森豪飛往南部休假十天，在就職前將往韓國一行。

十一月六日（星期四）

邱吉爾政府向議會建議將已收歸國有的運輸與鋼鐵工業的所有權，重新歸還私人企業。

聯合國大會選出一個十四國組成的和平視察委員會。

十一月七日（星期五）

美國駐菲三將領聯袂來臺訪問。

韓境伏兵嶺三角山陣地，聯軍炮戰獲勝。

十一月八日（星期六）

行政院出售公營事業估價委員會正式成立。

亞洲與阿刺伯集團國家的代表集議，尋求打開韓境戰俘僵局的折衷方案。

菲出席聯大代表羅慕洛在美與亞洲各國會商太平洋會議事。

十一月九日（星期日）

美法英三國外長商討韓國問題。

韓境全線繼續平靜的第三天，前線僅有小接觸。

三年來的回顧與自省

本刊的行世，已滿三周年了。三年前的今天，正當國家危急存亡的關頭。本刊同人，鑒於民志不可以沒有鼓勵，輿論不可以沒有滙歸，遂不顧一切艱難，創立本刊，旨在固民志，宣輿論，內以督促國政的改進，外以抗禦共黨的橫行。三年以來，國政日以進步，臺灣日以鞏固，而共黨極權的必趨於滅亡，亦日以明顯。同人不敢說本刊對於這些事有絲毫的貢獻，但這些的確都是本刊同人所殷勤期望的事情。

今逢本刊第四年的開始，同人等回顧過去三年的工作，謹作自警性的檢省。這不是同人等要社會知道我們的艱苦，乃是要社會從我們這個檢省中更明瞭我們的旨趣。

（一）一個民主的國家，必須有自由的輿論。沒有自由的輿論，便不成爲民主的國家。到了現在爲止，世界上無論什麼政府，無論什麼社會，都不能說已到了盡善盡美的境地。沒有到了這樣的境地，便應當有容受批評的度量。（如果眞的到了這樣的境地，便自然而然的有這種「雅量」了！）西方文明先進的國家，所以保護人民言論的自由，便是這個緣故。他們並不一定要把這件事來做民主的招牌，實在是要藉此以採納讜言正論，以得「日新」「日益」的好處。只有絕對專制的極權主義者，乃有壓制自由言論的舉動。在我國的歷史上，周厲王的監謗，左丘明記以爲戒；鄭子產的不毀鄉校，見美於孔子。左丘明和孔子的時候，並沒有所謂民主，而他們已經見到這個道理。我們先民對於政治上的這種智慧，確實值得我們讚美而奉行的。

同人等本着這個意思，以爲在今日的自由中國，非特應有我們這樣的刊物，並且應有好幾個。若一個沒有，那是國家的大不幸。本刊所以在艱難困苦中掙扎着，便是這個緣故。

同人等也知道我們現在的國家雖然需要這樣的刊物，但在讀者沒有習於自由言論的風氣以前，我們說話的態度，應該有相當的謹愼，以免使這個刊物的對於國家，利未見而害先生。同人是的確時時刻刻有這個警覺的。不過有許多時候，對於國家不得不說的話，雖帶有不可避免的壞影響，我們亦只得忍痛來說。這好比我們明知某種特效藥有一種副作用，但若我們的病不得不用這種藥，那我們亦只好服用。區區苦心，當爲識者所原諒。我們自省，我們已盡一切力量以避免任何厲害的副作用了。

（二）從前希臘有一個國王要學幾何學而願速成，就教於一位幾何學家。這個幾何學家告訴他說，「幾何學中沒有『御道』（意指特別的捷徑）。」實在，非特幾何學，任何有價值的事情，都沒有特別的捷徑。本刊對於國家和社會的主張，有時雖然有點像過於迂闊，但同人自信，凡所云云，無非要勸戒國人不要爲捷徑的觀念所誤。同人知道，愛國心差不多是人人所同有的。現在努力於國家和社會的事務的人，除了極少數魚目混珠的以外，大部分都可以說是爲愛國心所驅使，決沒有要故意致國家於危亡的。但大多數的人都喜歡捨遠就近，捨遲就速，只圖目前的小利，而不顧後來的大害：這是同人所引爲隱憂的；這是同人所以外似迂闊的原因。

就一件稍着實的事情說罷。國家的法律，上自憲法，下至一切則例，都是國家的官吏所當遵守的。但守法的確不是一件很容易的事情，尤其是在權位高的人。不過一個人如果要「措國家於磐石之安」，則非嚴格的依着法律做去不可。這是絲毫不可假借的事情。許多能幹的人，都不喜歡遵守法律，好像法律這樣東西，足以束縛雄才大略似的。實在，這種觀念，最爲有害。國家到了「上無道揆，下無法守」的境地，就算可以僥倖於一時，終必不能維持長久。觀近日德、意、日本的前轍，昭若發矇。（我們所以說共產主義必亡，這亦是一個理由。）這好像素以衞生規律爲麻煩而不遵守的人，在平常的時候，雖亦多康健壽考，但若一遇瘟疫流行，定必有被傳染的危險。我們自憲法頒布以來，我們的政府大部分都能恪守法紀，但亦有以法律爲不便而思逾越的。他們並不是不知道法律的可尊，而是以爲一尊法律他們做事情的效率便減小了；有時他們的動機且出於要速見國家的強盛。他們的心思的確是好的，但方法却用得不對。宋人揠苗，病在太急。苗槁事小，國危事大！同人固欣幸當世有能擔當國家的重任的人，但總希望大家能够本循序漸進的道理，勿失於「求治太急」，致成「欲速不達」的現象。如果同人因爲這種心理而見譏於當世，則是同人所甘願承受的。至於「因循敷衍」的政治，固是本刊一向所極端反對的。

古來聖賢一切訓誥，如果有不合事實的地方，我們都可以不信。法律如果不便於民，不利於國，不適合於時代，我們當然可以修改。但修改法律，須經過合法的程序。憲法如此，其他法律亦如此。這種常識，是用不着我們詳講的。

以上二端，都是同人希望社會人士對於本刊有明晰的了解的。同人自審，本刊的發行，完全是要對於我們政府效涓埃的幫助，對於社會作公正的言論，以期有益於國家。同人等自審愛護國家和政府，實不下於任何人；但愛護的方法，一出於「正」；既不願效便辟巧佞的諂諛，亦決不作不情的責備。至於社會上的異端曲說，同人管見所及，亦必不敢縱容。

社論

寄語艾森豪！

在舉世矚目之中，艾森豪元帥當選爲美國總統。這不獨是美國人民底選擇，而且應該視作全世界自由人民底選擇。目前的世界陷於赤色極權洪流的泛濫之中，美國負起抵抗共黨奴役的領導責任。美國必須有偉大的反共人物起來領導，世界自由人民也希望出現一位積極反共的領導人物。

法西斯與共產黨，本是十九世紀初葉降生的一對孿生兒。二者所標尙的口號容有不同，但其危害自由文明只有程度之別。繼法西斯傾覆以後，共產極權勢力乘戰後之混亂、破敗，與貧困而擴張。目前赤流泛濫，全世界三分之一的人口橫遭奴辱，自由世界日在危疑震撼之中。艾森豪元帥崛起於第二次世界大戰風雲際會之時。彼曾策畫全球戰略，本十字軍精神，統率歐洲聯軍，澈底擊潰納粹軸心勢力，解放了西歐，保衞了自由文明。此時此日，艾帥當選，出任美國總統，使自由人民得到一種安全感，大家覺得在這風狂雨暴之中，有了一個可靠的舵手。所以，在這種時際，艾帥之出，可謂正合時宜。

在人類歷史巨變底關頭，一個偉大人物底作用誠然重要，但並無完全決定的作用。此點在今日爲尤然。在科學工業文明支配世界以前，社會組織鬆懈，技術簡陋，一個非常的天才或英雄，憑其智識與氣魄，常能結束一個舊時代，或掀起一個新時代。但在科學工業文明支配人類底行動，技術與組織發生巨大控制力的今日，個體底作用，較之往昔，反而相對地減少了。今日共產極權者發動了史無前例的組織，運用了一切可用的技術，脅迫一切附庸國家，從文化、教育、思想、政治、經濟與軍事等等方面，全面地向自由人民進攻。在這一全面的進攻之下，自由人民如何由合力地抵抗而反擊，如何由合力地反擊而消滅共產極權勢力，這是關乎今後大家生死存亡主奴榮辱的第一大課題，因而也就是作爲美國總統的艾森豪元帥的第一責任。

既然共產極權侵略者藉一史無前例的組織脅迫一切附庸國家對自由人民作全面的進攻，那末今後艾帥底基本策略自應也是怎樣以美國爲基礎進而聯合全世界自由人民，形成一個巨大的力量，以對抗此群極權巨獸。

在如何聯合全世界反共自由人民的這一大前題之下，艾帥及其領導的政府所措意的事項自然甚多，但吾人認爲最關根本重要者有下列數端。

美國既然負起領導自由世界反共的大責，於是不能不與各個反共國家有所交往或發生關係。美國既然不能不與各個反共國家有所交往或發生關係，於是必須對於各個國家底風土人情或歷史文化有所了解才能圓滑順利進行。關于這一點，至少就吾人親身所感受到的而論，美國所做的去必需的程度尙甚遙遠。美國是一個西方型類底國家，因而對於西方國家了解較多，但對於東方廣大人民底心理狀態，眞正的希望，和歷史文化背景，尙屬不甚了了。因此，美國所給予東方的物質援助，常常得不到預期的效應。美國要了解東方，必須經常遣派對東方底歷史文化或風土人情眞有深切了解的專家常來東方考察，以獲致必要的眞實知識。在這一場合中，美國應該放棄知識上的『自我中心』觀念，而分別地承認並尊重各國形形色色的生活方式。人總覺得自己底一切都好，而對于與自己異樣的事物總覺得不慣。這種心理狀態頗不利於聯合反共。領導自由世界反共的美國必須努力克服這類心理狀態。文化和生活方式是交流的。大家平等相處，一視同仁，相忘於無形，彼此學習對方底長處，而去掉自己底短處，久而久之，彼此不覺得陌生，會互相同化的。這是聯合反共底眞實基礎，也是世界和平底眞實基礎。

艾帥競選演講中有減少徵稅以及戒除浪費之詞。這類措施，若僅就美國一國而論，誠然必要。但美國今日既然負起支持自由世界反共的責任，那末美國底對內措施就不能在一切方面都與自由世界孤立起來，而是必須在某些方面與世界反共局勢作通盤連帶的考慮。戰後的貧困爲赤色細菌發展的溫牀。對世界反共地區之經濟的援助，乃反共之最有力的方略。馬歇爾計劃與第四點計劃所收效果，已可概見。所以，自由人民不希望美國經濟援助因更換總統而變更。而從緩急先後來說，經濟援助今日在東方較之在西方尤爲迫切。所以，吾人十分贊同戒除浪費。但戒除浪費並非剋減外援之謂。不當用的錢半個不要用；當用的錢半個也不能少。今日世局雖然險惡，但努力挽救未嘗絕對無望。冷戰究不若大規模熱戰耗費之鉅。需知今日多用一文錢，明日即可少用千文錢。孰利孰害，大政治家自能善爲權衡。

吾人既從事反共，便應坦白承認，今日赤禍之猖獗，實乃近世文明中的病態所導致，決無一人能單獨主觀地掀起如此巨禍。語云：『七年之病，求三年之艾』。今後反共的鬪爭，無疑爲一漫長而艱苦的鬪爭。因而我們必須有長遠的打算。在一長遠過程之中，反共前途之成效，主要繫於新生的一代之轉向。共黨作禍，係藉誘發新生代底狂激與偏執之情的。新生的一代在思想上不赤化，在行動上不極權化，大家都趨向於自由與民主，那末反共的前途可預卜光明。所以，今日反共的中心力量，不可以維持住各地底現狀爲滿足。這是十分不够的。我們必須作一長期的努力，培育新生代底理想，使他們人人憧憬於民主的眞實實現。這一股力量培成之日，便是共產極權黑暗勢力最後消滅之時。這一重大而影響深遠的工作，是需要民主反共的中心力量來推動的。

吉田第四任內閣及其前途

徐逸樵

一、大願未償　壯志已售

日本的政情在過去二個月極緊張。在這中間，衆議院突然被解散，繼之以各黨激烈異常的競選，又繼之以自由黨鬩牆相爭的首揆逐鹿戰。這些緊張激烈的局面，從日本人看來，縱使比不上日本初降之局，然而也決不下於其後任何時期。爲什麼呢？因爲這些乃是決定日本獨立後的國步的又一次大場面，當然無人不寄以極大的關心；至於初降不久以後的國運，在日本人看來，那只好委諸以美國爲主的同盟國的慈悲心，好歹是無法自作主張的。

這場面總算告一段落了。各黨的分野雖然不無意外的變動，然而自由黨還是得到了二四〇席的超半數，勉强獲得了慘勝之局。吉田呢，以其沉着而頑强的作戰，和其黨內外的政敵相周旋，總算也戰勝了鳩山，重膺首揆之選。吉田是一向以明治元勳自期的。論到明治元勳，當無過於伊藤博文者。伊藤完成了「明治憲法」，根據了這憲法任第一任首揆，並膺首揆之選到了四任。吉田也完成了「日本國憲法」，也根據了這憲法任第一任首揆，也膺首揆之選到了四任。師彼元勳，壯志已售。當吉田和鳩山逐鹿首揆方酣之時，東京近郊小河內村的村民組織了一班什麼叫做「大願得償獅子舞」的古風舞團，揮白刄，着古武士服，在音羽的鳩山邸前獻技預祝。鳩山和其親信之環觀者無不眉飛色舞，認爲此乃大願得償之兆。然而曾幾何時，音羽門前的紅塵化爲箱根山上的白雲了。

二、幕前幕後的主角們

論到吉田第四任內閣，不能不先看這個內閣在幕前幕後的主角們。左爲這個內閣閣員的一覽表；新聞已成舊聞，然有贅述的必要。

閣席	衆或參	姓名	年齡	黨籍	簡歷
總理	衆	吉田茂	七四	自由	戰後任首揆三次，東久邇及幣原內閣外長
外務	衆	岡崎勝男	五五	〃	第三任吉田內閣外長，內閣秘書長
法務	衆	犬養健	五六	〃	幣原內閣外次，民主黨總裁
大藏	〇	向井忠晴	六七	〇	第三任吉田內閣經濟最高顧問
文部	衆	岡野淸豪	六二	自由	第三任吉田內閣自治廳長官，文相
厚生	參	山縣勝見	五〇	〃	第三任吉田內閣國務相
農林	衆	小笠原三九郎	六七	〃	幣原內閣商相，小磯內閣大藏政務次官
通產兼經濟審議廳長官	衆	池田勇人	五二	〃	第三任吉田內閣財相
運輸	衆	石井光次郎	六三	〃	第一任吉田內閣商相
郵政	參	高橋莊太郎	六〇	綠風會	第三任吉田內閣文相，通產相
勞動	衆	戶塚九一郎	六一	自由	北海道廳長官，福岡縣長
建設	衆	佐藤榮作	五一	〃	第三任吉田內閣郵政相，第二任吉田內閣秘書長
國務官保安廳長	〇	木村篤太郎	六六	〇	第一任吉田內閣法相，第三任吉田內閣法務總裁
國務官自治廳長	衆	本多市郎	五六	自由	第三任吉田內閣國務相，地方自治廳長官
國務	參	林屋龜次郎	六六	民主俱樂部	
〃	參	大野木秀次郎	五六	自由	第三任吉田內閣國務相
國務兼內閣秘書長	衆	緒方竹虎	六四	〃	小磯內閣國務相，情報局總裁，鈴木內閣顧問

這個內閣有幾點値得注意的；要論吉田第四任內閣不能不特別提出。

（一）完全擯鳩山派於閣外。這顯然表示不去睬他，一面以待機之勢看他的來勢如何。在閣員裏面有石井光次郎者，有人說他是鳩山派，而吉田派則謂他是吉田派。上月中旬，鳩山派結成民主化聯盟以與吉田派抗，而石井並未列名，於是吉田乃請其入閣，用意安在不言而喩。所以鳩山派完全是「黨內的在野黨」。

（二）第四次內閣雖然是自由黨內閣，然而又有民主俱樂部的林屋龜太郎和綠風會的高橋莊太郎在內。這顯然因於吉田認爲這次自由黨內閣太弱，隨時有被在野黨和鳩山派拉倒的可能，於是不能不對在野黨在野派之可乘者預布伏線。這裏的民主俱樂部乃係民主黨改組爲改進黨時該黨參議員之不願參加者所結成的政治團體，其數凡十六。可是他們雖然另結團體，而和現改進黨中的右翼關係仍深。如果運用得法，民主俱樂部的會員固然可以不必說，就連改進黨的一部或大部分都可爲吉田用，以增强自由黨的聲勢。這是吉田派早有的成竹，而且已在積極進行中的。綠風會也是參議員中許多無所屬的老資格所結成的團體，數達五十七。吉田之續任綠風會會員高橋莊太郎爲閣員之一，其意爲欲使高橋和其他自由黨參議員之有閣席者二人——山縣勝見和大野木秀次相呼應，使綠風會爲其所用。以上苦心的佈置，其效果如何雖爲一般人所疑問，然而吉田之欲拯救其脆弱內閣而極力掙扎，要爲不可否認之事。

(三)閣員十七人中，除吉田以外，重心爲池田、佐藤、向井、木村和緒方竹虎。五人中只有向井和緒方是新人，而向井則爲無黨無派的人士。這顯示第四任內閣就是第三任內閣的延長。這裏面，池田和佐藤與吉田的「側近」，在這次內閣組成前，他們和廣川弘禪及保利茂携手，形成了自由黨和吉田第三任內閣後期的軸心，日人因有「四天王」之稱。現廣川和保利茂雖因風聲太大而暫時退居，然其潛勢力依舊甚大，幕後的操縱力依舊極强；如果吉田第四任內閣長命一點，不久必然捲土重來。池田這次由大藏大臣改任通產大臣兼經濟審議廳長官，其地位之重要初不下於大藏大臣。池田過去以其地位之重，通產省的計劃每被所抑。據說日人所熱望的貿易立國的理想不能如期進行，這是一個主要的原因。信如是也，則此後這一期望應該較有達成的可能了。吉田第四任內閣此後的課題之一爲兵器和航空工業的育成，以配合重整軍備的使命。池田爲吉田的重鎭而兼經濟審議廳長官，對於這一課題的答案之製成，應該也是最有資格之一人。向井忠晴是過去「三井的總帥」，和吉田的側近白洲次郎關係極深，並久任吉田第三任內閣的最高經濟顧問。在詮議首任駐美大使之時，他的呼聲最大。可見吉田是早想借重他的。他承池田之後主持財政，其路線照理是不會和秉承道奇路線的池田財政相去太遠的，如其有之，也不過對於產業和貿易的促進較爲積極而已。這是因爲他是過去財閥的代表，得心應手乃理所當然，同時日本產業界病池田財政太偏重金融而忽視貿易和產業的促進，因之認爲向井之就任是必然會矯正池田的偏向的。本村篤太郎和吉田交誼頗篤，在其任吉田第三任內閣的法務總裁和法務大臣之時，對於日共和左翼會發揮其手腕。這次改任保安廳長官，據說出於他的自願和自薦。他對於重整軍備主張較爲積極；如果這個內閣長命一些，那末預定於明年四月間完畢美日安保問題的折衝之時，應該又是現在的保安隊改換方向之時了。緒方竹虎這次任內閣秘書長很出人意表。緒方爲人博雅，曾爲日本新聞界重鎭。他和吉田的知遇出於古島一雄生前的力薦，因有自由黨未來總裁之謠傳。吉田第三任內閣末期，曾擬以緒方爲首任保安廳長官。所以不成，據說出於黨內和側近的反對。信如是也，則緒方此後在自由黨和吉田側近的肆應周旋，蓋亦甚費心機矣。這次他做內閣秘書長，據日本各報的看法，主因出於吉田欲借重緒方作言論界的緩衝或擋箭牌。因爲吉田素和記者不睦，視照相記者尤如蛇蝎。他曾潑冷水於記者頭上，並令其秘書手揮記者相機於地。吉田鑒於言論界對他的不睦，自認爲應有一報界元老爲其轉圜云云。茲且不問其主因如何，總之緒方之任內閣秘書長，在吉田第四任內閣中乃爲一般爽人的「新氣」，那是不容否認的。

(四)第四任內閣的組成和鳩山派的潰退，除掉沉着作戰的總帥吉田自己和國外及國內以產業界爲主的壓力以外，元勳當首推廣川弘禪。這顯示此後日本的路線仍爲「向美一邊倒」，而「側近勢力」雖因廣川保利的伴退而一時稍隱，然而仍爲第四任吉田內閣的中心。關於國外的壓力，明眼人都知道，不必說。關於國內以產業界爲中心的壓力，有產業經濟界合獻巨金一億五千萬作爲吉田派最後突擊的獻舉資本和日本商會會長及日本經營者團體連盟會長等有力的聲援爲證，也可以不必說。至於廣川，他雖然閣成而無閣席，可是他本來是吉田側近的巨頭，自由黨內除他以外無擁有幹部如許之多者，閣席有無是無關宏旨的。他在吉田逐鹿首揆的最緊張關頭，揮動吉田派的議員，在陣前作鼓噪喊吶的聲援；他運用其黨人特有的經驗，拉攏素以鳩山派自任的大野睦伴和林讓治爲吉田所用；他又以其老辣的手段，虛虛實實地利用了鳩山派的主將三木武吉，使鳩山派心膽爲怯而陣營爲動。陣脚一動，吉田乃下最後的突擊，於是第四任內閣大功告成。這樣看來，廣川還不是最大功臣嗎？據說吉田事前曾有許三木任自由黨總務會長的默示。現在大局定了，這個總務會長的着落，十九還是廣川而非三木。如其不然，則廣川終將取林讓治的幹事長而自代之，讓三木任總務會長，作爲拉攏鳩山派以自重的伏線。曾憶鳩山敗退而重返箱根山上之前，(註一)顏色黯然，有「我被吉田騙了」之語，然則老獪如三木武吉者亦終將受廣川之欺乎？(註二)

(五)內閣中之最出人意表者爲外相岡崎勝男的留任。這顯示吉田的One-man 癖決不因輿論一致的抗議和鳩山公開的指責而絲毫褪色。査岡崎自升任外相以來，無論對所謂美日行政協定，聯合國軍駐日協定，英海軍犯罪事件，賠償交涉，日美通商航海交涉，日韓交涉等等，不但大受輿論的抨擊，而且深遭吉田側近甚至其家族的不滿。岡崎勞怨備受，遍體鱗傷。由於這種種，再加上競選違法而遭檢察當局的召喚，無論局外人或局內人，均認爲岡崎之去乃係定局。然而名單一發表，岡崎依舊無恙，觀察者爲之大驚。當然，分析一般評論，也多有認爲岡崎之留係出於自由黨無外交長才者。因據若干評論家的看法，吉田出身外交，並以外交自鳴，主持外交當然責無旁貸，但他孤傲性成，不願作儀式的或事務上的酬酢，因之岡崎之留，只是吉田在外交事務上的替身而已云云。不管此說之中肯性如何，總之留任之出於吉田的專斷獨裁並未褪色，乃係一致的看法。

看了以上的情形，我們對於吉田第四任內閣不妨作如斯觀：全局既不出第三任內閣的延長，政策當不外第三任內閣的擴充；黨內有鳩山派的內攻，黨外有野黨聯合的外襲，而社會黨的勢力又復大張，吉田派勢力之在衆院者既不出二百(衆院議員共四六六)，如不借兵於在野黨之六根未凈者，這第四次內閣怎能長命呢？

這樣的看法蓋爲日本輿論界所一致。這裡有一段可視爲代表的讀賣新聞的社評，錄之以供關心日情者之參考：

「總之說一句，這次組閣所表示的全般的結論無非是，第四任吉田內閣和第三任相較，在本質上並沒有一點不同的地方。對於輿論所强硬希望着的應該像一個獨立政府應有的新鮮味道，那當然無從談起，甚至連那彌漫於黨內的不滿的消除，從而導政局於安定之途，也都無從談起。自由黨內依舊鬱積着的對於吉田人事的不滿，必然會以鳩山派爲中心，事事和在野黨策應以窘迫內閣，政局的不安是決不會解消的。」(註三)

三、內閣壽命何所托？

可是吉田是知道衆院中最多只有二百席是不足以應付黨內外的攻勢的，所以不但在組閣已成的今天已經在積極拉外援，而且在衆院未解散前，也早在佈置其未來了。統觀日本現有政黨的序列，次於自由黨者爲改進黨，次於改進黨者爲社會黨右派和社會黨左派，其餘黨小力弱，殊不足道。而且自選舉畢後，農協黨已併入於社會黨右派，而勞農黨又有合併於社會黨左派的傾向，因之日本的政黨實際上已成二黨二派。這中間，社會黨鑑於選舉後勢力的大張而益增自信，縱如該黨右派者，至今已極少和吉田合作的可能。在這情形之下，吉田如想借兵，捨改進黨其誰屬？

說到這個改進黨，正是悲劇的連續。他的前身民主黨，在戰後組黨方成之時，即被麥帥總部大量追放其議員，弄得七零八落。吉田任第三任內閣之初，提其保守與革新二大政黨對立的理論，吸引其中以犬養健爲首的所謂「連立派」一大群以去，又碰到頂門一大棍。從此內部紛紜而黨首久懸者垂數年，誠不成其爲像樣的政黨矣。本年初，乃有改組以圖振興之議，於是合新政俱樂部(以大麻唯男爲首的追放解除者的政治團體)及協同黨之一部而另組新黨，即爲今日的改進黨。這黨內部極複雜，而黨魁又爲迎自黨外的獨脚外交家重光葵。所以迎重光，無非因爲黨內無人而延致素著國際聲譽的大物以資號召，意欲於大選時大張聲勢。然而大選結果，初不料所期之百數十席僅止八十五，其數尚遠遜於社會黨左右派之和(註四)。諸此新愁舊病之累積，斯改進黨之所以易被强者所垂靑也。

吉田垂靑於改進黨不自今日始。早在衆院解散前，前田米藏和大麻唯男分門進自由黨和改進黨，可謂已伏垂靑的根苗。前田和大麻爲戰時翼贊政治會的連手，以陰謀著稱於日本政界。所以分門而進，據老於觀察者言，實係異曲同工的双簧之預定。現在吉田借重的時機到了，於是吉田乃大倡其「保守合同」之說，期與前田大麻桴鼓相應，作爲奮起進擊的角號。

可是改進黨原是一戶雜居的家庭，問題是極不簡單的。他除以大麻爲中心的所謂「追放解除組」以外，有蘆田派，又有以三木武夫及北村德太郎爲中心的革新派。蘆田和吉田爲宿敵，自少有和吉田合作的可能。他在重整軍備的積極主張和私人交誼上言，寧和鳩山一郎相接近。他從受賄事件受審而最近被判無罪以後，聲勢爲之大壯。革新派向以「進步政黨」勉改進黨，從主張上言，和社會黨相合作的成分反而多，自益無和吉田派合作的可能，而該派的川崎國會對策委員長，却盛倡與鳩山派合作以制吉田內閣，迄今未休。這三派在目前是鼎足而三，相互牽制。而大麻一派，則以其親吉田的氣味太濃，反而不好不姑示羞澀，不敢露骨大幹。於是任該黨幹事長的革新派主將三木武夫，看透了這個大麻的弱點和陰謀，有時以幹事長的身分，有時要脅了該黨總裁重光，不時重溫着該黨向所主張的所謂健全野黨的黨議，以示不應也不爲所賣，藉以糊大麻之口並提醒吉田。所謂「健全野黨」，易言之，即是以清白之身在野監視政府黨之意，而在革新派之眞意，監視實爲打倒之別名。看情形，該黨之不易被吉田急用，實亦歷史與情勢所然也。

總之說一句，吉田第四任內閣壽命之久暫，須全視其對改進黨之工作如何以爲斷。改進黨其將踵其前身的民主黨而再度爲吉田所垮乎？誰其師犬養健之故技而投奔吉田乎？斯則須視獨脚總師重光的統率力和吉田派的魔術如何以爲斷矣。

老實說，吉田第四任內閣之在今日，縱能拉走改進黨之一部而重演三年前之故技，亦殊無法拯救其脆弱性。爲什麼呢？鳩山派之不能和吉田合作要已爲盡人皆知之事，然則縱使拉改進黨之近半數以去，其在衆院之數、充其量，亦不過今日自由黨議席之整數而已，況其事誠戛戛乎難哉。由斯以觀吉田第四任內閣，其將終爲短命之局乎，斯誠日本現階段的政情之悲劇也！

一九五二・十一・四日，於舊江戶

(註一) 鳩山五個月內靜養於離東京百里外的箱根山上箱根旅館，大選和首揆逐鹿戰中，曾下山一個月多。

(註二) 三木武吉年七十餘，長廣川十餘歲，日人稱三木爲老狐狸，廣川爲小狐狸。請注意這個三木名武吉，而改進黨中華新派的健將三木名武夫。

(註三) 見讀賣新聞十月三十日朝報社論。

(註四) 在選擧方畢之時，社會黨左派之衆院議員五四，右派五七，合計一一一，最近二派各有新入黨之其他黨派或無所屬的議員四、五名，合計已近一二〇之數。

從保衛臺灣到反攻大陸

杭立武

中央政府遷到臺灣的任務，在於保衛臺灣，反攻大陸。幾年來各方面努力的結果，達成了若干改革和進步。軍事上的刷新，經濟上的增產和農業上民生政策的推行，政治上地方自治的試驗，已是有目共覩。這些成就，自然應當予以宣揚，但對我們自己，只能作爲增加自信心的基礎，鼓勵我們加緊作更大的努力，而絕不能視爲滿足。

就以經濟而論，我們還需要工業化，即使一切條件齊備，順利進行，也得要慘淡經營，至少四年才能希望達到自給自足的境地。經濟上能够自給了，我們保衛臺灣，才有健全的基礎。

當然這不是說，我們在臺灣經濟上自給以前，不能同時進行反攻大陸。相反的，假如我們能够早日收復大陸，則臺灣和大陸的經濟配合起來，臺灣的經濟前途，只有更容易發展，至於我前一段所說的，乃是指出我們絕對不能以現有成就爲滿足。老實說就是因爲我們在大陸不但失敗，而且嚴重的失敗，所以人們所責望於我們的，不僅是普通的改革和進步，我們得要特別努力，特別成功，才能澈底轉變人們對我們的觀感。

也許就是這個原因，人們對於我們保衛臺灣的能力，直到如今，才算逐漸具有信心，但對於反攻大陸，還不免表示懷疑，如何使這懷疑變爲信賴，仍是我們的課題，需要加緊努力。至於我們自己呢？我想凡是愛好自由退出大陸的中國人，沒有一個不是心心念念的要有一天回到能够重獲自由的大陸。在臺灣的同胞更不消說，差不多每一個人的心弦，經常在迫切的叩問：什麼時候打回大陸？

回大陸絕不是幻想，中共終必失敗，是其先天就已註定。問題是：什麼時候？

提到這個問題，一般人會立刻想到第三次大戰。這也很自然的，因爲中國的問題，確然是世界問題的一部份。不過儘管第三次大戰，也許終久難以避免，可是我們絕對不能依待第三次大戰來解決我們的問題。

我們不難想像到的，第三次大戰如果一旦發生，必是無比的凶猛殘酷，雖然最後勝利，將屬於民主的力量，但是代價也一定很大。實際上戰事演進的結果，已經使勝敗兩字，失去過去的絕對意義，而逐漸成爲相對的，因此西方民主的國家，都在竭力避免第三次大戰的發生。三次大戰能够避免嗎？我們試看民主與極權兩集團有無共同相處或妥協的可能？

民主集團以美國爲領導，現在已認識清楚蘇聯赤化世界的企圖，省悟過去放棄中國大陸的嚴重後果，深切了解建立龐大武力的重要，並且決定了一項堵截蘇聯勢力再擴展的政策。這一政策的推演，我們要注意，甚至包括解放鐵幕，使蘇聯逐漸滾回(Roll back)去的可能。

蘇聯的政策如何呢？無疑的她是要征服赤化全世界。根據共產的理論，在所有社會裏，資本制度必定崩潰，美英這些「帝國」必定瓦解，工人階級最後必定掌握政權。但崩潰與瓦解，儘管是必然的結果，可是不會平靜自然的發生，而需要催生和助產，這便是蘇聯所賦予她自己的責任。並且依照蘇聯的看法，不管個人或國家，不是她的奴役，便是她的仇敵。美英等國當然是仇敵了，所以即使爲自身的安全，也需要毀滅這些敵人，否則必爲這些敵人所危害。

從上面所述兩集團的基本政策看，很明顯的是相互衝突的。事實上自第二次大戰結束以來，蘇聯在歐洲的鯨吞蠶食，在亞洲侵佔中國大陸，再掀起韓國的戰爭，已經使國際風雲，達到了高度緊張。而民主集團一方面也在亡羊補牢的加緊重整軍備，並保持着原子武器的優勢，對於蘇聯，如美國發言人所表示的，不願再以退讓換取和平。這種壁壘森嚴，包含着極尖銳的衝突，自然容易使人有大戰一觸即發的感想。不過大戰就會來臨嗎？却又不如此簡單，因爲歷史告訴我們，侵略的人恒居主動，他可以使局面更緊張，也可以使局面稍鬆弛。大概自有史以來，史太林可算是一個最冷酷陰險的侵略者了，他坐在克里姆林宮裏專心致志的在危害世界，他不擇手段，他好弄玄虛，他機心的打算，衡度利害得失，隨時決定並修改他的策略，藉以推行他不變的政策。當然他的決定有時仍不免估計錯誤，但大體說來他是比較審愼的。

所以共產蘇俄這個毒害，比較從前的納粹德國還要難對付。希特勒只知道猛進，不能受挫折，並且他征服世界的企圖，必定要在一個有限度的時期裏發動。至於共產蘇俄呢？在共產理論上，只有資本制度必定崩潰的信念，但沒有規定在什麼時候或一定時期裏發生，蘇俄雖負起策動工人革命赤化世界的責任，但亦不曾規定應在什麼時期裏完成。而史太林更不像希特勒的粗暴，他是冷酷而有打算的，因此緊張的局勢可能拖延着而不爆發。

可是在這拖延中間，我們得要注意，儘管表面上爆發的跡象減退，內在的危機仍是繼續存在，並且各種不同的鬥爭，還在不斷的發展。可以說時至今日戰爭的方式，變化多端，已不同於往昔，有冷戰，有熱戰，冷戰又分政治戰與經濟戰。在政治戰爭裡，蘇聯最善用對方心理上的弱點，所謂乘虛而入，以發生分化混淆的作用。舉例來說，蘇聯不願西德武裝，就正好利用法國人顧忌德國人的心理，在西方陣營裏面發生延阻西德武裝的作用。對日本的再武裝呢？除去利用東方人民對日本人的顧忌心理外，並且由日共在本國裏普遍展開反對再武裝的暗潮。至於利用若干國家顧慮和中共衝突的心理，來分化民主陣營的力量，和利用中東以及非洲若干國家的民族思想，以驅除英法在那方面的勢力，正是目前的嚴重問題，是大家所看得到，而遠見的政治家所引為警惕的，這都屬於政治鬭爭。

經濟戰呢？蘇聯所最馨香禱祝的，是美國經濟的不景氣。美國的經濟，自第二次大戰後，能够繼續維持着繁榮，這是史太林頂失望的一件事。現在美國每年以數百億美元用於自已的國防，並且協助其他反共國家的軍備。蘇聯當然在密切注意美國的經濟，究竟能維持到如何長久？美國自然也在留意自已財政上的負擔使不至影響經濟的基礎。至於英法呢？英國的社會福利，法國的越南戰事，負擔已經很重，再加上重整軍備的需費，確使英國經濟方面掙扎的很吃力，法國更是每隔幾個月便遇一次難關。在這經濟戰裏，蘇聯是以霸道彌縫一切的困難。她有集中營的苦工，有農奴，供他們的任意奴役。可是儘管如此，她還是缺乏資本，缺乏資源，她重工業的發展是畸形的，她的農業是落後的。

講到熱戰，現在韓國和越南的戰事，自然都是蘇聯所策動的。但這仍只是有限度的戰事，蘇聯在表面上並未參加。他利用這一類熱戰中的地方性戰爭，來消耗牽制民主國家的力量。至於大規模蘇聯直接參加的熱戰 斯太林則在審慎遲疑，冷酷的伺候時機。不過他也知道再過兩年，民主集團的純軍事力量，將要和他看齊，這是指陸空軍而言，至於海軍，蘇聯除去潛艇外，其餘的都早比不上美英，而原子武器的優越，美國更是始終保持着的。到那時德日再武裝起來．民主集團的力量，就可能壓制蘇聯。這便是美英等首腦所計劃所企盼的：站在武力的優勢，對付蘇聯，也許可以避免大規模的熱戰——第三次大戰——而逐漸使蘇聯讓步．甚至使蘇聯本身改觀，以求一個個問題的解決，因此而維護世界的和平。

這當然只是一方面的如意算盤。在蘇聯，她自有她的打算。我們不要忘記，民主集團在加緊武裝，蘇聯也在擴充軍備。她的衛星國家，尤其朱毛匪幫的力量，在她的導演下，亦在長大起來。況且那些克里姆林宮裏的一群惡魔，他們是在伺候機會，乘虛攻弱，誰又敢說他們不會隨時發動大戰呢？

不過前面已經說過，蘇聯赤化世界的企圖，她的日程，是有伸縮性的。何況冷戰以及有限度的熱戰，已在進行？史太林冷酷的打算，可能拖延緊張的局面，固然大戰的隨時爆發，仍是在不可知之列。而我們的問題，則是不能依待三次大戰來解決的。

我們在這反共抗俄的鬭爭裏，固然有我們不能旁貸的責任。前面已經說過，我們當前的基本政策，是保衛臺灣，反攻大陸。在保衛臺灣的工作上，我們已經有了不少努力，但還需要繼續加緊。我們不能以已有的改革和進步為滿足，而要格外深入，更加澈底。我們要發揮更大更多的力量，使臺灣成為一個模範省，我們要擴展政治上的號召力，一面使千百萬的海外華僑，更熱烈的響應，一面使沉淪大陸的同胞，無猶豫的傾領。行百里者半九十，我們固然已經走了很遠，可是還有一段艱苦的路程。

我們保衛臺灣，也要反攻大陸，反攻是我們最大的決心。我們站在整個反共的立場，有權利要求所有的民主國家，承認我們在反共陣營裏的地位和重要性。要認識中國問題，是亞洲問題的關鍵，絕對不容忽視，不僅在軍略上應該將臺灣當作太平洋防線中的重要一環，而且應該從政略方面來重估其價值，要把臺灣當作開啓亞洲大陸鐵幕與消除亞洲危機的一柄鎖鑰。而為解決中國問題，最有效的辦法，是援助我們反攻。我們反攻的政治上條件，包括大陸上億萬人民對共匪的不滿意，已經有了基礎，還自可以加強，無論如何，這是需要我們自己努力的。至於軍事方面，那就需要友邦物質和技術上的援助。就裝備和訓練上說，我們必須準備第一線假定五十師左右的軍力，加上海空兩方面的必要支持，一旦登陸之後，控制一個據點，大陸上的兵民，當會有一批一批大量的反正。這不僅我們的信念是如此，所有從大陸上透露出來的消息和跡象，都足以為佐證。我們反攻成功，蘇聯在亞洲便成了孤立、因此就減輕她威脅世界的嚴重性，這難道不是避免第三次大戰的一個有效辦法嗎？無論如何，從堵遏蘇聯政策到解放鐵幕，不談則已，否則贊助中華民國反攻大陸，乃是正大有效的道路。

「自由中國」的宗旨

第一、我們要向全國國民宣傳自由與民主的真實價值，並且要督促政府（各級的政府），切實改革政治經濟，努力建立自由民主的社會。

第二、我們要支持並督促政府用種種力量抵抗共產黨鐵幕之下剝奪一切自由的極權政治，不讓他擴張他的勢力範圍。

第三、我們要盡我們的努力，援助淪陷區域的同胞，幫助他們早日恢復自由。

第四、我們的最後目標是要使整個中華民國成為自由的中國。

如何打開韓戰僵局？

董時進

韓戰的停戰談判已經談了十六個月，至今還談不出一個結果，同時也沒有宣告破裂，而陷於長期的僵局。我們除了對於領導聯合國隊伍的美國政府當局及美國軍隊統帥的忍耐力量，表示佩服而外，却不能不對於局面的前途感覺憂慮。我們知道，聯合國的其他國家和美國一般人民却沒有同樣的忍耐精神。最近已有參戰的會員國表示要退出韓戰，臺灣方面也表示，如果韓戰在目前情形下進行，不願意派兵參加。長此拖下去，恐怕其他參戰的會員國，會越來越冷淡，參戰成了有名無實，甚至要求退出。至於美國一般人民的態度，則似乎不外三種，一種是逐漸麻痺，幾乎完全忘記了有這一個戰事在進行。一種則是煩躁，凡有家屬在打仗，或被俘，或將要應徵者，多盼迅速結束。還有一種就是認爲應提起精神來，認眞的打，趕快把敵人打敗爲止。然而就目前情勢，則是欲和不能、欲戰不可。這僵局究要拖到何年何月，最後究將拖成一個什麼局面，得到一個什麼結果，這是大家所關心，而又尙無人指示一條出路的。

目前問題之難於解決，原因是不易在幾條壞路中間找出一條顯然的康莊，似乎條條路都是同樣的崎嶇，所以只好隨命運擺在那裡便呆在那裡，呆着再等候變化。但是我感覺這些路當中，如果仔細去檢查，仍然有好有壞，雖無康衢與巉巖之分，究不能說沒有一條危險比較少的道路。且讓我們來試探一下看。

第一，有的人說，這戰事根本不應該打；爲了保守半個高麗值不得這大犧牲。然而至今回顧，可以知道這戰事是決沒有打錯的。假使當初聯合國不抵抗，隨共產黨侵佔南韓，那末，整個東南亞恐怕早已劃進鐵幕以內的版圖了，日本及印度即使還倖免淪入鐵幕，也不知道已經危險到了什麼程度，全世界的大局也將不堪設想了。中國的九一八事件發生之後，起先採用了不抵抗政策，結果愈演愈壞，最後竟演出那樣的慘劇才收場，那是不抵抗的殷鑒。所以在韓國以武力抵抗侵略是絕對沒有錯的。

第二，現在聯合國從韓國撤退。打了這樣久無結果，撤退不再打了，免得勞民傷財，反正韓國和美國還隔一個太平洋，有什麼關係。殊不知此時撤退比起初不打還要壞，兩年多以來，單是美國人的死傷就是十二萬以上，花費超過一百億美元，如果此時撤退，不但一切白犧牲，而且還加上大損威信，使全地球上的弱小國家和人民都確認爲西方民主國家的不可倚靠，並大大助長蘇俄和其他共產國家的威風，與信心，使他們再作進一步的侵略。所以這條路是決走不得的。

第三，繼續談下去，談到有結果爲止。要討論和談能否談出結果，以及能談出一個什麼結果的這一個問題，我們必須先明瞭一點，即是中共及蘇俄是不害怕目前的僵局的，而且很利於這樣的僵局。理由很明顯：在聯合國擔負最大部分戰事責任的美國，距離戰場幾乎有半邊地球之遠，勞師遠征，耗費鉅大。而中共隔開戰場只是一道橋，軍火接濟，兵隊應援，即發即至，便利太多。同時由於聯合國的顧慮，不肯使戰事波及鴨綠江以北，因而共產黨可以安坐在屋裡，調度指揮，沒有絲毫被攻打進門的危險。在這樣情形之下，他爲何不跟你拖？那怕你如何堅强，拖得太久了，你也會疲倦，疲倦了，就會逐漸讓步。你多讓步一分，他的目的多達到一分。這恰好是共產黨現階段作戰的政策。何況聯合國的隊伍是七拼八湊攏來的，拖久了內部難免不發生裂痕。裂痕發生更於共方有利了。

明瞭這一點，就可以知道，除非聯合國方面作重大讓步，談判是難有結果的。

姑且假定談判得到結果，戰事正式停止，南北韓以三八線或其附近爲分界，外國軍隊一律撤退出境，那末，我們應該考察一下這種形勢的前途將是如何。

首先我們要問，是否就讓南北韓從此永久分立下去？韓國本是一國，向來無所謂南北之分，民族、經濟、文化、風習都是無法分開的。如果說南北韓可以分開而治，無異說一個人可以切成兩段而活。

其次，所謂三八線只是地圖上的一條想像的線而已。嚴格說來，這條線可以將一個村子切成兩橛，一間房子劃爲兩半，它與天然形勢、人民生活一切都無絲毫關係。這樣一條線如何能禁住兩個敵對的勢力的互相侵犯？一天說打就打，那又何必多此停戰一舉？

美國方面曾經透露出一種保障安全的辦法，即是說，一經談好停戰之後，假使北韓或中共再來侵犯南韓，那即是等於發動全面戰爭，美國便要領導聯合國對蘇俄及中共全面作戰。這種保障的辦法是否有效力呢？我看是太不可靠了。這不過是美國方面或充其量是聯合國方面的一個聲明而已，這樣一個聲明就能嚇住中共和蘇俄，使他永不侵犯三八線嗎？這是絕難相信的。

或以爲此次中共吃了苦頭，以後聯合國有警告在先，他們決不敢輕易發動戰事，這僅僅是這一邊一部分人的看法，中共和蘇俄方面却正在誇耀他們的光榮的成果。一個中共打敗了幾十個國家，從鴨綠江岸把他們趕到三八線以南，而且迫使他們不得不議和，這還不值得誇耀嗎？就退一步說，即使中共感覺這次吃了苦頭，他們也決不會就被一個警告嚇住。一個聯合國是幾十個國家所湊成，意見紛歧，步調不一致，兩三年來已經充分表現出來，爲說了一句必要時可能將戰事推過鴨綠江，便惹起聯合國會員國間一場大風波，以至於撤換主將。那末，在聯合國軍隊已經撤退出境之後，一旦共產黨再侵犯三八線時，聯合國方面能夠一聲說打就打麼？那樣顧慮多端的英法諸國，爲了隔半邊地球以外的一個小國家的什麼三八線受了侵犯，就能夠不顧自己的安全，馬上發動全體世界大戰，這似乎是不大可以相信的。

就單以美國而論，也決不是那樣容易就打起來的。上次美國對於三八線的抵禦的確很敏速，但是，假使他們當時知道這個局面會搞成現在的樣子，也許不會有那樣敏速了。有了這一次的經驗，恐怕他們對於以後的戰事更要謹慎些了。美國是一個民主國家，總統議員隨時改選，當權政黨有時更易，更換一個國務部長也大可以影響外交政策。而美國向來是不打到自己頭上，決不出動打人的。那末，如果說，因爲現在有了一個警告，以後不拘誰當總統，何黨執政，何派議員多，只要韓國的三八線發生了事情，就可以立即向中共和蘇俄宣戰，也是很難令人相信的。

假使將這種警告的意思定在休戰協定或和約上如何？這不用說克姆林宮和北平決不能接受，即使接受了，也不過同樣是一張紙而已，過去撕條約的例子太多了。

這即是說，無論聯合國方面警告也罷，或甚至於規定在條約上，永不許侵犯三八線也罷，然而待稍緩時日，事過境遷，聯合各國逐漸鬆懈渙散之後，有機可乘之時，中共和北韓仍隨時可以侵犯南韓，決不會以全面戰事爲慮。那時候幾天工夫，一舉而佔領全韓，聯合國再來開會討論，遣兵調將，擇地登陸，豈不太遲？若說因韓國發生了事情，便一直以原子彈去炸北平，和莫斯科，似乎是不近情理之論。何況中共豈不可照舊以人民志願軍的名目出兵麼？人民自願軍幹出來的事情，於我什麼相干呢？

還有人說，聯合國軍隊撤退之先，應將南韓軍隊擴大加強，使其有充分防禦能力，就不怕共黨來侵略了。此話也是徒成理想，不切實際。半個韓國的力量無論如何也抵禦不了另一半個韓國再加上中國和蘇俄的力量。要照這種理想做去，結果只有害死南韓的軍隊和人民，使他們被共黨殲滅。

只須這樣一條一條的檢查一下，就知道上面所說的幾條路都是死路。那末，另外還有比較好的路沒有呢？有的，那就是一鼓作氣，打到鴨綠江邊，統一全韓。要採這一個辦法，當然必須再費一點力氣，付出一點代價，可是結果可以一勞永逸。既然已經付出了那樣大的代價在先，爲什麼功虧一簣，使全功盡棄呢？至今掉回頭看，假使一年多以前，不躊躇顧慮，而勇往直前，也許戰事早已打完，犧牲未必超過現在。懲前毖後，殷鑑不遠，實應急起直追才好。

這一個辦法有好幾個優點，可以說明如左：

1 消除三八線禍根，恢復韓國的統一，收一勞永逸之效。

2 沒有擴大戰事的危險。在韓國境內作戰，中共無理由干涉，蘇俄無理由正式參戰。他們迄今仍是以自願軍名義偷偷摸摸的打，是他們不敢擴大戰事的明證。何況聯合國是打的自願軍，你們的自願軍打到別人的國家來了，將他們趕出去，理由再正大沒有。按聯合國的種種掣肘都是由於這害怕戰事擴大的顧慮所造成，蘇俄及中共便利用此種心理大膽冒險，已經採了很多便宜。假使聯合國方面再不消除這種顧慮，不知上當要到什麼時候。我認爲戰事的是否擴大，關鍵決不是在聯合國是否打到鴨綠江邊。因爲，如果蘇俄眞要發動大戰，可以說戰事已經發動了，如果不願意發動，往鴨綠江打去還是不會發動。而且打到鴨綠江邊之後，大戰的危險會更小更遠。因爲中共吃了苦頭，受了教訓，就會更小心，斷不會再發動大的戰事。只有小的戰事得了志，才會作進一步的冒險。聯合國方面必須明瞭這種心理，一舉驅逐他們出境爲止。萬一以後戰事擴大了，那只好說是因爲蘇俄的預定計劃，無法避免，決不能說是由於攻進鴨綠江邊的結果。因爲同是在韓國境內作戰，在南邊一點打，或在北邊一點打，在國際關係上並無任何的分別，決不能說往北邊打去，就有惹起大戰的理由。何況過去曾經打到江邊去過呢？

3 比較上容易防守。隔一條江到底比什麼不隔，容易防守。何況那邊是中國，這邊是韓國，假使你一定要向這邊開炮，或派飛機來攻，我當然可以還擊。那時其他聯合國會員國也找不出反對還擊的理由。

4 防守力量可以加强，韓國統一了，自己的力量增加了一倍，又減少了半個國家的敵人，等於加强防禦的力量四倍。

當然單憑韓國的力量還是不足以抵禦中共，短時期內仍須聯合國軍隊駐守，不過人數可以大大減少。但是撤退軍隊的問題根本不發生，聯合國軍隊駐紮的多少，和時期的長短也不受限制。這一些問題，如果要用和談的方法來求解決，根本只是浪費時間而已。

打到鴨綠江邊以後怎樣呢？就世界大局而論，打到鴨綠江邊也只能算是暫時解決，因爲中共還是可以反攻。永久解決還須等待中國大陸的收復，和日本防禦力量的加强。必須中國大陸掙脫了蘇俄的羈縻和中共的殘暴統治，聯合國軍隊才可以全部撤退，韓國才可以偃武修文，亞洲才可以永保安全，蘇俄也才不敢發動戰事。

唯物辯證法與階級鬥爭

蔣勻田

歐陽脩說『禍患多起於忽微』，誠為定論。細考歷史上禍根，往往種因於偶然的湊合。馬克思以熱血奔騰的二十五歲青年，受了黑格爾辯證法的洗禮，以恩格思之介紹，目擊英國當時工人的慘痛生活，引起他的同情，這明明係發於人類愛的心理，但他不願學勃蘭寧夫人寫出『兒童之哭聲』的長篇詩歌，喚起社會之注意，也不願學奧文之建設新社會，以為提倡改革之示範，更不願學白朗之手創新工廠，以為社會改造之先驅，並且責他們都是烏托邦社會主義者，而他面對這些同樣事實，偏要應用黑格爾的辯證法，成其所謂科學的唯物史觀，認定經濟結構乃社會的基層組織，政治、宗教、哲學、美術等皆上層組織，必隨生產方式之變遷而變遷。生產條件為社會一切的決定力量，生產條件既變，社會中之階級關係亦因之而變。照馬氏之意，階級鬥爭之形成，完全由於經濟條件。茲舉馬氏之言曰：

人類之歷史整個是一部鬥爭史，古有貴族與奴隸之鬥爭，今有資本家與勞働者之對立。

自有世界文化以來，生產事業之際，即以階級仇視心理為基礎，至於今日，則為勞働者與資本家之仇視。

吾人並不否認歷史上有階級存在之現象，但吾人根據歷史事實，貴族之存在由於政治原因，並非由於經濟關係。不能說經濟條件，即為整個歷史發展的動力。

階級對立的原因，固非完全由於經濟，如貴族階級。即係政治所造成。即使資本家與勞働者對立之原因，雖由生產關係所造成，但此對立關係，非即絕對的對立，亦有其利害相同之點，如產業發達，工人生活提高，多設工廠，工人不處失業，即其異中有同之處。不能依辯證法的簡單方式，列為絕對的正，反，而確認階級革命為必然，如馬氏之所云：

此階級仇視心之極速與熱烈的發展，……可以使革命成為社會與政治的進步之有力動因。

階級仇視與對立的結果，依照辯證法的公式：一方為資本家是『正』，一方是勞働者是『反』，隨之而必然到來的是階級革命的『合』。依馬氏的意思『合』是個發展，也是個進步。進步的意思是說勞働者進居宰制地位，消滅社會上階級對立現象。到此新階段，馬氏認為係『一切人自由發展的條件』。茲再舉馬氏之言如下：

無產階級在其與資產階級鬥爭之際，受形勢之逼迫，自組織而成一階級。在組織之中自進而為統制階級，並藉強力以掃除舊日生產條件，此時之無產階級，廓清階級仇視之條件，且剷除階級之異同，其終也並自己之宰制權而去之。於是階級仇視之資產社會去，而另有一種結合以代之。此結合之原則曰各個人之自由發展，即為一切人自由發展之條件。

無產階級搶奪國家權力，改造生產工具為國有財產。因之無產者自取銷其為無產者，同時取銷一切階級區別，階級衝突，且取銷國家之所以為國家。……昔日國家所有事者，為對人之統制，今後為對物之管理，或曰生產方法之管理，如是國家非為人所廢止，乃死亡也。

細讀以上所引馬氏的幾段言論，使我不能不發生懷疑的有三點：(一)馬氏既認定辯證法為歷史發展的法則，則此法則性應與歷史同其永恆，不能自行熄滅。階級對立的矛盾性是馬氏辯證法中的主題，也應與歷史同其永恆，不能如馬氏之所期許者『剷除階級之異同』。須知階級對立不存在，即等於辯證法之熄滅。(二)無產階級異同社會之銷滅，是馬氏的理想，但歷史如果是辯證法的發展，階級對立現象，應永遠存在，歷史才有發展的動因。所以階級革命的結果，可能是個發展，但不一定代表進步。換句話說，歷史既在矛盾繼續否定中，一個矛盾完結，新的矛盾繼起，馬氏所想望的各個人自由發展之新結合，無法證其必然實現。(三)馬氏若欲達到其消滅階級矛盾的圓滿目的，則須放棄其辯證法的歷史發展看法，若維持其辯證法的方法，則一切的東西永在不斷的矛盾，而不能得到一剎那的停住。世界除辯證法則外，將空無所有，什麼東西都變不出來。所以馬氏所用的方法與所想的目的，本身就在互相矛盾中，不是方法否定了目的，就是目的否定了方法。

提出了以上三點懷疑，已經闡明了階級對立的事實，不能用馬氏的辯證法預斷其必然的發展。因為馬氏所提的階級鬥爭理論，是本於恨的心理，循環報復，又為辯證法必然結論，所以向前發展的歷史，與循環報復的辯證法，是兩不相干。現在歷史雖云千頓萬挫，總有發展的前途，假使套上辯證法的外衣，則歷史也化為虛無而不可知了。

一部人類歷史，據我的看法，總是向可能光明的境界發展，理由留待詳說，絕不是辯證法的發展。然則，究竟馬氏的唯物辯證法是什麼東西呢？證明了什麼事物呢？應為進一步的考察。

原來辯證法祗是黑格爾一套理論上的系統，黑格爾認為人類歷史的原動力是神秘實在的精神，依照辯證法的法則正，反，合而發展。因為黑氏主張原動力是精神，所以他的辯證法就是思維或理念的自行矛盾，無影無踪的發展到絕對的圓滿。在精神，理念中兜圈子的正，反，合，既不據有時間，也不指定事物，乃是從這個理念到另一個理念的打漩渦。從正到合是一套發展，也是一套圓滿，雖係同時一起聯繫起來，却是一步未進。並且黑格爾所說的合，就是綜合(Synthesis)的意思。他的終極目的又是圓滿，所以他所指的合，不論是化學的合，是物理的合，抑是數學的合，並沒有性質的差別，祇要是合就夠了。所以正，反，合才有了意義，故亦無不通之處。但離開理念的圓滿(Whole)境界，一攝事物，即有執着，便生問題。

譬如說社會歷史是沿着辯證法的法則變動，說資本家是『正』，勞働者是『反』，階級革命後的新階段是『合』，既稱爲『合』，必離開不了正反的和合，正反的混合或正反的化合三種方式。若謂係和合，則既保留資本家，又保留勞働者，一切仍舊，實未有變。若謂係混合，則既保留資本家一部份，又保留勞働者一部份，豈不是革命未能澈底，究竟成一個什麽社會呢？若謂係化合，則是否能如輕養化水的定式？而一定係勞働者化盡了資本家，變成另一新結合，則誰也不敢保證。同時若謂勞働者化盡了資本家，成了無矛盾的社會，則辯證法即根本熄滅了，這豈不是歷史的發展停止了嗎？照這樣推論，馬氏抄襲了黑格爾的辯證法，而應用到社會上，即立不可通，而對社會現象，亦毫無說明，實在是乏味的戲論。

馬氏號稱他的學說是科學的社會主義，他的根據，即係認定唯物辯證法之富有科學特性，所以我們應從科學法則以考察其內涵。所謂科學法則，當然離不了物理世界。照哲學大師羅素所描述的物理世界，除去『事素』，沒有更根本的存在，除去『事素』間的因果關係，也沒有其他法則。憑藉事素間的因果關係，可以準確的窺知自然世界之眞相。同時我們知道自然世界的法則之建立，都是先有個假定的前題，從這個假定然後推出井然的理則。若如辯證法先有了否定，則說不上得到普遍的知識，更說不上本法則以馭物化物。所以辯證法的世界觀，本質上就不是科學的。

科學界的因果律，雖都由假定的前題推出，但憑之以分析事物的因子，或憑之以窺測事物演變的過程及結果，確能十分準確。而馬克思憑藉其唯物辯證法所窺測的歷史發展，有時尚能保持程度上的差別，有時則完全不是那回事。如馬克思說無產階級革命後，則不需要國家的存在，國家就會死亡。乃蘇俄無產階級專政二十餘年，一旦希特勒大兵壓境，史達林竟喊出効忠祖國的口號。可知國家的存在，並不是完全保護經濟上剝削的原因。也不會因經濟條件變遷而死亡。就這一點衡量唯物辯證法科學上的價值，可說完全等於零分。

又如馬克思依辯證法的法則，斷定勞働者革命，定先發生於資本主義爛熟的國家。而一九一七年產業極度落後的俄國，却因兵變而促成共產黨的政變，這已與馬氏辯證法的推測，相差甚遠了，不過仍不失爲程度上的差別，總算因革命而成立農工專政了，但是無產者專政了三十多年，尚有成千萬的勞働集中營存在，這與所謂各個人得到自由發展的推測，又完全未能兌現。

如上所闡述，則馬克思的唯物辯證法，本質上即不等於科學的定律，功效上更不如科學定律的準確，當然無法掛上科學的招牌，也攀援不到科學的境界。同時馬氏既捨棄了黑格爾以精神爲辯證法的原動力，而代之以物質，應用到社會現象上，也失去了玄學的地位。因爲玄學本不滿於科學的世界觀，要於機械的現象世界上，探索其所以然之道。所謂探本窮源，冥證眞如，爲此當然世界尋出所以然之故，俾當然世界的諸般法則，均得滙歸於此所以然之故。所謂以一攝衆，顯微無間，形成圓滿無虧之境界。此必無所容於正，反，合之辯證。因爲馬氏既以階級之仇恨代反，則反後的合，完全係恨與力的突破，限於現實的社會，而不是理與愛的融通，透入本體的境界，如何能達到體用並顯，自他無間，萬物並育，各得自由的玄妙極致呢？是則馬氏的唯物辯證法，既不是科學，也不是玄學，却又自命爲世界觀，所以觀的結果：乃犯了兩個大的錯誤：第一個錯誤是把時間上前後忽起的事實，當作矛盾。如國家之起緣，無論如浩卜斯之契約論或盧騷之民約論，皆爲人類文化演進之結果，並非因爲資本家必用之以剝削勞働者，始有國家。國家存在係一事實。工業革命後崛起了許多資本家，又係歷史上忽起的事實。因生產技術之進步而工廠制度勃興，工人拋棄自主的手工業而渡工廠生活，又係歷史上忽起的事實。這些事實聯繫起來，難免有暫時相制相傾的形勢，但却不能看作永久的矛盾，更不應看爲有一定的正，反，合。若硬排列這些前後變動的事實於一定式矛盾中，祇是注意到人類歷史片段的殘酷事實，而沒有察及人類歷史求全向善的趨向。所以祇能解釋過去的片段陳跡，而不克預斷歷史將來的演變。

階級鬥爭確爲歷史上某一段之現象，但不能視爲永恒的矛盾，因爲它不是歷史的定型，更不代表歷史的趨向。若截一段部落社會現象爲歷史的代表趨向，則無法說明民族國家的興起。若截一段敵國對峙之現象爲歷史的代表趨向，則無法想像聯合國之成立與歐洲聯邦之擬議。馬氏的階級鬥爭學說，其影響力固大，然實不足說明現在北歐國家之生產合作制度，也不能解釋美國今日之社會安全制度。這些歷史上求全向善銖累寸積的發展，不是循辯證法的途徑，而却是歷史的中心趨向，這非馬克斯所能瞭解的。

中國哲學大師孔子曾經說過：『殷因於夏禮，所損益可知也。周因於殷禮，所損益可知也。其或繼周者，雖百世可知也』。孔子何所據而能推知百世以後的變遷，他絕不是唯物辯證法的看法，而是憑能損益的理性，以酌濟所損益的經驗，能所無間，將人類文化史，從愛的觀點，發展，而納之於求全向善的軌跡上。其所損所益，皆以止於至善爲目標，所以他能斷定百世可知的趨向。所謂可知百世，並非百世後一鱗一爪的偶然事變，而係人類文化史整個愛的趨向。我們考究東西各國歷史的發展，無不由部落社會的互相鬥爭，而進化爲民族國家的一體自覺。亦無不由地主與農奴之互相殘退，而進爲人權觀念之彼此互重。今日世界民主國家，復由彼此之畛分域隔，而進化爲聯合國之利害悠同。禮運篇孔子之世界大同思想，即其歷史觀之終極理想。孔子不爲物化，故能見其全。馬克思完全物化，故獨見其偏。羅素說：『純以哲學家眼光看馬克斯，則有極大之缺點。因馬氏太失之於執着（Practical），太囿於其所遇的時代問題』。此即馬氏畢生困於資本家與勞働者的暫時矛盾關係中，而無以窺見歷史整個趨向之主因。

第二個錯誤，是把空間上歧異並存，當作矛盾。於是認爲『人類歷史整個是一部鬥爭史』。我並不否認歷史上鬥爭的事實，但是這些事實，參差並列，各有其起因。從其起因看，有矛盾處，也有同一點，絕不應限定於正，反，合的關係中。如一八八九年英國的碼頭工人大罷工，馬克思從矛盾角度看，當然可以說是階級鬥爭。但是我們若從另一觀點看，則一方爲大量生產的資本家，一方才需要大量運輸的碼頭工人。其同一的關係實重於矛盾的原因。其矛盾的重要性，固然不應當忽視，然碼頭工人與資本家既同時爲人，其同一之點尙不止此。如爲人權之爭取，而有一七七六年美國獨立之戰爭，而有一七八九年法國之大革命，從爭取人權立場說，則資本家與勞働者實同一命運，毫無階級之區別。如爲民族解放之爭取，而有德國對奧，法之解放戰爭，而有意大利三傑抗拒奧國以成就意之建國大業。其潮流波及亞洲，而有日本之維新，菲律賓之獨立，與今日印度，及印尼之解放，皆以全民族一體的自覺爲出發，更無階級的分野。至於文藝復興及所引起的改良運動，是從神權以發現人的價值。工業革命是人以其思想的活力，爭取自然的富力。以上所列舉的鬥爭，其範圍遠大於碼頭工人之罷工鬥爭，其影響更非碼頭工人罷工所可比。這些參差普及全球的鬥爭，各有肇事的偶然條件，乃是歷史的主流。不能看作是聯繫起來的矛盾，而統納之於一定的正，反，合形勢中。反之，細按這些鬥爭事績，不但不是永恆的矛盾，而反有調理矛盾，以達於向善的共同趨向。馬克思執着於片段的物質事件，受了黑格爾辯證法的迷圍，所以不瞭解能所的調理關係，又焉能看出人類歷史的總趨向呢？

羅素說：『馬克思的哲學成分中，凡取之於黑格爾者，皆非科學的，無論根據任何理由，皆不能說它是合於眞際』。馬氏所取於黑格爾者，即係辯證法。這種反科學而不是眞理的東西，何以能號召成千成萬的盲從者，而釀成人類的紅禍，這其中必有個原故。馬克思以爲經濟條件，可以決定一切的學說，固失之於浮誇，但經濟條件確爲人生的重要一部分。而這重要一部分誠如批評者所云：始終居於無政府狀態。因爲居於無政府狀態，所以脫落，重複，抵觸，失序的弊病，層出迭見，愈演愈烈，使人人不能避開的經濟領域生活，大半失其秩序，而處於苦悶恐慌的情緒中。恰好馬克斯看中前後互易的異處與彼此互列的差點，而加以正，反，合的格式，肯定了革命的必然，肯定了革命又必成功，所以能打動失序者之苦悶心情，相率手舞足蹈，風起雲湧，而成不可遏止之勢了。是以禍患雖起於忽微，而流毒却遍於全球。

馬克思從人類間異點以煊染其矛盾，我們應從人類間的同點以擴大其互利。我已於上文略述資本家與勞働者在經濟領域外相同之點了，既在經濟領域之內，相同之點不特重於相異之點，而且可以進而泯合相異之點。是在吾人如何認識此類問題之底蘊，根據認識所設之對策而已。

資本家之大量生產，必其生產結果能有銷路，而後始能實現其剝削之目的。須知大衆勞工同時也是產品之消費者，剝削勞働者之工資，即等於限制勞働者之購買力。反過來看，增加勞働者的報酬，即等於增加貨物之銷路。舉出了這點淺顯的道理，即足證明資本家不能專從剝削勞工以圖厚利。再從勞工方面看，工資即係生產成本之一部，工資過高，必然提高物價，不但勞工以消費者身份分其負擔，同時亦必影響產品之銷路。產品無銷路，工廠固有倒閉之險，工人亦有失業之虞。即此一點亦足證明勞働者不能專以鬥爭資本家爲利益。此種資本家與勞動者在經濟領域內，亦有豐富的利害一致之關係，近三十年來，美，英兩大產業國家所推行的社會保險制度與完全就業政策，即係對勞資利害一致的認識，在制度上予以有力的保證。英，美兩國的政府及資本家根據勞資同利的認識所爲之努力，現在已收了很大的效果。

從勞働者方面也可舉出對此利害一致認識的例證：拉斯基教授在其遺著『美國民主』一書的勞工章中曾謂『美國城市中的職工具有抽象的意識認爲與農人及農工有利害一致的關係，且認祇有農村繁榮，才可創造工業消費品的需求，這種需求，乃城市職工團體繁榮之所繫。』由這個例證，可以證明美國工，農兩生產階級對生產與消費相互關係之認識。最近英國職工團體大會（Trade Unionists Congress）在瑪爾格特（Margate）地方開會，店員工會鑑於國家經濟之困難，乃提出撤回增加工資的要求之議案。參加該會議的經濟專家林肯易萬斯（Mr Lincoln Evans）解釋謂『我們皆有不可逃的責任，我們都互相支付工資的增加。我們對工資的要求，必須有負責的態度。』其後即以七百七十餘萬票擁護撤回的動議，而擊敗共黨所控制的電力工會撤銷限制工資之議案。由這個例證，可以證明英國工人如何瞭解資方利益與工人一致的關係。

假使國家，資本家與勞働者眞的陷入辯證法的系統內，假使辯證法又眞如科學因果律的嚴正，則以上所舉的三個例證，便不會存在。以上三個例證存在了，則國家，資本家與勞働者即不是落於唯物辯證法的矛盾關係。不然，就是唯物辯證法僅是一套戲論，並無科學上的價值。

同時從以上三個例證，可以看出人類歷史的趨向，即從經濟觀點衡量，也是循損弊與益善的軌跡發展，而日趨於同一。我們祇要遵循向善的軌跡，階級的感覺，即可泯除，共產黨徒將無法製造矛盾，以煽動階級鬥爭。（下轉第22頁）

監察院之將來(二)

雷震

第三章 民主國家監察權之概要

一 民主政制下監察權的地位

我們現在應該一論民主國家政治制度中關於監察行政部門諸種權力的性質，及其如何運用，如何演進發展而成爲今日的型態，然後再與我國過去御史制度之異同優劣作一比較的探討，以釋明今日憲法所定監察機關之組織是否合宜；並根據這些原則，進而剖析監察院成立以來監察權的實際運用情形，從而究明今後監察院及監察制度應作如何方式的改進，方期在政治上能够圓滑運行，旣不至於阻碍政治進步，亦不復成爲有名無實，然後才能負起監督政府的責任，奠定民主政治堅固不拔的基礎。

民主國家政治制度中關於監督行政部門的監察權，各國憲法上規定至不一律。惟其理論的重點，均係基於『人民主權』的原則，用『權力分立』(separation of power)的方法，使發動政治的諸種權力相在之間，發生了『制衡作用』(check and balance)，用以保障人類各種自由權之免被侵害，使各人的『最善我』得到充分發展的機會。

此類監察權，在民主政制的國家大都由議會來掌管。因爲民主國家的政制係基於『人民主權』的理論而建立，而議會乃是代表人民意見的權力機關，故監察行政的權力必須由議會來行使。這在理論上是有其一貫的體系的。惟在充分發揮『三權鼎立』的精神的政治制度如美國者，司法機關亦享有此類監察權：美國各級法院可以否認行政機關所頒佈之命令，如果他們認爲這些命令是違反了憲法、或與現行法律有抵觸者。

自廣義的言之，整個議會所有的權力，不論是立法權也好，財政同意權也好，均爲達成代表人民監察行政的目的，都可以說是屬於監察權的範圍。惟自狹義的來說，議會的監察權則有以下數種：(一)質詢權；(二)調查及審查權；(三)財政同意權及決算審核權；(四)請願受理權；(五)建議權；(六)彈劾權；(七)不信任決議權。一般說來，在行議會內閣制的國家，議會監察行政機關之權力較大；在行總統制的國家，議會監察行政機關之權力則較小。以下特逐項論之：

二 質詢權

質詢權乃是議會監督行政機關最普通的一種方法。就是議會對於政府的政策本身，或其施行過程而有不滿意或不明瞭的地方，得隨時以口頭或書面提出質詢，要求政府予以答復。議會對於這些答復仍感不能滿意，或不明瞭的時候，可能再度提出質詢，要求政府再度予以答復，直至認爲滿意或明瞭的時候爲止。

法國議會制度分質詢爲『詢問』(question)和『質問』(interpellation)二種。詢問僅係普通的問答；乃發問的議員與被問的政務委員（註一）間之事，只以問答相終始，不能成爲辯論的題目。而質問則不同。質問必附帶有辯論，辯論完畢的時候，議院對於全體內閣、或某某幾位閣員，可能提出信任或不信任的決議，以表示議院對於政府某項政策的贊同或不贊同。英制僅有詢問而無質問。大陸各國議會制度，大都類似法制，兼有詢問與質問二種。惟英國尙有一種『延會動議』的制度，與質問的性質頗相類似，惟此種動議頗不易成立。我國憲法規定：『立法委員在開會時，有向行政院院長及行政院各部會首長質詢之權』（憲法第五十七條第一款後半段），此種質詢亦僅止於普通的問答，即發問的立法委員與被問的政務委員（包括行政院院長）間之事，不能發生倒閣的政潮。不過，政府的答復終不能令立法委員感到滿意或了解的時候，由質詢所引起的事態，可能演變至同條第二款的階段，而變爲類似不信任案的決議了。

三 調查及審查權

各國議會對於行政機關的設施，和司法機關的工作，均得隨時組織調查委員會，或派遣議員加以調查。這些調查的目的：有的是爲研究某些情形，以決定有否制定新法律的必要；有的是要查明行政或司法部門的官吏如何處理公務；有的是在使人民對所需要的改革工作發生興趣。調查委員會於必要時，並可約請會外專家加以協助，或邀請人民供給情報（我國憲法第六十七條）；對於行政機關和司法機關的違法或失職事件，並得傳喚證人，搜集證據。議會對於此項調查報告，並得組織審查委員會加以審查，俾爲採取進一步驟的準備。

四 財政同意權及決算審核權

議會握有財政的同意權，乃是現代民主自由國家的民意機關，用以代表人民監督政府的最有效的武器。這裡面包含有三種程序：

第一　凡增加人民負擔之一切稅收，不論是增加稅率，或新增稅目，均須經過議會之核准。

第二　一切有關國庫收入和支出的法案，事前均須經過議會的決議，政府始能按照決定而行事，普通稱之爲預算同意權。

第三 政府按照預算收支之後，在一定期間必須造具決算案提交議會覆核。以核對政府是否忠實的履行了預算上之所定，有無浪費和不經濟支出這類情事，然後政府始能解除其用錢的責任。

政府凡百措施非款莫舉，從用錢的規劃上可以窺測政府的政策，故審核預算和査核決算乃是代表人民的民意機關，從用錢的途徑上來控制政府的工作，以完成其監督的責任。因爲政府所有支付的款項，均須直接間接的來自人民的荷包裡。

五 請願受理權

民主國家的人民，不僅要在選舉議員的時候，能够間接的參與政治的決定(在實行直接民主制的國家，更不必說了)，且可依照請願的方式，使自己意見直接參與實際政治。故民主國家的憲法，均規定人民有請願之權，和議會有受理請願之權。議會於受理請願之後，可根據人民的要求，向政府提出質詢、建議，或逕行制定法案以圖補救。議會之受理請願，當爲議會監察政府的方法之一。我國憲法第十六條，規定人民有請願之權，而立法院議事規則第十八條復規定：『人民請願書經審査後得成爲議案』，可見議會得藉受理請願權以發揮其監察的功能了。

六 建議權

議會各院對於行政或其他事件，得向政府提出建議案。議會在監察政府的工作上，不僅可採上述各種消極性的行動，且可對某項政策作積極性的建議。惟建議案與法律案有別。在實行兩院制的國家，法律案必須兩院通過，而建議案可由兩院單獨向政府提出。例如：天壇憲法草案第四十五條：『兩院各得建議於政府』，現行憲法第五十七條第二款後半段的規定：『立法院對於行政院之重要政策不贊同時，得以決議移請行政院變更之』，自廣義的說，亦可視爲立法院的建議案。這是對行政院的重要政策不贊同而建議，但立法院亦可對某一特殊事項逕提建議。我國憲法對立法機關採用一院制，故建議案與法律案無甚區別。如欲强加區分，法律案係對一般事項，而建議案則係對於特殊問題。建議案雖無强制政府接受的能力，可是在採行議會內閣制的國家，下議院的建議案，政府在事實上不能不予以接受，因爲政府的拒絕，可能引起該院對於政府爲不信任的決議。在採行一院制的國家，尤有此種可能。

六 彈劾權

彈劾制度係指：『由議員向國會告發某首長犯罪，請求審判，加以處罰』一項程序而言。這是一個『司法程序』。在英國則由衆議院議員一人提出彈劾案，經該院通過後，由代表人將通過的彈劾書提交上議院，並送達被彈劾人，蓋審判權則屬於上院。美國憲法規定：『衆議院有彈劾之全權，參議院有審判一切彈劾案之全權』(美國憲法第一條第二項及第三項)。

在議會制度尚在萌芽的初期，彈劾權(impeachment)確爲議會控制政府官吏行動之最有價値的武器。這裡有兩個原因：其一、當時司法審判尚未脫離行政機關的干涉而獨立行使，對政務委員或其他首長的犯罪，不易受到法院的制裁，必須特設他種制度以爲輔助。彈劾權因之而有必要。其二、當時議會內閣制尚未形成，政務委員如有違法或失職的行爲，不能由議會通過不信任的決議以迫令去職。議會如無彈劾權，便無法解除政務委員的職務，而監督政府的任務遂亦無法達成。

議會行使彈劾權，在英國第一次的紀錄，是在愛德華三世(Edward III 1327—71 在位)的時候。那時有拿體麥(Latimer)和聶微爾(Neville)因騙購巨額國債，和擅將商品從加萊運走而被彈劾。在美國最著名的彈劾案，是一八六八年大總統詹森(President Andrew Johnson)的彈劾案。

英國的彈劾制度，因政黨的發達，黨爭日趨激烈，致被利用爲政治鬭爭的工具，如威利爾(George Villiers)温德窩斯(Thomas Wendworth)等案是。不過數量上還是很少的。最著名的彈劾案則是大法官裴根(Lord Chancellor Bacon)因接受賄賂而被彈劾的案件。這個彈劾案有其重要性的。因他重新確定了衆議院一個權力，即衆議院有權追究官吏對國家的行爲是否負責。這個官吏應對國會負責的原則，就是保護代議制的整個原則，經過多年的演變而成爲今日通行的『不信任決議』制度。故英國自一八〇六年以來，彈劾權已不復見用，幾成爲一種廢物了(註二)。其實，今日不僅實行議會內閣制的國家，彈劾權已成爲有名無實之物，即在採用總統制的國家，彈劾權也不大見用。其理由除上述不信任決議制度外，尚有以下二點：

第一 司法機關完全獨立，其行使審判權的時候，可以不受任何外來勢力之干涉，完全憑着個人良知，依據法律，獨立判斷。故對政務委員的犯罪，可以依法加以檢擧、審判而予以制裁。

第二 輿論的發達，可勸誘政府官吏不敢濫用權力，不敢爲非作歹，其功效則比彈劾的功效大得多(註三)。

七 不信任決議權

今日實行議會內閣制的國家，政務委員的責任已發展到極致了。即政務委員不僅要忠實的爲國家服務，不能有違法或失職情事，且須遵照民主憲政的精神，根據人民的意見而施行政治，不論是制定政策或執行政策，均須以人民之意見爲依歸。不信任決議制度之主要目的，就是以代表民意的議會，來追究政府這種『政治上』的責任。其範圍當然是比違法和失職廣泛得多，但違法（非犯罪）和失職也包含在內。就是說：政府如果採行了違反議會多數意見的政策，尤其是違反了衆議院多數意見的政策，衆議院對於這個政府就可以通過不信任的決議以迫令其去職。所謂『不信任』云者，就是議會對於這個政府不能予以信任，不欲使他們繼續執政。故不信任決議表示的結果，這個政府必須辭職，或解散議會從新選舉，以測驗人民的意見究係支持議會，抑或支持政府。政府之握有解散議會之權，乃是政府認爲議會的主張——不信任政府的決議——係與民意相反，不能代表民意，故用解散議會，重新選舉，以訴諸選民的意見。如果新選出的議會，仍是多數對政府持反對意見，這個政府只有出於辭職之一途。在採行議會內閣制的國家，只有衆議院有此權力者，以衆議院乃是人民之代表也。

不信任決議制度，在監督政府的運行上，確比彈劾制度更進了一步；在施行的效果上，也比彈劾制度更爲有效。蓋彈劾制度過於硬性，手續繁重，一件案子可以經年累月而不能解決，以之適用於犯罪或違法的行爲，在實施上困難已多；如果包括失職問題，是非更難定說。再把這些問題捲入政黨鬪爭裡面，很容易使政治不安定，或竟發生不幸的後果，如革命、流血一類的事情。不信任決議辦法，不僅手續簡單，只要出席議員過半數之通過即可成立，政府辭職即可了事，而不至連累到政務委員個人之聲望和名譽。何況元首及政務委員的違法或犯罪行爲，往往含有政治性質。此類政治性質的違法或犯罪行爲，因其意義空泛，在解釋上極感困難，不易確定其孰是孰非。

我國憲法並未採用不信任決議的辦法，可是現行憲法第五十七條第二款的規定，顯係出於同樣的精神，不過方法上微有不同耳。立法院沒有不信任決議之權，與其相對的，政府亦未賦有解散立法院之權。不信任決議權與解散議會權乃是相對而並存的。不信任案的議決，只須出席議員過半數通過即可成立，而我國憲法之規定，行政院不能接受立法院的決議而移請覆議時，立法院必須有出席立法委員三分之二維持原決議，行政院院長始應接受該決議或辭職（憲法第五十七條第二款後半段）。民主國家的行政機關，本應取得民意機關多數的贊助，如果行政院的意見不能獲得立法委員三分一的支持，行政院院長自應接受立法院的意見，或辭職以讓賢能。這個制度的好處：一方面是保持行政機關的施政，必須是根據人民代表的意見；一方面可免去民意機關改選之頻繁，藉保政局之安定。蓋在開始實行議會內閣制的國家，行政機關很容易的以解散議會相威脅，迫令議會不敢與之抗衡；在另一方面，如果議會改選頻繁，則易陷政治於極不安定的境地，政治上難期有良好的建樹。

註一 『政務委員』這名稱，係憲法第五十六條所用之名詞，應包括行政院院長、副院長及各部會首長在內。本書所用之政務委員係包含這種意義。

註二 參看戴雪著英憲精義。

註三 關於討論彈劾制度，請參看薩孟武氏著：『彈劾制度之比較的研究』，載在法學雜誌第二卷第七期。

第四章　御史監察權與議會監察權之比較

一　御史職權之龐雜——監察兼執行

我們現在想把過去御史制度下的監察權與今日議會的監察權，作一比較分析的叙述，以說明兩者性質之異同。

根據第二章關於歷代御史制度的簡述，我們可以想見御史職掌的繁雜，御史權力的廣泛，不僅是隨時代而有所不同，且和當時行政部門的職權，殊有『混淆不清』之感。一方面有許多主管事項，如律令、刻印、齋祀、廐馬、車駕、勘災、屯田、鑄錢、數俘馘、審功賞、圖籍秘書、緝捕盜賊、戶口流散、存孤恤老、勉勵學校、表揚善類、和考察德行孝弟、茂才異數等等工作、不一定必須是屬於監察職權的範圍；但在另一方面，御史不僅有糾彈官吏，察擧非法、平反冤獄、整飭風俗諸權，且有『監督行政』、『監察軍旅』之權。故御史決不是專管彈劾之事。因爲御史這個官職，乃是『替皇帝』來監察官吏，『代天子』來考査吏治，所謂『代天巡狩』，爲『天子耳目風紀』之司，故不論甚麼事情，御史都可以干預而不至認爲是越權。其中尤以在明代中央集權政制之下爲甚。李夢彪氏在民國四十年八月監察院月會中，講述：『歷代監察制度之大略與現行監察職權之比較』（註一），盛讚過去監察制度之良好，御史權力之龐大。並謂：『上自朝廷宮闈，下至民生風俗，利害得失，御史皆得言之。且得風聞奏事，單獨言事，不受任何限制。「無所不監，無所不察」，實爲我國所獨有之特殊制度』。李氏這段話，對於御史的眞面目，可謂一語道盡。不過，御史制度及於實際政治之影響，是不是完全都是好的，上面已引胡致堂氏的評語，及清末戊戌政變之內情，大家自可據以論斷；我個人的意見則是『利害參半』，其詳容後再論。

二　御史監察職權之分析

過去御史機構所掌管之職務，除去文書、典禮、鑄印、車駕、勘災、振濟、捕盜等等不屬於監察權不擬加以討論者外，其屬於監察職權的範圍，加上諫議大夫的工作，大致可概分爲左列幾類：

第一　糾彈官吏的犯罪，違法和失職；

第二　監察政策得失，軍民利病；

第三　批評施政當否，條陳時局意見；

第四　勾檢稽失，簿書錢穀，巡視倉庫，査算錢糧；
第五　監察軍旅風紀，巡視京營；
第六　監察教育，監臨考試，勉勵學校，督治學術；
第七　整飭風俗，糾正朝儀；
第八　推鞫獄訟，審錄罪囚，辯明冤枉，覆核刑名；
第九　糾察豪强惡霸，凌弱暴寡的事情；
第十　接受詞訟劾狀，受理攔輿告狀。

上述御史這些職權，玆特依據權力分立的要義，比照前章所述民主國家議會所具的監察權，從現代民主政制的眼光，加以分析比較，我們可以了解御史監察權和議會監察權之異同。據此，我們可以明瞭今日監察制度之弊病何在，和將來監察院及監察制度之應如何的改進了。

三　彈劾權之昔今

第一類所列：御史糾彈官吏的犯罪，違法和失職之權，其性質等於今日民主國家的議會所享有的彈劾權。不過彈劾權在英法美等國的適用範圍，十分狹窄。英國僅適用於政務委員，法國則適用於總統及政務委員，美國的適用範圍較廣，除總統及首長外，更適用於其他官吏，惟事實上也只有較重要的官吏才被彈劾。過去的御史則不同，可以彈劾『百官』，肅正綱紀。關於這一方面的記載有：

『中丞與司隸，分督「百僚」，自皇太子以下，「無所不糾」；初不得糾尙書，「後亦糾之」。中丞專糾行馬內，司隸專糾行馬外，雖制如是，然亦更奏衆官，實無其限』。

『自中丞以下，掌糾繩「內外百官」姦慝，肅淸朝廷綱紀，大事廷辨，小事奏彈』。

『御史爲風霜之任，彈糾不法，「百僚」震恐，官之雄峻，莫之比焉』(註二)。

觀於上文各段的摘述，可知御史糾彈對象之廣泛矣。惟地方官吏，漢朝刺史所察者，限於二千石長吏(郡守、縣令)，黃綬(丞尉)以下則不察。今之監察制度正是仿此行事，其範圍則尤廣。過去御史不能彈劾皇帝，只可彈劾皇太子，今並大總統副總統均可彈劾，過去不察黃綬，今並區長鎭長亦可彈劾矣。

四　御史監察全盤施政

第二類所列之『監察政策得失和軍民利病』，就是監督政府的全盤施政工作。自今日政治學理言之，這裡面包含着二個問題：一爲政策的得失問題。即政府所定的政策，是否符合人民的需要，計劃本身有無毛病，施行後可能產生的後果如何。或者某項政策計劃錯悞，其施行後產生很大的惡果，因而貽害於人民。二爲執行人員賢愚和肖不肖的問題。政府的政策本無錯悞，因執行人員在執行的時候，或因圖謀私利，或因一時疏忽，或因工作努力不够，或因執行有偏差，其結果離開原定政策的預計甚遠，因而給與人民以損害。如第一類所指的『失職』，應包括在這個範圍之內。御史這一部分的職權，正等於今日議會所享有之質詢權，和議會內閣制下議會所具有之不信任決議權。我國憲法第五十七條第一第二兩款的規定，亦係這一類的職權。此爲民主國家的民意機關用以監督政府的重要權限之一，過去御史則享有之，故御史實不僅享有狹義的彈劾權而已也。

五　御史享有建議權

第三類所列『批評政治得失，條陳時局意見』一項，乃是今日民主國家的議會所有的建議權。『凡朝政闕失，大臣至百官任非其人，三省至百司事有失當，皆得諫正』，正和今日議會對於所有行政或其他事件，均得向政府提出建議案是一樣的。在採行議會內閣制的國家，下議院向政府提出的建議案，政府若不接受，可能引起該院對於政府爲不信任的決議；此猶之如御史所條陳的意見，行政當局如不採納，御史可能進一步提出彈劾案，以迫令政府就範一樣。

關於批評施政得失，條陳時局意見一事，今日不僅民意機關的議會有此權力，由於言論自由發展的結果，人民廣泛的享有此項權力，報紙和刋物的發達，使輿論成爲今日督促政治唯一的原動力了。因爲輿論界不僅可以批評政府的措施，且可批評議會的行動。代表人民來監督政府的『權力機關』是議會，而代表人民來監督議會和政府的『權威機關』則是輿論界。我們可以這樣的說：『一國的政治有沒有進步，端視這個國家的輿論界，能不能很率直的、很公正的、批評政治措施』以爲斷。輓近各國議會彈劾權之衰退，由於輿論發展所發揮出來的監督力量有以促成之。

六　御史兼司審計工作

第四類所列的『勾檢稽失，簿書錢穀，巡視倉庫，査算錢糧』諸事，乃御史監察政府的財政收支，等於今日審計部的工作。御史爲求其監察工作確實有效，自不能不稽核政府的收支，猶之如今日議會爲達成監督的目的起見，各國憲法均規定議會有覆核政府決算之權。我國憲法第六十條及第一百零五條各規定，亦係出於同樣的目的。此與議會審核預算權首尾遙相呼應，用以稽察政府是否遵照了議會所同意之預算案以施行政治。惟在決算案送至議會覆核之前，決算上所列的各項收支，是否與原定預算相符合，須先經過一個對會計和帳目、乃至簿記等等有專門知識和經驗的人員，加以初步審査，簽註審査意見，其有不合預算之所定者予以剔除，或令原收支機關補具說明，然後作成決算審核報告書，連同原決算案送至議會覆核（憲法第一〇五條）。如果議會覆核的結果，決算案與預算案相符合，政府即可解除責任。如果議會覆核的結果，認爲政府未能切實執行預算上之所定，或政府各項支出有浪費和不經濟情事，議會可向政府提出質詢，或採取進一步的行動。御史主簿的設置，當係出於同樣的理由，想以勾檢稽失來監督政府的實際工作，才是最有效的辦法。至於主簿如何行使其職權？主簿是否可以勾稽政府的全部收支？典籍上記載甚少，無法窺其全豹。但是從制度出發點的精神來說，主簿主管的職務，大致是與今日審計長的職掌頗相似。

七　御史有監察軍事和敎育之權

第五類的『監察軍風紀、巡視京營』，第六類的『監察敎育、監臨考試、勉勵學校、督治學術』，和第七類的『整飭風俗、糾正朝儀』諸項，除監臨考試和糾正朝儀二事外，其餘均應包括在議會的廣泛監督權之內，毋庸一一加以比較叙述。蓋民主國家的議會，乃是代表人民行使政權，故對政府各部門的工作，都可以行使監督之權，不論是軍旅風紀，抑或學校敎育，乃至學術和風俗。

至於監臨考試，在外國屬於行政部門的工作，議會則不問此事，如學校考試由學校派人監考一樣。中國今日乃仿照御史制度，監察委員則監臨考試，故歷屆的高考普考，均有監察委員擔任監試的職務。至糾正朝儀在今日已不是政府的重要工作，只要有專管的機構就足够了。

八　御史重要職權之一的司法權

第八類所列『推鞫獄訟、審錄罪囚，辯明寃枉，覆核刑名』，係御史的重要職掌之一。換一句話說，兼理『司法』和『上訴』案件，乃過去御史所有的最重要的職權。唐朝御史大夫當有制覆囚的時候，則與刑部尚書平閱；明朝都御史遇有大獄重囚案件，則會鞫於外朝，偕刑部大理讞平之。這都是御史參與上訴案件的審判工作，用以妨止行政機關的判決有徇私舞弊或失去公平情事。自地方監察制度發達以後，御史巡察地方，兼理司法工作，益爲重要。唐朝監察侍御史遇處決囚徒的時候，則與中書舍人，金吾將軍共同審讞；明朝十三道監察御史巡視州縣所到的地方，必先審錄罪囚，弔刷案卷，有故出入者理辯之。御史出巡接受訴訟案件，和參加上訴案審讞工作，頗和英國的巡廻裁判制度差不多。

過去御史之必須兼有此項職權，由於當時司法審判未能獨立之故。中國司法制度直至滿清覆亡時爲止，所有司法審判案件，均由行政官吏『兼理』之，掌管『錢穀』（收稅）和『刑名』乃是縣長的大權。人民又無上訴之權。凡遇人民與官府或官吏爭訟的案件，人民的寃屈往往不得申雪；而地方豪霸劣紳更易於與行政官吏相勾結，兼幷縱暴，欺壓百姓，故人民與紳霸間的爭訟，亦很難得直。因此，乃賦予御史以兼理司法的大權，尤其對於覆審案件，御史可接受人民的控告和呼寃，或與地方官吏共同審訊，藉以平反寃獄。在行政兼理司法的時候，御史享有這種職權，可爲人民減除了不少的痛苦，俾許多寃抑案件得以平反，厥功甚偉。民間的故事常常稱讚御史爲『都察青天』者以此，御史制度之受人歌頌者亦以此。

九　司法獨立後之監察制度

御史此項職權，在今日民主國家則是司法機關範圍以內的事了。權力分立的結果，關於司法審判，不僅行政機關不能干預，就是立法機關亦不能過問。行政機關基於政治上的理由，憲法雖賦有『減刑、赦免』一類的權限（我國憲法第四〇條），但不能直接干預審判事項，而大赦、特赦和減刑則必俟司法機關判決後始能頒行。立法機關雖有受理人民請願之權，這些請願或因遭受政府官吏的苛待，或對行政和司法機關設施感到不滿，但不能受理具有司法訴訟性質之案件。因爲，今日不僅司法審判不受任何外力的干預，而且對於法院判決可能發生的錯悞，或適用法律欠妥的地方，均設有許多補救辦法以資救濟；如審判機關設有四級三審，或三級三審的制度；關於上訴程序，在各國民刑訴訟法上，均規定有普通上訴程序、非常上訴程序、抗告程序、聲請再審程序，以防止人民受到寃屈而不得直的事情。故用不着像『擊鼓喊寃』和『攔輿告狀』這一類的作法；也用不着派遣像御史這類官吏再來巡廻裁判，或如三堂會審之類了。

十　糾察豪霸乃檢察官之職權

第九類所列的『糾察豪强惡霸、和凌弱暴寡』的事情，在今日的政治觀念中，應該是屬於司法機關『檢察官』的工作了，如果這些人有了違法和犯罪的行爲。同時，輿論的指責亦可使豪强惡霸銷聲斂跡的。若怕檢察官無能或畏强而不敢實行檢擧，輿論亦懦弱無力，不敢公然指責，或竟與他們朋比爲奸，則過去的御史大夫、都御史等等亦非都是鐵面無私的。我們在討論政治制度的時候，人之得力與否，不可與制度混爲一談。如果人事與制度不能分開，愈談愈找不出頭緒了。我們的政府與一般社會，往往輕視司法，不相信司法，此非司法制度本身之不善，乃人爲之不臧也。不過，司法界自身也要努力上進，爲司法的制度爭點氣才好！

十一　御史有受理請願之權

第十類所列『接受詞狀劾狀，受理攔輿告狀』，從現在的政治制度來分析，一部分是議會所有的『受理請願之權』；一部分則是『受理訴訟或上訴的案作』，應是司法機關職權的範圍了。例如人民喊寃和攔輿告狀這些事情，可能是受了行政官吏的蹂躪與壓迫，也可能是因爲官吏判案不公平而遭受寃屈，也可能兩者兼而有之。

十二　御史權力與議會權力之比較

觀於上文的比較檢討，我們可以把御史制度比照民主政制，作出左列一個結論：

『過去御史制度的職權，除其不屬於監察權，如執掌文書圖籍、發佈律令、典禮印鑄、厩馬車駕、屯田鑄錢、勘災救濟、緝捕盜賊、數俘審功、勉勵學校、表揚善類等等者外，其屬於監察權的範圍，除掉一部分應該屬於司法部門之外，實廣及於行政各部門。御史不僅有彈劾政府官吏之權，且有監督政府全盤施政之權；御史不獨可以批評政策的利弊和施行的得失，並得提出個人的意見向行政機關建議。從這一點來看，御史所有的權限，除掉沒有立法權之外，是和今日議會的監察權差不多。換一句話講：御史所有監察行政機關的權力，最少是和今日議會的監察權相等，儘管內容不能完全相同。不過，御史爲保障其監察權、尤其彈劾權有效起見，並未握有積極的武器以資輔助，而議會則享有預算同意權和不信任決議權以控制政府』。

十三　御史制度亦有制衡作用

御史制度是以御史代表皇帝來行使監督權，故喻御史爲天子耳目風紀之司。在專制政治時代，凡百施政均是以皇帝爲其中心，皇帝乃一國主權之所在，正如今日以人民主權爲政治重心的人民所處地位是一樣的。我們可以說：皇帝就是國家，國家就是皇帝的私產，國家裡面的一切一切都是屬於皇帝的。『普天之下，莫非王土，率土之濱，莫非王臣』，和『朕即國家』 L'Etat ce'st moi) 這些話，都足以代表皇帝在國家裡面的地位。從這一方面來講，皇帝是一切發號施令的原動力，無論是立法、行政或司法，所有權力的源泉均係出之於皇帝。可是在另一方面，皇帝乃是行政兼司法的首長，統率百官，執行政務，並決獄定讞。但是，機關林立，官吏衆多，他們中間可能有工作不力，也可能有圖謀私利；或則斂財舞弊，或則魚肉鄉民，馴至政治腐敗墮落，人民顚沛流離。故於行政（一部分兼司法）機關之外，另設御史這種官職，用以監督官吏的違法和失職，與夫糾正司法判決的失當，藉以防止政治的腐敗。御史的權力極大，而地位崇高，故曰：『官之雄峻、莫之比焉』。凡百施政，御史都可以過問；官吏行動御史都可以干涉，因爲他們是代表皇帝的，故除皇帝一人之外，無人能制裁之。此猶之如今日議會享有廣泛的監察權，他是代表人民來監督政府，故除人民之外，無人能制裁議員是一樣的。御史與議會所不同者，過去御史無立法權而有司法權，今日議會則有立法權而無司法權（上議院享有司法權是極有限度的）。就這一點來看，御史與行政機關之間是具有『制衡作用』 check and balance)，正如今日立法機關與行政機關之間具有制衡作用是一樣的。而且御史的權力是駕乎行政機關之上，正如今日立法機關的權力，在實行議會內閣制的國家，則是駕乎行政機關之上，在實行三權分立制的國家，兩者最少是平等的。

十四　御史有溝通政府與人民意見的作用

過去的御史制度，其功用不僅是監察政治，且有溝通人民與政府間隔閡的作用。所謂『巡省天下，延問疾苦，觀風俗之得失，察政刑之苛弊』。蓋政府的工作，人民是否歡迎；人民的需要，政府是否了解，在這兩者中間，必須有一溝通的機關從中宣達，方使下情可以上達，上意可以下宣，俾政府的施政和人民的要求日趨接近，以達成『爲政在民』之目的。從這一點來看，過去御史制度實具有與今日議會制度『異曲同工』之妙了。

我們從御史制度的上述三點：即(一)監察作用；(二)制衡作用；(三)溝通作用來分析，可以證明過去的御史制度與今日的議會制度，其功能大致是相同的。惟兩者權力的源泉則不相同；御史的權力導源於皇帝，而議會的權力則出自人民。

註一　參看李夢彪氏講演：『歷代監察制度之大略與現行監察職權之比較』，載民國四十年十一月一日出版的監察院公報第二卷第三期。

註二　參看文獻通考第五十三卷職官考七。

美國大選雜感

夏道平

美國總統選舉揭曉，艾森豪擊敗了史蒂文生，共和黨戰勝了民主黨。

關於美國今後的外交內政，這幾天報紙雜誌上擠滿了鴻文高論，私人談話中也大半把這當做主題。這篇雜感，不屬於這方面。這裡所寫的，或許是報紙上沒有見過，尤其是大禮堂訓話中所不可得聞的。然而，我們覺得，這倒是我們在學習民主的時候應該特別留心的地方。

潑糞運動

民主國家在野黨對執政黨的攻擊，尤其在競選時，候選人給對方的攻擊，或者說甲黨對乙黨的攻擊，自我們禮義之邦的人看來，總不免覺得過於粗魯醜陋。大觀園的賈太君，儘管她園子內只有一對石頭獅子是乾凈的，但聽到隔壁王婆吵架時罵出媳婦偷人，女兒養漢這一類的話，總要把眉頭一縐，嘆一聲「成何體統！」這裡，我以「人皆掩鼻而過之」的「潑糞運動」這個名詞，來形容民主國家政爭時的互相攻擊，或許很適當。但我得附帶聲明一句，這個名詞，是從一位鼎鼎大名的政治學教授那裡聽來的，不是我的發明。如果用得適當，我不掠美。

在這次美國大選中，潑糞運動表演得頂有精采的，要算共和黨副總統候選人尼克森被紐約一家報紙指摘其跡近「貪汚」的那一個回合。被潑糞的人尼克森，在這一回合中爭取了美國選民廣大的同情和支助。眞金不怕火，一經火燒更顯出光輝來而被人珍重（詳情請閱本刊七卷九期華府通訊美國大選閒話）。從這裡，我們聯想到四十年來我們中華民國的政爭。

民主國家之有政爭，正同脊椎動物之有脊骨一樣。沒有政爭就不成其爲民主國家，沒有脊骨，則這個動物就屬於其他的另一類。中華民國既爲「民」國，自然也少不了政爭。但是中華民國史上的政爭，除掉暗殺、稱兵割據這些手段，不在本題話下以外，單就以語言文字爲手段這方面看，不負責的流言，不署名的揭帖，每每代替公開的負責的指摘和批評。要想攻擊某一個人，大可以對着三朋四友，慷慨激昂，繪影繪聲地臭罵一頓。罵他貪汚也可以，罵他賣國也無妨，要引用人證，就指出已死掉的人。最妙的是在一本正經的痛罵之後，再添上一些桃色事件，公私不分，笑罵兼到。這樣，更可以叫聽的人眉飛色舞。聽得高興的話也就是高興轉述的話。三朋四友也有他們自己的三朋四友，於是流言就形成了。

在這種情形下，如果被攻擊的眞是一個大壞蛋，他對於這些攻擊，流言式的攻擊，是滿不在乎的。他所怕的，只怕執法如山的法官判他坐牢。可是，我們從來沒有見過法院檢察官根據流言來提起公訴，也從未見過監察委員根據流言來提出彈劾或糾舉。流言對於壞人還有甚麼作用嗎？心靈已經腐臭了，笑罵於他何傷！

如果流言所攻擊的是你，那末，你只好忍氣吞聲，蒙受不白之寃，至少是一個相當時期的不白之寃。因爲你找不着物證，也找不着人證，用以證明製造流言者是誰。儘管有朋友告訴你，他曾於某時某地親自聽到某人如此這般地罵你，但他總會向你鄭重聲明一句：「老兄，請原諒：如果你要辯白或起訴的話，我可不能做證人。」沒有證據，你無從辯白；沒有證據，你不能起訴。然而流言還在滿天飛。這時候，你只有倒下了。你這一倒，除掉幾個知道你最清楚的朋友以外，誰能相信是由於陰謀家的一支暗箭呢？

不負責的流言，不足以制裁壞人。但糟踏好人則大大有餘。這，與民主國家政爭時的公開的、負責的潑糞運動，兩相比較，到底是那個光明，那個汚臭，大家該可很明白地看出吧。在民主幼苗尙待成長的園地上，怕的是陰風慘雨繼之以冰霜。我們要在太陽光下做點施肥的工夫，公開而負責的潑糞運動，倒是不可少的。這樣，才可助苗之長！

史蒂文生州長失掉了本州的選票

艾史競選，必有一勝一敗。艾勝史敗，也不足怪。所可「怪」的，史蒂文生是伊利諾斯州的現任州長，而該州的選票竟投到敵黨那方面去了。這眞是「咄咄怪事！」史蒂文生做州長，做得頂瓜瓜。他決不是低能。做州長做得好，也決不是靠他孤另另的一個單人，他手下的警察局長想也不是飯桶。習慣了東方選舉「制度」的人們，眞不了解爲甚麼一個現任的州長，在競選時不能掌握本州的選票。難道他手下的警察局長當時在睡覺嗎？這種不了解，在極權統治的國家內，是不會讓你了解的。所以蘇俄的報紙對於美國大選的消息，自始至終只報道過一句：「美國總統選舉揭曉，艾森豪當選」，決不敢透露競選過程中的詳細情形，更不敢提及史蒂文生失掉了本州選票這回事。蘇俄的附庸國家，包括中國大陸在內，想也如此。爲甚麼呢？怕的是，引起奴役下的人民莫大的驚奇；更怕的是，人民由驚奇而思索，由思索而了解，由了解而嚮往民主政治。這就是鐵幕之所以爲鐵幕。幸運得很，我們是在自由中國地區，我們能够詳細地知道這回事。如果有人覺得這回事很奇怪，則請多想想。想想、想通了，庶幾乎摸到了民主眞諦的邊緣。

英雄、與英雄崇拜

艾森豪得到三十九州的四百四十二張選舉人票當選，史蒂文生只得到九州的八十九張選舉人票。這一對比，相差得够大了。可是參衆兩院的議員選舉，共和黨比民主黨僅略佔優勢。於是有人認爲，艾森豪之所以獲勝，並非因爲他是共和黨，如果他做了民主黨的候選人，也一樣可以當選。他是英雄。英雄總是受民衆崇拜的。所以他能够以壓倒的優勢獲勝。這一分析，很有道理。一個民族，須要有英雄，也須要有英雄崇拜的心理。不相信有英雄，而又沒有崇拜英雄心理的民族，不會有所作爲。可是，說到這一點，我們中國人又得特別當心。

我國傳統觀念中的英雄，就我個人的看法，大致可分爲三個典型。第一個是項羽型的英雄。項羽力氣蓋世，叱咤風雲。雖因「自矜功伐，奮其私智」而卒歸失敗，但他臨到失敗的時候，顧顏面有甚於顧生命。當時烏江渡口並不是一隻渡船也沒有，但他爲着愧對江東父老，寧死也不渡江。這時，他拉起喊口令的嗓子，對愛姬高歌；割下對鏡自雄的腦袋，給故人拿去受賞。既慷慨，又纏綿；既從容，又果決。這種英雄氣概表現在臨死的當兒，眞是哀豔絕倫。中國讀書人，尤其是詞章家，對於項羽這一型的英雄，向來特別欣賞，也特別崇拜。

第二個是劉邦型的英雄。劉邦的那幅尊容，在當代史臣司馬遷那支不自由的筆下，稱之爲「龍顏」。由「龍顏」二字，我們可以閉眼想到他是一個爬蟲類的一大怪物。一望就會使人生厭。可是由於他的心地黑，臉皮厚，在一個大混亂的局勢下，憑其爬蟲的本領，就爬上了皇帝的寶座，寫歷史的人也就跟着稱之爲漢高祖。這一型的英雄，古往今來有不少權力欲特强的人，把他做崇拜的對象。

第三個是武松型的英雄。武松體力强，膽量大。既打虎，又殺人。打虎，是要炫耀他的氣力；殺人，爲的是打不平。殺了人雖不投案自首，却要在現場親筆寫下「殺人者武松」，恐怕寃枉了別人。恩怨分明，是這類英雄的一大特點。有仇必報，有德也必報。報仇，雖「血染潯陽江口」也不顧惜；報德，雖蹈湯赴火也不遲疑。這叫做英雄本色。這一型的英雄，由於司馬遷的游俠傳，尤其施耐庵的水滸，很普遍地成了我國民間的崇拜對象。

以上這三個典型的英雄、與英雄崇拜，在我國都有悠長的歷史傳統。到了二十世紀，有一洋派英雄，也博我國一部份人的崇拜。這一洋派英雄，我可以名之曰希史型。希特勒和史達林，原是同種同類的怪物披着兩色的外皮。希特勒雖已灰飛煙滅，但這一型的英雄並不因而失去崇拜。毛澤東是由於崇拜這一型的英雄而長大的。現在，他自己也成爲這一型的英雄了。幾年前，我們已領教過毛澤東那種「且看今朝」的英雄氣派。今朝，我們且看這位英雄的偉蹟吧：血成河屍骨堆山！

我們需要英雄。我們這個時代尤其需要英雄。但以上四個典型的英雄，都不是我們所需要的。其中第四個，我們正要打倒。時代，是民主法治時代，我們需要獻身於民主法治的時代英雄，我們也崇拜這樣的時代英雄。

個別投票，一致祈禱

有些人也許常常想到，西方民主國家都是基督教國家。基督教義是一神教，富有排他性，然而不影響民主國家的政治民主。民主國家的政治領袖們，沒有一個不是尊重科學的，然而他們很少不信仰宗教。他們在接受一個重大責任的時候，每每要叫一兩聲 God，God！這種事象，表面上看來似乎很奇怪。但稍加研究，即可找出兩大要點。

第一、民主國家的政、教，不僅在形式上，制度上分離，而且在精神上也是分離的；第二、政、教，在精神上是分離的，同時也有相通之處。因爲分離，所以宗教方面可以信仰一神，而政治方面也能信仰民主。宗教的信仰也好，政治的信仰也好，都要有虔誠。彼此有虔誠，這就是精神上相通之處。明乎此，我們可以了解這次史蒂文生在欣然接受競選失敗而發表的聲明當中，說到「我們個別投票，但我們一致祈禱」，最後還加上一句上帝護佑的話。

「個別投票，一致祈禱」這句話，是西方民主政治的實質，也可說是精髓。史蒂文生在這裡所說的「一致的祈禱」，不是宗教的意味，不是祈禱生後之上登天國，而是政治的意義，是祈禱美利堅聯邦在新任總統的領導下，團結一致，向一個尊重自由及和平的時代邁進。說「祈禱」，即其虔誠的流露；叫一聲上帝，等於向自己的良心宣誓。一個競選失敗了的人，對於政敵的登臺，何以能够如此呢？原因很簡單，由於選擧時有了個別投票，自由的個別投票。

個別是有其尊嚴的，個別應受尊重。但這並不是說，不要一致。恰恰相反，尊重了個別的尊嚴，則所獲得的一致，才是虔誠的一致。如果强求一致，而不尊重個別的尊嚴，則所謂一致，其內涵決沒有虔誠；有的，只是離心離德的潛勢。

四十一年十一月九日於臺北。

(上接第14頁)須知共產黨的辯證法可以隨時隨地施展的，不一定限於經濟範圍。對付殖民主義，則宜傳民族解放鬬爭。對付獨裁政治，則宣傳爭取民主。殖民主義不但是經濟侵略，而且也十足表現種族的優越感，與被剝削的民族自尊心理，絕對是相互矛盾。沒有矛盾，共產黨徒尚要製造矛盾，何況有了矛盾，焉有不盡力利用之理？獨裁政治導源於盧騷，非希特與尼采的浪漫主義，以意志統率理智。結果必以獨裁者的個人意志，不問合理與否，强迫群衆服從。這裡便發生兩種毒素：(一)獨裁政治馴服了的群衆，祇知服從，不會有理智的選擇。其不能反抗法西斯主義者，當然也不會自動的拒抗共產主義。(二)獨裁政治下的一切措施，必由獨裁者獨自決定，必與群衆利益，難免衝突，而流爲閉門造車，失去群衆信心，發生上下乖隔的矛盾，共產黨必乘機煽惑。

殖民主義是製造民族間矛盾的利器，獨裁政治是製造政府與民衆間矛盾的利器，有了任何矛盾，共產黨必用之爲法寶，以施展其正，反，合的魔術，層出不窮的製造糾紛，結果必瓦解了舊有的統制力量，完成共產專政，而促成莫斯科的世界革命。所以我們要反對共產主義，一定要向社會一體自覺(Solidarity)發展，而力避自造裂痕。所以對於殖民主義與獨裁政治，必自我予以根絕，免爲辯證法施展的對象。

狄托叛離了蘇俄嗎？（上）

M.S. Handler 著
程之行 譯

一

對於一種有動力的政治試驗和經濟試驗，在它沒有完成全部過程時即欲作一分析，這往往是很危險的。因為分析者常會遭遇到種種事件和發展，而這些事件和發展的肇端，在某限定的時間內，是很不容易察覺的。南斯拉夫共產黨的政治、經濟政策，尚在不斷變動之中，我們來研究此一問題，顯然正是這種情形。雖然這工作有被未來事件否認的危險，但我們對這樣的一個問題至少需作一個試探性的討論，這是刻不容緩的，因為它不但在美國對歐政策中佔着與日俱增的重要地位，而以它本身的價值而論，作為一個當前最具興趣的政治現象，也值得我們去作一番深切的考慮。

美國對南國的政策似乎十分受戰略的影響。由近處着眼可能是對的。但因為我們的政府（作者自稱）對南國的政策如此着重軍事方面，以致於忽略了此問題的政治方面；這樣一來，美國政府對于南國共黨領袖們的動機實沒什麼瞭解，而共黨領袖們却是有着深遠的打算的。假使美國對南國的態度不只在求自身的安全，假使美國政府想使南國和西歐諸國取得永久的協調，那麼，我們必須更密切地注意南國政府的對內政策，注意隱藏在這些政策之後的動機，以及這些政策在社會結構上所能發生的實際功效。

二

我們要瞭解南國共黨領袖們的長遠政策，以及估量他們與蘇維埃主義的根本觀念相乖離的程度，那就得把一九四八年八月八日那天以後的種種發展重作一番考慮，那一天，由于共產國際情報局決議案的公布，莫斯科和柏爾格勒間的決裂乃正式形成。

然而，在此決議之後的一個很長的時期中，南國共黨領袖們仍拒絕接受情報局的除名處分，他們仍希望和蘇俄領袖和好如初。一九四八年七月二十日，柏爾格勒召開第五次黨員大會，在那次會議的紀錄中，具有證明此點的有趣的證據。召開這會議的原因很多，但其中之一即為滿足蘇俄的批評。蘇俄曾批評他們的中央委員會未經合法選擧，所以不配來領導這個國家。蘇俄布爾雪維克黨的領袖們責難南國中央委員會的委員們，僅僅是由補缺選擧選出的，因之他們與其說是共黨領袖們的主人，還不如說是他們的奴隸。

會議的第二日，狄托元帥又發表長達八小時半的演說。他申述南國共黨不僅已盡了良好共產黨員們應盡的職責，不但未叛離蘇俄，而且不論在戰時和平時，都曾是蘇俄政策的忠誠支持者。七月二十五日，黨員大會又通過了一個包含八點的決議案，其目的就是要使莫斯科相信，他們已為蘇俄履行了所有的義務。

次日，副總統卡迭其（Edverd Kardelj）在會議中發表演說，保證他們政府仍將支持蘇聯；反對『帝國主義國家』的外交政策。他否認情報局加于他們的責難：即南國共黨叛離蘇聯外交政策；他也否認他們任何一個黨的領袖是反蘇的。他攻擊美國的外交政策，預言西歐終將有一個重起的力量，反對在經濟上依附美國。他又詆毀西歐和其他反蘇集團的形成，是欲將德日終於也包括在這些集團之內。他說美國資本已滲透到西方集團的各個國家中。他又將蘇俄集團與西方集團對照，將蘇俄集團奉為反對「歐洲政治、經濟被奴役」的一個統一的力量。

會議中的辯論僅限於攻擊共產國際情報局。但對蘇聯任何一個領袖並沒直接的批評。南國領袖們的所關心的是為他們政策的正統性而辯護，並且極力表白一點，就是他們的作為應該得到蘇聯的贊許，而不應該得到他們的非難。

他們不願和蘇聯決裂一事還可從多瑙河國家的會議中看出來。這會議是一九四八年七月二十九日在柏爾格勒擧行的，目的在通過一個有關多瑙河航運的公約。在七月初，南國外交部次長貝白勒博士（Dr. Ales Bebler）被派去莫斯科，和蘇俄外交部長維辛斯基商討此公約草案。但貝白勒被拒斥了，他以屬於蘇維埃集團國家的代表之身份並不受莫斯科的歡迎。雖然如此，當會議在柏爾格勒開會時，貝白勒率領南國代表團與會，他仍舊予維辛斯基以充分的支持，同時幫助他通過了蘇俄所擬定的草案。結果，根據此公約，多瑙河一大段地域乃被置于蘇俄控制之下，以致使南國和其他歐洲國家蒙受損失。關于這些，美國代表卡農（Cavendich Cannon）和英國代表皮克爵士（Sir Charles Peake）早就有正確的預料。

在這些場合之下，南國領袖們的態度說明了他們幹任何事情却難脫離蘇維埃集團。這是一個非常重要的事實。縱使一九四八年夏季以來，發生了許多事情，以致於他們已能離開蘇俄集團而獨處，但當我們試圖對他們的智力，以及他們當前政治和經濟的觀念加以評價時，上面這個事實仍是十分重要的。

在一九四八年以後幾個月和一九四九年大部分時間之中，南國領袖們尚在猶豫着。蘇俄已向他們的國家實行經濟封鎖。蘇維埃集團與南國之間有關商業和政治方面的條約、公約、協定以及一切調整兩國正常關係的合法文件都被撕毀無餘。但在另一方面，他們還繼續推動野心勃勃的『五年計劃』。當時他們已遭受蘇俄的封鎖，但又未能將他們的貿易關係由東方轉向西方，事實很明顯，這個國家若無某些變革，馬上會垮臺的，但他們仍醉心於『五年計劃』。南國必須由外獲得經濟援助。然而，在那時表面上仍沒有什麼變革。但我們很可以懷疑，爲什麼在這樣危險的境況下，他們仍未採取行動以解救他們的國家經濟。他們不但不從速採取行動，反而鼓勵他們的人民，要爲五年計劃而盡任何的努力和犧牲。

這問題的答案是很容易找到的。南國共產領袖們所要建立的社會主義的國家，不論觀念上和方法上全是蘇維埃式的。他們既爲蘇聯布爾雪維克黨中最成功的老手，他們也只能模彷蘇維埃國家而描畫未來的社會主義的南斯拉夫。事實證明，他們在推動他們的國家，使由「人民共和」的過渡階段進而爲蘇維埃政體這方面，確已大大地超越了其他附庸國伙伴們的作爲，以致他們必定以爲他們已接近最終的目標。但是，他們不採取行動的主要原因却是：在他們的腦中，只有社會主義和蘇維埃主義才同爲一物。即在今日，他們雖已被迫單獨行動，但還是不能在旦夕之間，把他們二十多年來所接受關於蘇維埃理論和實際這兩方面的訓練盡行拋棄。

遲至一九四九年，他們才擴大宣傳範圍，開始攻擊蘇聯政府。這是他們幡然改圖的最初的徵兆。這是一個重要的分野，因爲這表示，他們不但失去與蘇聯領袖和好的所有希望，並且表示他們認爲他們到了一個時機，就是他們對對內政策和對外關係都非得重行估價不可了。環境的力量確已迫使他們從事變革，但變革的過程十分緩慢。他們在這方面面臨的問題是：首先要擬訂一個外交政策，就是在沒有政治性約束的條件下，保證有來自西方的經濟援助，而此援助又得用來建造一個社會主義的社會。但這裏又牽涉到一個重要的問題；就是在這樣困難的環境中，他們能建立怎樣一種社會主義的社會呢？關於這一點，他們所遭遇的困難是既難以解除種種糾結，同時也難以決定種種因果關係。

倘若南國領袖們認爲他們既被擯棄於蘇俄的懷抱之外，則他們當能自由行事不受干擾，倘若他們有這一想法，他們就會很快地覺悟。這種想法只能基于一個信念，就是蘇聯所實行的政策是一個不干涉他國內政的政策；身爲成熟的政治領袖的南國共黨們應由以往的記錄而知這決不能成爲事實的。然而，我們理應相信，即在他們被共產情報局除名之後的幾個月中，他們仍堅持着此一信念。

但在一九四九年初，他們開始認識：蘇俄和共產情報局已在着手一項政策，就是企圖破壞南國現有的秩序。阿爾巴尼亞（蘇聯最小的傀儡國家）廢止和南國所有的商務協定；南國官員在附庸國中受到不良待遇；南國派去捷克等國的工廠學習的人員被煽惑；蘇聯對南國實行經濟封鎖；流亡在各附庸國首都的南斯拉夫人發起組織，以便採取反叛柏爾格勒政府的行動；南國破獲共產情報局地下組織——這種種事件，使南國領袖們有如噩夢初醒，第一次認清了蘇聯政府只是一個侵略集團，而並不是以前他們所相信的一個和平保衛者。

此一發現，以及隨之而起的幻滅，又加以必須企求自存之道，以致於南國共黨領袖們不得不將蘇聯的政策和實行重加一番考慮。——此一考慮的結果，便對蘇維埃制度，蘇維埃制度與附庸國之間的關係，蘇維埃政府與附庸國的關係，作了一個最有效的批評。南國政府所以要重新考慮蘇維埃的政策與實行，還有另外的一個作用，就是他們必須要有些有力的論證，以便用於心理戰中。事實一件繼一件地被發現，到最後，此發現的過程終於不可停止，一直繼續下去。他們將自列寧死後蘇維埃行爲的演變作了一臨床分析，結果，他們發現了蘇維埃惡行的證據。最後，他們終於將史達林和他的伙伴們視爲危害人類的蟊賊。（未完）

赤魔掌下的東歐天主教

瑪德里通訊

安　道

「宗教是人類的鴉片」，這是共產黨的始祖馬克斯的一句名言，所以在共產黨執政的國家，他絕不讓宗教存在。宗教的有神主義與共產黨的無神論，水火不能相容，其中遭受迫害最劇烈的，要算天主教。但是有些國家，如波蘭幾乎全數是天主教徒，共產黨不敢明目張膽來迫害教會，往往借題發揮，找一些藉口來爲難教會。列寧會說過：我們要消滅宗教，但不要公開的向對方宣戰。

二次世界大戰後，因爲美國沒有良好的外交政策，致使蘇聯幾乎全部囊括歐亞。以地區而論，在赤魔掌握下的地區不下三千二百五十萬方公里；以人口而論，呻吟在鐵幕背後的人數竟超過了七億五千萬人。地球上百分之二十三的地域，已關進鐵幕，百分之三十的人口已失掉了自由，全人類中，每三個人中有一人遭受了赤魔的迫害。這眞是慘絕人寰的大悲劇。

一千七百年前，羅馬大帝國之迫害宗教，與蘇聯現在的迫害宗教比較，眞是相形見絀，乃龍地下有知，應當自慚形愧，執弟子之禮向史達林請教了。

現在在鐵幕背後，我們可以斷言，每一天，每一點鐘都有壯烈的爲教殉難者，西方自由國家却視若無睹，每每發言衞護人權，竟不知三分之一的人類，已喪盡了人權，他們徒托空談，而不謀實際拯救，幾時這筆人類的血債，方能向赤魔史達林淸算呢？

共產黨攻擊宗教的藉口是：宗教是資本家的工具，借宗教來保護自己的權利，借宗教來剝削工人，所以共產黨咒罵羅馬教廷是美帝的走狗。

這篇報導既然是赤魔掌下的東歐天主教，南斯拉夫因與蘇聯脫離了奴主關係，我們把他與蘇聯另作報導。相信愛好自由的人士，尤其是天主教徒對這個報導是十分關切的。

1烏克蘭：烏克蘭是個天主教區域，天主教徒最多，約有五百餘萬。自一九一七年蘇俄共產黨攫取政權之後，對于天主教雖日有迫害，但最劇烈的迫害教會，却自二次世界大戰之後開始。一九四七年共產黨在醫院中殺害 Mukatchevo 區主教 Romsa Todor，烏克蘭共有十個主教區，但這十位主教已無一生存矣。三千六百位神父，幾乎全數遭了殺害，四千四百四十座聖堂，全數被共產黨强佔，一百九十五座修會都已被共黨封閉，一萬一千所天主教的學校，都被共產黨刼收，卅八種公教刊物，皆已被迫停刊。一九四八年共產黨報紙宣稱，天主教在烏克蘭不復存在矣。天主教的一朶鮮花也就從此凋謝了。

東正教莫斯科宗主教 Aleais 聽命共產政府，設了許多方法，用盡甜言蜜語來拉攏天主教徒，使他們脫離羅馬教廷的覊絆，承認莫斯科的宗主教爲他們的教宗，每個天主教的教堂皆由共產黨委派一位東正教的神父來接收。據說還有少數天主教的神父已轉入地下，但這已無從證實了。

2波羅的海三小國：波羅的海三個小國，自一九一九年獨立之後，天主教很爲興旺，如立陶宛，幾乎百分之八十的人民都是天主教徒，猶太人佔百分之九。但是在二次世界大戰之後，又被蘇聯吞併，天主教徒就如蘇聯的教徒一樣遭到了惡運。在這三個小國內，對于天主教，蘇聯共產黨是採取積極的消滅主義。立陶宛的天主教徒被遣送到西伯利亞去的已有七十萬人，Telsiai 主教 Mons. Boris-earicius 在一九四六年被判死刑，承共位者 Mons. Ramanauskas 亦于同年十二月被遣送到西伯利亞，一九四七年二月立陶宛首都主教 Mons. Reinis Mecis 也遭受了同樣的命運，全國公教進行會指導神父 P. La-bukas被俄軍殺害。天主教在立陶宛已經沒有主教了，最後一位八十高齡的主教 Paltarokas 則被瘦死獄中。

在愛沙尼亞，有一百萬蘇聯人，主教神父太半都被遣送到西伯利亞勞動營裡去了。

在這三個小國內，一切猶如在蘇聯一樣，教堂教產皆被沒收而歸爲國有，公教教育已經不復存在，結婚離婚如共產黨的一杯水主義，自由到不可相信的地步。

3波蘭：波蘭是百分之九十五的天主教國家。它在兩千三百萬人口中，有兩千一百萬天主教徒，而且主教神父與教徒的連繫，都非常密切，要消滅波蘭的天主教，在共產黨實在不是一件易事，但是莫斯科並未放棄共迫害教會的政策。

在二次世界大戰前，波蘭有一萬三千位神父，現在被共產黨殺害或監禁的竟有七千餘位，有一千多神父已經被共產黨送到西伯利亞勞動營裡去了。一九四八年三月間梵帝岡教廷曾抗議共產政府遣送了三位東方禮的主教到西伯利亞去，就是 Joseph Slipy archbishop of Lvov. Joseph Kory-Iceski bishop of Prsemip-（今已死去），Nicholas Crarneski bishop of Lebedes.，一九四九年四月間 Mons. Niemira 曾被共黨逮捕下獄，因爲他講道時，請大家驅逐在主教公署居住的兩位女共產黨員。聖體節日，在華沙大街上聖體巡禮時，有共產學生多人，曾向巡禮行列投擲石塊與玻璃瓶，巡禮的教徒遂與之發生衝突，結果共產學生被趕跑了，曾有十數個學生受傷。

一九五〇年，Urusnov有三位神父被逮捕 Culrua 的主教 Mons. Kolavski 被軟禁在他的住所，共原因是他更換了一位本堂神父，因爲這位神父曾贊同 Institution of Charity 的財產被共黨沒收。

蘇聯共產黨認爲波蘭的這一代人，已是無可救藥。他們所關心的是下一代的青年，所以他們設法使兒童不受家庭的影響，使他們脫離父母的管訓，教兒童馬克斯共產主義的哲學。

一九四六年，當共產黨政府成立之時，波蘭主教們已看到了在希特勒之後，波蘭天主教又遭到了第二次的威脅，他們曾發表了一個聯合公告，勸教友們要保守信仰。公告這樣說：我們從戰後的廢墟頹垣之中，又恢復了戰前的公教生活，但是將來比過去還要更爲艱苦，將來能決定，波蘭是否還能成爲一個天主教國家。

一九四六年六月間，波蘭共產黨政府總理畢魯特 Bierut 曾與華沙首席樞機主教 Cardenal Hlond 會商教會與政府今後的合作問題。畢魯特曾提出了六點合作的建議，這六點建議一半是威脅，一半是利誘，因爲當時首席樞機與Cracovia的樞機主教 Sapieha 都還沒有承認共產黨政府呢！

一九四七年，波蘭共產政府與梵蒂岡教廷斷絕外交關係，取消一九二五年波蘭與教廷所訂立的條約，解散公教青年會。

一九四八年正月華沙首席樞機主教 Cardenal Hlond 前往羅馬述職。他在羅馬曾表示：天主教在波蘭並不太悲觀。是年六月，教育部長 Skusrevski 曾聲明：從今以後，一切學校不應當宗教化，學校中不應當有任何宗教組織，取消一切宗教標記，如聖像，十字架等。他的這種聲明曾遭到了全國主教一致的反對：教會不能承認政府這種措施，公教青年應當受公教教育。同年十月二十四日，Hlond 樞機主教，教會的鬪士，因病逝世，繼其位者是 Mons. Wysrinsky 主教。共產黨常常誣妄神父們利用言論自由，利用講道臺和懺悔室來作反共宣傳，破壞國家的建設。共產黨當局曾禁止一切黨員，不准用教會儀式結婚，生有子女亦不准領受洗禮，Cardenal Sahieha 樞機主教因共產黨這種仇教的措施，曾上書給畢魯特總理抗議政府侵害教會的權利以及共產黨反教會的無理宣傳。

一九四九年，教育部長第二次攻擊教會。他說：政府應當設法消滅異端邪說，凡修會辦理的學校應受政府嚴厲的監視。政府更進一步，把教會所有的印刷事業全數收爲國有。

同年六月二十三日，梵蒂岡教廷公佈，凡共產黨員，皆一律開除其教籍，嚴禁在教堂內宣講共產學說。共產政府爲針對教廷的聲明，亦規定了十七條禁令。其中的一條是：凡有人妄用宗教自由來反對政府者，處以死刑。華沙總主教曾勸諭教徒說：我們應當時時準備，應付更艱苦的將來。

一九五〇年二月，政府沒收了 Institution of Charity 的一切財產，取消其組織。共產黨更誣妄全國主教，利用職權和人民的信仰來威脅政府。而主教們則稱，共產黨想離間主教神父，培養一些前進的神父出來製造分裂。共產黨進一步想取消 Lublin 公教大學，但却不敢冒然從事，只不過威迫利誘學生，使他們脫離 Lublin 大學，加入政府大學。在最初土地改革時，教會的地產是例外的，到今年三月，政府却完全沒收了教會的土地財產。

共產黨雖千方百計的來迫害教會，但却得不到人民的擁護。反之，教會却得到人民堅强的支持。所以一九五〇年四月間，政府不得不再向教會另訂互相合作的協訂，這個協訂，我們可以把它歸納成以下九點！

一、公教教育程序應由教育當局與主教代表團規定之；

二、教職人員亦應由雙方聘任；

三、學生在學校以外，亦應當自由參加宗教典禮；

四、應當維持教會學校的繼續存在，如 Lublin 公教大學；

五、父母有權利送自己的兒童到教會的學校來讀書；

六、應恢復 Institution of Charity 的自由活動；

七、在波蘭恢復德國佔領的地區，政府應承認主教有行使教會職權的自由；

八、教會亦應受土地改革的限制；

九、教會亦應效忠國家，承認共產政府凡有反對政府的行爲主教亦應當反對之。

我們看了以上九點協訂，政府讓步頗多。但是最後共產政府却加了一個括號，爲使這九點協訂生效，全國主教應當簽書斯德哥爾摩和平簽字。

梵蒂岡教廷，始終不大信賴這九點協訂，會使教會的惡運好轉，但是在波蘭一時頗呈現了樂觀的現象，教會也得到了一時的和平。

但是好景不常，這種虛假的和平局面維持到了九月，教會與政府間的關係頓形惡化。原因是德國割讓地區的主教提名問題，全國主教一致共認，按教會法律，主教任命是梵蒂岡教廷的權限。但是共產黨却說，這是國家的事情，應由政府任命，雙方相持不下，Sapieha 樞機與華沙總主教 Wisrinski 給總理畢魯特共同上了一封公函，請他尊重所簽的協訂，不再干涉教會的內政。

一九五一年正月，共產政府經過國會的議決，減少教會節日，不讓過那麼多的禮拜慶辰。波蘭共產政府又威脅梵蒂岡教廷，承認 Oder-Neisse 界線，不然在德國割讓地區的五位主教將無法存在。

聖年的時候，波蘭的教徒都得不到出國護照，到羅馬去參加聖年慶典。一九五一年七月間 Sapieha 樞機主教，教會的第二位鬪士，以八十四歲的高齡逝世。

Cracovia 城，許多街道都取聖人的名字，但是現在只留其名，而把「聖」字取消了。一九五一年八月初一

Crenstochova 聖母大堂遭到了火災，放火的是一位狂熱的共產黨員。他在放火之後，遭到了警察逮捕，在警局審訊他的時候，他說：我想把這座邪說異端的中心給燒毀它，不數日他卻出了監獄。而一位名叫 Racrynski 的神父，講了一篇抗議的演說，警察把他捕去，至今不知其下落。

法國十字報敘述了一個奇跡，在 Lublin 大堂內：教徒們正在祈禱的時候，許多人都親眼看見聖母像在流淚。這個消息立刻傳遍了全國，不數日成千成萬的人都來到了 Lublin 朝聖，人山人海，共產黨竟無法控制，更無法來逮捕聖母，說她製造混亂。但是倒楣的卻是 Lublin 的一群神父們。共產黨說，他們是散佈謠言，製造奇跡的能手，想利用「心理戰」，來反對政府。波蘭人民被遣送到蘇聯或西伯利亞勞動營去的，到現在已有三百萬人，七百萬人由卡遜線以東區域被逐出境。

共產黨雖然迫害教會，但是，他卻給教會製造了繁榮，教堂內比從前更形擁擠。當波蘭首席樞機主教去羅馬時，一位政府官員在發給他出國護照時說：樞機主教，你到羅馬一定會說我們的壞話。樞機主教卻回答他說：我怎能會說你們的壞話呢！現在進堂的人比從前更多了，這現像，連共產黨也無可奈何！

4羅馬尼亞：羅馬尼亞有一千六百餘萬人口。根據統計，只有三百萬天主教徒，其中有一百一十五萬是屬于東方的，其他一千三百萬人，都屬于希臘教。

自一九四七年，國會正式宣佈，羅馬尼亞為共產國家之後，教難就開始了。最初共產政府不准教會方面發行刊物和宗教書籍，其藉口說是為節省紙張。然而同時共產黨為作宣傳工作，每月費去的紙張幾達數萬噸之多，也不見有節約的計劃。後來政府更加規定，如果一個希臘教徒想改奉天主教，那麼首先他應當得到希臘教教長的許可，以後還應當經過政府的批准，方能如願以償。

下面的三樁事件，更能證明羅馬尼亞共產黨消滅教會的處心積慮，這三件事都發生在短短的幾日內。第一、教會的一切學校被關閉；第二、在一九二九年羅馬尼亞與梵蒂岡教廷訂立的條約被廢止；第三、公佈了信仰自由的新法令，依此新法令教會是無法存在的。

羅馬尼亞共產政府廢止一九二九年的條約，其目的是在製造教會方面的分裂，自一六九八年東正教皈依梵蒂岡教廷之後，今日又遭到了悲慘的命運。

一九四八年初，共產政府召集了一個宗教會議，其中一小部分東方禮的神父，仍然主張使用東方禮，意在與梵蒂岡教廷分離。但是共產黨為使這種計劃實行，應當在教會方面找一個叛徒，不久一位青年神父名叫 Justiniano Marlna 就被共黨尊奉為羅馬尼亞教的教主了。

首先反對的是 Nicodem 宗主教，但是他卻于一九四八年二月二十八日死去了。其他的主教們或被共產黨扣押，或被迫辭職。

在一九四八年的六月，Justiniano 一位 Ramnicul Sarat 地方的無名小卒，就衣紅掛綠，被共產黨正式宣佈為羅馬尼亞教的教主，行使職權。但是民間的反響並不太好，教會方面都是一致的反對。共產黨是素來以恐怖統治人的，不久有三百位神父五位主教被逮捕了。Justiniano 所以能夠管理羅馬尼亞教會，是借共產黨的力量，他不過只是共黨的工具而已。

一九四八年十月間，Savanah-Atlanta 地方的主教 Gerald P. O'Hera 兼教廷住佈加勒斯代辦曾發表了一個公告，他不能承認 Justiniano，更不能承認與教廷脫離關係的羅馬尼亞教。但是他的聲明，卻被共產黨反駁說：這是教廷干涉羅馬尼亞內政是不能容忍的。

羅馬尼亞共產黨迫害教會更進一步，以重稅來逼迫教徒放棄自己的信仰。共產黨新法令規定，凡有教徒受洗者，應向政府交納五千 Leis，按宗教儀式舉行結婚禮者，應交納一萬 Leis，按宗教儀式行發喪禮者，應交納八千 Leis。平均每個工人的月薪是三千 Leis，那末舉行一次宗教儀式，就是兩三個月的月薪。

一九四八年十月間，有十數個共產黨警察，來到一個名叫 Lopuch-Romanesc 的鄉村，逮捕了該村的本堂神父 Atanasio Oniga，因為他拒絕服從 Justiniano 教主。但是該村的居民卻把這十數個共產警察逐出村外。兩天以後又來了數百名共產黨警察全副裝備，帶有機槍大炮，如臨大敵，侵入了村莊，村民雖無武器，大家卻拿了農耕器具，與共黨發生了大流血鬬爭。經過了一夜的戰鬬，農人的鏟鋤是鬬不過共黨的機槍大炮的，到天明時，死傷的農民遍地皆是，婦女遭共黨污辱，老人復經共黨用棍打死，當然那位本堂神父，也光榮的陣亡了。

另一個村莊 Asanip 的本堂神父 Jeronimo Surma 在給自己的教徒宣道，他勸勉教徒不要背棄信仰，不要向迫害者屈服。但是當場卻有一個共產黨的間諜，在第二天報告了警察。這位神父已知大禍臨頭，在逃跑的時候，卻被共黨警察跟踪上了，受傷之後，復被共黨帶到警局，以後再也沒有消息。

像這樣的慘劇在羅馬尼亞時有所聞，神父常有秘密警察跟踪，所以無法隱藏，不知那一天就被逮捕。共產政府為分離教會，更設立了自己的學校修院，召集共黨的狂熱子弟受訓，主要的科目當然是馬克斯的信條而不是教會的道理。往往在受訓一年之後，就被陞為共產黨神父，他們宣講的是無神論，史達林萬能。據梵蒂岡觀察報說：羅馬尼亞的九位主教已無一生存，除了教徒還保持信仰外，一切宗教儀式皆無法舉行，天主教在羅馬尼亞似乎已經瀕臨在消滅的邊緣上了。

5保加利亞：自共產黨攫取政權後，迫害教會的悲劇便演得如火如荼，殉道者日有所聞。一九四九年四月間。聯合國因美國與玻璃維亞兩國代表之申請，召開了一次會議，結果以三十四票對十三票，十二票棄權，判決三個共產國家之迫害教會爲違反人權，其中的一個國家就是保加利亞。

在保加利亞有四萬五千天主教徒，這在七百一十萬人口中是一個很小的數字。共產黨對迫害教會是很聰明的，對于教徒衆多的國家，他採取懷柔與離間的政策，但在教徒稀少的國家如保加利亞，他却毫不客氣的使用積極的消滅政策。

在保加利亞，共產黨迫害教會，我們可以把它分爲三期：一九四六年是第一期，在天主教的學校中取消公教教育；一九四七年爲第二期，封閉教堂與學校；一九四九年爲第三期，禁止天主教徒與外國有任何來往，應與梵蒂岡教廷脫離關係。

保共迫害教會的目標，在殺害天主教所有的一百三十位神父，東正教大主教在與共產黨合作一個時期之後，已忍無可忍，遂于一九四八年逃到土耳其。

一九四九年，保共所非亞法院判決四個基督教的牧師終身監禁，曾惹動了西方英美報紙一致的抗議，但是這種抗議，並未能挽救那四個牧師的命運。

梵蒂岡觀察報，早已不再見有關保加利亞天主教的消息，到今年十月三日所非亞廣播電臺突然廣播審訊一位天主教主教和二十七位神父消息傳出之後，又打破了一年多的沉寂。這位Eugenio主教和三位神父被判死刑，共他二十四位神父則處以二十四年的徒刑。這可能是最後的一批殉道者，天主教在保加利亞已經不復存在。

6 亞爾巴尼亞：亞爾巴尼亞在二次世界大戰前，曾被意大利佔領過一個時期，二次世界大戰後軸心國家失敗，接着大戰後的混亂，致使共產黨在一九四五年攫取了政權，共產政府立即下了一道旨令，取消信仰自由。在各種信仰中，最受迫害的是天主教。這在共產黨是一件輕而易舉的事情，因爲亞爾巴尼亞在百萬人口中，只有十五萬天主教徒，佔全亞爾巴尼亞人口百分之十五。有七百多位神父，幾乎全數都被逮捕。六位主教中，一九四六年一位主教病死獄中，三位主教失踪。一九四八年又有兩位主教被判決死刑，總主教 Durazzo，被判二十九年監禁，教宗代表Mons. Leone Nigres 于一九四九年被逐出境。實際經過了六七年的迫害，天主教在亞爾巴尼亞，已經走到滅亡的路上了。其餘的天主教徒已是群龍無首，成了無牧之羊。有人說，在北部的米爾達斯山中還隱藏有少數的神父，但是這已無法證實。

在亞爾巴尼亞還有一個宗教派別，名叫 Bektasshis 擁有十萬信徒，他們的首領 Himi Dede 因爲不願向共產政府屈服，竟自殺了。

西方的一些報紙，對于亞爾巴尼亞共產政府迫害教會，曾提出了抗議，但這些紙上的抗議對殺人不眨眼的共魔，毫無影響。恩維何撒更于一九五一年，奉莫斯科主子的命令，與梵蒂岡教廷斷絕關係，組織亞爾巴尼亞天主教會，建立亞爾巴尼亞天主教修道院。但是這種組織，很少人去參加。

根據共產政府的新法令，亞爾巴尼亞的天主教，不准與外國有任何來往，應受政府管理，在經濟上不受任何外來的補助，天主教法典凡與新法令新秩序有不合之處，應一律刪改。

7 匈牙利：匈共的迫害教會，是十倍于共他鐵幕國家的，所以慘絕人寰的事件，在匈牙利層出不窮。一九四五年正月紅軍進佔佈達佩斯城，德軍的大炮還在多腦河右邊隆隆的時候，紅軍總司令 Csernisov 頭一道命令，就是解除納粹對宗教的桎梏，宗教信仰自由，如此許多人都以爲蘇聯並不是來侵佔匈牙利，而是來解救匈牙利的。一切宗教的敬禮，猶如德軍佔領以前一樣，復歸自由。匈牙利在九百二十餘萬人口中，有六百八十萬天主教徒，一萬一千神父，在匈牙利人數中佔絕對多數。

一九四五年八月二十日，因着美軍的許可，匈牙利天主教人士恭迎聖斯德望國王的一隻右手，從西德回匈牙利京城佈達佩斯。聖斯德望國王在匈牙利是最受恭敬的一位聖人，是匈牙利的主保，當時整個佈達佩斯城，猶如過大慶典一樣，大家都在街上遊行唱歌，萬人空巷，熱鬧非常，一如太平盛世。但是好景不常，一九四五年選舉的時候，蘇軍總司令講演宗教在蘇聯的情形，迫令匈牙利也取法仿效。這猶如從莫斯科吹來了一陣逆風，把人們給吹醒了。選舉的時候，基督教民主黨被迫解散，從此 Csernisov 所說的宗教信仰自由就此壽終正寢。

匈共迫害天主教會，所反對的目標，是首先要打擊閔增蒂樞機主教。因爲他是匈牙利的首席主教，代表全匈牙利的天主教會。一九四六年正月間，他的一篇講演，曾遭到共產報紙的漫罵和無情的攻擊。他在演講中曾提到了匈牙利國王的公主聖女瑪加麗達，被他的父親獻給了天主，爲求天主從韃靼人手中解救匈牙利。他曾這樣說：歷史告訴我們，在匈牙利一切都是短命的，成吉斯汗，拿破侖，希特勒：：這很明顯的指着共產黨在匈牙利的壽命也不會太長。

共產黨對付閔增蒂樞機是很審慎的，因爲他很得人民的擁護和愛戴。

共產黨最注意的是教會的文化事業和青年組織。共黨首先取消宗教科目，復又迫令學校當局取消教授拉丁文。拉丁文是匈牙利文化與西方文化交流的關鍵。匈共意在阻隔文化的交流，公教報紙自在禁止之例，連公教書籍的發行，也得先有共產黨的許可才准印行。

天主教青年會是共產黨最注意的一個團體。但是一時共產黨找不到禁止他們活動的藉口，一天晚晌在佈達佩斯 Terez 大街上，有一個蘇聯兵被另一個蘇聯兵因鬪毆殺死，經過共產黨警察調查之後認爲是被天主教青年會謀害。當然青年會遂被非法禁止了，同時被封閉的還有十八個高等學校。

此後共產黨每天的言論，都在攻擊閔增蒂樞機，說他是反對派的代表人物。共產黨更散佈謠言製造憎恨，組織一群不肖的工人學生，要求驅逐閔增蒂樞機。有一些前進的教徒大肆攻擊他。他們更編造了一個科學論證法來反對閔增蒂樞機。他們說：閔增蒂是民主政府的敵人。

共產黨外交部長說：現在已經到了制止反動派的時候。這個反動派的首領就是若石閔增蒂。閔增蒂樞機為不顧再引起更大的神經戰，就隱退在自己的住處。Esztergom，在一九四八年的聖誕節，閔增蒂樞機主教照例給全國教徒發表一封教務公函，但是這封信共產黨却不讓他發表，在聖誕節第二天，數十個共產警察，荷槍實彈闖進了閔增蒂的住宅，請他進入監獄。他從桌子上拿了一本日課經，辭別了年邁的母親，隨着共產警察進入了茫茫的黑暗，生死至今未卜。不過他是絕對不會向共產黨屈服的。

共產黨雖逮捕了匈牙利首席主教閔增蒂樞機，却仍不死心，因為他們決意要消滅天主教。據統計，天主教的學校被共產黨刼收封閉與破壞的，至一九四八年末，已有三千一百四十一座，教會社團被取消的一千五百個。但是這仍不能滿足共產黨的企圖，他們更來迫害女修會。修女們的慈善事業被取消了，醫院學校被刼收了，他們住在自己的會院裡，希望能過窮困的日子，但是共產黨却還不讓他們平安度日。在女修會旁邊的房子內，共產黨設立了俱樂部，跳舞廳，飯店酒肆，往往在夜間狂歡高歌，說一些侮罵上帝的話，唱一些有傷風化的歌詞。一九四九年十二月二十日，Lovasbereny 城某一女修會，遭到了更悲慘的命運。共產黨警察半夜闖進了會院，把所有的修女悉數用汽車載到另一個城市，置她們于無依無靠之中，更有一些修女被遣送到西伯利亞去作苦工。

共產黨為分化天主教，遂來支持一個從波蘭傳來的派別 Mariavitas。這個派別曾在一九〇六年被梵蒂岡教廷革除教籍，其首領 Csernohovzky 自稱主教，向政府宣誓，與政府合作來消滅天主教會。這個 Mariavitas 雖得到了政府支持，却得不到人民的擁護。又因這個派別的人士無惡不作，政府見其毫無成就，遂取消其活動。不久這個派系中又出現了一位司鐸名叫 Csunderlick，創立了一個「匈牙利獨立教會」，自任主教，但是這個獨立教會不過數月，亦被取消了。原因是在捷克有一個女人被害，捷克警察正在跟踪追跡，到現在才逮捕了他。

繼任閔增蒂樞機，領導全國教務的葛雷斯 Mons. Grosz 總主教，在一九五〇年八月三十日與共產政府簽立合作協定。但是不久之後，他也步閔增蒂的後塵而遭逮捕，而且審訊他的正是審訊閔增蒂樞機的共黨法官。在葛雷斯總主教被捕之後，亦有三位主教被拘禁。

全國一萬一千神父中，現在只有四百神父還能自由工作，同時他們亦應當和常人一樣在工廠內作工。自一九五一年以後，教廷已再不能任命任何一位新主教，這已成了匈牙利共產黨政府的權限。一九五一年八月匈共將佈達佩斯的 Regnum Marianum 聖母大堂破壞，在其地址樹立了一個三十多公尺高的史達林銅像。

8 捷克：是一個天主教徒衆多的國家，在一千二百四十六萬人口中，天主教佔了八百多萬。這使共產黨最初不敢公開的向天主教攻擊。但是共產黨是有決心的，而且他們迫害教會的方法也是非常的巧妙，欺騙誘惑，致使少數的人相信共產黨不會比納粹更壞；甚致連捷克的首席主教白郎 Mons. Beran 也以為共產黨不會太不講理。所以在戈特華德 Gottwald 被選為捷克共產黨政府總理的消息傳出之後，他馬上招集了信徒到聖堂裡，唱了一遍「Te Deum」讚美天主頌詞，他深以為捷克慶幸得人。但是在不久之後，一九四九年八月五日，白郎總主教就因戈特華德的一道手令而遭軟禁。他的住宅常有幾個共產警察巡邏，給他隔絕了一切的消息。一九五一年三月間，共產黨政府要他離開佈拉哥，帶他到一個教會集中營 Nova Rise 去。在這個集中營裡常有很多的教友來慰問白郎總主教，共產黨見此光景，就于某夜間又把他帶到了無人知曉的地方，至今消息杳然，不知生死。

一九四九年捷克共產黨中央委員會開會時，對于迫害教會，曾決定了以下幾條(一)使用各種方法來誣衊梵蒂岡教廷，使人民對它的景仰日漸消滅；(二)離間教會各階層的人，如離間主教與神父，神父與教友的關係；(三)使用訪問的方式，去說服神父們，使他們脫離教廷及其主教的羈絆；(四)設立宗教部，管理一切教會事務，委任革職皆在其權限之內，主教神父皆為政府公務人員，由政府發給薪餉；(五)創立一個國家性的教會。這個教會的主教神父都當出席參加國家的慶典集會，而且讓他們坐在首席。一九四九年十一月十日，政府公佈了主教神父的等級及其薪餉：一位主教年薪四萬八千 Corona，進步神父三萬六千 Corona，進步而不十分堅定的神父兩萬四千 Corona，反動和不進步神父應予剷除。就在一九四九年十一月末某一日的晚晌，全國一千多神父被逮捕了。這是全國七千神父的七分之一。

一九五〇年，戈特華德總理，正式宣佈：現在我們看得更清楚，天主教是反動者的大本營，凡有反對國家的人，都在教堂裡集會。宗教部部長 Cepicka 曾給全國主教一封公開信說：你們毫不關心教會和國家的利益幸福，你們也不關心神父和教徒的生活，一二年來你們在準備一種陰謀，企圖違害國家，替帝國主義宣傳。

遠在一九二〇年，捷克天主教出現了一些不肖之徒，創立了一個捷克國家主義者，一切宗教儀式皆用捷克話舉行，這正是共產黨的工具，捷共曾宣佈這個派別為捷克國教。一九五〇年他們曾召集會議，共中也有一些吃政府薪餉的天主教神父，他們曾宣誓忠于國家；更有一個被開除教籍的神父領導共產黨創立的「公教進行會」，大肆宣傳其共產教會。

一九五〇年莫斯科東正教宗主教，曾派遣代表來接收這個捷克國教。這位代表在佈拉哥會祝聖了兩位主教管理捷克的國教，一個是捷克人，另一個是蘇聯人。

一九五〇年三月二十日，據捷克政府報告，曾有不少進步神父在 Bauska-Bystrica 開會，公開反對梵蒂岡教廷，原因是該城主教于正月逝世，教廷委派副主教 Briedon 代行職權。而政府根據一九四九年的法律，凡主教神父應由政府委任，所以政府就委派了一位被停職的青年神父充任。這位青年神父名叫 John Dechet，他在該城與 Briedon 對抗，在不久以後。梵蒂岡教廷開除了他的教籍。這位青年 John Dechet 更為激怒，他曾周遊全國，公開誣衊天主教和教廷。他的講演題目是：愛耶穌，愛國家，憎恨梵蒂岡教宗。待他回到 Bauska-Bystrica 的時候，宗教部曾舉行了一個盛大的歡迎會來歡迎他。

一九四九年六月間，全國公教進行會指導司鐸 P.Maudl 被逮捕了。白郎總主教曾上書抗議，當他在教堂內講道的時候，共產黨警察却不讓他說話。宗教部長說：捷克是戈特華德管理，並不是白郎管理。

白郎總主教被逮捕之後，宗教部遂委任了一位名 Shelik 的進步神父繼任，這位神父現在已經被教廷開除了教籍。

一九五〇年十一月是不吉利的一月，全國的主教神父們又遭到了第二次的浩劫。主教神父們凡有拒絕斯德哥爾摩和平簽名者，一概遭到逮捕，共中有八位主教被判十年或終身徒刑。

宗教部現在正處心積慮的研究聖經，他們常引用聖經的話來證明莫斯科的和平攻勢是耶穌的意思，好似這部聖經就是馬克斯寫成的。他們在各學校裡，曾這樣宣講：耶穌為給世界和平犧牲了自己，我們的國家也如蘇聯一樣希望和平，尤其是共產黨是最希望和平的一個黨，所以共產黨和耶穌有同樣的目的，誰反對共產黨，就是反對和平，反對耶穌。

捷克天主教已經沒有了公教刊物，一切的報社書局皆被共產黨接收了，甚至連過去出版的彌撒經本也受共黨嚴厲的審查。

一九五〇年三月間發生了兩椿事情，很能證明捷克人民希望脫離赤魔的熱願。有一天晚晌在 Plzen 有許多人看見了聖母坐在戰車上，後邊擁有許多兵卒；另一次他們看見了Cihest大堂頂上的十字架向西傾斜，指向西方，人民相信，不久快要得救。這是兩個奇蹟，雖然教會方面勸教徒們小心謹慎，但却抑制不了人民的狂熱。這兩件事情，共產黨認為人們是蓄意暴動，Cihest 與 Plzen 的兩位本堂神父就這樣被共產黨逮捕了。共產黨說：他們是主謀者。

9東德：東西德的分離，使東德二百二十萬天主教徒和兩千多神父主教受到了蘇俄共產黨的宰割。天主教在東西德，猶如在兩個世界上一樣。東德共產黨雖也奉有莫斯科主子的命令來迫害宗教，但比其他的鐵幕國家還是寬容得多，所以殉道的主教神父，遠較其他共產國家為少。東德共產黨很明瞭天主教那句諺語：殉道者的血，是新教友的種子。所以東德共產黨說：我們不使天主教有更多的殉道者。他們利用報紙的宣傳來誣妄天主教和梵蒂岡教廷，譏嘲教會的道理，如天主造天地之說。共產黨說：物質是永遠的，那裡有神來造它呢！據柏林總主教 Cardinal von Preysing 說：馬克斯的唯物論，已經共黨宣佈為合法的信仰，教會報紙都已被迫停刊。

共產黨在東德迫害宗教，是從根本着手的。他們取消一切修道院，不讓有更多的神父，封閉了聖堂，他們說：修院和聖堂都是反共的機關，所以東德的修士，不得不去西德讀書，但是在西德讀書的神父，却不能來東德服務。

有一次西德美軍佔領區 Fulda 的副主教，得到了共方的許可，能去東德祝聖六位新神父。但是在祝聖的前夕，共產黨却給了他一道命令，不准他祝聖這六位新神父。理由是，因為這六位新神父是在西德讀的書，不適宜于東德。

在前三個月 Fulda 的主教 Mons. Adolf Bott 得到了東德共產黨方面特別的許可，准他巡視他在東德的教區，但是待他到了東德，還未與自己的教友接觸談話，共黨警察却請他即速離開東德，因為他的許可已被政府收回了。

天主教自創始以來，就不斷的遭受迫害。但是，它仍然存在了兩千年，那些暴君惡王已不知其去向了。墨西哥共產黨，西班牙共和國都曾迫害過天主教，但是天主教在西班牙墨西哥仍能暢傳無阻，迫害教會者都已隨着時代而滅亡了。然而天主教則仍能日與月盛，萬古常新。

伏爾泰曾說過：二十年後，我將見天主教是一具僵屍睡在溝壑。二十年已過去了，伏先生已經成了僵屍，不，並且化為臭泥，而天主教呢，依然健在，史達林不會再有二十年的活命了，天主教在蘇聯仍然會再生的。

更正

本刊第七卷第八期「論美國大選的意義」一文，其中數處排印與原文有誤，應予更正如下：

(一) 第二三六頁倒數第三段，「『二』與『一』的眞正差別是甚麼呢？……竟有人說這當中沒有差別，僅有人說這當中差別很小！……』」「僅」當作「竟」。

(二) 註三，此點……我們平津市「民治促進會」……應做平津「市民治會促進會」

越南戰局透視

河內通訊・十月廿日

丁匡華

自一九四六年十二月十九日河內事變以後越盟在越北投下叛亂的野火，戰禍從未寢息，由於戰局的變化或無可避免的損失，如空軍總司令哈特曼中將的陣亡，南越法軍司令商遜將軍之殂擊，高棉專員戴雷業之被刺等高級將領殉難者不下十餘人，單以最高指揮官而言，亦已三易其統帥，即是一九四六至一九五〇年十月爲卡賓第上將（現任大西洋統帥部副參謀長），一九五〇年十一月至一九五二年一月爲塔西宜元帥，（一月病逝巴黎），一九五二年二月以迄於今爲薩蘭上將（原任塔之副總司令塔死後由渠升任）。法國擔負抵抗越盟侵略的責任，是相當沉重的。

在戰略上，由於越盟勢力的變化與地域的影響在每個時代自有每種不同的措施，卡賓第任內的初期，法軍是處於優勢，如目前陷入越盟手裡的戰略要地高平、涼山、老街、祿平那時俱屬法軍防地。越盟當時尚未取得中共接濟，既無大砲，又無重兵，卡賓第採用堡壘戰術，自有他的見解，越北堡壘林立，五里一堡，十里一壘，居高臨下，控制點線，確會發揮威力，予越盟重創；可是曾幾何時，越盟在中共輔助之下陡然成長，出其不意，一下連陷高平涼山老街十餘大城，震撼巴黎，並引起輿論攻擊；他們認爲堡壘戰術，雖有戍防價值，但它祇能在點線上發生作用，對於堡壘以外的廣大地區就無法控制，不特堡壘自身陷於孤立，反而給予敵人到處橫行，毫無憚忌，這固有其理由，但是環境與事實我們亦不能不予考慮！由於法軍有名的套爾頓縱隊與里巴舍縱隊（按該兩縱隊約八千人）在高平七溪被越盟軍腰斬，傷亡大半，法國議員「借頭」的怒吼就大肆咆哮，使卡賓第哨然下臺，離開印支。

塔西宜是法國名將，他有「法國麥克阿瑟」之稱，二次大戰時歷艾森豪威爾麾下自地中海進軍直搗奧國，對扭轉南路戰局貢獻甚大，他未來到印支以前是出任法國地面軍總司令。

正當越盟攻勢追近河內不到四十公里的時候，他就繼卡賓第擔任法駐遠東軍總司令，他馬不停鞍的直上前線指揮永安（河內西北）戰役。這一次越盟使用四個師，志在必得，他則親歷前線，在距砲火如織僅隔數百碼的戰地督師，憑他指揮若定，終於獲得永安大捷，把越北惡劣的戰局扭轉過來，接着在東潮（河內東北）越盟三個師又蜂湧南下，塔西宜則鎮定自若，以無線電指揮限令二十四小時之內組成一個强大機動部隊直到這一縱隊阻截敵軍攻勢才離開戰地。經過這兩次戰役之後，越北局勢完全改觀，雖然沒有規復到一九五〇年九月以前的形勢，但終塔西宜之死，越盟除了小騷動之外，却再不敢發動大攻勢了，因此西方人譽其爲「法國麥克阿瑟」，但東方人却更以「霹靂火」來讚許他的成功；「霹靂火」的字義有兩種解釋，以名將比名將，塔西宜恰似宋梁山泊第一隊戰將綽號「霹靂火」的秦明，秦明是戰無不勝攻無不取的，以戰果譽英雄，塔西宜掃蕩越盟，排山倒海，戰果輝煌，恰如晴天霹靂一樣。

塔西宜對付越盟的戰略，並沒有什麼特出的地方，他仍是以卡賓第的堡壘戰術爲藍本，不過是盱衡當時的情勢予以適當的變通罷了，即是：放棄許多戰略不關重要的碉堡，而固守某一不可喪失的戰略堡；將許多據點的兵力，集中到一個大據點使用；就在這樣運用之下採取機動的運動戰略憑着强大機動部隊的威力，而把武元甲的越盟軍擊潰，這是妙用也是奇跡。

塔西宜的勝利，關係東南亞安危甚大，假若河內不保，越南自危，說不定高棉、遼國、泰國、馬來亞……也隨之變色了，因此如果說法駐遠東派遣軍是今天東南亞前哨反共最力的十字軍，那麼塔西宜就是這十字軍的救星，塔西宜之死，固是法國的不幸，也是東南亞乃至全世界的損失哩！

塔西宜死了，武元甲急於報復，全不把以副扶正的薩蘭總司令放在眼裡，於是在一九五二年二月立刻發動攻勢，親自率領越盟精銳三二〇師攻掠和平省垣，並乘勝向河內進軍，然而薩蘭並不着慌，却是將計就計，誘敵深入，殆越盟軍走入太平省海濱絕境時，就運用袋形戰術，一下子把越盟精銳全部殲滅，造成永安以後又一大捷。

越北的戰局，在中共支援越盟之下，一直是趨於緊張的，主動是操在越盟，而法軍處於被動的地位，祇是採取守勢，本來越盟有廣大的後方中共的支持，法國固難採取攻勢戰略。那麼今後越北戰局將會怎樣演變呢？筆者有兩個假定和判斷：

（一）以法軍對付純越盟軍的戰鬥，結論是法軍可勝：

武元甲的越盟軍雖是號稱第一線部隊十五萬，第二線部隊二十萬，而且有其所謂正規軍的組訓，但究竟是誇大的數字，以言所謂正規軍，據所發現的番號並不多，河內以北府浪上地區是三〇四師，河內西北一百公里地區是三一五師，河內東南和平地區是三二〇師，河內東南定地區是三二五師，企圖進犯河內的主力是三〇一、三〇二、三〇三師，河內以北四十公里地區是三〇八和三一二師，河內東北四十公里地區是三一六師，萊州地區是三一七師，寧平發艷地區是三一八師；但這些都是屢受法軍襲擊殘缺不全，比如和平的三二〇師就被法軍打得落花流水，殲滅了大半。以言第二線部隊，那即是民兵的烏合之衆，既無槍械又未經過訓練，充其量亦祇是越盟的砲灰而已，不發生任何作用。目前越盟的戰略，是以「中央突破，兩翼包抄」，刻下「兩翼包抄」已在發動，由越盟三團兵力在泰族地區萊州山羅蠢動是右翼，在三角洲南部天主教區域寧平發豔的攻勢是左翼，看樣子祇俟兩翼得手，就再會利用和平省垣的據點向河內「中央突破」。武元甲的企圖會兌現嗎？法軍總司令薩蘭早有精密的佈署；先看兩翼：萊州山羅地區全是泰族勢力範圍，三十萬泰族人在萊州省長刁文龍組織之下，團結得十分堅固，去(一九五一)年越盟曾進軍一次，結果爲泰族及法軍擊退，職是之故，法軍對於泰族土軍已有充分的裝備和訓練，這一次越盟以三團兵力進攻，較上次的實力雖大，但在法駐越西北軍司令科斯特上校指揮法，泰族聯軍之下，及降落傘部隊與空軍的支援，又是不逞；寧平發豔天主教區域有一百萬天主教徒，均効忠於黎有秀范玉志兩主教，三千名天主教自衛軍和二千名越南軍在潘如彥省長指揮之下運用自如，殆三角洲區司令甘彼尼上校率領機動縱隊馳援，這一路攻勢又遭瓦解。以河內爲中心的戰略佈置，法軍把它築成三道防線；由海防，陸南，北寧，興化，山西約四五十公里半徑圈內爲第一道防線，這一線部隊是由海防內堡縱隊爲主而以陸南，北寧，山西幾個機動縱隊爲輔；由海陽，東潮，富朗上，永安，府里約三十公里半徑圈爲第二道防線，督守這一線的是柏蘇少將所統率的裝甲第二師及永安、東潮幾個縱隊的上十萬大軍；以嘉林機場，嘉林橋，塔球及河內四郊十公里至五公里半徑圈爲最後防線，由薩蘭總司令督率越北河內防守司令的機械化軍部防守；總兵力在二十萬左右。溯自塔西宜出潰越盟永安東潮兩次攻勢後，河內第一線始終沒有受過威脅過，同時美援新式大砲到達，他的半徑火網均已超過第二道防線的任何據點：海軍方面有一個突擊師，若干美援砲艦和兩棲登陸艇均在海防，河內，越池之間穿梭往來，空軍方面經常有兩個轟炸大隊分駐海防內堡及河內嘉林機場，數約二個團的降落傘部隊隨時可以出發，以此戰略形勢觀察，純越盟軍要想在越北得逞是萬萬不可能的。

（二）倘若是中共正式介入越戰，法軍勢難應付，結論是引起「韓戰性」的大戰：

到了中共正式參戰的階段，那麼他的攻勢是全面的；很可能是三路齊頭並進，第一路是由廣東東興侵入芒街，掃蕩下居，先安，鴻基，廣安，而竄入海防外圍，期以摧毀黃亞生的儂區政府，及法軍兩棲部隊，海防內堡，解除「敵後」的威脅，且可獲出海口。第二路由鎮南關諒山侵入東潮，府朗上，以威脅河內的正面。第三路是由老街，沿江河而下，攻掠越池，山西，永安，直撲河內外圍，而與第一、第二，兩路遙相呼應，使河內陷於孤立，完成包圍形勢。照着中共人海戰術來看；以強大兵力進襲河內外圍第一道第二道防綫自可迎刃而解，但是一旦到河內最後防線，中共軍能不能突破法軍重砲的威力圈，能不能摧殘法海軍內河防禦系統，能不能在法空軍猛烈轟炸之下，保全他的進攻陣容，問題還是多着的。次及海防這個法軍的越北最後橋頭堡，有陸海空聯合內堡的建立，有法遠東海軍強大艦隊及美援航空母艦主力艦的防守，中共要想把法軍驅逐下海，也不會那麼容易，不過戰爭一久，對於中共絕對有利，他以強大人海戰術消耗法軍自會佔居上風，河內海防的命運就要看聯合國的決策爲斷了。

再進一步看；中共介入越戰的企圖，絕對不會以越南爲滿足，那麼到了河內海防決定勝負以後，定是有其他更大的行動，那時他的「大軍」可能分三路窺伺中越泰緬走廊，一是越過橫山山脈，以險兵進入遼國佔領鑾勃拉邦（遼王都）永珍（遼首都）他由百細以奇兵襲越中攻取順化，把越南腰斬爲二，然後由百細再一路以重兵循湄公河南搗金邊（高棉首都）分竄西貢，曼谷，搗入南越，泰國心臟；二是由中泰邊區景棟大其力進攻，以抄襲泰國的北部；三是向滇緬邊境進犯，使緬甸墜入中共的勢力範圍；如此一來，戰火蔓延於多方，局勢更顯得格外嚴重了！

負荷東南亞反共先鋒的法國和維護世界和平的聯合國，就此一任中共鐵騎縱橫嗎？那絕對沒有這種便宜，到了此時，民主國家針對中共越共的攻勢，勢必採取下列兩項步驟：

第一：迅速設立東南亞防禦總部：這個東南亞聯軍總部一如克拉克遠東聯軍總部一樣，由聯合國派遣任命，構成的主力，陸軍以法國爲主，海軍以美國爲主，空軍以英國爲主；但是地面部隊，除掉通用所有越南新軍加入作戰外，其次法國至少要增加五萬美軍三萬英軍二萬共十萬生力軍始能解除初期的中共攻勢威脅，這是臨時不得已的治標措施，但主要的工作還要由治本入手；就是支援中國國民政府從華南粵桂兩省登陸，以截斷他的補給線。使中共顧首慮尾無法深入以達成瓦解中共華南軍事的戰果。

第二：立即起用黃杰留越國軍：法國到了此時應無所顧忌了，黃杰留越國軍的份量很重，以黃杰本人來說：他歷任師軍長，集團軍總司令，兵團司令，國防部次長是中國第一流的軍事戰略家，過去在抗日勦共期中，立過許多輝煌戰功，留越期中，他提出「向臺灣看齊望大陸進攻」的口號，有他的雄心和抱負，以留越國軍成份來說：黃杰所屬的五萬國軍均是現成的建制部隊，祇要配備新式武器，略加訓練武器的運用，就可投入戰場作戰，假如黃杰健兒被推進到中越邊境，憑着地理與人事關係一而十，十而百，百而千，千而萬的盡量發展不出半年，定可擴充五十萬大軍，較之聯合國從各國抽調部隊不僅迅速而且力量宏大得多。可是在使用的技術上，自必置諸聯合國旗幟之下成立獨立系統，這樣才能發揮他的最高軍事效能，爲聯合國而戰，爲反共而戰，相信黃杰將軍必能重建滇西抗日攻克龍陵騰衝芒市遮放中英會戰的功勳，不會使聯合國失望的，這是東南亞反共的王牌，聯合國至時應深深加以考慮！

下輩子

丘邑

「不要緊的，」醫生把聽筒從耳朵上摘下來，放進他的手提包裡去：「不要緊，我給你開兩種藥，吃完了，你的病大概就好了。」他走到我書桌前寫了藥方子，壓在我的墨水瓶底下，對我溫和地笑着說：「這次一定要聽話，不能病還沒好就出去跑了，營養也要講究一點，要有適當的運動，打打網球啦，游游水啦……！還有，不能一天到晚工作，要抽出一點時間來……」

當他開藥方的時候，我就已經有點不耐煩了，做醫生的大概沒有考慮病人經濟情況的習慣。我呢，我却有不服藥也能痊癒的本領，這樣也許太苦自己了，不過，你想吧，陪着笑臉向人借貸不更給自己難堪嗎！——我打斷了醫生的話：「大夫，你看我要躺多久才能好呢？」

「至少兩個星期。如果不按時服藥，那…」，他皺一下眉：「恐怕要一個月，因爲你身體底子不好，可能是過去的營養太壞了。」

誰歡喜傷感呢！可是他後面這兩句話却使我心裡有點難過。底子不好，這不像是在說，房子的基石不穩，隨時可能倒塌嗎？這充滿了艱辛和悲痛的生活原不該怕會一旦失去，可是如果你迷信，你當然贊成我再活幾年，多行善積德，修修來世；這輩子充滿了苦難，下輩子幸福一點，不是嗎？

醫生匆匆忙忙走了，我撐着自己像鉛球一樣的頭，昏昏沉沉地爬下床，挨到桌邊，把藥方子抽過來，撕碎了。心裡像是輕鬆了許多，但淚却不住地流，拖過被子，嚴嚴密密地蒙住了頭，讓哭聲限制，消失在舊棉絮裡。

大約嚐了一個星期床上的孤寂日子吧，朋友蹦蹦跳跳地來告訴我說，第六項工作有開展了，需要我去和李先生碰碰頭。臨走時回頭對我說：「工作固然要緊，也別太委曲了身子，你的臉色仍然不好，休息幾天再出去也好……」醫生說你應該休息多久？」

「三五天。」我一邊回答一邊勉強坐起來，拉開被子，揮手請他出去，表示我要穿衣服了。

從外面回來，只感到兩隻脚不能再支持上半身了，眼前一陣陣發黑，頭也痛得厲害，彷彿有小魔鬼去我腦袋裡用尖錐挑我的筋，頹然倒回床上去……朋友們擁到床前來問消息，我勉強微笑着回答：「成績不好。李先生的態度很不友善，他對正題言詞閃爍，並且査問我從共區逃出來的日期，方法，到香港後最先接觸什麼人等等事情，我忍了好久，才沒把拳頭揮到他鼻尖上去。」

「這倒不用驚奇，」一位朋友坐在我床邊低着頭說：「李先生曾對外說過你是共產黨，我們也是共產黨。」

「共產黨！」另一位朋友似乎有些生氣：「我們平常倒說過共產黨也有可取的地方，難道這就算有共黨嫌疑了嗎！」

「不！恰恰相反，」我想起來八年前一個眞實的故事：「正因爲我們罵共產黨，別人才說我們是共產黨呢！」說完又揮手請朋友們出去。我不願意對熟人不客氣，可是我實在支持不住，想獨自靜靜地休息一下了。

靜悄悄地，八年前的往事又重映在眼前：

是一個寒冷的日子——大約是元宵節前後吧——親戚從鄉下趕來辦事，母親一面招呼他們坐在炭火邊，一面喊秀子倒茶，煎年糕。

秀子是一個沒有受過教育的鄉下女孩子，十多歲，愛打扮，但不漂亮，不過很聰明，有一次，母親幾乎爲了她「太聰明」而要辭退她。——她笑迷迷地從厨房扭出來，在客廳的橱櫃裡拿了幾大塊豬油年糕和元宵，偷看我一眼，轉身就溜進厨房去了。不一刻，她隨着香噴噴的豬油味兒，托着一盤炸元宵滑進客廳，仍是笑迷迷的。

「年糕也快拿來哪！」我一邊分筷子一邊對她講。

「哎呀！壞了！年糕壞了！」她皺着眉毛，斜着眼珠，哭訴的聲音回答我：「再炸幾隻元宵好了，年糕壞了！」

我希望自己相信她的話，不過我更相信自己的鼻子，我剛才明明聞見了豬油味道，她怎麼說壞了呢？壞了就不該煎哪，煎了也不該嚐啊，不嚐又怎麼確知壞了呢？

我那時還是淘氣的孩子，躡手躡脚跑到厨房去，還沒推開門，只聞見一陣濃烈的豬油年糕香，不覺通一聲把門踢開了。

你們猜秀子在幹什麼？——左手托着大盤兒，右手夾着筷子，張着大嘴，呵着白煙，大口大口地嚼又熱又香的豬油年糕，三下兩下就把幾大塊吞下肚去了。

——八年前的事了。那時看她吃年糕又好笑又好氣，而今天李先生那不友善的態度以及人家說我們是共產黨，却有些使人心驚；她藉詞年糕壞了，只是自己想吃年糕而已，想滿足她小小的嘴巴而已，而今天那些人藉詞說我們是共產黨，向社會宣佈我們壞，是想把我們吃掉，想滿足他們的政治野心。

你們罵共產黨壞，該消滅嗎？我現在指你是共產黨！我想吃掉你不就名正言順了嗎！吃掉！

本來，像我這樣身體孱弱的人，僥倖不被人吞掉，大概也沒有什麼長命的希望，不過一群優秀的青人被野心家吞掉就太不幸了——這暫不去管它吧，如果你堅信眞理終於戰勝暴力，你會看見縱火的政客們燒死他們自己的，現在你倒可以爲你自己想想……你，你孤零零的一人漂泊在香港，除了周邊的青年同志和幾位學者之外，大家都想吃掉你，你也許能逃過甲的血口，可是你沒有不被乙咬死的把握……，你苦笑着告訴自己說，這輩子也許註定夭折了，現實一點，計劃計劃下輩子吧——噢，你早現實一點，別人不就可以收買你而不恨得想吃掉你了嗎！我有些後悔。

如果現在閻王俯首問我下輩子願意做怎麼樣一個人，我怎麼回答呢？我說下輩子絕不招惹政客了，不做男子，做一輩子小姐，上一輩子學，大學畢業後就死掉……閻王一定又追問我：「你希望生在怎樣一個家庭裡呢？」我說……我說什麼呢？

在我的記憶裡，王太太家似乎够理想的。做生意，不問政治，尤其使我羨慕的是她那位十八歲的小姐，嬌生慣養的，柴米不用她愁，糖果和情書永遠堆在她身邊，從來不看報紙，不會她不愛見的客人……下輩子做她這樣一位小姐，不是可以彌補今生的缺憾了嗎？

在床上做了兩天好夢，第三天下午匆忙過海，叫了輛的士上山。

仍是穿着很整潔的唐裝的阿必來開門，她毫無表情地用廣東國語說，小姐出門了，只有太太在家，這半拒客的詞句並沒有趕走我：「好，我看太太吧！」

踏進客廳，看見胖胖的王太太正坐在門邊的矮沙發上喝茶，我跑過去叫她：「伯母，你好？妹妹出去了！」

她連忙站起來和我握手，又拍拍我的肩說：「她和同學打網球去了，說打完了還要去淺水灣游泳，其實天冷了…哎，這孩子呀，我也不敢阻攔她！」她回過頭去，我隨着她的視線看過去——啊，偏偏在這裡又遇見了，路怎麼那麼窄？

王太太把我拉到李先生面前微笑着說：「你們不認識吧？這是我女孩子的朋友，這是大名鼎鼎的李……」

「認識認識！」「見過的，」我和李先生同時不自然地說。

使我更驚奇的，是李先生身邊坐着一位嬌滴滴的小姐，穿着入時的鵝黃色西裝，深咖啡短外套，不停地嚼着口香糖。王太太大概以爲我也認識她，所以沒再介紹了，其實我並不知道她是誰，問嗎，不好意思，因爲外面盛傳李先生的外室跟一個葡萄牙商人跑到澳門去了，李先生忌恨之餘，又弄到一個年紀很輕的舞女。

找不出話來和李先生談，又不好冷場，只得搭訕着對王太太說：「天氣可冷了，妹妹還去游泳，會受涼的，等她回來我得勸勸她。」

「唉，對，還是你勸吧，我簡直不敢勸她，我這孩子啊，瘋了似的拚命跳舞、看戲、打網球、游泳，不管天冷天熱，你看你多好，什麼都不來…」

「年青青的，誰不愛玩呢！不會享受青春的人才傻子呢！」王太太素來寵愛女兒，我爲什麼不替她女兒說話？我如果也罵她女兒瘋了那她才會瘋了呢：「我眞後悔自己沒抓住機會玩玩呢，再說，她玩也有條件的，身體的，經濟的……不具備這些條件，即使年青也不能玩痛快的，而妹妹身體好，家庭環境又好……」

「是啊！」王太太的眼睛果然眯成了一條縫，拍一下我的膝，又用笑眼看着李先生說：「我倒素來不贊成把女兒關在家裡！我那個女孩子倒是很活動的，大大小小男男女女的朋友都歡喜她，她爸爸也把她當命根子，你們說我那裡敢阻攔她去玩啊，還有，」她對我皺皺眉：「今年暑假畢了業，也不知受了同學的聳動，非鬧着要去內地升大學不可。我對她流了好幾次淚，她才答應不去了……從那時候起呀，我就更不敢違背我這女孩子的意見了…！」

「上香港大學不好嗎？」李先生旁邊那位小姐突然說了一句話，又用白紗手絹擦一下嘴角。

「唉，沒有考取，怎麼辦?!」王太太對着那位小姐說：「香港就這麼一個大學，那裡容得下那麼多高中畢業生啊，去別的地方又困難，倒是去大陸還方便點！」

十分鐘以前，我還希望下輩子做王小姐那樣的人，可是……中學畢業之後沒有機會上大學終歸是件憾事，大學生活比中學生活更豐富而自由，如果不能好好享受那四年…我不禁動搖了。

「王太太，如果你的小姐願意去臺灣升學，我們可以替你想想辦法，」到底政界紅人李先生在某些事情上比商人更有門路：「我們不敢說一定成功，不過我可以託託朋友，」她看一下旁邊的那位小姐說：「唉，女兒眞麻煩，像我這位二小姐，也是整天鬧這個要那個…」

她是他的女兒！——不過我更替李先生難爲情了：二小姐也許比舞女還大兩歲。

「二小姐也打算去大陸升學？」王太太看着李小姐低垂的粉面問。

李先生嘆口氣：「唉，鬧個什麼！——她倒不是想去大陸，她也是不知受了什麼朋友的聳恿，想參加什麼政治性團體的活動……」他一眼看見我在忍着笑，連忙收住了。

王太太昂頭笑起來了，指着李先生大聲說：「說句不客氣的，我可要罵你這個老傢伙！你自己搞政治，怎麼不許女兒搞呢？」

注視着李先生和他的女兒，忍住了笑和難壓抑的辛酸，我不禁憶起兩年前使我不能忘却的往事：

我有一個女同學，上到大學四年級了，雖然被很多男孩子追求着，却始終不肯和任何人談戀愛，永遠把他們當做自己的弟兒。有一次，那最愛她的同學從她房裡走出來之後，她突然痛哭起來了，大家問了她許久，她總搖頭不語，隔了一個多月，才由她那位熱情的男同學透露給我們說，她似乎感覺自己在逐漸地愛他，但她的心裡却極端矛盾，竭力想用鐵石的心將愛苗壓死，因爲她以爲世界上最愛她的人是她父親，而她父親曾含淚勸她不要相信任何男子，勸她萬萬不要結婚……

她的父親是怎麼樣一個人呢？一位古怪的教徒？一位道學先生？——告訴你吧，她父親是一位士紳，有錢有勢，原配還年青，就娶了兩個小老婆，不到兩年又拋開不要了，另外養着幾個妓女，不多久又遺棄了她們，找了個漂亮的小丫頭……直到把原配氣死了，還沒有改掉老脾氣。

「我倒很欣賞李先生不准小姐搞政治！」我對着王太太講給李先生聽：「因爲那正表示他很懂政治，又很愛他的孩子，怕她……」我當然不好意思說李先生吃過不少人。

王太太到底是商家婦人，她莫明其妙地看看我，又望望神態不自然的李先生說！「怎麼樣？你也把女兒當命根子啊？你不許她搞政治，讓她做什麼呢？大學又唸完了！」

「我預備送她到外國去讀書，她，」他看看女兒嘴角邊的微笑繼續說：「她也願意，我現在正給她到處託人幫忙呢！」

一個新的意願，像閃電似的劃入心頭——我下輩子願意做一個政客的女兒，和這位李小姐一樣。父親有地位，我也受人敬重，父親有錢，我花的錢也不比父親的外室少。我想搞政治，父親最懂得政治圈裡的一套，怕報應發生在女兒身上，令含着淚勸我萬萬不要搞政治，我如果非搞不可，父親大概也不敢把他的命根子怎樣：他一定用他的政治實力和經驗竭力保衞我，那麼，我也許不但不會被人吃掉而且一帆風順呢，萬一遭到暗算，倒也給父親一個深切的創痛，他也許從此不忍再吃人家的兒女了，這樣，我也算做了件善事；如果我放棄搞政治呢，結局更幸運了：父親可以送我出洋，拿他刮來的老百姓的血汗，到老百姓看不見的地方去揮霍。

李先生也許不願意再多看我一分鐘了吧，他喝喝茶起身告辭，不知他爲什麼那樣討厭我，就連王太太說底下還有牌打都留他不住了，看着他嬝滴滴的女兒的背影，我不覺生出無限景慕之情，默默地對閻王說：

「下輩子，乞求你讓我生在政客家裡吧，我願意做政客的寶貝女兒。」

短簡

張秀亞

×姊：

前些天接到你的信，你是如此關心我的生活處理及情感安排，那些眞摯的字句，每一憶及，心頭便感到無限溫煖。

說到生活，這是最容易說，却最難說得好的題目，我先從一個印象說起：

我適間才去屋後散步，彷彿看到一片池塘，水色似乎綠得無可再綠、浸沈在日光的金影裡，就像一只通明的玻璃盤，那麼晶瑩，那麼美；一隻聰明的小鷺鷥，偶而來此歇脚，在池上挑選了一個最合適的位置，抹上這位置最需要的一點白色。在牠佇立水中央的一霎那，整個的景色都變成了一句詩，隨即，翅子一斜，又到茫茫的天水間去寫牠的第二句，只把世界留給了我同無邊的靜。

再恰當不過，我正好着了一件玄黑的衫子，遂給這句詩加了一個符號，——一個嘆號。

聽我這麼說，你來時却不必到我屋後去尋找什麼池水，也沒有什麼鷺鷥，我也還不會裁製那件黑色衫子——

那一池靜水，是我板滯的生活，那飛去的白鷺鷥，是我那一縷飄渺的幻想，一襲青衫，正是籠罩我身心的悲抑情緒！散文式的生活，詩意的幻想，悲劇的情緒，這三者，形成了今日的我，我的今日，以及我的明朝！

如是的生活，談不到處理，也無法安排，說是生活在處理我，安排我，倒比較恰當。生活給我的，只是迷茫，只是悵惘。你也許還不會看過我題爲「生活」的那首詩，今錄於下：

「我不知道什麼是生活，
是裝着晝夜双輪的輕車？
載着我的詩和夢
在人間石子路上碾過，
壓碎了多少青春的日子——
那些美麗，多虹彩的蚌殼。
。　。　。　。
我日日守望在窗前，
看年華的綠蔭裡，
映現出快樂女郎的花色陽傘；
失望老者的黑色陽傘，
像晨星，升起，又墜落。
還有那幻滅的灰衣婦人，
影子後面飛逐着白塵。
。　。　。　。
我不知道什麼是生活，
只覺得像是：
秋風吹落的第一片葉；
晝午睡起後惺忪眼中，
網在蛛絲裡的黃色日影；
又像一條銀白的蜥蜴，
爬上了暗夜中發光的玻璃。」

在這首詩裡你會聽見失望的太息，我曾向生活要求 Something higher, Something better, 但是它吝嗇的不會給予。生活的貧血，也造成了我這作品的慘白。

說到情感的安排，我是無可奉告：不要看我筆下時時出現了愛情，人都是羨慕自己所缺乏的，喜談自己所不知的。一個最愛以文字描述愛情的人，最與愛情無緣！

你也會發現我作品中描寫的愛情，它永遠與幻想糾結。幻想爲情感揷了藍翼，難得到人間來棲息。

說眞的，我的確不懂得愛情，(你也許不相信。)雖然我戀愛過，結過婚，且演過悲劇，但是說到了解愛情，詮釋愛情，愛神應笑我太單純。直到現在，我對愛情的解答是：尋覓別人，却找到自己！

或許，因爲我是如此的熱愛孤獨，喜歡寂寞，對於愛，我遂也只能遙遙欣賞，却無法領略那與人共享的愛之芳醇。

到現在，我寫的愛情故事有幾十篇了，內容也可以說是應有盡有：喜劇式的，悲劇式的，糾紛，錯綜的愛，以及眞純，虛僞的愛。先莫讚美它們有「白紈扇的素潔，紅蠟淚的淒哀。」(如你來信所說。)你也發現那破綻嗎？我重復前言：那絕非人間的情愛。

關於我個人情感的安排，我早已轉移對人的來對文字，多少年來，我向着愛要求愛以外的東西，那乃是它所不能給予的，我也無意再向它索要。

你信上問及的二事，我只能如此潦草解答，原諒我無法寫出較完美的答案，因爲事實如斯！但是，切莫爲我躭心，我縱失望，惆悵，却永不承認自己瀕於絕境，我痛苦，但痛苦中更切實感到自己的存在；我孤獨，但只有在孤獨中才得機會和自己的靈魂對語。在擾攘喧囂中，靈魂被遺棄得多苦，誰又聽到它的荒原夜哭？

在痛苦中，我從不呻吟，在孤獨中，我尚未感空虛，儘管沒有人影笑語來裝點生活，但一人小牕獨坐，欣賞過多少次風細月明。這情趣，比詩更曼妙！

另外，我告訴你，去年春季，在窗外我手植了幾株芭蕉，如今已是婆娑成蔭，在這翳翳綠影裡，我將度過生命的靜靜日午；唇邊浮着一絲淡淡苦笑，看青春的背影漸行漸遠，我沒有惋惜。

××　月　日

是我殺害了他嗎!?(下)

宛宛

既沒有錢，又沒有人手，靠親友們的少少幫助，草草的辦完爸爸的後事。媽整天的哭泣聲音已啞，只是像蚊子似的嗡嗡。自從爸爸死的那天起，一連四五天，她不知昏倒過多少次，也不肯吃東西。可憐的媽媽！國軍撤離上海這一年多的功夫、兒子、丈夫、工廠、家、什麼都完了，媽也是近六十歲的人了，怎麼經得起這樣大的變故呢？人若是慢慢的窮下來，慢慢的苦下來，倒並不難挨，這樣猛然的天崩地裂，彷彿摔在萬丈深坑裏，媽怎麼乘得起？終于她病了，她一病下來，病勢就眞不輕，晝夜不斷的發高熱，眼睛閉着，嘴裏不住的呼喚着逝去的親人們。雖然爸的老朋友，那個江醫生，熱心的一早一晚送藥，打針，也沒見什麼效。

家被清算之後，用人們都散了。只剩下一個錢媽，她說她在我家二十多年，從來沒看到爸爸媽媽虧待過甚麼人，只怪老天沒眼睛，怎麼活活欺侮好人。她堅持不肯走，她說她不要工錢，也要服侍媽一輩子，何況媽病得這樣重，倘若有個好歹，她走了，豈不是要難過一輩子?!也幸虧有錢媽，要不然我一個人照顧媽怎麼照顧得了？尤其在晚上，我眞怕極了。何況我每天還得上公安局去報一次到，如果沒有她，說不定什麼時候媽死了，都沒有人知道。媽的病日見沉重。最後江醫生向我搖搖頭，嘆口氣說：『小姐，不是我不肯盡力，你們老太太怕是沒救了』他的眼睛也濕潤了。他拿起了皮包，正準備出門，忽又回轉身來對我說：『小姐，你也不必難過了，說句不該說的老實話，你們一家變成這個樣子，老太太早點歸天，少受些痛苦，倒是好事。』他的話剛說完，撞進來一個公安局的人，極不耐煩的說：『催你們兩三次了，你們還不搬，這房子已經出賣了，買房子的等着要搬進來，你們今天非立刻搬出去不可。』我的頭猶如猛然擊了一棒，昏沉沉的，不知所措。倒是錢媽忍不住：『房子是人家自己的，你們給賣了，眼看人家自己的主人病得這樣子，反倒逼人家馬上搬，眞是古往今來不曾聽過的事。再說，你如果不相信，江醫生還在這裏！』說着，她就要求江醫生：『請你幫忙向他講一聲，再寬待個三兩天。』江醫生捋着白鬍子跟那人說：『根據我的診斷，這位老太太，大概今天夜晚，最遲明天上午就要過世，就請你同志幫忙向上面通容一下，再寬過三兩天罷！』那人一聽媽很快就要死，睜大着眼睛嚷道：『怎麼，這個頑固的老女人就要死嗎？不行，不行，非馬上搬走不可。』他情急之下，竟吐露了眞情說：『這老女人如果死在這裏，我可交不了差，你們得知道，這房子是公安部一位高級幹部同志要住的呀！怎麼好讓她死在這裏呢？搬，馬上搬！』江醫生反問他道：『請問同志，你這不明明是逼死人嗎？』那人回答道：『我可管不了這許多，我的任務只是叫她們搬——她死，她死與我什麼相干？而況她反正是要死，馬上死，跟今天晚上明天上午有什麼關係？』江醫生看看話說不通，便向那人點點頭逕自走了出去。

搬呢？不搬呢？我完全沒了注意，幸而錢媽機靈，她赶忙跑到她的臥室裏，拿出一只三錢多重的金戒指，往那人手裏一塞，然後懇求道：『求求你這位同志先生，尋尋好，我是他們家的老佣人，她們家的財物都給沒收光了，這是我的東西，原是留下做棺材本的，求你先生做點好事……』那人看了看戒指；馬上軟了下來：『看你們也實在太可憐，三天之內，你們可一定要搬出去啊！』說完便邁着方步長揚而去。

不出江醫生所料，天剛黑，媽就咽了最後一口氣。我心如尖刀亂戳，但再也哭不出聲來。即令有一泓淚水也洩不盡我內心的悲痛！我彷彿是一隻失去了歸宿的小鳥，無依的浮萍！

草草辦完媽的後事，和錢媽離開了家，我不忍回顧，回顧那逝去的年華！錢媽好意，要我到浦東鄉下她的家裏去住，可是公安局不准許我離開市區。他們在我胸前掛了一小木牌，上面寫着「國特眷屬接濟留住者按國特論」。這樣一來，誰還敢再照顧我呢？我無處可歸，只有坐在公安局的牆脚下，坐以待斃。忽然，公安局的一個人問我道：『坐在這裏幹什麼？生路有的是，只看你願不願走？』我說：『要做工找不到工做，還有什麼生路呢？』我想起了位中了，他去受訓已有半年多，說不定他已經在革命大學畢了業，分派了工作。於是，我便問道：『是不是進革命大學？我的丈夫大概在革命大學已經畢業了。』他們皮笑肉不笑的說：『倒不是叫你進革命大學，你的丈夫已經分派了工作，現在在虹橋，只要你肯去，你就可以和他在一塊。』我不敢輕信。但他們卻一本正經的解釋着說：『因爲你沒住址，他找不着你，所以向我們公安局查問你的下落，他是知道你每天要來報到的。』那一線希望又閃耀在眼前，我不禁驚叫：『眞的嗎？那末請你們告訴我他的地址。』他們說：『也沒這末容易，還得辦公事，還得你簽字。』我便請求他們馬上替我辦公事。他們說：『何必這樣急呢？』經我再三要求，他們才拿了一張紙遞給我。我與奮的只瞄了一眼標題，是『自願書』。我怕他們嫌我嚕囌，便連詳細內容也沒看，就簽了字。他們說：『你等着辦公事罷，辦好公事就送你去。』我還說：『我自己會去的，不必再麻煩你們了。』他們說：『這是公事，你不要送，依我們公事的手續卻非送不可的。』于是我只好耐心的等待。吃晚飯時，他們還分了一碗飯給我。直到晚上十點半以後，才有兩個警察，一個拿了公文，一個用手向我示意離去。我隨着他們一同上了一輛紅色的吉普車。街上死般的寂靜，我們的汽車飛馳而去。

到了虹橋，越過虹橋鎮約模半公里，汽車轉了彎，開進一條叉路上，我心裏開始懷疑恐惧，不知他們到底將我帶向什麼地方。汽車忽然停在一個關閉的鐵門前。兩個武裝的「解放軍」迎上來問話，警察送過了公文，一個兵把公文拿進去，等了好半天，那兵才把鐵門打開，讓汽車開進去。我猜想這裏多半是監牢，好罷，坐監牢也好，免得愁吃愁住的。自從共產黨佔據上海以後，人們對于監牢，已並不感覺新奇，也不再存一點恐懼，關進監牢的人，固然失去自由，那沒關進的，又何嘗有半點自由呢？整個上海，整個大陸，不就是一個大監牢嗎？等汽車開進了鐵門，先前拿公文的那警察先下了車，要我們在車上再等一下，他到屋子裏去了二十多分鐘，回來對我說：『一切手續都辦好了，你可以來了。』下車之後由他引著走進一座三層樓的房子，穿過甬道，轉了個彎，進了一間辦公室，裏面有一個穿「解放裝」的女同志，睡眼惺忪的坐在那裏，顯然是臨時被叫起來的。那警察介紹我見了她，她勉强的微笑了一下說：『歡迎歡迎。』于是她在一張預先印好的紙條上，蓋了一個腰圓戳，又簽了個字，交給那警察，那警察說了聲再會，逕自先走了。女同志收好了公文，隨即也立起身離開辦公桌，說了聲，『跟我來。』我便跟着她走。上了二樓，過道上有兩個衛兵，在來回的走動，一直到最末一間，門上的編號是二四八，她扭開了門，裏面是一個大統間，順排着三行双層床，她把靠門口中間一行下舖一個女同志叫醒，對她說道：『這是剛來的新同志，編號一七四四。』隨即轉臉對我說：『這是梅同志，二四八號的生活指導員，她會幫你解決一切問題的。』說完，馬上退出門外，隨手把房門帶上接着聽到她的脚步聲走遠了。

梅同志見我呆立着不動，左手伸出被外，在枕下摸出手錶：『呀，一點多鐘了，快睡覺罷』她指了指右邊那排床舖，手又縮進了被窩，一面繼續說：『那邊第五個下舖。一切事，我們明天再談好了。』我略一端詳，每行六張双層床，空舖位，只有三兩個，其餘都睡着人。我怕驚吵別人，便默默的躡着脚照她指的方向走去，舖上是一床棉氈一床薄被，在暗淡的燈光下，猶可看出上面的骯髒。這裏是監牢，大概無疑問了。我還暗自心喜，幸好這裏關的全都是女人，而且每個人還有氈子棉被，比傳說的什麼集中營，總好得多。反正，整個生命都揑在別人手心裏，還有什麼話好說？雖然如此想，眼眶裏還是不覺湧出了幾行熱淚。發了一陣呆，沒奈何的，把氈子棉被攤開，一看左首是一双脚，右首是一個頭，便朝右首這一頭輕輕的躺下。等發覺自己還沒脫衣服，而且發現沒枕頭，順便把脫下的衣服摺好，當枕頭，鑽進了被窩。棉氈下面就是木板，硬且不要說，動一動，板子就格支格支的響，嚇得我不敢多翻身。當過去一幕一幕悲慘的遭遇正開始在腦子裏上演時忽然一隻熱呼呼的手伸了過來，在我的臉上碰了碰，嚇了我一大跳，急忙側轉身抬頭一看，原來是右首舖上那人。她伏在舖上，微微抬起頭，向我這邊注視着，一看我也抬起頭。她又擺了擺手，意思是叫我不要響。我便也很自然的學着她的模樣翻過身伏在舖上，微抬起頭面向着她。她竊竊的問：『你是怎麼來的？』我把今天的經過簡單的告訴她。她說：『你爲什麼要要求到這種地方來呀？』我說我是來找我丈夫的。她說：『找丈夫怎麼好到這種地方來找呀！』我便告訴她是公安局說我丈夫分發在虹橋工作。她說：『你是受了他們的騙了，你知道這是什麼地方嗎？這裏是慰勞總部呀！』以前我也聽說過慰勞不是一件好事，女人只要當了慰勞隊，比娼妓還不如。便問她慰勞總部幹什麼呢？睡在我上舖的另一個女人，嘆了口氣，再一看我對面那兩個女人，也側轉頭朝我這邊冷笑。沒等我右首那女人的回答，上舖上的那女人却把頭垂下來搶着回答道：『集中在這裏訓練兩星期，然後送到各地的『解放軍』裏去送死。』我不禁哭了。右首那女人急忙止住我說：『聲音放低些，怎麼好，大家還不都是同你一樣嗎？哭有什麼用？』我只有埋首衣服中啜泣。那幾個女人也嘆着氣。我右首邊的那女人又伸手來搖我的頭說：『不要哭呀，把門口那妖精哭醒了，明天大家都要吃皮鞭子了。』我勉强止住哭聲，熱淚仍不斷流下，歇了半天，才勉强說：『對不起你們各位，吵得你們不安。』她們都說：『弄到這種鬼地方，誰還能睡得着覺啊！你不來，我們不也是東想西想，淌淌眼淚，等着天亮嗎？』

好容易挨到天明。大家起床，除我之外，都一律穿着「解放裝」。梅同志要我馬上換衣服。我要求她讓我先去找昨天晚上帶我來的那位女同志。她問我有什麼事，和她談也是一樣。我說：『昨天送我來的公事在她那裡。』她問我與公事有什麼關係。既然來到這裡，好好受訓就行了。我堅持一定要去找她。總算還好，大概因爲我初到的關係吧，她准許了我。我找到昨天晚上那間辦公室，探看了半天，找不到昨晚那個女人，又不知道她的姓名。幸好有個女人發現我在東張西望，問我幹什麼？我把昨天來的情形向她說了。她明白了我的意思之後，便介紹一位姓何的中年婦人，她戴了一副眼鏡，臉上冷冰冰的，令人生畏。但我却鼓足了勇氣向她說：『我不能做慰勞工作，我要回上海去另找工作做。』她冷酷的說道：『到這裡來，是你自願的，怎麼好反悔？』我申辯道：『我從來就沒有想到有這回事，怎麼會自願呢？』她沒理我，却只顧打開抽屜，把昨天公安局的公文拿了出來，重新看了一遍，然後自言自語，又似對我說：『分明是你自願的，怎麼說不是呢？你看，這不是你自己簽的自願書嗎？』我一看，正是我昨天在公安局沒有細看內容就簽了名的那張自願書。我接到手裡細看了一下內容，可不是嗎，那上面明明寫的是自願來參加慰勞工作，於是我便把他們如何如何欺騙我，說我丈夫在虹橋工作，又如何如何要我在這張紙上簽字，向她詳細的說明。她說：『不管怎麼樣，反正是你自願來參加的就行了。』我仍分辯。她猛然在桌上拍了一掌厲聲說道：『什麼不是不是，自願書上的名字是不是你簽的？』我說是。她說：『那末好了，還嚕囌什麼呢？』我說：『我是受了騙呀，我以爲是來找我丈夫的呀！』她問：『你的丈夫是幹什麼的？』我說：『他是蔡處長保送去進革命大學的，公安局告訴我，他分發在虹橋工作。』她說：『好了，不要說了，讓我査杳看。』她又打開那個公文袋，拿出一本厚厚的簿子，翻了幾張，打開一頁，看了半天，說：『唔！你還是安心幹一個時期慰勞工作再說罷。』我說：『我實在不能做這個工作，還是准許我出去找我的丈夫吧！』她冷笑一聲：『不要做夢了，你到那裡去找你的丈夫啊？乾脆和你說罷，你的丈夫半年多以前就死了。虹橋，倒確是虹橋，那邊野地裡有個大坑，裡面有兩千多國特的屍首，你去掘開來，慢慢找吧！』她這一陣話，像晴天的霹靂，我一把抓住她的臂膀，瘋般的問道：『你怎麼知道？』她給我嚇了一跳，指指那簿子說：『這上面有紀錄，明明白白的，一點也不錯，你的丈夫不是曾僞裝靠攏嗎？』我伸手想拿那簿子來看，可是給她搶着放進抽屜內，嚴肅的對我說：『你應該明白，你是國特的妻子，你不做慰勞工作，誰做慰勞工作？』啊！位中死了！我不該將他拖入腐化的泥沼，我不該藉名利而毀滅了他的理想，是我殺害了他嗎?!眼前一黑，我昏倒在她的辦公桌下。

我甦醒時，已經在昨晚睡過的那張床上，我只知哭泣，我想到了死。可是啊！戒指、剪刀、毒藥、繩子，甚至連一條長一點的帶子都沒有。于是我想到跳樓，對，唯一的辦法，只有從樓上跳下去！我掙扎着起來，走到窗前，然而又是一個大大的失望，所有的窗戶上都密密的釘着鐵絲網，我站在窗前，看着窗外的一片曠野，啊！位中可不就在這曠野的地下嗎？淚珠又將我的眼球遮得模糊了。我哀哀的呼喚着媽，呼喚着位中，我拉着窗欄，把頭朝窗戶上撞去，然而，所有的窗戶的玻璃都被撤除了，僅僅糊上一層薄紙，我這最後的企圖又幻滅了。但我實無生存的勇氣，我掉轉頭就朝双層床的支柱上撞，只聽有人叫了一聲救命，我又昏厥過去。

唉，我竟沒有死，只是右邊頭上撞開一個裂口。別人告訴我，流了很多的血，醫生給打過止血的針，剪掉了一大撮頭髮，創口上敷好了藥。

我這個態度被人報告了上去，於是我發現有兩個女人輪流的監視我，她們表面和我特別親熱，安慰我，同情我，暗地裏却對我的一舉一動，都密切的注意着。她們勸我無論如何把傷養好了再說。我心裡恨透了她們倆個，她們一樣是要被迫去做慰勞工作，難道她們眞的心甘情願嗎？爲什麼她們要幫着欺侮和她們一樣的可憐蟲呢？後來別人告訴我，她們的目的非常簡單，也非常可憐，她們只是貪圖在待遇上微微的一點差別喲！

監視我的那兩個女人，一個搬到我的右首，一個搬到我的對面。眞正同情我的人，都被她們倆給隔離着，大家都不敢再和我說話，只有互投會意的眼光。我的傷勢漸愈，但我的恐懼日漸加深。同屋的人，陸續有人派出去慰勞了。調走的床舖剛空下，就有新來的人給塡補上。其中有一個倪太太，她的丈夫是國軍裡的上校，她的丈夫被俘虜了，聽說在蘇北集中營裡改造，她和她丈夫結婚還不到一年，時局就變了。她還有父母在老家。她比別人都沉着，見解也高明些，只因她生理上有些毛病，一時還不能派出去，而她自己似乎希望早些出去以便找機會逃脫。有一天，新換的指導員對我說：『醫生說你的創口再過三兩天就可以收口了，爲了爭取時間，你從今天起就開始上課。』我要求再等幾天，我害怕那殘酷的時刻。可是指導員却不答應。倪太太也幫着我要求，無意中說了一句：『再等三兩天，讓她的情緒再平靜些。』誰知道這一句話却觸怒了那個雌老虎，她悶聲不響的出去了。一會兒，就聽到集合的哨音，她鐵青着面孔嚷着：『全體集合，病者也不例外。』負責監視我的人，假惺惺的扶着我，我也只好硬撑着去集合，到了集合場，一個又胖又醜的中年婦人，站在臺上尖着嗓子胡罵了一陣，接着就宣佈倪太太的罪狀，說她煽動我的反動情緒。我扭着頭到處找尋倪太太，在我的左前方，我發現了她。只見她全身發抖。緊接着，臺上那個醜女人，叫了聲倪太太的名字，命令她到臺上去，這時兩個粗壯的衛兵也自動的上了臺，倪太太戰戰兢兢的被指導員連推帶拉的送上了臺。那醜女人惡恨恨的說：『好大膽的東西！』她手一揮，那兩個衛兵很迅速的從口袋裡各人拿出了一根軟皮鞭，使勁的向倪太太身上亂抽，倪太太慘叫着滾在臺上。臺下無數的人，都鴉雀無聲，大多數都低下頭目不忍睹。我双手蒙着臉，那刷刷的皮鞭猶如打在我身上。不一會倪太太不叫了，我鬆開手一看，那衛兵正在向倪太太臉上噴水。

解散之後，立刻分別去上課，我昏沉的被監視的人帶着走。整個上午，上的什麼課，我完全不知道，我一直在想着倪太太。

好容易盼到吃午飯，我什麼也吃不下。午飯後有半小時休息，趁這個時候，大家回到房間裡，我一進房間，毫無顧忌的便衝到倪太太的床邊，我像一個不肖的女兒做錯了事，滿心懺悔的跪在倪太太床下，撫摸着她的臉，我淚如泉湧的叫道：『我連累了你！我連累了你！』倪太太勉強的露着笑容，輕撫着我的頭髮：『不要緊，汶姐姐，這裡這樣的事太平常了！』

她的臉上手上，到處是傷痕，紅一條、紫一條，血的痕跡在她的身上，也沾到床上。我勉強止住了哭，向她說：『我陪你到醫生那兒去看看。』她搖搖頭，然後吃力的說：『不用了，你不知道，被罰受傷的是不准看醫生的啊！』天哪！共產黨就是這樣，你要死，不給你死；你不要死，又逼着你去死啊！

我走去弄了一盆水，準備洗去倪太太身上的血跡，却被指導員嚴厲的制止了。並且警告我：『不許再和她接近，不許再和她說話！你應該知道，你剛才那種行爲也該受同樣的處罰！』

沅妹，我有死的決心，却沒有勇氣承受倪太太這樣的刑罰。沅妹，被鐵鍊束縛着的人，才眞是求生不得，求死不能，還能有什麼反抗呢？

在昏亂中，我受了兩個星期無恥的訓練，我的創口早已復原了。在這段期間，我除了偷着看一看倪太太之外，什麼也不能做。倪太太本來有病，加上這一次毒打，似乎比以前更嚴重。直到我離開慰勞總部，被派到衢州去慰勞時，倪太太一直沒有起床，如果她能够就死在慰勞總部，倒也是幸福的，我這樣想。

我被派做衢州慰勞隊的副隊長，那兩個監視我的女人，也被派為這一隊的隊員，然而後來我發覺，她們兩個、仍然負有監視我的任務。

到了衢州，文工團的代表來歡迎我們，他們一見面就問隊長：『據說你們這一隊有一個國民黨的處長太太也覺悟了，自願參加慰勞工作，是嗎？』隊長隨手指指我說：『就是她，你們看漂亮不漂亮？』接着她又得意的說：『她是我的助手，她不僅做過處長太太，而且還是舊社會裡大學畢業生哩！』

從此我的身世，成為文工團宣傳的最好資料，我變成了衢州那些野獸們最注意的慰勞品。至此我才明白在慰勞總部為什麼被他們重視，為什麼對我特別寬待（其實那裡是寬待，只是不像別人那樣一動就被懲罰罷了。）原來我是被他們看做有双重利用價值的工具啊！

最初，蹂躪我的，是那些所謂高級幹部同志，後來，漸漸的由下級幹部到士兵了。我完全失却靈性，我變成屠刀下的羔羊，我麻木的任聽那些野獸們去吞噬。很快的我得了病，我是應該去檢查，去醫治的，但，我不，我願我的病能發揮殺害野獸的作用。有一天，我發覺一個人，竟是弟弟的同學，我不忍心害他，將我有病的實在情形告訴他。他明白了我竟是弟弟的姐姐，覺得十分慚愧。但他却告訴我，弟弟已經在杭州的監牢裡死了。臨死之前，瘋狂了一兩天。可憐弟弟因為年紀青，受了共產黨的騙，等到發覺受騙而又懊悔不及時，心裡鬱悶，得了肺病，既沒錢醫；又沒有一個調養的環境。上次調他回上海，清算爸爸，違抗了「組織上」的命令，關在牢裡，怎麼會不折磨死！

一個月後，離開衢州，順着京杭國道一直過江到徐州，沿途凡是有軍隊的地方，都要留下三兩天或五七天。我們被迫為遊娼。我們失去了靈魂。從上海出發時，全隊七十多人，到徐州時，只剩下十四個了。一路上死的死了，病重的淘汰了。而剩下十四個人中，也個個都患着輕重不等的病。當由徐州再預備開往海州去時，我也被淘汰了。

我患了嚴重的梅毒在共產黨的眼裡，我已經沒有一絲一毫可以利用的價值。我被丟在徐州，像破草鞋被路人拋棄一樣，拋棄在路邊。

說也奇怪，沅妹，我這時反而怕死了，我渴望着要活下去，我心裡好像有點什麼躍躍欲動，但我却說不出我所企求的是什麼。我要活下去，然而我已經失去了生活下去的能力，我挨餓挨凍的在徐州的街頭巷尾露宿了三天，終于有一個拾煤渣的老婦人救了我。她引我到火車站，把我送上一節開往上海的運煤貨車中，送給我幾隻又黑又髒的饅頭，就這樣我又回到了上海。

我找到江醫生，他已經不認識我。啊，我在江醫生家裡照一照鏡子，連我自己也嚇了一跳，我比任何一個丐婦還要骯髒，頭上臉上全是煤灰。江醫生給我打了幾針，也給了我點錢，最後他說：『小姐，不是我不講舊交，只因現在藥品不容易進口，價錢又貴，我一家老小還得要生活，而你的病又太嚴重，縱然有大量的錢，也得要費很長的時間，能不能救你的命，也還沒有把握。』說着，他再三道歉，左一個對不起，右一個對不起，自然我便不好再去找他了。

我遊魂似的在上海灘上蕩來蕩去。上海的繁華，我曾充份的享受過，上海曾給我最大的幸福，也曾給我最大的苦難。然而現在上海在我眼中，什麼也沒有，它變成原始的沙灘，那些人和物，變成魚蝦貝殼，我無牽無掛的，東飄飄，西蕩蕩，像一粒沙……。

正在慶幸臨死之前，還能過幾天自由自在的生活時，警察又找到我。因為我的身份證早就交給慰勞總部了，他們問明了我是慰勞隊裡丟下的剩餘人口，便把我送到南市勞動大隊去，要他們收容我。因為我的病，不能做苦工，便被派在老弱的一組，每天替他們糊紙盒子。報酬是兩餐吃不飽的飯，但我已很滿意了。

我現在住的這個小閣樓，就是江醫生給的錢租下的。沅妹，你一定要責問我為什麼不找找親友，沅妹，我有什麼面目去見他們啊！即使見到了他們，那一個不是被共產黨的搜括，勒索，壓搾得呻吟在生死的邊緣啊！他們又能幫我甚麼忙呢？我現在什麼不想了，我只悔恨我不該貪戀虛榮浮華，葬送了位中的前途，葬送了我自己。如果我不逼他弄錢，我們今天一定也同你們一樣自由自在的生活在臺灣那個綠島上。今天我如此受痛苦的鞭笞，不正是我應得的懲罰嗎？

沅妹，這封信雖然寫得這樣嚕囌，這樣長，但我總覺得還是不够詳細。樓下住着個失業很久的水手，新近謀得了一個優差，在共產黨的華東土產貿易公司一條走私船上當水手。這條船滿載着土產——鴉片烟——就要出發，這是不經任何檢查的船，我乘便託他把這封信帶到香港寄給你，應該是很安全的事吧！但望你的住址沒有遷移，這封「剩餘人口」寫的信，能送到你的眼前。

沅妹，留着你的眼淚罷，整個上海，整個中國大陸！比我更慘的人多着呢！願你們在臺灣的人，拿出全副的精力，快快回來救救苦難的同胞。至於流落在東北的大嫂和姪兒們，如果能苟全性命，將來也只有託付你了。

汝姊一九五一年九月九日上海。

×　×　×　×

這封「無法投遞」的信是從我們新居的壁橱裡發現的，我不能確知信中所指的『沅妹』是否就是我們住屋以前的住客。我已盡了所有的努力尋找這個『沅妹』，但始終探不着她的行踪。以致寄信者切盼這個『沅妹』看到此信的願望，一直未能實現。請自由中國將此信登出，希望『沅妹』能看到它，或是『沅妹』的親友看到它，而轉告『沅妹』。

書刊評介

謝謝你們：雲、海、山！

聶華苓

燕歸來著，香港友聯出版社出版　定價港幣二元五角

窗前的藤葉在秋陽中綠得透明，片片綠葉，好似昔日母親耳邊的翡翠。藤上的小紫花沐着和煦的陽光微笑，風過處，小紫花快活地擺舞，使你不由得對她們笑了！柔和的秋陽由葉隙中洒滿了一床，令人懶洋洋的。我常在這樣的午後，放下筆桿和書本，讓葉影蓋着我，沉入夢谷。但現在面對着這本散文集『謝謝你們：雲、海、山！』，我如遇久別的故人，忘記了疲倦。懷着驚異、興奮的心情，我傾聽着這個純真靈魂的自白。那簡潔有力的詞句，一聲聲直叩入我心房，激起了心弦的共鳴。我感到一顆剛毅樸實的心在那兒躍動，閃灼，射出真、善、美的光芒！

『謝謝你們：雲、海、山！』的可貴處是它所體現的精神，維護真、善、美的精神！在這年頭，有這種精神的人真寥若晨星。我們彷彿生活在一堆變形蟲的世界中，沒有是非善惡的準繩，沒有愛，也沒有恨，人只是為別人而活着。人的四肢雖發達，但『人』的一點靈性全給磨光了。然而，作者却否定了世俗的醜惡，真切的維護真、善、美。他不但恨醜惡本身，且恨那些屈服於醜惡之下的人，這恨真激底！作者說：『我也依稀記得自己想燙穿人家眼睛的事，為什麼要那樣做，已經記不清楚了，但是我敢斷言，一定是那些人冒犯了我所愛的真、善、美，我要跳起來維護我的愛。』這愛真深切！一個較好的世界只有基於這樣的愛和恨才能建立起來。

作者也和其他一些天真爛漫的青年一樣，他的熱情曾被這世界殘酷的玩弄過。他夢寐似的說道：『陽光暖，沙暖，心更暖，你簡直懷疑自己還活在世界上——這世界會這樣暖洋洋的嗎？這世界，又會有那樣真摯豪爽的笑嗎？』這裏面蘊藏了多少辛酸的淚！但是，作者並不是一個消極的憤世嫉俗者，他有勇氣面對現實，面對血淋淋的人生。他說：『我沒有滴下絕望的淚，我『此時此刻』失敗了而已。』他有夢，但他的夢不是藍色的幻鳥，刹那間飛入了虛無，讓尋夢人苦苦追尋那美麗的幻影，終於跌得粉碎回來！他的夢是一個未來能實現的較好的世界，一個真正的『人』的世界，他不是說嗎？『在那個社會裏，每個人都是主人，不再受統治者的欺壓和愚弄，不再哭喪着臉，更不假笑；而是像海一樣的，真摯地笑，豪爽地笑，盡情地笑！』朋友，當你聽見了春之呼喚時，春天還會遠麼?!

人皆有過卑下的情操，但善良的人有勇氣去克服卑下的情操。只有善良的人才永活在人心中。因此，真正的英雄不是霸者，而是善良的人。作者和所有的人一樣，也有過卑下的情操，但他由凝視雲、海、山而得到了真、善、美的啓示，由大自然中領悟了一個向上的，積極的人生觀。他告訴我們：『射出真善美的光芒的人，不一定會被人認爲强者；但因凝視雲海山而射出真善美的光芒的人，却不但是强者，而且是强者之中的强者！』

我常愛獨坐在薄暮的階前，傾聽『藍色的多瑙河』，我着魔似的被它迷住了。清醒時，我不禁默想着一位遠方友人的話：『爲什麼我們這樣沉寂?!我希望有人像音樂家一樣，將人性裏深深淺淺的喜怒哀樂，和自然裏的韻律，色彩，光線都溶合在一起，有魔力一樣的寫出來。』密爾頓寫出了十七世紀基督教的崇高；狄更斯寫出了十八世紀英國社會的黑暗面。然而，近年來，中國人，尤其是中國青年的情感，似乎都給塞住了。這沉寂真令人可怕！當我讀着『謝謝你們：雲、海、山！』時，我彷彿在寂寞的荒野，聽見友伴輕聲的招喚，雖是那麼細微，却那麼親切！那正是大多數有正義感有真情青年的心音！

全書共分九篇：隨着浮云消逝了，繼續飄泊的生涯，比人聰明、笑，做第一等人，愛和恨，入深山，不動，前面還有更高的山頭。在這九篇之中，我最喜歡『入深山』篇。假若你抱怨此書的『說教』意味過濃，那麼，在『入深山』篇中却有滿足你靈魂飢渴的美麗詩境。有任何神思倘佯的夢谷。……今隨手錄下一段，供讀者品鑑：『……來到一個舖着小紫花的甬道上，你輕輕地走，繞開小花走，怕誰摧殘了他們。還沒走到盡頭，一些敲人心弦的音樂就在低聲招呼你了。停住了步子傾耳聽，那是人們演奏不出的音樂：是細水揉着石子，石子絆着細水的聲音。這次沒有人催你回去了，你可以像小鹿似的跳到溪邊先照一個影兒，再用你的小細腿輕輕點一下那清涼晶瑩的水，翻起幾層漣漪。平復後，你側臥在明鏡般的溪邊，半睜着的眼睛，發現鏡子裏的藍天，格外明豔；鏡子裏的白雲，格外飄逸；鏡子裏的綠蔭，格外青翠……但是你如果再照個影兒，你就會自慚形穢，茫然不知所措了。』

也許你會說：『這書缺乏風趣。』但我不由得要替今日大多數的青年辯護：『我們彷彿僅爲憂患而生，來到這世界上，所聞到的只是血腥；所聽到的只是獨裁者的狂叫和被奴役者的呻吟；所見到的只是强者的暴行和弱者的掙扎。我們好似驚濤駭浪中的片片羽片，被時代的巨浪沖來沖去。浪漫的情懷，寧靜的生活，對我們何其陌生！何其遙遠！我們不能愛我們所愛。親愛的讀者，在這樣的氣氛中成長的我們，除了吼出我們心中的憤和恨之外，還能有什麼呢?!時代對我們已够無情了，你還忍心要求風趣嗎？請等待吧！時光會慢慢贈給我們這份賜予的。

朋友，當你感到孤獨，感到寂寞時，聽見了這細微而親切的呼喚麼?!

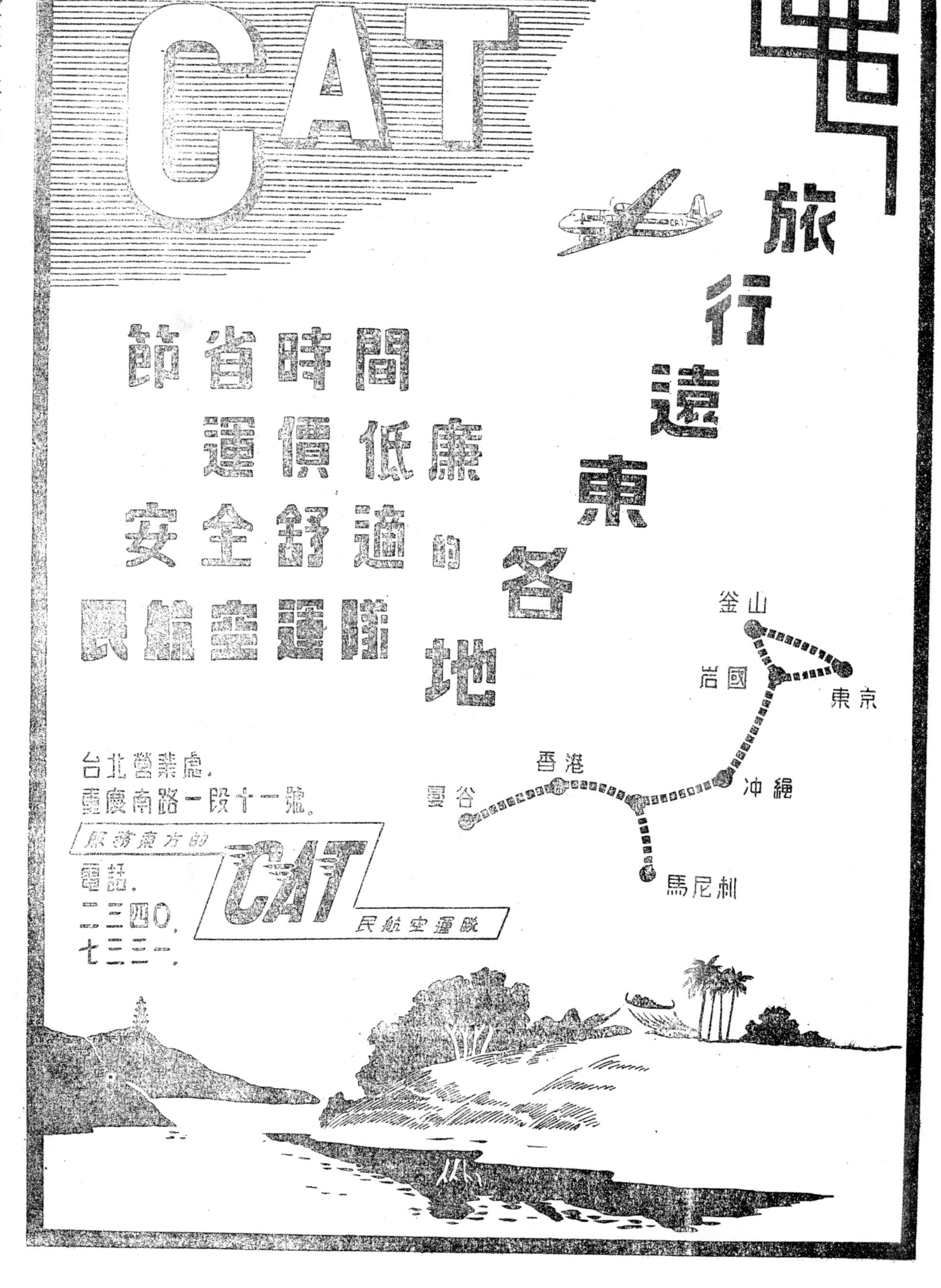
CAT
旅行遠東各地
節省時間
運價低廉
安全舒適的
民航空運隊
釜山
岩國
東京
冲繩
香港
曼谷
馬尼剌
台北營業處.
重慶南路一段十一號.
服務南方的
CAT
民航空運隊
電話.
二三四〇.
七三三一.

第七卷　第十期　內政部雜誌登記證內警臺誌字第一九號　臺灣省雜誌事業協會會員

給讀者的報告

本刊出版以來已整整三年了，想起三年前危疑震撼的情景，則今天的形勢總算好得多了，但是今後的艱苦途程還要我們一步一步走過去，且不知要多久才能走完哩。這三年間，本刊同人以一貫的宗旨，小心謹愼的態度，闡明自由與民主的眞實價值，反抗共黨的極權政治，以及建議政府改革庶政，幸博得海內外的同情。但是自己檢討起來，本刊所揭櫫的「宗旨」，還是做得很不够的，對於「督促政府」一層尤其如此。如果社會上以爲本刊有些成績，則這成績之獲得都是大衆的力量。查社外投稿人數幾及二百人，各以其精心結撰作品賜給本刊，固然是莫大的助力，而公私各界資助經費的人士亦復不少，其他鼓舞，同情以增加同人的勇氣者，尤爲所在多有。總之，或以精神，或以物質資助的，都是維護本刊有大力的人們，吾人謹於此略表謝忱。

舉世矚目的美國選舉完畢了，共和黨獲勝，艾森豪上臺已經決定了，今後美國的動向如何，正是大家所最關心的問題。英國已由保守黨替代工黨，美國又是共和黨壓倒民主黨，全世界的大勢都慢慢積極轉動了。艾氏素以十字軍自命，其對抗共黨之較民主黨爲積極，自在一般人意料之中。由艾氏所發表的言論觀之，則冷戰之轉採攻勢是極有可能的。東方則以亞洲人對付亞洲人，即是中國，日本南韓，越南，菲律賓及其他各國，都積極武裝起來，以結束韓戰，以對抗中共，進而顚覆中共的政權，在西方亦積極援助鐵幕國家的反共人士，各自去打倒共黨的政權，而解救其國民。這樣便可以避免第三次大戰而又逼俄共退回本國去了。

如果我們的推測不錯，則東亞局面已有相當的輪廓了。杭先生的「從保衞臺灣到反攻大陸」，和董先生的「如何打開韓戰僵局」，都可以幫助我們觀察東亞大局的。這兩篇都是特地爲本刊三周年紀念而作，尤其董先生由舊金山遠道寄來鴻文。兩位先生愛護本刊的高誼隆情，至爲感慰。

「唯物辯證法與階級鬪爭」─這是兩種共黨的思想武器，曾經說得千千萬萬的人們信服，我們要反共，必須將它的思想武器駁倒，然後能拔盡其根株，而不致謬種流傳。本期蔣先生的文章即爲此而作。比方狄托是反對克里姆林宮的，但依然堅持其馬克思主義，晚近我們的論壇上也有好多作家，僅僅抨擊史大林的俄國成分，而忽略了馬克思成分，甚至想將史大林和馬克思主義完全分開。這些人們不知思想鬪爭的眞義，不知精神力量之巨大，如此的反共至多亦不過反其一半而已。本期另有「狄托叛離了蘇俄嗎」？一篇譯文，正可與蔣先生那篇對照而比較之。總括一句話說：馬克思主義如果還是不折不扣的眞理，則共黨的支配當然是站得住的；故我們不但要打倒史大林，而且要駁倒馬克思。

本刊售價

一、臺灣	臺幣四元
二、越南	越幣八元
三、菲律賓	菲幣五元
四、香港	港幣一元
五、暹邏	暹幣四銖
六、美國	美金二角
七、叻	叻幣四角
八、印尼	印尼幣三盾

自由中國 半月刊 第七卷第十期
總第七十三號
"Free China"
中華民國四十一年十一月十六日
發行人　胡　適
主　編　『自由中國編輯委員會』
出版者　自由中國社
社址：臺北市金山街一巷二號　電話：六八八五號
航空版　香港時報社
經售者
臺灣　中國書報發行所（臺北市館前街八五號）
美國　紐約民氣日報社　舊金山少年中國晨報社　芝加哥中國出版公司
日本　東京南友堂　東京內山書局
韓國　釜山草梁洞新泰行
馬尼刺　大中華日報社
印尼　椰嘉達星期日報　椰嘉達天聲日報　棉蘭繁華圖書公司
越南　西貢中原文化印刷公司　越南華僑文化事業公司
暹邏　曼谷攀多社十二號
緬甸　仰光振成書報店
印度　孟買梅亞號　加爾各答塔梅學校
新加坡　中興日報社　檳榔嶼、吉打邦均有出售
澳洲　墨爾缽王德利公司
北婆羅洲　馬拉奕坡美芝律聯華公司
印刷者　臺灣新生報新生印刷廠
廠址：臺北市西園路二段九號　電話：二〇九六

本刊經中華郵政登記認爲第一類新聞紙類　臺灣郵政管理局新聞紙類登記執照第二〇四號　臺灣郵政劃撥儲金帳戶第八一三九號

FREE CHINA

第七卷 第十一期

要目

中華民國四十一年十二月一日出版

社址：臺北市金山街一巷二號

半月大事記

十一月十日（星期一）

美國總統杜魯門和總統當選人艾森豪爾同意在白宮會談，使政權作有秩序的轉移。

英美法三國外長昨舉行會商，討論在聯大行動途徑。

日本明仁皇太子成年加冠。

法越傘兵降落福端地方，切斷越共中共交通線。

聯合國秘書長對聯大全體會議提出辭職。

十一月十一日（星期二）

立法院通過延長特種刑事案件，訴訟條例施行期間一年。

菲律賓宣布派空軍來臺訪問。

美第八軍團司令符立德宣稱：韓國新軍五萬，即將參加作戰。

英外相艾登在聯大演說，拒絕蘇俄所提解決韓戰新建議。

十一月十二日（星期三）

韓境聯軍奮戰後，克復了昨日陷敵的伏兵嶺針尖山。

聯合國文教組織在巴黎舉行會議。

美日簽協定，以六十八艘美艦租與日本。

我葉公超外長在聯大發表政策演說。

十一月十三日（星期四）

聯大韓國代表要求聯大裝備更多韓軍與各盟國並肩作戰。韓總統李承晚赴漢城，準備迎接艾森豪爾。

十一月十四日（星期五）

颱風侵襲本省南部，高雄、鳳山、屏東等地受災慘重。

泰國會通過一嚴格反共法案。

韓境針尖山又展開爭奪戰。

法越聯軍擊退河內來南的越盟軍。

十一月十五日（星期六）

韓境聯軍對敵激戰後，再攻佔針尖山。

十一月十六日（星期日）

美空軍參謀長范登齎抵臺訪問。

遠東聯軍統帥克拉克發表：「我們爲什麼在韓國」，闡明聯軍目標。

本省南部受颱風災害五縣市已分配急賑款項，高雄、臺南市區已恢復正常。

十一月十七日（星期一）

美原子能委員會宣布：第一顆氫彈已在馬紹爾羣島試驗爆炸成功。

聯軍發言人稱：在過一日中，中共軍在針尖山及伏兵嶺一帶損失兵力達兩師之衆。

十一月十八日（星期二）

臺省府舉行臨時會議，通過南部風災救濟善後具體辦法。其中決定增撥急賑款二百五十萬，另撥各機關學校修繕費八百八十五萬元。省府已發急賑款八十五萬元。據社會處長謝徵孚稱：此次風災計死亡二百十五人，重傷二百五十五人，輕傷及財產損失尚未計算出。

印度在聯大提遣俘新建議，美國立即反對，蘇俄集團亦表冷淡。

美總統當選人艾森豪飛華府與杜魯門總統會晤。

十一月十九日（星期三）

胡適博士返抵臺北。

美國在其主要盟邦壓力下，已對拒絕印度停戰建議之前，再予考慮。八國委員會已集會商討。

十一月二十日（星期四）

河內防禦圈內，越共受重創。

美堅持原來遣俘立場，正勸英法打消其接受印度建議之强烈意圖。

十一月二十一日（星期五）

美總統當選人艾森豪宣佈將任命杜勒斯爲國務卿，威爾森爲國防部長，馬凱爲內政部長。

美發言人稱：美與其他西方國家對遣俘歧見已獲解決。英外相艾登講演，對印度建議提出修正。

十一月二十二日（星期六）

行政院設計委員會第六次大會閉幕。

艾森豪爾發表安全總署，財長及檢察長人選。

十一月二十三日（星期日）

張群由日返臺。

美國拒絕印度建議，堅持志願遣俘。原支持美國方案之二十國將開緊急會議。英國已撤銷對於該案之支持。

蘇俄集團電臺嚴評印度建議。

社論

管理國營事業的前提條件

——從電力加價想起——

在「發展國家資本」這一政綱下，數十年來，國營事業在我國經濟體系中佔一極重要地位。尤其在今日臺灣，百分之八十以上的生產事業，是在國營的範圍。這種政策，譽之者稱爲民生主義的實施，毀之者視作貪污腐化的根源。從歷史知識及經濟理論出發，贊成和反對的也各有人在：英國工黨的理論，贏得不少的人佩服；以哈耶克「到奴隸之路」一書爲代表的思想，也正享有學術界的權威。關於這些——帶有好惡成分的毀譽以及純理論的探討，本文都不涉及。我們本着「安定中求進步」的一貫主張，面對現實，指出當前國營事業管理問題的癥結所在。

國營事業管理問題最近之又被提起，由於行政院核准電力公司之增加電費。立法院對行政院的質詢並提出糾正案，不能說不是民意的反映。但這次電力加價，爲的是進一步開發電源。衡以「以事業發展事業」的原則（見國營事業管理法第四條），並無不合。有合法的用途，在合理的限度內增加電費，用戶應該不會反對，然而竟發生了問題。問題的發生不在此，而在於一般人多覺得電力公司還有許許多多浪費的地方，大大可以節省。自己不設法節省，專從電價上增加用戶負擔，大家就感到不平。由不平的情感而釀出的問題，往往不是另方面的充分理由所可輕易說服的，爲政者也當於此有所會心。

國營事業浪費這個現象，無疑地到現在還未消除。原因自然不只一個。根深蒂固的主要原因在那裏呢？我們思索，我們查訪，我們敢於斷定：主要的原因是在它們的主管機關。

國營事業的主管機關（如經濟部、交通部、財政部等），依國營事業管理法的規定，對於其所管的事業機構，從組織、人事，到財務、業務，都有很扼要的管理權。國營事業有可訾議之處，主管機關是不能辭其責的。有管理的權力而不能管好，就是權力失效。權力爲甚麼失效呢？「吃人的、口軟，拿人的、手軟」。主因就在這裏。主管機關向附屬事業機構「揩油」的事情太多了。

揩油是法外行爲。主管機關的首長，可以從法外要附屬機構拿錢請客、送禮、乃至修建私人公館，則其附屬機構的主管（董事長或總經理）或其太太，要本機構的總務處拿錢買窗帘、蘋菓、乃至肝精補血針，這又有甚麼不可以呢？至於報銷，自有報銷的技術。手續齊備了，誰能說他不清不白？不錯，公事上是清白了，但管理的權力則一層一層地失效。你說這是小事嗎？也可以。可是這個小事之於管理權，正同一個蟻穴之於隄防。蟻穴不堵塞，隄防是要崩潰的。這個小事如任其存在，則管理權永久無法建立，還談得上加强管理嗎？

然則怎麼辦呢？我們建議如下：

第一步，來個洗手運動，洗淨揩油的污點。

「揩油不算貪污」，官場中似乎有這樣一個相互諒解。像英國首相邱吉爾掏自己腰包支付因私事坐車的汽油費那樣的事，自我國官場中人看來，迂腐可笑。只要不把公款大批地轉入私人戶頭，就算是天字第一號的廉潔了。至於爲撐持私人的排場，弄一點小手法由公家開支，有甚麼不可呢？但是，揩油的手總是免不了污點的。有污點，不體面。也許有人顧不了這多。我們無法以此說動他的心。可是就加强國營事業的管理這件事來看——如果政府眞想有效地做到加强管理的話，我們不得不特別强調：主管機關再也不能這樣了！體面不體面，固可不顧，如用污濁的手去管理別人，想有效，休想。要管理別人，先把自己的手洗乾淨！

第二步，公開伸出乾淨手向國庫要所必要的錢。

自抗戰時期一直到現在，我國官員的各級俸給，規定在一個不合理的假平等上面。戰前一位部長的俸給，比起一位最低級科員的，高出十倍以上，外加等於或稍低於俸額的特別辦公費。現在，各級俸額已拉得很平。薪津册上部長所支的至多不會高過最低級科員的五倍。但部長的日常生活水準並沒有和科員一樣的大大減低，而有些機關首長的排場，也不顯得比戰前兩樣。這些錢是那裏來的呢？特別辦公費的數額提高了（有高到實支月俸額的十倍以上者），是一彌補之法。但還不够。於是得另想辦法。主管國營事業機構和主管稅收機構的機關，大可因利乘便想出辦法來，而此外的機關，在這方面則一籌莫展。於是機關與機關間就有了不平。我們一向主張合理調整軍公教人員待遇。不合理的假平等，事實上是無法維持的。官職有高低，俸給當然要與之相稱。我們要有名實一致的俸給等差，不許在俸給以外弄手法。爲國家作事，國家應給以與其職位相稱的足够待遇。待遇不够，可以公開地伸手來要，只要你的手是乾淨的。

其次，機關的辦公費如果不够，必須在預算上明確增加。一個機關如要維持其工作效率，必須有足够的辦公費，決不能讓這些用費由其附屬的事業機構來負擔。用錢要有預算，預算外的法外開支，一文錢也不能許可。這樣才能走得上法治的軌道。

加强國營事業管理，上述的第一步是個必要的前提條件。第二步是保障第一步走完後不再走回頭路，是一個必要的補充條件。加强國營事業管理，不是文案上的工夫所可收效。主管機關須從這裏自我檢點，建立起管理權的威信來。

第七卷　第十一期　政治與自私

政治與自私

朱伴耘

一、小引——幾點聲明

「政治與自私」這個題目，留在我腦海裏已有好幾年了，在國內的時候，就很想以此爲題作一篇短文來發洩一下心中的積鬱。可是始終沒有興致執筆，很明顯的，在當時的主要內容最多不過是幾句感情用事的話發發牢騷而已。待在歐洲住了幾年，現又在美國住了幾年，看看他們政黨爭執的內容，看看他們民衆對政府的要求與夫政府對民衆的服役，我深深感到「政治與自私」是個值得思考值得討論的問題，決不是一篇短短的抒情文所可了事的。

在討論這個問題之先，爲了引起不必要的誤會，我不得不有幾點聲明：第一、這不是一篇研究政治思想的文章，希望國內學者不要以爲我在創立什麼政治自私說的謬論，個人才識有限，毫無成一家之言的野心，請學者專家們不必以學術眼光去看它。第二、這篇文章是我數年來體驗、觀察、思考的一點感想，對於「自私」這一概念，我有我的解釋及看法。但是，社會上的一般評價，總認爲「自私」是一件壞事，尤其在衞道先生們口口聲聲，主張一切「爲公」的教條下，提及「自私」莫不痛恨，我的文章很易被人誤解爲「邪說」。事實上，我毫無推翻現有道德體系及標準的用意，不僅此也，我對「公而忘私」的這種愛好與夫中國古代聖賢所樹立的道德標準及志士仁人所留下的動人事蹟的尊崇，並不下於他人。我不反對一般人高叫國家至上，人人應有大公無私，公而忘私的精神的口號。可是，在這篇文章裏，我要提供出來如何使這種口號付諸實現的意見。第三、這篇文章既非學術的研究，又非思想的創立，那嗎其目的何在呢？我主要的目的是將我的看法及說法，供獻給現在及未來的政治家們及搞政治的人們，請他們於看後靜默熟思一下，原則上有無可取之處，照此原則而行是否收效較好。

三點聲明之餘，現在便是談談何以我將「政治」與「自私」倂在一起爲文的動機了。政府在大陸失敗，各國學者專家們，都在作科學式的分析研究，有的說我們未實行土地改革，有的說我們政治不民主，行政低能，官吏貪污……。我個人最初也是跟着人云亦云，可是想了三四年的結果，我認爲還要進一步追問一下，何以政府在過去未將這些問題解決呢？是沒有方案嗎？非也，國父遺教中所提出的辦法更合乎中國的國情。那麼政府要公們何以不將國父遺教逐步實現呢？這個最基本的原因，我以爲以前政府當局對人類的自私心理缺乏了解。再說明顯一點，他們知道如何滿足自己的自私而忽略了完成旁人的自私。假定在統治大陸時代，當政者能將個人自私心理推及人民也同樣有此自私心理，能了解自己自私之完成是建築在旁人自私也能完成的基礎上，昔日的政治措施，絕不會與大衆利益背道而馳，也因之不會人心失盡無法立足於大陸。

「政治」與「自私」何以有如此密切的關係呢？我發現無論中外政治哲學及基於政治學說上而演化的政治制度，都有一個共同的目的，那便是討論如何解決人類的自私問題。孔孟也好，柏拉圖也好，他們的學說及辦法，在我看來都是在設法如何使人類的自私能得到滿足。政治是一種藝術，它的對象是人，它的影響所及是整個社會，幹政治的人，猶如偉大的藝術家一樣：他如能調和社會上各種自私的衝突，他如能使社會上各種不同的人各能滿足其自私的要求，這個和諧的社會，便成了一幅美麗的圖畫。反之，他如不能調和社會上各種自私的衝突或偏重一方而忽略他方，這個社會決不安定，這幅圖畫不僅不會美麗，有時根本不成其爲畫。所以我說國民政府在大陸失敗的基本原因，便是負責者忽略了人們的自私心理與夫滿足自私心理的慾望。今天臺灣在反攻大陸聲中，假定要用什麼心理戰術的話，那嗎，我這篇文章便是心理戰術中的基本原則。

二、「自私」的新評價

一般說來，「自私」是個很壞的名詞。一個人被旁人批評爲「自私」，這個人在他人的心目中便是壞人，或者不道德的人。好像社會之亂，就是「自私」所造成的罪惡。就我的看法，這種傳統的評價很有重予考慮的必要。我以爲「自私」是人類的通性，俗話說，人不爲己，天誅地滅，其中實含有人性的至理。「自私」不僅是人類的通性，而且也是一切人類行爲的最後動機。人與人的區別，就本質講，不是甲是自私的或乙是不自私的，甲自私便是壞人，乙不自私便是好人，而是在他們用以達到自私目的的手段，及對他們自私獲得滿足的要求。先就用以滿足自私的手段言，有的人爲了自私的滿足，他們所用的方法，所採的行動，並不妨害他人，這種人是常人，實無加以好壞之別的必要。相反的，有的人爲了滿足他們的自私，所採的行動，不僅妨害旁人，而且還剝奪了旁人滿足自私的機會，這便是社會的病根，也就是政治家們所應注意診治的地方。其次就人們對滿足自私的要求言，這兒可分爲三大類：有的人只要求物質的滿足，以維持一己的暫存——就是在他一生中能爲了自存而獲得物質的滿足；另外一種人在求自我永存，即是他不僅在求有生之年的物質上的滿足，而且還求死後的精神上的滿足，用俗話來說，有的人只求利——物質的滿足，有的人除利以外，尙得求名，精神上的滿足；更有少數的人，特別注意精神上的滿足，爲了這種自私的滿足，他不僅不重視物質，有時尙捨身以求之，他的行爲不僅不妨害他人自私的滿足，有時他更有助於旁人自私的滿足。在這三大不同的要求下，再以他們所用以達到此等要求的方法作爲對他們品評的標準，無疑的，第三種最少數的人，——捨己爲人而求精神上滿足的人，自然是最好的人，聖人，他們是名載史冊，精神不死，爲後世的典型人物，值得崇拜效法。遺憾的是：這種人之所以可貴，名垂千古，便是這類人在社會上太少，這是超人，假定在一個社會中，其居民都屬於這一類的人，何必要政府，要法律，很明顯的，這不是我們通常所謂的政治的對象——人。我們這個現實社會所充滿的，是最多數的第一種人，只求物質的滿足的好利的人，以及次多數既要利也要名的人。這種人之爲好爲壞，便決於他們用以完成其自私的方法是否妨害他人，如是妨害他人，這種人便是壞人，反之就是好人。根據這個自私說，政治的最高功效，便於如何滿足並調和（comprise）這大多數人的自私的要求。一個搞政治的人，他是否爲一偉大的政治藝術家，便看他是否有才能爲這大多數的人製造他們滿足自私的機會及調和他們由於各人爲求自私滿足而引起的衝突。在這個努力的前提下，他自然會顧及到(1)如何使一部份人爲了自私滿足的行爲不致妨害他人自私的滿足；及(2)如何襄助那些有自私要求而又本身無力以求達到滿足的人。

寫到這裏，有人要問人類的自私慾是無窮盡的，政治家有什麽魔術來滿足人類無窮的自私慾呢？不錯，人類的自私慾是一級一級演進的，這是社會進化惟一的動力。但是每一社會，每一國家，有其特殊的社會情況，一個人的自私的要求，與其所處的社會是有密切關係的。所謂政治家也者，他就是在他所處的社會中，想辦法來滿足他這一社會的人們的自私要求。此外，自私慾既是無窮盡的，自然無法一一給以滿足，但是人類有一個最起碼非滿足不可的自私慾，那便是自我保存，換句話說便是吃飯穿衣。執政的人，最低限度要給大多數人有一個活得下去的機會，如果一個社會裏面，多數人饑不得食寒得不衣，這個社會就無法安定，就要鬧革命。人類由原始階段進化至社會組織日益複雜的現階段，便是要求自保的結果。否則他們爲什麽自動帶上國家、政府、法令等枷鎖？老實講，國家及政府在各個構成份子的眼光中有無意義，就單看它的功能是否對各個人的自我保存有無補益，有則愛之擁護之。無則恨之，推翻之。

因之，就我個人的看法，自私並不是值得咀咒的名詞，自私是合於人性的，社會問題的發生，不是自私本身在作祟，而是自私不能得到平均的發展。尤其成爲社會騷動之源的，是少數人爲了他們的自私而剝奪了旁人最低的自私要求。今後我們要想解決中國問題，首先就得承認人人都是自私的，在這個前提下，搞政治的人提出解決自私的各種辦法來。

三、民衆與聖人

在第二節中說了許多理論之後，在這一節中我要根據我的理論來分析一下政府過去在大陸之所以失敗的原因。一個政黨於得到政權之後，希望鞏固其政權，無論於情於理這是無可厚非的。這些執政當權的人其目的在滿足他們自私的權利慾，名譽慾，依照我的看法也無不是之處。問題的癥結所在，是許多在朝的人，認爲他們滿足這種自私慾是應該的，旁人最好沒有這種自私慾，他們希望旁人最好都不衣不食成聖成賢，在種種國家、道德等大帽子下作一切毫不爲本身利益打算的犧牲。不僅此也，有時他們因忽略乃至不承認他人的自私，很多行爲且妨害並剝奪他人完成自私的機會，這便爲社會播下了不安的種子。國父說政治是管理衆人之事，假定執政的人由承認自己是自私的而推及旁人也沒有理由不應自私，那麽他對國父所下的政治的定義，便會有下列數點了解：第一、政治所管理的是衆人的事，不是聖人的事，因爲世界上沒有一個由聖人所組成的社會或國家，如果眞有的話，那要政府何用？第二、政治所管理的是衆人的事，不是管理衆人。這個「事」無疑的包括一切滿足人類自私要求的辦法在內。滿足人類自私最重要的一項事務，便是如何協助人們求得自保，所以國父說建國之首要在民生，承認這個前提之後，一切辦法便出來了，土地方面要耕者有其田，私人資本之發展應有適當的限制以免剝奪他人完成自私的機會，……。人們是不是就只求食飽衣暖便滿足了呢？有的人或者如此，但有的人除物質的滿足外，尙想得到一點精神上的滿足。就中國的社會情況言，參政是獲得精神滿足的主要辦法之一，爲了解決這個問題，他便提出了民權主義的辦法。想在政治上發展一下抱負嗎，有和平的大道可走。凡此種種無一不在承認人類應該自私的原則下，提出的解決問題的辦法。一個錦衣玉食的人，是不會了解挨餓受凍者的心情的，同樣的，一個只顧自己自私而忽略旁人也應自私的人，他是不會體驗那些無法獲得自私滿足的人的忿恨的。過去當權者在忽略這個大原則的情況下，除了高呼忠於國家孝於民族四維八德之外，自然不會積極的做些滿足大多數人自私的工作。也因此之故，得到自私滿足的人愈來愈少，而形成了所謂特權階級；無法得到自私滿足的人，愈來愈多，結果是遍地饑民，結果是有才識有抱負而不得志於朝的人，迫使他們不得不另謀出路。根據中國歷史治亂的例子，饑民和不第秀才便等於革命。

當整個社會情況演化到這一階段的時候，人心之望變是必然的。這種情況無疑的是有利於共產黨的，於是共產黨的宣傳家們便針對着人類的自私心理將這批人拉向了他們一邊。他們對饑民說，你們沒有飯吃，跟我幹不僅有飯吃，自已還可成土地的主人。至於對這些失意的文人呢，共產黨讚之爲前進作家，文藝鬬士。對於在政治上無出路的人，允許他們參加聯合政府。這樣一來，他們當然紛紛走到延安的紅都或向紅都看齊。外國人一看，給以八字批評，曰「人心已去，無可救藥」。於是外援一斷，馬上就土崩瓦解。假定我們的政府自執政之日起，卽深深體念到自私慾的滿足是人類行爲的動機，則當政者的措施，自然會爲人們製造多種機會使他們各得其適當的滿足：也因之當想到解決人民吃飯問題的時候，便不得不對土地問題找一個適當處理的辦法；當想到有些人想提供意見或發了牢騷的時候，便不得不注意到言論自由的合理解決；當想到一些有才智的人應有一發展抱負的機會的時候，便不得不考慮到行政權的合理分配問題。當一個政府的存在，是有助於大多數人自私的滿足的時候，試問國內那會有一股更大的力量來推翻這個政權？在這個情況下，你要老百姓爲政府盡忠，爲國家效死，老百姓一定響應這個號召。因爲你的存亡關繫他的利益，他愛護政府也就是愛護他的利益，自然是一呼百諾。相反的，你這個政府的存在足以妨害他個人自私的滿足，他不僅不擁護你，還要推翻你，有時連國家他也可以不要。

我再說一遍，百姓不是聖人而是常人，解決常人的問題，要以常人的通性——自私爲根據。在口頭上我們儘管說，四維八德，希望人人向聖賢看齊，可是拿出來的辦法要是實際上能使常人的自私能得到滿足。以爲常人有聖人的修養，一切可以忍受一點，可以爲了國家民族等大帽子的原因可以犧牲一點，這是很危險的。不僅此也，人們之所以主張大公無私提高道德水準，本身就是一種消極調和自私衝突的手段，而不是目的

四、人民的世紀與自私

大家都高呼着二十世紀是人民的世紀。什麼是人民的世紀呢！就是人民是世界的主人，國家的主人，以前忠於帝王，忠於領袖，忠於國家等概念已不復有昔日的道德價值。以前的人民是帝王領袖等的奴隸及工具，以前政治的措施，是以統治者的意志爲最後的依據，可是人民經過數百年的奮鬪，已由奴隸變成了主人，他們再不是統治者及統治階級的奴役及工具。相反的他們之所以要國家，要政府，是爲了他們利益的存在，自私的滿足，而不是爲了空洞的概念如國家民族等。根據這個理論，要人民爲國家盡忠，納稅服兵役，惟一的辦法便是使人民在一個國家內深信國家的確是屬於他們的，國家的機關——政府工作者是由他們的意志所選擇的僕人，社會上一切進步的成果是他們在享受。這便是民有民治民享的最後理論根據。當一個國家的政治達到這種境界，一旦外敵來臨，百姓們自會執干戈以衛社稷。也只有在這個情況下，人民之忠於國家，也就是忠於自己的利益。他們爲維護自己的利益而奮鬪，這較維護空洞的概念來得親切。

因爲人民是自己的主人，他的存在是爲了維護自己的利益而不是國家的工具，是以積極方面他一定要他的國家及推行國務的政府所作的事情，是於他有利。這就是政府是爲人民服務的眞正意義。萬一一個政府假國家之名所作所爲，與其個人的利益相違，消極方面他也有應付這種環境的辦法：第一、他可不要這個政府。民主國家的大選年，便是主人執行選擇權的時候，只要大多數人民不滿意，這個政府自會垮臺。假定他是處在一個警察國家，惟一的辦法，就是革命。如果他自己無此勇氣，或者爲環境所不許可，他就設法逃出來甚至連國家也不要。在反極權鬪爭的今天，這種例子太多，我們不見每年有無數鐵幕後的國家人民逃到自由世界來，第一步請求自由世界各國的保護，進一步便設法歸化入籍，你能說這些逃出來的俄國人，波蘭人，捷克人……不愛國嗎？更顯明的例子，莫如咱們中國海外華僑及留學生對北平政權的態度。僞府成立之初，海外僑胞無不寄以厚望，以爲中國從此安定强大，他們的利益更能獲得保障。可是經兩年的勒索以及三反五反之後，僑胞金錢及僑眷生命，無不遭受損失，他們忍受不了的時候，無處不成立反共同盟。這種轉變我們如看成信仰之爭，主義之爭，豈不太天眞了嗎？再看看留學生們，個人剛來之初，充耳所聞者是讚美毛朝而對過去政府譏罵，滿以爲新政府會禮聘回國爲人民服務。可是毛記的措施，對於深受「美帝」之毒的學生諸君，是一種慢性的摧殘，回國嗎你就得洗腦，思想如搞不通還可任意加一頂帽子罰做苦工。雖然大家流落海外多年，都有故國喬木之思，今天有幾個人，要回大陸的？從這事實的教訓，我們可得一個結論：個人利益的維護，自私的滿足，是他惟一行爲的動機及衡量是非的標準。要一個從未體念到國家及政府的存在是有助於他利益的保衛和自私的滿足的人去愛國，擁護政府，無異緣木求魚。幹政治要講老實話，不可自我陶醉。就海外華僑言，他們今日之所以向心自由中國，决不是思想問題，不是僅爲臺灣主張三民主義，大陸主張共產主義，主要的他們認爲國民政府今後的作爲是對他們有利的。換句話說，他們今天的動機是基於現實的利害，而不是寄託於空洞的理想。所以今後執政者要老百姓作事的時候，爲了收效宏大起見，與其告訴他們這是爲了國家領袖等等，不如使他們深信他們的作爲與不作爲是關係他們自己的利害。

五、一個借鏡

假定我對美國民主制度的觀察有什麼心得的話，那便是我發現他們的制度是建築在承認個人自私原則的基礎上的。也只因爲承認個人自私的原則，民主才能澈底實現，國家才能眞的爲人民所有，人民所治，人民所享。政府只是人民的工具，其惟一的功用便是做使人民自私能得到滿足的事情以及調和各種自私的衝突。美國今天面臨蘇俄共產帝國主義的威脅，政府要人民努力作反共的準備，其口號是爲了維持美國的生活方式。這句「美國的生活方式」，絕不是空洞的口號，而有其具體的內容，這個具體的內容，在多數美國人看來，是包括他們個人的利益在內的。假定一天美蘇戰爭爆發，美國人决不像俄國人一樣，爲偉大的史太林領袖而戰，他們是爲維護他們的生活方式而戰，也是爲了包括

各個人利益在內的團體利益而戰。如果雙方兵力相當，僅憑士氣爲最後勝負的因素的話，無疑的美國會勝，因美國人是自己爲自己的利益而戰。俄國人只是政府及國家的工具，爲史太林等少數人的利益而戰。前者是自動的，當然打得起勁，後者全是被動的，他是所謂爲領袖而戰，爲史太林而戰，當他想到這裏的時候，他會賣命嗎？

由於美國政治制度，承認個人的利益至上，政府當局一切法令不是調和各種自私衝突的結果，便是維護私人的一般利益，當政府要求人民作爲或不作爲的時候，也無一不從打動個人的利害着手。隨手擧幾個例子吧：警察局要人駕車謹愼不要超速，無線電中你從未聽見一句威脅的話，如謂你超速開車，一被發現便捉將官裏去罰欵並弔銷執照等，相反的，他却很溫和的說，駕車的先生女士們，在公路上小心點吧，少一件撞車的意外事件，就等於救了一條人命，而這被救的人可能就是你自己！再如財政當局勸人民買國防公債，很少以愛國行爲等字眼去勸人民，他說你買了這個公債就是幫助政府去制止通貨膨脹，也就是使你自己的錢，有更多的價值，最後還得加上一句，購買公債的利益比儲蓄在銀行裏所得的利益還要優厚。至於人民對政府的號召呢，他們是否響應也是以他們的利益作標準，美國在今天不是仍在緊急狀態中嗎？鋼鐵罷工以前杜魯門不一再叫罷工會危及國防的安全嗎？兩個月的罷工以後，國防當局謂國防工業因鋼鐵罷工所遭受的損失，比受了原子彈的破壞還重大。縱然如此，工人與廠家各自爲了他們本身的利益，並未向國家至上的口號下低頭，工人於是就罷工，廠家也於是就關門休息，結果工人勝利了，他們得着了工資的增加，同時廠家也勝利了，他們獲得了利潤的提高。再看看競選時兩黨對老百姓的諾言吧：民主黨說你們要再選我上臺，大家都可有就業的機會，我要廢除Taft. Hutly Law，使工人得着更多的自由；我要使農產品維持一定的價格，使農民不受損失；老年人得着養老金……，共和黨也不示弱，他說你們如選我上臺，我可剷除貪污，節省浪費，民主黨執政二十年，使一元美金的價值僅等於從前三角幾分，我上臺一定使你們手中的錢比以前有更大的購買力，你們納的稅會更少……。凡此無一不表示一個民主國家的政府，一切措施是爲多數人民的利益着想的，老百姓投票之前第一個他所考慮的，是這個人上臺對他個人有什麼利益，絕不是對國家的榮譽，社會以及其他種種空洞的概念有什麼利益。事實上一個黨上臺能利於多數人，自然也就有利於國家，因爲國家也就是這些人組成的。這也就是中國之所謂「民爲邦本，本固邦寧」，以及「民爲貴，社稷次之，君爲輕」。能承認人類是應當自私的原則，你才會體驗到國家政府都不過是保護他們利益的工具，能如此，你才眞會把老百姓當作國家的主人，你才不得不「民之所好好之，民之所惡惡之」。也只有承認人類是自私的，才了解「民主」二字在一般的老百姓中佔什麼地位。因爲只有在民主政體下，老百姓才眞正掌握了保護他們自己利益的武器。準此，不論當政者的態度如何，老百姓爲了自己的利益，是會爲民主的目標而奮鬪的。當政者能認淸這個潮流，幫助老百姓走上這一條大道，自會得着人民的愛戴與擁護，反之，老百姓也有他們的辦法。

六、攻心與團結

今日整個反共世界中，大家都在研究心理戰術，自由中國自不會例外。心理戰術的最後目的，就我的觀察，不外(1)爲什麼有許多人相信共產主義而爲它拼命，及(2)爲什麼人們不相信我們的主義，與甚至以前相信我們主義的人會走到敵人的陣營裏去？根據人性的自私原則，不難得到答案。第一、積極方面是由於以前政府的措施於百姓有利的太少，老百姓所聽見的只是難以了解的口號如國家至上，擁護政府等，他們一想不錯我們應忠於國家，孝於民族，可是，國家也好，民族也上，把老百姓減掉還剩餘什麼？當他們今日愁完糧納稅，明日愁無米下鍋，他還有心情想到忠於國家孝於民族嗎？他們只有吃飯穿衣至上，自我保存與發展第一、要老百姓了解國家的可愛，擁護政府，惟一的辦法就是政府所作所爲與多數老百姓利益打成一片，這個政府如垮臺，他們的利益也就不保了。第二、我們以前所用以對付共產黨宣傳的辦法太未用腦筋。談到思想問題，老實講，百姓們對之毫無興趣，這是知識份子的玩意兒。社會上流通的共產主義的書籍及共產黨辦的書刊，不過是討論思想問題宣傳思想問題的一部，似無禁止流通的必要。因爲人是好奇的，你越禁止，他越想設法找得看，而誰都知道讀禁書的效率，還比必讀書籍的效率高，結果是表面上是「禁」了，實際上反而讀者多了，不僅多了，並且幫助這些讀者提高閱讀的興趣，政府所落得的只是「統制思想，違反言論自由等」惡名。此外有一個更嚴重的惡果是：這個禁令，無異於宣佈自己心理上的崩潰，在一般人看來，是我們自己承認我們的主義不行，假定我們的主義好，辦法好，爲什麼怕旁人提出他們的主張及辦法呢？談到戰爭，只有採取主動的攻勢才能獲勝，思想戰亦復如此，你前進，我要前前進，你暴露社會黑暗攻擊貪污，我們的報紙早已發表在先，卽令共產主義眞好的話，我要老百姓知道由國民黨行起來比共產黨的殺人放火的辦法好，在這種情況下，共產黨的宣傳家還如何施其技倆？

除此以外，我們過去更用了一種徒以自樹敵人增加共產黨威勢的沒有多用腦筋的辦法，那便是隨意加帽子逼人向共產黨靠攏，悲劇較喜劇意味深長，我想很多人該同意這句話。所以青年人總歡喜看看描寫社會黑暗的悲慘故事及小說，寫的人爲了生意經，也多以此爲題材，這些作者與讀者中，最初本不一定就有政治意義的，可是我們除了不讓他們看以外，還對看的人加上一頂「思想左傾」的帽子，作者呢便曰「左傾作家」。左傾也者，在一般人看來是與共產主義接近，是代表大多數人利益的，在這些人未獲此頭銜時，卽會作者是有意而作，讀者也只是爲了故事的趣味而讀，帽子一加他們無意的便推到站在與政府仇視的地位。於是寫的愈寫，讀的愈讀，政府同他們的仇恨愈來愈深，他們在大力壓迫之下也愈加團結，最後逼他們走進共產黨的圈套。更可笑的，說人家左傾不是自己承認右傾嗎？既然左傾是代表多數人的利益爲勞苦人民說話，那麼不明明自己承認是代表少數人利益是勞苦人民的敵人嗎？世界上那有比這還愚蠢的事情！如我當時有權過問政事，對付這種潮流非常容易，我就採取不干涉主義，讓你去讀，讓你去寫，我還要鼓勵國民黨的作家，寫出更悲苦動人的故事暴露社會上更多的黑暗，讓一般人知道國民黨也同樣也有這種爲大衆利益說話的人，在沒有外在壓力之下，他們怎麼會團結起來走到共產黨那邊去？事實上，國民黨本來是主張解除民衆痛苦的黨，爲什麼國民黨不應有寫反映民間痛苦暴露社會黑暗的文藝作家而把這些作家變成共產黨的專有品。問問毛澤東先讀通了馬列主義及受了這些所謂左傾小說「感動」由於深信共產主義而入黨的有幾個人。那個不是先把個人的利益考慮一番再作入黨決定的？國民黨關了門，這些人自然另謀出路，——這不是我們未用腦筋的辦法增加了敵人的威勢嗎？

今天是我們準備反攻的時候，同時共黨在大陸上造成的暴政也是於我們最有利的時候。我說有利是他們今日的措施比過去政府在大陸上更壞，當他們騙人的時候是好話說盡，當政權到手的時候卻壞事做完。他名義上給農民土地，實際上卻要他們的命，他所謂的自由，是共產黨員有自由，共幹有自由，朱毛有自由，其餘大多數的人都套上國特，土劣的枷鎖，昔日前進的人，今天都是被洗腦的對象。他們罵以前的政府是代表少數人的利益，今天自己却在製造特權階級，昔日罵政府統制思想，今天他們只要青年讀馬列看毛史，……今天在大陸上的同樣是中國人，有人性的中國人，爲了最低限度求自保的人，當昔日由於政府未注意到大多數人利益的滿足，他們始而對政府灰心失望，繼而便希望解放早日光臨，今天當他們利益受到更大迫害時，是不是同樣會始而比較今昔繼而便盼望國府反攻呢？昔日的恨和愛固然不是爲了主義，今日的愛和恨也不是爲了主義，他們的恨同愛是建築於政府的實際行動上的。誰做的事使他們感到滿意，他們便歡迎誰擁護誰，否則，就反抗誰打倒誰。他們過去既不爲國家，民族，主義等調子所打動，難道現在就會爲國家、組織、毛主席等標語所誠服而拿出命來嗎？再談談在臺灣的同胞的反應，三年以前我不敢講，目前的情形我可想像得到，不論你去問那一個農人，決不會有說歡迎共產黨的，原因是他們有了三七五的房子，三七五的太太，不用流血也變成了土地的主人，大多數的人都有了點產，誰願意共產？他們今天熱愛政府的態度，決不是因爲這個政府的招牌叫國民政府，這個政府主張國家至上，道德第一、所主張的是三民主義，而是因爲這個政府所作所爲都有助於他們自私慾的完成。假定不作如此解釋，何以同樣的招牌同樣的主張，過去在大陸上便得不着市場而在臺灣却有了顧主呢？難道臺灣的人民所受主義的薰陶較大陸上的人民時間還長感動還深嗎？可見世界上感動人的是有利於人的行動而不是難以了解的語言。以臺灣爲根據地，日日新又日新，把臺灣同胞所得的「利」告訴大陸同胞，再問他們中共給了些什麼，而我們回來時一定可以給什麼，同時凡我們斥責中共沒做的我們樣樣都做到——譬如我們說中共無言論自由，而在臺灣的確享有高度的言論自由，說中共不民主，臺灣的確民主，說中共一黨專政，臺灣的確是各黨派誠心合作，這個事實就是攻心的原子彈。

再談到團結，目下也是千載一時的機會。共產黨在今天已不是任何一人，一黨的敵人，而是全國的敵人，爲了擴大反共的力量，同時讓友邦尤其是美國知道，反共是爲了全國的利益，全體人民的利益，而不是某一黨一派的利益，反共鬥爭是救國救民之爭而不是政權之爭，這樣我們自會得着更大的鼓勵與支持，而外來的援助也會集中作更有效的使用。在大團結的原則下，以前同政府意見相同的固應歡迎，即使相異的也要設法取得協調。所謂意見相異者，表面上是主張問題，骨子裏搞政治的人都知道是利害問題。當今天大家害是一致的時候，——都受了共黨的害，難道利的部份無法協調嗎？一個人，一個集團或反對什麼或擁護什麼很少不將其私的利害計算在內的。因之，要旁人出力也得讓此出力的人知道他有什麼益處。無所爲而爲的超人是不太多的。能想到此做到此，不談反共則已，反共的不會都集中在青天白日旗下携手努力嗎？美國今天是吃盡了共產帝國主義者的苦頭，只要你反共，三個人一羣也好，五個人一

「自由中國」的宗旨

第一、我們要向全國國民宣傳自由與民主的真實價值，並且要督促政府(各級的政府)，切實改革政治經濟，努力建立自由民主的社會。

第二、我們要支持並督促政府用種種力量抵抗共產黨鐵幕之下剝奪一切自由的極權政治，不讓他擴張他的勢力範圍。

第三、我們要盡我們的努力，援助淪陷區域的同胞，幫助他們早日恢復自由。

第四、我們的最後目標是要使整個中華民國成爲自由的中國。

組也好，他們總是支持，結果東一雜誌，西一刊物，彼此反共而又互相攻擊，旁觀者看來寧非怪事？臺灣在今天無疑的是世所公認遠東的強大反共堡壘。當局能放開眼光不樹無謂敵人並加強自己聲威，第三勢力也好，第四勢力也好，大目標既同，何以不將海內外團結起來對付強敵並藉此昭告世人，反共復國是大多數人的一致要求呢？

七、結論

在這篇文章中，我一再強調應當注意自私慾的滿足，方是人類一切行為的最後動機，並不是否認社會上還有捨己為羣公而忘私的人，以及他們樹立的道德標準。請讀者們不要在讀經復古的氣氛下目之為邪說；我也不否認主義，思想的重要，就中國情形言，人民是否以主義思想作為選擇的標準很成問題。政治的實務是解決問題，而社會問題之所以發生，就是由於社會上的人，各有其要滿足的慾望。但各人以先天的秉賦及後天的環境不同，有的人辦法太多，有的人根本毫無辦法，於是有的人獲得太多的滿足，有的人便絲毫未得到滿足，結果衝突由是而起，社會各種問題也因之而生。人們之所以要國家，要政府，其最終目的便是利用此一機構來調和衝突解決問題，此機構能解決問題，人民則要之，反之則棄之。決定「要」或「棄」的主要因素，是這個機構「做」得有無成績，而不是「說」得是否漂亮。

在小引中我曾說明這篇文章主要的是給現在及未來的政治家們參考的。我要請他們靜思一下這是否坦白之論。我反復舉例解釋，其目的是①使負責政務的人，不出來「為民服務」則已，既挺身而出，則非為大衆服務不可。他們只有承認人類是自私的原則下，才了解非做事不可，不僅要做，而且一切法令規章及使法令規章必須實現的步驟是在顧及多數人利益的滿足與夫調和利益的衝突。如果負責者因循敷衍不好好的幹，人民為了自己利益的滿足，是會採取行動的。②只有承認這個原則，當政者才能體會什麼是「推己及人」，才了解國家政府的基礎是建築於全民擁護之上的。有此了解，執政者才感到必須多做於大衆有利的事情，方能獲得多數人的支持，為少數人或小集團的自私的滿足，忽略甚至剝奪多數人滿足自私慾的機會，為期是不會長久的。③在我這個粗淺的解釋下，才可了解為什麼民主是不可阻遏的潮流，以及人民為什麼必會為爭取民主自由而奮鬪。因為只有他們掌握政府的去留權，政府才不敢不做，以及知道如何做於多數人有利的工作。他們不要開明的君主或統治者「賜」給他們福利，他們要使政府當局眞正做他們的公僕。

最後，我說過這篇文章只是個人體驗、觀察與思考的一點感想。為了提高行為標準，我們提倡忠孝仁愛禮義廉恥這是不錯的，但我怕大家把這些好的道德標準變成了口號及工具，反將人類行為的最後動機忽略了，是以不如從另一角度來討論如何才能使社會有一好的道德基礎。我很希望讀者，就我這個看法予以批評。惟我有點聲明，批評時不必對個人加上任何「唯甲」或「唯乙」的帽子，個人對唯「任何」論的哲學各調都無興趣，同時全篇文章只見談利而不見談義，只是談私而不見談公，好像我是「自私自利」之徒。我的解釋是多數人的私便成了公，多數人的利也就是義，——禮運大同篇的項目，不是多數人私利的完成嗎？

十月五日於華盛頓大學圖書館

（上接第25頁）那只有做成工黨內部的分裂，兩派爭持的結果極可能埃瓦特會被迫去位，而由柯威爾接代，這當然不是埃瓦特所願意的。反之，假如埃瓦特要使柯威爾無法覬覦他工黨領袖的寶座的話，那麼他就只有接受柯威爾的反共路線。很顯明的是為了這一個考慮，埃瓦特才於不久前完全改變了他以往親共的態度。

埃瓦特這一個轉變實在太重要了，在工黨來說牠結束了黨內數年來關於共黨問題的爭執，在黨外來說牠和自由黨奠立了今後澳洲兩黨外交政策的基礎。以往自由黨和工黨在外交上所以有歧異的地方，最基本的原因還是因為兩黨對於反共問題所持的見解不同，譬如說美澳紐三國安全公約工黨指責政府的是，澳洲不應該在軍事上和美國結成一體，簽訂了這一公約不僅英澳間傳統的關係發生了本質上的變化，而且等於向遠東共產國家宣示澳洲無意和它們建立友好關係。以對日和約來說，工黨指責政府是，這和約太寬大了，它對於日本的國防軍備毫無限制，甚至於和約中連賠欵一個字也沒有提到。以上的紛岐完全是因為工黨對於反共問題的意見還沒有和自由黨一致。假如兩黨在這一個大前提下彼此能够獲得諒解，那麼以上的兩個條約工黨實在沒有什麼可以反對的地方。再就澳洲參加聯合國在韓作戰以及承認匪共問題來說，同樣的，只要工黨接受了反共這一個大原則，它就沒有理由可以反對政府在這一方面的外交措置。

在地理上、種族上、信仰上、政治上、以及人民生活和文化傳統各方面，澳洲早已先天地把它自己鎔鑄在民主反共國家的集團之內，美澳紐三國安全公約更在精神和文字上把澳洲和反共首要國家凝固在一起。此外荷屬新幾內亞問題（上月廿七日荷蘭宣佈決定不放棄荷屬新幾內亞後，澳洲和印尼的關係短時間內是不會友好的），越南戰事，韓戰等等也同時註定了澳洲的反共路線。在這種情形之下工黨要想推翻反共這一個大原則，另創新的外交路線，實在是不可能的事情。正因為如此，所以我們乃有理由相信，今後澳洲的外交政策勢將走上兩黨外交的途徑。

論日本人

邱南生

神明的子孫

在近代中日兩國的關係史上，中國人沒有比今天更適宜於用冷靜的態度去觀察日本人。六七十年來，中國人的鏡子裏面，日本人所反映的，是一種可怖的或者模糊的面影。日本人究竟是怎樣一種人？普通中國人可能這樣回答我：他們是中國人徐福之流的後代，後來則成爲仁丹和中將湯的發行人。但他們的面目並不像商標上所畫的那樣和善姣媚，而是足登木屐，身披「袈裟」，口留小髭，背隨百萬精兵，千艘戰艦，他們曾經是帝俄與清廷的戰勝者，中國一半土地的征服者，世界上第一個把炸彈投到珍珠港的人，也是世界上第一個統治過全部南洋羣島的人，世界上唯一會切腹自殺的人，也是世界上唯一接受過原子彈的人。他們擁有富士山，櫻花及無數蝴蝶夫人，產生過豐臣秀吉、西鄉隆盛、伊藤博文、山縣有朋、大隈重信、東鄉平八、東條英機，本間雅晴，乃至夏目漱石、芥川龍介、坪內逍遙、谷崎潤一、田中絹代、人見絹枝。他們精於奕棋、游泳、垂釣、撞球、茶道和柔術，而拙於烹飪、縫製、舞蹈、理髮、寫漢字和學英語。很好，這些答案，分開來都是對的，但合起來則並不能幫助我們了解，究竟什麼是眞正的日本人。

過去六七十年來，日本人自己給我們的答案仍舊是模糊的。他們自稱是神明的子孫 (sky people)，天照大神以來，天忍穗耳尊、瓊瓊杵尊、彥火火出見尊，至於神武天皇，「恢宏天業」，東征定都、八紘一宇、神功皇后、遠伐三韓、垂統兩千六百餘年，萬世一系。日本人是美神、力神、思考之神的綜合體(長谷川如是閑如是說)，日本人的文明自古以來即是合體性的，富於消納力與創造的衝動。聖德太子是神、佛、儒的糅合象徵，明治維新則是代表東西文化複合的焦點，他們自己相信日本人具有無限精神的魅力，尙寬睿，務平正，足以範式當世，君臨六合。當然，過去這些基於民族優越感的純主觀鼓勵的宣傳，不能說完全都是錯的，但並不比普通中國人更能幫助我們了解，究竟什麼是眞正的日本人。

國際的人類學者會告訴你：日本人是以通古斯族的集團移民爲基幹，深雜漢人、尼格羅、蝦夷、馬來、擺夷、雅里安(印度)及蒙古諸種血液的複合民族，頭形指數(頭長與頭幅的比例，即 cephalic index)，七八到八十二，鼻形指數(鼻廣與鼻高的比例即 nasal index)平均四九·九，身長平均一六〇至一六四公分；髮型直毛百分之九一，波狀毛 (wavy hair)百分之六，鬈毛 (frizzy hair) 百分之三，眼形歐式百分之三十，蒙式百分之四十三，歐蒙混合式百分之二十七。在藝術技能的表現上，日本人具有創始性、模倣性、適應性 (adoptability)，發展性 (mobility)，然而，這些學院式的研討成果，也並不能使我們得到一種完整而深刻的印象，知道究竟什麼是眞正的日本人。

遺傳・教養・友誼

我們之所以不能憑藉概念或簡單的歸納方法，去說明日本人，是因爲一種民族氣質 (national character) 的形成，包含許多繁複微妙甚至不可知的因素。最容易使人迷亂的，是兩種對立性格的交錯以及四度空間的變異問題。例如，一般人認爲英國人是保守的，但英國人正有其冒險進取精神的一面，否則，便不可能產生美國。豎起來看，現代英國人的性格也絕不等於維多利亞時代英國人的性格。同時我們也常常失之於粗簡，用一種類型去概括全部，或者舉出幾個突出的人物去代表他所不能代表的羣體。例如，我們很容易把英國人和日本人歸諸一類，說他們都是海洋性的，島國性的 (insularity)，然後置諸度外，便以爲不值得再去思考。實則，英國人就有許多顯然不同於日本人的地方，一般地說，英國人比日本人深沉，文化表現上是一片大陸性的壯美宏潤的氣象，同時也比日本人更多一點幽默感。英國人已經產生莎士比亞、拜倫、蕭伯納，而日本人則不過是坪內逍遙、西條八十而已。即使在同一時代的日本人之間，也一樣有基本性的差別，東條英機和尾崎行雄之間的距離，也許並不下於伊藤博文和李鴻章之間的距離。執偏以概全，便常常產生誤解，用一兩個我們所熟知的日本名人做代表，舉一反三，說這就是日本人，那就等於根本不想去了解日本人。如果只以土肥原爲標本，說日本人都是陰狠的，那就等於品賞過銀座咖啡店風味之後，結論說日本女人都是淫浪的一樣。

因此，我們最多只能就現代的日本人，尋求他們比較具有共同性的心理狀態，這些狀態毋寧是屬於一個平庸的日本人，而不是日本的英雄、名士與美人。同時，我們也可以討論，這些狀態是在什麼因素和環境之下逐漸形成的。

一個民族的共同氣質大致決定於(一)生活環境 (life cycle)，(二)種族血統，(三)文化的接觸圈 (sphere of culture contact)，猶之於一個人的性格是來自他的遺傳、教養、友誼與生活經驗一樣。

日本是一個晚期複合的民族。通古斯族是古代日本人的主流，由西伯利亞草原逐漸東移，最遠到北美洲，南下的一支則經朝鮮，跨對馬海峽而到日本，征服原來的蝦夷族，融合在九州的印度尼西亞族，以及由中國大陸移民入海的漢族，複合的過程大致到神功皇后以後才寖成穩定狀態。

當時西伯利亞的通古斯族，在遊牧民族中文化較高，天孫思想也是一致的（中國北方的遊牧民族，也同樣有這種神話），漠北遊牧民族的慓悍、堅忍、以及原始神道觀念，便成爲史前日本文化的基調，同時，晚期複合民族由於生存條件的孤立感，不可能產生文化的排斥性，而必須有容納外來生活方式的器量，因此，凡稱爲複合民族在穩定狀態後的一定時期之內，在基本性格上自然比單一民族更富於適應與消納的能力。

日本的地理條件在漁獵游牧乃至純農業時代，都不可能支持一種富足逸惰的生活，日本有百分之七十三點五的土地是十五度以上的坡度，平原則不到百分之十五，總共不到二萬方哩，而且被分隔爲關東平原（東京附近）、畿內平原（大阪京都附近）、濃尾平原（名古屋附近）、仙臺平原（東北）等三十幾塊大小不一的低地，其中還有一部份是濱海碎石低地，洪積和沖積臺地 (diluvial and alluvial terroce)，農業生產必須經過繁重而高價的灌溉、排水、施肥的工作。

古代日本人無論來自北方或者南方，都不可能用一種安全而便利的勞動去建立他們的生活基礎，如果他們之中一部份原來是北方的遊牧民族，則他們在日本已經找不到適宜於大量畜牧的草原，而必須部份地回復到漁獵時代的生活，如果他們之中一部份是帶着農業知識而來的南方民族，則他們逐漸發現在這個新海島從事農墾是如何一種艱苦的奮鬪。

漁獵生活的民族必須富有冒險、機敏、進取的生活習慣，否則便不能生存，貧瘠的農業條件也迫使他們不得不養成勤勞、儉樸、精細，甚至近於虐待自已的生活習慣，否則也不能生存。同時，在這些生活基礎之上，也必定養成急功近利的實踐觀念。日本有五百個以上的火山，六十個以上的活火山，富士山在室町時代以前，尚不斷噴發，地震平均每年一千五百次，因此，古代日本人卽使在居屋建築上也不可能作規模宏遠的打算，像埃及人、希臘人、羅馬人一樣。

實踐儒學與武門佛教

文化的發展與民族性格的衍變，猶如一幅油畫，有它基本的色調，也有一層一層塗抹上去的五顏六色。從史前時代到應神天皇（紀元二八五年），我們始稱之西伯利亞文化的基調時代。從應神天皇到後陽成天皇卽德川家康時代與荷蘭修約通商，可以稱爲中國文化附帶印度文化的涵泳時代，這是基調以上的第一層文化色彩；從所謂蘭學東漸經過明治維新到現在爲止，可以統稱爲東西文化的複合時代，這是第二層的文化色彩。

儒學的實踐道德精神傳入日本，以應神天皇時朝鮮人王仁携中國史書渡日爲始，漢字的應用，大致也在三世紀左右。但儒學思想眞正影響到一般日本人的生活理念，則是推古天皇（與隋煬帝同時）以後的事。奈良時代的人民生活幾乎全部是唐代文化的翻版，從建築到美術，從道德觀念到日常語彙，無一不中國化，中國的「孝經」成爲當時日本人家喻戶曉的日課，寧樂時代的安倍仲麿，吉備仲備等留唐學生，是中國文化的極端崇拜者，在氣質上和當時的中國人幾無差別。

但日本文化的基調對中國文化仍表現其堅强的糅和力，並沒有因此被「全盤漢化」。創造以漢字草書爲準的拼音文字，而不是索性完全說漢語寫漢字，這正是日本人的才能，也就是創造力與模倣力的平衡的結果，菅原眞道鄙摹倣蹈襲，而力主「倭魂漢才」之說，更成爲平安時代以後儒學的中心理念。

武士道始於鎌倉時代，抗戰時中國人每以武士道爲日本侵略意識的根源，實則武士道最重要的內容只是孔子「知恥」的觀念，與日本原始文化敬神尚武精神的糅合。知恥的極致便是切腹以明心贖罪。這種精神如果被侵略意識所利用，則一定產生驚人殘忍奔突的力量，但本身並不就是侵略意識的來源。

自藤原惺窩倡陽明之說，中國文化在日本人精神上的影響又踏入一新階級，迨德川幕府的三代將軍德川光國，奉明遺民朱舜水先生爲國師，啓德川二百年太平之治，陽明知行合一的哲學更成爲支配日本人生活理念的準則。朱舜水答日人林春倍的話是日本新實踐精神的最好的啓發，他說：「制擧義者現爲塵飯土羹，而講道學者又迂腐不近人情，大資非笑，於是分門標榜，遂成水火，而國家被其禍，未聞所謂巨儒鴻士也，巨儒鴻士者經邦弘化康濟艱難者也。」又說：「宋儒辯析毫厘，終不曾做事，……出之於口則可聽，措之於事則全非，處之危疑而弗能決，投之艱大而弗能勝，豈儒者哉？……不佞生平無有言而不能行者，無有行而不如其言者。」影響陶冶之深？不僅爲勤王討幕運動的胚芽，而且明治維新以後日本工業化及現代化政治的迅速長成，朱舜水思想也是一個重要的因素。德川末期的儒學者山崎闇齋有一次問學生：「倘孔孟今日領師干以犯我疆圉，則汝等將如之何？」稍頓，又自作答案說：「執干戈以衞社禝，俘而縛之以報國恩，此卽孔孟之道也。」一問一答，也正是儒學日本化的最好說明。

印度文化是附着於中國文化輸入日本的，時間在繼體天皇十六年（紀元五二二年），當時所供的佛像，日本人稱之爲唐神，是爲佛教間接輸入的明證。到寧樂時代佛教大盛，寺院林立，追求淨土理想的出世思想，與原始神道相結合，成爲日本人幻想力的唯一寄托，同時也把日本人的傳統功利慾念冲積昇華，形成日本中世紀精神生活上比較錯綜的一幅畫圖，有其矛盾之處，也有其交雜諧合之美。第一到鎌倉時代，基調文化又重現於佛教的變質。第一、元仁元年（紀元一二二四年）親鸞上人倡淨土眞宗之說，排斥厭離穢土的思想，偕妻食肉以欣求現生活中的淨土，日本佛教徒聞者景從，一直到現在仍保持其發展力量，在中國人看來，或涉於荒誕不經，然而，這正是日本人的入世精神；第二、鎌倉時代佛寺寖漸成爲武士仇討後的隱遁淵藪，無數日本魯智深湧入山門，而產生武門佛教的日蓮宗，以男性的武士的剛健氣質爲標榜，而排斥他宗爲「念佛無間禪天魔，眞言亡國律國賊」，且以「日蓮之盛衰決日本之存亡」自負，受盡挫折，卒成現代日本佛敎的最有力的宗派之一。

從維多利亞到柏里第二

神、儒、佛揉合的日本文化到安土桃山時代，已經入爛熟程度，經過德川幕府的鎖國令，更陷於停滯壅塞的穽穴。如果鎖國狀態不被外力衝破，日本就不可能有以後的輝煌騰躍的國運。美提督柏理叩關而入，激起日本人生活理念上極大的衝動，東西文化於焉相擊，濺湍飛濤，蔚成巨變。七百年幕府傳統潰於一旦，代之以興的是王政復古，實質上是追摹西方的運動。明治維新以來，興海運，敷鐵軌，獎掖工商，淬礪農漁，不三十年而頓然改觀，樹立近代化國家的規模。甲午日俄兩戰之後，取朝鮮，併臺澎，國力鼎盛，虎踞龍蟠，造成近代史上奇蹟。中國與日本同時接觸西方文明，而結果截然有別，原因當然不止一端，但最基本的則在以下兩點：（一）日本傳統的實踐功利觀念，經過朱舜水思想的凝鍊陶鑄，與西方的近代文明不謀而合，當日本人立水戶學派，硜硜於朱舜水經邦弘化康濟艱難的啓示時，中國儒學者正在異族侵凌的考驗下，以洪承疇錢謙益爲代表，開始其精神文化的總崩潰。當日本的林子平勘察全國，著海國兵說三國通覽時，中國的戴東原段玉裁正馳聘於訓詁考據之學。當日本人已擁有鐵路五千英里，船舶一百萬噸，紗錠一百四十萬枚，企業資本日圓十六億時，中國人正在作中西體用之辨唯心唯物之爭。（二）日本自江戶時代後，人口漸增，農產不足，掠米暴動紛起，至大鹽平八郎之亂，達於極點。幕府財政與全盤經濟條件皆迫使人民不得不在農地以外尋求生存的基礎，工商因此而蹶興，江戶的紀國屋文左衞門、奈良屋茂左衞門，大阪的淀屋辰五郎，已成近代資本主義的雛型。而日本人傳統的儉嗇不虛擲一錢一物的性格，也正與現代化的企業精神，同其軌轍。中國人則米產尙不顯著匱乏，耕地開墾頗有迴旋，儘管胡林翼見長江汽船而椎心瀝血，一般國民則並無改絃易轍的眉睫之需，大量工商資本無從蓄聚。數千年累積的農業文化，輕商思想，泄沓籠統，置諸近代工業組織效能中，無一是處，正其誼不謀其利的曲解，更誤盡蒼生，卽使資本蓄聚得起來，也未必能工業化，像日本發展的速度一樣。

明治維新是英國維多利亞文明與朱舜水思想的交互影響的結果，以後者爲體，以前者爲用。明治以後的日本人，處處是英國人的模倣者，大至於立國行憲，小至於擧手投足。培根、洛克的經驗派哲學又深入日本人心，最重要的，英國是十九世紀帝國主義的象徵，倫敦士女稱之爲最快樂時代中最快樂的國家，日本在地理上與英倫三島且得其近似，建立東方的「新不列顚」帝國，便成爲當時日本人的幻想進行曲。日俄戰爭到東京二二六事變爲止，日本人尙一直停留在英國式的民主政治與十九世紀殖民主義的觀念範圍之內，迨東京近衞師團的少壯激烈份子行「兵諫」於雪夜（雪夜仇討也是日本人的傳統），議會政治的基礎蕩然，溫和性殖民主義隱退。培根的經驗哲學一變而爲希特勒的「我的奮鬪」。強加於日本人心目中的是法西斯獨裁理論與地緣政治及生存空間的直接掠奪的觀念。他們用各種方法培養日本國民的民族優越感及生存空間被壓抑的自卑感，蒸鬱醞釀，一發而不可收，從近衞文麿一直到東條英機，都只是以希特勒化身自居的拙劣演員，（你是否曾見過近衞着納粹服覆髮半傾的作希特勒狀的奇異照片？）七七事變當時，我正在東京，所看見的只是日本軍部的納粹面影，還看不出日本人民有任何「膺懲」中國人的感情，（有兩位日本記者公然向我說他們反對這種戰爭），從蘆溝橋到珍珠港，這個以日耳曼野蠻主義與西伯利亞原始神道爲內容的掠奪行爲，把日本人突然引入瘋癲狀態。「兼六合以開都，掩八紘而爲宇」，一變而爲擊滅英美與大東亞共榮圈的狂想，這是日本有史以來「武運」最輝煌的時期，也是日本人精神生活上最黑暗的時期。疆土日拓，而靈智日蹙，等於在精神上的第二次鎖國時代。琉璜血戰，神風攻擊，希特勒精神加上武士道皆不足挽大厦之將傾，反而更促成了廣島的悲劇（美國人如相信進攻日本本土未必遭遇像琉璜島那樣慘烈的犧牲，也未必就投擲原子彈），第二個柏里提督麥克阿瑟踏上羽田機場，日本人的噩夢初醒，已是落日降旗，淒涼萬狀，八千萬日本人在忍辱茹苦中覓取新生。

英國的十九世紀殖民主義過去了，日耳曼的野蠻主義過去了，接踵而來的是美國式的民主精神，佔領軍與好萊塢文化，日本少女的貞操換來了六萬混血兒，豪華俱樂部與裸體舞場掩蓋了寶塚松竹，查泰萊夫人與舟橋聖一代替了珍珠夫人與谷崎潤一（英國王爾德的模倣者），但這仍舊是表面的，骨子裏則是一幅日本人的再認識再翻身的臥薪嘗膽的血淚圖，他們胼手胝足，重理舊業，使生產水準超過了戰前的百分之四十，總生產價值能與英國相伯仲，富士山冷眼看興亡，六年一瞬而過，日本人剛跌下去，現在又站起來了。

歷練凝固的民族氣質

日本人經過一次一次的外來文化的浸潤，瑕瑜互見，亦可洞鑒其源流趨向，但偶發性的成功與失敗，則皆不足爲評斷日本人的言論。我們如果在縱覽其各種影響之後，就現代日本人的生活方式究詰其比較歷練凝固的要點，卽使我們的結論是錯誤的，也比別人要錯得少一點。

（一）日本人儒學涵濡之深，克己復禮，不苟言笑，升降揖讓，儼有古風，中國人有譏之爲繁文縟節者，而不知中國禮的觀念在日本却成爲良好社會秩序與法治精神的來源，其功效正如西方的運動精神（fair play），有一次遣俘船觸礁將沉，日本人肅然無譁，男子皆協助婦孺魚貫登救生艇之後，齊唱國歌，與船俱沒，這是何等精神，也絕非所謂虛文末節，而必有其深厚的精神背景。十五年前某夜，我在東京乘街車，過一宅邸時，司機忽放緩速度，脫帽致敬，我很好奇問他爲了什麼，他說兩年前他曾做過這個宅邸主人的司機，主人死後，卽被辭退，每次經過這裏時，他都脫帽表示對死去雇主的懷念。這是東京的凡夫俗子，除我之外，不會有任何人看到他這樣做，敬於中而形於外，這正是日本人平平實實的禮治精神。

（二）日本人重實踐，故疏於作深思遠瞻，其長處也就是短處。優於作浮世繪而無超絕的寫意畫家，精於應用科學而拙於理論科學，會造各種機械而不能發明相對論。有高度的政治組織能力，而缺乏偉大的政治家，日本過去的悲劇就在造了很好的船，有許多水手而缺少一個好舵工。以實踐精神所艱苦締造的成果，可能就被這個長處所毀掉。

（三）日本人有其適應性，也有其保守性，他們如果在白晝過的是純西方的生活，晚上回家則過的是純東方的生活。西服革履的型態已疊經變化，而日本人到現在仍保持緊身窄褲方履的明治末年的西裝。日本人雖重實踐而仍有其遐想逸思的一面，念天地之悠悠，獨愴然而涕下，日本人有時且更有過之。谷崎潤一郎寫某醫師因爲要保存對他已經毀容的戀人的美麗回憶，不惜把自己的雙眼刺瞎，終身相依。最近日本尙有一女教員詣獄要求與一已判死刑的大尉結婚，這都是日本人生活的幽邃超脫之處，淵源於佛教的禪宗思想，可作實踐社會的點綴，但不足救疏於深思之弊。

（四）日本人尙節儉，重質樸，安土桃山時代雖一度以奢華絢爛著稱，但基本上仍不能丕變日本傳統的儉素之風，日本房屋的設計原則幾乎可以說「寸土必爭」，茸柱木壁，皆保持其「原料狀態」，庭園方丈，而林壑俱備，而自有簡素之美，日本人一切模倣英國人，造鐵路時則棄寬軌而採狹軌，節建築費又何止千萬？日本人平日食不兼味，即總經理亦不以携「便當」爲恥，大臣每乘電車來往，從無副官公役之流爲之挾皮包大衣者。日本人由於地理因素之影響，無氣魄宏偉如金字塔之類的建築，亦不產生偉大的文學名著，代表日本文學的則是俳句短歌。日本音樂無大樂章，三味線，尺八是日本民間的流行樂器。簡素質樸之外，「短」與「小」也是日本人生活的特徵之一。

日本人仍是世界上一等優秀民族，六十年的飛騰國運使他們產生過度的優越感，六年的洗鍊沖刷，歸其返樸，當使日本人更禁得起下一個時代的考驗。日本人的民族氣質中並不包含有根深蒂固的侵略性，在日本人的實踐傳統中，我也看不出有任何理由，可以相信他們會迷惑於社會主義的空想，而拱手以國柄授人，像中國人曾經做過的傻事一樣。日本文化與道德的抗拒力量，遠超過斯拉夫文化，由俄國來征服日本，也是一件不可想像的事。

日本人也是中國人的一面鏡子，抉人之長，所以補己之短，我們即使追踪明治時代一番開國的恢宏氣象，與精密的企業精神，亦尙待努力，中日兩國爲友於爲敵之後，共同爲保衛自由和平而携手，萬事莫急於公正地了解對方。草此蕪文，希望這只是其他有價值的研究的一個開始。

一位讀者的來信

「自由中國」編輯先生：

拜讀貴刊，始於最近二三月。某日於一小圖書室中閱及「自由中國」，初尙走馬看花，不以爲意，一如平時以爲消磨閒暇之用。嗣加注閱，始覺此刊物之不凡，非其他雜誌可比，終則不忍釋卷矣！貴刊立論之正確，眼光之遠大，令人折服之至，其對一般事物之批判與研討，均細緻入微，此非大智大仁與忠誠謀國者，實不能出此。環顧自由區域中之各刊物，常以「賣噱頭」爲能事，閱之即使無害，亦僅博一笑而已。貴刊第七卷第十期「三年來的回顧與自省」一文中所言：「……今日的自由中國，非特應有我們這樣的刊物，並且應有好幾個，若一個沒有，那就是國家的大不幸。……」此語出自貴刊，實不爲過，他刊中恐不敢亦不能有此驚人之筆也。此不僅諸先生所應引以自豪，想稍有良心血性明智之士，亦俱與同感。貴刊確應屬於第一流刊物中之首位。此非無聊之捧場語，言爲心聲，一切發自衷腸也！

茲再略擧貴刊佳作中一二文例言之，如第七卷第七期中之「談做保」一文，及第八期中之「青年反共救國團的健全發展的商榷」一文（其實篇篇均上選，不必詳擧），閱後不禁令人拍案叫絕，贊嘆無已。爲文者，可謂深悉個中三昧，語重心長。尤以文字砌用已入妙境，語句旣幽默溫和，又簡潔有力，且使人有「愛之深，責之切，而責之又恰如其分」之感。如斯之佳作，動人至深，使眞心爲國者，如能於百忙中，得閱貴刊，尙能「死人勿管」「充耳不聞」乎⁉若一仍如舊，我行我素，則我將欲哭無淚矣！

執筆至此，百感叢生，以愚見所及，現社會中尙有甚多令人啼笑皆非之事。自政府遷臺後而言，因財政上之拮据，突實施若干單行法規，如「人事凍結令」一項，先自軍中始，使千萬來歸忠貞之士，因此一凍結，幾致成爲餓殍，不知受盡幾許屈辱！個中慘狀，苦不堪言，此事是否因噎廢食？是否合理合法？尙待諸先生剖論。

其次，臺灣各項設施進步自不待言，軍事因組織嚴密，進步較速，但政治上進步似較遲鈍。在此反共抗俄大前提之下，正如徐復觀先生所言：「自由中國今日的本錢並不太多，眞是只許成功，不能失敗，何妨集思廣益的考慮周密一點呢……」，此時此地應如何全面發奮圖强，絕不容任何一環之因循苟且和鬆懈不前。

拉雜陳詞，言不達意。愧以學識淺陋，文字拙劣，無以爲文，故專誠奉請諸先生將愚所提及而因學識所限未能表達之意見，以橫掃千軍之筆，爲精闢之文，予以一一規正，公於當世，俾國家進步，政治日新，並使各階層人士得能了解民主自由之眞諦。臨筆惶恐，不盡萬一。專肅敬祝

撰安！

讀者　牛執之上

十一月廿四日

執之先生：

你所加於我們的謬奬，眞使我們慚愧之至。但對於讀者們寄予我們的殷望，則是我們衷心感激幷無時或忘的。本刊同人自創刊三年來，始終遵守「自由中國」的宗旨，兢兢業業，冀以克盡輿論一分子的責任。我們只感過去所做的與我們的理想差得還很遠。今後當仍本初衷，倍加努力，以期不負讀者們的期望。

編者

監察院之將來(三)

雷震

第五章 行憲前和行憲後監察院的職權及其工作之分析

一、本章將欲究明之問題

關於在政治上據有舉足輕重地位的、過去的御史制度和今日的議會制度，就其監察行政機關這一部分的職權的性質，以及兩者相同之點，我們既已研討明白，已如上文所述。那末，我們現在應該檢討的是：

第一、行憲前監察院的職權的內容，及自民國二十年一月成立後，迄至三十七年五月行憲時為止，監察院所提彈劾案和糾舉案的性質；

第二、現行憲法所賦予的監察院的職權的內容，及行憲後四年來監察院所提的彈劾案、糾舉案、和糾正案的性質。

我們根據了上述這些檢討的說明，我們可以究明監察院職權的確切涵義究竟何在？是不是認為監察權的發動，就其『彈劾』與『糾舉』二項職權而言，純係屬於彈劾權的範圍，而不至牽涉到一般政治性的問題上去麼？換一句話說，監察權的行使，僅屬於『彈劾』的性質，而不至涉及政策的利害和施政的得失這些問題上去麼？抑認為彈劾權本身，就必然的包含着政治上的是非得失在內，無法，亦不可能使兩者截然分開的麼？就是說，監察權的行使，不問是彈劾或糾舉，根本不能離開政治的糾紛、和政潮的漩渦而超然獨立行使的麼？我們如果更進一步來討論監察院職權之一的『糾正案』的性質，是不是更可發現現在監察院的工作，很顯然的並非單純屬於彈劾權的範圍，而早已握有和議會的監察權差不多相同的監察權呢？儘管在形式上兩者是不一致的。

我們在討論監察院的將來及監察制度的前途之前，必須把上述這些問題一一檢討明白，然後才能提出適當的修正意見，而不致被那些『人云亦云，或先入為主』的意見所悞解了。

二、行憲前監察院之性質

行憲前監察院之職權，根據民國二十年十二月三十日公布的修正國民政府組織法第四十六條的規定：

『監察院為國民政府最高監察機關，依法行使彈劾、審計之權』。

按照這一條文的規定，監察院的職權為彈劾與審計二種。審計權的性質本極明顯，毋庸再加研究。而彈劾權之行使，另外訂有『彈劾法』(註一)以資依據。依照彈劾法第二條所定：

『監察委員對於公務員違法和失職之行為，應提出彈劾案於監察院』。

又『非常時期監察權行使暫行辦法』(註二)第二條規定：

『監察委員或監察使，對於公務員違法或失職行為認為應速去職或為其他緊急處分者，得以書面糾舉之……』。

糾舉案可以說是簡化彈劾案的手續，其性質完全與彈劾案相同，其詳容後再論。觀於上列二條的規定，可見彈劾案之對象，係認為公務員的行為而有違法或失職這一類的事情發生者，那末，我們現在應該討論的，乃是『違法』和『失職』二個概念所包含的意義。就是說，怎樣的行為才算是違法？怎樣的行為又算是失職的呢？我們必須把這兩個概念檢討明白，不要含糊不清。不然的話，我們對這個問題，很不易得着正確的解答。

三、違法之意義

公務員的行為本有二種：一是以私人資格所作的行為，一是以公務員的資格所作的行為。前者乃是一個普通公民的行為，應與普通公民一樣，擔負民法及刑法上所課給的責任，此處不擬詳加研討。我們現在要檢討者，乃是公務員以公務人員的身份所作的行為，即公務員在執行公務時所作的行為。這些行為之中，怎樣的才算是違法？怎樣的又算是失職呢？

『違法』云者，乃是某種行為而為法律所不許可的。法律上所不許可的行為，即是違反法律秩序的命令或禁止的行為。因為這類行為違反了國家的規範，有侵害他人法益、或危殆他人權益的地方，而違背了國家共同生活的目的。

公務員的行為而有違法情事，就是說：他的行為曾違反了國家的規範，使國家或他人的法益受到了侵害。故公務員的違法行為可能有三種：第一是犯罪行為。即公務員的行為觸犯了刑法所規定之罪，最明顯的是刑法第四章的『瀆職罪』。第二是侵權行為。即公務員的行為，有『因故意違背對於第三人應執行之職務，致第三人之權利受到損害』的情事。民法上對於這類的行為者，令其擔負賠償責任(民法第一百八十六條第一項)。第三是違反行政法規的行為。例如公務人員違反公務員服務法，警察因人民觸犯了違警罰法而執行有不當或過度者。這三類的行為，在過去和現在，均可成為監察委員彈劾或糾舉的對象。

然而，在司法權獨立行使之今日，公務人員而犯有上述第一、第二兩類行為的時候，可由司法機關依據司法程序來處理，本來用不着再由監察院來過問——彈劾或糾舉。就是說：關於刑事者可由法院檢察官經檢舉的手續而提起公訴，再由推事經過審判的程序而確定其責任。這樣，其迅速、確實和有效，當較監察院用彈劾或糾舉來追究責任更爲有效。非常時期監察權行使暫行辦法第二條後半段規定：『其違法行爲涉及刑事或軍法者，得交各該管審判機關審理之』，又現行監察法第十五條亦規定：『監察院認爲被彈劾人員違法或失職之行爲，有涉及刑事或軍法者，……並應逕送各該管司法或軍法機關依法辦理』。這兩條規定的用意，固係設法免除與司法權發生衝突之處，可也明明道出監察機構之必須依賴司法機關的地方。關於民事者，各國法律都是採用『不告不理』的原則，被害人可以提出訴訟，請求救濟。如果被害人情願吃虧了事，法院當然置之不理。在監察院方面也是如此，還是要靠被害人出來告訴，監察院始可獲悉。監察院對於加害人固可提出彈劾案或糾舉案，但對被害人之救濟，仍有賴於法院的行爲，如假扣押，假處分等等强制執行的工作。

至於第三類的行爲，一方面是要靠該管長官的嚴格監督，他方面仍是要靠被害人出面告訴。若怕長官監督不嚴，或怕他們與部屬朋比爲奸，則監察院也是無法一一過問的。

上述三種行爲，因其行爲是違法的行爲，故其責任則是『法律上』的責任。

四、失職之意義

其次，講到『失職』一辭，這是『政治上』的責任，涵義非常廣泛。依照慣常的用法，大致可析之如左：

第一、政策本身有瑕疵。就是說：政策本身已包含有錯誤和毛病。這裏又可分爲(一)事情的估計有錯誤；(二)採行的方法有問題；(三)方案的計劃欠周密。

第二、應該做的事情而疏忽了沒有去做；或者已在着手去做而做得不够，不能達成預期的目的；或者因疏忽或懈怠的結果，中途出了岔子而前功盡棄，或只得着若干的結果。

第三、應該想法避免或防止的災害而沒有去注意或預防，因而釀成禍患；或者已在着手避免或防止的災害，因工作努力不够，未能預防可以避免的災害。這些災害在通常狀況之下，我們是可能防止或避免的。

上述這些場合的行爲，都可以稱爲是失職的行爲。此外如『畏罪規避』、『推諉稽延』、『坐失時機』、『貽悞失察』等等，均可解釋包括在失職的概念之內。但若詳加究詰，也許各人對於導致失職的事情，其解釋則不會是一致的。例如坐失時機云云，對於『時機』的意念，各人決不會是一致的，甚至對於失職本身的解釋，彼此也可能不相同的，如推諉稽延等等行爲。

中央公務員懲戒委員會過去在其移付懲戒案件的議決書中，對於失職一辭，曾有許許多多的解釋。例如公務員不盡應盡之責；不能潔身自好；上級長官有縱容或失察情事；長官以重要事件假手於屬員去辦理；乃至挪用教育經費等等，都構成爲失職的行爲(註三)。可見失職的內涵甚廣，難下確切明朗之解釋。

五、違法與失職之區別

違法與失職最大的區別是：違法云者乃是違反一定的法規，即某種行爲違反了國家已經頒佈的現行法規，故違法與否可從客觀上去論斷。而失職一辭，在一般的界說裏，則含有『政治性』的意義，其主觀的判斷則多於客觀的解釋。政治上的問題，常有『仁者見仁，智者見智』之不同，同一問題可以隨着各人的看法而差異極大，很難說有絕對的是非，何況政治上的設施，很多因時因地的關係，同一原因未必即得同一的結果。在一般的說來，小官末吏，即主管長官以外的官吏，不應有失職問題，因小官末吏根本沒有政治上的責任。

先就政策本身來討論吧！某一政策能够得到甲方的同意，未必可獲乙方的贊同，而丙所厭惡的，又未必爲丁所反對。各人性格不同，教養不同，生活習慣不同，尤其重要的是利害關係不同，對於問題的看法，各人都不免含有主觀的成分在內，或多或少的。彼此意見之不能一致，可以說是當然而無法避免的事情。對於社會上普通問題的看法，尙不免有如此情形發生，至對政府的政策，各人復夾雜了許許多多的利害關係在內，其間是是非非，更是複雜紛歧而難以絕對的斷定。民主政治之採用『多數決』以判定其結果者，就是要解決這些難題，蓋多數者未必即爲是，而少數者未必即爲非，惟一經多數確定，則少數者只有服從遵守毫無怨言，而靜待推翻重議時機之來臨耳。民主政治要寬容少數黨或反對黨存在的理論重點，即因一個政策的良否，沒有方法可作絕對的定論。如英國工黨之鋼鐵國有政策，免費供給假眼鏡的政策，和杜魯門之韓戰和談政策，不但彼此見解不能一致，究竟孰是孰非，很難作絕對的肯定。各國對於政治犯特予保護者，也是基於同一的理由作出發點。中國人的『成者爲王，敗者爲寇』等等說法，也是從這個道理來立論的。

再說政策的施行吧！一個政策在其全部施行的過程中，工作之努力不努力，中途有無謬誤，能不能防患於未然，仍不免隨着各人的看法而呈現着許多歧異的意見。這裏面雖比較有客觀的途徑可尋，但也不能作斬釘截鐵的說法，而與前面對政策的看法，是有大同小異的。

六、從過去解釋失職的實例，以見我們的彈劾權已包含有不信任決議權

根據上面的說明，失職一辭可以說是極其缺乏客觀性的，一般所持以解釋的理由，屬於政治問題的成份來得多。且看監察院在民國二十年九月於九一八事變之後，三次彈劾當時的外交部長王正廷氏，其彈劾文中有說(註四)：

『查外交部長王正廷，自長外交以來，素無方針，又乏設備。世界各大友邦，如美、法、德等國公使，虛懸至數月之久，向疏聯絡，以釀成日本一

部份殘暴軍閥，毫無顧忌，……當此外交緊迫之時，外交當局應如何詳核事實，愼重抗議，以昭是非。乃王外長於第一次提出抗議文內，竟有因日軍與華軍衝突，發生不幸事變等語。如此不顧眞相，冒然措詞，實屬「失職」已極。且事前日人種種軍事設備及佈置，宣之各報，並未聞王正廷有所表示，使友邦共知，竟一味敷衍，致喪權辱國。如此重大，若不撤職查辦，速任賢能，其何以整紀綱而救危亡。……』

我們看了上面這一段彈劾案的文字，其對『失職』一語的解釋，不僅含義非常寬泛，而且完全出之於政治上的見解。若繩之以今日民主國家的政治觀念，這類彈劾案，實不啻爲議會內反對黨對於政府的當局外交措施的抨擊，有人認爲我們的彈劾權，實包括了外國議會所有的彈劾權 (impeachment)，和不信任決議權 (vote of confidence) 在內者，自爲正確之論斷(註五)。

又如民國四十一年一月十日爲外滙黃金問題，糾舉臺灣省財政廳長和臺灣銀行負責人之失職一案，其認爲失職的地方，可以說都是關係於政策的見解。如糾舉財政廳長失職的理由中有云：

『政府自去年實行自由外滙以來，黃金價格已趨穩定。但因外滙「調度失當」，致十二月中旬週轉失靈，被迫改用「審核外滙」辦法，影響政府信用，遂致「民間資金轉趨黃金市場」，刺激金價上漲，……』。

此處所謂『調度失當』，所謂『民間資金轉趨黃金市場』，當有仁者見仁、智者見智之不同。調度失當一語之涵義，既非常空洞，而自由外滙，改爲審核外滙是否即使民間資金轉趨黃金市場？而金價上漲之原因，又是否由於民間資金轉趨黃金市場之所致？我們對於這些論斷，實不能不有疑問的。蓋從自由外滙改爲審核外滙以後，外滙供給減少，外幣硬幣必然發生黑市，黃金價格自然日趨上漲，故黃金上漲之原因，當非完全由於民間資金轉趨黃金市場之所致。此爲說明失職所列理由之一，其他的理由大都屬於政治性的，不擬加以詳述。

又如民國三十九年十二月十一日糾舉臺北省立第一女中校長及訓育主任等失職一案，對該校女生孫振平因偸錢嫌疑服毒自殺一事，認爲該校校長、訓導組長及訓導主任等處理乖方，違背教育立場，確有失職的『重大嫌疑』。監察院爲此案致臺灣省教育廳之公文，有『我雖不殺伯仁，伯仁實由我而死』之語。失職而加以『重大嫌疑』，其解釋之廣泛，當可想而知矣。

不僅對失職的解釋可能如此，就是對違法的概念也可演爲很廣泛的解釋，而變爲政爭的工具了。譬如英國巴力門過去有若干彈劾的案件，如溫特窩次男爵和勞德大主教 (Archbishop Laud) 二人的彈劾案，其罪名是說他們『破壞基本國法』，究其實際，只不過是溫特窩次的外交政策，和勞德對天主教徒的看法，和當時清教徒的巴力門不能一致而已。英國自不信任決議制度發達以後，彈劾權已不復見用者，就是因爲彈劾權可能被利用爲政爭的工具，往往發生比不信任決議更爲嚴重的後果。

七、行憲前監察院提出彈劾案之略述

監察院自民國二十年二月正式成立之日起，迄至二十六年七月七日抗戰發生前夕爲止，監察委員和監察使所提出的彈劾案，經審查成立移付懲戒機關辦理者，凡八百七十七件，被彈劾之公務員達一千五百四十三人，其中附有急速救濟處分者有一百餘件。自二十六年七月抗戰發生時起，迄至三十五年八月勝利還都時爲止，計提彈劾案六百三十二件，被彈劾者有一千一百三十五人，內有急速救濟處分者四十餘件。可見彈劾權行使範圍之廣泛矣。就中有若干案件，自其性質言之，應該經過司法程序來解決，用不着發動嚴重之彈劾權。『殺鷄焉用牛刀』，彈劾是一件十分重大的事情，應專對大官來行使，像許多零碎事件也發動彈劾權，是使彈劾權日趨低落的一大原因。而且這樣作法，是使彈劾權與司法權有許多地方混淆不清，而犯了一件事有兩個機關來管理的毛病。至勝利以後則彈劾案較少，遇有時間性或緊急案件，均以糾舉案之方式行之。

監察院在此期間，除彈劾和糾舉以外，復行使了調查權(包括視察工作)和建議權。

八、調查和視察工作之概要

關於調查及視察事項者，依監察院組織法(行憲前的)之規定：『監察院爲行使職權，得向各官署，及其他公立機關查詢、或調查檔案及册籍，遇有疑問時，該主管人員應負責爲詳實之答復』(註六)。各監察使每年應以六月至八月爲出巡期間；出巡每省縣數，應佔該省縣數三分之一以上。所以，監察委員及監察使常常視察政府各機關施政情形，國營事業機關業務情形，注意政府機關的『政治設施』和事業機關的『業務動態』，以及公務人員的行動與人民的生活疾苦。抗戰軍興，並查察軍政設施及地方情況。其在戰區及鄰近戰區者，則考察軍紀、救濟及因戰事而發生之諸種問題。對邊遠省份，如雲貴、甘寧青等區，復宣導宗族部落人民的情感。勝利後對收復區，撫循慰問，督促辦理救濟。這與唐朝觀風俗使和採訪處置使差不多。唐朝十道巡案和明朝十三道監察御史都有此項權力的。在此期間，調查與視察工作之重要者可列舉如次：

甲、關於調查事項者；

(一) 調查黃金風潮案；

(二) 調查臺灣『二二八』紛擾事件；

(三) 調查中央暨中國航空公司飛機失事案；

(四) 調查外滙使用情形，及官辦商行與私營公司等營業情形案。

乙、關於視察事項者；

(一) 視察中央各機關戰時『行政計劃實施情形』；

(二) 視察傷兵管理及難民救濟情形；

(三) 視察公路及後方交通；

(四) 視察善後救濟物資處理及運用情形；

(五) 視察黃泛區一般災情及黃河花園口堵口情形；

(六) 視察京滬杭及沿線各地後方醫院；

(七) 視察首都難民救濟情形。

觀於上述調查和視察的情形，可見監察院監督行政機關(包括國營事業)範圍之廣泛，眞可謂『無所不監，和無所不察』了。至於調查和視察後所獲的實際結果又如何，監察院似不加深究，好像那是另一問題了。從這一點看來，中國政治仍是患着『不切實際』的毛病。

九、建議權之簡述

關於建議事項，監察委員和監察使對於調查及視察所得，和平時核閱人民書狀的結果，除發覺公務員及國營事業從業人員有違法或失職之行為時，立予彈劾或糾舉外，對於政府各部門施政上之得失利弊，對於中央及地方一切應興應革事宜，均得隨時向政府提出建議。自二十七年起至三十六年十二月止，計提建議案一一八四件，內中關於行政者一四九件，財政五六件，救濟二一二件，軍務一三七件，教育五八件，外交六件，司法一〇二件，糧政六九件，交通七一件，其他對於禁政、治安、衞生、建設、考試、田賦、地政等事項，均有建議案提出。勝利後對於收復區人民疾苦與興革諸事，也提出了很多的意見。監察院在十年之內，竟提出了一千餘件的建議案，可見有許多案件，只是些鷄零狗碎的事情。

監察院有這類職權——建議權，當是根據御史和諫議大夫的制度而擴充出來的。依照國父遺教設立此制的用意，是要使監察權能够獨立行使，俾可免受政潮的影響，不欲使監察權捲入政爭的漩渦，而今日監察院竟行使了與議會一樣的建議權，自嚴格言之，這不能不說是有背遺教的精神。此項職權在五權憲法的精神，則應該是屬於具有議會性質的立法院的。

十、現在監察院之職權

其次，讓我們再來研討現行憲法賦予監察院的職權，及行憲後四年來監察院所提的彈劾案、糾舉案、和糾正案的性質。

憲法第九十條規定：

『監察院為國家最高監察機關，行使同意、彈劾、糾舉及審計權』。

憲法第九十六條規定：

『監察院得按行政院及其各部會之工作，分設若干委員會，調查「一切設施」，注意其是否違法或失職』。

又憲法第九十七條規定：

『監察院經各該委員會之審查及決議，得提出「糾正案」，移送行政院及其有關部會，促其注意改善。

監察院對於中央及地方公務人員，認為有失職或違法情事，得提出糾舉案或彈劾案，如涉及刑事，應移送法院辦理』。

依照上文所述現行憲法的規定，監察院的職權，除了原有的彈劾權、糾舉權、和審計權外，新增了同意權及糾正案之權。關於監察委員之產生，則改用選舉辦法。依照憲法第九十一條之規定：『監察委員由各省市議會，蒙古西藏地方議會，及華僑團體選舉之。』這是基於主權在民的理論，監察委員乃是代表人民行使監察政府之權，確是合乎民主政制的精神。

監察院之行使同意權，這裏不擬加以討論；今日之審計權，確有一論之必要，其詳容後再說。其行使彈劾權，糾舉權和提出糾正案，悉依三十七年頒佈之監察法(註八)規定辦理。依該法第六條規定：『監察委員對於違法或失職之公務人員，應向監察院提出彈劾案』，此與行憲前彈劾法所規定者大致相同，所不同者，過去彈劾案只須有提案委員外之監察委員三人加以審查，即可決定(前述彈劾法第五條)，而現行監察法所規定者，彈劾案須有提案委員外之監察委員九人以上之審查及決定，監察院始得向懲戒機關提出之（憲法第九十八條，監察法第九條第一項）。關於糾舉案和糾正案似有詳加研究之必要，以下特分別論之。

十一、糾舉權之性質

關於糾舉權之行使，監察院於民國二十年初成立時，未規定此項職權，迨民國二十六年十二月頒佈了『非常時期監察權行使暫行辦法』，乃採用『糾舉』的辦法。其目的是為應付非常事變，以期監察的手續簡便，監察的目的得以充分達成。現行憲法對於行使糾舉權則載有明文，而監察法特闢一章，以規定其詳細的手續。該法第十九條規定：

『監察委員對於公務人員有違法或失職行為，認為應迅予停職或為其他急速處分者，得以書面糾舉，經其他監察委員三人以上之審查及決定，由監察院送交各主管長官或其上級長官。其違法行為涉及刑事或軍法者，應逕送各該管司法或軍法機關依法辦理。但監察委員於分派執行職務之該管監察區內，對薦任以下公務人員提議糾舉案於監察院，必要時得通知該主管長官或其上級長官予以注意』。

此與行憲前的『非常時期監察權行使暫行辦法』第二條之用意完全相同。其所不同者：現在糾舉案之提出，須經其他監察委員三人以上之審查及決定，而過去之糾舉案，只須根據糾舉案提出之監察委員一人的意見即可提出。其簡化手續之目的，則是充分達到了。

十二、糾舉案與彈劾案之區別

至於糾舉案與彈劾案之區別何在？我們不能不一言及之。

彈劾案手續較繁，其審查及決定，在現行辦法裏須有提案委員外之監察委員九人；而糾舉案只需三人即可。而且糾舉案毋須經過懲戒機關，直接由監察院送交各主管長官或其上級長官依法辦理；在監察行署之該管區域內，監察委員對於薦任以下公務人員之糾舉，除向監察院提議外，得同時以書面逕送該管主管長官或其上級長官予以注意。故糾舉案與彈劾案之區別，僅在手續上有簡繁不同而已，在實質上可以說是一樣的。蓋兩者都是對於公務員的違法或失職的行爲而欲有所矯正，以期維護社會的法益耳。惟因認爲公務員有某種行爲，應該迅予停職，或爲其他急速處分者，故採用此種不經過懲戒機關的簡便辦法——糾舉案，但是，何種違法或失職的行爲，而有這樣迅速加以處分之必要者，乃是值得考慮的一個重大的問題。

主管長官或其上級長官接到上述糾舉書後，除關於刑事或軍法部分，應另候各該管機關依法辦理外，至遲應於一個月內決定停職或其他行政處分；其認爲不應處分者，應卽向監察院聲復理由(監察法第二十條)。如主管長官或其上級長官不作停職或其他行政處分，又不聲復，或雖聲復而無可取之理由時 (聲復的理由是否可取，其認定權當然屬於監察委員)，監察委員得將該糾舉案改作彈劾案，如被糾舉人受到懲戒時，其主管長官或上級長官應負失職責任 (監察法第二十一條)。

十三　糾舉案與彈劾案之衝突

糾舉案係爲簡化彈劾案的手續而設，但糾舉案與彈劾案的精神有衝突的。糾舉案係對公務員的違法或失職的行爲，而認爲『應迅予停職或爲其他急速處分者』，可是，當彈劾案向懲戒機關提出時，認爲公務員之違法或失職的行爲，『情節重大，有急速救濟之必要者』，亦得通知該主管長官爲急速救急之處分(監察法第十四條)。於此，我們將有二個問題發生：

第一、彈劾案所稱『情節重大，有急速救濟之必要』，與糾舉案所謂『認爲應迅予停職或其他急速處分』，同爲對於公務員的違法或失職的行爲而發，兩者之區別安在？

第二、在彈劾案提出後，(甲)懲戒機關經審查結果，認爲被彈劾人無過失時，可以議決被彈劾人不受懲戒處分；(乙)被彈劾之公務員，因先前被誤認爲情節重大，而受到停職或其他處分者 (監察法第十四條及公務員懲戒法第十六條第一項及第二項)，經懲戒機關決定，『未受免職處分或休職處分、或科刑之判決者，應許其復職，並補給停職期內俸給』(公務員懲戒法第十六條第三項)。那末，公務員受到監察法第十九條所定糾舉案之停職處分者，這裏縱有『被悞認』而遭受寃屈情事，究竟有何救濟辦法？是不是一旦蒙寃，則千古莫伸？我們絕不能說監察委員的認定百分之百都是對的。提出彈劾案的機關與審判彈劾案的機關之必須分開者，蓋免被彈劾人之遭受不當處分而蒙不白之寃也。司法的審判程序特分幾級幾審者，也是要使訴訟當事人免遭寃屈。從這一點來看，糾舉案的手續誠屬簡捷之至，可是對於公務人員則太無保障，這個辦法，流弊滋多，應予修正。

且依監察法第二十一條的規定：主管長官或其上級長官接到監察院的糾舉書後，如不作適當之處分或聲復，或雖聲復而監察委員認爲無可採取之理由時，監察委員得將該糾舉案改爲彈劾案，如被糾舉人受到懲戒時，其主管長官或上級長官應負失職責任。那末，這些長官若是『怕事』或是『息事寧人』的人，爲避免負責起見，除非被糾舉人與他們有特殊關係者外，誰又願意去冒險聲復呢？何況被糾舉人所受處分與主管長官毫不相干，一切均可諉之於糾舉案啊！這是常有之事，決非我們過慮。

惟因糾舉案手續簡便，故同一時期內之糾舉案數目，則超過彈劾案甚多，三十五年八月至三十六年十二月，監察院所提糾舉案爲三二三件，被糾舉人數爲六三五人，在同時期內之彈劾案爲二四一件，被彈劾人數爲四〇九人。

十四、糾正案之性質

現行憲法監察院對行政部門之監察權，尙有提『糾正案』之規定，這很顯然的是將監察院的工作，使其在實質上已接近於民主政制的議會制度了。我們現在要研討者，厥爲憲法第九十六及九十七兩條立法之用意。

憲法第九十六條規定：

『監察院得「調查一切行政上之設施」，注意其是否違法或失職』。

監察院得調查一切行政上之設施，其目的雖爲達成提議彈劾、糾舉、或糾正案而設，但這裏包含有有權監督政府一般施政(包括政策)之用意。

憲法第九十七條規定：

『監察院經各該委員會之審查及決議，得提出糾正案，移送行政院及其有關部會，促其注意改善』。

根據這一條文的規定，監察院已干涉到行政各部門的施政工作，其爲廣泛的監督政府的全盤行政，更爲十分明顯之事了。所以監察法依照上述兩條的立法精神，而有左列之規定：

『行政院或有關部會接到糾正案後，應爲適當之改善與處置，並應以書面答復監察院。如逾一個月未辦復者，監察院得「質詢」之』(監察法第二十五條)。

這一規定是明明賦予監察院以質詢權。由此推論，行政院的一般施政均要受到監察院的監察了。這不能不說是監察院已具有與現代議會性質相同之權力，除立法權和財政同意權之外(監察院對於決算有審核權)。這明明是賦予監察院的權力，由糾舉官吏的違法失職而進入干涉政府的政策了。

行憲後監察院之職權，因增有『糾正政府一般設施之權』，故行憲後監察院之性質，其爲監督政府施政的性質，也遠比從前來得大，因而監察院在行憲後之監察工作，很多是關係於政策性的檢討與建設，非僅對於違法或失職的公務員提出彈劾案或糾舉案而已！例如(一)四十年三月十日糾正『三十九年度公營、生產、貿易事業案』；(二)四十年十一月十九日糾正『政府對外貿易措施，尙多未當，以致影響國計民生案』；(三)糾正『臺灣農林公司對配銷蜻蜓麵粉一再漲價，妨害民食，刺激物價案』等等，我們若稍加以分析，其與憲法第五十七條第二項賦予立法院職權之實質，究竟有何區別？

十五、監察院職權之擴充和變質

我們進而再看監察院這幾年來的工作，其重點已不在行使彈劾權了。監察院經常討論有關行政部門的工作，如討論對日和約[註九]，更是對於政府當前政策的檢討；而政府各部會主管長官經常至監察院報告工作概況，實等於政府的施政報告，故謂今日監察院的工作，就是今日民主國家議會的工作，實不爲過也。因爲今日民主國家的議會，立法工作不過是其職務的一小部分，而其重要責任則在代表人民監察政府耳。

我們若把監察院三十九年五月，四十年五月二次年會，對於當前政治措施總檢討的意見再來看一看，可知我的論斷是絕對不錯的。

三十九年對於政治檢討意見，歸納爲：

(子) 厲行戰時緊急措施意見：

第一、實行總動員；

第二、發動民意機關、社會團體及忠貞人士協助政府，辦理宣傳、組訓、募捐、慰勞、救護、督導等工作；

第三、實行按戶按月捐獻軍鞋軍菜運動；

第四、發動地方富戶，捐獻營房軍眷宿舍運動；

第五、發動各縣市籌建殘廢戰友工場。

(丑) 戰時社會節約意見。其細目有十五，如禁止一般宴會；禁止使用私人小汽車，並訂定倡導方法四條，如先從機關做起，再推及於社會等。

這一有關政治措施的意見，當經大會通過，『送請行政院參考』。

四十年五月監察院年會對於一般政治設施，經檢討結果，提出意見七項：

(一) 關於改造政治社會之一般風氣者；

(二) 關於美援之爭取與運用者；

(三) 關於加强國民外交與國際合作者；

(四) 關於金融管制與進出口貿易管制者；

(五) 關於經濟生產事業者；

(六) 關於教育政策之改進者；

(七) 關於改進政治作風，澈底實施民主法治者。

此案經大會決議：『送請行政院注意』。

上面所述兩案，其對政治提供的意見，眞是包羅萬象，巨細無遺。可見監察院實已監督了行政部門的一般政策，不僅行使彈劾權而已！

我現在想要請問的：行政院對這些眞知灼見，究竟參考了沒有？曾否加以注意？監察院是不是把意見提出後就算完事，不再作進一步的尋根究底了。旣云參考，行政院當可隨便，若云注意，行政院就有責任。所謂責任政治，就是每件事情要有一個水落石出。不然的話，只不過是高調一頓，說說好聽而已，究無補於政治的實際，此非權力機關所應有之態度。今日政治作風如認爲必須改進，則我們多年來不着邊際的政治作風，好說廢話而不顧實益的政治作風，應自監察院這種皇皇的決議改進始！

但是，監察院每次年會對於一般政治設施總檢討的時候，確有很多寶貴的意見，如四十一年度檢討結果，關於內政部份，有謂：『民主政治之維持治安方法，應着重警察業務，不應在特務組織範圍秘密發展』。關於經濟部份，有謂：『公營事業之官僚化傾向，日漸加深，內部危機日大，致管理費用浩大，產品成本高昂，領導物價上漲，應予調查糾正』。關於司法部份，指出亟需改善之處，謂：『軍法與司法案件，應有合理之劃份標準，並應盡量擴展司法審判之範圍，以樹立法治基礎』，並指出：『年來各級法院之風氣，社會多有微詞，希望政府能切實整飭，並從速提高司法人員之待遇』[註十]。這些都是針對現實政治的針砭之言，可惜政治制度設計未妥，現治現實不能接納，以致很好的意見而不能獲得良好的結果，誠可悲也。

十六、行憲後之審計制度

最後，我來說一說行憲後之審計制度。這裏面充分表現了我們在思想上的矛盾。

今日審計長在其職務上是對立法院負責。憲法第一〇五條規定：『審計長應於行政院提出決算後三個月內，依法完成其審核，並提出審核報告於立法院』，故審計長在任命之先，須經立法院之同意（憲法第一〇四條）。此爲各國一般之通例，因立法機關享有財政同意權，因而就有決算覆核權，而審計長乃爲立法機關擔任初步的審查工作。但是，我國憲法同時又將審計長隸屬於監察院(憲法第一〇四條)，依照審計部組織法[註十一]第一條規定：『審計長依監察院組織法第五條秉承監察院院長，綜理全部事務，並監督所屬機關』，是審計長又須對監察院負責了。根據行憲後這幾年的實際情形，審計長的工作報告，除依憲法所定須提出於立法院外，每年並須向監察院報告之(註十二)。這就是組織法『秉承監察院院長』的義務。四十一年度監察院年會對於審計部年度工作報告檢討之決議，茲摘要如左：

(一) 審計部爲本院行使監察權之一機構，於各機構財務上不忠不法之重大案件，應向本院多提報告。

(二) 審計部有擬訂或修改法律時，『應送由本院轉送』立法院提出法律案，有請求法律解釋時，『亦應送由本院轉送』有關機關解釋(註十三)。

(三) 審計部應切實整飭內部。

(四) 本院交查之案件，應特予注意，迅速切實調查具報。

我們看了行憲後的現狀，我們不能不回想制憲的情況，這一部憲法是如何的犯了『一品鍋』和『大雜燴』的毛病了。政治制度要有其一貫的思想的，東拼西湊是不會行得通的。

審計部有二個系統不同的上級機關來管轄，這裏含有極大的矛盾，如立法院同意審計長的審核報告，而監察院不能同意的時候，其將如何解決之？反是則又將如何解決之？一件工作而有二個性質不同、系統不同的上級機關來監督，因此，上述的矛盾必然的會發生的。按照民主國家的政制，財政同意權是在代表人民之議會，尤其是在代表人民之衆議院（各國憲法大都規定預算須先提出於下議院），而初審政府收支之權，當在議會管轄範圍之內，故審計長應對議會(立法院)負責的。依照過去御史制度，主簿屬於殿中侍御史，今日仿此辦法又將審計長並隸於監察院，使審計長要對二個上級機關來負責，這不能不說是三權分立制和五權分立制的思想，夾雜在起草人的腦筋內而未打通的緣故。外國的政治制度有其一貫的思想和體系，我們今天則弄到支離破碎，無法自圓其說。

五五憲草只規定有預算權，未規定有決算權，對於財政同意權只能說是『有頭無尾』。該憲草規定監察院有審計權，其說明書則謂：『審計爲對於財政收支之監察，決算之審核，爲審計之一部，故應爲監察院之職權』(五五憲草第八十七條)。如果照這樣規定，審計爲對於財政收支之監察，決算之審核，應爲監察院之職權，那末，立法院之預算同意權，財政之監督權，又將如何來解釋？又將如何去行使？五五憲草起草人，一方面想仿效外國的議會制度，一方面硬要比照過去御史制度，弄得生吞活剝，系統混淆，連自己也莫明其妙。今日之五院制度，主計制度，經濟事業之公營私營界限不分，處處都是犯了形式上遵奉遺教的毛病。政協憲草規定：『立法院關於決算之審核，得選舉審計長，由總統任命之』(政協憲草第七十八條第一項)，關於監察部分則規定：『監察院行使同意、彈劾及監察權，未規定有『審計』字樣(政協憲草第九十六條)。從這一點來講，政協憲草是比五五憲草更有系統，其思想更是一貫(註十四)。

註一　彈劾法係於民國二十二年六月二十四日國民政府修正公布。

註二　民國二十六年十二月十七日國民政府公布，二十七年八月二十七日修正。

註三　參看中央公務員懲戒委員會議決書。

註四　見監察院公報第七至第十二期合刊。

註五　參看陳之邁著：『中國政府』第二冊第二五〇頁。

註六　行憲前監察院組織法第三條。

註七　參看民國三十七年出版的中華年鑑上冊五四三頁關於監察部門。

註八　監察法係三十七年頒布，經三十八年及三十九年兩次修正。

註九　監察院關於美英發表『對日和約草案』決議案文中，有『本院全體同人，除監督政府主管外交當局責其據理力爭外，……』之句，可見監察院是監督了行政機關全盤施政了，全文見四十年九月一日出版之監察院公報第二卷第二期。

註十　見監察院公報第三卷第一期二三頁。

註十一　審計部組織法係三十八年(行憲後)五月二十七日修正公布。

註十二　監察院四十年度總檢討會議審計部工作報告，見四十年七月一日出版之監察院公報第二卷第一期。內云：『所有三十九年經常工作情形，業經編具三十九度工作報告，呈請察核在案，茲當鈞院四十年度工作總檢討開始之際，請就本部中心工作，扼要敘述如次，……云云』。可見審計長是對二個上級機關負責的。

註十三　見監察院公報第三卷第一期二〇頁。

註十四　政協憲草見國民大會實錄二八二頁至二九八頁。

(上接第35頁) 本書沒有一字提到大戰，也沒有一字提到時事，但書中所論，均爲求了解那種事實與其背景。而其所熱烈討論之問題，均爲現在與未來世局最關迫切之問題。在修正版的序言中，著者自言，書中對人類幾個智識領袖，評論稍嫌嚴厲。他說這並不是小看他們，而是出發於他一種信念，他認爲我們的文明如果還要繼續生存，我們必須打破崇拜大人物的習慣。大人物往往鑄成大錯。而在這本書中，顯示歷史上幾位極大的人物，始終支持對自由與理智的長期攻擊，他們是開放社會之大敵。過去對這種大人物的姑息，必將使若干有衞護文明責任之人，誤入歧途自亂陣線。本書內容既已博得世界文壇的盛譽，著者這種對學術的態度，尤值得我們的敬仰與追隨。

四十一，十一，十；臺北

書　名：The Open Society and It's Enemies。

著　者：K. R. Popper, Professerof Logic and Scientific Method in the University of Londor。

出版書店：Routledge and Kegan Paul(倫敦)。

定　價：上下兩册全部合計兩英鎊兩先令。

狄托叛離了蘇俄嗎？(下)

M.S. Handler 著
程之行 譯

有關蘇聯種種惡行的揭露，對于南國共黨領袖自身也是極爲有用的。我們試舉他們對布爾雪維克黨的批評爲例。蘇聯外交政策的掠奪性，蘇聯內部殘暴的獨裁統治——以及在獨裁統治下，在社會關係方面人性的絕滅。所有這些，在他們看來，都是使布爾雪維克黨變爲一個延續自身的官僚階級，它不論在組織上或在功能上，都不像一個政黨。今日在南斯拉夫人看來，布爾雪維克黨只是一個任命的有階級的組織，他們的唯一興趣是延續並擴張其自身的勢力。他們聲稱在列甯之世，政黨和國家行政機構在職責上是有着清晰的界限的，但在史達林的獨裁下這種界限已不復存在了。現兩者已混而爲一，以致國家的功能抹殺了政黨的功能。布爾雪維克黨並不是指揮權力，而它自身就變成權力了。國家行政機構原是服從黨的主義，現在代之以起的，是黨的主義必須適合國家的需要。國家和政黨的職責已顚倒了，於是不論在國際和國內的種種事務上，政黨變成了國家的一個工具。

當南國共黨領袖們得到這些結論時，他們也不能避免應用到自已黨裏的邏輯。他們不得不更清楚地看出自已黨內的許多缺點，以及在南斯拉夫所發展的同樣趨向，這些趨向已使南斯拉夫成爲蘇聯社會的同一類型。這一研究工作一直到一九五〇年才見實效。那時他們作了一個抑止黨內官僚作風的決定，此作風自戰爭結束以來，已在迅速成長。他們採取了某些良好的方法，但都證明無效；到了一九五一年的年底，他們才獲得一個結論：防止蘇維埃歷史重演的唯一途徑就是將國家官僚政治和南斯拉夫共產黨的職責澈底劃分。

三

然而，當南國共黨領袖們在對蘇聯重作估價時，在這整個時期中，並無跡象表示他們對史達林的基本經濟觀念曾經有所懷疑。他們對蘇聯政策和實行的批評，也只限于政府組織和蘇維埃國家的功能方面，他們批評所及只是這樣的政府是對和平以及南國共黨存在的一個威脅。至於蘇維埃經濟理論的二個基本前提——一爲不惜任何代價地來擴張重工業，一爲土地的全部集體化——他們從未加以詰難。他們不斷的以這些作爲基礎，來計劃他們自已國家的經濟。一九四九年的秋天，他們從進出口銀行請得一宗貸欵，這是來自西方的第一筆貸欵，此貸欵主要的是用于發展重工業方面。在另一方面，他們爲了推動建立集體農場的工作，不惜用種種方法，其中包括嚴厲的經濟措施，甚至運用武力來對付不服從的農民們，於是在過度投資與農民反抗這雙重的壓力之下，南國人民的生活水準日趨下降。因此，顯然的，當南國共黨領袖們在政治方面和蘇聯鬪爭，並學得了寶貴的教訓，以避免重陷布爾雪維克黨誤入的陷坑，但他們却仍奴顏婢膝地執行着由蘇俄學來的經濟政策，以爲只有這種政策才是使一個落後國家現代化的眞正藥方。

此時，南國政府開始恢復和西方的貿易關係；不過在尋求西方財經援助時，依然着重于投資方面。他們爲實現投資的計劃，人民的生活水準低落；他們政府接連的向國際復興進化銀行和西方國家——以美國爲主——接洽貸欵，但他們並未設法來改善他們人民的厄運。直到一九五〇年旱災發生，他們在這方面才不得不改弦易轍。令人奇怪的是這一改變是由赫奇德 (Mr. John Haggerty) 先生發起的。當時他是美國柏爾格勒大使館的農業參贊，他向南國農業部長提出警告（在接獲農業部人員關於旱災的報告以前），除非日內有大量雨水下降，否則舉國將面臨一個嚴重的旱災。他建議農業部應在情形尚不嚴重時，即預作措施以供養人民。

在一九五〇年至一九五一年的冬天，美國對南國的糧食救濟計劃是盡人皆知的；而更值得一提的：在籌集和運送五二五，〇〇〇噸糧食到南國去這一工作中，所有在華府，柏爾格勒，德國和意大利等地的有關人員，都樹立了顯赫的功勳。由于美國行動的迅速與大量援助，南國人民才得免於饑饉，這確使南國領袖們恍然大悟。美國對於和他們政府簽訂的協定始終信守不渝，美國政府實現了糧食救濟的計劃，但對南國內政未作任何干涉。每當東歐國家須和西方資本主義國家談合作時，東歐的共黨領袖便以爲他們可能干與他們的內政。他們之所以如此恐懼，乃因爲他們以爲西方國家的政府要陰謀手段，殊不知共黨政權才與陰謀手段有不解之緣。因此，南國共產黨於一九五〇年秋天和冬天就美國之糧食救濟計劃這方面所得的經驗是出其意料之外的。他們發現，美國人雖在理論方面表示憎厭獨裁政體，但他們對南國的內政實在是既不打算也不希望予以干與。

美國政府慷慨而直截了當的態度，使南國共黨領袖獲得了信心，因之，他們不再怕去和美國作更密切的經濟和政治的聯繫。此種聯繫發生於一九五〇年的冬天至一九五一年。那時，南國的工業原料情勢嚴重。原料存貨行將殆盡，除非速作補救，南國工廠將馬上關門，而失業現象也將瀰漫全國，這將是狄托政權得勢後破天荒的事。在這種情形之下，外交部長卡迭其乃與華府交涉，要求美國肯允一項工業原料的援助，以維持南國工廠繼續工作。美國對這請求立予答應，英國和法國後來也一起加入，予以援助。

一九五一年三國援南工作所採取的方式，乃是承擔他們目前的貿易差額。由此我們可看：南國領袖們對蘇維埃社會主義的經濟觀念是否還在心悅誠服。南斯拉夫政府急于尋求並接受原料的接濟，乃在消弭失業現象，並且維持日用品適度的產量以應市場需要，以保持目前低得可憐的生活水準。甚至於柏爾格勒政府從集體化和獨立農民們處所得到的些微合作，也要看他們供應消費品的能力而定——雖然消費品的數量很小，質地也很低。然而，我們回顧一下，南國支離破碎的經濟得以維持不墜，大部份還是靠當時美、英、法三國在重要的原料方面所給予的援助。

一九五一年，南國政府無法使其國際付欵的差額平衡，有一個原因自然是因爲糧食出口中止，這是由於一九五〇年的大旱所造成的現象。但這還不是主要的原因，最重要的還是由于政府一直着重資本投資，而國家經濟的其他部份都因此而處于次要的地位。從這些事實中，我們可得到二個推論：第一，由于現存貿易差額已有人承擔，南斯拉夫共黨領袖可以實行原來的工業化計劃。因爲這樣一來，南斯拉夫政府便可利用部份的出口貨的收入、西方的投資而購置工業設備；第二個推論是：雖然他們顯然不能用自己的資源而完成他們的資本投資計劃；雖然有一九五〇年旱災的教訓，但他們對南國工業化的問題還是不準備尋取另一個解決的途徑。

誰都可得一結論：就是在一九五一這一整年之中，他們還是被蘇聯的論調鼓舞着，以爲一個落後國家必須工業化。他們的觀點基于一個理論，認爲一個國家如果經濟上未能高度工業化，那就沒有眞正的獨立可言。他們說，南國如不能從工業化國家那裏擺脫「從屬」的關係，那末南斯拉夫仍將處于半殖民地的地位，仍是一個廉價原料生產地，而南斯拉夫又必須以這些廉價的原料去換取昂貴的成品。這樣一個强迫工業化的理論基礎，蠱惑着南國的領袖們，即在今日也仍然如此。但是他們忽略一些基本而明顯的事實，即在二十世紀之中，沒有一個工業國家（即使像美國那樣實力雄厚吧），能說「無所依賴」于世界的其他部份。在大戰以後，那些高度工業化國家，如英國、西德、法國、比利時和意大利，僅就這少數幾個例子來說，一個國家越是工業化，越是發現自己必須依賴進口的原料，以維持其工廠繼續工作，因此，他們更需依賴外國。

南斯拉夫共黨領袖雖面臨此明確的事例，仍繼續堅持其工業計劃的觀念，而此觀念便是由蘇聯承受過來的。事實上，整個的國家經濟也勢必走上一個方向——即是盡可能的加速完成工業化計劃。遲至一九五二年一月，南斯拉夫全國經濟會議主席，政治局委員之一的克德里奇（Boris Kidrich）還告訴懷伏亭那（Voivodina）的黨方官員們說，政府全部經濟計劃就靠着資本投資計劃的完成；他還說政府所希望能爲人民做到的就是盡力維持人民目前的生活水準。

由這不可避免的結論看來，南國共黨領袖們雖然分化他們的經濟管制，雖然建立工會，讓工人參與工廠的管理，但他們對於工業化的問題仍是墨守着蘇聯的辦法，仍堅持以資本投資的計劃爲首要，而將國家經濟的其他部份置於次要的地位。爲達此目的，南國政府現不但又在向國際復興進化銀行要求第二筆資本投資的貸欵，而且仍在向西方三個國家要求物資投資，以繼續來承擔他們的貿易差額。

南國政府在一九五二年表示要將資本投資，從過去佔全國總收入的百分之二十八減到百分之十七點六。當你想想南斯拉夫經濟設計者希望在今年所完成的一些計劃之後，即會發現他們紙面上的縮減比實際上的動人得多。一九五二年的計劃，包括完成二十一所水力和熱電發電廠，一些焦煤廠，煉鋼廠和石棉、製鋁廠，並使十二個煤礦以及一些未舉出的非金屬礦現代化。這樣一個龐大的計劃，即使今日歐洲高度工業化的國家是否能加以完成，也是值得我們懷疑的哩！

四

南國共黨領袖們在農業政策方面的成績就不再如此淸楚的解釋了。一直到一九五一年的冬天，他們才明白表示，唯有農業集體化，才是解決農業問題和其他一般經濟問題的唯一途徑。從一九五一年七月到秋末爲止，南國農民——不論獨立的或集體化的——發生激烈的反抗，這件事使南國共黨領袖極爲反感，以致他們講到農民時彷彿農民就是國家的大敵，並威脅說，如果他們還要破壞集體農場的話，即要予以嚴厲的懲處。狄托和他的僚屬們且一再表示，認爲集體化農業和工業化運動爲兩大基石，一個社會主義的南國必須根據此兩大基石而建立起來。

這裏不必再舉出去年農民反抗集體化農業的種種事件。今天，我們知道南國農民的反抗，已使南斯拉夫的領袖們恐懼，他們害怕這一趨勢如不再予以遏阻，可能有大的動亂。現在我們瞭解狄托他們抨擊農民的言論比以前他們發此言論時要透澈得多。他們已承認，他們的集體農場已失敗了。生產不但沒有增加反而漸形減少。在一九五一年唯有獨立農民們才維持了農產水準，他們破天荒的從經濟壓力中透了透氣，因爲政府取消了大部份所要求的强迫捐輸，同時農民現在又可將許多的生產物拿到自由市場去出售。而許多集體農民却垂頭喪氣，風氣敗壞。在克羅西亞的貝利，摩那斯提（Beli Monastir）地方，根據政治局委員柯馬爾（Slarko Komar）的報告，那裏的集體農民竟拒絕工作，以致政府只好從很遠的地區招請工人——即俗稱的『罷工破壞者』（"Strike breaker"）——來代替他們的位置。

南國共黨領袖雖承認由蘇聯承襲過來的集體式的農業已經失敗，但還不能公開承認此失敗，不但如此，而且他們勢必盡可能的設法來阻止集體農場的崩潰。於是，在南國共產黨中央委員會的指令之下，乃尋出一個臨時性的解決辦法。就是將現存集體農場盡行改組，以便更多的農民可以參加管理，並任命有能力的農民作管理的工作，將管理權由共黨官員手中接收過來。這樣的一個辦法，在南國共產領袖們看來已經剷除了蘇維埃集體農場的組織原則和管理原則。

當農場重行組織的時候，中央委員會決定重新着重農場合作，此一傳統的制度卽所謂『普通的制度』。根據此合作制度，農民保有自己的土地，但必須分享農場的工具。此一制度延續至戰後，但農民必須爲集體農場的利益而生產。南國政府雖有此新變革，但却允許集體農場收買獨立農民所擁有的夾在集體農場本土和邊區之間的土地，藉以鞏固現存的集體農場。至於獨立農民，便以集體農場之外的土地或是雙方所同意的金錢來補償他們。集體農場有權收買獨立農民的土地雖是有一定限度的，但此事實表示南國領袖們儘管已經承認集體化農業的失敗，但他們還不能與農業集體化一刀兩斷，仍以它作爲他們經濟體制的一個工具和基礎。

關于壓迫獨立農民這方面，還可找到另外的證據，那就是決定向那些在自由市場受到落價損失的獨立農民徵收罰款。正如南國的設計專家們公然說明的，他們有意採取這一步驟，乃是使獨立農民相信，他們只有參加集體農場，才會比較優裕。這些設計者相信，在罰款和低物價雙重壓力之下，二、三年內，獨立農民們都將無法倖存，並且他們還會自動請求當局，允許他們參加集體農場。薩格里布(Zagreb)地方的報紙吹噓在這一年中的成就說，從一九五一年十一月到一九五二年一月，克羅西亞地區已組成二十個新的集體農場，到三月以前將有八十個新的集體農場成立。

南國政府在農業政策方面的變革，有一重要之點是必須指出的。南國共黨領袖們已經得到一個暫時的結論，認爲在山區建立集體農場將是一個錯誤，因之，在某些條件之下，那裏的土地仍可歸私人耕種。由這一套論調又可得到另外的一個結論，就是集體化農業在南斯拉夫不論終究成爲什麼樣的型式，集體化農業總是集中在肥沃的地區內。

在一九五一年後半年所發生的事件，以及中央委員會在農田政策方面所作的臨時變革，都不能作爲下列問題的確定答案，就是南斯拉夫的共黨領袖對於蘇維埃的農業經濟理論，到底脫離了多遠，其理論就是將土地全部集體化，將集體農民的地位貶爲無產階級的地位。他們雖已與蘇聯的經濟觀念相悖離，但這也只是程度的差異而不是性質的改變。除了一些正在進行的變革之外，他們在工業化這方面對蘇維埃的偏離是不足注意的。致于農業方面的變革比較具有實質性一點，不過，關於農場組織，他們和蘇維埃的態度還是沒有什麼確定的分岐。

五

到南國只作短期訪問的人，常犯一種錯誤，就是以爲他們內部的改革正如我們所設想的，是朝着西方的理論和實行那方面做去。這種謬見是很嚴重的，因爲最近三年半以來，許多事情告訴我們，不管他們內部怎樣的變，那都只是在蘇維埃式的舊瓶裏換上新酒而已。換言之，這個問題只能用下面的方式提出：南國共黨領袖們對蘇維埃的典型究竟偏離到什麼程度？如果我們假設他們的變革和他們偏向西方的程度有關，那就大謬不然了，因爲沒有一點證據可證明他們已這樣做，或是已這樣打算。以目前發展的情形來看，他們對於西方的政治觀念和經濟觀念都同樣的急烈反對——就是社會民主和資本主義。

有一個時期有一種趨勢，就是以爲南國共黨領袖們在政治方面所作有限的改革，那就可算是轉向西方社會民主的證據。其改革包括限制警察的權力，放寬刑法，試圖劃分共黨和國家官僚的職權，分化經濟管制，改革刑事訴訟法並重新改組法庭等等(最後兩種至今尙在考慮之中)。這裏還有一個正在考慮的計劃，就是重新制定議會的職權。這些改革的意義和南國未來的關係究竟怎樣，需要作一冗長的討論，這裏只容我供獻幾點意見：

刑法的改革和法庭的改組，是由政府向國民大會的立法委員會提出的，理由是這些改革將會加强國內的「法制精神」，同時到最後，還可限制警察的權力。政府發言人在討論中承認，現在警察的權力幾乎已成爲絕對的，在鄉村區域中尤甚。因此法庭方面的判決，常常受到警察調查工作的不良影響。

在討論政府的提議時，立法委員會同意，所有裁判官應由國家的大會、各界和各區的大會來選舉，但他們同時又說這些被選出的裁判官應向選舉他們的大會來負責。這意思就是說，被選出的裁判官不對法律負責，而是對那些在某一特定時間內有權創制法律的人負責。這樣一來，雖然司法部比它直接作爲行政部門的工具時已享受較多的獨立，但司法部的獨立性仍未明確的建立起來。只要南國被選舉出來的大會繼續行使其批准的職權，那麼，司法部便仍然要處於行政部之下的。

我們來估計南國政治改革的重要性時，必須牢記一事，就是南國領袖們一直是以一黨專政爲他們不移的理想。遲至去年秋天，南國共黨領袖還感到共義務是維護一黨專政，攻擊多黨制度。譬如政治局的皮皆特 (Moshe Pijade) 和其他一些人都曾公開表示一黨專政才是『眞正民主』最好的保障，而多黨制度反足以敗壞民主的基礎。皮皆特他們說，南國不必再想恢復多黨制度，因爲這會使那批舊政客重新掌權，而戰前南國所以遭致敗亡，那些舊政客是有責任的。堅持一黨專政的意義，就是必須對自由主義性的改革大加限制，因爲這樣一個政體必須以行政部門爲首，其他部門都必須附屬其下。因此，當我們來研究南斯拉夫過去與未來的國內政治變革時，南斯拉夫共黨領袖要延續一黨專政此一事實可作一重要參考之點。我們忽略了這一點，就是沉溺於如願的幻想中。

六

我們所論及的只是南國共黨領袖們及其政府。但南國的共黨黨員只不過五十萬左右。因之，這裏又有一個問題出來了，就是人民與統治者的政策和實行這兩者之間的關係。關于這個問題幾乎沒有一個人敢概括的來回答。爲穩健計，你只能就某些熟知的因素，來衡定南國人民保衛自己國家的士氣，以及他們追隨現政權抵抗侵略的意願。

我們如要討論這一問題，那末先須有若干的假定。第一個假定是他們並不一定是爲他們的政府而戰。他們是爲保衞自己的國家而戰，而他們自然也願意在堅强的人領導之下更奮勇地戰下去。觀察家們常因一點而有所爭辯，就是南國人民，假使是非馬克思主義者的話，是否都會爲狄托而戰。這問題以這一方式提出來是不好的。問題是南斯拉夫人民是否願爲其國家而戰。上次戰爭中的教訓顯示了一個事實，而此事實被一般人所忽略。就是每一個國家被侵略時必有與敵相勾結的分子出現。因之當觀察家們討論到上一問題時，他們的言論通常是絕對的。問題不是有多少人叛離自己國家而和蘇俄勾結，而是有多少人留下來作戰。這個問題在西歐任何一個國家中也可能提出來。估計有多少人將抵抗侵略者比估計有多少人會去幫助侵略者更其重要。美國政府就由這個認識才能計劃未來的工作。

在上次戰爭中，南國出現了奸細和叛徒，但同樣也出現了洶湧而上的民族精神和解放運動，這是歐洲任何其他被佔領國家所不能比擬的。這一肯定的事實，我們必須加以注意。於是來作上面一個分析工作時，我們來計算參加解放工作的男女人數，這實在比計算幫助敵人的人數較爲有用。我們以種種過去的成就來比較和推論，那末，美國對南國的政策，如單以軍事立場來說的話，可說是無可疵議的。

若估計他們人民在未來戰爭中的作爲，我們先得注意下面的一些因素：構成國家骨幹的南國農民和工人，他們的生活水準雖低，但當侵略到來時，必須作戰，他們對於政治是有見識的。這一國家的農民和工人能在國家和個人利益之間劃有一條明確的界限，這常常是觀察家們引以爲奇的事。關於保衞國家和使南斯拉夫永遠成爲一獨立國家這兩個問題，從未成爲他們爭論的題目，而在西歐却常有此爭論。農民和工人們一面激烈地反對政府的對內政策，一面贊成其政府鄙棄蘇俄，贊成其政府和西方的國家重新合作以及其政府所宣佈抵抗侵略的意念。

南國政府在過去三年半中的宣傳一直朝着一個目標，就是提高民族精神，使能抵抗蘇俄的侵略以保衞他們自己的國家。這宣傳已狂熱到這個地步，以致如有不同的意見卽會認爲是叛國而應被懲處的。維護國家的工作成爲他們對內對外政策中的主要課題。一般人都作這樣的猜想，以爲共黨國際情報局在南國地下工作的失敗，僅僅是由于有效的警察行動。固然警察行動是有效力的，但若非南國人民自己置國家獨立的利益高于一切，若非政府宣傳工作已提高了民族精神，他們對于地下工作還是不能應付裕如的。

南國政府使怨恨共黨對內政策的人民有國家至上的觀念，這是他們在過去三年中主要的成就之一，這是無可懷疑的。不過『南國人民』一辭還得辨明，他並不能包括所有人民，因爲其中還有不少分子，倘若有任何機會可恢復他們被共黨政權所沒收的財產的話，他們還是準備不參加另一次戰爭的。南國人民對于國防問題並無眞正歧見表現，這是最重要的一點，有助于美國支持南國政府的政策。這一政策所費美國者不多，但所得的利益却非常之大——而且必須一提的，這些利益是不期而自得的。譬如封閉南國和希臘邊界一事，幫助希臘結束了內戰；蘇聯對意、奧邊區的壓力撤除了；南國軍隊由敵方的軍隊而變成了友邦軍隊；西方勢力重又回到巴爾幹半島；一旦戰爭發生的時候，亞得里亞海也將對盟國艦隊大開門戶，而不致封閉。

美國的政策似乎太沒計較一個事實，就是只要南斯拉夫在這已失去大部動力的歐洲大陸上，仍爲一有動力的國家，那麼，南斯拉夫便仍是有重要性的。自從歐洲列强的均勢被破壞以後，南斯拉夫便進入了一個以前從未進過的活動範圍，在那裏，她代替了以前英、法、意的地位，正在扮演和他們一樣的角色。歷史已促使美國力量伸向巴爾幹去，因爲在西方，除了美國以外便沒有別的國家可以來勝任的。假使美國從南國撤退的話，這正同美國從希臘撤退一樣的不可思議。美國必須明白這一事實，必須把這問題作一番考慮，並擬定一個政策，此一政策應超出防禦計劃的卽時需要之外。假使美國政策的目標之一是要恢復列强在歐洲的均勢，那末，顯然的，美國對于南國也應和對于其所支持的歐洲共他各國一樣，在一般和持久的利益上着眼。南國在今日已不僅是一個防禦的前哨了。

——譯自外交季刊——

啓事

本社爲加强海外發行，曾訂定永久訂閱辦法，茲承港澳各地人士，熱心襄助，謹此申謝。

自由中國社敬啓

雪梨通訊

展望澳洲未來兩黨外交

孫宏偉

如果一個國家的反共潮流，可以作爲衡量這個國家對外政策的準繩的話，那麼本年八九月間澳工黨領袖埃瓦特對政府取消親共份子前往參加匪僞和平會議護照一件事，所表現的態度，實具有劃時代的意義。埃瓦特這一次——由親共而反共——的一百八十度轉變中，他不僅支持政府的取消護照措施，而且進而指責政府縱容持有英國護照的親共代表（澳政府僅取消親共代表中持澳政府所發護照者），前往北平；他認爲澳洲基於國家安全的觀點，應當禁止所有澳人前往北平，因爲北平正是現在侵略國家對澳洲的作戰基地。

國內關心國際問題的讀者們，也許還記得埃瓦特是澳洲工黨主張承認中共最力的一個，他在無數次公開或非正式的場合，發表過親共的謬論。上年澳下院所通過的解散共黨法案被上院否決後，埃瓦特還特地爲共黨出席最高法庭，以律師的資格代共黨辯護，言猶在耳，爲什麼他這次忽然改變他的主張呢？我們的解釋是：兩年來澳洲境內風起雲湧的反共潮流已使這位現在身爲工黨領袖的埃瓦特自動的和被迫的改變了他對匪共及澳共的態度。

首先就工黨來說，工黨在一九四九年及一九五一年的兩次選舉裏，所遭遇的失敗，由於工黨反共態度曖昧的成份居多。澳洲人民雖然有少數人同情於英國對華政策的，但一般輿論總還覺得共產黨是他們嚴重的威脅，可是，埃瓦特於上次大選時，他却莫明其妙的打起了護共的大纛，爲澳共親自說法，這正給了自由黨以極好的攻擊機會，工黨人士因此有口難辯，尤其是工黨副領袖柯威爾所領導下的右翼反共派當然更要抱怨到埃瓦特路線的錯誤。

筆者在本刊以往的拙作中雖曾提到柯威爾氏是自由中國的友人，但對於埃瓦特和柯威爾這兩位工黨領袖間的微妙關係却沒曾提到。當工黨前領袖威夫利在世的時候，工黨內部任何紛爭都可由威夫利一言而定，到埃瓦特繼位後情形就不同了，埃瓦特沒有威夫利那種堅定、坦率、誠懇和篤厚的性格，他雖有學問和淵深的法律智識，但他缺乏一個政黨領袖所必須具有的磁性。廣博的學識表現在他的只是好高騖遠、遲疑、迂腐、模稜和國際是非觀念的薄弱。反之，在柯威爾方面他雖然沒有湛深的學問，但是他對於國際潮流之順逆，事理之是非曲直，却有極明確的認識，這固然得力於他天主教的信仰，而主要的還是他的爲人耿直，有熱誠，有勇氣，有眼光，所以他對於澳洲的現時處境和她當前所遭遇的眞正重要問題，能够有他堅定獨特的認識和主張。由筆者年來與彼私人之接觸以及由他的文章和公開談話裏，至少可以列舉如下各點，證明他的見解要比埃瓦特來得高超而切實些。第一、他認清了今後澳洲安全須從美國方面方能獲得外援，因此無論英國白宮方面怎樣鼓其如簧之舌，他總認爲澳洲在任何情形之下，必須以支持美國反共外交爲第一義。第二，他從沒對中共存過任何幻想，因爲他自始即看清楚了共產國家的本質和其必然的會成爲澳洲的嚴重威脅，所以最近他於視察澳北境之後，他立即著文呼籲國人對於北部遼闊地區的國防建設工作，應刻不容緩。第三，他認爲與澳洲安全無直接關係的地區如中東一帶的防禦，澳洲應力求擺脫，而另一方面，澳洲對於荷屬新幾內亞問題，他認爲應當堅持澳洲立場，絕不可自撤北部屏障。

以上柯氏主張三點，雖然寥寥數語，他却已掌握了整個目前澳洲對外問題的癥結。反觀埃瓦特，他雖然主張承認中共，但却說不出承認中共與澳洲本身利害的關係，他只是拾英人之唾餘，說中共篡竊大陸乃已成事實及一些國民政府腐敗和中共進步的不正確空論而已。

兩人的論點既然若是的懸殊，他們間之必至於衝突是不難想像得到的。而從自威夫利逝世後，在黨內的勢力兩人不相上下，一個是代表新南威爾士州的，一個是代表維多利亞州的，各有各的勢力。終究不久兩人爲了波登博士前往北平參加匪僞和平會議問題，發生了重大爭執（關於波登參加僞和平會議詳情可參閱本刊六卷十二期「失意政客充貴賓」一文），柯威爾在國會裏所給波登博士的攻擊和他之要求波登退出工黨，實際上是給埃瓦特難堪，因爲誰都曉得波登是埃瓦特的夾袋人物，而且他的前往北平是得到埃瓦特默許的。

波登事件再度的顯露了埃瓦特的缺乏政治家眼光和他之昧於國際大勢。爲了庇護波登到北平去，他帶給了工黨一個很不利的局面，他不僅給自由黨一個極好的攻擊口實，而且等於向國人宣示工黨一向對於共黨的態度是模稜的。起初工黨裏面還有些人替波登撐腰，後來國內輿論日漸對波登不利，這些人也就銷聲匿跡起來。隨後許多工黨內部中立份子也逐漸對波登的輕舉妄動，損害黨譽表示憤慨。因此越發顯得柯威爾的指斥波登是辭嚴義正，和他之路線的正確。波登雖然沒有因爲柯威爾的要求而被迫退出工黨，但終究因爲受各方的壓力他被取消了新南威爾士州林斐(Linfield)區工黨議員候選人的資格。

波登事件對埃瓦特的威信是一個很大的打擊；相反的，柯威爾的聲譽却因此提高了不少。在這種情形之下，埃瓦特如果仍堅持他親共的路線，

（下轉第9頁）

香港通訊

誰是縱火者？

樊凡夫

十月廿九日晨七時許，九龍九龍塘村(俗稱九龍仔)木屋區，發生了一次很神秘的火災。被焚燬的木屋約一百餘間，災民達五百多人，一個三歲女孩慘被燒斃。這次火災發生的原因，直到現在還沒有能弄清楚。惟事後據該村防火會的負責人說：「這次火起得眞古怪。雙十節前後的幾天裏，村裏即已謠傳着有人要放火；一天晚上，防火會裏兩個巡更的人，在猛鬼湖那邊，發覺兩個鬼鬼祟祟的歹徒，在離他倆不遠的一間木屋旁邊，發現有一綑浸透了煤油的舊棉胎，上面架着一束已燃着了的大線香。這兩個人當時就被防火會拘送至深水埗警署。前兩天，防火會又突然接到了一封恐嚇信，信上說這個村子的居民在雙十節竟敢懸掛了『反動』旗；聲言定要放一把火把全村燒光，讓全村的居民知道點利害。防火會當即起了戒心，增派多人日夜在村裏巡更，但結果竟仍不能免掉了這場火災。」

這是一場神秘的火災！是誰在那裏「搞」縱火的勾當呢？

一個偶然的機會中，我揭破了這個謎。在一位朋友的家裏我認識了一位姓孫的青年。過去他在荃灣某紗廠裏「打工」(廣東語「作工」爲「打工」)爲「港九紡織染工會」(「進步工會」之一)的「會員」。前些時，他的「上級」要他回「祖國」，由於他過去曾「搞」過一段「反動工作」，未敢猝然從命。現在，他已憬悟醒來重投自由的懷抱，改在另一家紗廠裏「打工」了。他的「上級」所以要他回「祖國」的原因，原來卽與這次的九龍仔火災有關。以下卽是他親口向筆者叙述的全部經過：

一天淸晨，我剛下了夜班工，阿李就像火燒着屁股似的，一閃身闖進了我的房子。什麽話也不說，拉着我就往外走，這種情形，我已領敎過好多回了，反正不是廠裏發生了什麽事，就是「小組」上又要我們「開動腦筋」(開「緊急會議」的代用語)。阿李也是我們廠裏一名電氣工人，年紀比我還輕上兩三歲。他公開的身份是如我一樣，不過，在我們「小組」裏，他已是「黨員級」「組員」，比我這個「後補團員」(按卽指爲「共產主義青年團」)要高出一大截，何況這時他又是我們「小組」的「交通員」，專負爲我們和「組織」作聯繫的責任，在我們眼裏，他就是「組織」的代表，要我們怎樣，我們就得怎樣，不然，就會落個「不接受組織領導」的「罪名」。

約摸走了二十多分鐘，方走至一個山窪裏。我們這一「小組」的人，已全到齊了，大家都正圍聚在一起談笑着；「小組長」劉大姑却和一位很陌生的「同志」另在一邊，阿李引我一入場，劉大姑卽亦和那位陌生「同志」走了過來。這時，劉大姑乃照例的拍了兩下掌，算是宣告開會，她光把那位陌生「同志」向我們作了一番介紹，說他是「工聯會」派來的什麽「委員」，代表「組織」和我們直接作一次「深入瞭解」加强相互間的聯繫，我們每個人遂卽奉命把自己的「歷史」、「工作經驗」、「學習進度」，先向他「自我介紹」上一遍，然後再由他把我們對「組織」的「反映」，逐一的加以解答；其實，事後我們才知道，這傢伙那理是來爲我們和「組織」加强聯繫，而是來挑選人員，接受「組織」的「工作考驗」。

我也算倒霉，不知怎麽就被這傢伙看上了眼，當我向他作「自我介紹」時，他瞇着眼死瞅着我，並不時打斷我的話頭，向我發出一些問題，竭力刨我的話根。迨至「瞭解會議」全部完畢後，他又特別和我很親熱的握了一回手，並低低的叮嚀我道：他對我的「自我介紹」感到很滿意，希望能有一個機會讓我和「組織」上再作一次直接談話。

過了一個多星期，劉大姑竟忽然偕同阿李在一天傍晚來造訪我的住處；按「上級」的規定，「小組長」在平時和我們的聯繫，應該是由「交通員」負責轉達，除了在開會時間外，應竭力避免和我們作直接的往還，現在，劉大姑竟打破了這個規定，這怎能使我不感到驚奇。她和阿李走進了我的房間後，就像一個普通朋友似的先和我說笑了一陣，然後，又邀我一同出外飲茶。

她同阿李把我邀出來後，並不眞的去飲茶，而是沿着往九龍市區的這條公路邊走邊談。這次談話的時間倒不長，她也沒有和我多談什麽，僅是就「革命」的歷史，空談了一陣。不過這次談話的形式，實在不大像是「談話」，而是像先生考問學生，她一個勁兒出問題，我則一個勁兒的答，阿李則就默不出聲的在一邊聽。

我們這樣邊走邊談的走到一個公共汽車站，劉大姑突然停住脚對阿李說：「你不是另還有事嗎？那你就回去吧」；阿李當卽點頭轉身走開了。于是她鄭重其事再對我說：「我們一同去九龍(按係指市區)走一趟；今天你旣不是夜班，明天的日班阿李會替你請假的。」我當時雖感到很愕然，但心裏知道這就是她在向我下命令，不容我不同意的。這樣，我和她就搭上了最後一班的十六號巴士進了市區。到了深水埗最後一站，她引我下車，兩人又默默的走向太子道，再搭上第一號巴士直至九龍城；下了車，她卽又導我步向譚公道，並囑我在一家茶樓裏坐候她，約摸等候有半點來鐘，她方偕同上次和我們作過直接聯繫的那位「委員同志」同返，這位「委員同志」這回對我更爲親熱，一見面就連拍我的肩膀，滿口「阿孫、阿孫」的稱呼我，好像和我是多年的老友一樣。

在茶樓裏，「委員同志」忙着招呼我吃點心、吃炒麵，除掉和我大談電影外，其他什麽也不說。及至我們皆已飲足、吃足，他方立起身會了茶資，邀我和劉大姑同往看電影。走出茶樓「委員同志」便和我談正經事了，他先問我在香港有沒有親友，有沒有膽量接受「組織」上一次「考驗」，接着又對我談了一陣「革命道理」，這時也不知「組織」上要怎樣「考驗」我，又不能多問，只好聽他滔滔不絕的作「訓示」。將近走至漆咸道與馬頭圍道的交叉口，我們乃又乘上十一號巴士，直至快樂戲院門口始下車，我初還以為他真的要請我們看電影，那知他引我們下了車後，復導我們走向廣東道，並一直步行至砵蘭街「總工會」。

「總工會」辦公室裏，這時已圍坐有六、七個人，我只認得其中一個姓廖的瘦個兒。他亦曾于今年二月間，代表「工聯會」去我們廠裏「搞」過一陣「歡迎祖國親人運動」，不過，我以前尚不知他的本來面目是什麽，這天因有了「委員同志」的介紹，我方知他是我們「港九紡織染總工會」的「勞保部副部長」。其餘的數人中，「委員同志」亦給我約略介紹了兩人，一為我們「總工會」的「書記」蔡某，另一為「九龍城支會書記」丁某，蔡某一見我的面，就迎着上來和我握手。

「委員同志」替我作過簡單的介紹後，向蔡某使了使眼色，兩人乃相偕進入辦公室傍的另一間屋內，約有飲一盅茶的工夫，劉大姑和丁某廖某亦皆相繼入內，外面僅剩下我和幾個不相識的人悶坐着。未經多時，他們即亦魚貫走出，表情俱極嚴肅。大家坐定後，蔡某開口說話了，從國內「鎮壓反革命運動」說起，直扯到這次雙十節本港居民懸掛「慶旗」止，一口氣連着說了有一點多鐘，最後方作了一段啓示性的結論說：「逃避在港九的反動份子，現在因已獲得到英美反動集團的進一步支持，益發瘋狂的在向我們挑釁。為了增長我們的鬪爭情緒，組織上已作下了一項新決定，變更我們過去的鬪爭方式，先集中力量打擊藏匿在港九的「反動份子」。說至此他故意把話音頓了一下，然後又徐徐的說：「今天請大家來，就是商討怎樣來執行組織上的這項決定」。他的話剛停，劉大姑即先搶着慷慨激昂的演說了一番，把港九各業自由工會罵了個狗血噴頭，丁某、廖某及另幾位不相識的「同志」，亦相率扯開嗓子大嚷了一陣。最後蔡某很客氣的請我和另兩個陌生「同志」表示意見，我們當然沒有異意，也只是把他們剛才所說的重覆了一遍。這種場面，我已「賞鑑」過多次了，這叫做「思想動員」，「動員」的目標，當然是我和被徵詢意見的另兩個陌生「同志」。

我們的思想被「動員」完畢後，蔡某「開門見山」的向我們下命令了。他說，因為「組織」上對我們「很愛護」，所以才決定讓我們接受一次「工作考驗」，着我們（指我和另兩個陌生「同志」）就「組織」上指定的石峽尾村和九龍仔兩處木屋區中（按這兩處的居民，有半數以上為由大陸逃難來港的「反動份子」和自由勞工），選擇一處為目標，進行放火工作；他宣佈完了這個命令，我和另兩位陌生「同志」，均不約而同的變了臉色。說句老實話，我還眞未想到「組織」上要我們「搞」這種工作；我自問對什麽樣的「思想」均「搞通」了不少，但却還未「搞通」這種「殺人放火」的「思想」。蔡某見我們面色有異，便斜着眼問我們道：「怎麽，你們在思想上有顧慮嗎？是不是顧慮到你們在祖國的家庭？」他這句話是什麽意思，諒誰也會聽得明白；我們在香港「搞」不「搞」放火工作，與我們在大陸上的家人能有什麽關係⁉

情形已迫得我們不能不答應了，於是每個人被指定向「組織」寫一份「決心書」，蔡某已經把這種「決心書」都準備好了，只待我們親自塡上一個姓名而已。這時我才窺得另兩位陌生「同志」的姓名，他們中有一人姓馬，另一人姓徐。夜已很深了，蔡某乃即招待我們在「總工會」裏住宿，劉大姑則和那位「委員同志」便相偕離開了。

這一晚，我一直在「鬧情緒」，說什麽也睡不着。

第二天，我們整天皆被「招待」在「總工會」裏，三餐皆是從大酒家叫來的筵席，牛奶、可口可樂儘量的供應着我們。劉大姑和那位「委員同志」，自這天起，即再也沒有和我照過面，僅蔡某、廖某和另一位女「同志」石某留在「會」裏「招待」我們。這天下午三點多鐘，方有一位年約卅多歲的廣東佬，操着生硬的國語來教我們一些放火的技術，教時，僅他和我們三個人在另一間尾房裏，由蔡某從外面把門鎖住。這位廣東佬大概是「綠林好漢」的後裔，他倒沒有教了我們什麽特殊的放火技術，却教會了我們能說幾句江湖黑話，什麽：「合字、風緊啦」，「扯蓬啦」等一大套。

傍晚，蔡某再和我們每個人作了一次「個別談話」，除講了一番激動我們情緒的詞令外，復叮囑我們于萬一事敗時，一些應付危局的技巧。迨至深夜十二時後，蔡某即命令我們準備往九龍仔行事；所有放火應用的東西，蔡某早就妥當的安置在一輛私家汽車裏。我們隨着他坐上車，由他親自駕駛着送我們至界限街鐵橋傍下車。

我們三人在事先已商量妥當，他們兩人專負「望風」的任務，我則負責安放火種。我們下了車，携着應用的棉花、線香、煤油等物，迅速爬進鐵道傍的欄柵，沿着鐵道的右側向北疾行。這晚，沒有月色，人跡已稀。到了能看到九龍仔後面的小湖時，他們兩人乃先翻過鐵道去「偵察地形」，我則携着火種匍匐在叢草裏守候，這時，我的心眞跳得厲害，像要從嘴裏跳出來一樣，如果有一個人發覺到我這時的行徑，不用說，一切都完蛋了。就這樣戰戰兢兢的守候有半點多鐘，那個姓馬的方跑回來給我打了一下暗號，表示前面已無危險，我乃和他同携着火種爬行至村後，姓馬的大概也是害怕得厲害，剛抵達一間木屋的後側，他即撇開手跑得沒有影兒，我

（下轉第32頁）

褪色的晚霞（上）

喻嘉濱

一

大海，黎明，驟雨初收。一聲長長的汽笛，喚醒了船上旅客的沉沉秋夢。初昇朝陽的閃閃金光代替了破曉時分的瀟瀟雨線，照臨這海，這海上的船，船上的窗。

這是臺港線上的永生輪，它正迎着白浪駛向雨港基隆。

在三等客艙的九號房間內，一個臨窗的雙人床的上舖裏，躺着個竟夜無眠的男子，他雙手交枕於頸後，聽海上的秋雨敲打着船舷，聽自己脈搏的跳動數着時刻，數着記憶。當一聲長笛伴着萬縷陽光破窗而入時，他從似夢非夢的沉思中醒來。他抽出枕在頸後的左手，看看腕上的錶，時間是清晨五點正。

「還有整十二小時就到了！」他興奮的心靈自語着。

但他立刻又沉入一個幻想：

「晴初，我等你好久了！」一個熟悉的少女的聲音在他耳畔低喚。他明白，這是孟如的聲音。七年來，他曾爲了這聲音，千山萬水，魂牽夢縈；七年來，他就爲了這聲音，歷盡折磨，不避艱險。這聲音，那麼輕柔，那麼溫暖，就像一聲春的召喚，使他在冰雪凌壓中的生命之芽有生長向上的勇氣。

「這是小貝殼，我們在嘉陵江邊拾取的！」他完全沉浸在幻想裏，從左胸袋中摸出一個有五彩色光的小東西，遞給如見其人的幻想中的聲音。

「我沒有忘記，甚至當生命在豺狼的血口中的時候，我仍舊緊緊地收藏着它！」

「你將看見那紫色斑痕，是我殷紅的血跡所沾染；但我不願在你溫存的手指給它撫慰之前即行洗去！」

「我將帶着它再和你漫步在夕陽下的沙灘上，讓它的顏色永遠像晚霞般璀璨，永伴着我們共度流光！」

……………

那聲音沒有回答，他從久久的心靈獨語中醒來。窗外的陽光正照射着他炯炯凝神的雙目，照射着他濃黑的頭髮，照射着他粗壯的胳臂上的隱隱傷痕。

他，名叫趙晴初的二十七八歲的青年男子，若有所悟似地從床上爬起，再看一看手錶，匆匆地穿好衣服，這時，同艙的乘客都已起身，有的正在穿衣，有的已在開始收拾行李，每一個人的臉上都煥發着希望的光，等待着登上那即將到達的港口。晴初，未待梳洗，即走出客艙，踱上甲板。

艙外，秋陽踏着灔灔海波：天邊，高懸着一弓虹彩；灰白的雲，飽含着氤氲水氣，尚未雨意全消：微濕的風，撲面生凉，像輕滑的薄霧。

憑欄已久的晴初，半身兀出船舷，像探首海邊的一尊化石：任海風吹拂，任時刻飛逝。

遠處，一羽白鷗貼水飛來，像一個思魂的夢影；又高高地揚起，滑運雲端，滑過天橋似的虹彩，落入虹橋的彼岸。停留在七年前的嘉陵江畔，停留在晴初雙十年華的記憶裏。

二

山城，秋天，澄藍的嘉陵江宛如曲曲緞帶。

清晨，多霧，那是山川的靈氣，百萬人口的呼吸。

對日戰爭是一次大遷徙，也是一次大揉合。人們，從駿馬秋風的塞北，從杏花春雨的江南，從高原，從海濱，聚合在祖國大西南的腹地，永不屈服地生活着，戰鬪着。

山城成爲這整個戰鬪體的神經中樞，山城郊區的沙坪壩成爲學術文化的中心地區。

戰火給人們帶來災難，同在這災難中的人們的心有太多的痛苦，也需要更多的同情。戰火燒去了多少人的美好記憶，也燒去了多少人間交往的隔膜的皮。人與人間的距離縮短，一次暢談將是一次心的語言的交換。

晴初，來自長河落日圓的豫南，經過烽烟，停留在沙坪壩上，在壩上一個著名的中學畢業，又進入倚壩臨江的松林坡上的大學。

他曾有個幸福的家，但敵人給毀了。懷着童年的綺夢，隨着叔叔奔赴重慶。二十年的生命像一株不開花的樹，他的生活中的最大安慰，只有黃卷青燈的夜讀；讓書叢中散發出的思想的芬芳，塡滿他虛寂的幻想。

三十四年，晴初二十歲，正上大二，一個巨大的轉變到臨，日本宣佈無條件投降。一片驚喜，一片騷動，復員，還鄉的熱潮瀰漫在每一個角落，開朗的笑掛在每一個人的眉梢。

晴初的心從陰暗中醒來，他想着自己還有個家，有個春天。

一個星期日，叔叔從城內趕來，要晴初同赴一個晚宴。主人姓周，是叔叔的老同學，舉家新從成都來到重慶沙坪壩。

就在壩上的金城新村，一個銀行的花園宿舍，五時左右，主人周先生周太太殷勤的招待着客人。

「這是周世伯和周伯母；這是晴初，正在此處唸書，今年上大二了。中學也是在此地上的。」叔叔招呼着晴初拜見主人。

「好極了，以後可以常來玩。」周先生握着晴初的手，拍拍晴初的肩。

「現在唸甚麼系？」

「歷史。」

「中學上的是？……」

「南開。」

「啊，和孟如先後同學呢！你們恐怕還不認識吧。她過一會兒就回來了。」

客人陸續到來，共有十多個，周旋於精巧的客廳裏，笑語聲和着藍色的烟圈從賓客們的口中吐出，像有過多的東西充塞在室內，晴初感到有些擁擠，不經意地走出客廳。

室外，花木扶疏，舉首北向，歌樂山青青在望，晚霞的金線正爲它編織畫圖。右面整齊的鐵樹夾成的曲徑上迎面走來一個窈窕的身影，短髮，藍衫，左手夾着幾本書和筆記。走路時特有的姿態像是一種典型習慣，而這種典型習慣在晴初的記憶中是那麼熟悉。這身影從晴初身旁微微頷首而過，像是在招呼，晴初覺得似曾相識，但又無從記起。

燈上後，主客入座，周先生陪着晴初的叔叔等一席，周太太和晴初等一席。席間，晴初被介紹認識坐在他旁邊的短髮藍衫少女叫做周孟如，就是他剛才在曲徑上邂逅的。晴初有些靦覥，覺得燈光太亮，但他有一個印象：圓圓的臉龐，瞳子很黑，鼻準嫌高，牙齒嫌露，但很白整，在活潑中有些稚氣。他覺得這印象很清新。

周太太很健談，他說着這次從成都遷來重慶，一方面是爲了周先生銀行裏業務上的需要，一方面爲了孟如這個暑假已經高中畢業，三年來她獨個兒住校上學，未免寂寞，趁此家人團聚，好照應她的升學考試。快散席時，周太太又發表女子升學就業的意見，她說孟如想進教育系，而她希望孟如上外文系或經濟系。當然她也尊重女兒自己的意見，要女兒多考幾個學校以備選擇。

「我想，可以請晴初抄一份這幾系的功課表來，看看那些課程的內容究竟如何。」周太太像是一面徵求女兒的意見，一面順便委託晴初。

孟如笑了一笑，晴初說了一聲：「好」。

殘席撤去，大家又在客廳裏暢談一陣。周先生談着復員後的經濟情形，和銀行裏怎樣發展收復區的業務計劃，等西南方面的銀行業務有個新的安排後，他預備到京滬一帶去主持一個一等管轄行。客人們也各各發表意見，勝利給大家帶來一個光明的遠景。

在客廳的另一角，坐着晴初和孟如。

「我在南開時就知道你，那時唸高三，我唸高一。」孟如微側着頭在和晴初談話，聲音較低。

「初見你時覺得面熟，但總想不起來，南開人那麼多，男女生分組，就是同級也難得全認識。但要是在校外遇着，雖不認識，彼此也會直覺地感到那是同學。剛才我看到你時就這麼想。」在客人們的談笑聲裏，晴初的聲音顯得不高。「但你怎會知道我呢？」

「我上高一那年秋天，正是學校的三十週年校慶，學校舉行寫作競賽，你得了第一，我在壁報上讀過你的文章，在大禮堂見過你上臺領獎。你曾是學校裏的聞人哩！」說到最後一句時孟如忍不住笑了，晴初看到孟如笑時稍嫌突露的牙齒確很白潔，略高的鼻尖微微起伏在動，帶幾分淘氣。「那時你好像瘦些，還沒現在這麼高，我們曾笑過你，說這人個子小，提起筆來氣倒很大，看見你上臺時那副沉着勁兒，都叫你做『小大人』你那篇文章是不是叫做『日落』？」

「是的，但現在已記不起怎麼寫的了，現在是眞的大人了。」

「進中大後，每次校慶你是否都到學校來過？」

「看遊藝會。」

「你看過『少年遊』？」

「也看過『飛花曲』？」

「這次演出很穩。」

「我偸着擦過眼淚。」

「聽說臺下一片低泣？」

「都爲了杏珠的遭遇。」

「還記得那句詩嗎？」

「『落紅不是無情物，化作春泥猶護花。』眞美！」晴初被牽回記憶裏，那曾經孕育過他的青春，開啓過他的心智的校園景色，又顯現於腦際，那紅樓一角的夕陽，荷花池畔的垂柳；那一草一木，一人一事；多麼熟悉，多麼親切！晴初略一抬頭，看到同在那熟悉的地方生活過的孟如正稚氣而認眞地望着他，像兒時女伴同遊歸來時互相考問沿途的山水名稱：

「你記性眞好，我再問你：你見着我在臺上嗎？」

對這一問，晴初有些茫然，他極力從腦海中搜索，數着那些出場人物，再仔細端詳孟如，那烏黑的瞳子，微高的鼻尖，好像記起了甚麼：

「你是不是那個梳着雙辮的女兵？」

「你猜錯了，我根本沒有出場，我在後臺唱歌呢！」孟如傾身向前，得意的一笑，然後撫弄耳邊的短髮，眉宇間流露一片天眞與淘氣。晴初也跟着一笑，笑得臉上有些發熱。

時間已近十點，客人們紛紛起告辭，當主客握手言別之際，孟如立在門邊向晴初說道：

「明天給我帶課程表來，還有一本教育學概論。」

「以後常來玩。」主人的笑聲。

在再見聲中，晴初和叔叔離開金城新村，轉出數步就到了街上。街上燈火輝耀，夜市未散，櫛比相連的書店中仍擁着站立看書的顧客；九華園的露天茶座正熙來攘往，送走一批黃昏時到來的顧主，又迎入一批夜遊的淸客，沿街小攤林立，電石燈下，磁器口的紅橘和焦鹽花生堆積如山，任人隨意佇足買取，或獨自邊行邊吃，或數人踏歌而過，壩上風光正濃。

叔叔順手買了一籃紅橘交給晴初，一路閒談，直到車站。叔叔用手圍着晴初的臂說：

「我要趕進城去，不送你到學校了。報館方面正着手恢復上海的分館，最近我可能先到那邊去。老家有信來，情形還不太壞。你的功課我很放心，但須注意身體，所需費用都已準備，仍舊按時到小龍坎劉先生處去取。」

「勝利初期嫌亂一點，你們學校也許過了年底才能復員還京，有消息隨時寫信告訴我。」

「這幾年來總算苦了你，看着你成人上進，我也很感安慰。」

「周世伯處可以常去問候，多個照應。」

叔叔的一字一語都親切的印在晴初心上。當車輪滑動時，晴初泫然地招着手。

駛過大街，駛過林蔭；晚風吹起夾道楊槐，瑟瑟虛籟如奏。回到宿舍，晴初心中有種異樣的感覺；童年、烽火、他鄉、勝利；他驚覺於生命的成長，生命的躍動。

三

星期一清晨，晴初比往常醒得更早，他覺得今天有更多的事情要做。他有照例的早讀，他有排定的功課；他還要到教務處，要上圖書館。當他從宿舍越過朝霧的田野走向松林坡時，四野寂寂，旭日的紅暈在濛濛的霧空中怯怯閃爍，欲出又斂。但那凝聚的熱和光像有無比的力向宇宙伸展。終於霧淨，日出。晴初深深地吸了一口氣。

午後四時，晴初躑躅的脚步來到金城新村。庭園很靜，戶內有琤琮琴聲。一聲輕敲，門啟處，孟如亭亭而立。

「我等你好久了！」孟如的聲音有着期待的驚異。

「剛下課就出來，時間還早。」晴初有些囁嚅：「這是課程表，這是書。」

「世伯、伯母在家嗎？」

「爸進城去了，媽在宋太太家打牌。」

傭人倒過茶，晴初在籐沙發上坐下又站起，走向琴旁，琴臺上正放着一本翻開的曲譜，是徐志摩的「偶然」。五線譜下的歌詞，躍然在眼：「我是天空裏的一片雲……。」孟如轉身坐在琴前，用一隻手撫弄琴鍵，奏出單音的調子，然後雙手撫鍵，用鼻音輕輕地哼着。這隻歌曲是晴初所習唱的，他想着在那紅樓一角的音樂室裏，阮先生怎樣一隻手彈琴，一隻手揮着烏木小棒，含笑陶然的姿態；在練唱完畢之後，大家怎樣哄着鼓掌要阮先生表演一歌一曲的情形；那景況如在昨日，如在眼前。

琴歌嫋嫋而止，孟如抬起頭來，輕淺地一笑。說道：

「你喜歡這隻歌嗎？」

我們平時都喜歡哼，就是唱不好，阮先生是不是還教你們？」

「這歌就是阮先生教的，今年春天他還指揮合唱團練唱『長恨歌』和『海韻』，當他全神貫注指揮到『仙樂縹緲處處聞』時，突然暈倒。不久就離開了，離開了人間！」

「阮先生眞是個好人，他將全生命貢獻給藝術。而生活的重擔終於壓毀了他。他死得那麼美，那麼寂寞！」

想到阮先生的際遇，兩人都有些感喟。

門外有車鈴聲停住，周太太已倦遊歸來。她精力強，性好動，生活環境好，樂觀健談，一進門就是一串笑聲：

「剛才去宋太太家打點小牌，匆忙八圈，簡直沒盡興。重慶人眞忙忙慌慌，那及得成都悠閑！」

然後又向晴初說道：

「課程表帶來了嗎？勞神了。」

接着她又談起孟如考學校的問題，又問起晴初的學業，她對晴初得體的應對感到滿意，她覺得這孩子很有禮貌。至於有些深一點的問題，她雖也表示興趣，但樂觀的她，懶得多花心思。

談到五點多時，晴初起身要走，周太太堅留用飯，有人陪着談天用飯，在周太太也是種愉快。

入夜，晴初從周家出來，周太太和孟如送到門口。他走着，走着；口中哼起那低沉的歌：「我是天空裏的一片雲……」他又想起阮先生，想起孟如；他感到奇怪：以前大家對這隻歌哼哼唧唧，好像只是一種泛泛的欣賞；此時，他唱着這隻歌，似有一種獨特的喜悅，一種新鮮的意境。他走着，走着，忽然脚下有個東西撞他一下，差點兒跌了一交。他急起察看，原來走上岔路，踢着巨石。他感到心驚，也感到好笑。

晴初把一天的忙碌寫入日記，日記中有很多起伏的音符。他靜靜地睡下，睡在如夢的歌聲裏。

（待續）

更正

本刊第七卷第十期「美國大選雜感」一文，所有「潑糞」之「潑」字均係「撥」字之誤。

一位僑生索閱本刊

「自由中國」編輯先生大鑒：

學生近閱貴刊——「自由中國」，顧名思義，適合今日海外僑胞之立場，不僅內容充實，編排新穎，封面也極莊嚴，切合時代需要，使命無窮，藉以使祖國走向光明的自由中國。學生居于讀者地位，本欲定閱一份，唯因經濟困難，又印尼外滙限制甚嚴，故無法直接訂閱。爲此，特函懇請先生能以免費每期贈閱一份，未知先生以爲如何？

此祝

近安

學生　鍾廣興上

四十一年十一月十六日於椰加達

廣興同學：

你對國事之關切，以及對本刊之愛護，俱使我們爲之感動。承索本刊，已請經理部按期寄贈矣。

編者

如此莫斯科！

——一個外交官夫人眼中所看到、親身所經歷的真實事跡——

Dorothy Emmerson原作
陶冬心摘譯

我們的車子沿着電車軌道在高低不平的石子路上開駛着，突然間有人喊道：「到了，到了。」接着車子急向左一轉，穿過一個破爛的大門，呈現在我們眼前的，就是「我們的」住所了。這是一座木質的建築物，裝有玻璃的走廊，看上去似乎搖搖欲墮地懸着，褪了色的窗戶也顯得萎靡不振。在我們左邊，可以瞥見一個小叢林，還參雜着一些植物和幾株樹。這房子有一個汽車間（汽車間的門已腐朽，但還支持了幾個月），還有一個堆燃料的木棚，靠近大門處有一所奇形怪狀的木屋。蘇俄人稱這種屋子叫『花園別墅』，它只使人想起了小教堂，陰沉沉地有一個凸出屋頂的小塔尖。

每一個人都從歪歪斜斜的後門進去，然後走進了一間狹窄的廚房裏。廚房裏有一座鐵鑄的火爐，緊靠在裏牆，隔壁的一間房，就是我們的臥室，再走進去是大廳和起坐室。起坐室的天花板上舖綴着一塊塗過色的紙板，那好像是不祥之兆，但那時我們並不知其所以然。在這個房間的一角有一個俄國式的爐灶。這爐灶沒有用，因爲我們只是一個家庭，不需要在兩個地方煑飯，而且，這房子有暖氣足以自豪，我們更用不着這爐灶。因此我們立即用塗過色的報紙將爐灶蓋了起來，將它改成一個酒櫓，掛上一些七彩的小燈，並將各式酒瓶整齊地放在裏灶面。

這所房子另外還有幾間房：一個飯廳，裏面只能舒適地坐四個人。那就是說坐四個人，到還舒適；再多一個女僕，就只能擠在一邊了。還有一間臥室，一個洋臺。有一天，我們的一個孩子唐納和他的俄國小朋友一起坐在起坐間的地板上玩，那位小朋友一直不動地坐在那兒呆看他的四周，我問唐納他的朋友爲什麼不玩，唐納漠然地回答我說：「噢！他說他不要玩，只要坐着欣賞我們這間漂亮的房子。」

房子裏的傢具十分混雜。我們在大使館的堆棧裏又找到了幾件配上了，並找到了一塊淺褐色的地氈，承那管理員的好心，附囑我們可以任意裁剪此地氈以適合地板的大小。我先很用心地度量着地板的尺寸，然後和我的丈夫合力地將氈子攤開，再想拿剪刀來剪裁，可是我們發現地板的大小與形狀並不是原先所設想的那樣，我們所做的是一件奇妙的補綴工作，小心地用一片片小布塊將那些退了漆的地點遮蓋起來。

莫斯科的大使館裏，實施着「主婦工作規條」，那就是說，一個太太陪伴她的丈夫來莫斯科後，她必須在大使館的辦公室裏兼任一個職員的職位，因爲蘇維埃外交當局從未分配足量的房子容納外交官員的家人以及屬員。

初來的外交官太太們要受到關於禮儀的告誡。在這裏我却對要到莫斯科去的外交人員的太太們勸告，在沒有去莫斯科前一定要好好地把木匠術、修理自來水管術和速記學得好好的，這是非常重要而且常常會用得到的。

每天就是這樣地過着。早晨我們要將洋臺改成課室，這個「洋臺」當有陽光照着的時候是很好的，但是在有些陰沉的俄國冬天裏，那可笑的手風琴式的暖爐簡直就發不出一點暖氣來。孩子們要跟我們在那裏上課，一直要捱到吃午飯的時候爲止。

整個的下午要到辦公室去工作了。我的工作是在供應處裏，計算着橙汁和麵粉所消耗的數量和價錢，學習一些關于運輸、帳目、物品清單、簿記、淸查舊帳單和同人間的往來欠單。

「別墅」，它通常是指一般夏天避暑的房屋而言，可是它對我們却是四季必住的住所，而且離開大使館有九哩路之遙，我們的車早上送我的丈夫早晨去辦公，中午還得趕回來接我，下班之後送我們回家，傍晚再帶我們出去吃晚飯，然後再送我們回來，因此我們的汽車要走過一段很長的哩程，有時一天要開上一百多哩呢！

在「別墅」裏往往有些緊張的時刻，譬如斧頭的握柄斷了，這是常常發生的事，於是我們要緊張幾天。火爐在燃燒的時候，它像一個飢餓的動物似地吸食着大量的木柴。我們沒有人試用煤來作燃料。因此，當斧頭柄壞了的時候，就無法使用斧頭來劈木柴了。火熄了，我們只得穿上大衣，挿上電爐來取暖，但是電爐上的保險絲不能負起這個重擔，很容易壞掉，因此最終連電爐也不能發熱了。等到木匠以他精巧的手腕，做來一個新斧柄時，我們却幾乎已能習慣那徹骨的寒冷了。

天花板上的漏洞是很有趣的，因爲沒有人能知道水是從那裏漏出來的，更不知道該怎樣去防止它。水管常常會凍結起來，所以他們費了很大的力量用粗麻布和雜色的布條很小心地來把它包札起來。屋頂水箱也被包上一層泥灰。但是還有一些被隱閉而看不到的討厭的小管子因凍結而裂開了。我們常在午夜晚宴回來，發現我們的牀上成了一個大水塘，起坐室和臥室的天花板上好幾處都在漏着水，水花四處飛濺。我們立刻拿些木盆和水桶放在漏水的地方，可是那水滴在盆裏所發出的劈拍聲，使人再也無法入眠，因此，「氾濫」問題竟變成了外交團體中一個經常討論的題目了。

我們廚房着火的那一晚上，我們曾去參加一個很晚的宴會。我的丈夫醒來時，嗅到一股特別刺鼻的味道。當我們睜開眼時，立即可以看到床上面的天花板處正冒出煙來。我們很快地爬起來看火是從那裏燒起來的；廚房的爐子已經把它後面的牆燒着了，這道牆的隔壁就是我們的臥室，一股煙從木板間一圈圈地冒出來。我們把那些木板扯開，向上澆水。俄國房屋的牆壁裏往往是滲着乾草築成的。當然俄國的乾草也和其他的乾草一樣地容易着火。我們本來想通知消防隊，它和我們只隔幾家的距離，但是當傭人們起身之後就勸告我們不要這樣做，從他們喋喋不休地言語中，我猜想他們的意想是消防隊一來，就會把整個的房子都折毁的。

有一晚，我們也是從一個宴會回來，竟發現有一個不速之客在我們家裏。我們的車子開進來後，那車燈照見我們的洋臺上有一個人的影子。我的丈夫用最嚴厲的俄國話問他幹什麼。那個傢伙喃喃地回答說他想找某人的屋子，並且好像急於離去。第二天我們的園丁很勇敢地對我們說，他當時能在場就好了，他一定會抓住那個竊賊，將他交給警察，一個像這樣的犯罪者立刻會被判決二十五年的苦工徒刑。

每件事情常常會使你傷透了「腦筋」，電爐、保險絲都常常壞掉，我便得自行來修理，以應急需。廚房裏用的刀，壽命也是很短的。其實這也是很自然的事。我的女傭使用它來在三吋厚的木板上挖洞，以便我們將聖誕樹插在上面。在這種情形下，刀的壽命自然不長。我感覺到，這裏的每樣東西都有「浪費」的現象，我並承認我自已有時也是在浪費。

有一次，一隻迷途的貓陷在我們的屋底下，在廚房的地板下叫着，于是女傭和車夫都興緻勃勃地將地板和油布揭開，在揭開以前貓已逃向別處去了，而地板却再也無法恢復原狀。

每件東西都要隨時加以檢查。在我們的房屋的周圍沒有下水道的設置，因此汚水池你得時時加以出清。在莫斯科的外交部下面有一個局，這個局簡稱叫做「服務處」，是專替各國外交使節及官員服務的。當我們需要出淸汚水池時，我們就得叫「服務處」。（「服務處」同時也能替你僱請一個廚師，一隊樂隊，代購戲票，修理屋頂和其他你所需要的東西）要服務處工作，往往需費時數日，並要打許多電話，最後那輛邋遢的綠卡車才帶了一個大水箱和一條長管搖搖擺擺地開到天井裏面。常是一個肥胖臃腫的婦女擔任這項工作。費用是每出一次汚水規定二十七個盧布。我必須在收據上簽名，證明裝載了幾車汚水，但我發現根本從沒有計算付欵的總數。於是我自己必須確切計算一共裝運了多少次，有一天，一個負責此項業務的職員，問我肯不肯在收據上爲額外的三四次裝運而簽字，因爲這樣能幫助他多虛報幾車，對他個人有很大的幫助。而大使館還在乎這事嗎？

我們門外的馬路，一年中總有一大段時間是失修的，因此我們發現吉普車比史蒂別克汽車還實用。我發現上吉普車時一定要提高着脚才能進得去，穿了夜禮服可就不方便了。我們那個富有想像力的汽車夫發明了一個拿汽油箱作成的踏脚墊，很精心地將它漆成綠色。每當我準備上車或下車時，他說是敏捷地跳出吉普，將這個綠色踏脚墊的汽油箱從前面的兩個坐位中間拿出來，有禮貌的將它放在適當的位置，以便我上車或下車。這輛有蓬的吉普車，有着紅色的車輪和那綠色的汽油箱，已馳名于莫斯科的外交界！

我對新去莫斯科的外交官太太們要說的話很簡單，對任何事不要太驚奇，裝置自來水管的技術可能和外交草約一樣的重要，並隨時準備以待。

—譯自 Foreign Service Journal—

（上接第27頁）亦即忙着把煤油罐打開，將棉花浸入到裏面，一面又忙着燃點線香，預備把它和棉花綑紮在一起，那知正在動作的時候，左邊坡下邊卽傳來一陣很急促的脚步聲，我一聽不對，拔起腿就向鐵道那邊跑，結果總算給我跑脫開了，至于我的那兩位夥伴，却沒有聽到他們的下文。

我先還想着跑回「總工會」，但一轉念，想到若是我的伙伴中有一人失了手，那「總工會」就難免要受到搜查，這樣我豈不是自投羅網。想來想去，乃折轉頭向青山道方向走，跑到我的一個同鄉家裏過了一夜。

姓孫的說到這兒就暫時止住了，停了半晌，最後他憤憤地說：『他媽的，火沒有放成，工廠裏的活兒可丟了，找劉大姑，找不着，找姓蔡的，也見不到他的影兒，總工會叫我去支會，支會又叫我回「祖國」，回什麼「祖國」，回去幹嗎？回去挨鎭壓？』『我現在算眞的想明白了，「前進」個屁，「前進」還幹放火的勾當；朋友，我這回算眞搞通了思想了！』

像姓孫的這樣的「朋友」，在今天的港九一定還有不少。不過，總有一天，他們會覺悟過來，會感到自由的可貴的！

書刊評介

開放的社會及其敵人

——介紹倫敦大學卜樸教授新書 The Open Society And It's Enemies——

程滄波

去年秋天，倫敦經濟學人報秋季書評特大號，曾經有一段紀載；「論到第二次大戰後的出版界，卜樸的『開放的社會及其敵人』一書，無疑地是社會科學、政治學、或哲學部門中一部最精采上乘的書。」同時羅素也曾一再提到卜樸這一本書，而表示五體投地的佩服。他說：「這部書是討論人類思想第一等重要的書，古今民主制度之敵人，本書對其駁斥之精深，應該在社會中廣泛地閱讀。這本書是對民主主義極勇敢的辯護，而且也是對民主主義極合時與有趣的傑作。」我最近化了兩個月功夫把這本書反覆閱讀。附註亦一再詳讀，使我低徊沉吟，不忍釋手。讀完這部書，我的印象，認為對於個人，它將增加我們衞道戰鬪的勇氣，對於世界，它不啻對自由陣營中，增加了五十師的反共兵力。大家可以想像，一本政治哲學的書，能使人讀後有這樣的回味，這是一個什麼原因？

一本文學的作品，所以能永垂不朽，便是它把人們情感及生活上所蘊蓄的完全替我們發抒出來。一本好的文學作品，無論為散文或韻文，讀者披閱吟誦後，好像是自己做的一樣，因為它把讀者自己要說而說不出的話都說出了。這就是文學第一流作品。講到社會科學的作品，如果一本書，能把當時一般人腦中絞來絞去的問題從根到底，探本窮源把它分析出來，又把這一個問題的未來吉凶，赤裸裸剖解出來，那本社會科學的書，便是一本第一流的作品。近十餘年來世界的大問題，便是民主主義和全體主義。在第二次大戰前一方面是民主主義，另一方面是法西斯主義與共產主義。在第二次大戰以後，世界兩個堡壘，一面是民主主義，另一面是共產主義。第二次大戰結束後到今天，七年半的歲月，全世界鬧得天翻地覆，就是鬧這個問題。這個問題在今天中國，變成了大陸淪陷，四萬萬五千萬同胞，流離失所，鐵幕中的鬪爭清算，迫害屠殺，天天刺人心目。而在中國大陸以外的自由世界，便是漫長而緊張的冷戰。今天全世界全人類文明的問題，便是我們如何在理論思想上，探本窮源去追勦全體主義，而且在積極方面，要在大多數人民前面，顯示擊敗全體主義後，我們的社會究竟是那種形式與內容。

從本書的書名——開放的社會及其敵人 The Open Society and It's Enemies——我們敬佩著者選擇名辭的精闢。卜樸教授把人類社會分成兩種社會，一種是開放的社會 the open society；另一種是閉關的社會 the closed society。開放的社會，是人文 (Humanistic) 的社會，社會中對人有信仰，相信平等的正義；相信人的理智與自由，相信人類的共同友愛與國際大同主義，開放的社會是人的社會，信仰人的理智，所以根據理智的批評，是開放的社會中最主要的活力。開放的社會表面上初看是鬆懈散漫的，而其實則是最凝固的結合，也最經得起艱難危險的磨鍊。在另一面，閉關的社會是一個部落的社會，是充滿禁條 taboo 的社會，所以是感情的社會。充滿禁條的社會，同時必然為一個充滿教條 (dogma) 的社會，教條與禁條，都不容許人家批評的。閉關社會是崇拜歷史主義 (historicism) 的，照歷史主義，人類社會的命運，都照歷史的定律，在社會中沒有人的地位，也就沒有個人努力奮鬪的餘地，因此形成了部落的觀念，階級的自然性，領袖理論超人主義，皆由此而生。開放的社會是流動與進步的，閉關的社會是停滯不變的。閉關的社會恐懼變動，因為有變動便妨害了既得利益階級的穩固，有變動便引起既存社會的不安，閉關的社會在物質方面是反對交通，反對本社會以外任何其他社會，因為這許多都可引起內部的變動，在希臘時候，雅典暴君都視海為敵人，人民航海通商都要犯罪，因為海運能使雅典人民的耳目見聞擴大。其在精神方面，則反對任何批評，因為批評的後果，必至動搖現狀，而批評的本身，便是對現存威權的一種挑戰，「星星之火，可以燎原。」在全能主義及極權主義的閉關社會中，所以必須反對批評，是為着保護現狀的必要措置。把自己的社會禁閉起來，不與外界交通，使自己社會中人，永遠在禁條與教條主義下面安分度日，這是保持現狀最安善的辦法。閉關的社會必然想阻止任何變動；而且設法使其社會回復到部落的英雄時代。這個社會所以必須反對理智，反對根據理智的批評，也必反對個人責任觀念，尤其個人對於求智的責任。因為理智、批評及增進智識，都是阻礙社會回返到一種對於部落幻術的服從。因為要保持其社會永遠在閉關中，偶有事物將打破此種閉關，暴君與極權主義者將盡力把社會倒挽到原來的閉關狀態。歷史上的中古天主教法庭 (Inquisition)，秘密警察及浪漫的流氓主義等，都是倒挽手段的形形色色。

「其始不過想壓抑理智與真理，而其終，未有不採取最野蠻最暴烈的手段，以摧毀屬於人的一切，人類的生活是無法回到原始之自然境界。如果我們要倒退回去，必須將人類歷史，整個地全部倒退——我們必然回到畜類的境界。——」(卷一，第二〇一頁)

卜樸教授指示我們，如果我們情願繼續做人，那就只有一條路——到開放社會的路，暫時先進入不固定與不安全之中，然後用我們的理智去計劃達到安全與自由。開放社會中之不固定與不安全，我們可用個人的努力與奮鬪，去達到合乎我們理想的固定與安全，這比較閉關社會中之命定的固定與安全，是好得多。天下惟建築在自由上的固定與安全，是最穩固的，自由是使社會固定與安全的銅筋鐵骨。

本書上下兩冊，共分四個部份，每一部份以一個論題爲中心。柏拉圖、亞里斯多德、黑格爾、及馬克思，是四個論題的中心。「開放的社會及其敵人」之主題，即在此四個分題中反覆說明。卜樸教授是在倫敦大學主講邏輯學及科學方法的，但在書中可以知道他對哲學與歷史的深造，尤其他對古希臘及羅馬歷史之爛熟，眞使人爲之敬佩無極。本書四部份中，以篇幅比例論，他對柏拉圖一部份論之最詳，所以這一部份佔去一冊，等於全書之半，其餘則以論馬克思部份次之。其論柏拉圖，名之曰柏拉圖之符咒 (spell)。他認爲西洋文明史上希臘的文化地位最高，而在希臘則柏拉圖的領導地位最高，但照他的精細剖解，柏拉圖是「開放的社會」最大之敵人，換句話說，他是民主制度的大敵。因爲柏拉圖的本體論 (theory of essentialism)，變化論 (theory of change)，主張賢哲政治，主張奴隸制度，更以不平等的正義爲保持社會現狀之理論，凡讀西洋哲學的人，一經道破，亦自瞭然。卜樸教授認爲開放社會與閉關社會兩種思想之鬬爭，數千年前已早開始，絕不自近代產生。希臘時代此種鬬爭，即已熱烈。卜樸教授反對極權，反對全體主義，在思想上探本窮源，擒賊擒王，所以對柏拉圖的學說及其生平，共分十個章回去痛加攻擊。這一個攻擊是澈底而成功。卜樸教授憑其精深之希臘歷史知識，把希臘每一個時代分析精闢，他闢斥柏拉圖，闡揚 Pericles 及蘇格拉底。其論蘇格拉底尤精深，爲千年來少見之佳作，蘇格拉底在雅典因批評雅典民主制度而死，但是蘇格拉底的批評，發自民主的觀念，與發自極權全能主義者不同。蘇格拉底是爲提倡開放的社會的各種信條而死，照當時情勢蘇氏本身可以不死，禁錮及裁判蘇氏者，原無必致之死之意，而蘇氏竟以死明其忠於民主制度。柏拉圖勦截附會師說，以圖逞其陰謀，卜樸教授在兩千年後發其誅心之論，裁判雅典民主大時代中此一大公案，眞是啓發千載之秘。

亞里斯多德在本書中所佔篇幅最少，這表示著者對於亞氏的估量，並不甚高。他認爲亞氏雖然博學，雖其學術範圍的廣泛，可是他的創作思想甚少。他是一個柏拉圖思想的整理者。卜樸教授在本書討論亞里斯多德，自言限於兩個範圍，一個範圍是亞氏敘述柏拉圖的本體論 essentialism，由此而影響黑格爾及馬克思的歷史主義 historicism。另一個範圍是亞氏本體主義者的解釋方法 essentialist method of definitions，著者認爲亞氏這個方法論與黑格爾的歷史主義混合起來，就變成近代所謂「神諭哲學」oracular philosophy，其對思想界之流毒，至今尚未終止。奴隸制度的理論，亞里斯多德從柏拉圖那兒傳授得來。「最好國家」The Theory of the Best State，亞氏完全從柏拉圖的共和國 The Republic 及「法律」The Law 兩書脫胎出來。亞氏的「最好國家」，是下面三種東西的調和。這三種制度是；(一)浪漫色彩的柏拉圖貴族制度；(二)平衡而健全的封建制度；(三)若干帶有民主意念的制度。亞氏認爲此三者之中，封建制度是最好的國家。他和柏拉圖同樣主張工人階級不能治理國家，而統治階級必須不做工，也不必賺錢。著者對於柏拉圖師弟的全體主義思想，抨擊甚烈之一面，爲柏拉圖與亞里斯多德，實爲供給專制工具如教廷法庭 Inquisition 等以理論之人物，他引證柏氏「法律」最後三章：「人民的統治者，有如牧羊者，統治的民牧，保護其如羊羣的人民，應爲維持法律及宗教之嚴格性而不惜任何手段，如其被牧之人民，即使其爲人忠誠，然因其良心有病，不肯向權力低頭，亦惟有出於殺戮之一途。」卜樸教授認爲中世紀的威權主義 medieval authoritarianism，柏拉圖師弟是他們理論上最主要的罪凶。

黑格爾的一章，卜樸教授堪稱近代研究黑格爾學派最精深的一人，他覺得近時哲學界對黑格爾的興趣雖已減低，然黑格爾在道德、社會及政治哲學方面，黑格爾學說還是極有力量的，譬如在政治方面，馬克思學派的左翼以及保守的中翼，加上法西斯的右翼，都依據黑氏的政治哲學，黑氏哲學中所講的國與國間之戰爭，馬克思左派代以階級戰爭；而法西斯右派則易以種族間的戰爭。卜樸教授認爲黑格爾學說之必須排斥，因爲他是柏拉圖與近代全體主義間之橋樑。「正如法國大革命重新喚回希臘大時代及基督教的民主精神，如自由、平等及大同主義，黑格爾乃重新喚回柏拉圖的反自由與反理智的觀念，黑格爾主義是部落主義的復興。」(卷二，第三十頁。)黑格爾是普魯士威廉菲烈特第三的御用哲學家，黑格爾理論基礎，一面是柏拉圖，一面是普王，國家至上，國家全能，個人是什麼都沒有，這是柏拉圖，威廉菲烈特第三，與黑格爾的理論。

辨證法不是黑格爾所發明，黑格爾却把辨證法盡量運用了。卜樸教授批評黑格爾爲一種江湖術士，尤其是辨證法，是他掩護自己排斥批評的一種利器。他批評黑格爾辨證法時這樣說：

「我承認辨證法對批評的討論是一種方法，有時科學思想可因此而獲得進步。因爲一切批評都應指出若干矛盾與歧異的論點。我們盡量將發現的矛盾刪除，然後科學的理論方得有進步。這就是說：科學是建築在一種假定不許有矛盾並且要避免矛盾，科學家發見任何理論上的矛盾，必盡一切力量去刪除它；如果科學理論中允許矛盾存在，那末，一切科學都要垮臺了。但是黑格爾在他的「正、反、合」三段辨證法中，所見完全異是。因爲理論中之矛盾，是科學進步的一種方法，他從而爲之結論；理論中之矛盾，不但可允許存在，不必避免，並且是可歡迎的。這種黑格爾理論，其將毀滅各種辨論與進步，是無可疑義的，因爲如果理論上之矛盾是不可避免而且是可歡迎的，當然不庸去刪除它，那末，一切的進步當然要中止了。」(卷二，第三十九頁。)

近代全體主義與黑格爾哲學不完全相同，可是近代全體極權主義之重要理論完全依據黑格爾，則無可疑。譬如(一)種族主義；(二)戰爭為國家求生存的方法；(三)國家沒有道義責任，歷史的成敗是惟一裁判者；(四)宣傳的欺騙與歪曲是可容許的；(五)戰爭的道德觀念；(六)鉅人——高深智識與偉大情感的巨人——之歷史使命；(七)英雄與英雄生活對小資產階級平庸生活之反照。都是黑格爾的理論，卜樸教授前後引叔本華對黑格爾的話作為這一章的結論：「他(黑格爾)對德國的哲學及各種文學作品給予一種重大的摧毀，愚蒙而且毒性的影響。每一個具有獨立判斷能力之人，應當自己引為責任隨處隨時予以痛擊，假使我們也容忍不言，還有誰能挺身出來撲滅它！」(卷二，第八十頁)

馬克思的歷史觀預言，事實上已多數證明不確，卜樸教授認為馬克思各種預言失敗之原因，並非因為他各種論據之事實基礎不足，而為其整個墮入歷史主義之錯誤，歷史主義之貧乏站立不住，是顯然的，凡是今天看上去好像這是歷史的趨勢或潮流，明天，就很難保證那還是同樣的歷史趨勢或潮流，卜樸教授對於馬克思的論評，共計十章，內中五章論馬克思的方法，四章論馬克思的預言，一章論其倫理基礎。他認為馬克思的歷史主義之預言完全錯誤而失敗。馬氏學說一點成功，還靠他的制度分析方法。可是卜樸教授對於馬克思的制度分析，亦認其有極大的謬誤，照馬克思國家論，在資本主義下面，是布爾喬亞階級專政，在社會革命以後，起初便由無產階級專政，等待舊資產階級的抵抗瓦解，無產階級的國家，即失其作用，因為無產階級革命必將導致一階級的社會。在沒有階級的社會中，當然沒有階級的獨裁。國家進入這個階段已失其作用，自然歸於消滅，像恩格爾說：「它自然地萎枯了。」馬克思的制度理論上，認為政治是最無力量，有力量的是經濟，因而他輕視國家，以為國家對人民的自由，所可為力者極微。他十分輕視國家的職能，所以連他的社會主義，亦並無國家的地位，因為社會主義大行之日，是沒有階級的社會，也就是國家枯萎而死之時，卜樸教授把十九世紀下半期各種勞工立法的事例舉出來，反證政治力量是基本的，國家的能力是高强的。政治並不跟着經濟走，政治可以管住經濟。政治是經濟保護的鎖鑰，政治權力及其管制有極大的效用。為了社會的進步，經濟權力必須在政治管制的下面，在必要時，我們應為管制經濟權而奮鬪。馬克思是鄙視民主政治的，他稱之為「形式之自由」formal freedom。他沒有知道惟有這一種制度，是現在我們所可憑以反對政治權力的濫用而保護自己。這是被治者管理治者惟一的制度。勞工階級在資本主義下面的苦難，諸如資本論中所說，其原因就在資本主義之不受限制，近數十年來的勞工狀況與資本主義命運，並不如資本論中所預測，而且許多地方恰恰與之相反。此中關鍵就在國家發揮權力，用經濟干涉政策去挽回了當時的現狀。自由自身會發生矛盾，即是無限制之自由會毀滅自由，正如國家計劃經濟一樣，同樣會發生矛盾，即是國家「計劃」了太多，我們給予國家太多的權力，當然自由要歸消滅，那末，「計劃」也就到了末日。卜樸教授對此有兩種建議，一種是對社會各種積弊部份的改革，對社會具體弊害一件一件的「計劃」與改造，不是對社會籠統、全盤、與抽象的理想大革新。另一種是建立民主制度。在民主制度下面，多數被治者方能有權管理各種權力，權力是鬼魅，民主制度是管理各種權力鬼魅的鎖練，經過民主制度，我們可對各種權力施以馴服。權力無論屬於經濟或政治或其他，都各有其效能，然而若不及時予以限制，各種權力都能發生危險。馬克思看社會革命是階級戰爭到工人勝利的一個必然過度。卜樸教授由於實際政治的觀念，認為這種提倡是最為有害。他在任何環境中是反對暴力革命的，他同意中世紀及文藝復興時期若干基督教思想家的說法，「惟有為了消滅專制暴君纔可以用暴力革命。」但他還覺得應該附有條件，這個條件，就是接着暴力革命之後，必須建樹民主制度，然後暴力革命之損失方可補償，他再聲明所謂民主制度，並非空洞的原則如「民治」、或「多數之治」，而是一套具體的制度，尤其如普選，便是人民有權辭退政府。在這種制度下面，人民可以管理其統治者，可以辭退其統治者，即使違反統治者的意旨，人民可以不假手暴力而得着庶政之改革。換句話說，除非在專制暴君之下，一切改良，舍暴力而外，皆不可能，然後可用暴力去革命。此種革命，應該揭櫫一個大目標，就是我們的革命是為着實現一種情勢，在那情勢之下，我們可以不藉暴力而從事改革。暴力是不可輕用的，常用暴力，必致自由盡失，理智消滅，結果造成一個鉅人——強有力的鉅人之治。

本書以反對歷史主義開始，以說明我們對歷史應持的態度結束。著者最後提出一個問題，歷史究竟有意義否？歷史究竟有無目的？他的答案都是否定的。他說歷史沒有目的，也沒有意義，但是我們可從各種為開放的社會之奮鬪，如為理智，為正義，為平等，為管制國際罪惡等類而去解釋歷史。雖然歷史沒有目的，我們可以將我們之目的，加諸歷史之上。無論屬於自然的或歷史的事實，不能告訴我們應該做什麼，它們不能替我們決定目的，惟有我們自己可介引宗旨與意義到自然，到歷史中去。譬如人類不平等，但我們可決心為平等的人權而奮鬪；人類政制如國家不是理性的，但我們可決心為求國家之合理化而奮鬪。最後，對人生意義亦然，惟有我們自己可決定我們生命的宗旨，去決定我們之目的。卜樸教授最後告訴讀者：歷史不能決定人類的命運，人類的命運，要人類自己來決定，不要裝作一個預言家，我們必須做成自己命運的製造者，當我們摒棄「權力的歷史將成我們的裁判者」之觀念，又當我們不再憂慮自己在歷史上將否站得住，然後我們纔有一天可以把權力完全把握在我們自己管制之下。(卷二，第二八〇頁)

著者在序文中說：他最後決定起草本書，在一九三八年某日，聽到希特拉侵入維也納的消息，從那時起，直到一九四三年方將此書完成。是書著作期間幾全在第二次大戰中，也是開放的社會最受威脅之時，(下轉第20頁)

給讀者的報告

胡適之先生此番遠道回國，備受各方歡迎。人們對於胡先生的景從，從各界歡迎中所流露的熱情可以窺見。只看上月十九日清晨松山機場上的場面，就够感人心絃的了。

由於適之先生之爲本刊發行人，因此不少讀者們希望能在本刊上看到他回國後的文章。我們很抱歉在這一期沒有能够滿足讀者們此一願望。因爲最近十天來去看胡先生的人太多，以致使他無暇執筆。不過胡先生已經答應寫一篇文章，可望在最近一期發表。

本刊三週年紀念日原在上月廿日，因爲胡先生征程甫定，所以我們的祝慶節目便改期到廿八日。是日我們舉行了一個茶會招待本刊作者及贊助人，並歡迎胡適之先生，到會者二百餘人，情況至爲熱烈。同日晚間本社同人聚餐，歡宴胡先生。餐畢接開編輯會議，由胡先生出席指導，對今後社務有詳盡之指示。我們知道讀者們對本刊的關切，所以乘便將這些報告於讀者之前。同時並對讀者們在過去三年間給予我們的鼓勵與支持，再致感謝之忱。

國營事業最大之垢病在於浪費，如何使浪費減少至最小程度，乃國營事業經營成敗關鍵之所繫，因此主管機關之嚴加監督實爲管理上首要之條件。目前我們國營事業浪費的情形相當普遍。造成此一現象的原因之一，在主管機關每將應酬費用在所屬事業機關開支。此實急待糾正之弊端。由於最近電力加價一事，使吾人有感於此，故爲社論申論之。

「自私」乃人之常情。此乃眞實不易之事實，本無庸衡以道德判斷之標準。但一般人的觀念則多視自私爲惡而諱言之。故從「自私」出發而論政治，不免要有很多人斥之爲邪說，持這樣的觀點當然是十分偏頗的。「政治與自私」一文作者朱伴耘先生一再聲明他自己並非在創立什麼政治自私說。「政治是管理衆人之事」。政治的對象乃具有常性之常人。使天下人皆能私其所私，這正是民主政治基本精神之所在。這種說法本不是什麼新鮮的創見，只是我們還不會十分習慣罷了。正如作者所說：「多數人的利便是公」。如果有人斥此爲功利主義，則我們看不出它有什麼害處。

邱南生先生之「論日本人」。文筆生動，趣味盎然。對日本民族有精邃之剖解，有助於吾人對日本問題之硏討。

本期程滄波先生的書評，是值得向讀者特別推薦的。程先生評介的這本「開放的社會及其敵人」，對自由與極權兩種不同類型社會的本質有透闢之析理。哲學大師羅素對此書亦且表示佩服，可見此書之價値。我們常覺得，與其濫竽發行一些宣傳册子，不如多介紹或翻譯一些有眞知灼見的外人之論著。程先生所介紹的這本書，坊間恐尙難購得，那麼能一讀程先生的書評也是大有增益的。

本刊售價

一、臺幣 四元
二、越幣 八元
三、菲幣 五元
四、港幣 一元
五、暹幣 四銖
六、美金 二角
七、叻幣 四角
八、印尼幣 三盾

自由中國 半月刊 第七卷第十一期 總第七十四號

"Free China"

中華民國四十一年十二月一日

發行人 胡 適

主編 『自由中國編輯委員會』

出版者 自由中國社 社址：臺北市金山街一巷二號 電話：六八八五號

航空版 香港時報社

經售者
臺灣 中國書報發行所（臺北市館前街八五號）
美國 紐約民氣日報社
舊金山少年中國晨報社
芝加哥中國出版公司
日本 東京東南友堂
東京內山書局
韓國 釜山草梁洞新泰行
馬尼剌 大中華日報社
印尼 椰嘉達星期日報
椰嘉達天聲日報
棉蘭繁華圖書公司
越南 西貢中原文化印刷公司
越南華僑文化事業公司
暹邏 曼谷攀多社十二號
緬甸 仰光振成書報店
印度 孟買梅亞號
加爾各答塔梅學校
澳洲 墨爾缽王德利公司
北婆羅洲 馬拉奕坡美芝律聯華公司
新加坡 中興日報社
檳榔嶼、吉打邦均有出售

印刷者 精華印書館 廠址：臺北市長沙街二段六〇號 電話：三四二九號

本刊經中華郵政登記認爲第一類新聞紙類 臺灣郵政管理局新聞紙類登記執照第二〇四號 臺灣郵政劃撥儲金帳戶第八一三九號

FREE CHINA

第七卷 第十二期

要目

中華民國四十一年十二月十六日出版

社址：臺北市金山街一巷二號

本刊創刊三週紀念並歡迎胡適之先生寫真集錦

右上：紀念會會場一瞥
左上：胡先生出席指導編輯會議
中：胡先生與本社同仁合影
右下：胡先生在本社編輯部揮毫
左下：胡先生在紀念會上致詞

社論

從法家拂士談到言論自由

孟子說：「入則無法家拂(弼)士，出則無敵國外患者，國恆亡！」孟子在這裏把法家弼士和敵國外患並列，他們一定有相同的地方。這個相同的地方，就是他們同樣的使人厭惡，同樣的使人警惕，並且同樣的可以引人反省。孟子以法家弼士爲治國者所不可沒有的東西，當然是注重在他們能够引人反省上。

我們且舉春秋時幾個法家弼士的例：楚子文薦擧子玉做令尹，子玉治兵還不壞，國老都向子文道賀，年輕的蔿賈獨不賀；鄭子國、子耳侵蔡，擒囘蔡公子，鄭國人却喜歡，獨有子國的兒子子產一個人不隨衆附和。此外如石碏的諫衞莊公，臧僖伯的諫觀魚，臧哀伯的納諧鼎，季梁的諫隨侯，宮之奇的諫虞公，蹇叔的諫秦穆公，子革的諫楚靈王，等等，都是討人厭的事情；但據記載，則違諫的人差不多都得敗亡的禍災。這都可以說明法家弼士的功用的。

一個國家沒有這等人，何以便至於滅亡呢？這個我們很容易解釋。一個當政的人，如果前後左右都是諂媚阿諛的，則沒有不師心自用的。一個人如果師心自用，則除却極少數的仁人聖人以外，恐怕沒有不蔽於私慾的。以孔子那樣知道「克己」的人，尙且到了七十歲才能「從心所欲不踰矩」；修養比不上孔子的，便很難做到這個境界了。所以魯定公問孔子「有沒有一句把一個國家斷送了的話」，孔子對他說，「有人說，『做君上的好處，就在乎說話沒有人敢違拗。』這樣一句話，有時便差不多會把一個國家斷送了。」孔子這個囘答，正可以和孟子「無法家拂士國恆亡」的話互相發明。一個國君不喜歡有人違拗他的話，當然容不得法家弼士。

孔子和孟子一樣，非特贊成國家有法家弼士，並且以爲一個國家裏邊要有輿論。我們看孔子大稱讚鄭子產的不毀鄉校，就可以知道孔子是主張政府應該容納輿論的。(鄉校是鄭國人早晚會集以批評政府行政好壞的地方。)一個政府能够容納輿論，就是那個國家裏面有言論自由。言論自由的對於國運，亦正和法家弼士一樣。我們所以說蘇俄必亡，共匪必亡，固然有種種理由；但蘇俄和共匪區域內沒有言論自由，乃是他們必亡的一個大原因。

實在，人民思想和言論的自由，不止有關於國運，實有關於整個人類的好歹。英國近代大史學家畢理 (J. B. Bury) 在他的「思想自由(小)史」的末章，於叙述穆勒的「羣己權界論」以後，發揮他自已關於思想自由的意見說：

「如果人類文明史有一點可以敎訓我們的東西，那就是：人類所能做到的知識上和道德上的進步，有一個重要的條件；這個條件便是思想和言論的完全自由。這種自由的創建，可以說是現代文明最有價值的功績。這種自由，應該被看作社會進步的一個基本的條件。社會上往往有許多目前的利益引誘人們侵犯這個自由；但我們如果想到他所依據的那個永久的功用，我們便不會爲暫時的好處所引誘了。」

最後這句話，是很値得我們注意的。總之，我們不承認人類的進步便罷；我們如果以人類的進步——人類在知識和道德上的發展爲眞實而且有價値的，則對於思想和言論的自由便應當十分保愛，萬不可因貪圖一時的便宜而犧牲了他。

這種明顯的道理，我們實在有點不好意思在這裏述及；不過因爲世界上還有許多人爲共產黨的宣傳所欺惑，所以我們又不能不講一講。

以我們現在自由中國內的情形來講，我們當然不能說我們已經有完全的言論自由；但我們可以自欣幸的，就是我們全國上下，已經知道爭取言論自由和容忍言論自由的重要了。這是一條正大光明的道路；我們循着這條道路向前邁進，一定可以達到「民用和睦，上下無怨」的地步的。

我們現在且談一談我們技術上切身的問題。我們知道，「修辭立其誠」是主持言論者最好的策略。從誠可以得着信。論語記子夏的話：「君子……信而後諫；未信則以爲謗己也。」朱熹注云，「信，謂誠意惻怛而人信之也。」這「誠意惻怛」四個字下得最好。非特從前臣下對君上的諫說應當這樣，就是現在人民對於政府的批評也應當這樣。一個批評的人能够誠意惻怛，則聽受批評的人便很少會發生誤會了。凡爭取言論自由的人都希望自已的言論有力量，有實效；那麼，爲什麼不在「誠意惻怛」四個字上用心呢？

其次，我們要爭取言論自由的人，似還要注意到一點。我們對於政府如有善意的批評，我們固可以據事直說。但有時我們雖然不怕政府當局的誤會，却怕讀者會生出意外的誤會。國家的弊政，有時好像人身上的惡瘤。惡瘤固應割去；但好的醫生，在行手術以前，應該測量病人的身體是否可以行得手術。一個好的政治批評者亦是這樣。如果我們的批評會使讀者對國家或政府生出不正當的觀念，則我們的措辭便有謹愼的必要。

以上兩點，都是値得我們注意的。至於政府方面對於言論自由應當極度容忍，那是不容說的。這不止是國家的存亡所關，亦可以說是國家文明程度的測量器。

「自由中國」雜誌三週年紀念會上致詞

胡 適

各位朋友，我很高興能够趕上「自由中國」雜誌社的三週年紀念。「自由中國」雜誌社三週年是十一月二十日；我是十九日到的，剛剛趕上。因我初到，雷先生毛先生等體諒我旅途勞頓，特別將紀念會改在今天舉行，因此我今天才有機會同「自由中國」雜誌寫文章的各位朋友與幫忙的各位朋友見面。

雖然，今天我不容易一位一位叫出名字來，但各位在「自由中國」雜誌上所寫的文章，我雖不敢說都細讀過，但的確都很佩服。

「自由中國」雜誌是用我的名字作發行人的。剛才吳鐵城先生說：「今天歡迎發行人。」我說：「我是不發行的發行人。」我很慚愧，這幾年擔任了一個發行人的虛名，事實上我並沒有負責任。我不但沒有負發行人的責任，甚至連作文章的責任都沒有負。三年當中，我寫的文章只有兩三篇；這是很慚愧的！今天在這裏，要向各位同人特別道歉！

為什麼我繼續讓朋友們把我這個不負責任的發行人的名字還留着呢？這是因為歷史上的關係。當民國三十八年初，大陸危急的時候，政府要我到國外去。在沒有啓程以前，許多朋友們在南京在上海常常談到國家的問題，想辦一種日報或雜誌以振起輿論。在那個時候，大家就定了「自由中國」這個名字。當時有幾位朋友要我寫一個簡單的宣言。因為那時大家的心裏都很亂，時間也匆促，沒有機會好好的寫。到了三十八年四月六日，上了船以後，在船上才有點時間想想這個問題。諸位還記得，三十八年四月初，我們還有半個中國沒有被赤禍蹂躪，自由中國還有半個大陸。現在每期在「自由中國」印出來的幾條宗旨，就是那時我在船上想的。所以，文字也許不很適用。起初，我寫得很長；後來把它簡單化。那幾條宗旨是：

第一、我們要向全國國民宣傳自由與民主的眞實價值，並且要督促政府（各級的政府）切實改革政治、經濟，努力建立一個自由民主的社會。

第二、我們要支持並督促政府用種種力量抵抗共產黨鐵幕之下剝奪一切自由的極權政治，不讓它擴張它的勢力範圍。

第三、我們要盡我們的努力，援助淪陷區域的同胞，幫助他們早日恢復自由。

第四、我們的最後目標是要使整個中華民國成為自由的中國。

第三條所說援助淪陷區域的同胞，是說援助當時淪陷的半個大陸的同胞；在現在來說，應該是打回大陸。

船到檀香山，我就把在船上所寫的這四條寄給雷先生、杭先生他們幾位；我希望他們把這個很簡單的稿子來修改擴充。可是他們很客氣，沒有修改，就將我在船上匆匆想成的文字作為「自由中國」雜誌的宣言。這實在令我感到十分慚愧。後來這幾條宗旨不但刊載於「自由中國」的第一期，並且每期都刊載，作為提醒我們同人努力的宗旨。到現在，我仍感到慚愧。我之所以提到這個簡單的宣言，是說明我繼續保持這個發行人的虛名，實在是因為歷史上的關係。

這幾年來，「自由中國」雜誌各位同人盡了很大的努力，至少替自由中國（廣義的說，即我們的國家）建立了一個自由言論的機關。我們那時是希望一個自由民主的國家，自由民主的社會。而自由民主的國家，最要緊的就是言論自由。我個人的看法，言論自由，只在憲法上有那一條提到是不够的。言論自由和別的自由一樣，還是要靠我們自己去爭取的；法律的賦予與憲法的保障是不够的。人人應該把言論自由看作最寶貴的東西，隨時隨地的努力爭取；隨時隨地的努力維持。用個人的言論去維持它。爭取自由是一種習慣；要大家去爭取。無論什麼政府，無論什麼國家，凡是主管行政部門的，總是不十分願意有人批評、有人反對、有人挑眼、說閒話。就是世界上最民主的國家的當政的人，也總是不十分願意人批評的。所以無論什麼國家，就是最自由的國家，要眞正做到言論自由，都得人人隨時隨地去爭取。「自由中國」這小小的雜誌，誕生不過三週年，每半個月才出刊一期，對於自由的爭取當然不會有很大的貢獻。不過，我覺得，三年來，每期雖不能都有好的爭取自由的言論，但希望至少做到了一點兩點，在一年當中或兩年當中有幾篇文章能够作為對實行爭取言論自由的努力。我剛才說過，無論什麼政府，無論什麼國家，當政的人總是討厭人批評的。我們這班朋友們偶然作一點批評，至少可以養成一種習慣，可以形成一種風氣。當政的人起初雖然覺得討厭，但看慣了，就覺得批評是善意的，不是惡意的。因此；時間長了，言論多了，可以使當局者養成接受批評和容忍批評的習慣；一般人民也可因此而養成了爭取自由的習慣。這樣，對於國家、社會、政府、人民都有好處。「這並不是說我們「自由中國」這個雜誌能够完全擔負這個責任。當初我和幾位朋友們發起刊行「自由中國」的意思，就是覺得我們應爲養成自由的習慣盡一點力量。

現在，我想藉這個機會請雷先生毛先生以及幫忙「自由中國」發展的各位朋友們，解除我這個不負責任的發行人虛名，另舉一負實際責任的人擔任。我希望將來多作點文章，作編輯人中的一個。我爲什麼有這個要求呢？我剛才說過，言論自由是要自己爭取的。爭取自由，是應該負責的。我們在這個地方，話說錯了，要負說錯話的責任；違反了國家法令，要負違反國家法令在法律上的責任。要坐監的，就應該坐監；要罰欵的，就應負罰欵的責任。我住在國外來負發行人的責任，名義上是爭取自由，這未免有一點假。所以，我希望朋友當中能負起實際責任的人來負發行人的責任。我願意擔任負比較實際責任的編輯委員，或海外通訊員、撰稿人，多寫一點文章。我這回回來，可以看看有什麼題目可以寫的；也可以知道將來在海外有什麼報告應該送回國內來讓朋友們知道的。我不是想推卸責任，而是覺得應爲本社負起責任來。這是要請諸位朋友諒解的：允許我辭掉不負責任的發行人的名義，而另外挑起一個負比較實際責任的撰稿人或海外通訊員。

最後，我覺得國家的前途，並沒有可以悲觀的。我前幾天在國大代表全國聯誼會上也說過：我們的命運，是繫在自由世界命運之上的。自由世界的力量增加，我們的力量也增加。自由世界有前途，我們也有前途。所以，我們的前途，我們的希望，我們的生命，都應該寄託在自由世界一塊。但是，我們假若要做自由世界的一份子，至少我們大家都應該努力做到爲自由世界一份子的資格。我們不可以爲今天比較安全，可以苟安；或者看共產黨有些什麼方式，認爲應該學共產黨的方式來對付共產黨。政府爲國家的安全，固然有許多地方須要有某種制裁。但是，大體上說來，我們國家最大的努力方向，應該還是本社同人這幾年來所宣傳的，所標舉出來的。就是希望做到自由民主這一方面。我們要在自由、民主方面收到實效，使全國眞正有民主，有自由。去年我寫了一封信給雷先生，社會上引起了一點小小的波瀾。在紐約有一家中國報紙，有一句短評說：「自由中國的言論自由，只有胡適之先生才享受一點，別人是沒有的。」這個話如出諸別人，不足爲奇；但出於同我們政府和黨有關係的朋友們辦的海外華文報紙，使我看了感到很不安。如果自由中國只有胡適之有一點點言論自由，這是不對的，不對的。我很希望大家，無論在朝在野的，都要能了解：我們在民主、自由方面的努力增加一分，就是我們在自由世界的地位抬高一分。爲我們民族生存計，爲國家地位計，爲整個自由世界的前途計，我們不能放棄我們的責任。我們應了解：我們的希望，是在民主自由這一方面。我們當政的人，應該極力培養合法的反對，合法的批評。什麼是合法的反對，合法的批評呢？輿論就是合法的反對，合法的批評。輿論的批評，只要是善意的，就應該承認是合法的。至於代表民意的機關，無論是中央的立法機關，地方的立法機關，對政府的實施有反對、有批評都是合法的。在朝的應該培養鼓勵合法的反對；在野的應該努力自己負起這個責任，爲國家做諍臣，爲政府做諍友。有這種精神才可以養成民主自由的風氣和習慣。這樣才可以在自由世界中站一個地位而無慚愧。我在海外看久了；大家對臺灣——自由中國的基地！——在各方面的進步，包括政治的進步，是有目共見的。假若我們大家能夠在自由民主這方面多努力，我想自由世界應該會對我們格外了解的，而我們自己至少覺得站在自由世界一邊毫無慚愧。這是我們當初要辦這個小小刊物的意思。現在我就是不擔任發行人的名義，但以後仍希望和各位同人繼續努力。謝謝大家的一番好意。現在我不但慶祝「自由中國」三週年，並藉這個機會祝「自由中國」萬歲！

胡先生在寓所攝影（郎靜山攝）

第七卷　第十二期　國際形勢與中國前途

國際形勢與中國前途

——四十一年十一月卅日於臺北三軍球場演講詞——

胡適

主席！八個學術團體的諸位先生！在坐的各位同胞，各位朋友們！我今天非常感動；這恐怕是我有生以來最大的興奮。我在北平住了二十年，也時常到上海，却始終沒有敢作一次公開的講演。因爲在北平上海沒有一個很大的場所，怕演講時，使朋友們不但受物質上的損失，並且還要受擁擠的痛苦。記得三年前，我在臺北市中山堂作公開演講時，聽衆幾乎把玻璃窗都擠壞了；所以以後我就不敢輕易再作公開演講。這次朋友們又要我作公開演講，並告訴我說；三軍球場可以容納很多的人，一定沒有問題。我因此答應了下來。沒有想到昨天就有朋友打電話給我說，無法拿到聽講入場劵。這使我感到很不安。剛才主席說，希望我能作第二次的演講，我想如果有可說的話或有値得說的話，我一定接受。

今天不是學術演講，而是公開的通俗演講，想同各位同胞朋友們研究國際形勢與中國前途這一個問題。

這並不是說我懂得國際形勢；也並不是說我會算命，知道國家的前途。不過我在國外久了，每天總是注意世界的情勢，所以有幾點簡單的見解，想與各位作一個簡單化的報告。本來把複雜的國際形勢簡單化，是公開演講所不能避免的毛病。我今天的演講，恐怕會有過度簡單化的危險。希望各位不要把我過度簡單化的幾句話，當作算命先生的批命單。這是要請各位諒解的。

第二次世界大戰，是二十一年前在東北開始的。廿一年前的九月十八日，日本在我們東北的瀋陽開始大規模的侵略，當時有些人認爲這是地方性的事件。其實，九一八就是第二次世界大戰的開始。現在要講國際形勢，不能不從那一天講起。

在第二次世界大戰中，我們中國打仗打得最長久。從東北四省淪陷到七七事變，逼得我們不宣而戰的全面抵抗。前後一共經過了十四年之久。歐洲戰事是一九三九年九月初發生的。打了兩年後，發生珍珠港事變，把美國牽入戰爭。打了四年，一九四五年五月八日、九日，德國崩潰投降了；九月二日，盟國在東京港米蘇里艦上接受日本投降。德國和日本投降，相距一百十八天。當時，全世界爲之震動。我們總覺得中國打了十四年的仗，歐洲打了六年的仗，美國打了四年的仗，德國投降了，日本投降了：大家都以爲第二次世界大戰已經結束。殊不知從一九四五年八月直到今天，可以說是第二次世界大戰完全沒有結束。常有人問我：「第三次世界大戰什麼時候發生？」我總是囘答說：「第三次世界大戰，不會發生的。」爲什麼呢？因爲第二次 世界大戰始終沒有結束。有些理想主義做着和平夢的人，以爲一九四五年五月結束了第二次歐洲戰爭；一九四五年九月結束了太平洋戰爭。當時，我們都是做夢的人。但事後不久，大家就明白第二次世界大戰仍是繼續不斷的在進行。戰爭不但在歐洲沒有結束，就是在亞洲和美洲也沒有結束。自一九四五年到現在的七年當中，有幾件事實擺在我們的面前。一、整個歐洲都在紅色的統治之下：東歐自波羅的海至巴爾幹半島整個淪陷在紅色恐怖下；中歐的兩個大國，德國到現在還是被勝利的軍隊駐防；奧國也是被佔領軍佔領着；北歐西南歐這一大塊眞正民主國家的區域到今天還在最惶恐最不安的狀態中。二、在亞洲，我們中國的東北華北華中華南，由哈爾濱到海南島，整個淪入共產黨之手；韓戰發生到現在，已經打了兩年半的仗。三、美國現在已恢復動員，實施强迫兵役法；今年明年各征集九十萬壯丁入伍。從這些很明顯的事實看起來，是不是戰爭已經結束了呢？所以這七年來國際局勢的結論，就是第二次世界大戰始終沒有完結，始終沒有終止，始終沒有結束。我要問；爲什麼有今天這樣的局面呢？爲什麼整個東歐淪陷？爲什麼整個的東南亞淪陷，大陸，和韓國淪陷呢？究竟是什麼因素造成了這七年的局面？簡單的說，有三件國際大事——也可以說是三個國際上的大錯誤造成了這七年來的局面。

第一、一九四一年六月廿一日，希特勒轉過頭來全面攻擊蘇俄，在一天當中侵入蘇俄境內。當天晚上，英國首相邱吉爾宣佈明日將有重要廣播。第二天(二十二日)，邱吉爾便向全英國民及全世界廣播，大意說：「誰都知道我邱吉爾是反共的；但今天形勢不同。今天無論誰，凡是願意同德國打仗的，我們都得承認他是我們的朋友。我們要幫助他；我們不但要全力幫助他，還要用我們的地位和力量來勸告我們的朋友用全力幫助他，使他能打到底。」(大意如此。全文請參閱邱吉爾第二次世界大戰囘憶錄第十章。) 這就是所謂全面援助蘇俄的政策；這是歷史上最大的一件事情。後來英美兩大國便聯合起來絕對用全力幫助蘇俄抵抗德國；幫忙最多的還是美國。是年六月至十一月底，俄國所處局勢非常危險；德國俘虜俄軍達六百萬之多；俄國在東戰場的劣勢是很可怕的。當時英國的領袖認爲一方面要抵住德國的攻勢，一方面要消滅德國的實力，非幫助俄國增加他的抵抗力量不可。於是決定了一個全面的經濟軍事援俄的政策。所援助的物資，是計算不清的；美國一次就援助了汽車三十萬輛，飛機六千架。此外還有無限制的原料援助，和工業品援助；例如鐵路的機車，鋼軌及運輸器材等等。英美那種大規模的全面援助蘇俄，在當時的局面看，不能說不對；但今天回憶起來，實在是造成今天悲慘局面的因素之一。蘇俄在英美全面援助之下，於德國崩潰之後，俄國絕對無疑的變成了歐洲第一個大强國。這是歷史上最重要的第一件大事。

第二、一九四五年一月十一日，美英俄三國首領，羅斯福總統，邱吉爾首相，以及史達林，在蘇俄的克里米亞舉行雅爾達會議，簽訂雅爾達秘密協定，主要的是把蘇俄從歐洲請回遠東來——不客氣的說，是要求他到遠東來——，把蘇俄在日俄戰爭時失去的特權，完全還它，並加付了幾十倍的利息。雅爾達協定的內容，簡單的說，就是要要求蘇俄參加太平洋戰爭。為了達成這個目的，在雅爾達秘密協定中，不惜把庫頁島的本部以及該島以南的千島羣島等島嶼，送給蘇俄；還把中國的旅順大連租與蘇俄；東三省的重要鐵路幹線則由中俄共管；並允許外蒙古獨立。這就是說，日本北部可守的防線，統統由蘇俄控制；日本空虛了！中國的滿蒙也無異送給了蘇俄。簡單的說，就是由於雅爾達秘密協定的結果，將蘇俄請回遠東來而變成了亞洲的第一個大强國。那年（一九四五年）八月六日，美國在廣島投下第一顆原子彈，日本已經感到崩潰的預兆；第三天，即八月八日，蘇俄才對日本宣戰，出兵進佔日軍佔領的我國東三省，八月九日美國在長崎投下第二顆原子彈；同日，蘇俄進兵朝鮮。日本在中國長期抗戰之下，本來已經感到支持不住了；加上了兩顆原子彈，祗好接受波茨坦宣言的條件，於一九四五年八月十四日宣佈投降。總算起來，蘇俄參加太平洋戰爭只有四天，任憑怎樣慷慨的算法，最多也不過六天。就在這短短六天戰爭中，却獲得了雅爾達秘密協定所給予的特權，得到了庫頁島千島羣島各島嶼，外蒙和北韓；控制了東三省；接收了數十百倍日俄戰前的特權，成了亞洲第一强國，勢力遠在第二次世界大戰前日本的勢力之上。這不能不說是第二件大事。

不過，雖有前面這兩件大事（大錯誤），如果沒有第三件，那麼世界局勢還是容易挽救的。因為儘管蘇俄連續變成了歐亞第一强國，仍然還有一個世界第一强國的美國。但是，不幸得很，居然還有第三件大事（錯誤），使世界大勢突然改觀！

第三、就是美國復員得太快，解除軍隊武裝太早。美國本是最討厭打仗、酷愛和平的國家。我從做學生起，在美國前後住了二十年。經過二十年的留心觀察，就一般來講，美國很富强，可以說是一個天造地設有資格孤立的國家。她可以愛好她的和平，不同人家打仗。但是，我們不要誤會，這並不是說美國就不能打仗；她的潛在力量，實在是非常之大的。她那種潛在的力量完全是在她的工業與民主自由的意志上。如果世界上沒有惡勢力去挑動她，她的確可以永遠享樂她的和平，欣賞她的孤立主義的。孤立主義，用中國的俗諺說，就是「各人自掃門前雪，莫管他家瓦上霜。」當歐洲局勢危急，而日本又在太平洋橫行的時候，美國國內還正在研究如何草擬中立法。記得一九三七年（民國二十六年）我到美國去的時候，正是美國研究中立法的時候，那怕國際間出了甚麼大事，她都是不管的。中立法就是不讓美國介入戰爭。在研究中立法時，他們對於威爾遜總統之所以參加歐洲大戰，也有過很詳盡的分析，他們認為主要的原因是：

一、為了保障海上自由權：美國當時認為只要維持海上的自由航行通商，你們打你們的仗，我總是守中立的。但是德國的潛艇却封鎖了整個英倫三島，不許外面的糧食和物資進到英國去。這樣一來，便破壞了美國的中立原則，所以威爾遜總統不得不將美國捲入歐洲大戰。這一次美國為了進一步的避免打仗，連這個中立原則也不堅持了；在一九三七年的中立法裏，美國竟自動放棄了海上自由權。

二、為保障美國在外的商業利益：美國商人在國外做了許多買賣，一般商人與外國人和外國政府間都有一些財政經濟上的關係。因為歐戰妨害了他們，美國為了保護在外商業利益，也不得不訴之於戰爭。後來的中立法，對於這一點也自動放棄。假使某一地區在發生戰事行動，美國總統即刻宣佈該地區為交戰區域，不許美國人民及船舶進入該區，也不再貸款給交戰國家。交戰國家向美訂購物資時，限以「現款自運」；中途遇有戰爭損害，美國不負責任。

中立法是一個巧妙的方法，以保障美國的中立，保障美國的孤立的。但是，第二次歐洲大戰發生後，德國進攻英國，英國危急萬分，美國人民發生義憤，同情英國，乃給英國以寬助。同時，遠東日本的侵略政策，又大大的威脅到美國，美國不得不正視現實，停止施行中立法。一九三七年至三八年以後，美國漸次的同情了英法和中國的遭遇；一九四一年十二月八日，日本突襲珍珠港，美國便無法中立了！

珍珠港事變，美國毫無準備，在珍珠港的海軍和部份的空軍，幾乎全遭毀滅。但是，正如我在前面說過的，美國是一個潛在力量很大的國家，在兩三年間，不但整個人力動員了起來，工業動員了起來，海陸空三軍總數竟達一千二百萬人，其中陸軍佔九百萬人。那時美國武力之大，是人類歷史上空前的。因此德日投降以後，蘇俄雖然升格為歐亞的第一個强國，而世界真正的第一個强國，仍然要數美國。

我剛才說過，美國乃是一個天造地設的愛好和平討厭打仗的國家，所以德日投降後，國會議員們便吵着要把子弟們帶回去過聖誕節。於是美國便宣佈復員。其復員的澈底和迅速，是令人驚異的。不到一年工夫，美國便完成了馬歇爾所謂的有聲有色的鬧轟轟的復員。從此美國就自己解除了自己有史以來最强大的武裝！所留下的，祗不過各地駐防的極有限的部隊而已。而蘇俄呢？却並沒有解除武裝！結果，蘇俄不但已成為歐洲和亞洲的第一大强國，並且一躍而爲整個世界的第一强國！

各位一定很想明瞭美國武裝解除到甚麼程度？我用馬歇爾的話來說明。馬歇爾說：「當我一九四七年自中國回來擔任國務卿的時候，許多人都痛恨蘇俄，因爲蘇俄把東歐的波蘭、匈牙利、保加利亞、羅馬尼亞等國家先後一個個的攫去了；一九四八年又攫去了捷克。我作了國務卿之後，許多人都說要把蘇俄趕出去。但我說，那是沒有辦法的。爲甚麼呢？因爲我們已經復員了。全國可以作戰的部隊，祇有一師零一團。」各位試想，美國原有一千二百萬的海陸空軍，一下就復員到祇剩一師零一團，怎麼能去趕走蘇俄呢？蘇俄當時還有一百七十五個師擺在歐洲，可以作戰！

因爲蘇俄沒有復員，美國却復員得那麼澈底，國際共產黨的勢力便日形膨脹了。

一九四七年中國共產黨頭子毛澤東寫了一篇文章，「目前的形勢與我們的任務」。他說：「中國共產黨過去一向是採取守勢的；從這年的下半年起，便展開全面的攻勢了。」這篇文章後來中共譯成英文以作宣傳，題爲「中國革命的轉機」；意思卽是說，一九四七年下半年爲「中國革命」的轉捩點。這純屬由於美國解除了武裝使自由世界的武力太薄弱所致。美國也承認這個事實，在她所發表的對中國的白皮書裏所附的軍事報告中，就有一段說到：一九四七年以後，軍事主動力由政府轉到中共手中。這是亞洲的情形。

在歐洲，一九四七年波羅的海的三個小國被蘇俄征服吞併，東歐各國，波蘭、保加利亞、羅馬尼亞、和匈牙利、捷克等，也像樹上成熟了的菓實一樣，被蘇俄一一摘取了去。美國對波、捷和遠東的中國，雖都很關心，並寄予無限的同情，但美國解除武裝到不可告人的地步，自己的力量有限得很，實在感到愛莫能助。

這七年來，究竟是甚麼因素造成了世界這樣一個悲慘的局面呢？什麼使國際共產黨勢力這樣的擴張使歐亞各國漸次關入鐵幕，或遭受威脅呢？簡單的一句話，就是由於上面所述的三件大事——三大錯誤！——所造成的。

剛才分析的三大錯誤，可以解釋爲造成七年來悲慘局面的因素；現在來講講我國的前途。

一九四七年至一九四九年兩年中，我國大陸淪陷，是我國最倒楣的時候。但一九四七年也就是世界形勢開始轉變的時候。是年三月十二日，卽國父孫中山先生忌辰紀念日，美國杜魯門總統出席國會，報告國際共產黨怎樣侵略東歐中歐情形；說明許多國家已經無救。並說：還有兩個靠在蘇俄勢力邊緣的國家，希臘、土耳其，受共產黨威脅最厲害；英國因爲感到無法幫忙而撤退，請求美國加以援助。杜魯門總統要求國會同意：凡是民主國家願意抵抗共產黨侵略的，美國都應該幫他的忙。這個主張，後來就叫做杜魯門主義。杜魯門主義經國會通過後，對希臘、土耳其不但給予經濟的援助，並給予軍事的援助，派遣軍事顧問團前往希、土。結果，希臘保存了，土耳其保存了。這是美國第一次開始的一個新政策，也可以說是世界形勢第一個大轉變。

接着美國又提出了以經濟援助受共產黨侵略與威脅的國家的計劃，——就是馬歇爾計劃，——稱爲經濟合作，成立經濟合作總署；我們中國也包括在受援助之列。

一九四八年至一九四九年，美國做了一件破天荒的事情。在歷史上，美國從來沒有和人簽訂攻守同盟的條約。而一九四九年七月，美國與北大西洋十一國，包括法、英、加拿大等國和其他幾個小國，訂定北大西洋公約。這是美國傳統外交政策所沒有過的事情；國會居然通過了。北大西洋公約的內容，是規定十一個國家中有任何一國受侵略時，其餘十國都得承認同自己國家受侵略一樣，採取共同的行動來抵抗侵略。

這個原則後來應用到日本，簽訂美日軍事協定；嗣又與菲律賓、澳洲、紐西蘭簽訂了同樣的協定。

北大西洋公約訂定後，艾森豪訪問各公約國，費了一年的工夫，完成了一個歐洲的軍事統一機構，等于軍事聯防一樣。

在東方，一九五〇年六月廿五日晨，北韓共產黨軍隊越過三十八度線侵略南韓。當晚十二時，我在無線電上收聽到了這個消息，我便認爲這是一件大事。南韓共和國是聯合國協助成立的一個國家；現在受到侵略，美國乃提出聯合國安全理事會報告，並請給予援助。時正值蘇俄派駐聯合國的代表壞蛋馬立克因抗議自由中國的代表權退席（自一九五〇年正月十八日退席），沒有行使否決權的機會。美國的提議，才能於六月二十七日以多數的贊同而通過；安理會並請美國領導出兵制裁共產黨對韓侵略。從那天起到今天，韓國的戰爭，已經打了兩年半，其時間已超過了美國參加第一次世界大戰的時間。以傷亡來說，美軍的傷亡已達十二萬六千人，（死亡的兩萬人，）也超過了第一次世界大戰美軍傷亡的總數。這兩年半以內，美國在韓戰中遭受慘重的損失，是由於中國共產黨參加侵略的結果。至此美國乃覺悟，因美國兵力不够的關係，沒有法子保衞自由國家，甚至沒有法子說話以主持公道。故在一九五〇年十二月十六日，杜魯門總統宣佈美國進入緊急狀態，開始增加軍備，恢復前已解除了的武裝。兩年來，軍備的恢復是很可觀的，許多重要的工業，已在做戰時工業的工作。空軍方面，兩年前維持七十個單位，國會尚以爲太多，不予通過，韓戰兩年，大家感於軍力薄弱，將空軍增加到一百四十三個單位，國會也予通過了：空軍力量比兩年前增加了一倍多。海軍方面，日本投降後，美艦都已經收藏；現在差不多全恢復了。

不但美國積極恢復軍備，北大西洋各國在美國領導之下，也積極的恢復軍備，並從事統一指揮計劃。總括自由世界的軍備，雖然沒有恢復到一九四五年的力量，至少已恢復了一九四三年的力量了。

前幾天我說過，我們中國國家的前途，當然是連繫在自由世界的前途上。整個自由世界有前途，我們也有前途；整個自由世界有力量，我們也有力量。由剛才簡單講述的國際形勢中，可以知道自一九四七年起，自由世界的形勢已經好轉；可以說，也就是我們中國國家命運的好轉。但這個話並不是希望大戰擴大，我們可以趁火打刼的回到大陸。我們當然要回到大陸去的；我常說：「遠在天邊，近在眼前。」但是大家不能把這個事情看得太容易了。歷史上的前例，我們可以回憶一下。當歐洲整個淪於希特勒鐵騎下時，自由世界有兩個希望，即解放歐洲和解放太平洋亞洲。這個計劃，現在被稱爲全球性的大戰略。執行這個戰略，經過了很大的困難。以解放歐洲來說：先在北非登陸，次在西西里島登陸，繼在意大利登陸，最後在法國西部諾曼第登陸。北非的登陸打了六個多月，軸心國傷亡三十二萬人以上，聯軍傷亡七萬六千人。西西里島的登陸，打了三十九天，軸心國傷亡十六萬九千人，聯軍傷亡二萬二千人。收復全意大利，打了二十個月，軸心國失踪二十萬人，死四萬七千人，傷十七萬人，聯軍傷亡三十四萬八千人。而諾曼第之役規模更大，打了十一個月（自一九四四年六月六日至一九四五年五月八日，）所使用的兵力，計空軍出動飛機一萬零七百架，內戰鬭機四千九百架，轟炸機五千八百架。使用的船五千艘，還有四千隻小船。最初六日運去軍隊三十二萬六千人，車輛有五萬四千輛，供應物資十萬長噸。至七月四日，運去軍隊一百萬，車輛二十萬輛，供應物資七十萬長噸。到了十一月，登陸的軍隊達二百六十二萬二千八百二十四人，車輛五十四萬九千六百六十四輛，供應物資四百五十萬長噸。從這段歷史裏，我們可以想像得到，收復大陸是一件艱難的工作。我總說：算盤要打最不如意的算盤，作最大的努力。現在最要緊的，是解放大陸這個問題，要使大陸四萬五千萬的人民，不爲共產黨所用，而要爲自由世界所用。大陸人民被中共驅使參加韓戰的結果，成爲自由世界最大的威脅。要解除這個威脅，自由世界須有全球性的大戰略。前天香港時報載：法國要求北大西洋公約國研擬一個全球性作戰計劃。這不僅法國感有這種需要，華盛頓的國防部倫敦唐甯街十號以及我們的統帥部，我想也都在作這樣的考慮；連我們書生看到了這個世界形勢都認爲應該有全球性的世界戰略。我再舉一個例子，大家就可以明瞭我們國家的命運。法國是歐洲歷史上文化最高，人民愛國心最强的一個國家。一九四〇年，德國進攻法國，在幾天之內，便攻下了巴黎，法國崩潰了。援助的英軍被迫由敦克爾克撤退，用飛機掩護，在一天之內，撤退了二十三萬人，將所有的物資拋棄了，而救出二十三萬英軍和十一萬法軍。但歐陸自此淪陷了四年之久。法國亡了以後，法總統以無線電哀求美國說：「我們亡國了，請同情我們，趕快來救我們吧！」當時收聽到這無線電的人，無不感動得掉下淚來。可是美國因在中立法之下，不能援助。但在自由世界聯合作戰以後，擬訂了全球性作戰計劃，實施這個計劃的結果，不但法國解放了，荷蘭、比利時、意大利、丹麥，整個歐洲都解放了；亞洲也跟着解放了。今後我們也就要以全球性的戰略，把大陸四萬五千萬的人民和物資從共產黨的手中解放出來，爲自由世界所用。這是最重要的。

所謂全球性的戰略，簡單的說有五點：

一、保衞自由的歐洲：簽訂北大西洋公約，組織聯合軍隊。這是保衞自由歐洲的辦法，現在已經做到了。

二、保衞自由的太平洋亞洲：日本、菲律賓、臺灣、澳洲、紐西蘭，都在攻守同盟的軍事計劃之內；同時，南韓的戰爭，在聯合國旗幟之下，由美國領導，已打了兩年半的血戰，這可以說已在做了。

三、解放被征服的亞洲：包括北韓及中國大陸。

四、解放被征服的東歐與中歐。

五、解放蘇俄，解放蘇俄的人民。

第五點最重要。如果不能解放蘇俄，前四點都不容易做到，在對付國際共產的全球性戰爭中，自然要先保衞我們現有的自由領域，再去解放自由世界已被征服的原有領域，然後再去摧毀共產黨的老巢，解放蘇俄民族。這是戰略上的次序。至於我所以特別强調第五點實現後，其他四點才算是徹底成功，那就是說：要摧毀共產黨的老巢，以上四點的勝利才是眞正的勝利。我舉一個比喻：蘇俄好比是國際間的綁匪；自由世界被失去的領域好比是肉票。單找到了肉票，而沒有逮捕綁匪，則肉票始終是危險的。第一、二、三、四點是治標，是馬上就要做到的；第五點是治本，是爲保證自由世界永久的安全而勢必得做的。第五點不實現，第一、二、三、四點的成功始終是一個問題。在這全球性的戰略中，自由世界一份子的我們，要盡最大的努力！自由世界勝利了，我們的大陸也就恢復了。我們國家的前途是光明的！

「自由中國」的宗旨

第一、我們要向全國國民宣傳自由與民主的真實價值，並且要督促政府（各級的政府），切實改革政治經濟，努力建立自由民主的社會。

第二、我們要支持並督促政府用種種力量抵抗共產黨鐵幕之下剝奪一切自由的極權政治，不讓他擴張他的勢力範圍。

第三、我們要盡我們的努力，援助淪陷區域的同胞，幫助他們早日恢復自由。

第四、我們的最後目標是要使整個中華民國成爲自由的中國。

蘭克的生平與著作

張致遠

本文爲紀念傅孟真先生而作。先生於抗戰前語我：史語所的研究工作係根據漢學與德國語文考證學派的優良傳統。——作者

蘭克（Leopold von Ranke）（一七九五—一八八六）是近代歐洲的最大史家，他的貢獻不僅在他本國民族，同時對於人類文化可以稱爲永垂不朽。關於這一點，我們不僅根據他所選擇的材料以及從他所照耀的影響，並且由於一種較深刻的原因：世界的與民族的因素在他精神思想的內心本質裏相互交織着。他亦享有一個史家所需要的長壽，足以觀察時世，加深歷史體驗。誕生於法國革命初年（一七九五），那年也就是康德寫作「永久和平」的一年，逝世恰在俾斯麥去職前不久（一八八六），中間隔了九十年，時間大約和威廉第一的生平相彷彿。連批不斷的緊張局勢在這個階段產生着——蘭克初求學的幾年，赫德和費希德的精神光芒正燦爛地怒放，直達德國古典文學的好多偉大人物身上；在大學裏，他曾經精研尼布爾（Niebuhr）的羅馬史。可是在他九十歲的壽辰，大家對他所表示的敬意，就一致承認他的學派最足以代表德國的史學，連其他歐洲各國的史家亦都承認他的偉大。

因爲這個人物不僅對於一門學問在方法上奠定了基礎，並且指示新的途徑，他樹立一個學派，在他時代精神留下了深刻的印象；他同時遺留典型的著作，這些著作雖然現在已經過了一個多世紀，却仍具有不朽的精華，這種情形，在學術的創作裏，又是很少見的。我們並且不能把他範圍於一種學術史裏。剛巧他創造中最個別的著作產生於一個時代，那時藝術、文學與學術研究尚未全然分離，猶如歌德，洪博德（Wilhelm von Humboldt），黑格爾與尼采之能認爲屬於各種精神範圍似的。

蘭克的途徑實在是個別的途徑。他的家世，學校以及時代的影響自然也不能一筆抹殺；特別在他開始學習的時期，我們很有趣的可以發現無數交流的影響。重要的却是這樣能盡量攝取的天性，如何抉擇，陶冶與融化，最後使一切成爲己有，而有所發揮。如此方能使他歷史研究的趣向具有獨特的創造的意義，這在他初期的作品裏已經顯著了。他的一生著述，我們如果應用他自己的方法來分析，可以從他的個別著作出發瞭解全部。他的全集，甚至包括他最近乎個人的意見，的確表現一種不可思議的諧和，這在一個天才的創造裏又是不常見的。這種明顯的一致亦具有特殊韻律，尤其在研究的過程中，從方法與史料運用的進步，從歷史認識的進展，這裏作者自身始終是變化萬千的革新。他自己時代的經驗成爲第二種韻律，像是從旁附和着。沒有疑問，他以眞摯與深刻的同情心理去認識他所親身經歷的德國歷史階段，另一方面這個認識亦即影響他所神遊與創造的德國過去的景象，那就是要回頭影響到歷史家生命中最密切的問題。學者的生命也就總是和民族的生命交結着，並且從他的著作的觀點清楚地流露着。特別在這個時代，當我們對於史學本身的涵義持論紛紜，莫衷一是，他的思想與貢獻尤見其偉大。

一個史家的生平最值得我們注意的是傳統。蘭克出生於北突林根（Nord Thüringen）的維埃（Wuhe），父親是一個當地法官。他的家庭世代篤信路德教義，擁有傳奇與歷史的豐富意味。誰如追究北突林根的本土根脈，可以在蘭克的精神本質裏找得出痕跡來——只是這種天性與遺傳却須居於學問的嚴格紀律之下就是了。路德教義的信仰最和他的家世發生密切關係，蘭克不僅在外表且在內心衝動絲毫不離路德教義，從精神史的立場來說，他的著作都可以由此得到闡明。政治上他是薩克遜選侯區的臣民；就因爲這個原因，解放戰爭的怒潮對於少年蘭克祇是浮淺地感覺着，從一八〇九到一八一四年也正是他在中學的時期。怕是他薩克遜家鄉之劃歸普魯士，成爲他第一次比較深刻的政治經驗，這恰巧又是他進萊比錫大學時期（一八一四—一八一七）。他和普魯士的新政治關係在初期不無心理上的反應，要知道這不是出於他的心願而是由於時代政治變遷所造成的，等到日子久了，才如其他人民份子和這個新政治組織發生感情聯繫。

那幾年所遺留下來的短篇簡札，確能表現他在各方面的興趣，超出普通大學生的求知範圍。我們看到一個非常早熟的青年，暗中摸索，在熱烈追求，把握德國精神生活的一切因素：古典的傳統，路德教會彩色的基督教信仰，民族復興運動的體驗。可是這些精神動機給了一種很明顯的傾向，那就是回想過去，好像和這個歷史動盪時代的趣向逕相吻合。蘭克自己決定在一八一七年的路德紀念年——當時他以一篇古典文學的論文獲得博士學位——從眞實的文獻，最好在可能範圍內用路德自己的語言文字來敘述他的生平和他的教會的起源。這兒宗教的與歷史的動機第一次交流着，此後將永遠密切地交結。路德教的虔誠心理逐漸由斯萊馬赫（Schleiermacher）的宗教思想充分發揚，費希德的哲學自成爲一有系統的世界觀，這個青年的堅定意志却是在歷史裏追求至高精神，把他的生命獻給至高精神與歷史，以此爲他的生平抱負：因爲他說：「在

所有歷史的生命與活動，我們應認識至高精神的存在」。所以這個史家研究歷史的最深刻的動機並不像許多過去的史家由於啓明精神出發，而是由於內心的信仰。

他的終身事業的選擇亦有強烈的民族意識爲其另一動機，這一點亦可以說是受費希德的影響，楊恩 (Jang) 和少年德意志運動使他發生感觸。但最使人感覺有意味的是：少年蘭克的民族意識立刻觸動他對於過去的追求。他瞻仰德國古代的偉大遺跡(一八一七年的萊因遊歷)，痛心德國民族對他們自己的歷史遺產不够有深切的認識，他覺得自己應該負起這個責任，喚醒那全然沒有生命的世界，他認爲教師的職責，應以民族歷史的價值灌輸下一代的德國人民。這個理想他已在一八一八年對一羣高中學生的講演裏說過，那年他接任倭特河上佛朗克孚 (Frankfurt a.o.) 中學的教職。因此我們可以說：蘭克所有的生命與精神力量集中起來，才引導他到歷史研究，以此爲他的職業與生命的寄託。

一件大事的經過必由其歷史前提與時機所促成，一個史家的精神成就亦須有外界原因的湊合，這就要看史料的實際情形。蘭克之研究歐洲史係由於佛朗克孚中學圖書館所收藏的歷史書籍，以其天才的慧眼把握題材：注意近代的那幾個世紀，在他的目光裏現在展開一個新的世界觀，一個新的民族集團，一個新的信仰。在那幽靜與富於創造的幾年，從一八一八到一八二四年產生「羅曼尼斯與日耳曼民族」(Geschichte der romanischen und germanischen Voelker 一四九四—一五三五)，五十年後，他自己正確地說過，這像是他一生著作的預備工作。

蘭克的處女作，無論從方法與結構來說，都是別出心裁，不顧形式上偶然透露初期作品的痕跡，但確有其獨特的貢獻。雖然這是歐洲史的一個極小段落，也並沒有完成，但以一種新的史學方法爲作，這在本書的「評近代史家」的附錄裏變成劃時代的創造，和渥爾富的「荷馬導言」(Fr. A. Wolf, Prolegomena ad Homerum)，與尼布爾的「羅馬史」居同一地位，他不把德國人民當作近代歷史的原始民族，而以羅曼尼斯與日耳曼民族的大一統爲其觀念的出發點，他根本主張歷史研究應爲純粹闡明過去的眞相，他的實驗精神使他擯棄任何憑空的理想或武斷。他平生著述的觀點與範圍大概能在這部書中見其輪廓。

由於這部著作的成功，蘭克應邀於一八二五年春任柏林大學副教授。這次外表生活的變遷恰巧和一件偶然而具有深刻意義的事實發生關係。這是另一種新史料的發現，十五至十七世紀威尼斯公使的報告，全部共有五十本，收藏在普魯士國家圖書館裏。這種通曉世界現勢的第一流的實際報導，對於蘭克的歷史研究眞是具有無上價值，並且因此開闢了新的園地，增加了新的認識。以世界歷史爲研究對象那可以說早經確定，有趣的是，我們看到他將來的工作計劃逐漸從熟讀史料，有機地向外擴充。那幾年出版業鉅子柏爾特 (Perthes) 堅請蘭克主編歐洲國別史的叢書，他自己却始終以全力注意這些引導他到世界史研究的史料身上。起初他的目的只想闡明近代歷史，以查理第五出發，因此他的題目是「論十六、十七世紀歐洲各國的政治與行政」，後來變成「十六、十七世紀的諸侯與民族」，最後縮短爲「南歐的諸侯與民族」，在敘述與研究的過程中又因史料的特殊豐富而把這個範圍超出了。

蘭克原來的意思是想總敘各國的內政外交，並不像後人批評他說的完全忽視內政的歷史。第一部分專敘「土耳其與西班牙帝國」(一八二七)，兩個世界歷史的勁敵亦就是蘭克世界史觀的眞實用武之地。第二部分應該是關於意大利的政治史實。可是單就教皇國的歷史已經佔了三大本，「十六、十七世紀的羅馬教皇」(Die römische Päpste，一八三四—三六)，這就立刻成爲世界文學的傑作。此外對於意大利史的著作，特別威尼斯與佛羅稜斯，祗見於短篇論文或日後的專著。同時蘭克本人經過一次極重要的進修階段，因此使他的歷史見地更趨於高尙與新穎。

這個進修階段包括維也納的研究時期(一八二七年十月至一八二八年九月)以及意大利旅行(一八二八年九月至一八三一年一月)。實際祗是一種檔案館的材料搜集工作，但在歷史上還找得出另一學者，能從檔案的塵埃堆裏遇見更豐富的過去生命的新發現麽？就從旅行的開端，當他到布勒格去的途中，他已深刻感覺到斯拉夫民族的反哈布斯堡王朝運動，繼之在維也納，梅特涅與甘滋 (Gentz) 的首都，歐洲國際政治的動脉與東方世界的滙合潮流；從各方面世界局勢的實際經驗加深他學術研究的認識。在維也納就寫了一本小書「塞爾維亞的革命」(Die Serbische Revolution)(一八二六)，同一個塞爾維亞的古代民歌學者富加勒 (Vuk Karadschitsch) 合作，富加勒是歌德和格里姆 (Grimm) 所稱道的人物。對於蘭克這是一個新的史料，不很習慣的範圍，因此他叫着說「這裏自然侵佔歷史，而歷史又進入現代政治的範圍了」。

蘭克的眞實作風表現在這小冊子裏，他把這些民族歌謠與英雄敘事詩等和歐洲全體的歷史關係融會貫通起來，有人比之於瀘村 (Luzern) 的石獅，從風景岩石裏所產生的藝術作品，把自然與精神連結一起。一個現代的修西第茅斯，像尼布爾稱頌他的那樣，他超出了自己所絕對信任的羅曼尼斯與日耳曼民族集團，去描寫一個新興民族的解放運動。

在意大利，威尼斯的檔案最先供給他無限寶藏，他亦眞像威尼斯歷史的發現人那樣，盡量應用之於他所研究的對象。在佛羅稜斯他的興趣是要把這個城市的歷史擴展到歐洲視線上去——由於那時所孕育的新穎觀念產生了二十年以後才寫成的「薩佛那羅拉」(Savonarola 一八七四)。最後在羅馬，那裏雖然並未進入教皇宮廷本身，就從歷代教皇私人檔案的收藏以及從各方面對於現世知識的交換意見，得洞識世界大勢的實際眞相，盡量攝取生命的新鮮空氣——

那一個去羅馬遊歷的藝術賞鑑家能有這位學者的豐富收獲？

不像歌德那樣，蘭克所感到的不是絕對個人的體驗，因爲這些體驗並沒有把他的精神天才徹底改變。可是它們使他的精神思想更加充分發展，給他各種認識的機會，這些認識範圍也就是他內心所熱烈追求的。這一點令人回想到溫格爾曼 (Winckelmann)，自然溫格爾曼所渴望的都是藝術的古典的羅馬。所以他眞是滿載而歸，擁有各種材料與計劃(甚至在文學與藝術的園地)，幾乎精疲力盡，無法勝過這樣豐盈的結果。他寫給范哈根 (Varnhagen)說：「你可以相信，這就給了三個世紀的歷史」。這像是他生平著述的一個眺望，眞如阿克登 (Lord Acton) 說的，「使蘭克成爲近代史的尼布爾，甚至哥倫布」，並且他解決了一個問題，要使一般人都能明瞭如何從十五世紀的世界演進到十九世紀。

當他正在收穫他意大利旅行最成熟的結果，着手寫作羅馬教皇史的時候，他幽靜的學人生活第一次遭遇外來力量的波盪。一八三一年一月蘭克遄返柏林，但復辟時代的歐洲已經根本改觀。七月革命對於德國內部的政治生活發生根深蒂固的影響。好像使歐洲分裂的黨派也要在德國國內重新複演一遍：到處是近代自由主義的思想和反革命的論調相火拼。在一個德國政治衝突猶在哲學與宗教範圍作鬪爭的時代，他開闢了歷史的園地，以爲由於歷史的認識亦能推得政治行動的原則。他反對黑格爾的立場在他思想的演變過程中愈形顯著，始終不願和純粹抽象的理論合流，而致力於眞實的歷史思想的推論。

因此，普魯士政治當局與出版界的人士如柏爾特等在一八三一年的盡頭邀請蘭克主編一種雜誌，針對空泛的主義，思想以及一般輿論，有所指正。不拘個人工作計劃的繁重，由於內心的期待他接受了邀請，一八三二至一八三四年他就主持出版接近政府的歷史政治雜誌 (Historisch-Politische Zeitschrift)。從世界歷史大事的鑽研轉移到現代政治，從研究學問的立場來說像是中道而廢，從實際政治看來又是半途出家，但他認爲這是內心要求與時勢發展的必然結果。

他覺得自已有所欲言，對着一般模仿一八三〇年法國的主義與思想的人，他主張德國人的政治問題應由認識德國本國的特殊需要來解釋，他說「我們還得要和法國人在戰場上公開作戰，不要使人有這種感覺，好像我們是德國的法國人」。他堅信此刻像在世界各地勝利的思想，最後不過是外國政治生存的抽象理論，他反對任意天眞地抄襲。他要證明任何國家所已形成的個別現象，都須根據本身所具有的定律；他願意把列强的內外生存條件以及他們個別的交互影響淸楚地指示出來。這和克勞塞維次所得的結論如出一轍：各民族的衝突不能從一定法則裏去找求原因，而應由他們全部的精神與物質的相互關係中追尋意義。

所以蘭克認爲最應急切注意的問題是：「澈底認識事實，好像我們要客觀研究歷史那樣，眞實的教訓係在實際事物的認識裏」。這個結論確是一種高明的實證的見解，並且使人想起後一代人所謂的現實政治。我們得認淸一點，蘭克所謂現實並非指着事物的物質的外表，而是包括歷史生活的個別與非理性的勢力的整個秘密，對它們要有一種現實的認識，這樣用來作一種政治行動的指南。

至於如何把歷史認識應用之於政治材料，他在雜誌上所發表的文章很明白地表示了。他的論著，「論德國的分裂與統一」就討論當時最急切的德意志民族國家的核心問題。這裏指出普魯士國家在歷史上的中心地位，居於專制反動與革命的新潮流中間，他的使命就應該實現「從舊的到新的有機而又合法的發展」。從這一點出發，他警告狹隘的純德國的成見，以德國民族自由黨的立場反對普魯士的獨霸。他之努力爭取有機與合理發展的旨趣，我們在他的論文「關於德國的，尤其是，普魯士的商業政策」，洞識無遺。這裏他指出關稅同盟的三重貢獻：內地貨物的交流，對外貿易的確定，顧全國內的財政需要。各方面他都把歷史材料當作政治教訓：即使他討論費狄南第一與麥克西密林第二，也因爲要引起一個問題，是否德國的宗教分裂能由一强有力的，反土耳其人的動機來克服或緩和？蘭克雜誌文章中有最富於內容的兩篇，它們的影響到現在還是活躍着：「政治問答」對於各國政治的內部問題作深刻而又透澈的解釋，以及「强國論」，把歐洲列强在最近幾世紀來的興起扼要說明，眞是原委分明，淋漓盡致，這些在他以後的生平大著中更有詳盡的叙述。

蘭克這種態度的本意無非想在自由黨與反對派中間找尋一條出路。這種第三黨的思想像蘭克後來自己所表示的，旣非普魯士當局所絕對心願，亦非過激的民族主義所能接受。自然一種比較穩健的主張也應該發表的。問題倒是在當時的普魯士本身是否有這個力量，擔當這中流砥柱的責任。

歷史政治雜誌不能有預期的成功，原因並不是因爲蘭克沒有宣傳能力，像是對時事與政治問題不能發揮强烈的影響；他很能博得社會上等階級的同情，但對於一般民衆他却沒有普通民族教育家的意志，從事於精神感化。左右兩黨的衝突實在根深蒂固，本身就變成政治事實，不能僅由歷史知識所推得的見解，來使他們緩和或折服。歷史的進展很少順着最適當的途徑。反過來，我們在歷史過程中所遭遇的，終是權力的搏鬪，意志和思想的激烈競爭。

所以蘭克也就回頭，想以歷史研究發揮眞實效用。當他回到書房與講臺的時候，他自己承認這潛服的限度：「我們要對現代發生眞有價値的影響，祇好暫時不問時世，而作自由與客觀的學術研究」。沒有疑問，在德國民族的精神生活上，他的歷史著作確具有活潑而又悠久的意義。

當做一個大學教授蘭克的偉大影響特別在其歷史研究室裏。這裏他造成一個學派，把他的治學方法與精神樹立了鞏固的基礎；在年邁的時期，他覺得可以自驕的是，魏次（Waitz），基斯勃萊特(Giesebrecht)與斯璧爾（Sybel）都曾經出於他的門下；從這個基層所發揚的深遠的影響，那不要說整個德國，並且是超國界的。方法也許比較容易學習，可貴的是歷史觀的核心問題：至於學生中間，方法研究承襲老師的遺風，而歷史政治的思想又另闢途徑，那也是很自然的事情。

意大利旅行的最成熟的結果就使蘭克在那幾年完成「十六、十七世紀的羅馬教皇」（一八三四—三六年，三大本）。這是歐洲史學史上不朽之作。題目本身，像蘭克自己承認的「幾乎就是新的發現」。以格里高萊第十三（Gregory XIII）與西克斯脫斯第五（Siutus V）爲顯著代表的宗教反改革時代，從此以後就爲衆所注意的歷史；這個時代與這個世界久已爲世人所不談論的了。同時那一段歷史材料恐怕除了以後的「世界史」(Weltgeschichte) 以外確是最適合蘭克世界史觀的運用。沒有其他歷史研究的對象能具如此光明燦爛的人物與偉大的世界理想；這使他從特殊的追求普遍的，從個別的追求全體的藝術達到了登峯造極的境地，敍述的形式亦能和實際最相接近，最有成功。就大體而言，那幾年愉快的人生經驗與內心的平衡和客觀使這個北德的新教人士，對「羅馬教皇史」能有無限淸淨的見地和卓越的貢獻。

在工作的過程中，他感覺新教份子似乎亦有他們的理由，有時就連想到自已天生應該專心於德國史的研究。一種內心的需要使他回到宗教改革。已經在一八一七年，他想把路德的生平，他的人格與精神思想作一中心敍述：要把這一方面的材料蘊藏從世界大勢與德國歷史的各種動機來理解。由於威尼斯的外交報告以及意大利的檔案館，他洞識列强的政治觀點，從一八三五年以來他開始注意佛朗克孚的帝國議會檔案。後來在魏瑪(Weimar)，特萊斯登(Dresden)的檔案庫，最後又在布魯塞爾，維也納與巴黎，始終能有極豐富的收穫，並且能深入歷史的眞相。如果蘭克把宗教改革從世界歷史與民族歷史的性質來作根本解釋，他必須對於新舊教會的立場在內心上先有澄淸的必要，對於德國全部歷史的過程亦必具明晰確切的觀念。祇有從世界歷史的觀點出發，他認爲最有把握：不是啓明運動的世界史，亦不是基督教浪漫主義的世界史，而是基於日耳曼民族與羅曼尼斯民族的共同意義。

當他執筆寫「宗教改革時代的德國史」(Deutsche Geschichte im Zeitaltre der Reformation 一八三八—六七年，六本)，他常感到問題的困難，有時亦由於純粹寫作的藝術，這和教皇史迥然不同；「要想從國會檔案與神學論辯來寫一部易於閱讀的書籍，我簡直認爲不可能似的」。不久他就決定這書應該祇爲着德國的學術界與德國的宗教信仰而寫的。他深刻地感到這書亦就是爲着自已精神的解脫，這種感想任何讀者都能淸楚領會。蘭克的「德國宗教改革史」最足以代表他個人的風格，同時亦和德國民族發生最密切的精神聯繫。

他的研究的總績係和他的宗教信仰的核心思想相符合。他雖然時常提到路德所反對的教會，並非純潔高尙的天主教會，可是他終覺得羅馬教會政府祇是有時間性地代表教會的理想，各民族有他們的權利考慮至高精神的實際傳統。所以他覺得德國精神之在這最重要關鍵有所表示，對上帝發生一種直接信仰，確有其深刻意義。德國宗教改革亦如其他偉大的精神動盪，可能帶着一般的社會與政治的變故，但這可不是原始創制者的心意。從民族與宗教的立場來觀察，蘭克可以說是一個標準有心之人。

宗教改革的歷史寫實根本由於蘭克的功績。許多我們現在所認爲重要的觀念，實際係出於蘭克的精神貢獻，並且先由於他的內心思想所形成的。就是現在學術研究的結果對於有些問題意見或有出入，或者更爲深刻，那可說祇有部分的，不是全部的關係。自然蘭克的大著引起楊遜（Jansen）强烈的反應，但這樣黨派彩色濃厚的見解，像楊遜的宗教偏見那樣，能否和純潔意志所貫注的客觀研究並駕齊驅，還是一個問題。

第一部德國史著作完成之後，立刻決定繼之以第二部，當然動機完全不同。表面上也許是因爲普魯士君主弗烈威廉第四在位不久就任蘭克爲其史官；內心上却是從宗教改革史的連帶關係發生的，那是關於新教强國普魯士的興起。可是在三月革命前不久出版的「九卷普魯士史」(Neum Bücher Preussischer Geschichte 一八四七—四八年，三大本)，並不能獲得像前幾部創作的那樣敬仰心理；反過來倒是受了相當批評和指責。並非因爲「普魯士史」時間上像是站在一方面「羅馬教皇史」與「宗教改革史」和另一方面「法國史」與「英國史」之間，或許方法上與技術上精力較遜——這是完全出於同一精神。可是他和時代精神不盡符合；這不是作者所能預期的。

蘭克因爲是一個史家，就把一切置之於歐洲全體關係上。他把普魯士之崛興認爲是一種實力的興起，怎樣從一中等的地方屬國變成歐洲强國，所以他的著作就能以一七四五到一七四八年這個新興强國的地位鞏固以後中斷了。一八四八年那一代的人，他們都以滿腔熱血獻身於德意志民族國家的，認爲普魯士歷史的眞實內容，應該就是擔負德國民族的領導地位，這也是這個國家的歷史使命。這兩種想法並沒有實際衝突的必要，不過也不能把內部的矛盾全然掩蔽。普魯士之爲歐洲强國與普魯士之領導德國民族運動足以引起不同的歷史批判，反過來，如果對於過去觀念相反，亦會對現世大事起一種相反的要求。羅馬教皇史裏認爲極自然的方法與文體，到了和德國將來發生密切關係的命運問題就容易感情用事，困難重重。蘭克寫普魯士史的精神也就是普魯士君主弗烈威廉第四謝絕佛朗克孚國民大會所給他的帝國皇冠的精神——所以他們所遭遇的失望與責難也是相同。可是這種精神最後又和俾斯麥在一八六六年的勝利因而創造德意志民族國家的精神逕相符合。當時自由黨與民族主義黨所給的批評，確是非常尖利；范哈根認爲蘭克對於普魯士的見解頗有漏洞，後來屈勒次克(Treitschke) 亦持同樣論調。狄羅遜 (Droysen) 的「普魯士政策史」更和蘭克的觀點大相逕庭；這裏充滿了政治鬬爭的空氣，並能把握最近幾十年的輿論趨向。

在革命的那幾年，蘭克對於民族運動，譬如說對於佛朗克孚的國民大會，心理上不很同情，他只勸普魯士君主積極從事强權政策。蘭克至友曼多佛爾(Mantenffel) 會經指出蘭克之注意外交足以增强普魯士君主的自驕心理。由於時代潮流的劇變，他逐漸趨向保守主義的途徑去了。

他的研究範圍有很長時間離開了德國本土。並不是因爲有意忘了——我們要知道蘭克在一八五八年會向巴伐利亞君主建議，在慕尼黑創設歷史委員會(Historische Kommission)，委員會的偉大工作目的是要喚起民族的歷史意識。但他自己的創造轉移到另一途徑，指向西歐國家，那裏民族主義與議會政治都已確定。一八五一年秋，正是普奧關係緊張時期，蘭克已在巴黎檔案館神遊黎胥留 (Richelieu) 的史蹟，到了一八六五年的夏天，當德國內部風雲緊急之際，我們看到這位七十歲的史家在愛爾蘭憑弔古戰場，他已開始寫作一六八八年光榮革命的歷史。

這樣產生兩大著作「十六、十七世紀法國史」(Tranzösische Geschichte im 16 und 17 Jahrhundert 一八五二—一八六一年，五大本)，與「英國史」(Englische Geschichte 一八五九—一六八年，七大本)。蘭克寫這兩部大着的本意是相同的。一個偉大的民族向來擁有雙重使命，民族的與世界歷史的，因此他覺得歷史家亦有其著史的雙重責任；希臘史家披烈皮斯之描寫羅馬盛世與羅馬史家自己所寫的歷史，其不同之點就在希臘史家把握住羅馬的世界歷史意義，而羅馬史家有其民族觀點，所以他敢把歐洲主要民族，他們的事實，特別他們在世界大勢的地位加以叙述與闡明。

事實上重要的是這兩個國家的個性，它們在歐洲的顯著地位；以路易十四時代爲代表的法蘭西王國的專制勢力與以一六八八年的革命所造成的英國貴族政治。這些重要發展最初在威尼斯的外交報告察覺其大概，原來想列入柏爾特出版的歐洲國別史，現在就盡量擴大。根據檔案館的史料研究，在這些檔案館裏蘭克又消耗了他好多年的生命，並且出之於精美絕倫的寫史藝術，這兩部大著確係他歷史創作與政治智慧最完備最成熟的結果。極少有一個法國或美國史家能把本國民族歷史貢獻，如此客觀地放到世界史的視線上去。

如果這些著作能在英法兩國享有盛譽，那可以說十八世紀德國精神所發揚的大同主義在蘭克的歷史觀裏達到最高境界，眞是無比擬的豐盈。不過這種大同主義亦充分承認他們的民族特質。麥考萊在德國會經留下了深刻印象，這是因爲英國的自由黨人對德國人民所產生的吸引能力。蘭克對英國人要說的，恰是把他們民族歷史的島國立場引到世界歷史的普遍關係上去——從這個觀念出發西萊的英國的「擴展」(Seeley, The Expansion of England) 才有其眞實的緣起。

當蘭克寫就英國史的時候，他已經是過了七十歲的老年人了。一八六七年春他想編一部全集，好像歌德那樣，拿自己一生的著作在他生時很莊嚴地新版，希望把舊的修正以後，再有新的創造。因爲老年人的身體關係，大的企圖像是不很適合，從一八七一年以後，不能親自閱讀亦不能抄寫，只好在較狹小的範圍裏起稿。最後德國民族命運的決定，新德意志帝國的建立在世界史上開展了一個新的時代——這樣重要事實的體念對於史家的創作自然會發生深遠的影響，一個新的轉機。

所以在最近十年內他又回到德國與普魯士的歷史材料，自然從內部實力問題解決之後，現在可以有內心的自由，把舊的材料重新整理，舊的見解重加考慮，但也把握了全然新的問題。他把從前寫成的關於帝國君主費廸南第一世與麥克西密林第二的時代的舊作繼續下去，直到三十年戰爭的開端。從同一範圍出發的研究又有「瓦倫斯坦史」(Geschichte Wallensteins)，這在形式上是一部傳記，實際又是一種世界歷史的探討，從個人出發觀察全部歷史經過，形成一部有藝術價值的著作，和席勒的偉大詩劇並肩。

接着產生幾部歷史，算是他的普魯士史的專著，並且亦能發揮相當影響。最先出版的是「七年戰爭的起因」(Ursprung des siebenjährigen Krieges 一八七一)。同時發表了「德意志地方屬國與諸侯聯邦」(Die deutsche mächte und der Fürstenbund)，一七八〇至一七九〇的「德國史」(一八七一年，二大本)。這樣又把普魯士問題與德國問題重新討論。此後就是那有名的專著「法國革命戰爭的起源」(Ursprung der Revolutionskriege 一八七五)。革命戰爭的起源亦是近代史上的一個責任問題，爲德法兩國史家爭辯最烈的問題；蘭克認爲衝突是不能避免的，他的觀點是普遍的公正的，絲毫不帶民族的成見。

同時他決計想把普魯士史擴大，並且加深。這在一八七三年所著的「普魯士國家的緣起」(Genesis des Preussischen Staates)，開其端倪。後來又把它改爲「十二卷普魯士史」(Zwölf Bücher Preussischer Geschichte)，結構擴大，材料充實，影響亦更深遠。他的責任是想把這新興强國的「歷史演進的關鍵」純粹由客觀認識的眼光來闡明，不作民族政治的價值批判，像他的學生狄羅遜 (Droysen) 那樣。

那幾年的主要貢獻，特別在他三大本的「赫登堡與普魯士史」(Hardenberg und die Geschichte des Preussischen Staates)，一七九三—一八一三」，原來是爲等他所主編的「赫登堡回憶錄」的序言而寫的，法國革命與解放運動時代的普魯士政治史，這眞是蘭克所最感興趣的題目。把這些事實從歐洲的普通關係來叙述，的確和蘭克的天才逕相適合，可是亦眞像阿克登說的，蘭克雖然對於各種歷史人物曾經有過極精彩的叙述，但對於偉大的民族運動似乎缺乏應有的熱情。我們細察這幾部創作以後，就感覺從前祗到一七四八年的普魯士史，不顧由於專著或大部歷史，已經展延到十九世紀。

蘭克雖然專心寫作普魯士史，並以堅定的信念從事研究，這可並不是說，他能享有同時學者以及一般讀者的熱烈附和，時代確是和這位七八十歲的老年人疏遠了。有趣的是，當蘭克於一八七三年退休的時候，他並未提議一個德意志帝國內部的史家來作繼任，他屬意於蒲嘉特 (Burckhardt)。只因爲這位在著史藝術上和他精神最相接近的巴塞爾史家謝絕了，才去邀請屈勒次克——這兩個人物之間的精神距離確是可觀。一個人世以前狄羅遜的歷史著述，無論從文體與倫理觀點上，和蘭克已經大相逕庭，到了第二代，這個問題非但不會緩和，且更於銳利。蘭克猶能看到屈勒次克「十九世紀德國史」的頭幾年，並且表示欽佩；史學界的歌德，像當時人說的，亦能容納一個席勒在他身旁。可是過分狹窄的民族主義不是他內心所願意的。就在民族史學勝利的那幾年，對這位老前輩的史學大師的文藝復興已經開始——歷史研究的最內心的精神動機能够融合這兩種趨向，並非一定得趨於矛盾。

在他出版自己全集的時候，德國以外的歷史材料與研究又在他的心頭活躍起來。特別顯著的係在一八七四年，當俾斯麥與教廷衝突最劇烈的時期，又把「教皇史」修訂再版，其次是「薩佛那羅拉」(一八七四)，「鄂圖曼與西班牙帝國」(Die Osmanen und die Spanische Monarchie 一八七九)，最後，「十九世紀的塞爾維亞與土耳其」(Serbien und die Turkei im neunzehuten Jahrhundert 一八七九)，經過五十年之後，現在正當柏林會議開會的時期，塞爾維亞的革命得到了一個大家公認的政治結果。所以這位史家的生命確能和時代並進，而有新的鮮艷的花朵。

可是到了盡頭，這個眞是學術研究和著作等身的生平尚有一最後與最高的發展。蘭克曾經好幾次想回到他早年所懷抱的希望，「向世界史的大洋中追求」。一八五四年他曾對他的友人巴伐利亞君主麥克西密林第二在卑玆嘉登 (Berchtesgaden) 作歷史講演，在一種輕鬆而又深刻的形式中，有其特殊趣味，但這「不過是一種嚐試」。現在以他八十五歲的高齡決心用包羅萬象的文體，直接根據史料的研究，綜述世界歷史的普遍發展，像他在初稿的導言裏說，眞是以他一生的研究工作爲基礎。一八七九年他就從事於古代史的寫作，到了一八八〇年春天他就能向出版界公開聲明，一部新的世界史稿子將要出現。那一年歲暮第一本「遂古民族與希臘」最先問世，以後每年陸續出版一本。當他正在寫作第六本「卡羅林帝國之分裂與德意志帝國之創立」(一八八五) 的時候，有人邀請這位九十歲的史家寫一篇論文，說明一八七〇年新帝國建立的歷史經過，我們祗能從幾張手稿察覺他對於俾斯麥時代的見解，但他立刻回到他第六本世界史的主要工作。第六本的結束述及鄂圖大帝之死，他說：「我將感覺無上榮幸，如果我能以此觀點繼續闡明世界歷史的演進」。一八八六年五月二十三日他竟與世長辭。在他臨終之前，猶把最後四個月所寫成的第七本問世，包括薩克遜與沙里埃皇朝的統治時代。第八第九本由他的講義湊成，算是到達中世紀的末葉，這樣就聯結他在佛朗克孚開始研究歐洲歷史的整個時代。

他對於世界史所持的涵義，比較守舊狹側：他的對象並非把人類社會當作歷史整體，而是歷史世界的逐漸形成。近東和歐洲的古代民族他還能以年老人的賢明作有趣與天眞的叙述。我們不能忘了他自己所定的工作尺度。從一位過了八十五歲的耋年碩學，我們不能要求他對於史前史或中國印度的遂古作深入的研究。

蘭克堅持歷史的認識應絕對自主。有人把他認爲近代第一位史家，能把歷史純粹由其本身的目的去追求；在他之前的學人往往具有政治、宗教及愛國的動機。眞的自主的歷史觀是要對人和事物不加判斷，祗探求其客觀的眞相，不應對歷史經過作主觀與審判的企圖。好多具有濃厚倫理動機的人士認爲在歷史裏有道德力量存在，足爲政治家的絕對資鑑，蘭克却以人與世界歷史大事的客觀認識爲其治學的根本原則。當柏林城以榮譽市民的尊稱獻給他九十歲壽辰的時候，曾經引用席勒的名言「世界歷史是世界法理」，那是對他所表示的一種敬意，我們不能有其他附會。

蘭克時常主張人類精神的認識方面，具有兩種可能：個別的與抽象的認識途徑。第一種是歷史的途徑，也就是他的途徑。另一種是哲學的途徑，他讓給具有此種天才與精神需要的人。他堅信史學的至高成就應該是「自身從個別的研究與觀察達到一個事實的普遍見地，形成對全部關係的客觀認識」。這樣高尚的精神態度，蘭克個人可以說是最理想最完成的代表。

這個生平從他各方面的成就來看，眞是已經到達了登峯造極的境地。就從西洋全部思想史與所有精神觀念出發來衡量。亦有其不朽的價值。

第七卷 第十二期 蘇俄物價體系及盧布外滙滙率之檢討

蘇俄物價體系及盧布外滙滙率之檢討

劉國增

蘇俄自一九五〇年三月一日改變盧布外滙滙率並調整零售物品價格以後，世人對於蘇俄物價究屬何種體系，盧布在國際經濟上究佔何種地位，甚爲注意，茲分別論之：

蘇俄係採用貨幣經濟，所有生產消費之支付除少數例外外均以盧布行之。消費者之所得大半來自工資及薪俸，而工資及薪俸均以盧布支付。蘇俄之物價工資除在 Kolkhoz 市場（即農夫出售個人田地出產，或出售由合作農場得來實物工作報酬的市場）不受限制外(註一)其餘物價工資均由國家最高經濟設計機關 Gosplan 列表詳細規定價格不得超過，違者以犯法論罪。(註二)蘇俄各種企業均係國營，所有資本均由國家供給。各種企業均設有分廠，分廠經理僅辦理技術工作，所有分廠出產品均移送總公司，總公司按各分廠平均成本加上應得利潤，（最高不得過百分之十）規定價格送交該區域總經售處，Central selling organization for the region 總經售處再按該區域內各種企業產品平均成本加上應得利潤規定價格出售。此種統一價格謂之交貨價格 delivery prices（與自由經濟國家躉售價格相似。(註三)）某種生產物資因需供關係感覺缺乏時，不以加價方法調整之，而由原設計機關將該種物資對於某種企業供應量減少以調節之。如某種企業因經營得法營業發達時，原設計機關可增加該企業利潤提存額使之擴大投資，增加生產，其目的亦不在調整需供關係。

蘇俄經濟時時在戰爭狀態，其物價設計與自由國家戰時相同，即由設計機關自由決定不受物資邊際效用影響，換言之即不受物資少效用大價値高的影響。蘇俄經濟學者以物資邊際效用原則是邪道旁門，對於物價的影響越少越好。蘇俄企業家計劃生產時因不太注重邊際效用原則，故對於生產物資分配不如資本主義國家那樣經濟。

蘇俄物價構成因素有三：即生產成本，利潤及營業稅是也。營業稅率之高低又因生產品消費品而不同，生產品稅率低，消費品稅率高，同一物質用作生產原料時稅率低，用作消費原料時稅率高。消費品的營業稅率有時佔該項物質售價百分之九十。以一九四〇年及一九四一年爲例，前者消費品稅率爲百分之六十一，後者爲百分之七十五。(註四)提高消費品稅率可使消費減少，降低生產品稅率在蘇俄生產機構上則不發生任何影響。蘇俄最高設計人員居主動地位，對於稅率之高低有權時時變動，對於人民的利害毫不顧及。有時生產機關因人民的某種需要增加某種生產，但因稅率關係致該項產品售價提高人民並得不到好處。蘇俄消費者居被動地位，對於自己勞力所得，除消費開支外究能儲蓄若干實無權決定，蓋因消費品稅率決定權操諸最高設計人員，稅率高則儲蓄少，低則儲蓄多，政府完全控制消費者使無自己活動之餘地。

蘇俄採用嚴格計劃經濟，設計之初務使在某種國民所得標準及某種消費品價格標準之下，消費者之所得除買政府公債及少數儲蓄外其餘均用作消費開支，此項開支與消費品的供應量互相平衡。如消費品的生產量因技術等改良增加時，同時即採用按工作品件數增加工資等辦法使工人等購買力增加以免消費品充斥。如人民所得增加消費品供應不足時，則改變消費品出售價格以適應之。在第二次世界大戰以前因經濟制度組織不完善，致國民所得與消費品供應量之間發生不均衡現象，因之時常受通貨膨脹壓迫。二次大戰以後經濟計劃組織嚴密，計劃周詳，物價工資時常變動使消費品供給需求互相平衡，因之通貨膨脹現象不再發生。蘇俄自一九四七年幣値物價改革以來，物價曾經三次調整使之低減，至增加工資事則未曾實行。蓋最高設計人員以爲改變工資對於計算成本諸多妨碍也。

蘇俄減低物價的方法有三：(一)減低生產成本。(二)減低營業稅。(三)同時減低生產成本及營業稅。一九五〇年三月一日減低消費品價格百分之十五至二十。當時所採用的辦法即爲同時減低生產成本及營業稅。據蘇俄所發表之公告謂此次減低物價可減少人民一萬一千億盧布開支，在此一萬一千億盧布內其中八千億係由政府儲存物資減價節省下來的。此八千億盧布等於一九四九年全預算收入百分之十八，對於政府負擔不謂不重。(註五)至設計人員之所以採取減低物價辦法不採用增加人民收入辦法以增加購買力者，蓋因生產技術進步工作效率增加，所生產之消費品日漸增加儲存甚多，消費者漸漸消耗，舊存尚未用盡，新貨又已產出，政府操縱物資居主動地位自能應付裕如。至若增加消費者收入使消費者居主動地位，以大量之收入爭購有限之物資，其結果易引起通貨膨脹，故不採用。

蘇俄企業國營資本由國家供給，故計算成本不包括房租利息在內。又製造生產品的工業計算利潤甚少。其收回房租利息之方法則以課消費品高度營業稅行之。營業稅率之高低以消費品供應量之多少爲轉移。供應量多時則稅率較低，供應量少時則稅率較高。蓋稅率低則物價隨之低，物價低則需求增加。稅率高則物價隨之高，物價高需求減。如此可使供給需求平衡。消費品供應量由最高設計人員決定，又以稅率左右物價，使消費者居被動地位，使物資不致缺乏，通貨不致膨脹。同時政府設計時使各企業所有贏餘大部份均繳納營業稅，其所徵收營業稅之數量與原設計投資額成正比例，因之各種企業均無游資作其他活動。

由蘇俄物價體系觀察，我們知道各種消費品出廠價格較之零售價格高低相差懸殊。以麵包爲例，在第二次大戰以前交貨價格較之零售價格低百分之七十五。此種差價在資本主義國家躉售與零售之間並不如此懸殊。蘇俄貨物可分爲兩種，一種是賤的貨物，一種是貴的貨物，各種生產用品價格及消費品出廠價格屬於前者，消費品零售價格屬於後者。消費品零售價格之所以高者，因消費品出廠後被政府課以高度營業稅之故。生產用品價格之所以低者因營業稅太低之故。課消費品以重稅其目的在限制消費，課生產品以輕稅其目的在獎勵生產。以課稅方法左右物價，在歐美各國雖已行之，但不如蘇俄之甚。蘇俄的消費品營業稅率在一九四〇年爲售價百分之六十一，一九四九年爲售價百分之六十三，現在爲百分之六十。以全部售價爲百分之百，營業稅佔去百分之六十，其餘百分之四十則爲交貨價格及分配物品時所需費用的合計數。(註六) 蘇俄最高設計人員計劃生產品及消費品時其目的雖均不在牟利，但對於產品則與以優惠條件，例如分配機器時則給與最新式的，分配工人時則給與最熟練的，因之生產用品成本較之消費品更爲低廉，其結果生產用品的出廠價格與消費品零售價格間的差價較之消費品交貨價格與消費品零售間的差價更爲鉅大。蘇俄採取國家資本主義，時時實行經濟作戰方略，用各種方法獎勵生產限制消費，所有物價設計操諸政府，並以課稅方法左右物價，使人民居被動地位與自由經濟國家大不相同此其特點也。

欲說明蘇俄盧布外滙滙率與物價體系之關係眞正意義，必先假定當蘇俄當局決定盧布外滙滙率時與自由經濟國家相同，亦以國內外物價爲根據。惟在自由經濟國家躉售物價與零售物價間之差價並不太大，在蘇俄則不然，貨物交貨價格（與自由經濟國家躉售價格相似）與零售價格間之差價太大。在差價不太大時，根據物價規定單一滙率甚爲方便。如差價相差太大則影響外滙滙率至深且鉅，採取單一滙率不甚合適。蘇俄進出口貨物均按出廠價格計算，甚至消費品送至出口機關出售時亦按交貨價格計算。就此推測當蘇俄設計機關決定外滙滙率時應以交貨價格爲標準。但同時蘇俄以消費品售予居住蘇俄境內之外國使節及旅客時，又以消費品零售價格出售，此時盧布外滙滙率，似又以應零售價格爲標準，而此兩種標準相差懸殊，故蘇俄盧布外滙應有兩種高低相差懸殊的滙率。在自由經濟國家，消費品躉售價格零售價格因政府不嚴格統制故相差無幾。因之一般經濟學者往往以此價格衡量各國外滙滙率是否得當，但以之衡量盧布價格則不相宜。不但此也，即估計蘇俄國民所得時如不注意蘇俄物價體系，其結果亦必錯誤。我們如假定當蘇俄當局決定國際貿易關係時，係以當時國內外物價爲根據，同時各種環境亦於蘇俄出口貿易及外人旅行收入有利，此時實行一種滙率較之實行兩種或兩種以上滙率所得之外滙亦必少些。其實蘇俄在一九五〇年二月二十八日改變盧布外滙滙率之初，係採用兩種滙率：一爲官價滙率即盧布四圓等於美金一圓，一爲外交優待滙率即盧布六圓等於美金一圓。惟到同年七月一日以後，即廢止外交優待滙率，僅用官價滙率。(註七) 當採用單一滙率時其滙率不能與國內外物價符合自不待言，即在採用兩種滙率時，其所採用滙率之高低亦與國內外物價大相逕庭，即與某一國單獨交易時其所用之滙率亦不是以國內外物價爲標準。

蘇俄國際貿易由國家獨佔，其目的是以高價輸出，低價輸入，並掩護國內經濟不受國外經濟變動影響。按原來設計：國際貿易局向國內購置出口物質係以出廠價格計算。同時售予各企業進口物質亦用此價格。但國際貿易局售出出口物質購進入口物資則按國際市場價格。(註八) 又與東歐經濟互助集團國家國外貿易，其價格因運費及商約關係與國際價格不同（東歐經濟互助集團國家包括阿爾巴尼亞、保加利亞、捷克、匈雅利、波蘭、羅馬尼亞、及蘇俄），國際貿易局與國外進出口商人交易係採易貨方式，彼此結算，發生差額時以黃金外幣支付，但與國內各企業交易時則用盧布。因之盧布外滙滙率對於國內生產者進口物資消費者以及進出口貿易者均無關係，故盧布外滙滙率在國外貿易上迄未應用。

蘇俄物價體系既不按普通物價原理構成，其國內物價又不受國外物價影響，其盧布外滙滙率又與國內物價不發生關係，此時如採單一外滙滙率則進出口企業不能依據滙率計算得失殊爲危險，好在盧布外滙滙率有名無實，在蘇俄經濟上並不重要，故尙未發生不良影響。盧布外滙滙率對於國際貿易雖無關係，但在以下各場合則發生作用：(一)外國使領及旅客在蘇俄購買物品時，所有各該國貨幣須按盧布外滙滙率兌換。又此種物品均係消費品，購買時須按消費品零售價格給予盧布，此時所用之外滙滙率與生產品價格消費品出廠價格無關，但與消費品零售價格的關係則甚爲密切。(二)外國貨物通過蘇俄時須納通過稅，納通過稅須按盧布外滙滙率兌換盧布。(三)國家銀行所存之外滙基金，須按盧布外滙滙率變成盧布，以便在資產負債表上與其他項目比較。盧布之官價滙率既不是盧布的眞正幣值，使用時處處發生障碍，因之不能達到原設計的目的。

蘇俄國務院於一九五〇年二月二十八日宣佈改變盧布幣值。於同年三月一日又宣佈將重要消費品零售價格減低。盧布的新幣值爲盧布一圓用作國際貿易時等於〇・二二二一六八公分純金，換言之即一公分黃金的價値爲盧布四・五〇一一元，因之盧布外滙滙率由五・三〇元等於美元一元變爲四元等於美元一圓。外國使領優待滙率由八元等於美元一圓變爲六元等於美元一圓。（惟到同年七月一日此項外交優待滙率即行廢止）自盧布幣值改按黃金計算後，蘇俄即將一九三七年以美元計算盧布外滙滙率的規定取銷。(按此規定：如某一外國貨幣所黃金量改變，外滙滙率修改時，蘇俄對該國之盧布外滙滙率亦隨之改變)據蘇俄所發表之公告：謂自一九四七年第一次貨幣改革以來，消費品價格已三次減低，同時西歐各國物價均已高漲，因之盧布之購買力增加，重新改變幣值甚爲合理。(註九) 蘇俄改變盧布外滙之目的，在使滙率與國內物價發生聯繫，並在國外貿易上發生新重要作用。但在現在物價體系及國外貿易之下，盧布滙率與國外貿易並無關係，因之原設計之目的未能達到。蘇俄以前與外國訂立貿易契約向以美元爲單位。但自一九四九年以後與東歐各國訂立貿易契約時，多改用盧布爲單位。並自一九五〇年二月廿八日宣佈盧布幣值改變以後，波蘭發表一九四九年國外貿易統計即改用新盧布爲單位，不再用美元。由此可知蘇俄計劃盧布改值之目的，在使在國外貿易上以盧布代替美元，造成東歐盧布集團，並以盧布結算多邊貿易。惟如欲以盧布在東歐代替美元，必美元所具有的各種功用，盧布均能代爲履行方可達到目的。惟東歐經濟互助集團國家除蘇俄外，在國外貿易上，所有貨物均以美元標價，並以美元爲貿易基金。美元所標示的價格不是蘇俄及東歐的價格，乃是世界市場的價格。至用作貿易基金的美元不過表示國外貿易以美金爲本位而已。美元可以兌成任何國家貨幣，並可購進任何種類貨物，因之東歐各國均樂收受。如以盧布代替美元，必使在東歐流通之盧布均可兌成美元及黃金或其他西歐國家貨幣，以便於進口超過出口時用作最後支付。不但此也，蘇俄與東歐各國訂立貿易契約時，必須明白規定所用的盧布，可按各該國物品交貨價格變成貨物，如此盧布外滙滙率方可與國外貿易發生關係。此時盧布乃世界流通之貨幣與僅蘇俄境內流通之盧布的性質迥不相同。盧布不能達成以上任務，因之造成東歐盧布集團計劃一時不易達到。再就蘇俄新滙率與蘇俄物價之關係而論，如認爲盧布四元等於美元一元之盧布新滙率，係與消費品交貨價格相適合，同時又與西歐各國物價發生關係，且在國際貿易上又能發生作用，則一九五〇年三月盧布幣值改訂，可視爲蘇俄貨幣世界化之初步。惟根據蘇俄公佈之消費品價目表詳加計算，可得以下三個相反的結論：一、如新盧布滙率係按消費品零售價格訂定時，則盧布二十五元約等美元一元。二、如新盧布滙率係生活指數計算，則盧布廿元約等美元一元。三、蘇俄消費零售價格較之出廠價格約高百分之六十，因之如新盧布滙率按消費品交貨價格訂定時，則盧布十元約等美元一元。(註十)總之無論按何種物價計算，蘇俄新幣值均估價過高至少百分之一百五十。說者又謂新盧布幣值所以如此規定者，係因其所規定之價值，係與東歐經濟互助集團物價滙率相適合，東歐經濟互助集團國家進出口貿易佔蘇俄國外貿易三分之二，蘇俄幣值既與各該國物價滙率相合，故其改革甚爲合理云云。但事實並不如此，即係如此，則東歐各國幣值與西歐各國比較亦必估價過高，其過的程度與盧布相等，因之交易時亦必發生障碍。東歐經濟互助集團國家中，捷克、匈雅利、波蘭三國與蘇俄的貿易佔該集團最大部份，此三國之滙率或與蘇俄消費品的零售價格適合，而盧布價格至少估價過高百分之一百五十，但該三國的外滙率並不估價如此過高。不但此也，東歐各國物價體系與自由經濟國家相同，與蘇俄則不相爲謀，物價滙率既不相同，故在蘇俄改革幣值之初，亦無意調整之使之相同。因之我們可以得一個結論：即是盧布外滙滙率估價過高，與任何有關係國家物價幣值均不相合，即國內消費品交貨最低價格的購買力亦不具備。即使盧布現在的滙率與國內消費品交貨價格，東歐經濟互助集團國家物價均相接近，亦不能使盧布國際化的條件業已具備，蓋使盧布國際化以前，尚須使盧布與國外貿易發生關係。(此種條件蘇俄及東歐經濟互助集團國家均尚未具備。)欲使盧布與國外貿易發生關係，必先調整國內物價使之與西歐各國物價相適合，同時依據物價訂定盧布滙率。蓋如此盧布方能與國外貿易發生關係。惟蘇俄對外貿易採取以貨易貨辦法，以貨物之質量與貿易對方比較彼此交換，貨物不以盧布標價，因之蘇俄物價對於西歐各國物價的影響甚小。同時欲使蘇俄改變物價體系相稅制度又不可能。蓋蘇俄當局認爲其所採取之經濟制度優於一切，如令國外勢力影響國內經濟制度，實屬共產主義之污點。說者又謂使盧布在東歐經濟互助集團國家通用甚屬可能，蓋該集團國家可以政治力量調整物價體系與蘇俄物價體系相適合，同時成立東歐貿易清算機構以便交易。此說似言之成理。惟清算機構成立後，東歐經濟互助集團對於國際貿易須有兩種不同標準貨幣：一爲盧布，一爲美元。盧布對集團內國家貿易時使用。美元對集團以外國家貿易時使用。同一清算機構使用兩種標準貨幣，在事實上既嫌複雜又不方便。不但此也，此種辦法與蘇俄之經濟理論，經濟行政均不相合，蓋蘇俄之物價體系自己認爲最理想最完善的，東歐各國漸漸必能接受。惟東歐各國之基本經濟條件物價體系，均與西歐自由經濟國家相似，與蘇俄迥不相同。物價統一爲幣制統一的先決條件，物價體系根本不同，強使盧布在東歐通行殊屬困難。蘇俄現正進行統一東歐經濟集團各國經濟，欲達到統一經濟目的，掌握各該國國外貿易乃應採取之必要手段，在掌握各該國國外貿易之前，使盧布在各該國試用，亦爲應採之步驟，惟在試行之初，以盧布代美元不過名義而已。總之由種種方面觀察，盧布外滙率均估價過高，並與國外貿易不發生關係。其所以如此規定者不過爲提高盧布威信，減少對外支出，增加對內收入，同時使盧布漸漸在附庸國流通，以達到經濟侵略目的而已。

註一　①一九五二年五月美國哈佛大學經濟新聞季刊
　　　②一九五〇年九月份國際貨幣基金月刊

註二　①一九五二年五月美國哈佛大學經濟新聞季刊
　　　②一九五一年四月二十八日英國經濟學人
　　　③一九五〇年九月份國際貨幣基金月刊

註三　一九五〇年九月份國際貨幣基金月刊

註四　一九五〇年九月份國際貨幣基金月刊

註五　①一九五〇年九月份國際貨幣基金月刊
　　　②一九五二年五月十二日英國經濟學人

註六　一九五〇年九月份國際貨幣基金月刊

註七　一九五〇年九月份國際貨幣基金月刊

註八　①一九五〇年二月二十五日英國經濟學人
　　　②一九五〇年九月份國際貨幣基金月刊

註九　一九五〇年九月份國際貨幣基金月刊

註十　①一九五二年四月份美國聯邦準備銀行月報
　　　②一九五〇年九月份國際貨幣基金月刊

爲害於人類的觀念

羅素原作
殷海光譯

人類自有思想史以來，卽有形形色色的神秘論。形形色色的神秘論與形形色色的獨斷論常結不解之緣。這些論說，在其「右派」方面的，係以岸然道貌或教主神氣的保守姿態出現——它有時並穿上「理性」的僞裝；在其「左派」方面的，則以狂激橫決和進取無忌的姿態出現——它有時並穿上「科學」的僞裝。這兩派在其行出的結果上可能多少不同，或互相水火；但二者底思想基本型模則屬相同。例如，二者同爲絕對論者，同爲一元論者，同爲全體論者……。

因此，二者之實際影響，自來與形形色色的非民主權力深結不解之緣。在長遠的歷史演程中，二者之有害於析理清明的科學努力（包含廣義的科學，倫理學將亦可納入其中）以及那使個體和易相處的自由民主生活方式，正無以殊。自由思想家羅素數十年來與此形形色色的神秘論和形形色色的獨斷論作戰不遺餘力。這篇收在 Unpopular Essays 裏的文章，通俗地多少表現了羅素對於這些論說的批評；其中對於形上學的批評尤爲有趣。羅素在此文中着力之處，爲希望世人努力去「蔽」去「執」，而歸於神智清明與夫平易可親的互助生活。文詞風趣盎然。惜譯者之譯力未逮，恐未能全部表達原味。

——譯者

人類底不幸可以分作兩類：第一、自然環境所加於人類的災害；第二、別人所加的災害。可是，由於人類底知識和技術進步，自然環境所形成的災害日見減少。然而，別人所加的災害日漸增多。例如，在古往的時代，災荒是由於天然的原因所構成的。那時，雖然人類盡了最大的努力來與天災抗爭，可是仍然有大量的人死於飢餓。時至今日，世界大部分地區面臨災荒底威脅。這些災荒雖係由於自然的原因所形成，可是主要的原因却是人爲的。六年以來，世界上的文明國家將他們一切最好的力量用之於互相厮殺，而且他們覺得不易改變這種情況，以使彼此和平相處，各安生業。爲了戰爭，他們破壞了收成，卸除了農業機械，攪亂了水上交通。於是，他們覺得不易將甲地過分豐收的穀物運來救濟歉收的乙地。而這些事情，在經濟秩序正常發展的情形之下，是輕而易舉的。就這個實例看來，現在，人乃是人最壞的仇敵(請細味此語——譯者)。的確，從自然底觀點看來，人仍是有死的。但是，由於醫藥底進步，人類愈來愈能够終其天年。人們總以爲我們願意永久活下去，並且享受無窮無盡的天賜之樂。宇宙創造之奇跡，使我們對于單調的生涯並不感到索然無味。可是，在實際上，如果你去問一個並不年青的老實人，他很可能地告訴你，他在這個世界上嘗到了人生底滋味，他不想再做個小孩子了。所以在將來，我以爲人類所應注意的最重大的罪惡，乃是人類由於愚昧或惡意或此二者所加於彼此的那些惡行。

我想，人們彼此相加的惡行，以及他們自己對於這些惡行的反映，與其說是出於思想與信仰，不如說主要地是出於惡意。但是一般說來，有害的觀念與原則常被用來掩飾惡意。在里斯本，當着公開焚燒異端分子的時候，有時碰巧有一個異端分子特別表示悔悟，那末在將他投進火焰之前，可以被允許先行絞死。可是，這樣一來，會使觀衆激怒，以致官府非常不易阻止他們刑戮懺悔者，並且阻止他們依照他們自己底判斷來火焚他。犧牲者在遭受酷刑時其輾轉呼號的痛苦之狀是很壯觀的。觀賞犧牲者之慘狀，乃羣衆主要快樂之一。彼輩藉觀賞犧牲者之慘狀，以興奮其黯淡茫然之歲月。（譯者按：此點在中國大陸可謂發揮得淋漓盡緻。）我不能懷疑，羣衆底這種樂趣大有利於其信仰，卽認爲火焚異端分子乃一正當的行爲。同樣的事理也可應用於戰爭。如果所從事的戰爭爲一勝利的戰爭，而且破壞與掠奪並不太大，則精力充沛與殘暴的人民常覺戰爭爲一可欣享之事。在勸誘人民，使之相信戰爭爲一正當之事時，此點大有幫助。（譯者按：過去希特勒卽曾以這種心理來誘脅青年，使之好戰。）安諾德博士（Dr. Arnold）乃 Tom Brown's Schooldays之主角，且爲公共學校之偉大的改進者。他碰到許多幻想者。他們認爲體罰學童是一種錯誤。任何人讀到他因反對此種意見而爆發的狂怒之詞時，必至得到一項結論，卽彼以施行體罰爲樂，且並不欲終止此項樂事。

凡給殘暴以辯護的意見都是被殘暴的衝動所激起。我們很容易列舉許多事例來證實這項論旨。過去此類底說法，照現在看來，是荒誕的。可是，我們試檢討過去的這些說法，我們將會發現，在過去的這些說法之中，十之八九都是在辯護，對人施以痛苦乃一正當的事。我們拿醫藥之事作個例子。當麻藥發明的時候，被看作是邪惡的東西，因其拗逆上帝底意志。瘋狂被認爲是由於遭惡魔所佔。那時的人相信人之所以發瘋，是因魔鬼附體。因此如果對於瘋人施以刑楚，驅除魔鬼，瘋病便可痊癒，於是，設法使瘋人不得安適。爲了實施這種意見，人們窮年以有系統的努力和本乎良心的殘暴方法，來對待瘋癲者。如果錯誤的醫藥治療能使患者舒適而並非使他不舒適，這種事例，實在不可思議。我們再以道德教育為例。我們一看這樣的詩句，便知道這種教育是如何粗暴：

一匹狗，一個妻子，和一株胡桃，
愈是鞭打他們，他們變得愈好。

鞭打胡桃樹有何道德效果，我對此沒有經驗。但是，現在沒有文明人能證明鞭打妻子是對的。自古至今，許許多多人認為懲罰一事具有改革的功效。這種信仰，歷過非難而未絕跡於人間。這是因為此種信仰能夠滿足我們底虐待狂。

雖然，人類底激情在人類底錯誤行為上較之信仰更能予人影響；可是，信仰，尤其是古老而又有系統的並且附着於種種組織之上的信仰，具有大的力量來延緩人類對於其意見作應有的改變，而且將人類底行為向着錯誤的方向影響。（此話請特別留神——譯者）因為，如果沒有這些信仰，人類便不會在任何情形之下發生强烈的情感。既然我現在所要論列的題目是「為害於人類的一些觀念」，於是我所 特別要加討論的 是有害於人類 的那些信仰系統。

在過去的歷史中，最顯著有害的信仰，可以叫做宗教的信仰或迷信的信仰。這些東西究竟叫做什麼，依各人底偏見來說好了。在往古的年代，人們以為將人作為犧牲可以增加農作收穫。這在起初，全係起於魔術的原由。後來，人們以為犧牲者底血可以使諸神喜悅，於是便以人為犧牲品。諸神之存在，確乎係由其崇拜者依照自己底影像構成的。我們閱讀舊約聖經，知道戰勝者全部消滅戰敗者，乃一宗教義務；甚至寬有戰敗者之畜牧與羊羣，都是一樁不虔敬的事。地獄的恐怖和來世的不幸，這二種觀念抑壓着埃及人和伊托斯坎人(Etruscans)。但是這二種觀念，直到基督教勝利以前，未曾充分地發展。憂世的聖人是律己甚嚴，戒絕一切嗜欲的。這樣的聖人孤獨地居在荒漠之中。他們不食肉，不飲酒，不接近女性。然而，彼等並非必須禁絕一切快樂的享受。心靈的快樂曾被認為優於肉身的快樂。而在心靈快樂之中，最高的快樂便是計畫如何使異端分子與異教分子此後永受刑虐。禁欲主義底缺點之一，便是它祇知道除感官的快樂以外，其他的快樂皆屬無害。而一究其實，不獨是最好的快樂，即使是最壞的快樂，也純然是屬乎心靈的。我們看看當着密爾頓底撒旦沉思着他所能給予人的損害時，其樂何如。正如密爾頓使撒旦說的：

心在心房，心在心中，
心將地獄當作天堂，將天堂當作地獄。

魔鬼底心理與特杜靈(Tertullian)底心理相去並不甚遠。特杜靈想到一點便為之雀躍不已，即以為他能夠從天堂裏看到有罪者之受苦受難便很高興。禁欲主義者之輕蔑官能的快樂，並沒有增進人類底仁慈心或寬容度量。如果我們對於人生持着一種非迷信的展望，那末我們便可能希冀獲致許多德目。可是，禁欲主義不能使我們得到這些德目。恰恰相反，當着一個人虐待他自己底時候，他便覺得他有權利虐待別人，並且因而使他易於接受防護這種權利的任何獨斷之論。（所以，過清教徒生活或律己特嚴者，其心往往極其忍狠冷酷，可怕之至——譯者）

不幸，殘酷之禁欲主義的形式不只限於基督教之較殘酷的獨斷之論。時至今日，基督教的獨斷論很少有人像過去那樣瘋狂地信仰。不過，現在的世界已經產生了與此同一心理型模的新的和具威迫性的方式。納粹黨人在未得到權力以前，過的是辛勤的生活，他們重大地犧牲了眼前的快樂。這是因為他們服從奮鬥的信條和尼采底箴言。尼采底箴言說，人應該使自己吃苦。即使在他們取得權力以後，他們還是揭櫫「大炮重於牛油」底口號。在這個口號裏面，依然包含了一種思想，即是要犧牲感官快樂，從勝利的遠景中獲致心靈的快樂。確實，這種快樂正是密爾頓底撒旦在地獄中受硫磺火燒時用以安慰他自己的那種快樂。熱心的共產黨人也有這種心性。照這類共產黨人看來，豐盛的生活是一種罪惡。（所以，他們攻擊快樂的美國社會——譯者）他們認為辛苦的工作乃主要的義務（所以他們將大陸人民作牛作馬——譯者），而視普遍的貧困為到千福年之路。（這正是毛澤東之流今日之所企求者——譯者）禁欲主義與殘暴之結合並未隨基督教之軟化而消失。恰恰相反，二者之結合以與基督教衝突之形式而出現。時至今日，依然有許多與此相同的心性：例如，人類分為聖人與有罪者；聖人到納粹或共產天國去享福；而有罪的人則必須予以「清算」，或者送到集中營去受苦。自然，這樣的人較之全能者想來應該打入地獄的人要差得遠。他們是人類藉其有限能力所能做到的最壞的人。可是，就聖人而言，他們還得經歷一段艱苦的受試鍊的時期，然後「為凱旋而歡呼，為宴飲而歌唱」，這是基督聖詩在描寫天國之樂時之所言。

這種心理型模是堅固不移的，而且容易在全然新出的獨斷外衣之中隱蔽起來。既然如此，它在人性深處多少有其根源。這是心理解析家所研究的事情。我並不認為心理解析學底一切說法都是對的。可是，如果我們想在我們心靈之最裏層尋出罪惡之源，那末我想心理解析之普遍的方法是重要的。罪惡和報復，這一雙孿生的概念似乎在宗教和政治裏深植其最活躍的根。我不能像心理解析家那樣相信，罪惡的情緒是與生俱來的，雖然我相信罪惡之情是極幼小時便已累積起來的。如果這種情緒可以根除，那末世界上的殘暴行為將大為減少。即使我們都是罪犯者而且都應予以懲罰，這個使得懲罰降落在別人頭上的制度，顯然也大有可議之處。刻爾文主義者(Calvinists)不應得到上帝底恩惠而上昇天國。他們認為罪惡應受懲罰，這種情緒會得到一種不正當的滿足。共產主義者抱持與此相似的展望。他們以為，我們生下來的時候，我們並沒有決定我們生而為資本家或是無產者。但是，如果我們生而為無產者，那末我們便是選民；如果我們生而為資本家，我們便不是選民。我們底命運是被經濟決定論所決定了，我們自己不能決定自己。我們是定命地決定着，我們在一方面屬於對的，在另一方面屬於錯誤的。當着馬克斯還是一個小孩的時候，他底父親是一個基督教徒。基督教底某些獨斷之論必定爲馬克斯所接受，而且似乎在他心理上開花結果。

我們每個人都自以爲重要。這種心理狀態發生奇異的結果。這就是，我們總以爲我們自己之幸運或不幸，也是其他民族底行爲之目的。如果我們乘火車經過一個草場，場上有許多牛在吃草，當着火車經過時，我們有時可以看見這些牛驚跑了。假若牛是個形上學家，牠會辯稱：「在我自己底欲望，希冀，和恐懼之中的每一事物與我自己都有所關涉；於是，藉着歸納法，我下結論說，宇宙之間的每件事物都與我有關涉。所以，這列聲音喧囂的火車，預備做些對我有利或是有害的事。我不能假定火車預備做對我有利的事。因爲其來也聲勢洶洶。所以，我還是以謹慎爲妙，遠遠避開它吧。」如果我們向這個形上學的反芻動物解釋，這列火車並無越軌的意向，而且它與牛底命運全然無關，那末這個可憐的動物必定感到一切事物這樣不自然，因而惶惑莫名。我們說這列火車既不希冀對這牛好又不希冀對牠壞，這種想法較之說這列火車希冀對牠壞，要冷靜些，而且是無底地可怕。牛是如此，人類亦何獨不然。自然之運行，有時使他們得到好運道，有時碰上壞運氣。他們不相信這是出於偶然的。如果那隻牛被賦予一般人所具有的平常智力，即是，牠看見牠底同伴被火車碰死了，牠能够下個結論說：這隻不幸的牛之所以碰死，是由於鐵路之神降罰，那末便會引起牠作哲學的反省。當着牠底牧師沿鐵路安置欄杆時，牠會高興，並且會勸告年幼活潑的後輩，當着欄杆偶然開啓時，切勿靠近；否則這是犯罪，犯罪底代價是死亡。人類藉着相似的神秘之說而成功地說明了所遭罹的許多不幸，而且又無損於自尊自大之心。但是，有時不幸却降臨於完全善良的人身上，在這種情形之下，我們又作何種解釋呢？我們底思路仍然被一種情緒所阻，即是，我們以爲我們乃宇宙之中心，而不肯承認吾人之不幸只是出諸偶然而已，並沒有人有意爲之。而且因爲我們並沒有被某種假設所搖惑，我們之不幸必係由於某人之惡意，這也就是說，全係由於某人因恨我們而欲加害於我們，而不是由於其欲利己。正是由於這種心理狀態，才產生了魔鬼之學，並且因之相信巫術和邪惡的魔術。我們以爲巫術家純因恨而傷害隣人，並非因希冀得到什麼而然。大約直到十七世紀中葉，信仰巫術乃自以爲是的殘暴之情底一個最愜意的出路。聖經上對於這類的信仰有所保證。因爲聖經上說：「你不能中了巫術還活下去。」在這種信仰的基礎之上，宗教審判不獨懲罰了行巫術的人，而且懲罰了那些不信可能有巫術的人。因爲不信可能有巫術便是異端。科學能够透視自然界的因果現象，它消除了魔術，但是却不能完全消除魔術由之而產生的恐懼心理和不安全之感。時至今日，恐懼心理和不安全之感得到了一個出路，即是恐懼外國，(例如，蘇俄動輒對人民揚言『帝國主義的包圍』是也；共黨又復疑神見鬼對中國人民揚言『美帝進攻』是也。——譯者)。我們必須承認，這種情感的出路，並不太需要拿迷信來支持的。

虛妄信仰之最有力的泉源之一爲妒嫉。在我們所到的任何小城市裏，如果我們訪問生活比較可過的人，和他們談起生活問題來，他們總是誇張鄰人底收入怎樣怎樣多。於是，他們便乘機批評其不屑。婦女之易妒，乃人所共知的。可是，在任何大的機關，我們將會發現男性的職員之間有着同樣的妒嫉。當着職員之一昇級了，其餘的人會說：「嘿！某某人知道如何討好上司。如果我也不怕脅間諂笑，降志辱身，那末我也會同他一樣地爬得快。誠然，他底工作很好，不過只是表面光的而已。他並不實在，遲早上級會發現他們看錯了人。」如果一個確實能幹的人可以一如其能力之所值一樣地昇遷得快，那末所有的中庸之人都會這樣說的。所以，現在有一種趨勢，即是採取年資制度。因爲年資與功績毫無關係，因而可以不引起因妒嫉而產生的不愉快之情。

我們易於妒嫉底最不幸的結果之一，乃使人完全誤解經濟的自利。無論是個人的或是國家的經濟自利，都被人妒嫉。我們可以用一個比喻來說明這一點。有一個中等城市，城中有若干屠戶，若干烤麵包的，等等。一個屠戶特別有活力。他決定着，如果所有其他屠戶都倒掉了，而且他獨佔市場的話，那末他會獲得更多更多的利益。他有計畫地賤價出售肉類。雖然當時他幾乎耗竭其資金和信用，但他已經達到了他打倒其他屠戶之目的。同時，一個特別有活力的烤麵包者也具有同樣的想法，並且也得到相似的成功。在事實上，每一藉售貨於消費者而維生的行業都發生這樣的事。每一個成功的獨佔者都預想將來有一個好運道。可是，不幸得很，倒閉的屠戶不再有能力購買麵包；倒閉的烤麵包者也沒有能力買肉。他們必須辭退僱工。僱工們只得散而之他鄉。結果呢？雖然僅存的屠戶和麵包作坊得以獨佔市場，可是他們所能出售的東西，較之昔日爲少。他們忘記了，當着一個人被其競爭者所損害時，他就受其顧客之惠；而且，當着社會上一般的財富增加時，購買者便形增加。妒嫉之情使他們只集中注意力於競爭者，而完全忘記其營業之盛衰乃依賴購買者之上。

以上所說的，不過一寓言而已。我所說的城市並不存在。我們不說一個城市，但就世界而言，就一個國家而言，我們將會了解，那個屠戶底經濟政策，乃今日世界所普遍採取者。每個國家都聽信人言，說她底經濟利益與其他每個國家是相反的。如果其他國家陷入貧乏，那末它必定有利可圖。在第一次世界大戰時，我常常聽到英國人說，如果把德國商業摧毀了，英國商業便會得到怎樣鉅大的利益。而且，這是我們勝利底主要果實之一。戰後，雖然我們欣喜於在歐洲大陸有一個市場，且西歐工業的生命係依賴出自魯爾鑛區的煤炭來維持，可是我們還不允許魯爾鑛區底產煤量達到德國失敗以前所出產的一小部分。時至今日，舉世充滿了經濟國家主義之哲學。這種哲學之全部，乃建立於一項虛妄的信仰之上，即是認爲一個國家底經濟利益必至與別國底經濟利益衝突。這一虛妄的信仰，產生國際間的仇恨與敵愾，乃戰爭之一源。而戰爭一旦爆發，則又證明此一信仰爲眞。因爲，戰爭一旦爆發，國與國之間的利益到眞是互相衝突起來。比如就鋼鐵工業說吧。如果你試行對誰解釋，使別國興旺也許對他有利，則你將會發現他完全不信這一論調。因爲，他所觸目驚心地看到的僅有的外國人，正是鋼鐵工業上的競爭者。至於其他的外國人不過是幻影而已。這些幻影引不起他情緒上的注意。這就是經濟的國家主義之心理的根源；也是戰爭，人爲的飢餓，以及爲人類文明帶來災害和可恥結果的其他罪行之心理的根源。除非人類在其相互關係上能够採取一種比較開闊的和少點過里斯底亞症的看法，否則這些因素會給人類文明帶來災害和不幸的結果。

另一種情緒產生虛妄的信仰。這些虛妄的信仰在政治上是有害的。這種情緒就是驕傲——國家之驕傲，種族之驕傲，性別之驕傲，階級之驕傲，宗教信仰之驕傲，等等。當我年青的時候，法國仍被看作是英國底世仇。我當時相信一個英國人可以打敗三個法國人，並以此爲眞理，深信不疑。後來德國人成爲敵人，於是這種信仰改變了，而且英國人不再嘲笑法國人喜歡吃蛙的嗜好。但是，不管政府如何努力，我想很少英國人眞正認爲法國人可與並駕齊驅的。美國人和英國人熟悉巴爾幹底情形以後，當着他們知道保加利亞人和塞爾維亞人之間的互相敵視，或者匈牙利人和羅馬尼亞人之間的互相敵視之時，他們非常之瞧不起巴爾幹人。照美國人和英國人看來，這些仇視之事顯然是荒唐的，而且這些小國各自底優越感是沒有客觀基礎的。但是，大多數美國人和英國人却不能知道列強之國家優越感，其爲無根無據，與巴爾幹小國家底優越感之爲無根無據，正無以殊。

種族優越感較之國家優越感甚至更爲有害。我在中國的時候，我所碰到的有教養的中國人，比我幸而碰到的任何其他有高等教養的人似乎還要有教養些。我曾因此而驚異。可是，我發現許多粗鄙無知的白種人連最優秀的中國人也瞧不起。他們之所以如此，唯一的原因，乃因中國人底皮膚是黃的。一般說來，英國人在這一點上較之美國人更可被指摘，但也有例外。有一次，我與一個博學的中國學者在一起。這位學者不僅是屬於中國傳統型式的，而且也是受過西方大學教育型式的。這個人所具有的文化氣息，我眞是難以企及。他和我一起走到一間汽車行去租僱一輛坐車。這家汽車行底老闆是一個粗劣的美國人。他把我底中國朋友看作下賤的人。他瞧他不起，認爲他是日本人。我看到這種光景，我被他的無知與惡意氣得血管都要爆了。英國之對待印度的態度也與此類似；而且由於英國人在印度握有政治權力，使得這種態度更加惡化。這種不良的態度是在印度的英國人和受過教育的印度人之間發生摩擦的主要原因之一。一個種族自視優於其他種族，這種信仰，是沒有什麼堅强理由的。這種信仰一日堅持不改，則軍事的優勢愈加使其流行不息。只要日本人是勝利的，他們總是懷抱輕蔑白種人的心理。這種心理，正是白種人當着黃種人式微時對他們輕視的一種對抗。有的時候，優越之感與軍事上的勇武並不相干。希臘人是輕視野蠻人的。即使野蠻人在軍事力量超過他們的時候，希臘人還是如此。比較開明的希臘人認爲，當着主人是希臘人而奴隸是野蠻人的時候，奴隸制便是合理的。如其不然，便是違反自然的秩序。在古遠的日子，猶太人對於其種族優越具有一種特殊的信仰。自從基督教成爲異邦人底國教以來，對於猶太人也有着同樣不合理的信仰。即是，他們自以爲較優於猶太人。這類底信仰產生無窮的禍害。根除這類信仰，應列爲教育目的之一。但是，現在的教育並沒有朝這個方向去做。我剛才說英國人放任他們自己對於印度人民事事會臨之以優越態度，這件事當然引起印度之怨恨。但是，印度底階級制度之產生，乃是「優秀」種族接連從北方侵入之一結果。這種制度在每一方面之可反對，與白種人之傲慢之可反對，正無以殊。

相信男性優越乃優越感之一奇異的事例。這種事例在西方國家於法定上已不存在。我想，除了男性有較强的肌肉以外，再沒有任何理由來證明男性天生地優於女性。我記得我有一次走到一個地方，那兒把許多優種的公牛聚集在一起；而使得公牛有價値的地方，乃其雌性的祖先之產乳量。但是，如果公牛能够接起純良的品種，那末牠們一定被人看作曾經是非常之卓異的東西。關於雌性的祖先，他們則不知道什麼；至多不過說，牠們馴良和有效力而已；但雄性的祖先則被稱道着，因爲牠們在戰鬪中是優越者。對於畜牧而言，其因性別之不同而產生的功效不同，我們可以不加注意。可是，對於我們人類自己，則不易保持這種中立態度。在過去的時日，雄性之優越是易於顯證的。因爲，如果一個女人和她丈夫爭論，她底丈夫可以毆打她。從這一方面來承認雄性之優越，有人是可以承認的。比起女人來，男人比較有理智 (reasonable)，比較有創造力，比較不易爲感情所動搖，等等。在女人有選舉權以前，解剖學家從腦之研究裏想出一套巧妙的論據，來證明男人底智力一定比女人底智力大。可是，每一個這樣的論據都一一被證明爲謬誤了。但是，隨着這些謬誤而來的，還有別的論據。這些論據又可以用來證明，男人底智力比女人底智力强。許多人老是相信，男性胎兒在三個月之後才得到靈魂，而女性胎兒在六個星期之後就有靈魂。在婦女獲得選舉權以後，這個意見也放棄了。湯瑪斯阿奎拿司 (Thomas Aquinas, 1225-1274，意大利之經院哲學家，且爲羅馬公教大神學家之一。——譯者）委婉地說，男人比女人理性 (rational)。他認為這是一件十分明顯的事。照我看來，此論並無根據。少數人在某些方面有些微理性之光。但是，照我觀察，這點些微的理性之光在男人之間並不比在女人之間普遍些。（譯者按：不够尊重女性的心理，即使在號稱尊重女權的美國並未絕跡。最近美國有「如何處理女人」的專著出版。據說書中言及怎樣對付女人哭泣。此係男性中心社會之心理流露。設美國女子一旦被選舉為總統，社會要津盡為女子所據，則女子未嘗不可大著而特著「怎樣制服男子」一書。書中未嘗不可力言男性如何粗魯與夫疏忽。其為一眞理，與男子之研究如何對付女子，豈不相等？以男性為中心的不自覺的優越感，在美國尚且不免，況以女性為「花瓶」視之的其他地方乎？）

男性統治會造成極其不幸的結果。男性統治將人與人之間極其親切的關係，例如婚姻，造成主人與僕人的關係，而不是在平等伴侶之間的關係。這種關係使得男人無需乎令女人喜歡，來得到她作為自己底妻子；於是將獻愛的藝術使用到一些不規則的關係上。男人强迫地將許多漂亮的女人隔離起來，使得她們呆笨，沒有風趣；於是，有風趣的和大膽的女人僅僅是那些被社會所遺棄的女人（這可以部分地說明，中國，尤其是過去的中國，一部分騷人墨客與達官顯宦之離家別室而青樓尋樂——譯者）。由於漂亮的女人之變得呆笨，使得在最文明的國家裏的最文明的人往往產生同性戀愛之事。由於婚姻之間沒有平等，於是男人則慣於作威作福。（中國底「夫為婦綱」之說，則助長男人這種氣燄。其餘毒即在今日固未嘗消也。而一部分女人，則由於報復心理，則又反過來跳在男人肩頭之上。故今日中國社會上不平衡之婚姻關係，觸目皆是。——譯者）凡此種種不良現象，在今日文明國家多少趨於終了。但是，要男女人習於將其行為完全適合於新的形勢，則尚需時日。吾人需知，解放一事，往往首先產生某些壞的結果。解放底結果，常使從前優秀的人陷入悽慘之境，而使從前劣等人物自以為了不起。（共黨今日在大陸之所作所為與夫「翻身」，等等，正是這種情形之寫照。嗚呼！「革命」，「解放」……這一路底貨色，今日無論出諸何種黑店，寧不令人談虎色變哉？——譯者）但是，我們希望時間經過久一點，將男女之間的這些不良的關係調整一下，正像調整別的關係一樣。

另一種優越感是階級優越感。階級優越感今日正迅速消失，但在蘇俄則碩乎鼎存。在蘇俄，一無產階級分子之子底權利大于一布爾喬亞之子。可是，在世界其他地方，這種世襲的權利被視為不公平。階級差異之消失距離理想之境尚屬遙遠。在美國，每個人總以為他沒有在社會上比他地位優越的人。因為，人是生而平等的。但是，他們却不承認他們沒有社會地位比他們低的人。因為，自哲斐遜時代以來，人人平等之原則只應用於對社會底上層，而不是用來對社會底下層。無論何時，一般美國人用普通的名詞來說話時，在這種題目上，總有着一種深邃的和廣泛的矯飾。一般美國人所眞正想的什麼和所感到的是什麼，我們試一翻閱美國第二流的小說便可知悉。在美國第二流小說中，我們可以發現美國社會有向着壞的事物發展之一面。在小說裏，關於和下等人結婚的事常常小題大做，大驚小怪，正像德國小宮庭裏常發生的情形一樣。只要財富大大不均的情形存在一天，我們不易看出這種情形可以改變過來。在英國，紳士架子根深蒂固。可是，戰時所造成的收入平等，對於紳士架子發生了深遠的影響。在年青人看來，他們前輩那副紳士架子是怪可笑的。但是，在英國依然有許許多多擺架子的事存在，這是很可憾的事。不過，這種紳士架子，與教育和談吐底關係較大，而與收入和社會地位底關係較少。這是和往日不同的地方。

因信仰而產生的優越感也是與階級優越感相同的情緒之另一變形。當着我剛從中國回來不久，我對許多美國婦女俱樂部演講中國的情形。自始自終，有一個老太婆睡意朦朧。但在我演說完畢以後，她以一種奇異的態度問我，中國人由于不信上帝而無道德，我為什麼對于這一點存而不論。照我想像起來，鹽湖城底摩門教徒 (Mormons)，當着非摩門教徒首次被允許加入他們底行列裏來的時候，他們對之必定也有與這位老太婆相似的態度。在整個的中世紀，基督教徒和穆罕默德教徒全力從事尋找對方的弱點。可是，他們對於自己底弱點，則一點也不能知道。（今日蘇俄共產極權型式的黨派之對外爭鬪，在心理方面，豈不仍然一樣？——譯者）

所有的這些情緒，都是到那自覺「偉大」之域的便利道路。這樣的一些道路，是人們所樂於走的。為了要使得自己快樂，我們需要拿一切東西來支持我們底自大之感（例如，誰「有五十萬年的悠久歷史」也惜乎作此壯語者，不知五十萬年前之「人」尚不知作人祖先為一可樂之事也。——譯者）。人類常自覺為「萬物之靈」。而我們都是人，所以人乃上帝創造萬物之目的。美國人又以為美國優於一切。而我們是美國人，所以美國乃上帝之國。白種人乃人類中最優秀的，所以上帝咒詛赫門(Ham維亞之第二子——譯者）及其子孫。因為他們底皮膚是黑的。我們是新教徒，所以覺得舊教徒可惡。我們如是舊教徒，我們便覺得新教徒可惡。我們都是男人，所以女人是不可理喻的。在女人看來，我們都是女人，所以男人都是粗暴的傢伙。照東方人看來，他們自己是有古老文化的，所以西方人是野蠻的而且是莫名其妙的。在西方人看來，西方人自覺精强，所以他們看東方人老是一幅奄奄待斃的樣子。在用腦的人看來，腦力勞動是重要的，所以受過教育的人是重要的。在體力勞動的人看來，體力勞動是重要的，所以只有勞工神聖。結果，我們每個人自覺功勞莫大，而且每一種功勞都是獨一無二的。我們就是我們「自己」。我們每個人都是這樣自滿自大，於是挺身而出，與世界作戰。如果我們沒有這種自滿自大之情，我們便會勇氣全消。可是，世間的事事物，是沒有這種自滿自大之情的。如果我們像世間的事物那樣沒有自滿自大之情，那末我們便會自慚形穢了。這是因為，我們沒有習得平等的精神。如果我們眞的覺得我們和鄰人一樣，我們並不比他們更好也不比他們更差，那末人生也許要少些衝突，而我們也就不太需要藉麻醉性的神秘之論來製造德國式的勇氣了。(此論眞是平穩——譯者)

許多人和國家常幻想他們自己是實現神意的特殊工具。這種迷妄是極其有趣的，而且是有害的。(蘇俄共黨類型者，常覺自己對於世界或國家負有「歷史使命」，故常「義不容辭」地進行侵略或極權統治。此乃此種迷妄之顯活的實例——譯者）以色列人 (Israelites) 侵入了聖地。他們覺得惟有他們才是實現天意的，而不是希底斯人 (Hittites)，也不是基格西人 (Girgashites)，也不是亞莫勲人 (Amorites)，也不是坎拿芮人 (Canaanites)，也不是波內茲人 (Perizzites)，也不是海菲提人 (Hivites)，也不是耶波塞底人 (Jebbusites)。(譯者按：此種唯我才能救世之心理狀態至堪玩味。蓋此種心理狀態，不獨自古已然，且如今尤烈也。) 如果這些人寫過長篇幅的歷史書，那末眞相也許稍有不同了。其實，希底斯人留下了一些記載。從這些記載之中，我們可以知道他們是多麼可憐的被遺棄的人物。「在事後」有人看出，羅馬被上帝注定要征服世界。其後，依斯蘭教興起。彼等狂熱相信每一士兵為眞的信仰戰死便可直赴天堂。彼等以為這個天堂比基督教底天堂更為快樂，正如美女比琴更能動人一樣。有人對克林威爾 (Cromwell) 說，他乃受神底指示，出而主持正義，壓制羅馬公教徒和懷有惡意的人。他信以為眞。傑克遜 (Andrew Jackson) 乃神示使命 (Mainfest Destiny) 之代理人。他以為他底使命乃是從那些不信安息會的西班牙人底壓迫之下解放北美。時至今日，上帝之劍又放到馬克斯主義者手裏去了。黑格爾認為宿命邏輯的辯證法使德意志優於一切。而馬克斯主義者則說：「否，宿命邏輯的辯證法並不使德國高於一切，而是使無產階級優於一切。」這種學說與早期上帝選民說以及神示使命說之血緣相近。由於這種學說具有宿命論底性質，於是這種學說認為反對者底抗爭乃是違抗命運之事；並且由之而辯稱，所以聰明人應該儘快地加入勝利的一方面。這就是這種論據為什麼在政治上如此有用底理由。(譯者按：國際共產黨徒用以懾服其反對者底基本論據即此。) 照我看來，這種說法唯一可以反對之點就是，這種說法假定人對於上天底目的能有所知。可是，關于這一點，沒有具有理性的人能夠相信。而且，如果我們實現天意的程序只有一俗世的起源，而實施起來又恰好證明是一無情的暴行，那末這樣的暴行是應予譴責的。我們說上帝在我們這一邊，誠然是一件好事，但是，當着我們發現敵人相信上帝是在他們那一邊時，那末是非就不免弄混亂了。我們試引第一次世界大戰時不朽的詩：

上帝懲罰英國，上帝保佑吾王。
上帝在這兒，上帝在那兒，上帝無所不在。
上帝說：「至善的上帝，吾已停止工作」。

相信「必然」的「眞理」，這一心理浸染着人類有年。(許多人相信「歷史之必然」，乃這種原始心理之一例。這種心理常文飾以深晦玄奧的「哲學」語言，故常能迷惑一部分善男信女。——譯者)。而信仰上天之使命乃相信必然底許多形式之一。這種信念實給人類以苦惱。照我看來，自來所說的最有智慧的事物，也許是當克林威爾在頓巴之戰以前對蘇格蘭人所說的話：「我懇求你們在基督底慈悲面前，你們想想你們可能有錯誤。」但是蘇格蘭人並不以為自己可能有錯誤，於是他必須在戰場上把他們擊敗。不過，克林威爾不會對他自己說過同樣的話，這是一件憾事。人所加於人的最大多數的最大錯誤，是起於人們以為某某事物之實現乃必然無疑者。而在事實上，這一情緒乃屬虛妄。吾人須知眞理之獲致，較之大多數人所想像者為難。相信眞理乃為其一黨所獨佔，因而無情地堅決採取行動，適所以招致災害。(此語殊值今世之人深思——譯者) 凡贊成忍受目前的痛苦而獲致未來不可期必之利益，這一類底主張常應以懷疑眼光視之。因為，莎士比亞說：「未來的事依然是不確實的。」如果最敏銳的人預言十年以後如何如何，那末即使是這樣的人也易被迷糊的。有些人會以為這種說法是不道德的。但是，畢竟它是一個福音，說，「不要想到明天」。

在公共的生活上，正如在私生活上一樣，重要的事是寬容和仁愛。我們不要以為誰有超人的能力，他能夠預見未來的事。

我現在想把這篇文章換個題目。我不把它叫做「為害於人類的觀念」，而把它叫做「觀念害了人」。因為，既然我們知道將來的事物不可預見，而且吾人對於將來的事物之變化幾乎有無窮無盡的可能看法，那末一人所持之見，其為眞的機會是非常之少的。吾人之所思所想如要十年以後才能實現，除非這所想的事物像太陽明天要出來一樣地與人類之間的關係無有干涉，那末我們十不離九是會想錯的。當着我記起我自己曾很魯莽地作過些莫名其妙的預言時，我覺得我現在的這種想法使我得到一些慰藉。

我這樣說，也許你會懷疑：除非我們假定未來的事物在某種程度之內是可以預見的，否則如何能夠弄政治呢？我承認某種程度的先見之明是必要的，而且我並不以為我們是完全無知無識的。如果我們對人說，他是一個惡棍同時又是一個傻子，那末他會不喜歡我們。假若我們能作這樣的預見，這到是很好的。如果我們對七千萬人說他們是一大堆傻瓜，那末他們也會不喜歡我們。假若我們有這種先見之明，也是一件好事。如果我們以為競爭劊人之喉，在競爭者之間不會產生好感，這種預見之不錯，也一定是滿有把握的。(羅素此言，未知斯達林、毛澤東，諸位天煞星有所聞否？——譯者）如果兩個具備現代武裝的國家在一條戰線上對峙，而且雙方的政治領導人物志在互相欺凌，那末雙方的人民遲早會變得神經失常，而且一方面會因為怕對方加害於他而先動手攻擊對方。假若我們作這種預言，其為真之蓋然程度必非常之高。如果我們預言一場規模宏大的現代戰爭打下來以後，即使在勝利者這一方面，也是不會增加財富之水平的。這個預言之為真，也是確有把握的。像諸如此類的推廣之說都不難了解。我們所難得作詳細預料的，是，一個具體政策在長期中的種種結果。卑斯麥(Bismark)憑其極端的足智多謀打了三次勝仗而且統一了德國。可是，他底政策在長期中的結果，就是德國遭受了兩次慘痛的失敗。德國之所以得到這樣的果報，就是他教育德國人民，除了德國底利益以外，不要去管別國底利益；並且由此產生了一種侵略精神。這種精神，結果使得世界聯合一致，抵抗卑斯麥底後繼者。自私自利的行為，如超過一定的限度，無論是個人還是國家，都是不智的。無論是個人還是國家，如果過分自私自利，也許僥倖可以成功於一時；可是，如果一旦失敗的話，其失敗是可怕的。（希特勒之流底下場，可為前車之鑑——譯者）。不過，除非被一種理論所支持，很少人願意冒這種危險。因為，祗有理論才能使人完全莽撞行事。（譯者按：羅素此處所謂「理論」似應主要地指政治上的這個那個……「主義」而言。共黨極權類型者，因「主義」而僥倖「成功」於一時，但亦因或亦將因「主義」而澈底失敗幻滅。可不戒哉？）

我們現在從道德觀點轉移到純粹知識的觀點，來看看結果何如。我們必須自問，什麼社會科學能夠建立種種因果律，來助使政治家們作政治決定。有許多實在重要的事物已經開始為我們所知。例如，怎樣避免不景氣和大量失業，一如上次大戰後之使世界陷入苦惱者。那些耐煩觀察世界局勢並且認為唯有建立一世界政府才能消弭戰禍的人現在普遍地知道這一點。他們也知道如果再經過一次大戰，人類底文明不易保持。可是，即使這些事物為大眾周知，這些知識也是沒有用的。因為，這些知識沒有深入羣眾之中，而且也不足控制作惡的興趣。在事實上，社會科學較之政客所願用者或能用者為多。有些人將世界現局的敗壞歸咎於民主。但是照我看來，獨裁負的責任更多。信仰民主，正如信仰其他東西一樣，到了一個極端的程度，可以引起狂激之情。這是有害的。一個民主論者不應相信大多數人底決定總是聰明的。他所須相信的是，大多數人底決定，無論是聰明或不聰明的，都是必須接受的，直到大多數人再作旁的決定的時候（譯者按：此點乃民主之生命線。凡自以為一人之決定較之多數決定聰明且藉強力或組織以推行之者，必為民主之死敵無疑）。民主論者之所以相信這一點，並非由於對一般人之智慧抱有何種神秘的概念，而係由於他認為此乃以法治代替藉專斷權力而行的統治，乃最好的實際可行的方法。民主論者也不要以為民主在任何時間和空間為最佳的制度。有許多國家缺少自律能力和政治經驗。自律能力和政治經驗乃議會制度成功之不可或缺的條件。民主論者希望人民獲得必要的政治教育。民主論者將會知道將這個制度過早地硬安在他們身上，幾乎一定會歸於失敗。所以，這是沒有用的事。（譯者按：羅素此言，係就短期而論，非就長期而論；係就極特殊的情形而論，非就常情而論。就長期而論，任何國家之應該趨向民主，乃無可置疑之目的也。）在政治上，亦如在其他方面一樣，一切舉措並非在絕對孤離的情境之中行之。因而，於某一時行之而善之事，行之於另一時或為不善；合於一國政治本能之事，行之於另一國家或徒勞無益。民主論者之普遍目的乃以一經全體公認的政府代替一藉暴力而統治的政府（善哉，斯言也！——譯者）。但是，要做到這一點，必須人民受過某種訓練（譯者按：羅素在此所謂的「某種訓練」，依羅素一貫的思路探之，乃指免於偏見的教育等等而言，決非指受如共產極權類型者之一黨教育或訓練而言。）假定一個國家分成兩個幾乎相等的部分。而這兩個部分彼此仇恨，並且長期彼此攻擊。較小的一部分又不甘服另一部分之統治。而較大的一部分在勝利的片刻又不表示可以彌縫裂痕的寬宏大度。其結果將為何如？

現在的世界正需要兩種事物。在一方面，組織——為消弭戰爭而設的政治組織，為促進生產而設的經濟組織，尤其是需要在飽受戰禍的國家設立的經濟組織，為產生一個健全的國際思想而設的教育組織。在另一方面，我們需要某些道德品質——這些品質，乃許許多多年來為道德家所提倡，但迄少成功者。我們所最需要的道德品質乃仁愛與寬容，而非某種形式的狂激之情。這種狂激之情乃各種流行的「主義」所供應吾人者。（羅素之言極是——譯者）我想組織和倫理這兩種目的是密切交織着的。吾人如有其一，另一便可立即隨之而得。但是，在實際上，如果世界向着好的方向發展，便會同時在兩方面趨進的。果然如此，則因戰爭所自然產生的惡感，便會逐漸減少，而且這些組織逐漸增加。人類可以藉着這些組織實行互助。這樣，在知識上和道德上，我們可以立刻成為一家。在這樣的一個大家庭之內，這一部分底快樂不能安穩地建立於另一部分底痛苦之上。現在，道德的缺陷阻滯了清晰的思維；而混亂的思想又助長了道德上的缺陷。也許，雖則我很難希望，在原子彈底威力之下人類可以變得正常和互相寬容。果真如此，我們就應須為發明原子彈的人祝福了。

爐邊閒話

民主制度的基礎

許思澄

「凡聽見我這話就去行的，好比一個聰明人，把房子蓋在磐石上。雨淋，水冲，風吹，撞着那房子，房子總不倒塌；……凡聽見我這話不去行的，好比一個無知的人，把房子蓋在沙土上。雨淋，水冲，風吹，撞着那房子，房子就倒塌了，並且倒塌得很大。」——馬太福音章二四至二七節。

大前天是美國的「感恩節」(Thanksgiving Day)，每個家庭團坐在飯桌周圍，母親從廚房裏捧出重達二十磅，甚至三十磅的整雙烤火鷄來。這種火鷄(Turkey)中國除通商大埠外不常見。中國人更少吃。對於初來美國的人，其巨大幾於有點不可信。因爲比我國所艷稱的大鷄九斤黃，還大了三四倍。當年胡適之先生在欣賞之餘，寫的打油詩，所謂：『火鷄大如一歲牯』，略可描繪這種驚詫的印象。事實上，每年感恩節家宴上的火鷄也正象徵了美國的豐饒。火鷄捧出之後，通常由父親率領全家祈禱，向上帝感恩。

這已是一件習俗了，相傳在十七世紀初年，美國始祖們初到美洲時，歷盡艱辛。由於氣候之嚴酷，生活之困苦，死亡相繼。後來經當地印第安人教以種植玉蜀黍之屬，以及適應環境之方，乃得存活。次年秋，收穫之後，乃安排盛宴，一以酬當地土人之友誼，二以謝上帝護佑之宏恩。其後土人日少，乃成爲純粹感恩之舉。及林肯總統，乃明令規定每年十一月最後一禮拜四爲感恩節。

位在紐約哥倫比亞大學校長邸宅內的艾森豪先生，自更有不止一端的理由感謝神恩。除了兒子約翰遠在高麗前線外，夫人：「瑪味，」(Mamie)兒媳「巴巴拉」(Barbara)以及一個孫兒，兩個孫女都在身旁。(見下頁附圖)

正是一副極美的幸福家庭圖。郭子儀的大福貴亦壽考當亦不過如此。可是艾氏發表的「感恩節詞」却說的是：「當我們面臨着如此的艱難時會，以及不可知的未來，我們已經開始認識我們並不比我們的祖先更能自給自足。比起較太平的歲月來，我們已經開始更坦白的承認：我們，正如我們的祖先，需要上帝的幫助！……」

這些是很坦率，直接，明白，清楚的話。可是對於有些中國人却成了很難懂的話。他們迷信「科學萬能」，以爲科學可以解決一切，也可以代替一切。同時又以爲宗教是「不科學的」，甚至「反科學的」，換句話說，是迷信。於是他們推論美國在今日是科學最發達的國家，所以不應當再信上帝。就是信，也只應當是視爲例行口頭禪，認不得眞。所以當他們聽到美國的政治領袖們：「在接受一個重大責任的時候，每每要叫一兩聲 God, God!」認爲「這種事象，表面上看來似乎很奇怪。」(參看自由中國七卷十期三一四頁夏道平先生：美國大選雜感。)

夏道平先生那篇文章就整個說是一篇極精到的文章，所以當他引了史蒂文生的落選聲明後，一針見血的說：『「個別投票，一致祈禱」這句話，是西方民主政治的實質，也可說是精髓。』不過似乎夏先生對於宗教的信心並不大够，於是拐彎抹角的下注解，反而將很淺近的事象弄糊塗了。他甚至說：『史蒂文生在這裏所說的「一致的祈禱」，不是宗教的意味。』這一定大出史氏本人意料之外。因爲「祈禱」而沒了宗教的意味還成了什麼？史氏原意本是不敢自以爲是，在盡了自己所知，所能的本分後，願意誠心接受上帝的旨意。(參看自由中國七卷九期二七九頁大選閒話之(二)) 但夏先生却將一位虔誠基督徒的禱語，解釋成了『恭喜發財』之類的頌詞。其始也，似乎不過『差以毫厘』，但結果却必定『失之千里。』本人有所見聞，不敢不竭誠報導。對夏先生的文章，見解，素來敬佩，絕無故意挑剔之意。

其實最容易的解釋也是最正確的解釋，是：『是什麼就叫它什麼。』("Call an animal an animal")宗教就是宗教，不必諱言，也不容諱言。

美國的民主制度是建築在基督教基礎之上的。更進一步說，美國的整個社會就是建築在基督教基礎之上的。

這個結論，並不是遽然得到的。在美潛心觀察了這些年，才逐漸得到了這個結論。雖明知不免有人不以爲然，却不敢不說心底裏的實話。

記得初來時，正是抗戰勝利之後，共匪的叛國形勢尙非十分決裂。自以爲百年積弱的祖國，一旦抬頭，自己以五强之一的國民身份出國進修，自然是滿心的建國宏願。心理是很驕傲的。

船近舊金山已將半夜，但爲着觀光大國，雖明明傷着風，却雜在人堆裏站在甲板上看那越來越近的岸上燈光。岸上明燈千萬，燦若繁星。漸漸的越來越清楚，終於看見水銀燈下，光明似畫的金門大橋。金門橋是久仰大名的了，在中學時代就聽到過「舊金山開了它的金門橋」那支電影名歌。這夜不意竟身臨其境。而這橋也眞不愧其鼎鼎大名。氣魄之雄，建築之偉，雖未使我張口咋舌，然而心中不免震驚。我們那船重二萬餘噸，船身有六層，桅杆更高出水面百尺以上。

向金門橋下直駛。橋上兩層甲板，車流如水。我心中不覺想道：「這樣高的桅杆，在橋下過得去嗎？」眼看越來越近。橋既無開意，車也不停，而船仍向橋直駛，終於進入橋下。那樣高的桅杆，居然就輕輕拂過橋底，其間還綽有餘裕。我一方面自笑杞人憂天，少見多怪，但另一方面却不禁思潮起伏。

記得還是開編遣會議那年。那時北伐成功，舉國殷殷望治，可是養兵數百萬，如果不裁兵就無財力建設。編遣會議的本意自也在此。爲了編遣，政府發行了一種編遣公債。爲了推行公債，政府印了好些圖畫，表現裁兵之後，國家建設的遠景。橋梁，公路，鐵路，交織，工廠，農場，點綴其間歷歷如畫。可是不久因爲爭不編遣，馮玉祥等人先後叛變。大打一場。終至招來九一八的國恥。編遣公債正好用來擴了軍，而我腦中印下的那幅建國遠景，却歷久不磨。不過慘酷的現實十多年來一直向我揶揄，使我愈來愈感覺，那不過是畫家想像中的空中樓閣而已。永不能實現的。

現在，却驟然自己就處身在那幅畫圖中了。而且其規模之巨，設計之精，更遠在那位畫家的想像之上。「這不正是我們中國人多少年來所夢想的未來嗎？」我很高興，因爲我發現這種夢想是絕對可能實現的。

艾森豪與家人共渡感恩節

懷着一顆自尊自大的心，當時對自己說：「給我們二十年光陰，我們也能把中國建成這樣！」可是同時自己也明白這個願許得不小。捏着一把汗的又小聲對自己說：「——如果不打仗的話。」很顯然，我明白了單純的物質建設不能解決中國的問題，而事實上別的條件不解決，根本談不到物質建設。

登岸後的第二天，坐着遊覽車出遊。公園、城市、名勝、『古』蹟，自是非常佳美。不過這是我意料到的。南京、北平不也有很好的遊覽區嗎？給我印象最深的却不是這些，而是近郊的住宅區。一排排密層層的小住宅。因爲其體積極小，極小，顯而易見住在房子裏的人並不有錢，甚至是中人以下的。但是家家門前綠草如茵，花開似錦，清潔整齊，比國內許多僕從如雲的豪門邸宅還强，更絕不是國內的小工小農所敢期望的。這實在大出我的意外。因爲我一向以爲在這資本主義的美國，一定是如香港，上海一樣。有錢人則驕奢淫逸，享盡一切福，而工人們却都被塞在平民窟裏受罪。

更使我奇怪的，是登岸若干日，沒有看見一個乞丐。個個人都有衣有食。這時我想到國內：「朱門酒肉臭，路有凍死骨」的情形，除了一向本有的惶然，悚然之感外，不覺得了這樣一個結論：「即使戰勝了敵人，建設了橋梁公路等等，如果在國內還有一個人餓飯，受凍，中國人就不能抬起頭來！我們應當慚愧。」更深刻的說，一種萬家皆貧，一人獨富的制度是免不了戰爭的。

後來入了學校，住在一個教授家裏。家中沒有半個佣人。洗衣，作飯等等全是教授太太自己動手。笨重些的事則由教授出馬。雖然他們兩位都很瘦小，都差不多六十來歲了。再看左右前後，以至於全鎮，家家主婦都是這樣。沒有一個以作工爲恥。

我吃飯却在另一處，所謂 Boarding House 的吃。吃得很講究，每餐都有白衣侍者將食物端出來，將盤子收進去。起先看起來外國人臉都差不多，也就不注意；稍久却發現有時坐在我旁邊的那位雍容華貴的青年紳士却正是上一頓飯時的白衣侍者。而當時的白衣侍者又明明是上一頓飯時的座上客。當座上客時固毫無跼促不安之像，而當白衣侍者時也同樣的毫無「無地自容」之容。以後才知道這些都是同學。穿上白衣就作工，脫了白衣就作客，在他們是天經地義一樣的自然。作工固毫無損於其人格，更無損於其身份。想起國內那時社會上的階級分明，如果有人給人作過一天佣人，就好像終身是奴才似的。將工作牽連到毫不相干的人格問題，我明白我們那時的國家離民主還遠得很呢！不過，說穿了也難怪，一個建築在「禮不下庶人，刑不上大夫」「勞心者治人，勞力者治於人」的哲學基礎上的社會，你能期望它民主嗎？

爲着上課的方便，買了一輛脚踏車。美國住家連籬笆都少有，更不必說圍墻。房門外就是大街。夜間這車沒地方放，只好放在門前草地上。說是門前草地，其實就是大道之旁。如此者三年，直到我不用它了才藏起來。自然，在紐約，芝加哥等若干大城市情形不這樣，但就美國全國說大致已做到了：「路不拾遺，夜不閉戶」的地步。這兩句話是禮運大同篇上對理想社會的讚詞。在中國五千年的歷史上據說只有極盛時的貞觀之治才做到了一次。而我今日竟在海外又身歷其境，發現其不是不可能的。（據說今日的臺灣也是如此，那好極了。）有人說：「這有什麼希奇！人人都有脚踏車，當然沒有人偷了。」其實並不盡然，因爲一輛新脚踏車也得四五十塊美金，並不是個個家庭能爲每個孩子買的。沒有車而艷羨鄰居的有的是。但極少極少人去偷車。富裕之外，還得另外有些別的才成。這另外的因素是什麼？我當時的答案是教育。

美國的教育很發達，任何一個學齡兒童，那怕是外國人，也可以不花一文錢入學，從初小一年級到高中畢業，除本人衣食零用外，可以不花一文錢。但是後來再多觀察些時，覺得這答案還是不對。因爲美國的社會一般雖不錯，但犯罪的仍有。而且不犯則已，一犯每每就犯大罪。這些犯大罪的，又都常常出奇制勝，換句話說，是些聰明能幹人，也就是很受了教育的人。同時我又回想中國過去這些年，爲害國家最烈的，也正是那些受過教育的！其知識正成了其爲惡的工具。

於是我又想到，也許是因爲美國警察制度辦得好所以少人犯罪。但再仔細觀察些時，也還是不對。因爲美國的警察幾幾乎是採的一種「天網恢恢，疏而不漏」的制度。小村小鎭不必去說它，常常一個五六十歲的老漢就是全部警力；就連幾十萬人口的大城，平時街上也難得看到幾名警察。管制交通的紅綠燈及行車等誌代替了交通崗。除了少數巡邏警偶然路過外沒有人來管開汽車的，但秩序井然。人民多半都是自動的守法。這種自動的守法省了管理衆人之事的政府不知多少心，更不知多少錢。否則如果每個人都得派人監視的話，美國的警察力加十倍也還不够。

美國的法律原則認爲一個人在未證實已犯罪之前，是當視爲無辜的。而且在未證實其撒謊之前，必假定其供詞爲眞實。用中國成語說，對每個人都是「期之如聖賢。」這種原則也常運用在普通行政上。例如那繁複萬分而幾乎每個成人都有分的所得稅，也只憑着各人自己的報告來徵收。雖說政府抽查，但機會少得很。我們這些觀察者所感奇怪的不在其政府對人民「期之如聖賢」，而在一般人竟然就「應之如聖賢。」常常聽到一些中國朋友問：「不可以撒謊的嗎？」事實上自然有。但可驚異的是絕大多數的人都很尊重政府對他們的信任。其間畏法的成分固然有，但並不太多，因爲一則政府不一定覆查，二則即使抓到，還可以上訴。在美國定一個人的罪可難着呢！左審右審，一拖就是一兩年。就是定了罪，比起中國的傳統標準來也輕得多。所以法並不太可畏。那末爲了什麼呢？這裏試引一段美國法庭中每一位證人作證前一手按着聖經，一手高舉時所念的誓詞來作答覆：

「在上帝面前我鄭重宣誓，將事實，全部的事實，毫不摻假的事實說出來。」（"I hereby solemnly swear that I will tell the truth, the whole truth and nothing but the truth, so help me God."）

「在上帝面前」，這短短的半句話使我明白了民主制度的基礎。如果沒有了上帝，沒有了基督教，則整個的美國制度都得垮臺。因爲信上帝，敬畏上帝，所以不敢撒謊。否則人人都隱瞞收入，那每年六百八十萬萬美元的稅還有誰付？沒有了稅收，那裏去維持今日的國防？因爲信上帝，敬畏上帝，所以不敢胡亂殺人。否則麥克阿瑟違令，何患無莫須有罪名囚殺之於獄中？艾森豪競選聲勢浩大，又何嘗不可以派一位刺客去一槍結果他的性命？常聽美國的大政治家，一開口就說：「敬畏上帝是知識的開端」（"The fear of the LORD is the beginning of Knowledge"）當時頗不明白。後來仔細尋繹，方了解這一點的確是關鍵所在。這句話出自舊約箴言第一章第七節，美國人却認眞的用來作爲其建國的基石。自獨立宣言起，以至於聯邦憲法以次的大經大法，都是建築在聖經和基督教上的。沒有了基督教，也就決不成爲今日的美國，更行不通美國的民主制度。

不幸，介紹民主制度入中國的前輩們，却忽視了這一點。於是得其軀殼而失其靈魂。形式上樣樣俱全，行起來却一無是處。官吏的宣誓成了自欺欺人。（如袁世凱之背誓）所得稅利得稅等等的表格弄了一大堆，經濟警察遍地，而瞞稅，偷稅之事視作當然。（家家有兩本賬）競選時賄賂公行，（讀者至少當還記得民國史上的豬仔議員）；而競不過人家時不是發動暴徒阻撓選擧，就是索性將對手收拾掉（輕者聚毆，重者下獄或綁架；其著者如袁世凱之殺宋教仁）。一班人歎息橘逾淮北而爲枳，却不知移植民主制度的人從頭就剷傷了那幼苗的根本！

甚至連主張「全盤西化」的胡適之先生也只肯介紹德先生和賽先生，却始終對基督先生抱懷疑態度。其結果是德先生雖進了門，三日兩頭的生病。

至於主張「中學爲體，西學爲用」的先生們，更將基督教戴上一頂「舶來品」或者「洋教」的帽子，不管三七二十一，拒之於千里之外。再不就想治五教爲一爐，弄出些非驢非馬的東西來。須知基督教之上帝決非洪鈞老祖，其部下不能有龜靈聖母或者長耳定光仙。

『你們要防備假先知。……憑着他們的果子，就可以認出他們來。荆棘上豈能摘葡萄呢？蒺藜裏豈能摘無花果呢？這樣，凡好樹都結好果子，惟獨壞樹結壞果子。好樹不能結壞果子，壞樹不能結好果子。凡不結好果子的樹，就砍下來，丟在火裏。……』（馬太福音七章十五，十六至十九節。）現在想將基督教生出來的果子(民主制度)硬放在另一棵樹上去長，其長不好是意料之中的事，長得好才是意料之外呢！

不過一棵好果子樹需要時常修剪，否則好樹也可以變成壞樹，也一樣可以結壞果子。今日美國離經叛道的地方不止一端，其壞果子也已經有了。也正因此，才掀起了近日美國的宗教復興運動。

這一次美國大選宗教氣氛特別濃。留意時事的想都能體察到。每次大會開場閉幕，節目中總有若干次的祈禱，這且不提。七月共和黨大會期間，擁艾和擁塔的人吵成一團，（參看七卷三期『共和黨全國大會的前前後後』『頗有分裂之憂』。華盛頓州州長朗里(Lanlie)和一大羣的人特別在會場外舉行祈禱會，整小時的祈禱，求上帝賜恩，赦罪，引導他們走止於至善的路。而在大會上負責提名艾帥為候選人的瑪利蘭州州長麥開丁(Mc Keldin)一上來沒有說一句討人喜歡的話，却先引了這樣一段刺耳的聖經：『這稱為我名下的子民若是自卑，禱告，尋求我的面，轉離他們的惡行，我必從天上垂聽，赦免他們的罪，醫治他們的地。』（舊約歷代志下，七章十四節。）結果全國的人民不但不認為這話難聽，反認為說得對。如果今日富强康樂的美國如此，難道國破家亡的中國人還不該『自卑，禱告，尋求我的面，轉離他們的惡行，』以求上帝的垂聽和赦罪嗎？

提起認罪這是一般中國人對基督教起反感的一大原因。中國人要面子，只管滿肚子男盜女倡的人，却一面孔的仁義道德。現在聖經一針見血的直指其為罪人，中國人很少有不氣得跳起來的。不過平心靜氣而論，試想想大者如抗戰勝利後的『刼收』，小者如日常生活中大斗小秤的欺人之處，中國人上上下下有幾個是如大觀園那對石獅子那樣乾淨的？可是中國人仍不肯認罪。上帝既不聽，於是讓一些妖魔鬼怪出來執行懲罰勸西人說『共產主義是一種不信上帝的宗教』(Communism is a religion without God)，其實更深刻的繙譯還不如說：『共產主義是無法無天的替天行道。』他們本身雖無法無天，他們作的却每每無意中在替上帝施懲罰。難道上帝善言勸我們向他自已認罪悔罪，我們不肯聽，却非得到共產黨綑我們上鬬爭大會時才肯悔過改善嗎？那就太遲了。

民主黨的大會今年也是波濤激蕩。為着爭「民權法案」(Civil Rights Bill) 南方和北方吵得天翻地覆。某夜大會開到夜深兩方面紅耳赤，互不相讓，人聲鼎沸，竟沒有一個發言人能使別人聽見自已的，在不可開交中，主席說了幾句大家都沒聽到的話。忽然，一個男音開始唱：「我們在天上的父……」這是主禱文的第一句。起先誰也沒有注意他，但他繼續唱下去：「願人都尊你的名為聖……」人聲漸漸下去了。探照燈集中到這人身上，大家才看清楚是一個黑人。『願你的國降臨。願你的旨意行在地上，如同行在天上。……』這時全場已無半點雜音，大家俯首低頭只有這洪亮的歌聲充沛了上下。大家的心靈都轉向了上帝。

這場面太感動人了。民主本是一個公開紛爭的制度。如果大家都只堅執已見，自以為是，則民主的結果將成為紛亂。只有具備了：『願你的國降臨願你的旨意行在地上，如同行在天上』的共同信念時才可望其殊途同歸。不幸，中國學了紛爭的部份，却丟棄了共同信念的部份，其帶來四十一年的紛亂，豈是偶然？

基督教的教義是上帝愛每一個世人，那怕是最小的。從這種基礎才建立起來這尊重每一個人的民主制度。現在我們將這基礎從這制度下抽出來，於是制度懸了空。另一些人明白懸空不好，於是將它胡亂浮放在另一基礎上。結果牛頭不對馬嘴，弄得很尷尬。試想一羣習慣於「禮不下庶人，刑不上大夫」的大人先生們，平日頤指氣使，唯我獨尊，你想他肯和張阿毛，李阿狗平等嗎？又能和張阿毛，李阿狗平等嗎？孔夫子的道理以及古聖先賢的傳統都有不可及處。不過今日已是處非常之變了。大陸上不但是亡國換政府，而且家家都遭到了五馬分屍之痛。兒子鬬爭父親，兄弟清算哥哥。這一些仇恨將來反攻回去如何收拾？聽其自然吧？則寃寃相報，何時得已？我對軍事並不悲觀，甚至對經濟也不悲觀；但對於中國未來的社會關係，精神生活，却感覺到危險萬分。明明這是魔鬼的鬬爭，我們却想用人力去對付它。明明這是一種思想的鬬爭，我們却不肯拿出一整套的思想來回答它。明明這是信心的鬬爭，我們却不肯用信心來克復它。基督教與其民主制度是今日惟一的可以和共產黨鬬爭的理論體系。上帝是惟一的可以壓倒魔鬼的力量。讓我們自卑，禱告，尋求他的面，轉離我們的惡行吧！歷史上遭上帝懲罰之國甚多，就以我們目睹的日本德意志意大利，以及大陸上的覆轍，難道警告還不够嗎？

四十一年十一月卅日寫完

編者按：許先生以基督教為民主政治之基礎，自是文化史上探本窮源之論；但是今日的民主政治制度已是百川滙成的大海，基督教只是百川之一而已，究不足以概其全。且看事實，歐洲的大國去學習英國出產的民主；法國已經雜亂，但仍能維持；意大利及德意志則時行時廢，不能貫澈；俄國尤其糟糕，不但只有空名，而且變成澈頭澈尾的反民主的極權國家。這些國家的人們豈不是絕大多數都信奉基督教，深信上帝嗎？文藝復興以後，基督教信仰日益衰落，而民治之方興未艾適成反比例，這是甚麼原因呢？我們以為民主政治任人們自由競爭，故多吵善鬧，但大家必須相信，這些爭鬧最後必能獲得和平的協議的，可在法律範圍內解決的，然後不致釀成暴力的鬬爭。許先生最後强調共信之必要，是不錯的，然若所謂共信只是一個上帝，則仍是以偏概全。我們以為民治是制度，而制度必需在實踐中去尋求，方能見其優點劣點，優點則應加强，劣點則應淘汰，而後眞正的民治始能實現。我們在學習民主的階段，若不實踐，到底是可望而不可即的境界，恐不能辨認淸楚吧。

菲島通訊

菲共虎克黨日暮途窮

岳文彬

在非島，最令人關懷的第一件大事，便是非共控制下虎克黨之叛變。

虎克黨原名Hukbalahap，意譯爲民抗軍，誕生於二次大戰日本佔領非島時。該黨最先是以游擊抗日軍姿態出現，後來非共漸漸滲入，終於控制了這支部隊。所以後來大家都以非共虎克黨稱之。

虎克黨的領導人是一位卅餘歲的年青人—路易·泰洛克。當二次大戰結束後，泰洛克和他七位同路人均被選爲衆議員。他們惺惶作態，首先要求廢除地主制度，之後轉而要求耕地收獲農民佔七成，地主得三成，均未被當局採納，因此與當時總統羅哈斯鬧翻。

非共虎克黨如此要求，不過「貓哭老鼠」的假慈悲而已，因此許多不明眞象的人受了騙。在一九四八年六月廿一日非國也演了一幕「和平談判」，主角是現任非總統季里諾和泰洛克，非國會同時發表特赦宣言，促虎克黨向政府投降。

非共民抗軍之野心陰謀，志在取得政權。這幕和談失敗，特赦當然變成廢紙。自此之後，虎克黨以武力公開叛變，而且接受國際共產黨之支配指揮。由於當時非國內政欠佳，貪污風盛，因此政府與人民脫了節，虎克黨遂乘機而入，猖狂一時。可是，「天下烏鴉一般黑」。非共所到之處，殺人放火，搶刼徵借，姦淫胡爲。因此一般人漸漸覺悟，反共的意識日益高漲。

非國剿共之轉捩點應該自一九五〇年十月季里諾起用墨獅獅 Magsaysay 爲國防部長起。「墨獅獅」三字在非國不但是婦幼皆知的剿共英雄，而且譽滿國際。他是一般人認爲最有希望得到一九五三年非總統寶座的候選人。

當墨獅獅初任非國防部長時，非共不但猖獗橫行，連首都馬尼拉都終日在風聲鶴淚中，非共而且計劃在一九五二年十月正式推翻非政府，建立赤色政權。留心觀察他們發展的人，誰不爲這新生只有七歲島國的國運悲呢！墨氏出任艱鉅後，首先改革軍隊，使軍隊成爲國家化，而且把軍中之所謂「朽木」一律革除，擺脫政客之操縱，從此之後，軍隊士氣復振，開始阻遏了非共虎克黨之氣勢。

孫子云：「知己知彼，百戰百勝」今日要剿共，就必先從共產黨來加以解剖與分析。墨獅獅首先便是對此下藥。他發現虎克黨雖然號稱有十萬之衆，可以動員百萬之民。而實際上，眞是願作史達林侵略之工具者並不多。許多的虎克黨員，他們多因不滿現實。由於現實政治之有欠淸明，才促使他們挺而走險；大部份農民，尤其是在呂宋島上，他們因受其地主之欺壓，再加上非共煽動，便盲目地參加。所以非共叛變問題，含有複雜的政治、經濟等原因在內。墨氏看中了此點，覺得如果過份大力淸剿，勢將迫使這些被利用的人挺而走險，作困獸鬭。所以他毅然以至誠之心，促非共來投降。凡是投降者，將依法保障他們，同時在非國南部之民答那峩島設一極大之墾荒地，讓這些人得以有自新的機會。這項計劃，終於成功，成百成千的非共，從四方八面漸漸投到政府的懷抱來。

但是還有一些醉心共產主義，妄信武力推翻政府之虎克黨徒仍作困獸鬭，墨氏對於這些玩强的匪黨，則無情的予以淸剿。如今非國在剿共戰爭中，不但起用海陸空軍，而且從日本購來二百頭警犬，作爲搜捕赤徒之用；同時還從澳洲購來名駒三百隻，作爲森林中淸剿之用。虎克黨在這種淸剿下，不但從主動被迫轉到被動，而且是四面楚歌，在死亡中掙扎。

最近，非共且有火併之勢。原來非共和虎克黨是兩個組織合汚的，虎克黨以泰洛克爲首。他相信以民抗軍可以推翻政府，因此他第一急務，便是希望首先奪得政權。至於在非國實行共產主義，他認爲可慢慢來，配合非律賓人民之實際需要而進行，所以他被稱爲「國家派」。另一派是以拉描博士爲首的「國際派」，他是非共最高負責人，主張實行共產主義，執行史達林之「指導」，所以兩人在觀點上完全不同。據一位被捕之非共要員透露，爲此他們兩人在今年夏季舉行會議時，持槍出手，最後才由一些二三流之頭目調解，一場可能發生的內鬨才告避免；自是兩人之感情日惡，雙方部下，均在爭取實際領導權。現在泰洛克握着軍權，擁有五個野戰區，而拉描却操縱黨的組織，把有四個野戰區。

非政府爲從速淸剿起見，特將非共之大頭目的姓名、照片、經歷、在各報各地發表，無論軍民，凡能逮捕或格殺拉描博士者，賞非幣拾三萬元（合美金六萬五千元），凡能逮捕或格殺泰洛克者拾萬元（合美金五萬）。這是一個不少的數目，重賞之下，必有勇夫，非共第三頭目加巴羅樹便是被勇夫所殺的。

但不幸的是：正當墨獅獅剿共日趨奏效之日，一股巨大的政治波浪撞擊了他！當去年十二月非國舉行地方大選時，墨氏以大公無私的精神來保持維護選擧之廉潔，因此開罪了不少政客，這些人不斷運用「政治力量」來暗算他。如今墨氏之去職，似乎不會太久。從反共觀點看，是很令人惋惜的。老實說：非共虎克黨今日所懼者惟墨獅獅一人而已，他們三番五次運用各種暗殺手段想結束墨氏均未得成功。墨氏如去，則正中非共之計，所以邇來非國人民對此種局勢甚感焦慮。

一般天眞朋友，以爲非共虎克黨從此一蹶不振，走上死亡路上，這是錯誤的。墨獅獅在對民衆公開演講中說得很對：「反共的工作是艱鉅的，長久的。」當非國剿共日見曙光之時，我們希望她能在百尺桿頭，更進一步。

褪色的晚霞（下）

喻嘉濱

四

為了考學校的事，晴初和孟如有更多見面的機會，有時在一起研究功課，有時在三友路的梅林中散步，時間培育着友誼。

菊花開放，菊花萎去，山城的秋天漸老。嘉陵江已到枯水時節，河岸顯得更寬，沙灘變得更軟；江水，更藍。

正是一個暮秋晴日的下午，晴初和孟如散步在江干上。秋陽已失去威淩，只以它暖暖的光輕撫着大地，岸沙如銀，江水似鏡。

晴初提議到石門上去。

石門是聳立江邊的兩座小石山，向江心的兩面削直如門，隔水相望；靠岸的兩面較低，秋冬水落時節，差不多與岸沙相連，遊人可以踏過碎石，拾級而上，看江帆在盈盈一水間冉冉穿過，向對面石上的陌生人作會心的招手。

晴初，孟如登臨石山之頂，席地而坐；遠望對岸盤溪，一片青葱中有紅色屋頂吐出縷縷炊煙；俯瞰江面，江水撞着石門之腳，在澄藍中濺起白色浪花。

「眞怪，嘉陵江這一段兩岸都很平，爲甚麼偏偏在這裏突出兩塊大石？」孟如一面說着，一面隨手檢起一塊小石子，抛下江心，發出一聲淸脆的回響。

晴初也檢起一塊小石跟着抛下，接着又是「咚」的一聲，然後說道：

「這裏曾有個古老的傳說，這兩座石山本是兩個人的化石。

「在一個久遠的世紀裏，這兒還是部落時代，在江之北有個放牛的牧童，在江之南有個浣衣的村女；每當朝日初升，牧童趕着他的牛隻沿河飼草，村女提着她的竹籃臨水浣衣；每當夕陽西下，牧童騎牛歸去，村女提籃返家。他們朝朝暮暮有兩次相見，他們雖然隔水相望未交一語，但村女傾慕於牧童斜騎牛背臨風吹奏的笛音，牧童嚮往於村女倚岸擣衣疾徐有節的砧聲；他們每次相遇都交換一次陌生的凝望，他們心中都在默想：要是能到對岸去玩該多麼好！於是他們不約而同的開始檢拾岸邊的貝殼——那時岸邊多的是有彩色花紋的大貝殼，由淺水向江心堆塡，希望堆築一座連接兩岸的橋……」

「他們的橋築好了嗎？」孟如急切的插問。

「他們正在築，不停的築的時候，忽然一夜大雨，又把他們那一點不穩固的橋基冲走了。」

「後來呢？」

「後來他們仍然不斷的築，但每次都被雨水冲走。有一天午夜過後，天又下着大雨，他們焦急地起來，奔赴江邊去看橋基，他們跑到江邊時，天色漸明，大雨已停，他們看不見貝殼的橋基，却看見一道彩虹的橋，彎彎的從此岸搭向彼岸；他們一陣狂喜，顧不了疲倦與昏眩，一直向伸延到對岸的彩虹的橋上跑去，他們跌進江裏。

「雨後的江濤如是洶湧，他們拼命的向對岸游，就像在橋上跑；快到江心時，他們已四肢無力，渾身僵冷，突然一聲霹靂，朝陽露出萬道霞光，江岸升起兩座巨石，那突起江心昂然相望的像是頭，那與岸相連迤邐不盡的像是軀幹。但江水無情，仍然橫阻中流；每當晨朝夕暮，兩岸永遠是笛音砧聲起落不斷。」

孟如聽得入神，她覺得這故事雖美，但太近乎神話：

「這不會是眞的，恐怕是人們的幻想。」

晴初笑了一笑，指着對面江心那座小石山說：

「這裏的鄉人都這樣講。你看，那塊巨石稍大一點，是那可憐的牧童，我們這塊稍小一點，是癡心的村女。」

「後人爲甚麼不在這兩岸之間搭起一座橋來呢。」

「據鄉人說這是不可能的事，後人曾不止一次在這兩石之間搭起木橋供人過渡，但搭起不久又被江風吹折，據說由於牧童村女的嫉妬。以後再也沒有人搭橋了。」

「可憐以後的無數牧童村女！」

「不，他們可以到這石上來唱歌；然後，他們用船。」

江風徐徐吹來，遠處岸邊嚮起拉縴夫的行唱曲，漸行漸近，沉鬱而昂揚。他們背着縴索，彎腰傾身，一步一步的沿岸行來，太陽斜射在他們粗祼的臂上，發出黑油油的光。江中翻過一陣白浪，拉縴夫的古老唱曲又消散在古老的江上。

晴初站起來，拍拍衣裾，孟如也跟着站起；江風吹着衣衫鬢髮，太陽已漸西斜。

走下石門，近沙岸處，晴初向前一跳，孟如也跟着躍下，用力過猛，跌在晴初的身上；晴初忙着把她扶住。

接着是一刻的沉默，一晌的溫柔。

沙灘軟軟地，江水與沙岸相接處，微浪嗾喋作響；陽光照得水明見底，水底有圓滑的白石。岸邊有來不及隨水退落的小蚌的遺殼。

孟如俯身拾起一個白色的扁貝，對着斜陽照了一照，半透明的渾白中有綠色的細紋。她再逐步省視，愈靠江邊扁貝愈多。

「喂，那傳說像是眞的，你看，這些貝殼！」孟如高興得跳起來，拉着晴初的手直向江邊跑去：

「我們來檢拾，找那最大最好看的！」

「要築一座橋嗎？」晴初跟着跑到江邊，一面向淺水處撈取，一面笑着問。

「不，我們檢回去玩。」孟如低首俯身，急着向水底摸尋，她忽地高聲叫起：「你看這個多美，送給你好嗎？拿去放在你書桌上。」

晴初接過一看，是個扁圓寸許的蚌殼，凹面呈七色虹彩，凸背尖頂，靛靑中有螺旋白紋。

「這個給你。」晴初伸手拿出一個指姆般大的小東西，玲瓏光潔，紅似珊瑚，「鑲上銀邊，是個別緻的領花。」

孟如驚喜的把玩着那小東西，忘記自己站在水中；晴初一把拉她上岸，發現自己潮濕的鞋。

夕陽落向西山，染得秋雲似錦；光在閃耀，雲在馳移；天穹像個輕滑的大舞台，轉動着晚霞仙子的霓裳羽衣；江邊，歌聲徐起，爲宇宙生命最絢麗的一瞬作莊嚴的伴奏。

天邊彩霞，人面紅雲；沙灘上留下双双諧和的足印。

五

孟如回家害了一場小病，晴初成天躭着心事，常去看望。在病中，孟如常把關於自己和家裏的事告訴晴初：父親成天爲銀行的事忙，很少在家；母親喜歡請客作客，總像有忙不完的事。父母雖然對她寵愛，但對她並不了解。她覺得有時快樂，有時徬徨，生命中有無數的結無法打開。晴初很喜歡孟如，但有些兒無名的隱憂，他覺得孟如缺少一種穩定的力量。他希望有機會能給孟如意志上一種支持，一點堅强。

大學考試次第放榜，晴初和孟如一樣急切地搶着早晨的報紙翻看放榜的消息。

有一天，晴初拿着一張有浙江大學放榜消息的報紙，興冲冲的跑到金城新村，榜示上有孟如的名字。進門後正碰着周太太，晴初笑着向周太太問候過早安，高興的叫道：

「周伯母，孟如考上浙大了。」

周太太打過一陣哈哈，忙問道：

「眞的嗎，我早料她準會考取的。這還得謝謝你，請裏面坐。」

周太太一面讓晴初進到客廳，一面向內室喚着孟如：

「大妹，快來呀，給你道喜哩。」

孟如連跑帶跳的走進客廳張大着眼睛問道：

「給誰道喜？」

但她立刻明白了是怎麼回事，搶過報紙急着查看，當她在密密排列的衆多名字中發現一條紅線，紅線旁邊就是自己的名字時，她伸着舌頭，臉上泛起欣喜的紅暈。

「這幾天看榜看得眞難過，要是這一次仍舊榜上無名，我就要去自殺了。」孟如又高興又抱怨似地說。

「傻孩子！」周太太忙着止住孟如：「考學校那有準，還得看機會。上浙大經濟系還不好嗎？」

接着周太太又轉向晴初道：「我看孟如上浙大經濟系再好不過了。浙大不久就要從遵義遷回杭州，我們的銀行在杭州有分行，那邊熟人多，環境也好，畢業以後，就在自己的行裏做事，一切都方便。」

周太太從桌上拿起手提包，對孟如說：「撥個城內的電話告訴你爸爸吧。其實不撥電話也可以，我現在就要進城去吃吳太太的壽酒，我告訴他好了。辛苦完了也該好好休息幾天，我從城裏回來給你買點好東西。」

周太太永遠愉快的身影隨着一陣車鈴聲遠去，留下晴初孟如在客廳相對。

晴初在一陣空疏的高興之後，逐漸落入一種惘然的思懷裏。他心中想到浙大，那聞名而陌生的學府；想到遵義，那荒僻而遙遠的地方；他不會想到過的所在，而孟如會去！這些時日來，他的生活中有一種新的習慣，這習慣將被打破；他的生命中有很多新的充實，這充實將變空虛。更重要的是他曾試想努力去增强一個徨惑之心以毅力，這機會已告消失。

在孟如心裏，也是一度喜悅，一度惶亂；他覺得自己像是株向陽的雛菊，它曾在溫暖的陽光中逐漸挺立茁壯，正當開花時節，却將被移植於陌生的泥土，陌生的氣候。她感到卽將喪失一種支持自己生命的强力，而發現自己生之脆弱，心之迷惘。她想哭！

「媽媽要我唸經濟，在我是老大不願，我執拗着非考你們學校不可。我在氣憤緊張中交了卷，結果沒考上。」孟如委屈地說着：「我已盡了全力，但我得到的不是我想望的喜訊。」

她恨造化的作弄，她甚至恨她的父母；他們成天都在忙，除了物質上的供給，就是以自己的意見强加女兒身上當做父母的關心，她被看做家的金絲籠中的小鳥。她曾想飛向陽光的樹，但終折羽而回。她眞想哭！

她眞的哭了，伏在椅背上嗚嗚的抽泣。

晴初了解孟如究竟爲了甚麼哭，但他自己也心亂得很，不知該說甚麼好。他扶着孟如勉强說着些安慰的話，孟如和淚倒在他懷裏，抽噎更兇，晴初感到從來未有的激動。

「靜一靜，別再難過。」晴初把孟如扶坐在沙發椅上：「那邊環境不錯，你將認識些新的事物，新的朋友。不要把事情看那麼狹窄，就會堅强而愉快。時間空間都不會拉長我們的距離，我會等着你。」

孟如的鬱積得到宣洩後的舒解，她觸着晴初堅實的臂膀，感到仍在故土，仍有陽光。她慢慢平復過來，想着那剛才的喜訊，覺得有些好笑。

「在你去遵義之前還有一段時間，我會常來看你。好好休息些時候，我明天給你帶幾本小說來。」晴初看見孟如已經恢復平靜，準備起身回去：「這張報你保存着，留爲紀念，那上面有你，和你可能認識的許多新朋友。」

晴初回到宿舍，懷着壓不住的悲喜；他想强作鎭定，但喉間梗塞難禁；他也哭了，多少年來沒有這樣痛痛快快的哭過。

六

期待裏的光陰度日如年，留戀中的時日快如飛箭；孟如去貴州遵義的日子倏焉已到。

金城新村收拾行裝的匆促，更加速了晴初和孟如的心跳；終於到了那熱鬧而沉重的一天。

早上八點，送行人都已到來，有的歡愉相賀，有的叮嚀相慰；在手忙腳亂人語雜沓中，晴初和孟如的千言萬語都變成凝默相視。

孟如的行程是由重慶坐飛機到貴陽，再由汽車轉遵義；一般送行人都在金城新村話別，讓一輛黑色轎車載着孟如、周太太和晴初駛向珊瑚壩機場。

機場上蝟集着行人和送行人，去京滬的復員客，正春風滿面，周旋談笑。只有去貴陽的孟如陷入人海的空寞。除了周太太的小心叮嚀和晴初照應行李過磅的交涉外，再沒有多的話語。

擴音器裏報告請旅客上機了，人羣穿過欄干，走向跑道，馬達已響起隆隆之聲，螺旋槳扇起一陣急風。

「到了那邊就寫信來，別使家裏掛念。」周太太用手指捲成喇叭形合在嘴邊向即將上機的孟如高聲說道。

孟如走上機門，回首揮巾示意。機門關上，飛機在風輪滾滾中衝騰而起。晴初已淚眼潮濕，轉身向周太太說：「好大的風，沙都吹進眼裏。」

「我們該回去了。」快樂的周太太也有些黯然。

五天過後，晴初一連收到孟如兩封信，一封寄自貴陽，一封寄自遵義。信中除了記述沿途風光和到校後的情況外，還問晴初曾否再去梅林訪舊，嘉陵江邊看晚霞。

當晴初剛寄覆信後的第三天，又收到孟如的航快，她說晴初送她的珊瑚色小貝殼，已給本地一家精工銀店鑲成領花，但不知晴初書案之上是否擺着扁貝。

晴初告訴孟如，他曾經到遊處拾取舊痕：紅樓前梅樹已花，嘉陵江水寒霧重。每當日落月上，獨對西窗，沉吟於扁貝的五彩雲霞中，已忘記天地間尚有遠近。

從此，晴初每週至少寄出一封航信，也收到一封。他對忙碌的郵差，安靜的信箱，感到特有的綠色的親切；甚至他以前嘲笑過的笨拙緩慢的老式郵機，也變得玲瓏可愛。當那老舊的機器在天空隆隆而過，他總佇足仰視。他心中在想：這東西眞像欵欵低飛於春之原野的小蜻蜓，它不停的雙翅黏滿翠葉間的清露，爲渴望的花蕊送去清涼的潤濕。

七

秋葉春枝，時序移轉；山城度過了隆冬，尚未退春寒。

是料峭風薄的二月天，小草在冷濕的泥土中萌動，人心在沉重的時局中激越。一向樸實的松林坡發出震撼山城，震撼全國的怒吼，在三十五年的二月二十二日。

抗戰勝利帶來舉國的狂喜，年青純潔的心只有一個願望，好好地建設殘破的國家。但連天的炮火早已淹沒了一切美好的想望，內憂外患，像循環的惡夢，年青人要問：爲甚麼!?

中蘇條約早給人們罩上一層陰影，蘇俄對日作戰六天却攫取東北二十億美元的機器，中國八年苦戰勝利了却不能收復失去的領土，年青的中國人一定要問：究竟爲甚麼!?

二十二日早晨，松林坡在號聲中醒來，冷風中飄着「還我河山」的標語，人們唱着「我的家在東北松花江上」的「流亡三部曲」，愛國的熱流向政治中心的山城衝去，從沙磁區來的，從江北來的，從南岸來的，滙合成萬人的慷慨悲歌。

蘇軍自東北擄掠撤退，新的炮火又在燃燒，這些時日裏，晴初在苦悶中沉思，當他寫信給孟如時，像向着春天，但也背負着一個沉重的時代。

爲了復員遷校，中大提前於五月放假，松林坡經過一陣忙亂後漸趨冷落，晴初向稷稷的松風和潺潺的流水作過最後一次徘徊，搬着行李暫住到城內叔叔的報館裏去。然後趁上薰風七月的江輪，穿過三峽，到達南京。他沿途給孟如寫信，到京後知道孟如也隨校經黔桂、浙贛路到了杭州。孟如的家也從重慶遷到上海。

這年暑假特別長，學校直到十一月才復員就緒，開始上課。晴初本想到杭州去，但叔叔讓他在報館幫忙整理一部份國際關係史料而無法抽身；同時，他也覺得這工作很有意義。他開始從豐富的資料中慢慢認識那虎視眈眈的北極熊是怎樣一個民族，怎樣一個國家。他開始研究和這問題有關的很多東西。

三十六七年是個動盪最兇的時期，在學校裏，晴初冷眼旁觀，他驚覺於理性的埋沒，熱情被利用。他看到那悲劇，覺得自己應該負起一種責任。

三十七年春季，是晴初四年大學的最後一學期，他繼續着報館的資料整理工作，又忙着寫論文；而學校正被那些實爲陰謀而僞裝前進者和幼稚的狂熱者攪得天翻地覆，他認爲這不僅是悲劇，簡直是愚昧。他起初拒絕那些漂亮的游說與攏絡，繼而用筆，用思想去戳穿那些陰謀和夢囈。在一次競爭甚烈的系內選舉中，左派同學的叫囂把持，激起他的憤怒，他拼力與鬪，使得陰謀家遭遇到難堪與失敗，他被左派同學加上「頑固份子」的封贈。

畢業的那個暑天，晴初去上海叔叔家住，孟如也放假回到上海的家中休息。這次短暫的重聚，給晴初很大的愉快。但他擔心着，這十里洋場，這豪華的銀行世家對孟如的影響。他匆匆地、快快地去到北平就一個新聞機構的職務。

北平在圍城後淪陷，在那驚惶的日子中晴初仍舊每週給孟如寫信，直到郵遞不通。他接到孟如最後一函，謂已舉家去臺北。

共軍在舉行虛誇的入城式後，過了一個短期的「解放蜜月」，就深文周織大肆搜捕，晴初罪在「頑固」，被送進勞動改造營。他無言地承受那些苦難，他從美麗的回憶中獲得支持，他在熱切的期待中嚮往自由。他終於走了出來，帶着滿身傷痕，走到香港，走上永生輪，走向他所嚮往的人和地。

八

這是臺港線上的永生輪。它正迎着白浪駛近基隆港外。

海藍，山青，落霞正明。一聲長長的汽笛，驚起了船上旅客的如歸之心。歡呼躍動代替了永日寂寥，在雨港的海外，海外的船上。

晴初從回憶中醒來，移動斜倚船舷的身體，他看看腕上的錶，時間是下午五時正。

「這整整的十二小時，多漫長的旅程！」他悕慮而又欣喜的說着，由船沿走向甲板中心。他看看近海的長堤，堤上的成羣白鷗，白鷗在輕盈戲水。他忽然覺得自己也是一隻鳥，不是白鷗，而是燕子；從那冰雪的北國飛向溫郁的南方，尋找那失羣的舊侶，再含香泥，差池綠楊。

他從懷中探取一隻舊信封，審視那熟悉的字跡，熟悉字跡所記的陌生地方。他看着船靠向岸，岸上的白衣航員飛擲過一根縴繩將船牽引。他忽然覺得自己是隻船，手中的信是根縴繩，所不同的是一顆心牽引着另一顆心，萬航歸來，定泊彼岸。

他提着僅有的行囊，走上碼頭，走進車站，心像車輪般躍進，向着臺北的路。

夜臺北燈火如畫，市聲喧囂；晴初幾經周折，找到一個舊同學程宇莊的住址——那是他從香港朋友處得知的。宇莊爲晴初殷勤洗塵，挽留暫住，再設法打聽孟如的住家所在。晴初和宇莊暢談歸寢，久久不能入睡，他想着明天怎樣給孟如一次驚喜。

次日，晴初按址訪尋，找到孟如的家，那是個臺北知名的住宅區，門楣高立，氣概莊靜。按鈴門啓，僕人倚門相問，然後導入客廳。室內走出周太太而不見孟如，晴初略感失望。

周太太在家未出，依然愉快如前，只是略嫌蒼老。她對晴初的翩然蒞止感到突然；她問着晴初別來經歷，一陣笑聲，一陣驚歎。

晴初問候過周太太安好，知道周先生現在國外，孟如在銀行辦公未回。晴初預備到銀行看孟如去，周太太說孟如不久就下班回來。要他稍等留此午飯。

近午時分，門外有停車聲，晴初感到有些心跳，他猜想着四五年不見的孟如現在會不會變了樣子，是不是還那麽天眞的笑，鼻尖微動，帶幾分淘氣。

晴初和周太太立在庭前，果然見着是孟如回來。

「大妹，有客人來了，你看是誰！」周太太笑着打哈哈。

「啊，是你！」孟如想不到會有這麽一次相逢，她眞感驚異。「甚麽時候到臺灣的？」

「昨天才到基隆，今天就來拜望。」晴初仔細看了一下孟如，他想極力搜尋回憶中的影子來和眼前的人印證，但他覺得有些難以吻合，站在面前的是個衣飾考究化裝入時的富貴氣的女子，畫眉朱唇，粉香撲鼻，平穩的笑容，熟練的應對。這些，他以前沒有見過。他想再加認識。

孟如也仔細看了一下晴初，這粗糙的膚色，不合時的衣履，似乎不像以前的臨風玉樹，她覺得舊的日子有些迷茫。她想重新憶起。

午飯席上，大家又談起別後幾年的情況，也談到在重慶時的很多舊事，回憶在心中翻版，似乎有一種新的光澤，倏忽閃耀。

晴初從周家出來，惘然若有所失，他沉重的脚步走在陌生的街道上。

晴初已找到一個研究性質的工作，地點在臺北。他有時到孟如的辦公處去，大理石的長臺，計算機的鈴聲，不是適於閒談的地方。他有時到孟如家裏去，麻將牌的跳躍，太太們的喧笑，侷促難以久留。但他仍舊期待着，他想：旣然時間可以把距離拉長，夢影變淡；難道時間不可以把距離縮短，舊情翻新嗎。

晴初對他的工作很感滿意，他會到很多舊同學，也認識不少新朋友，他仍舊用筆，用思想。

一個初夏的周末下午，孟如約晴初到淡水海濱去玩，她說，晴初到臺北後還沒到近郊風景區玩過，她應該帶他去走走，她今天打扮得很雅致，帶着浴裝。晴初也很願意去，大家興致都很好。

海水浴場，一片長沙，遠望滿岸的五彩遮陽傘，像張開的蚌殼。人，躺在椅上，喝着冰水；海風，暖暖的；沙，暖暖的。

孟如談鋒很健，她的幻想都在將來，晴初靜靜的聽着，他仍停留在過去裏。他們似都有一個想望：怎樣補綴這一段錯落時日的遺缺，讓舊的日子從頭新起。他們偶爾偸着互相凝視又互相避開，他們似乎覺得彼此相知又似乎不敢自信。

孟如要晴初下水游泳，晴初想着這就是脚站在水中也會生病的孩子；她雖然變了些，但仍舊活潑可愛；他雖然幾年未曾游泳，但仍舊躍入水。

夕陽在山，遊人漸散；晴初爲孟如披上衣衫。他偶然一瞥，看見孟如領上揷着一枚金色鑽針，他不禁想着那隻珊瑚的鑲銀領花，他覺得自己身邊珍藏着的貝殼有些孤獨。

天邊還有些兒落日的餘霞，像是一次盛大舞曲後動人留戀的尾聲。沙灘上，吹送起一曲「偶然」：

「我是天空裏的一片雲……
在轉瞬間消滅了踪影！」

風在流，雲在動；時間在轉換，晚霞在褪變…
誰知道明朝是晴日或是陰天？

半月大事記

十一月二十四日(星期一)

菲律賓空軍機隊訪臺。印度對韓戰的修正建議在聯大頗得勢。日首相吉田茂對國會表示，日本重整軍備的時機尚未成熟。

十一月二十五日(星期二)

俄代表在聯大拒絕印度建議。法國防部長希望北大西洋公約國擬訂包括印度支那戰爭的遠東戰略。

十一月二十六日(星期三)

聯大表決優先討論印度所提韓戰折衷計劃。美安全總署撥欵三千餘萬，供我十至十二月份經濟援助。

十一月二十七日(星期四)

我對印度建議在聯大放棄投票。英國將解除鷄蛋配給制。

十一月二十八日(星期五)

美三大雜誌發行人魯斯抵臺。不列顚國協集會討論應付嚴重的經濟問題。杜勒斯向英外相艾登保證美英合作。

十一月二十九日(星期六)

政院將「耕者有其田」條例送達立院審議。美空軍大舉夜襲北韓新義州。日議會對通商產業大臣池田勇人不信任案，已引起內閣危機。

十一月三十日(星期日)

臺省府舉行地政會議。美將任洛奇爲出席聯大首席代表。

十二月一日(星期一)

韓國前線大雪，伏兵嶺戰爭激烈。薩爾自治區選舉，親法政黨獲大勝。印度方案在聯大政委會通過。

十二月二日(星期二)

中共廣播願遣返日人，日朝野抱驚異態度。

十二月三日(星期三)

艾森豪授權杜勒斯恢復美兩黨政策。韓境針尖山失而復得。聯合國大會通過印度遣俘建議案。

十二月四日(星期四)

不列顚國協各總理與英內閣討論當前外交問題。

十二月五日(星期五)

艾森豪祕密訪韓三日已起程返國。陳院長對立院作施政報告。

十二月六日(星期六)

艾森豪抵關島，將乘艦赴夏威夷。美軍事援華顧問團團長蔡斯少將曾赴韓與艾氏會晤。

十二月七日(星期日)

英加澳紐四國總理舉行高度機密會議。史塔生主張不削減美對外援助。

十二月八日(星期一)

艾森豪乘艦抵威克島，將在艦上連續舉行重要會議，商討美對遠東政策。

第七卷 第十二期 內政部雜誌登記證內警臺誌字第一九號 臺灣省雜誌事業協會會員 四〇八

給讀者的報告

揭開本期封面，讀者們可以看到五幅醒目的照片；在本刊樸質的編排傳統上，這算得上是一項空前的創舉。這五幅照片是上月廿八日本刊三週年紀念並歡迎胡適之先生時所攝。先是在下午四時茶會招待本刊作者及贊助人，七時社內同仁歡宴胡先生，餐後接着舉行編輯會議。這幾幅照片，已經為我們留下了眞實的紀錄。在本刊的歷史上，應是值得珍貴的一頁。

本期發表的兩篇胡先生的講詞，一篇是在本刊三週年紀念會上致詞，一篇是在臺北三軍球場的公開演講，俱曾見載於臺港兩地各報。不過因為報章所載間與原講詞有出入之處；同時為使臺港兩地以外的本刊讀者得以獲悉胡先生的最近的言論。所以我們仍然將這兩篇演講，全文登載出來；本刊登載的文字是紀錄以後，經予詳為校正者。至於胡先生為本刊所撰的文章，則決定在下一期——元旦特大號上發表，敬請讀者注意。

此次胡先生回國講學，先後發表多次演講。本刊已經準備在胡先生結束其講學日程以後，將他所有在臺的演講，由本社彙編成為專集，洽交華國出版社發行。

「無法家拂士者國恆亡」。這句孟子所說的話，可以說明政府容納輿論之重要。用現代的術語說，容納輿論就是使一國之內有言論自由。歷史可以證明：人民思想和言論的自由，不僅足以影響一國之國運，而且與文化之進步攸關；因此凡屬具有遠見的政治家絕不會因貪一時的便宜而犧牲言論自由的。最近胡適之先生在幾次演講中論及言論自由，會發揮極其深刻的意見。本期我們的社論，無非是引證古聖 先賢之言，以為胡先生的話作一注脚而已。

本期張致遠教授的「蘭克的生平與著作」一文，是一篇學術性的史學論著，作以紀念傅孟眞先生者也。劉國增先生對於物價、滙率之理論深具研究，在他這篇大作中，他以純學者的態度，樸實說理，就事論事，指出蘇俄外滙滙率與內外物價均不相合，說明盧布之不配作為國際化的貨幣，深切著明。「為害於人類的觀念」是哲學大師羅素之原作，殷海光先生為之翻譯，自是一篇值得特別推薦的譯著。本文對有害於清晰析理的神秘論與獨斷論有透闢之批評，譯者已於篇首另有扼要說明，故不再贅。許思澄先生的通訊是有口皆碑的，本期更以爐邊閒話式的筆調，漫談「民主制度的基礎」。許先生的意見自有其獨到之處，不過本刊對此問題的看法則在文後按語中有所說明。

本刊連續登載的「監察院之將來」一文之續篇，本期因稿擠，容於下期繼續登載。

× × ×

本刊售價

一、臺幣	四元
二、越幣	八元
三、菲幣	五元
四、港幣	一元
五、暹幣	四銖
六、美金	二角
七、叻幣	四角
八、印尼幣	三盾

自由中國 半月刊

"Free China"

總第七十五號 第七卷 第十二期

中華民國四十一年十二月十六日

發行人 胡適

主編 『自由中國編輯委員會』

出版者 自由中國社

社址：臺北市金山街一巷二號 電話：六八八五號

航空版 香港時報社

經售者

臺灣 中國書報發行所（臺北市館前街八五號）

美國 紐約民氣日報社 舊金山少年中國晨報社 芝加哥中國出版公司

日本 東京南友堂 東京內山書局

韓國 釜山草梁洞新泰行

馬尼剌 大中華日報社

印尼 椰嘉達星期日報 椰嘉達天聲日報 棉蘭繁華圖書公司

越南 西貢中原文化印刷公司 越南華僑文化事業公司

暹邏 曼谷攀多社十二號

緬甸 仰光振成書報店

印度 孟買梅亞號 加爾各答梅學校

澳洲 墨爾缽王德利公司

北婆羅洲 馬拉奕坡美芝律聯華公司

新加坡 中興日報社 檳榔嶼、吉打邦均有出售

印刷者 精華印書館

廠址：臺北市長沙街二段六〇號 電話：二四二九號

本刊經中華郵政登記認為第一類新聞紙類 臺灣郵政管理局新聞紙類登記執照第二〇四號 臺灣郵政劃撥儲金帳戶第八一三九號